CONTABILIDADE GERAL E AVANÇADA

COLEÇÃO ESQUEMATIZADO®

HISTÓRICO DA OBRA

- **1.ª edição:** jun./2011; 2.ª tir., ago./2011
- **2.ª edição:** set./2012
- **3.ª edição:** mar./2014; 2.ª tir., ago./2014
- **4.ª edição:** mar./2015; 2.ª tir., abr./2015
- **5.ª edição:** fev./2018; 2.ª tir., jun./2018
- **6.ª edição:** maio/2019
- **7.ª edição:** jan./2021
- **8.ª edição:** jan./2022
- **9.ª edição:** mar./2025

Eugenio Montoto

Mestre em Contabilidade pela PUC-SP, Pós-graduado em normas IFRS pela USP e Professor em cursos preparatórios para concursos e MBAs

CONTABILIDADE GERAL E AVANÇADA

9.ª edição
2025

Inclui novo capítulo sobre Demonstrações Consolidadas

Inclui **MATERIAL SUPLEMENTAR**

- Análise de balanços

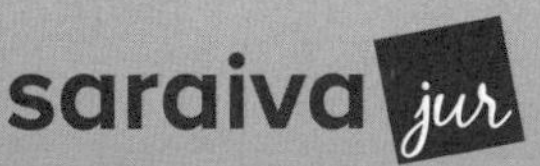

■ Data do fechamento do livro: 05/02/2025

Uma editora integrante do GEN | Grupo Editorial Nacional
Travessa do Ouvidor, 11
Rio de Janeiro – RJ – 20040-040

■ **Atendimento ao cliente: https://www.editoradodireito.com.br/contato**

■ Capa: Lais Soriano
Diagramação: Fernanda Matajs

■ **DADOS INTERNACIONAIS DE CATALOGAÇÃO NA PUBLICAÇÃO (CIP)**
VAGNER RODOLFO DA SILVA – CRB-8/9410

M798c Montoto, Eugenio
Coleção Esquematizado® – Contabilidade Geral e Avançada / Eugenio Montoto.
– 9. ed. – São Paulo: Saraiva Jur, 2025. (Coleção Esquematizado®)
944 p.

ISBN 978-85-5362-444-7 (impresso)

1. Contabilidade. I. Título

CDD 657
2024-4519 CDU 657

Índices para catálogo sistemático:
1. Contabilidade 657
2. Contabilidade 657

AGRADECIMENTOS

Este livro é fruto da colaboração de muitos, sob os mais diversos aspectos.

Em primeiro lugar, não posso deixar de reconhecer a mão de DEUS em minha vida, conduzindo-me até este momento.

De forma muito especial, quero agradecer a tantos alunos que, durante os últimos anos em sala de aula e nos cursos on-line, contribuíram com perguntas inteligentes e dúvidas únicas, que me inspiraram a estudar mais, pesquisar mais e tentar explicar melhor. Dentre esses alunos, destaco Sílvia Freire, que contribuiu com sua ferrenha crítica ao primeiro esboço do livro; João Franco, com suas diversas questões interessantes e oportunas; Rodrigo Sultão, pela colaboração na organização e crítica das questões, assim como pela crítica a todo o volume, em sua primeira fase; e Saionara Teixeira, que me enviou também tantas questões interessantes e oportunas aproveitadas neste livro. Na terceira e na quinta edição, devo uma gratidão especial a Eduardo Postigo, e na quarta, a Raguel Oliveira, que enviaram diversas sugestões de alteração de textos que muito contribuíram para a melhor qualidade desta obra.

Agradecimentos especiais aos meus quatro filhos Priscila, Diogo, Filipe e Sofia, pelo carinho, apoio e paciência em tantos momentos em que deixamos de estar juntos.

Gostaria de agradecer a oportunidade de ter sido aluno, na PUC-SP, dos professores doutores Sérgio de Iudícibus, José Carlos Marion, Antonio Robles Junior, Roberto Fernandes dos Santos e Juarez Belli; sem dúvida, este livro tem um pouco da contribuição de cada um de vocês. Não poderia deixar de agradecer também ao professor Eliseu Martins, por responder tão prontamente aos meus e-mails a respeito de alguns temas polêmicos referentes às novas normas contábeis harmonizadas com a Contabilidade internacional.

A meus amigos Pedro Lenza e Roberto Caparroz, pela honra e confiança do convite para escrever este livro na Coleção Esquematizado.

Por fim, sou grato a todos os meus alunos que estiveram comigo ao longo da minha caminhada de professor na área de concursos públicos, os quais, com a sede de aprender, motivaram-me muito na busca permanente da melhor e mais completa informação para que aqueles que lutam pelo sonho da carreira pública conquistem seu objetivo.

A todos, meus sinceros agradecimentos.

Eugenio Montoto

HOMENAGEM ESPECIAL

"A ROSA DO MEU CORAÇÃO"

Hoje passei o dia em Penedo. Você estava tão presente quando eu olhava os artesanatos tão delicados de que você tanto gostava e adereços femininos tão delicados quanto você; tão presente também quando um músico com sua harpa tocava "Luzes da Ribalta"... As lágrimas vieram incontidas... Em uma cidade tão bucólica, como não lembrar da sua paixão pelas flores...

Mamãe, você foi a grande arquiteta do jardim que floresce no meu coração.

Você plantou uma rosa vermelha que me impulsiona a amar, respeitar e ter coragem em meu viver; plantou também uma rosa branca, que me faz ter, buscar e refletir a PAZ e como cultivar a inocência de um coração de criança.

Como você gostava da cor amarela! Você também plantou a rosa amarela da alegria em meu coração. Você que sempre foi tão gentil, tão admirada, tão simpática, tão estimada, plantou também em meu coração uma rosa cor-de-rosa, que tudo isso simboliza.

Talvez a rosa que mais marque minha vida seja o entusiasmo por tudo, e isso significa que você não se esqueceu de plantar em meu coração também a rosa coral.

É possível que eu ainda descubra ao longo da minha vida que você plantou em mim outras rosas... Ou talvez todas elas sejam uma só.... Você, a única rosa que jamais morrerá em meu coração.

Dedico estas palavras à minha mãe, Hilda Roballo Montoto, que hoje faria 74 anos.

São Paulo, 6 de junho de 2010.

Eugenio Montoto

METODOLOGIA ESQUEMATIZADO

Durante o ano de **1999**, portanto, **há 25 anos**, pensando, naquele primeiro momento, nos alunos que prestariam o exame da OAB, resolvemos criar uma **metodologia de estudo** que tivesse linguagem "fácil" e, ao mesmo tempo, oferecesse o conteúdo necessário à preparação para provas e concursos.

O trabalho, por sugestão de **Ada Pellegrini Grinover**, foi batizado como ***Direito constitucional esquematizado***. Em nosso sentir, surgia ali uma **metodologia pioneira**, idealizada com base em nossa experiência no magistério e buscando, sempre, otimizar a preparação dos alunos.

A metodologia se materializou nos seguintes "pilares" iniciais:

- **Esquematizado:** verdadeiro método de ensino, rapidamente conquistou a preferência nacional por sua estrutura revolucionária e por utilizar uma linguagem clara, direta e objetiva.
- **Superatualizado:** doutrina, legislação e jurisprudência, em sintonia com os concursos públicos de todo o País.
- **Linguagem clara:** fácil e direta, proporciona a sensação de que o autor está "conversando" com o leitor.
- **Palavras-chave (*keywords*):** a utilização do negrito possibilita uma leitura "panorâmica" da página, facilitando a recordação e a fixação dos principais conceitos.
- **Formato:** leitura mais dinâmica e estimulante.
- **Recursos gráficos:** auxiliam o estudo e a memorização dos principais temas.
- **Provas e concursos:** ao final de cada capítulo, os assuntos são ilustrados com a apresentação de questões de provas de concursos ou elaboradas pelo próprio autor, facilitando a percepção das matérias mais cobradas, a fixação dos temas e a autoavaliação do aprendizado.

Depois de muitos anos de **aprimoramento**, o trabalho passou a atingir tanto os candidatos ao **Exame de Ordem** quanto todos aqueles que enfrentam os **concursos em geral**, sejam das **áreas jurídica** ou **não jurídica**, de **nível superior** ou mesmo os de **nível médio**, assim como **alunos de graduação** e demais **operadores do direito**, como poderosa ferramenta para o desempenho de suas atividades profissionais cotidianas.

Ada Pellegrini Grinover, sem dúvida, anteviu, naquele tempo, a evolução do *Esquematizado*. Segundo a Professora escreveu em **1999**, "a obra destina-se, declaradamente, aos candidatos às provas de concursos públicos e aos alunos de graduação, e, por isso mesmo, após cada capítulo, o autor insere questões para aplicação da parte teórica. Mas será útil também aos operadores do direito mais experientes, como fonte de consulta rápida e imediata, por oferecer grande número de informações buscadas em diversos autores, apontando as posições predominantes na doutrina, sem eximir-se de criticar algumas delas e de trazer sua própria contribuição. Da leitura amena surge um livro 'fácil', sem ser reducionista, mas que revela, ao contrário, um grande poder de síntese, difícil de encontrar mesmo em obras de autores mais maduros, sobretudo no campo do direito".

Atendendo ao apelo de "concurseiros" de todo o País, sempre com o apoio incondicional da Saraiva Jur, convidamos professores das principais matérias exigidas nos concursos públicos das *áreas jurídica* e *não jurídica* para compor a **Coleção Esquematizado®**.

Metodologia pioneira, vitoriosa, consagrada, testada e aprovada. **Professores** com larga experiência na área dos concursos públicos e com brilhante carreira profissional. Estrutura, apoio, profissionalismo e *know-how* da **Saraiva Jur**. Sem dúvida, ingredientes indispensáveis para o sucesso da nossa empreitada!

O resultado foi tão expressivo que a **Coleção Esquematizado®** se tornou **preferência nacional**, extrapolando positivamente os seus objetivos iniciais.

Para a **contabilidade**, tivemos a honra de contar com o trabalho de **Eugenio Montoto**, que soube, com maestria, aplicar a **metodologia "esquematizado"** à sua vasta e reconhecida experiência profissional.

O autor tem mais de duas décadas de experiência acadêmica e empresarial nas áreas administrativa, financeira, comercial e de tecnologia, abrangendo a estruturação, gestão e prospecção de negócios.

Palestrante altamente requisitado, possui amplo e notório conhecimento da matéria, atuando nos mais importantes cursos preparatórios do País.

A sua impecável didática como professor agora está materializada e refletida neste seu estudo de fôlego, elaborado com muita estratégia e contagiante dedicação.

Estamos certos de que este livro será um valioso aliado para "encurtar" o caminho do ilustre e "guerreiro" concurseiro na busca do "sonho dourado", além de ser uma **ferramenta indispensável** para estudantes de Direito e profissionais em suas atividades diárias.

Esperamos que a **Coleção Esquematizado®** cumpra plenamente o seu propósito. Seguimos juntos nessa **parceria contínua** e estamos abertos às suas críticas e sugestões, essenciais para o nosso constante e necessário aprimoramento.

Sucesso a todos!

Pedro Lenza
Mestre e Doutor pela USP
Visiting Scholar pela Boston College Law School
pedrolenza8@gmail.com
http://instagram.com/pedrolenza
https://www.youtube.com/pedrolenza
https://www.facebook.com/pedrolenza
saraiva jur https://www.grupogen.com.br/colecao-esquematizado
(cupom: VALELENZA)

APRESENTAÇÃO

Todos os anos, milhões de pessoas, com os mais variados perfis e histórias de vida, resolvem ingressar no mundo dos concursos públicos. Trata-se de um movimento contínuo, crescente, inesgotável e tipicamente brasileiro.

Portanto, se a ideia já passou pela sua cabeça, saiba que você não está sozinho. A constatação serve, a um só tempo, tanto como estímulo para os estudos quanto para que possamos compreender o calibre do desafio que aguarda os candidatos.

Quais os motivos para esse fenômeno, que só faz crescer?

A resposta mais simples e direta reside no fato de que o **Estado**, para a nossa realidade, é um **excelente empregador**. Se compararmos a remuneração da iniciativa privada com a de carreiras públicas equivalentes, em termos de exigências e atividades, na maioria dos casos, o valor percebido pelos servidores será igual ou superior.

Some-se a isso a **estabilidade**, o **regime diferenciado de previdência** e a possibilidade de **ascensão funcional** e teremos a perfeita equação para a verdadeira legião de "concurseiros" que existe no Brasil.

Como vencer o desafio dos concursos, se a concorrência é tão grande?

Ao contrário do que muita gente imagina, a dificuldade certamente não é quantitativa, pois o número de concorrentes, na prática, pouco importa. Todos os grandes concursos oferecem vagas suficientes, capazes de premiar os candidatos que conseguirem obter médias elevadas. O **fator determinante para o sucesso** é de natureza **qualitativa** e exige o domínio de duas metodologias: **saber estudar** e **resolver questões**.

Há muitos anos digo aos alunos que o segredo dos concursos não é simplesmente estudar mais (muito embora os vencedores estudem bastante) mas, principalmente, **estudar melhor**.

E o que significa isso? Estudar melhor implica escolher uma fonte de referência segura, completa e atualizada para cada matéria, absorvê-la ao máximo e, depois, verificar o aprendizado por meio de questões.

Costumo ponderar que, se um candidato ler dois autores sobre o mesmo tema, provavelmente "elevará ao quadrado" suas dúvidas, pois não saberá como enfrentar, nas provas, as divergências de pensamento que, apesar de comuns e salutares no meio acadêmico, devem ser evitadas a todo custo nos concursos.

Essa é uma das propostas da presente **Coleção Esquematizado**. Quando o amigo Pedro Lenza me convidou para ajudá-lo na coordenação das obras voltadas para as matérias não jurídicas, imediatamente vislumbrei a possibilidade de oferecer aos alunos das mais diversas carreiras a mesma **metodologia**, testada e aprovada no consagrado *Direito Constitucional Esquematizado*.

Sabemos que a grande dificuldade dos concursos de ampla concorrência, abertos a candidatos de qualquer formação, reside na quantidade e variedade de matérias, de tal sorte que não seria exagero afirmar que ninguém conhece, *a priori*, todos os temas que serão exigidos, ao contrário das carreiras jurídicas, nas quais os alunos efetivamente travaram conhecimento com as disciplinas durante a faculdade.

Ninguém faz "faculdade para concursos", até porque, na prática, ela não existe. Os candidatos provêm de áreas diferentes e acumularam conhecimento em temas que normalmente não são objeto de questões. É comum o relato de candidatos iniciantes que tiveram pior desempenho justamente nas matérias que conheciam a partir da experiência profissional.

Os **concursos não jurídicos** exigem **preparação específica**, na qual os candidatos normalmente "iniciam do zero" seus estudos.

A metodologia empregada na **Coleção Esquematizado** permite que o leitor, de qualquer nível, tenha acesso à mais **completa** e **atualizada teoria**, exposta em linguagem **clara**, **acessível** e **voltada para concursos**, acrescida de **questões** especialmente selecionadas e comentadas em detalhes.

O projeto, apesar de audacioso, se sustenta pela **qualidade dos autores**, todos com larga experiência na preparação de candidatos para as diferentes provas e bancas examinadoras. As matérias são abordadas de forma teórico-prática, com farta utilização de exemplos e gráficos, que influem positivamente na fixação dos conteúdos.

A abordagem dos temas busca esgotar os assuntos, sem, no entanto, se perder em digressões ou posições isoladas, com o objetivo de oferecer ao candidato uma **solução integrada**, naquilo que os norte-americanos chamam de *one stop shop*.

Com a estrutura e o suporte proporcionados pela **Saraiva Jur**, acreditamos que as obras serão extremamente úteis, inclusive para os alunos de cursos de graduação.

Lembre-se que o sucesso não decorre do "se", mas, sim, do "quando".

Boa sorte e felicidade a todos!

Roberto Caparroz
Mestre e Doutor em Direito
http://www.caparroz.com
contato@caparroz.com
https://x.com/robertocaparroz
https://www.facebook.com/caparroz.com
saraiva jur https://www.grupogen.com.br/colecao-esquematizado

NOTA DO AUTOR À 9.ª EDIÇÃO

É com muito orgulho que chegamos à 9.ª edição desta obra. Questões foram introduzidas em diversos capítulos com o intuito de trazer as novas abordagens das principais bancas para assuntos que são recorrentes e também assuntos anteriormente pouco solicitados. Introduzimos conteúdos teóricos em relação à NBC TG 28 (propriedade para Investimento), NBC TG 31 (Ativos Não Circulantes Disponíveis para Venda e Operação Descontinuada), mas a grande novidade desta edição é a introdução do Capítulo sobre Consolidação das Demonstrações Contábeis (NBC TG 36).

Este livro, desde sua concepção, foi escrito tanto para quem não conhece Contabilidade quanto para aqueles que já estudaram a matéria e **precisam se aprofundar e se atualizar em todas as modificações** feitas pela Lei n. 11.638/2007, pela Lei n. 11.941/2009, bem como pelas dezenas de pronunciamentos técnicos emitidos pelo CPC e aprovados pelo CFC que se tornaram as Normas Brasileiras Técnicas de Contabilidade.

Dessa forma, a obra visa permitir o entendimento da disciplina para alunos de **graduação, pós-graduação e concurseiros**, utilizando muitos exemplos. São mais de 800 questões de provas resolvidas, sempre com total atenção a todas as modificações legais e infralegais feitas na Contabilidade.

Os capítulos têm **questões selecionadas** predominantemente das principais bancas examinadoras de concursos públicos do País: ESAF, FCC, CESGRANRIO, FGV, CESPE, VUNESP, FEPESE, FUNDATEC e CFC, além de questões didáticas elaboradas por este autor para assuntos importantes ainda não abordados pelas bancas. **Estão todas resolvidas** com gabarito disponível no material suplementar. As questões teóricas contêm explicação **não só para as alternativas corretas, mas também para todas as outras, esclarecendo por que estão erradas**.

Este livro está dividido em 21 capítulos e 3 apêndices. O Apêndice 1 (Escolas contábeis) aborda um assunto em geral pouco presente em provas de concursos públicos. O **Apêndice 2** (Histórico recente da Contabilidade no mundo e no Brasil) **deve ser lido, obrigatoriamente, antes do início do livro. O Apêndice 3, por sua vez, descreve as contas mais utilizadas pelas principais bancas examinadoras nos últimos dez anos**.

Caro leitor, a partir do início dos seus estudos de Contabilidade neste nosso livro, passo a considerá-lo meu aluno. Dessa forma mais próxima, quero lhe dizer que muitas foram as dificuldades e frustrações em minha vida, mas em nenhuma dessas situações permiti o abatimento da minha alma. Sempre procurei, de fato, aprender com os ensinamentos desses momentos, que, via de regra, são o combustível para a vitória dos que não se entregam.

Sua vitória, seja em um concurso ou na vida, depende de sua capacidade de ser perseverante. **"A perseverança produz a experiência, e a experiência, a esperança" (Romanos 5:4)**.

A esperança é o principal combustível de todas as vitórias. Siga em frente e persiga seus sonhos de forma obstinada!

Eugenio Montoto

Mestre em Contabilidade pela PUC-SP, MBA em Gestão pela Sociedade de Desenvolvimento Empresarial, pós-graduado em Normas Internacionais de Contabilidade pela USP. Contador e Engenheiro Eletrônico

eugeniomontoto@gmail.com

youtube.com/eugeniomontoto

@profeugeniomontoto

www.squadconcursos.com.br

11-97991-1908

SUMÁRIO

1 INTRODUÇÃO

1.1. ASPECTOS INICIAIS SOBRE A CONTABILIDADE

A Contabilidade é uma ciência social que estuda o Patrimônio de uma entidade econômico-administrativa, pessoa física ou jurídica, com o objetivo de obter registros classificados e sintetizados dos fenômenos que afetam a sua situação patrimonial, financeira e econômica. Para o entendimento do que vem a ser a ciência da Contabilidade, podemos fazer uma analogia entre as três principais ciências envolvidas no universo das entidades econômico-administrativas: um empreendimento, para obter o sucesso esperado por seus investidores, deve sempre passar pelas etapas de planejamento, execução e controle de suas ações. Desta forma, temos a **Economia** no **planejamento** das metas da empresa, a **Administração** na **execução** de suas estratégias e ações e a **Contabilidade** no **controle** do resultado dessas ações (conceito extraído da *Teoria da Contabilidade*, de Sérgio de Iudícibus, 8. ed., p. 87).

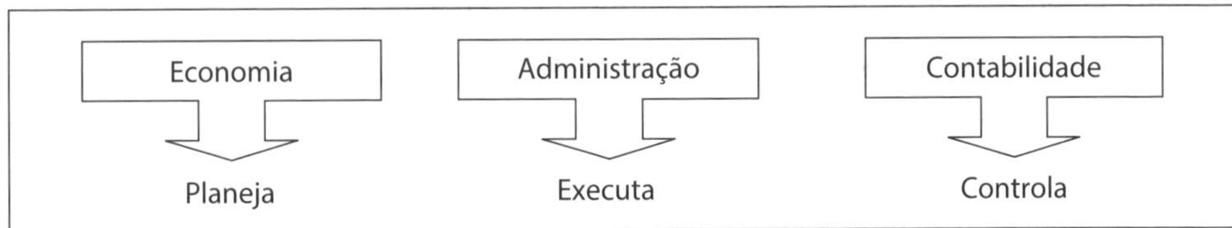

Para que a Contabilidade possa controlar, é fundamental que ocorra **o registro de todos os fatos contábeis**, isto é, de todos os eventos econômicos que afetam o patrimônio da empresa ou entidade em questão.

Um fato é uma ação feita. **Fato contábil** é todo **evento econômico** na entidade (empresa) que possui expressão monetária e que **afeta o patrimônio, quantitativa ou qualitativamente**. Este tanto pode ser um fato administrativo como não administrativo.

Fatos administrativos são os fatos praticados pela gestão, que correspondem à maioria dos fatos realizados em qualquer período analisado (ex.: compra de mercadorias). **Fatos não administrativos são os não praticados pelos gestores da empresa**, como o roubo de um veículo ou de qualquer outro ativo.

Como regra, a Contabilidade não registra **atos administrativos**, pois estes não afetam o Patrimônio, uma vez que se trata apenas de decisões ou procedimentos. Somente registramos atos quando estes puderem comprometer, no futuro, o Patrimônio da empresa; por exemplo, **aval em empréstimos de terceiros, fiança em locação de terceiros, títulos em cobrança** etc.

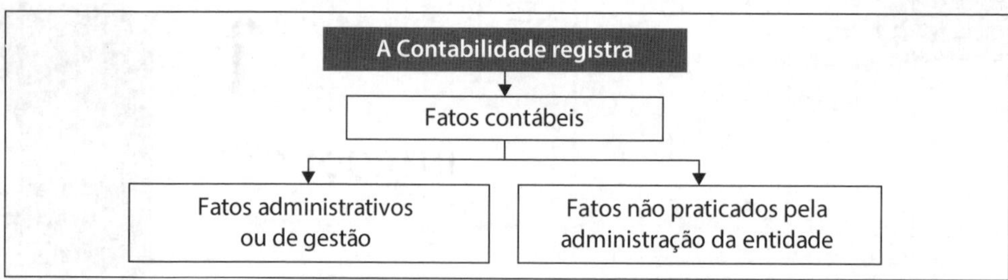

O grande desafio do profissional de Contabilidade é o **registro e a classificação de dados semelhantes** (fatos contábeis) para sua posterior sintetização em contas nos relatórios financeiros que serão analisados pelos públicos interno e externo interessados em informações da entidade (empresa). Esses relatórios financeiros são chamados de demonstrações financeiras. O professor A.C. Littleton, de Illinois, descreveu esse processo como sendo semelhante ao dos estatísticos:

> "Tanto os contadores quanto os estatísticos agregam números para chegar a totais e médias. Ambos precisam preocupar-se com a **classificação correta dos objetos**. Não faz sentido tirar a média de temperaturas ao longo do ano, quando o que interessa é calcular a temperatura média de cada estação."

O comitê de terminologia do Instituto Americano de Contadores — *American Institute of Accountants* (AIA) —, antecessor do Instituto Americano de Contadores Públicos — *American Institute of Certified Public Accountants* (AICPA) —, em 1941, definiu este processo de sintetização das informações como:

> "A contabilidade é a arte de **registro, classificação e sintetização**, de maneira significativa e em termos monetários, de transações e eventos que são em parte, de natureza financeira, e de interpretação de seus resultados."

As entidades econômico-administrativas produzem fatos contábeis passíveis de contabilização. A Contabilidade **registra, classifica e sintetiza** esses fatos, produzindo os relatórios financeiros (demonstrações contábeis), que permitirão a **mensuração do Patrimônio e a determinação do resultado** em determinado período.

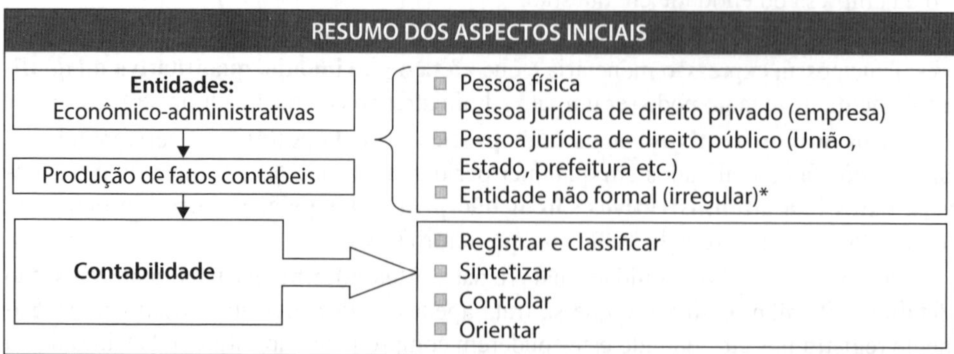

* Uma entidade não formal (irregular) também pode ser passível de contabilidade. Sócios que compram e vendem mercadorias, sem registro formal da empresa, estabelecem relações com empregados, fornecedores e clientes e são uma entidade produtora de fatos contábeis.

1.2. USUÁRIOS DA CONTABILIDADE

O **objetivo fundamental** da Contabilidade, de acordo com o *American Institute of Certified Public Accountants* (AICPA), é: **"prover os seus usuários de demonstrações financeiras com informações que os ajudarão a tomar decisões"**; artigo publicado em 1973.

Quais são os potenciais usuários das informações contidas nas demonstrações financeiras? Entre os usuários das demonstrações contábeis, incluem-se investidores atuais e potenciais, empregados, credores por empréstimos, fornecedores e outros credores comerciais, clientes, governos e suas agências e o público. Eles usam as demonstrações contábeis para satisfazer algumas das suas diversas necessidades de informação, a saber:

(a) Investidores: os provedores de capital de risco e seus analistas, que se preocupam com o risco inerente ao investimento e o retorno que ele produz, necessitam de informações para ajudá-los a **decidir se devem comprar, manter ou vender investimentos**. Os acionistas também estão interessados em informações que os habilitem a avaliar se a entidade tem capacidade de **pagar dividendos**.

(b) Empregados: os empregados e seus representantes estão interessados em informações sobre **a estabilidade e a lucratividade** de seus empregadores. Também se interessam por informações que lhes permitam **avaliar a capacidade que tem a entidade de prover** sua remuneração, seus benefícios de aposentadoria e suas oportunidades de emprego.

(c) Credores por empréstimos: estão interessados em informações que lhes permitam determinar **a capacidade da entidade em pagar** seus empréstimos e os correspondentes juros no vencimento.

(d) Fornecedores e outros credores comerciais: os fornecedores e outros credores estão interessados em informações que lhes permitam avaliar se as **importâncias que lhes são devidas serão pagas nos respectivos vencimentos**. Os credores comerciais provavelmente estarão interessados em uma entidade por um período menor que os credores por empréstimos, a não ser que dependam da continuidade da entidade, como um cliente importante.

(e) Clientes: têm interesse em informações sobre a **continuidade operacional** da entidade, especialmente quando têm um relacionamento de longo prazo com ela ou dela dependem, como um fornecedor importante.

(f) Governo e suas agências: estão interessados na **destinação de recursos** e, portanto, nas atividades das entidades. Necessitam também de informações, a fim de regulamentar as atividades das entidades, estabelecer políticas fiscais e servir de base para determinar a renda nacional e estatísticas semelhantes.

(g) Público: as entidades afetam o público de **diversas maneiras**. Elas podem, por exemplo, fazer contribuição substancial à economia local de vários modos, inclusive empregando pessoas e utilizando fornecedores locais. As demonstrações contábeis podem ajudar o público, fornecendo **informações sobre a evolução do desempenho** da entidade e os desenvolvimentos recentes.

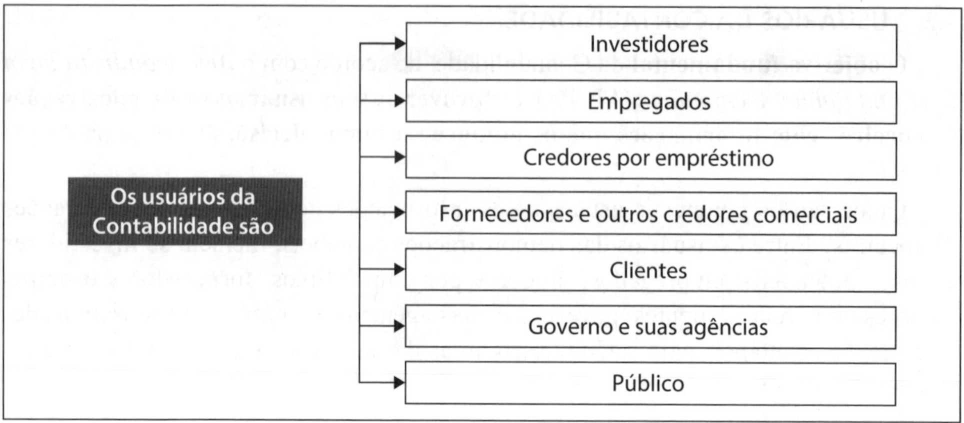

Dentre os potenciais usuários da Contabilidade, existem usuários prioritários definidos no item 1.5 da Estrutura Conceitual.

> "Item 1.5 **Muitos investidores, mutuantes e outros credores, existentes e potenciais**, não podem exigir que as entidades que reportam forneçam informações diretamente a eles, devendo se basear em relatórios financeiros para fins gerais para muitas das informações financeiras de que necessitam. **Consequentemente, eles são os principais usuários aos quais se destinam relatórios financeiros para fins gerais**.
> Ao longo da Estrutura Conceitual, os termos 'principais usuários' e 'usuários' referem-se a esses investidores, credores por empréstimos e outros credores, existentes e potenciais, que devem se basear em relatórios financeiros para fins gerais para muitas das informações financeiras de que necessitam."

Como exemplo de investidores que não podem exigir informações, cito os sócios minoritários, os mutuantes (financiadores) são as instituições financeiras, e os outros credores são os fornecedores de mercadorias, matéria-prima, outros itens e os prestadores de serviços.

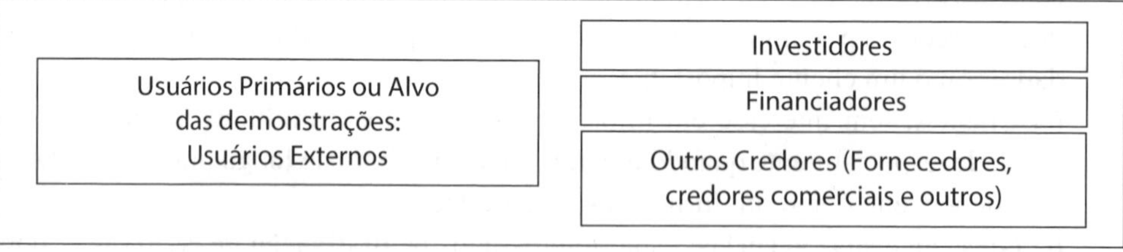

No Pronunciamento Conceitual, capítulo 1, item 10, a estrutura conceitual em seu novo texto coloca em segundo plano os outros interessados nas informações das demonstrações financeiras:

> "Item 1.10 Outras partes, como reguladores e o público em geral, que não investidores, credores por empréstimos e outros credores, podem também considerar relatórios financeiros para fins gerais úteis. Contudo, esses relatórios não são direcionados essencialmente a esses outros grupos."

1.2.1. Definição de Contabilidade do Conselho Federal de Contabilidade (CFC)

O 1.º Congresso Brasileiro de Contabilistas, ocorrido no Rio de Janeiro, em 1924, definiu o seguinte conceito de Contabilidade: "**A contabilidade é a Ciência que estuda e pratica as funções de orientação, controle e registro** relativas à administração econômica".

A Contabilidade é, portanto, uma ciência que estuda e pratica suas funções a partir dos fatos contábeis produzidos pela entidade em determinado período. Assim, **registra** os fatos contábeis nos livros, **controla** a entidade a partir das Demonstrações Financeiras e **orienta** os gestores a partir da Análise das Demonstrações Financeiras e da Auditoria em toda a produção de fatos contábeis da entidade.

1.2.2. O campo de aplicação da Contabilidade consiste nas *aziendas*

O campo de aplicação da Contabilidade é uma *azienda*.

***Azienda* é uma entidade**, com ou sem fim lucrativo, com objetivo social ou econômico, **de ordem econômicoadministrativa**, isto é, **que possui patrimônio a controlar**. O conceito de *azienda* é mais abrangente do que o conceito de empresa. Nela, consideramos não só o patrimônio mas também seus proprietários e administradores, ou seja, o Patrimônio é considerado juntamente com as pessoas que têm sobre ele poderes de administração e disponibilidade.

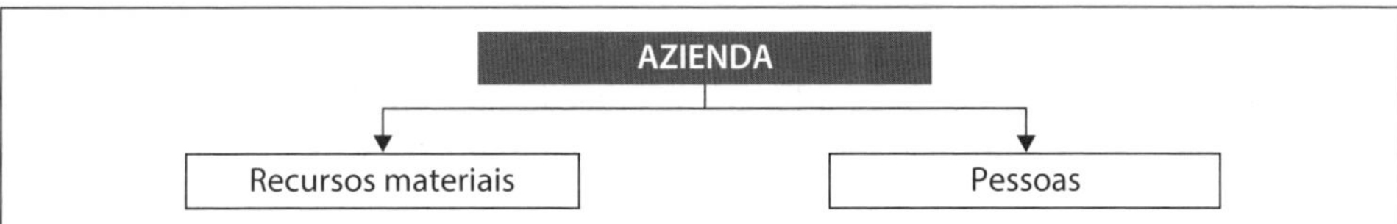

Uma *azienda* pode ser uma casa de comércio, uma indústria, a prefeitura, hospitais, igrejas, sindicatos, clubes, associações e até mesmo o nosso lar, como definido por Lopes de Sá em seu *Dicionário de Contabilidade*. Essas entidades são sistemas organizados que visam atingir um fim qualquer, individual ou coletivo. Uma ***azienda* é um sistema de elementos materiais e pessoais que busca a realização de um fim** e que, em sentido dinâmico, origina uma série de fatos que contribuem para a formação e o desenvolvimento deste sistema.

As *aziendas* podem ser classificadas tanto em relação aos fins a que se destinam como quanto aos seus proprietários, da seguinte maneira:

QUANTO AOS FINS A QUE SE DESTINAM
■ Sociais: não visam lucros. Ex.: Associações de classe, sindicatos etc.
■ Econômicos: o Lucro é o principal objetivo. Ex.: Indústria, Comércio etc.
■ Econômicos e Sociais: é um misto dos anteriores. Ex.: Sociedades de Previdência, Fundos de Pensão etc.
QUANTO AOS SEUS PROPRIETÁRIOS
■ Públicas: a finalidade é atender aos interesses da coletividade
■ Privadas: a finalidade é atender aos interesses de particulares

1.2.3. Forma de atuação da Contabilidade

"A Contabilidade, na qualidade de ciência aplicada, possui metodologias especialmente concebidas para captar, registrar, acumular, resumir e interpretar os fenômenos que afetam as situações patrimoniais, financeiras e econômicas de qualquer ente, seja este **pessoa física, entidade de finalidades não lucrativas, empresas, seja mesmo pessoas de Direito Público, tais como Estado, Município, União, Autarquia etc.**, e tem um campo de atuação circunscrito às entidades supramencionadas, o que equivale a dizer muito amplo" (Definição da equipe de professores da FEA/USP citada no livro *Contabilidade Introdutória*, Ed. Atlas).

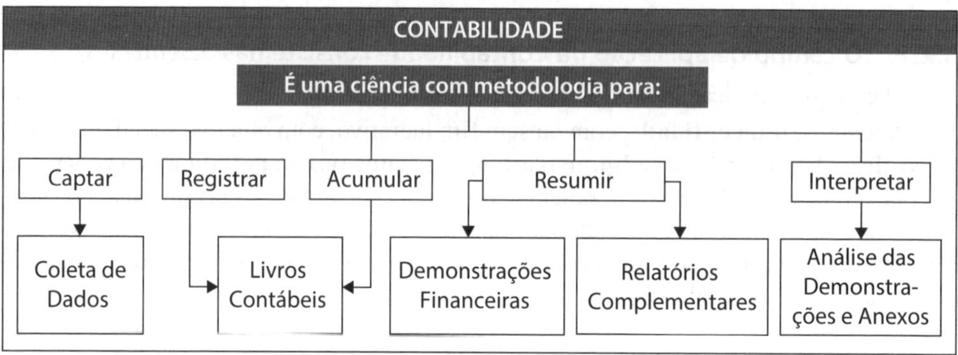

O diagrama anterior descreve a forma de atuação da Contabilidade nas entidades com Patrimônio a ser administrado. Não existe Contabilidade sem a coleta dos dados que alteraram o Patrimônio e, em seguida, o seu registro, de forma acumulada, nos livros contábeis. As demonstrações financeiras são resumos de tudo o que ocorre, porque seria impossível aos interessados, pelas informações contábeis e financeiras, terem acesso fácil e compreenderem os registros na sua origem elementar. Por último, a técnica da interpretação ajudará o leitor da informação contábil no entendimento do estado patrimonial, econômico e financeiro da entidade (empresa).

1.3. OBJETO, FUNÇÕES E OBJETIVO FINAL

Toda ciência tem um **objeto**, sendo o **da Contabilidade**, que é uma ciência social, **o Patrimônio** da entidade. A Contabilidade possui **duas funções práticas básicas: administrativa e econômica. O objetivo final** da Contabilidade é o fornecimento de informações de natureza econômica, financeira e patrimonial, para o **controle** das operações e para **o planejamento**.

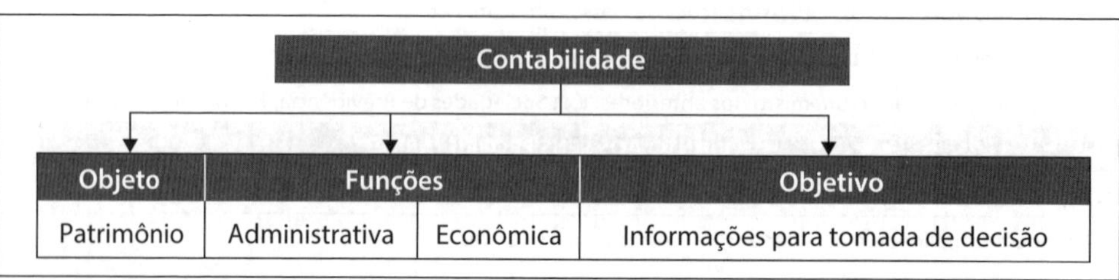

1.3.1. O objeto da Contabilidade é o patrimônio

O objeto delimita o campo de abrangência de uma ciência. Como vimos, **na Contabilidade, o objeto é o PATRIMÔNIO de uma entidade**, definido como um conjunto de **bens e direitos e de obrigações com terceiros**, pertencente a uma pessoa física, a um conjunto de pessoas ou a uma sociedade ou instituição de qualquer natureza, independentemente da sua finalidade, que pode ou não incluir o lucro.

As modificações no Patrimônio de uma entidade ocorrem principalmente em função da ação humana, mas também pelos efeitos da natureza sobre ele. O desgaste dos bens, por exemplo, é um efeito natural que precisa ser registrado, pois deprecia o bem (reduz seu valor).

A Contabilidade estuda o Patrimônio nos seus aspectos **quantitativos e qualitativos**. Ela busca assimilar suas modificações, tendo uma visão ao longe de possíveis variações.

A análise quantitativa expressa os itens patrimoniais em **valores**, o que exige da Contabilidade uma definição de "valor".

Por aspecto qualitativo do Patrimônio entende-se a **natureza dos elementos** que o compõem, como: dinheiro, valores a receber ou a pagar expressos em moeda, máquinas, estoques de materiais ou de mercadorias etc.

A Contabilidade não se limita à análise dos **"estoques"** como categoria, mas, dependendo das necessidades de controle, pode analisar cada item em particular, **diferenciando seus caracteres**, de forma a evitar confusão com outras de tipo semelhante. Exemplo: uma indústria automobilística com uma produção de 10 modelos diferentes de veículos não poderá contabilizar em apenas uma conta de estoque todas as unidades fabricadas ao final de um período; ela deverá escriturar uma conta estoque para cada modelo de veículo.

1.3.2. Funções da Contabilidade

A Contabilidade possui duas funções básicas: administrativa e econômica.

Administrativa → Controlar o Patrimônio
Econômica → Apurar o Resultado

Podemos fazer uma analogia entre a Contabilidade Pessoal (ou Familiar) e a Contabilidade nas empresas. Em nossa vida pessoal, fazemos contabilidade naturalmente. Preocupamo-nos com o controle de nosso Patrimônio e sempre estamos apurando nosso resultado.

Em uma família, existe uma subdivisão de tarefas, mesmo que intuitiva, quanto à responsabilidade de seus membros na gestão, no cuidado e no controle do Patrimônio. O pai toma conta dos automóveis; a mãe, da casa; cada filho toma conta de seu quarto — todos zelam por uma aparência limpa e agradável. Isso é administrar o Patrimônio.

Em nosso cotidiano, sempre há preocupação com as despesas e rendas pessoais e familiares. Nosso objetivo constante é saber se a cada mês conseguiremos superar as despesas com as rendas. Isso é apurar resultado. Caso não tenhamos conseguido, teremos que recorrer à poupança, ao endividamento ou a renegociações para quitar as despesas excedentes.

No âmbito empresarial, a Contabilidade, por meio de seus dois principais relatórios contábeis, o Balanço Patrimonial (BP) e o Demonstrativo de Resultado (DRE), resume o controle do Patrimônio e a apuração do resultado.

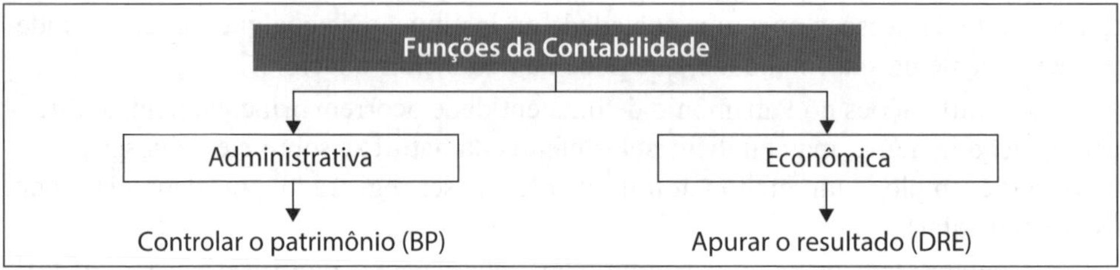

1.3.3. Finalidade da Contabilidade

O objetivo ou finalidade principal da Contabilidade é o de fornecer informações aos seus usuários externos para tomada de decisões sobre a entidade, do ponto de vista interno as informações que a contabilidade produz auxilia nos processos de controle e planejamento da entidade.

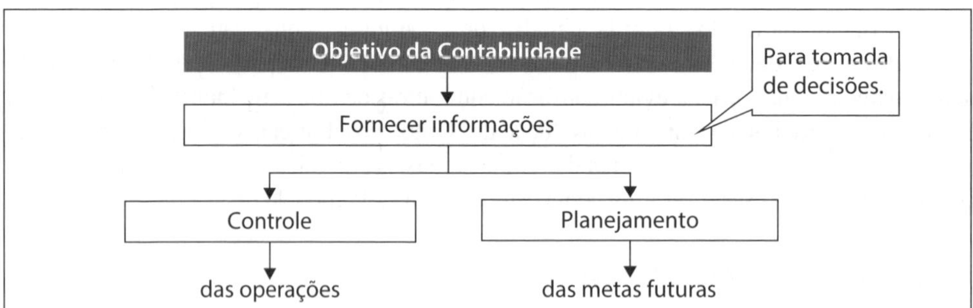

Na própria definição de Contabilidade pelo CFC são citados os objetivos de controlar a entidade contábil para verificar se os gestores estão executando os planos que foram definidos, assim como **fornecer as informações** oriundas das operações e da evolução patrimonial, para permitir um adequado planejamento das metas futuras da empresa.

1.4. TÉCNICAS CONTÁBEIS

Técnicas contábeis são os procedimentos práticos utilizados para a coleta de dados (captação), para o registro de forma acumulada desses dados nos livros contábeis, para a elaboração dos relatórios (demonstrações financeiras), bem como suas análises e checagens.

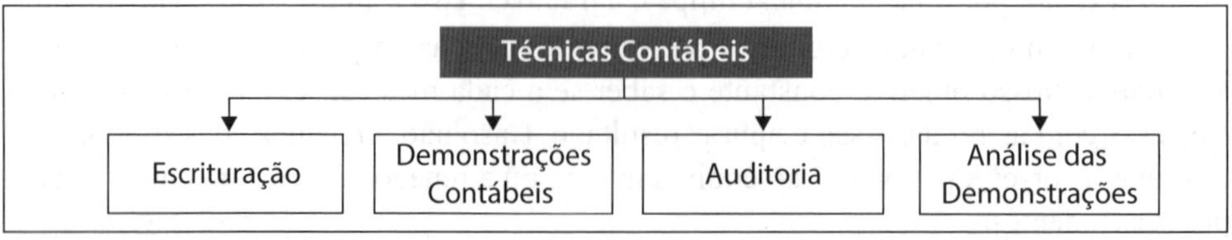

1.4.1. Escrituração

A escrituração necessita de uma boa definição do que queremos controlar, isto é, **que contas precisamos registrar** para podermos elaborar relatórios úteis aos usuários das informações. São nos livros contábeis e fiscais que registramos todos os fatos contábeis que ocorreram em determinado período, de acordo com o que determina a Lei n. 6.404, no seu art. 177:

> "**Art. 177.** A escrituração da companhia será mantida em registros permanentes, com obediência aos preceitos da legislação comercial desta Lei e aos princípios de contabilidade geralmente aceitos, (...)."

1.4.2. Demonstrações contábeis

As demonstrações contábeis representam na prática o "resumo" de toda a contabilidade. O Brasil tem uma lei considerada a base da contabilidade, que é a Lei n. 6.404/76, e o Conselho Federal de Contabilidade emite normas de contabilidade (NBC TG), baseadas nas normas internacionais (IFRS), que devem ser adotadas por profissionais da área contábil e empresas em geral. Tanto a Lei n. 6.404/76 quanto essas normas definem a relação de demonstrações que as entidades devem elaborar. Fique atento, porque as relações de demonstrações exigidas são diferentes. No Capítulo 12 deste livro e seguintes você entenderá com mais profundidade a razão desse fato e as diferenças.

1.4.2.1. Demonstrações contábeis de acordo com a Lei n. 6.404/76

As demonstrações **são os relatórios resumidos** de tudo o que ocorreu no universo contábil. São os resumos de todos os fatos contábeis. É o art. 176 da Lei n. 6.404/76 que regulamenta as demonstrações exigidas pela legislação comercial (societária):

> "**Art. 176.** Ao fim de cada exercício social, a diretoria fará elaborar, com base na escrituração mercantil da companhia, as seguintes demonstrações financeiras, que deverão exprimir com clareza a situação do patrimônio da companhia e as mutações ocorridas no exercício:
>
> I — balanço patrimonial;
>
> II — demonstração dos lucros ou prejuízos acumulados;
>
> III — demonstração do resultado do exercício;
>
> IV — demonstração dos fluxos de caixa; e (*Redação dada pela Lei n. 11.638, de 2007*)
>
> V — se companhia aberta, demonstração do valor adicionado. (*Incluído pela Lei n. 11.638, de 2007*) (...)
>
> § 6.º A companhia fechada com patrimônio líquido, na data do balanço, inferior a R$ 2.000.000,00 (dois milhões de reais) não será obrigada à elaboração e publicação da demonstração dos fluxos de caixa (*Redação dada pela Lei n. 11.638, de 2007*)."

1.4.2.2. Demonstrações contábeis de acordo com as normas NBC TG (IFRS)

De acordo com o item 10 da NBC TG 26, o conjunto completo das demonstrações inclui:

(a) balanço patrimonial ao final do período;

(b1) demonstração do resultado do período;
(b2) demonstração do resultado abrangente do período;
(c) demonstração das mutações do patrimônio líquido do período;
(d) demonstração dos fluxos de caixa do período;
(d1) demonstração do valor adicionado do período, conforme NBC TG 09 — Demonstração do Valor Adicionado, se exigida legalmente ou por algum órgão regulador ou mesmo se apresentada voluntariamente;
(e) notas explicativas, compreendendo as políticas contábeis significativas e outras informações elucidativas;
(e1) informações comparativas com o período anterior, conforme especificado nos itens 38 e 38A;
(f) balanço patrimonial do início do período mais antigo, comparativamente apresentado, quando a entidade aplica uma política contábil retrospectivamente ou procede à reapresentação retrospectiva de itens das demonstrações contábeis, ou quando procede à reclassificação de itens de suas demonstrações contábeis de acordo com os itens 40A a 40D; e
(g) demonstração do valor adicionado do período, conforme Pronunciamento Técnico CPC 09, se exigida legalmente ou por algum órgão regulador ou mesmo se apresentada voluntariamente.

1.4.2.3. Quadro comparativo de demonstrações pela Lei n. 6.404/76 e pelas Normas

	LEI N. 6.404/76	NBC TG/IFRS
Balanço Patrimonial — BP'	X	X
Demonstração do Resultado — DRE	X	X
Demonstração do Resultado Abrangente — DRA		X
Demonstração de Lucros ou Prejuízos Acumulados — DLPA	X	
Demonstração da Mutação do Patrimônio Líquido — DMPL		X
Demonstração dos Fluxos de Caixa — DFC	X	X
Demonstração do Valor Adicionado — DVA	X	X

1.4.3. Auditoria

A auditoria consiste na análise detalhada, na qual um contador-auditor fará uma **revisão de todo o trabalho** realizado pela Contabilidade da Entidade, **criticando, de forma analítica, os registros contábeis**, para verificar se existe alguma impropriedade, inadequação de procedimento ou até mesmo erro ou fraude. Ao final do seu trabalho, o contador-auditor deverá emitir um parecer com as opiniões técnicas e fundamentadas sobre seu trabalho e o de sua equipe.

1.4.4. Análise das demonstrações financeiras

A análise dos relatórios contábeis e a auditoria são ramos da Contabilidade e consistem em **verificações, comparações, cálculos e estatísticas a partir de demonstrações, pelo menos, de dois exercícios**.

A análise das demonstrações irá permitir verificar, por exemplo, se a empresa tem mais disponibilidade (dinheiro) que no ano anterior, se tem mais estoques, se o grau de investimento em imobilizados (ex.: edifícios, veículos, máquinas) é compatível com o negócio e com o setor em que a empresa atua, se o retorno sobre o investimento foi adequado (se comparado às expectativas e ao mercado), entre outras análises.

Enfim, são cálculos matemáticos e estatísticos que nos possibilitam analisar como evoluiu o Patrimônio e o resultado, bem como planejar o futuro da Entidade.

1.5. QUESTÕES

1. (Técnico do Tesouro Nacional — ESAF/1989) As técnicas de que a contabilidade se utiliza para alcançar seus objetivos são:

a) escrituração, planejamento, coordenação e controle;
b) escrituração, balanços, inventários e orçamentos;
c) contabilização, auditoria, controle e análise de balanços;
d) auditoria, análise de balanços, planejamento e controle;
e) auditoria, escrituração, análise de balanços e demonstrações.

2. (Técnico do Tesouro Nacional — ESAF/1992) É função econômica da Contabilidade:

a) apurar lucro ou prejuízo;
b) efetuar o registro dos fatos contábeis;
c) controlar o patrimônio;
d) verificar a autenticidade das operações;
e) evitar erros ou fraudes.

3. (Técnico do Tesouro Nacional — ESAF/1992) A palavra *azienda* é comumente usada em Contabilidade como sinônimo de fazenda, na acepção de:

a) conjunto de bens e direitos;
b) mercadorias;
c) finanças públicas;
d) grande propriedade rural;
e) patrimônio, considerado juntamente com a pessoa que tem sobre ele poderes de administração e disponibilidade.

4. (Analista-Pref. Vila Velha/IBADE/2020) Conceito de contabilidade:

I. É uma ciência social que através da execução de serviços técnicos controla, organiza, estuda e avalia o patrimônio de uma entidade (física ou jurídica) permanentemente.
II. É um sistema de informação e avaliação que registra os eventos que alteram o patrimônio, de acordo com as orientações do Contador.
III. É uma ciência política que através da execução de serviços técnicos, controla as ações do executivo e do legislativo.
IV. Registra os atos e fatos administrativos, e produz informações que possibilitem ao administrador planejar e controlar suas ações, para traçar os objetivos da entidade.
V. É um sistema de informação e avaliação que registra os eventos que alteram o patrimônio de uma entidade, destinado a prover seus usuários com demonstrações e análises de natureza patrimonial, econômica e financeira.

Estão corretas:

a) somente I, II e III.
b) somente I, IV e V.
c) somente I, III e V.
d) somente II, III e IV.
e) somente III, IV e V.

5. (Fiscal de Rendas-RJ — ESAF/2010) Assinale abaixo a única opção que contém uma afirmativa falsa.

a) A finalidade da Contabilidade é assegurar o controle do patrimônio administrado e fornecer informações sobre a composição e as variações patrimoniais, bem como sobre o resultado das atividades econômicas desenvolvidas pela entidade para alcançar seus fins.

b) A Contabilidade pode ser conceituada como sendo "a ciência que estuda, registra, controla e interpreta os fatos ocorridos no patrimônio das entidades com fins lucrativos ou não".
c) Pode-se dizer que o campo de aplicação da Contabilidade é a entidade econômico-administrativa, seja ou não de fins lucrativos.
d) O objeto da Contabilidade é definido como o conjunto de bens, direitos e obrigações vinculado a uma entidade econômico-administrativa.
e) Enquanto a entidade econômico-administrativa é o objeto da Contabilidade, o patrimônio é o seu campo de aplicação.

6. (Bacharel — CFC/2000.1) O objetivo fundamental da Contabilidade é:

a) atender apenas os interesses de instituições financeiras e fornecedores.
b) atender os interesses das instituições financeiras, fornecedores e fisco.
c) respaldar as informações prestadas à Receita Federal.
d) prover os usuários das demonstrações contábeis com informações que os ajudem a tomar decisões.

7. (Bacharel — CFC/2000.1) De acordo com os estudos epistemológicos, a contabilidade é classificada como pertencente ao grupo das ciências:

a) sociais.
b) exatas.
c) naturais.
d) patrimoniais.

8. (Analista Judiciário — TSE — CONSULPLAN/2012) A contabilidade foi definida no I Congresso Brasileiro de Contabilidade como: "a ciência que estuda e pratica as funções de orientação, controle e registro relativo aos atos e fatos da administração econômica." São objetivos da contabilidade, EXCETO:

a) Fornecer informações sobre a posição patrimonial e financeira, o desempenho e as mudanças na posição financeira da entidade.
b) Auxiliar o maior número de usuários em suas avaliações e tomadas de decisão financeira.
c) Apresentar os resultados da atuação da administração na gestão da entidade quanto aos recursos que lhe foram confiados.
d) Auxiliar os acionistas a avaliar a produtividade de cada funcionário da empresa e o desempenho dos gerentes.

9. (FEPESE — AFTE-SC/2010) O objeto da contabilidade é:

a) o patrimônio das entidades.
b) a apuração do resultado das entidades.
c) o planejamento contábil das entidades.
d) o controle e o planejamento das entidades.
e) o fornecimento de informações a seus usuários de modo geral.

10. (Técnico — PETROBRAS — CESGRANRIO/2018) A teoria Patrimonialista, adotada no Brasil, que tem por objeto o estudo contábil do Patrimônio de uma entidade, divide as contas em dois grupos: Contas Patrimoniais e Contas de Resultado.

Nesse contexto da teoria Patrimonialista e de acordo com os seus aspectos técnico-conceituais, as contas de despesa provocam sempre numa empresa a(o)

a) diminuição do passivo.
b) diminuição do patrimônio líquido.
c) diminuição do lucro bruto.
d) aumento do resultado líquido.
e) aumento do ativo.

11. (Perito — PC-MA — CESPE/2018) De acordo com Max Weber, a moderna organização racional da empresa capitalista foi viabilizada pela contabilidade racional. Esse pensamento foi corroborado, na ciência contábil, por Vicenzo Masi, que identificou como objeto da contabilidade:

a) as contas.
b) a *azienda*.

c) os réditos.
d) o patrimônio.
e) o lucro.

12. (Técnico — CM-SJM — FUNRIO/2018) Fornecer informações econômicas e financeiras acerca da entidade corresponde à (ao):

a) finalidade da contabilidade.
b) objeto da contabilidade.
c) objetivo da contabilidade.
d) conceito da contabilidade.
e) funcionamento da contabilidade.

13. (Técnico — TRANSPETRO — CESGRANRIO/2018) A contabilidade, em decorrência de sua ampla abrangência, atende a um leque amplo e diferenciado de interesses dos seus múltiplos usuários.

De que grupo fazem parte os usuários que têm como principal preocupação com a empresa o risco inerente às suas decisões?

a) Credores por empréstimos.
b) Empregados.
c) Fornecedores.
d) Governo.
e) Investidores.

14. (Técnico — TRANSPETRO — CESGRANRIO/2018) A contabilidade em seus aspectos técnico-conceituais tem grande amplitude e interesse, tanto para as pessoas físicas quanto para as pessoas jurídicas de cunho social ou econômico de qualquer ramo de atividade ou atuação no campo público ou privado.

Nesse contexto, o objetivo primeiro da contabilidade é o de fornecer

a) dados confiáveis da estrutura de capitais da empresa aos seus gestores empresariais.
b) dados e informações de exclusivo interesse para a gestão empresarial.
c) elementos monetários confiáveis para estabelecer políticas de ordem fiscal.
d) informações úteis para a tomada de decisão dos usuários interessados.
e) subsídios fidedignos e tempestivos para atender às obrigações acessórias.

15. (Técnico — EBSERH — CESPE/2018) Em relação aos conceitos, objetivos e finalidades da contabilidade, julgue o item subsequente.

O principal objetivo da contabilidade é fornecer informações úteis sobre o patrimônio da entidade para finalidades diversas, entre as quais, planejamento, controle e auxílio no processo decisório.

( ) Certo ( ) Errado

16. (Técnico — EBSERH — CESPE/2018) Em relação aos conceitos, objetivos e finalidades da contabilidade, julgue o item subsequente.

O objeto de estudo da contabilidade são as entidades econômico-administrativas, o que inclui as instituições com fins sociais.

( ) Certo ( ) Errado

17. (Técnico — EBSERH — CESPE/2018) Em relação aos conceitos, objetivos e finalidades da contabilidade, julgue o item subsequente.

A análise de balanços não é considerada uma técnica contábil, tendo em vista que foi formulada e desenvolvida no âmbito da administração financeira.

( ) Certo ( ) Errado

18. (Agente da PF — CESPE/2018) Considerando que a contabilidade é a ciência que estuda os fenômenos patrimoniais sob o aspecto da finalidade organizacional, julgue o item a seguir, no que se refere a conceitos, objetivos e finalidades da contabilidade.

A contabilidade integra o rol das ciências exatas por estar dedicada à mensuração da riqueza do ente contábil.

( ) Certo ( ) Errado

19. (Contador — CM Orizânia — ACCESS/2020) "Usuário da contabilidade é toda pessoa física ou jurídica que utiliza das informações contábeis, que se interessa pela situação da entidade e busca na contabilidade suas respostas. Podem ser internos ou externos". (MARION, 2009)

Assinale a opção que corresponde a um usuário interno da contabilidade.

a) Investidores.
b) Governos e suas agências.
c) Credores por empréstimos.
d) Fornecedores.
e) Clientes.

20. (Oficial — Pref-Tramandaí — FUNDATEC/2021) Contabilidade é a ciência social que estuda, controla e interpreta os fatos ocorridos no patrimônio das entidades mediante o registro, a demonstração e a divulgação desses fatos. Sobre esse tema, assinale a alternativa que apresenta o conceito correto de Patrimônio.

a) Conjunto de bens, direitos e obrigações de uma entidade.
b) Soma dos recursos financeiros de uma entidade.
c) Conjunto de bens móveis e imóveis de uma organização.
d) Recursos da empresa disponíveis em contas bancárias e direitos a receber.

21. (Assistente — CREF — UEPB/2021) A contabilidade tem em sua essência, basicamente, duas funções:

a) Função administrativa: ajuda no controle do patrimônio. Função monetária: realiza a apuração do lucro ou prejuízo do exercício.
b) Função preventiva: ajuda na proteção do patrimônio. Função econômica: realiza a apuração do déficit ou prejuízo do fluxo de caixa.
c) Função administrativa: ajuda no controle do patrimônio. Função econômica: realiza a apuração do lucro ou prejuízo do exercício.
d) Função preventiva: ajuda na proteção do patrimônio. Função econômica: realiza a apuração dos ganhos e perdas e seu impacto no orçamento do exercício.
e) Função administrativa: ajuda no controle do patrimônio. Função cambial: realiza a apuração do câmbio e a variação monetária.

22. (Assistente — TCE-PI — FGV/2021) Os registros de operações realizadas em uma empresa têm o objetivo de gerar informações úteis para a gestão organizacional. Embora seja fornecida uma diversidade de informações nos relatórios contábeis, o objeto da contabilidade é o:

a) controle de receitas e despesas;
b) fluxo de caixa das entidades;
c) lucro das entidades;
d) patrimônio das entidades;
e) valor de mercado das entidades.

http://uqr.to/1xvmb

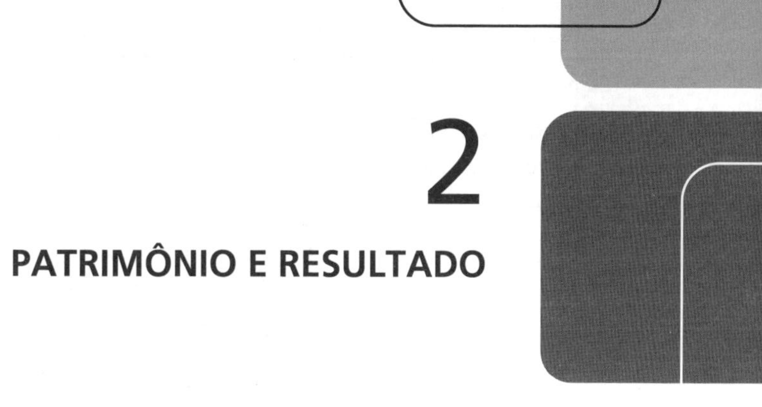

2

PATRIMÔNIO E RESULTADO

2.1. SIGNIFICADO DE UMA CONTA

O homem passou a fazer contas quando começou a criar, consumir, guardar e trocar riquezas. Nesse momento, nasceu a **Contabilidade**, que podemos chamar **"ciência das contas"**. "Desde que o homem se preocupou com o amanhã, preocupou-se, também, em fazer as contas"[1].

Para começar a entender Contabilidade, criaremos um cenário em que uma pessoa (ou família) começa a construir um Patrimônio (ou a querer registrar um Patrimônio que já existe) e, a partir deste momento, controlar sua evolução.

A evolução do Patrimônio será consequência do resultado de cada período que analisarmos. Será necessária a apuração do resultado mensalmente para sabermos se naquele período o Patrimônio cresceu, diminuiu ou não se alterou.

Todos nós trabalhamos para construir um Patrimônio, objetivando sempre seu crescimento. Para obter resultados positivos, precisamos ganhar novos recursos, oriundos de nosso trabalho.

Não basta ganhar recursos para que o **Patrimônio cresça** efetivamente. Para isso, **temos que obter resultados positivos**, isto é, ter **despesas menores do que as receitas** obtidas.

[1] SÁ, Antonio Lopes de. *História geral e das doutrinas da contabilidade*. São Paulo: Atlas, 1997. p. 15.

Com essa poupança, poderemos fazer investimentos, como comprar uma casa, um veículo, móveis e utensílios novos, fazer uma aplicação financeira ou emprestar recursos para alguém.

Quando um Patrimônio começa a ser construído (ou controlado), também farão **parte dele suas dívidas**.

Um exemplo frequentemente visto é a compra de um veículo cujo pagamento é feito com uma parcela de entrada e o restante do valor dividido em parcelas mensais de um carnê. Assim, tanto o veículo quanto o carnê fazem parte do Patrimônio do comprador.

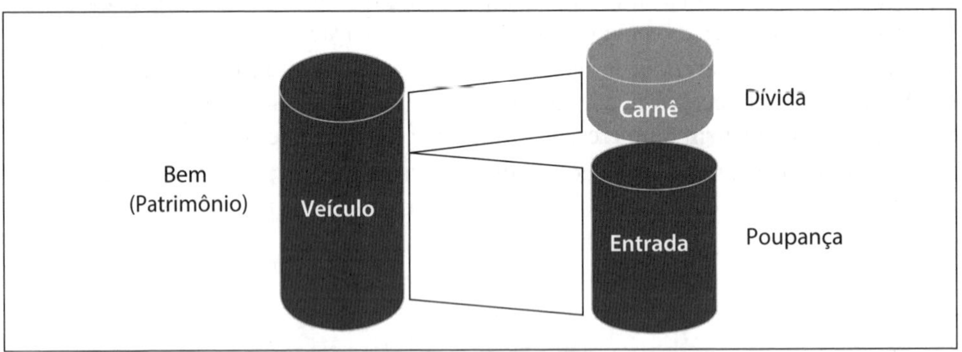

Já podemos entender claramente que, **se queremos registrar para controlar, temos dois universos bem distintos:**

UNIVERSOS DE REGISTRO E CONTROLE	
Universo do Patrimônio	Universo do Resultado

Vamos criar agora a figura de dois cadernos. Em um caderno, vamos registrar os itens que se referem ao Patrimônio desta família ou pequena empresa, e, em outro, registraremos todos os acontecimentos que estiverem relacionados com o Resultado de tais acontecimentos.

Arbitraremos que **cada página do caderno do Patrimônio** será utilizada para registrar qualidades diferentes de **itens patrimoniais**, e **cada página do caderno do Resultado**, para registrar qualidades diferentes de **itens do Resultado**. O que chamaremos de **item será uma CONTA**, que possuirá anotações de cada qualidade de fato contábil que consideramos diferente dos demais.

No caderno de Patrimônio, vamos anotar os itens relativos a nossas propriedades materiais, aplicações financeiras, dinheiro, veículos, direitos relacionados a terceiros e também toda espécie de dívidas com instituições financeiras, fornecedores, governos e terceiros.

CADERNO DE PATRIMÔNIO
Investimentos Especulativos
Dinheiro em espécie (Caixa)
Dinheiro depositado (Banco)
Valores a receber (Contas a receber)
Títulos a receber (cheques pré-datados e notas promissórias a receber)
Aplicações financeiras em renda fixa (CDB, RDB, Poupança, Letras do Tesouro)
Aplicações financeiras em renda variável (ações, derivativos)
Estoques de mercadorias
Estoques de matéria-prima
Investimentos Fixos ou Permanentes
Máquinas próprias
Terrenos próprios
Veículos
Móveis e Utensílios de uso próprio
Investimentos em ações permanentes
Direito de exploração de um ponto comercial
Dívidas ou Obrigações
Dívidas
Empréstimos
Contas a pagar (salários, contas de consumo etc.)
Dívidas com fornecedores

No caderno de Resultado, vamos anotar todos **os tipos de rendas (receitas)**, como salário, aluguéis, rendimentos de juros, dividendos e demais rendas desta família ou empresa. Também anotaremos todos **os tipos de despesas (consumo)** que tivermos, tais como: gastos com energia, alimentação, salários de funcionários, telefone, impostos etc.

CADERNO DE RESULTADO
RECEITAS
Rendas (Receitas)
Receita de venda de mercadorias

Receita da prestação de serviços
Receita Financeira (juros de aplicações)
DESPESAS
Salários e encargos de funcionários
Aluguel e IPTU dos imóveis alugados
Contas de consumo (luz, energia e telefone)
Publicidade e *Merchandising*
Comissões de venda
Transporte, alimentação e assistência médica dos funcionários
Seguros
Impostos e contribuições
Imposto de Renda (IR)
Imposto sobre Operações Financeiras (IOF)
IPTU
IPVA

Uma conta em Contabilidade é um registro documentado com nome **(TÍTULO) que reúne os fatos contábeis de mesma natureza ou qualidade**. Pode ser aberta na Contabilidade de uma entidade uma infinidade de contas. O número de contas que uma entidade utiliza em sua contabilidade deve estar descrito no chamado **plano de contas** da empresa, que irá descrever em cada entidade (empresa) o que deve ser registrado em cada conta.

Exemplo: apresentamos a seguir a dinâmica da construção de um plano de conta de uma distribuidora de eletrodomésticos, exemplificando com a conta sintética de estoque até a discriminação nas contas analíticas que compõem o estoque.

1.	ESTOQUE
1.1.	Mercadorias para revendas
1.2.	Material de consumo
1.3.	Matéria-prima
1.4.	Produtos semiacabados
1.5.	Produtos acabados

A seguir, vamos discriminar a conta sintética de produtos acabados em seus componentes mais básicos:

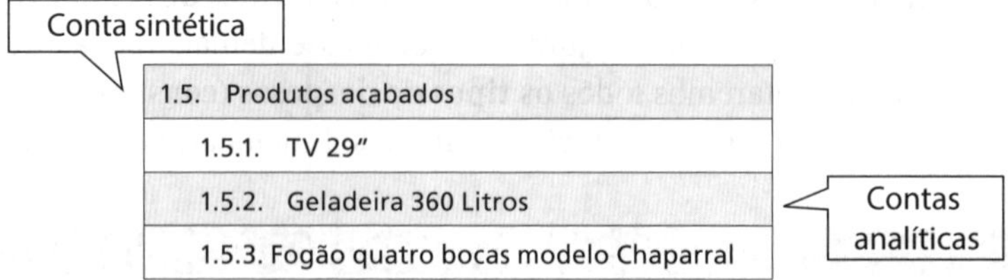

Uma conta sintética agrupa contas do mesmo tipo. Já uma conta analítica especifica um item que não admite subdivisão.

2.2. BALANÇO PATRIMONIAL DE UMA FAMÍLIA

Vamos ampliar nosso entendimento estudando o Patrimônio de uma família. Imaginemos um casal, que formou família há quinze anos e tem dois filhos adolescentes. O casal tem um salário líquido da ordem de $ 8.000. Possui dinheiro em espécie, dinheiro no banco, aplicações financeiras, empréstimos concedidos a terceiros, dois veículos em parte financiados, residência em parte financiada e uma joia comprada pelo marido para sua esposa completamente financiada. A seguir, representamos esse patrimônio discriminando o que a família possui e adquiriu com **recursos próprios** e o que adquiriu com **recursos de terceiros**.

INVESTIMENTOS	TOTAL	ORIGEM DO DINHEIRO		
		PRÓPRIO	TERCEIROS	
	$	$	$	DESCRIÇÃO
Dinheiro no bolso	2.000	2.000		
Dinheiro no banco	18.000	18.000		
Aplicação em poupança	30.000	30.000		
Empréstimos a parentes e amigos	20.000	20.000		
Veículos (2)	40.000	20.000	20.000	Financiados pelo banco ABC
Residência	200.000	80.000	120.000	Financiada pela Caixa Econômica
Móveis e utensílios	50.000	25.000	25.000	Carnês diversos
Joias	5.000		5.000	Financiadas pela Joalheria
Total	**365.000**	**195.000**	**170.000**	

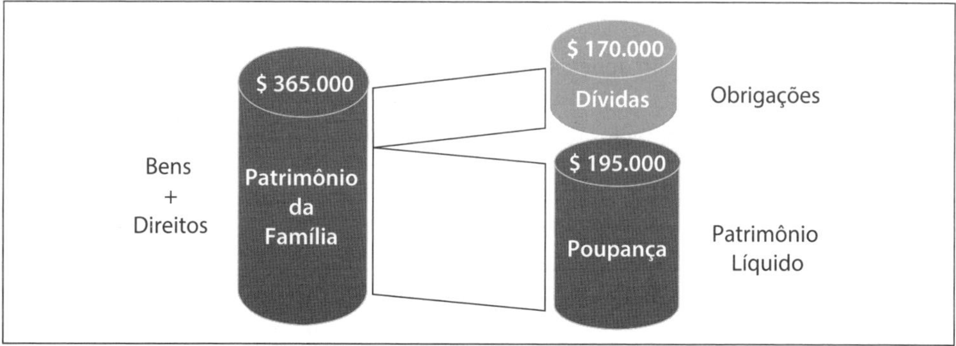

Os investimentos realizados foram em parte realizados com recursos que a família poupou ($ 195.000) e em parte adquiridos com recursos emprestados ou financiados por terceiros ($ 170.000). O Patrimônio da Família foi construído ao longo do tempo com essas duas origens de recursos.

2.3. OS CONCEITOS DE BENS, DIREITOS E OBRIGAÇÕES

2.3.1. Bens e direitos

O somatório de todos os bens e direitos adquiridos pela entidade (empresa) **recebe o nome de "Ativo"**. O Ativo é o conjunto de aplicações dos recursos totais obtidos pela empresa.

2.3.1.1. Bens

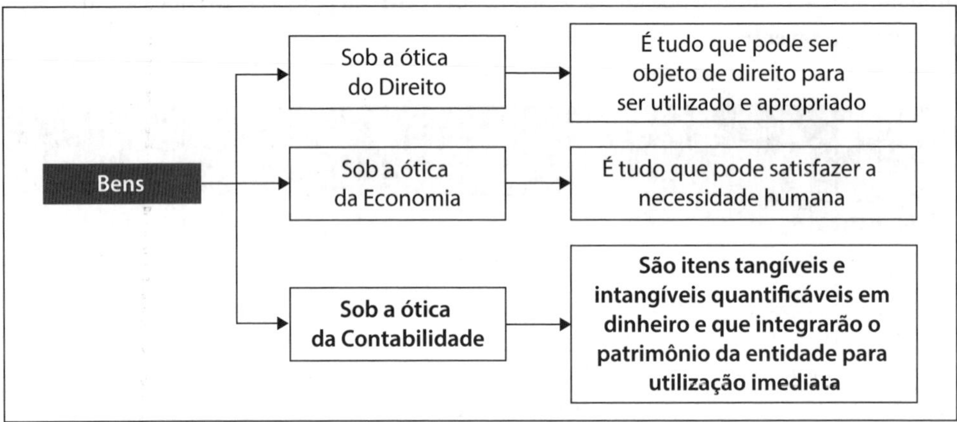

■ **Bens:** são a parte da riqueza de uma entidade (empresa) que a ela pertence e que está em seu poder; logo, estão disponíveis para sua utilização imediata. Os bens podem ser classificados como tangíveis ou intangíveis.

■ **Bens Tangíveis:** são aqueles que podemos ver ou tocar, isto é, são corpóreos, possuem corpo.
Exemplos: veículos, máquinas, edifícios e outros.

■ **Bens Intangíveis:** são aqueles que não podemos tocar, porque são incorpóreos, não possuem corpo.
Exemplos: marcas e patentes, direitos de exploração, concessões públicas etc.

2.3.1.2. Direitos

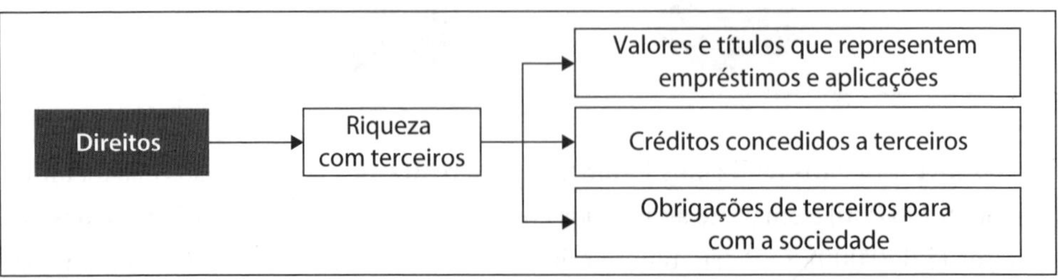

Os **direitos** são a parte da riqueza da entidade (empresa) que a ela pertence, mas que está em poder de terceiros, logo, não estando disponível para utilização imediata.

Os direitos (créditos) se subdividem em créditos de funcionamento e de financiamento.

- Os **créditos (direitos) de funcionamento** referem-se aos créditos ou direitos obtidos em função das operações comerciais da empresa.
  Exemplo: quando uma empresa concede prazo de pagamento a seus clientes, ela contabiliza valores a receber em contas ou cheques a receber. Outro exemplo de créditos de funcionamento seria a concessão de adiantamentos a fornecedores da empresa, para futura entrega de mercadoria.

- Os **créditos (direitos) de financiamento** referem-se aos créditos ou direitos obtidos em função das operações financeiras da empresa.
  Exemplo: um empréstimo concedido, uma riqueza (valor ou ativo) da empresa em poder de terceiros ou uma aplicação financeira trata-se de créditos de financiamento.

Exemplos de bens e direitos patrimoniais da família citada no item 2.2:

STATUS	INVESTIMENTOS (BENS E DIREITOS)
■ Bem tangível	■ Dinheiro em espécie
■ Direito de saque	■ Dinheiro no banco
■ Direito de saque	■ Aplicação em poupança
■ Direito de receber	■ Empréstimos a parentes e amigos
■ Bem tangível	■ Veículos (2)
■ Bem tangível	■ Residência
■ Bem tangível	■ Móveis e utensílios
■ Bem tangível	■ Joias

2.3.2. Obrigações

São direitos de terceiros em poder da entidade, também designados de débitos, dívidas ou capital de terceiros em poder da empresa ou entidade.

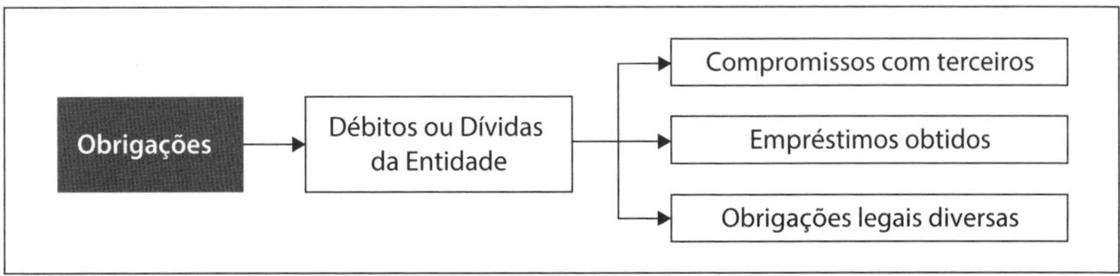

Os débitos também podem ser subdivididos em débitos de funcionamento e débitos de financiamento.

■ **Débitos de funcionamento** são débitos (obrigações) oriundos das operações que são o objetivo de uma entidade (empresa).
Exemplo: débitos com os fornecedores (fornecedores a pagar), débitos com os empregados (salários a pagar), débitos com impostos (impostos a pagar), débitos com contas de consumo (energia a pagar) etc.

■ **Débitos de financiamento** são débitos (obrigações) oriundos das operações de financiamentos de uma entidade (empresa).
Exemplo: débitos com arrendamentos mercantis (arrendamento a pagar), débitos com os empréstimos contraídos (empréstimos a pagar), débitos com títulos de dívida emitidos pela empresa (debêntures a pagar) etc.

Exemplos de obrigações patrimoniais da família citada no item 2.2:

STATUS	DÍVIDAS
■ Obrigações	■ Financiamento do veículo pelo banco ABC
■ Obrigações	■ Financiamento da residência pela Caixa Econômica
■ Obrigações	■ Carnês diversos referentes às compras dos móveis e utensílios
■ Obrigações	■ Financiamento da joalheria

2.4. PATRIMÔNIO LÍQUIDO E EQUAÇÃO FUNDAMENTAL DO PATRIMÔNIO

2.4.1. Patrimônio Líquido (PL)

O Patrimônio Líquido é o resultado matemático do somatório dos bens e direitos, subtraídas as obrigações que recaem sobre esse patrimônio.

PL = BENS + DIREITOS – OBRIGAÇÕES
OU
PL = ATIVO – PASSIVO (EXIGÍVEL)

O patrimônio líquido (também chamado de situação líquida) de uma pessoa ou uma empresa é a sua riqueza efetiva.

2.4.2. Equação fundamental do patrimônio

BENS + DIREITOS = OBRIGAÇÕES + PATRIMÔNIO LÍQUIDO
OU
ATIVO = PASSIVO (EXIGÍVEL) + PL

A soma dos bens + direitos é o que podemos chamar de riqueza concreta de uma família ou de uma empresa. Essa riqueza é construída a partir da poupança da família ou do capital dos sócios na empresa e das dívidas contraídas por eles.

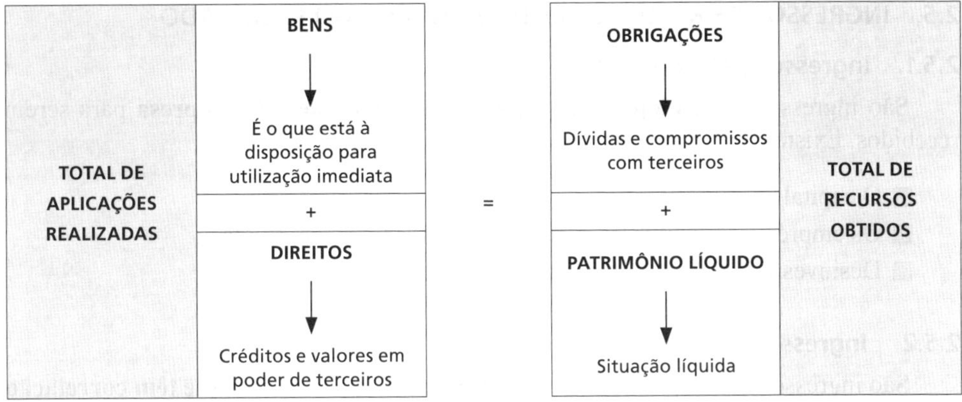

Abaixo, apresentamos o Balanço Patrimonial referente ao patrimônio da família do item 2.2:

BALANÇO PATRIMONIAL			
Ativo (Bens + Direitos)		**Passivo (Obrigações + PL)**	
Dinheiro em espécie 2.000		Financiamento de veículo pelo banco ABC	20.000
Dinheiro no banco	18.000		
Aplicações na poupança	30.000	Financiamento da residência pela Caixa Econômica Federal	120.000
Empréstimos a parentes / amigos	20.000		
Veículos	40.000	Carnês diversos referentes às compras dos móveis e utensílios	25.000
Residência	200.000		
Móveis e utensílios	50.000	Financiamento da joalheria	5.000
Joias	5.000		
Total dos bens e direitos	**365.000**	**Total das Obrigações**	**170.000**
		Capital Próprio	**195.000**
Total do Ativo	**365.000**	**Total do Passivo**	**365.000**

A seguir, apresentamos uma representação gráfica da equação fundamental do patrimônio.

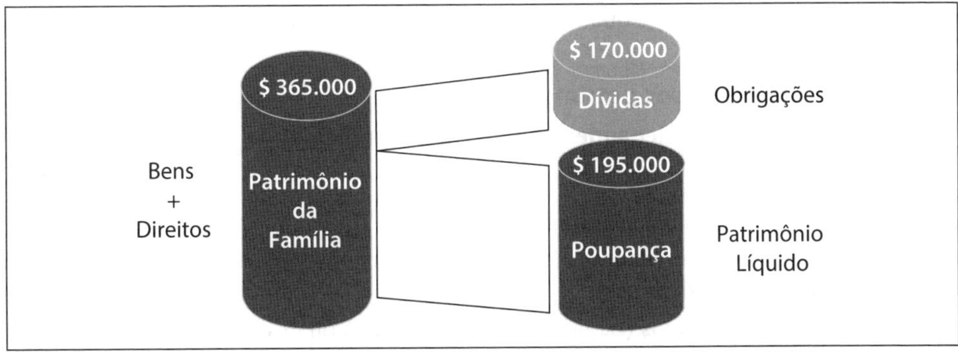

2.5. INGRESSOS DE RECURSOS PATRIMONIAIS E DO RESULTADO

2.5.1. Ingressos patrimoniais

São ingressos que **independem da atividade principal da empresa** para serem recebidos. Existem três tipos:

- O capital dos sócios;
- Os empréstimos e adiantamentos de clientes (que são dívidas);
- Desinvestimentos (venda de ativos).

2.5.2. Ingressos do resultado

São ingressos **que dependem da atividade da companhia ou que têm correlação** com ela. Podem ser:

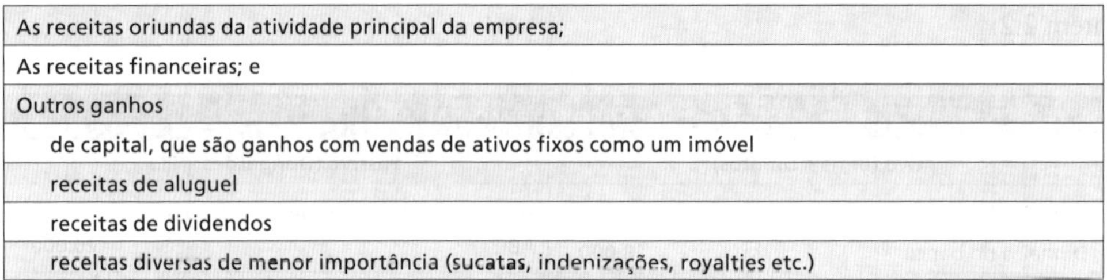

As receitas oriundas da atividade principal da empresa;
As receitas financeiras; e
Outros ganhos
de capital, que são ganhos com vendas de ativos fixos como um imóvel
receitas de aluguel
receitas de dividendos
receitas diversas de menor importância (sucatas, indenizações, royalties etc.)

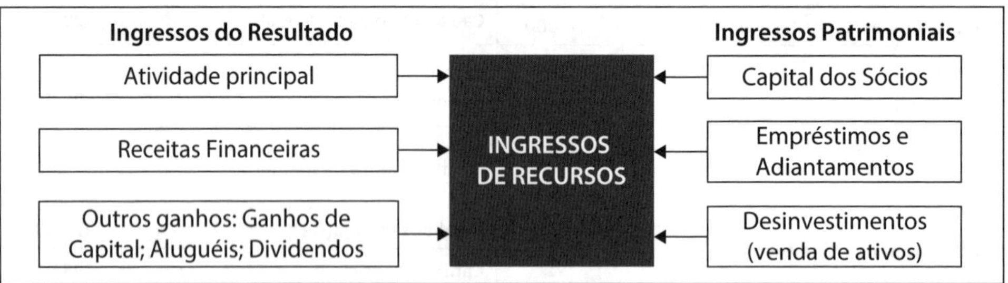

2.6. SAÍDAS DE RECURSOS

Uma empresa **consome recursos** quando paga uma despesa, faz um investimento, adquire e paga mercadorias para revenda ou matérias-primas e serviços para fabricação de um produto, paga um empréstimo, devolve capital aos sócios recomprando sua parte no capital (quotas ou ações) e quando paga aos sócios os dividendos.

2.6.1. Saídas de recursos patrimoniais

São as **saídas que independem da atividade principal** da empresa para ocorrerem. São elas:

- Pagamento de dívidas e empréstimos;
- Realização de investimentos (aquisição de bens, mercadorias e matérias-primas, além de aplicações diversas);
- Pagamento aos sócios (pagamento de dividendos ou devolução de capital).

Nota: é fato que tudo da empresa tem relação com sua atividade principal. O que é afirmado neste item é que essas saídas não estão diretamente relacionadas com a obtenção de receitas ou despesas.

2.6.2. Saídas de recursos do resultado

São saídas **que dependem da atividade da companhia** ou que têm correlação com ela, sendo de três tipos:

- Os custos e as despesas administrativas, comerciais e financeiras;
- Os tributos (impostos e contribuições);
- As participações de empregados, diretores e outros no resultado da empresa.

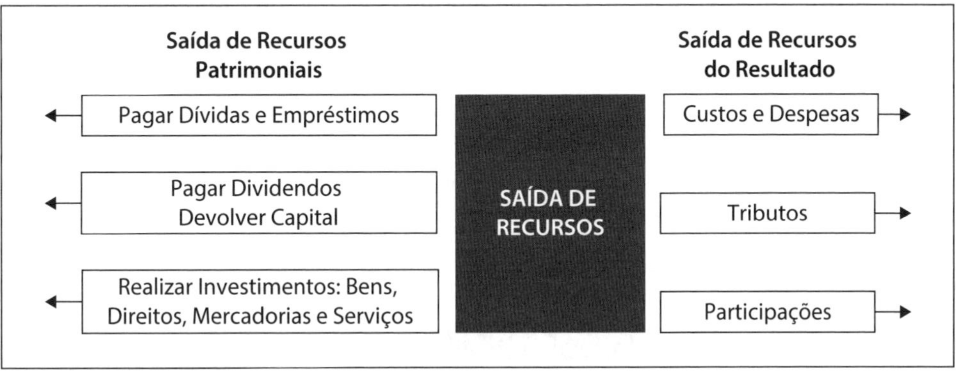

2.6.3. Gastos no ativo e no resultado

2.6.3.1. Gasto

É um sacrifício financeiro de uma entidade, representado pela **entrega (ou promessa de entrega)** de um ativo, normalmente em dinheiro.

2.6.3.2. Desembolso

É o **efetivo pagamento** por um bem ou serviço, que pode ser feito antes, durante ou após o recebimento deles.

Gastar não significa desembolsar!

Gastar significa criar o fato gerador do investimento, dívida, custo ou despesa!

2.6.3.3. Investimento

É o **gasto** em um bem ou serviço que poderá ser ativado para uso e que contribuirá **para produzir resultado em mais de um exercício.**

2.6.3.4. *Custos*

É a utilização ou consumo de um bem ou serviço que será utilizado na produção de um produto e na prestação de serviços. São exemplos em uma fábrica as matérias-primas, o pessoal de produção e os diversos gastos, assim como os fretes e seguros para receber as matérias-primas. São exemplos em uma empresa de serviços os valores aplicados no pessoal, materiais diversos e serviços de terceiros. **Também é um custo o estoque utilizado na revenda de mercadorias.**

2.6.3.5. *Despesas e encargos*

São gastos para obter receitas. Uma empresa precisa gastar em atividades que não agregam valores ao Ativo, como salários de funcionários, energia, material de consumo, impostos e taxas, aluguéis, telecomunicações, material de limpeza, manutenção, seguros, transporte, comissões, publicidade etc. Esses gastos, **se analisados isoladamente, provocam a redução da situação líquida (Patrimônio Líquido).**

2.6.3.6. *Perdas*

Significam ato ou efeito de perder, desaparecimento, extravio de investimentos, privação de algo que se possuía. Uma perda em Contabilidade está sempre associada a um **desaparecimento de Ativo**, seja um investimento, uma mercadoria, roubo de dinheiro ou até o fornecimento ou venda de um bem com o subsequente "calote" do comprador.

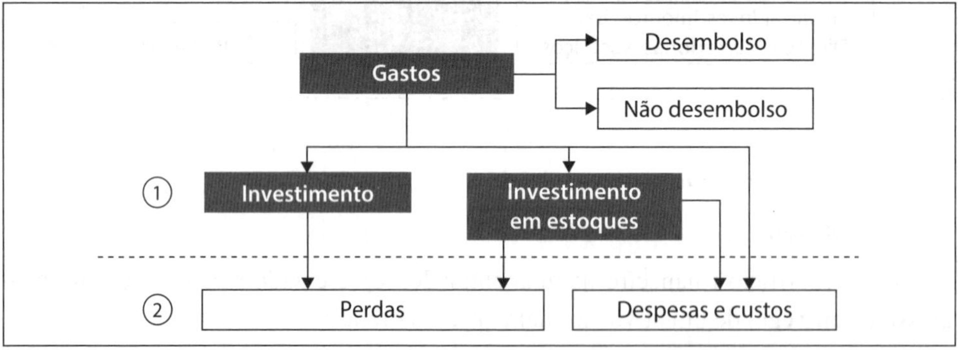

Observações:	(1) Esses tipos de fatos **não aumentam nem diminuem** o Patrimônio Líquido. (2) Esses tipos de fatos contribuem para a **diminuição** do Patrimônio Líquido.

2.7. O RESULTADO (RÉDITO)[2]

O **resultado** de uma pessoa, família ou empresa é a **diferença entre a renda** em determinado período e as **despesas** feitas para obtê-la. Vamos criar um exemplo bem simples de apuração de resultado: imagine que queiramos ajudar um menino e, para

2 Rédito: é o lucro ou rendimento resultante das atividades ordinárias da empresa.

isso, compramos uma embalagem de isopor que tenha a capacidade de transportar 50 sanduíches. Fazemos 50 sanduíches e os colocamos à disposição deste menino para que ele os venda na praça mais movimentada de nosso município. O menino irá vender cada sanduíche por $ 4. Ao final do dia, ele retorna com os 50 sanduíches vendidos e, não sabendo calcular seu desempenho, nos pede que façamos suas "contas":

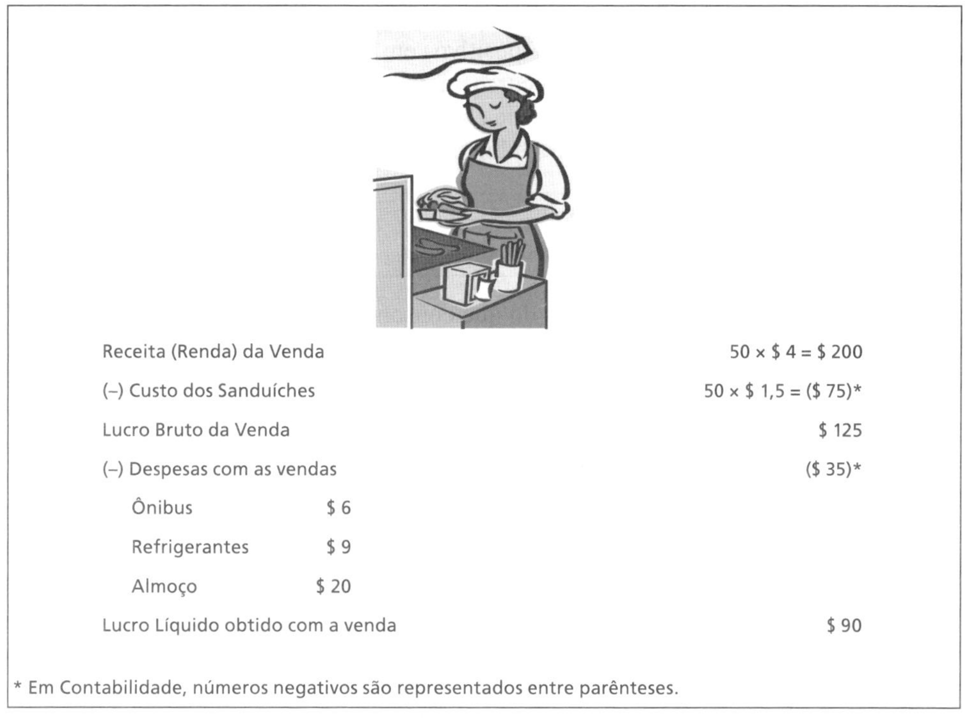

Receita (Renda) da Venda		50 × $ 4 = $ 200
(–) Custo dos Sanduíches		50 × $ 1,5 = ($ 75)*
Lucro Bruto da Venda		$ 125
(–) Despesas com as vendas		($ 35)*
Ônibus	$ 6	
Refrigerantes	$ 9	
Almoço	$ 20	
Lucro Líquido obtido com a venda		$ 90

* Em Contabilidade, números negativos são representados entre parênteses.

O custo dos sanduíches refere-se ao valor gasto com a aquisição de todos os componentes para fazê-los, inclusive a embalagem. As despesas são aquelas tidas exclusivamente para realizar a venda: ônibus para chegar até o local de trabalho ($ 6), refrigerantes ($ 9) e almoço ($ 20).

A partir desta apuração de resultado, podemos concluir que este menino obteve um resultado líquido de $ 90 neste dia de trabalho, incorrendo em um custo de matérias-primas de $ 75 e em despesas de $ 35. Esse menino começou sua vida sem Patrimônio e, ao final do dia, depois de nos pagar o custo dos sanduíches, ele terá em seu bolso $ 90, que são explicados pelo lucro obtido em seu primeiro dia de trabalho.

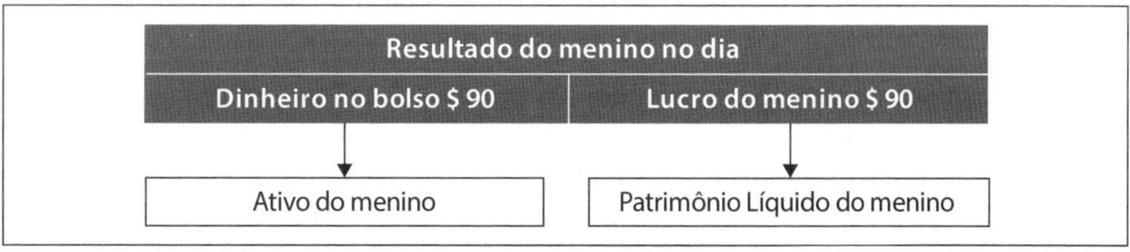

Tanto no âmbito pessoal como no empresarial, estamos sempre visando ao crescimento do patrimônio. Nenhuma empresa existe para simplesmente preservar determinado patrimônio constituído na fundação e no início dos negócios. As empresas existem para crescer, ampliar seus mercados e suas formas de atuação. É claro que o capital dos sócios faz o patrimônio crescer, assim como as dívidas (exemplo do carro x carnê). Os donos de uma empresa não desejam que ela tenha seu patrimônio aumentado com dívidas ou novas entradas de capital de sócios. O que se busca constantemente é que o negócio da empresa gere **RESULTADOS** positivos em cada período analisado. Esses resultados irão permitir que parte dos recursos gerados seja retirada (distribuída) como dividendos e parte fique na empresa, o que chamamos, na Contabilidade, de **lucros retidos** (também designados de reservas de lucros).

O que altera o patrimônio em uma família ou empresa?
O resultado (rédito) de cada mês ou período!

Isto é, se uma família ganha mais do que consome em despesas, vai aumentar seu Patrimônio naquele mês. Se ganha o mesmo que consome, não vai alterar o Patrimônio, e, se ganha menos do que consome, vai diminuir seu patrimônio nesse período.

O Patrimônio **não se altera** quando:

Na Família:	Renda =	Consumo
Na Empresa:	Receita =	Despesa

O Patrimônio líquido **aumentará** (LUCRO) quando:

Na Família:	Renda >	Consumo
Na Empresa:	Receita >	Despesa

O Patrimônio líquido **diminuirá** (PREJUÍZO) quando:

Na Família:	Renda <	Consumo
Na Empresa:	Receita <	Despesa

2.8. EQUAÇÃO DO TRABALHO

A **equação do trabalho é a equação fundamental do patrimônio estendida, incluindo o resultado**. Se fizermos na última página do caderno em que registramos as contas patrimoniais um resumo, dividindo uma página ao meio e colocando, à esquerda desta, os Bens e Direitos e as Despesas e, à direita, as Dívidas (Obrigações) e a Poupança ou Patrimônio Líquido e as Receitas, teremos o seguinte:

BENS + DIREITOS + DESPESAS = OBRIGAÇÕES + PATRIMÔNIO LÍQUIDO + RECEITAS

Para entender a equação do trabalho, tão útil na solução de problemas contábeis, basta colocarmos o resumo do Patrimônio acima do resumo do Resultado, como na figura a seguir. Desta forma, passamos a ter uma visão mais ampla, em que podemos perceber que o **patrimônio líquido** (poupança), as **dívidas** e a **receita** são 3 (três) tipos de **fontes de recursos**, e os bens, direitos e despesas são as aplicações destes.

2.8.1. Equação do trabalho na família

No âmbito da família, a soma dos bens e direitos (riqueza da família) com as despesas é proporcionada por recursos oriundos de dívidas, da poupança (capital) e a renda do período.

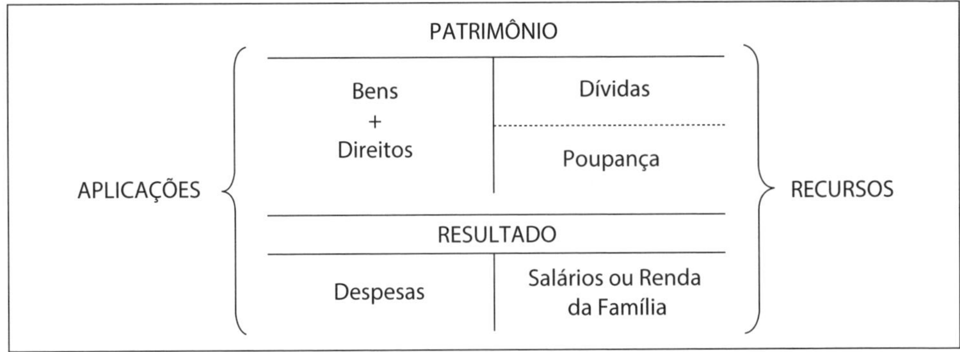

Uma família trabalha para construir não só um Patrimônio cada vez melhor (carro, residência, TV de LCD) mas também para realizar despesas de melhor qualidade, como passear de férias pelo Brasil ou no exterior em vez da praia mais próxima.

Portanto, ela aplica os recursos obtidos em POUPANÇA, DÍVIDAS E RENDA, em aumento de BENS e DIREITOS e em DESPESAS.

2.8.2. Equação do trabalho na empresa

No âmbito da empresa, a soma dos bens e direitos é o que chamamos de **ATIVO**, o qual podemos sempre associar a **"coisa boa"**. As dívidas, que são as obrigações e o Patrimônio Líquido, chamamos de **PASSIVO**, que, sob a ótica da empresa, podemos chamar de **"coisa ruim"**.

Uma dúvida poderia surgir na cabeça do leitor: chamamos tudo que está no PASSIVO de coisa ruim, o que inclui o PATRIMÔNIO LÍQUIDO? Vamos, então, entender: sob a ótica da empresa, a todos os credores das obrigações ela tem que pagar juros, e aos sócios, que são os donos do PATRIMÔNIO LÍQUIDO, tem que pagar dividendos. Portanto, a empresa remunera tanto os credores das obrigações quanto os credores do Capital. A única diferença é que os credores do Capital, que são sócios, não podem executar a empresa.

Uma empresa obtém seu primeiro recurso dos sócios na forma de Capital Social (CAPITAL PRÓPRIO) e também pode obter recursos de terceiros por meio de Dívidas (OBRIGAÇÕES) e das Operações (RECEITA).

Portanto, o total de recursos que uma empresa pode obter de seus administradores se aplica não só na aquisição de BENS E DIREITOS da entidade, mas também em DESPESAS.

EQUAÇÃO DO TRABALHO
BENS + DIREITOS + DESPESAS = OBRIGAÇÕES + PL + RECEITAS

2.9. REGIMES DE CONTABILIZAÇÃO DE RECEITAS E DESPESAS

Antes de estudarmos os dois regimes de contabilização de receitas e despesas, temos que compreender os seus conceitos.

2.9.1. Definição de receita

A receita é definida, no pronunciamento conceitual básico (CPC 00 – R2[3]) item 4.68, como aumento nos benefícios econômicos durante o período contábil, sob a forma de **entrada de recursos ou aumento de ativos ou diminuição de passivos**, que resultam em aumentos do Patrimônio Líquido da entidade e que não são provenientes de aporte de recursos dos proprietários da entidade.

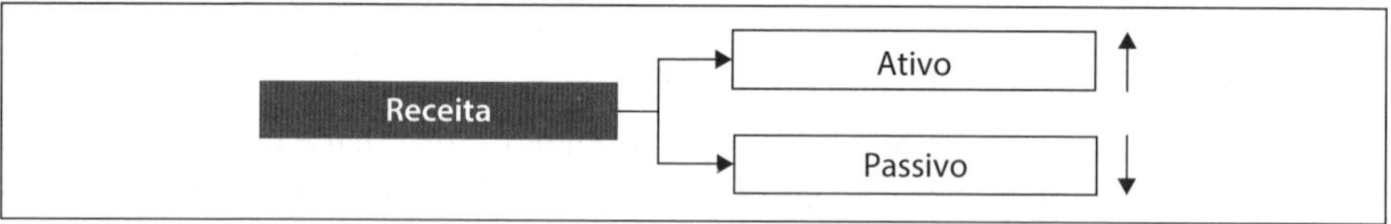

As receitas englobam tanto as receitas propriamente ditas como os ganhos. A receita surge no curso das atividades ordinárias da entidade e é designada por uma variedade de nomes, tais como vendas, honorários, juros, dividendos e *royalties*.

A receita deve ser mensurada pelo valor justo da contraprestação recebida ou a receber.

Uma empresa realiza uma receita quando entrega um produto ou mercadoria ou presta um serviço. Receita realizada (ganha) no regime de competência **não precisa ter sido recebida. Ganhar significa fechar um negócio e concluir uma transação comercial, o que ocorre quando entregamos a mercadoria, produto ou serviço.**

Exemplo de realização de receita (venda com recebimento parte à vista e parte a prazo).

Venda e entrega de uma mercadoria por $ 1.000 para pagamento 40% à vista e 60% a prazo. A empresa só receberá $ 400, mas ganhou (realizou) $ 1.000. A pura e simples venda, portanto, não implica ganho. Este só se concretiza com a entrega da mercadoria e independe do recebimento de qualquer parte do valor dela.

---

[3] Comitê de Pronunciamentos Contábeis (http://www.cpc.org.br).

Exemplo de receita não realizada (prestação de serviço com recebimento adiantado): um dentista recebe em seu consultório $ 5.000 antecipados, referentes a um tratamento completo de um cliente. Esse valor não pode ser considerado receita realizada. Não podemos considerar sob a ótica do regime de competência que a receita foi ganha. **O dentista recebeu, mas não ganhou. Na prática, passou a ter uma dívida com esse cliente**. Caso o tratamento não seja feito adequadamente, o cliente terá direito à devolução dos valores.

2.9.2. Definição de despesa

Um evento deve ser reconhecido imediatamente como despesa na demonstração do resultado, **quando um gasto não produz benefícios** econômicos futuros.

A estrutura conceitual (CPC 00 R2) em sua última revisão (*3), define despesa em seu item 4.69, transcrito a seguir:

> "Despesas são reduções nos ativos, ou aumentos nos passivos, que resultam em reduções no patrimônio líquido, exceto aqueles referentes a distribuições aos detentores de direitos sobre o patrimônio".

Em resumo, consideram-se incorridas as despesas:

- Pela diminuição ou extinção do valor econômico de um Ativo; e/ou
- Pelo surgimento de um Passivo, sem o correspondente Ativo.

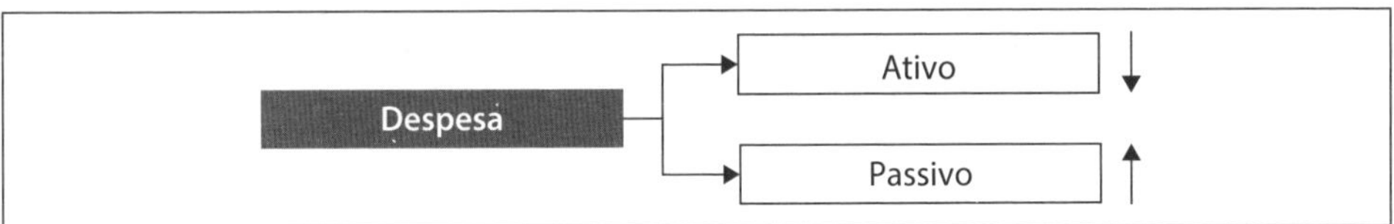

Quando incorremos em uma despesa, o Ativo é reduzido ou o Passivo aumentado ou, ainda, o valor gasto com uma despesa, em parte, diminui o Ativo e, em parte, aumenta o Passivo. **Uma despesa é sinônimo de desaparecimento de Ativo e/ou de surgimento de uma dívida.**

2.9.3. Regimes de contabilização de receitas e despesas

Um problema básico que temos, ao registrar os fatos contábeis referentes ao Resultado, é **avaliar quando uma receita e uma despesa devem ser consideradas para fins de registro contábil**. Existem dois critérios para considerar a existência de uma receita e uma despesa: **caixa ou competência**.

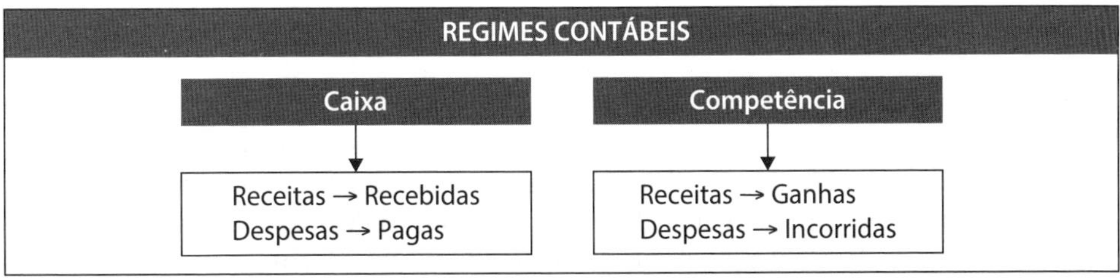

2.9.3.1. Regime de Caixa

É mais simples o entendimento do **regime de Caixa**, que considera a existência de uma **receita**, quando a entidade **recebe um valor**, e de uma **despesa** quando a entidade **paga um valor**.

Este regime é pouco utilizado pelas empresas e mais utilizado em sociedades sem fins lucrativos como condomínios. Neste regime de contabilização o que interessa é a efetiva **entrada de recursos**, no que diz respeito às **RECEITAS**, e o efetivo **pagamento ou saída de recursos**, no que diz respeito às **DESPESAS**.

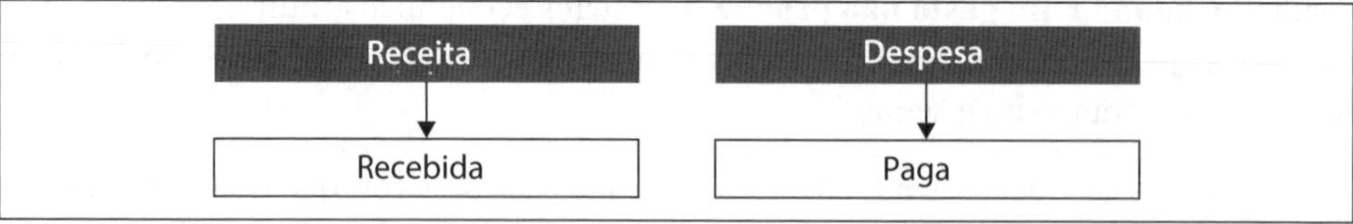

2.9.3.2. Regime de Competência

No capítulo 1 item 17 do Estrutura Conceitual (CPC 00 R2), transcrito a seguir, está a orientação para a adoção do Regime de Competência:

> "O regime de competência reflete os efeitos de transações e outros eventos e circunstâncias sobre reivindicações e recursos econômicos da entidade que reporta nos períodos em que esses efeitos ocorrem, mesmo que os pagamentos e recebimentos à vista resultantes ocorram em período diferente".

2.9.3.2.1. Obrigatoriedade de adoção do Regime de Competência

A legislação comercial, por meio da Lei n. 6.404/76, também torna o Regime de Competência de aplicação obrigatória pelas sociedades anônimas, e a legislação do Imposto de Renda também obriga sua adoção pelas empresas que declararem renda pelo lucro real.

Pela Lei n. 6.404/76:

> "**Art. 177.** A escrituração da companhia será mantida em registros permanentes, com obediência aos preceitos da legislação comercial e desta Lei e aos princípios de contabilidade geralmente aceitos, devendo observar métodos ou critérios contábeis uniformes no tempo e registrar as mutações patrimoniais **segundo o regime de competência**."

Na legislação do IR, Decreto-lei n. 1.598/77:

No art. 7.º deste decreto, o legislador determina que o lucro líquido deve ser apurado de acordo com a legislação comercial (Lei n. 6.404/76), que, por sua vez, determina claramente a adoção do regime de competência.

> "**Art. 7.º** (...)
>
> § 4.º Ao fim de cada período-base de incidência do imposto o contribuinte **deverá apurar o lucro líquido do exercício mediante a elaboração, com observância das disposições da lei comercial**, do balanço patrimonial, da demonstração do resultado do exercício e da demonstração de lucros ou prejuízos acumulados."

2.9.3.2.2. *Definição do Regime de Competência*

No pronunciamento conceitual básico (Estrutura Conceitual — CPC 00 R2) em seu item 4.50, na versão anterior a atual, estava definido o Regime de Competência, podemos continuar utilizando essa definição por sua absoluta propriedade:

> "As despesas devem ser reconhecidas na demonstração do resultado com base na associação direta entre elas e os correspondentes itens de receita. Esse processo, usualmente chamado de confrontação entre despesas e receitas (regime de competência), envolve o reconhecimento simultâneo ou combinado das receitas e despesas que resultem diretamente ou conjuntamente das mesmas transações ou outros eventos."

Nesse regime, as RECEITAS são consideradas GANHAS quando uma mercadoria ou produto ou serviço são prestados, independentemente de o valor ter sido recebido, e as DESPESAS, como INCORRIDAS para fins de registro, quando concretizadas, independentemente de terem sido pagas.

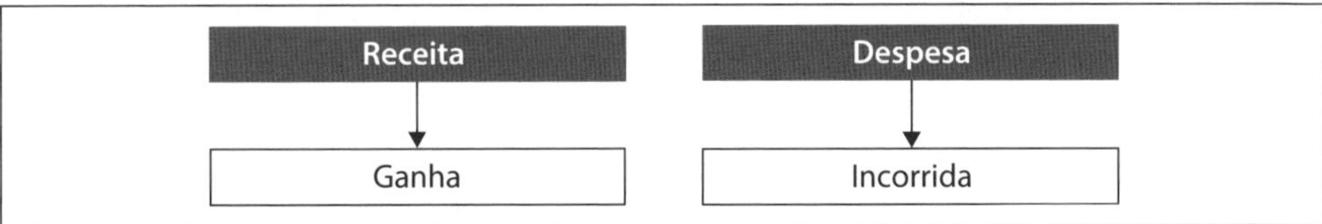

Desta forma, nesse regime, consideramos RECEITAS e DESPESAS quando os **fatos geradores tiverem ocorrido**.

Exemplo de despesa incorrida ou efetivamente feita:

Uma professora de inglês ministra aulas em sua casa uma vez por semana. Foi combinado fazer os pagamentos do mês corrente, no dia 15 do mês subsequente. No último dia de cada mês, a despesa referente às 4 (quatro) aulas aconteceu, isto é, **a despesa foi incorrida**.

Exemplo de despesa não incorrida ou efetivamente não feita:

Pagamento antecipado dos salários de um funcionário. Neste caso, a empresa vai ter que registrar como um adiantamento, passando a ter um direito contra este terceiro a quem emprestou recursos.

IMPORTANTE PARA A PROVA!

	CONTABILIZA (REGISTRA)	
	Regime de Competência	**Regime de Caixa**
Receitas realizadas (ganhas) e recebidas	SIM	SIM
Receitas realizadas (ganhas) e **não** recebidas	SIM	NÃO
Receitas **não** realizadas (**não** ganhas) e recebidas	NÃO	SIM
Receitas não realizadas e não recebidas	NÃO	NÃO
Despesas incorridas e pagas	SIM	SIM
Despesas incorridas e **não** pagas	SIM	NÃO
Despesas **não** incorridas e pagas	NÃO	SIM
Despesas não incorridas e não pagas	NÃO	NÃO

2.9.4. Receitas recebidas antecipadamente e despesas pagas antecipadamente

Uma RECEITA recebida antecipadamente não é considerada uma RECEITA, mas, sim, uma DÍVIDA, porque **não foi ganha**. Dizemos que é uma receita a apropriar (a ganhar).

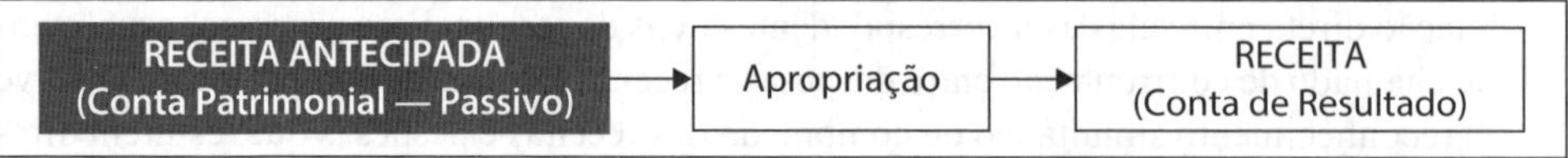

Uma DESPESA paga antecipadamente não é uma DESPESA do período, é um DIREITO que deve ser registrado no ATIVO.

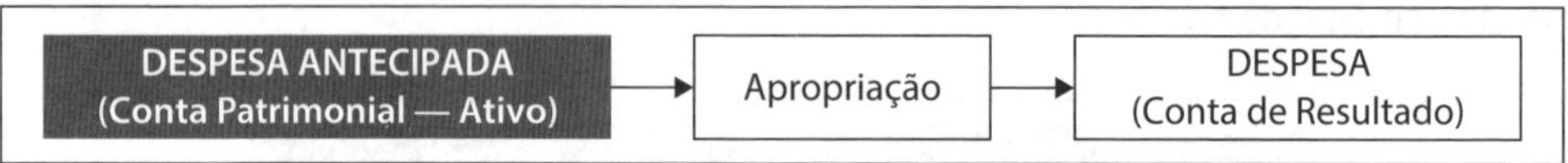

2.10. BALANÇO PATRIMONIAL (BP) E DEMONSTRATIVO DE RESULTADO (DRE)

Vamos elaborar um Balanço Patrimonial (BP) e o Demonstrativo de Resultado (DRE) de uma empresa recém-criada. Registraremos os seguintes fatos contábeis:

- Integralização de Capital pelos sócios;
- Aquisição de instalações;
- Compra de mercadorias, parte à vista e parte a prazo;
- Aquisição de um veículo com entrada e financiamento;
- Aquisição de um imóvel com pequena entrada e contratação de financiamento imobiliário, bem como venda de parte deste imóvel;
- Venda de mercadoria com lucro parte à vista e parte a prazo bem como registro dos custos e das despesas referentes a esta venda.

É nos livros da contabilidade da empresa que registramos de maneira formal os fatos contábeis. Depois, calculamos os saldos dessas contas ao longo de um período e elaboramos o BP e o DRE.

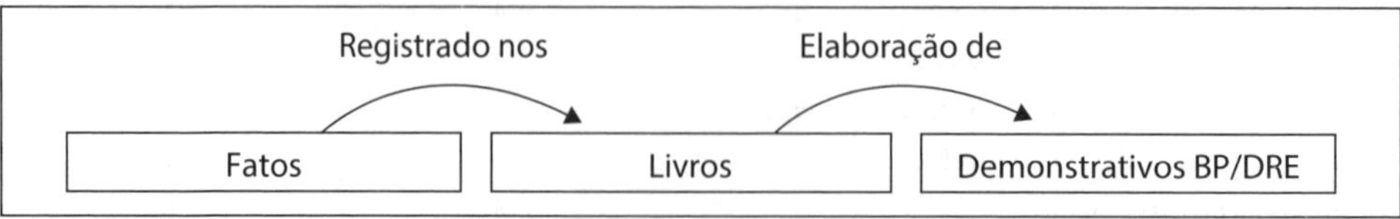

O que faremos a seguir será elaborar o BP e o DRE diretamente a partir dos fatos contábeis.

Essa maneira de elaborar as demonstrações permite ao leitor entender facilmente como cada fato altera o Patrimônio e pode ser utilizada na resolução de questões em provas.

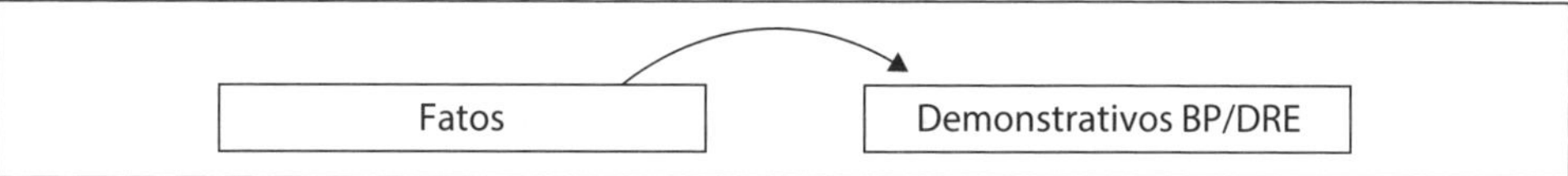

■ **Primeiro fato contábil:** subscrição do capital no valor de $ 100.000, sendo $ 80.000 em cheques depositados na conta bancária da empresa e $ 20.000 entregues em dinheiro ao tesoureiro:

ATIVO TOTAL		PASSIVO TOTAL (PASSIVO + PL)	
Caixa	$ 20.000	Capital	$ 100.000
Banco	$ 80.000		
Total Ativo	**$ 100.000**	**Total Passivo + PL**	**$ 100.000**

Observe o seguinte: do ponto de vista concreto, os recursos estão no Ativo. No Passivo, apenas registramos a origem dos recursos que apareceram na conta bancária e no caixa da empresa. Por isso, podemos dizer que o Passivo é um histórico do que ocorre no Ativo.

■ **Segundo fato contábil:** aquisição de instalações no valor de $ 20.000, sendo 30% em cheques depositados e 70% a prazo:

ATIVO		PASSIVO TOTAL (PASSIVO + PL)	
Caixa	$ 20.000	Duplicatas a Pagar	$ 14.000
Banco	$ 74.000	Capital	$ 100.000
Instalações	$ 20.000		
Total Ativo	**$ 114.000**	**Total Passivo + PL**	**$ 114.000**

A conta bancária era de $ 80.000. Como pagamos 30% à vista, em cheque, a empresa teve que fazer um cheque de $ 6.000 e, por isso, a conta bancária foi reduzida para $ 74.000. Como o fornecedor financiou o restante, lançamos em duplicatas a pagar $ 14.000 (70% de $ 20.000).

■ **Terceiro fato contábil:** compra de mercadorias no valor de $ 40.000, sendo 50% pagos em cheque e 50% a prazo:

ATIVO		PASSIVO TOTAL (PASSIVO + PL)	
Caixa	$ 20.000	Fornecedores	$ 20.000
Banco	$ 54.000	Duplicatas a Pagar	$ 14.000
Mercadorias	$ 40.000	Capital	$ 100.000
Instalações	$ 20.000		
Total Ativo	**$ 134.000**	**Total Passivo + PL**	**$ 134.000**

A conta bancária tinha saldo de $ 74.000. Como 50% de $ 40.000 é $ 20.000 e estes foram pagos à vista, em cheque, o saldo da conta bancária caiu para $ 54.000, e a dívida com os fornecedores passou a ser de $ 20.000.

■ **Quarto fato contábil:** aquisição de um veículo para uso da empresa por $ 50.000, sendo 20% pagos em cheque e 80% financiados:

ATIVO		PASSIVO TOTAL (PASSIVO + PL)	
Caixa	$ 20.000	Fornecedores	$ 20.000
Banco	$ 44.000	Duplicatas a Pagar	$ 14.000
Mercadorias	$ 40.000	Financiamento a Pagar (veículo)	$ 40.000
Instalações	$ 20.000	Capital	$ 100.000
Veículos	$ 50.000		
Total Ativo	**$ 174.000**	**Total Passivo + PL**	**$ 174.000**

O pagamento inicial de 20%, referente ao veículo de $ 50.000, é igual a $ 10.000. Por isso, a conta bancária caiu de $ 54.000 para $ 44.000. E, como houve financiamento de 80% de $ 50.000, o que representa $ 40.000, a conta financiamento a pagar passou a ser de $ 40.000.

■ **Quinto fato contábil:** pagamento em cheque de 50% do débito referente à compra de mercadorias:

ATIVO		PASSIVO TOTAL (PASSIVO + PL)	
Caixa	$ 20.000	Fornecedores	$ 10.000
Banco	$ 34.000	Duplicatas a Pagar	$ 14.000
Mercadorias	$ 40.000	Financiamento a Pagar (veículo)	$ 40.000
Instalações	$ 20.000	Capital	$ 100.000
Veículos	$ 50.000		
Total Ativo	**$ 164.000**	**Total Passivo + PL**	**$ 164.000**

A dívida com fornecedor, que era de $ 20.000, passou a ser de $ 10.000, e o saldo bancário, que era de $ 44.000, passou a ser de $ 34.000.

■ **Sexto fato contábil:** aquisição de um imóvel com loja e duas salas independentes por $ 200.000, sendo 10% de entrada em cheque e o restante por meio de um financiamento obtido de uma instituição financeira:

ATIVO		PASSIVO TOTAL (PASSIVO + PL)	
Caixa	$ 20.000	Fornecedores	$ 10.000
Banco	$ 14.000	Duplicatas a Pagar	$ 14.000
Mercadorias	$ 40.000	Financiamento a Pagar (veículo)	$ 40.000
Instalações	$ 20.000	Financiamento Imobiliário	$ 180.000
Veículos	$ 50.000	Capital	$ 100.000
Imóveis	$ 200.000		
Total Ativo	**$ 344.000**	**Total Passivo + PL**	**$ 344.000**

A empresa adquiriu um imóvel por $ 200.000 pagando apenas 10% de $ 200.000, o que equivale a $ 20.000. Por isso, a conta bancária caiu de $ 34.000 para $ 14.000. O Passivo subiu $ 180.000 na conta financiamento imobiliário, porque a empresa financiou 90% de $ 200.000.

■ **Sétimo fato contábil:** venda das duas salas, sem lucro contábil, por $ 40.000, para receber 50% em 30 dias e 50% em 60 dias, com a emissão, pelo comprador, de notas promissórias:

ATIVO		PASSIVO TOTAL (PASSIVO + PL)	
Caixa	$ 20.000	Fornecedores	$ 10.000
Banco	$ 14.000	Duplicatas a Pagar	$ 14.000
Mercadorias	$ 40.000	Financiamento a Pagar (veículos)	$ 40.000
Títulos a Receber	$ 40.000	Financiamento Imobiliário	$ 180.000
Instalações	$ 20.000	Capital	$ 100.000
Veículos	$ 50.000		
Imóveis	$ 160.000		
Total Ativo	**$ 344.000**	**Total Passivo + PL**	**$ 344.000**

O imóvel adquirido por $ 200.000 foi em parte vendido, sem lucro imobiliário, isto é, as salas foram vendidas pelo mesmo valor que consta na escritura. O que ocorreu nesse fato contábil foi apenas uma mudança no perfil do ativo. Havia $ 200.000 contabilizados em imóveis, que passaram a ser de $ 160.000, uma vez que vendemos parte do imóvel por $ 40.000. Abrimos uma conta nova no Ativo com o nome de títulos a receber (notas promissórias a receber), já que vendemos essas salas a prazo, em duas parcelas de $ 20.000.

■ **Oitavo fato contábil:** recebimento de $ 20.000 em depósito bancário referente à primeira parcela da venda das salas:

ATIVO		PASSIVO TOTAL (PASSIVO + PL)	
Caixa	$ 20.000	Fornecedores	$ 10.000
Banco	$ 34.000	Duplicatas a Pagar (veículo)	$ 14.000
Mercadorias	$ 40.000	Financiamento a Pagar	$ 40.000
Títulos a Receber	$ 20.000	Financiamento Imobiliário	$ 180.000
Instalações	$ 20.000	Capital	$ 100.000
Veículos	$ 50.000		
Imóveis	$ 160.000		
Total Ativo	**$ 344.000**	**Total Passivo + PL**	**$ 344.000**

Nesse fato, apenas registramos o recebimento dos $ 20.000, aumentando o saldo da conta bancária, de $ 14.000 para $ 34.000, e diminuindo o saldo de títulos a receber, de $ 40.000 para $ 20.000.

■ **Nono fato contábil:** venda de 50% do estoque de mercadorias com 100% de lucro e isenção fiscal total, recebendo 30% em cheque e o restante a prazo:

ATIVO		PASSIVO TOTAL (PASSIVO + PL)	
Caixa	$ 20.000	Fornecedores	$ 10.000
Banco	$ 46.000	Duplicatas a Pagar	$ 14.000
Contas a Receber	$ 28.000	Financiamento a Pagar	$ 40.000
Mercadorias	$ 20.000	Financiamento Imobiliário	$ 180.000
Títulos a Receber	$ 20.000	Capital	$ 100.000
Instalações	$ 20.000		
Veículos	$ 50.000		
Imóveis	$ 160.000		
Total Ativo	**$ 364.000**	**Total Passivo + PL**	**$ 344.000**

No balanço anterior, apenas registramos a receita e a queda da conta estoque, uma vez que vendemos 50% do estoque:

Estoque vendido	50% de $ 40.000	$ 20.000 (Custo)
Lucro na Venda	100%	$ 20.000 (Lucro)
Valor da Venda	Receita	$ 40.000

Por isso, o estoque caiu em $ 20.000.

Forma de recebimento da Receita	
Valor Total da Receita de Venda	$ 40.000
Valor Recebido à Vista (30%)	$ 12.000
Valor Recebido a Prazo (70%)	$ 28.000

Por isso, a conta bancária subiu $ 12.000 e passamos a ter uma conta a receber de $ 28.000.

A diferença entre o total do ATIVO e o total do PASSIVO até este momento ocorre porque saíram do estoque $ 20.000 e apenas contabilizamos os $ 40.000 que ganhamos com a venda, $ 12.000 a mais no banco e $ 28.000 em contas a receber.

Falta considerar as despesas feitas para realizar as vendas. Não podem existir vendas sem esforço. Despesa é esforço para obtenção de receita.

■ **Décimo fato contábil:** pagamento em dinheiro de despesas administrativas e comerciais no valor de $ 7.000 e $ 3.000, respectivamente:

ATIVO		PASSIVO	
Caixa	$ 10.000	Fornecedores	$ 10.000
Banco	$ 46.000	Duplicatas a Pagar	$ 14.000
Duplicatas a Receber	$ 28.000	Financiamento a Pagar	$ 40.000
Mercadorias	$ 20.000	Financiamento Imobiliário	$ 180.000
Títulos a Receber	$ 20.000	Capital	$ 100.000
Instalações	$ 20.000		
Veículos	$ 50.000		
Imóveis	$ 160.000		
Total Ativo	**$ 354.000**	**Total Passivo + PL**	**$ 344.000**

Como as despesas foram pagas em dinheiro, o caixa caiu de $ 20.000 para $ 10.000. A diferença que ainda existe é simplesmente a falta do registro do LUCRO da venda no Patrimônio Líquido.

A seguir, a apuração do resultado:

RESULTADO FINAL DO EXERCÍCIO	
Receita Bruta	$ 40.000
(–) Impostos	0
Receita Líquida	$ 40.000
(–) Custo das Mercadorias Vendidas (CMV)	$ 20.000
Lucro Bruto	$ 20.000
(–) Despesas ($ 7.000 + $ 3.000)	$ 10.000
Lucro Líquido	$ 10.000

BALANÇO PATRIMONIAL FINAL DO EXERCÍCIO			
ATIVO (Bens e Direitos)		PASSIVO	
Caixa	$ 10.000	**Dívidas (Obrigações ou Passivo Exigível)**	
Banco	$ 46.000	Fornecedores	$ 10.000
Duplicatas a Receber	$ 28.000	Duplicatas a Pagar	$ 14.000
Mercadorias	$ 20.000	Financiamento a Pagar	$ 40.000
Títulos a Receber	$ 20.000	Financiamento Imobiliário	$ 180.000
Instalações	$ 20.000	**Patrimônio Líquido**	
Veículos	$ 50.000	Capital	$ 100.000
Imóveis	$ 160.000	Lucro Líquido	$ 10.000
Total Ativo	**$ 354.000**	**Total Passivo + PL**	**$ 354.000**

Essa empresa, com **Capital inicial de $ 100.000, ganhou apenas $ 10.000** em suas operações, e o **Patrimônio cresceu muito ($ 354.000)**, basicamente em função do **grande endividamento**, que podemos verificar graficamente a seguir:

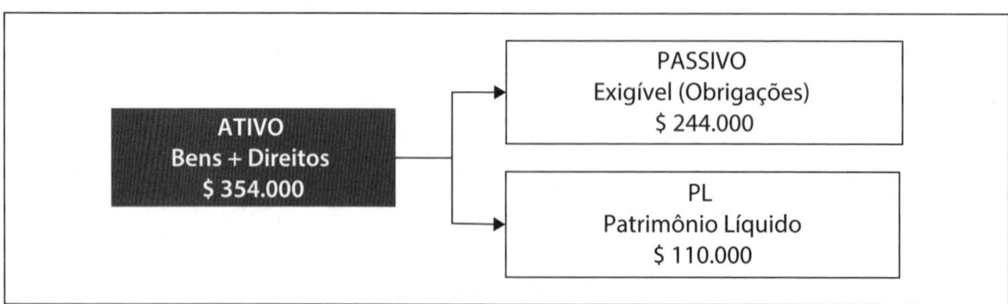

A forma que adotamos para construir o Balanço Patrimonial foi um método nada ortodoxo, mas muito prático e apropriado, porque o leitor percebe como cada fato altera o Patrimônio, como o resultado é obtido e seu impacto no Patrimônio da entidade.

2.11. QUESTÕES

2.11.1. Classificação de contas e grupos de contas

As próximas 14 questões devem ser respondidas a partir deste enunciado básico, e todas as respostas obtidas em um exercício podem e devem ser utilizadas como dado para os exercícios seguintes desta sequência:

Ao levantar o seu Patrimônio, uma empresa apurou os seguintes valores:

Bens numerários	2.000
Bens de venda	3.000
Bens de uso	5.000
Bens de renda	10.000
Direitos de funcionamento	12.000
Direitos de financiamento	13.000
Débitos de funcionamento	2.000
Débitos de financiamento	8.000

OBSERVAÇÃO:

Antes de resolvermos as próximas 14 questões, vamos exemplificar as contas que se enquadrariam na classificação apresentada no enunciado para facilitar a visualização e os cálculos:

Bens numerários (dinheiro, Caixa): 2.000.

Bens de venda (mercadorias, Conta Mercadorias): 3.000.

Bens de uso (maquinário, imóveis, concessões públicas): 5.000.

Bens de renda (imóveis para alugar): 10.000.

Direitos de funcionamento (contas a receber, duplicatas a receber): 12.000.

Direitos de financiamento (empréstimos a receber): 13.000.

Débitos de funcionamento (duplicatas a pagar, fornecedores): 2.000.

Débitos de financiamento (empréstimos a pagar): 8.000.

Vamos classificar e exemplificar usando as contas, conforme o quadro a seguir:

ATIVO		PASSIVO	
Caixa	$ 2.000	Duplicatas a Pagar	$ 2.000
Mercadorias	$ 3.000	Empréstimos a Pagar	$ 8.000
Duplicatas a Receber	$ 12.000		
Empréstimos a Receber	$ 13.000	**PATRIMÔNIO LÍQUIDO**	**$ 35.000**
Investimento	$ 10.000		
Máquinas	$ 5.000		
TOTAL DO ATIVO	**$ 45.000**	**TOTAL DO PASSIVO**	**$ 45.000**

ATIVO	PASSIVO
ATIVO 45.000	**PASSIVO** 10.000
	PL 35.000

Como o Patrimônio Líquido é igual ao Ativo Total (–) o Passivo Exigível, concluímos que o Patrimônio Líquido é igual a 45.000 (–) 10.000 = 35.000.

1. O valor dos créditos da empresa:

a) $ 20.000.
b) $ 25.000.
c) $ 10.000.
d) $ 45.000.
e) $ 35.000.

2. O valor dos débitos da empresa:

a) $ 20.000.
b) $ 25.000.
c) $ 10.000.
d) $ 45.000.
e) $ 35.000.

3. O valor do Passivo Total da empresa:

a) $ 20.000.
b) $ 25.000.
c) $ 10.000.
d) $ 45.000.
e) $ 35.000.

4. O valor do Ativo Total da empresa:

a) $ 20.000.
b) $ 25.000.
c) $ 10.000.
d) $ 45.000.
e) $ 35.000.

5. O valor dos recursos aplicados no Patrimônio:

a) $ 20.000.
b) $ 25.000.
c) $ 10.000.
d) $ 45.000.
e) $ 35.000.

6. O valor do Patrimônio Bruto da empresa:

a) $ 20.000.
b) $ 25.000.
c) $ 10.000.
d) $ 45.000.
e) $ 35.000.

7. O valor das obrigações da empresa:

a) $ 20.000.
b) $ 25.000.
c) $ 10.000.
d) $ 45.000.
e) $ 35.000.

8. O valor do Patrimônio Líquido da empresa:

a) $ 20.000.
b) $ 25.000.
c) $ 10.000.
d) $ 45.000.
e) $ 35.000.

9. O valor do Capital de Terceiros ou Alheio totaliza:

a) $ 20.000.
b) $ 25.000.

c) $ 10.000.
d) $ 45.000.
e) $ 35.000.

10. O valor da Situação Líquida da empresa:

a) $ 20.000.
b) $ 25.000.
c) $ 10.000.
d) $ 45.000.
e) $ 35.000.

11. O valor do Passivo Exigível da empresa:

a) $ 20.000.
b) $ 25.000.
c) $ 10.000.
d) $ 45.000.
e) $ 35.000.

12. O valor do Passivo Não Exigível da empresa:

a) $ 20.000.
b) $ 25.000.
c) $ 10.000.
d) $ 45.000.
e) $ 35.000.

13. Os recursos próprios ou Capital Próprio totalizam:

a) $ 20.000.
b) $ 25.000.
c) $ 10.000.
d) $ 45.000.
e) $ 35.000.

14. Capital Aplicado importa em:

a) $ 20.000.
b) $ 25.000.
c) $ 10.000.
d) $ 45.000.
e) $ 35.000.

15. (Do Autor) A Contabilidade só registra fatos contábeis.

a) certo.
b) errado.

2.11.2. Equação fundamental do patrimônio

1. (Analista — Serpro — ESAF/2001) Apresentamos abaixo cinco igualdades literais que, se expressas com avaliação em moeda nacional, podem demonstrar a equação fundamental do patrimônio e a representação gráfica de seus estados, em dado momento.

1) ATIVO menos SITUAÇÃO LÍQUIDA é igual a ZERO.
2) ATIVO menos PASSIVO é igual a ZERO.
3) ATIVO menos PASSIVO menos SITUAÇÃO LÍQUIDA é igual a ZERO.
4) ATIVO menos PASSIVO mais SITUAÇÃO LÍQUIDA é igual a ZERO.
5) ATIVO mais PASSIVO menos SITUAÇÃO LÍQUIDA é igual a ZERO.

a) 1 é impossível de ocorrer na prática;
b) 2 representa o melhor estado patrimonial;
c) 3 representa o pior estado patrimonial;
d) 4 representa estado pré-falimentar;
e) 5 ocorre quando da criação e registro da empresa.

2. (AFTN — ESAF/1998) A Cia. Eira & Eira foi constituída com capital de $ 750.000, por três sócios, que integralizaram suas ações como segue:

Adão Macieira	$ 300.000
Bené Pereira	$ 150.000
Carlos Parreira	$ 300.000

Após determinado período, a empresa verificou que nas suas operações normais lograra obter lucros de $ 600.000, dos quais $ 150.000 foram distribuídos aos sócios. Os restantes $ 450.000 foram reinvestidos na empresa na conta Reserva para Aumento de Capital, nada mais havendo em seu Patrimônio Líquido.

Sabendo-se que esta empresa não tem resultado de exercícios futuros e que suas dívidas representam 20% dos recursos aplicados atualmente no patrimônio, podemos afirmar que o valor total de seus ativos é de:

a) $ 1.200.000.
b) $ 750.000.
c) $ 600.000.
d) $ 1.500.000.
e) $ 1.350.000.

3. (AFRF — ESAF/2002.1) Da leitura atenta dos balanços gerais da Cia. Emile, levantados em 31.12.01 para publicação, e dos relatórios que os acompanham, podemos observar informações corretas que indicam a existência de:

Capital de Giro no valor de	$ 2.000
Capital Social no valor de	$ 5.000
Capital Fixo no valor de	$ 6.000
Capital Alheio no valor de	$ 5.000
Capital Autorizado no valor de	$ 5.500
Capital a Realizar no valor de	$ 1.500
Capital Investido no valor de	$ 8.000
Lucros Acumulados no valor de	$ 500
Prejuízo Líquido do exerc. no valor de	$ 1.000

A partir das observações anteriores, podemos dizer que o valor do Capital Próprio da Cia. Emile é de:

a) $ 5.500.
b) $ 5.000.
c) $ 4.000.
d) $ 3.500.
e) $ 3.000.

4. (CMSP — VUNESP/2007) O valor da situação líquida da empresa Campestina & Souza Ltda., considerando os saldos das seguintes rubricas contábeis: caixa $ 1.660, capital social $ 2.400, duplicatas a receber $ 900, mercadorias $ 700, duplicatas a pagar $ 1.200, lucros acumulados $ 460, e móveis e utensílios R$ 800, é de

a) $ 1.200.
b) $ 1.660.
c) $ 2.060.
d) $ 2.860.
e) $ 4.060.

5. (TRF — ESAF/1998) No mês de julho, a firma Papoulas Ltda. foi registrada e captou recursos totais de $ 7.540, sendo $ 7.000 dos sócios, como capital registrado e $ 540 de terceiros, sendo 2/3 como empréstimos obtidos e 1/3 como receitas ganhas. Os referidos recursos foram todos aplicados no mesmo mês, sendo $ 540 em mercadorias; $ 216 em poupança bancária; $ 288 na concessão de empréstimos; e o restante de despesas normais.

Depois de realizados esses atos de gestão, pode-se afirmar que a empresa ainda tem um patrimônio bruto e um patrimônio líquido, respectivamente, de:

a) $ 1.044 e $ 684.

b) $ 1.044 e $ 864.
c) $ 1.044 e $ 504.
d) $ 1.584 e $ 1.044.
e) $ 7.540 e $ 7.000.

6. (AFRFB — ESAF/2003) No sistema contábil abaixo representado só faltou anotar as despesas incorridas no período. Todavia, considerando as regras dos métodos das partidas dobradas, podemos calcular o valor dessas despesas:

COMPONENTES	VALORES
Capital	$ 1.300
Receitas	$ 1.000
Dívidas	$ 1.800
Dinheiro	$ 1.100
Clientes	$ 1.200
Fornecedores	$ 1.350
Prejuízos Anteriores	$ 400
Máquinas	$ 1.950

Com base nos elementos apresentados, pode-se afirmar que o valor das despesas foi:
a) $ 200.
b) $ 400.
c) $ 800.
d) $ 1.200.
e) $ 1.400.

7. (Auditor — TCE-PR — CESPE/2018) Se, em uma empresa, 50% dos ativos totais são financiados por recursos de terceiros e 20% dos capitais totais utilizados são capitais de terceiros de longo prazo, então, nessa empresa, a porcentagem dos capitais de curto prazo em relação aos capitais de terceiros totais é de
a) 20%.
b) 80%.
c) 60%.
d) 50%.
e) 30%.

8. (Controlador — PAULIPREV — VUNESP/2018) Em um determinado exercício social, o total do Ativo da Cia. Delta representou 4/3 do total de seu Passivo. O capital total à disposição da referida sociedade no mesmo exercício montou a R$ 1.800.000,00.

Pode-se concluir que o Patrimônio Líquido da Cia. Delta, nesse exercício, equivaleu, em R$, a
a) 400.000,00.
b) 425.000,00.
c) 450.000,00.
d) 475.000,00.
e) 525.000,00.

9. (Auditor — CAGE-RS — CESPE/2018) Na equação patrimonial ativo = passivo + patrimônio líquido,
a) o patrimônio líquido está diretamente relacionado ao ativo.
b) o patrimônio líquido está diretamente relacionado ao passivo.
c) o ativo está inversamente relacionado ao passivo.
d) o ativo está inversamente relacionado ao patrimônio líquido.
e) o passivo está diretamente relacionado ao patrimônio líquido.

10. (Contador — CM Orizânia — ACCESS/2020) As informações a seguir referem-se à questão. A empresa Encerrando S/A apresentou os seguintes saldos em suas contas em 31.12.2019:

Clientes	7.000,00	Intangível	15.000,00
CMV	120.000,00	Receita de Vendas	150.000,00
Despesas Gerais	25.000,00	Salários a Pagar	6.000,00
Estoques	10.000,00	Caixa	5.000,00
Financiamentos	8.000,00	Capital Social	45.000,00
Imobilizado	32.000,00	Fornecedores	5.000,00

Após o encerramento do Exercício, o valor do Ativo, Capital de Terceiros e Capital Próprio será, respectivamente de:

a) 69.000,00, 19.000,00 e 50.000,00.
b) 73.000,00, 23.000,00 e 50.000,00.
c) 77.000,00, 19.000,00 e 55.000,00.
d) 78.000,00, 73.000,00 e 5.000,00.
e) 145.000,00, 150.000,00 e 5.000,00.

11. (Agente — PC-RN — FGV/2021) referência à riqueza líquida de uma entidade pode ser associada:

a) à sua capacidade de liquidez imediata;
b) ao montante de ativos realizáveis no exercício financeiro;
c) aos valores liquidados com capital próprio;
d) ao montante dos ativos deduzido dos passivos;
e) ao capital social liquidado pelos proprietários.

2.11.3. Regimes contábeis (Competência e Caixa)

1. (Casa da Moeda — CESGRANRIO/2009) Entende-se como regime de competência a(o):

a) apuração dos resultados (rédito) do exercício na qual são consideradas as receitas e despesas nas datas a que se referirem, independente de seus recebimentos ou pagamentos.
b) apuração dos resultados (rédito) do exercício na qual são consideradas, exclusivamente, as receitas e despesas efetivamente recebidas ou pagas no período.
c) apuração do rédito do exercício na qual são consideradas as receitas efetivamente recebidas e os custos e despesas incorridos no período, ainda que não tenham sido pagos.
d) aplicação do Axioma contábil de Leipzig, o qual determina que não pode haver receita sem despesa e que a confrontação entre elas forma a Azienda a ser apurada ciclicamente.
e) momento em que a empresa analisa o conjunto das operações realizadas num determinado período e determina se houve lucro (rédito) ou prejuízo (rébito), confrontando as receitas incorridas contra as despesas pagas no período.

2. (Bacharel — CFC/2004) Considere os dados a seguir referentes ao mês de dezembro de 2003:

- Despesa de dezembro/2003, paga em janeiro/2004 no valor de R$ 46.
- Despesa de janeiro/2004, paga em dezembro/2003 no valor de R$ 52.
- Despesa de dezembro/2003, paga em dezembro/2003 no valor de R$ 50.
- Receita de dezembro/2003, recebida em janeiro/2004 no valor de R$ 30.
- Receita de janeiro/2004, recebida em dezembro/2003 no valor de R$ 60.
- Receita de dezembro/2003, recebida em dezembro/2003 no valor de R$ 54.

O resultado do referido mês, conforme os Princípios Fundamentais da Contabilidade é:

a) Prejuízo de R$ 12.
b) Prejuízo de R$ 4.

c) Lucro de R$ 12.
d) Lucro de R$ 38.

3. (Agente PF — CESPE/2012) Determinada entidade apresentou os seguintes eventos no mês de abril de 2012.

I. pagamento de R$ 4.200,00, no mês de abril de 2012, referentes a aluguel dos meses de abril e maio de 2012;
II. consumo e pagamento de despesas, em abril de 2012, com serviços de limpeza e conservação, relativos ao mês de abril de 2012, no valor de R$ 1.800,00;
III. recebimento, em abril de 2012, em dinheiro, por serviços prestados no mês de março de 2012, no valor de R$ 3.600,00;
IV. prestação de serviços, no mês de abril de 2012, para recebimento em maio de 2012, no valor de R$ 5.700,00.

À luz do regime de caixa e do regime de competência, julgue as duas próximas questões se estão certas ou erradas, relativos à apuração de resultado do mês de abril de 2012 da entidade considerada.

1) Independentemente do regime considerado, os resultados apurados no mês de abril de 2012 serão iguais.
2) Na apuração do resultado do mês de abril de 2012, não se consideram, tanto no regime de caixa quanto no de competência, os eventos III e IV, os quais repercutem na apuração do resultado, respectivamente, dos meses de março e maio.

4. (Analista de Comércio Exterior — MDIC — ESAF/2012) Contabilizando suas operações em 2010 sob o regime contábil de caixa, a empresa Primeira & Cia. Ltda. registrou os seguintes eventos, entre outros que compõem seus resultados:

I. recebimento de aluguéis relativos a janeiro de 2011, no valor de R$ 4.800,00;
II. salários de dezembro de 2010 para pagamento apenas em janeiro de 2011, no valor de R$ 5.600,00;
III. pagamento das comissões referentes a dezembro de 2010, no valor de R$ 2.500,00;
IV. pagamento do aluguel do caminhão correspondente a janeiro de 2011, no valor de R$ 3.200,00;
V. recebimento de juros relativos a 2010, no valor de R$ 1.200,00.

Na apuração final do lucro a empresa verificou que faltava registrar o valor de R$ 4.000,00 decorrente de comissões ganhas no ano, ainda não recebidas.

Tais eventos foram computados no resultado da empresa Primeira & Cia. Ltda., sob o regime de competência. Com isso, houve uma redução de lucros na importância de

a) R$ 6.900,00.
b) R$ 6.100,00.
c) R$ 4.500,00.
d) R$ 2.900,00.
e) R$ 500,00.

5. (TRE/MT — CESPE/2010) Determinada indústria foi contratada no mês de janeiro/20X3 para montar um computador de grande porte para entrega futura. Em março/20X3, o contratante adiantou-lhe 60% do preço do computador para aquisição de peças e acessórios necessários ao início da montagem dos acabamentos do equipamento. No final de abril/20X3, a contratada já estava com o hardware encomendado em fase de testes e embalagem. No início de junho/20X3, foi feita a entrega do computador ao encomendante, mediante o recebimento de 10% do preço acordado. Os restantes 30% foram pagos pelo cliente no mês de agosto/20X3.

Nessa situação, de acordo com os princípios fundamentais de contabilidade, o reconhecimento da receita de vendas na referida indústria deve ser corretamente feito no mês de

a) janeiro.
b) março.
c) abril.
d) junho.
e) agosto.

6. (Agente da PF — CESPE/2018) Com relação à escrituração contábil nos livros das sociedades, julgue o item subsequente.

Em função da competência contábil, deve ser considerado despesa do exercício corrente o valor do aluguel do imóvel que tenha sido utilizado no exercício corrente e só será pago no exercício seguinte.

( ) Certo ( ) Errado

7. (Assistente — ALERO — FGV/2018) Em 01/02/2018, uma loja de móveis recebeu a encomenda de um móvel planejado. O valor total do móvel é de R$ 9.000, sendo que a loja recebeu metade no ato e, o restante, em 30/04/2018.

O móvel foi construído nos meses de fevereiro, março e abril e foi entregue em 02/05/2018. Considerando que a loja utiliza o Regime de Competência para controlar as suas vendas, assinale a opção correta em relação à receita apurada.

a) Em fevereiro, a receita foi de R$ 4.500.
b) Em fevereiro, a receita foi de R$ 9.000.
c) Em março, a receita foi de R$ 3.000.
d) Em abril, a receita foi de R$ 2.250.
e) Em maio, a receita foi de R$ 9.000.

8. (Analista — IMBEL — FGV/2021) Uma loja realizava vendas à vista e em cartão de crédito, sendo que estas eram recebidas no mês seguinte à venda.

A loja registrou as seguintes vendas no primeiro trimestre de X0:

	Janeiro	Fevereiro	Março
Vendas à vista	30.000	20.000	12.000
Vendas no cartão	100.000	70.000	55.000

Em relação à receita da loja, de acordo com o Regime de Competência, assinale a afirmativa correta.

a) Em janeiro, a receita foi de R$ 30.000.
b) Em fevereiro, a receita foi de R$ 120.000.
c) Em março, a receita foi de R$ 67.000.
d) No trimestre, a receita foi de R$ 220.000.
e) No trimestre, a receita foi de R$ 232.000.

2.11.4. Conceitos diversos sobre patrimônio e resultado

1. (TRT — CESPE/2009) Créditos de funcionamento e créditos de financiamento são contas a receber distintas, porque os créditos de funcionamento referem-se a valores decorrentes de atividades normais da empresa e os créditos de financiamento consistem em valores de operações estranhas às atividades da empresa.

( ) Certo ( ) Errado

2. (FEPESE — AFTE-SC/2010) Analise as afirmativas abaixo:

1. Num dado momento, o valor do Patrimônio Líquido pode aumentar e/ou diminuir sem que, neste mesmo momento, ocorra qualquer aumento e/ou redução no valor do Ativo e/ou no valor do Passivo.
2. Pode estar sendo incorrida uma despesa neste momento sem que, neste mesmo momento, esteja ocorrendo um pagamento e sem que, neste mesmo momento, estejam aumentando as obrigações (dívidas) da empresa.
3. Toda redução no valor do Patrimônio Líquido decorre de uma despesa incorrida.
4. As aplicações de recursos podem ter valor inferior ao valor dos capitais de terceiros.
5. Quando o valor do Passivo (obrigações/dívidas da entidade) for inferior ao valor do Ativo, *a equação básica da Contabilidade* deve ser expressa da seguinte forma: "Ativo + Patrimônio Líquido = Passivo".

Assinale a alternativa que indica todas as afirmativas **verdadeiras**.

a) É verdadeira apenas a afirmativa 3.
b) São verdadeiras apenas as afirmativas 1 e 4.
c) São verdadeiras apenas as afirmativas 2 e 4.
d) São verdadeiras apenas as afirmativas 2 e 5.
e) São verdadeiras apenas as afirmativas 2, 3 e 4.

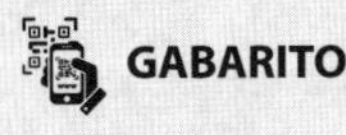

GABARITO

http://uqr.to/1xvmc

3 ESCRITURAÇÃO CONTÁBIL

3.1. INTRODUÇÃO

A escrituração contábil tem como referência formal a ITG 2000 (R1), aprovada pela Resolução n. 2014/ITG 2000 (R1) do Conselho Federal de Contabilidade, em 12 de dezembro de 2014, que se encontra parcialmente ao final deste capítulo, item 3.7.

O objetivo da escrituração é registrar, de maneira formal e padronizada, os fatos contábeis.

Um fato contábil é representado por pelo menos um conjunto de duas contas envolvendo bens, direitos, obrigações, receitas ou despesas. O nome de cada conta expressa sua natureza.

Exemplos de contas:

Conta Caixa: o fato envolveu transação em dinheiro	Patrimônio
Conta Banco: o fato envolveu transação com uma das contas bancárias	
Conta Mercadorias: o fato envolveu transação com os estoques	
Conta Empréstimos: o fato envolveu a contratação de um empréstimo	
Conta Receita: o fato refere-se a uma venda de mercadoria ou serviço	Resultado
Conta Salário: o fato diz respeito a uma despesa feita com funcionários no período	

Exemplo de um fato contábil: aquisição de mercadorias no valor de $ 30.000, com pagamentos à vista em cheque.

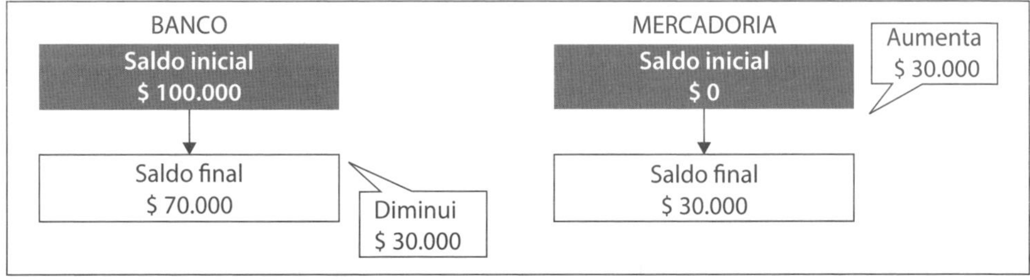

Como há o registro simultâneo em **duas contas** no mínimo, usa-se o nome "partidas dobradas", que quer dizer lançamento em **duplicidade de contas**.

PARTIDA = LANÇAMENTO
DOBRADA = DUPLICIDADE OU DUPLO

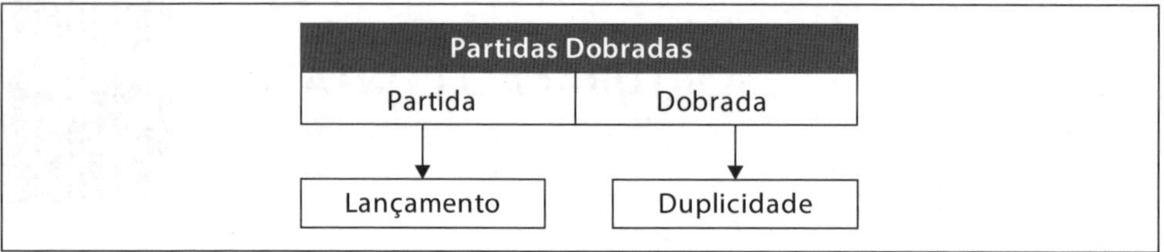

Sempre será feito **pelo menos um lançamento a crédito em uma conta e um a débito em outra. Se há um credor, terá que haver** também pelo menos **um devedor**, ou, se há um devedor, terá que haver também pelo menos um credor.

Para o melhor entendimento do método chamado de **partidas dobradas**, imaginaremos, antes de tudo, que as contas na Contabilidade são como "pessoas". Vamos idealizar que cada conta, na estrutura de registro contábil, representa um tipo de pessoa.

Desta forma, teremos contas que representam "as pessoas" financiadoras ou **credoras** da empresa e contas que representam "as pessoas" **devedoras**, nas quais a empresa irá aplicar recursos recebidos de terceiros ou financiadores.

Resumindo, existem 3 (três) tipos de pessoas:

- A pessoa jurídica da empresa;
- As pessoas que são os **financiadores da empresa** — os **credores** da empresa;
- As pessoas nas quais são **aplicados os recursos** dos financiadores — os **devedores** da empresa.

3.2. CONCEITOS DÉBITO X CRÉDITO NO PATRIMÔNIO

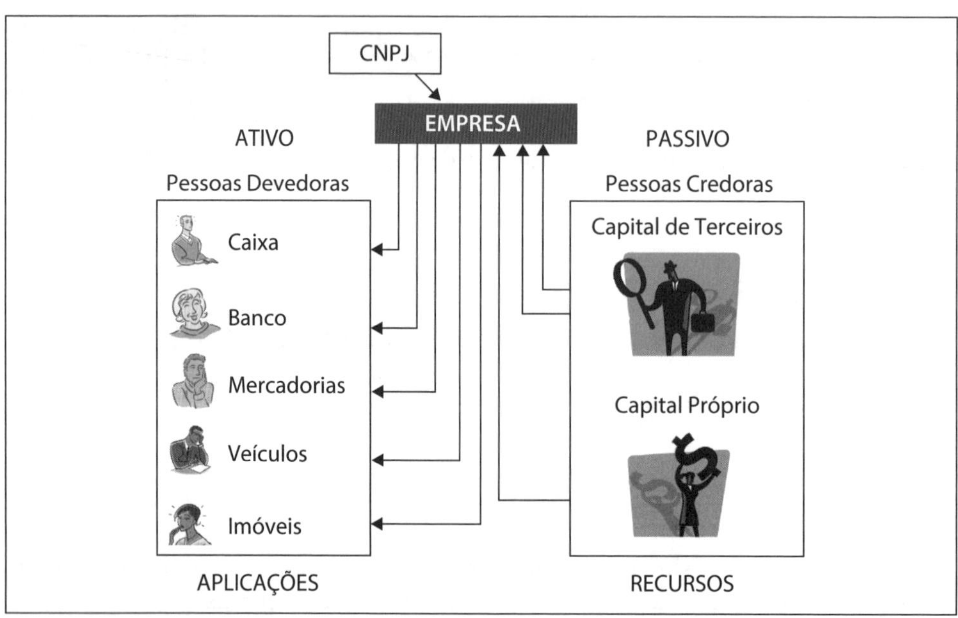

O Ativo (conjunto de bens e direitos) é constituído a partir do Capital dos sócios e de terceiros. Esses capitais não são da empresa, já que ela é uma pessoa jurídica, portanto, uma entidade abstrata. Os Capitais próprios e de terceiros chamamos de **passivos**, e as contas que representam esses Capitais são dos **credores** da empresa. As contas que serão abertas no Passivo representam todas as "pessoas" que confiaram na empresa e disponibilizaram recursos que serão aplicados pelos seus gestores.

As contas que irão compor o **Ativo** de uma entidade poderão ser classificadas como **devedoras** dos recursos que forem aplicados em cada uma delas.

O dinheiro que está no caixa não é do caixa nem da empresa, mas de um dos credores. Por isso, dizemos que cada vez que o caixa recebe dinheiro, ele fica mais devedor.

Já em uma conta do Passivo, dizemos que, cada vez que ela tem seu valor aumentado, significa que um terceiro se tornou mais credor da empresa.

Pensando desta forma, a empresa recebe recursos dos sócios (Capital) e de terceiros (empréstimos, fornecedores etc.). Por isso, as contas do Passivo (exigível e PL) são credoras da empresa.

3.2.1. Convenção sobre os lançamentos

No "caderno" que registramos os fatos contábeis referentes ao Patrimônio, anotamos em cada folha apenas **lançamentos de mesma qualidade**, isto é, uma única qualidade de conta.

Vamos dividir essa folha ao meio e convencionar que o registro de crédito na conta será feito à direita e o de débito, à esquerda.

Débito	Crédito

Assim, poderemos realizar lançamentos credores e devedores em cada página de nosso caderno e, ao final do período, teremos o saldo final de cada conta aberta em determinado exercício.

Sempre analisaremos o patrimônio do ponto de vista qualitativo e quantitativo. Cada vez que identificamos uma conta distinta de outras, tratase de uma análise qualitativa, e, sempre que registramos uma mudança de valor, a análise é quantitativa.

ATIVO		PASSIVO	
Contas	Valores	Contas	Valores
Caixa	1.000	Contas a pagar	1.500
Banco	5.000	Impostos a pagar	2.500
Contas a receber	2.000	Capital	4.000
Total	8.000	Total	8.000
Qualitativo	Quantitativo	Qualitativo	Quantitativo

3.2.2. Conceito de débito e crédito no Ativo

Os recursos aplicados no Ativo são chamados de total de aplicações. Observe-se que a fonte de recursos de uma empresa são seus sócios e terceiros que emprestam valores à empresa, por isso, quanto mais valor uma conta do Ativo recebe, mais devedora ela fica.

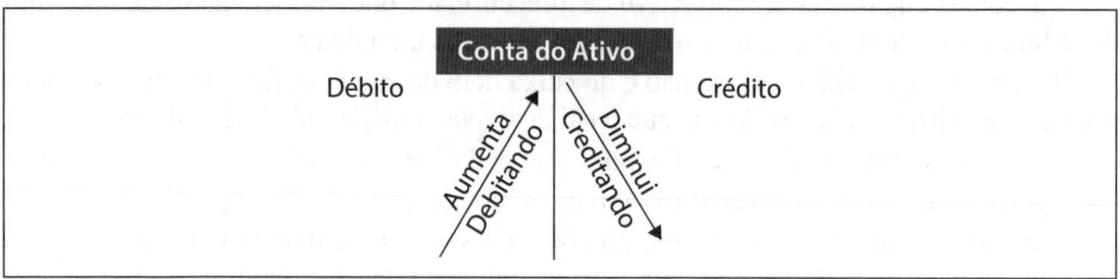

Uma conta representativa de um Ativo é sempre uma conta de natureza devedora. Isso ocorre porque contas do Ativo recebem recursos que originalmente não são nem da empresa, nem do próprio Ativo. Quando uma conta do Ativo recebe um valor, esta fica mais devedora; quando dela retiramos recursos (creditando), ela fica menos devedora.

Exemplo 1: um bom exemplo para entender a mecânica do débito e do crédito é a organização de uma festa de formatura em uma universidade: o representantc da turma que ficar responsável por receber os recursos de todos os alunos será tão mais devedor do grupo quanto mais recursos receber, e à medida que ele aplicar os recursos — pagando o *buffet*, a equipe de filmagem etc. –, será creditado desses valores, uma vez que não é mais devedor.

Uma turma de formandos tem 100 alunos, e cada aluno entrega ao presidente da comissão de formatura (para que este organize o evento) $ 500; portanto, um total de $ 50.000.

Desta forma, o presidente desta comissão é **devedor** da turma em $ 50.000 e, no momento que ele pagar $ 25.000 para o *buffet* e $ 10.000 para a equipe de filmagem, será **creditado** de $ 35.000, ficando **devedor** de apenas $ 15.000.

Caixa do Presidente	
(1) 50.000	25.000 (2) 10.000 (3)
15.000	

Capital da Turma	
	50.000 (1)

Despesa com Buffet	
(2) 25.000	

Despesa com Equipe de Filmagem	
(3) 10.000	

Exemplo 2: O Capital recebido dos sócios, no exemplo a seguir, foi aplicado inicialmente na conta Banco e em um veículo. Quanto mais a Empresa aplicar recursos em uma conta do ATIVO, mais essa conta ficará devedora. No primeiro momento, os $ 50.000 foram depositados no banco, e o veículo, no valor de $ 25.000, recebido como o capital de um dos sócios, foi contabilizado no Ativo.

Veículo	
(1) 25.000	

Banco	
(1) 50.000	

Capital	
	75.000 (1)

Os $ 50.000 do Capital dos sócios depositado na conta bancária foram aplicados, $ 25.000 para adquirir equipamentos de informática e $ 8.000 para comprar mercadorias.

Banco	
50.000	25.000 (1) 8.000 (2)
17.000	

Equipamentos	
(1) 25.000	

Mercadorias	
(2) 8.000	

A seguir, $ 6.000 foram transferidos para o Caixa e o saldo permaneceu na conta bancária.

Banco	
17.000	6.000
11.000	

Caixa	
6.000	

3.2.3. Conceito de débito e crédito no Passivo e PL

Quanto mais os sócios aplicam Capital na empresa, mais credores eles ficam dela; quanto mais uma empresa compra a prazo, mais o fornecedor fica seu credor.

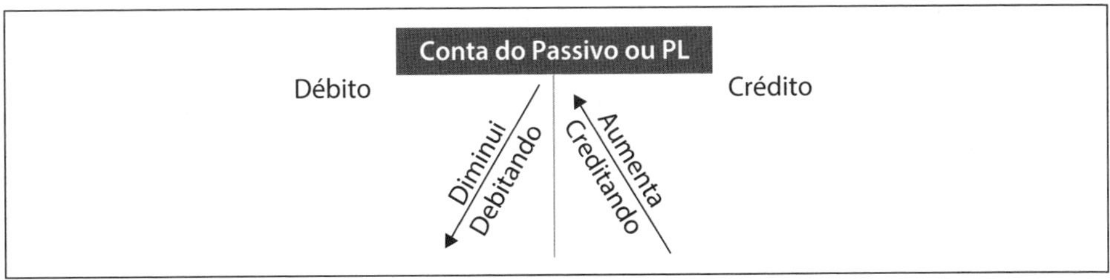

> No Passivo e no PL, as contas são de natureza credora e, por isso, aumentam de valor quando creditadas e diminuem de valor quando debitadas.

Exemplo 1: compra a prazo de um fornecedor:

Um fornecedor entrega $ 40.000 (1) em mercadorias, para pagamento a prazo. Neste momento, temos que fazer um lançamento, creditando o fornecedor de $ 40.000 (1) em relação à empresa.

Fornecedor	
	40.000 (1)

O fornecedor se tornou credor de $ 40.000 da empresa.

Se, no mês seguinte, a empresa paga 40% (2) desse débito ao fornecedor, temos que debitar a conta fornecedor, tornando-o credor de apenas $ 24.000.

Fornecedor	
(2) 16.000	40.000
	24.000

O fornecedor se tornou menos credor, uma vez que a empresa pagou $ 16.000. Ele ainda é credor de $ 24.000.

Exemplo 2: integralização de Capital pelos sócios:

Quatro sócios decidem criar uma empresa com Capital de $ 100.000. A parte de cada um é de $ 25.000. Dois integralizam em dinheiro no ato da decisão, um deles entrega um veículo no ato, como parte de Capital, e outro irá integralizar em dinheiro, após um prazo máximo de 30 dias.

SÓCIO A	$ 25.000	Integralizou no ato em dinheiro
SÓCIO B	$ 25.000	Integralizou no ato em dinheiro
SÓCIO C	$ 25.000	Integralizou no ato com um veículo
SÓCIO D	$ 25.000	Vai integralizar em dinheiro, após 30 dias

Quando um sócio assina um contrato social de uma empresa em sua constituição, dizemos que ele subscreveu sua quota de capital, isto é, assumiu um compromisso perante a sociedade. Quando ele entrega o dinheiro, ele integraliza; e quando ele subscreve, mas não integra o dinheiro, ele tem capital a integralizar.

Capital	
	75.000

O capital da empresa, no momento de sua constituição, passou a ser de $ 75.000, entrando em dinheiro no banco somente $ 50.000. Os outros $ 25.000 são capital, mas na forma de veículo.

3.2.4. Conceito de débito e crédito no resultado

As contas do resultado são **as receitas e as despesas e custos**. As receitas são sempre credoras do resultado, isto é, contribuem para o seu aumento. As despesas e os custos são sempre devedoras do resultado, isto é, contribuem para a sua redução.

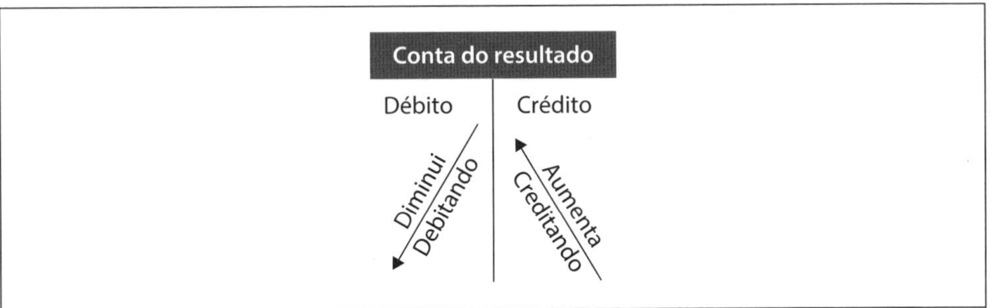

Exemplo 1: uma empresa, com uma receita líquida igual a $ 100.000, teve o custo de mercadoria vendida em $ 40.000; também obteve receita líquida de aluguel no valor de $ 24.000. As despesas administrativas e comerciais foram de $ 30.000. Qual será seu resultado?

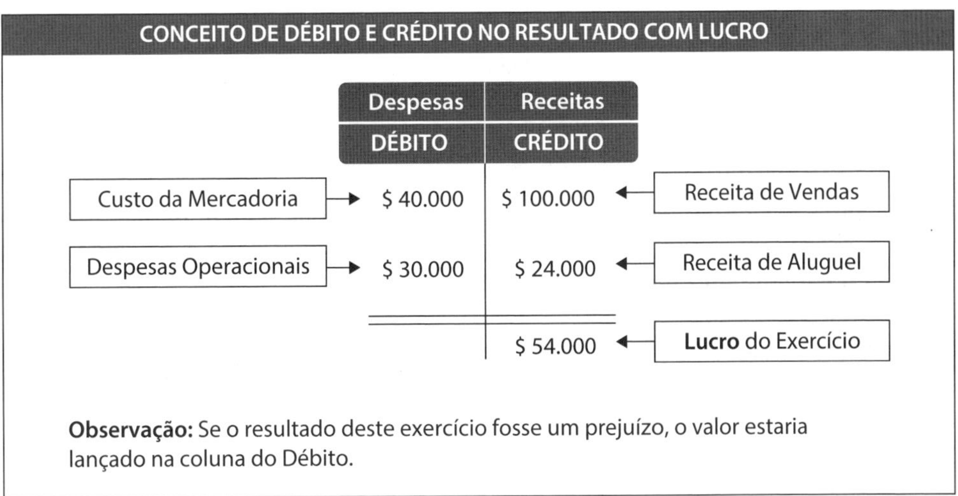

Exemplo 2: com o mesmo enunciado do exercício anterior, consideramos as despesas de $ 90.000 e fazemos todos os lançamentos inerentes a esta operação de venda de mercadoria.

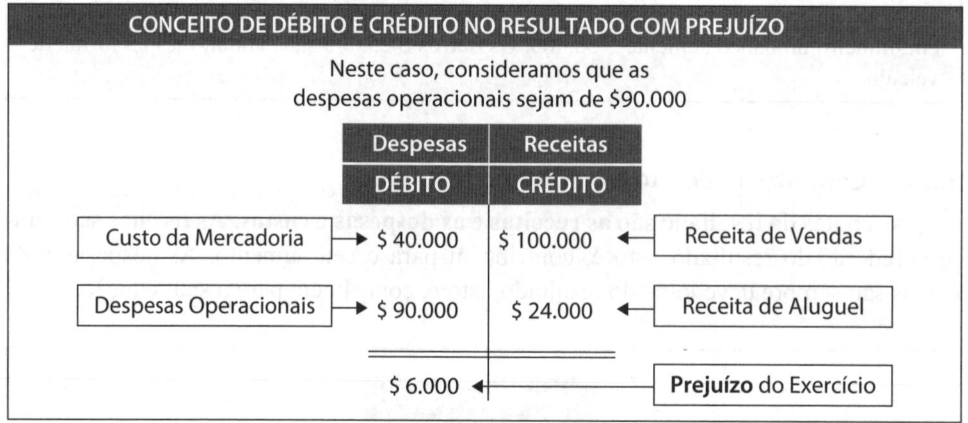

3.3. TIPOS DE FATOS CONTÁBEIS

Os **fatos contábeis** podem **alterar o Patrimônio** em quantidade e/ou em qualidade e **alterar ou não o resultado**. Eles podem ser subdivididos em permutativos, modificativos ou mistos, em função dessas alterações no Patrimônio e resultado. Os dois últimos podem ser, ainda, aumentativos ou diminutivos.

Quaisquer tipos de fatos contábeis sempre alteram o Patrimônio em qualidade.

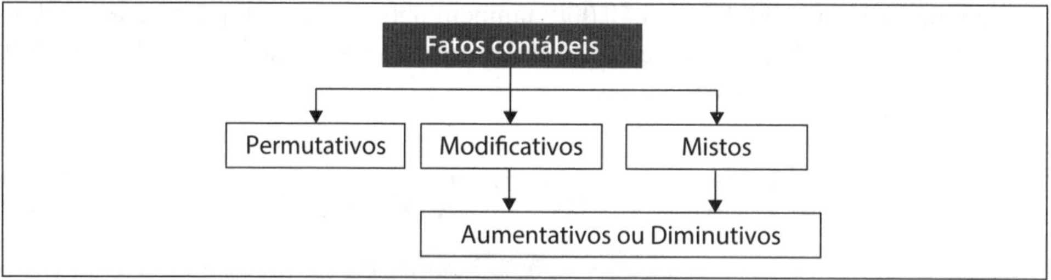

3.3.1. Fatos permutativos (qualitativos)

Os **fatos permutativos** são aqueles fatos contábeis que **podem ou não alterar** o Patrimônio **em quantidade**, mas **sempre o alteram em qualidade**, bem como **nunca alteram o Patrimônio Líquido em quantidade**.

TIPO	DÉBITO	CRÉDITO	PATRIMÔNIO
1	↑ A	↓ A	Não altera
2	↑ A	↑ P	Aumenta
3	↓ P	↓ A	Diminui
4	↓ P	↑ P	Não altera
5	↓ PL	↑ PL	Não altera

O quadro anterior é uma representação geral dos cinco tipos de fatos permutativos que serão apresentados a seguir. O sinal positivo ao lado de A (Ativo), P (Passivo) ou PL

(Patrimônio Líquido) indica um aumento de uma conta nesse grupo do patrimônio; o sinal negativo indica diminuição.

A seguir, exemplificaremos como fatos contábeis hipotéticos os cinco tipos de fatos contábeis apresentados na tabela anterior.

3.3.1.1. Fato Permutativo TIPO 1: aumento (+) de uma conta do Ativo com diminuição (–) de outra conta do Ativo

Para aumentarmos o valor em uma conta do Ativo, temos que debitá-la (+), e para diminuirmos, temos que creditá-la (–).

Exemplo: compra de mercadorias à vista em dinheiro:

Neste exemplo, a conta do Ativo Mercadoria aumenta de valor, e a conta Caixa, também do Ativo, diminui de valor, porque se comprou mercadoria pagando em dinheiro.

3.3.1.2. Fato Permutativo TIPO 2: aumento (+) de uma conta do Ativo com aumento (+) de outra conta do Passivo

Para aumentarmos o valor em uma conta do Ativo, temos que debitá-la (+), e para aumentarmos o valor em uma conta do Passivo, temos que creditá-la (+).

Exemplo: compra de mercadorias a prazo:

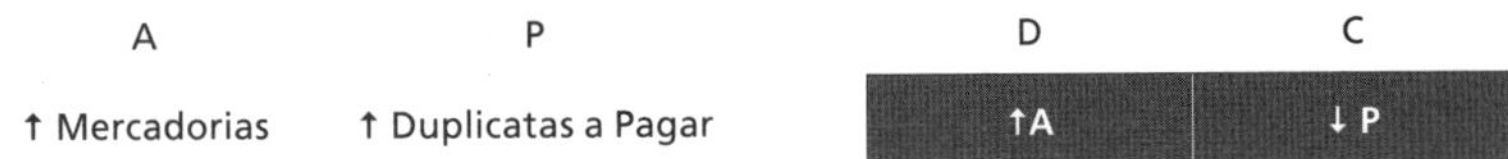

Neste exemplo a conta Mercadorias (Ativo) aumentou de valor, e a conta Duplicatas a Pagar (Passivo) também aumentou de valor, uma vez que a aquisição foi a prazo.

3.3.1.3. Fato Permutativo TIPO 3: diminuição (–) de uma conta do Ativo com diminuição (–) de uma conta do Passivo

Para diminuirmos o valor em uma conta do Ativo, temos que creditá-la (–), e para diminuirmos o valor em uma conta do Passivo, temos que debitá-la (–).

Exemplo: pagamento de duplicatas em cheque:

Neste exemplo tanto a conta do Ativo (Banco) como a conta do Passivo (Duplicatas a Pagar) diminuíram de valor, uma vez que ocorreu um pagamento.

3.3.1.4. Fato Permutativo TIPO 4: aumento (+) de uma conta do Passivo com diminuição (–) de outra conta do Passivo

Para aumentarmos o valor em uma conta do Passivo, temos que creditá-la (+), e para diminuirmos o valor em uma conta do Passivo, temos que debitá-la (–).

Exemplo: transferência de uma dívida de curto prazo para longo prazo:

> Esta situação representa, por exemplo, a troca de uma dívida em cheque especial (dívida cara) por um financiamento mais barato.
>
> **Observação:** CP — Curto Prazo LP — Longo Prazo.

3.3.1.5. Fato Permutativo TIPO 5: aumento (+) de uma conta do PL com diminuição (–) de outra conta do PL

Para aumentarmos o valor em uma conta do Patrimônio Líquido (PL), temos que creditá-la (+), e para diminuirmos o valor em outra conta do Patrimônio Líquido (PL), temos que debitá-la (–).

Exemplo: aumento do capital social com lucros:

PL	PL	D	C
↓ Lucros Acumulados	↑ Capital	↓PL	↑PL

É na conta lucros acumulados no PL que são registrados os lucros de um período, portanto, ao transferir parte ou todo o lucro de um período para a conta capital, estaremos aumentando o capital com lucros, e isso representa movimento dentro do PL, não alterando o PL em valor.

3.3.2. Fatos modificativos

São aqueles fatos contábeis que **alteram o Patrimônio Líquido** em quantidade, e não somente em qualidade.

3.3.2.1. Modificativos aumentativos

Nesse caso, o Patrimônio Líquido é aumentado em um lançamento contra uma conta do Ativo, do Passivo ou até de ambas, simultaneamente. **Quando o PL de uma empresa aumenta**, ou utiliza-se essa riqueza para alguma aplicação no Ativo, e **uma conta do Ativo cresce ou** paga-se uma dívida, e **uma conta do Passivo diminui**.

DÉBITO	CRÉDITO
↑ A	↑ PL
↓ P	↑ PL

De acordo com o exposto e a tabela anterior, existem dois tipos de fatos modificativos aumentativos. Vamos exemplificar cada um deles a seguir, com fatos hipotéticos:

3.3.2.1.1. Fato Modificativo Aumentativo TIPO 1: aumento (+) em uma conta do PL e aumento (+) em uma conta do Ativo

Exemplo: aumento do capital com integralização ou recebimento de uma receita:

Tanto a entrega de capital em dinheiro por um sócio (integralização) quanto ganhar uma receita recebendo à vista representam aumento de ativo (Banco ou Caixa) e aumento de PL.

3.3.2.1.2. Fato Modificativo Aumentativo TIPO 2: aumento (+) em uma conta do PL e diminuição (–) em uma conta do Passivo

Exemplo: pagamento de uma dívida com lucros do período:

Este exemplo representa a seguinte situação: imagine que uma empresa tenha uma dívida com um banco e não tenha recursos para quitá-la no vencimento. Se esse banco necessitar de um produto que a empresa produza ou comercialize, a empresa devedora pode oferecer um lote desses produtos em troca da quitação da dívida. A receita será registrada, e isso aumentará o PL. A contrapartida será a redução do passivo em função da quitação da dívida.

3.3.2.2. Modificativos diminutivos

Nesse caso, o **Patrimônio Líquido (PL) é diminuído** em um lançamento contra uma conta do Ativo, do Passivo ou até de ambos, simultaneamente. Quando o PL de uma empresa diminui, é porque os negócios não geraram receita para cobrir as despesas; a empresa ou perderá um ativo para cobrir os compromissos ou terá que contrair uma dívida.

DÉBITO	CRÉDITO
↓ PL	↓ A
↓ PL	↑ P

De acordo com o exposto e a tabela anterior, existem dois tipos de fatos modificativos diminutivos. Vamos exemplificar cada um deles a seguir, com fatos hipotéticos:

3.3.2.2.1. Fato Modificativo Diminutivo TIPO 1: diminuição (–) em uma conta do PL e diminuição (–) em uma conta do Ativo

Exemplo: pagamento de despesas ou redução do capital:

Observação: Uma despesa indiretamente diminui PL.

3.3.2.2.2. Fato Modificativo Diminutivo TIPO 2: diminuição (–) em uma conta do PL e aumento (+) em uma conta do Passivo

Exemplo 1: distribuição (Declaração) de dividendos:

A distribuição de dividendos ou declaração de dividendos nada mais é do que a decisão de distribuir parte dos lucros ganhos em um período. Os lucros são primeiramente lançados no Patrimônio Líquido (PL) e sua distribuição representa um fato que diminui o PL (Conta L/P Acumulados) e aumenta o Passivo (dividendos a pagar) uma vez que a empresa após essa decisão terá que pagar os dividendos em cerca de 60 dias (no caso de uma sociedade anônima).

Nota: o pagamento dos dividendos é um fato permutativo; diminui Passivo e Ativo.

Exemplo 2: despesa incorrida e não paga:

Observação: Qualquer despesa, quando analisada isoladamente, contribui para a diminuição do Patrimônio Líquido.

3.3.3. Mistos (compostos)

São aqueles fatos contábeis que **são permutativos e modificativos, simultaneamente**. E, por isso, também podem ser aumentativos ou diminutivos.

3.3.3.1. *Mistos diminutivos*

Esse tipo de fato contábil é uma combinação dos quatro primeiros tipos de fatos permutativos associados à redução de patrimônio líquido.

TIPO	DÉBITO	DÉBITO	CRÉDITO
1	↓ PL	↑ A	↓ A
2	↓ PL	↑ A	↑ P
3	↓ PL	↓ P	↓ A
4	↓ PL	↓ P	↑ P

De acordo com o exposto e a tabela anterior, existem quatro tipos de fatos mistos diminutivos. Vamos exemplificar cada um deles a seguir, com fatos hipotéticos:

3.3.3.1.1. Fato Misto Diminutivo TIPO 1: aumento (+) de uma conta do Ativo com diminuição (–) de outra conta do Ativo com diminuição de uma conta do PL

Exemplo: venda de mercadoria com prejuízo:

Exemplo: mercadoria adquirida por $ 50.000 e vendida à vista por $ 40.000:

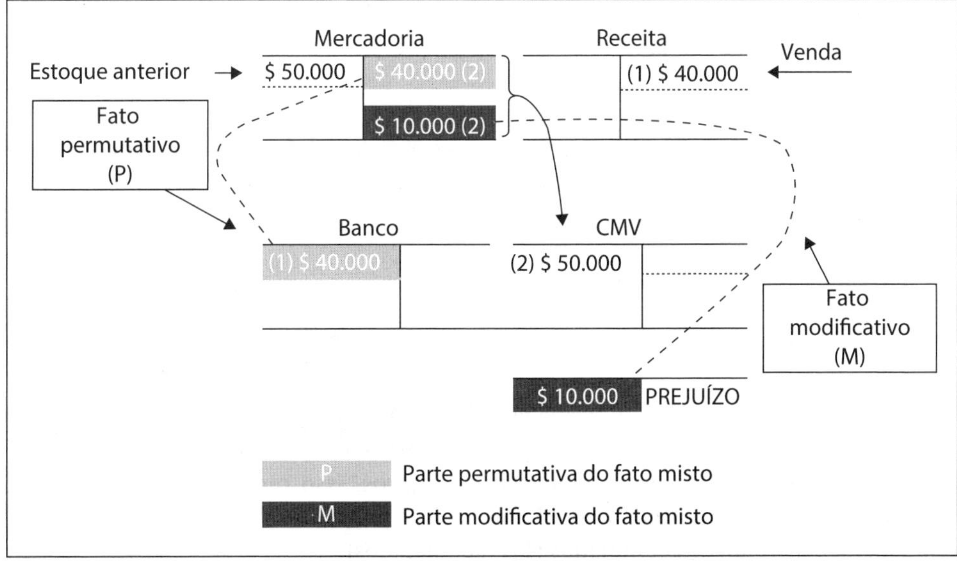

A receita de $ 40.000 (1) foi depositada no banco (1), e a baixa de estoque $ 50.000 (2) é o custo da mercadoria vendida (2). O movimento (P) é a parte permutativa, e o movimento (M), a parte modificativa do lançamento.

3.3.3.1.2. Fato Misto Diminutivo TIPO 2: aumento (+) de uma conta do Ativo com aumento (+) de outra conta do Passivo com diminuição de uma conta do PL

Exemplo: contratação de um empréstimo com despesa financeira:

Quando contratamos um empréstimo, o Passivo e o Ativo Circulante se elevam na mesma proporção. Se a instituição financeira cobra despesas de análise de crédito ou de emissão de contrato, o Patrimônio Líquido sofrerá uma diminuição.

3.3.3.1.3. Fato Misto Diminutivo TIPO 3: diminuição (–) de uma conta do Ativo com diminuição (–) de uma conta do Passivo com diminuição de uma conta do PL

Exemplo: pagamento de duplicata com juros:

P/PL	A	D	C
↓ Duplicatas a Pagar	↓ Banco	↓ P	↓ A
↓ L/P Acumulados		↓ PL	

Sempre que pagamos juros, isso representa, isoladamente, uma **diminuição de PL**. A conta no PL em que são lançados os lucros ou prejuízos é a conta lucros ou prejuízos acumulados (L/P Acumulados).

3.3.3.1.4. Fato Misto Diminutivo TIPO 4: aumento (+) de uma conta do Passivo com diminuição (–) de outra conta do Passivo com diminuição de uma conta do PL

Exemplo: repactuação de uma dívida com juros:

P/PL	P	D	C
↓ Dívida antiga	↑Dívida nova	↓ P	↑ P
↓ L/P Acumulados		↓ PL	

Sempre que repactuamos uma dívida com juros, isso representa, isoladamente, uma **diminuição de PL**. A conta no PL em que são lançados os lucros ou prejuízos é a conta lucros ou prejuízos acumulados (L/P acumulados).

3.3.3.2. *Mistos aumentativos*

Esse tipo de fato contábil é uma **combinação dos quatro primeiros** tipos de fatos permutativos, associados ao aumento do patrimônio líquido.

TIPO	DÉBITO	CRÉDITO	DÉBITO
1	↑ A	↓ A	↑ PL
2	↑ A	↑ P	↑ PL
3	↓ P	↓ A	↑ PL
4	↓ P	↑ P	↑ PL

De acordo com o exposto e a tabela anterior, existem quatro tipos de fatos mistos aumentativos. Vamos exemplificar cada um deles a seguir, com fatos hipotéticos:

3.3.3.2.1. *Fato Misto Aumentativo TIPO 1: aumento (+) de uma conta do Ativo com diminuição (–) de outra conta do Ativo com aumento de uma conta do PL*

Exemplo: venda de mercadoria do estoque (Ativo Circulante) com lucro:

Exemplo: mercadoria adquirida por $ 50.000 e vendida à vista por $ 60.000:

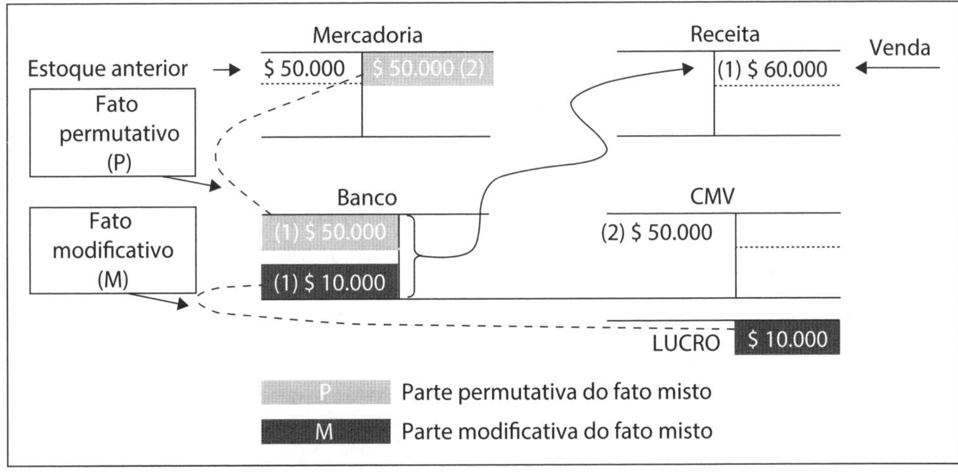

A receita de $ 60.000 (1) foi depositada no banco (1), e a baixa de estoque de $ 50.000 (2) é o custo da mercadoria vendida (2). O movimento (P) é a parte permutativa, e o movimento (M), a parte modificativa do lançamento.

3.3.3.2.2. Fato Misto Aumentativo TIPO 2: aumento (+) de uma conta do Ativo com aumento (+) de outra conta do Passivo com aumento de uma conta do PL

Exemplo: emissão de debênture acima do valor nominal (acima do par):

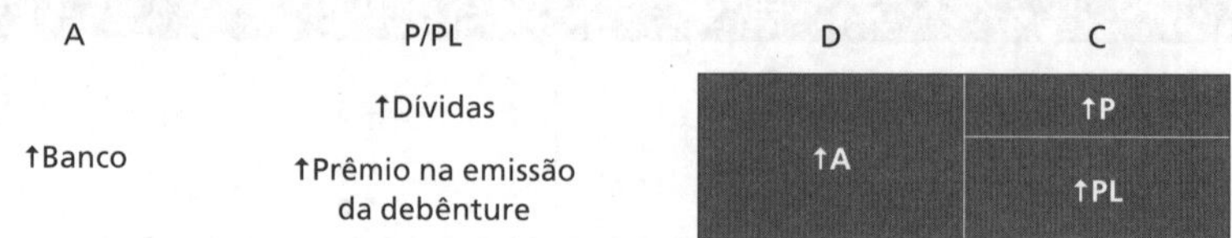

Uma **debênture** é uma dívida especial. Empresas como Vale ou Petrobras, quando precisam de dinheiro emprestado, divulgam publicamente o seu interesse, oferecendo condições melhores do que uma pessoa física ou uma empresa obteria no mercado financeiro. Na disputa para emprestar dinheiro a essas empresas, acontece um tipo de ágio, que é um ganho que pode ser registrado no resultado da empresa emissora da debênture.

3.3.3.2.3. Fato Misto Aumentativo TIPO 3: diminuição (–) de uma conta do Ativo com diminuição (–) de uma conta do Passivo com aumento de uma conta do PL

Exemplo: pagamento de duplicata com desconto:

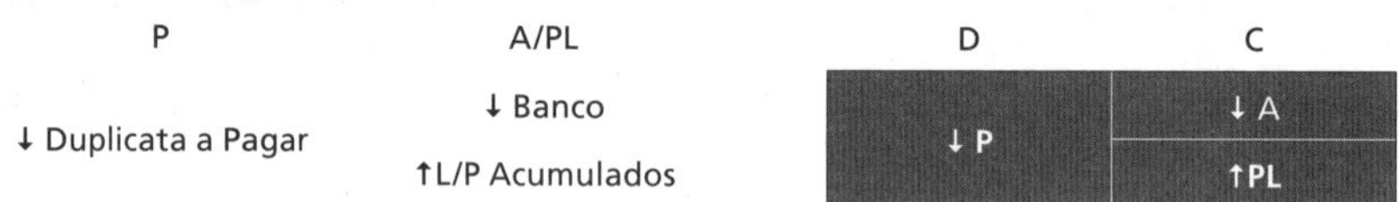

O desconto em um título já contabilizado é uma receita, que, analisada isoladamente, é lucro no período. O lucro deve ser lançado no PL, na conta lucros ou prejuízos acumulados (L/P Acumulados).

3.3.3.2.4. Fato Misto Aumentativo TIPO 4: aumento (+) de uma conta do Passivo com diminuição (–) de outra conta do Passivo com aumento de uma conta do PL

Exemplo: repactuação de uma dívida com desconto:

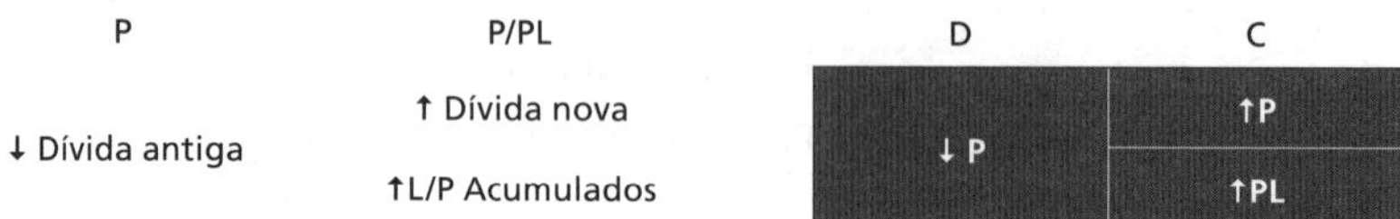

A repactuação de uma dívida com desconto vai gerar uma receita, que, analisada isoladamente, é lucro no período. O lucro deve ser lançado no PL, na conta lucros ou prejuízos acumulados (L/P Acumulados).

3.4. LIVROS EMPRESARIAIS

Os livros utilizados pelas empresas para **realizar suas escriturações de forma ampla** estão subdivididos em quatro tipos:

- Livros Fiscais;
- Livros Societários;
- Livros Trabalhistas;
- Livros Contábeis.

3.4.1. Livros fiscais

São os livros **exigidos pelo fisco** nas esferas municipal, estadual e federal.

3.4.1.1. Municipal

Os principais livros **exigidos pelos municípios** são:

- Registro de Notas Fiscais de Prestação de Serviços;
- Registro de Contrato de Prestação de Serviços;
- Recebimento de Impressos Fiscais e Termos de Ocorrências.

3.4.1.2. Estadual

Os principais livros **exigidos pelas esferas estaduais** são:

- Registro de Apuração do ICMS;
- Registro de Inventários;
- Registro de Entrada de Mercadorias;
- Registro de Saída de Mercadorias;
- Registro de Controle da Produção de Estoque;
- Registro de Utilização de Documentos Fiscais e Termos de Ocorrência;
- Controle de Crédito do ICMS do Ativo Permanente — CIAP.

3.4.1.3. Federal

A empresa deve escriturar, além dos livros exigidos pela esfera estadual, **o livro de apuração do IPI**, que é uma exigência do Regulamento do Imposto sobre Produtos Industrializados (RIPI), e os livros adicionalmente exigidos pelo Regulamento do Imposto de Renda (RIR), para quem declara pelo lucro real:

- LALUR (Livro de Apuração do Lucro Real)/RIR;
- Registro de Inventário/RIR;
- Registro de Compras/RIR.

3.4.1.3.1. Exigência legal na esfera federal

> "**RIR 2018 (Decreto 9.580/2018) Art. 275.** A pessoa jurídica, além dos livros de contabilidade previstos em leis e regulamentos, deverá possuir os seguintes livros (Lei n.

154, de 1947, art. 2.º, e Lei n. 8.383, de 1991, art. 48, e Decreto-lei n. 1.598, de 1977, arts. 8.º e 27):
I — para registro de inventário;
II — para registro de entradas (compras);
III — de Apuração do Lucro Real — LALUR;
IV — para registro permanente de estoque, para as pessoas jurídicas que exercerem atividades de compra, venda, incorporação e construção de imóveis, loteamento ou desmembramento de terrenos para venda; e
V — de Movimentação de Combustíveis, a ser escriturado diariamente pelo posto revendedor."

3.4.1.3.1.1. Livro de Apuração do Lucro Real

As legislações comercial e fiscal muitas vezes são conflitantes; por exemplo, uma multa de trânsito não é considerada uma despesa pela legislação fiscal do imposto de renda, enquanto, evidentemente, na contabilidade comercial, será considerada uma despesa administrativa ou comercial, que irá reduzir o resultado.

Exemplo: uma empresa que tenha obtido lucro líquido de $ 100.000 antes de calcular o Imposto de Renda e tenha considerado multas de trânsito de $ 10.000 na apuração desse resultado deverá fazer um ajuste no LALUR, somando esses $ 10.000 ao resultado de $ 100.000, e considerar um lucro para efeito do Imposto de Renda de $ 110.000.

O lucro antes do Imposto de Renda, para efeitos societários (cálculo dos dividendos), é de $ 100.000, e o lucro para fins fiscais (Imposto de Renda — lucro real) é de $ 110.000.

O LALUR é um livro que começa sua escrituração na primeira linha, com o lucro apurado, obedecendo todas as normas contábeis brasileiras, e, nas linhas seguintes, são feitos ajustes credores ou devedores para a determinação do lucro sob a ótica fiscal.

Lucro líquido contábil	$ 100.000
(–) Receitas não tributáveis	($ 5.000) (ganhos com investimentos em outras empresas)
(+) Despesas não dedutíveis	$ 10.000 (multas de trânsito)
Lucro Real (sob a ótica do RIR)	$ 105.000

A alíquota do Imposto de Renda, de acordo com o Regulamento do Imposto de Renda (RIR), será aplicada sobre os $ 105.000.

"**RIR 2018 (Decreto 9.580/2018) Art. 277.** No Lalur, o qual será entregue em meio digital, a pessoa jurídica deverá (Decreto-lei n. 1.598, de 1977, art. 8.º, *caput*, inciso I):
I — lançar os ajustes do lucro líquido, de adição, exclusão e compensação nos termos estabelecidos nos art. 248 e art. 249;
II — transcrever a demonstração do lucro real, de que trata o art. 287, e a apuração do imposto sobre a renda; (...)."

3.4.2. Livros societários

São os livros **exigidos pela Lei das Sociedades por ações** e que estão descritos no art. 100 da Lei n. 6.404/76:

- Livro de Registro de Ações Nominativas;
- Livro de Transferência de Ações Nominativas;
- Livro de Registro de Partes Beneficiárias Nominativas;
- Livro de Transferência de Partes Beneficiárias Nominativas;
- Livro de Atas das Assembleias Gerais;
- Livro de Presença de Acionistas;
- Livro de Atas das Reuniões do Conselho de Administração, se houver;
- Livro de Atas das Reuniões da Diretoria;
- Livro de Atas e Pareceres do Conselho Fiscal.

3.4.3. Livros trabalhistas

São os livros **exigidos pela Consolidação das Leis do Trabalho (CLT)**:

- Livro de Registro de Empregados; e
- Livro de Inspeção do Trabalho.

3.4.4. Livros contábeis

Os livros que mais nos interessam aqui são aqueles que **servem de base para o registro dos fatos contábeis**, os quais estão normalizados pelo Conselho Federal de Contabilidade em diversas normas e são exigidos tanto pela legislação comercial como fiscal.

Os livros que são utilizados na escrituração dos fatos contábeis são:

- Diário;
- Razão;
- Caixa;
- Contas correntes;
- Livro de Registro de Duplicatas.

(Caixa; Contas correntes; Livro de Registro de Duplicatas: } Auxiliares do Livro-Razão)

O Código Civil de 2002, em seus arts. 1.179 e 1.180, **obriga a utilização de livros contábeis, explicitamente o Diário**, além dos demais exigidos por outras leis específicas.

3.4.4.1. Da escrituração no atual Código Civil

> "**Art. 1.179.** O empresário e a sociedade empresária são obrigados a seguir um sistema de contabilidade, mecanizado ou não, com base na escrituração uniforme de seus livros, em correspondência com a documentação respectiva, e a levantar anualmente o balanço patrimonial e o de resultado econômico.
>
> § 1.º Salvo o disposto no art. 1.180, o número e a espécie de livros ficam a critério dos interessados.

> § 2.º É dispensado das exigências deste artigo o pequeno empresário a que se refere o art. 970.
>
> **Art. 1.180.** Além dos demais livros exigidos por lei, **é indispensável o Diário**, que pode ser substituído por fichas no caso de escrituração mecanizada ou eletrônica."

3.4.5. Classificação dos livros empresariais

Os livros empresariais podem ser **classificados** de acordo com sua **utilidade, natureza e finalidade**.

UTILIDADE	NATUREZA	FINALIDADE
■ Principal	■ Cronológico	■ Obrigatório
■ Auxiliar	■ Sistemático	■ Facultativo

Principal: registra todos os eventos da entidade (Diário e Razão);
Auxiliar: registra eventos específicos ou grupos de eventos (outros Livros);
Cronológico: registra os fatos em ordem cronológica diariamente (Diário);
Sistemático: registra os fatos de mesma natureza (por exemplo, Razão);
Obrigatório: é o exigido por alguma legislação;
Facultativo: é o livro que as entidades utilizam sem que haja exigência legal.

3.4.5.1. Principais livros de Escrituração

LIVROS	UTILIDADE	NATUREZA	FINALIDADE
■ Diário	■ Principal	■ Cronológico	■ Obrigatório
■ Razão	■ Principal	■ Sistemático	■ Obrigatório
■ Registro de Duplicata	■ Auxiliar	■ Sistemático	■ Obrigatório
■ LALUR	■ Auxiliar	■ Sistemático	■ Obrigatório
■ Caixa	■ Auxiliar	■ Sistemático	■ Facultativo
■ Contas correntes	■ Auxiliar	■ Sistemático	■ Facultativo

3.4.6. Diário

O Diário é um **livro principal**, porque registra todos os fatos ocorridos em um exercício; **de natureza cronológica, é exigido** desde o Código Comercial (Lei n. 556, de 1850) e regulamento do IR de 2018 (art. 273), assim como no item 14 da ITG 2000. Foi ratificado pelo atual Código Civil, já mencionado no início desse capítulo. No Diário, devem ser feitos individualmente os lançamentos de todos os acontecimentos pertinentes à Contabilidade, **em ordem cronológica**. A lei admite que sejam feitos, de forma resumida, lançamentos que não ultrapassem 30 dias, em função de serem numerosos, desde que existam livros auxiliares de registro de todos os fatos.

3.4.6.1. *O Diário no Código Civil*

> "**Art. 1.184.** No Diário serão lançadas, com individuação, clareza e caracterização do documento respectivo, dia a dia, por escrita direta ou reprodução, todas as operações relativas ao exercício da empresa."

3.4.6.2. *Livro-Diário no Regulamento do Imposto de Renda (RIR)*

> "**RIR 2018 (Decreto 9.580/2018) Art. 273.** Além dos demais livros exigidos por lei, **é indispensável o livro diário**, que deverá ser entregue em meio digital ao SPED.
>
> § 1.º **No livro diário serão lançadas, com individuação**, clareza e caracterização do documento, dia a dia, todas as operações relativas ao exercício da pessoa jurídica.
>
> § 2.º A individuação a que se refere o § 1.º compreende, como elemento integrante, a consignação expressa, no lançamento, das características principais dos documentos ou dos papéis que derem origem à escrituração.
>
> § 3.º A **escrituração resumida do livro diário é admitida, com totais que não excedam o período de trinta dias**, relativamente a contas cujas operações sejam numerosas ou realizadas fora da sede do estabelecimento, desde que utilizados livros auxiliares, regularmente autenticados, para registro individualizado, e conservados os documentos que permitam a sua perfeita verificação.

3.4.6.3. *Composição do Diário e Razão*

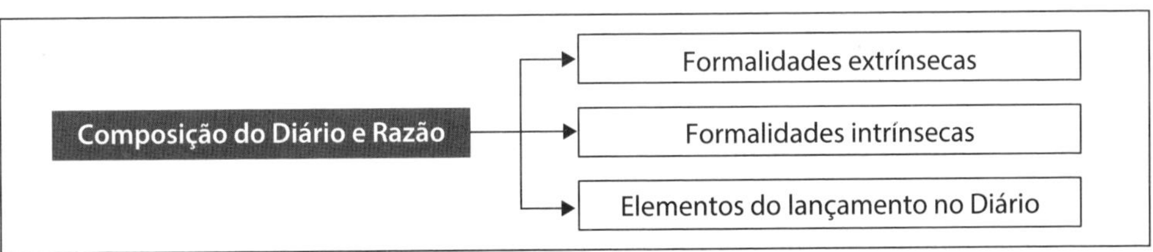

Para entender como se compõem os Livros Diário e Razão, precisamos compreender suas formalidades extrínsecas e intrínsecas e a composição (elementos) de como dever ser feito o lançamento.

FORMALIDADES EXTRÍNSECAS EM FORMATO NÃO DIGITAL
a) serem encadernados;
b) terem suas folhas numeradas sequencialmente;
c) conterem termo de abertura e de encerramento assinados pelo titular ou representante legal da entidade e pelo profissional da contabilidade regularmente habilitado no Conselho Regional de Contabilidade.

FORMALIDADES EXTRÍNSECAS EM FORMATO DIGITAL
a) serem assinados digitalmente pela entidade e pelo profissional da contabilidade regularmente habilitado;
b) quando exigível por legislação específica, serem autenticados no registro público ou entidade competente.

FORMALIDADES INTRÍNSECAS DA ESCRITURAÇÃO (INCLUINDO DIÁRIO E RAZÃO)
a) em idioma e em moeda corrente nacionais;
b) em forma contábil;
c) em ordem cronológica de dia, mês e ano;
d) com ausência de espaços em branco, entrelinhas, borrões, rasuras ou emendas; e
e) com base em documentos de origem externa ou interna ou, na sua falta, em elementos que comprovem ou evidenciem fatos contábeis.

COMPOSIÇÃO DE UM LANÇAMENTO NO DIÁRIO
Data e local
Conta a ser debitada
Conta a ser creditada
Histórico
Valor

Exemplo de lançamento da integralização do capital de $ 10.000 pelos sócios em dinheiro:

São Paulo, 30 de agosto de 2006		→	***local e data***
Caixa	$ 10.000	→	***conta debitada***
*a Capital	$ 10.000	→	***conta creditada***
Integralização de capital em dinheiro		→	***histórico***

* Sempre se utiliza "a" antes de contas credoras.

3.4.6.4. *Fórmulas de lançamento*

Há vários tipos de acontecimentos (fatos contábeis) que **envolvem mais de uma conta**, o que redunda em quatro tipos de lançamentos no Livro-Diário, chamados de fórmulas de lançamentos.

Lançamento de Primeira Fórmula:	1D/1C
Lançamento de Segunda Fórmula:	1D/ (*) 2C+
Lançamento de Terceira Fórmula:	(*) 2D+ /1C
Lançamento de Quarta Fórmula:	2D+/2C+

(*) 2C+ significa duas contas credoras ou mais, assim como 2D+ significa duas contas devedoras ou mais.

3.4.6.4.1. *Lançamento de primeira fórmula*

É quando o fato contábil envolve **uma conta a ser debitada e uma conta a ser creditada**.

Exemplo: aquisição de móveis por $ 20.000 com pagamento à vista em cheque:

São Paulo, 30 de agosto de 2006
Móveis e utensílios $ 20.000
a Banco $ 20.000
Compra de móveis e utensílios NF 538 CASAS BAIANAS, pagos à vista em cheque.

3.4.6.4.2. Lançamento de segunda fórmula

É quando o fato contábil envolve **uma conta a ser debitada e mais de uma conta a ser creditada**.

Exemplo: aquisição de móveis por $ 20.000, com pagamento de 25% à vista em cheque e 75% a prazo:

São Paulo, 30 de agosto de 2006
Móveis e utensílios $ 20.000,00
a Diversos
a Banco $ 5.000
a Duplicatas a Pagar $ 15.000
Compra de móveis e utensílios NF 538 CASAS BAIANAS, pagos 25% à vista, em cheque, e 75% a prazo em 30 dias.

3.4.6.4.3. Lançamento de terceira fórmula

É quando o fato contábil envolve **mais de uma conta a ser debitada e uma conta a ser creditada**.

Exemplo: integralização de capital no valor de $ 100.000, 40% em dinheiro e 60% em equipamento:

São Paulo, 30 de agosto de 2006
Diversos
a Capital Social $ 100.000
Caixa $ 40.000
Equipamentos $ 60.000
Integralização do capital pelos sócios, sendo 40% em dinheiro e 60% em equipamentos de informática para uso de acordo com a NF 638 EQUIPE INFORMÁTICA.

3.4.6.4.4. Lançamento de quarta fórmula

É quando o fato contábil envolve **mais de uma conta a ser debitada e mais de uma conta a ser creditada**.

Exemplo: pagamento de $ 4.500 de aluguel e $ 500 de IPTU referentes ao imóvel alugado sendo $ 1.000 em dinheiro e $ 4.000 em cheque.

São Paulo 30 de agosto de 2006
Diversos
a Diversos
Aluguel $ 4.500
IPTU $ 500
a Caixa $ 1.000
a Banco $ 4.000
Pagamento de aluguel e IPTU referentes a agosto do imóvel situado a Rua Diogo Plácido, n. 888.

3.4.7. Livro-Razão e Razonetes

Este livro é considerado principal porque **registra todos os fatos contábeis**. É sistemático, porque os fatos são registrados por espécie ou qualidade, e facultativo pela legislação comercial (Lei n. 556, de 1850). Sua importância na Contabilidade o tornou **obrigatório** a partir da década de 1980 pela legislação fiscal e pelo CFC.

3.4.7.1. Base legal do Razão

3.4.7.1.1. Livro-Razão no RIR 2018

> "**RIR 2018 (Decreto 9.580/2018) Art. 274.** A pessoa jurídica tributada com base no lucro real deverá manter, em boa ordem e de acordo com as normas contábeis recomendadas, livro-razão para resumir e totalizar, por conta ou subconta, os lançamentos efetuados no livro diário, mantidas as demais exigências e condições previstas na legislação.

3.4.7.1.2. Livro-Diário e Razão no CFC (ITG 2000 (R1))

Na norma ITG 2000 R1, atualizada em 2014, nos itens 9 e 10, estão explicitados que os Livros Diário e Razão, independentemente do formato, são livros obrigatórios do ponto de vista contábil:

> "Item 9. Os livros contábeis obrigatórios, entre eles o Livro Diário e o Livro Razão, em forma não digital, ...
>
> Item 10. Os livros contábeis obrigatórios, entre eles o Livro Diário e o Livro Razão, em forma digital, ..."

No Livro-Razão, para cada conta registrada no Livro-Diário, podemos considerar que cada página controlará uma conta e somente essa conta. Este é um livro importante, porque nele temos **todos os movimentos** de cada uma das contas abertas durante um exercício, e é do Livro-Razão que **extraímos os saldos ao final do exercício**. Com esses saldos será elaborado o balancete de verificação que dará origem ao balanço patrimonial e ao demonstrativo de resultado.

3.4.7.2. Exemplo de lançamento no Livro-Razão

Vamos exemplificar o lançamento no Razão dos seguintes fatos contábeis:

- Integralização do Capital de $ 150.000;
- Criação de um fundo fixo de Caixa de $ 10.000 (caixinha pequeno);
- Pagamento de despesas com recursos do fundo fixo;
- Aquisição de um veículo com pagamento à vista, em cheque, por $ 30.000.

A seguir, apresentamos o lançamento de $ 150.000 a crédito na conta capital, referente à integralização, e a débito na conta banco:

Conta: **CAPITAL**					**Página 1**
DATA	**HISTÓRICO**	**DÉBITO**	**DATA**	**HISTÓRICO**	**CRÉDITO**
			30.08.06	Integralização	150.000

Conta: BANCO					Página 2
DATA	HISTÓRICO	DÉBITO	DATA	HISTÓRICO	CRÉDITO
30.08.06	Depósito	150.000			
			30.09.06	Fundo Fixo	10.000
			10.10.06	Aquis. Veículo	30.000

Constituição de um Fundo Fixo de Caixa de $ 10.000 e contabilização de despesas de $ 4.000.

Na página 2, está registrada a saída do dinheiro da conta banco ($ 10.000) para a constituição do fundo fixo de caixa de $ 10.000, com lançamento devedor na página 3:

Conta: CAIXA					Página 3
DATA	HISTÓRICO	DÉBITO	DATA	HISTÓRICO	CRÉDITO
30.09.06	Fundo Fixo	10.000			
10.10.06			10.10.06	Despesas	4.000

Na página 3, temos o lançamento credor (saída de dinheiro de caixa) para pagamento de despesas registradas na página 4:

Conta: Despesas					Página 4
DATA	HISTÓRICO	DÉBITO	DATA	HISTÓRICO	CRÉDITO
10.10.06	Despesas	4.000			

Na página 5 do Livro-Razão, temos o registro da aquisição de um veículo por $ 30.000, pagos à vista, em cheque, de acordo com o registro credor na conta banco (página 2):

Conta: Veículo					Página 5
DATA	HISTÓRICO	DÉBITO	DATA	HISTÓRICO	CRÉDITO
10.10.06	Aquis. Veículo	30.000			

3.4.7.3. Razonete

O razonete nada mais é que uma **simplificação de uma folha do Razão**. Para fins de operações de trabalho diário ou provas em concursos públicos, a utilização do razonete é de grande utilidade. O razonete é um **T, no qual, no seu lado esquerdo, lançamos os valores a serem debitados na conta, e, no seu lado direito, os valores a serem creditados**.

A seguir, faremos os lançamentos do exemplo do item 3.4.7.2 em páginas simplificadas do razão **(Razonete):**

Integralização do Capital em Cheque:

Banco		Capital	
150.000			150.000
150.000			150.000

Constituição de um Fundo Fixo de Caixa de $ 10.000:

Banco		Caixa	
150.000	10.000	10.000	
140.000		10.000	

Pagamento de $ 4.000 de despesas em dinheiro:

Banco		Caixa	
4.000		10.000	4.000
4.000		6.000	

Aquisição de um veículo por $ 30.000 com pagamento em cheque:

Banco		Caixa	
140.000	30.000	30.000	
110.000		30.000	

3.4.8. Outros livros contábeis auxiliares do Razão

3.4.8.1. Livro-Caixa

É um **livro auxiliar** e sistemático, porque somente registra os fatos que envolvem movimentação de dinheiro; **só registra os fatos da espécie caixa**. É obrigatório para empresas optantes pelo lucro presumido (Lei n. 8.541/92).

3.4.8.2. Livros de Contas Correntes

Controle da Conta Bancos, Controle de Contas a Receber e Controle de Contas a pagar **são livros auxiliares, sistemáticos e facultativos**.

3.4.8.3. Livro de Registro de Duplicatas

É um livro auxiliar, sistemático e **obrigatório** pela Lei n. 5.474/68 para todas as pessoas jurídicas que realizem vendas com prazo **superior a trinta dias**.

3.5. BALANCETE DE VERIFICAÇÃO

O Balancete de Verificação é um **ROL** dos saldos encontrados no Livro-Razão ao **final de cada exercício**. É uma relação de todas as contas abertas em um exercício, portanto apresentará misturadas as contas patrimoniais e as de resultado. O balancete mais simples pode ter apenas a relação de contas e os saldos devedores ou credores ao final do exercício. Outro tipo apresenta os movimentos devedores e credores de cada conta no exercício e os saldos em outras colunas.

Abaixo, apresentamos todos os movimentos das contas abertas na contabilidade do exemplo do item 3.4.7.2, assim como os saldos finais de cada conta:

CONTA	MOVIMENTO		SALDO	
	DÉBITO	CRÉDITO	DEVEDOR	CREDOR
Capital		150.000		150.000
Caixa	10.000	4.000	6.000	
Despesas	4.000		4.000	
Banco	150.000	40.000	110.000	
Veículos	30.000		30.000	
Total			150.000	150.000

3.6. ERROS DE ESCRITURAÇÃO NO LIVRO-DIÁRIO E CORREÇÕES

Os **erros mais comuns** na escrituração contábil do Livro-Diário são:

- Lançamento a maior do valor correto;
- Lançamento a menor do valor correto;

- Inversão de contas;
- Troca de conta;
- Duplo lançamento;
- Esquecimento ou omissão de lançamento;
- Histórico errado ou incompleto.

As **formas de retificação** que fazem parte das Normas Brasileiras de Contabilidade são:

- Estorno;
- Transferência;
- Complementação.

3.6.1. Exemplos de erros e retificações

3.6.1.1. Erro no valor a maior

Mercadoria comprada à vista, em cheque, por $ 100.000:

Mercadoria
a Banco 110.000

A correção: **Banco**
a Mercadoria 10.000

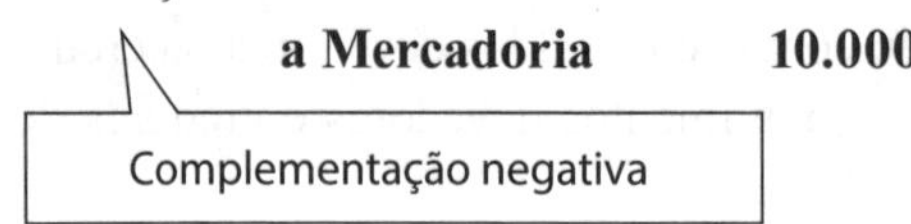

3.6.1.2. Inversão de conta

Compra de veículo por $ 60.000, à vista, em cheque:

Banco
a Veículo 60.000

A correção: **Veículo**

a Banco 60.000

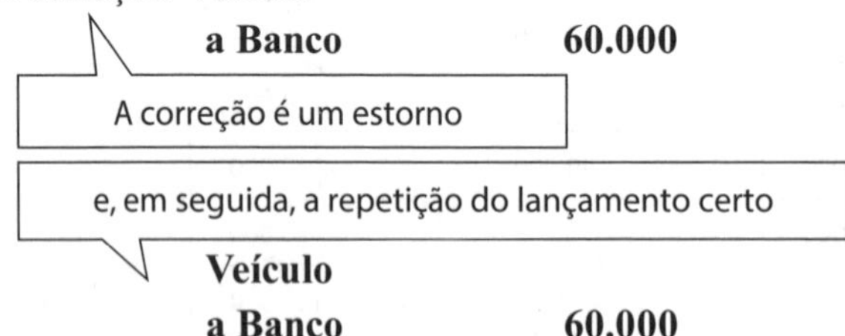

Veículo
a Banco 60.000

3.6.1.3. Lançamento de valor menor

Mercadoria comprada por $ 100.000, à vista, em cheque:

Mercadoria
a Banco 10.000

A correção: **Mercadoria**

a Banco **90.000**

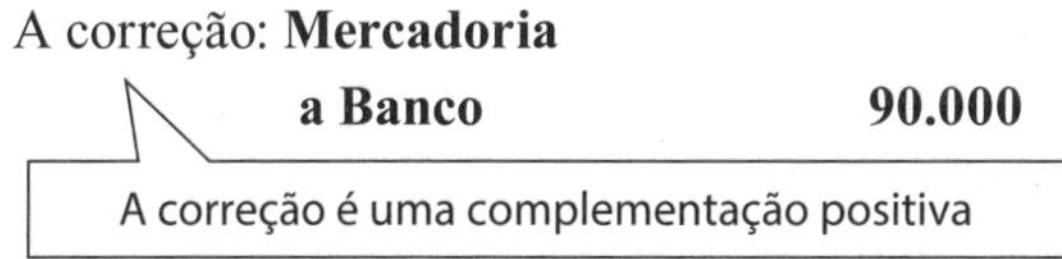

3.6.1.4. Troca de conta

Compra de mercadoria por $ 100.000, à vista, em cheque:

Mercadoria
a Fornecedor 100.000

Ocorreu um erro no título da conta.

A correção: **Fornecedor**

a Banco **100.000**

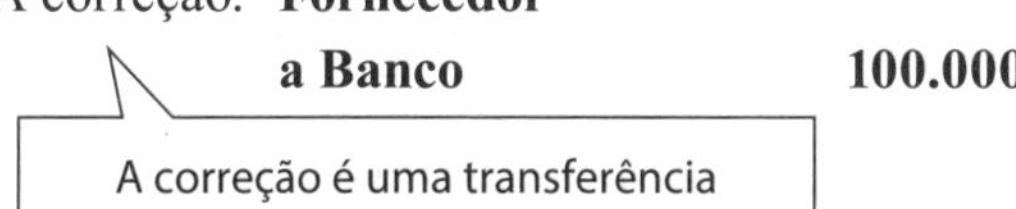

3.6.1.5. Erro de histórico

Compra de veículo por $ 100.000 à vista, em cheque, por meio de nota fiscal n. 252 da Autovel.

Veículo 100.000
a Banco 100.000

Histórico: veículo comprado — NF 525 da Autovel

Banco **100.000**
a Veículo **100.000**

Primeiro, temos que estornar o lançamento com erro no histórico

Histórico: estorno do lançamento feito no dia XX.XX.XX

Veículo **100.000**
a Banco **100.000**

Histórico: veículo comprado — NF 252 da Autovel

Para completar a correção, temos que fazer o lançamento original corretamente

> **Observação:** um erro no histórico também poderia ser corrigido com uma ressalva por profissional habilitado. A ressalva consiste em uma correção que utiliza as expressões "digo" ou "isto é" para corrigir algo que tiver sido escrito com erro.

3.6.1.6. Duplicidade de lançamento

Compra de material de limpeza por $ 200, à vista, em dinheiro:

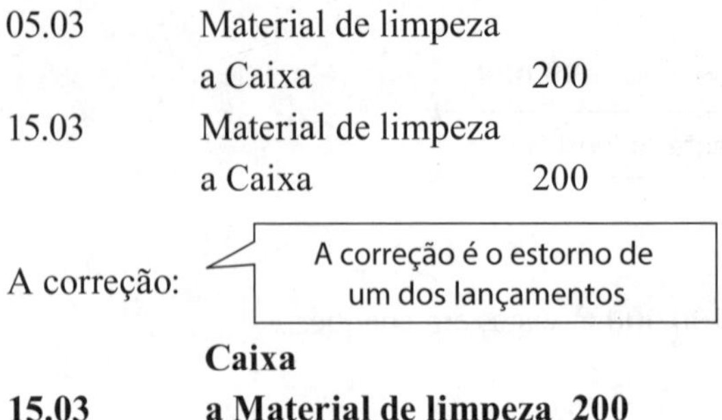

Estorno de lançamento feito dia 15.03.

3.6.1.7. Esquecimento de lançamento

Exemplo: não foi lançado o salário de um gerente no dia 30 de março de 2006:

São Paulo, 10 de abril de 2006
Salário 5.000
a Banco 5.000

Histórico: salário de João Brasileiro referente a março, pago em 30 de março de 2006 e contabilizado nesta data.

3.7. BASE LEGAL DA ESCRITURAÇÃO CONTÁBIL

A seguir transcrevemos parte da **norma contábil ITG 2000 R1**, extraindo, do item 3 ao 36, os itens mais importantes referentes à escrituração contábil.

"Formalidades da escrituração contábil

3. A escrituração contábil deve ser realizada com observância aos Princípios de Contabilidade.

4. O nível de detalhamento da escrituração contábil deve estar alinhado às necessidades de informação de seus usuários. Nesse sentido, esta Interpretação não estabelece o nível de detalhe ou mesmo sugere um plano de contas a ser observado. O detalhamento dos registros contábeis é diretamente proporcional à complexidade das operações da entidade e dos requisitos de informação a ela aplicáveis e, exceto nos casos em que uma autoridade reguladora assim o requeira, não devem necessariamente observar um padrão predefinido.

5. A escrituração contábil deve ser executada:

a) em idioma e em moeda corrente nacionais;

b) em forma contábil;

c) em ordem cronológica de dia, mês e ano;

d) com ausência de espaços em branco, entrelinhas, borrões, rasuras ou emendas; e

e) com base em documentos de origem externa ou interna ou, na sua falta, em elementos que comprovem ou evidenciem fatos contábeis.

6. A escrituração em forma contábil de que trata o item 5 deve conter, no mínimo:

a) data do registro contábil, ou seja, a data em que o fato contábil ocorreu;

b) conta devedora;

c) conta credora;

d) histórico que represente a essência econômica da transação ou o código de histórico padronizado, neste caso baseado em tabela auxiliar inclusa em livro próprio;

e) valor do registro contábil;

f) informação que permita identificar, de forma unívoca, todos os registros que integram um mesmo lançamento contábil.

7. O registro contábil deve conter o número de identificação do lançamento em ordem sequencial relacionado ao respectivo documento de origem externa ou interna ou, na sua falta, em elementos que comprovem ou evidenciem fatos contábeis.

8. A terminologia utilizada no registro contábil deve expressar a essência econômica da transação.

9. Os livros contábeis obrigatórios, entre eles o Livro Diário e o Livro Razão, em forma não digital, devem revestir-se de formalidades extrínsecas, tais como:

a) serem encadernados;

b) terem suas folhas numeradas sequencialmente;

c) conterem termo de abertura e de encerramento assinados pelo titular ou representante legal da entidade e pelo profissional da contabilidade regularmente habilitado no Conselho Regional de Contabilidade.

10. Os livros contábeis obrigatórios, entre eles o Livro Diário e o Livro Razão, em forma digital, devem revestir-se de formalidades extrínsecas, tais como:

a) serem assinados digitalmente pela entidade e pelo profissional da contabilidade regularmente habilitado;

b) quando exigível por legislação específica, serem autenticados no registro público ou entidade competente. (Alterada pela ITG 2000 (R1))

11. Admite-se o uso de códigos e/ou abreviaturas, nos históricos dos lançamentos, desde que permanentes e uniformes, devendo constar o significado dos códigos e/ou abreviaturas no Livro Diário ou em registro especial revestido das formalidades extrínsecas de que tratam os itens 9 e 10.

12. A escrituração contábil e a emissão de relatórios, peças, análises, demonstrativos e demonstrações contábeis são de atribuição e de responsabilidade exclusivas do profissional da contabilidade legalmente habilitado.

13. As demonstrações contábeis devem ser transcritas no Livro Diário, completando-se com as assinaturas do titular ou de representante legal da entidade e do profissional da contabilidade legalmente habilitado.

Livro Diário e Livro Razão

14. No Livro Diário devem ser lançadas, em ordem cronológica, com individualização, clareza e referência ao documento probante, todas as operações ocorridas, e quaisquer outros fatos que provoquem variações patrimoniais.

15. Quando o Livro Diário e o Livro Razão forem gerados por processo que utilize fichas ou folhas soltas, deve ser adotado o registro 'Balancetes Diários e Balanços'.

16. No caso da entidade adotar processo eletrônico ou mecanizado para a sua escrituração contábil, os formulários de folhas soltas, devem ser numerados mecânica ou tipograficamente e encadernados em forma de livro.

17. Em caso de escrituração contábil em forma digital, não há necessidade de impressão e encadernação em forma de livro, porém o arquivo magnético autenticado pelo registro público competente deve ser mantido pela entidade.

18. Os registros auxiliares, quando adotados, devem obedecer aos preceitos gerais da escrituração contábil.

19. A entidade é responsável pelo registro público de livros contábeis em órgão competente e por averbações exigidas pela legislação de recuperação judicial, sendo atribuição do profissional de contabilidade a comunicação formal dessas exigências à entidade.

(...)

Documentação contábil

26. Documentação contábil é aquela que comprova os fatos que originam lançamentos na escrituração da entidade e compreende todos os documentos, livros, papéis, registros e outras peças, de origem interna ou externa, que apoiam ou componham a escrituração.

27. A documentação contábil é hábil quando revestida das características intrínsecas ou extrínsecas essenciais, definidas na legislação, na técnica-contábil ou aceitas pelos 'usos e costumes'.

28. Os documentos em papel podem ser digitalizados e armazenados em meio magnético, desde que assinados pelo responsável pela entidade e pelo profissional da contabilidade regularmente habilitado, devendo ser submetidos ao registro público competente.

(...)

Retificação de lançamento contábil

31. Retificação de lançamento é o processo técnico de correção de registro realizado com erro na escrituração contábil da entidade e pode ser feito por meio de:

a) estorno;

b) transferência; e

c) complementação.

32. Em qualquer das formas citadas no item 31, o histórico do lançamento deve precisar o motivo da retificação, a data e a localização do lançamento de origem.

33. O estorno consiste em lançamento inverso àquele feito erroneamente, anulando-o totalmente.

34. Lançamento de transferência é aquele que promove a regularização de conta indevidamente debitada ou creditada, por meio da transposição do registro para a conta adequada.

35. Lançamento de complementação é aquele que vem posteriormente complementar, aumentando ou reduzindo o valor anteriormente registrado.

36. Os lançamentos realizados fora da época devida devem consignar, nos seus históricos, as datas efetivas das ocorrências e a razão do registro extemporâneo".

DA ESCRITURAÇÃO NO CÓDIGO CIVIL (2002):

"**Art. 1.179.** O empresário e a sociedade empresária são obrigados a seguir um sistema de contabilidade, mecanizado ou não, com base na escrituração uniforme de seus livros, em correspondência com a documentação respectiva, e a levantar anualmente o balanço patrimonial e o de resultado econômico.

§ 1.º Salvo o disposto no art. 1.180, o número e a espécie de livros ficam a critério dos interessados.

§ 2.º É dispensado das exigências deste artigo o pequeno empresário a que se refere o art. 970.

Art. 1.180. Além dos demais livros exigidos por lei, é indispensável o Diário, que pode ser substituído por fichas no caso de escrituração mecanizada ou eletrônica."

Diário e Razão no Imposto de Renda (RIR/2018-Decreto 9.580)

Livro diário

Art. 273. Além dos demais livros exigidos por lei, é indispensável o livro diário, que deverá ser entregue em meio digital ao SPED (Decreto-Lei n. 486, de 1969, art. 5.º e art. 14 ; Lei n. 10.406, de 2002 — Código Civil, art. 1.180; e Decreto-Lei n. 1.598, de 1977, art. 7.º, § 6.º).

§ 1.º No livro diário serão lançadas, com individuação, clareza e caracterização do documento, dia a dia, todas as operações relativas ao exercício da pessoa jurídica (Lei n. 10.406, de 2002 — Código Civil, art. 1.184, *caput*; e Decreto-Lei n. 1.598, de 1977, art. 7.º, § 6.º).

§ 2.º A individuação a que se refere o § 1.º compreende, como elemento integrante, a consignação expressa, no lançamento, das características principais dos documentos ou dos papéis que derem origem à escrituração (Decreto-Lei n. 486, de 1969, art. 2.º; e Decreto n. 64.567, de 1969, art. 2.º).

§ 3.º A escrituração resumida do livro diário é admitida, com totais que não excedam o período de trinta dias, relativamente a contas cujas operações sejam numerosas ou realizadas fora da sede do estabelecimento, desde que utilizados livros auxiliares, regularmente autenticados, para registro individualizado, e conservados os documentos que permitam a sua perfeita verificação (Lei n. 10.406, de 2002 — Código Civil, art. 1.184, § 1.º).

§ 4.º O livro diário e os livros auxiliares referidos no § 3.º deverão conter termos de abertura e de encerramento e ser autenticados nos termos estabelecidos nos art. 78 e art. 78-A do Decreto n. 1.800, de 30 de janeiro de 1996 (Decreto-Lei n. 486, de 1969, art. 5.º, § 2.º; e Lei n. 10.406, de 2002 — Código Civil, art. 1.181).

§ 5.º Os livros auxiliares, tais como livro-caixa e livro contas-correntes, ficarão dispensados de autenticação quando as operações a que se reportarem tiverem sido lançadas, pormenorizadamente, em livros devidamente registrados e autenticados.

Livro-razão

Art. 274. A pessoa jurídica tributada com base no lucro real deverá manter, em boa ordem e de acordo com as normas contábeis recomendadas, livro-razão para resumir e totalizar, por conta ou subconta, os lançamentos efetuados no livro diário, mantidas as demais exigências e condições previstas na legislação (Lei n. 8.218, de 1991, art. 14, *caput*).

§ 1.º A escrituração deverá ser individualizada e obedecer à ordem cronológica das operações.

§ 2.º A não manutenção do livro-razão, nas condições determinadas, implicará o arbitramento do lucro da pessoa jurídica (Lei n. 8.218, de 1991, art. 14, parágrafo único).

§ 3.º O livro-razão deverá ser entregue em meio digital ao SPED (Decreto-Lei n. 1.598, de 1977, art. 7.º, § 6.º).

3.8. QUESTÕES

3.8.1. Conceito de débito e de crédito

1. (Bacharel — CFC/2000.1) O Método das Partidas Dobradas significa que:

a) não existe(m) débito(s) sem crédito(s) correspondente(s);
b) nos lançamentos contábeis a soma dos valores creditados deve ser sempre igual a soma de valores debitados às contas envolvidas;
c) haverá sempre um débito e um crédito de valores desiguais;
d) existem para cada débito, dois lançamentos de crédito.

2. (MPOG — ESAF/2010) De acordo com a Resolução 750/93, do Conselho Federal de Contabilidade, foram aprovados os seguintes Princípios Fundamentais de Contabilidade: da Competência; da Prudência; do Denominador Comum Monetário; do Custo como Base de Valor; da Realização da Receita; da Entidade; e da Continuidade.

A afirmativa "a todo débito corresponde um crédito de igual valor" se refere ao princípio contábil

a) da Prudência.
b) da Competência.
c) do Custo como Base de Valor.
d) do Denominador Comum Monetário.
e) não se refere a nenhum princípio.

3. (Bacharel — CFC/2002.1) Uma determinada empresa apresenta a conta Móveis e Utensílios com um saldo inicial de R$ 15.000. Durante o exercício adquiriu mesas e cadeiras no valor de R$ 18.000, sendo 50% à vista e o restante no prazo de 30 dias. Vendeu cadeiras usadas a prazo por R$ 4.000 sendo este o preço de custo e adquiriu à vista prateleiras por R$ 5.000. O saldo final da conta é:

a) R$ 25.000;
b) R$ 33.000;
c) R$ 34.000;
d) R$ 38.000.

4. (TRT — FCC/2009) A empresa RF pagou à vista um seguro contra incêndio, cujo prazo de vigência é de 12 meses. No momento do pagamento a empresa

a) creditou o caixa e debitou despesa de seguro.
b) debitou o caixa e creditou contrato de seguros.
c) creditou o caixa e debitou patrimônio líquido.
d) debitou o caixa e creditou passivo circulante.
e) creditou o caixa e debitou despesa paga antecipadamente.

5. (TJ-PI — FCC/2009) Uma sociedade adquiriu móveis e utensílios no valor de R$ 150.000, pagando 20% à vista e o restante foi financiado em 10 parcelas. O lançamento referente a esse fato contábil implicará

a) débito na conta Móveis e Utensílios no valor de R$ 30.000.
b) aumento do Passivo da sociedade no valor de R$ 150.000.
c) débito na conta Fornecedores no valor de R$ 120.000.
d) decréscimo do Patrimônio Líquido da Sociedade em R$ 30.000.
e) aumento do Ativo da sociedade no valor de R$ 120.000.

6. (AFRF — ESAF/2001) José Henrique resolveu medir contabilmente um dia de sua vida começando do nada patrimonial. De manhã cedo nada tinha. Vestiu o traje novo (calça, camisa, sapatos etc.) comprado por $ 105, mas que sua mãe lhe deu de presente. Em seguida tomou $ 30 emprestados com seu pai, comprou o jornal por $ 1,20, tomou o ônibus pagando $1,80 de passagem. Chegando ao CONIC, comprou fiado, por $ 50, várias caixas de bombons e chicletes e passou a vendê-las no calçadão. No fim do dia, cansado, tomou uma refeição de $ 12, mas só pagou $ 10, conseguindo um desconto de $ 2. Contou o dinheiro e viu que vendera metade dos bombons e chicletes por $ 40. Com base nessas informações, podemos ver que, no fim do dia, José Henrique possui um Capital Próprio no valor de:

a) $ 120;
b) $ 189;
c) $ 2;
d) $ 187;
e) $ 107.

7. (SEFA-PA — ESAF/2002) Assinale a opção correta:

a) Todo acréscimo de valor em contas do ativo corresponde, necessariamente, a um decréscimo de valor em contas do passivo.
b) Um decréscimo no valor de contas do ativo corresponde, necessariamente, a um acréscimo de valor em contas do passivo.
c) Um acréscimo no valor de uma conta do ativo corresponde, necessariamente, a um acréscimo de valor em conta do passivo ou do patrimônio líquido.
d) A um decréscimo no valor total do ativo corresponde, necessariamente, um acréscimo no valor de uma, ou mais, contas do passivo ou do patrimônio líquido.
e) Um acréscimo no valor total do ativo não corresponde, necessariamente, a um acréscimo no valor do patrimônio líquido.

8. (Agente da PF — CESPE/2014 — Questão 83) Com relação à natureza do patrimônio e aos mecanismos para o seu controle, julgue o item a seguir.

Para o registro da situação de dívida de responsabilidade de uma conta, deve-se fazer um crédito.

( ) Certo ( ) Errado

9. (Agente de Polícia-RN — FGV/2021) A elaboração de um plano de contas para uma entidade requer a definição de elementos considerados essenciais para a definição da conta, tais como nome, função, funcionamento e natureza.

Quanto à natureza, um exemplo de conta devedora é:

a) fornecedores;
b) estoque;
c) capital social;
d) impostos a pagar;
e) financiamentos.

3.8.2. Fatos contábeis

1. (Bacharel — CFC/2003.1) Os fatos contábeis podem ser classificados em três grupos: permutativos, modificativos e mistos. É CORRETO afirmar que:

a) Fatos contábeis modificativos produzem efeitos sobre o Patrimônio Líquido, aumentando-o, apenas.
b) Fatos contábeis modificativos não produzem efeitos sobre o Patrimônio Líquido.
c) Fatos contábeis permutativos são aqueles que alteram apenas os elementos componentes do Ativo e do Passivo, sem alterar quantitativamente o Patrimônio Líquido.
d) Fatos contábeis permutativos são aqueles que alteram os elementos componentes do Ativo.

2. ANTAQ — CESPE/2009) Considere que uma empresa tenha realizado a compra de mercadorias para revenda à vista e a prazo. Nesse caso, ocorrem dois fatos permutativos que provocam aumento no patrimônio líquido da empresa.

( ) Certo ( ) Errado

3. (SEFAZ-SP — FCC/2009) A empresa Girobaixo S.A. tinha um contas a receber de R$ 500.000 de seu cliente Oportunia Ltda., que estava com dificuldades financeiras. Sabendo das dificuldades de seu cliente e com receio de inadimplência, concedeu desconto de 5% para que o cliente liquidasse a dívida no prazo. A Oportunia aceitou e quitou a dívida. O registro do evento na empresa Girobaixo S.A. representa um fato

a) permutativo.
b) compensativo diminutivo.

c) modificativo aumentativo.
d) quantitativo aumentativo.
e) misto diminutivo.

4. (MPE-SE — FCC/2009) O pagamento antecipado de um Passivo com um desconto de 10% é um fato

a) misto aumentativo.
b) financeiro aumentativo.
c) orçamentário diminutivo.
d) permutativo diminutivo.
e) misto diminutivo.

5. (SEFAZ-SP — FCC/2009) A empresa Aquisições S.A. comprou 100 ônibus à vista, para substituição de sua frota. Esse evento contábil representa um fato

a) permutativo entre elementos do Passivo.
b) modificativo entre elementos do Ativo e do Passivo.
c) permutativo entre elementos do Ativo.
d) modificativo no Passivo Não Circulante.
e) misto diminutivo no Ativo e no Passivo.

6. (TRT — CESPE/2009) Se um fato misto aumentativo for lançado erroneamente, a sua correção acarretará, obrigatoriamente, o lançamento de um fato misto diminutivo.

( ) Certo ( ) Errado

7. (FEPESE — AFTE-SC/2010) Analise as afirmativas abaixo e assinale com (V) as verdadeiras e (F) as falsas.

( ) O patrimônio é um conjunto de bens, direitos e obrigações com terceiros, à disposição de uma pessoa jurídica ou pessoa física, necessários ao atendimento de seus objetivos.
( ) Além de dar a conhecer os elementos formadores do lucro/prejuízo de um período (de um exercício social) a Demonstração do Resultado do Exercício (DRE) permite conhecer como o lucro foi destinado.
( ) Os fatos permutativos são aqueles que não alteram o Patrimônio Líquido, alterando apenas qualitativamente os valores dos bens e direitos.
( ) Os fatos mistos provocam alterações quantitativas no Ativo, no Passivo e no Patrimônio Líquido, simultaneamente.
( ) A "despesa com salários" provoca redução no valor do Patrimônio Líquido somente no momento em que os salários são pagos.

Assinale a alternativa que indica a sequência correta de cima para baixo.

a) V — V — F — F — V.
b) V — F — V — F — F.
c) V — F — F — V — F.
d) F — F — V — V — F.
e) F — F — F — V — V.

8. (Agente PF — CESPE/2012) Considere os eventos de I a V listados abaixo.

I. aquisição de veículo à vista para uso na atividade operacional;
II. baixa de bem inservível registrado no imobilizado;
III. apropriação da folha de pessoal do mês;
IV. registro da diminuição do valor de dívida a receber em função da variação monetária;
V. pagamento de obrigação com desconto.

Com base nas informações acima, julgue as duas próximas questões a seguir, relativas à classificação dos fatos administrativos.

1) Os eventos II, IV e V são classificados como fatos mistos, pois, além de provocarem variações no saldo patrimonial, representam a transposição de valores entre os grupos de contas patrimoniais.
2) Os eventos I e III classificam-se como fatos permutativos e não afetam o saldo patrimonial da entidade.

9. (TCE-AC — CESPE/2009) Variações patrimoniais são as modificações no patrimônio, geradas por fatos contábeis. Assinale a opção cuja combinação das variações corresponde ao fato mencionado.

a) Aumento de ativo com diminuição de passivo corresponde a fato modificativo aumentativo.
b) Aumento de ativo e diminuição de ativo com aumento de patrimônio líquido corresponde a fato misto aumentativo.
c) Diminuição de patrimônio líquido com aumento de passivo corresponde a fato permutativo.
d) Diminuição de ativo com diminuição de passivo corresponde a fato modificativo diminutivo.
e) Diminuição de ativo com diminuição de passivo e diminuição de patrimônio líquido corresponde a fato permutativo modificativo aumentativo.

10. (Técnico — EBSERH — CESPE/2018) Em relação aos atos e fatos administrativos, julgue o próximo item.

Assinaturas de contratos de compra e venda com fornecedores e compra de mercadorias a prazo são exemplos de fatos administrativos e que, portanto, devem ser contabilizados.

( ) Certo ( ) Errado

11. (Agente de Polícia-RN — FGV/2021) Na lógica patrimonial, a aquisição de material de expediente para estoque, com pagamento à vista, é considerada como um fato contábil:

a) modificativo aumentativo;
b) modificativo diminutivo;
c) misto;
d) misto aumentativo;
e) permutativo.

3.8.3. Livros contábeis (Diário e Razão) e erros contábeis

1. (Bacharel — CFC/2004.2) Considere as afirmativas a seguir a respeito das formalidades da escrituração contábil:

I. Não se admite o uso de códigos e/ou abreviaturas nos históricos dos lançamentos.
II. A escrituração contábil e a emissão de relatórios, peças, análises e mapas demonstrativos e demonstrações contábeis são de atribuição e responsabilidade exclusivas de Contabilista legalmente habilitado.
III. O Balanço e demais Demonstrações Contábeis de encerramento de exercício serão transcritos no "Razão", completando-se com as assinaturas do Contabilista e do titular ou do representante legal da Entidade.
IV. No caso de a Entidade adotar para sua escrituração contábil o processo eletrônico, os formulários contínuos, numerados mecânica ou tipograficamente, serão destacados e encadernados em forma de livro.

Estão CORRETAS as afirmativas:

a) I e III.
b) I e IV.
c) II e III.
d) II e IV.

2. (ATRFB — ESAF/2009) Observemos o seguinte fato contábil: pagamento, mediante a emissão de cheque, de uma duplicata antes do vencimento, obtendo-se um desconto financeiro, por essa razão.

Para que o registro contábil desse fato seja feito em um único lançamento, deve-se utilizar a

a) primeira fórmula, com 1 conta devedora e 1 conta credora.
b) segunda fórmula, com 1 conta devedora e 2 contas credoras.
c) terceira fórmula, com 2 contas devedoras e 1 conta credora.
d) quarta fórmula, com 2 contas devedoras e 2 contas credoras.
e) terceira fórmula, com 3 contas devedoras e 1 conta credora.

3. (TJ-PI — FCC/2009) Em relação aos livros de escrituração contábil, é correto afirmar:

a) O Livro de Registro de Inventário de Mercadorias é de uso obrigatório, segundo a legislação comercial.
b) As sociedades por ações estão dispensadas de escriturar o Livro de Registro de Entradas de Mercadorias.
c) No Livro-Caixa devem ser registradas todas as operações de vendas e compras da pessoa jurídica, independentemente de serem à vista ou a prazo.
d) No Livro-Razão, as contas do Ativo têm, via de regra, saldo devedor, mas há exceções.
e) No Livro-Diário devem ser escriturados todos os fatos contábeis, mas não obrigatoriamente em ordem cronológica.

4. (TermoMacaé — CESGRANRIO/2009) Observe o lançamento abaixo.

Diversos		
a Caixa		6.000
Fornecedores	5.800	
Despesas de Juros	200	

Esse lançamento é caracterizado como

a) de segunda fórmula.
b) de terceira fórmula.
c) fórmula secundária.
d) ato administrativo.
e) fato permutativo.

5. (TRT — CESPE/2009) Como formalidades intrínsecas obrigatórias, o Livro-Diário deve conter termo de abertura e encerramento; apresentar método de escrituração mercantil uniforme; obedecer a rigorosa ordem cronológica na escrituração; e não deve conter rasuras, emendas ou borrões.

( ) Certo ( ) Errado

6. (DPF — CESPE/2009) Julgue os itens a seguir, com base nos conceitos e normas aplicáveis à escrituração contábil.

Os livros diário e razão, por constituírem os registros permanentes de uma entidade e por serem obrigatórios, devem ser registrados no registro público competente.

( ) Certo ( ) Errado

7. (AFTN — ESAF/1994) Em 30.01.x2, a composição do fundo fixo de caixa, sempre suprido pela tesouraria em moeda corrente, era a seguinte:

– moeda corrente	10.000
– comprovante de despesa	90.000
– Total	100.000

Naquela data, foi feita a reconstituição do fundo e, concomitantemente, a redução do valor, em moeda corrente, de 100.000 para 50.000.

Em função dos registros contábeis concernentes, o somatório das contas do ativo circulante:

a) diminuiu em 90.000;
d) aumentou em 130.000;
c) aumentou em 40.000;
d) diminuiu em 50.000;
e) aumentou em 50.000.

8. (AFTN — ESAF/1998) A empresa Jasmim S/A, cujo exercício social coincide com o ano calendário, pagou, em 30.04.97, o prêmio correspondente a uma apólice de seguro contra incêndio de suas instalações para viger no período de 1.º.05.97 a 30.04.98. O valor pago de $ 30.000 foi contabilizado como despesa operacional do exercício de 1997. Observe o princípio contábil da competência; o lançamento de ajuste, feito em 31.12.97, provocou, no resultado do exercício de 1998, uma:

a) maioração de $ 10.000;
b) redução de $ 30.000;

c) redução de $ 20.000;
d) maioração de $ 20.000;
e) redução de $ 10.000.

9. (AFTE-RN — ESAF/2005) Examinando o Diário Contábil de sua empresa, o contador deparou-se com o seguinte lançamento para registrar a alienação de uma máquina usada, pelo valor contábil atual, recebendo em cheque o valor obtido.

Brasília, DF, em 01 de outubro de 2004 Bancos c/Movimento a Máquinas e Equipamentos Alienação de máquinas usadas, nesta data, pelo valor contábil, conforme cheque xxxxx do Banco BBSA.... 20.000

Não satisfeito com o que viu, o Contador tomou providências para que referido lançamento fosse retificado mediante o seguinte registro:

a) Brasília, DF, em 01 de outubro de 2004
Caixa
a Máquinas e Equipamentos
.... histórico 20.000

b) Brasília, DF, em 01 de outubro de 2004
Caixa
a Bancos c/Movimento
.... histórico 20.000

c) Brasília, DF, em 01 de outubro de 2004
Máquinas e Equipamentos
a Bancos c/Movimento
.... histórico 20.000

d) Brasília, DF, em 01 de outubro de 2004
Caixa
a Diversos
a Bancos c/Movimento
.... histórico 20.000
a Máquinas e Equipamentos
.... histórico 20.000 40.000

e) Brasília, DF, em 01 de outubro de 2004
Diversos
a Bancos c/Movimento
Caixa
.... histórico 20.000
Máquinas e Equipamentos
.... histórico 20.000 40.000

10. (Analista de Comércio Exterior — MDIC — ESAF/2012) O lançamento de terceira fórmula é chamado de lançamento composto porque é formado de:

a) duas contas devedoras e duas contas credoras.
b) duas contas devedoras e uma conta credora.
c) uma conta devedora e duas ou mais contas credoras.
d) duas ou mais contas devedoras e duas ou mais contas credoras.
e) duas ou mais contas devedoras e uma conta credora.

11. (FEPESE — AFTE-SC/2010) O novo Código Civil que estabelece ao empresário e à sociedade empresária a obrigação de seguir um sistema de contabilidade com base na escrituração uniforme de seus Livros afirma também que o Livro-Diário é o mais importante, e por isso, está sujeito a certas formalidades quanto a sua apresentação e registros.

Identifique as formalidades intrínsecas:

a) livro encadernado com costura, as páginas numeradas mecanicamente, devendo os lançamentos obedecerem a uma ordem cronológica e uniforme.
b) deve possuir termos de abertura e de encerramento e a escrituração deve relatar fielmente o fato contábil ocorrido, sendo essa obrigatoriedade uma formalidade intrínseca.
c) deve estar rubricado, em todas as páginas, pelo funcionário da Junta Comercial ou do Cartório com competência para este fim, e não pode conter nos registros rasuras, borrões ou emendas, sendo essa obrigatoriedade uma formalidade extrínseca.
d) não pode conter registro nas entrelinhas e nas margens, intervalos em branco, borrões, rasuras, emendas, e a escrituração deve seguir um método uniforme.
e) deve conter a individualização e clareza dos lançamentos nele feitos, assim como estarem assinados os termos de abertura e de encerramento pelo comerciante ou seu procurador e pelo contabilista habilitado.

12. (DPF — CESPE/2009) O fato contábil registrado no lançamento de 4.ª fórmula abaixo pode ser entendido como recebimento por uma venda a prazo, após o vencimento da obrigação, e concessão de abatimento por problemas com a mercadoria ou sua entrega.

D bancos
D abatimentos
C cliente
C juros

( ) Certo ( ) Errado

13. (Agente — PC-RN — FGV/2021) O contador de uma empresa registrou diretamente em uma conta de resultado (despesa) a aquisição de material de expediente para estoque, que só deveria ser baixado como despesa quando requisitado.

Para efetuar a retificação do lançamento contábil, deve-se realizar um(a):

a) compensação;
b) complementação;
c) estorno total;
d) estorno parcial;
e) transferência.

3.8.4. Balancete de verificação

1. (TRT — CESPE/2009) O balancete de verificação, embora possa identificar erros decorrentes de incorreta aplicação do método das partidas dobradas, é ineficaz para a correção de erros constituídos por lançamentos invertidos ou duplicados.

( ) Certo ( ) Errado

2. (Do Autor) A Cia. Rio Jordão iniciou sua atividade em outubro de 2009, realizando as operações abaixo descritas:

01 — Os sócios integralizaram capital de $ 100.000, por meio de um depósito bancário;
02 — Transferência para o caixa de $ 20.000;
03 — Compra de instalações no valor de $ 30.000, sendo:
3.1 — 10% à vista, em cheque
3.2 — saldo a prazo
04 — Compra de mercadoria à vista, em cheque, no valor de $ 50.000;
05 — Venda de 60% do estoque de mercadorias com 80% de lucro e isenção fiscal, recebendo:
5.1 — 20% à vista, em dinheiro
5.2 — saldo a prazo
06 — Para a realização das vendas, foram efetuadas as seguintes despesas, pagas em dinheiro:
6.1 — Salário $ 5.000
6.2 — Aluguéis $ 3.000
6.3 — Impostos $ 2.000

Em 31 de dezembro de 2009, após escrituração no Razão, elaboração do balancete de verificação, balanço patrimonial e determinação do resultado, podemos concluir que a única alternativa errada é:

a) o total devedor no balancete é de $ 181.000;
b) o saldo do banco é de $ 27.000;
c) o saldo do caixa é de $ 20.800;
d) o ccl é de $ 84.000;
e) o lucro líquido é de $ 15.000.

3. (Técnico — EBSERH — CESPE/2018) Acerca das conciliações contábeis e do balancete de verificação, julgue o item a seguir.

A apresentação de determinado balancete de verificação com valores diferentes para o total de débitos e créditos constitui evidência de inversão entre a conta credora e a conta devedora em pelo menos um dos lançamentos contábeis.

( ) Certo ( ) Errado

4. (Técnico — EBSERH — CESPE/2018) Acerca das conciliações contábeis e do balancete de verificação, julgue o item a seguir.

O balancete de verificação inclui as contas patrimoniais e as contas de resultado.

( ) Certo ( ) Errado

3.8.5. Conceitos diversos sobre escrituração

1. (FEPESE — AFTE-SC/2010) Analise as afirmativas abaixo e assinale com (V) as verdadeiras e (F) as falsas.

1. Escrituração é a técnica contábil para registro dos fatos administrativos ocorridos em uma entidade.
2. A função histórica do lançamento é registrar os fatos administrativos pelos valores respectivos, e a escrita fornece, a qualquer momento, uma visão estática do patrimônio com os saldos numéricos que estão registrados em cada conta.
3. O método das partidas dobradas pressupõe que, no registro dos fatos administrativos, a cada débito, em uma ou mais contas, de determinado valor, corresponderá um crédito de igual valor, em uma ou mais contas.
4. Chamam-se fórmulas de escrituração as diversas maneiras de utilizar o lançamento e/ou "partida", de acordo com os fatos ocorridos e para o registro dos mesmos. As fórmulas dividem-se em: primeira, segunda e terceira fórmula.
5. Nos lançamentos e/ou partidas de terceira fórmula encontra-se uma única conta devedora em contrapartida com diversas contas credoras.

Assinale a alternativa que indica a sequência **correta** de cima para baixo.

a) V — V — F — F — V.
b) V — F — V — F — F.
c) V — F — F — F — V.
d) F — F — V — V — F.
e) F — F — V — F — V.

2. (Auditor — CAGE-RS — CESPE/2018) A respeito do regime de competência e dos livros contábeis, julgue os itens a seguir.

I. No regime de competência, as receitas são reconhecidas quando são ganhas, mesmo que não recebidas.
II. No lançamento em livro diário, devem-se descrever o título e o saldo da conta.
III. No livro razão, o confronto dos créditos e dos débitos denomina-se saldo.
IV. De acordo com o regime de competência, as receitas e as despesas são consideradas em função dos recebimentos ou dos pagamentos.

Estão certos apenas os itens

a) I e II.
b) I e III.
c) III e IV.
d) I, II e IV.
e) II, III e IV.

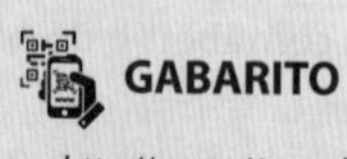

http://uqr.to/1xvmd

4

INTRODUÇÃO AO BALANÇO PATRIMONIAL

4.1. ASPECTOS INICIAIS

O objetivo deste capítulo não é esgotar o tema Balanço Patrimonial, que será abordado com todo nível de detalhes nos Capítulos 13 (Ativo), 14 (Passivo) e 15 (PL). Agora, abordaremos os seus aspectos principais, para que o leitor tenha condições de aprender, nos capítulos seguintes, temas como operações financeiras, depreciação, provisões e operações com mercadorias, os quais necessitam que o leitor tenha uma noção a respeito do balanço patrimonial. Algumas das contas que fazem parte do balanço patrimonial somente poderão ser entendidas nos capítulos seguintes.

O Balanço Patrimonial é um importante relatório da Contabilidade, porque apresenta o seu objeto, o Patrimônio. **Esse relatório é um resumo dos saldos das contas patrimoniais.** O Balanço Patrimonial, assim como os demais relatórios, tem como **principal missão** a de sintetizar em contas representativas a **posição das contas** do exercício findo e as mudanças patrimoniais que ocorreram em relação ao exercício anterior. Por isso, normalmente observamos um balanço publicado com as informações do exercício findo e do anterior. Ele é apresentado aos seus usuários (leitores e intérpretes) subdividido em **Ativo, Passivo** e **Patrimônio Líquido:**

ATIVO	PASSIVO
	PATRIMÔNIO LÍQUIDO

ATIVO = PASSIVO + PL

No Ativo, representado **ao lado esquerdo** do Balanço Patrimonial, são agrupados os saldos das contas que representam **o conjunto de Bens + Direitos**. O **Ativo é subdividido em dois grandes grupos:**

- Ativo Circulante;
- Ativo Não Circulante.

Essa nova subdivisão passa a vigorar no Brasil a partir da alteração da Lei n. 6.404/76 feita pela Lei n. 11.941/2009.

A seguir, transcrevemos o texto da Lei n. 6.404/76 (art. 178, § 1.º):

> "No ativo, as contas serão dispostas em ordem decrescente de grau de liquidez dos elementos nelas registrados, nos seguintes grupos:

> I — ativo circulante; e (*Incluído pela Lei n. 11.941, de 2009*)
> II — ativo não circulante, composto por ativo realizável a longo prazo, investimentos, imobilizado e intangível (*Incluído pela Lei n. 11.941, de 2009*)."

Essa nova subdivisão do Ativo teve como objetivo **compatibilizar a apresentação do Balanço Patrimonial** no Brasil com as normas internacionais e, desta forma, torná-lo compreensível pela comunidade internacional de negócios.

Ativo Circulante (AC)

No Ativo Circulante, **são classificados os valores que a empresa já possui em dinheiro e os que a empresa pode converter em dinheiro a curto prazo, isto é, no próximo exercício.**

Ativo Não Circulante (ANC)

Os outros bens e direitos que a empresa não tem a intenção de converter em dinheiro a curto prazo, ou seja, só o fará a longo prazo (ARLP), ou que não pretende converter nem a longo prazo.

O Ativo Não Circulante foi criado pela MP 449/2008 (Lei n. 11.941/2009) e é subdividido em quatro subgrupos:

- Realizável a longo prazo (aplicações em direitos realizáveis nos exercícios posteriores ao seguinte);
- Investimentos (bens para investimento ou para utilização futura);
- Imobilizado (máquinas, equipamentos, edifícios); e
- Intangível (marcas, licenças e concessões).

Do ponto de vista didático e para um melhor entendimento, podemos enxergar o Ativo Não Circulante em duas partes: **realizável a longo prazo e ativos permanentes (antigo grupo de ativo permanente)**. A lei não faz mais essa subdivisão desde a Lei n. 11.941/2009:

- Ativo Realizável a Longo Prazo (aplicações resgatáveis a longo prazo); e
- Ativos Fixos ou Permanentes (aplicações fixas em itens de infraestrutura).

No Ativo Realizável a Longo Prazo (ARLP), são classificados investimentos em aplicações financeiras a longo prazo (acima de um ano ou exercício social) ou outras aplicações de longo prazo que não sejam fixas ou permanentes.

Os investimentos permanentes ou Ativos Permanentes (AP) são classificados e apresentados no Balanço Patrimonial subdivididos em três grupos:

- Investimentos (bens para investimento ou para utilização futura);
- Imobilizado (máquinas, equipamentos, edifícios);
- Intangível (marcas, licenças e concessões).

São as aplicações fixas ou permanentes que as empresas fazem em itens como imóveis, máquinas, veículos, licenças de exploração de marcas, concessões públicas, investimentos para utilização futura pela empresa e demais aplicações **em infraestrutura para uso, e não para venda.**

Passivo (PC e PNC) e Patrimônio Líquido (PL)

- Passivo Circulante;
- Passivo Não Circulante;
- Patrimônio Líquido.

Do lado direito do Balanço Patrimonial estão representados o **Passivo e o Patrimônio Líquido. O Passivo é subdividido em Passivo Circulante (PC) e Passivo Não Circulante (PNC), e essa subdivisão também está relacionada ao conceito de curto e longo prazo.** No Passivo Circulante, dívidas de curto prazo, e no Passivo Não Circulante, dívidas de longo prazo.

Na Lei n. 6.404/76, o **Patrimônio Líquido está incluído no Passivo.** Isso não é apropriado, porque o significado de passivo na língua portuguesa é o conjunto das dívidas, encargos e obrigações de uma empresa, sendo o mesmo conceito adotado nas práticas internacionais. Abaixo, transcrevemos o texto do art. 179, § 2.º, da Lei n. 6.404/76:

> "No passivo, as contas serão classificadas nos seguintes grupos:
> I — passivo circulante; (*Incluído pela Lei n. 11.941, de 2009*)
> II — passivo não circulante; e (*Incluído pela Lei n. 11.941, de 2009*)
> III — patrimônio líquido, dividido em capital social, reservas de capital, ajustes de avaliação patrimonial, reservas de lucros, ações em tesouraria e prejuízos acumulados (*Incluído pela Lei n. 11.941, de 2009*)."

<table>
<tr><th colspan="2">REPRESENTAÇÃO SIMPLIFICADA DO BALANÇO PATRIMONIAL</th></tr>
<tr><td rowspan="2">AC</td><td>PC</td></tr>
<tr><td>PNC</td></tr>
<tr><td>ANC (ARLP + AP)</td><td>PL</td></tr>
</table>

4.1.1. Conceitos de curto prazo e longo prazo

Curto prazo são todos os direitos ou obrigações que vamos receber ou pagar respectivamente no **próximo exercício** (no próximo ano normalmente). **Longo prazo** são direitos ou obrigações que vamos receber ou pagar respectivamente nos **anos que sucederem o ano seguinte** ao que estamos elaborando as demonstrações.

Para entender de forma mais ampla os conceitos de curto prazo e longo prazo, vamos estudar, a seguir, o significado de **"Exercício Social"** e **"Ciclo Operacional"**.

4.1.1.1. Exercício social

Qual o principal objetivo de uma empresa? Porque um investidor se torna sócio de uma empresa?

Para obter lucro ao final de determinado período.

Esse período em que calculamos o lucro e o distribuímos aos sócios chamamos de **exercício social**.

A Lei n. 6.404/76, no art. 175, define que o exercício social tem duração de um ano ou o que estiver definido pelos estatutos da empresa.

> "**Art. 175. O exercício social terá duração de 1 (um)** ano e a data do término será fixada no estatuto.
>
> Parágrafo único. Na constituição da companhia e nos casos de alteração estatutária **o exercício social poderá ter duração diversa**."

Observe que a lei não definiu que o início do exercício é no dia 1 de janeiro, nem que o final é dia 31 de dezembro. No Brasil, em função da legislação do Imposto de Renda, por uma questão de simplificação, as empresas, de uma maneira geral, definem que o exercício terá duração de um ano e que este começa no dia 1 de janeiro de cada ano calendário.

4.1.1.2. Ciclo operacional

> "**Art. 179.** Parágrafo único. Na companhia em que o ciclo operacional da empresa tiver duração maior que o exercício social, a classificação no circulante ou longo prazo terá por base o prazo desse ciclo." (Lei n. 6.404/76)

Ciclo operacional, em Contabilidade, é o tempo que transcorre entre a compra da mercadoria, a venda e o pagamento feito pelo cliente à empresa que fez a venda.

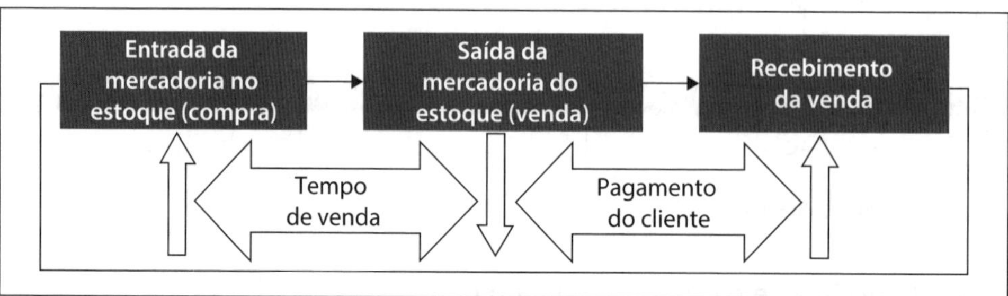

Normalmente, o ciclo operacional nas empresas é inferior a um ano. Entretanto, existem casos especiais nos quais ele pode ser maior. Por exemplo: em empresas que constroem navios (estaleiros), um navio é construído em até três anos. Admite-se que o conceito de curto prazo esteja associado a menos de três anos, pois o seu ciclo operacional é de três anos. O conceito de longo prazo, por sua vez, está associado a mais de três anos.

4.1.1.3. Ativo e Passivo Circulante "versus" Ativo Realizável a Longo Prazo e Passivo Não Circulante

As contas classificadas no **Ativo Circulante (AC)** são aquelas que serão **realizadas até o final do exercício social seguinte ao da data do fechamento do balanço** (até 365 dias da data do fechamento do balanço). As classificadas no subgrupo **Ativo Realizável a Longo Prazo (ARLP)** do Ativo Não Circulante são os direitos que **poderão ser realizados ou recebidos depois do exercício social seguinte. O mesmo conceito** se aplica para as contas agrupadas no **Passivo Circulante (PC) e no Passivo Não Circulante (PNC).**

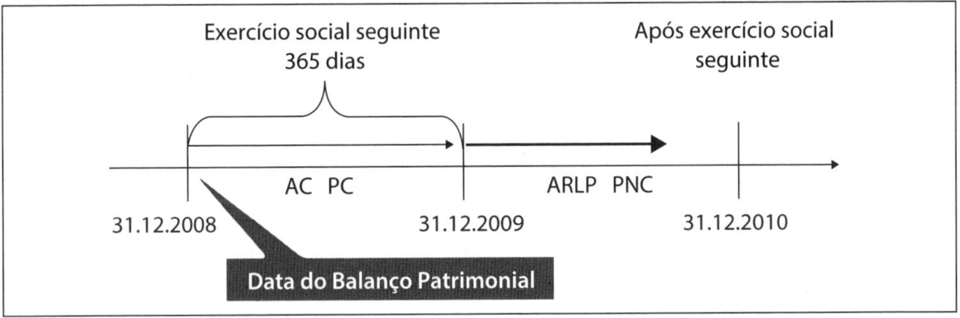

4.1.1.4. *Conclusão*

Curto prazo e longo prazo não devem ser associados a ano calendário. No Curto Prazo devem ser apresentados os direitos que a entidade espera realizar em dinheiro no exercício seguinte e também as obrigações que a entidade terá que pagar no exercício seguinte. A data de referência é a data de levantamento das demonstrações.

Em uma prova de concurso, o examinador pode solicitar o que está no curto prazo e longo prazo em relação a uma demonstração levantada em 31 de março de 2009. O curto prazo é tudo que está de 1.º de abril de 2009 até 31 de março de 2010, e, no longo prazo, tudo que superar 1.º de abril de 2010.

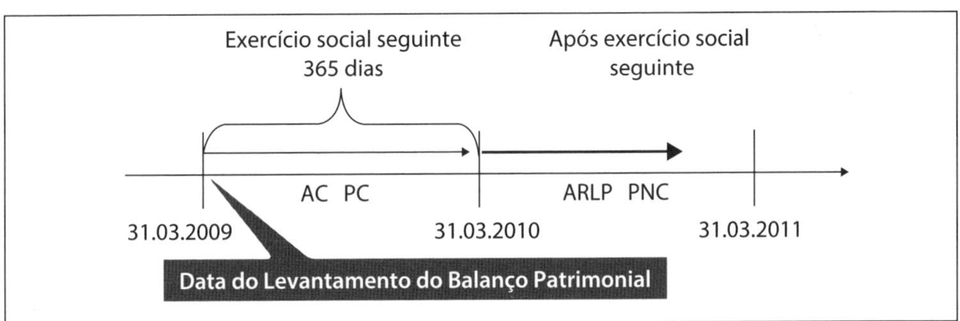

O dia 31 de março pode ser o dia de uma intervenção na empresa, a data de fechamento da matriz desta multinacional ou simplesmente um relatório trimestral (ITRs) de uma empresa com cotação na BOVESPA.

> "Deve-se notar que o período usual de um ano relativo ao exercício social, para fins dessa classificação contábil entre curto prazo e longo prazo, conta da data de encerramento do Balanço atual até 12 meses seguintes, ou seja, a data do próximo encerramento do Balanço. Assim o exercício social é o da empresa e nada tem a ver com o ano civil de 1..º de janeiro a 31 de dezembro" (*Manual de contabilidade societária*, p. 276).

4.2. O ATIVO NO BALANÇO PATRIMONIAL

O Ativo, do ponto de vista didático e prático, é subdividido em dois grupos: as **aplicações especulativas e as aplicações não especulativas (permanentes ou fixas)**. As aplicações especulativas são aplicações de dinheiro ou qualquer outro ativo que a empresa possa converter em dinheiro com certa facilidade. Nesse tipo de classificação, **também estão incluídas as aplicações no realizável a longo prazo (parte do Ativo Não Circulante)**, porque uma aplicação em fundo de investimentos, mesmo feita com intenção de longo prazo, pode ser realizada a qualquer momento.

O Ativo que estamos chamando de **permanente são as aplicações na infraestrutura (parte do Ativo Não Circulante)**, portanto, **aplicações fixas para uso de todos, com o objetivo de gerar renda na atividade principal da empresa**. São itens sem objetivo de venda. Podemos citar, como exemplo, máquinas, edifícios, licenças de tecnologia, concessões públicas para operar serviços, direitos de uso de marcas etc.

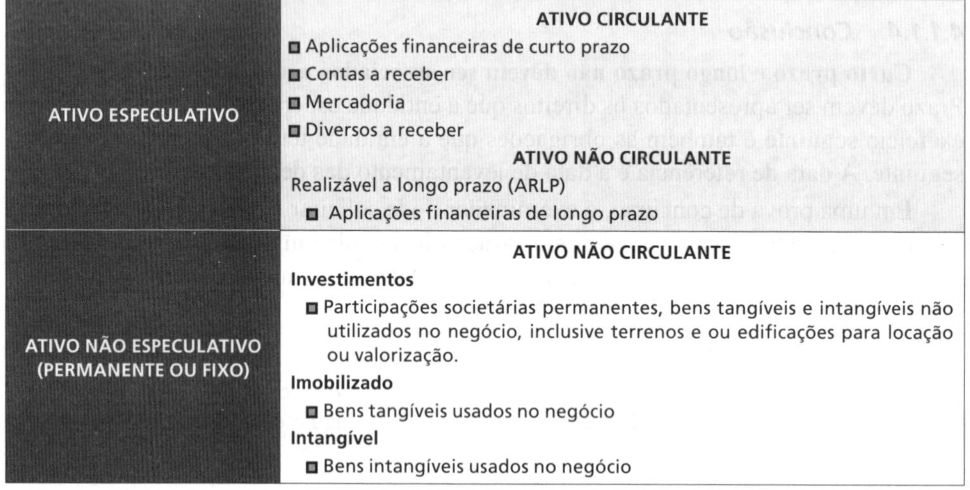

ATIVO ESPECULATIVO	**ATIVO CIRCULANTE** ■ Aplicações financeiras de curto prazo ■ Contas a receber ■ Mercadoria ■ Diversos a receber **ATIVO NÃO CIRCULANTE** Realizável a longo prazo (ARLP) ■ Aplicações financeiras de longo prazo
ATIVO NÃO ESPECULATIVO (PERMANENTE OU FIXO)	**ATIVO NÃO CIRCULANTE** **Investimentos** ■ Participações societárias permanentes, bens tangíveis e intangíveis não utilizados no negócio, inclusive terrenos e ou edificações para locação ou valorização. **Imobilizado** ■ Bens tangíveis usados no negócio **Intangível** ■ Bens intangíveis usados no negócio

4.2.1. Ativo Circulante

No Ativo Circulante, são agrupadas as contas que representam as disponibilidades em dinheiro (Caixa e Banco), as aplicações financeiras em instrumentos financeiros que podem ser convertidas em dinheiro no curto prazo, as mercadorias que a empresa tem a expectativa e a possibilidade de vender no próximo exercício e demais direitos de curto prazo.

Principais contas sintéticas do Ativo Circulante

Uma conta sintética é uma conta que agrupa valores que se referem às diversas contas registradas nos livros contábeis. Por exemplo: a conta Banco sintetiza os depósitos bancários onde uma empresa possa ter contas abertas. No Livro-Razão, é aberta uma conta para cada conta bancária. De outra forma, chamamos de conta analítica, por exemplo, uma conta que representa os depósitos bancários de determinado banco, isto é, uma conta que não pode ser subdividida.

- Caixa: dinheiro em espécie (numerário);
- Banco (BCM/banco conta movimento): dinheiro depositado nas contas bancárias;
- Disponibilidades: soma de valores do caixa com a conta banco;
- Aplicações de liquidez imediata: aplicações com prazo menor do que 90 dias;
- Aplicações financeiras: aplicações com prazo de até um ano;
- Contas a receber: são valores a receber por venda a prazo a clientes;
- Mercadorias: são as mercadorias para revenda com expectativa de venda no próximo exercício;
- Despesas antecipadas: aluguéis, juros e seguros pagos antecipadamente, entre outros;
- Outros direitos: títulos a receber, indenizações, outros valores a receber.

4.2.1.1. Breve descrição das contas do Ativo Circulante

- Na conta **Caixa**, classificamos os recursos em dinheiro que estão na empresa, nas suas filiais e em trânsito.
- Na conta **Banco**, também chamada de Banco Conta Movimento (BCM), são classificados todos os valores depositados nas contas bancárias da empresa que não estejam aplicados em instrumentos financeiros (CDB, RDB, poupança etc.).

  Muitas vezes nos balanços encontramos a denominação **Disponibilidades**, que corresponde à soma dos saldos da **conta Caixa e da conta Banco**.
- Aplicações em **instrumentos financeiros** podem ser aplicações em diversos tipos de aplicações disponíveis no mercado financeiro, tais como:

  - Títulos de renda variável (Ações, Derivativos);
  - Títulos de renda fixa privados (RDB, CDB, LC, LH, CDI);
  - Títulos de renda fixa públicos (LTN, LFT, NTN);
  - Aplicações em outros títulos.

No Capítulo 6 (Operações Financeiras), estudaremos com detalhes todas essas modalidades de aplicações.

- Na conta **Contas a receber**, são classificados os valores referentes a vendas a prazo aos clientes.
- Na Conta **Duplicatas a receber**, classificamos as vendas a prazo com duplicatas emitidas.
- **Direitos a receber** podem ser impostos a recuperar, adiantamentos feitos ou a empregados ou a terceiros.
- **Títulos a receber** podem ser notas promissórias a receber obtidas em uma venda financiada de um imóvel da empresa.
- **Mercadorias ou estoques** representam os valores aplicados nos itens que esperamos vender ou utilizar em processos produtivos no próximo exercício.

4.2.2. Ativo Não Circulante

- Ativo Realizável a Longo Prazo;
- Investimentos;
- Imobilizado;
- Intangível.

Esse grupo no balanço patrimonial foi criado pela Lei n. 11.941/2009, com a união dos antigos grupos **Ativo Realizável a Longo Prazo (ARLP) e Ativo Permanente (AP)**. Essa foi uma das modificações que ocorreram para compatibilizar a Contabilidade brasileira com as normas internacionais (IAS/IFRS).

A seguir, a transcrição dos textos legais da Lei n. 6.404/76, atualizada pela Lei n. 11.941/2009, sobre Ativo Não Circulante e sua composição.

> No art. 178, § 1.º, II — *"**ativo não circulante, composto por ativo realizável a longo prazo, investimentos, imobilizado e intangível**. (Incluído pela Lei n. 11.941, de 2009)".*

No art. 179, II, III, IV e VI, temos a definição legal e societária para as contas que devem ser classificadas nos subgrupos que compõem o Ativo Não Circulante:

> "II — **no Ativo Realizável a Longo Prazo:** os direitos realizáveis após o término do exercício seguinte;
>
> III — **em investimentos:** as participações permanentes em outras sociedades e os direitos de qualquer natureza não classificáveis no ativo circulante e que não se destinem à manutenção da atividade da companhia ou da empresa;
>
> IV — **no Ativo Imobilizado:** os direitos que tenham por objeto bens corpóreos destinados à manutenção das atividades da companhia ou da empresa ou exercidos com essa finalidade, inclusive os decorrentes de operações que transfiram à companhia os benefícios, riscos e controle desses bens; (*Redação dada pela Lei n. 11.638, de 2007*)
>
> VI — **no intangível:** os direitos que tenham por objeto bens incorpóreos destinados à manutenção da companhia ou exercidos com essa finalidade, inclusive o fundo de comércio adquirido (*Incluído pela Lei n. 11.638, de 2007*)."

4.2.2.1. Realizável a longo prazo

Neste subgrupo, são alocadas as contas que representam **os valores aplicados com a intenção e/ou possibilidade de conversão em dinheiro a longo prazo**. São basicamente contas com os mesmos nomes das contas alocadas no ativo circulante, **exceto** disponibilidades **em dinheiro no caixa (CAIXA) e nas contas bancárias da empresa (BANCO)**, porque estas já são dinheiro e somente poderiam ser representadas no Ativo Circulante. Também devem ser consideradas na apresentação deste grupo mercadorias que a empresa não tenha a intenção nem a possibilidade de vender no próximo exercício.

Principais Contas Sintéticas do Ativo Realizável a Longo Prazo:

- Aplicações em Instrumentos Financeiros;
- Contas a Receber de clientes;
- Direitos a Receber;

- Títulos a Receber;
- Mercadorias (expectativa de venda somente a longo prazo).

4.2.2.2. Permanente

- Investimento;
- Imobilizado;
- Intangível.

> - Investimento (aplicações permanentes não usadas nas atividades):
>   - Participações societárias não especulativas (ações de outras empresas);
>   - Bens e direitos não usados nas atividades da empresa.
> - Imobilizado (aplicações permanentes usadas nas atividades):
>   - Bens tangíveis usados nas atividades da empresa;
>   - Bens tangíveis usados nas atividades da empresa decorrentes de operações que transfiram benefícios, riscos e controle.
> - Intangível (aplicações permanentes usadas nas atividades):
>   - Bens incorpóreos (direitos) usados nas atividades da empresa.

4.2.2.2.1. Investimento

Nesse subgrupo, são classificados os investimentos que uma empresa faz em participações societárias (ações ou quotas de capital) permanentes de terceiros e os investimentos não destinados à manutenção do negócio, inclusive as propriedades para investimentos regulamentadas pelo CPC 28.

4.2.2.2.1.1. Participações societárias

Uma participação societária são ações ou quotas de capital que uma pessoa jurídica possui de outra empresa. Uma empresa pode ter participação societária em outra empresa tanto para especulação no curto prazo ou longo prazo ou com a intenção de que este investimento seja permanente.

Uma participação societária representada por uma conta alocada no AC ou no ARLP é uma aplicação com o objetivo de melhor rentabilizar os recursos disponíveis de uma empresa. Uma empresa está trocando uma posição financeira em dinheiro no banco ou uma aplicação em renda fixa (CDB) por ações de uma empresa como a Vale ou a Petrobras esperando que, em determinado tempo (CP ou LP), esse valor aplicado propicie melhores rendimentos do que se estivesse aplicado em renda fixa, por exemplo.

Outro tipo de participação societária é aquele tipo de **investimento em ações de terceiros com objetivos estratégicos**. Por exemplo, uma grande distribuidora de calçados compra, de uma pequena indústria fabricante, 70% de tudo o que vende. Essa distribuidora pode decidir ser sócia do fabricante apenas para dar mais estabilidade ao seu negócio, uma vez que qualquer desequilíbrio ou falta de prioridade dessa pequena indústria fabricante pode pôr em risco todo o negócio da distribuidora. Esse tipo de investimento é classificado como investimento permanente não circulante. Muitos bancos no Brasil adquirem participação em ações de fornecedores de equipamentos de informática e software apenas por motivos estratégicos.

4.2.2.2.1.2. Bens e direitos não usados nas atividades da empresa

Também alocamos no subgrupo investimento do Ativo Não Circulante **bens tangíveis e intangíveis não utilizados pela empresa em suas atividades, inclusive as propriedades para investimento, de acordo com o CPC 28**.

- Imóvel para renda (para locação);
- Terrenos e imóveis para futura utilização ou investimento;
- Obras de arte;
- Direitos que não façam parte do negócio da empresa (passe de um jogador de futebol, por exemplo).

A seguir, transcrevemos a definição de propriedade para investimento contida no item 5 do CPC 28:

Propriedade para investimento é a propriedade (terreno ou edifício — ou parte de edifício — ou ambos) mantida (pelo proprietário ou pelo arrendatário em arrendamento financeiro) **para auferir aluguel, para valorização do capital ou para ambas, e não para:**

(a) uso na produção ou fornecimento de bens ou serviços ou para finalidades administrativas; ou

(b) venda no curso ordinário do negócio.

4.2.2.2.2. Imobilizado

Nesse subgrupo, serão não só registrados os saldos das contas de **bens tangíveis permanentes**, que serão **utilizados no negócio e que são formalmente da entidade**, mas também os bens que, mesmo não o sendo formalmente, **o são na essência da empresa, porque são usados como se fossem**.

Além da definição de Imobilizado encontrada na Lei n. 6.404/76, encontramos, nos itens 6 e 7 do CPC 27, aprovado pela Resolução do CFC n. 1.177/2009, a definição e o reconhecimento de Imobilizados.

Ativo Imobilizado é o item tangível que:

(a) é mantido para uso na produção ou no fornecimento de mercadorias ou serviços, para aluguel a outros ou para fins administrativos; e

(b) se espera utilizar por mais de um período.

Correspondem aos direitos que tenham por objeto bens corpóreos destinados à manutenção das atividades da entidade ou exercidos com essa finalidade, inclusive os decorrentes de operações que transfiram a ela **os benefícios, os riscos e o controle desses bens**.

A novidade nesse subgrupo está na consideração e, portanto, classificação como Imobilizado não apenas de itens tangíveis de propriedade da empresa mas também de itens tangíveis formalmente de outros que a empresa esteja usando para seu benefício, possuindo absoluto controle sobre todos os riscos.

Um exemplo clássico é a utilização de bens através de contratos de arrendamento ou mesmo locação. Quando uma empresa passa a utilizar um veículo através de um contrato de arrendamento, a empresa arrendatária (contratante) deve registrar no ativo o valor aplicado neste contrato, isto é, qualquer valor pago de entrada ou gasto para adequação do ativo, adicionado ao valor presente das prestações do contrato de arrendamento ou locação:

Valor de registro do item arrendado

Gasto com pagamento inicial

(+) Valor de adequação ou reforma ou instalação

(+) Valor presente das prestações de arrendamento ou locação

(+) Valor presente de qualquer previsão de gasto com a desinstalação

Além do *arrendamento*, uma empresa pode usar um bem baseado em um contrato que tenha desembolsos mensais, parecendo uma locação, mas que de fato não seja locação. Além dos benefícios da utilização do bem, o seguro, a manutenção e todos os custos ou despesas para a utilização são de responsabilidade e risco da empresa que o usa. No final deste contrato existe uma opção para que o bem possa ser transferido por um valor muito menor que o seu valor residual. Esse tipo de utilização caracteriza que o bem de fato é da empresa que o utiliza, e não da empresa que formalmente é sua dona.

O exemplo citado não é um arrendamento formal, mas, sim, uma operação que caracteriza que um bem foi, na essência, transferido de propriedade. Muitas empresas desativam linhas de produção pelas quais não possuem interesse naquele momento ou que não conseguem vender e negociam essas linhas de produção antigas com outras empresas. Estas se responsabilizam pela remoção e, a partir da instalação em suas dependências, passam a usufruir do bem, pagando valores mensais a título de locação e, ao final, têm a opção de ter o bem efetivamente transferido. Na verdade, essa operação é uma venda de acordo com as novas normas e deve ser registrada dessa forma.

Tanto no *leasing* (arrendamento) como em outras situações em que, na essência, o bem é de quem usa, os Ativos Tangíveis devem ser considerados Imobilizados.

4.2.2.2.2.1. Bens formais

Bens formais são bens que a empresa adquiriu e dos quais possui documentação legal que comprova sua propriedade. São a maioria dos bens usados nas empresas:

- Máquinas e equipamentos;
- Veículos;
- Móveis e utensílios;
- Terrenos;
- Ferramentas;
- Obras em andamento.

4.2.2.2.2.1.1. O valor de registro dos bens formais

Os bens formais devem ser registrados pelo valor à vista deduzido de qualquer tributo recuperável, qualquer desconto e adicionado de todos e qualquer custo que tiver sido gasto para colocar o ativo imobilizado em condições de uso, inclusive tributos não recuperáveis, gastos com frete, seguro, instalação e uma previsão dos gastos para sua remoção ao final da vida útil para a empresa:

Valor de aquisição
(-) Tributos recuperáveis inclusos no valor de aquisição
(-) Descontos
(-) Juros embutidos
(+) Tributos não inclusos no preço de aquisição
(+) Frete
(+) Seguro
(+) Gastos com instalação
(+) Qualquer gasto diretamente relacionado com a aquisição

4.2.2.2.2.2. Bens em essência

- Bens tangíveis adquiridos por meio de *leasing* (arrendamento);
- Outros bens tangíveis utilizados em contratos que transfiram benefícios, riscos e controle (propriedade não formal).

Esses são os tipos de bens em relação aos quais a empresa tem benefício, risco e controle, mas que formalmente não são de sua propriedade. Essa foi, sem dúvida, uma das mais importantes mudanças introduzidas na Contabilidade brasileira pela Lei n. 11.638/2007, em função da harmonização com a Contabilidade internacional. Nosso direito sempre teve como base o direito romano, em que prevalece a forma, isto é, vale o que está escrito. Antagonicamente, no direito anglo-saxônico, o que vale não é a forma, mas o que ocorre em sua essência.

Arrendamento

Quando o arrendatário resolve adquirir um ativo utilizando um arrendamento, esse tipo de arrendamento, na verdade, é um tipo de financiamento em que, por exemplo, um veículo é faturado em nome da financeira, e não do arrendatário. O adquirente paga prestações de *leasing* (arrendamento) à financeira e, ao final de 24 ou 36 meses, no mínimo, o arrendatário pode pagar uma prestação residual e ter o bem transferido oficialmente para o seu nome.

De maneira formal, durante todo o período de pagamento das prestações o bem esteve em nome do arrendador (instituição financeira), mas a responsabilidade pelo seguro, por roubo e pelas manutenções, entre outros, sempre foi do arrendatário. **É o arrendatário que tem de fato o benefício, o risco e o controle.**

A empresa arrendatária deve contabilizar o bem como no Imobilizado e as prestações como Dívida no Passivo.

ATIVO IMOBILIZADO	PASSIVO
Bem arrendado	Prestações de *leasing*

Exemplo: uma empresa adquire uma máquina financiada em 48 parcelas sem juros de $ 1.000 cada uma. Deverá realizar a seguinte contabilização:

ATIVO			PASSIVO		
Ativo Imobilizado	Máquina	$ 48.000	Passivo Circulante	Financiamento a curto prazo	$ 12.000
			Passivo Não Circulante	Financiamento a longo prazo	$ 36.000

Observação: é claro que operações de arrendamento (*leasing*) sem juros não existem, na prática. No Capítulo 13, voltaremos a esse tema, com todos os detalhes. O importante nesse momento é a compreensão do leitor de que um bem, mesmo que não seja formalmente da empresa, deverá ser contabilizado como tal, se ela tiver sobre ele o benefício, o risco e o controle, como é característico no caso de *leasing* financeiro.

Essa é uma grande mudança na Contabilidade brasileira, porque as empresas **lançavam as prestações como despesa** e não contabilizavam nada no Ativo. Empresas de transporte aéreo ou transporte rodoviário não tinham nenhum veículo de transporte contabilizado no Imobilizado. Não é estranho companhias aéreas não possuírem aviões em seu balanço patrimonial?

As empresas que se utilizam dessa opção de financiamento para adquirir bens passam a ter a propriedade efetiva; por isso as novas normas determinam que bens, na essência, devam ser também considerados Imobilizados, mesmo que, formalmente, sejam bens do arrendador.

No Capítulo 13, veremos a identificação, mensuração e contabilização desses casos de Imobilizado em essência.

4.2.2.2.3. Intangível

Nesse subgrupo, serão registrados os saldos das contas de **bens incorpóreos permanentes**, que serão **utilizados nas atividades da empresa**. Além da definição de Intangível na Lei n. 6.404/76, encontramos nos itens 8, 12 e 21 do CPC 04(R1), aprovado pela resolução do CFC n. 1.125/2008, a definição, identificação e mensuração de Intangível.

*Ativo Intangível é um Ativo **não monetário identificável** sem substância física.*

Não possuir substância física significa, por exemplo, a aquisição do direito de exploração no Brasil de uma marca internacional de cerveja por uma indústria cervejeira brasileira.

Um Ativo satisfaz o critério de identificação, em termos de definição de um Ativo Intangível, quando:

(a) for separável, ou seja, puder ser separado da entidade e vendido, transferido, licenciado, alugado ou trocado, individualmente ou com um contrato, Ativo ou Passivo relacionado, independente da intenção de uso pela entidade; ou

(b) resultar de direitos contratuais ou outros direitos legais, independentemente de tais direitos serem transferíveis ou separáveis da entidade ou de outros direitos e obrigações.

O exemplo da exploração de uma marca no Brasil é o caso de um Ativo Intangível separável da empresa, porque ela poderia ser vendida separadamente. O exemplo de uma licença de exploração de telefonia por uma operadora de celular é um exemplo de Intangível que não pode ser separado da entidade, porque é fruto de um leilão público vencido dentro de parâmetros públicos rígidos, que impedem a transferência da concessão pública isoladamente.

Um Ativo Intangível deve ser reconhecido apenas se:

(a) for provável que os benefícios econômicos futuros esperados atribuíveis ao Ativo serão gerados em favor da entidade; e

(b) o custo do Ativo possa ser mensurado com segurança.

Quando uma empresa adquire uma marca ou uma concessão pública, desembolsa um valor absolutamente identificável e espera que este Ativo gere muitos recursos no futuro próximo. Muitas vezes os ativos intangíveis são a razão da existência da empresa.

Veja o caso de uma concessão de telefonia celular. Sem a concessão, a empresa não existiria na região, estado ou município em questão.

A seguir, outros exemplos de contas que representam direitos contratuais ou legais que serão usadas nas atividades da empresa e que podem propiciar benefícios econômicos futuros.

Exemplos de contas sintéticas de Intangíveis:

- Marcas e Patentes de terceiros;
- Direitos sobre recursos florestais e minerais;
- Gastos com desenvolvimento de produtos novos;
- Direitos autorais;
- Concessões públicas;
- Outros direitos de uso.

4.3. O PASSIVO NO BALANÇO PATRIMONIAL

Do ponto da legislação societária (Lei n. 6.404/76) o Passivo é composto por todos os grupos de contas representados no lado direito do Balanço Patrimonial, de acordo com art. 178, § 2.º:

No Passivo, as contas serão classificadas nos seguintes grupos:

> "I — **Passivo circulante**; (*Incluído pela Lei n. 11.941, de 2009*)
> II — **Passivo não circulante**; e (*Incluído pela Lei n. 11.941, de 2009*)
> III — **Patrimônio líquido**, dividido em capital social, reservas de capital, ajustes de avaliação patrimonial, reservas de lucros, ações em tesouraria e prejuízos acumulados (*Incluído pela Lei n. 11.941, de 2009*)."

No CPC 25 (Provisão e Passivo e Ativo Contingentes), item 10, estão definidos os conceitos relativos a Passivos:

Passivo é uma obrigação presente da entidade, derivada de eventos já ocorridos, cuja liquidação se espera que resulte em saída de recursos da entidade capazes de gerar benefícios econômicos.

Evento que cria obrigação é um evento que cria uma obrigação legal ou não formalizada que faça com que a entidade não tenha nenhuma alternativa realista senão liquidar essa obrigação.

Obrigação legal é uma obrigação que deriva de:

(a) contrato (por meio de termos explícitos ou implícitos);

(b) legislação; ou

(c) outra ação da lei.

Obrigação não formalizada é uma obrigação que decorre das ações da entidade em que:

(a) por via de padrão estabelecido de práticas passadas, de políticas publicadas ou de declaração atual suficientemente específica, a entidade tenha indicado a outras partes que aceitará certas responsabilidades; e

(b) em consequência, a entidade cria uma expectativa válida nessas outras partes de que cumprirá com essas responsabilidades.

O **Passivo, do ponto de vista da Lei n. 6.404/76, é composto pelas obrigações e pelo Patrimônio Líquido. No âmbito das novas Normas Brasileiras de Contabilidade** emitidas pelo CPC, na estrutura conceitual para a elaboração das demonstrações contábeis e no CPC 26(R1) (apresentação das demonstrações contábeis), o **Passivo é composto apenas pelas obrigações.** No Brasil, ainda é muito comum, tanto no universo empresarial como em questões de provas e concursos, designar passivo **incluindo o Patrimônio Líquido. Por isso este é chamado também de Passivo Não Exigível.**

PASSIVO EXIGÍVEL	**PASSIVO CIRCULANTE** ■ Dívidas de curto prazo ■ Empréstimos de curto prazo ■ Obrigações em geral de curto prazo **PASSIVO NÃO CIRCULANTE** ■ Dívidas de longo prazo ■ Empréstimos de longo prazo ■ Obrigações em geral de longo prazo ■ Receitas diferidas ■ (–) Custos das receitas diferidas
PASSIVO NÃO EXIGÍVEL	**PATRIMÔNIO LÍQUIDO** ■ Capital social ■ Reservas de lucros ■ Resultado do Exercício

4.3.1. Passivo Exigível

São as dívidas e obrigações que a entidade ou empresa possui. Da mesma forma que no Ativo, as dívidas e obrigações que a empresa tem que honrar também são subdivididas em contas classificadas no curto prazo (Passivo Circulante) e no longo prazo (Passivo Não Circulante).

No Passivo Circulante, são contabilizadas as obrigações de curto prazo, e, no Passivo Não Circulante, as obrigações de longo prazo, de acordo com a determinação legal prevista na Lei n. 6.404/76, art. 180:

> "As obrigações da companhia, inclusive financiamentos para aquisição de direitos do ativo não circulante, serão classificadas **no passivo circulante, quando se vencerem no exercício seguinte, e no passivo não circulante, se tiverem vencimento em prazo maior**, observado o disposto no parágrafo único do art. 179 desta Lei (*Redação dada pela Lei n. 11.941, de 2009*)."

Complementarmente à Lei n. 6.404/76, o CPC 26(R1) (apresentação das demonstrações contábeis), no item 69, apresenta a distinção clara entre Passivo Circulante e Não Circulante.

O Passivo deve ser classificado como circulante quando satisfizer quaisquer dos seguintes critérios:

(a) espera-se que seja liquidado durante o ciclo operacional normal da entidade;
(b) estiver mantido essencialmente para a finalidade de ser negociado;
(c) deve ser liquidado no período de até 12 meses após a data do balanço; ou
(d) a entidade não tiver direito incondicional de diferir a liquidação do Passivo durante pelo menos 12 meses após a data do balanço.

Todos os outros Passivos devem ser classificados como não circulantes.

4.3.1.1. Principais contas sintéticas alocadas no Passivo Circulante

- Fornecedores (dívidas com os fornecedores);
- Impostos a recolher (dívidas de impostos);
- Empréstimos (referentes a instituições financeiras ou terceiros);
- Adiantamentos de clientes;
- Salários a pagar;
- Encargos a pagar;
- Férias a pagar;
- Dívidas operacionais estimadas;
- Dividendos a pagar;
- Contas a pagar (energia, telefone e outras despesas pendentes);
- Títulos a pagar (notas promissórias emitidas).

As contas do Passivo Circulante normalmente vêm acompanhadas de a pagar ou a recolher. A conta fornecedor, apesar de não vir acompanhada de a pagar, representa as "duplicatas a pagar" ou as "contas a pagar" que a empresa deve ao fornecedor da mercadoria ou matéria-prima ligada à atividade principal da empresa.

As dívidas operacionais estimadas diversas referem-se a despesas e obrigações diversas que a empresa tenha incorrido e que a cobrança formal ainda não tenha sido feita até a data da elaboração do Balanço Patrimonial. A empresa tem conhecimento do compromisso e do seu valor, portanto, deve lançar a obrigação no Passivo Circulante.

Exemplo: foi realizada uma publicidade de $ 15.000 durante o mês findo e a nota de cobrança ainda não chegou até o final do mês. É mandatório, atendendo ao princípio da competência, que esta despesa seja lançada no mês que estamos fechando e que lancemos no Passivo Circulante o compromisso de pagamento. Chamamos esse lançamento de **Despesa Provisionada**, e sua contrapartida é um lançamento de dívida no Passivo, com a designação de **Provisão para Publicidade ou Lançar Publicidade a Pagar**. Veremos, no Capítulo 9, que o termo provisão para esse tipo de compromisso já não deve mais ser utilizado, entretanto, ainda é muito utilizado, tanto pelas empresas como em provas de concursos em geral.

4.3.1.2. Principais contas sintéticas alocadas no Passivo Não Circulante

De uma forma geral, **todos os nomes de contas classificadas no Passivo Circulante** podem também representar compromissos a serem classificados no Passivo Não Circulante. Além das contas classificadas no Passivo Circulante, a seguir, citamos algumas contas particulares ao Passivo Não Circulante:

- Empréstimos (referentes a instituições financeiras ou terceiros);
- Renegociações de dívidas fiscais de longo prazo;
- Impostos a pagar postergados para outros períodos (diferidos);
- Provisões para contingências trabalhistas, fiscais e cíveis postergadas;
- Títulos a pagar (notas promissórias emitidas com vencimentos de longo prazo);
- Receitas diferidas;
- (–) Custos das receitas diferidas.

Exceto receitas diferidas, todas as contas nesse grupo são obrigações comuns. **Receita diferida é a única conta pouco comum, porque se trata de adiantamentos recebidos de clientes por fornecimento de produtos ou serviços.** Adiantamentos normalmente vinculados ao fornecimento de bens que demandam longo período de produção e de alto valor comercial, como aviões, navios, turbinas etc. Normalmente esses valores não dão direito ao cliente de cancelar o pedido e, se o fizer, não terá direito à devolução.

A receita diferida normalmente é classificada no Passivo Não Circulante, mas pode ocorrer sua classificação no Passivo Circulante, à medida que transcorrer o tempo. A receita diferida também deve ser contabilizada com o custo para sua obtenção. Esse custo normalmente é de um agente comercial, que ganha uma comissão para o fechamento desse negócio.

4.3.2. Patrimônio líquido

O Patrimônio Líquido de uma empresa é constituído originalmente pelo **Capital dos sócios. Pode crescer, em função dos lucros** que a empresa obtém em suas operações e não distribui aos sócios (ficando retidos na própria empresa) e em função de novos aumentos de capital.

O PL também **cresce, em função de recursos de terceiros que são dados gratuitamente** às empresas e classificados no PL como **reservas de Capital**.

O Patrimônio Líquido também **tem seu valor afetado por ajustes contábeis diversos, classificados na conta de Ajuste de Avaliação Patrimonial**, que serão estudados nos capítulos seguintes.

Finalmente, o PL pode diminuir em função de prejuízos em determinado exercício.

O texto legal do art. 178, § 2.º, III, define que o Patrimônio Líquido deve ser: "Dividido em capital social, reservas de capital, ajustes de avaliação patrimonial, reservas de lucros, ações em tesouraria e prejuízos acumulados. (*Incluído pela Lei n. 11.941, de 2009*)" e conforme o art. 182: "a conta do capital social discriminará o montante subscrito e, por dedução, a parcela ainda não realizada".

A seguir, apresentamos, em forma de tabela, o Patrimônio Líquido de acordo com as normas técnicas e legais:

CAPITAL SOCIAL (NOMINAL OU SUBSCRITO)
(–) CAPITAL A REALIZAR
(–) AÇÕES EM TESOURARIA
RESERVAS DE CAPITAL
RESERVAS DE LUCROS
(+/–) AJUSTES DE AVALIAÇÃO PATRIMONIAL
(–) PREJUÍZO ACUMULADO

4.3.2.1. Capital social, capital a integralizar e capital integralizado

Inicialmente, o Capital Social, registrado no contrato social (empresa Ltda.) ou estatuto (S.A.), representa **um compromisso dos sócios para com a Entidade**. Os sócios podem entregar à empresa uma parte do Capital, e a outra parte dentro de um cronograma acertado entre os sócios. No Balanço Patrimonial, se o Capital de uma empresa fosse de $ 500.000, e os sócios entregassem na fundação apenas $ 100.000, teríamos, nesse caso, $ 400.000, ou 80%, a integralizar. Também podemos dizer que esta empresa tem $ 100.000 de Capital Integralizado.

Capital Social	$ 500.000
Capital Integralizado	$ 100.000
(–) Capital a Integralizar	($ 400.000)

4.3.2.2. Ações em tesouraria

Quando uma empresa recompra suas próprias ações, essas ações **não podem ser consideradas Ativos, porque são ações da própria empresa**. Esses valores aplicados na recompra de ações devem ser considerados uma redução do Capital da empresa.

Capital Social	$ 500.000
(–) Ações em tesouraria	($ 50.000)

4.3.2.3. *Reservas de capital*

Reservas de Capital são **recursos de terceiros dados gratuitamente à empresa**, por exemplo, quando ocorre a venda de ações com ágio. Este é um sobrepreço que um terceiro paga ao adquirir ações de uma empresa em função da grande procura por essas ações. O ágio e outros fatos contábeis afins são contabilizados no Patrimônio Líquido e automaticamente passam a ser de todos os acionistas da empresa, uma vez que integram o PL. No Capítulo 15, vamos estudar com detalhes todas as reservas de capital.

4.3.2.4. *Reservas de lucros*

As reservas de lucros são a **parte do lucro que os sócios decidiram não retirar da empresa, guardando** (reservando) para determinado fim. Existe apenas uma reserva obrigatória: a reserva legal. Ela é constituída por 5% do lucro de cada exercício. Vamos estudá-la com detalhes, assim como outras reservas de lucros, no Capítulo 15.

4.3.2.5. *Ajustes de avaliação patrimonial*

Esta é uma conta nova criada pela Lei n. 11.638/2007 e é utilizada primordialmente para **ajustar aplicações financeiras que não podem ter suas variações positivas ou negativas levadas a resultado**. Vamos aprender a utilização dessa conta com detalhes no Capítulo 15.

4.3.2.6. *Prejuízos acumulados*

Antes da Lei n. 11.638/2007, a última conta do PL sempre foi a Conta Lucros ou Prejuízos Acumulados. Era permitida a existência de lucros acumulados sem destino em balanço publicado. **A Lei n. 11.638/2007 determinou que não podem mais existir esses saldos.** A assembleia terá que decidir sobre utilização do resultado de um exercício, distribuindo aos sócios e/ou aumentando o Capital com lucros e/ou constituindo reservas. Assim sendo, a última conta do PL **(prejuízos acumulativos)** só pode ter saldo que expresse prejuízo ou saldo igual a zero.

4.4. FORMA DE ELABORAÇÃO E APRESENTAÇÃO DO BALANÇO PATRIMONIAL APÓS AS LEIS N. 11.638/2007 E 11.941/2009

De acordo com a nova redação dos arts. 178, 179, 180 e 182, extinção do art. 181 e inclusão dos arts. 299-A e 299-B da Lei n. 6.404/76, em função da Lei n. 11.638, de dezembro de 2007, e da Lei n. 11.941/2009, no balanço, as contas serão classificadas segundo os elementos do Patrimônio que registrem e agrupadas de modo a facilitar o conhecimento e a análise da situação financeira da companhia. Da seguinte forma:

ATIVO	PASSIVO
■ **Ativo Circulante (AC)**	■ **Passivo Circulante (PC)**
■ **Ativo Não Circulante (ANC)** ■ Ativo Realizável a Longo Prazo ■ Investimentos* ■ Imobilizado* ■ Intangível*	■ **Passivo Não Circulante (PNC)** ■ Passivo Exigível a Longo Prazo (PELP) ■ Receita diferida ■ (–) Custo com a receita diferida
	■ **Patrimônio Líquido (PL)** ■ Capital Social ■ (–) Capital a Realizar ■ Reservas de Capital ■ (–) Ações em tesouraria ■ Ajustes de Avaliação Patrimonial ■ Reservas de lucros ■ Prejuízos acumulados

* Antigo Grupo Ativo Permanente.

4.4.1. Representação gráfica do patrimônio

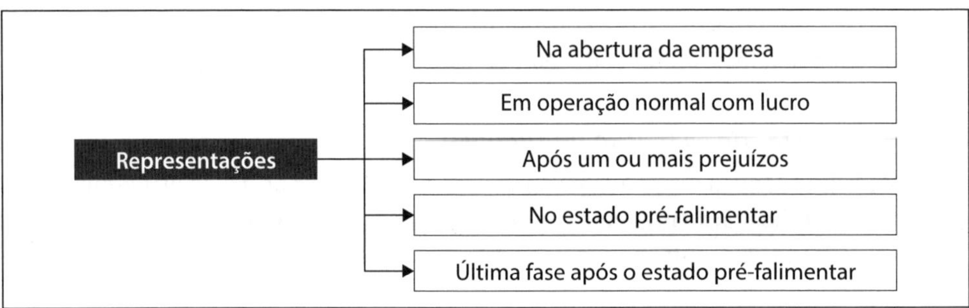

Nas representações abaixo, simbolizaremos o Ativo pela letra "A", o Passivo pela letra "P" e o Patrimônio Líquido por "PL" ou "SL".

4.4.1.1. Abertura de empresa

Podemos representar graficamente o balanço de abertura de uma empresa. Ela, nesse momento, não possui dívidas; o Ativo é constituído pelo depósito referente ao capital, e o Passivo somente pelo Capital dos sócios.

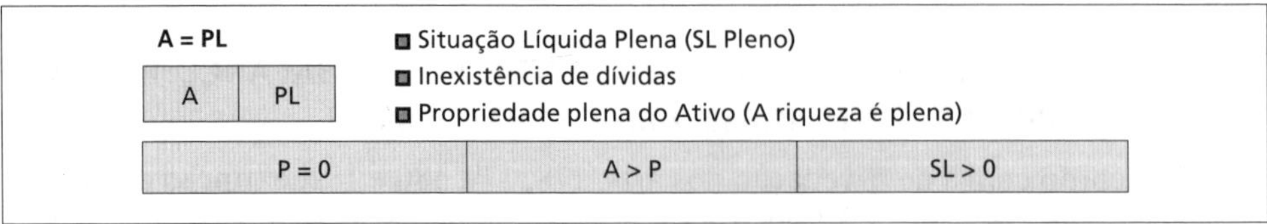

4.4.1.2. Situação superavitária

Esta é a situação patrimonial que esperamos encontrar para a maioria das empresas. A partir do início das atividades, qualquer empresa, mesmo que opere com um mínimo de dívidas, sempre terá ao final de um mês as contas de consumo que aconteceram no mês encerrado e que sequer chegaram para pagamento, assim como diversos outros compromissos (ex.: salários), que somente são pagos no 5.º dia útil do mês subsequente, e impostos, que possuem dias de pagamento ao longo do mês seguinte:

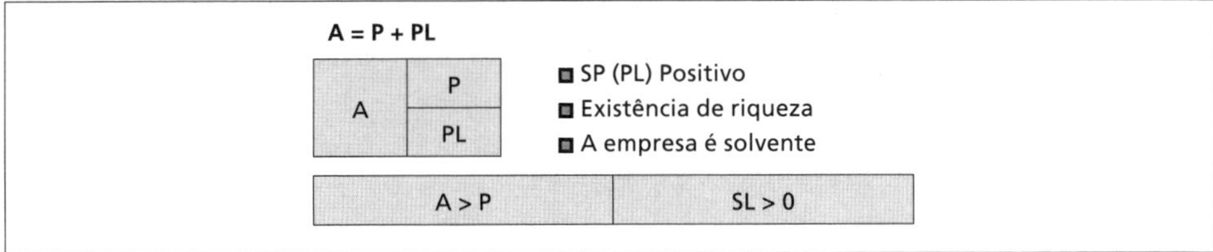

4.4.1.3. *Pré-insolvência*

Essa situação ocorre somente se a empresa tiver um ou mais prejuízos que anulem o Patrimônio Líquido. Lucro faz o Patrimônio Líquido crescer, e prejuízo faz o Patrimônio Líquido diminuir. A empresa ainda está solvente porque possui Ativo suficiente para honrar seus compromissos, mas é o último momento de solvência:

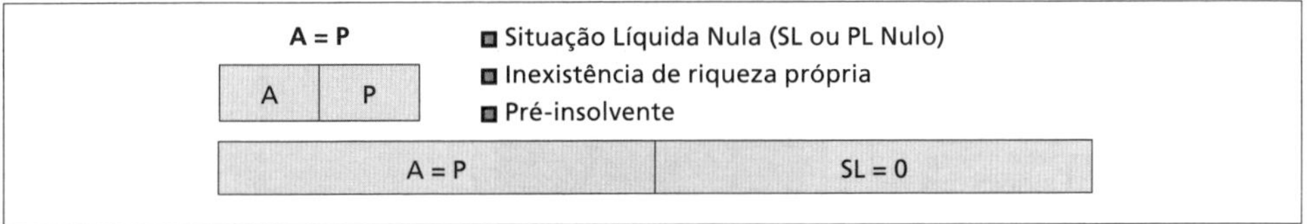

4.4.1.4. *Passivo a descoberto*

Neste caso, os prejuízos acumulados foram maiores que o Patrimônio Líquido. A empresa já não possui Ativos suficientes para honrar seus compromissos, por isso, dizemos que ela está com Passivo a Descoberto:

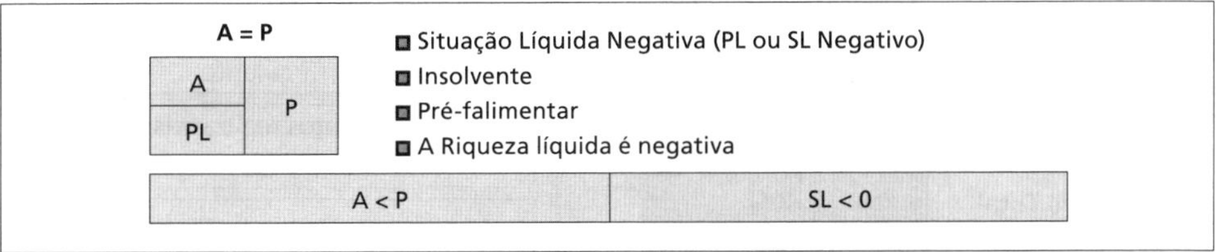

4.4.1.5. *Última etapa do processo de falência*

Deste modo, se, depois de vendidos (realizados) todos os Ativos, a empresa não conseguir pagar as dívidas, sobrarão apenas dívidas remanescentes sem cobertura para pagamento. Uma empresa pode ter sua falência decretada na situação de Passivo a Descoberto. O interventor, nomeado pela justiça, ao assumir a massa falida, vende todos os Ativos e paga os credores. Ao final, encontra essa situação patrimonial de PL negativo, igual ao Passivo Remanescente.

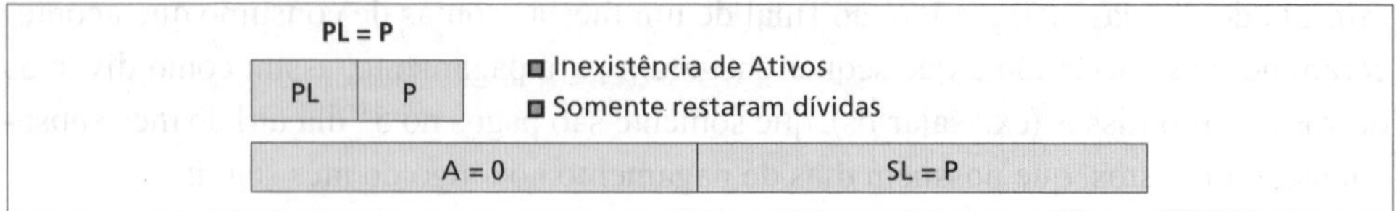

4.4.2. Sinônimos de recursos (Passivo) e aplicações (Ativo)

4.4.2.1. Quadro do Passivo

O Passivo é a fonte de recursos no Patrimônio:

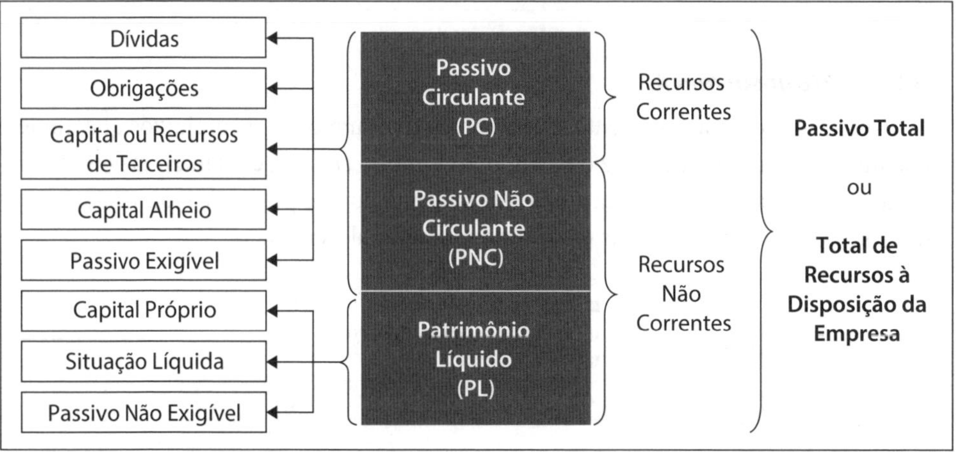

4.4.2.2. Quadro do Ativo (aplicações)

O Ativo é o destino dos recursos:

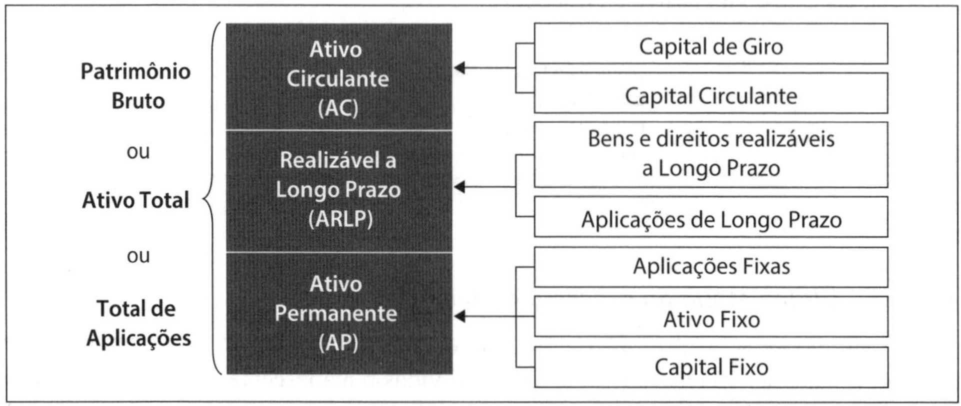

4.4.3. Relações matemáticas importantes no patrimônio

4.4.3.1. Capital Circulante Líquido (CCL)

O CCL, também chamado de Capital de Giro Líquido (CGL), é a **diferença entre o Ativo Circulante (AC) e o Passivo Circulante (PC)**.

CCL (CGL) = AC — PC

Essa diferença, na Contabilidade, nos dá a noção da capacidade da empresa em honrar seus compromissos a curto prazo.

4.4.3.2. Capital integralizado

O Capital Social, também chamado de Capital Nominal ou Subscrito, é o compromisso dos sócios no ato da constituição da empresa para com a sociedade. A legislação comercial permite que os sócios entreguem o Capital à companhia de forma programada, desde que a primeira parte, no caso das sociedades anônimas, seja de, no mínimo, dez por cento e em dinheiro; já os noventa por cento podem, inclusive, ser entregues em bens. O Capital a Integralizar, que deve ser representado no Balanço Patrimonial, é a parte do capital ainda não entregue pelo sócio até a data do balanço.

O que chamamos na Contabilidade de Capital Integralizado é a diferença entre o Capital Social, que é o compromisso dos sócios, e o Capital a Integralizar.

Capital Integralizado = Capital Social — Capital a Integralizar

4.4.3.3. Capital de Giro Próprio (CGP)

Capital de Giro Próprio é a **parte do PL que compõe o Ativo Circulante**. Outra maneira de entender o seu significado é definir CGP como sendo a parte do PL que não está aplicada a longo prazo nem no Ativo Permanente, isto é, não está aplicada no Ativo Não Circulante.

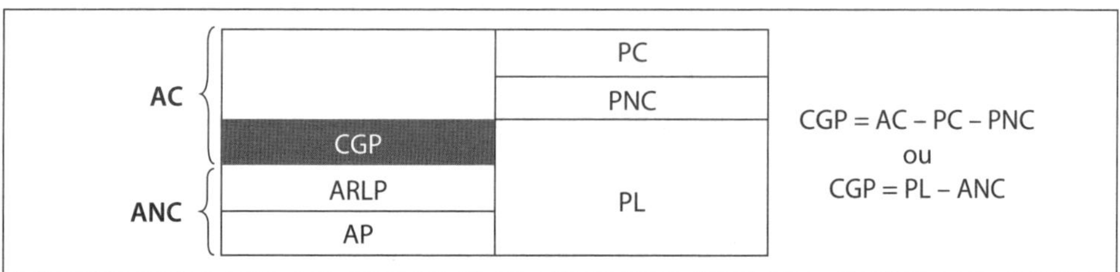

4.4.3.4. Capital autorizado

Capital Autorizado é um ato administrativo que não **modifica nem tem representação no PL**, uma vez que é uma mera autorização da assembleia para que sejam admitidos novos sócios e ocorra um aumento de Capital até este novo limite. Se uma empresa possui Capital Social integralizado de $ 100.000 e tem capital autorizado de $ 150.000, isso significa que poderá haver um aumento de Capital de, no máximo, $ 50.000.

4.5. QUESTÕES

4.5.1. Conceitos gerais sobre Balanço Patrimonial e Demonstrações

1. (TCM-CE — Modificada — FCC/2010) Considere as demonstrações a seguir:

I. Balanço Patrimonial
II. Demonstração das Origens e Aplicações de Recursos
III. Demonstração do Valor Adicionado
IV. Demonstração das Mutações do Patrimônio Líquido
V. Demonstração do Resultado do Exercício

Dentre as demonstrações contábeis, são de apresentação obrigatória pelas companhias abertas as demonstrações constantes APENAS em

a) I e III.
b) I, II e IV.
c) II e IV.
d) II, III e V.
e) I, III, IV e V.

2. (ESAF — ATRFB/2009) No balanço de encerramento do exercício social, as contas serão classificadas segundo os elementos do patrimônio que registrem e agrupadas de modo a facilitar o conhecimento e a análise da situação financeira da companhia.

No ativo patrimonial, as contas serão dispostas em ordem decrescente de grau de liquidez dos elementos nelas registrados, compondo os seguintes grupos:

a) ativo circulante; ativo realizável a longo prazo; investimentos; ativo imobilizado; e intangível;
b) ativo circulante; ativo realizável a longo prazo; e ativo permanente, dividido em investimentos, ativo imobilizado e ativo diferido;
c) ativo circulante; e ativo não circulante, composto por ativo realizável a longo prazo, investimentos, imobilizado e intangível;
d) ativo circulante; ativo realizável a longo prazo; investimentos; ativo imobilizado; e ativo diferido;
e) ativo circulante; e ativo não circulante, composto por ativo realizável a longo prazo, investimentos, imobilizado e diferido.

3. (ANTAQ — CESPE/2009) Em uma companhia, ao fim de cada exercício social, as demonstrações financeiras deverão exprimir com clareza a situação do seu patrimônio, incluindo o balanço patrimonial, a demonstração dos lucros ou prejuízos acumulados, a demonstração do resultado do exercício, a demonstração dos fluxos de caixa e, no caso de companhia aberta, a demonstração do valor adicionado.

( ) Certo ( ) Errado

4. (SFE — CESGRANRIO/2009) O balanço patrimonial de uma empresa é um documento contábil que mostra as(os)

a) receitas obtidas durante determinado período.
b) despesas financeiras e de capital da empresa num certo período.
c) resultados acumulados desde o início da operação da empresa.
d) valores dos bens, direitos, obrigações e patrimônio líquido numa certa data.
e) lucros obtidos durante certo período.

4.5.2. Ativo

1. (ESAF — ATRFB/2009) Em relação ao encerramento do exercício social e à composição dos grupos e subgrupos do balanço, assinale abaixo a opção falsa.

a) No ativo circulante, serão incluídas as disponibilidades, os direitos realizáveis no curso do exercício social e as aplicações de recursos em despesas do exercício seguinte.

b) No intangível, serão classificados os direitos que tenham por objeto bens incorpóreos destinados à manutenção da companhia ou exercidos com essa finalidade, inclusive o fundo de comércio adquirido.
c) Na companhia em que o ciclo operacional da empresa tiver duração maior que o exercício social, a classificação no circulante ou longo prazo terá por base o prazo desse ciclo.
d) Em investimentos, serão classificadas as participações permanentes em outras sociedades e os direitos de qualquer natureza, não classificáveis no ativo circulante, e que não se destinem à manutenção da atividade da companhia ou da empresa.
e) No ativo imobilizado, serão classificados os direitos que tenham por objeto bens corpóreos destinados à manutenção das atividades da companhia ou da empresa ou exercidos com essa finalidade, inclusive os decorrentes de operações que transfiram à companhia os benefícios, riscos e controle desses bens.

2. (MPE-SE — FCC/2009) São classificáveis no Ativo não circulante
a) as receitas antecipadas.
b) os estoques de mercadorias.
c) as despesas de seguro.
d) os itens dos ativos intangíveis.
e) todas as aplicações financeiras.

3. (TRT — FCC/2009) A empresa A é uma indústria e produz máquinas especiais, cujo processo demora 400 dias. Estas máquinas são adquiridas para comercialização pela empresa B que leva aproximadamente 20 dias para comercializá-las, 40 dias para receber o valor das vendas realizadas a prazo, e 30 dias para pagar as máquinas adquiridas. A empresa C é cliente da empresa B e utiliza as máquinas especiais em suas operações. Com base nestas informações, as máquinas especiais serão classificadas nas empresas A, B e C, respectivamente, no
a) ativo circulante, no ativo circulante e no ativo imobilizado.
b) ativo circulante, no ativo não circulante e no ativo realizável a longo prazo.
c) ativo realizável a longo prazo, no ativo circulante e no ativo imobilizado.
d) ativo realizável a longo prazo, no ativo realizável a longo prazo e no ativo imobilizado.
e) ativo realizável a longo prazo, no ativo imobilizado e no ativo realizável a longo prazo.

4. (TRT — CESPE/2009) Acerca de fundamentos de contabilidade, julgue os itens a seguir. As despesas do exercício seguinte devem ser contabilizadas em conta de ativo.
( ) Certo ( ) Errado

5. (SEA-AP — FGV/2010) De acordo com as regras contábeis vigentes, o Ativo Não Circulante é composto:
a) pelo ativo realizável a longo prazo, os investimentos, o imobilizado e o intangível.
b) pelo ativo permanente, os investimentos, o imobilizado e o intangível.
c) pelos investimentos, o imobilizado, o intangível e o diferido.
d) pelo realizável, o ativo permanente, os investimentos, o imobilizado e o intangível.
e) pelos ajustes presentes, os investimentos, o imobilizado e o intangível.

6. (TCM-PA — FCC/2010) Um terreno não destinado à manutenção da atividade da companhia e cuja intenção da empresa é permanecer com ele deve ser classificado, no Balanço Patrimonial, no ativo
a) Investimento.
b) Imobilizado.
c) Intangível.
d) Diferido.
e) Realizável a Longo Prazo.

7. (CMSP — Modificada — VUNESP/2007) Uma entidade, sociedade anônima de capital aberto, com ciclo operacional de 18 meses, apresentou a seguinte relação de ativos no encerramento do exercício social de 31 de dezembro de 19X5

RUBRICAS CONTÁBEIS	VALOR ($)	DATA DE VENCIMENTO
Aplicações financeiras	38.000,00	15.06.19X7
Bancos — depósitos a prazo	30.000,00	15.07.19X7
Duplicatas a receber	15.000,00	10.04.19X6
Empréstimos a coligadas	50.000,00	28.04.19X6
Títulos a receber	20.000,00	10.02.19X7

Considerando essas informações, e de acordo com a legislação societária brasileira, o valor do seu ativo circulante em 31 de dezembro de 19X5 era de:

a) $ 15.000.
b) $ 65.000.
c) $ 73.000.
d) $ 123.000.
e) $ 153.000.

8. (FEPESE — AFTE-SC/2010) Uma empresa adquire uma máquina para produzir um novo produto, por R$ 150.000,00. A empresa paga 80% desse valor à vista e promete pagar o restante em 90 dias.

O que acontece com esses eventos na contabilidade?

a) Aumento de R$ 30.000,00 no total do ativo.
b) Aumento de R$ 120.000,00 no total do ativo.
c) Aumento de R$ 150.000,00 no total do ativo.
d) Aumento de R$ 150.000,00 no total do ativo e R$ 30.000,00 no total do passivo.
e) Uma diminuição de R$ 120.000,00 no total do ativo e um aumento de R$ 30.000,00 no passivo.

9. (Contador Jr. — Petrobras — CESGRANRIO/2011) Segundo a Lei n. 6.404/76 com as alterações das Leis 11.638/2007 e 11.941/2009, o grupo do Ativo Não Circulante deverá conter os subgrupos do Ativo Realizado a Longo Prazo, Investimentos, Imobilizado e Intangível.

No subgrupo Intangível deverão ser classificados:

a) os direitos que tenham por objeto bens corpóreos destinados à manutenção das atividades da companhia ou da empresa, inclusive os decorrentes de operações que transfiram à companhia os benefícios, riscos e controle desses bens.
b) os direitos incorpóreos realizáveis após o término do exercício seguinte, que não constituírem negócios usuais na exploração do objeto da companhia.
c) os direitos que tenham por objeto bens incorpóreos destinados à manutenção da companhia ou exercidos com essa finalidade, inclusive o fundo de comércio adquirido.
d) bens e direitos que possam gerar benefícios futuros mensuráveis através de avaliações periódicas realizadas através do método de fluxo de caixa descontado.
e) bens e direitos decorrentes de operações de longo prazo que precisem ser ajustados a valor presente, sempre que representarem investimento relevante.

10. (Auditor — MPE-AL/2018) No Balanço Patrimonial de uma entidade, as aplicações de recursos representam

a) o ativo.
b) o passivo.
c) o patrimônio líquido.
d) o ativo e o patrimônio líquido.
e) o passivo e o patrimônio líquido.

11. (Assistente — ALERO — FGV/2018) Em 31.12.2017, uma entidade possuía um investimento em outra sociedade com caráter temporário, e pretendia se desfazer do investimento em alguns anos.

Assinale a opção que indica a classificação correta do investimento, no balanço patrimonial de 31.12.2017 da entidade.

a) Ativo Realizável a Longo Prazo.
b) Investimento.
c) Propriedade para Investimento.
d) Ativo Intangível.
e) Patrimônio Líquido.

12. (Agente de Polícia-RN — FGV/2021) Em 1.º.07.2020, a Cia. Alfa contratou um seguro para a sua frota de veículos, com cobertura de um ano a partir da contratação, no valor de R$ 90.000,00, que foram pagos à vista na assinatura do contrato.

No registro dessa transação, o lançamento a débito será em uma conta de:

a) ajustes patrimoniais;
b) ativo;
c) despesa;
d) passivo;
e) perda.

13. (Assessor — COMPESA — FGV/2018) Uma entidade apresentava os seguintes saldos em seu balanço patrimonial, de 31.12.2017:

- caixa: R$ 50.000;
- depósitos vinculados para liquidação de importações: R$ 15.000;
- depósitos com restrição de movimentação por força de cláusula contratual de financiamento: R$ 20.000;
- aplicações no mercado financeiro, com prazo de 2 meses, e com risco insignificante de mudança de valor: R$ 30.000.

Assinale a opção que indica o saldo da conta Disponibilidades, em 31.12.2017.

a) R$ 80.000.
b) R$ 85.000.
c) R$ 95.000.
d) R$ 100.000.
e) R$ 115.000.

4.5.3. Passivo

1. (TRE-PI — FCC/2009) As contas do Passivo são apresentadas no Balanço Patrimonial de acordo com a ordem

a) crescente de relevância.
b) crescente de liquidez.
c) decrescente de liquidez.
d) crescente de exigibilidade.
e) decrescente de exigibilidade.

2. (CMSP — VUNESP/2007) Analise o Balanço Patrimonial.

ATIVO	$	PASSIVO	$
Ativo Circulante	**10.000**	**Passivo circulante**	**13.400**
Caixa	3.000	Fornecedores	5.400
Bancos conta Movimento	4.000	Empréstimos a pagar	8.000
Duplicatas a receber	3.000		
Ativo Permanente	**10.000**	**Patrimônio líquido**	**6.600**
Veículos	10.000		
		Capital social	6.600
Ativo total	**20.000**	**Passivo total**	**20.000**

Os percentuais de capital próprio e de terceiros são, respectivamente, de
a) 33% e 67%.
b) 50% e 50%.
c) 49,25% e 203,03%.
d) 106,06% e 52,24%.
e) 197% e 67%.

3. (CFC — Técnico/2004) A obtenção de financiamento de longo prazo para as operações da empresa representa:
a) Aplicação de recursos.
b) Aumento do Passivo Circulante.
c) Origem de recursos.
d) Redução do Capital Circulante Líquido.

4. (ANTAQ — CESPE/2009) Considere que a empresa citada tenha feito adesão ao programa de parcelamento especial de dívidas fiscais, o que teria implicado a transferência de uma dívida fiscal de longo para curto prazo. Nessa situação, o lançamento dessa operação contábil vai aumentar o capital circulante líquido da empresa, em função da redução do passivo circulante.
( ) Certo ( ) Errado

5. (Auditor — MPE-AL — FGV/2018) Uma entidade apresentava, em 31.12.2017, o seguinte balanço patrimonial:

AC		PC	
Caixa	120.000	salários a pagar	20.000
		PL	
		capital social	100.000
Ativo Total	120.000	Passivo + PL	120.000

Em janeiro de 2018, aconteceram os seguintes fatos:
- Compra de estoque por R$ 100.000, sendo metade à vista e metade para pagamento em 15.01.2019;
- Compra de móveis para o escritório por R$ 40.000, para pagamento em 10.12.2018;
- Contratação de empréstimo com sócio da entidade no valor de R$ 30.000, para pagamento em 1.º.06.2018;
- Reconhecimento de despesas gerais no valor de R$ 6.000, que serão pagas no mês seguinte.

Assinale a opção que indica o valor do passivo circulante da entidade, em 31.01.2018:
a) R$ 66.000.
b) R$ 96.000.
c) R$ 116.000.
d) R$ 126.000.
e) R$ 146.000.

4.5.4. Patrimônio líquido

1. (TJ-PI — FCC/2009) A contabilização de uma receita pela entidade implica, necessariamente,
a) aumento do Ativo.
b) aumento do Passivo.
c) aumento do Patrimônio Líquido.
d) diminuição do Passivo.
e) diminuição do Patrimônio Líquido.

2. (DPF — CESPE/2009) Em decorrência da aplicação do método das partidas dobradas, as contas retificadoras do patrimônio líquido têm seu saldo aumentado quando são debitadas, e diminuído quando são creditadas.
( ) Certo ( ) Errado

3. (Téc. Contab. Jr. — CESGRANRIO/2012) Uma sociedade anônima de capital fechado apresentou os seguintes dados referentes ao exercício social findo em 31.01.2012:

Capital subscrito	6.000,00.
Capital realizado	3.500,00.
Reserva legal	500,00.
Reserva de lucros a realizar	1.500,00.

Considerando exclusivamente as informações recebidas, o patrimônio líquido dessa sociedade em 31.01.2012, em reais, é de:

a) 8.000,00.
b) 5.500,00.
c) 4.500,00.
d) 3.500,00.
e) 2.500,00.

4. (Contador Jr. — Petrobras — CESGRANRIO/2011) A legislação societária, atualizada até 2009, determina que o grupo denominado Patrimônio Líquido seja composto dos seguintes subgrupos de contas:

a) Capital social, reservas de capital, reservas de lucro, ações em tesouraria e lucros ou prejuízos acumulados.
b) Capital social, posição dos minoritários, reservas de capital, reservas de lucros, ajuste de avaliação patrimonial e lucros ou prejuízos acumulados.
c) Capital social, reserva de capital, ajustes de avaliação patrimonial, reservas de lucros, ações em tesouraria e prejuízos acumulados.
d) Capital social, resultado de exercícios futuros, reservas de capital, reservas de lucros, reservas de reavaliação e prejuízos acumulados.
e) Capital realizado, capital a integralizar, reservas de reavaliação, reservas de capital, reservas de lucros e lucros ou prejuízos acumulados.

4.5.5. Ativo, Passivo e Patrimônio Líquido

As próximas 10 questões devem ser respondidas a partir deste enunciado básico, e todas as respostas obtidas em um exercício podem e devem ser utilizadas como dado para os exercícios seguintes desta sequência:

Ao levantar o seu patrimônio, uma empresa apurou os seguintes valores:

Bens Numerários	2.000
Bens de Venda	3.000
Bens de Uso	5.000
Bens de Renda	10.000
Direitos de Funcionamento	12.000
Direitos de Financiamento	13.000
Débitos de Funcionamento	2.000
Débitos de Financiamento	8.000

INSTRUÇÕES:

Antes de resolvermos as próximas 10 questões, classifiquemos as contas para facilitar a visualização e os cálculos:

Bens numerários (dinheiro, caixa): 2.000
Bens de venda (mercadorias, conta Mercadorias): 3.000
Bens de uso (maquinário, imóveis, concessões públicas): 5.000
Bens de renda (imóveis para alugar): 10.000
Direitos de Funcionamento (Contas a Receber, Duplicatas a Receber): 12.000
Direitos de Financiamento (Empréstimos a Receber): 13.000
Débitos de Funcionamento (Duplicatas a Pagar, fornecedores): 2.000
Débitos de Financiamento (Empréstimos a Pagar): 8.000

Distribuamos as contas conforme a classificação:

ATIVO		PASSIVO	
Caixa	$ 2.000	Duplicatas a Pagar	$ 2.000
Mercadorias	$ 3.000	Empréstimos a Pagar	$ 8.000
Duplicatas a Receber	$ 12.000		
Empréstimos a Receber	$ 13.000	**Patrimônio Líquido**	**$ 35.000**
Investimento	$ 10.000		
Máquinas	$ 5.000		
Total do Ativo	**$ 45.000**	**Total do Passivo**	**$ 45.000**

ATIVO	PASSIVO
ATIVO 45.000	**PASSIVO** 10.000
	PL 35.000

Como o Patrimônio Líquido é igual ao Ativo Total (–) o Passivo Exigível, concluímos que o Patrimônio Líquido é igual a 45.000 (–) 10.000 = 35.000.

1. (Do Autor) Sabendo-se que os direitos de funcionamento são todos do Ativo Circulante e que $ 10.000 dos direitos de financiamento são do realizável a longo prazo e o restante está no circulante, pode-se afirmar que o capital fixo ou Ativo Permanente totalizam:

a) $ 25.000.
b) $ 20.000.
c) $ 15.000.
d) $ 5.000.
e) $ 10.000.

2. (Do Autor) Tendo em vista os dados já fornecidos e calculados, determine o valor do Ativo Não Circulante:

a) $ 25.000.
b) $ 20.000.
c) $ 15.000.
d) $ 5.000.
e) $ 10.000.

3. (Do Autor) Sabendo-se que na constituição do Patrimônio Líquido, além do capital social integralizado, há prejuízos acumulados de $ 10.000 e reservas patrimoniais no valor de $ 20.000, pode-se afirmar que o CAPITAL SUBSCRITO da empresa importa em:

a) $ 20.000.
b) $ 25.000.
c) $ 30.000.
d) $ 35.000.
e) $ 10.000.

4. (Do Autor) Sabendo que as aplicações de longo prazo totalizam 1/3 do Ativo Não Permanente, pode-se afirmar que o Capital de Giro importa em:

a) $ 20.000.
b) $ 25.000.
c) $ 30.000.
d) $ 35.000.
e) $ 10.000.

5. (Do Autor) Sabendo que as exigibilidades a longo prazo correspondem a 40% do capital de terceiros, pode-se afirmar que os RECURSOS CORRENTES totalizam:

a) $ 2.000.
b) $ 4.000.
c) $ 6.000.
d) $ 8.000.
e) $ 10.000.

6. (Do Autor) Os Recursos Não Correntes totalizam:

a) $ 35.000.
b) $ 10.000.
c) $ 2.000.
d) $ 39.000.
e) $ 41.000.

7. (Do Autor) O Capital Circulante importa em:

a) $ 20.000.
b) $ 25.000.
c) $ 30.000.
d) $ 15.000.
e) $ 10.000.

8. (Do Autor) O Capital de Giro Líquido importa em:

a) $ 20.000.
b) $ 10.000.
c) $ 16.000.
d) $ 14.000.
e) $ 25.000.

9. (Do Autor) O Capital Circulante Líquido importa em:

a) $ 20.000.
b) $ 10.000.
c) $ 16.000.
d) $ 14.000.
e) $ 25.000.

10. (Do Autor) O Capital de Giro Próprio importa em:

a) $ 20.000.
b) $ 10.000.
c) $ 16.000.
d) $ 14.000.
e) $ 25.000.

11. (ANTAQ — CESPE/2009) Considere os seguintes dados, em milhares de reais, extraídos do balanço da empresa hipotética Transporte Marítimo S.A.

Ativo circulante	**500**
Ativo realizável a longo prazo	**100**
Ativo permanente	**50**
Passivo circulante	**400**
Passivo exigível de longo prazo	**80**

A partir dessas informações, julgue os itens que se seguem.

O ativo da empresa em questão é capaz de cobrir até três vezes o total das dívidas já assumidas por ela e o seu quociente de endividamento é inferior a uma unidade; a dívida com terceiros é o dobro do patrimônio líquido.

( ) Certo ( ) Errado

12. (SEFAZ-SP — FCC/2009) A empresa Inova S.A. realizou aumento de capital para entrada de um novo sócio que alugava o prédio da sede para a empresa. O valor do aumento de capital foi de

R$ 1.100.000, sendo R$ 1.000.000 integralizado com o imóvel e o restante em dinheiro. Esse evento tem como consequência um lançamento de

a) crédito em Capital Social.
b) débito no Patrimônio Líquido.
c) crédito em Compensação.
d) débito no Intangível.
e) crédito no Disponível.

13. (TermoMacaé — CESGRANRIO/2009) Três pessoas resolvem abrir uma sociedade por quotas de responsabilidade limitada e concordam em entregar, cada uma, R$ 100.000, a título de subscrição das quotas dessa sociedade. Quinze dias depois, cada sócio entrega à sociedade, em dinheiro, o valor de R$ 70.000.

Considerando exclusivamente essas informações, é correto afirmar que o

a) ativo total da sociedade é de R$ 300.000.
b) capital de terceiros da sociedade é de R$ 90.000.
c) capital social da sociedade é de R$ 100.000.
d) capital a integralizar da sociedade é de R$ 90.000.
e) capital próprio da sociedade é de R$ 170.000.

14. (TRF — FCC/2010) No Balanço Patrimonial da Cia. Bem-Te-Vi, relativo ao exercício encerrado em 31/12/2009, o Ativo Não Circulante representava 70% do total dos ativos da companhia. O Passivo Circulante no valor de R$ 180.000 representava 60% do valor do Ativo Circulante e 50% do Passivo Não Circulante. O Patrimônio Líquido da companhia, no dia 31/12/2009, equivalia, em R$, a

a) 700.000.
b) 360.000.
c) 460.000.
d) 180.000.
e) 300.000.

15. (TCE-PI — FCC/2005 — Atualizada Lei n. 11.941/2009) Analisando-se o Balanço Patrimonial da Cia. Cruzeiro do Sul obtêm-se as seguintes informações:

a) Valor do Ativo Circulante representa 125% do valor do Passivo Circulante
b) Valor do Ativo Realizável a Longo Prazo é de $ 140.000
c) Total de Ativos da companhia corresponde a $ 1.000.000
d) Ativo permanente é equivalente a 60% do Patrimônio Líquido
e) A companhia não possui contas classificadas no Exigível a Longo Prazo nem tampouco em Receitas Diferidas

Logo, o valor, em $, do Ativo Circulante da companhia é:

a) 280.000.
b) 360.000.
c) 400.000.
d) 500.000.
e) 600.000.

16. (Contador Jr. — Petrobras — CESGRANRIO/2011) Nos termos do Pronunciamento Conceitual Básico do CPC, que dispõe sobre a Estrutura Conceitual para a Elaboração e Apresentação das Demonstrações Contábeis, essas demonstrações retratam os efeitos patrimoniais e financeiros das transações e outros eventos, agrupando-os em classes de acordo com as suas características econômicas, sendo essas classes chamadas de elementos das demonstrações contábeis.

Os elementos diretamente relacionados à mensuração da posição patrimonial e financeira são APENAS os seguintes:

a) ativo e passivo.
b) ativo, receitas e despesas.
c) ativo, passivo, receitas e despesas.
d) ativo, passivo e patrimônio líquido.
e) passivo e patrimônio líquido.

17. (TRE-MT — CESPE/2010) Em dez/20X2, três pessoas formaram uma empresa comercial, integralizando, cada uma, um capital de R$ 20.000,00 em dinheiro. Com esses recursos, os gestores da empresa adquiriram um terreno no valor de R$ 10.000,00 e um veículo por R$ 5.000,00, para uso nas atividades da empresa. Para proporcionar o melhor negócio para a empresa, ambos os bens foram pagos à vista e em dinheiro. Considerando que os registros contábeis relativos a tais fatos tenham sido adequadamente executados, assinale a opção correta.

a) No mês de dez/20X2, o total de lançamentos a débito na conta bancos conta movimento foi de R$ 60.000,00.
b) A conta estoques finalizou o mês de dez/20X2 com um saldo contábil de R$ 15.000,00.
c) Um dos três sócios integralizou o valor em terreno de R$ 20.000,00.
d) No referido patrimônio, não há capital de terceiros.
e) Para registrar os fatos na contabilidade foi necessário utilizar contas patrimoniais e contas de resultado.

18. (TRE-SP — Analista — FCC/2012) A Cia. Varginha iniciou suas atividades em janeiro de 2011 com um capital totalmente integralizado pelos sócios em numerário no valor de R$ 1.370.000,00. As únicas mutações sofridas pelo patrimônio líquido da entidade no decorrer do ano foram um aumento de capital de R$ 220.000,00 que, entretanto, não foi integralizado no exercício e o ingresso de lucros correspondentes a 40% do capital inicial. No final do exercício, o patrimônio bruto da companhia montava a R$ 2.850.000,00. O Passivo da companhia, na mesma data, foi equivalente, em reais, a

a) 932.000,00.
b) 1.480.000,00.
c) 712.000,00.
d) 1.206.000,00.
e) 1.140.000,00.

19. (Agente da PF/CESPE/2018) Considere os dados da tabela a seguir, retidos da contabilidade de determinada sociedade empresarial, com valores em reais (R$).

caixa e equivalentes	10.000
duplicatas a receber	80.000
estoques	50.000
máquinas	100.000
terrenos	160.000
marcas e patentes	100.000
fornecedores	200.000
duplicatas descontadas	40.000
salários e encargos a pagar	200.000
capital social	150.000
vendas de mercadorias	1.000.000
custo das mercadorias vendidas	600.000
despesas administrativas	90.000
despesas comerciais	160.000
despesas financeiras	33.000
outras despesas	41.000
IR e CSLL	26.000

Com base nessas informações, julgue o item que se segue.
As contas do ativo dessa empresa somam R$ 500.000.
( ) Certo ( ) Errado

4.5.6. Representação gráfica do patrimônio

1. (TRT — CESPE/2009) Quando, na equação patrimonial de uma entidade, o ativo total, somado à situação líquida, é igual ao passivo total, a situação financeira da entidade pode ser considerada bastante confortável.

( ) Certo ( ) Errado

2. (CNAI/2008) De acordo com as Normas Brasileiras de Contabilidade, o patrimônio líquido compreende os recursos próprios da empresa e seu valor é a diferença entre o valor do ativo e o valor do passivo. Quando o valor do passivo for maior do que o valor do ativo, a diferença deverá ser denominada e apresentada no balanço patrimonial como:

a) patrimônio líquido negativo, deduzido do passivo.
b) patrimônio líquido negativo, somado ao ativo.
c) passivo a descoberto, deduzido do passivo.
d) passivo a descoberto, somado com o ativo.

4.5.7. Conceitos diversos sobre balanço patrimonial

1. (TCE-SP — FCC/2012) É correto afirmar que

a) o valor dos débitos escriturados nas contas pode exceder o dos créditos, utilizando-se o método das partidas dobradas na escrituração comercial, se a entidade apresentar lucro no exercício respectivo.
b) o valor registrado no patrimônio líquido de uma companhia nunca pode ser superior ao valor total de seus ativos.
c) é impossível que o valor do patrimônio líquido de uma entidade com fins lucrativos seja negativo.
d) as contas do passivo, na escrituração contábil regular, aumentam por débito e diminuem por crédito.
e) o Livro-Diário e o Livro-Caixa são de escrituração obrigatória, de acordo com o disposto na legislação comercial.

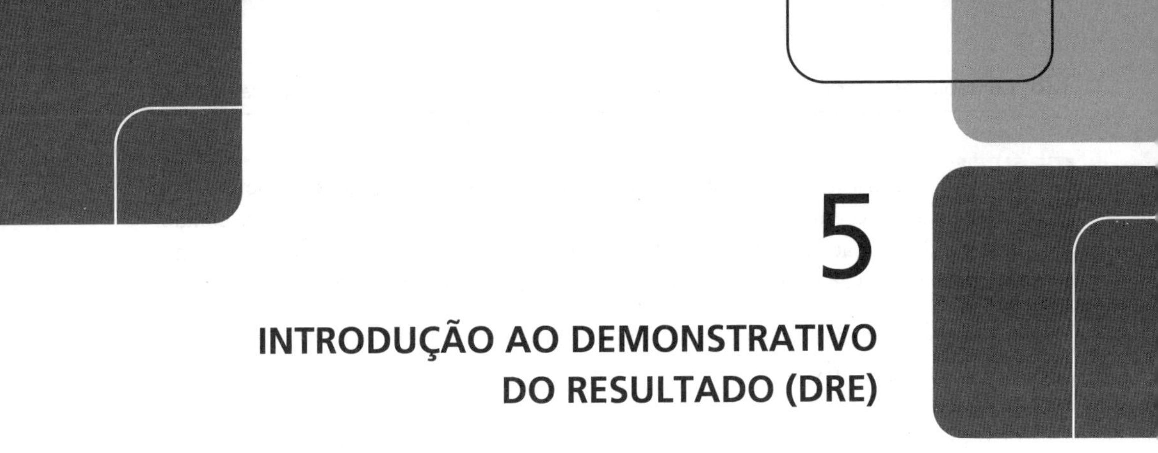

5 INTRODUÇÃO AO DEMONSTRATIVO DO RESULTADO (DRE)

5.1. APRESENTAÇÃO CONCEITUAL DO DRE

O Demonstrativo do Resultado é o relatório **construído a partir dos saldos de encerramento de todas as contas de resultado**. De forma geral, as contas de resultado são receitas, deduções de receitas, custos, despesas, impostos e participações sobre lucros. O DRE apresenta a seguinte estrutura geral:

RECEITAS PRINCIPAIS
RECEITAS FINANCEIRAS
OUTRAS RECEITAS
(–) DEDUÇÕES DA RECEITA
(–) CUSTOS
(–) DESPESAS
(–) IMPOSTOS SOBRE A RENDA
(–) PARTICIPAÇÕES NOS LUCROS
LUCRO LÍQUIDO DO EXERCÍCIO

5.2. RECONHECIMENTO E DEFINIÇÕES DE RECEITA E DESPESA

As **Receitas e despesas são reconhecidas** na Contabilidade em função do **regime de competência**, e essa orientação tem origem tanto na estrutura conceitual (CPC 00) como na Lei n. 6.404/76.

No capítulo 1 da estrutura conceitual em seu item 1.17 temos a orientação para adoção do regime de competência:

> "O regime de competência reflete os efeitos de transações e outros eventos e circunstâncias sobre reivindicações e recursos econômicos da entidade que reporta nos períodos em que esses efeitos ocorrem, mesmo que os pagamentos e recebimentos à vista resultantes ocorram em período diferente".

Quando o texto cita transações e outros eventos, está se referindo às receitas e despesas, quando cita recursos econômicos, também está se referindo a ativos, e quando cita reivindicações, está se referindo a passivos.

Na Lei n. 6.404/76, em seu art. 177, temos a determinação legal quanto à adoção do regime de competência:

> "**Art. 177.** A escrituração da companhia será mantida em registros permanentes, com obediência aos preceitos da legislação comercial e desta Lei e aos princípios de contabilidade geralmente aceitos, devendo observar métodos ou critérios contábeis uniformes no tempo e **registrar** as mutações patrimoniais **segundo o regime de competência**".

A citação sobre mutações patrimoniais no art. 177 da Lei n. 6.404/76 é bem genérica, porque engloba ativos, passivos e o patrimônio líquido, este último afetado pelas receitas e despesas.

O pronunciamento CPC 47 (NBC TG 47) introduz um novo texto e orientação quando as entidades (empresas) precisam reconhecer uma receita:

> "O princípio básico deste pronunciamento (CPC 47) consiste em que **a entidade deve reconhecer receitas** para descrever a transferência de bens ou serviços prometidos a clientes no valor que reflita a **contraprestação à qual a entidade espera ter direito** em troca desses bens ou serviços."

No texto acima está a orientação de que receitas só devem ser reconhecidas se a entidade espera receber contraprestação pelo bem ou serviço prestado. Portanto, não basta apenas registrar por competência em função da entrega do bem ou prestação de serviço, é necessário haver esperança no recebimento da contraprestação.

5.2.1. Definições de receitas e despesas

Apresentaremos as definições que constam tanto na estrutura conceitual como no novo pronunciamento conceitual CPC 47 (NBC TG 47), que passará a ser válido a partir de 1.º de janeiro de 2018.

5.2.1.1. Definição de receita

A definição de receita que consta do apêndice A do pronunciamento CPC 47 (NBC TG 47) é a seguinte:

> "**Aumento nos benefícios econômicos** durante o período contábil, originado no curso das **atividades usuais** da entidade, na forma de fluxos de entrada ou **aumentos nos ativos ou redução nos passivos** que resultam em aumento no patrimônio líquido, e que não sejam provenientes de aportes dos participantes do patrimônio."

No texto do CPC 47 está descrito que receita tem origem nas atividades usuais da entidade e não pode ser confundida com os ingressos de capital dos sócios (aporte dos participantes do capital). Capital não é receita.

Também transcrevemos a seguir a definição de receita que consta do item 4.68 do pronunciamento conceitual:

> "Receitas são aumentos nos ativos, ou reduções nos passivos, que resultam em aumentos no patrimônio líquido, exceto aqueles referentes a contribuições de detentores de direitos sobre o patrimônio."

O texto do pronunciamento conceitual é quase idêntico ao texto do CPC 47 (NBC TG 47).

Graficamente, a receita pode ser representada da seguinte forma:

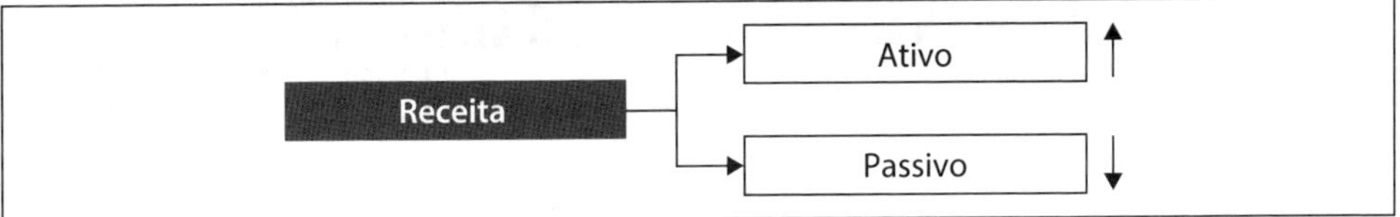

5.2.1.1.1. Exemplos de receitas

Não temos dúvida em considerar como receita os ingressos provenientes da atividade principal de uma empresa, por exemplo, em uma indústria fabricante de equipamentos eletrônicos. Os ingressos, fruto da venda da sua produção, é claro que devem ser considerados como receita.

Também devem ser considerados como receita de um determinado período os juros obtidos em aplicações financeiras, os dividendos ganhos em função de participações societárias, os *royalties* ganhos como consequência de licenciamentos de tecnologia realizados a outras empresas, aluguéis ganhos fruto da locação de ativos próprios e também são receitas os honorários recebidos por serviços prestados.

5.2.1.1.2. Mensuração da receita

A entidade (empresa) deve registrar o valor da receita no momento do reconhecimento pelo seu valor à vista, isto é, valor sem juros, e isso está prescrito no item 61 do pronunciamento CPC 47 (NBC TG 47).

> "O objetivo ao ajustar o valor prometido da contraprestação para um componente de financiamento significativo, é que a entidade reconheça **receitas pelo valor** que reflita o preço que o cliente teria pago pelos bens ou serviços prometidos, se o cliente tivesse pago **à vista** por esses bens ou serviços quando (ou à medida que) foram transferidos ao cliente (ou seja, o preço de venda à vista)."

Uma modificação muito importante introduzida pelo CPC 47 (NBC TG 47) é que os juros embutidos em uma venda a prazo devem ser considerados como resultados abrangentes e não mais como redutores das contas a receber. Isso está prescrito no item 65 do pronunciamento CPC 47 (NBC TG 47), transcrito a seguir:

> "A entidade deve apresentar **os efeitos do financiamento** (receita de juros ou despesa de juros) separadamente da receita de contratos com clientes na demonstração do **resultado abrangente**. A receita de juros ou a despesa de juros deve ser reconhecida somente na medida em que ativo (ou recebível) de contrato ou passivo de contrato for reconhecido na contabilização do contrato com o cliente."

A seguir, apresentamos um exemplo desta nova forma de registrar e apropriar os juros embutidos em uma venda:

Uma empresa vende uma mercadoria com preço à vista de $ 90.000, para receber em 120 dias e acrescenta $ 10.000 de juros.

Registro no dia da venda no livro razão:

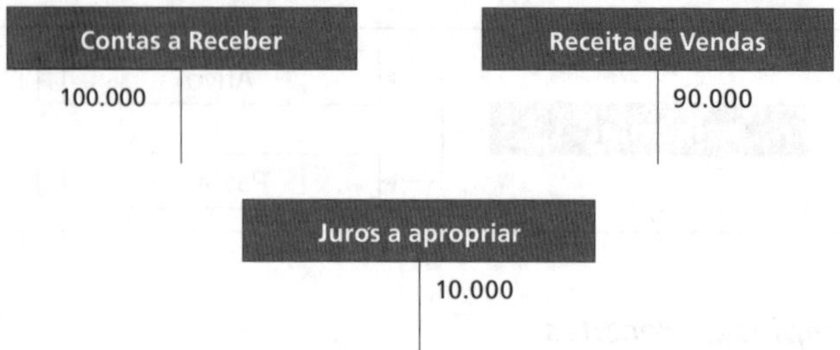

Registro no dia da venda no balanço e na DRE

ATIVO		PATRIMÔNIO LÍQUIDO	
Contas a Receber	100.000	Resultado Abrangente	10.000

Juros a apropriar

Na DRE será registrado 90.000 como receita de vendas. Os juros a apropriar deverão ser apropriados ao resultado como receita financeira à medida que o tempo for transcorrendo.

5.2.1.2. Definição de despesa

A definição de despesa consta do item 4.69 da estrutura conceitual (CPC 00).

"Despesas são reduções nos ativos, ou aumentos nos passivos, que resultam em reduções no patrimônio líquido, exceto aqueles referentes a distribuições aos detentores de direitos sobre o patrimônio."

Uma despesa é um consumo de recursos que diminui as disponibilidades ou um outro ativo ou ainda aumenta o passivo e não tem qualquer relação com o pagamento de dividendos aos sócios da entidade (empresa).

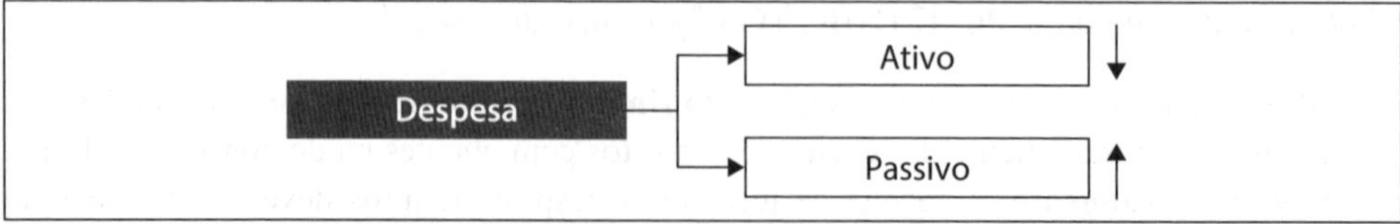

5.2.1.2.1. Exemplos de despesas

Não temos dúvida em considerar como despesas os gastos feitos para obtenção de receita, como as despesas com os salários e encargos dos funcionários, despesas com aluguel, energia elétrica, e outras consideradas usuais no curso das atividades cotidianas da entidade.

Também devemos considerar como despesas as baixas de estoque relativas aos itens vendidos, assim como as perdas que ocorrem em inundações, incêndios, nos roubos e desperdícios não usuais, assim como na venda de ativos não circulantes, como máquinas e imóveis.

Vejamos o que estava descrito nos itens 4.33 a 4.35 da estrutura conceitual em sua versão anterior à versão vigente e que ainda se presta didaticamente para o entendimento do conceito de despesa:

> "4.33. A definição de despesas **abrange tanto as perdas** quanto as **despesas propriamente ditas que surgem no curso das atividades** usuais da entidade. As despesas que surgem no curso das atividades usuais da entidade incluem, por exemplo, o custo das vendas, salários e depreciação. Geralmente, tomam a forma de desembolso ou redução de ativos como caixa e equivalentes de caixa, estoques e ativo imobilizado.
>
> 4.34. Perdas representam outros itens que se enquadram na definição de despesas e podem ou não surgir no curso das atividades usuais da entidade, representando decréscimos nos benefícios econômicos e, como tais, não diferem, em natureza, das demais despesas. Consequentemente, não são consideradas como elemento separado nesta Estrutura Conceitual.
>
> 4.35. Perdas incluem, por exemplo, as que resultam de sinistros como incêndio e inundações, assim como as que decorrem da venda de ativos não circulantes."

5.3. DEMONSTRATIVO DO RESULTADO DO EXERCÍCIO (DRE)

O Demonstrativo do Resultado do Exercício (DRE), de acordo com a legislação societária vigente, alterada pelas Leis ns. 11.638/2007 e 11.941/2009, apresenta o seguinte formato:

A.	Faturamento
B.	IPI
1.	Receita bruta de venda ou serviços (1 = A (–) B)
2.	(–) Deduções da Receita
2.1.	Devoluções ou cancelamentos de vendas
2.2.	Descontos e abatimentos
2.3.	Impostos e contribuições sobre as vendas e/ou serviços
3.	Receita líquida
4.	(–) Custos das vendas ou serviços ou produtos
5.	Lucro bruto
6.	(–) Despesas
6.1.	Despesas administrativas
6.2.	Despesas comerciais
6.3.	Despesas financeiras
7.	(+) Receitas financeiras
8.	(+/) Outras receitas/despesas

8.1.	Receita de aluguel de um imóvel de propriedade da empresa locado a terceiros
8.2.	Receita de dividendos de investimento em Capital de outras empresas
8.3.	Ganhos ou perdas com venda de Ativos permanentes da empresa
8.4.	Outros ganhos ou perdas
9.	Resultado de operações continuadas (resultado operacional)
10.	(–) Imposto de Renda e Contribuição Social sobre o Lucro Líquido (CSLL)
11.	(–) Participações societárias
12.	Lucro líquido do exercício
13.	Lucro líquido por ação

O demonstrativo apresentado anteriormente não contempla o registro do resultado com operações descontinuadas, nem o detalhamento das participações societárias, Imposto de Renda e contribuição social sobre o lucro, que serão abordados com mais detalhes no Capítulo 16. O objetivo deste capítulo é dar ao leitor uma versão dos aspectos principais de uma demonstração de resultado.

5.3.1. Contas do demonstrativo do resultado

A. Faturamento: o faturamento, em uma **empresa industrial**, é a soma de receita bruta com o IPI.

O faturamento e a receita bruta, em uma **empresa comercial**, são coincidentes, pois ela não é contribuinte do IPI.

B. IPI: é uma porcentagem sobre a receita bruta.

1. Receita bruta: são as **receitas obtidas na atividade principal da empresa** com a venda à vista e a prazo de mercadorias e serviços. É obtida multiplicando-se o preço unitário do produto ou serviço pela quantidade de vendas.

2. Deduções da Receita:

2.1. Devoluções ou cancelamentos de vendas: são os valores referentes às **mercadorias devolvidas** pelos clientes ou os **serviços cancelados** por eles.

2.2. Descontos e abatimentos: são **reduções sobre os preços** concedidos em momentos diferentes. Os descontos são dados no ato da emissão da nota fiscal, e o abatimento é calculado depois da emissão da nota fiscal, normalmente para impedir a devolução de uma venda. Os dois são renúncias de receitas.

2.3. Impostos e contribuições sobre vendas ou serviços: os impostos e contribuições sobre as vendas que estão embutidos nas operações de vendas são na verdade pagos pelos clientes, devendo ser deduzidos dos valores recebidos pela empresa e encaminhados aos fiscos estadual (ICMS), municipal (ISS) ou federal (PIS e COFINS). As empresas no Brasil são recolhedoras de impostos e contribuições.

3. Receita líquida: **é a receita que de fato é da empresa**. Basta diminuir o valor das deduções da receita bruta.

Receita líquida = Receita bruta – Deduções

1	**Faturamento bruto** (receita bruta + IPI)	
2	(–) IPI	
3	**Receita bruta** (preço x quantidade)	3 = 1 (–) 2
4	(–) Deduções	
	4.1 Devoluções	
	4.2 Descontos incondicionais	
	4.3 Impostos e contribuições	
	4.4 Abatimentos	
5	**Receita líquida** (receita bruta (–) as deduções)	5 = 3 (–) 4

4. CMV ou CSP: Custo da Mercadoria Vendida ou Custo dos Serviços Prestados (esses custos serão explicados no item 5.4).

5. Lucro bruto: é o lucro primário que uma empresa pode obter em suas operações. Calcula-se esse lucro subtraindo o custo da mercadoria vendida da receita líquida.

Lucro bruto = Receita líquida (–) CMV ou CSP

6. Despesas: administrativas, comerciais e financeiras

6.1. Despesas administrativas gerais:

- Salários, ordenados e gratificações;
- Férias e 13.º salário;
- Encargos trabalhistas (INSS, FGTS);
- Assistência médica;
- Seguros;
- Aluguéis;
- Contas de consumo (energia, telefone etc.);
- Viagens;
- Reproduções;
- Material de escritório;
- Material de limpeza;
- Legais e judiciais;
- Serviços contratados de recrutamento, auditoria, consultoria, segurança e treinamento;
- Tributos (IOF, IPTU, IPVA, taxas municipais);
- Despesas provisionadas.

6.2. Despesas comerciais:

As mesmas do item 6.1 desde que associadas ao departamento comercial, acrescidas de:

- Publicidade e propaganda;

- Pesquisas de mercado; e
- Comissões.

6.3. Despesas financeiras:

- Juros incorridos, ou juros passivos, que são o mesmo que despesas financeiras;
- Descontos concedidos, ou desconto condicional;

O desconto condicional **concedido pela empresa** é normalmente atrelado ao pagamento pelo cliente na data certa ou antes da data original. Desta forma, a empresa que emitiu o título não sabe se o cliente vai exercer a opção do desconto ou não. Se o cliente o fizer, **será contabilizado como despesa financeira**, de acordo com o exemplo a seguir: um cliente deve pagar até o dia 31 de um determinado mês o valor de $ 10.000. Se pagar até a data do vencimento, ou antes, está indicado no boleto de cobrança que o caixa do banco pode conceder um desconto de 5%:

Contas a Receber	
10.000	10.000

Banco	
9.500	

Desconto concedido (Despesa financeira)	
500	

- Comissões e despesas bancárias: taxas de abertura de crédito ou outros custos;
- Variação monetária passiva: trata-se da atualização de dívidas em moeda nacional; e
- Variação cambial passiva: trata-se da atualização de dívidas em moeda estrangeira.

7. Receitas financeiras:

- Juro ativo: juros de aplicações financeiras;
- Descontos obtidos: ocorre quando, no dia ou antes do dia do pagamento de um título, existe uma condição de pagamento com desconto. A empresa obterá a quitação do título desembolsando um valor menor;

A seguir, o exemplo de um título de $ 10.000 pago com desconto de 5%:

Contas a Pagar	
10.000	10.000

Banco	
	9.500

Desconto obtido (Receita financeira)	
	500

- Juros recebidos ou ganhos (auferidos);
- Variação monetária ativa;
- Variação cambial ativa.

8. Outras receitas/despesas

8.1. Receita de aluguel de um imóvel de propriedade da empresa locado a terceiros

8.2. Receita de dividendos de investimento em capital de outras empresas

8.3. Ganhos ou perdas (despesas) com venda de Ativos permanentes da empresa

8.4. Outros ganhos ou perdas

9. Resultado de operações continuadas (resultado operacional)

O resultado de operações continuadas (9) é obtido da seguinte forma:

LUCRO BRUTO (5)
(–) Despesas (6)
(+) Receitas financeiras (7)
(+/) Outras receitas/despesas (8)
(=) RESULTADO DE OPERAÇÕES CONTINUADAS (9)
(9) = (5) – (6) + (7) +/– (8)

10. (–) Imposto de Renda (IR) e Contribuição Social sobre o Lucro Líquido (CSLL)

11. (–) Participações societárias

São participações definidas pela Lei n. 6.404/76, no art. 190. A lei permite que debenturistas (credores da empresa), empregados, administradores e detentores de títulos de partes beneficiárias tenham participação nos lucros da sociedade. Nos próximos capítulos, explicaremos com detalhes cada uma dessas participações e como fazer seus cálculos.

12. Lucro líquido do exercício

13. Lucro líquido por ação

O lucro líquido por ação é obtido **dividindo-se o lucro líquido total do exercício pelo número de ações da sociedade**.

5.4. INTRODUÇÃO À APURAÇÃO DO RESULTADO OPERACIONAL BRUTO E DO CUSTO DA MERCADORIA VENDIDA (CMV)

O resultado operacional bruto é também chamado de **resultado com mercadorias**, ou seja, é o resultado preliminar que uma empresa obtém em seus negócios.

O regulamento do Imposto de Renda define que a ***receita líquida de vendas e serviços será a receita bruta diminuída das vendas canceladas, dos descontos concedidos incondicionalmente e dos impostos incidentes sobre vendas*** (Decreto-lei n. 1.598, de 1977, art. 12, § 1.º).

A seguir, apresentaremos o demonstrativo da receita líquida no DRE:

1	**Faturamento bruto** (receita bruta + IPI)	
2	(–) IPI	
3	**Receita bruta** (preço x quantidade)	3 = 1 (–) 2
4	(–) Deduções	
	4.1 **Devoluções**	
	4.2 **Descontos incondicionais**	
	4.3 **Impostos e contribuições**	
	4.4 **Abatimentos**	
5	**Receita líquida** (receita bruta (–) as deduções)	5 = 3 (–) 4

ENTENDENDO MELHOR AS DEDUÇÕES DA RECEITA BRUTA
As devoluções são as vendas canceladas após a emissão da nota fiscal de vendas. Ou o cliente recebeu a mercadoria e desistiu da compra, ou percebeu que não poderá pagá-la e a devolve, com a concordância do vendedor.
Os descontos incondicionais, também chamados de comerciais, são os descontos dados na emissão da nota fiscal, normalmente porque o comprador fez uma aquisição de volume significativo e teve direito a um desconto por isto. As empresas que concedem desconto por volume gostam de deixar registrado que o desconto foi concedido porque o cliente comprou um valor significativo, pois, se ele voltar a comprar o mesmo item em quantidade menor, pagará o preço de tabela registrado na nota fiscal. O desconto incondicional afeta o cálculo dos impostos, que serão calculados pelo valor menor, isto é, com desconto.
Impostos e contribuições sobre vendas serão estudados com detalhes no Capítulo 10.
Abatimentos são descontos concedidos depois da emissão da nota fiscal, normalmente para evitar a devolução em casos em que a mercadoria chegou ao comprador danificada ou fora de especificação. O abatimento não afeta o cálculo dos impostos porque ele é concedido depois da emissão da nota.

PARA NÃO ESQUECER!

As deduções em uma empresa ocorrem durante um dia de trabalho. Portanto:

de	→	devoluções	Essa dica foi dada pelo aluno Benício, em um curso preparatório para concurso do Banco Central de 2010.
d	→	descontos	
i	→	impostos	
a	→	abatimento	

5.4.1. Apuração do CMV

Exemplificaremos por meio da história de um feirante, cujo estoque tinha um custo de \$ 10 por caixa de laranja e fez uma compra pelo mesmo preço. O feirante não gastou nenhum centavo ao longo do dia e comprou as caixas no CEASA, fiado. Chegou à noite com \$ 500 em dinheiro. Qual foi o CMV e o seu lucro?

ESTOQUE INICIAL (EI)	COMPRAS (C)	ESTOQUE FINAL (EF)
Feirante sai de casa às 5h sem dinheiro no bolso	Passou pelo mercado central antes de ir à feira e adquiriu, fiado, o mesmo tipo de laranja	Retorna à sua casa às 20h com $ 500 em dinheiro
Carregando 8 caixas de laranja	Comprou 10 caixas de laranja	Retorna com 6 caixas completas de laranja
Custo unitário: $ 10	Custo unitário: $ 10	Não teve nenhuma outra despesa

CMV = EI + C – EF

CMV = (8 caixas × $ 10) + (10 caixas × $ 10) – (6 caixas × $ 10)
CMV = $ 80 + $ 100 – $ 60
CMV = $ 120

1	Receita líquida		$ 500
2	(–) CMV		$ 120
3	Resultado bruto	3 = 1 (–) 2	$ 380

5.5. ENCERRAMENTO DO RESULTADO

Como o objetivo final de um negócio é propiciar lucros aos seus sócios, ao final de cada período é feita **a apuração do resultado do período** e, para isso, confrontamos os **custos, as despesas e os impostos contra as receitas brutas**. Essa diferença é o lucro do período que terá a destinação determinada pelos sócios da empresa. Por isso, não se pode levar saldos de contas de resultado de um período para outro. **As contas de resultado**, ao final de cada exercício, são encerradas e chamadas de **contas transitórias** sob a ótica de determinado exercício.

Vamos exemplificar um encerramento com os seguintes fatos contábeis do resultado de uma empresa:

a) Receita bruta de mercadorias: $ 50.000 (à vista)
b) Devolução de vendas: $ 5.000
c) Custo das mercadorias vendidas: $ 20.000
d) Despesas pagas à vista: $ 10.000
e) Receita de aluguel: $ 5.000
f) Imposto de Renda (10%)

Observação: o Imposto de Renda deve ser calculado descontando da receita total de $ 55.000 (receita de mercadorias mais a receita de aluguel) a devolução, o CMV e as despesas, que totalizam $ 35.000. O valor base para o cálculo do Imposto de Renda é a diferença de $ 55.000 menos $ 35.000, que resulta em $ 20.000; 10% de $ 20.000 é igual a $ 2.000 (Imposto de Renda).

Banco (BCM)	
50.000 (a)	5.000 (b)
5.000 (e)	10.000 (d)
40.000	

Devolução de venda	
5.000 (b)	
5.000	**5.000**

Venda (Receita)	
	50.000 (a)
50.000	**50.000**

Mercadoria	
XXXXXX	20.000 (c)
	20.000

Despesas	
10.000 (d)	
10.000	**10.000**

CMV	
20.000 (c)	
20.000	**20.000**

Receita de aluguel	
	5.000 (e)
5.000	**5.000**

Imposto de Renda	
2.000 (f)	
2.000	**2.000**

Provisão para IR	
	2.000 (f)
	2.000

A apuração do resultado ou encerramento das contas de resultado acontece **ao final de cada exercício**, e o processo é realizado com a abertura de uma conta chamada de "resultado do exercício", ARE (Apuração do Resultado do Exercício), Lucros e Perdas ou Rédito.

Todas as contas que representam RECEITAS serão debitadas contra a conta de RESULTADO. Todas as contas que representam qualidades de DESPESAS, DEDUÇÕES e CUSTOS serão creditadas contra a conta de RESULTADO. Desta forma, todas as contas de RESULTADO serão ZERADAS, e será apurado o RESULTADO desse exercício.

APURAÇÃO DO RESULTADO DO EXERCÍCIO (ARE OU RESULTADO)			
(Devolução de venda)	5.000	**(Receita)**	**50.000**
(CMV)	20.000	**(Receita de aluguel)**	**5.000**
(Despesas)	10.000		
(Imposto de Renda)	2.000		
		(Lucro líquido do exercício)	**18.000**

A conta de RESULTADO também é uma conta transitória, porque ela é aberta apenas para encerrar todas as outras contas de resultado. Em seguida, ela mesma é encerrada contra a Conta Lucros ou Prejuízos Acumulados, que é uma conta de Patrimônio Líquido (PL).

Resultado (ARE)	
18.000	**18.000**
	0

Lucros/Prejuízos Acumulados (PL)	
	18.000

5.6. EXEMPLO DE DEMONSTRATIVO DO RESULTADO (DRE)

A seguir, apresentaremos uma questão, típica de concursos públicos, e a sua solução.

Com base nas informações da Metalúrgica Águas Marinhas, determinar o lucro por ação:

Vendas brutas	$ 100.000
Devolução de vendas	$ 8.000
Desconto sobre as vendas	$ 7.000
Abatimento sobre as vendas	$ 5.000
Impostos sobre as vendas	$ 20.000
CMV	$ 35.000
Despesas administrativas	$ 9.000
Despesas comerciais	$ 6.000
Receitas financeiras	$ 7.000
Receitas de aluguel	$ 3.000
Imposto de Renda	(30%)
Número de ações no capital social	4.200
Participação estatutária dos empregados	5.600

Assinale a alternativa correta:

a) $ 8.400 **b)** $ 4.200 **c)** $ 1 **d)** $ 2 **e)** $ 2,20

SOLUÇÃO:

VENDA BRUTA	Vendas brutas		$ 100.000
(–) DEDUÇÕES	(–) Deduções		$ (40.000)
	Devolução de vendas	$ 8.000	
	Desconto sobre as vendas	$ 7.000	
	Abatimento sobre as vendas	$ 5.000	
	Impostos sobre as vendas	$ 20.000	
VENDA LÍQUIDA	Vendas líquidas		$ 60.000
(–) CUSTOS	(–) CMV	$ 35.000	$ (35.000)
LUCRO BRUTO	LUCRO BRUTO		$ 25.000

(–) DESPESAS	(–) Despesas		$ (15.000)
	Despesas administrativas	$ 9.000	
	Despesas comerciais	$ 6.000	
	Receitas financeiras		$ 7.000
	Receitas de aluguel		$ 3.000
	RESULTADO ANTES DO IR		$ 20.000
	(–) Imposto de Renda (30% de $ 20.000)		($ 6.000)
	(–) Participação dos empregados		($ 5.600)
LUCRO LÍQUIDO	LUCRO LÍQUIDO DO EXERCÍCIO		$ 8.400

Como a empresa possui 4.200 ações, sendo o lucro líquido do exercício de $ 8.400, o lucro líquido por ação será de:

$$\frac{\$\ 8.400}{\$\ 4.200} = \$\ 2$$

5.7. QUESTÕES

5.7.1. Questões sobre os conceitos de receita e despesa

1. (TJ-PI — FCC/2009) A Cia. Monte Azul devia à Receita Federal do Brasil um montante de impostos e contribuições no valor de R$ 260.000, entre o principal e os acréscimos legais (multa e juros). Ao aderir ao parcelamento favorecido instituído pela Medida Provisória n. 449/2008, a sociedade obteve anistia dos acréscimos legais no valor de R$ 95.000. Essa redução no Passivo da companhia terá como contrapartida uma conta de

a) ganho de capital.
b) receita.
c) custo.
d) retificação do Passivo.
e) despesa.

2. (TRT-ES — CESPE/2009) O produto das vendas de bens ou direitos do ativo permanente, mesmo quando resulte em ingresso financeiro, não deve ser incluído na demonstração do resultado do exercício.

( ) Certo ( ) Errado

3. (TRE-PI — FCC/2009) Venda realizada em janeiro, recebida 30% em março, 40% em abril e 30% em maio, deverá ser reconhecida na Demonstração do Resultado, no mês de

a) janeiro.
b) março.
c) abril.
d) maio.
e) março, abril e maio.

4. (CNAI/2010 — Atualizada) A empresa Joinville S.A., sediada em São Paulo, vendeu uma máquina de laminar madeira no valor de R$ 50.000 para a empresa Blumenau Ltda., sediada em Mato Grosso do Sul. O faturamento ocorreu no dia 05/2/2009; a saída da mercadoria ocorreu no dia 06/2/2009; e a entrega da máquina ocorreu no dia 10/2/2009. O contrato de venda prevê que a empresa Joinville S.A. tem a obrigação de instalar a máquina na empresa Blumenau Ltda., o que demandará dois dias de trabalho. Finalmente, após um período de inspeção e testes de 30 dias,

se tudo ocorrer conforme o que foi contratado, a compradora emitirá um termo de aceite da máquina, liberando, concomitantemente, o pagamento da obrigação resultante da compra. De acordo com as Normas Contábeis vigentes, a ocasião CORRETA para o reconhecimento da receita é:

a) no momento da emissão da nota fiscal, pois neste instante se reconhecem na escrituração o direito a receber do cliente e a respectiva baixa dos estoques.
b) no momento da saída das mercadorias, pois neste instante ocorre o fato gerador do Imposto sobre a Circulação de Mercadorias e Serviços (ICMS).
c) no momento da entrega das mercadorias ao cliente, pois neste instante o cliente declara que recebeu as mercadorias mediante assinatura no canhoto da Nota Fiscal.
d) quando o comprador aceitar a entrega e a instalação e a inspeção forem concluídas.

5. (Técnico — CFC/2004) As despesas incorridas e não pagas geram:

a) Aumento do Ativo.
b) Aumento do Passivo.
c) Redução do Ativo.
d) Redução do Passivo.

6. (Técnico — CFC/2004) Com relação às Despesas Antecipadas, marque a opção INCORRETA:

a) São apropriadas aos resultados quando da ocorrência do fato gerador.
b) São classificadas no Ativo Circulante ou Realizável a Longo Prazo.
c) São equivalentes às Despesas Diferidas.
d) São equivalentes às despesas pagas e não incorridas.

7. (DPF — CESPE/2009) De acordo com a doutrina e a legislação contábeis, a prescrição de uma dívida e o perecimento de um direito correspondem, respectivamente, a uma realização de receita e à incorrência de uma despesa.

( ) Certo ( ) Errado

8. (Contador Jr. — Petrobras — CESGRANRIO/2011). A Tucupi Mineradora S/A concedeu, na venda realizada para a GRS Minerais Ltda., um desconto de 5% sobre o valor da duplicata, caso a GRS a pague até um determinado dia específico, antes de seu vencimento.

À luz da legislação societária vigente e das normas emanadas pelo Conselho Federal de Contabilidade, ocorrendo o efetivo pagamento da duplicata, no dia determinado, o valor correspondente ao desconto concedido deve ser classificado na demonstração do resultado do exercício da Tucupi no grupo de:

a) Abatimento sobre vendas.
b) Ajustes de instrumentos financeiros.
c) Despesas com vendas.
d) Despesas financeiras.
e) Receitas financeiras.

9. (Técnico — TRANSPETRO — CESGRANRIO/2018) As empresas comerciais, independentemente de seu porte e forma de constituição, têm por objeto a compra e venda de mercadorias.

Nesse contexto e de acordo com as determinações da lei societária, o volume monetário das vendas, nas operações de conta própria das empresas comerciais, representa a(o)

a) disponibilidade de mercadorias para venda
b) receita bruta
c) receita líquida
d) resultado com mercadorias
e) resultado operacional

10. (Técnico — EBSERH — CESPE/2018) Julgue o próximo item, a respeito das demonstrações financeiras.

O imposto sobre produtos industrializados integra a receita bruta apurada na demonstração do resultado do exercício.

( ) Certo ( ) Errado

5.7.2. Questões sobre apuração do CMV e lucro bruto

1. (SFE — CESGRANRIO/2009) Os dados que se seguem foram extraídos do balancete de verificação da Empresa Paulista Plásticos Ltda., em 31.12.2008.

Vendas de mercadorias:	R$ 250.000
Devolução de vendas:	R$ 7.000
Estoque inicial de mercadorias:	R$ 35.000
Abatimento sobre compras:	R$ 6.000
Abatimento sobre vendas:	R$ 4.000
Devolução de compras:	R$ 11.000
Estoque final de mercadorias:	R$ 25.000
Compras de mercadorias:	R$ 190.000

Considerando as informações acima, o lucro bruto da Empresa Paulista, em 31.12.2008, em reais, foi de

a) 52.000.
b) 54.000.
c) 56.000.
d) 60.000.
e) 63.000.

2. (TRE-PI — FCC/2009) O Lucro Bruto apresentado na Demonstração de Resultados do Exercício é decorrente da diferença entre

a) receita líquida de vendas e despesas operacionais.
b) receita líquida de vendas e custo das mercadorias vendidas.
c) receita bruta de vendas e deduções da receita bruta.
d) receita bruta de vendas e despesas operacionais.
e) receita bruta de vendas e despesas financeiras.

3. (Casa da Moeda — CESGRANRIO/2009) Extraiu-se da contabilidade da Cia. Ômega S/A os seguintes dados:

Vendas de mercadorias	R$ 357.400
Estoque inicial de mercadorias	R$ 134.500
Compras de mercadorias no período	R$ 236.800
Estoque final de mercadorias	R$ 111.300

Considerando exclusivamente os dados acima, o Resultado com Mercadorias (RCM) do período referente aos dados apresentados, em reais, é

a) 97.400.
b) 107.400.
c) 112.500.
d) 246.100.
e) 260.000.

4. (Téc. Contab. Jr. — CESGRANRIO/2012) As vendas de produtos ou mercadorias são frutos das negociações que ocorrem entre vendedores industriais ou comerciais e compradores revendedores ou consumidores finais, mediante acordo entre as partes com relação à quantidade, qualidade, ao preço e às condições de pagamento. Nas empresas comerciais, tais operações são a principal fonte formadora do estoque, quando compradoras ou geradoras da receita operacional bruta quando vendedoras. Quanto à geração de resultados, os abatimentos concedidos representam a redução de preço que se manifesta na situação de

a) pós-venda, em decorrência de avaria ocorrida com os bens inclusos na nota fiscal.
b) pós-venda, em decorrência do pagamento feito antes do vencimento pactuado na nota fiscal.
c) venda, dependente de um evento posterior à emissão da nota fiscal.
d) venda, independentemente de evento posterior à emissão da nota fiscal.
e) venda, mediante compromisso de compra futura nas condições da nota fiscal.

5. (SUSEP — Analista Técnico — ESAF/2010) No fim do período, o Contador pode observar que, por um lamentável lapso, seu estoque final de mercadorias foi subavaliado. Um engano dessa natureza necessariamente provocou uma

a) superavaliação do Custo das Mercadorias Vendidas do exercício.
b) superavaliação do Lucro Líquido do exercício.
c) diminuição da Receita Líquida do exercício.
d) subavaliação do Custo das Mercadorias Vendidas do exercício.
e) subavaliação do Estoque Inicial deste exercício.

6. (Agente da PF — CESPE/2018) Considere os dados da tabela a seguir, retidos da contabilidade de determinada sociedade empresarial, com valores em reais (R$).

caixa e equivalentes	10.000
duplicatas a receber	80.000
estoques	50.000
máquinas	100.000
terrenos	160.000
marcas e patentes	100.000
fornecedores	200.000
duplicatas descontadas	40.000
salários e encargos a pagar	200.000
capital social	150.000
vendas de mercadorias	1.000.000
custo das mercadorias vendidas	600.000
despesas administrativas	90.000
despesas comerciais	160.000
despesas financeiras	33.000
outras despesas	41.000
IR e CSLL	26.000

Com base nessas informações, julgue o item que se segue.
O lucro bruto do exercício da referida empresa foi de R$ 50.000.

( ) Certo ( ) Errado

7. (Analista — DPE-AM — FCC/2018) A Cia. Bana & Lara apresentava, em 31.12.2016, os seguintes saldos em algumas contas contábeis, com valores em reais:

Compras de mercadorias	15.000,00
Estoque inicial de	35.000,00
Receita de vendas	64.000,00
Devolução de vendas	4.500,00
Estoque final de mercadorias	20.500,00
Comissões de vendas	7.000,00
Devolução de compras	4.000,00
Despesas financeiras	2.000,00
Impostos sobre vendas	9.000,00
Frete sobre vendas	3.000,00

Com base nestas informações, o custo das mercadorias vendidas e o lucro bruto foram, respectivamente, em reais,

a) 25.500,00 e 18.000,00.
b) 25.500,00 e 25.000,00.
c) 28.500,00 e 25.000,00.
d) 28.500,00 e 18.000,00.
e) 25.500,00 e 15.000,00.

8. (Agente Polícia-RN/2021) Na apresentação da Demonstração de Resultado de Exercício (DRE), o Resultado Bruto é apurado pela subtração entre:

a) receita bruta e custo das mercadorias vendidas;
b) receita bruta e deduções da receita;
c) receita bruta e despesas operacionais;
d) receita líquida e custo das mercadorias vendidas;
e) receita líquida e despesas operacionais.

5.7.3. Questões sobre resultado

1. (Polícia Federal — CESPE/2009) Suponha que o saldo da conta de resultado do exercício, antes do cálculo do imposto de renda devido, seja positivo em R$ 1,5 milhão e o valor desse imposto, de R$ 2 milhões. Nesse caso, o fato estará adequadamente representado pelo seguinte lançamento em reais.

D — Resultado do exercício R$ 1.500.000
D — Reserva de lucros R$ 500.000
C — Provisão para Imposto de Renda R$ 2.000.000
( ) Certo ( ) Errado

2. (TRE-PI — FCC/2009) A Demonstração do Resultado do Exercício é um relatório contábil que reflete

a) a variação da situação financeira entre dois momentos diferentes e sua distribuição.
b) o Patrimônio Líquido em determinado momento e sua distribuição.
c) as despesas e as receitas incorridas entre dois momentos diferentes.
d) as despesas pagas e as receitas incorridas entre dois momentos diferentes e sua distribuição.
e) as despesas incorridas e as receitas recebidas entre dois momentos diferentes e sua distribuição.

3. (SEFAZ-RJ — FGV/2010) A empresa X produz e vende unicamente o produto Y. A margem de contribuição unitária de Y duplicou do primeiro para o segundo trimestre de 2010.

A causa correta para que esse fato tenha ocorrido é:
Obs.: Mantendo-se constantes todas as outras variáveis.

a) diminuição do salário do contador.
b) aumento do valor do aluguel da fábrica.
c) diminuição do valor do aluguel da fábrica.
d) aumento do preço cobrado por Y.
e) aumento do custo da matéria-prima utilizada para fabricar Y.

4. (Téc. Contab. Jr. — CESGRANRIO/2012) O posto de combustível ZD Ltda., num determinado dia, vendeu Gás Natural Veicular (GNV), no valor de R$ 8.000,00, para os veículos de uma empresa de entregas domiciliares, recebendo um cheque de igual valor, emitido contra o Banco C, para ser descontado em 25 dias. Desconsiderando que o cheque é uma ordem de pagamento à vista e considerando os dados informados e as normas contábeis vigentes, o registro contábil da operação, feito num lançamento único pelo posto de gasolina ZD, foi

a) D. Banco conta Movimento 8.000,00
C. Mercadorias / GNV 8.000,00
b) D. Banco conta Movimento 8.000,00
C. Vendas 8.000,00
c) D. Caixa 8.000,00
C. Mercadorias / GNV 8.000,00
d) D. Cheques a Receber 8.000,00
C. Clientes 8.000,00
e) D. Cheques a Receber 8.000,00
C. Vendas 8.000,00

5. (Agente PF — CESPE/2012)

Bancos	40.000
créditos a receber	25.000
despesas de aluguéis	8.000
empréstimos a pagar	38.500
receitas de serviços	34.000
Despesas de água, luz e telefone	15.000
Estoque de material de consumo	20.000
Móveis e utensílios	12.000
Veículos	24.000
Capital	73.500
Despesas com material de consumo	2.000

Considerando que os dados acima, em reais, correspondem ao encerramento do primeiro exercício financeiro de determinada entidade, julgue as duas próximas questões consecutivas, acerca da composição do balanço patrimonial e da demonstração do resultado do exercício dessa entidade.

1) A demonstração do resultado do exercício apresentou prejuízo de R$ 11.000,00.

2) Os ativos e passivos somam, respectivamente, R$ 121.000,00 e R$ 38.500,00.

6. (Assesor — TCE-PI — FGV/2021) Na apresentação da Demonstração de Resultados do Exercício, o resultado financeiro:

a) compõe o custo das vendas ou dos serviços prestados;
b) compõe o resultado antes do IR/CSLL;
c) constitui uma dedução das receitas de vendas;
d) é apresentado logo após o resultado bruto;
e) integra o cálculo do resultado operacional.

5.7.4. Questões sobre resultado e patrimônio

1. (Receita Federal — Analista Tributário da Receita Federal — ESAF/2009) A empresa Gregório, Irmãos & Cia. Ltda., possuindo Disponibilidades de R$ 2.730, Imobilizações de R$ 3.270 e Dívidas de R$ 2.900, realizou duas transações:

1. A compra de uma máquina por R$ 2.000, pagando 20% de entrada; e
2. A venda de um equipamento por R$ 3.000, perdendo 30%.

Concluídas as operações, e devidamente registradas, pode-se afirmar com certeza que essa firma tem:

a) passivo exigível de R$ 4.500.
b) passivo a descoberto de R$ 900.
c) patrimônio líquido de R$ 3.100.
d) prejuízos de R$ 500.
e) ativo de R$ 4.600.

2. (Técnico — CFC/2004) Considerando os saldos das contas abaixo, os valores do Patrimônio Líquido e do Ativo Circulante, são, respectivamente:

CONTAS	SALDOS
Caixa	R$ 80.000
Capital Social	R$ 250.000
Clientes	R$ 185.000
Contas a Pagar	R$ 70.000

Custos das Mercadorias Vendidas	R$ 125.000
Depreciação Acumulada	R$ 100.000
Despesas Administrativas	R$ 60.000
Despesas Antecipadas	R$ 150.000
Despesas com Vendas	R$ 80.000
Despesas Financeiras	R$ 40.000
Estoques de Mercadorias	R$ 180.000
Financiamentos a Curto Prazo	R$ 80.000
Financiamentos a Longo Prazo	R$ 110.000
Fornecedores	R$ 380.000
Impostos a Pagar	R$ 50.000
Móveis e Utensílios	R$ 500.000
Receitas com Vendas de Mercadorias	R$ 480.000
Terrenos	R$ 120.000

a) R$ 425.000 e R$ 595.000.
b) R$ 505.000 e R$ 445.000.
c) R$ 550.000 e R$ 595.000.
d) R$ 605.000 e R$ 445.000.

GABARITO

http://uqr.to/1xvmf

6 OPERAÇÕES FINANCEIRAS E INSTRUMENTOS FINANCEIROS

6.1. ASPECTOS INICIAIS

TIPOS DE OPERAÇÕES	
APLICAÇÕES FINANCEIRAS	EMPRÉSTIMOS

As **aplicações financeiras visam rentabilizar as disponibilidades** em dinheiro, e os **empréstimos que uma empresa contrata** têm o objetivo de **complementar o capital próprio** para financiar as operações comerciais ou viabilizar um investimento.

Tanto **as aplicações financeiras quanto os empréstimos** podem ser feitos utilizando **diversos tipos de instrumentos financeiros**.

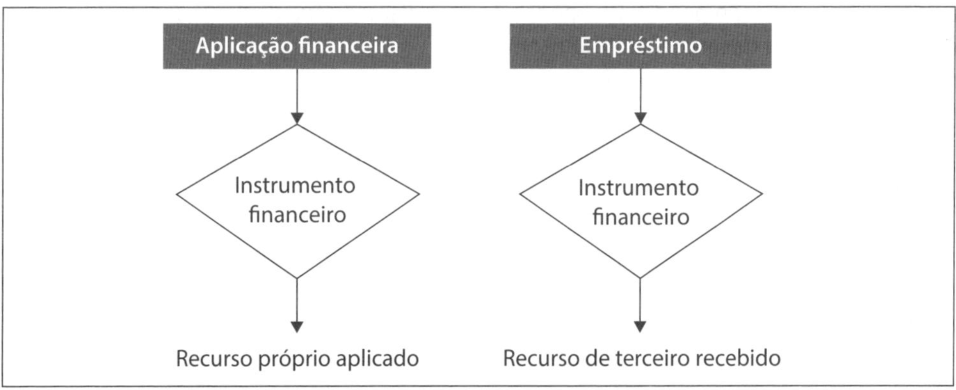

As novas normas contábeis brasileiras (CPCs), em harmonia com as normas internacionais de Contabilidade (IAS/IFRS), procuram contemplar e normalizar o sofisticado universo de opções de instrumentos financeiros que o mercado coloca à disposição das empresas, a fim de melhor rentabilizarem seus investimentos ou buscarem recursos emprestados para seus negócios.

No que diz respeito ao rendimento (juros) dos instrumentos financeiros, sejam aplicações ou empréstimos, eles podem ser pactuados de maneira **prefixada ou pós-fixada**.

MODALIDADES DAS OPERAÇÕES FINANCEIRAS	
PREFIXADAS	**PÓS-FIXADAS**

Nas prefixadas, no ato da operação, o contratante da aplicação ou empréstimo já define com a instituição financeira **os juros que vai ganhar, no caso de aplicação, ou os juros a pagar, no caso de empréstimo**.

Nas operações **pós-fixadas, os juros ganhos**, no caso de aplicação, **ou os juros pagos**, no caso de empréstimo, **só serão conhecidos ao final do período**.

Exemplo de operações prefixadas:

Aplicação de $ 100.000, com juros e correção monetária, já pactuados no valor de $ 10.000 por uma aplicação de 90 dias:

Valor aplicado	$ 100.000
Juros pactuados	$ 10.000
Valor a ser resgatado	$ 110.000

Se essa operação fosse um empréstimo, a dívida contraída seria previamente de $ 110.000, entretanto, a empresa só receberia da instituição financeira o valor líquido de $ 100.000.

Exemplo de operações pós-fixadas:

Em uma operação pós-fixada, podemos até definir a taxa de juros, mas o valor será calculado no final da aplicação. Por exemplo:

Uma **aplicação** de $ 100.000 por 30 dias, com juros de 5%, mais correção IGPM. O IGPM só será conhecido depois de transcorrido o prazo da operação. Se o IGPM tiver sido 2% no período, o cálculo no dia do resgate da aplicação deverá ser feito da seguinte forma:

Valor da aplicação	$ 100.000
Correção monetária do período	2% sobre $ 100.000 = $ 2.000
Juros do período	5% sobre $ 102.000 (capital atualizado) = % 5.100
Valor de resgate após 30 dias	$ 107.100

Se essa operação tivesse sido um empréstimo, o raciocínio seria o mesmo. O valor recebido como empréstimo teria sido de $ 100.000, e a empresa deveria pagar o valor de $ 107.100, 30 dias depois.

6.1.1. Definições

As principais definições pertinentes a este capítulo e ao tema constam da norma NBC TG 39 (CPC 39/IAS 32), item 11, e serão apresentadas a seguir.

6.1.1.1. Instrumento financeiro

É qualquer contrato que dê origem a um **Ativo financeiro** para a Entidade e a um **Passivo financeiro** ou **instrumento patrimonial** para outra Entidade.

6.1.1.2. Instrumento patrimonial

É qualquer contrato que evidencie uma participação nos Ativos de uma Entidade após a dedução de todos os seus Passivos.

> Instrumentos patrimoniais são normalmente quotas ou ações de outras empresas adquiridas como investimentos temporários ou permanentes.

6.1.1.3. Ativo financeiro

É qualquer Ativo que seja:

(a) caixa;

(b) instrumento patrimonial de outra Entidade;

(c) direito contratual:

(I) de receber Caixa ou outro Ativo financeiro de outra Entidade; ou

(II) de troca de Ativos financeiros ou Passivos financeiros com outra Entidade, sob condições potencialmente favoráveis para a Entidade.

(d) um contrato que seja ou possa vir a ser liquidado por instrumentos patrimoniais da própria Entidade.

■ Caixa é dinheiro disponível.

■ Instrumento patrimonial de outra entidade são quotas de Capital ou ações de outras empresas.

■ Direitos contratuais podem ser: duplicatas a receber, notas promissórias, diversos tipos de contas a receber etc.

■ Um exemplo de contrato que possa vir a ser liquidado por instrumentos patrimoniais são valores ou Ativos recebidos que não geram obrigações, porque serão quitados com ações da própria empresa. É comum sócios fazerem Adiantamentos para Futuros Aumentos de Capital (AFAC). Esses valores não são registrados como Passivo, mas no próprio PL. Os recursos entram no Caixa da empresa para futura regularização como Capital.

Exemplo:

Banco (AC)	
50.000	

AFAC (PL)	
	50.000

6.1.1.4. Passivo financeiro

É qualquer Passivo que seja:

(a) uma obrigação contratual de:

(I) entregar Caixa ou outro Ativo financeiro a uma Entidade; ou

(II) trocar Ativos financeiros **ou Passivos** financeiros com outra Entidade, **sob condições** que são potencialmente **desfavoráveis** para a Entidade; ou

(b) contrato que será ou poderá ser **liquidado por instrumentos patrimoniais** da própria Entidade.

Quando uma empresa assume um Passivo, ela vai ter que liquidá-lo no futuro em dinheiro ou entregando algum Ativo. **Todo Passivo gera um encargo financeiro, e é por isso que o texto cita "troca em condições desfavoráveis".** Quem empresta, quer receber juros, não vai trocar, emprestar ou conceder algum tipo de crédito gratuitamente. A respeito do item (b), é a quitação de uma dívida por uma empresa que **emite suas próprias ações em troca da sua dívida.** É claro que o credor tem de aceitar essa condição.

6.1.1.5. Valor justo

É o montante pelo qual um Ativo poderia ser trocado ou um Passivo liquidado, entre partes, com conhecimento do negócio e interesse em realizá-lo, em uma transação em que não há favorecidos.

Esse **conceito de valor justo ou *fair value***, presente na Contabilidade internacional, foi introduzido na Contabilidade brasileira pela MP 449/2008, que foi transformada na Lei n. 11.941/2009. Em nossa Contabilidade, historicamente conhecemos **"valor de mercado"**. Existe uma **diferença sutil entre valor de mercado e valor justo**. Um Ativo, seja ele um título, uma máquina ou um imóvel, pode ter um valor de mercado que não é o valor que nós pagaríamos se fôssemos de fato adquirir esse Ativo.

> **Exemplo:** no jornal de maior circulação de nossa cidade, o preço por metro quadrado de um imóvel na região em que moramos está cotado a $ 2.000. Esse valor é considerado pela média dos negócios feitos pelas principais corretoras da região no último mês e não considera que o imóvel tem um padrão diferente. No entanto, nós só conseguiríamos vender o apartamento por um valor de $ 1.600 o metro quadrado, uma vez que o imóvel está em péssimas condições em relação à média dos imóveis vendidos no último mês. Outra situação é conseguirmos vender esse imóvel por $ 2.500, porque este tem um padrão muito superior à média de mercado do último mês.

Valor justo refere-se ao valor pelo qual duas partes independentes aceitariam comprar e vender um Ativo de forma livre, sem nenhum tipo de pressão.

Outro exemplo que contraria uma transação a valor justo é uma empresa A, que possui influência na gestão de uma empresa B, adquirir desta uma máquina pelo "valor de mercado". Se a referência para esse valor de mercado é de um tipo de mercado pouco ativo, **esse valor pode ser injusto para uma das partes, mas pode ser conveniente fazer o negócio** amparado nesse "valor de mercado". **As partes só estão fazendo esse negócio porque não são livres e independentes.** A máquina pode valer muito mais, e a empresa controlada só aceitou fazer o negócio porque o diretor da vendedora não tem liberdade para decidir, pois seu emprego pode correr risco se ele contestar a transação.

6.2. APLICAÇÕES

Os principais tipos de aplicações disponíveis no mercado financeiro brasileiro se subdividem em três tipos:

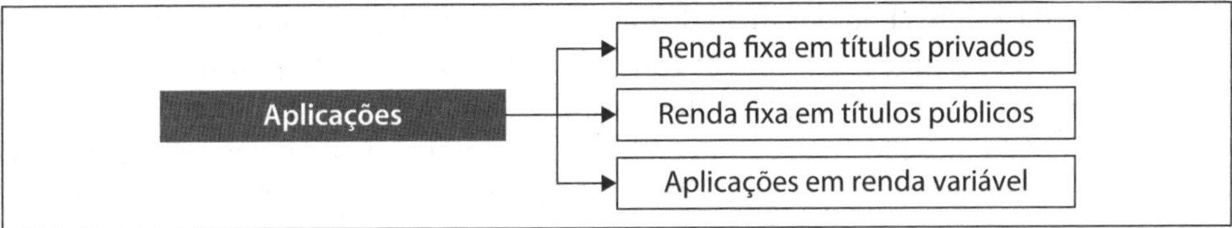

6.2.1. Aplicações de renda fixa em títulos privados

A seguir, apresentamos as principais aplicações em títulos de renda fixa disponíveis no mercado financeiro brasileiro:

- Certificados de Depósito Bancário (CDB) (pré ou pós-fixados);
- Recibo de Depósito Bancário (RDB) (pré ou pós-fixado);
- Letras Hipotecárias (LH) (pré ou pós-fixadas);
- Aplicação em *commercial paper* (prefixada);
- Aplicação em debêntures (pós-fixada).

6.2.1.1. Certificados de Depósito Bancário (CDB)

São aplicações financeiras muito comuns no mercado financeiro; títulos de renda fixa utilizados pelas instituições financeiras para captar recursos de pessoas físicas ou jurídicas. Esses títulos oferecem correção monetária e juros pré ou pós-fixados e podem ser transferidos para terceiros. **Os CDBs podem ser negociados com terceiros.**

6.2.1.2. Recibo de Depósito Bancário (RDB)

São aplicações financeiras de renda fixa; a única diferença entre os RDBs e os CDBs é que os **RDBs não podem ser transferidos para terceiros**.

6.2.1.3. Letras Hipotecárias (LH)

São **títulos emitidos pelas instituições financeiras para captar recursos que serão investidos no financiamento do mercado imobiliário**, isto é, financiando construtoras e pessoas físicas na aquisição de seus imóveis. As operações podem ser pré ou pós-fixadas, o prazo mínimo é de 180 dias e os prazos máximos estão vinculados aos contratos que esses recursos financiam. São **investimentos isentos do IR** e com rentabilidade próxima a 100% da taxa do Certificado de Depósito Interbancário (CDI).

Uma pessoa física ou jurídica, ao aplicar recursos em letras hipotecárias, está contribuindo para a ampliação do crédito imobiliário.

6.2.1.4. Aplicações em "commercial paper"

São **notas promissórias emitidas por sociedades anônimas no Brasil** com o objetivo de **captarem recursos de curto prazo** no mercado financeiro nacional ou internacional. O prazo de vencimento típico, quando a emissão é feita por sociedades anônimas de capital fechado, é de 30 a 180 dias, e, no caso de sociedades anônimas de capital aberto, o prazo é de 30 até 360 dias.

Um investidor, pessoas física ou jurídica, pode adquirir uma *commercial paper* diretamente da empresa ou por meio de corretoras de valores. Essa forma de tomar recursos por uma sociedade anônima **propicia à empresa um empréstimo mais barato, quando comparado a um empréstimo feito diretamente com um banco**, e para um investidor, uma aplicação financeira com maior rentabilidade que a oferecida em uma aplicação em um banco — em um CDB ou RDB, por exemplo. É claro que o risco no caso da *commercial paper* é muito maior.

6.2.1.5. *Aplicações em debêntures*

São títulos emitidos por sociedades anônimas para captar recursos a médio e longo prazo (mais que 360 dias). Desta forma, são dívidas contraídas por uma empresa perante investidores que emprestam recursos nas condições estabelecidas quando do lançamento das debêntures.

As debêntures emitidas representam dívidas contraídas por uma sociedade anônima. As diferenças entre debêntures e *commercial papers* (notas promissórias) são:

CARACTERÍSTICAS	DEBÊNTURE	*COMMERCIAL PAPER*
PRAZO DE VENCIMENTO	Maior que 360 dias	Até 360 dias
JUROS	Fixos, variáveis ou mistos	Fixos
PARTICIPAÇÃO NOS LUCROS	Possível, dependendo do termo de lançamento	Não tem essa prerrogativa
CONVERSÍVEL EM AÇÕES	Possível, dependendo do termo de emissão	Não tem essa prerrogativa
GARANTIA	Três modalidades previstas, inclusive garantia real de um Ativo	Não oferece garantia

Uma debênture é um título de dívida para a empresa emissora e uma aplicação para quem adquire o título. É uma aplicação bastante interessante, porque oferece juros, participação nos lucros e ainda **pode permitir a conversão em ações da empresa**.

Um aplicador registra a debênture como uma aplicação de longo prazo no Ativo Não Circulante, no subgrupo de realizável a longo prazo, e o emissor da debênture registra como debênture a pagar no Passivo Não Circulante, por ser uma dívida de longo prazo.

6.2.2. Aplicações de renda fixa em títulos públicos

Os títulos públicos mais importantes e citados em concursos de uma maneira geral serão apresentados a seguir:

- Aplicações em Letras do Tesouro Nacional (prefixadas);

- Aplicações em Letras Financeiras do Tesouro (pós-fixadas);
- Aplicações em Notas do Tesouro Nacional (pós-fixadas).

6.2.2.1. Aplicações em Letras do Tesouro Nacional (LTN)

São títulos públicos federais negociados no mercado financeiro e emitidos pelo Tesouro Nacional para cobrir déficits no orçamento da União. **São títulos prefixados com um deságio sobre o valor de face** do título e prazo de vencimento definidos no lançamento.

Por exemplo: um título LTN com valor nominal de $ 1.000 é adquirido por um investidor que desembolsa $ 700. Esse título será resgatado pelo Tesouro em 5 anos.

É evidente que o cenário inflacionário tem que dar as taxas de inflação para que um investidor possa fazer um investimento de longo prazo.

6.2.2.2. Aplicações em Letras Financeiras do Tesouro (LFT)

São títulos públicos federais negociados no mercado financeiro e emitidos pelo Tesouro Nacional para que a União assuma as dívidas dos Estados, Distrito Federal e até de municípios. **Esses títulos são pós-fixados** com prazos máximos de vencimento de 15 anos.

6.2.2.3. Aplicações em Notas do Tesouro Nacional (pós-fixada)

São títulos que têm o objetivo de **alongar o prazo da dívida do Tesouro Nacional**. É o Banco Central que realiza leilões para oferta desses títulos no mercado financeiro.

São títulos pós-fixados que pagam juros e são corrigidos por um indexador, como IGPM, TJLP ou outro. O prazo de vencimento nunca é inferior a 3 meses, e os juros (cupons) são pagos periodicamente — por exemplo, a cada semestre.

6.2.3. Aplicações em instrumentos financeiros de renda variável

De uma forma geral, são **aplicações especulativas de curto prazo** que têm como objetivo rentabilizar os recursos que estão disponíveis nas contas bancárias da empresa e que seus gestores não desejem manter aplicadas nem a médio nem a longo prazo.

- Aplicações de liquidez imediata;
- Ações ou fundo de ações;
- Derivativos.

6.2.3.1. Aplicações de liquidez imediata

Esse tipo de aplicação refere-se a aplicações realizadas com as disponibilidades bancárias em operações em que seja possível o resgate a qualquer tempo, em dinheiro, com algum ganho ou com perdas insignificantes.

6.2.3.2. Aplicações em ações

Ações são a menor fração de Capital de uma empresa constituída como sociedade anônima (Lei n. 6.404/76), também chamadas de **instrumentos patrimoniais**. Não podemos confundir com quotas de Capital, que são a menor fração do Capital de uma empresa constituída como Ltda.

Uma pessoa física ou jurídica pode ter tanto ações como quotas em sua carteira de investimentos. **O investimento mais comum são ações de empresas de capital aberto**, porque se tratam de ações de empresas conhecidas e negociadas nas bolsas de valores e, por isso, **têm alta liquidez**. Para qualquer investimento, a liquidez, que é a **capacidade de transformação em dinheiro, é um fator muito importante**.

6.2.3.3. Aplicações em derivativos

Um derivativo é uma aplicação financeira sofisticada e ainda nova para a maioria dos investidores. A citação **derivativos** ocorreu a partir da Lei n. 11.638/2007, no art. 183 da Lei n. 6.404/76, transcrito a seguir:

> "I — **as aplicações em instrumentos financeiros**, inclusive derivativos, e em direitos e títulos de créditos, classificados no ativo circulante ou no realizável a longo prazo *(Redação dada pela Lei n. 11.638, de 2007).*"

Um derivativo é uma aplicação que depende (deriva) de outras variáveis ou grandezas mais básicas ou subjacentes ao derivativo ao qual se refere (Hull, 2004). Essas outras variáveis ou grandezas são cotações de títulos, preços de feijão, soja, petróleo, ouro ou qualquer outro valor que possua um índice aferível.

Por definição, um derivativo tem que possuir as seguintes características:

- Seu valor está baseado em uma ou mais variáveis subjacentes mensuráveis no futuro;
- Não ser necessário investimento inicial ou ser muito baixo;
- Sua liquidação no futuro será por diferença.

Exemplo: em um derivativo, existe a figura de um investidor, que assume o compromisso de vender no futuro um Ativo por determinado valor, e a figura de outro investidor, que assume o compromisso de comprar este Ativo pelo valor pactuado no passado. Um produtor de soja quer garantir a venda de sua produção por um valor mínimo, que garanta seus custos e um mínimo de lucratividade. Um investidor que acredite que o preço da soja vai superar esse valor mínimo assume o compromisso de pagar esse valor em data futura. Caso o preço da soja, no dia do vencimento da opção, esteja menor, o produtor vai receber o valor combinado e o aplicador vai perder dinheiro. Caso o preço da soja tenha disparado no mercado internacional, o produtor vai receber o que foi combinado, e o aplicador vai ficar com todo o lucro excedente.

Esse mesmo tipo de raciocínio poderia ser aplicado a qualquer tipo de grandeza associada a um derivativo. O exemplo anterior é de um tipo de derivativo com entrega de um Ativo (soja). **A maioria (mais de 95%) dos contratos de aplicações em derivativos não exige a entrega de ativos.** As partes envolvidas pagam e recebem apenas as diferenças.

6.2.4. Exemplos de aplicações financeiras

6.2.4.1. Aplicações com rendimento prefixado

Características dessa aplicação:

- O investidor **conhece, no dia da aplicação, o valor dos "rendimentos"**;
- Os rendimentos podem ser correção monetária e juros;
- **Sobre a correção monetária será calculado IR (arts. 397 e 398, RIR/2018)**;
- Sobre os juros será calculado o IR;
- A cada mês, ou no dia 31.12, deverão ser apropriados os rendimentos do período.

6.2.4.1.1. Exemplo 1: aplicação prefixada com juros sem correção monetária

A empresa Vigo S.A. realiza uma aplicação no dia 30 de outubro de 2009 no valor de $ 100.000, com rendimento prefixado de $ 10.000. O prazo da aplicação é de 4 meses. Vamos apresentar a contabilização no dia da aplicação, no dia 31 de dezembro de 2009 e no dia do resgate:

Contabilização no Diário no dia da aplicação — 30.10.2009:

No Diário:

	Aplicações financeiras	110.000	
a	Diversos		
a	Banco		100.000
a	Receita financeira a transcorrer (a apropriar)		10.000

Contabilização no Razão:

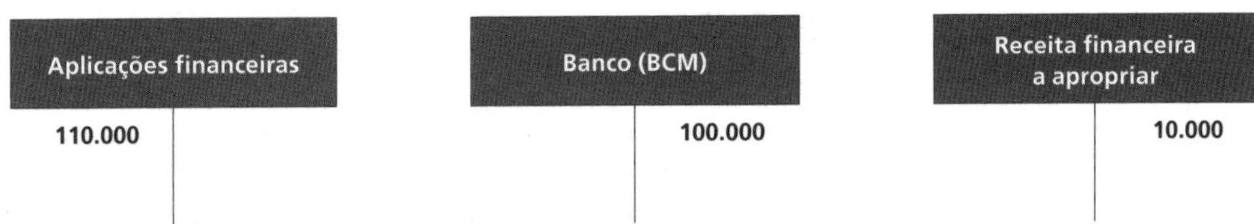

Contabilização no Balanço Patrimonial:

AC	
Aplicações financeiras	110.000
(–) Receita financeira a transcorrer	**(10.000)**

Os recursos tiveram origem na conta bancária

Contabilização no dia 31.12.2009:

(passados 2 meses)

A aplicação é por um período de 4 meses.

Os juros ganhos em cada mês serão de $ 10.000/4 = $ 2.500.

31.12.2009 é o encerramento do exercício; será necessário fazer a apropriação das receitas financeiras transcorridas até o momento

No Diário:

Receita financeira a transcorrer 5.000
a Receita financeira (juros ativos) 5.000

É conta do resultado

No Razão:

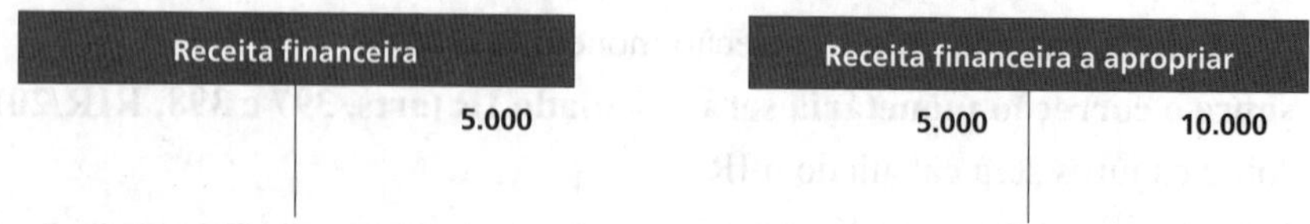

No Balanço Patrimonial:

AC	
Aplicações financeiras	110.000
(–) Receita financeira a transcorrer	(5.000)

Contabilização no dia do resgate — 28.02.2010.

Como já visto, os juros referentes a cada mês serão de $ 10.000/4 = $ 2.500. No dia do resgate, de acordo com a legislação do Imposto de Renda, deve ser calculado o Imposto de Renda retido na fonte; supondo que a alíquota seja de 10%, o Imposto de Renda retido será de 10% sobre os rendimentos de $ 10.000, que totalizam $ 1.000.

O imposto retido pela instituição financeira e descontado do rendimento a ser pago à empresa aplicadora deverá ser contabilizado pelo aplicador como Imposto de Renda a compensar.

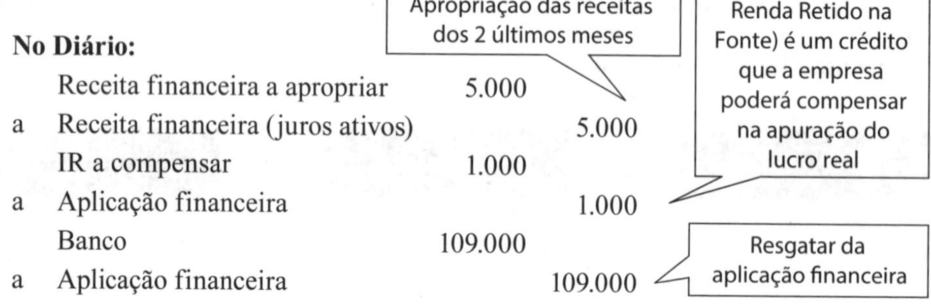

No Diário:

		Débito	Crédito
	Receita financeira a apropriar	5.000	
a	Receita financeira (juros ativos)		5.000
	IR a compensar	1.000	
a	Aplicação financeira		1.000
	Banco	109.000	
a	Aplicação financeira		109.000

No Razão:

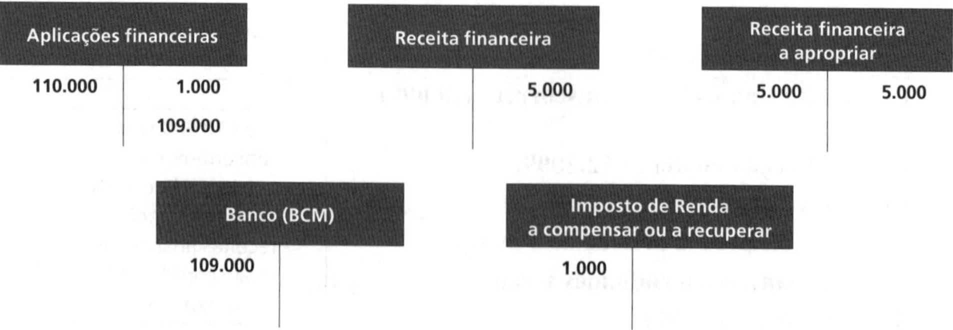

No Balanço Patrimonial:

AC	
Banco	109.000
Imposto de Renda a compensar ou a recuperar	1.000

6.2.4.1.2. Exemplo 2: aplicação prefixada com juros e correção monetária

Aplicação de $ 100.000 em **30.11.2009** a ser resgatada em **15.01.2010:** o montante será de $ 105.980, sendo $ 1.380 referentes à correção monetária e $ 4.600 de juros. Portanto, uma aplicação prefixada de 46 dias. O Imposto de Renda a ser retido na fonte no dia do resgate deve ser calculado na base de 10%, isto é, com a alíquota de 10% (dez por cento).

Contabilização no dia da aplicação — 30.11.2009:

No Diário:

		Débito	Crédito
	Aplicações financeiras	105.980	
a	Diversos		
a	Banco		100.000
a	Variação monetária ativa a transcorrer		1.380
a	Juros ativos a transcorrer		4.600

No Razão:

Memória de cálculo da contabilização no Diário, em 31.12.2009:

Correção monetária do período:

1.380/46 dias = $ 30 ⇒ 31 dias × $ 30 = 930.

Juros do período:

4.600/46 dias = $ 100 ⇒ 31 dias × $ 100 = 3.100.

> Apropriação da correção monetária e dos juros ativos referentes ao mês de dezembro, devido o encerramento do exercício

Contabilização no Diário no dia 31.12.2009:

		Débito	Crédito
	Variação monetária ativa a transcorrer	930	
a	Variação monetária ativa		**930**
	Juros ativos a transcorrer	**3.100**	
a	Juros ativos		**3.100**

Contabilização no Razão no dia 31.12.2009:

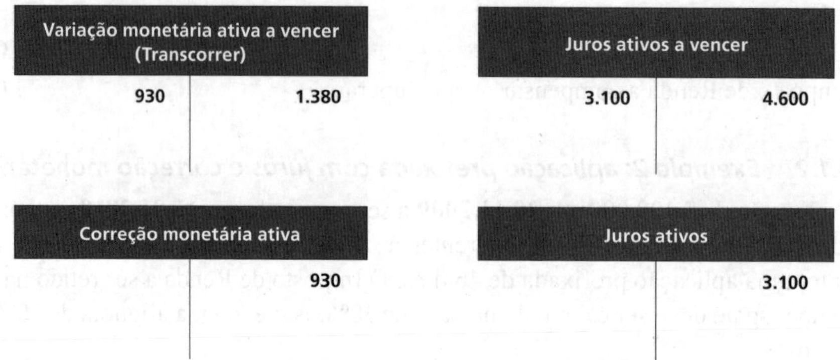

Contabilização no Balanço Patrimonial no dia 31.12.2009:

Aplicação financeira	$ 105.980
(–) Variação monetária ativa a transcorrer	$ (450)
(–) Juros ativos a transcorrer	$ (1.500)

Contabilização no dia do resgate (15.01.2010)
Memória de cálculo da contabilização no Diário, em 15.01.2010:

Correção monetária em 2010:
1.380/46 dias = $ 30.
15 dias × 30 = 450.

Juros do período:
4.600/46 dias = $ 100.
15 dias × 100 = 1.500.

O Imposto de Renda que será retido na fonte em função da aplicação deve ser calculado sobre os juros e a correção monetária.
10% sobre juros ($ 4.600) e correção monetária ($ 1.380):
10% de $ 5.980 = $ 598.

Contabilização no Diário no dia 15.01.2010:

		Débito	Crédito	
	Variação monetária ativa a transcorrer	450		Apropriação da correção monetária de janeiro
a	Variação monetária ativa		450	
	Juros ativos a transcorrer	1.500		Apropriação dos juros de janeiro
a	Juros ativos		1.500	
	Imposto de Renda a compensar	598		Contabilização do IRRF
a	Aplicação financeira		598	
	Banco	105.382		Resgate de aplicações financeiras
a	Aplicação financeira		105.382	

Contabilização no Razão no dia 15.01.2010:

Variação monetária ativa a vencer	
930	1.380
450	

Juros ativos a vencer	
3.100	4.600
1.500	

Correção monetária ativa	
	450

Juros ativos	
	1.500

Aplicação financeira	
105.980	598
	105.382
0	

Imposto de Renda a compensar	
598	

Banco (BCM)	
105.382	

Aplicação resgatada

6.2.4.2. Exemplo de aplicação com rendimento pós-fixado

São aquelas em que o INVESTIDOR só saberá o rendimento financeiro no dia do resgate. O aplicador autoriza a saída do dinheiro da conta bancária, combina o indexador da correção monetária e a taxa de juros, mas os rendimentos somente serão calculados no dia do resgate.

Exemplo de aplicação pós-fixada com juros e correção monetária:

A Cia. Vigo S.A. realizou, em 1.º.12.2009, uma aplicação financeira em CDB (Certificado de Depósito Bancário) no valor de $ 100.000, com correção pós-fixada e juros a 24% ao ano, no Banco ABC, para resgate em 31.03.2010. O exercício social da empresa tem duração de 1 ano e coincide com o ano calendário. A inflação em dezembro de 2009 foi de 3% (três por cento). Realize os lançamentos no dia da aplicação e no dia 31 de dezembro de 2009 da seguinte maneira:

Lançamento no dia da operação — 1.º.12.2009:

No Diário:

		Débito	Crédito
	Aplicação financeira	100.000	
a	Banco (BCM)		100.000

No Razão:

Aplicação financeira	
100.000	

Banco (BCM)	
	100.000

Lançamento no dia 31.12.2009:

Como a inflação em dezembro de 2009 foi de 3%, a variação monetária foi de 3% de $ 100.000 = $ 3.000. **Os juros devem ser calculados sobre o valor atualizado**, que é de $ 103.000, uma vez que o valor originalmente aplicado foi de $ 100.000 e a correção monetária do período foi de $ 3.000. Em qualquer questão de concurso público, caso não seja dito nada em sentido contrário, os juros são simples. Juros anuais de 24% equivalem a 24%/12 = 2% ao mês. Portanto, os juros referentes a dezembro serão de 2% sobre $ 103.000 = $ 2.060.

No Diário:

	Aplicações financeiras	5.060	
a	Diversos		
a	Variações monetárias ATIVAS (3% de 100.000)		3.000
a	Juros ATIVOS [(24%/12) x 103.000]		2.060

No Razão:

Aplicações financeiras	
100.000	
5.060	

Variação monetária ativa	
	3.000

Juros ativos	
	2.060

6.3. AVALIAÇÃO DE INSTRUMENTOS FINANCEIROS APÓS RECONHECIMENTO INICIAL

No tópico 6.2, estudamos os tipos instrumentos financeiros e o tratamento (contabilização) do rendimento, sejam eles juros, correção monetária ou dividendos. Neste item estudaremos como tratar as valorizações e desvalorizações do valor intrínseco do instrumento financeiro.

A correção monetária atualiza aplicações e empréstimos, os juros são ganhos devidos ao aplicador e custos para os tomadores de empréstimos. Algumas aplicações, além do rendimento (juros ou dividendos), podem proporcionar um ganho adicional com a valorização ou a desvalorização do instrumento financeiro.

Para que o leitor entenda melhor a diferença entre o conceito de dividendos e o conceito de variação do valor intrínseco de um ativo (valorização ou desvalorização), vamos exemplificar utilizando um apartamento. Imagine que você é proprietário de um apartamento adquirido em 02 de janeiro de 2018 por R$ 500.000. Você cobra um aluguel de R$ 2.500,00 por mês e, ao final de 2018, o valor de mercado do apartamento é de R$ 700.000.

CUSTO INICIAL DO APARTAMENTO	VALOR DE MERCADO NO FINAL DE 2018	VALORIZAÇÃO
R$ 500.000	R$ 700.000	R$ 200.000
RENDIMENTO MENSAL DO APARTAMENTO	**RENDIMENTO TOTAL EM 2018**	
R$ 2.500	R$ 2.500 x 12	R$ 30.000

O rendimento é a receita de aluguel e, nesse caso, foi de R$ 30.000 durante o ano de 2018, e o aumento do valor de mercado do apartamento em 2018 é a valorização do valor intrínseco do apartamento. Instrumentos financeiros, via de regra, proporcionam a seus proprietários rendimento e valorizações ou desvalorizações.

A seguir, apresento um exemplo de valorização de instrumento financeiro.

Exemplo: uma ação de uma importante siderúrgica está cotada na bolsa por $ 100. Realizamos uma aplicação no dia 31 de março de 2009. No balanço de encerramento de 2009, essa empresa informa dividendos de $ 10 por ação, e constatamos que o valor cotado em bolsa para cada ação é de $ 130. Os dividendos são receita e serão contabilizados como receita no demonstrativo de resultado. Sob esse aspecto, as novas normas contábeis não trouxeram nenhuma novidade, pois eles sempre foram contabilizados desta forma. As novas normas apresentam algumas formas diferentes de contabilizar a valorização, que foi de $ 20.

Valor de compra em 31.03.2009	**$ 100**
Dividendos declarados em 31.12.2009	**$ 10**
Valor de mercado da ação	**$ 130**
Valorização	**$ 20**

Se pagamos $ 100 e a empresa vai pagar $ 10 de dividendos, qualquer valor acima de $ 110 é um ganho adicional, que, neste caso, foi de $ 20. As novas normas brasileiras, harmonizadas com a Contabilidade internacional, especificam, nos CPCs 39, 40 e 48, como considerar em cada tipo de instrumento financeiro as valorizações percebidas.

6.3.1. Classificação de instrumentos financeiros de acordo com a Lei n. 6.404/76

A Lei n. 11.638, de dezembro de 2007, alterou os arts. 183 e 184 da Lei n. 6.404/76 e estabeleceu novas classificações e uma **nova forma de avaliação de instrumentos financeiros ativos**.

A seguir, o texto legal do art. 183, atualizado pela Lei n. 11.638/2007:

> "I — as aplicações em instrumentos financeiros, inclusive derivativos, e em direitos e títulos de créditos, classificados no ativo circulante ou no realizável a longo prazo: (*Redação dada pela Lei 11.638, de 2007*)
>
> **a) pelo seu valor justo, quando se tratar de aplicações destinadas à negociação ou disponíveis para venda**; e (*Redação dada pela Lei 11.941, de 2009*)
>
> **b) pelo valor de custo de aquisição ou valor de emissão**, atualizado conforme disposições legais ou contratuais, **ajustado ao valor provável de realização, quando este for inferior**, no caso das demais **aplicações e os direitos e títulos de crédito**; (*Incluída pela Lei 11.638, de 2007*)"

A Lei n. 6.404/76 passa a estabelecer o critério de valor justo, que é **um critério internacional**. Antes dessa alteração, só podíamos avaliar um instrumento financeiro caso ele desvalorizasse, e agora é **possível contabilizar valorizações e desvalorizações, uma vez que vamos avaliar pelo valor justo**.

O valor justo é o valor pelo qual um título pode ser negociado livremente entre duas partes independentes, como definido pelo CPC 39 (NBC TG 39) item 11:

"Valor justo é o preço que seria recebido pela venda de um ativo ou que seria pago pela transferência de um passivo em uma transação não forçada entre participantes do mercado na data de mensuração."

Temos que distinguir a receita gerada pelos rendimentos de um instrumento financeiro da receita gerada por sua valorização. Um título adquirido por $ 10.000 pode, ao final de um exercício social, propiciar uma receita de juros ou dividendos de $ 1.000, e seu valor de mercado ser de $ 11.500. Sempre contabilizaremos no resultado a receita referente aos rendimentos, atualizando o valor da aplicação. Sob esse aspecto, não houve nenhuma alteração introduzida pela Lei n. 11.638/2007, com a adoção das novas normas. A grande mudança foi na contabilização da valorização ou desvalorização.

O que fazer com os $ 500, tidos como valorização nesse exemplo?

Antes das modificações introduzidas pelas Leis n. 11.638/2007 e n. 11.941/2009 e pronunciamentos do CPC 38 (substituído a partir de 1.º de janeiro de 2018 pelo CPC 48), 39 e 40, a Contabilidade não podia contabilizar essa valorização, nada era feito. Agora é necessário **entender, por meio do dono da empresa ou do responsável pelo departamento financeiro, qual a intenção e necessidade da empresa no que diz respeito à utilização desses recursos aplicados. Se a intenção é a de transformar em dinheiro no curto prazo, no médio prazo ou no longo prazo**, para depois, então, contabilizar adequadamente.

6.3.2. Classificação de instrumentos financeiros de acordo com o CPC 48 (vigência: 1.º de janeiro de 2018)

As novas normas brasileiras harmonizadas com as normas internacionais definem 3 tipos de ativos financeiros no novo CPC 48 (NBC TG 48):

1. Valor justo por meio do resultado — CPC 48 (Destinados à negociação — Lei n. 6.404 e CPC 38): São instrumentos financeiros que foram adquiridos ou incorridos com o objetivo de serem vendidos ou recomprados no **curto prazo**. Os instrumentos derivativos, exceto aqueles identificados como *hedge*, também são classificados nessa categoria. A mensuração é feita a **valor justo**, com reconhecimento imediato de perdas e ganhos referentes ao valor intrínseco do ativo no resultado, os rendimentos, sejam eles juros ou dividendos no resultado.

2. Custo amortizado — CPC 48 (Mantidos até o vencimento — CPC 38): São instrumentos financeiros não derivativos, com prazos de vencimento fixos e cujos pagamentos são fixos ou determináveis. Além disso, a empresa deve ter a intenção e demonstrar capacidade de manter tal título até o seu vencimento. Neste caso, os instrumentos serão **mensurados pelo seu custo amortizado**, o qual consiste no custo acrescido dos rendimentos e decrescido das respectivas amortizações. Se ocorreram valorizações, nenhum registro deve ser considerado, mas se ocorrer desvalorização de valor intrínseco, deve ser registrada uma perda em contrapartida a uma perda estimada redutora do valor da aplicação.

3. **Valor justo por meio de outros resultados abrangentes — CPC 48 (Disponível para venda — Lei n. 6.404 e CPC 38):** São instrumentos financeiros não derivativos que não estejam classificados como avaliados a valor justo por meio do resultado (destinados à negociação) ou avaliados a custo amortizado (mantidos até o vencimento). **A mensuração será feita a um valor justo**, com ganhos e perdas reconhecidos diretamente no Patrimônio Líquido, exceto para perdas por *impairment*, cujo impacto deve ser reconhecido diretamente no resultado. Quando o instrumento financeiro for liquidado, os ganhos e perdas acumulados no Patrimônio Líquido deverão ser **reconhecidos no resultado do período.**

6.3.3. Quadro comparativo dos critérios de avaliação da Lei n. 6.404/76, CPC 38 (NBC TG 38) e CPC 48 (NBC TG 48)

O CPC 38 (NBC TG 38) só pode ser aplicado até 31 de dezembro de 2017, o CPC 48 (NBC TG 48) entra em vigência a partir de 1.º de janeiro de 2018. Estamos ainda apresentando a classificação prevista no CPC 38 porque algumas importantes bancas demoram a aplicar as alterações que têm ocorrido:

NORMAS/LEI	CLASSIFICAÇÃO DE ATIVO FINANCEIRO		
■ Lei n. 6.404/76	■ Demais aplicações, direitos e títulos de crédito	■ Disponível para venda	■ Destinado à negociação
■ NBC TG 38	■ Mantido até o vencimento	■ Disponível para venda	■ Valor justo por meio do resultado
■ NBC TG 48	■ Custo amortizado	■ Valor justo por meio de outros resultados abrangentes	■ Valor justo por meio do resultado
■ Intenção com o instrumento	■ Realização a longo prazo	■ Realização indefinida	■ Realização a curto prazo

Como a Lei n. 6.404/76 classifica os títulos avaliados a valor justo como destinados à negociação e disponível para venda, acreditamos que as bancas irão continuar a designar os instrumentos financeiros também desta forma. Então, para a prova, o título disponível para venda pode também ser apresentado em um enunciado como título avaliado a valor justo por meio de outros resultados abrangentes. O título destinado à negociação também pode ser apresentado em um enunciado como título avaliado a valor justo por meio do resultado, e as demais aplicações que eram designadas pelo CPC 38 como mantidas até o vencimento podem também ser designadas como títulos avaliados pelo custo amortizado.

6.3.4. Exemplos de mensuração e contabilização de instrumentos financeiros

Exemplificaremos os três tipos de instrumentos financeiros tanto em situações que consideram a valorização como a desvalorização. No diagrama a seguir, há um resumo de como as avaliações de valorização e desvalorização devem ser feitas nas **aplicações quando há valorização ou desvalorização**.

VALOR JUSTO POR MEIO DO RESULTADO (DESTINADOS À NEGOCIAÇÃO)	VALOR JUSTO POR MEIO DE OUTROS RESULTADOS ABRANGENTES (DISPONÍVEIS PARA VENDA)	CUSTO AMORTIZADO (MANTIDOS ATÉ O VENCIMENTO)
■ Negociação Imediata ■ Valorizações e Desvalorizações no Resultado	■ Negociação Futura ■ Valorizações e Desvalorizações no PL (AAP — Ajuste de Avaliação Patrimonial)	■ Negociação a longo prazo ■ Na valorização, nada é feito; na desvalorização, é feita uma apropriação no Resultado

> **Observação:** as receitas de juros e os dividendos, em qualquer situação, devem ser contabilizados no Resultado.

6.3.4.1. Valor justo por meio do resultado (destinados à negociação)

Precisamos entender, antes de mais nada, que, quando um ativo ou passivo é dito como avaliado a valor justo, isso significa que qualquer variação do seu valor de mercado (marcação a mercado) provoca ajuste em seu valor contábil, seu valor contábil sempre deve refletir o valor de mercado. Nesses dois próximos exemplos o rendimento será contabilizado ajustando o valor do instrumento financeiro, e a contrapartida desse ajuste é uma conta de resultado, no que diz respeito à valorização e à desvalorização, que também provocarão ajustes no valor do título, têm como contrapartida uma conta de resultado.

Exemplo 1 — Instrumento financeiro valoriza: instrumento financeiro adquirido por $ 1.000 destinado à negociação, que apresenta, na data do balanço, um rendimento de $ 100 e um valor de mercado de $ 1.150:

Registro no dia da aplicação (compra do título):

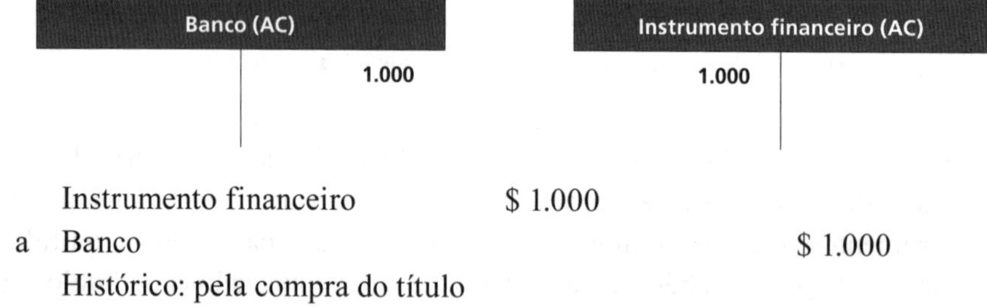

Instrumento financeiro $ 1.000
a Banco $ 1.000
Histórico: pela compra do título

Registro do rendimento e valorização no balanço:

Instrumento financeiro (AC)	
1.000	1.000
$100_{(1)}$	
$50_{(2)}$	

Receita financeira — Resultado	
	$100_{(1)}$

Receita (ganho) de valorização — Resultado	
	$50_{(2)}$

	Instrumento financeiro	$ 100	
a	Receita financeira (resultado)		$ 100
	Histórico: receita do período		
	Instrumento financeiro	$ 50	
a	Receita de valorização (resultado)		$ 50
	Histórico: pela valorização do período		

Exemplo 2 — Instrumento financeiro desvaloriza: instrumento financeiro adquirido por $ 1.000, destinado à negociação que apresenta, na data do balanço, um rendimento de $ 100 e um valor de mercado de $ 1.050:

Registro no dia da aplicação (compra do título):

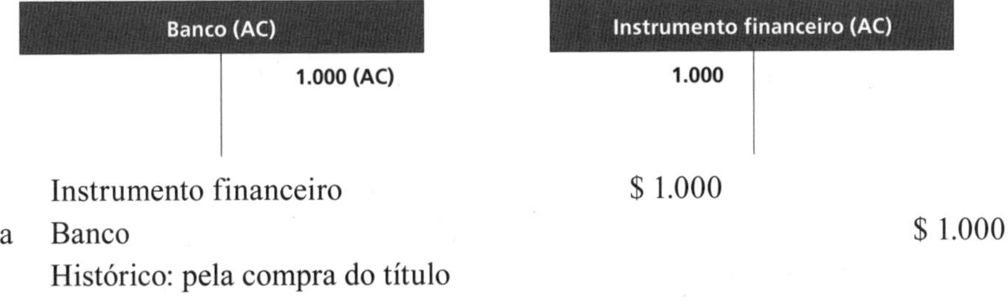

	Instrumento financeiro	$ 1.000	
a	Banco		$ 1.000
	Histórico: pela compra do título		

Registro do rendimento e desvalorização no balanço:

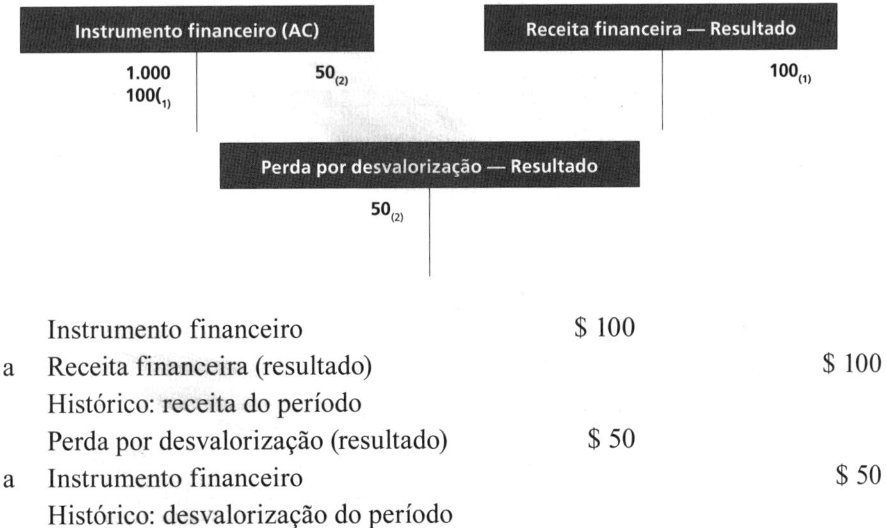

	Instrumento financeiro	$ 100	
a	Receita financeira (resultado)		$ 100
	Histórico: receita do período		
	Perda por desvalorização (resultado)	$ 50	
a	Instrumento financeiro		$ 50
	Histórico: desvalorização do período		

6.3.4.2. Valor justo por meio de outros resultados abrangentes (disponíveis para venda)

Já sabemos que, quando um ativo ou passivo é dito como avaliado a valor justo, isso significa que qualquer variação do seu valor de mercado (marcação a mercado) provoca ajuste em seu valor contábil, seu valor contábil sempre deve refletir o valor de mercado. Nesses dois próximos exemplos o rendimento será contabilizado ajustando o valor do instrumento financeiro, e a contrapartida desse ajuste é uma conta de resultado, no que diz respeito à valorização e à desvalorização, que também provocarão ajustes no valor do título a contrapartida é uma conta de patrimônio líquido.

Exemplos de contabilização:

Exemplo 1 — Instrumento financeiro valoriza: instrumento financeiro adquirido por $ 1.000, disponível para a venda, que apresenta, na data do balanço, um rendimento de $ 100 e um valor de mercado de $ 1.150:

Registro no dia da aplicação (compra do título):

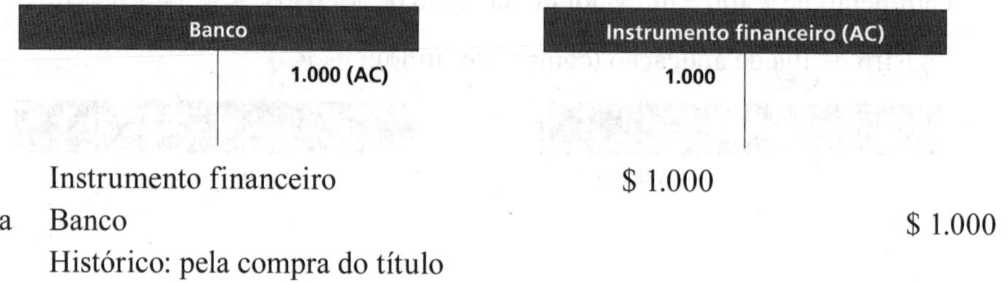

Instrumento financeiro	$ 1.000	
a Banco		$ 1.000
Histórico: pela compra do título		

Registro do rendimento e valorização no balanço:

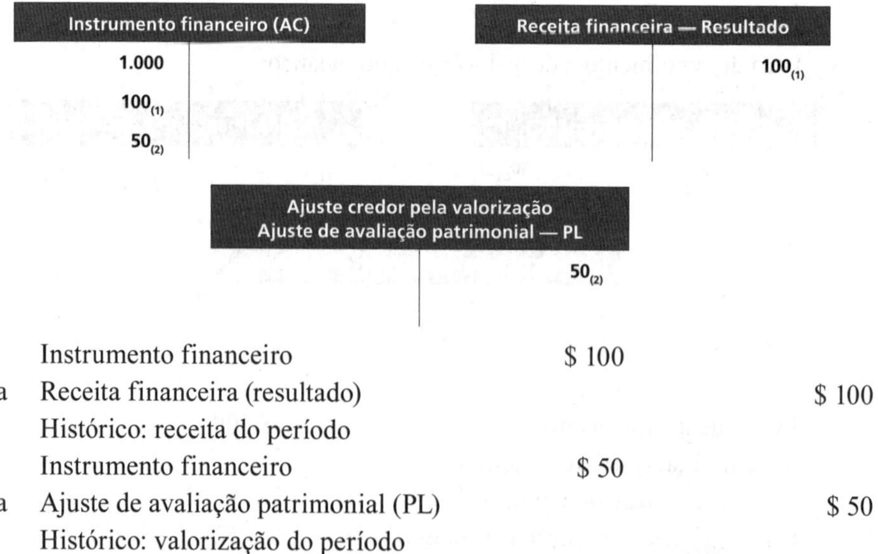

Instrumento financeiro	$ 100	
a Receita financeira (resultado)		$ 100
Histórico: receita do período		
Instrumento financeiro	$ 50	
a Ajuste de avaliação patrimonial (PL)		$ 50
Histórico: valorização do período		

Exemplo 2 — Instrumento financeiro desvaloriza: instrumento financeiro adquirido por $ 1.000, disponível para venda, que apresenta, na data do balanço, um rendimento de $ 100 e um valor de mercado de $ 1.050:

Registro no dia da aplicação (compra do título):

Banco (AC)		Instrumento financeiro (AC)	
	1.000 (AC)	1.000	

Registro do rendimento e desvalorização no balanço:

Instrumento financeiro (AC)	
1.000	$50_{(2)}$
$100_{(1)}$	

Receita financeira — Resultado	
	$100_{(1)}$

Ajuste devedor por desvalorização Ajuste de avaliação patrimonial — PL	
$50_{(2)}$	

	Instrumento financeiro	$ 1.000	
a	Banco		$ 1.000
	Histórico: pela compra do título		
	Instrumento financeiro	$ 100	
a	Receita financeira (resultado)		$ 100
	Histórico: receita do período		
	Ajuste de avaliação patrimonial (PL)	$ 50	
a	Instrumento financeiro		$ 50
	Histórico: desvalorização do período		

6.3.4.3. Custo amortizado (mantidos até o vencimento)

Avaliar a custo amortizado não é o mesmo que avaliar a valor justo porque valorizações não provocam ajustes, mas somente as desvalorizações consideradas permanentes, a simples desvalorização, se considerada uma flutuação negativa temporária não gera ajustes no valor da aplicação. Nesses dois próximos exemplos o rendimento será contabilizado ajustando o valor do instrumento financeiro, e a contrapartida desse ajuste é uma conta de resultado, no que diz respeito à valorização; esta não provocará qualquer tipo de ajuste, mas a desvalorização permanente provoca uma perda em contrapartida a uma conta redutora do instrumento financeiro.

Exemplos de contabilização:

Exemplo 1 — Instrumento financeiro valoriza: instrumento financeiro adquirido por $ 1.000, mantido até o vencimento, que apresenta, na data do balanço, um rendimento de $ 100 e um valor de mercado de $ 1.150:

Registro no dia da aplicação (compra do título):

Banco (AC)	
	1.000 (AC)

Instrumento financeiro (AC)	
1.000	

	Instrumento financeiro	$ 1.000	
a	Banco		$ 1.000
	Histórico: pela compra do título		

Registro do rendimento :

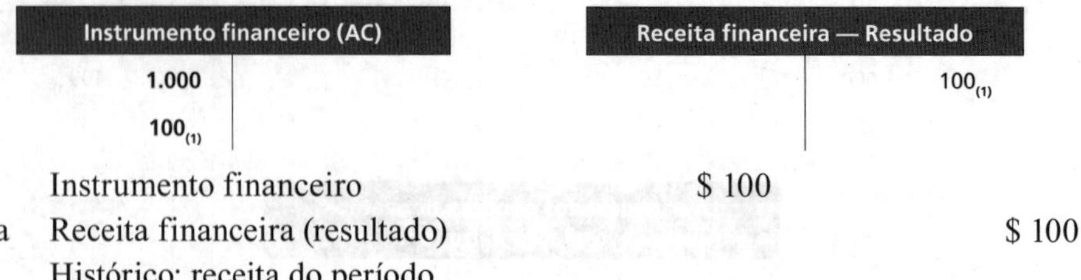

	Instrumento financeiro	$ 100	
a	Receita financeira (resultado)		$ 100
	Histórico: receita do período		

Exemplo 2 — Instrumento financeiro desvaloriza: instrumento financeiro adquirido por $ 1.000, mantido até o vencimento, que apresenta, na data do balanço, um rendimento de $ 100 e um valor de mercado de $ 1.050, se esta flutuação for considerada normal, não geraria qualquer ajuste mas vamos considerar como uma variação sem perspectivas de recuperação a curto e médio prazo.

Registro no dia da aplicação (compra do título):

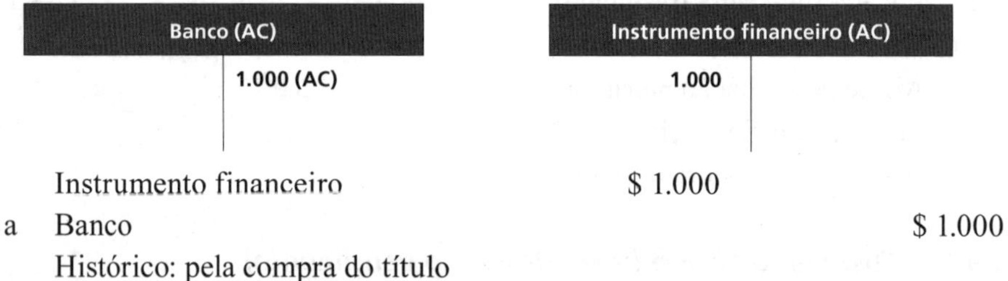

	Instrumento financeiro	$ 1.000	
a	Banco		$ 1.000
	Histórico: pela compra do título		

Registro do rendimento e desvalorização considerada permanente:

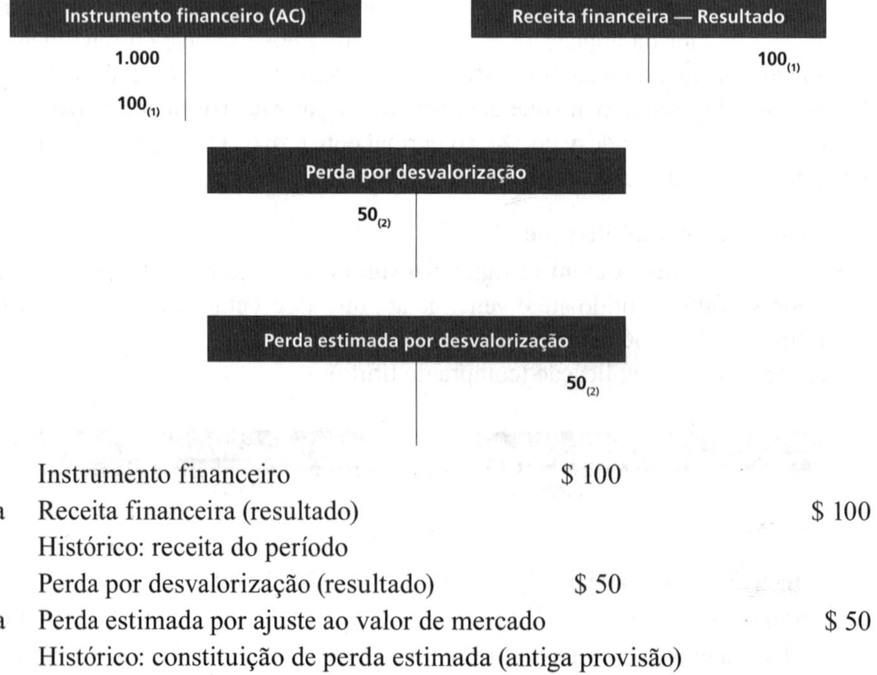

	Instrumento financeiro	$ 100	
a	Receita financeira (resultado)		$ 100
	Histórico: receita do período		
	Perda por desvalorização (resultado)	$ 50	
a	Perda estimada por ajuste ao valor de mercado		$ 50
	Histórico: constituição de perda estimada (antiga provisão)		

Apresentação no balanço:

Ativo Circulante	
Instrumento financeiro	1.100
(–) Perda estimada por desvalorização	(50)

Observação: Neste caso, de avaliação pelo critério do custo amortizado (mantida até o vencimento) o registro da perda só foi feito porque a perda foi considerada permanente, caso fosse considerada apenas uma flutuação negativa, o registro do ajuste negativo não teria sido feito.

6.4. EMPRÉSTIMOS CONTRATADOS

Os principais tipos de empréstimos cobrados em provas de concursos em geral se subdividem em quatro tipos:

- Capital de giro com nota promissória (pré ou pós-fixado);
- Capital de giro com cheque pré-datado (prefixado);
- Operações com duplicatas (prefixado);
- Empréstimo com emissão de debêntures (pós-fixado).

6.4.1. Capital de giro com nota promissória

Operações de capital de giro são normalmente operações pré ou pós-fixadas de **curto prazo para atender às necessidades operacionais** vinculadas à produção e vendas no curto prazo. A nota promissória é o título de crédito mais empregado para lastrear este tipo de operação.

A nota promissória está regulamentada nos arts. 54 a 57 do Decreto n. 2.044/1908 e nos arts. 75 ao 78 do Decreto n. 57.663/1966. Caracteriza-se por:

1. Ser um título de crédito exclusivo de operações financeiras;
2. Ser emissor de uma nota promissória o devedor (pode ser emitido por pessoa física ou jurídica);
3. Poder ser emitido por pessoa física ou por pessoa jurídica contra outra pessoa física ou jurídica.

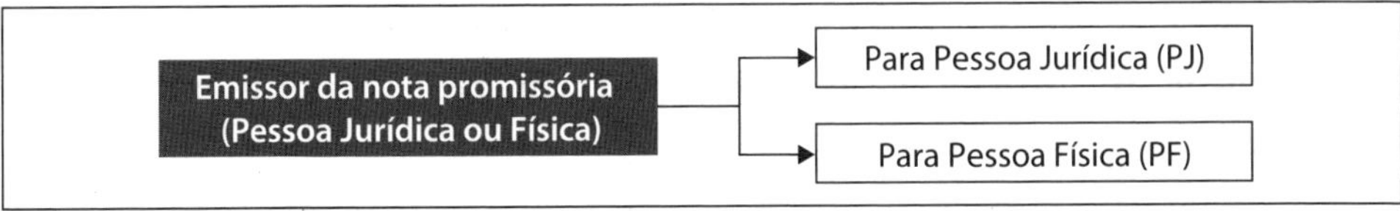

NÃO existe a figura do "ACEITE", que seria a concordância do credor.

Vejamos as seguintes pessoas envolvidas:

- "SACADOR": é o credor, o beneficiário do título;
- "SACADO": é o emitente, o devedor;
- "AVALISTA": é devedor solidário ao emitente.

NOTA PROMISSÓRIA

N.: ________ Vencimento ________ de ______ de ______

$

A ____________________

pagar por esta ____________ única via de *Nota Promissória*

____________ CPF/CGC ____________

ou a sua ordem a quantia de

em moeda corrente deste país

Pagável em ____________________

emitente

CPF/CGC: ____________

Endereço: ____________

6.4.2. Capital de giro com cheque pré-datado (prefixado)

O cheque é uma **ordem de pagamento à vista** prevista e regulamentada pela Lei do Cheque (Lei n. 7.357/85). **Apesar disso, o cheque pré-datado no Brasil é largamente utilizado**. As empresas vendem a crédito, descontam esses cheques com vencimento futuro e recebem um valor líquido no ato da operação.

6.4.3. Operações com duplicatas (prefixado)

Duplicatas são **títulos de crédito que existem apenas no Brasil** e típicos de **operações mercantis**, isto é, venda de mercadorias e produtos a prazo. O credor, quando vende a prazo, pode emitir uma duplicata referente ao crédito concedido ao cliente. A empresa emissora de uma duplicata pode mantê-la na tesouraria (em carteira), contratar uma instituição financeira para fazer a cobrança em seu nome (cobrança simples) ou realizar uma operação de desconto dessa duplicata, antecipando o recebimento (desconto da duplicata).

- Duplicata em carteira;
- Cobrança simples;
- Desconto de duplicatas.

Principais características da duplicata:

- É um título de crédito **exclusivo de operações comerciais**;
- **Emissão exclusiva de pessoa jurídica** para outra pessoa jurídica ou física;

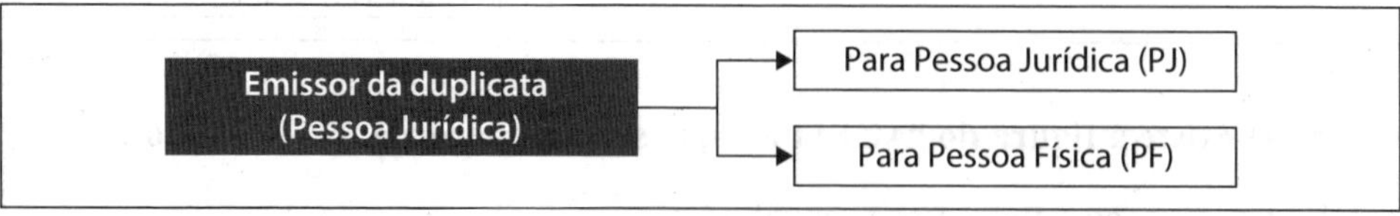

- Opcionalmente emitida em vendas a prazo;
- Só pode fazer menção a uma fatura;
- **Existe a figura do "ACEITE"**, que é a concordância do devedor.

Endosso:

- Transferência do direito ao valor constante do título — art. 893 do Código Civil.

Pessoas envolvidas:

- "SACADOR": é o emitente, vendedor e, portanto, credor;
- "SACADO": é o comprador, devedor e quem deve dar o aceite;
- "AVALISTA": é o devedor solidário do sacado.

Uma operação de desconto de duplicata consiste em antecipar o valor que só será pago pelo cliente em uma data futura. É uma operação prefixada. A empresa detentora do crédito procura uma instituição financeira, que antecipa o valor de face descontando previamente juros combinados entre as partes.

6.4.4. Empréstimo com emissão de debênture

No item 6.2.1.5 (Aplicação em debêntures), estudamos o título de crédito e vimos que, quando uma empresa compra uma debênture, ela registra o fato como uma aplicação de longo prazo. Quando a empresa utiliza a aplicação em debêntures para tomar um empréstimo, ela é a emissora do título e, portanto, devedora do investidor e terá que registrar **debênture a pagar como Passivo de longo prazo**.

6.4.5. Exemplos de contabilização de empréstimos e operações com duplicatas

Um empréstimo é uma operação financeira que representa um **passivo exigível para a empresa**. Os empréstimos podem ser feitos para pagamento a curto prazo ou a longo prazo. A curto prazo normalmente são realizados para financiar uma compra de matérias-primas para a fabricação de produtos da empresa, para financiar a importação de uma mercadoria que já foi vendida ou será vendida rapidamente ou mesmo para financiar o pagamento de despesas urgentes.

Os empréstimos de longo prazo **podem ter vinculação com investimentos específicos**. Normalmente, os objetivos são: o desenvolvimento de um produto novo, a aquisição de uma máquina, de uma participação societária, de um terreno ou imóvel ou até mesmo a combinação de alguns desses objetivos.

Financiamento também é um tipo de empréstimo. Entretanto, o **financiamento tem destinação específica**. Por exemplo, financiamento para aquisição de um veículo; os recursos estarão vinculados à compra desse veículo.

6.4.5.1. Empréstimos prefixados

São operações em que o **DEVEDOR já sabe a despesa que terá que pagar ao CREDOR**. O devedor negocia e embute o valor da correção monetária e os juros, aceitando assinar uma nota promissória com vencimento futuro que já incorpore todos os encargos e juros e recebendo um valor líquido menor que o valor de face da nota promissória.

De acordo com o NBC TG 08 (CPC 8-R1), em seu item 11:

O registro do montante inicial dos recursos captados de terceiros, classificáveis no passivo exigível, deve corresponder ao valor justo líquido dos custos de transação diretamente atribuíveis à emissão do passivo financeiro.

As despesas financeiras já conhecidas, mas ainda não transcorridas, deverão ser contabilizadas como redutoras do passivo.

6.4.5.1.1. Exemplo de empréstimo prefixado com juros e correção monetária

A Cia. Vigo S.A., cujo exercício social coincide com o ano calendário, contratou um empréstimo em 1.º.10.2009 no valor de $ 100.000, que deverá ser pago em 30 dias, com juros no período de 8% e correção monetária de 2%.

Contabilização no dia da operação:

No Diário:

	Diversos		
a	Nota promissória a pagar		100.000
	Banco	90.000	
	Correção monetária passiva a transcorrer	2.000	
	Juros a transcorrer	8.000	

No Razão:

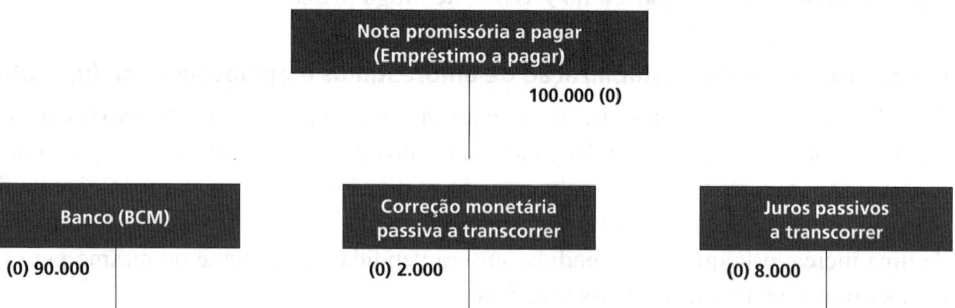

Representação no Balanço Patrimonial no dia da operação (1.º.10.2009):

ATIVO CIRCULANTE		PASSIVO CIRCULANTE	
Banco	90.000	Empréstimo a pagar	100.000
		Correção monetária passiva a transcorrer	(2.000)
		Juros passivos a transcorrer	(8.000)

Contabilização no dia do pagamento:

No Diário:

	Diversos		
a	Diversos		
	Empréstimo a pagar	100.000	Baixa da nota promissória a pagar
	Correção monetária passiva	2.000	Apropriação das despesas
	Juros passivos	8.000	

a	Banco	100.000
a	Correção monetária passiva a transcorrer	2.000
a	Juros passivos a transcorrer	8.000

No Razão:

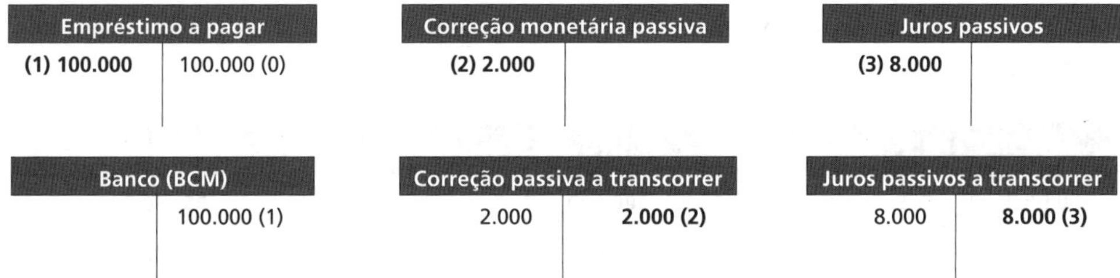

6.4.5.1.2. Empréstimos pós-fixados

Nesse tipo de empréstimo, o contratante assina uma nota promissória **do mesmo valor que receberá em sua conta bancária** como empréstimo. Ao final de cada período, são calculados a correção monetária e os juros devidos para pagamento, com a finalidade de atualização da dívida e contabilização das despesas financeiras.

6.4.5.1.2.1. Exemplo de empréstimo contratado em moeda nacional

A Cia. Vigo contratou um empréstimo pós-fixado de $ 100.000 em 30 de julho, para pagar em 30 de agosto, com juros de 10%:

Contabilização no dia do empréstimo:

No Diário:

	Banco	100.000	
a	NP a pagar		100.000

No Razão:

Contabilização no dia do pagamento:

No Diário:

	Diversos		
a	Banco		110.000
	Empréstimo a pagar	100.000	
	Despesas financeiras	10.000	

No Razão:

Banco		NP a pagar		Despesas financeiras	
	110.000	100.000	100.000	**10.000**	

6.4.5.1.2.2. Exemplo de empréstimo contratado em moeda estrangeira

Uma empresa realiza a contratação de um empréstimo de US$ 100.000 no dia 30 de junho de 2009, quando a cotação do dólar americano estava a $ 1,50. No dia 30 de setembro de 2009, a empresa decide amortizar 25% da dívida, e a cotação estava a $ 2. No dia 31 de dezembro de 2009, resolveu quitar mais 25% do total contratado, quando o dólar estava cotado a $ 2,50. Determinamos da seguinte forma as perdas cambiais incorridas:

		US$	COTAÇÃO (1 US$)	DÍVIDA EM REAIS
30.06.2009	Empréstimo	100.000	1,5	R$ 150.000
30.09.2009	Atualização	100.000	2	R$ 200.000
30.09.2009*	Perda cambial			R$ 50.000
30.09.2009	Amortização	25.000	2	R$ 50.000
30.09.2009	Saldo devedor	75.000	2	R$ 150.000
31.12.2009	Atualização	75.000	2,5	R$ 187.500
31.12.2009**	Perda cambial			R$ 37.500
31.12.2009	Amortização	25.000	2,5	R$ 62.500
31.12.2009	Saldo devedor	50.000	2,5	R$ 125.000
As perdas cambiais até o momento totalizam $ 87.500				

* A perda cambial do período 30.6 — 30.9 é calculada tomando-se por base a dívida em dólar (US$ 100.000), multiplicada pela diferença de câmbio entre os dias 30.9 (R$ 2,00) e 30.6 (R$ 1,50):

Perda cambial do período 30.6 — 30.9 = US$ 100.000 × 0,50 = R$ 50.000

** A perda cambial do período 30.9 — 31.12 é calculada tomando-se por base a dívida em dólar remanescente em 30.9 (US$ 75.000), multiplicada pela diferença de câmbio entre os dias 31.12 (R$ 2,50) e 30.9 (R$ 2,00):

Perda cambial do período 30.9 — 31.12 = US$ 75.000 × 0,50 = R$ 37.500

A Perda Cambial Total é: R$ 50.000 + R$ 37.500 = R$ 87.500.

Outra forma de calcular a perda cambial é:

		VALOR (US$)	COTAÇÃO (1 US$)	VALOR (R$)
30.06.2009	Empréstimo contratado	100.000	R$ 1,50	150.000
30.09.2009	Primeiro pagamento	25.000	R$ 2,00	50.000
31.12.2009	Segundo pagamento	25.000	R$ 2,50	62.500
31.12.2009	Saldo devedor	50.000	R$ 2,50	125.000

As perdas cambiais podem ser determinadas, de forma alternativa, calculando-se a diferença entre o valor contratado inicialmente (R$ 150.000) e os valores já pagos (R$ 50.000 + R$ 62.500 = R$ 112.500) somados ao saldo devedor (R$ 125.000 + R$ 112.500 = R$ 237.500).

Perda Cambial Total = R$ 237.500 – R$ 150.000 = 87.500

6.4.5.1.3. Operações com duplicatas

A duplicata é um título de crédito, definido no art. 2.º, da Lei n. 5.474/68, **exclusivo para utilização em operações de venda a prazo**. Sua emissão não é obrigatória por parte do detentor do crédito, que é a empresa vendedora.

Tipos de operações com duplicata:

- Manter cobrança em carteira;
- Enviar para cobrança simples por uma instituição financeira;
- Descontar as duplicatas em uma instituição financeira.

6.4.5.1.3.1. Cobrança em carteira

Neste caso, a empresa mantém as duplicatas na tesouraria, aguardando o vencimento e o pagamento pelo cliente diretamente à empresa. A empresa cobra seus clientes sem utilizar os serviços de cobrança de nenhuma instituição financeira.

Quando o cliente realiza o pagamento, a empresa emissora da duplicata a **envia com a indicação de que foi quitada**, fazendo uma menção normalmente com um carimbo e a assinatura de pessoa autorizada a dar essa quitação.

6.4.5.1.3.2. Cobrança simples

Este tipo de operação consiste na **contratação de uma instituição financeira**, pela empresa emissora da duplicata, que fará a cobrança em seu nome. Isso ocorre normalmente em função do grande número de duplicatas emitidas, da incapacidade física de receber o crédito ou até mesmo a fim de facilitar o pagamento para o comprador.

Para que a cobrança possa ser feita, a empresa emitente da duplicata necessita **fazer o endosso na duplicata** para que o banco possa realizar a cobrança em seu nome.

As instituições financeiras não fazem esse serviço gratuitamente, cobrando um valor por cada título. A empresa emitente terá que contabilizar uma **despesa bancária** por cada título. Esse custo de cobrança deve ser contabilizado quando efetivamente realizado o serviço. Alguns bancos, porém, cobram esse valor no ato de envio das duplicatas. Nesse caso, a empresa deve contabilizá-las como uma despesa paga antecipadamente, constituindo um direito a constar no Ativo Circulante (AC).

6.4.5.1.3.2.1. Exemplo de cobrança de despesa bancária pela instituição financeira após o recebimento do valor da duplicata

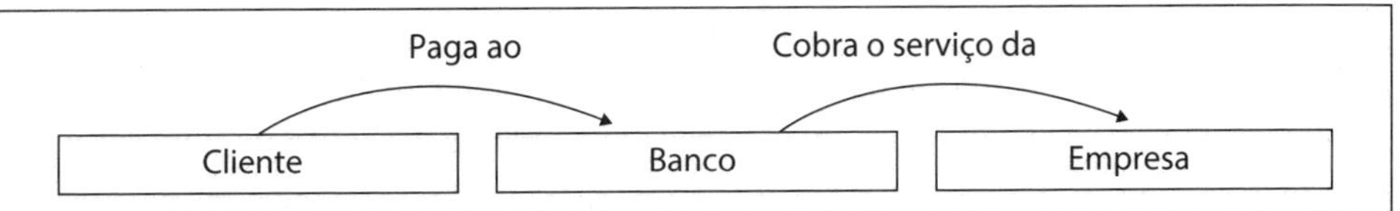

Exemplo: a empresa Vigo S.A. envia 10 duplicatas de sua emissão ao Banco ABC S.A. para cobrança simples, conforme borderô (documento bancário que acompanha as duplicatas emitidas), no valor total de $ 1.000. O banco cobrou um total de $ 50 de comissões e taxas após a efetiva cobrança.

Registro da despesa de cobrança após o recebimento pelo banco:

	Despesas bancárias	50	
a	Bancos Conta Movimento		50

pelo serviço de cobrança de duplicatas

6.4.5.1.3.2.2. Exemplo de cobrança de despesa bancária pela instituição financeira no ato de envio das duplicatas para cobrança

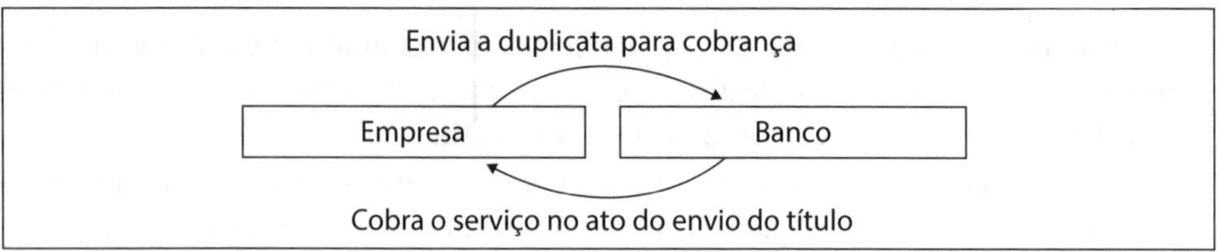

Exemplo: a empresa Vigo S.A. envia 10 duplicatas de sua emissão ao Banco ABC S.A. para cobrança simples, conforme borderô (documento bancário que acompanha as duplicatas emitidas), no valor total de $ 1.000. O banco cobrou um total de $ 50 de comissões e taxas no ato do envio das duplicatas para cobrança simples.

Registro da despesa antecipada no ato do envio das duplicatas:

	Despesas bancárias antecipadas	50	
a	Bancos Conta Movimento		50

pelo envio das duplicatas para cobrança

Registro da despesa quando o banco notifica a efetiva cobrança do título:

	Despesas bancárias	50	
a	Despesas bancárias antecipadas		50

pela cobrança das duplicatas pelo banco

6.4.5.1.3.3. Desconto de duplicatas

O desconto de duplicatas é **uma antecipação de valor**. Uma empresa, quando vende a crédito (a prazo) e precisa dos recursos imediatamente, dirige-se a uma instituição financeira (banco) e solicita uma antecipação, chamada de **desconto de duplicata**.

O banco antecipa esse valor, fazendo a retenção dos juros negociados na operação do desconto. O valor líquido recebido pela empresa será o valor de face do título menos os juros negociados. Vamos explicar os 7 fatos contábeis possíveis, ligados à operação de desconto de duplicatas, utilizando o seguinte fluxograma:

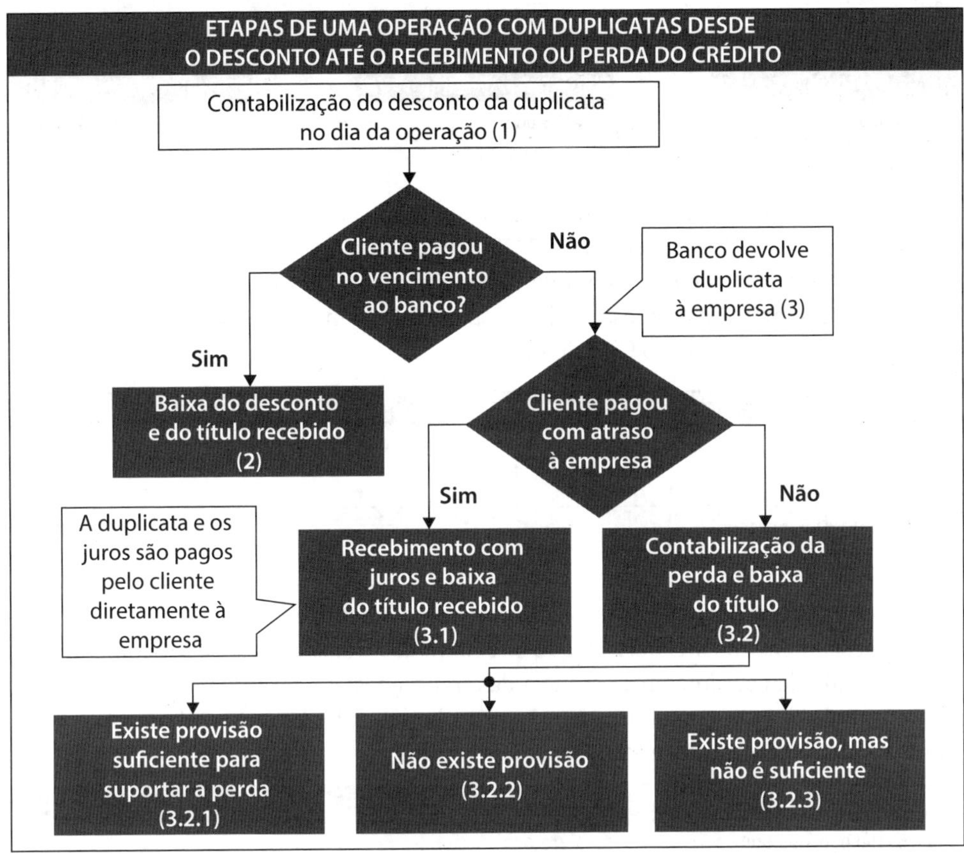

Exemplo: desconto de uma duplicata de $ 100.000, 30 dias antes do vencimento, com 5%, de juros, supondo que a conta Duplicata a Receber tenha saldo de 500.000, e a conta bancária, de 150.000.

Saldos antes da operação de desconto da duplicata:

Duplicatas a receber	$ 500.000
Banco	$ 150.000

6.4.5.1.3.3.1. Contabilização no dia do desconto (lançamento 1)

A seguir, apresentamos os lançamentos no Diário e no Razão do desconto da duplicata no dia da operação:

No Diário:

	Diversos		
a	Duplicata descontada		100.000
	Banco (BCM)	95.000	
	Juros passivos a transcorrer	5.000	

No Razão:

Banco (BCM)	
150.000	
(1) 95.000	

Juros passivos a transcorrer	
(1) 5.000	

Duplicata descontada	
	100.000 (1)

A conta Duplicatas Descontadas, antes das alterações introduzidas na Contabilidade pela Lei n. 11.638/2007, Lei n. 11.941/2009 e Resoluções do CFC, era apresentada no Balanço Patrimonial como redutora do Ativo Circulante; já os juros, que nesse tipo de operação são sempre pactuados no dia da operação, eram apresentados como despesas antecipadas (direito no Ativo Circulante).

ATIVO CIRCULANTE		
Banco	(150.000 + 95.000)	$ 245.000
Duplicatas a Receber		$ 500.000
(–) Duplicatas Descontadas		($ 100.000)
Juros Passivos a Transcorrer		$ 5.000

Após as alterações, e de acordo com o pronunciamento conceitual básico que determina, em seu item 12 CPC 08(R1), que o registro das transações deve ser contabilizado e apresentado de acordo com a essência das transações, o desconto de duplicata no ato da transação deve ser contabilizado, não como redutor do Ativo Circulante, mas como Passivo Circulante, conforme apresentado a seguir:

ATIVO CIRCULANTE		PASSIVO CIRCULANTE	
Banco (150.000 + 95.000)	$ 245.000	Duplicatas Descontadas	$ 100.000
Duplicatas a Receber	$ 500.000	(–) Juros a Transcorrer	($ 5.000)

IMPORTANTE PARA SUA PROVA!

O leitor que for prestar concursos deve estar atento às duas formas de contabilização da conta Duplicata Descontada. Nunca foi comum existir como alternativa duplicata descontada no Passivo; se essa opção existir ou se o texto for explícito na solicitação da contabilização de acordo com as novas normas, marque a alternativa de acordo com essa nova regra (duplicata descontada no passivo), caso contrário, assinale da forma adotada anteriormente, se ela for a única alternativa.

6.4.5.1.3.3.2. Cliente pagou em dia (lançamento 2)

Contabilização da baixa da duplicata descontada por recebimento do cliente que pagou pontualmente direto ao banco e contabilização da despesa de juros:

No Diário:

		Débito	Crédito
	Duplicata descontada	100.000 (1)	
a	Duplicata a receber		100.000 (1)
	Juros passivos	5.000 (2)	
a	Juros passivos a transcorrer		5.000 (2)

No Razão:

Duplicatas a receber	
500.000	100.000 (1)

Duplicatas descontadas	
(1) 100.000	100.000

Juros passivos a transcorrer	
5.000	5.000 (2)

Juros passivos (Resultado)	
(2) 5.000	

O saldo inicial da conta Duplicatas a Receber era de $ 500.000. Porém, como o cliente pagou em dia, baixamos, com o Lançamento 1, o valor de $ 100.000 da duplicata recebida. A contrapartida desse lançamento é a baixa da duplicata descontada.

Já o Lançamento 2 representa a contabilização das despesas de juros incorridos (juros passivos), em contrapartida com a baixa dos juros a transcorrer. No ato do desconto, contabilizamos o direito representado pelos juros a transcorrer. Uma vez transcorrido o tempo, incorremos na despesa de juros.

6.4.5.1.3.3.3. Cliente não pagou no dia do vencimento (lançamento 3)

O banco devolve a duplicata para a empresa sem cobrá-la. A empresa terá que devolver o valor recebido pelo desconto ao banco acrescido do valor dos juros do período (1), assim como incorrer na despesa referente aos juros contratados com instituição financeira pela operação de desconto com duplicata (2).

No Diário:

	Duplicata descontada	100.000 (1)	
a	Banco		100.000 (1)
	Juros passivos	5.000 (2)	
a	Juros passivos a transcorrer		5.000 (2)

No Razão:

Banco (BCM)	
245.000	100.000 (1)

Duplicata descontada	
(1) 100.000	100.000

Juros passivos a transcorrer	
5.000	5.000 (2)

Juros passivos	
(2) 5.000	

O Lançamento 1 representa a baixa da duplicata descontada e a devolução ao banco dos recursos emprestados ($ 95.000) no dia do desconto, mais os juros de $ 5.000; por isso, o lançamento credor na conta Banco foi de $ 100.000.

O Lançamento 2, por sua vez, representa a contabilização das despesas de juros pela utilização do dinheiro durante esse período.

6.4.5.1.3.3.3.1. Cliente paga direto à empresa com atraso (lançamento 3.1)

Cliente pagou com 10 dias de atraso, com adicional de 3% de juros:

No Diário:

	Banco	103.000 (1)	
a	Diversos		
a	Duplicata a receber		100.000 (1)
a	Juros ativos		3.000 (1)

No Razão:

Banco (BCM)	
145.000	
(1) 103.000	

Duplicatas a receber	
500.000	100.000 (1)

Juros ativos (Resultado)	
	3.000 (1)

Fique atento a respeito do fato de que o saldo bancário, inicialmente, foi de $ 150.000; no dia do desconto, a empresa recebeu $ 95.000 ($ 100.000 menos os juros, que foram descontados previamente). No entanto, como o cliente não pagou em dia à empresa, ele teve que devolver ao banco os $ 95.000, mais os juros de $ 5.000, totalizando $ 100.000, por isso, o saldo da conta Banco diminuiu para $ 145.000.

O Lançamento 1 apresenta o recebimento em conta bancária de $ 103.000 e, como contrapartida, a baixa de duplicatas a receber de $ 100.000, mais a contabilização dos juros ativos (receita de juros) de $ 3.000.

Lembre: só podemos baixar Duplicatas a Receber quando o cliente paga.

6.4.5.1.3.3.3.2. Cliente não paga nunca mais a duplicata (lançamento 3.2)

Cliente não paga a duplicata e empresa desiste da cobrança, realizando sua baixa; nesse caso, existem 3 possibilidades, estudadas a seguir.

6.4.5.1.3.3.3.2.1. Baixa de duplicata utilizando <u>provisão já existente</u> (lançamento 3.2.1)

Supondo que exista PCLD constituída no final do exercício anterior de $ 300.000:

	PCLD	100.000 (1)	
a	Duplicata a receber		100.000 (1)

Duplicatas a receber	
500.000	100.000 (1)

PCLD	
(1) 100.000	300.000

PCLD é uma provisão para créditos de liquidação duvidosa, normalmente constituída ao final de cada exercício para suportar as perdas com vendas a prazo. No Capítulo 9, o tema provisão será estudado mais detalhadamente.

No exemplo, existia uma provisão de $ 300.000, e foi utilizada uma parte desta provisão para dar baixa no título considerado perdido.

6.4.5.1.3.3.3.2.2. Baixa de duplicata quando não existe provisão constituída (lançamento 3.2.2)

Supondo que não exista PCLD constituída no final do exercício anterior:

	Perdas com títulos	100.000 (1)	
a	Duplicata a receber		100.000 (1)

Duplicatas a receber	
500.000	100.000 (1)

Perdas com títulos (despesa financeira)	
(1) 100.000	

Neste caso, como não existe provisão, a empresa deve lançar a perda do título no resultado no mês que for decidido realizar a baixa.

6.4.5.1.3.3.3.2.3. Baixa de duplicata quando não existe provisão suficiente constituída (lançamento 3.2.3)

Supondo que exista PCLD constituída no final do exercício anterior ($ 60.000), mas esta não seja suficiente para cobrir as perdas ($ 100.000), lançaremos parte consumindo o saldo da provisão e a diferença no resultado do mês em que for decidida a baixa do título como perda ($ 40.000).

	Diversos		
a	Duplicata a receber		100.000 (1)
	PCLD	60.000 (1)	
	Perdas com títulos	40.000 (1)	

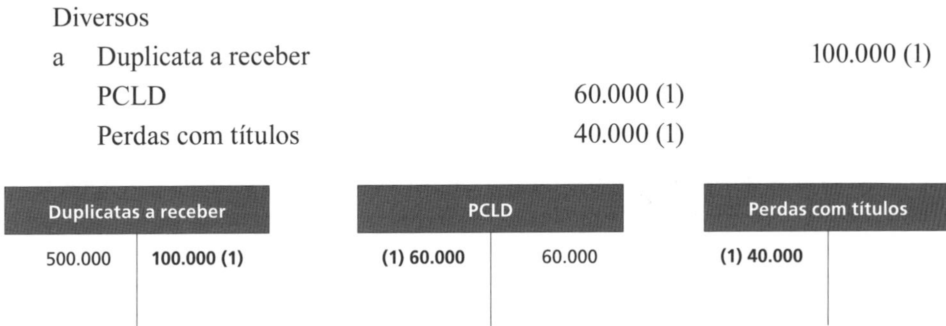

6.5. TEXTOS LEGAIS SOBRE FATURA E DUPLICATA

6.5.1. Fatura

Em vendas que uma empresa faz com prazo de pagamento **superior a 30 dias**, é obrigatória a emissão de uma fatura. Em caso de **venda com prazo menor, isso é facultativo**. A Lei n. 5.474/68, em seu art. 1.º, apresenta a definição de fatura:

> "**Art. 1.º** Em todo o contrato de compra e venda mercantil entre partes domiciliadas no território brasileiro, com prazo não inferior a 30 (trinta) dias, contado da data da entrega ou despacho das mercadorias, **o vendedor extrairá a respectiva fatura para apresentação ao comprador**.

§ 1.º A fatura discriminará as mercadorias vendidas ou, quando convier ao vendedor, indicará somente os números e valores das notas parciais expedidas por ocasião das vendas, despachos ou entregas das mercadorias."

A fatura é um resumo de uma venda, na qual são enumeradas as notas fiscais e duplicatas relacionadas com a venda.

6.5.2. Duplicata

A duplicata é um **título de crédito** que pode ser emitido **tanto para venda à vista como a prazo**. É um título de emissão facultativa e **exclusivo para operações comerciais** na venda de mercadorias ou prestação de serviços. Sua **emissão é exclusiva de pessoa jurídica**. A seguir, transcrevemos os principais artigos da Lei n. 5.474/68, que define a duplicata na legislação comercial:

"**Art. 2.º** No ato da emissão da fatura, dela poderá ser extraída uma duplicata para circulação como efeito comercial, não sendo admitida qualquer outra espécie de título de crédito para documentar o saque do vendedor pela importância faturada ao comprador.

§ 1.º A duplicata conterá:

I — a denominação 'duplicata', a data de sua emissão e o número de ordem;

II — o número da fatura;

III — a data certa do vencimento ou a declaração de ser a duplicata à vista;

IV — o nome e domicílio do vendedor e do comprador;

V — a importância a pagar, em algarismos e por extenso;

VI — a praça de pagamento;

VII — a cláusula à ordem;

VIII — a declaração do reconhecimento de sua exatidão e da obrigação de pagá-la, a ser assinada pelo comprador, como aceite cambial;

§ 2.º Uma só duplicata não pode corresponder a mais de uma fatura.

§ 3.º Nos casos de venda para pagamento em parcelas, poderá ser emitida duplicata única, em que se discriminarão todas as prestações e seus vencimentos, ou série de duplicatas, uma para cada prestação distinguindo-se a numeração a que se refere o item I do § 1.º deste artigo, pelo acréscimo de letra do alfabeto, em sequência.

Art. 3.º A duplicata indicará sempre o valor total da fatura, ainda que o comprador tenha direito a qualquer rebate, mencionando o vendedor o valor líquido que o comprador deverá reconhecer como obrigação de pagar.

§ 1.º Não se incluirão no valor total da duplicata os abatimentos de preços das mercadorias feitas pelo vendedor até o ato do faturamento, desde que constem da fatura.

§ 2.º A venda mercantil para pagamento contra a entrega da mercadoria ou do conhecimento de transporte, sejam ou não da mesma praça vendedor e comprador, ou para pagamento em prazo inferior a 30 (trinta) dias, contado da entrega ou despacho das mercadorias, poderá representar-se, também, por duplicata, em que se declarará que o pagamento será feito nessas condições. (...)

Art. 20. As empresas, individuais ou coletivas, fundações ou sociedades civis, que se dediquem à prestação de serviços, poderão, também, na forma desta lei, emitir fatura e duplicata."

6.6. QUESTÕES

6.6.1. Aplicações

1. (BACEN — VUNESP/2004) Em 05.05.X4, determinada empresa fez uma aplicação financeira de $ 25.000; o resgate ocorreu em 16.05.X4; o rendimento bruto creditado foi de $ 2.500, o IRRF foi de $ 125 e o IOF retido na fonte foi de $ 78. Os valores a serem contabilizados, na data do resgate, a débito de Bancos Conta Movimento e a crédito de Receitas Financeiras são, respectivamente:

a) $ 27.500 e $ 2.295;
b) $ 27.422 e $ 2.375;
c) $ 27.375 e $ 2.422;
d) $ 27.297 e $ 2.500;
e) $ 27.297 e $ 2.297.

6.6.2. Empréstimos

1. (ANTAQ — CESPE/2009) Com relação aos princípios fundamentais da contabilidade e às demonstrações contábeis das sociedades comerciais, julgue os itens seguintes.

As obrigações em moeda estrangeira, com cláusula de paridade cambial, existentes à época do balanço, deverão ser mantidas pelo seu valor em moeda nacional à época da contratação da operação ou da última avaliação, se tiver havido valorização cambial no período, em consonância com o princípio da prudência.

( ) Certo ( ) Errado

2. (BNDES — CESGRANRIO/2009) Em relação ao aval, afirma-se que

a) tem o mesmo efeito do endosso no título de crédito.
b) tem o mesmo efeito de uma cessão de título de crédito.
c) tem o mesmo efeito do aceite no título de crédito.
d) é uma garantia de pagamento dada por uma pessoa designada avalista, em favor do devedor principal ou de um coobrigado.
e) é garantia de pagamento que poderá figurar no cheque, nota promissória e duplicata, não aplicável à letra de câmbio.

3. (AFTN — ESAF/1996) Em 1.º.10.19X1 a CIA. ALVORECER desconta uma nota promissória de $ 100.000, com vencimento previsto para 31.01.19X2, e juros de $ 8.000. Com base nesta afirmativa, assinale a opção correta nas questões seguintes:

Na data da operação o registro contábil efetuado foi:

a) Débito de $ 92.000 na conta "Notas Promissórias a Pagar" e crédito de igual valor na conta "Banco Empréstimos".
b) Débitos de $ 8.000 em "Despesas Financeiras de Juros", $ 92.000 em "Bancos c/ Movimento" e crédito de $ 100.000 em "Notas Promissórias a Pagar".
c) Débitos de $ 8.000 em "Encargos Financeiros a Transcorrer", $ 92.000 em "Bancos c/ Movimento" e crédito de $ 100.000 em "Notas Promissórias a pagar".
d) Débitos de $ 8.000 em "Resultado de Exercícios Futuros — Juros Ativos", $ 92.000 em "Bancos c/ Movimento" e crédito em Notas Promissórias em "Notas Promissórias a Pagar".
e) Débito de $ 92.000 na conta "Bancos c/ Movimento" e crédito de igual valor na conta "Nota Promissória a Pagar".

4. (Didático) A empresa comercial Santa Rita S/A financiou U$$ 1.000.000 em 31 de dezembro de 2008. As taxas hipotéticas de dólar comercial, cotação para a venda, eram em 31.12.2008: 1 U$$ = R$ 5, em 30.06.2009: 1 U$$ = R$ 7, e em 31.12.2009: 1 U$$ = R$ 9. Foram realizadas amortizações, em 30 de junho de 2009, de U$$ 500.000 e, em 31 de dezembro de 2009, de U$$ 250.000.

Analise os dados e assinale a opção que contém a conta de resultado debitada e o montante das perdas cambiais.

a) Variação Monetária Ativa $ 3.000.000
b) Despesa Financeira $ 2.250.000
c) Variação Cambial Passiva $ 2.250.000
d) Variação Monetária Ativa $ 4.000.000
e) Variação Cambial Passiva $ 3.000.000

5. (TRF — ESAF/2006) Ao contratar um empréstimo no Banco do Brasil para reforço de capital de giro, a empresa Tomadora S/A contabilizou:

débito de Bancos c/Movimento $ 500
crédito de Empréstimos Bancários $ 500
crédito de Juros Passivos $ 40

Para corrigir esse lançamento em um único registro a empresa deverá contabilizar:

a) débito de Bancos c/Movimento $ 500
débito de Juros Passivos $ 40
crédito de Empréstimos Bancários $ 540
b) débito de Bancos c/Movimento $ 460
débito de Juros Passivos $ 40
crédito de Empréstimos Bancários $ 500
c) débito de Bancos c/Movimento $ 540
crédito de Empréstimos Bancários $ 500
crédito de Juros Ativos $ 40
d) débito de Juros Passivos $ 40
crédito de Bancos c/Movimento $ 40
e) débito de Juros Passivos $ 80
crédito de Bancos c/Movimento $ 40

6. (Técnico da Receita Federal — ESAF/1992 — Atualizada) Uma empresa obteve um financiamento de $ 1.000.000, em 1.º.10.91, comprometendo-se a liquidá-lo em 24 prestações mensais fixas de $ 150.000, a partir de 31 de outubro de 1991. No encerramento do exercício, verificado em 31.12.91, a empresa, corretamente, fez as seguintes apropriações do encargo financeiro relativo à operação:

a) $ 2.600.000 como despesa operacional;
b) $ 325.000 como despesa operacional e $ 2.275.000, como Ativo Circulante;
c) $ 325.000 como despesa operacional, $ 1.300.000 como redutora do Passivo Circulante e $ 975.000 como redutora do Passivo não Circulante;
d) $ 2.600.000 como Ativo Circulante;
e) $ 2.600.000 como Ativo Realizável a Longo Prazo.

7. (Técnico da Receita Federal — ESAF/1992) Em 1.º.11.91, uma empresa contraiu uma dívida de $ 1.000.000, comprometendo-se a pagar, para liquidá-la, $ 1.600.000 em 31.01.92. Na mesma data pagou a importância de $ 1.200.000 correspondente ao prêmio de uma apólice de seguro contra incêndio de suas instalações, com vigência relativa ao período de 1.º.01 a 31.12.92. Assim sendo, deve a empresa apropriar como despesa do exercício encerrado em 31.12.91, a título de juros e seguros, respectivamente, os valores de:

a) zero e zero;
b) $ 400.000 e zero;
c) $ 400.000 e $ 200.000;
d) $ 600.000 e $ 200.000;
e) $ 600.000 e $ 1.200.000.

8. (Didática) No dia 31 de dezembro de 2009, a empresa VIGO empreendimentos imobiliários S/A contratou um empréstimo bancário em uma operação de capital de giro, no valor de $ 54.000 nas seguintes condições:

Prazo	8 meses
Juros mensais sobre o valor líquido	5%
Encargos contratuais	8%
IOF	2%

O lançamento no Livro-Diário no dia 31 de dezembro de 2009 foi de:

a) Diversos
a Empréstimos a Pagar
Bancos c/Movimento $ 54.000
Despesas Bancárias $ 5.400 $ 59.400

b) Bancos c/Movimento
a Empréstimos a Pagar $ 54.000

c) Diversos
a Empréstimos a Pagar
Bancos c/Movimento $ 48.600
Juros Passivos $ 21.600
Despesas Bancárias $ 4.320
Despesas IOF $ 1.080 $ 75.600

d) Diversos
a Empréstimos a Pagar
Bancos c/Movimento $ 54.000
Juros Passivos $ 21.600 $ 75.600

e) Diversos
a Empréstimos a Pagar
Bancos c/Movimento $ 48.600
Despesas Bancárias $ 4.320
Despesas IOF $ 1.080 $ 54.000

9. (CMSP — VUNESP/2007) Em 29.11.19X1 a empresa HDY Comercial Ltda. obteve um empréstimo para capital de giro no valor de $ 20.000, com vencimento para 28.01.19X2 no valor total de $ 23.000. Considerando que os juros referem-se ao período de 30.11.19X1 a 28.01.19X2, o valor dos encargos financeiros a ser apropriado no ano 19X2 é de

a) $ 1.350.
b) $ 1.400.
c) $ 1.550.
d) $ 1.600.
e) $ 3.000.

10. (Casa da Moeda — CESGRANRIO/2009) A Cia. Europa S/A contraiu uma dívida no valor de R$ 250.000, em 02.10.2008, comprometendo-se a pagar R$ 270.000 em 30.01.2009, data em que pagou R$ 30.000 correspondentes à 1.ª das três parcelas iguais relativas ao seguro contra incêndio e lucros cessantes da empresa, com vigência para o período 1.º.01.2009 a 31.12.2009. Considerando os princípios fundamentais de Contabilidade e a boa prática contábil, os valores apropriados como despesa de juros e despesa de seguros, na demonstração do resultado de exercício, elaborada em 31.12.2008, foram, respectivamente, em reais, de:

a) 5.000 e 30.000.
b) 10.000 e 30.000.
c) 15.000 e zero.
d) 20.000 e 60.000.
e) 20.000 e 120.000.

6.6.3. Operações com duplicatas

1. (AFRFB — ESAF/2009) A quitação de títulos com incidência de juros ou outros encargos deve ser contabilizada em lançamentos de segunda ou de terceira fórmulas, conforme o caso, pois envolve, ao mesmo tempo, contas patrimoniais e de resultado.
Especificamente, o recebimento de duplicatas, com incidência de juros, deve ter o seguinte lançamento contábil:

a) débito de duplicatas e de juros e crédito de caixa.
b) débito de duplicatas e crédito de caixa e de juros.
c) débito de caixa e crédito de duplicatas e de juros.
d) débito de caixa e de duplicatas e crédito de juros.
e) débito de juros e de caixa e crédito de duplicatas.

2. (ESAF — APOFP-SP/2009 — Modificada) A empresa Comércio de Varejos e Atacados Ltda., trabalhando com vendas a prazo, apurou os seguintes saldos em primeiro de novembro de 2007:

Clientes R$ 30.000
Fornecedores R$ 25.000
Perdas Estimadas com Clientes R$ 20.000
Duplicatas Descontadas R$ 20.000
Duplicatas a Pagar R$ 48.000
Duplicatas a Receber R$ 52.000
Das duplicatas, 40% vencerão de 5 a 12 meses; 20% vencerão em 13 meses e o restante vencerá após 15 meses. As duplicatas descontadas são de curto prazo. Ao ser montado o Ativo Circulante no balanço de 2007, apenas com esses dados, seu valor será de:

a) R$ 20.800.
b) R$ 41.200.
c) R$ 50.800.
d) R$ 61.200.
e) R$ 62.000.

3. (TJ-AP — FCC/2009) A Cia. Portela negocia com o Banco Solar S.A. o fluxo de Duplicatas a Receber, decorrente de suas vendas a prazo, realizadas em 1.º.11.2008, a seguir:

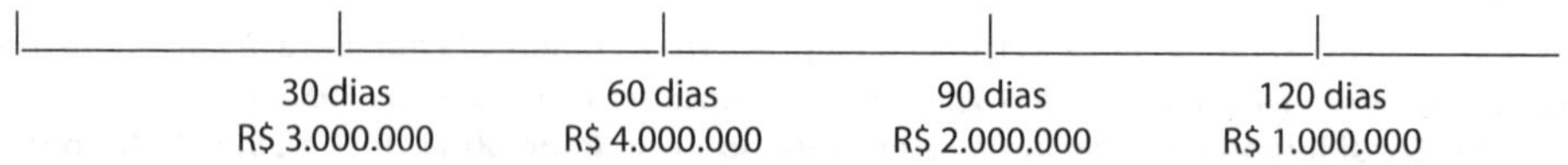

A taxa de juros simples, acordada na operação, foi de 5% ao mês, cobrando o Banco R$ 5.000 a título de taxas bancárias referentes a gastos imediatos relativos a despesas de cadastro, xerox e reconhecimento de firmas.
Em 1.º de novembro, ao lançar a operação, a empresa registra na conta Bancos Conta Movimento — Banco Solar S.A. um

a) débito de R$ 10.005.000.
b) crédito de R$ 10.000.000.
c) débito de R$ 9.995.000.
d) crédito de R$ 8.950.000.
e) débito de R$ 8.945.000.

4. (TJ-AP — FCC/2009) Ao final do mês de dezembro, por ocasião dos procedimentos contábeis para o levantamento do Balanço Patrimonial, a conta de Despesas de Juros, em decorrência dessa operação, deveria registrar em seu saldo o valor de

a) R$ 1.050.000.
b) R$ 1.000.000.
c) R$ 950.000.
d) R$ 850.000.
e) R$ 200.000.

5. (TRF — FCC/2010) O contador da Cia. Noroeste recebeu o extrato bancário da empresa enviado pelo Banco América Central, no qual constava um saldo credor de R$ 160.000 na conta corrente. O saldo da conta corrente registrado no Livro-Razão da entidade era devedor em um valor diferente de R$ 160.000. Ao efetuar a conciliação bancária, o contador anotou os fatos abaixo:

I. Recebimento de duplicatas em cobrança no banco no valor de R$ 15.000, não registradas na contabilidade.
II. Depósitos de cheques efetuados pela companhia ainda não creditados pelo banco no valor de R$ 2.000.
III. Despesas bancárias no valor de R$ 1.000, não registradas na contabilidade.
IV. Emissão de cheques pela companhia no valor de R$ 8.000 não descontados ainda no banco.
V. Cheque devolvido de um cliente, por falta de fundos e ainda não registrado na contabilidade, no valor de R$ 3.000.

As informações fornecidas permitem concluir que o saldo devedor da conta Banco América Central C/Movimento, antes do procedimento de conciliação bancária, apresentava um saldo devedor, em R$, de

a) 143.000.
b) 154.000.
c) 136.000.
d) 152.000.
e) 139.000.

6. (SEFIN-RO — FCC/2010) Em 1.º.06.X9, a empresa Dara efetuou o desconto de duplicatas no valor de R$ 30.000, cujo vencimento era 31.07.X9, à taxa de juros de 2,5% a.m. (juros simples). As despesas cobradas pelo banco foram de R$ 500. Sabendo que no dia 31.07.X9 o cliente não pagou a duplicata, a empresa, nesta data, debitou

a) Duplicatas Descontadas e creditou Disponível, no valor de R$ 30.000.
b) Disponível e creditou Duplicatas Descontadas, no valor de R$ 28.000.
c) Duplicatas Descontadas e creditou Disponível, no valor de R$ 28.000.
d) Duplicatas Descontadas e creditou Clientes, no valor de R$ 30.000.
e) Perdas com Clientes e creditou Clientes, no valor de R$ 28.000.

7. (AFRF — ESAF/2001) A Firma Duplititus opera com vendas a prazo alternando a cobrança em carteira e em bancos, mediante desconto de duplicatas. Em primeiro de abril mantinha as duplicatas de sua emissão ns. 03, 05 e 08 em carteira de cobrança e as de ns. 04, 06 e 07, descontadas no banco. Cada uma dessas letras tinha valor de face de $ 60, exceto a n. 07, cujo valor era $ 70.

Durante o mês de abril ocorreram os seguintes fatos:

a) vendas a prazo com emissão das duplicatas n. 09, 10 e 11 (3 x 50) – $ 150
b) vendas à vista mediante notas fiscais – $ 200
c) desconto bancário das duplicatas n. 09 e 10 – $ 100
d) devolução pelo banco da duplicata n. 04, sem cobrar – $ 60
e) recebimento pelo banco da duplicata n. 07 – $ 70
f) recebimento em carteira das duplicatas n. 03 e 05 no valor de $ 120

Com essas informações podemos concluir que, após a contabilização, o saldo final das contas Duplicatas a Receber e Duplicatas Descontadas será, respectivamente, de:

a) $ 160 e $ 330.
b) $ 200 e $ 220.
c) $ 140 e $ 160.
d) $ 330 e $ 160.
e) $ 330 e $ 220.

8. (AFTN — ESAF/1996) Ao receber uma duplicata que está descontada no banco, o contador deverá fazer o seguinte lançamento contábil:

a) Débito de Duplicatas a Receber crédito de Bancos Conta Movimento;
b) Débito de Banco Conta Movimento crédito de Duplicatas Descontadas;
c) Débito de Banco Conta Movimento crédito de Duplicatas a Receber;
d) Débito de Duplicatas a Receber crédito de Duplicatas Descontadas;
e) Débito de Duplicatas Descontadas crédito de Duplicatas a Receber.

9. (ESAF — AFTN/1994.2) A empresa Delta devia à empresa Gama duplicatas no valor de $ 100. Para liquidar a dívida, devolveu a mercadoria comprada, acrescendo 6% de juros a serem pagos em 60 dias. O registro, de forma simplificada, na contabilidade de Gama, é:

a) Diversos
    a Diversos
        Mercadorias 100
        Juros a receber 6 106
    a Duplicatas a receber 100
    a Juros ativos 6 106

b) Mercadorias
    a Diversos
    a Duplicatas a pagar 100
    a Juros a pagar 6 106

c) Diversos
    a Mercadorias
        Duplicatas a pagar 100
        Juros a pagar 6 106

d) Diversos
    a Mercadorias
        Duplicatas a receber 100
        Juros a receber 6 106

e) Mercadorias a Diversos
    a Duplicatas a receber 100
    a Juros a receber 6 106

10. (Didático) Assinale abaixo a opção que contém a asserção verdadeira.

a) A nota promissória é um título de crédito autônomo, próprio para operações mercantis de compra e venda entre pessoas físicas.
b) O sacado na nota promissória é o credor, enquanto na duplicata o sacado é o devedor.
c) A duplicata é um título de crédito próprio para transações financeiras, que só é emitido por pessoas jurídicas.
d) A nota promissória e a duplicata são títulos de crédito, sendo que, na primeira o emitente é também chamado sacado; e, na segunda, o emitente é também chamado sacador.
e) A triplicata é um título de crédito de emissão obrigatória, mas apenas quando houver o extravio da segunda duplicata.

11. (Contador — SEFIN-RO — FGV/2018) Uma sociedade empresária varejista vende um produto por R$ 100.000, emitindo uma duplicata com prazo de 30 dias.

Por necessitar de recursos, a empresa desconta a duplicata em uma instituição financeira, recebendo R$ 98.000.

Assinale a opção que indica o procedimento correto da empresa em relação ao desconto da duplicata.

a) Baixar a duplicata de seu ativo por R$ 100.000.
b) Baixar a duplicata de seu ativo por R$ 98.000 e reconhecer uma despesa de R$ 2.000.
c) Baixar a duplicata de seu ativo por R$ 98.000 e reconhecer uma perda de R$ 2.000.
d) Manter a duplicata em seu ativo por R$ 100.000.
e) Manter a duplicata em seu ativo por R$ 98.000 e reconhecer uma despesa de R$ 2.000.

12. (Contador — MPE/AL/FGV/2018) Em 10.01.2018, uma entidade realizou uma venda por R$ 120, para recebimento em 60 dias. Na data, a entidade efetuou a operação de desconto bancário por R$ 100.

Assinale a opção que indica a correta contabilização da operação na data do desconto.

a) D — Caixa: 100;
D — Despesa operacional: 20;
C — Duplicatas descontadas: 120.

b) D — Caixa: 100;
D — Despesa financeira: 20;
C — Duplicatas descontadas: 120.

c) D — Caixa: 100;
   D — Despesa financeira a apropriar: 20;
   C — Duplicatas descontadas: 120.

d) D — Clientes: 100;
   D — Redutora da Receita: 20;
   C — Receita: 120.

e) D — Clientes: 100;
   C — Receita: 100.

6.6.4. Avaliação de instrumentos financeiros

1. (CNAI/2010 — Atualizada) De acordo com a definição de ativo financeiro ou passivo financeiro mensurado pelo valor justo por meio do resultado disposta na NBC TG 38 — Instrumentos Financeiros:

Reconhecimento e Mensuração, assinale a opção INCORRETA.

a) Um ativo financeiro ou um passivo financeiro é classificado como mantido para negociação se for adquirido ou incorrido principalmente para a finalidade de venda ou de recompra em prazo muito curto.

b) Um ativo financeiro ou um passivo financeiro é classificado como mantido para negociação se for, no reconhecimento inicial, parte de carteira de instrumentos financeiros identificados que são gerenciados em conjunto e para os quais existe evidência de modelo real recente de tomada de lucros a curto prazo.

c) Um ativo financeiro ou um passivo financeiro é classificado como mantido para negociação se for derivativo, exceto no caso de derivativo que seja contrato de garantia financeira ou um instrumento de hedge designado e eficaz.

d) Um ativo financeiro ou um passivo financeiro é classificado como mantido para negociação se for os que a entidade, após o reconhecimento inicial, designa como disponíveis para venda.

2. (CNAI/2008 — modificada de acordo com a Lei n. 11.941/2009) De acordo com a nova redação do art. 183 da Lei n. 6.404/76 (alteração introduzida pela Lei n. 11.941/2009), as aplicações em instrumentos financeiros, inclusive derivativos, e em direitos e títulos de créditos, classificados no ativo circulante ou no ativo realizável a longo prazo, quando se tratarem de aplicações destinadas à negociação ou disponíveis para venda, serão avaliados:

a) pelo valor de custo de aquisição ou valor de emissão, atualizado conforme disposições legais ou contratuais.

b) pelo valor de custo de aquisição ou valor de emissão, atualizado conforme disposições legais ou contratuais, ajustado ao valor provável de realização, quando este for inferior.

c) pelo seu valor de mercado ou valor equivalente ou pelo valor de custo de aquisição ou valor de emissão, atualizado conforme disposições legais ou contratuais, ajustado pelo valor de provável realização, quando este for inferior.

d) pelo seu valor justo, quando se tratar de aplicações destinadas à negociação ou disponíveis para venda.

3. (Agente Fiscal da Receita Municipal — Porto Alegre — FMP/2012) As aplicações em instrumentos financeiros, inclusive derivativos, e em direitos e títulos de créditos, classificados no ativo circulante ou no realizável a longo prazo serão avaliadas pelo

a) seu valor justo, quando se tratar de aplicações destinadas à negociação ou disponíveis para venda.

b) seu valor de mercado.

c) custo de aquisição.

d) valor de emissão.

e) valor presente.

4. (TCM-PA — FCC/2010) Uma empresa adquiriu em 31.10.X9 um ativo financeiro no valor de R$ 5.000,00, classificado na data de aquisição em "mantido até o vencimento". Este título remunera à taxa de 1% ao mês e o seu valor justo, um mês após a sua aquisição, era de R$ 5.080,00. De acordo com estas informações, em 30.11.X9, a empresa deveria registrar

a) na Demonstração de Resultado, receita financeira de R$ 80,00.
b) no Patrimônio Líquido, ajuste de avaliação patrimonial de R$ 30,00.
c) na Demonstração de Resultado, receita financeira de R$ 50,00 e no Patrimônio Líquido, ajuste de avaliação patrimonial de R$ 30,00 (saldo credor).
d) na Demonstração de Resultado, receita financeira de R$ 80,00 e no Patrimônio Líquido, ajuste de avaliação patrimonial de R$ 30,00 (saldo devedor).
e) na Demonstração de Resultado, receita financeira de R$ 50,00.

5. (TCE-PR — FCC/2011) Em 31.08.X10, uma empresa aplicou suas disponibilidades em ativos financeiros, adquirindo 5 títulos no valor de R$ 1.000,00 cada, e os classificou da seguinte maneira: 3 títulos como ativo financeiro "disponível para a venda futura" e 2 títulos como ativo financeiro "mantido para negociação imediata". Estes títulos remuneravam à taxa de 1% ao mês e o valor de mercado de cada título 30 dias após a sua aquisição era de R$ 1.008,00. Com base nestas informações, em 30.09.X10, a empresa registrou

a) uma receita financeira de R$ 46,00 na DRE e um ajuste de avaliação patrimonial de R$ 6,00 (saldo devedor) no Patrimônio Líquido.
b) um ajuste de avaliação patrimonial de R$ 10,00 (saldo credor) no Patrimônio Líquido.
c) uma receita financeira de R$ 50,00 na DRE e um ajuste de avaliação patrimonial de R$ 10,00 (saldo devedor) no Patrimônio Líquido.
d) uma receita financeira de R$ 16,00 na DRE e um ajuste de avaliação patrimonial de R$ 24,00 (saldo credor) no Patrimônio Líquido.
e) uma receita financeira de R$ 40,00, na DRE.

6. (ACE — Auditora governamental — CESPE/2011) Com respeito à análise das demonstrações contábeis das empresas, julgue o item.

As aplicações destinadas a negociação ou disponíveis para venda, feitas em instrumentos financeiros (inclusive derivativos) e em direitos e títulos de crédito (classificados no ativo circulante ou no realizável a longo prazo), devem ser avaliadas pelo *fair value*.

( ) Certo ( ) Errado

7. (ACI — MPU — CESPE/2010) Julgue o item que se segue acerca de evidência e contabilização de operações típicas de entidades comerciais.

Um ativo financeiro é classificado como mantido até o vencimento, se for adquirido ou incorrido, sobretudo, para a finalidade de venda ou de recompra em prazo muito curto. São exemplos de ativos financeiros mantidos os que satisfazem a definição de empréstimos e recebíveis.

( ) Certo ( ) Errado

8. (AE-ES — CESPE/2013) A companhia aberta que adquire uma letra do Tesouro Nacional (LTN), classificando-a como disponível para venda, deve, após o reconhecimento inicial do instrumento financeiro adquirido, avaliar a LTN pelo seu

a) valor justo, reconhecendo o efeito contábil dessa avaliação diretamente no resultado do período.
b) custo corrente, reconhecendo o efeito contábil dessa avaliação na conta ajustes de avaliação patrimonial, do patrimônio líquido.
c) valor presente, reconhecendo o efeito contábil dessa avaliação diretamente no resultado do período.
d) valor justo, reconhecendo o efeito contábil dessa avaliação na conta ajustes de avaliação patrimonial, do patrimônio líquido.
e) custo amortizado, reconhecendo o efeito contábil dessa avaliação diretamente no resultado do período.

9. (Analista — TRF2 — FCC/2011) Analise

I. Ações de companhias abertas adquiridas em Bolsa de Valores sem intenção de permanência devem ser contabilizadas como investimentos temporários.
II. As contas a receber cujo vencimento se dê no curto prazo não devem ser ajustadas a valor presente, mesmo que seu valor seja relevante para a entidade.
III. Aplicações financeiras de alta liquidez e que estejam sujeitas a insignificante risco de mudança de seu valor podem ser contabilizadas como disponibilidades, já que são consideradas equivalentes de caixa.

IV. As contas a receber em moeda estrangeira devem ter seu valor atualizado pela variação da taxa de câmbio.

É correto o que consta APENAS em

a) I e II.
b) I e III.
c) II e III.
d) I, III e IV.
e) II, III e IV.

10. (AFCE — TCE-PI — FCC/2014) No dia 1.º.12.2012 uma empresa aplicou parte de seus recursos, no valor total de R$ 120.000,00, em ativos financeiros. A tabela a seguir apresenta os valores aplicados, as características de cada instrumento financeiro adquirido e a classificação feita pela empresa quanto ao objetivo em relação a cada aplicação:

VALOR APLICADO (R$)	DATA DE VENCIMENTO	CLASSIFICAÇÃO PELA EMPRESA	TAXA DE JUROS	VALOR JUSTO EM 31.12.2012 (R$)
40.000,00	31.12.2018	Mantido até o vencimento	1% a.m.	42.000,00
40.000,00	31.12.2019	Disponível para venda futura	2% a.m.	40.400,00
40.000,00	31.12.2017	Destinados à venda imediata	1,5% a.m.	41.200,00

O valor total das aplicações que deverá ser apresentado no Balanço Patrimonial, em 31.12.2012 será, em reais,

a) 122.000,00.
b) 121.800,00.
c) 123.600,00.
d) 123.400,00.
e) 120.400,00.

11. (ACI-Recife — FGV/2014) Determinada empresa possuía, em 31.12.2013, instrumentos financeiros avaliados em R$ 200.000,00 e classificados como disponíveis para a venda. Na data, foi verificado que o valor justo destes era de R$ 180.000,00.

A variação deve ser reconhecida, contabilmente, como

a) ajuste no patrimônio líquido.
b) receita financeira.
c) receita a apropriar.
d) variação monetária.
e) despesa.

12. (Contador — ARTESP — FCC/2017) A empresa Contadores S.A. fez uma aplicação financeira em 1.º.12.2016, adquirindo três títulos no valor de R$ 7.000,00 cada, que remuneram à taxa de 1% ao mês (juros compostos). Na data da aquisição, um título foi classificado como para "negociação imediata", outro foi classificado como "disponível para venda" e o outro foi classificado como "mantido até o vencimento". O valor justo de cada título, 30 dias após a sua aquisição era R$ 6.950,00.

Os valores apresentados no Balanço Patrimonial nas contas Aplicações Financeiras e Ajustes de Avaliação Patrimonial, em 31.12.2016, considerando os três títulos, foram, respectivamente, em reais,

a) 20.970,00 e 120,00 (saldo devedor).
b) 21.090,00 e 120,00 (saldo credor).
c) 20.850,00 e 50,00 (saldo devedor).
d) 20.970,00 e 50,00 (saldo devedor).
e) 21.090,00 e 70,00 (saldo credor).

13. (Contador — CELESC — FEPESE/2018) Sobre a Reclassificação de Ativos Financeiros, analise as afirmativas abaixo.

1. Se a entidade reclassificar um ativo financeiro da categoria de mensuração ao custo amortizado para a categoria de mensuração ao valor justo por meio do resultado, seu valor justo deve ser mensurado na data da reclassificação. Qualquer ganho ou perda decorrente da diferença entre o custo amortizado anterior do ativo financeiro e o valor justo deve ser reconhecido em outros resultados abrangentes.
2. Se a entidade reclassificar o ativo financeiro da categoria de mensuração ao valor justo por meio do resultado para a categoria de mensuração ao custo amortizado, seu valor justo na data da classificação tornar-se-á seu novo valor contábil líquido.
3. Se a entidade reclassificar o ativo financeiro da categoria de mensuração ao valor justo, por meio de outros resultados abrangentes para a categoria de mensuração ao valor justo por meio do resultado, o ativo financeiro deve continuar a ser mensurado ao valor justo. O ganho ou a perda acumulada, anteriormente reconhecido em outros resultados abrangentes, deve ser reclassificado do patrimônio líquido para o resultado como ajuste de reclassificação, na data da reclassificação.

Assinale a alternativa que indica todas as afirmativas corretas.

a) É correta apenas a afirmativa 1.
b) É correta apenas a afirmativa 3.
c) São corretas apenas as afirmativas 1 e 2.
d) São corretas apenas as afirmativas 2 e 3.
e) São corretas as afirmativas 1, 2 e 3.

14. (Analista — SABESP — FCC/2018) As características das aplicações financeiras realizadas por uma empresa no dia 1.º.12.2016 são apresentadas na tabela a seguir:

VALOR APLICADO (R$)	DATA DE VENCIMENTO	MENSURAÇÃO DEFINIDA PELA EMPRESA	TAXA DE JUROS	VALOR JUSTO EM 31.12.2016 (R$)
600.000,00	31.05.2020	Mensuração ao valor justo por meio de outros resultados abrangentes	1% a.m.	604.000,00
800.000,00	30.06.2022	Mensuração ao custo amortizado	2% a.m.	820.000,00
1.000.000,00	31.10.2019	Mensuração ao valor justo por meio do resultado	1,5% a.m.	1.018.000,00

O valor total apresentado no Balanço Patrimonial da empresa, em 31.12.2016, e o efeito total na Demonstração do Resultado de 2016, para as três aplicações em conjunto, foram, respectivamente, em reais,

a) 2.437.000,00 e 37.000,00.
b) 2.442.000,00 e 42.000,00.
c) 2.438.000,00 e 38.000,00.
d) 2.438.000,00 e 40.000,00.
e) 2.438.000,00 e 35.000,00.

15. (Analista — Pref.Recife — FCC/2019) A tabela a seguir apresenta as aplicações financeiras realizadas pela Cia. Investidora no dia 1.º.07.2018, onde são encontradas as características de cada aplicação e a forma de mensuração definida pela empresa para cada uma delas:

VALOR APLICADO (R$)	DATA DE VENCIMENTO	MENSURAÇÃO DEFINIDA PELA EMPRESA	TAXA DE JUROS COMPOSTOS	VALOR JUSTO EM 31.07.2018 (R$)
200.000,00	30.04.2020	Mensuração ao custo amortizado	1,5% a.m.	202.000,00
250.000,00	31.07.2021	Mensuração ao valor justo por meio de outros resultados abrangentes	2% a.m.	257.000,00
150.000,00	31.12.2022	Mensuração ao valor justo por meio do resultado	1% a.m.	154.000,00

O valor total dessas aplicações apresentado no Balanço Patrimonial da Cia. Investidora, em 31.7.2018, foi, em reais,

a) 614.000,00.
b) 613.000,00.
c) 609.500,00.
d) 612.000,00.
e) 611.000,00.

16. (Analista — ALAP — FCC/2020) Em 1.º.12.2018, a Cia. Líquida realizou três aplicações financeiras, cujas características são apresentadas na tabela a seguir:

VALOR APLICADO (R$)	DATA DE VENCIMENTO	MENSURAÇÃO DEFINIDA PELA EMPRESA	TAXA DE JUROS	VALOR JUSTO EM 31.12.2018 (R$)
100.000,00	1.º.12.2021	Mensuração ao valor justo por meio de outros resultados abrangentes	2% a.m.	103.000,00
200.000,00	1.º.06.2020	Mensuração ao custo amortizado	1% a.m.	204.000,00
300.000,00	1.º.08.2022	Mensuração ao valor justo por meio do resultado	1% a.m.	305.000,00

Considerando as três aplicações financeiras em conjunto, o

a) valor apresentado, em 31.12.2018, no ativo da Cia., foi R$ 612.000,00.
b) impacto reconhecido, no resultado de dezembro de 2018, foi R$ 10.000,00 positivo.
c) valor apresentado, em 31.12.2018, no ativo da Cia., foi R$ 609.000,00.
d) impacto reconhecido, no resultado de dezembro de 2018, foi R$ 12.000,00 positivo.
e) valor apresentado, em 31.12.2018, no ativo da Cia., foi R$ 610.000,00.

17. (Analista — TJ-PA — CESPE/2020) Uma empresa adquiriu um instrumento financeiro no valor de R$ 300.000,00, com remuneração estabelecida de R$ 32.500,00 para o vencimento. No vencimento, esse título possuía valor justo de R$ 340.000,00.

Considerando essa situação e as normas acerca do reconhecimento, da mensuração e do registro das operações contábeis dessa natureza, assinale a opção correta.

a) Se a empresa avaliar o título pelo custo amortizado na data do vencimento, ela deverá registrar os valores de R$ 7.500,00 e R$ 32.500,00 como receita de juros.
b) Se a empresa avaliar o instrumento financeiro pelo valor justo por meio de outros resultados abrangentes, ela deverá registrar um crédito de R$ 7.500,00 em conta de ajuste de avaliação patrimonial em seu patrimônio líquido e um crédito de R$ 32.500,00 na conta receita de juros.
c) Se a empresa avaliar o instrumento financeiro pelo valor justo por meio de resultado, ela deverá registrar apenas o crédito de R$ 40.000,00 em conta de ajuste de avaliação patrimonial em seu patrimônio líquido.
d) Se a empresa avaliar o instrumento financeiro pelo valor justo por meio de outros resultados abrangentes, ela deverá registrar um crédito de R$ 40.000,00 em conta de ajuste de avaliação patrimonial.
e) Se a empresa avaliar o instrumento financeiro pelo custo amortizado, o registro proporcionará um crédito de R$ 7.500,00 na conta de ajuste de avaliação patrimonial no patrimônio líquido da empresa e R$ 32.500,00 correspondentes a receita de juros na demonstração do resultado do exercício.

6.6.5. Conceitos gerais

1. (Contador Jr. — Petrobras-BR — CESGRANRIO/2011) Os itens monetários classificados no Ativo, decorrentes de operações prefixadas, com taxas de juros explícitas, devem ser expressos a valor presente nas demonstrações contábeis. No cálculo deste valor presente deve ser utilizada a taxa de juros vigente na data da(o)

a) competência do ativo.
b) origem da transação.
c) elaboração das demonstrações contábeis.
d) vencimento do ativo.
e) término da transação.

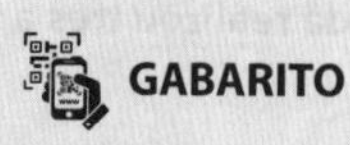

GABARITO

http://uqr.to/1xvmg

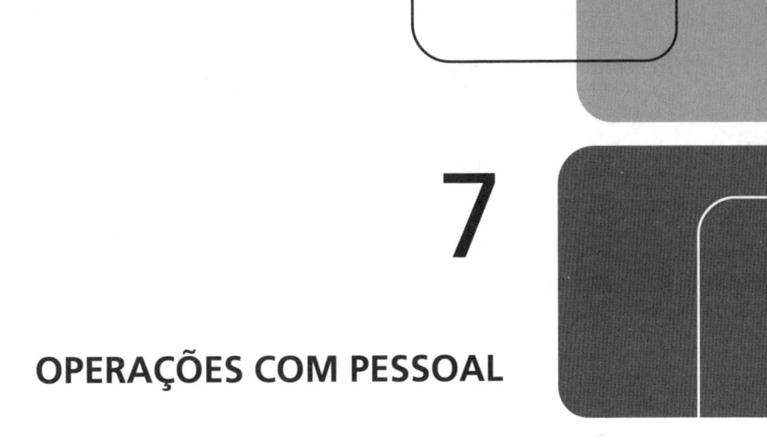

7 OPERAÇÕES COM PESSOAL

7.1. ASPECTOS INICIAIS

As operações com pessoal consistem basicamente na elaboração da **folha de pagamento** e no cálculo das **despesas adicionais** de responsabilidade da empresa.

OPERAÇÕES COM PESSOAL	
Folha de pagamento	Despesas adicionais da empresa

A **folha de pagamento** incluirá os **salários brutos e os ganhos extras**, como salário-família, salário-maternidade, horas extras e outros adicionais, por exemplo, os **descontos de responsabilidade dos empregados e a determinação do salário líquido**.

As **despesas adicionais mais comuns de responsabilidade da empresa** são a Previdência Social, o Fundo de Garantia por Tempo de Serviço (FGTS), o décimo terceiro salário, as despesas de férias e outras responsabilidades, que **são encargos sobre a folha de pagamento**.

FOLHA DE PAGAMENTO	DESPESAS ADICIONAIS
Salário bruto + Ganho adicional do empregado – Descontos	Encargos sobre a folha de pagamento

7.2. FOLHA DE PAGAMENTO

Conforme determina o regulamento da Previdência Social (Decreto n. 3.048/99), no seu art. 225, em parte transcrito no final deste capítulo, a folha de pagamento é um **relatório obrigatório** que toda empresa com empregados precisa elaborar.

Apresentação genérica de uma folha de pagamento:

- **O salário bruto dos funcionários**
- **Os adicionais**

   - Horas extras
   - Prêmios
   - Gratificações
   - Salário-família
   - Salário-maternidade
   - Comissões e outros adicionais
- **Os descontos obrigatórios**
   - Previdência Social de responsabilidade do empregado
   - Imposto de Renda retido na fonte
   - Contribuição sindical
   - Descontos judiciais
- **Os descontos autorizados pelos empregados**
   - Participação nos planos de assistência médica
   - Participação em planos de previdência
   - Outros descontos (% vale-refeição, % vale-transporte etc.)

EXEMPLO DE FOLHA DE PAGAMENTO		
Salário bruto		100.000
(+) Adicionais		50.000
Horas extras	20.000	
Comissões	10.000	
Prêmios	5.000	
Salário-família	8.000	
Salário-maternidade	7.000	
(–) Descontos		(34.000)
Previdência	11.000	
IRPF	15.000	
Contribuição sindical	2.000	
Descontos judiciais	6.000	
Salário Líquido		116.000

7.2.1. Salário bruto e adicionais

O salário bruto **é o valor nominal do salário do empregado** sobre o qual serão calculados **e adicionados horas extras, prêmios, gratificações, salário-família, salário-maternidade e outros**. Sobre o valor do salário mais os adicionais serão **deduzidos os descontos**, para determinação do valor líquido do salário que será efetivamente recebido pelo empregado.

O salário bruto é o valor combinado entre empregado e empregador como remuneração pelo trabalho que será executado por aquele, quando admitido na empresa, ou um valor base no plano de cargos da empresa, aceito pelo empregado como sua remuneração base para determinada carga horária normal de trabalho.

As horas extras são adicionais em função de trabalho em carga horária maior que a padrão, e os prêmios e gratificações são adicionais em função de metas atingidas pelo empregado.

O salário-família e o salário-maternidade são responsabilidades da seguridade social, isto é, **a empresa paga** de acordo com o regulamento da Previdência Social, **contabilizando um crédito no Ativo Circulante, e utiliza esses créditos para recolher as obrigações mensais ante a Previdência**, deduzindo os valores pagos anteriormente.

7.2.1.1. Salário-família

Em janeiro de todos os anos, o Governo Federal informa o benefício a ser pago aos segurados empregados, exceto aos domésticos e aos trabalhadores avulsos com salário mensal até um determinado valor, que costuma ser um valor um pouco acima do salário mínimo, para auxiliar no sustento dos filhos de até 14 anos de idade ou inválidos de qualquer idade.

> **Observação:** são equiparados aos filhos os enteados e os tutelados, desde que não possuam bens suficientes para o próprio sustento, devendo a dependência econômica de ambos ser comprovada.

Para a concessão do salário-família, a Previdência Social não exige tempo mínimo de contribuição.

Valor do benefício:

Portarias do Ministério da Economia publicadas em janeiro dos últimos anos, definem valores um pouco acima de R$ 50,00 por filho de até 14 anos incompletos ou inválido.

Quem tem direito ao benefício:

- O empregado e o trabalhador avulso que estejam em atividade;
- O empregado e o trabalhador avulso aposentados por invalidez, por idade ou em gozo de auxílio-doença;
- O trabalhador rural (empregado rural ou trabalhador avulso) que tenha se aposentado por idade aos 60 anos, se homem, ou aos 55 anos, se mulher;
- Os demais aposentados, desde que empregados ou trabalhadores avulsos, quando completarem 65 anos (homem) ou 60 anos (mulher).

Os desempregados não têm direito ao benefício.

Quando o pai e a mãe são segurados empregados ou trabalhadores avulsos, **ambos têm direito ao salário-família**.

ATENÇÃO: o benefício será encerrado quando **o(a) filho(a) completar 14 anos**, em caso de **falecimento do filho** ou por ocasião de **desemprego do segurado** e, no caso do filho inválido, quando da **cessação da incapacidade**.

Exemplo: um funcionário de uma empresa com salário de R$ 1.000,00 recebe o benefício por 5 filhos, todos com idade abaixo de 14 anos. Qual o lançamento que deve ser feito ao final de cada mês referente ao salário-família?

Supondo que o valor a que o trabalhador tem direito fosse de $ 50,00 por filho, o valor total a receber mensalmente seria de $ 250,00.

Lançamento no Diário:

Salário-família a Recuperar	250,00	
a Salário a Pagar		250,00

O lançamento referente ao salário-família a recuperar **é um valor gasto pela empresa, mas não é uma despesa**, e sim um direito a ser recuperado quando do recolhimento de outras obrigações ante a Previdência Social. Um pouco mais a frente neste capítulo daremos um exemplo completo, para melhor entendimento.

7.2.1.2. Salário-maternidade

As trabalhadoras que contribuem para a Previdência Social têm direito ao salário-maternidade nos 120 dias em que ficam afastadas do emprego por causa do parto. O benefício foi estendido também para as mães adotivas.

O salário-maternidade é concedido à segurada que adotar uma criança ou ganhar a guarda judicial para fins de adoção:

- Se a criança tiver até 1 ano de idade, o salário-maternidade será de 120 dias;
- Se tiver de 1 a 4 anos de idade, o salário-maternidade será de 60 dias;
- Se tiver de 4 a 8 anos de idade, o salário-maternidade será de 30 dias.

Para concessão do salário-maternidade, não é exigido tempo mínimo de contribuição das trabalhadoras empregadas, empregadas domésticas e trabalhadoras avulsas, desde que comprovem filiação a essas condições na data do afastamento, para fins de salário-maternidade, ou na data do parto.

Valor do benefício:

Segurada empregada:

- Para quem tem salário fixo, ele corresponderá à remuneração devida no mês do seu afastamento;
- Já quem tem salário variável receberá o equivalente à média salarial dos 6 meses anteriores;
- Quem recebe acima do teto salarial do Ministro do Supremo Tribunal Federal terá o salário-maternidade limitado a esse teto, segundo a Resolução n. 236/2002 do Supremo Tribunal Federal, de 19 de julho de 2002.

Observação: o salário mínimo, a partir de janeiro de 2010, passou a ser de R$ 510,00 (quinhentos e dez reais).

Exemplo: uma funcionária de uma empresa com salário equivalente a $ 1.500 inicia seu período de licença-maternidade. Qual deverá ser o lançamento contábil nos meses de afastamento dessa funcionária?

Lançamento no Diário:

	Salário-maternidade a Recuperar	1.500	
a	Salário a Pagar		1.500

O lançamento referente ao salário-maternidade a recuperar é um valor gasto pela empresa, mas não é uma despesa, e sim um direito a ser recuperado quando do recolhimento de outras obrigações perante a Previdência Social. Um pouco mais a frente neste capítulo faremos um exemplo completo, para melhor entendimento.

7.2.2. Descontos

Os descontos podem ser **autorizados** pelo empregado ou do tipo **retenções ou compensações.**

7.2.2.1. Autorizados

Os empregados podem autorizar descontos relativos à participação do empregado nos custos de planos de assistência médica ou dentária. Um outro exemplo é o desconto optativo pelo empregado relativo a **vale-transporte**; nesse caso, o funcionário tem um desconto correspondente a **6% (seis por cento) do salário sem adicionais**, e a **empresa complementa** o valor necessário para cobrir os gastos totais com deslocamento do funcionário.

A empresa tem que adquirir os vales-transportes e entregar aos funcionários no montante que seja suficiente para cobrir todos os gastos de deslocamento do empregado.

7.2.2.2. Retenções

As retenções são **os valores que a empresa tem a responsabilidade legal de descontar e repassar** a terceiros ou que o **próprio empregado autorizou** a empresa a fazer:

- IRPF (Imposto de Renda da Pessoa Física);
- INSS (Previdência Social — parte do empregado);
- Contribuição sindical;
- Associação de classe;
- Pagamentos por ordem judicial etc.

Esse lançamento no Diário refere-se ao exemplo de folha de pagamento do item 7.2:

D	Salários a Pagar	34.000	
C	a INSS a Recolher (Previdência — parte do empregado)		11.000

C a IRPF a Recolher (Imposto de Renda — Pessoa Física) 15.000
C a Pensão a Recolher (ordem judicial) 6.000
C a Outras 2.000

7.2.2.3. Compensações

As compensações são adiantamentos ou valores que devem ser descontados e que não serão repassados a terceiros. O adiantamento de salários ou empréstimos que a empresa tenha feito aos empregados são exemplos clássicos.

Exemplo de lançamento no Diário de um adiantamento concedido. Esse adiantamento é um direito da empresa em relação aos empregados. Deve ser classificado no Ativo Circulante:

D Adiantamento aos empregados	10.000	
C a Caixa		10.000

Exemplo de lançamento no Diário quando do desconto do funcionário:

D Salário a Pagar	10.000	
C a Adiantamento aos empregados		10.000

Exemplo prático de operações c/ pessoal:

Os salários brutos totais da empresa Vigo S.A. são de $ 100.000. O total de salário-família é de $ 7.000, o total de salário-maternidade é de $ 3.000 e foi feito um adiantamento aos empregados de $ 15.000. Os dados adicionais para a elaboração da folha de pagamentos e demais contabilizações pertinentes são:

- Previdência Social — parte do empregador: 20%
- Previdência Social — parte do empregado: 11%
- Imposto de Renda retido na fonte: 10%
- Retenções judiciais referentes a pensões: $ 8.000
- Outros descontos autorizados (assistência médica, prêmio dos funcionários, plano odontológico etc.): $ 5.000

O valor global de gastos com transporte dos funcionários é de $ 10.000.

Determinar o salário líquido total dos funcionários dessa empresa no período.

Lançamentos no Diário e Razão do salário bruto, bem como dos adicionais de salário-família e salário-maternidade, lançados ao final do mês:

D Salários (despesas de salários)	100.000
C a Salários a Pagar	100.000
D Salário-família a Recuperar	7.000
C a Salário a Pagar	7.000
D Salário-maternidade a Recuperar	3.000
C a Salário a Pagar	3.000

Despesa de salário	
(1) 100.000	

Salários a Pagar	
	100.000 (1) 7.000 (2) 3.000 (3)

Salário-família a Recuperar	
(2) 7.000	

Salário-maternidade a Recuperar	
(3) 3.000	

A seguir, vamos fazer os lançamentos no Diário e Razão dos descontos:

D Salários a Pagar	47.000	
C a INSS a Recolher (Previdência — empregado)		11.000
C a IRPF a Recolher		10.000
C a Pensão a Pagar		8.000
C a Adiantamento Salarial (quitação do adiantamento)		15.000
C Outros descontos autorizados a Pagar		5.000
C Vale-transporte a Pagar		6.000

Imposto de Renda a Recolher	
	10.000 (2)

INSS a Recolher	
	11.000 (1)

Salários a Pagar	
(1) 11.000 (2) 10.000 (3) 9.000 (4) 5.000 (5) 15.000 (6) 6.000	100.000 7.000 3.000

Pensões a Pagar	
	9.000 (3)

Outros descontos autorizados a Pagar	
	5.000 (4)

Adiantamentos a empregados	
*15.000	15.000 (5)

Vale-transporte a Pagar	
	6.000 (6)

* Esse valor foi adiantado no meio do mês aos empregados, é uma conta de ativo circulante.

FOLHA DE PAGAMENTO		
Salário bruto		**100.000**
(+) Adicionais		**10.000**
Salário-família	**7.000**	
Salário-maternidade	**3.000**	
(–) Descontos		**56.000**
INSS — empregado	**11.000**	

IRPF (pessoa física)	10.000	
Adiantamentos	15.000	
Pensões judiciais	9.000	
Outros descontos	5.000	
Vale-transporte	6.000	
Salário líquido		54.000

Observação: quando o adiantamento a funcionários foi concedido, aconteceu uma saída do Caixa ou do banco (em dinheiro), e, quando realizado o pagamento dos salários, ocorreram os descontos.

Quando o pagamento do adiantamento foi feito, a empresa lança o valor como um direito ativo:

D Adiantamento
C a Caixa

Quando a empresa efetua o pagamento de funcionário, ela desconta o adiantamento de seu salário:

D Salário a Pagar
C a Adiantamento

7.3. DESPESAS ADICIONAIS

Além da **folha de pagamento**, a empresa tem as seguintes **despesas adicionais** relacionadas a ela:

- Previdência Social Patronal (INSS);
- Fundo de Garantia por Tempo de Serviço (FGTS);
- Férias e adicional de férias;
- Décimo terceiro salário;
- Vale-transporte.

7.3.1. Previdência social — parte da empresa

No que diz respeito à Previdência Social, o **empregado contribui com uma parte do seu salário** e a **empresa contribui com um percentual** sobre a folha de pagamento, com os respectivos adicionais recebidos pelos empregados.

7.3.2. Fundo de Garantia (FGTS)

A contribuição que a empresa faz para o Fundo de Garantia por Tempo de Serviço (FGTS) é um depósito mensal em uma conta do empregado, como **benefício adicional obrigatório** formalmente registrado.

Exemplo de contabilização da Previdência Social (INSS) — parte da empresa — e FGTS:

A empresa Vigo S.A., com uma folha de pagamentos total de $ 100.000, irá contabilizar a Previdência, parte da empresa, com a taxa de 20%, e o FGTS a 8%, além de salário-família no valor de $ 7.000 e salário-maternidade no valor de $ 3.000. A seguir, apresentamos os lançamentos no Livro-Diário e no Livro-Razão referentes a esses lançamentos:

D Encargos Sociais	$ 28.000	
C a Diversos		
C a Previdência a Recolher (20%)		$ 20.000
C a FGTS a Recolher (8%)		$ 8.000

Previdência Social (despesa)	
(1) 20.000	

Previdência a Recolher	
(3) 7.000	11.000*
(4) 3.000	20.000 (1)

FGTS a Recolher	
	8.000 (2)

Salário-família a Recuperar	
**7.000	7.000 (3)

Salário-maternidade a Recuperar	
**3.000	3.000 (4)

FGTS (despesa)	
(2) 8.000	

* Esse valor de $ 11.000 refere-se ao INSS, de responsabilidade do empregado, descontado do seu salário (já verificado no item 7.2.2.1). Os valores de salário-família e salário-maternidade a empresa tem que pagar aos empregados, mas são responsabilidade da Previdência Social.

** Quando a empresa paga, fica contabilizado um direito contra a Previdência. No dia de pagamento à Previdência, a empresa utiliza esses direitos para recolher (pagar) o menor valor, isto é, compensar com os créditos, uma vez que a responsabilidade efetiva desses pagamentos é da Previdência. No exemplo anterior, o valor líquido que a empresa pagará ao INSS será de $ 31.000, deduzidos o salário-família ($ 7.000) e o salário-maternidade ($ 3.000). O valor líquido recolhido aos cofres da Previdência será de $ 21.000 mais os $ 8.000 do FGTS.

7.3.3. Décimo terceiro salário e férias

O décimo terceiro e as férias adicionadas de 1/3 de seu valor têm o mesmo tratamento ao longo do ano. As despesas devem **ser lançadas como despesa de cada mês** e deve ser constituída uma provisão para pagamento de ambas, até porque estas são despesas provisionadas dedutíveis para fim de Imposto de Renda (RIR/2018, art. 342 e art. 343) e Contribuição Social sobre o lucro. Também deve ser contabilizada a Contribuição para a Previdência, de responsabilidade da empresa (INSS), e FGTS a recolher sobre as provisões de férias e décimo terceiro salário.

7.3.3.1. Férias e adicional de férias

A empresa, a cada mês, deve realizar os cálculos referentes aos salários dos empregados, com o adicional de Previdência Social — parte do empregador — mais o percentual referente ao fundo de garantia (FGTS), e **lançar a despesa referente a 1/12 deste**

total mais o adicional de 1/3. A cada mês que passa, uma empresa não paga, mas deve aos seus funcionários 1/12 das férias com o devido adicional.

Exemplo: no exemplo anterior, uma empresa com uma folha de salários de $ 100.000, Previdência Social patronal de $ 20.000 e FGTS de $ 8.000 deve contabilizar uma despesa com férias no valor de:

Salários	$ 100.000
INSS	$ 20.000
FGTS	$ 8.000
Total	$ 128.000

O valor a ser contabilizado no mês como despesa de férias será:

$$\frac{128.000}{12} + \frac{10.666,66}{3} = 14.222,22$$

10.666,66 1/12 avos das férias	+	3.555,55 Adicional de 1/3	=	14.222,22

Uma fórmula para calcular essa despesa com férias é:

$$[(\text{salário} + \text{INSS} + \text{FGTS}) \times 1/12] \times (1 + 1/3)$$

D Despesa com Férias	14.222,22
C a Férias a Pagar	14.222,22

Observações:

- O valor do pagamento das férias, de acordo com art. 145 da CLT, deve ser pago até 2 dias antes do seu vencimento;
- Para os cálculos do décimo terceiro, deve ser considerado (de acordo com parágrafo único do Decreto n. 57.155/65) um mês completo, mesmo que o empregado tenha trabalhado o equivalente a uma fração igual ou superior a 15 dias;
- Para os cálculos das férias, o funcionário terá direito a 2,5 dias por mês ou uma fração superior a 14 dias, caso não possua faltas registradas que ocasionem a redução dos seus direitos, na seguinte proporção:

FALTAS	DIAS DE FÉRIAS
até 5	30
de 6 até 14	24
de 15 até 23	18
de 24 até 32	12

7.3.3.2. Décimo terceiro salário

Da mesma forma que os valores de férias e o adicional de férias (1/3), o décimo terceiro salário, que só precisa ser pago em novembro e dezembro de cada ano, **precisa ter a contabilização mês a mês**. Cada mês deve assumir a responsabilidade contábil por essa despesa, isto é, atender ao regime da competência.

No mesmo exemplo, o valor a ser lançado como despesa de décimo terceiro a cada mês será:

Salários	$ 100.000
INSS	$ 20.000
FGTS	$ 8.000
Total	$ 128.000

Despesa mensal com décimo terceiro de acordo com o regime da competência: $ 128.000/12 = $ 10.666,66.

D Despesa com Décimo Terceiro	$ 10.666,66	
C a Décimo Terceiro a Pagar		$ 10.666,66

7.3.4. Vale-transporte

É um desconto optativo por parte do empregado e, caso o funcionário faça a opção, será descontado do salário a pagar o valor correspondente a **6% (seis por cento) do salário sem adicionais**, e a **empresa complementa** o valor necessário para cobrir os gastos totais com deslocamento do funcionário.

Caso o valor básico da folha seja de $ 100.000 e o valor total dos gastos com transporte dos empregados seja $ 10.000, o desconto de 6% do salário dos funcionários será complementado com uma despesa extra de $ 4.000 a ser registrada pela empresa como despesa administrativa:

D	Salários a Pagar	$ 6.000
D	Despesa com Vale-transporte	$ 4.000
C	Vale-transporte a Pagar ou a Adquirir	$ 10.000

7.4. REGULAMENTO DA PREVIDÊNCIA

> "Seção III
> Das Obrigações Acessórias
>
> **Art. 225.** A empresa é também obrigada a:
>
> I — preparar folha de pagamento da remuneração paga, devida ou creditada a todos os segurados a seu serviço, devendo manter, em cada estabelecimento, uma via da respectiva folha e recibos de pagamentos;
>
> § 9.º A folha de pagamento de que trata o inciso I do *caput,* elaborada mensalmente, de forma coletiva por estabelecimento da empresa, por obra de construção civil e por tomador de serviços, com a correspondente totalização, deverá:
>
> I — discriminar o nome dos segurados, indicando cargo, função ou serviço prestado;
>
> II — agrupar os segurados por categoria, assim entendido: segurado empregado, trabalhador avulso, contribuinte individual; (*Redação dada pelo Decreto n. 3.265, de 1999*)
>
> III — destacar o nome das seguradas em gozo de salário-maternidade;
>
> IV — destacar as parcelas integrantes e não integrantes da remuneração e os descontos legais; e
>
> V — indicar o número de quotas de salário-família atribuídas a cada segurado empregado ou trabalhador avulso.

> § 13. Os lançamentos de que trata o inciso II do *caput,* devidamente escriturados nos livros Diário e Razão, serão exigidos pela fiscalização após noventa dias contados da ocorrência dos fatos geradores das contribuições, devendo, obrigatoriamente:
> I — atender ao princípio contábil do regime de competência; e
> II — registrar, em contas individualizadas, todos os fatos geradores de contribuições previdenciárias de forma a identificar, clara e precisamente, as rubricas integrantes e não integrantes do salário de contribuição, bem como as contribuições descontadas do segurado, as da empresa e os totais recolhidos, por estabelecimento da empresa, por obra de construção civil e por tomador de serviços.
>
> § 14. A empresa deverá manter à disposição da fiscalização os códigos ou abreviaturas que identifiquem as respectivas rubricas utilizadas na elaboração da folha de pagamento, bem como os utilizados na escrituração contábil."

7.5. QUESTÕES

7.5.1. Lançamentos no Diário

1. (TermoMacaé — CESGRANRIO/2009) A Empresa Ouro Negro Ltda. costuma antecipar 40% do valor da folha de pagamento no dia 15 de cada mês, mediante transferência de sua conta bancária para as contas correntes dos empregados. O lançamento contábil que caracteriza esta operação é:

a) Despesa de salários
   a Diversos
   a Caixa
   a Adiantamento a empregados

b) Despesa de salários
   a Salários a pagar

c) Adiantamento a empregados
   a Bancos conta movimento

d) Salários a pagar
   a Diversos
   a Banco conta movimento
   a Adiantamento a empregados

e) Salários a pagar
   a Banco conta movimento

2. (AFRF — ESAF/2003) Na microempresa do meu tio, no mês de outubro, os salários somados às horas extras montaram a R$ 20.000. Os encargos de Previdência Social foram calculados em 11% a parte do segurado, e em 22% a parcela patronal.

Ao contabilizar a folha de pagamento, o Contador deverá fazer o seguinte registro:

a) Salários e Ordenados
   a Salários a Pagar 20.000
   Previdência Social
   a Previdência Social a Recolher 6.600

b) Salários e Ordenados
   a Salários a Pagar 17.800
   Previdência Social
   a Previdência Social a Recolher 6.600

c) Salários e Ordenados
   a Salários a Pagar 17.800
   Previdência Social
   a Previdência Social a Recolher 4.400

d) Salários e Ordenados
  a Salários a Pagar 17.800
  Salários a Pagar
  a Previdência Social a Recolher 2.200
  Previdência Social
  a Previdência Social a Recolher 4.400
e) Salários e Ordenados
  a Salários a Pagar 20.000
  Salários a Pagar
  a Previdência Social a Recolher 2.200
  Previdência Social
  a Previdência Social a Recolher 4.400

3. (Analista — ALERS — FUNDATEC/2018) Uma sociedade empresária possui funcionários e, para tanto, deve elaborar a folha de pagamento.

Assinale a alternativa correta que apresenta o lançamento contábil referente à apropriação do INSS patronal na folha de pagamento.

a) Débito: salários e ordenados a pagar; Crédito: INSS a recolher.
b) Débito: salários e ordenados (despesa); Crédito: INSS a pagar.
c) Débito: salários (custo); Crédito: INSS a recolher.
d) Débito: INSS (custo); Crédito: INSS a recolher.
e) Débito: INSS (despesa); Crédito: INSS a pagar.

4. (Técnico — EBSERH — IBFC/2020) A Empresa Contabilize Ltda precisa registrar em 30.11.X1, os seguintes fatos contábeis em relação a sua folha de pagamento a ser paga no 5.º dia útil do mês 12. Salários e Ordenados R$ 12.700,00; INSS (funcionários) R$ 1.143,00; FGTS R$ 1.016. Assinale a alternativa que representa o lançamento correto.

a) D — Despesa com Salários e Ordenados R$ 12.700,00 C — Salários e Ordenados a Pagar R$ 12.700,00 D — Salários e Ordenados a Pagar R$ 1.143,00 C — INSS a recolher R$ 1.143,00 D — Despesa com FGTS R$ 1.016,00 C — FGTS a recolher R$ 1.016,00
b) D — Despesa com Salários e Ordenados R$ 12.700,00 C — Salários e Ordenados a Pagar R$ 12.700,00 D — Salários e Ordenados a Pagar R$ 1.143,00 C — INSS a recolher R$ 1.143,00 D — Salários e Ordenados a Pagar R$ 1.016,00 C — FGTS a recolher R$ 1.016,00
c) D — Despesa com Salários e Ordenados R$ 12.700,00 C — Salários e Ordenados a Pagar R$ 12.700,00 D — Despesa com INSS R$ 1.143,00 C — INSS a recolher R$ 1.143,00 D — Despesa com FGTS R$ 1.016,00 C — FGTS a recolher R$ 1.016,00
d) D — Despesa com Salários e Ordenados R$ 12.700,00 C — Caixa e Equivalente de caixa R$ 12.700,00 D — Salários e Ordenados a Pagar R$ 1.143,00 C — INSS a recolher R$ 1.143,00 D — Despesa com FGTS R$ 1.016,00 C — FGTS a recolher R$ 1.016,00
e) D — Despesa com Salários e Ordenados R$ 12.700,00 C — Salários e Ordenados a Pagar R$ 12.700,00 D — Despesa com INSS R$ 1.143,00 C — INSS a recolher R$ 1.143,00 D — Salários e Ordenados a Pagar R$ 1.016,00 C — FGTS a recolher R$ 1.016,00

7.5.2. Descontos no salário dos empregados

1. (TRE-AL — FCC/2010) O reconhecimento de um imposto retido do funcionário em folha de pagamento deve

a) ser creditado no passivo para efetuar o recolhimento da obrigação do empregado.
b) ser debitado no ativo para reconhecer o direito do funcionário contra a empresa.
c) ser creditado em conta de resultado para evidenciar a recuperação dos valores dos empregados.
d) controlar extra contabilidade por não ser obrigação da empresa.
e) ser reconhecido como despesa no resultado da empresa.

2. (Analista — ALERS — FUNDATEC/2018) Na composição de uma folha de pagamento, estão previstos o pagamento de salário, descontos e encargos.

Assinale a alternativa correta que representa o lançamento contábil em relação a faltas e atrasos.

a) Débito — Salários e Ordenados a Pagar (Passivo Circulante — Obrigações trabalhistas) e Crédito — Folha de Pagamento (Resultado — Despesa com pessoal).
b) Débito — Salários e Ordenados a Pagar (Passivo Circulante — Obrigações trabalhistas) e Crédito — Banco Conta Movimento (Ativo Circulante — Disponibilidades).
c) Débito — Salários e Descontos (Resultado — Despesa com encargos trabalhistas) e Crédito — Banco Conta Movimento (Ativo Circulante — Disponibilidades).
d) Débito — Salários e Descontos (Resultado — Despesa com encargos trabalhistas) e Crédito — Folha de Pagamento (Resultado — Despesa com pessoal).
e) Débito — Folha de Pagamento (Resultado — Despesa com pessoal) e Crédito — Salários e Descontos (Resultado — Despesa com encargos trabalhistas).

7.5.3. Despesas totais de uma empresa com pessoal

1. (ATE-MS — ESAF/2001) Em novembro passado, a folha de pagamento da empresa Rubi Vermelho Ltda. discriminava:

Salários e ordenados: $ 120.000
Horas extras trabalhadas: $ 8.000
INSS patronal a 22%
INSS do segurado a 11%
FGTS do segurado a 8%

No mês de dezembro, não foi computado nenhum reajuste salarial e a jornada de trabalho foi absolutamente igual à do mês anterior. Esta folha está dividida de tal modo que não há imposto de renda recolhido na fonte. Exclusivamente a partir desses dados, considerando que a empresa acima encerra o exercício em 31 de dezembro, podemos afirmar que esta folha de pagamento ocasionou, para a empresa em questão, uma despesa total de:
a) $ 180.480;
b) $ 166.400;
c) $ 156.160;
d) $ 152.320;
e) $ 149.920.

2. (ESAF — SERPRO/2001) José de Anchieta, nosso empregado matrícula número 1520, pediu para conferir os cálculos de seu contracheque, tendo encontrado os seguintes valores:

Salários e Ordenados R$ 550;
Insalubridade: 40% do salário mínimo;
18 horas extras com acréscimo de 50%;
INSS do segurado à alíquota de 11%;
INSS patronal à alíquota de 26%;
FGTS à alíquota de 8%.

Observações:
— o salário mínimo vigente na época da prova era de R$ 151;
— o mês comercial é composto por 220 horas.

Pelos cálculos de José de Anchieta, podemos concluir que sua remuneração mensal vai provocar para a empresa um débito em despesas no valor de
a) R$ 833,81.
b) R$ 858,15.
c) R$ 875,13.
d) R$ 908,38.
e) R$ 982,95.

3. (Analista — SEFAZ-SP — ESAF/2009) A empresa de serviços Alvorada Ltda. listou os seguintes dados contratuais para elaborar a folha de pagamento referente ao mês de março:

Salários R$ 9.000
Previdência social patronal (22%) R$ 1.980
Prev. social dos empregados (9%) R$ 810

FGTS (8%) R$ 720
Salário-família R$ 150
Com os dados indicados, sem considerar eventuais parcelas de 13º salário ou férias proporcionais, podemos afirmar que a despesa de pessoal, referente ao mês de março, que a empresa deverá efetivamente desembolsar, será de

a) R$ 10.890.
b) R$ 10.850.
c) R$ 11.700.
d) R$ 12.510.
e) R$ 12.660.

4. (AFPS — INSS — ESAF/2002) A empresa Arbóresse Ltda. mandou elaborar a folha de pagamento do mês de outubro, com os seguintes dados:

Salários e ordenados: $ 21.000;
Horas extras trabalhadas: $ 2.000;
Imposto de renda retido na fonte: $ 2.500;
Contribuição para o INSS, parte dos empregados: 11%;
Contribuição para o INSS, parte patronal: 20%; depósito para o FGTS: 8%.

Com base nos dados e informações acima fornecidos, pode-se dizer que a empresa, em decorrência dessa folha de pagamento, terá despesas totais no valor de:

a) $ 29.440;
b) $ 31.970;
c) $ 34.470;
d) $ 26.910;
e) $ 24.410.

5. (Analista — ALERS — FUNDATEC/2018) A empresa ABCDE LTDA. solicitou ao contador a elaboração da folha de pagamento do mês de março, com as seguintes informações:

Salários: R$ 32.000,00.
Horas extras trabalhadas: R$ 3.000,00.
Imposto retido na fonte: R$ 3.500,00.
Contribuição para o INSS, empregado: 11%.
Contribuição para o INSS, empregador: 20%.
Depósito FGTS: 8%.

Ao elaborar a folha de pagamento com base nas informações fornecidas, a empresa vai contabilizar despesas no valor total de:

a) R$ 44.800,00.
b) R$ 48.300,00.
c) R$ 48.500,00.
d) R$ 48.320,00.
e) R$ 51.820,00.

6. (AFRFB — ESAF/2014) Da folha de pagamento da Cia. Pagadora foram extraídos os dados abaixo:

Salários Brutos	400.000
Imposto de Renda Retido na Fonte Pessoa Física	3.400
INSS Retido	6.000
Salário-Família	1.500
FGTS	32.000
Contribuição Patronal INSS	40.000
Auxílio-Maternidade	2.500

Tomando como base apenas os dados fornecidos, pode-se afirmar que o total a ser apropriado como Despesas de Período é:
a) R$ 476.000.
b) R$ 472.000.
c) R$ 436.600.
d) R$ 400.000.
e) R$ 394.600.

7.5.4. Questão geral sobre pessoal

1. (Perito — PC-PR — IBFC/2017) Analise os seguintes registros contábeis abaixo de determinada empresa societária em sua folha de pagamento e assinale a alternativa incorreta:

a) D — Folha de Pagamento (Despesa com pessoal) R$ 1.850.000,00
C — Salários e Ordenados a Pagar (Obrigações trabalhistas) R$ 1.850.000,00
b) D — Adiantamento de Salários (Adiantamento a empregados) R$ 45.250,00
C — IRRF a Recolher (Impostos a recolher) R$ 250,00
C — Banco Conta Movimento (Disponibilidades) R$ 45.000,00
c) D — FGTS sobre a Folha de Pagamento (Despesa com encargo trabalhista) R$ 148.000,00
C — FGTS a Recolher (Encargos trabalhistas a pagar) R$ 148.000,00
d) D — Salários e Ordenados a Pagar (Obrigações trabalhistas) R$ 1.850.000,00
C — Banco Conta Movimento (Disponibilidades) R$ 1.850.000,00
e) D — Salários e Ordenados a Pagar (Obrigações trabalhistas) R$ 740.000,00
C — Adiantamento de Salários (Adiantamentos a empregados) R$ 740.000,00

2. (Técnico — TER-ES — CESPE/2011) Em cada um dos itens é apresentada uma situação hipotética, seguida de uma assertiva a ser julgada. Em novembro de 2010, um técnico em contabilidade apurou a folha de pagamento de determinada empresa, conforme a tabela abaixo. No entanto, ele deixou de registrar a despesa mensal de salário dos empregados, cujo pagamento ocorrerá até o quinto dia útil do mês seguinte.

CONTAS	R$
Salários dos empregados	
Adiantamentos a empregados — salários	100.000,00
Encargos com o FGTS	25.000,00
Encargos com o FGTS a recolher	25.000,00
Encargos previdenciários	75.000,00
Encargos previdenciários a recolher	110.000,00
Imposto de renda retido na fonte a recolher	7.000,00
Salários a pagar	158.000,00

Nessa situação, para completar a contabilização, deverá ser lançado o valor de R$ 400.000,00 como despesa de salário do mês de novembro de 2010.
( ) Certo ( ) Errado

3. (Contador — VALIPREV — VUNESP/2020) Uma entidade apresentou as seguintes informações financeiras:

Salários a pagar em 31.12.2017	R$ 670.000,00
Salários a pagar em 31.12.2018	R$ 840.000,00
Despesas com salários em 2018	R$ 760.000,00

Neste sentido, o pagamento de salários no exercício de 2018 totalizou, em R$:

a) 840.000,00
b) 590.000,00
c) 670.000,00
d) 750.000,00
e) 760.000,00

GABARITO

http://uqr.to/1xvmh

8

REDUÇÕES DE VALOR NO ATIVO NÃO CIRCULANTE PERMANENTE

Depreciação, amortização, exaustão e **impairment**

8.1. INTRODUÇÃO

Esses procedimentos contábeis se aplicam após a aquisição do bem ou direito, quando da elaboração dos demonstrativos financeiros posteriores. **São aplicados a um bem ou direito** de uso **após sua integração ao Patrimônio**, desde que ele não se classifique no Ativo Circulante ou no Realizável a Longo Prazo. Esses procedimentos são basicamente **reduções do valor do Capital aplicado.**

Este capítulo aborda os procedimentos contábeis de avaliação, reconhecimento, mensuração e divulgação das **reduções de valor do Capital aplicado em Ativos** tangíveis e intangíveis, bem como recursos naturais minerais e florestais. Esses Ativos são contabilizados predominantemente em contas dos **subgrupos Imobilizado e Intangível** e, em algumas situações especiais, nos subgrupos **Diferido e Investimento.**

As **reduções** podem ser subdivididas basicamente em dois tipos:

TIPOS DE REDUÇÃO DO CAPITAL APLICADO	
Reduções em **função da utilização** normal	Reduções em **função de avaliação** do bem ou direito

8.1.1. Tipos de redução e formas de registro contábil

Os dois tipos de redução são registrados pela Contabilidade **em função da utilização do bem ou direito** ou **em função da avaliação de verificação de recuperabilidade** do valor aplicado no bem ou direito.

FORMAS DE REGISTRO CONTÁBIL	
EM FUNÇÃO DA UTILIZAÇÃO (8.1.1.1)	**EM FUNÇÃO DE AVALIAÇÃO (8.1.1.2)**
Depreciação Amortização Exaustão	**Perda por redução ao valor recuperável (*impairment*)**

8.1.1.1. Em função da utilização

Em função da utilização, isto é, do tempo transcorrido, um **bem tangível se desgasta pelo uso** e a este se aplica **depreciação.** Um **intangível** (direitos) se **extingue parcial ou totalmente** e a ele se aplica **amortização.** Em função da **exploração de um recurso natural**, este se desgasta ou acaba e, por essa razão, aplicamos as técnicas de **exaustão ou depreciação.**

A depreciação, a amortização ou a exaustão representam **a contabilização periódica da redução de valor dos Ativos fixos de forma gradual.** O valor da redução do Ativo para cada bem, especificamente, tem como **contrapartida um lançamento no resultado como despesas.**

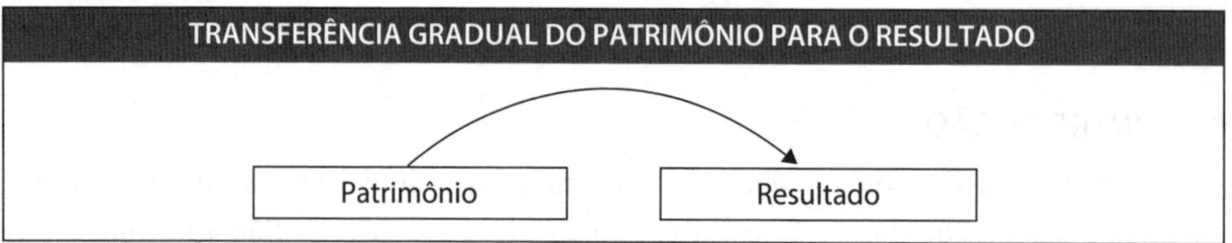

8.1.1.1.1. Significado prático de depreciar, amortizar ou exaurir

O lançamento no resultado de uma despesa apenas contábil para expressar uma perda de valor representa, na verdade, o lançamento de uma **despesa fictícia.** Este lançamento irá **"esconder" uma parte do lucro do período,** permitindo que a empresa possa acumular ou **recuperar o valor investido nestes Ativos.** Depreciação, amortização e exaustão representam, do ponto de vista matemático, uma **recuperação gradual de Capital** ao longo da vida útil do bem ou do tempo de utilização do direito.

No exemplo a seguir, uma empresa obteve lucro bruto de $ 100.000, e o total de despesas foi de $ 40.000. Nesse total, estão inclusos $ 10.000 de despesas de depreciação do período:

Lucro bruto:		$ 100.000
(–) Despesas		$ (40.000)
Despesas	$ 30.000	
Despesa de depreciação	$ 10.000	
Lucro antes do IR		$ 60.000
Imposto de Renda (0%)		
Lucro líquido		$ 60.000

Se essa empresa tiver recebido em dinheiro todos os valores referentes a suas vendas, o valor de suas disponibilidades não será $ 60.000, mas $ 70.000. Isso porque o lucro líquido é apurado sob a ótica do regime de competência.

O lucro sob a ótica do Caixa foi de $ 70.000, uma vez que depreciação é uma despesa meramente contábil. Os $ 10.000 estão no Ativo (Caixa ou Banco) para, em futuro próximo, permitir a compra de outro Ativo novo. Outra vantagem do lançamento da despesa de depreciação é a diminuição do imposto de renda, uma vez que o regulamento do imposto de renda aceita a depreciação como despesa dedutível.

A contabilização da depreciação é o lançamento de uma despesa no resultado em contrapartida com uma conta redutora do Ativo, que perde valor por depreciação, amortização ou exaustão.

DESPESA NO RESULTADO	CONTA REDUTORA DO ATIVO
■ depreciação do exercício	■ depreciação acumulada
■ amortização do exercício	■ amortização acumulada
■ exaustão do exercício	■ exaustão acumulada

*8.1.1.2. Em função de avaliação (*impairment*)*

Impairment significa **redução ao valor recuperável**. A impossibilidade de recuperação do valor de um Ativo Tangível ou Intangível, seja porque **seu Valor Líquido de Venda** é menor que o Valor Contábil, seja porque não tem mais capacidade de **gerar Caixa suficiente** para recuperar o Capital investido pela empresa, **exige o reconhecimento do valor perdido no final de cada exercício**.

A contabilização desse valor perdido é feita reconhecendo uma perda por desvalorização no resultado, em contrapartida a uma provisão para perda por desvalorização.

*8.1.1.2.1. Significado prático da perda por recuperabilidade (*impairment*)*

Diferentemente do que ocorria no Brasil até dezembro de 2007, a Contabilidade internacional trouxe para a Contabilidade brasileira o conceito de que os **valores registrados dos Ativos devem expressar a realidade** dos seus valores.

Se um ativo FIXO não tem mais capacidade de gerar caixa para recuperar o investimento feito em sua aquisição ou o valor apurado em sua eventual venda não pode assegurar a recuperação desse investimento, a empresa de fato perdeu Capital com a aquisição desse Ativo.

Uma perda deve ser reconhecida!

A contabilização será o lançamento de uma perda no resultado, em contrapartida com uma conta redutora do Ativo que perdeu valor por desvalorização.

A contabilização mais apropriada deve ser a seguinte:

Perda por desvalorização (despesa no resultado)
a Perdas por valor não recuperável (redutora de Ativo)

Entretanto, **em provas de concursos públicos**, poderemos encontrar a seguinte contabilização:

Perda por desvalorização (despesa no resultado)
a Provisão para perdas por desvalorização (redutora de Ativo)

8.1.2. Apresentação no balanço patrimonial e no resultado

A seguir, apresentaremos um quadro resumo relacionando o tipo **de despesa contábil** que deve ser lançada no resultado, em **contrapartida com a respectiva perda de valor do Ativo Não Circulante Permanente:**

BALANÇO PATRIMONIAL	DEMONSTRATIVO DE RESULTADO
Ativo Fixo ou Permanente (parte do Ativo Não Circulante)	Despesas operacionais
(–) Depreciação, amortização ou exaustão acumulada (1) (–) Redução por desvalorização (2)	Despesa de depreciação, amortização ou exaustão (1) Perda por desvalorização de Ativo (2)

8.2. SUBGRUPOS ONDE SE APLICAM DEPRECIAÇÃO, AMORTIZAÇÃO, EXAUSTÃO E *IMPAIRMENT*

8.2.1. Aspectos iniciais e visão geral

Esses procedimentos se aplicam aos subgrupos: Investimento, Imobilizado, Intangível e Diferido do Ativo Não Circulante.

As contas classificadas nesses subgrupos possuem as seguintes características básicas:

- **Não serem destinadas à venda** nem possuírem a intenção de realização em dinheiro no curto ou no longo prazo. Por isso, já foram chamadas de Ativos Permanentes e, atualmente, fazem parte do grupo Ativo Não Circulante.
- São aplicações em itens de **infraestrutura do negócio**, isto é, para uso nas operações da atividade principal da Entidade, ou são **investimentos não usados no negócio, mas estratégicos** e também de longo prazo.

No quadro a seguir, apresentamos um diagrama geral com os tipos de bens e os tipos de procedimentos de contabilização de perdas aplicáveis a cada um:

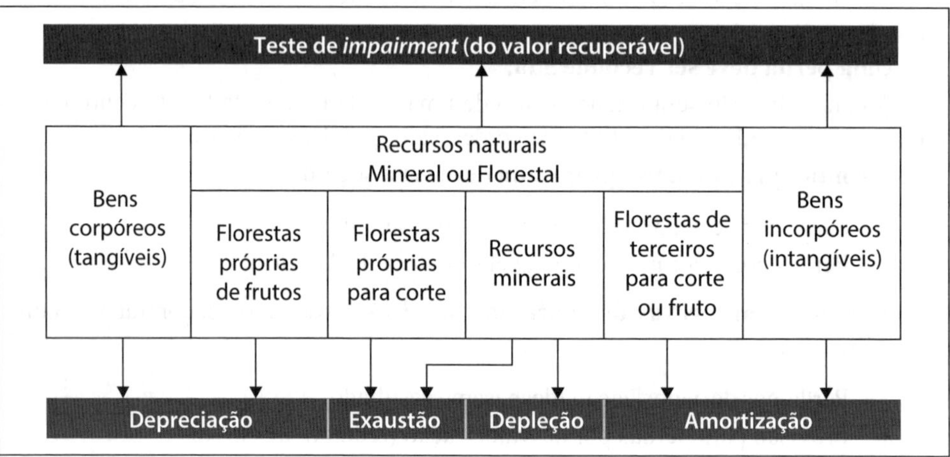

> **Observação:** o termo **depleção significa diminuição**. É utilizado no caso de recursos minerais que são extraídos, mas não até sua exaustão. É exemplo a exploração de petróleo, gás e similares, uma vez que esses recursos nunca são exauridos. Esse tipo de recurso é extraído até onde existe viabilidade econômica.

8.2.2. Subgrupo Investimento

São contabilizados no subgrupo Investimento, de acordo com a Lei n. 6.404/76, art. 179, III:

> "Em investimentos: as participações permanentes em outras sociedades e os direitos de qualquer natureza, não classificáveis no ativo circulante, e que não se destinem à manutenção da atividade da companhia ou da empresa."

As participações em outras sociedades **são ações ou quotas de Capital em outras empresas**. Uma empresa (Entidade) pode realizar aplicações em diversos fundos de ações ou até de uma única empresa, como a Vale ou Petrobras, com fins meramente especulativos de curto ou longo prazo. Por essa razão, o legislador deveria ter incluído a citação ao Realizável a Longo Prazo logo após a citação ao Ativo Circulante. As ações ou quotas de outras empresas são classificadas nesse grupo se forem com intenção de permanência, por serem de alguma forma estratégicas.

Quando o legislador cita direitos que **não se destinam à manutenção da empresa**, está se referindo aos itens que não serão classificados no **Imobilizado e no Intangível**. Portanto, classificaremos no subgrupo Investimentos obras de arte, imóveis para renda etc.

Exemplos de bens e direitos classificados no subgrupo Investimento e que, portanto, além das participações societárias permanentes, não são utilizados nas atividades da empresa e não podem ser classificados no Ativo Circulante ou Realizável a Longo Prazo:

- Participações societárias permanentes[1]
- (+) Mais-valia[2] (sobrepreço referente ao valor líquido de ativos de investida)
- (+) Ágio por rentabilidade futura[2] (*goodwill*)
- Propriedades para investimento (ex.: imóveis e/ou terrenos para locação ou valorização)[3]
- (–) Depreciação acumulada

---

1 São investimentos no Capital (PL) de outras empresas, com objetivos estratégicos e, portanto, **inexistência de intenção de realização em dinheiro a curto prazo.**

2 Quando uma empresa adquire participação em outra e o valor pago é maior que o valor patrimonial. Por exemplo: uma empresa A adquire 30% de participação de uma empresa B, que tem PL igual a $ 500.000. O valor que deveria ser pago por essa aquisição deveria ser de $ 150.000. Imaginemos que o pagamento foi de $ 180.000, e que esses $ 30.000 pagos a mais sobre o valor patrimonial sejam $ 20.000, em função de um terreno subavaliado contabilmente, e $ 10.000 sejam em função de um produto novo que vai ser lançado em breve e que o comprador tenha concordado em pagar esse adicional, uma vez que o retorno será muito superior ao longo dos primeiros anos.

O lançamento na Contabilidade da empresa compradora será:

Diversos		
a Banco		$ 180.000
Participação societária	$ 150.000	
Mais-valia em Ativos da investida	$ 20.000	
Ágio por rentabilidade futura da investida	$ 10.000	

3 Os terrenos e/ou imóveis que **não são utilizados nas atividades da empresa.**

- (–) Perdas estimadas
- Outros investimentos permanentes não usados no negócio:
  - Obras de arte
  - Outros ativos tangíveis e intangíveis para futura utilização
  - (–) Perdas estimadas

8.2.3. Subgrupo Imobilizado

Ativo Imobilizado, de acordo com o art. 179, inc. IV, Lei n. 6.404/76, atualizada pelas Leis ns. 11.638/2007 e 11.941/2009, corresponde:

> "No ativo imobilizado: os direitos que tenham por **objeto bens corpóreos destinados à manutenção** das atividades da entidade ou exercidos com essa finalidade, **inclusive os decorrentes de operações** que transfiram a ela os **benefícios, os riscos e o controle** desses bens."

A norma NBC TG 27 (CPC 27), no item 6, complementa a lei, definindo Ativo Imobilizado como todo item tangível que:

(a) é mantido para uso na produção ou fornecimento de mercadorias ou serviços, para aluguel a outros, ou para fins administrativos; e

(b) se espera utilizar por mais de um período.

Na alínea (a) estão incluídos como imobilizados bens tangíveis para aluguel. Essa citação diz respeito a itens tangíveis que não sejam terrenos e ou edifícios, porque esse tipo de item tangível é uma propriedade para investimento classificada no subgrupo investimento e não no imobilizado. Portanto os itens tangíveis para locação são, por exemplo, veículos de locadoras, máquinas e outros assemelhados utilizados na atividade-fim, alugados para gerar receitas ligadas à atividade principal da entidade (empresa).

No Imobilizado, ocorreu uma das principais alterações promovidas pela Lei n. 11.638/2007. Foi criado o grupo Intangível, e os **bens incorpóreos foram retirados do Imobilizado**. Permaneceram os bens tangíveis e foi incluído nesse grupo **qualquer tipo de Ativo do qual a empresa seja dona de fato**, mas ainda não formalmente, isto é, um bem que a empresa tenha adquirido utilizando-se de arrendamento mercantil. Este bem está arrendado à instituição financeira, mas, **de fato, a propriedade é da empresa**, devendo ser contabilizado no Imobilizado e depreciado. No Capítulo 13, esse assunto será abordado com detalhes. As principais contas que devem ser classificadas no Imobilizado são:

- Imóveis e terrenos[4];
- Máquinas;

---

[4] **Não cabe depreciação a terreno** ou a qualquer item que não se desgaste com o passar do tempo ou utilização. No **imóvel, temos que separar a parte relativa ao terreno e a parte relativa à edificação**, e estão inclusos neste item os imóveis locados para funcionários e para empresas do mesmo grupo econômico.

- Navios;
- Aviões;
- Veículos, inclusive os destinados à locação;
- Instalações;
- Móveis e utensílios;
- Equipamentos;
- Softwares[5];
- Imobilizado em andamento[6];
- (–) Depreciação acumulada;
- Benfeitorias em imóveis de terceiros[7];
- (–) Amortização acumulada;
- Florestamento ou reflorestamento[8];
- (–) Depreciação ou exaustão acumulada;
- Bens de projetos de mineração, minas, jazidas ou lavras[9];
- (–) Exaustão ou depleção acumulada.

Observação: ao grupo (imóveis, veículos, instalações, móveis e utensílios, ferramentas etc.) só cabem quotas de depreciação.

8.2.4. Subgrupo Intangível

A Lei n. 6.404/76, atualizada pela Lei n. 11.638/2007, no art. 179, VI, criou esse subgrupo, definindo um Ativo Intangível como:

---

[5] **Softwares** que não podem ser desvinculados dos equipamentos, como sistemas operacionais, devem ser **contabilizados e depreciados com a máquina**.

[6] **O Imobilizado em Andamento** é constituído basicamente por **gastos em edifícios, máquinas e empreendimentos em fase de construção**. Também devem ser classificados nessa conta os gastos com importações, adiantamento a fornecedores de máquinas ou qualquer outro bem que esteja sendo adquirido para ser **incorporado ao Imobilizado**.

[7] Quando são aplicados valores em reformas de bens de terceiros, são consideradas essas aplicações em itens tangíveis e **somente podem ser contabilizadas no Imobilizado se o contrato de locação garantir ao locador ressarcimento pelo proprietário do imóvel ao longo do tempo**. Caso o ressarcimento não seja assegurado, as reformas devem ser consideradas despesas.

[8] Nessa conta, são contabilizados **todos os custos** acumulados em projetos com **florestas próprias que serão depreciadas** (floresta de frutos) **ou exauridas** (floresta para corte).

[9] Mineração: no Brasil os recursos minerais são explorados **sob autorização da União** e regulamentados pelo Código de Mineração (Lei n. 227/67). Não existe custo maior, a não ser taxas processuais. Assim, o que classificamos no Imobilizado como referente à mineração (minas, jazidas ou lavras) são os **investimentos em equipamentos, edifícios, veículos e demais itens necessários à exploração**. Os valores investidos nesses itens podem ser depreciados ou exauridos.

> "no intangível: os direitos que tenham por **objeto bens incorpóreos destinados à manutenção** da companhia ou **exercidos com essa finalidade**, inclusive o fundo de comércio adquirido *(Incluído pela Lei n. 11.638, de 2007)*.

De acordo com o dicionário *Aurélio*, incorpóreo é o que não tem corpo, imaterial ou impalpável. Portanto, são classificados nesse subgrupo os bens não materiais utilizados nas atividades da empresa.

A citação ao fundo de comércio adquirido refere-se ao ágio pago quando da aquisição de uma participação societária (investida). Existe aqui uma omissão no texto legal em função de aspectos culturais, por exemplo, nos EUA e Europa as empresas controladoras não divulgam balanços individuais, mas apenas os balanços consolidados, que são demonstrações que basicamente apresentam todos os itens somados das demonstrações de todas as entidades. No balanço consolidado, o fundo de comércio (Ágio ou *Goodwill*) deve ser apresentado no Intangível, entretanto no Brasil existe o hábito da divulgação das demonstrações individuais das controladoras e, nesse caso, o fundo de comércio não é apresentado no Intangível, mas no Ativo Investimento. Portanto não esqueça, em uma **demonstração financeira (contábil) individual** de uma investidora, o ágio pago na aquisição de uma participação societária permanente **será contabilizado no subgrupo Investimento**.

CONTA	DEMONSTRAÇÃO	SUBGRUPO DE APRESENTAÇÃO
■ Ágio por rentabilidade futura (*goodwill* ou **Fundo de comércio**)	■ Individual	■ Investimento
	■ Consolidada	■ Intangível

Antes de reconhecer um ativo intangível é necessário que o ativo intangível seja identificado, a norma NBC TG 04 (CPC 04), item 12, apresenta as condições de identificação de um ativo intangível:

> "Um ativo satisfaz o **critério de identificação**, em termos de definição de um **ativo intangível**, quando:
>
> **(a) for separável**, ou seja, puder ser separado da entidade e vendido, transferido, licenciado, alugado ou trocado, individualmente ou junto com um contrato, ativo ou passivo relacionado, independente da intenção de uso pela entidade;
>
> **(b) resultar de direitos contratuais ou outros direitos legais**, independentemente de tais direitos serem transferíveis ou separáveis da entidade ou de outros direitos e obrigações."

Exemplos de direitos que tenham por objeto bens incorpóreos utilizados nas atividades da empresa:

- Direitos de exploração de estradas;
- Direitos de exploração de telefonia;
- Licenças de tecnologia;
- Direitos autorais;
- Marcas e patentes adquiridas;

- Marcas e patentes próprias[10];
- Gastos com desenvolvimento;
- Direitos de exploração de florestas[11];
- (–) Amortização acumulada;
- Direito de exploração de recursos minerais/Direitos e mineração[12];
- (–) Exaustão acumulada.

O que se registra no Intangível são os custos para obtenção dos direitos ou mesmo o valor pago a terceiros por esse direito, conforme art. 22 do Código de Mineração.

8.2.5. Subgrupo Diferido

Nesse grupo, **eram classificados**, até 31 de dezembro de 2008, apenas os gastos ou despesas pré-operacionais e os gastos com reestruturação que não se caracterizassem como despesas. O item V do art. 179 da Lei n. 6.404/76 foi revogado pela Medida Provisória n. 449/2008, convertida na Lei n. 11.941/2009.

> "V — no diferido: as despesas pré-operacionais e os gastos de reestruturação que contribuirão, efetivamente, para o aumento do resultado de mais de um exercício social e que não configurem tão somente uma redução de custos ou acréscimo na eficiência operacional; (*Redação dada pela Lei n. 11.638, de 2007*) (*Revogado pela Medida Provisória n. 449, de 2008*) (*Revogado pela Lei n. 11.941, de 2009*)"

Os gastos pré-operacionais eram os valores aplicados nas despesas na fase de implantação de novo empreendimento e os valores aplicados na reestruturação de um empreendimento antigo que a empresa quisesse refazer de forma ampla.

Não se pode confundir reestruturar com medidas de corte de custos. Reestruturar é fazer, de algo já existente, algo novo. Reestruturar e modernizar completamente um negócio significa fazer reformas nas edificações, adquirir máquinas novas, processos novos. Os valores aplicados em máquinas novas e demais imobilizados serão contabilizados no Imobilizado; valores aplicados em softwares novos serão aplicados no Intangível; e as **despesas gastas, somente as despesas, é que seriam contabilizadas no Ativo Diferido.**

Os valores aplicados no Diferido eram amortizados ao longo dos anos seguintes aos resultados gerados pelo empreendimento. Antes da Lei n. 11.638/2007, as aplicações no Ativo Diferido tinham que ser amortizadas em, no máximo, 10 anos (Lei n. 6.404) e,

---

10 Nesse caso, apenas os gastos efetivamente tidos para registro, que são pequenos.

11 Esse é caso da aplicação de recursos em florestas de terceiros e, sendo assim, se aplica a amortização.

12 Para recursos minerais **somente se aplica a exaustão.** O Código de Mineração, no seu art. 22, permite a alienação de direito de mineração, desde que aprovada pelo Departamento Nacional de Produção Mineral (DNPM):

"I — o título poderá ser objeto de cessão ou transferência, desde que o cessionário satisfaça os requisitos legais exigidos. Os atos de cessão e transferência só terão validade depois de devidamente averbados no DNPM; (*Redação dada pela Lei n. 9.314, de 1996*)"

no mínimo, em 5 anos, pelo regulamento do Imposto de Renda. **A Lei n. 11.638 eliminou esse limite superior.**

A Lei n. 11.941/2009 **revogou** o item referente ao **Ativo Diferido, impedindo que novas contabilizações** possam ser feitas nesse grupo, mas não extinguiu esse grupo de contas para empresas que já o possuíam.

8.2.5.1. Contas que eram classificadas no Diferido

- Despesas com planejamento e implantação de um projeto novo;
- Gastos pré-operacionais em despesas;
- Despesas financeiras (juros, variação monetária ou cambial);
- Juros pagos a acionistas na fase pré-operacional;
- Despesas com reorganização (reestruturação);
- (–) Amortização acumulada.

8.2.5.2. Constituição do Ativo Diferido

Na constituição do Ativo Diferido, tínhamos duas situações: quando aplicávamos em despesas, para construir uma empresa nova, e/ou aplicávamos recursos em despesas, para um novo projeto em uma empresa existente.

- **Em uma empresa nova**, era muito mais fácil o controle, uma vez que todas as despesas antes do início da operação podiam ser consideradas Ativo Diferido. Até os juros aos acionistas podiam ser pagos como se o Capital fosse um empréstimo, na fase anterior à operação, e podiam ser lançados como Ativo Diferido a ser amortizado.
- **Um novo projeto em empresa existente**, por sua vez, exigia um bom controle, porque as despesas relacionadas com a receita gerada pelos projetos em operação deviam ser lançadas no resultado, enquanto as despesas relacionadas com esse projeto em desenvolvimento podiam ser contabilizadas no Ativo Diferido. Os gastos com reorganização são um exemplo de um projeto novo em uma empresa já existente.

8.2.5.3. Tratamento do Diferido após a MP 449/2008 (Lei n. 11.941/2009)

A Lei n. 11.941/2009, em seu art. 299-A, determinou que **não se podem mais fazer novos lançamentos** no Diferido, e os valores classificados neste, que podem ser associados a Imobilizados ou Intangíveis, **devem ser transferidos para esses subgrupos**. Quanto ao saldo remanescente, este pode **continuar sendo amortizado**, sujeito ao teste de recuperabilidade, ou **baixado contra Patrimônio Líquido**.

> "**Art. 299-A.** O saldo existente em 31 de dezembro de 2008 no ativo diferido que, pela sua natureza, não puder ser alocado a outro grupo de contas, poderá permanecer no ativo sob essa classificação até sua completa amortização, sujeito à análise sobre a recuperação de que trata o § 3.º do art. 183 desta Lei (*Incluído pela Lei n. 11.941, de 2009*)."

O CPC 13, que trata da adoção inicial da Lei n. 11.638/2007 e da MP n. 449/2008, orienta, no que diz respeito ao Diferido, da seguinte forma:

> "A Lei n. 11.638/07 restringiu o lançamento de gastos no ativo diferido, mas, após isso, a Medida Provisória n. 449/08 extinguiu esse grupo de contas. Assim, os ajustes iniciais de adoção das novas Lei e Medida Provisória devem ser assim registrados: os gastos ativados que não possam ser reclassificados para outro grupo de ativos **devem ser baixados no balanço de abertura, na data de transição, mediante o registro do valor contra lucros ou prejuízos acumulados**, líquido dos efeitos fiscais, nos termos do item **55 ou mantidos nesse grupo até sua completa amortização**, sujeito à análise sobre recuperação conforme o Pronunciamento Técnico CPC 01 — Redução ao Valor Recuperável de Ativos."

8.2.5.3.1. Exemplo de tratamento da conta Ativo Diferido após a Lei n. 11.941/2009

Vamos imaginar que uma empresa de telecomunicações tivesse, em 31 de dezembro de 2007, um Ativo Diferido de $ 25.000.000. Antes de concorrer a um leilão público para obter uma licença de telefonia celular que viabilizou sua existência, contrata-se uma equipe de engenheiros de telecomunicações para fazer o projeto da rede. A licença foi ganha em um lance público de $ 100.000.000. Os gastos com projetos de arquitetura e engenharia das obras civis das torres de telefonia foram equivalentes a $ 7.000.000 (1). Os gastos com engenheiros especificamente no projeto da rede foram de $ 8.000.000 (2). Os outros $ 10.000.000 foram gastos com despesas gerais (pessoal, aluguéis, treinamento etc.), antes do início da operação.

O valor referente ao gasto com os engenheiros (projeto da rede) tem vinculação direta com a licença, que é um Intangível. Já o valor referente aos gastos com arquitetura e engenharia civil tem relação direta com os imobilizados. Portanto, esses dois valores têm que ser transferidos, respectivamente, para o Intangível e para o Imobilizado. O valor restante de $ 10.000.000 pode ficar no Ativo Diferido, sendo amortizado normalmente pelo tempo residual ou baixado contra o Patrimônio Líquido (lucros ou prejuízos acumulados). Esses procedimentos tiveram que ser feitos nas demonstrações de 2008. A partir dessa data, o saldo remanescente deve ser analisado sobre sua recuperabilidade e, caso não seja recuperável, deve ser baixado contra resultado, como perda sem substância econômica.

1) Permanência de saldo remanescente para amortização a partir de 2008:

Ativo Diferido	
25.000.000	**7.000.000 (1)**
	8.000.000 (2)
10.000.00	

Saldo a ser amortizado

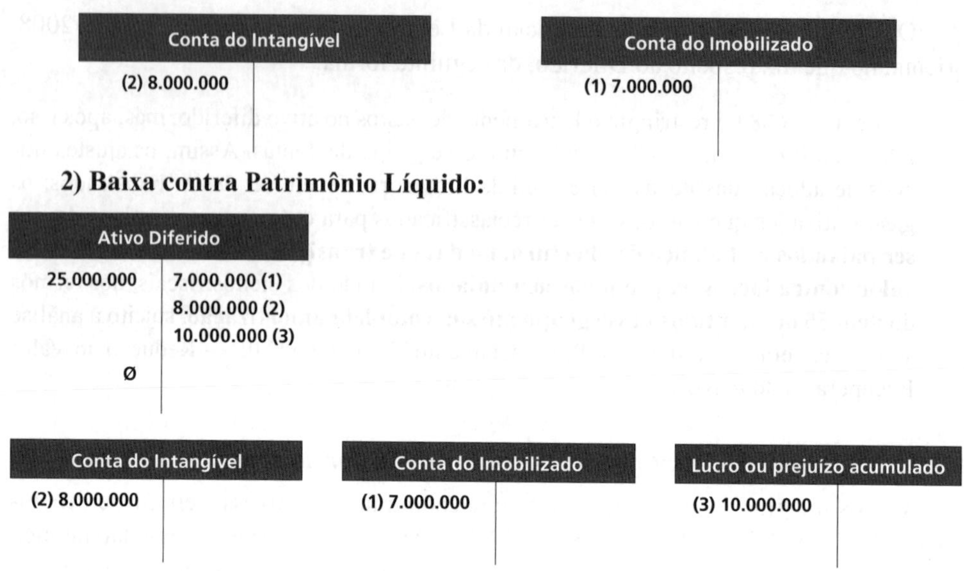

8.3. TÉCNICAS DE REDUÇÃO DO VALOR APLICADO NO ATIVO NÃO CIRCULANTE

8.3.1. Depreciação

O significado da palavra depreciar é **"perder valor"** por desgaste, uso, ação da natureza ou obsolescência. Nas definições da norma NBC TG 27 (CPC 27), temos que "Depreciação é a alocação sistemática do valor depreciável de um ativo ao longo da sua vida útil".

De acordo com a norma NBC TG 27, item 62, podem ser adotados vários métodos de depreciação:

> "**Vários métodos de depreciação** podem ser utilizados para apropriar de forma sistemática o valor depreciável de um ativo ao longo da sua vida útil. Tais métodos incluem o **método da linha reta, o método dos saldos decrescentes e o método de unidades produzidas**."

De acordo com a Lei n. 6.404/76, no art. 183, § 2.º, alínea *a*, o registro da depreciação deve ocorrer:

> "(...) quando corresponder à perda do valor dos direitos que têm por objeto bens físicos sujeitos a desgaste ou perda de utilidade por uso, ação da natureza ou obsolescência."

Em resumo, corresponde à **transferência gradual** do valor de um bem tangível do Ativo Imobilizado, e, em algumas situações, do Ativo Investimento, **para o resultado em parcelas periódicas** lineares ou não lineares, que serão consideradas despesas contábeis ou custo, tanto pela Lei n. 6.404/76 e práticas contábeis vigentes quanto pela legislação do Imposto de Renda (RIR/99).

O Regulamento do **Imposto de Renda** (RIR/99) considera bens depreciáveis todos os bens **tangíveis, exceto bens com vida útil menor que 1 ano:**

"**Art. 318. Podem ser objeto de depreciação** todos os bens sujeitos a desgaste por uso, causas naturais ou obsolescência normal, inclusive:

I — edifícios e construções, observado o seguinte (Lei n. 4.506, de 1964, art. 57, § 9.º):

a) a quota de depreciação é dedutível a partir da época da conclusão e do início da utilização; e

b) o valor das edificações deve estar destacado do valor do custo de aquisição do terreno, admitido o destaque com base em laudo pericial; e

II — projetos florestais destinados à exploração de frutos (Decreto-Lei n. 1.483, de 1976, art. 6.º, parágrafo único).

Art. 317. (...) § 5.º Somente será permitida depreciação de bens móveis e imóveis intrinsecamente relacionados com a produção ou a comercialização dos bens e dos serviços (Lei n. 9.249, de 1995, art. 13, *caput*, inciso III)".

8.3.1.1. Tipos de bens depreciáveis segundo a Receita Federal

Os tipos de bens depreciáveis relacionados intrinsecamente com a produção, de acordo com a Instrução Normativa (IN) da Secretaria da Receita Federal (SRF) n. 11, de 1996, são:

"**1)** os bens móveis e imóveis utilizados no desempenho das atividades de contabilidade;

2) os bens imóveis utilizados como estabelecimento da administração;

3) os bens móveis utilizados nas atividades operacionais instalados em estabelecimento da empresa;

4) os veículos do tipo caminhão, caminhoneta de cabine simples ou utilitário, utilizados no transporte de mercadorias e produtos adquiridos para revenda, de matéria-prima, produtos intermediários e de embalagem aplicados na produção;

5) os veículos do tipo caminhão, caminhoneta de cabine simples ou utilitário, as bicicletas e motocicletas utilizados por cobradores, compradores e vendedores nas atividades de cobrança, compra e venda;

6) os veículos do tipo caminhão, caminhoneta de cabine simples ou utilitário, as bicicletas e motocicletas utilizados nas entregas de mercadorias e produtos vendidos;

7) os veículos utilizados no transporte coletivo de empregados;

8) os bens móveis utilizados em pesquisa e desenvolvimento de produtos ou processos;

9) os bens móveis e imóveis próprios, locados pela pessoa jurídica que tenha a locação como objeto de sua atividade;

10) os veículos utilizados na prestação de serviços de vigilância móvel, pela pessoa jurídica que tenha por objeto essa espécie de atividade."

8.3.1.2. Tipos de bens não depreciáveis segundo a Receita Federal

- Bens que **não perdem valor** (obra de arte, antiguidades);
- **Terrenos** (a construção pode ser depreciada);
- Imóveis **não alugados** ou destinados à revenda;
- Bens para os quais sejam registradas **quotas de exaustão**;
- Bens cujo tempo de vida útil seja **menor que 1 ano** (§ 1.º, inciso II, art. 313, RIR/2018-Decreto n. 9.580/2018);

■ Bens com **valor inferior a $ 1.200,00**, de acordo com o § 1.º, inciso I, art. 313, RIR/2018 (Decreto n. 9.580/2018), são lançados direto como despesas.

> "**Art. 313.** O custo de aquisição de bens do ativo não circulante imobilizado e intangível não poderá ser deduzido como despesa operacional (Decreto-Lei n. 1.598, de 1977, art. 15, *caput*).
>
> § 1.º O disposto no *caput* não se aplica nas seguintes hipóteses (Decreto-Lei n. 1.598, de 1977, art. 15, *caput*):
>
> I — se o bem adquirido tiver valor unitário não superior a R$ 1.200,00 (mil e duzentos reais); ou
>
> II — se o prazo de vida útil do bem adquirido não for superior a um ano.
>
> § 2.º Nas aquisições de bens cujo valor unitário esteja dentro do limite a que se refere este artigo, o disposto no § 1.º não contempla a hipótese em que a atividade exercida exija a utilização de um conjunto desses bens.
>
> § 3.º Exceto disposições especiais, o custo dos bens adquiridos ou das melhorias realizadas, cuja vida útil ultrapasse o período de um ano, deverá ser ativado para ser depreciado ou amortizado (Lei n. 4.506, de 1964, art. 45, § 1.º).
>
> **Art. 318**, parágrafo único. Não será admitida quota de depreciação referente a (Lei n. 4.506, de 1964, art. 57, § 10 e § 13):
>
> I — terrenos, exceto em relação aos melhoramentos ou às construções;
>
> II — prédios ou construções não alugados nem utilizados pelo proprietário na produção dos seus rendimentos ou destinados à revenda;
>
> III — bens que normalmente aumentam de valor com o tempo, como obras de arte ou antiguidades; e
>
> IV — bens para os quais seja registrada quota de exaustão".

8.3.1.3. Valor de imobilização de um bem

O valor de um bem que será contabilizado **não é apenas o valor intrinsecamente da compra**; devemos **retirar do valor os impostos e contribuições recuperáveis** e **adicionar outros custos relacionados ao bem** até que ele esteja pronto para ser utilizado pela empresa. Também devem ser considerados **seus custos de remoção**. A NBC TG 27, nos itens 16 e 17, define os custos a serem considerados:

> **"16 — O custo de um item do ativo imobilizado compreende:**
>
> (a) seu preço de aquisição, acrescido de impostos de importação e impostos não recuperáveis sobre a compra, depois de deduzidos os descontos comerciais e abatimentos;
>
> (b) quaisquer custos diretamente atribuíveis para colocar o ativo no local e condição necessárias para o mesmo ser capaz de funcionar da forma pretendida pela administração;
>
> (c) a estimativa inicial dos custos de desmontagem e remoção do item e de restauração do local (sítio) no qual este está localizado. Tais custos representam a obrigação em que a entidade incorre quando o item é adquirido ou como consequência de usá-lo durante determinado período para finalidades diferentes da produção de estoque durante esse período.
>
> **17 — Exemplos de custos diretamente atribuíveis são:**
>
> (a) custos de benefícios aos empregados (tal como definidos na norma NBC TG 33(CPC 33) — Benefícios a Empregados) decorrentes diretamente da construção ou aquisição de item do ativo imobilizado;

(b) custos de preparação do local;

(c) custos de frete e de manuseio (para recebimento e instalação);

(d) custos de instalação e montagem;

(e) custos com testes para verificar se o ativo está funcionando corretamente, após dedução das receitas líquidas provenientes da venda de qualquer item produzido enquanto se coloca o ativo nesse local e condição (tais como amostras produzidas quando se testa o equipamento); e

(f) honorários profissionais."

Exemplo: o valor de compra de uma máquina pela empresa Vigo S.A. foi de $ 100.000; os impostos e contribuições recuperáveis equivalem a $ 15.000; os gastos com transporte e seguro foram de $ 6.000; e os gastos de instalação foram de $ 8.000. Como o imóvel é locado (essa máquina será utilizada apenas para a produção de um item específico e, ao final do período de vida útil, estima-se que não será substituída por similar), é necessária a consideração de readequação do local para entrega do imóvel no valor de $ 20.000.

Máquina	$ 100.000
(–) Impostos recuperáveis	($ 15.000)
(+) Transporte e seguro	$ 6.000
(+) Instalação	$ 8.000
(+) Gastos com desinstalação	$ 20.000
Valor para imobilização (CPC 27)	$ 119.000

O valor de $ 100.000 mais os gastos com transporte, seguro e instalação foram efetivamente desembolsados. **Os impostos recuperáveis foram pagos, mas serão recuperados e, por isso, não são considerados custos.** O valor previsto para desinstalação tem como contrapartida uma obrigação no Passivo Não Circulante, de acordo com a NBC TG 20 (custos de empréstimos), em harmonia com a Contabilidade internacional.

8.3.1.4. *Início e fim da depreciação*

O início da depreciação só pode se dar quando da instalação, **posto em serviço ou em produção**. De acordo com a NBC TG 27, item 55:

"A depreciação do ativo se inicia quando **este está disponível para uso**, ou seja, quando está no local e em condição de funcionamento na forma pretendida pela administração. **A depreciação de um ativo deve cessar na data em que o ativo é classificado como mantido para venda** (ou incluído em um grupo de ativos classificado como mantido para venda de acordo com a norma NBC TG 31 — Ativo Não Circulante Mantido para Venda e Operação Descontinuada) **ou, ainda, na data em que o ativo é baixado, o que ocorrer primeiro**. Portanto, a depreciação não cessa quando o ativo se torna ocioso ou é retirado do uso normal, a não ser que o ativo esteja totalmente depreciado. No entanto, de acordo com os métodos de depreciação pelo uso, a despesa de depreciação pode ser zero enquanto não houver produção."

A depreciação pode ser calculada em, no **mínimo, quotas mensais. O primeiro e o último mês da depreciação são facultativos. Segundo o RIR/2018:**

> "**Art. 317.** (...) § 2.º A quota de depreciação é dedutível a partir da época em que o bem é instalado, posto em serviço ou em condições de produzir (Lei n. 4.506, de 1964, art. 57, § 8.º).
>
> **Art. 319.** A quota de depreciação dedutível na apuração do imposto sobre a renda será determinada por meio da aplicação da taxa anual de depreciação sobre o custo de aquisição do ativo (Lei n. 4.506, de 1964, art. 57, § 1.º).
>
> § 1.º A quota anual de depreciação será ajustada proporcionalmente na hipótese de período de apuração com prazo de duração inferior a doze meses e de bem acrescido ao ativo, ou dele baixado, no curso do período de apuração.
>
> § 2.º A depreciação poderá ser apropriada em quotas mensais, **dispensado o ajuste da taxa para os bens postos em funcionamento ou baixados no curso do mês**".

8.3.1.5. Métodos de depreciação

Podemos depreciar de forma **linear ou não linear**. Na forma **linear**, temos **quotas constantes** em todos os períodos, e, na **não linear**, as quotas de depreciar são **diferentes em cada período**.

A tabela a seguir apresenta os principais métodos que serão estudados neste capítulo:

MÉTODOS DE DEPRECIAÇÃO	
Linear (quotas constantes)	**Não linear**
Vida útil Unidades produzidas Horas trabalhadas	Unidades produzidas Horas trabalhadas Quotas crescentes Quotas decrescentes

8.3.1.5.1. Método das quotas constantes, depreciação linear ou linha reta

8.3.1.5.1.1. Método da depreciação linear em função da vida útil

Esse método consiste em tomar o valor de um bem do Ativo, **dividir esse valor pelo tempo de sua vida útil** e obter o que chamamos de **quota de depreciação anual**, que constitui o valor que será lançado como despesa a cada exercício.

O tempo de vida útil para itens do Ativo é definido pela Secretaria da Receita Federal por meio da IN/SRF-1.700/2017. O aluno não precisa decorar essa imensa lista porque o examinador informará, em cada problema, o tempo de vida útil dos itens.

■ **Vida útil de bens depreciáveis**

Apenas como ilustração, informamos a seguir as taxas usuais admitidas na legislação tributária referida:

TIPOS DE BENS	VIDA ÚTIL (ANOS)	TAXA ANUAL (%)
Edifícios, construções e benfeitorias	25	4
Equipamentos, ferramentas, móveis, utensílios, instalações	10	10
Computadores e periféricos	5	20
Semoventes (animais de tração)	5	20
Veículos para até 10 pessoas e reboques	5	20
Motocicletas	4	25
Veículos de transporte de mercadorias e tratores	4	25
Veículos especiais (socorros, betoneiras, guindastes, incêndio etc.)	4	25
Veículos para mais de 10 pessoas	4	25

Observação: bens cedidos em comodato, com finalidade operacional, podem ser depreciados.

Exercício:

Dado um bem tangível do Ativo (ex.: uma máquina), com valor global de aquisição de $ 100.000 e vida útil de 5 anos, vamos calcular a quota de depreciação anual e o valor da depreciação acumulada ao longo desses 5 anos.

A primeira coisa a fazer é calcular a taxa de depreciação anual da seguinte forma:

$$\text{TAXA DE DEPRECIAÇÃO LINEAR} = \frac{100\%}{\text{VIDA ÚTIL EM ANOS}}$$

Nesse exemplo, a taxa de depreciação será 100/5 = 20% a.a.

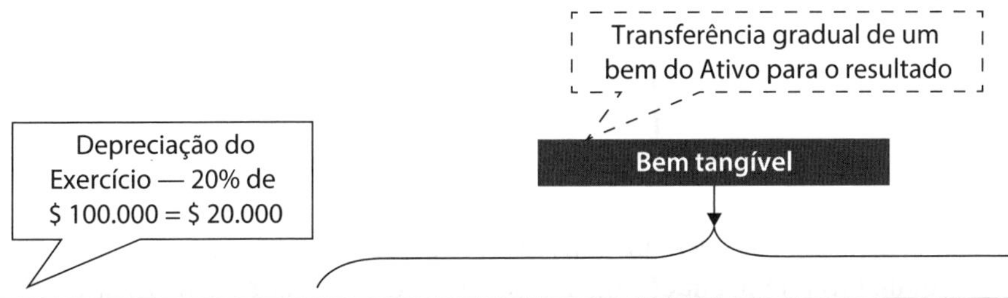

	1.º ANO	2.º ANO	3.º ANO	4.º ANO	5.º ANO
Valor do bem	100.000	100.000	100.000	100.000	100.000
Depreciação do exercício	20.000	20.000	20.000	20.000	20.000
Depreciação acumulada	(–) 20.000	(–) 40.000	(–) 60.000	(–) 80.000	(–) 100.000
Valor contábil	= 80.000	= 60.000	= 40.000	= 20.000	= 0

Lançamentos no Livro-Razão dessa operação:

	Contas do Ativo		Contas de resultado		Contas retificadoras do Ativo	
	Máquina		Depreciação		Depreciação Acumulada	
1.º ano	100.000		20.000			20.000
	Máquina		Depreciação		Depreciação Acumulada	
2.º ano	100.000		20.000			40.000
	Máquina		Depreciação		Depreciação Acumulada	
3.º ano	100.000		20.000			60.000
	Máquina		Depreciação		Depreciação Acumulada	
4.º ano	100.000		20.000			80.000
	Máquina		Depreciação		Depreciação Acumulada	
5.º ano	100.000		20.000			100.000

8.3.1.5.1.2. Depreciação linear em função das unidades produzidas e método das horas trabalhadas

Dois outros métodos considerados lineares são: depreciar o equipamento em função da sua **capacidade total de produção** ou das **horas totais estimadas** para a sua vida.

■ **Exemplo de depreciação em função da capacidade**

Uma máquina foi adquirida por $ 400.000, possuindo vida útil com uma capacidade produtiva estimada de 1.000.000 de unidades. Sabendo-se que produzirá 200.000 unidades por ano, calcule as depreciações em cada um dos 5 anos.

Solução:

Valor do bem: $ 400.000

Produção total estimada: 1.000.000 unidades

Depreciação por unidade produzida:

$$\frac{400.000}{1.000.000 \text{ unidades}} = \$\ 0{,}40 \text{ por unidade}$$

$ 0,40 x produção de cada ano

ANO	PRODUÇÃO	QUOTA DE DEPRECIAÇÃO
1	200.000	$ 80.000
2	200.000	$ 80.000
3	200.000	$ 80.000
4	200.000	$ 80.000
5	200.000	$ 80.000

■ **Exemplo de depreciação em função de horas estimadas**

Calcular a quota de depreciação acumulada no fim do segundo ano, para a máquina citada no exercício anterior, com 20.000 horas de trabalho, utilizada na razão de 4.000 horas por ano.

ANO	UTILIZAÇÃO EM HORAS	QUOTA DE DEPRECIAÇÃO
1	4.000	$ 80.000
2	4.000	$ 80.000
3	4.000	$ 80.000
4	4.000	$ 80.000
5	4.000	$ 80.000

Como a máquina foi adquirida por $ 400.000, e sua capacidade em horas será completamente utilizada em 5 anos, a taxa de depreciação será de 20% ao ano, o que corresponde a 20% de $ 400.000 = $ 80.000.

A depreciação acumulada ao final do segundo ano será, portanto, de $ 160.000.

8.3.1.5.2. Métodos de depreciação não linear

8.3.1.5.2.1. Depreciação não linear em função das unidades produzidas e do número de horas produzidas

Exemplo: calcular as quotas de depreciação ao longo da vida útil de uma máquina adquirida no valor de $ 400.000, utilizando os métodos de unidades produzidas, tomando-se por base que a produção ao longo da vida útil foi de 100.000 unidades no primeiro ano e, a cada ano, 50.000 unidades a mais, sendo sua capacidade de 1.000.000 de unidades.

ANO	PRODUÇÃO	TAXA DE DEPRECIAÇÃO ANUAL/QUOTA ANUAL
1	100.000	10%/40.000
2	150.000	15%/60.000
3	200.000	20%/80.000
4	250.000	25%/100.000
5	300.000	30%/120.000

A taxa de depreciação é proporcional à produção. No primeiro ano, temos que a taxa é calculada dividindo-se a produção do primeiro ano pela capacidade total da máquina especificada pelo fabricante: 100.000/1.000.000 = 10%. No primeiro ano, a quota é 10% de $ 400.000 = $ 40.000. Os outros anos são calculados da mesma forma.

Exemplo: calcular as quotas de depreciação ao longo da vida útil de uma máquina adquirida no valor de $ 400.000, utilizando os métodos de horas trabalhadas, tomando-se por base que a sua utilização ao longo da vida útil foi, no primeiro ano, de 10.000 horas e, a cada ano, houve um incremento de 5.000 horas, sendo sua vida útil de 100.000 horas.

ANO	UTILIZAÇÃO ANUAL EM HORAS	TAXA DE DEPRECIAÇÃO ANUAL/QUOTA ANUAL
1	10.000	10%/40.000
2	15.000	15%/60.000
3	20.000	20%/80.000
4	25.000	25%/100.000
5	30.000	30%/120.000

A taxa de depreciação, nesse caso, é proporcional à utilização horária da máquina. No primeiro ano, a taxa é calculada dividindo-se a utilização anual em horas pela capacidade total em horas da máquina, que é de 100.000 horas, especificada pelo fabricante.

Utilização no primeiro ano: 10.000
Capacidade total: 100.000
Taxa anual: 10.000/100.000 = 10%

A quota no primeiro ano, portanto, deve ser:

10% de 400.000 = $ 40.000

8.3.1.5.2.2. Método das quotas decrescentes

O método não linear mais adotado em concursos públicos é o método da **soma dos algarismos dos anos**, também chamado de **método das quotas decrescentes** ou, ainda, método Cole.

Como a despesa com a manutenção efetiva em uma máquina nova é pequena em seu primeiro ano de vida e crescente ao longo da vida útil, Cole desenvolveu esse método, **depreciando mais no primeiro exercício** e, a **cada ano que passa, depreciando menos**, com o objetivo de equilibrar os custos da máquina, de tal forma que os custos ao longo da sua vida útil sejam aproximadamente iguais.

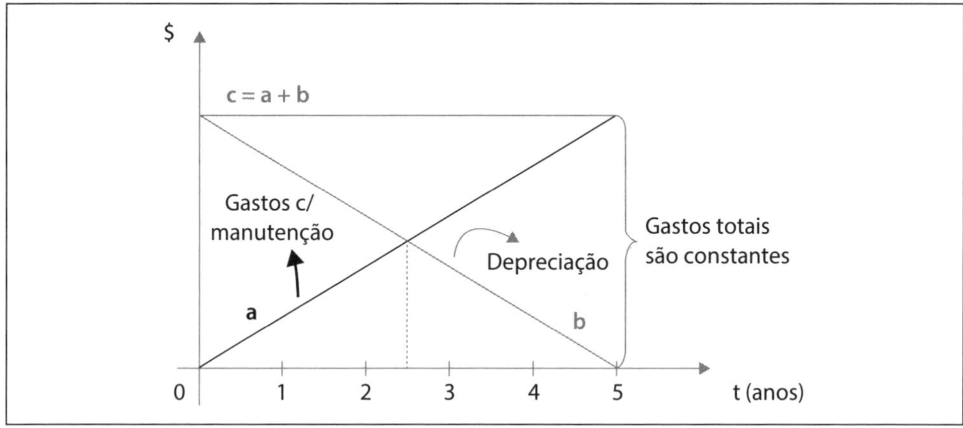

Esse método consiste em somarmos os dígitos dos anos de vida útil do bem e encontrarmos razões de cada ano sob a soma do total de anos, que serão as taxas de depreciação anual.

No exemplo a seguir, aplicaremos esse método para encontrar as depreciações anuais em um bem tangível no valor de $ 90.000, com vida útil definida em 5 anos.

Solução:

Valor do bem:	90.000
Tempo de vida útil:	5 anos
Soma dos dígitos dos anos:	1 + 2 + 3 + 4 + 5 = 15

Cálculo dos fatores de depreciação anuais e quotas:

ANO	FATOR	VALOR DO BEM	QUOTA
1.º	$\frac{5}{15}$	x $ 90.000	= $ 30.000
2.º	$\frac{4}{15}$	x $ 90.000	= $ 24.000
3.º	$\frac{3}{15}$	x $ 90.000	= $ 18.000
4.º	$\frac{2}{15}$	x $ 90.000	= $ 12.000
5.º	$\frac{1}{15}$	x $ 90.000	= $ 6.000

Cálculo da depreciação acumulada e valor contábil:

	1.º ANO	2.º ANO	3.º ANO	4.º ANO	5.º ANO
Valor do bem (B)*	$ 90.000	$ 90.000	$ 90.000	$ 90.000	$ 90.000
Depreciação do exercício	$ 30.000	$ 24.000	$ 18.000	$ 12.000	$ 6.000
Depreciação acumulada (DA)	$ 30.000	$ 54.000	$ 72.000	$ 84.000	$ 90.000
Valor contábil (VC)	$ 60.000	$ 36.000	$ 18.000	$ 6.000	$ 0
* Valor contábil de aquisição.					

VC = B – DA

8.3.1.5.2.3. Método das quotas crescentes

Esse método **não tem fundamento doutrinário nem prático**. Surgiu em uma prova de concurso público e é uma **inversão que fere as atuais normas contábeis brasileiras**, harmonizadas com as normas internacionais, sendo a menor quota a do primeiro ano e a maior quota a do último.

Faremos o exemplo do item anterior adotando esse método.

Solução:

Valor do bem: 90.000

Tempo de vida útil: 5 anos

Soma dos dígitos dos anos: 1 + 2 + 3 + 4 + 5 = 15

Cálculo dos fatores de depreciação anuais e quotas:

ANO	FATOR	VALOR DO BEM	QUOTA
1.º	$\frac{1}{15}$	x $ 90.000	= $ 6.000
2.º	$\frac{2}{15}$	x $ 90.000	= $ 12.000
3.º	$\frac{3}{15}$	x $ 90.000	= $ 18.000
4.º	$\frac{4}{15}$	x $ 90.000	= $ 24.000
5.º	$\frac{5}{15}$	x $ 90.000	= $ 30.000

Cálculo da depreciação acumulada e valor contábil:

	1.º ANO	2.º ANO	3.º ANO	4.º ANO	5.º ANO
Valor do bem (B)	$ 90.000	$ 90.000	$ 90.000	$ 90.000	$ 90.000
Depreciação do exercício	$ 6.000	$ 12.000	$ 18.000	$ 24.000	$ 30.000
Depreciação acumulada (DA)	$ 6.000	$ 18.000	$ 36.000	$ 60.000	$ 90.000
Valor contábil (VC)	$ 84.000	$ 72.000	$ 54.000	$ 30.000	$ 0

VC = B – DA

8.3.1.6. *Valor residual e valor depreciável*

O valor residual de um bem é o valor que o bem terá após o fim da vida útil para a empresa. Esse valor é definido pela empresa em função da realidade de cada tipo de bem depreciável, isto é, **não existe uma tabela oficial com valores** residuais. O valor é definido pelo contador da empresa, utilizando-se de **bom senso e realidade de mercado**.

Um veículo, após 5 anos de utilização, **não terá um valor de mercado igual a ZERO!** É evidente que um veículo automóvel ou caminhão terá um valor real de venda após o tempo previsto pelo RIR como vida útil. De acordo com a norma NBC TG 27, item 6, o valor residual é:

> "Valor residual de um ativo é o **valor estimado que a entidade obteria com a venda do ativo**, após deduzir as despesas estimadas de venda, caso o ativo já tivesse a idade e a condição esperadas para o fim de sua vida útil."

O que chamamos de **valor depreciável** será o valor do bem, subtraído o valor residual, que também está definido na NBC TG , item 6:

> "Valor depreciável é o custo de um ativo ou outro valor que substitua o custo, menos o seu valor residual."

Valor depreciável = valor do bem – valor residual

Valor depreciável é a parte do valor do bem que se desgastará em sua vida útil.

Exemplo: dado um bem tangível do Ativo (ex.: uma máquina), com valor global de ativação[13] de $ 100.000, vida útil de 5 anos e valor residual de $ 10.000, vamos calcular a quota de depreciação anual e o valor da depreciação acumulada ao longo de 5 anos.

	1.º ANO	2.º ANO	3.º ANO	4.º ANO	5.º ANO
Valor do bem (B)	$ 100.000	$ 100.000	$ 100.000	$ 100.000	$ 100.000
Valor residual	$ 10.000	$ 10.000	$ 10.000	$ 10.000	$ 10.000
Valor depreciável	$ 90.000	$ 90.000	$ 90.000	$ 90.000	$ 90.000
Depreciação do exercício	$ 18.000	$ 18.000	$ 18.000	$ 18.000	$ 18.000
Depreciação acumulada (DA)	$ 18.000	$ 36.000	$ 54.000	$ 72.000	$ 90.000
Valor contábil (VC)	$ 82.000	$ 64.000	$ 46.000	$ 28.000	$ 10.000

VC = B – DA

[13] Valor de aquisição somado a todos os valores para colocação do bem em operação, menos os impostos recuperáveis.

A taxa de depreciação em 5 anos é igual a 100%/5 = 20% ao ano, aplicada sobre o valor depreciável.

Como podemos observar, depois de transcorrido o tempo de vida útil do bem, seu valor contábil será exatamente o valor residual previsto de $ 10.000, que deve ser o valor de mercado.

8.3.1.7. Depreciação acelerada

Trata-se de uma **aceleração da taxa normal** de depreciação, calculada em quaisquer dos métodos vistos até agora neste capítulo. O bem que esteve sujeito a um turno de 8 horas será depreciado da forma já estudada, e, **se ele estiver sujeito a dois turnos de 8 horas ou três turnos de 8 horas**, a taxa de depreciação do exercício em que isso ocorreu, de acordo com o Regulamento do IR (RIR/2018, art. 323), **poderá ser acelerada da seguinte forma:**

1 turno de 8 horas	Taxa de depreciação normal x 1,0
2 turnos de 8 horas	Taxa de depreciação normal x 1,5
3 turnos de 8 horas	Taxa de depreciação normal x 2,0

Exemplo: uma máquina adquirida por $ 400.000, com vida útil de 5 anos, foi submetida a um turno no primeiro ano de vida, a dois turnos no segundo e, até o fim de sua vida útil, a três turnos. Calcularemos as quotas de depreciação e a depreciação acumulada ao fim do terceiro ano da seguinte forma:

ANO	TAXA DE DEPRECIAÇÃO NORMAL × FATOR DE ACELERAÇÃO	TAXAS EFETIVAS DE DEPRECIAÇÃO	QUOTAS DE DEPRECIAÇÃO
1.º	20% x 1,0	20%	$ 80.000
2.º	20% x 1,5	30%	$ 120.000
3.º	20% x 2	40%	$ 160.000
4.º	Saldo	10%	$ 40.000
		100%	$ 400.000

No primeiro ano, a quota será normal, uma vez que a operação da máquina é em um turno. No segundo ano, será adotada uma quota acelerada, uma vez que a máquina será utilizada em dois turnos. No terceiro ano, a depreciação também será acelerada, pois a máquina trabalhará em três turnos. No quarto ano, será depreciada pelo saldo remanescente, porque o total nunca pode ultrapassar o valor imobilizado de um bem.

8.3.1.8. Depreciação de bens usados

A legislação do IR de 2018, Decreto n. 9.580, art. 322, afirma que o tempo de depreciação de um bem adquirido usado será determinado levando-se em conta o **maior tempo entre** os seguintes tempos apurados:

- Tempo restante em relação à primeira instalação.
- Metade do tempo de depreciação de um bem do mesmo tipo novo.

Exercícios:

1) Calcular o tempo de depreciação de um bem usado, adquirido ao fim do sétimo ano de uma vida útil de dez anos.

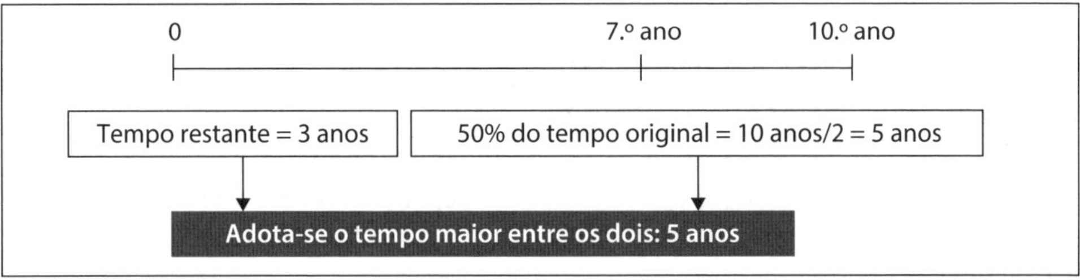

2) Calcular o tempo de depreciação de um bem usado, adquirido ao fim do terceiro ano de uma vida útil de dez anos.

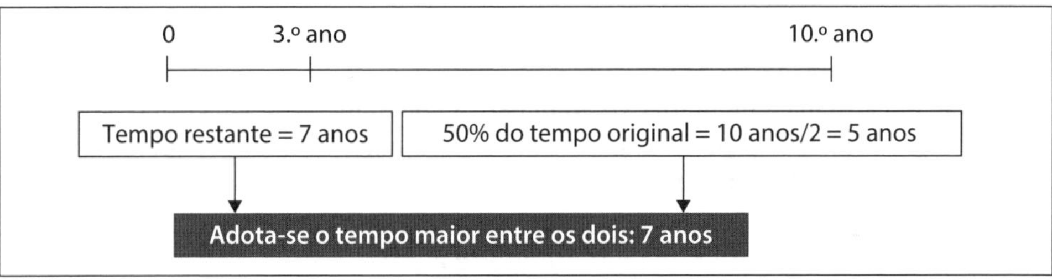

3) Calcular o tempo de depreciação de um bem usado, originalmente com dez anos de vida útil, adquirido ao fim do décimo ano de vida útil.

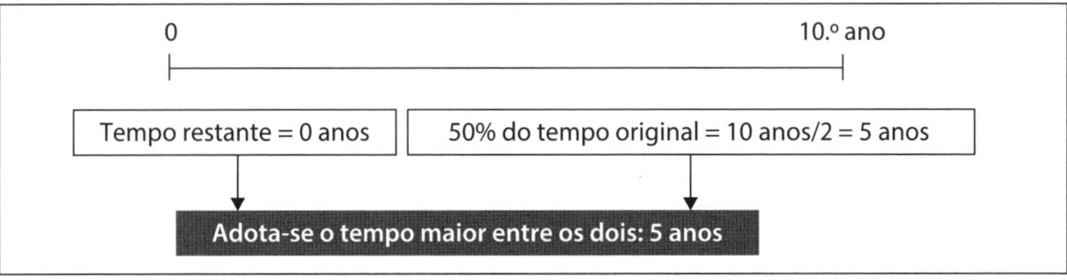

8.3.1.9. Conservação de bens tangíveis do Ativo Não Circulante

De acordo com o Regulamento do Imposto de Renda, qualquer **valor aplicado na substituição de partes** e peças, **se não resultar na ampliação da vida útil do bem em mais de 1 ano**, poderá ser lançado como despesas do exercício:

Despesa de manutenção ou custo de produção
a Caixa ou banco

Caso contrário, esse valor investido na substituição de partes e peças **deverá ser incorporado ao valor do bem** para as futuras depreciações. Nesse caso, deverá ser contabilizado da seguinte forma:

Imobilizado (máquina recuperada)
a Caixa ou Banco

8.3.1.10. Depreciação em taxas diferentes que as permitidas

8.3.1.10.1. Taxa maior que a permitida

Caso o negócio da empresa desgaste o bem em um **tempo menor que o previsto pela Receita Federal**, para que a empresa possa **depreciar em uma taxa maior, é necessário um laudo** de um laboratório oficial, como o Instituto Nacional de Tecnologia, IPT ou qualquer outro.

8.3.1.10.2. Taxa menor que a permitida

Se uma empresa utilizar **taxas inferiores** às permitidas, **não poderá compensá-las** em períodos posteriores.

8.3.1.11. Depreciação de conjuntos

Se em um sistema (conjunto) existirem partes com tempos de vida diferentes e não existirem elementos que provem uma taxa para o conjunto, deverá ser adotado o tempo de **vida útil do item de maior vida útil**.

8.3.1.12. Depreciação de bens em atividade rural

De acordo com o que reza o art. 325 do RIR/2018, transcrito a seguir, bens do ativo utilizados em atividade rural podem ser depreciados integralmente no próprio ano de aquisição.

> "Decreto 9.580/2018, **art. 325**. Os bens do ativo não circulante imobilizado, exceto a terra nua, adquiridos por pessoa jurídica que explore a atividade rural, de que trata o art. 51, para uso nessa atividade, poderão ser depreciados integralmente no próprio ano de aquisição (Medida Provisória n. 2.159-70, de 2001, art. 6.º)."

8.3.2. Amortização

O significado da palavra amortizar é "**extinguir aos poucos** ou em prestações, diminuir gradualmente até a extinção total", segundo o dicionário Michaelis.

O processo de **amortizar é o mesmo que depreciar**. Esse método está previsto no § 2.º, alínea *b*, do art. 183 da Lei n. 6.404 e consiste em registrar como amortização: quando corresponder à **perda do valor do Capital aplicado** na aquisição de direitos da propriedade industrial ou comercial e quaisquer outros com existência ou exercício de duração limitada ou, ainda, cujo objeto seja um bem de utilização por prazo legal ou contratualmente limitado.

Em resumo, corresponde à **transferência gradual de valor de direitos registrados no Intangível ou Diferido** (enquanto existirem contas classificadas nesse subgrupo) para o **resultado**, em parcelas periódicas, normalmente lineares, que serão consideradas despesas contábeis tanto pela Lei n. 6.404 quanto pela legislação do Imposto de Renda.

A taxa de amortização será determinada em função do tempo restante de usufruto dos benefícios do direito.

A quota de amortização será determinada aplicando-se a taxa de amortização sobre o valor aplicado (gasto).

No exercício em que a conta amortização acumulada atingir 100% do valor do gasto realizado no bem intangível, isto é, o valor contábil chegar a zero, duas contas **deverão ser baixadas**, debitando o valor total na conta Amortização Acumulada e creditando na conta do bem amortizado, e esse procedimento é diferente de um ativo imobilizado que, mesmo com valor contábil zero, se estiver sendo utilizado, o bem deve continuar no balanço.

No caso em que cessar, por algum motivo, a utilização comercial do bem, este deverá ser lançado como despesa operacional do exercício em que isto ocorrer e creditado na conta do respectivo bem.

Não é permitida a amortização de bem sujeito a quota de exaustão.

8.3.2.1. Exemplos de itens amortizáveis

Bens amortizáveis: benfeitorias em bens de terceiros com cláusula de ressarcimento. Esses direitos devem ser classificados no Ativo Imobilizado.

Direitos amortizáveis: esses direitos são classificados no Ativo Não Circulante Intangível.

- Concessões públicas (estradas, telefonias, ferrovias etc.);
- Direitos autorais;
- Compra de tecnologia;
- Patentes de invenção;
- Direitos de uso de marca;
- Contratos de exploração de florestas de terceiros.

8.3.2.2. Exemplo de itens não amortizáveis

Valores aplicados a direitos que não tenham prazo definido para extinção ou que não se desvalorizem.

Exemplo, no primeiro caso, é o direito ao uso de linha telefônica, e, no segundo, marcas e patentes.

8.3.2.3. Contabilização no Ativo Não Circulante

Amortização (do exercício) — conta de resultado

a Amortização acumulada — conta retificadora do patrimônio

Observação: a amortização acumulada é uma conta credora que, por uma questão de ordem, é alocada como retificadora do Ativo e, por isso, no Balanço Patrimonial **aparece com sinal negativo**.

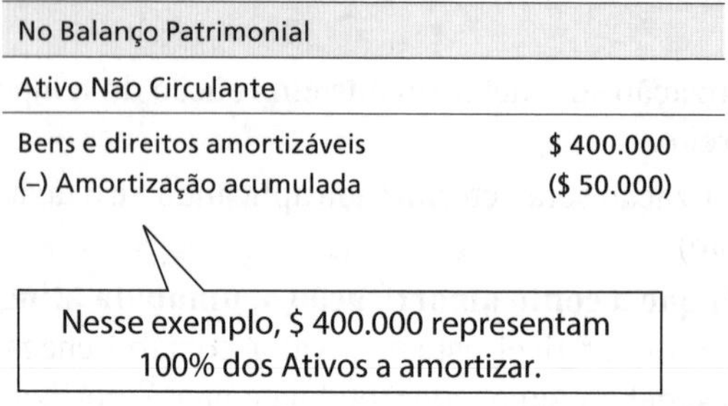

No Demonstrativo de Resultado

DRE1, DRE2, (...) DREn
RV
(–) CMV
LB
(–) Despesas operacionais
(–) Quota de amortização $ 50.000

A quota de cada Ativo a amortizar depende da duração de cada contrato, de uma lei que regule os direitos ou, ainda, da natureza do bem, se ele tiver duração limitada.

O exemplo anterior trata do direito de exploração de uma fazenda por 8 anos.

O valor pago pelo direito foi de $ 400.000. A amortização de cada exercício será, portanto, de $ 400.000/8 = $ 50.000.

8.3.3. Exaustão

O significado da palavra exaurir é "esgotar completamente, **gastar até o fim**", segundo o dicionário Michaelis.

O processo de exaustão tem o mesmo efeito prático de depreciar e amortizar, diferenciando-se dos bens a que se aplicam, isto é, gastos investidos em recursos minerais e florestais. Esse método está previsto no § 2.º, alínea *c*, do art. 183, da Lei n. 6.404, e consiste em **registrar como exaustão** quando corresponder à **perda do valor decorrente da sua exploração de direitos** cujo objeto sejam recursos minerais ou florestais ou bens aplicados nessa exploração.

Em resumo, corresponde à transferência gradual de valor de um bem tangível e/ou intangível do Ativo Imobilizado ou Ativo Intangível para o resultado em parcelas periódicas, normalmente lineares, que serão consideradas despesas contábeis tanto pela Lei n. 6.404 quanto pela legislação do Imposto de Renda.

A recursos minerais sempre calculamos quotas de exaustão; a recursos florestais podemos calcular quotas de depreciação, amortização ou exaustão, de acordo com o regulamento do IR.

O valor a exaurir é o gasto realizado para adquirir ou obter o direito à exploração. Estão inclusos o valor da concessão, das máquinas e dos equipamentos, bens em geral e gastos de implantação. **Pode-se levar todos os gastos com máquinas e equipamentos à depreciação.**

8.3.3.1. Técnicas de exaustão

No caso de recursos minerais, existem duas maneiras para o cálculo da quota de exaustão, elencadas a seguir.

8.3.3.1.1. Em função do prazo (por estimativa)

Consideramos o prazo de exploração **previsto** e **estimamos** a quota de exaustão.

Exemplo: a seguir, exemplificamos como seria contabilizada a quota de exaustão de uma jazida adquirida por $ 300.000 na qual foram gastos outros $ 200.000 para viabilizar o início da exploração, que se dará em 20 anos.

Gasto de aquisição	$ 300.000
Outros gastos	$ 200.000
Total a exaurir	$ 500.000
Prazo de concessão	20 anos
Quota de exaustão (1.ª maneira de calcular)	$ 500.000/20 anos = $ 25.000 por ano
Quota de exaustão (outra forma de calcular)	100%/20 anos = 5% $ 500.000 x 5% = $ 25.000

No Balanço Patrimonial	
Ativo Permanente	
Imóvel	$ 1.000.000
Máquinas	$ 800.000
Veículos	$ 500.000
Ativo a Exaurir	$ 500.000

Nesse exemplo, $ 500.000 é 100% do Ativo a Exaurir.

No Demonstrativo de Resultado

DRE1, DRE2, (...) DREn
RV
(–) CMV
LB
(–) Despesas operacionais
(–) Quota de exaustão ($ 25.000)

Definida como a razão entre o valor do recurso mineral e o tempo previsto para a exploração.

Observação: adota-se o cálculo da quota de exaustão utilizando o prazo de concessão (estimativa) **se este for menor que o tempo necessário para a exaustão dos recursos minerais**.

8.3.3.1.2. Em função da exploração efetiva

Calcula-se o valor da **POSSANÇA** a ser explorada no período e a capacidade periódica de exploração.

Exemplo: se adquirirmos o direito de explorar uma jazida de mármore por $ 500.000 e gastarmos mais $ 500.000 para construir alojamentos, estradas e equipamentos, que serão utilizados exclusivamente nessa exploração, o gasto total a ser exaurido é de $ 1.000.000. A possança desta jazida é de 400.000 toneladas, e vamos instalar uma capacidade de extração de 40.000 toneladas/ano.

Solução:

A taxa de exaustão é obtida dividindo-se a extração anual (40.000t/ano) pela possança (400.000t). O resultado desta razão é 10%/ano.

A quota de exaustão anual é calculada aplicando-se a taxa de 10% sobre o valor total do investimento: 10% de $ 1.000.000 = $ 100.000/ano.

Contabilização:

Exaustão (do exercício) — conta de resultado
a Exaustão acumulada — conta retificadora do patrimônio

Observação: a exaustão acumulada é uma conta credora que, por uma questão de ordem, é alocada como retificadora do Ativo e, por isso, no Balanço Patrimonial aparece com sinal negativo.

ATENÇÃO: somente se sujeitam à exaustão as minas que estiverem sob o regime de concessão. Os valores aplicados em minas arrendadas devem ser amortizados, uma vez que são direitos sob propriedades de terceiros.

Recursos minerais inesgotáveis ou de exaustão indeterminada, como fontes de água mineral, não podem ser exauridos.

8.3.3.1.3. No caso de recursos florestais

De acordo com o Regulamento RIR/2018 (Decreto n. 9.580, art. 334) e o Decreto-lei n. 1.483/76, os recursos aplicados em florestas podem ser depreciados, amortizados ou exauridos:

- **Depreciados**, quando se tratar de florestas destinadas à exploração dos seus frutos (art. 6.º da Lei n. 1.483/76). Tal depreciação será calculada com base na vida útil estimada dos recursos.
- **Amortizados**, quando a floresta for de terceiros. O valor aplicado deve ser apropriado como despesa, ao longo do período do contrato (art. 5.º da Lei n. 1.483/76). Isso se o tempo do contrato é inferior à vida útil dos recursos, caso contrário deve ser considerado até o fim dos recursos.
- **Exauridos**, no caso de florestas próprias. A quota de exaustão é função da extração e da capacidade total (art. 4.º da Lei n. 1.483/76).

8.3.4. *Impairment* (redução ao valor recuperável de Ativos)

8.3.4.1. Aspectos iniciais

O procedimento de redução ao valor recuperável (*impairment* ou imparidade) está previsto e regulado pela norma NBC TG 01 (CPC 01-R1), aprovada pela resolução CFC n. 1.292/2010, e tem como objetivo garantir que os valores registrados no ativo (balanço patrimonial) não estejam superavaliados.

> "O objetivo deste Pronunciamento Técnico é estabelecer procedimentos que a entidade deve aplicar para **assegurar que seus ativos estejam registrados contabilmente por valor que não exceda seus valores de recuperação**" (NBC TG 01, item 1).

O procedimento de *impairment* é potencialmente aplicável a todos os itens dos subgrupos imobilizado, intangível e diferido, e a alguns itens do subgrupo investimento, ativo circulante e realizável a longo prazo.

SUBGRUPOS	CONTAS
Imobilizado, Intangível e Diferido	◼ Potencialmente a todos os ativos, se apresentarem indícios de perda.
Investimento	◼ Valores aplicados em participações societárias avaliadas pelo método de equivalência patrimonial (MEP). ◼ Propriedades para investimento avaliadas pelo método do custo. ◼ Outros investimentos avaliados pelo custo.
AC e ARLP*	◼ Instrumentos Financeiros não avaliados ao valor justo.

* AC — Ativo Circulante, ARLP — Ativo Realizável a Longo Prazo

Esse teste deve ser feito ao final de cada ano? Não!!!

A entidade (empresa) deve verificar (avaliar) **se existe algum indício de perda** nos ativos em questão e, caso haja, realizar o teste de *impairment*.

> "A entidade deve avaliar ao fim de cada período de reporte, se há alguma indicação de que um ativo possa ter sofrido desvalorização. Se houver alguma indicação, a entidade deve estimar o valor recuperável do ativo" (NBC TG 01, item 9).

Os indícios de perda podem ter origem externa ou interna, e eles estão descritos no item a seguir, 8.3.4.8, como fontes internas e externas de informação.

Em apenas 3 tipos de ativos a entidade é obrigada a realizar o teste de *impairment*:

Ativo intangível com vida útil indefinida
Ativo intangível ainda não disponível para uso
Ágio pago por expectativa de rentabilidade futura (goodwill)

A norma considera que esses ativos estão sujeitos a um maior grau de incerteza quanto à recuperação dos valores investidos, portanto determina que os testes sejam feitos independentemente de eles apresentarem qualquer indício de perda.

"Independentemente de existir, ou não, qualquer indicação de redução ao valor recuperável, a entidade deve:

(a) testar, no mínimo anualmente, a redução ao valor recuperável de um ativo intangível com vida útil indefinida ou de um ativo intangível ainda não disponível para uso, comparando o seu valor contábil com seu valor recuperável. Esse teste de redução ao valor recuperável pode ser executado a qualquer momento no período de um ano, desde que seja executado, todo ano, no mesmo período. Ativos intangíveis diferentes podem ter o valor recuperável testado em períodos diferentes. Entretanto, se tais ativos intangíveis foram inicialmente reconhecidos durante o ano corrente, devem ter a redução ao valor recuperável testada antes do fim do ano corrente; e

(b) testar, anualmente, o ágio pago por expectativa de rentabilidade futura (*goodwill*) em combinação de negócios" (NBC TG 01, item 10).

A preocupação predominante, a partir das alterações nas práticas contábeis brasileiras, não é reavaliar um bem que esteja abaixo do seu valor (a reavaliação positiva era a prática normal antes de 2008 e a partir da Lei n. 11.638/2007 não pode mais ser feita), mas verificar permanentemente qualquer redução que deva ser feita para ajustar o valor contábil ao valor de venda do bem ou ao valor que este pode gerar para a empresa.

A Lei n. 6.404/76, em seu art. 183, também aponta para esse novo procedimento:

> "§ 3.º A companhia deverá efetuar, periodicamente, **análise** sobre a recuperação dos valores registrados no imobilizado, no intangível (*Redação dada pela Lei n. 11.941/2009*)."

O NBC TG 01 (CPC 01), que passou a ser norma contábil brasileira aprovada pelo CPC, detalha os procedimentos para a realização desse teste. Essa norma define que **o valor das perdas deve ser levado a resultado imediatamente e que os prazos de depreciação, amortização e exaustão devem ser ajustados após análise de recuperação**, se for o caso, como podemos verificar nos itens 60 e 63:

"60. A perda por desvalorização do ativo deve ser reconhecida **imediatamente no resultado do período**, a menos que o ativo tenha sido reavaliado. Qualquer desvalorização de um ativo reavaliado deve ser tratada como uma diminuição do saldo da reavaliação.

(...)

63. Depois do reconhecimento de uma perda por desvalorização, a despesa de **depreciação, amortização ou exaustão** do ativo deve ser **ajustada** em períodos futuros para alocar o valor contábil revisado do ativo, subtraído o seu valor residual, se houver, em uma base sistemática sobre sua vida útil remanescente."

8.3.4.2. Definições

Neste item, apresentaremos definições importantes que constam do item 6 da NBC TG 01 e da NBC TG 06 e exemplificaremos com situações práticas que ajudarão no entendimento das normas.

- **Unidade geradora de Caixa** é o menor grupo identificável de Ativos que gera as entradas de Caixa, que são, em grande parte, independentes das entradas de Caixa de outros Ativos ou de grupos de Ativos.
- **Valor em uso** é o valor presente em fluxos de caixa futuros estimados que devem resultar do uso de um Ativo ou de uma unidade geradora de Caixa.
- **Valor justo** é o preço que seria recebido pela venda de um ativo ou que seria pago pela transferência de um passivo em uma transação não forçada entre participantes do mercado na data de mensuração.
- **Valor justo líquido de venda** é o valor obtido pela venda de um Ativo subtraído das despesas incrementais diretamente atribuíveis à venda deste ativo ou de uma unidade geradora de caixa, excluindo as despesas financeiras e de impostos sobre o resultado gerado.
- **Valor recuperável de um Ativo ou de unidade geradora de Caixa** é o maior montante entre o seu valor justo líquido de despesa de venda e o seu valor em uso.
- **Vida útil é:**
  - o período de tempo pelo qual a Entidade espera usar um Ativo; ou
  - o número de unidades de produção ou de unidades semelhantes que a Entidade espera obter do Ativo.
- **Vida econômica (NBC TG 06) é:**
  - o período durante o qual se espera que um Ativo seja economicamente utilizável por um ou mais usuários; ou
  - o número de unidades de produção ou de unidades semelhantes que um ou mais usuários esperam obter do Ativo.
- **Ativos corporativos** são Ativos, exceto ágio por expectativa de rentabilidade futura (*goodwill*), que contribuem, mesmo que indiretamente, para os fluxos de Caixa futuros, tanto da unidade geradora de Caixa sob revisão quanto de outras unidades geradoras de Caixa.
- **Exemplos de Ativos não corporativos:** propriedades para investimento para valorização (terrenos), obras de arte, Ativos intangíveis fora de uso, Ativos não circulantes disponíveis para venda como imobilizados retirados de operação, Ativos diferidos etc.
- **Exemplos de Ativos corporativos:** todos os imobilizados, todos os intangíveis em operação, as propriedades de investimentos que estejam gerando receitas de aluguel, aplicações financeiras, estoques, contas a receber etc.

8.3.4.3. Unidade geradora de caixa e determinação do valor em uso

Utilizaremos o exemplo de um veículo adquirido por uma frota de táxi para exemplificar os conceitos, o teste de recuperabilidade (*impairment*) e a eventual contabilização de uma perda.

Um veículo táxi **adquirido para uma frota de táxi há 1 ano**, com **vida útil estimada em 5 anos**, custou $ 100.000, considerando o valor efetivo do veículo e a licença. Esse veículo gera uma receita diária líquida do combustível de $ 120, os impostos sobre os serviços são de 10% e todos os outros custos e despesas, inclusive com a manutenção mensal do veículo, são de $ 240. Vamos verificar a necessidade ou não da constituição de uma provisão de perda por desvalorização, de acordo com as normas que constam do pronunciamento técnico CPC 01(R1), aprovado pelo Conselho Federal de Contabilidade e demais órgãos reguladores.

Cada táxi gera diariamente receitas e de forma independente de outros Ativos da empresa, por isso, podemos considerar que cada táxi é uma **unidade geradora de caixa**.

A receita vinda de cada táxi pode ser identificada claramente:

DEMONSTRATIVO MENSAL DE RESULTADO DE CADA VEÍCULO TÁXI	
Receita Bruta mensal: $ 120 (diária) x 30	$ 3.600
(–) Impostos sobre Receita (10%)	($ 360)
(–) Custos e despesas dos serviços (manutenção e outros)	($ 240)
Lucro líquido por veículo	$ 3.000

CONTABILIZAÇÃO NO IMOBILIZADO APÓS UM ANO DE USO	
Valor de custo do veículo	$ 100.000
(–) Depreciação acumulada (20% ao ano)	($ 20.000)
Valor contábil no final do 1.º ano	$ 80.000

No momento do teste, a vida útil restante desse táxi ainda é de **4 anos**. A seguir, apresentamos o fluxo de Caixa estimado que este táxi vai gerar nos próximos 4 anos (48 meses).

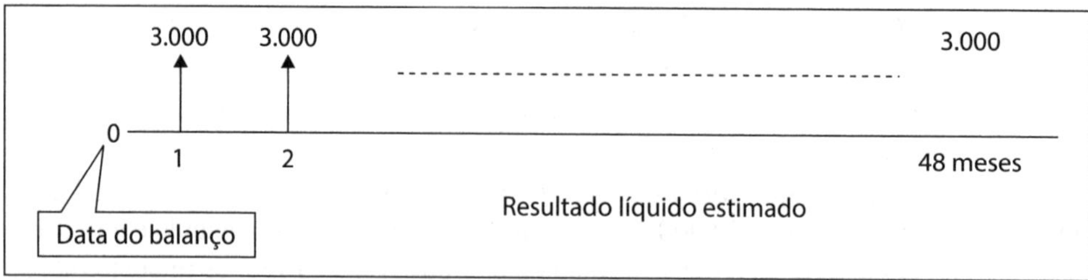

Essa série de benefícios esperados nos próximos 48 meses vai representar nominalmente 48 meses x $ 3.000 = $ 144.000. Essa série calculada a valor presente e descontada a uma taxa de 3,24% ao mês representará $ 72.553, líquidos, na data do balanço.

Se aplicarmos outra taxa de desconto, de 2% ao mês, o valor presente líquido do fluxo de Caixa gerado por esse táxi será de $ 92.019. Portanto, como se pode concluir, a definição da taxa de desconto a ser usada é muito importante nesse processo de determinação do valor presente dos fluxos de caixa estimados para um determinado ativo. A norma não indica taxa específica e não propõe nenhum índice específico, o valor a ser adotado para essa taxa é particular e deve expressar o custo de oportunidade que cada entidade possui em seu mercado para o mesmo tipo de ativo.

O **valor presente líquido do fluxo de Caixa** obtido por uma unidade geradora de Caixa, como esse táxi, é definido pelo CPC 01(R1) como **valor em uso**, isto é, o valor que um Ativo tem a capacidade de gerar liquidamente, calculado em valor presente do fluxo de Caixa que o Ativo gera.

Valor presente líquido do fluxo de Caixa = valor em uso

8.3.4.4. Mensuração do Valor Recuperável (VR)

Valor recuperável de um Ativo ou de uma unidade geradora de Caixa é o **maior valor entre o valor líquido de venda (VL)** de um Ativo e seu **valor em uso (VU).**

Nos itens 16 a 21 do CPC 01(R1), está definida a mensuração do valor recuperável, que consiste na comparação e adoção do maior valor entre o valor líquido de venda e o valor em uso.

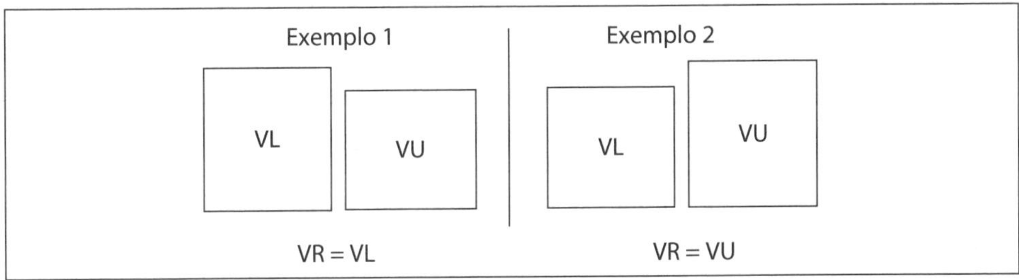

Nem sempre é necessário determinar o valor líquido de venda de um Ativo e seu valor em uso. Se quaisquer desses valores excederem o valor contábil do Ativo, não caberá desvalorização e, portanto, não é necessário estimar o outro valor.

- VR — Valor recuperável
- VL — Valor líquido de venda
- VU — Valor em uso

8.3.4.5. Identificação de um Ativo que pode estar desvalorizado

Nos itens de 6 a 15 do CPC 01(R1), está normalizado como um Ativo pode ser considerado desvalorizado. **Um Ativo está desvalorizado quando seu valor contábil excede seu valor recuperável.**

Valor recuperável de um Ativo ou de uma unidade geradora de Caixa é o **maior valor entre o valor líquido de venda** de um Ativo e seu **valor em uso.**

A Entidade deve avaliar, no mínimo ao fim de cada exercício, se existe indicação de desvalorização de Ativos.

Essas indicações devem ser baseadas em informações internas e informações externas. As taxas de depreciação, amortização e exaustão, valor residual, assim como vida útil, devem também ser ajustadas se necessário.

No diagrama a seguir, podemos afirmar que cabe ajuste por desvalorização do Ativo, uma vez que o **valor contábil é superior ao valor líquido de venda e também superior ao em uso.**

- VU — Valor em uso
- VC — Valor contábil
- VL — Valor justo líquido de venda

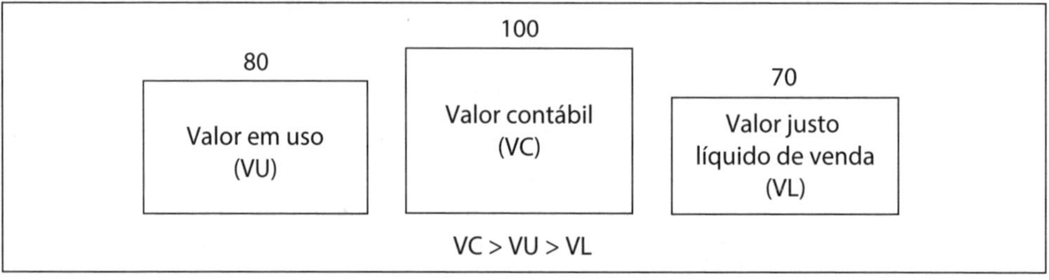

8.3.4.6. *Exemplo de teste de recuperabilidade* (impairment)

A seguir, descrevemos as **3 únicas possibilidades** que podemos encontrar quando realizamos a verificação do valor recuperável de um Ativo. Na primeira e na segunda hipótese, não caberão quaisquer tipos de contabilização de perdas. Entretanto, na terceira, verificaremos tal necessidade.

As perdas verificadas devem ser lançadas no resultado do exercício, como está definido na NBC TG 01, item 58, transcrito a seguir:

> "A perda por desvalorização do ativo **deve ser reconhecida imediatamente no resultado do período**, a menos que o ativo tenha sido reavaliado. Qualquer desvalorização de um ativo reavaliado deve ser tratada como uma diminuição do saldo da reavaliação."

8.3.4.6.1. *Hipótese 1 — Valor líquido de venda maior que o valor contábil*

HIPÓTESE 1	
Valor contábil	$ 80.000
Valor líquido de venda	$ 85.000
Valor em uso	$ 72.553

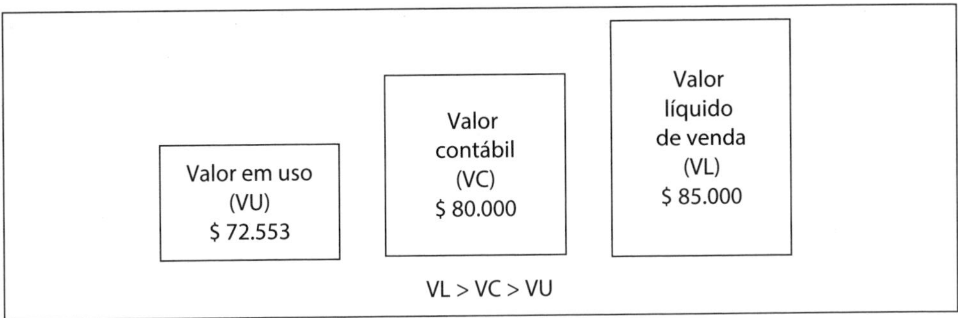

Conclusão:

A comparação é sempre feita **entre o valor contábil e o valor recuperável** (maior valor entre o valor líquido de venda e o valor em uso). Não cabe a contabilização de perda por desvalorização se o valor contábil for menor que o valor em uso ou o valor líquido de venda. Na hipótese 1, **como o valor líquido de venda é maior que o valor contábil, não cabe** a contabilização de **nenhuma perda por desvalorização.**

8.3.4.6.2. Hipótese 2 — Valor em uso maior que valor contábil

Nesta hipótese, vamos considerar que o desconto de fluxo de Caixa estimado, pelo uso do táxi nos próximos 4 anos, será efetuado à taxa de 2,5% ao mês. Isso nos levará a um valor presente da série de $ 83.319.

HIPÓTESE 2	
Valor contábil	$ 80.000
Valor líquido de venda	$ 75.000
Valor em uso	$ 83.319

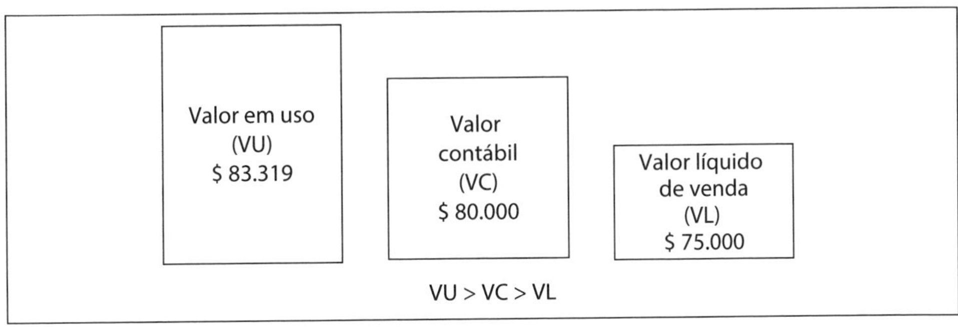

Conclusão:

A comparação é sempre feita entre o **valor contábil e o valor recuperável** (maior valor entre o valor líquido de venda e o valor em uso). Não cabe a contabilização de perda por desvalorização se o valor contábil for menor que o valor em uso ou o valor líquido de venda. Na hipótese 2, como o **valor em uso é maior que o valor contábil,** não cabe a contabilização de **nenhuma perda por desvalorização.**

8.3.4.6.3. Hipótese 3 — Valor em uso e valor líquido de venda menores que o valor contábil

Nesta hipótese, vamos considerar que o fluxo de benefícios gerados pelo Ativo ao longo dos próximos 4 anos será descontado a uma taxa de 3,24%, que acarretará um valor de $ 72.553.

HIPÓTESE 3	
Valor contábil	$ 80.000
Valor líquido de venda	$ 75.000
Valor em uso	$ 72.553

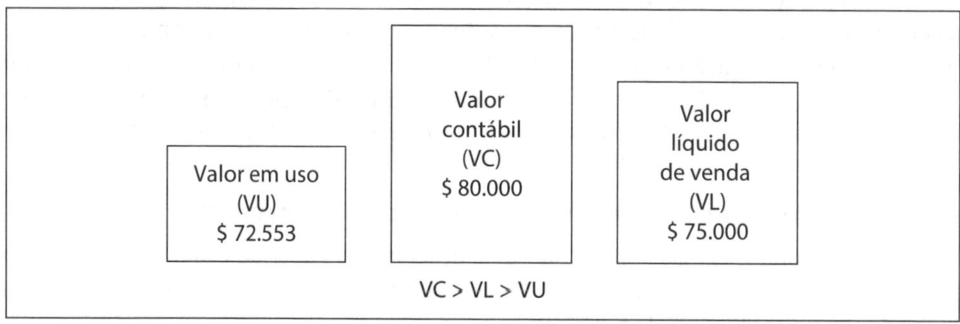

Conclusão:

A comparação é sempre feita entre o **valor contábil e o valor recuperável** (maior valor entre o valor líquido de venda e o valor em uso). Não cabe a contabilização de perda por desvalorização se o valor contábil for menor que o valor em uso ou o valor líquido de venda. Na hipótese 3, como o **valor contábil é maior que o valor em uso e o valor líquido de venda, teremos** que contabilizar **uma perda por desvalorização** no resultado, em contrapartida com uma provisão por desvalorização, que ajustará no Ativo o valor do bem.

A perda é calculada pela diferença entre o valor contábil e o **maior valor na comparação entre o valor em uso e o valor líquido de venda**. Como o valor em uso é $ 72.553 e o valor líquido de venda é $ 75.000, a perda é a diferença entre o valor contábil, que é de $ 80.000, e o valor líquido de venda, que é $ 75.000. A perda a ser considerada é de $ 5.000.

	Perda por desvalorização	$ 5.000	
a	Provisão para perda por desvalorização		$ 5.000

CONTABILIZAÇÃO NO IMOBILIZADO	
Valor de custo do veículo	$ 100.000
(–) Depreciação acumulada (20% ao ano)	($ 20.000)
(–) Provisão para perda por desvalorização	($ 5.000)
Valor contábil no final do 1.º ano	$ 75.000

Caso esse bem tivesse uma **reserva de reavaliação**, que é uma conta de Patrimônio Líquido, a contabilização seria contra essa reserva de reavaliação. Ela poderia ser constituída até dezembro de 2007, quando um bem tinha um valor contábil muito abaixo do seu valor de mercado. Enquanto existir saldo em conta de reserva de reavaliação no Patrimônio Líquido, qualquer perda por desvalorização tem que ser lançada reduzindo essa reserva até esgotar seu saldo.

	Reserva de reavaliação	$ 5.000	
a	Provisão para perda por desvalorização		$ 5.000

Observação: a reserva de reavaliação será estudada no Capítulo 15.

8.3.4.7. *Árvore de decisão da análise de recuperabilidade*

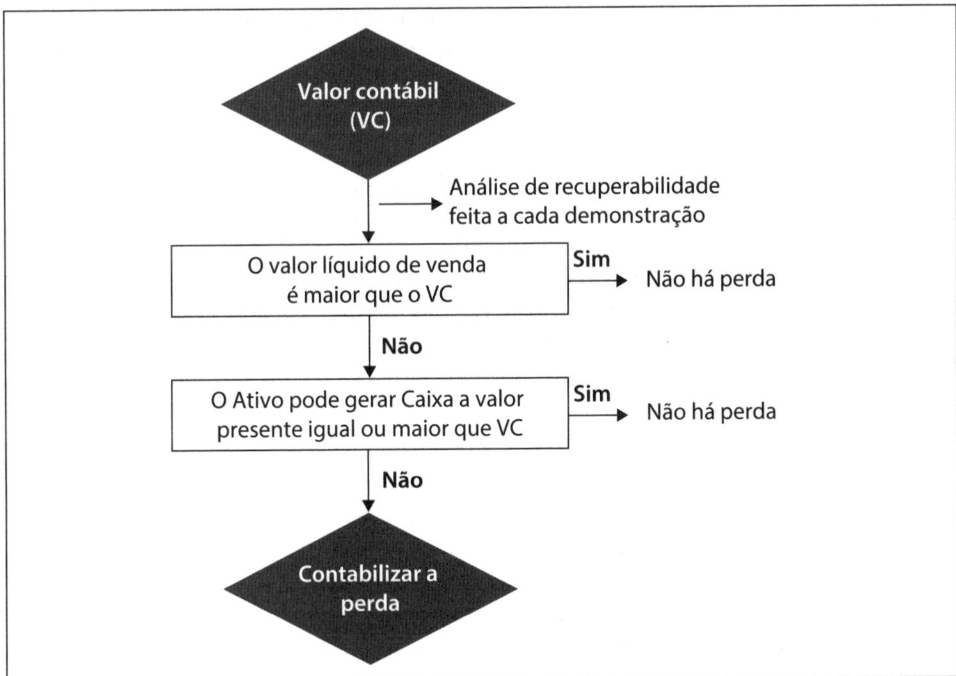

8.3.4.8. *Reversão da perda por desvalorização ou recuperabilidade*

A entidade deve avaliar, ao término de cada período de reporte, se há alguma indicação de que a perda por desvalorização reconhecida em períodos anteriores para um ativo **possa não mais existir ou ter diminuído, exceto o ágio por expectativa de rentabilidade futura (*goodwill*)**. Se existir alguma indicação, a entidade deve estimar o valor recuperável desse ativo.

Ao avaliar se há alguma indicação de que a perda por desvalorização reconhecida em períodos anteriores para um ativo possa ter diminuído ou possa não mais existir, a entidade deve considerar, no mínimo, as seguintes indicações:

Fontes externas de informação

(a) há indicações observáveis de que o valor do ativo tenha aumentado significativamente durante o período; (alterada pela Revisão CPC 03)

(b) mudanças significativas, com efeito favorável sobre a entidade, tenham ocorrido durante o período, ou ocorrerão em futuro próximo, no ambiente tecnológico, de mercado, econômico ou legal no qual ela opera ou no mercado para o qual o ativo é destinado;

(c) as taxas de juros de mercado ou outras taxas de mercado de retorno sobre investimentos tenham diminuído durante o período, e essas diminuições possivelmente tenham afetado a taxa de desconto utilizada no cálculo do valor em uso do ativo e aumentado seu valor recuperável materialmente;

Fontes internas de informação

(d) mudanças significativas, com efeito favorável sobre a entidade, tenham ocorrido durante o período, ou espera-se que ocorram em futuro próximo, na extensão ou na maneira por meio da qual o ativo é utilizado ou espera-se que seja utilizado. Essas mudanças incluem custos incorridos durante o período para melhorar ou aprimorar o desempenho do ativo ou para reestruturar a operação à qual o ativo pertence;

(e) há evidência disponível advinda dos relatórios internos que indica que o desempenho econômico do ativo é ou será melhor do que o esperado.

Uma perda por desvalorização reconhecida em períodos anteriores para um ativo deve ser revertida **se, e somente se, tiver havido mudança nas estimativas utilizadas para determinar o valor recuperável do ativo** desde a última perda por desvalorização que foi reconhecida. **Se esse for** o caso, **o valor contábil do ativo deve ser aumentado**, com plena observância do descrito no item 117 do CPC 01(R1), para seu valor recuperável. Esse aumento ocorre pela reversão da perda por desvalorização.

O aumento do valor contábil de um ativo, atribuível à reversão de perda por desvalorização, **não deve exceder o valor contábil que teria sido determinado** (líquido de depreciação, amortização ou exaustão), **caso nenhuma perda por desvalorização tivesse sido reconhecida para o ativo em anos anteriores.**

Qualquer aumento no valor contábil de um ativo, acima do seu valor contábil que teria sido determinado (líquido de depreciação, amortização ou exaustão), caso a perda por desvalorização para o ativo não tivesse sido reconhecida em anos anteriores, é considerado uma reavaliação. Se e nas situações em que a legislação brasileira permitir, a entidade deve aplicar os Pronunciamentos específicos voltados à matéria, **entretanto a Lei n. 11.638/2007 não permite esse procedimento, e dessa forma a reversão tem como limite o valor contábil que o ativo teria se não tivesse sido considerado uma perda no passado.**

A reversão de perda por desvalorização de um ativo deve ser reconhecida imediatamente no resultado do período, a menos que o ativo esteja registrado por valor reavaliado de acordo com outro Pronunciamento. Qualquer reversão de perda por desvalorização sobre ativo reavaliado deve ser tratada como aumento de reavaliação conforme tal Pronunciamento.

A reversão de perda por desvalorização sobre ativo reavaliado deve ser reconhecida em outros resultados abrangentes sob o título de reserva de reavaliação. Entretanto, na extensão em que a perda por desvalorização para o mesmo ativo reavaliado tenha sido anteriormente reconhecida no resultado do período, a reversão dessa desvalorização deve ser também reconhecida no resultado do período.

Depois que a reversão de perda por desvalorização é reconhecida, a despesa de depreciação, amortização ou exaustão para o ativo deve ser ajustada em períodos futuros para alocar o valor contábil revisado do ativo menos seu valor residual (se houver) em base sistemática sobre sua vida útil remanescente.

Exemplo: Uma máquina com valor contábil de $ 100.000 em 31 de dezembro de 2011; uma depreciação acumulada de $ 40.000 até essa mesma data; e uma perda por desvalorização contabilizada em períodos anteriores de $ 20.000. O valor em uso dessa máquina em 31.12.2011 foi calculado em $ 70.000, e o valor líquido de venda é de $ 50.000 na mesma data. Determinar o valor a ser considerado no balanço de 2011.

Solução:

O valor contábil da máquina antes da análise de recuperabilidade em 31.12.2011 é:

Valor de custo original	**$ 100.000**
(–) Depreciação acumulada	**(–) 40.000**
(–) Perdas por desvalorização anteriores	**(–) 20.000**
Valor Contábil	**$ 40.000**

Como o valor em uso é de R$ 70.000 e o valor líquido de venda é $ 50.000, o valor recuperável segundo a NBC TG 01 (CPC 01) deve ser o maior entre esses dois valores, portanto o valor recuperável é de $ 70.000, o que significa dizer que as perdas deixaram de existir.

Devemos contabilizar uma reversão das perdas anteriores até o limite dessas perdas.

	perdas por desvalorização	$ 20.000	
a	receita de reversão de perda por desvalorização		$ 20.000

A reversão é uma conta de resultado do período

Valor de custo original	**$ 100.000**
(–) Depreciação acumulada	**(–) 40.000**
Valor Contábil após reversão	**$ 60.000**

8.3.4.9 Ativos fora do alcance da NBC TG 01 (CPC 01)

No item 2 dessa norma estão especificados os ativos a que não se aplica o teste de valor recuperável. Esses ativos devem ter as perdas eventuais tratadas de acordo com as normas específicas:

Item 2. Esta Norma deve ser aplicada na contabilização de ajuste para perdas por desvalorização de ***todos os ativos****, exceto:*

(a) estoques (ver NBC TG 16 — Estoques);
(b) ativos de contrato e ativos resultantes de custos para obter ou cumprir contratos (NBC TG 47 — Receita de Contrato com Cliente)
(c) ativos fiscais diferidos (ver NBC TG 32 — Tributos sobre o Lucro);
(d) ativos advindos de planos de benefícios a empregados (ver NBC TG 33 — Benefícios a Empregados);
(e) ativos financeiros que estejam dentro do alcance da NBC TG 48 — Instrumentos Financeiros;
(f) propriedade para investimento que seja mensurada ao valor justo (ver NBC TG 28);
(g) ativos biológicos relacionados à atividade agrícola dentro do alcance do Pronunciamento Técnico CPC 29 — Ativo Biológico e Produto Agrícola que sejam mensurados ao valor justo líquido de despesas de vender;
(h) custos de aquisição diferidos e ativos intangíveis advindos de direitos contratuais de companhia de seguros contidos em **contrato de seguro** dentro do alcance da NBC TG 11 — Contratos de Seguro; e
(i) ativos não circulantes (ou grupos de ativos disponíveis para venda) classificados como **mantidos para venda** em consonância com a Norma NBC TG 31 — Ativo Não Circulante Mantido para Venda e Operação Descontinuada.

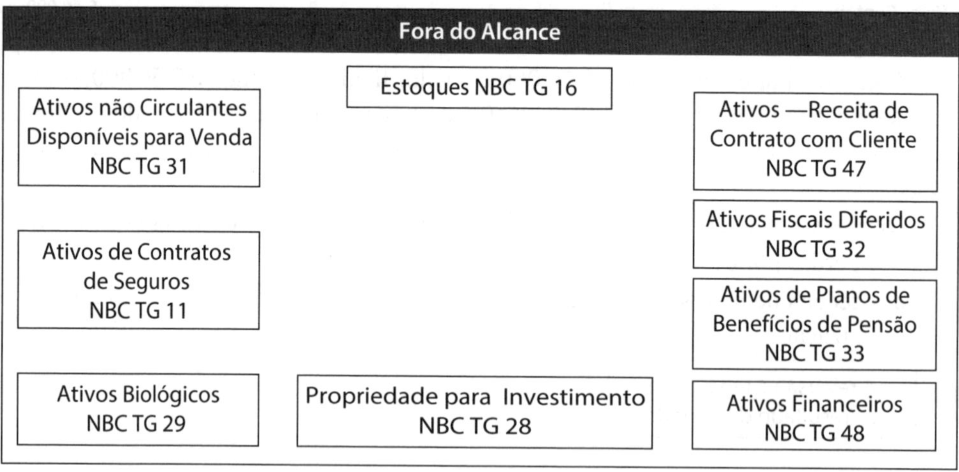

8.4. QUESTÕES

8.4.1. Itens classificados no Ativo

1. (TRT — FCC/2009) São exemplos de bens que fazem parte do Ativo Imobilizado de uma empresa industrial do setor alimentício:

a) terrenos em uso e investimentos em controladas.
b) equipamentos do setor administrativo e direitos autorais.
c) móveis e utensílios da diretoria e gasto com desenvolvimento de produtos.

d) veículos usados pelos vendedores e marcas e patentes.
e) máquinas da fábrica e benfeitorias em imóveis de terceiros.

2. (TRE-MT — CESPE/2010) Quanto às disposições da Lei n. 6.404/1976 acerca do modo de classificação das contas no ativo das sociedades por ações, assinale a opção correta.

a) No ativo circulante, serão classificadas somente as disponibilidades e as aplicações de recursos em despesas do exercício seguinte.
b) Os direitos realizáveis após o término do exercício seguinte serão classificados no ativo realizável a longo prazo, assim como os derivados de vendas, adiantamentos ou empréstimos a sociedades coligadas ou controladas, diretores, acionistas ou participantes no lucro da companhia, que não constituírem negócios usuais na exploração do objeto da companhia.
c) Nos investimentos, serão registradas as participações não permanentes em outras sociedades.
d) No ativo imobilizado, devem ser classificados os direitos que tenham por objeto bens corpóreos e os incorpóreos, ambos destinados à manutenção das atividades da companhia.
e) No intangível, serão classificadas as obrigações da companhia para com terceiros.

8.4.2. Depreciação — sem valor residual

1. (AFRFB — ESAF/2014) A Cia. Mamoré vende a prazo por R$ 15.000 um imobilizado cujo valor de registro é R$ 140.000 e a depreciação acumulada, calculada até a data da venda, era de R$ 126.000. Para efetuar o registro desse evento, a empresa deve:

a) registrar um débito de R$ 140.000 em conta do imobilizado.
b) contabilizar um crédito de R$ 15.000 em Ganhos com Venda de Imobilizado.
c) reconhecer um débito de R$ 14.000 em conta de resultado.
d) lançar um crédito de R$ 126.000 na conta de Depreciação Acumulada.
e) efetuar um débito de R$ 140.000 em perdas com imobilizado.

2. (AFTN — ESAF/1998) Contabilizado em seu Ativo Imobilizado, a Empresa Reboq Ltda. possuía um guindaste, sobre o qual não foi contratado nenhum seguro e que, talvez por isso mesmo, sofreu um incêndio com perda total. Nada foi recuperado. No referido dia o contador verificou que:

— o guindaste fora comprado por $ 50.000
— dessa aquisição só foram pagos $ 45.000, restando ainda uma dívida de $ 5.000
— já foi contabilizada uma correção monetária de $ 8.000
— também já foi contabilizada uma depreciação de $ 3.000

Feitos estes cálculos e os ajustes contábeis necessários, verifica-se que o incêndio do guindaste provocou uma contabilização de despesa líquida não operacional, decorrente da perda total no valor de:

a) $ 55.000
b) $ 47.000
c) $ 53.000
d) $ 50.000
e) $ 58.000

3. (TRF — ESAF/2002.2) A empresa Belmont S/A adquiriu um equipamento por R$ 27.000 e gastou mais R$ 3.000 para sua instalação. Decorrido certo tempo, a empresa vendeu, à vista, o equipamento por R$ 12.000. Nessa época, a conta Depreciação Acumulada tinha saldo de R$ 15.000. O lançamento correto para registrar o fato acima citado deve ser o que segue:

a) Diversos
a Equipamentos
Caixa R$ 12.000
Depreciação
Acumulada R$ 15.000 R$ 27.000

b) Equipamentos
a Diversos
a Caixa R$ 12.000

a Depreciação
Acumulada R$ 15.000 R$ 27.000

c) Diversos
a Diversos
Equipamentos R$ 27.000
Gastos de
Instalação R$ 3.000 R$ 30.000
a Caixa R$ 12.000
a Depreciação
Acumulada R$ 18.000 R$ 30.000

d) Diversos
a Equipamentos
Caixa R$ 12.000
Depreciação
Acumulada R$ 15.000
Perda de Capital R$ 3.000 R$ 30.000

e) Diversos
a Diversos
Caixa R$ 12.000
Depreciação
Acumulada R$ 18.000 R$ 30.000
a Equipamentos R$ 27.000
a Gastos de
Instalação R$ 3.000 R$ 30.000

4. (Do Autor) Em uma fazenda de café própria foram investidos $ 2.000.000. Como o café é um fruto, e o tempo previsto de exploração é de 10 anos, em que conta e com qual valor seria lançada a despesa anual de exploração?

a) Quota de exaustão anual de $ 200.000;
b) Quota de amortização anual de $ 200.000;
c) Quota de depreciação anual de $ 200.000;
d) Quota de depleção anual de $ 200.000;
e) No caso de florestas que não serão utilizadas como matéria-prima, isto é, não serão cortadas, o IR não autoriza nenhum tipo de exaustão.

5. (SEFAZ-RJ — FGV/2010) A Cia. Barra Mansa apresentava os seguintes dados em relação ao seu Ativo Imobilizado: equipamentos — custo R$ 10.000. Esses ativos entraram em operação em 1.º.01.2007 e têm vida útil estimada em 5 anos, sendo depreciados pelo método linear. No início de 2010, a empresa procedeu a uma revisão dos valores, conforme previsto no CPC 27, aprovado pelo CFC. Assim, constatou as seguintes informações:

Valor Justo	R$ 4.500
Valor Residual	R$ 4.800

Analisando as informações citadas, assinale a alternativa que indique corretamente o tratamento contábil a ser seguido, a partir de 1.º.01.2010.

a) A empresa deve manter a despesa de depreciação de R$ 2.000 ao ano.
b) A empresa deve acelerar a despesa de depreciação uma vez que o valor residual aumentou.
c) A empresa deve suspender a despesa de depreciação uma vez que o valor residual está maior que o valor contábil.
d) A empresa deve suspender a despesa de depreciação uma vez que o valor justo está maior que o valor contábil.
e) A empresa deve acelerar a despesa de depreciação uma vez que o valor justo aumentou.

6. (Contador-Tocantins — CESGRANRIO/2005) O Hospital Geral Ltda., na importação de um aparelho de Raios-X para uso próprio, pagou os seguintes valores em reais:

Valor de custo do equipamento	2.500.000
Imposto de importação (não incluso no custo)	240.000
Desembaraço alfandegário	50.000
Frete do cais até as dependências do hospital	210.000

Sabe-se que:
— O aparelho tem uma vida útil estimada em 10 anos;
— O hospital faz a depreciação pelo método das quotas constantes;
— Nenhum valor residual foi estimado para o equipamento.

Logo, o valor da depreciação a ser contabilizada, ao final do primeiro ano de uso do aparelho, em reais, será de:

a) $ 271.000.
b) $ 274.000.
c) $ 279.000.
d) $ 296.000.
e) $ 300.000.

7. (Contador-RO — CONESUL/2006) Uma determinada empresa vende um bem com compromisso de recomprá-lo ao final do contrato, a um valor predeterminado. Outra empresa formaliza um contrato sob a forma de arrendamento mercantil para a operação, mas a análise da mesma deixa evidente tratar-se de uma operação de compra e venda financiada. Diante de situações de evidenciação ou de disclousure como as acima descritas, a Contabilidade, diante de seus objetivos específicos, tem um procedimento muito próprio de resolver situações como esta.

Assinale a alternativa que corresponde ao procedimento acima descrito.

a) Prevalência da forma jurídica sobre a contábil.
b) Prevalência da forma contábil que deve registrar a forma contratual.
c) Prevalência da forma jurídica sobre a essência.
d) Prevalência da forma matemática sobre a forma jurídica.
e) Prevalência da essência sobre a forma.

8. (Contabilidade — Câmara/SP — VUNESP/2007) No ativo imobilizado da Bento & Gonçalves Ltda., constava um guindaste, adquirido em 02.01.X6, o qual sofreu um acidente em 20.12.X6, acarretando na sua perda total. Sabe-se que esse bem não possuía cobertura de seguro. Dados adicionais:

Valor de aquisição $ 50.000;
Dessa aquisição só foram pagos $ 45.000, restando ainda uma dívida de financiamento junto ao banco, no valor de $ 5.000;
Havia sido contabilizada uma depreciação acumulada de $ 3.000;
A sua sucata foi vendida por $ 3.000.

Após o acidente com o guindaste, feitos os cálculos e os ajustes contábeis necessários, constatou-se a contabilização de uma despesa total no período, no valor de:

a) $ 47.000.
b) $ 50.000.
c) $ 53.000.
d) $ 55.000.
e) $ 45.000.

9. (CNAI/2010 — Atualizada) Conforme a NBC TG 27 — Ativo Imobilizado, a depreciação do ativo se inicia quando este está disponível para uso, ou seja, quando está no local e em condição de funcionamento na forma pretendida pela administração. Com relação à depreciação, assinale a opção INCORRETA.

a) A depreciação de um ativo deve cessar na data em que o ativo é classificado como mantido para venda.

b) A depreciação de um ativo deve cessar na data em que o ativo é baixado.
c) A depreciação cessa quando o ativo se torna ocioso ou é retirado do uso normal.
d) De acordo com os métodos de depreciação pelo uso, a despesa de depreciação pode ser zero enquanto não houver produção.

10. (AFRF — ESAF/1988) O Balancete final, em 31.12.88, da indústria de Tecidos Estrela de Sul S/A apresentou entre outros os seguintes saldos:

Conta	Saldo ($)
Tear HOWA	87.000
Depreciação acumulada do Tear	50.025

Admitindo que a depreciação anual é de 10% e a conta máquina representa um único bem, qual o período restante de depreciação?

a) 4 anos e 9 meses.
b) 4 anos e 3 meses.
c) 4 anos e 1 mês.
d) 5 anos e 3 meses.
e) 575 dias.

11. (AFRF — ESAF/2002.1) A empresa Zola estava desmontando seu parque operacional e, para isto, efetuou as seguintes operações:

— Vendeu, à vista, por $ 3.000 uma máquina adquirida por $ 4.000 e que já fora depreciada em 70%.
— Baixou do acervo patrimonial um guindaste comprado por $ 5.000, já depreciado em 80%.
— Alienou por $ 2.000 um cofre, ainda bom, com valor contábil de $ 3.000, embora já depreciado em 25%.

No período não houve incidência de correção monetária e as operações não sofreram tributação. Considerando apenas as transações citadas, podemos dizer que a empresa Zola incorreu em:

a) custos de $ 13.000.
b) custos de $ 4.450.
c) lucro de $ 550.
d) perdas de $ 2.600.
e) perdas de $ 200.

12. (TJ-PI — FCC/2009) Uma empresa industrial adquiriu uma máquina no mês de abril de 1999, cujo custo total de aquisição foi de R$ 360.000. A máquina começou a ser utilizada para fabricação dos produtos da empresa no próprio mês de aquisição e a taxa de depreciação anual utilizada pela empresa para este tipo de bem é de 10%. O valor total da despesa de depreciação relativa ao equipamento em questão no ano de 2009 será, em R$, igual a

a) 36.000.
b) 27.000.
c) 24.000.
d) 18.000.
e) 9.000.

13. (TRF — FCC/2010) A Cia. ABC Distribuidora de Gás adquiriu um equipamento por R$ 450.000, cujo prazo de vida útil foi estimado em 10 anos, com valor residual nulo. Em 31.12.2009, o valor contábil do equipamento na contabilidade da companhia era:

Custo de aquisição:	R$ 450.000
(–) Depreciação acumulada:	(R$ 221.250)
(=) Valor contábil:	R$ 228.750

Com base nesses dados e sabendo-se que o cálculo da depreciação foi efetuado corretamente pelo departamento de contabilidade da companhia, é correto concluir que o número de meses em que o aparelho foi colocado em funcionamento é igual a

a) 55.
b) 57.

c) 59.
d) 61.
e) 63.

14. (Contador Jr. — Petrobras — CESGRANRIO/2011) Uma indústria que trabalha apenas em turno único evidenciou, no Ativo Não Circulante de seu Balanço de 31 dez. 2009, uma máquina operatriz, como segue:

Imobilizado

Máquinas e Equipamentos

Máquina operatriz Bill	R$ 5.520.000,00
(–) Depreciação Acumulada/máquina Bill	(R$ 1.020.000,00)

Especificações técnicas da máquina Bill

Prazo da capacidade operativa da máquina Bill	10 anos
Capacidade produtiva total no prazo operativo	6.000.000 unidades

Outras informações dos técnicos da indústria, referentes à máquina operatriz Bill

Departamento de produção	Produção em 2010	468.000 unidades
Departamento financeiro	Valor residual da máquina	R$ 420.000,00

Considerando-se que:

— não há restrição alguma contra a utilização de qualquer método de depreciação;
— nenhum tipo de imposto incide sobre os valores informados;
— a indústria adotou o método de Depreciação de Unidades Produzidas.

O valor da depreciação da máquina operatriz Bill, apurado em 2010 por essa indústria, em reais, é
a) 318.240,00.
b) 397.800,00.
c) 430.560,00.
d) 510.000,00.
e) 552.000,00.

15. (Analista Judiciário — TSE — CONSULPLAN/2012) Ao efetuar determinado lançamento contábil, o contador chefe de uma empresa de serviços incorreu em um erro no reconhecimento da despesa de depreciação de um veículo, não tendo considerado o valor residual que normalmente atinge 30% do valor contábil dos bens imobilizados da empresa. Antes que qualquer ajuste de regularização seja efetuado, esse erro gera no patrimônio da empresa neste ano o efeito de:
a) superavaliação do passivo, do patrimônio líquido e do lucro líquido.
b) superavaliação do ativo, do lucro líquido e do patrimônio líquido.
c) subavaliação do ativo, do lucro líquido e do patrimônio líquido.
d) subavaliação do passivo e superavaliação do lucro líquido e do patrimônio líquido.

16. (SAD-PE — CESPE/2010) O registro da venda à vista de um ativo permanente imobilizado por R$ 43.500, adquirido por R$ 54.000, há 8 meses, cuja depreciação ocorre ao longo de 5 anos, tem como reflexo no patrimônio o(a)
a) aumento de R$ 43.500 no ativo total.
b) redução de R$ 10.500 no resultado do exercício.
c) redução de R$ 43.500 no ativo permanente.
d) redução de R$ 3.300 no resultado do período.
e) aumento de R$ 46.800 no fluxo de atividades operacionais.

17. (AFR-SEFAZ-GO — FCC/2018) Uma máquina foi adquirida à vista por R$ 12.500.000,00 e a empresa gastou, adicionalmente, R$ 1.000.000,00 na alteração da estrutura do imóvel para fazer a instalação da máquina. O imóvel utilizado pela empresa é alugado e uma cláusula contratual estabelece que, no final do prazo contratado, esta deverá fazer a reestruturação necessária para devolver o imóvel nas mesmas condições do início do contrato. A aquisição ocorreu em 30.06.2015 e a empresa definiu que utilizará a máquina durante 10 anos, mesmo prazo de vigência do contrato de aluguel do imóvel. A empresa estima que os gastos para a reestruturação do imóvel, no

final do 10.º ano, totalizarão R$ 1.650.000,00 e a taxa de juros vigente era de 10% para o prazo de 10 anos. A empresa calcula a despesa de depreciação em função do tempo decorrido, tendo em vista que a máquina funciona sem qualquer interrupção. No início do prazo de utilização da máquina, o valor residual estimado para sua venda no final da vida útil era R$ 3.750.000,00. Se a vida útil do equipamento para fins fiscais é definida em 8 anos, a despesa de depreciação evidenciada na demonstração do resultado de 2015 para esta máquina foi, em reais,

a) 625.000,00.
b) 437.500,00.
c) 487.500,00.
d) 675.000,00.
e) 562.500,00

8.4.3. Depreciação linear com fator de aceleração

1. (Técnico Judiciário — TJ — CESPE/2003) Um ativo imobilizado no valor de $ 100.000, com vida útil estimada em 5 anos, está instalado em uma empresa que o utiliza 16 horas por dia. Se a empresa adota o método de depreciação linear, ao final do segundo exercício contábil, após um ano e meio da aquisição desse bem, a despesa de depreciação anual deve ser:

a) $ 20.000.
b) $ 25.000.
c) $ 30.000.
d) $ 35.000.
e) $ 40.000.

2. (Contador Jr. — Petrobras-BR — CESGRANRIO/2010) Uma máquina, adquirida em segunda mão pela Companhia Lourival S/A, está evidenciada no Balanço Patrimonial, ao final do primeiro ano de sua utilização, da seguinte forma:

Ativo Não Circulante

Imobilizado

Máquina	R$ 125.000,00
(–) Depreciação Acumulada	(R$ 50.000,00)

Informações adicionais apresentadas pela Companhia Lourival:

— A máquina foi vendida por R$ 60.000,00, exatamente no dia seguinte ao do encerramento do terceiro ano de sua utilização.
— Utilização da máquina: 1.º ano — regime de três turnos; 2.º ano — regime de dois turnos e 3.º ano — regime de turno único.
— Método de depreciação: quotas constantes.
— Valor residual da máquina: 0 (zero).

Considere as informações recebidas e a boa técnica teórico-conceitual aplicável ao caso e desconsidere a incidência de qualquer tipo de imposto. Nesse contexto, o resultado apurado na venda da máquina, em reais, é

a) ganho de 12.500,00.
b) ganho de 47.500,00.
c) ganho de 60.000,00.
d) perda de 52.500,00.
e) perda de 65.000.00.

8.4.4. Depreciação linear com valor residual

1. (SEFAZ-SP — FCC/2009) A depreciação de uma máquina, pelo método linear, relativa ao ano de 2008, adquirida por R$ 100.000, em 01 de julho de 2008, com vida útil estimada de 10 anos, valor residual de 5% do valor histórico, e que trabalha em dois turnos, é

a) R$ 14.250.
b) R$ 10.000.
c) R$ 7.125.
d) R$ 5.000.
e) R$ 4.750.

2. (ESAF — AFTE-RN/2005) A empresa Comércio de Linhas S/A promove, anualmente, a depreciação de seus ativos permanentes segundo o costume mercantil, mas sempre observando o valor residual de 15%.

Este ativo está composto das contas:

Móveis e Utensílios	$ 120.000
Veículos	$ 200.000
Edificações	$ 300.000
Terrenos	$ 100.000

Todos esses elementos foram adquiridos há mais de dois anos, mas estão contabilizados pelo valor original de aquisição, apenas com as atualizações decorrentes dos princípios fundamentais de contabilidade. No exercício de 2003, para fins de encerramento do exercício social, a empresa deverá contabilizar encargos de depreciação no valor de:

a) $ 68.000;
b) $ 64.000;
c) $ 57.800;
d) $ 54.400;
e) $ 46.800.

3. (TRF — ESAF/2006) Uma máquina de uso próprio, depreciável, adquirida por $ 15.000 em março de 1999 e instalada no mesmo dia com previsão de vida útil de dez anos e valor residual de 20%, por quanto poderá ser vendida no mês de setembro de 2006, sem causar ganhos nem perdas contábeis? Referido bem, nas condições acima indicadas e sem considerar implicações de ordem tributária ou fiscal, poderá ser vendido por:

a) $ 3.900.
b) $ 5.400.
c) $ 5.900.
d) $ 3.625.
e) $ 3.000.

4. (AFC — STN — ESAF/2005) Em 20 de outubro de 2004, a empresa Milícias S/A mandou contabilizar a baixa por venda de uma máquina de uso, auferindo um lucro da ordem de 20% sobre o preço obtido na alienação. A referida máquina fora comprada por $ 150.000, em primeiro de abril de 1998, e seu valor tem sido atualizado, trimestralmente, por depreciação feita com base em vida útil estimada de 10 anos e saldo residual de 20% do custo. A operação, devidamente contabilizada, vai nos mostrar que o preço de venda obtido na alienação foi de:

a) $ 52.500;
b) $ 63.000;
c) $ 65.625;
d) $ 86.400;
e) $ 90.000.

5. (Contador Jr. — Petrobras — CESGRANRIO/2011) Uma empresa comercial apresentou as seguintes informações relativas a um bem material classificado no Balanço Patrimonial no Ativo Não Circulante Imobilizado:

Custo reconhecido do ativo:	6.000,00
Depreciação acumulada:	1.500,00
Valor residual:	800,00

Considerando-se exclusivamente as informações recebidas, o valor depreciável deste ativo imobilizado, em reais, é:

a) 3.700,00.
b) 4.500,00.
c) 5.200,00.
d) 5.700,00.
e) 6.000,00.

6. (Analista de Comércio Exterior — MDIC — ESAF/2012) Uma máquina adquirida em abril de 2010 por R$ 3.000,00, instalada para funcionar em julho do mesmo ano, com expectativa de vida útil estimada em 10 anos, tem depreciação contabilizada, considerando-se um valor residual de 20%.

No balanço referente ao exercício social de 2011, deverá ser computado como encargo de depreciação, em relação a essa máquina, o valor de:

a) R$ 450,00.
b) R$ 360,00.
c) R$ 300,00.
d) R$ 240,00.
e) R$ 180,00.

7. (AFR — SEFAZ-GO — FCC/2018) A Cia. Renovável adquiriu um equipamento, em 1.º.01.2016, por R$ 5.000.000,00 à vista. Na data da aquisição, a Cia. Estimou a vida útil do equipamento em 8 anos e valor residual, no final do prazo de utilização, de R$ 800.000,00. O equipamento é utilizado de forma contínua e a Cia. utiliza o método das cotas constantes para o cálculo da depreciação. Em 1.º.01.2017, a Cia. Renovável reavaliou a vida útil remanescente do equipamento para 5 anos e o valor residual para R$ 500.000,00.

Em 31.12.2017, a Cia. Renovável vendeu este equipamento por R$ 3.100.000,00 à vista. O resultado apurado em 2017 com a venda do equipamento foi, em reais,

a) 100.000,00, positivo.
b) 560.000,00, negativo.
c) 400.000,00, negativo.
d) 580.000, negativo
e) 80.000, negativo.

8. (Analista — ALAP — FCC/2020) Em 1.º.01.2016, a Cia. Peso Leve adquiriu, à vista, um equipamento pelo valor de R$ 3.400.000,00. Na data da aquisição, a vida útil definida para o equipamento foi 20 anos e o valor residual estimado foi R$ 200.000,00. Em 1.º.01.2017, a Cia. reavaliou a condição de uso do equipamento, estabeleceu a vida útil remanescente em 15 anos e o novo valor residual estimado em R$ 240.000,00. Sabendo que a Cia. Peso Leve utiliza o método das cotas constantes para cálculo da despesa de depreciação, o valor contábil do equipamento evidenciado no Balanço Patrimonial de 31.12.2018 foi, em reais,

a) 2.600.000,00
b) 2.528.000,00
c) 2.768.000,00
d) 2.640.000,00
e) 2.840.000,00

8.4.5. Depreciação linear de equipamentos usados

1. (ESAF/ICMS-MS) A empresa Alfa encerra seu balanço em 31 de dezembro de cada ano. No dia 10 de janeiro de 2001 adquiriu da empresa Beta uma máquina industrial usada, cuja vida útil remanescente foi estimada em 5 anos.

Sabe-se que a empresa Beta adquiriu este equipamento para instalação em seu parque industrial em 01 de janeiro de 1998. O valor pelo qual a empresa Alfa adquiriu a máquina foi de $ 750. Seu valor residual é de $ 50.

Com estas considerações, podemos afirmar que o valor da depreciação anual a ser contabilizada em 31 de dezembro de 2001, pelo método da linha reta, será de

a) $ 140.
b) $ 150.
c) $ 280.

d) $ 300.
e) $ 700.

8.4.6. Depreciação não linear

1. (BACEN — CESGRANRIO/2009) Admita que a Comercial Alves faça o cálculo da depreciação pelo método da soma dos dígitos. No terceiro ano de uso de um equipamento adquirido novo, com vida útil original de 8 anos e valor residual de R$ 110.000, foi contabilizada a depreciação do equipamento em R$ 315.000, apurada pelo método da soma dos dígitos, referente ao ano informado. Se a Comercial Alves tivesse adotado o método das quotas constantes para calcular a depreciação daquele mesmo equipamento, no terceiro ano de sua utilização, o valor da depreciação, em reais, naquele ano, seria

a) 315.000.
b) 250.000.
c) 243.750.
d) 236.250.
e) 222.500.

2. (Contador Pleno — Petrobras — CESGRANRIO/2005) Uma empresa se utiliza de uma máquina que sofre sérios problemas de corrosão. Por esse motivo, a depreciação da máquina é realizada em função da matéria-prima processada. Ela foi adquirida por $ 425.000 e sua vida útil é limitada ao processamento de 250 mil quilos de matéria-prima. Em determinado exercício, a empresa extraiu 5 mil quilos de matéria-prima, processados pela mesma máquina. Utilizando-se o método de depreciação das unidades produzidas, o valor da depreciação no exercício, em reais, será de:

a) $ 850.
b) $ 2.125.
c) $ 8.500.
d) $ 17.000.
e) $ 21.250.

3. (Bacharel — CFC/2004) Um trator de esteira foi adquirido por $ 45.000 em janeiro de 2003. Segundo as especificações do fabricante, as horas estimadas de vida útil desse trator são de 9.000 horas. Considerando-se que no ano de 2003 o trator tenha trabalhado 1.200 horas, a taxa e o valor da depreciação por horas trabalhadas seria, respectivamente, de:

a) R$ 4/hora trabalhada e R$ 4.800.
b) R$ 5/hora trabalhada e R$ 6.000.
c) R$ 6/hora trabalhada e R$ 7.200.
d) R$ 10/hora trabalhada e R$ 12.000.

8.4.7. Amortização

1. (Bacharel — CFC/2000.1) A Cia. Brasil alugou terreno e nele realizou benfeitoria para uso em sua atividade operacional no montante de R$ 36.000. A operação foi realizada no mês de outubro de 1999 e o contrato de locação está previsto para 3 (três) anos. O valor da amortização a ser lançada em cada período-base anual, a partir de 1999, é de, respectivamente, em R$:

a) R$ 3.000, R$ 12.000, R$ 12.000 e R$ 9.000.
b) R$ 12.000, R$ 12.000 e R$ 12.000.
c) R$ 18.000 e R$ 18.000.
d) R$ 9.000, R$ 9.000, R$ 9.000 e R$ 9.000.

2. (Do Autor) A Alicante S/A adquiriu o direito de exploração de uma fazenda de café por dez anos, pagando $ 2.000.000. O objetivo é dar continuidade à exploração do café, e o contrato foi assinado pelo período citado porque é o tempo previsto para que a atual plantação chegue à sua exaustão quanto à capacidade de produzir frutos. Calcule a despesa anual em função do investimento feito autorizada pela atual legislação do IR.

a) Quota de exaustão anual de $ 200.000.
b) Quota de amortização anual de $ 200.000.

c) Quota de depreciação anual de $ 200.000.
d) Quota de depleção anual de $ 200.000.
e) No caso de florestas que não serão utilizadas como matéria-prima, isto é, não serão cortadas, o IR não autoriza nenhum tipo de exaustão.

8.4.8. Exaustão

1. (TRT — FCC/2009) A perda de valor dos recursos minerais decorrente de sua exploração deve ser registrada no resultado como

a) despesa de depreciação.
b) despesa de exaustão.
c) despesa de amortização.
d) despesa de exploração.
e) perda com ativos.

2. (AFRF — ESAF/2002.1) A Cia. Poços & Minas possui uma máquina própria de sua atividade operacional, adquirida por $ 30.000, com vida útil estimada em 5 anos e depreciação baseada na soma dos dígitos dos anos em quotas crescentes. A mesma empresa possui também uma mina custeada em $ 60.000, com capacidade estimada de 200 mil kg, exaurida com base no ritmo de exploração anual de 25 mil kg de minério. O usufruto dos dois itens citados teve início na mesma data. As contas jamais sofreram correção monetária. Analisando tais informações, podemos concluir que, ao fim de terceiro ano, essa empresa terá no Balanço Patrimonial, em relação aos bens referidos, o valor contábil de:

a) $ 34.500.
b) $ 40.500.
c) $ 49.500.
d) $ 55.500.
e) $ 57.500.

3. (AFR-MG — ESAF/2005) A Mina Etereal, após a aquisição e instalação, custará $ 300.000 aos cofres da nossa empresa, mas tinha capacidade estimada em 500 mil metros cúbicos de minério e foi instalada com capacidade de exploração em 8 anos, mantendo-se o residual de proteção de 20% da capacidade produtiva. Ao fim do 5.° ano de exploração bem-sucedida, a mina foi alienada por $ 200.000, com quitação em vinte duplicatas mensais.

Analisando essas informações, assinale a única alternativa que não é verdadeira.

a) A exploração anual será de 50 mil m^3 de minério.
b) A taxa de exaustão será de 10% do custo total por ano.
c) A taxa de exaustão será de 12,5% ao ano.
d) Ao fim do 5.° ano, a exaustão acumulada será de 50% do custo da mina.
e) O custo a ser baixado no ato da venda será de $ 50.000.

4. (AFRF — ESAF/2002-2) A empresa Desmontando S/A vendeu o seu Ativo Permanente, à vista, por $ 100.000. Dele constavam apenas uma mina de carvão e um trator usado. A mina teve custo original de $ 110.000 e o trator fora comprado por $ 35.000 há exatos quatro anos. Quando da aquisição da mina, a capacidade total foi estimada em 40 toneladas de minérios, com extração prevista para dez anos. Agora, já passados quatro anos, verificamos que foram extraídas, efetivamente, 20 toneladas, o trator vendido tem sido depreciado pelo método linear com vida útil prevista em dez anos, com valor residual de 20%. Considerando que a contabilização estimada da amortização desses ativos tem sido feita normalmente, podemos afirmar que a alienação narrada acima deu origem, em termos líquidos, a ganhos de capital no valor de:

a) $ 10.200;
b) $ 21.200;
c) $ 20.200;
d) $ 13.000;
e) $ 24.000.

5. (DPF — CESPE/2009) A respeito da composição e da avaliação do patrimônio, julgue o item seguinte.

Suponha que uma empresa mineradora tenha adquirido os direitos de exploração de uma mina por R$ 5 milhões, por meio de um contrato com cinco anos de vigência. Nesse caso, após dois anos de exploração, se tiverem sido extraídos 30% da possança da mina, o referido ativo, classificado no imobilizado, deverá estar avaliado no balanço da empresa por R$ 3 milhões.

( ) Certo ( ) Errado

8.4.9. *Impairment* (teste de recuperabilidade)

Instruções: Para responder às questões de números 1 a 3, considere as seguintes características:

1. (SEFAZ-SP — FCC/2009) A Cia. Alvorecer, ao analisar um determinado ativo, identifica as seguintes características:

Valor líquido de venda	R$ 5.100.000
Valor em uso	R$ 5.000.000
Valor contábil bruto	R$ 8.000.000
Depreciações acumuladas	R$ 2.000.000
Provisões para perdas registradas	R$ 600.000

O valor recuperável desse ativo é, em R$,

a) 5.000.000.
b) 5.100.000.
c) 5.400.000.
d) 5.600.000.
e) 6.000.000.

2. (SEFAZ-SP — FCC/2009) O valor líquido contábil é, em R$,

a) 6.000.000.
b) 5.600.000.
c) 5.400.000.
d) 5.100.000.
e) 5.000.000.

3. (SEFAZ-SP — FCC/2009) A perda por redução ao valor recuperável é, em R$,

a) 3.000.000.
b) 2.600.000.
c) 1.000.000.
d) 600.000.
e) 300.000.

4. (CNAI/2008 — Atualizada) Qual das definições a seguir não está de acordo com a NBC TG 01 — Redução ao Valor Recuperável de Ativos, aprovada pela Resolução CFC n. 1.292/10?

a) Valor recuperável de um ativo ou de uma unidade geradora de caixa é o maior valor entre o valor líquido de venda de um ativo e seu valor em uso.
b) Valor em uso é o valor presente de fluxos de caixa futuros estimados, que devem resultar do uso de um ativo ou de uma unidade geradora de caixa.
c) Perda por desvalorização é a condição pela qual o valor contábil de um ativo ou de uma unidade geradora de caixa é reduzido ao valor justo.
d) Valor residual é o valor estimado que uma entidade obteria pela venda do ativo, após deduzir as despesas estimadas de venda, caso o ativo já tivesse a idade e a condição esperadas para o fim de sua vida útil.

5. (CNAI/2009 — Atualizada) Conforme a Resolução CFC n. 1.110/07, que aprovou a NBC TG 01 — Redução ao Valor Recuperável de Ativos, assinale a opção CORRETA.

a) Uma entidade deverá testar, no mínimo a cada três anos, a redução ao valor recuperável de um ativo intangível com vida útil indefinida ou de um ativo intangível ainda não disponível para uso, comparando o seu valor contábil com seu valor recuperável.
b) Um ativo não está desvalorizado quando o valor recuperável excede o valor contábil.
c) Independentemente de existir, ou não, qualquer indicação de redução ao valor recuperável, uma entidade deve fazer estimativa formal do valor recuperável de todos os seus ativos imobilizados.
d) As companhias de capital aberto estão obrigadas a avaliar trimestralmente se há alguma indicação de que um ativo possa ter sofrido desvalorização.

6. (CNAI/2008 — Modificada) A NBC TG 01 — Redução ao Valor Recuperável de Ativos, aprovada pela Resolução CFC n. 1.292/10, estabelece que a entidade deve avaliar, no mínimo ao fim de cada exercício social, se há alguma indicação de que um ativo possa ter sofrido desvalorização. Com base nesta determinação, é correto afirmar que:

a) se houver alguma indicação, a entidade deve estimar o valor recuperável do ativo.
b) a entidade somente deve testar a redução ao valor recuperável de um ativo intangível, com vida útil indefinida, se existir a indicação de redução a este valor.
c) não se enquadra nesta obrigatoriedade de avaliação o ágio pago por expectativa de rentabilidade futura (*goodwill*).
d) ativos intangíveis, mesmo que diferentes, não podem ter o valor recuperável testado em períodos diferentes.

7. (FGV — TCM-RJ/2008) Segundo a Resolução CFC 1.110/07, assinale o valor da variação que deverá sofrer o patrimônio da Empresa Industrial X ao efetuar, adequadamente, o lançamento contábil relativo ao teste de recuperabilidade do equipamento Y, sabendo-se que:

1. o valor de registro original do equipamento Y é $ 100.000,00;
2. a depreciação acumulada do equipamento Y, até a data do teste, é $ 40.000,00;
3. o valor de mercado do equipamento Y, na data do teste, é $ 62.000,00;
4. caso a Empresa X vendesse o equipamento Y, na data do teste, incorreria em gastos associados a tal transação no montante de $ 13.000,00;
5. caso a Empresa X não vendesse o equipamento Y e o continuasse utilizando no processo produtivo, seria capaz de produzir 10.000 unidades do produto Z por ano pelos próximos 3 anos;
6. o preço de venda do produto Z é $ 10,00 por unidade;
7. os gastos médios incorridos na produção e venda de uma unidade de produto Z é $ 8,00;
8. o custo de capital da Empresa X é 10% ao ano;
9. a Empresa X é sediada num paraíso fiscal; portanto, ignore qualquer tributo.

a) entre $ –15.000,00 e $ –10.801,00
b) entre $ –10.800,00 e $ –5.001,00
c) entre $ –5.000,00 e $ –1,00
d) zero
e) entre $ 1,00 e $ 2.000,00

8. (AFTE-SC — FEPESE/2010) Em relação ao teste no valor recuperável de ativos (*impairment test*), assinale a alternativa correta.

a) O valor recuperável consiste no menor valor entre o valor líquido de venda e o valor em uso.
b) O valor recuperável consiste no maior valor entre o valor líquido de venda e o valor em uso.
c) O valor líquido de venda é aquele formalizado por uma operação compulsória, sem dedução das despesas de venda.
d) O cálculo do valor recuperável dos ativos, sem exceções, deve ser efetuado somente quando existirem evidências de possíveis perdas.
e) O cálculo do valor recuperável dos ativos, sem exceções, deve ser efetuado somente quando existirem evidências de possíveis perdas. Essas perdas são lançadas diretamente no patrimônio líquido.

9. (AFTE-SC — FEPESE/2010) Quanto à unidade geradora de caixa, pode afirmar:

a) A identificação de uma unidade geradora de caixa não requer julgamento.
b) As unidades geradoras de caixa são apenas aquelas responsáveis pela geração de caixa decorrentes das atividades operacionais apresentadas na demonstração do fluxo de caixa.
c) Unidade geradora de caixa é o menor grupo identificável de ativos que gera as entradas de caixa, que são em grande parte independentes das entradas de caixa de outros ativos ou de grupos de ativos.
d) Unidade geradora de caixa é o menor grupo identificável de ativos que gera as saídas de caixa, que são em grande parte independentes das saídas de caixa de outros ativos ou de grupos de ativos.
e) Unidade geradora de caixa é o maior grupo identificável de ativos que gera as entradas e saídas de caixa, que são em grande parte independentes das entradas e das saídas de caixa de outros ativos ou de grupos de ativos.

10. (Analista — TCE-PR — FCC/2011) A empresa Intangível S.A. possuía, em 31.12.X9, um ativo intangível com vida útil indefinida, no valor de R$ 130.000,00, o qual é composto por:

— Valor de custo: R$ 150.000,00.
— Perda por desvalorização reconhecida (em X9): R$ 20.000,00.

Em 31.12.X10, a empresa realizou o Teste de Recuperabilidade do Ativo e obteve as seguintes informações:

— Valor em uso: R$ 120.000,00.
— Valor líquido de venda: R$ 160.000,00.

Com base nessas informações, em 31.12.X10, a empresa

a) não faz nenhum registro.
b) reconhece um ganho no valor de R$ 30.000,00.
c) reconhece uma perda por desvalorização no valor de R$ 10.000,00.
d) reverte a perda por desvalorização reconhecida no valor de R$ 20.000,00.
e) reverte a perda por desvalorização reconhecida no valor de R$ 20.000,00 e reconhece um ganho no valor de R$ 10.000,00.

11. (AFRFB — ESAF/2014) Com relação à Redução ao Valor Recuperável de Ativos, pode-se afirmar que:

a) a esta técnica estão sujeitos à aplicação desse processo todos os ativos sem qualquer tipo de exceção.
b) é esse tipo de procedimento aplicável somente aos ativos intangíveis e aos ativos resultantes de Contratos de Construção.
c) apenas aos ativos resultantes de Contratos de Construção e aqueles sujeitos à aplicação do valor justo como os ativos biológicos são passíveis da aplicação dessa redução.
d) tem como objetivo assegurar que os ativos não estejam registrados contabilmente por valor maior do que o passível de ser recuperado por uso ou venda.
e) não é aplicada aos imobilizados em razão dos mesmos já estarem sujeitos à depreciação, amortização ou a exaustão que cobrem possíveis divergências no valor de custo do ativo e o seu valor recuperável.

12. (Contador — FUNAI — ESAF/2016) A Cia. de Minérios S.A. possuía, em 31.12.2015, um ativo intangível com vida útil indefinida — ágio derivado da expectativa de rentabilidade futura, cujo valor contábil era composto por:

Valor de custo: R$ 750.000,00
Perda por *impairment* (reconhecida em 2014): R$ 275.000,00
Para elaborar as suas demonstrações contábeis de 2015, a empresa realizou o Teste de Recuperabilidade do Ativo em 31.12.2015 e obteve as seguintes informações:
Valor em uso: R$ 525.000,00
Valor justo líquido das despesas de venda: R$ 440.000,00
Com base nas informações acima, o valor contábil apresentado no Balanço Patrimonial da Cia. de Minérios S.A., em 31.12.2015, referente a este ativo foi, em reais, de

a) 525.000,00.
b) 440.000,00.
c) 475.000,00.
d) 750.000,00.
e) 390.000,00.

13. (Contador — ARTESP — FCC/2017) A Cia. Débito e Crédito S.A. possuía um imobilizado para suas atividades operacionais. Os saldos das contas referentes ao ativo, em 31.12.2016, estão demonstrados abaixo.

Imobilizado (custo total de aquisição):	R$ 400.000,00
(–) Depreciação acumulada:	R$ 100.000,00
(=) Valor do ativo:	R$ 300.000,00

Em 31.12.2016 foi realizado o teste de *impairment* obtendo os seguintes valores:

Valor em uso do ativo:	R$ 350.000,00
Valor justo líquido das despesas de venda:	R$ 320.000,00

Ao elaborar as Demonstrações Contábeis referentes ao ano de 2016, a empresa
a) reconheceu uma perda por desvalorização no valor de R$ 80.000,00.
b) reconheceu uma perda por desvalorização no valor de R$ 50.000,00.
c) não reconheceu perda ou ganho por *impairment*.
d) reconheceu um ganho por valorização no valor de R$ 20.000,00.
e) reconheceu um ganho por valorização no valor de R$ 50.000,00.

14. (TER-AP — Analista — FCC/2011) Considere as seguintes assertivas sobre a análise de recuperabilidade de ativos (teste de *impairment*) estabelecida pela Lei n. 6.404/76 e pelo Pronunciamento Técnico CPC 01)

I. O valor recuperável de um ativo corresponde ao menor valor entre o seu valor líquido de venda e o seu valor em uso.
II. Se o valor contábil do ativo excede o seu valor recuperável, a entidade deve reduzir o valor contábil do referido ativo ao seu valor recuperável.
III. A análise de recuperabilidade também deve ser efetuada a fim de que sejam revisados e ajustados os critérios utilizados para determinar a vida útil econômica estimada de um ativo e o cálculo da depreciação, amortização e exaustão.
IV. A entidade deve testar, no mínimo, a cada dois anos, a redução ao valor recuperável de um ativo intangível com vida útil indefinida.

Está correto o que se afirma em
a) I e II, somente.
b) II e III, somente.
c) III e IV, somente.
d) II, III e IV, somente.
e) I, II, III e IV.

15. (AFRFB — ESAF/2012) A Cia. Gráfica Firmamento adquire uma máquina copiadora, em 02.01.2008, pelo valor de R$ 1,2 milhões, com vida útil estimada na capacidade total de reprodução de 5 milhões de cópias. A expectativa é de que, após o uso total da máquina, a empresa obtenha por este bem o valor de R$ 200.000,00, estabelecendo um prazo máximo de até 5 anos para atingir a utilização integral da máquina. No período de 2008/2009, a empresa executou a reprodução de 2.500.000 das cópias esperadas e no decorrer de 2010 foram reproduzidas mais 1.300.000 cópias. Ao final de 2010, o Departamento de Gestão Patrimonial da empresa determina como valor recuperável desse ativo R$ 440.000,00. Com base nos dados fornecidos, é possível afirmar que

a) o valor depreciável dessa máquina é de R$ 1.000.000,00.
b) o saldo da depreciação acumulado em 2010 é de R$ 720.000,00.
c) em 2010 a empresa deve registrar como despesa de depreciação o valor de R$ 40.000,00.
d) o valor líquido dessa máquina ao final de 2010 é R$ 240.000,00.
e) ao final de 2010 a empresa deve reconhecer uma perda estimada de R$ 200.000,00.

16. (Contador — TRANSPETRO — CESGRANRIO/2018) Uma indústria adquiriu três máquinas para compor a linha de produção de um dos seus produtos, pelo valor total de R$ 27 milhões. A vida útil estimada das máquinas adquiridas é de doze anos, com valor residual de 5% do valor de aquisição. Ao final do sétimo ano de uso, a indústria apurou indícios internos de desvalorização decorrentes de baixo desempenho e optou por realizar o teste de recuperabilidade das máquinas componentes daquela linha de produção. A companhia estimou um fluxo de caixa descontado para os próximos cinco anos associado à operação das máquinas de R$ 10 milhões, enquanto o valor justo das máquinas em suas condições atuais é de R$ 8 milhões, com 5% de custos associados.

Considerando, exclusivamente, essas informações, o valor recuperável e a perda a ser reconhecida para o conjunto das máquinas representam, respectivamente, em reais

a) 7.600.000,00 e 3.087.500,00
b) 7.600.000,00 e 4.437.500,00
c) 8.000.000,00 e 4.037.500,00
d) 10.000.000,00 e 687.500,00
e) 10.000.000,00 e 2.037.500,00

17. (Analista — SABESP — FCC/2018) Em 31.12.2015 uma empresa adquiriu uma patente por R$ 10.000.000,00 e poderá explorá-la pelo prazo de 20 anos. No final do prazo de exploração a patente passa a ser de domínio público e, portanto, não terá valor residual para a empresa. No final do ano de 2016 a empresa realizou o teste de redução ao valor recuperável (teste de *impairment*) e obteve as seguintes informações sobre a patente:

Valor em uso da patente	R$ 8.750.000,00
Valor justo líquido das despesas de venda da patente	R$ 8.000.000,00

Na demonstração do resultado do ano de 2016, a empresa deveria

a) reconhecer uma despesa de amortização no valor de R$ 500.000,00 e uma perda por desvalorização no valor de R$ 750.000,00.
b) reconhecer uma despesa de amortização no valor de R$ 500.000,00 e uma perda por desvalorização no valor de R$ 1.500.000,00.
c) não reconhecer nenhuma despesa por se tratar de ativo intangível que não deve ser amortizado.
d) reconhecer uma despesa de amortização no valor de R$ 500.000,00, apenas.
e) reconhecer uma perda por desvalorização no valor de R$ 1.250.000,00, apenas.

18. (Auditor-Fiscal — Pref Cariacica — AOCP/2020) Considere as seguintes informações extraídas do sistema de gestão patrimonial de uma determinada sociedade anônima:

Custo Histórico (aquisição)	R$ 10.000,00
Depreciação Acumulada	R$ 2.000,00
Valor Justo Líquido das Despesas de Venda	R$ 6.000,00
Valor em Uso	R$ 7.000,00

Com base nessas informações, ao aplicar o teste de redução ao valor recuperável desse ativo, fica evidenciada a ocorrência de uma perda por desvalorização no valor de

a) R$ 4.000,00.
b) R$ 3.000,00.
c) R$ 2.000,00.
d) R$ 1.000,00.

19. (AFR — SEFAZ-ES — FGV/2021) De acordo com o Pronunciamento Técnico CPC 01 (R1) — Redução ao Valor Recuperável de Ativos, ao avaliar se há indicação de que um ativo possa ter sofrido desvalorização, uma entidade deve considerar algumas indicações.

Com relação a essas indicações, analise as afirmativas a seguir.

I. Há indicações de que o valor do ativo diminuiu significativamente durante o período, mais do que seria de se esperar como resultado da passagem do tempo ou do uso normal.

II. Ocorreram, durante o período, mudanças significativas com efeito adverso sobre a entidade ou ocorrerão em futuro próximo, no ambiente tecnológico, de mercado, econômico ou legal, no qual a entidade opera ou no mercado para o qual o ativo é utilizado.
III. Há evidências provenientes de relatórios realizados pela área de controladoria, que indicam que o desempenho econômico de um ativo é ou será pior que o esperado.

Assinale a opção que indica apenas as fontes externas de informação.

a) I, somente.
b) II, somente.
c) I e II, somente.
d) I e III, somente.
e) II e III, somente.

http://uqr.to/1xvmi

9 PROVISÕES, PASSIVOS E ATIVOS CONTINGENTES

9.1. INTRODUÇÃO

O termo **provisão sempre foi utilizado de forma muito ampla** no ambiente contábil brasileiro. Desde a Resolução CVM n. 489/2005, dirigida apenas às empresas S.A. de capital aberto, que aprovou o Pronunciamento número 22 do Ibracon, alinhado com a norma IAS 37 da Contabilidade internacional, o termo **provisão** foi regulamentado nesse pronunciamento pela primeira vez no Brasil e teve sua utilização bastante restringida.

O CPC 25, aprovado em 2009 pelo CFC, é uma tradução da norma IAS 37. Esse CPC 25 **torna obrigatório, para todas as empresas** que são obrigadas a fazer demonstrações financeiras, essa **nova forma** de reconhecimento, mensuração e contabilização **de provisões e cria conceitos novos, como o de Passivos e Ativos Contingentes**.

No Brasil, **sempre utilizamos provisões também para contrapartida de despesas que reduzem o valor de Ativos**, como depreciação acumulada, perdas com devedores duvidosos e desvalorização de ativos. **Esse tipo de contrapartida credora não deve mais receber a designação de provisão.** A seguir, um paralelo entre as designações que não devem mais ser utilizadas e as designações apropriadas:

NÃO DEVEM MAIS SER UTILIZADAS COM O NOME DE PROVISÕES	DESIGNAÇÕES APROPRIADAS (CONTAS CREDORAS REDUTORAS DE ATIVO)
■ Provisão para depreciação acumulada	■ Depreciação acumulada
■ Provisão para devedores duvidosos	■ Perdas estimadas com clientes
■ Provisão para créditos de liquidação duvidosa	■ Perdas estimadas com clientes
■ Provisão para perdas em investimentos	■ Perdas estimadas com investimentos
■ Provisão para perdas em estoques	■ Perdas estimadas em estoques
■ Provisão para redução ao valor recuperável	■ Perdas estimadas por valor não recuperável

Essas contas, com as **novas designações, são credoras**, mas sempre classificadas **no Ativo como redutoras**, uma vez que **não representam obrigação** com terceiros. Todas essas contas credoras têm como contrapartida despesas (perdas) no resultado do período, mas nenhuma delas gera obrigação com terceiros. Uma provisão nessa nova norma (CPC 25) tem que ser uma obrigação e constitui uma premissa fundamental para classificarmos uma conta como provisão.

Os Passivos derivados de operações normais (13..º salário, férias e outros) distinguem-se de provisões, de acordo com o item 11 desta norma (NBC TG 25/CPC 25):

> "**As provisões podem ser distintas de outros passivos tais como contas a pagar e passivos derivados de apropriações por competência** (*accruals*) porque há incerteza sobre o prazo ou o valor do desembolso futuro necessário para a sua liquidação. Por contraste:
>
> (a) **as contas a pagar** são passivos a pagar por conta de bens ou serviços fornecidos ou recebidos e que tenham sido faturados ou formalmente acordados com o fornecedor; e
>
> (b) **os passivos derivados de apropriações por competência** (*accruals*) são passivos a pagar por bens ou serviços fornecidos ou recebidos, mas que não tenham sido pagos, faturados ou formalmente acordados com o fornecedor, incluindo valores devidos a empregados (por exemplo, valores relacionados com pagamento de férias). Embora algumas vezes seja necessário estimar o valor ou prazo desses passivos, a incerteza é geralmente muito menor do que nas provisões.
>
> Os passivos derivados de apropriação por competência (*accruals*) são frequentemente divulgados como parte das contas a pagar, **enquanto as provisões são divulgadas separadamente**."

Portanto, **os Passivos, como férias, 13.º salário, Imposto de Renda, previdência social, FGTS, Contribuição Social sobre o Lucro, dividendos, participações etc., não devem ser contabilizados no Passivo como provisões**, mas, sim, férias a pagar, 13.º salário a pagar, Imposto de Renda a pagar, encargos a pagar, contribuição social a pagar etc.

CONTAS CLASSIFICADAS NO PASSIVO (PC OU PNC)	DESPESAS E DISTRIBUIÇÕES NO RESULTADO (DRE)
■ Férias a pagar	■ Despesa com férias
■ 13.º a pagar	■ Despesa com 13.º salário
■ Participações a pagar	■ Participações societárias
■ Imposto de Renda a pagar	■ Imposto de Renda
■ Contribuição Social a pagar	■ Contribuição Social
■ FGTS a pagar	■ Despesa com FGTS

Essa norma criou uma **distinção entre uma obrigação já constituída, na qual não resta dúvida quanto ao valor, e o efetivo desembolso de uma provisão ou de um passivo contingente**.

No caso de uma obrigação, a saída de recursos é certa; no caso de uma provisão, é provável; e, no caso de um passivo contingente, embora seja possível, não é provável.

CONTA	QUALIDADE DA CONTA
Passivo	■ Obrigação presente com prazo e valor certo
Provisão	■ Obrigação presente com prazo e valor incerto
Passivo Contingente	■ Obrigação possível, que provavelmente não irá requerer uma saída de recursos. Estes são de difícil mensuração

9.2. DEFINIÇÕES

Abaixo, vamos transcrever as definições de Passivo, obrigação legal formalizada e não formalizada, provisão, Passivo Contingente e Ativo Contingente que estão apresentadas no pronunciamento CPC 25, com os significados especificados em seu item 10, transcritos a seguir.

9.2.1. Passivo

Passivo é uma obrigação presente da Entidade, derivada de eventos já ocorridos, cuja liquidação se espera que resulte em saída de recursos da entidade capaz de gerar benefícios econômicos. Evento que cria obrigação é um evento que cria uma obrigação legal ou não formalizada que faça com que a Entidade não tenha nenhuma alternativa realista senão liquidar essa obrigação.

9.2.1.1. Obrigação legal

Obrigação legal é uma obrigação que deriva de:

(a) contrato (por meio de termos explícitos ou implícitos);
(b) legislação; ou
(c) outra ação da lei.

9.2.1.2. Obrigação não formalizada

Obrigação não formalizada é uma obrigação que decorre das ações da Entidade em que:

(a) por via de padrão estabelecido de práticas passadas, de políticas publicadas ou de declaração atual suficientemente específica, a Entidade tenha indicado a outras partes que aceitará certas responsabilidades; e
(b) em consequência, a Entidade cria uma expectativa válida nessas outras partes de que cumprirá com essas responsabilidades.

9.2.2. Provisão

Provisão é um Passivo de prazo ou de valor incertos.

9.2.3. Passivo contingente

"(a) **uma obrigação possível** que resulta de eventos passados e cuja existência será confirmada apenas pela ocorrência ou não de um ou mais eventos futuros incertos não totalmente sob controle da entidade; ou
(b) **uma obrigação presente** que resulta de eventos passados, **mas que não é reconhecida porque**:
(i) **não é provável que uma saída de recursos** que incorporam benefícios econômicos seja exigida para liquidar a obrigação; ou
(ii) **o valor da obrigação não pode ser mensurado** com suficiente confiabilidade."

9.2.4. Ativo contingente

Ativo Contingente é um **Ativo possível**, que resulta de **eventos passados** e cuja existência será **confirmada apenas pela ocorrência ou não** de um ou mais **eventos futuros incertos** não totalmente sob controle da entidade. Um exemplo de Ativo Contingente é um processo judicial que uma empresa (Entidade) esteja movendo contra outra, pois, mesmo que exista a possibilidade de ganho, a entrada do Ativo não é certa. Se, na data do balanço, for provável a entrada de recursos, **a empresa deve divulgar uma breve descrição em notas explicativas sobre o fato**. Notas explicativas são relatos anexos às demonstrações financeiras, como veremos adiante, no Capítulo 15.

9.3. RECONHECIMENTO E CONTABILIZAÇÃO DE UMA PROVISÃO OU PASSIVO CONTINGENTE

Uma provisão só deve ser reconhecida e contabilizada se atender simultaneamente às três condições abaixo definidas na Norma NBC TG , item 14:

Uma provisão deve ser reconhecida quando: (MUITO IMPORTANTE!!!)

(a) a entidade tem uma **obrigação presente** (legal ou não formalizada) como resultado de evento passado;

(b) seja **provável** que será necessária uma **saída de recursos** que incorporam benefícios econômicos para liquidar a obrigação; e

(c) possa ser feita uma **estimativa confiável** do valor da obrigação.

Se essas condições não forem satisfeitas, nenhuma provisão deve ser reconhecida.

Em outras palavras, para que seja obrigatória a contabilização de uma provisão, o **fato gerador** tem que estar **no passado**, ser **provável a saída de recursos** e tem que ser possível uma **estimativa confiável** desse valor. **Caso contrário, o fato não é considerado uma provisão a ser contabilizada e passa a ser considerado um Passivo Contingente.**

Esse Passivo Contingente só precisa ser divulgado em notas explicativas se não for remota a possibilidade de desembolso, de acordo com o definido no item 86 do CPC 25:

> **A menos que seja remota** a possibilidade de ocorrer qualquer desembolso na liquidação, a Entidade deve divulgar, para cada classe de passivo contingente na data do balanço, uma breve descrição da natureza do Passivo Contingente (...).

Em resumo, um passivo contingente é um evento que não é provável que a saída de recursos ocorra, mas ao mesmo tempo não é remoto. Se a saída de recursos não for provável e ao mesmo tempo também for remota, a entidade não deve nem reconhecer nem fazer qualquer tipo de divulgação.

9.3.1. Matriz comparativa de provisão "versus" passivo contingente

Apresentamos abaixo uma tabela comparativa que faz parte do apêndice da NBC TG 25 (CPC 25) referente a uma matriz comparativa de provisão e Passivo Contingente.

São caracterizados em situações nas quais, como resultado de eventos passados, pode haver uma saída de recursos envolvendo benefícios econômicos futuros, na liquidação de:

(a) obrigação presente; ou

(b) obrigação possível cuja existência será confirmada apenas pela ocorrência ou não de um ou mais eventos futuros incertos não totalmente sob controle da Entidade.

PROVISÃO	PASSIVO CONTINGENTE	NÃO É PROVISÃO NEM PASSIVO CONTINGENTE
■ Há obrigação presente, que provavelmente requer uma saída de recursos	■ Entende-se por Passivo Contingente uma obrigação possível ou obrigação presente que pode (mas provavelmente não fará) requerer uma saída de recursos[1]	■ Há obrigação possível ou obrigação presente cuja probabilidade de uma saída de recursos é remota
■ A provisão é reconhecida (item 14)	■ Nenhuma provisão é reconhecida (item 27)	■ Nenhuma provisão é reconhecida (item 27)
■ Divulgação é exigida para a provisão (itens 84 e 85)	■ Divulgação é exigida para o Passivo Contingente (item 86)	■ Nenhuma divulgação é exigida (item 86)

Observação: os itens referidos na tabela anterior são do CPC 25, e não deste livro ou capítulo.[1]

9.3.2. Árvore de decisão para provisão e passivo contingente

A seguir, apresentamos uma árvore de decisão que consta da Norma NBC TG 25, no Apêndice B. **Uma provisão tem origem em um evento passado**, que gera obrigação presente com saída provável e valor com estimativa confiável. Se uma das três condições não for satisfeita, não se pode levar o evento a um reconhecimento e contabilização como uma provisão, mas como um Passivo Contingente, ou sequer reconhecê-lo como tal. **Não faremos nada se o evento não for considerado obrigação** possível e se uma saída de recursos for considerada remota.

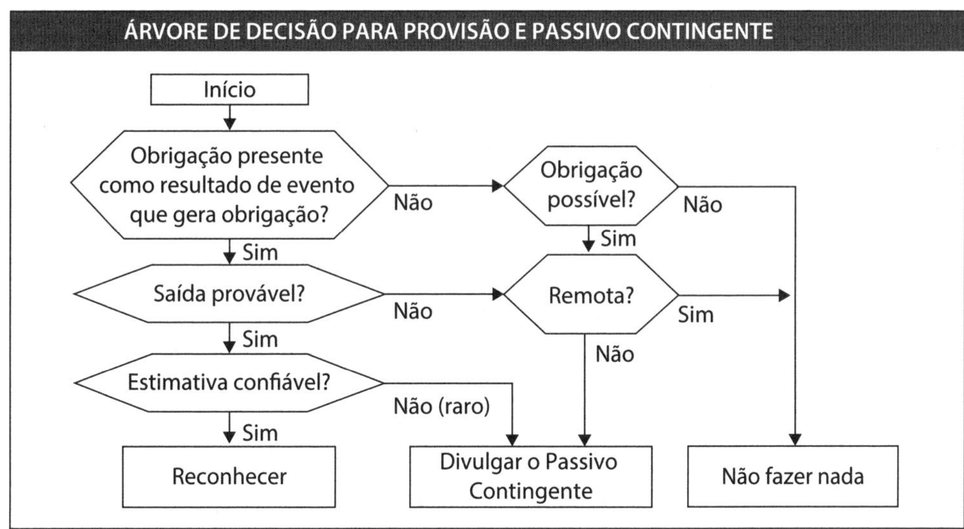

[1] O texto original é uma tradução das normas internacionais, e sua leitura, por vezes, é de difícil compreensão.

9.3.3. Contas classificadas como provisões

Se a obrigação existir, a saída de recursos for provável e houver uma estimativa confiável de valor, então é necessária a contabilização da obrigação como provisão no Passivo Exigível.

Exemplos típicos são:

- Provisão para contingências trabalhistas;
- Provisão para contingências cíveis[2];
- Provisão para cobertura de garantias;
- Provisão para danos ambientais;
- Provisão para retirada de Ativos (*asset retirement obligation*)[3];
- Provisão para reestruturação[4];
- Provisão para contingências fiscais;
- Provisão para compensações por quebra de contratos.

Esses Passivos podem ser lançados no Passivo Circulante ou Passivo Não Circulante, e a contrapartida de todos são despesas provisionadas referentes a esses compromissos futuros.

9.3.4. Cálculo e constituição de uma provisão

Nos itens 36 a 52 da norma CPC 25 (NBC -TG 25), estão as orientações para o cálculo do valor a ser reconhecido como provisão. No item 36 temos as seguintes orientações:

> "O **valor** reconhecido como provisão **deve ser a melhor estimativa** do desembolso exigido para liquidar a obrigação presente na data do balanço.

---

[2] Essa provisão refere-se a indenizações a clientes e terceiros em geral.

[3] Existem situações, tais como quando o imóvel não é próprio ou quando existe uma obrigação legal, em que é necessário, após a exploração de uma máquina ou unidade de negócio, que seja obrigação da empresa recuperar o local onde a máquina ou a empresa está operando. Como exemplo, podemos considerar um poço de petróleo após a depleção (exaustão) dos recursos naturais. A empresa exploradora tem obrigação legal de reconstituir o fundo do mar, e isso tem que ser previsto desde o início da operação, porque é uma obrigação. Esse valor inclusive pode e deve ser ativado a valor presente no início da operação, em contrapartida com uma obrigação no Passivo.

[4] Reestruturação é **reorganização com efeito relevante** na natureza e foco das operações da Entidade. Em outras palavras, reestruturar é fazer, de algo já existente e antiquado, algo novo e atualizado; **não se trata de cortes de custo superficiais.** O item 70 do CPC 25 apresenta exemplos de fatos classificáveis como reestruturação:

"Exemplos de eventos que podem se enquadrar na definição de reestruturação são:

(a) venda ou extinção de linha de negócios;

(b) fechamento de locais de negócios de um país ou região ou a realocação das atividades de negócios de um país ou região para outro;

(c) mudanças na estrutura da administração, por exemplo, eliminação de um nível de gerência; e

(d) reorganizações fundamentais que tenham efeito material na natureza e no foco das operações da entidade."

A melhor estimativa do desembolso exigido para liquidar a obrigação presente **é o valor que a entidade racionalmente pagaria para liquidar a obrigação na data do balanço** ou para transferi-la para terceiros nesse momento.

As estimativas do desfecho e do efeito financeiro são determinadas pelo **julgamento da administração** da entidade, complementados pela experiência de transações semelhantes e, em alguns casos, **por relatórios de peritos independentes**. As evidências consideradas devem incluir qualquer evidência adicional fornecida por eventos subsequentes à data do balanço."

Portanto, as chances são informadas pelo advogado do caso ou pelo departamento jurídico da empresa ou mesmo por especialistas na situação em questão.

A norma apresenta duas situações diferentes quanto à mensuração de uma provisão:

1) Uma única obrigação com vários desfechos (probabilidades) distintos: a entidade deve adotar a mais provável e, se a mais provável tiver um valor menor que outras possibilidades, a entidade deve considerar constituir um valor maior;

2) Quando a provisão a ser mensurada envolve uma grande população de itens, a obrigação deve ser estimada calculando-se a média ponderada de todas as probabilidades associadas aos desfechos considerados.

A seguir, vamos exemplificar o cálculo de uma provisão associada a um único evento.

Quando da elaboração do demonstrativo de resultado e Balanço Patrimonial, vamos considerar que nossa empresa esteja sendo acionada legalmente em um processo judicial que teve origem no fornecimento de um sistema que não funcionou de acordo com o contrato. Nosso cliente solicitou indenização por perdas e danos. O processo já está em fase final de negociação e indica os seguintes valores como indenização provável:

CENÁRIOS PROVÁVEIS	DESEMBOLSO ($)	PROBABILIDADES
Hipótese 1	100.000	10%
Hipótese 2	80.000	65%
Hipótese 3	60.000	25%
Valor de Registro	$ 80.000	

Com este panorama de possibilidades, devemos contabilizar o valor de $ 80.000, uma vez que as outras possibilidades são bem distintas. Essas probabilidades são informadas ao departamento contábil pelo advogado responsável ou negociador credenciado perante o cliente.

Uma outra situação envolvendo apenas um evento com as probabilidades não são tão diferentes:

CENÁRIOS PROVÁVEIS	DESEMBOLSO ($)	PROBABILIDADES
Hipótese 1	100.000	30%
Hipótese 2	80.000	45%
Hipótese 3	60.000	25%
Valor médio (Registro)	$ 81.000	

Nesse caso, não cabe outra opção ao contador a não ser calcular a média ponderada das possibilidades. O valor que deverá ser considerado para a constituição da provisão deve ser de $ 81.000, que foi calculado da seguinte forma:

(100.000 × 30% + 80.000 × 45% + 60.000 × 25%)/100% = $ 81.000

Provisão para Indenização a Clientes (PC ou PNC)	
	81.000

Despesa Provisionada Indenização a Clientes (Resultado)	
81.000	

A seguir, vamos apresentar o exemplo que se encontra no item 39 do CPC 25 e se refere a uma grande população de itens com desfechos diferentes:

> "A entidade vende bens com uma garantia segundo a qual os clientes estão cobertos pelo custo da reparação de qualquer defeito de fabricação que se tornar evidente dentro dos primeiros seis meses após a compra. Se forem detectados defeitos menores em todos os produtos vendidos, a entidade irá incorrer em custos de reparação de 1 milhão. Se forem detectados defeitos maiores em todos os produtos vendidos, a entidade irá incorrer em custos de reparação de 4 milhões. A experiência passada da entidade e as expectativas futuras indicam que, para o próximo ano, 75 por cento dos bens vendidos não terão defeito, 20 por cento dos bens vendidos terão defeitos menores e 5 por cento dos bens vendidos terão defeitos maiores."

VALOR ($)	PROBABILIDADE
0	75%
1.000.000	20%
400.000	5%
Valor médio (Valor de Registro)	$ 400.000

O valor a médio (esperado) tem por base o todo e é calculado da seguinte forma:

(75% × R$ 0 + 20% × 1.000.000 + 5% $ 400.000) = $ 400.000

9.3.5. Uso das provisões

As provisões somente podem ser usadas para suas constituições originais de acordo com determinação nos itens 60 e 61 do CPC 25:

> "61. Uma provisão deve **ser usada somente** para os desembolsos para os quais a provisão **foi originalmente reconhecida**.
>
> 62. Somente os **desembolsos que se relacionem com a provisão original** são compensados com a mesma provisão. Reconhecer os desembolsos contra uma provisão que foi originalmente reconhecida para outra finalidade esconderia o impacto de dois eventos diferentes."

9.3.5.1. Não podem ser provisões usadas para perdas operacionais futuras

Perdas operacionais futuras não satisfazem a definição porque são **fatos que vão ocorrer** e podem ter relação íntima com Ativos Não Recuperáveis. Os itens 63 a 65 do CPC 25 **não permitem a contabilização dessas perdas como provisões**:

> "63. Provisões para perdas operacionais futuras não devem ser reconhecidas.
>
> 64. As perdas operacionais futuras não satisfazem à definição de passivo do item 10, nem os critérios gerais de reconhecimento estabelecidos no item 14.
>
> 65. A expectativa de perdas operacionais futuras é uma indicação de que certos ativos da unidade operacional podem não ser recuperáveis. A entidade deve testar esses ativos quanto à recuperabilidade segundo o Pronunciamento Técnico CPC 01 — Redução ao Valor Recuperável de Ativos."

9.3.6. Evento futuro

Evento futuro não pode ser confundido com perda operacional futura. Eventos futuros devem ser considerados tanto para reduzir como para aumentar o valor de uma provisão que deva ser constituída no final de um exercício.

A norma, em seu item 49, cita o exemplo em que uma entidade pode acreditar que o custo de limpar um local no fim da sua vida útil será reduzido em função de mudanças tecnológicas futuras e também cita no item 50 que o efeito de possível legislação nova deve ser considerado na mensuração da obrigação existente quando ocorrer evidência objetiva suficiente de que a promulgação da lei é praticamente certa.

Se uma legislação que esteja quase certo que seja aprovada vier a impor à entidade custos referentes a eventos que a entidade já praticou, como, por exemplo, o desmatamento de uma área, o evento que cria a obrigação está no passado, isto é, o desmatamento de uma área já foi feito, portanto, uma provisão deve ser reconhecida.

9.3.7. Reestruturações

A entidade (empresa) deve constituir provisão quando ocorrerem reestruturações e, segundo o CPC 25, são:

a) venda ou extinção de linha de negócios;

b) fechamento de locais de negócios de um país ou região ou a realocação das atividades de negócios de um país ou região para outro;

c) mudanças na estrutura da administração, por exemplo, eliminação de um nível de gerência; e

d) reorganizações fundamentais que tenham efeito material na natureza e no foco das operações da entidade.

Mas para que cada uma das situações narradas seja considerada uma obrigação não formalizada (reestruturação) que surgiu, a entidade precisa:

a) ter um plano formal detalhado para a reestruturação, identificando pelo menos:

(i) o negócio ou parte do negócio em questão;

(ii) os principais locais afetados;

(iii) o local, as funções e o número aproximado de empregados que serão incentivados financeiramente a se demitir;
(iv) os desembolsos que serão efetuados; e
(v) quando o plano será implantado.

b) ter criado expectativa válida naqueles que serão afetados pela reestruturação, seja ao começar a implantação desse plano ou ao anunciar as suas principais características para aqueles afetados pela reestruturação.

A provisão para reestruturação não deve incluir, segundo o item 81 do CPC 25:
A provisão para reestruturação não inclui custos como:

a) novo treinamento ou remanejamento da equipe permanente;
b) *marketing*; ou
c) investimento em novos sistemas e redes de distribuição.

9.3.8. Mudanças nas provisões (alterações de valor ou reversão integral)

As provisões devem ser revistas quando da elaboração de uma demonstração financeira, de acordo com determinação expressa nos itens 59 e 60 do CPC 25:

> "59. As provisões devem ser reavaliadas em cada data de balanço e ajustadas para refletir a melhor estimativa corrente. Se já não for mais provável que seja necessária uma saída de recursos que incorporam benefícios econômicos futuros para liquidar a obrigação, a provisão deve ser revertida.
> 60. **Quando aumenta** a cada período para refletir a passagem do tempo. Esse aumento deve ser **reconhecido como despesa financeira**."

Um exemplo de reversão seria o caso de utilização parcial de provisão, constituída no item 9.3.4. Supondo que o acordo final com o cliente tenha sido estabelecido em $ 60.000, para pagamento à vista, daremos baixa em $ 60.000 contra o banco no ato do pagamento, e o **saldo remanescente será de $ 21.000, revertido** como receita no demonstrativo contábil.

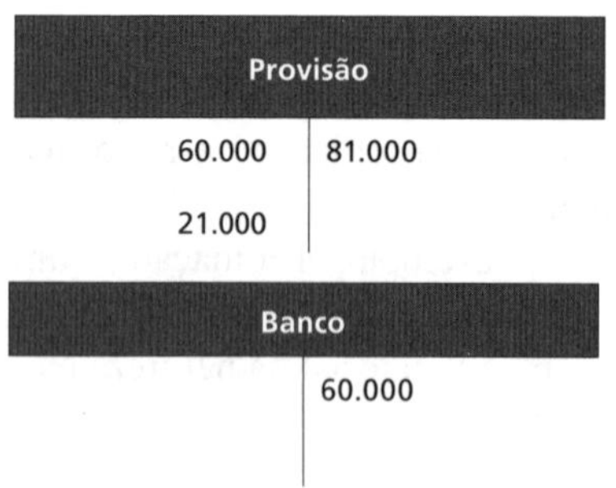

9.4. ATIVOS CONTINGENTES

Um Ativo **Contingente tem origem em um evento que pode, no futuro, gerar um Ativo**. Isso ocorre em uma empresa, normalmente fruto de uma ação judicial que poderá, em um futuro ainda incerto, proporcionar um ganho. Um Ativo Contingente **não deve ter**

expressão no Balanço Patrimonial nem no resultado do exercício. A seguir, transcrevemos a definição de Ativo Contingente que consta nos itens 31 até 35 do CPC 25:

"31. A entidade não deve reconhecer um ativo contingente.

32. Os ativos contingentes surgem normalmente de **evento não planejado ou de outros não esperados** que dão origem à possibilidade de entrada de benefícios econômicos para a entidade. Um exemplo é uma reivindicação que a entidade esteja reclamando por meio de processos legais, em que o desfecho seja incerto.

33. Os ativos contingentes não são reconhecidos nas demonstrações contábeis, uma vez que pode tratar-se de resultado que nunca venha a ser realizado. Porém, **quando a realização do ganho é praticamente certa, então o ativo relacionado não é um ativo contingente e o seu reconhecimento é adequado.**

34. **O ativo contingente é divulgado**, como exigido pelo item 89, **quando for provável a entrada de benefícios econômicos.**

35. Os ativos contingentes são avaliados periodicamente para garantir que os desenvolvimentos sejam apropriadamente refletidos nas demonstrações contábeis. Se for praticamente certo que ocorrerá uma entrada de benefícios econômicos, o ativo e o correspondente ganho são reconhecidos nas demonstrações contábeis do período em que ocorrer a mudança de estimativa. Se a entrada de benefícios econômicos se tornar provável, a entidade divulga o ativo contingente."

9.4.1. Comparação entre ativo "versus" ativo contingente

Ativos Contingentes são caracterizados em situações nas quais, como resultado de eventos passados, há um Ativo possível, cuja existência será confirmada apenas pela ocorrência ou não de um ou mais eventos futuros incertos não totalmente sob controle da entidade.

ATIVO	ATIVO CONTINGENTE	NÃO É ATIVO
A entrada de benefícios econômicos é praticamente certa	**A entrada de benefícios econômicos é provável, mas não praticamente certa**	**A entrada não é provável**
O Ativo não é contingente (item 33)	Nenhum Ativo é reconhecido	Nenhum Ativo é reconhecido
Deve ser considerado um Ativo	**Divulgação** é exigida (item 89), **em notas explicativas**, fora do balanço patrimonial	Nenhuma divulgação é exigida (item 89)

9.4.2. Divulgação do ativo contingente

Os itens 89 e 90 do CPC 25 determinam que, quando **for provável, um Ativo Contingente deve ser divulgado nas notas explicativas:**

"89. Quando for provável a entrada de benefícios econômicos, a entidade deve divulgar breve descrição da natureza dos ativos contingentes na data do balanço e, quando praticável, uma estimativa dos seus efeitos financeiros, mensurada usando os princípios estabelecidos para as provisões nos itens 36 a 52.

90. É importante que as divulgações de ativos contingentes evitem dar indicações indevidas da probabilidade de surgirem ganhos."

Em resumo, para divulgar um ativo contingente não basta que ele seja possível, ele tem que ser provável, caso um evento seja apenas possível, nenhum registro e nenhuma divulgação devem ser feitos.

9.5. CONTABILIZAÇÃO ADOTADA TRADICIONALMENTE

9.5.1. Aspectos iniciais e transitórios

Vamos abordar a contabilização histórica e tradicional, embora ela **não tenha mais nenhuma base técnica**, porque **as principais bancas examinadoras**, nos concursos de 2008 até 2012, não **tomaram conhecimento da nova forma legal** adotada no Brasil e nos países que seguem as normas internacionais.

As principais bancas ainda elaboram questões que envolvem a utilização de provisões aplicando os conceitos em desuso.

Vamos explicar os conceitos anteriores ao CPC 25, e o leitor, quando for prestar um concurso com uma prova de Contabilidade, precisará ter discernimento para julgar se a banca adotou ou não os novos conceitos que são obrigatórios.

Uma boa dica, para perceber essa adoção, é verificar as questões que envolvem contas do Balanço Patrimonial. Se a banca chamar as contas redutoras de Ativo de provisões, é porque adota o conceito antigo, que será apresentado a seguir.

9.5.2. Provisão antes do CPC 25

As provisões sempre foram consideradas **compromissos (obrigações) ou diminuições de valores de Ativos** que foram perdidos ou tiveram permanente variação do seu valor.

Sempre foram consideradas contas que têm seus **fatos geradores no passado**, isto é, já aconteceram. A empresa não sabia exatamente o seu valor, entretanto, o fato gerador da DESPESA já aconteceu.

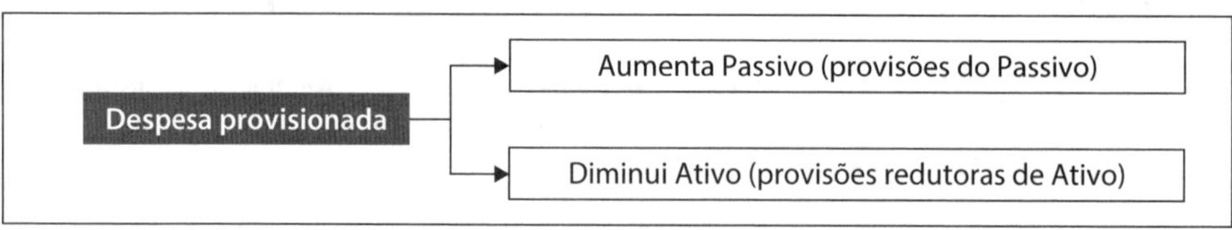

As provisões têm como contrapartida DESPESAS. A seguir, exemplificamos a constituição de uma provisão de $ 50.000:

Contabilização no Diário:

	Despesa (no DRE)	50.000	
a	Provisão (no Patrimônio)		50.000

Provisão	
	$ 50.000

Despesa com a Provisão	
$ 50.000	

A provisão tanto pode representar uma obrigação como uma redução de um Ativo, e sua origem é que define em qual classificação ele se enquadra.

Existem despesas provisionadas que são obrigações e despesas provisionadas que representam perdas de Ativos. Abaixo, apresentamos as despesas que geram obrigações e as despesas que geram provisões redutoras de Ativo:

9.5.2.1. Provisões do passivo

No quadro a seguir, apresentamos as despesas que geram obrigações (provisões do Passivo).

RESULTADO	PASSIVO CIRCULANTE OU NÃO CIRCULANTE
■ Despesa com IR	■ Provisão para Imposto de Renda (IR)
■ Despesa com CSLL	■ Provisão para Contribuição Social sobre o Lucro Líquido (CSLL)
■ Despesa de férias	■ Provisão para férias
■ Despesa de 13.°	■ Provisão para 13.°
■ Despesa com contingências	■ Provisão para contingência

9.5.2.1.1. Provisão para Imposto de Renda (IR)

Ao final de cada exercício, se a empresa obteve lucro, uma parcela desse lucro é devida ao governo federal, sob o título de Imposto de Renda (IR). O cálculo do IR será abordado com detalhes no Capítulo 16 (demonstração de resultado — DRE).

Uma despesa de IR é lançada no resultado, em contrapartida com uma obrigação no Passivo Circulante.

Contabilização no Diário:

Despesa com IR
a Provisão para IR

Contabilização no Razão:

Provisão para IR (PC)	
	$ 50.000

Despesa com IR (Resultado)	
$ 50.000	

9.5.2.1.2. Despesa com Contribuição Social sobre o Lucro Líquido (CSLL)

Ao final de cada exercício, se a empresa obteve lucro, uma parcela desse lucro é devida ao governo federal, sob o título de Contribuição Social sobre o Lucro Líquido (CSLL). O cálculo da CSLL será abordado com detalhes no Capítulo 16 (demonstração de resultado — DRE).

Uma despesa com a CSLL é lançada no resultado, em contrapartida com uma obrigação no Passivo Circulante.

Contabilização no Diário:

Despesa com Contribuição Social sobre o Lucro Líquido (CSLL) 20.000
a Provisão para CSLL 20.000

Contabilização no Razão:

9.5.2.1.3. *Despesa com férias*

Ao final de cada mês, a empresa deve contabilizar uma provisão para o pagamento do adicional de férias de cada um dos seus empregados. As despesas referentes a esse adicional não são de competência do mês que o empregado goza as férias, mas de cada um dos meses trabalhados. No Capítulo 7, já estudamos com detalhes esse assunto.

Uma despesa com o adicional de férias é lançada a cada mês trabalhado no resultado, em contrapartida com uma obrigação no Passivo Circulante.

Contabilização no Diário:

	Despesa de férias	15.000	
a	Provisão para férias		15.000

Contabilização no Razão:

9.5.2.1.4. *Despesa com décimo terceiro salário*

Ao final de cada mês, a empresa deve contabilizar uma despesa proporcional a 1/12 do salário de cada funcionário para pagamento do décimo terceiro salário em novembro e dezembro. A despesa para o pagamento do décimo terceiro salário de cada um dos seus empregados não é de competência do mês que o empregado recebe o décimo terceiro, mas de cada um dos meses trabalhados. No Capítulo 7, já estudamos com detalhes esse assunto.

Uma despesa com o décimo terceiro é lançada a cada mês trabalhado no resultado, em contrapartida com uma obrigação no Passivo Circulante.

Contabilização no Diário:

Despesa de décimo terceiro salário

a Provisão com décimo terceiro salário

Contabilização no Razão:

9.5.2.1.5. *Despesa com contingências*

Uma contingência é um Passivo cujo fato gerador já ocorreu; a empresa deverá pagar o compromisso em data futura, ainda não muito bem definida, como uma contingência trabalhista. Nesse caso, a empresa tem uma obrigação de data ainda incerta e deverá contabilizar a obrigação. Outros exemplos seriam: uma indenização a um cliente por danos causados, uma indenização em função de um acidente etc.

Uma vez que seja certo o pagamento do compromisso e seu valor possa ser estimado, a provisão deve ser contabilizada como despesa no resultado e compromisso no Passivo Circulante ou Não Circulante, dependendo da expectativa de desembolso.

Contabilização no Diário:

	Despesa para contingências	25.000	
a	Provisão para contingências		25.000

Contabilização no Razão:

Provisão para contingências	
	$ 25.000

Despesa com contingências	
$ 25.000	

9.5.2.2. *Provisões redutoras do ativo*

Existem provisões que têm como origem perdas de Ativos e, por isso, não representam obrigações, mas reduções nos respectivos Ativos.

Exemplo: quando um estoque perde valor, esse fato não gera obrigação, mas diminuição de uma riqueza (Ativo). Temos que contabilizar a perda e, em contrapartida, uma provisão redutora do estoque.

DESPESAS QUE NÃO GERAM OBRIGAÇÕES (REDUÇÃO NO ATIVO)	
■ **Despesa com ajuste do valor do estoque**	■ Provisão para ajuste ao valor de mercado
■ **Despesa com devedores duvidosos**	■ Provisão para créditos de liquidação duvidosa
■ **Despesa com perdas de investimentos**	■ Provisão para perdas em investimentos
■ **Perda com desvalorização**	■ Provisão para perdas por desvalorização

9.5.2.2.1. *Provisão para ajuste ao valor de mercado*

Essa provisão tem sido utilizada para ajustar um estoque que tenha sofrido uma desvalorização, por exemplo, um estoque de computadores comprado por $ 1.000.000, cujo valor de mercado seja apenas $ 600.000. A empresa deve lançar uma perda de $ 400.000 no resultado e constituir uma provisão para esse fim.

Contabilização no Diário:

	Despesa com ajuste de estoque	400.000	
a	Provisão para ajuste ao valor de mercado		400.000

Lançamento no Razão:

Provisão para Ajuste ao Valor de Mercado (PAVM)		Perdas com estoques	
	$ 400.000	$ 400.000	

Apresentação no Balanço Patrimonial

Ativo Circulante

Estoques de computadores para venda	$ 1.000.000	
(–) Provisão para ajuste ao valor de mercado		($ 400.000)

9.5.2.2.2. Provisão para Créditos de Liquidação Duvidosa (PCLD) ou Devedores Duvidosos (PDD)

Essa provisão sempre foi utilizada para contabilizar as perdas prováveis com os créditos concedidos aos clientes nas vendas a prazo. Toda empresa que concede prazo de pagamento perde uma pequena parte desses valores com a inadimplência de seus clientes. As perdas devem ser estimadas em função de históricos anteriores da empresa ou do setor em que a empresa atua.

As perdas devem ser lançadas no exercício que as vendas foram realizadas, em contrapartida com uma provisão para perdas. No exercício seguinte, quando ocorrer a afetiva perda, os títulos referentes a esses valores perdidos serão baixados contra essa provisão, e não contra o resultado.

Caso a provisão constituída seja inferior às perdas efetivas, as perdas excedentes deverão ser baixadas contra resultado, e caso as perdas sejam menores que a provisão constituída, o saldo restante pode ser utilizado para a constituição da provisão do próximo exercício ou revertido como receita para o resultado.

Exemplo: uma empresa no final de um exercício tem um Contas a Receber de $ 3.000.000. A perda histórica em clientes é de 5% dos créditos concedidos. 5% de $ 3.000.000 é igual a $ 150.000.

Contabilização no Diário:

	Despesa com devedores duvidosos	150.000	
a	Provisão para créditos de liquidação duvidosa		150.000

Lançamento no Razão:

Provisão para Créditos de Liquidação Duvidosa (PCLD ou PDD)		Perdas com clientes	
	$ 150.000	$ 150.000	

Apresentação no Balanço Patrimonial

Ativo Circulante

Contas a Receber	$ 3.000.000	
(–) Provisão para créditos de liquidação duvidosa		($ 150.000)

9.5.2.2.2.1. Lançamento de baixa de título

No exercício seguinte ao da constituição de uma provisão, caso ocorra a perda de um título, por exemplo, de $ 60.000, a baixa do título seria feita da seguinte forma:

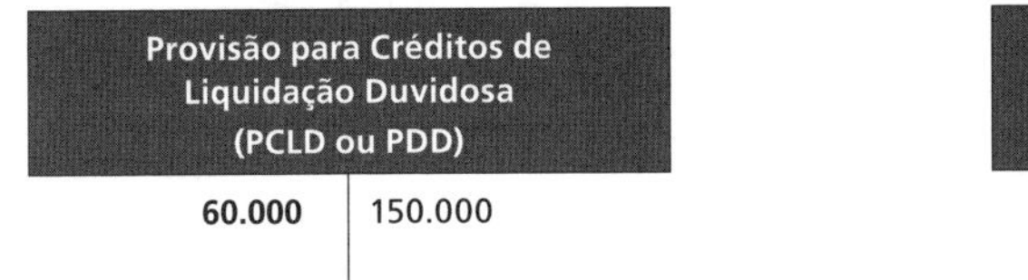

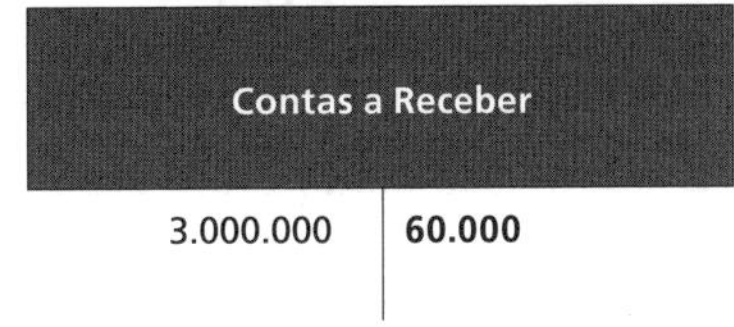

9.5.2.2.2.2. Complementação do saldo da PCLD ou PDD

No exercício seguinte, caso o Contas a Receber seja de $ 4.000.000, a empresa deverá constituir uma provisão de 5% de $ 4.000.000, que representa $ 200.000. Como existe um saldo de $ 90.000 não utilizado, a perda com créditos de liquidação duvidosa pode ser de apenas $ 110.000, que é o complemento para $ 200.000.

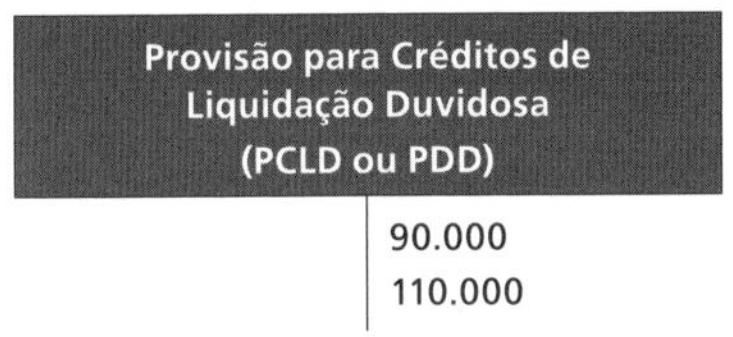

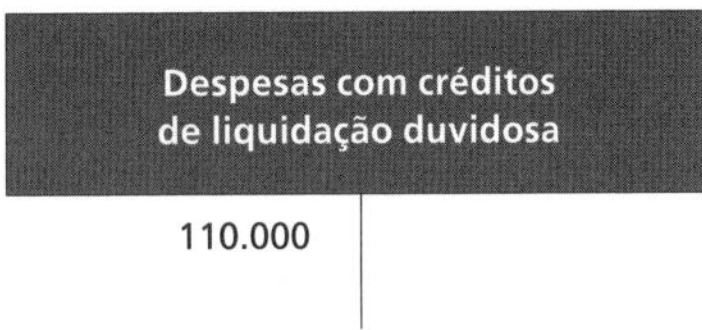

9.5.2.2.2.3. Reversão do saldo da PCLD ou PDD

No exercício seguinte, caso o Contas a Receber seja de $ 4.000.000, a empresa deverá constituir uma provisão de 5% de $ 4.000.000, que representa $ 200.000. Como existe um saldo de $ 90.000 não utilizado, a empresa poderia reverter esse saldo como outras receitas no resultado e constituir uma nova provisão de $ 200.000.

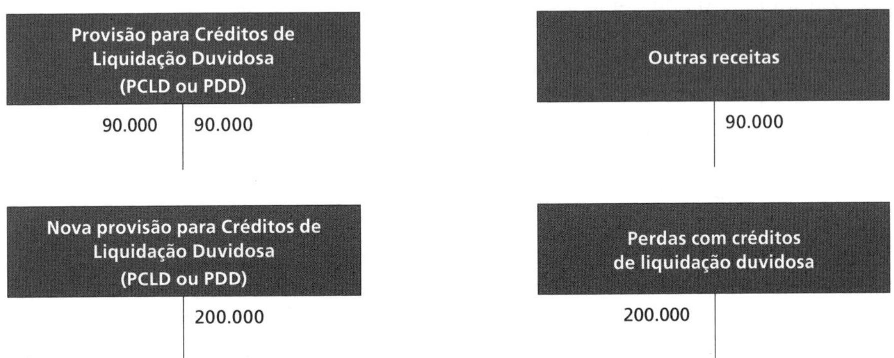

9.5.2.2.3. Provisão para perdas em investimentos

Essa provisão deve ser constituída sempre que a empresa constatar que um investimento permanente em participação societária (quotas ou ações) perder valor de forma definitiva.

Exemplo: a empresa Vigo S.A. tem uma participação societária em um banco que sofreu intervenção federal por falta de liquidez. O total das participações é de $ 5.000.000 nesse banco, sob intervenção de $ 1.000.000.

Lançamento no Diário:

	Despesa com perdas em investimentos	1.000.000	
a	Provisão para perdas em investimentos		1.000.000

Lançamento no Razão:

Provisão para perdas em investimentos	
	$ 1.000.000

Perdas com investimentos	
$ 1.000.000	

Apresentação no Balanço Patrimonial

Ativo Circulante

Participações societárias permanentes	$ 5.000.000
(–) Provisão para Perdas em Investimentos (PPI)	($ 1.000.000)

9.5.2.2.4. Provisão para perdas por desvalorização

Essa provisão deve ser constituída sempre que a empresa constatar que um Ativo qualquer não pode ter seu valor recuperado de acordo com os procedimentos já estudados no Capítulo 8.

Exemplo: uma máquina adquirida por $ 1.500.000, com vida útil de 10 anos, depois de utilizada por 1 ano (depreciada em $ 150.000), tem seu valor recuperável estimado em $ 900.000, e o valor contábil de $ 1.350.000. A empresa deverá contabilizar uma perda de $ 450.000.

Lançamento no Diário:

	Perda por desvalorização	450.000	
a	Provisão para perdas por redução ao valor recuperável		450.000

Lançamento no Razão:

Provisão para perdas por redução ao valor recuperável	
	$ 450.000

Perdas com desvalorização de Ativos	
$ 450.000	

Apresentação no Balanço Patrimonial

Ativo Circulante

Máquina	$ 1.500.000
(–) Depreciação acumulada	($ 150.000)
(–) Provisão para perdas ao valor recuperável	($ 450.000)

9.5.2.3. *Quadro resumo das provisões do Ativo e do Passivo*

RESULTADO (DRE)
Despesas Provisionadas
Despesa com IR
Despesa com CSLL
Despesa de férias
Despesa de 13.º
Despesa com contingências
Despesa com devedores duvidosos
Despesa com ajuste do valor do estoque
Despesa com perdas de investimentos
Despesa com perdas para ajuste ao valor de mercado
Perda com desvalorização

PASSIVO EXIGÍVEL
Provisões que significam Obrigações
Provisão para IR
Provisão para CSLL
Provisão para férias
Provisão para 13.º
Provisão para contingências

ATIVO
Provisões Redutoras de Contas do Ativo
Provisão para devedores duvidosos
Provisão para ajuste ao valor de mercado
Provisão para perdas em investimentos
Provisão para perda com desvalorização

9.6. QUESTÕES RESOLVIDAS (ESAF/CESPE/FCC/CESGRANRIO/VUNESP/FGV E OUTRAS)

Como estudamos na parte teórica, o conceito de provisão foi muito modificado a partir do CPC 25, aprovado pelo CFC pela Resolução n. 1.180/2009. Não se contabilizam mais como provisões do Passivo obrigações como o Imposto de Renda, Contribuição Social, dívidas com empregados e outros compromissos regulares da empresa.

Apesar dessa resolução, que passou a ser norma contábil obrigatória, as bancas examinadoras, estranhamente, ainda formulam questões utilizando o conceito antigo.

Neste item 9.6.1, apresentamos questões utilizando o conceito antigo ainda pedido em concursos. No item 9.6.2, apresentamos questões utilizando o conceito novo.

9.6.1. Questões clássicas envolvendo provisões

1. (SEFAZ-SP — FCC/2009) Das Demonstrações Contábeis da Cia. Prevenção, são extraídas as seguintes contas e seus respectivos saldos:

CONTAS	SALDOS FINAIS EM R$ MIL	
	2007	2008
Clientes	12.000	25.000
Provisão para Crédito de Liquidação Duvidosa	240	500
Perdas com Clientes	0	10
Despesas com Crédito de Liquidação Duvidosa	240	500
Recuperação de Perdas com Clientes	12	0

Considerando os dados fornecidos, é correto afirmar que a

a) perda com clientes esperada em 2007 foi menor que a perda real.
b) empresa utiliza percentuais diferentes para provisionar seus riscos com clientes.
c) empresa recebeu de seus clientes, no último exercício, créditos anteriormente baixados.
d) perda com clientes verificada em 2007 foi de R$ 228.
e) empresa registrou, no exercício de 2008, uma perda líquida de R$ 500.

2. (TCE-AC — CESPE/2009) Com relação à avaliação das provisões, assinale a opção correta.

a) A provisão para 13.º salário de empresa cujo exercício se encerra em junho corresponderá, a grosso modo, a 6/12 do valor bruto da folha de pagamento.
b) A provisão para férias deve levar em conta o salário normal do empregado, acrescido dos encargos e deduzido do terço constitucional.
c) Se a empresa tiver uma contingência ativa com valor determinável e grande probabilidade de realização, deverá limitar-se a mencionar o fato em nota explicativa.
d) Os dividendos a pagar devem ser registrados, no balanço, de acordo com as previsões estatutárias, ainda que a proposta de distribuição contemple valor maior.
e) A atualização da provisão para o imposto de renda não deve ser acrescida ao passivo, exceto para o caso do imposto de renda diferido, exigível a longo prazo.

3. (TJ-PI — FCC/2009) Em relação à constituição de provisões, analise as afirmativas a seguir:

I. A Provisão para Créditos de Liquidação Duvidosa deve ser constituída com base nas taxas admitidas pela legislação fiscal.
II. A contrapartida da constituição de uma provisão é sempre uma conta de despesa.
III. A Provisão para Contingências Trabalhistas é uma conta retificadora do Ativo.
IV. As Provisões classificadas no Passivo têm a mesma natureza que as reservas de lucros.

É correto o que consta em

a) I, apenas.
b) II, apenas.
c) I e IV, apenas.
d) III e IV, apenas.
e) I, II, III e IV.

4. (Auditor-Fiscal da Receita Federal — Receita Federal — ESAF/2009) No balanço patrimonial encerrado em 31.12.2007, a empresa Previdente S.A. apresentava a conta Provisão para Créditos de Liquidação Duvidosa com saldo de R$ 13.200. Durante o ano de 2008 a empresa baixou créditos incobráveis no valor de R$ 7.000 e teve comprovada a experiência de perdas no recebimento de créditos, ocorrida nos últimos três anos, em média de 4%.

Em 31.12.2008, data de encerramento do exercício social, a empresa tinha créditos a receber no valor de R$ 180.000, dos quais R$ 20.000 eram devidos por uma firma que abriu concordata, conseguindo um acordo judicial à base de 68%.

Ao contabilizar uma nova provisão no exercício de 2008, o contador deverá constituir para o balanço um saldo de

a) R$ 12.800.
b) R$ 5.800.
c) R$ 7.200.
d) R$ 6.000.
e) R$ 19.600.

5. (TRT — CESPE/2009) A provisão para créditos de liquidação duvidosa é dedutível da base de cálculo do imposto de renda até o limite determinado em lei e corresponde a uma expectativa de perda na realização dos créditos oriundos da venda de bens e serviços a prazo.

( ) Certo ( ) Errado

6. (TRE-PI — FCC/2009) A constituição de provisão para devedores duvidosos

a) diminui o Ativo e o Patrimônio Líquido.
b) aumenta o Ativo e o Patrimônio Líquido.
c) diminui o Ativo e o Passivo.
d) aumenta o Passivo e diminui o Patrimônio Líquido.
e) aumenta o Passivo e o Patrimônio Líquido.

7. (TRF — ESAF/2003) A empresa Espera Ltda. determinou ao Banco do Brasil que protestasse um título, que estava em seu poder para cobrança, no valor de $ 25.000; não suficiente, envidou esforços judiciais sem sucesso. A venda que originou o título havia acontecido no exercício anterior. Ao final do exercício anterior, a empresa possuía o seguinte Balanço Patrimonial

ATIVO	
Ativo Circulante	**$ 330.000,00**
Disponibilidades	**$ 10.000,00**
Caixa e Bancos	$ 10.000,00
Realizável a Curto Prazo	**$ 320.000,00**
Duplicatas a Receber	$ 200.000,00
Devedores Duvidosos	$ (30.000,00)
Estoques	$ 150.000,00
Ativo Permanente	**$ 180.000,00**
Imobilizado	$ 200.000,00
Depreciação acumulada	$ (20.000,00)
Ativo Total	**$ 510.000,00**

PASSIVO	
Passivo Circulante	**$ 220.000,00**
Fornecedores	$ 220.000,00
Patrimônio Líquido	**$ 290.000,00**
Capital Social	$ 200.000,00
Reserva Legal	$ 10.000,00
Lucros Acumulados	$ 80.000,00
Total do Passivo	**$ 510.000,00**

Assinale a opção em que o registro contábil da operação, de baixa do título, está correto.

		Contas Débito Crédito	Débito	Crédito
a)		Despesas com Títulos Incobráveis	$ 25.000	
	a	Duplicatas Descontadas		$ 25.000
b)		Devedores Duvidosos	$ 25.000	
	a	Duplicatas a Receber		$ 25.000
c)		Despesas com Títulos Incobráveis	$ 25.000	
	a	Duplicatas a Receber		$ 25.000
d)		Ajuste de Exercícios Anteriores	$ 25.000	
	a	Duplicatas a Receber		$ 25.000
e)		Despesas com Títulos Incobráveis	$ 25.000	
	a	Bancos Conta Movimento		$ 25.000

8. (AFRF — ESAF/2003) Ao examinarmos a carteira de cobrança da empresa Gaveteiro S/A, encontramos diversas duplicatas a receber, algumas ainda a vencer, no valor de $ 120.000; outras já vencidas, no valor de $ 112.000; mais algumas em fase de cobrança, já protestadas, no valor de $ 111.000; e outras descontadas em bancos, no valor de $ 98.000. Também havia uma provisão para créditos incobráveis, com saldo credor de $ 4.000. Pelo conhecimento que temos da empresa e da sua carteira de cobrança, e sabemos que a experiência de perda com esses créditos tem sido de cerca de 4% dos devedores duvidosos, é correto dizer que a demonstração do resultado de exercício conterá como despesa dessa natureza o valor de:

a) $ 9.720.
b) $ 9.640.
c) $ 8.760.
d) $ 5.800.
e) $ 5.280.

9. (Agente PF — CESPE/2012) A respeito dos registros contábeis das provisões, julgue o seguinte:

As provisões retificadoras do ativo são constituídas debitando-se uma conta de despesa e creditando-se uma conta patrimonial que represente a respectiva provisão.

( ) Certo ( ) Errado

10. (Analista — TRE-SP — FCC/2012) A reversão, no exercício corrente, de um saldo não utilizado de uma provisão constituída no exercício anterior tem como contrapartida uma conta

a) patrimonial redutora do passivo.
b) de receita.
c) patrimonial redutora do ativo.
d) de despesa diferida.
e) de despesa.

11. (Analista de Comércio Exterior — MDIC — ESAF/2012) A empresa "X", em 31 de dezembro, tem créditos normais, sem garantias específicas de recebimento, no montante de R$ 60.000,00. Deve, portanto, constituir uma provisão para risco de crédito. No seu Livro-Razão há um saldo remanescente da Provisão para Devedores Duvidosos no valor de R$ 1.000,00. A nova provisão deverá ser contabilizada à razão de 3% dos créditos sob risco, o que, neste balanço, fará a empresa suportar uma despesa no valor de:

a) R$ 770,00.
b) R$ 800,00.
c) R$ 1.770,00.
d) R$ 1.800,00.
e) R$ 2.800,00.

9.6.2. Questões sobre provisões de acordo com a NBC TG 25 (CPC 25)

1. (Contabilidade — BNDES — CESGRANRIO/2013) O CPC 25 do Comitê de Pronunciamentos Contábeis, que trata de provisões, passivos contingentes e ativos contingentes, define provisão como um passivo de prazo ou de valor incertos. O mesmo CPC 25 apresenta, também, as condições (situações) em que uma provisão deve ser reconhecida.

Nesse contexto, considere as afirmativas abaixo.

I. Uma provisão deve ser reconhecida quando a entidade tem uma obrigação presente (legal ou não formalizada) como resultado de evento passado.
II. Uma provisão deve ser reconhecida quando a entidade tenha como provável ser necessária uma saída de recursos que incorporam benefícios econômicos para liquidar a obrigação.
III. Uma provisão deve ser reconhecida quando possa ser feita uma estimativa confiável do valor da obrigação.

É correto o que se afirma em

a) I, apenas
b) III, apenas
c) I e II, apenas
d) II e III, apenas
e) I, II e III

2. (CNAI/2010 — Atualizada) Conforme a NBC TG 25 — Provisões, Passivos Contingentes e Ativos Contingentes, as provisões podem ser distintas de outros passivos, tais como contas a pagar e passivos derivados de apropriações por competência (*accruals*) porque há incerteza sobre o prazo ou o valor do desembolso futuro necessário para a sua liquidação.

Com relação a esse assunto, assinale a opção CORRETA.

a) As contas a pagar são passivos a pagar por conta de bens ou serviços fornecidos ou recebidos, mesmo que não tenham sido faturados ou formalmente acordados com o fornecedor.
b) Os passivos derivados de apropriações por competência (*accruals*) são passivos que não tenham sido pagos, e incluem exclusivamente valores devidos a empregados (por exemplo, valores relacionados com pagamento de férias). Embora algumas vezes seja necessário estimar o valor ou prazo desses passivos, a incerteza é geralmente muito menor do que nas provisões.

c) As contas a pagar são passivos a pagar por conta exclusiva de bens fornecidos ou recebidos e que tenham sido faturados ou formalmente acordados com o fornecedor.
d) Os passivos derivados de apropriações por competência (*accruals*) são passivos a pagar por bens ou serviços fornecidos ou recebidos, mas que não tenham sido pagos, faturados ou formalmente acordados com o fornecedor, incluindo valores devidos a empregados (por exemplo, valores relacionados com pagamento de férias). Embora algumas vezes seja necessário estimar o valor ou o prazo desses passivos, a incerteza é geralmente muito menor do que nas provisões.

3. (Do Autor) No que diz respeito a Passivos, provisões e Passivos Contingentes, analisando as alternativas, encontre a incorreta com relação à Resolução do CFC 1.180/2009 (Provisão e Passivo e Ativo Contingentes).

a) Um fabricante dá garantias no momento da venda para os compradores do seu produto. De acordo com os termos do contrato de venda, o fabricante se compromete a consertar, por reparo ou substituição, defeitos que se tornarem aparentes dentro de três anos desde a data da venda. De acordo com experiência passada, é mais provável ocorrer do que não ocorrer algumas reclamações. Neste caso, como a obrigação tem como origem um evento passado, a saída de recursos é provável e o valor é mensurável, a provisão deve ser constituída.
b) Uma Entidade do setor de petróleo causa contaminação e efetua a limpeza apenas quando é requerida a fazê-lo, nos termos da legislação. A Entidade vem contaminando o terreno há vários anos. Existe legislação específica de meio ambiente que protege o dono do terreno, portanto, a empresa deverá constituir uma provisão no balanço de encerramento; uma vez que é uma obrigação baseada em fato gerador no passado, a saída de recursos no futuro é provável e o valor é mensurável.
c) Uma Entidade efetua uma atividade de extração de petróleo cujo contrato de licença prevê a remoção da perfuratriz petrolífera ao final da produção e restauração do solo oceânico. Noventa por cento dos **custos eventuais** são relativos à remoção da perfuratriz petrolífera e à restauração dos danos causados pela sua construção e dez por cento advêm da extração do petróleo de determinado poço de petróleo. Na data do balanço, a perfuratriz já estava construída, mas o petróleo ainda não estava sendo extraído, portanto, a empresa deverá constituir uma provisão no balanço de encerramento; uma vez que é uma obrigação baseada em fato gerador no passado, a saída de recursos no futuro é provável, e o valor da provisão constituída neste balanço deve ser de 90% dos custos estimados. Esses 90% têm como contrapartida no Ativo os custos da própria perfuratriz.
d) Uma loja de varejo tem a política de reembolsar compras de clientes insatisfeitos, mesmo que não haja obrigação legal para isso. Sua política de reembolsos é amplamente conhecida. Esse procedimento gera uma obrigação presente não formalizada e cujo fato gerador está no passado. A saída de recursos é provável, portanto, em uma certa proporção histórica. Sendo assim, a empresa deve constituir uma provisão.
e) Em 12 de dezembro de 20X0, o conselho de administração da Entidade decidiu encerrar as atiidades de uma divisão. Antes do fechamento do balanço (31 de dezembro de 20X0), a decisão não havia sido comunicada a qualquer um dos afetados por ela, e nenhum outro passo havia sido tomado para implementar a decisão. Como a decisão já havia sido tomada, independentemente dos afetados serem informados, esta gerou uma obrigação que é certa e mensurável, portanto, a provisão deve ser constituída.

4. (Analista Judiciário — TSE — CONSULPLAN/2012) As provisões correspondem às estimativas de perdas de ativos ou às obrigações para com terceiros. Assinale a alternativa que NÃO apresenta condição para o reconhecimento de uma provisão decorrente.

a) A entidade tem uma obrigação presente, decorrente de um evento passado.
b) A responsabilidade da empresa não constitui uma obrigação formalizada.
c) A saída de recursos para liquidar a obrigação é provável.
d) O montante da obrigação pode ser estimado de modo confiável.

5. (Agente Fiscal da Receita Municipal — Porto Alegre — FMP/2012) Uma provisão pode ser reconhecida somente quando atender a três condições estabelecidas pela legislação societária. Observe as seguintes alternativas e marque V (verdadeiro) ou F (falso) quando isso se aplicar totalmente a cada uma delas.

( ) A entidade tem uma obrigação presente (legal ou não formalizada) como resultado de um evento passado.
( ) São obrigações possíveis, visto que ainda há de ser confirmado se a entidade tem ou não a obrigação presente.
( ) A entidade tem uma obrigação presente (legal ou não formalizada) como resultado de um evento presente.
( ) É provável que será necessária uma saída de recursos que incorporam benefícios econômicos para liquidar a obrigação.
( ) É provável que será necessária uma saída de recursos mesmo que não possa ser feita uma estimativa confiável do valor da obrigação.
( ) Pode ser feita uma estimativa confiável do valor da obrigação.

Assinale a sequência correta de acordo com as alternativas anteriores:
a) V; V; V; F; F; F.
b) V; F; V; F; V; F.
c) F; V; V; F; F; V.
d) V; F; F; V; F; V.
e) V; F; F; V; F; F.

6. (Contador Jr. — Petrobras — CESGRANRIO/2011) Com as modificações introduzidas na contabilidade brasileira, algumas contas sofreram mudança de nomenclatura. Dentre essas contas, a tradicional PDD (Provisão para Devedores Duvidosos) foi modificada, e passou a ser chamada de Provisão para Créditos de Difícil Liquidação (PCDL). Mais recentemente passou a ser chamada, temporariamente, de Perdas Estimadas em Créditos de Liquidação Duvidosa (PECLD). Apesar dessas alterações de nomenclatura, a sistemática de funcionamento continua sendo a mesma.
Tendo em vista os aspectos técnicos da constituição de provisão para atender a perdas estimadas de créditos de liquidação duvidosa, analise a situação a seguir.

2009	
Duplicatas a Receber Classe C	R$ 100.000,00
Constituição PECLD Classe C	R$ 15.500,00
2010	
Baixa de Duplicata Classe C por falência da empresa	R$ 4.500,00
Recebimento de duplicatas Classe C	R$ 95.500,00

Considerando-se exclusivamente as informações recebidas e que a empresa adota a sistemática da reversão da provisão, o lançamento que atende a essa metodologia, em reais, é

a) Débito: PECLD	4.400,00	
Crédito: Duplicatas a Receber		4.500,00
b) Débito: Outras Despesas Operacionais	11.000,00	
Crédito: PECLD		11.000,00
c) Débito: PECLD	11.000,00	
Crédito: Outras Receitas Operacionais		11.000,00
d) Débito: Outras Despesas Operacionais	15.500,00	
Crédito: PECLD		15.500,00
e) Débito: PECLD	15.500,00	
Crédito: Outras Receitas Operacionais		15.500,00

7. (AFRE-RJ — FGV/2010) A Cia Nova Friburgo recebeu em dezembro de 2009 uma intimação de um cliente por um produto comprado ter apresentado defeito. Os departamentos contábil e jurídico da empresa analisaram a intimação, apresentaram a defesa e julgaram que a perda da causa é possível.
Ao mesmo tempo, foi verificado que se a Cia Friburgo tiver que pagar a indenização ao cliente, ela poderá exigir o ressarcimento de cerca de 80% do valor da indenização cobrada para a empresa fornecedora de matéria-prima.
No momento da elaboração das Demonstrações Contábeis de 31.12.2009 a empresa, de acordo com as normas contábeis brasileiras apresentadas no Pronunciamento CPC25, aprovado pelo CFC, analisou a situação e adotou o seguinte procedimento:

a) a empresa efetuou a Provisão para Contingências pelo valor de 100% da indenização cobrada.
b) a empresa apresentou sua posição em notas explicativas.
c) a empresa não teve obrigação de evidenciar o fato.
d) a empresa efetuou a Provisão para Contingências pelo valor de 20% da indenização cobrada.
e) a empresa constituiu uma Reserva para Contingência pelo valor de 100% da indenização cobrada.

8. (SEFAZ-RJ — ACI — FGV/2011) Assinale o tratamento contábil que deve ser aplicado de acordo com as normas contábeis brasileiras.

a) Uma empresa tem uma causa trabalhista julgada possível e reconhece uma Reserva para Contingências.
b) Uma empresa tem uma causa trabalhista julgada remota e reconhece uma Reserva para Contingências.
c) Uma empresa tem uma causa trabalhista julgada provável e constitui uma Reserva para Contingência.
d) Uma empresa tem uma causa trabalhista julgada provável e constitui uma Provisão para Contingências.
e) Uma empresa tem uma causa trabalhista julgada remota e reconhece uma Provisão para Contingências.

9. (TCE-AP — ACE — FCC/2012) Analise a tabela abaixo.

TABELA DE EXPECTATIVAS PROCESSUAIS		
Processo trabalhista (horas extras)	R$ 500.000,00	Probabilidade de perda 58%
Processo trabalhista (assédio moral)	R$ 300.000,00	Probabilidade de perda 45%
Processo civil (danos corporais)	R$ 250.000,00	Probabilidade de perda 30%
Processo tributário discussão da constitucionalidade do Cofins	R$ 800.000,00	Probabilidade de perda 85%

Com base nos dados da tabela, fornecidos pelo advogado da empresa Avante S.A. e considerando as condições estabelecidas nas normas contábeis vigentes para constituição das provisões contingenciais, a empresa deve provisionar:

a) R$ 1.300.000,00.
b) R$ 1.850.000,00.
c) R$ 800.000,00.
d) R$ 1.050.000,00.
e) R$ 300.000,00.

10. (TCE-RJ — ACE/CE — FEMPERJ/2012) Uma lei publicada pela prefeitura do Rio de Janeiro está causando dúvida entre os contadores dos clubes de futebol da cidade. De acordo com a nova legislação, os clubes precisarão, até 30 de junho de 2011, treinar e certificar jogadores do elenco profissional para atuar no novo estádio do Maracanã sem danificar o gramado. No Clube de Regatas Cama de Gato, por exemplo, nenhum dos 30 jogadores do elenco principal terá sido treinado até 31 de dezembro de 2010. Entretanto, a diretoria do clube divulgou nota informando que o treinamento e a certificação estão previstos para acontecer em maio de 2011 a um custo de $ 2.000,00 por atleta. Enquanto isso, a prefeitura tem feito campanhas educativas e ressaltado que os clubes inadimplentes com a determinação do município serão penalizados com multa de R$ 40.000,00 por atleta, devendo ser pagas até 20 dias após o prazo estipulado.

Em conformidade com as práticas de contabilidade adotadas no Brasil, deve ser feita em 31 de dezembro de 2010 a seguinte provisão:

a) R$ 1.200.000,00;
b) R$ 60.000,00;
c) R$ 1.260.000,00;
d) R$ 42.000,00;
e) Zero.

11. (ACE/Contador-TCE — RJ — FEMPERJ/2012) Com a convergência das normas contábeis brasileiras para as normas internacionais de contabilidade, sabe-se que as práticas contábeis locais foram sensivelmente modificadas. Quanto às funções e ao funcionamento das contas, é correto afirmar que:

a) o termo "Provisão" é corretamente empregado para denominar contas que representem passivos com prazo ou valor incertos;
b) o termo "Provisão" é corretamente empregado para denominar contas de passivos, tais como: dividendos adicionais propostos; juros passivos a apropriar; e contingências trabalhistas;
c) o termo "Provisão" é corretamente empregado para denominar contas de passivos, tais como: férias e 13.º salários devidos aos funcionários; e dividendos mínimos obrigatórios;
d) a conta "Perdas estimadas para créditos de liquidação duvidosa" possui natureza credora e é classificada como uma conta de passivo;
e) a conta "Duplicatas Descontadas" possui natureza credora e representa, em sua essência, uma extensão da conta "Duplicatas a Receber".

12. (AFC — STN — ESAF/2013) São condições para o reconhecimento de provisões

a) a existência de uma obrigação presente, legal ou não formalizada, consequente de um evento passado, ter uma provável necessidade de saída de recursos que incorporem benefícios econômicos para liquidar a obrigação e que permita ser efetuada uma estimativa suficiente de segurança do valor da obrigação.
b) identificação de uma obrigação passada como consequência de um evento financeiro, representando uma provável exigência de saída de fluxo de caixa, que poderá impactar em eventos futuros mesmo que a probabilidade para a definição efetiva de valor não seja formada por uma base de cálculo determinada por um critério definido e aceito de forma corrente.
c) verificação da probabilidade ainda que remota da identificação de uma obrigação futura consequente de um evento presente, que exista uma provável necessidade de saída de recursos que incorporem benefícios econômicos para liquidar a obrigação e que possa ser feita uma estimativa confiável do valor da obrigação.
d) ocorrência de um evento presente com possibilidade remota de que a entidade venha a incorrer em saídas de recursos financeiros no futuro, sem a existência de uma obrigatoriedade legal mesmo que não seja efetuada em uma base confiável para definição de valor.
e) perspectiva de um evento presente resultar em obrigação, mesmo que seja baseado em eventos remotos, e ainda que a possibilidade de estimativa do valor venha a ser efetuada em bases suficientemente seguras para atender à competência de exercício.

13. (TRT 10.ª região — AJ-Administrativa — CESPE/2013) Com relação às demonstrações contábeis e aos pronunciamentos técnicos do Comitê de Pronunciamentos Contábeis, julgue o item que se segue.

Deve-se reconhecer uma provisão para passivo contingente, caso a entidade preveja a necessidade, ainda que remota, de uma saída de recursos que incorporem benefícios econômicos para liquidar determinada obrigação.

( ) Certo ( ) Errado

14. (AFC — STN — ESAF/2013) A Companhia FlyAir, detentora de 10 aviões, tem previsto em seus contratos, por determinação de legislação federal, vistoriar suas aeronaves em intervalos de dois em dois anos. Os gastos por aeronave, nesse intervalo de tempo, são estimados em R$ 3.000.000,00. Dessa forma deve a empresa:

a) reconhecer uma provisão no valor de R$ 30.000.000,00, uma vez que a companhia já tem estimativa do custo das revisões.
b) contabilizar a obrigação de longo prazo, gerando um Contas a Pagar de R$ 30.000.000,00.
c) ativar o valor de R$ 30.000.000,00 como custo das aeronaves para que já seja feito o reconhecimento do valor do custo de manutenção das aeronaves durante o seu desgaste.
d) desconsiderar os valores não reconhecendo qualquer provisão, uma vez que não há obrigação presente.
e) evidenciar em nota explicativa a obrigatoriedade de constituição da provisão e os valores que afetarão no futuro os resultados da companhia.

15. (TRF 3.ª região — Contabilidade — FCC/2014) A empresa *Enroscada S.A.* está respondendo a diversos processos em diversas áreas. Para o fechamento do Balanço Patrimonial em 31.12.12 a contabilidade obteve as seguintes informações:

PROCESSO		PROCESSO	PROBABILIDADE PERDA
1	Processo Trabalhista	200.000,00	Provável
2	Processo Fiscal 1	370.000,00	Possível
3	Processo Fiscal 2	440.000,00	Provável
4	Processo Cível	230.000,00	Possível
5	Processo Ambiental	160.000,00	Remota

Com base nas informações acima, o valor a ser contabilizado como provisão no passivo é, em R$,

a) 1.400.000,00.
b) 600.000,00.
c) 1.240.000,00.
d) 760.000,00.
e) 640.000,00.

16. (TRT 16.ª região — Contabilidade — FCC/2014) A Cia. Zica & Ada possuía processos judiciais em andamento, cujas informações são dadas a seguir:

PROCESSOS		PROVISÃO RECONHECIDA EM 31.12.2013 EM R$	PROBABILIDADE DE PERDA EM 31.03.2014	VALOR REESTIMADO DA PERDA EM 31.03.2014 EM R$
1	Processo tributário I	70.000,00	Possível	80.000,00
2	Processo cível I	–	Provável	50.000,00
3	Processo Trabalhista I	90.000,00	Provável	100.000,00

Com base nestas informações, o valor que a Cia. Zica & Ada deve apresentar em seu Balanço Patrimonial, em 31.03.2014, como Provisão é, em reais,

a) 220.000,00.
b) 140.000,00.
c) 150.000,00.
d) 210.000,00.
e) 230.000,00.

17. (TRT 19.ª região — Contabilidade — FCC/2014) Determinada empresa possuía alguns processos judiciais em andamento, cujas informações são dadas a seguir:

N.º DO PROCESSO	PROVISÃO RECONHECIDA EM 31.12.2012 EM R$	PROBABILIDADE DE PERDA CONSIDERADA EM 30.09.2013	VALOR REESTIMADO DA PERDA EM 30.09.2013 EM R$
1	120.000,00	Provável	90.000,00
2	0,00	Provável	70.000,00
3	0,00	Possível	30.000,00
4	0,00	Provável	45.000,00
5	90.000,00	Possível	70.000,00

Com base nestas informações, a empresa reconheceu em seu resultado de 2013 e apresentou em seu Balanço Patrimonial de 30.09.2013,

a) perda de R$ 25.000,00 e saldo de R$ 235.000,00.
b) ganho R$ 5.000,00 e saldo de R$ 205.000,00.
c) perda de R$ 95.000,00 e saldo de R$ 305.000,00.

d) ganho de R$ 110.000,00 e saldo de R$ 100.000,00.
e) perda de R$ 15.000,00 e saldo de R$ 205.000,00.

18. (Analista — TJ-CE — CESPE/2014) A companhia ARGOS aprovou, no final de 2013, uma política de vendas que garante reparos a clientes que reclamarem, em até nove meses a partir da data de compra, de mercadorias adquiridas com defeito. No fechamento dos relatórios contábil-financeiros referentes ao exercício de 2013, a companhia estimou que, se todas as mercadorias vendidas apresentassem pequenos defeitos, teria que arcar, em 2014, com um gasto de garantias no valor de R$ 4.000.000. Caso esses defeitos fossem grandes, os gastos chegariam a R$ 16.000.000, valor igual ao custo corrente das mercadorias na data do balanço de 2013. Com base em experiências anteriores, a companhia estima que somente 10% das mercadorias apresentem pequenos defeitos e apenas 2% das mercadorias apresentem grandes defeitos.

Tendo como referência essa situação hipotética, para que a companhia ARGOS elabore os relatórios contábil-financeiros de 2013 de acordo com os pronunciamentos técnicos do Comitê de Pronunciamentos Contábeis, ela deverá

a) evidenciar nas notas explicativas uma provisão no valor de R$ 4.000.000, cujo reconhecimento ocorrerá no momento em que os clientes solicitarem a garantia dos produtos e os serviços de reparos forem efetuados.
b) reconhecer e evidenciar um passivo contingente no valor de R$ 720.000.
c) reconhecer uma provisão no valor de R$ 720.000, com as divulgações devidas nas notas explicativas.
d) evidenciar nas notas explicativas um passivo contingente no valor de R$ 1.200.000, sem reconhecimento no balanço patrimonial.
e) evidenciar nas notas explicativas um passivo contingente no valor de R$ 1.200.000, cujo reconhecimento ocorrerá no momento em que o defeito for reparado pela companhia.

19. (Contador — ALBA — FGV/2014) Uma empresa possuía escritórios em cinco estados brasileiros. Em 1.º.12.2013, a alta direção desta empresa decidiu pela descontinuidade de suas operações em dois importantes estados, com a transferência das operações para outros estados, inclusive deslocando pessoal. Na ocasião, as principais linhas do plano foram aprovadas e, na semana seguinte, divulgadas para as partes envolvidas.

A empresa contabilizou uma provisão para reestruturação. Nessa provisão deve estar incluído:

a) o remanejamento da equipe para os três outros polos.
b) o pagamento de indenização para os empregados desligados das unidades descontinuadas.
c) o investimento em novos sistemas e redes de distribuição.
d) o pagamento de treinamento para os empregados das unidades que irão ter sua carga de trabalho ampliada.
e) o *marketing* realizado nos três estados remanescentes.

20. (Contador — ALBA — FGV/2014) Em janeiro de 2014, a Loja Verde vendeu vinte computadores, a R$ 6.000,00 cada. A empresa recebeu, na venda de dez computadores, pagamento à vista enquanto os outros dez deverão ser pagos nos meses seguintes (R$ 2.000,00 em fevereiro, R$ 2.000,00 em março e R$ 2.000,00 em abril).

Além disso, a loja recebeu o adiantamento de R$ 60.000,00 por dez computadores, que serão entregues em março, já que ela estava sem computadores no estoque.

A loja oferece garantia de um ano sobre seus computadores.

Estima-se, de acordo com experiências passadas, que 10% dos computadores terão defeitos maiores, 40% defeitos menores e 50% não apresentarão problemas.

Sabe-se que cada computador que apresentar defeitos maiores terá custo de reparação de R$ 5.000,00 e o que apresentar defeitos menores terá custo de R$ 2.000,00 cada.

O valor da provisão para garantias a ser constituído em janeiro de 2014, em relação aos computadores, é de

a) R$ 1.300,00.
b) R$ 7.000,00
c) R$ 13.000,00.
d) R$ 26.000,00.
e) R$ 39.000,00.

21. (Contador — ALBA — FGV/2014) Uma empresa tem filial em vários países do mundo. Em relação ao desmatamento de árvores, a política da empresa é somente replantá-las quando é obrigada pela lei do país em que está.

A filial brasileira da empresa tem cinco anos. No país, ela vem derrubando árvores sem replantá-las, uma vez que a legislação não determina que isto seja feito.

Em 31.12.2013, os advogados da empresa comunicaram aos contadores que é praticamente certo que uma lei seria aprovada até o final do ano obrigando o replantio de árvores.

Assinale a opção que indica o posicionamento dos contadores.

a) Constituir provisão para contingências, uma vez que é provável que haja saída de recursos e o evento que gera a obrigação já existe.
b) Divulgar o fato em nota explicativa, uma vez que há incertezas em relação à nova legislação.
c) Esperar novas notícias em relação à legislação, não se posicionando sobre o assunto.
d) Constituir uma reserva para contingências, uma vez que é provável que haja saída de recursos e o evento que gera a obrigação já existe.
e) Divulgar o fato em nota explicativa, uma vez que é possível que haja saída de recursos e o evento que gera a obrigação já existe.

22. (Auditor Municipal — Cuiabá — FGV/2014) Em dezembro de 2013, a administração de determinada empresa decidiu encerrar as atividades em uma de suas unidades a partir de 2014, a fim de cortar custos. A notícia foi mantida em sigilo, sendo que apenas os diretores e o contador sabiam dos planos para esta unidade.

Dado que os custos com rescisões trabalhistas eram estimados em R$ 300.000,00 e, com outros gastos, em R$ 150.000,00, o procedimento correto em 31.12.2013 foi

a) contabilizar uma provisão de R$ 150.000,00.
b) contabilizar uma provisão de R$ 225.000,00.
c) contabilizar uma provisão de R$ 300.000,00.
d) contabilizar uma provisão de R$ 450.000,00.
e) não contabilizar a provisão.

ATENÇÃO: Para responder às questões de números 23 e 24, considere as informações abaixo.

A empresa Encrenca & Cia. possuía alguns processos judiciais em andamento, cujas informações estão apresentadas abaixo:

PROCESSO	PROVISÃO RECONHECIDA EM 31.12.2015 EM R$	PROBABILIDADE DE PERDA EM 31.12.2016	VALOR REESTIMADO DA PERDA EM 31.12.2016 EM R$
Tributário 1	200.000,00	Provável	150.000,00
Tributário 2	350.000,00	Possível	230.000,00
Trabalhista 1	0,00	Possível	90.000,00
Cível 1	0,00	Provável	120.000,00
Ambiental	0,00	Remota	50.000,00

23. (Contador — ARTESP — FCC/2017) A empresa Encrenca & Cia. reconheceu, na Demonstração de Resultado de 2016, referente às Provisões, um impacto

a) positivo no valor de R$ 280.000,00.
b) negativo no valor de R$ 120.000,00.
c) negativo no valor de R$ 40.000,00.
d) negativo no valor de R$ 70.000,00.
e) positivo no valor de R$ 50.000,00.

24. (Contador — ARTESP — FCC/2017) A empresa Encrenca & Cia. apresentou no Balanço Patrimonial de 31.12.2016, como Provisão, em reais, de

a) 590.000,00.
b) 500.000,00.
c) 670.000,00.
d) 320.000,00.
e) 270.000,00.

25. (Analista — ALESP — FCC/2018) A Cia. Desenrola está respondendo a processos em diversas áreas. Em 31.12.2016, apresentava as seguintes informações sobre seus processos, com valores em reais:

PROCESSO	MONTANTE ESTIMADO (R$)	PROBABILIDADE PERDA
Trabalhista I	400.000	Provável
Fiscal I	220.000	Provável
Cível	100.000	Possível

Para o fechamento do Balanço Patrimonial em 31.12.2017, a Cia. reavaliou os processos nos quais estava envolvida e obteve as seguintes informações, com valores em reais:

PROCESSO	MONTANTE ESTIMADO (R$)	PROBABILIDADE PERDA
Trabalhista I	300.000	Provável
Fiscal I	280.000	Provável
Fiscal II	320.000	Possível
Cível	140.000	Provável
Ambiental	170.000	Remota

Com base nas informações, o impacto no resultado de 2017 decorrente da reavaliação dos processos judiciais foi, em reais,

a) 100.000,00 negativo.
b) 720.000,00 negativo.
c) 40.000,00 positivo.
d) 320.000,00 negativo.
e) 580.000,00 negativo.

26. (Auditor — CGM Niterói — FGV/2018) A diretoria de uma entidade, em 31.01.2017, tomou a decisão de encerrar suas atividades no Estado de Minas Gerais. Em 31.03.2017, um plano para a reestruturação foi concluído e a ação foi comunicada aos funcionários, clientes e fornecedores da entidade.
O encerramento das atividades em Minas Gerais ocorreu em 31.05.2017, quando os ativos localizados no Estado foram colocados à venda. Em 31.07.2017 os ativos da entidade foram vendidos para uma entidade do mesmo ramo que estava se instalando em Minas Gerais. O valor da venda foi recebido em 31.08.2017.
No balanço patrimonial da entidade que encerrou suas atividades, um passivo foi constituído em

a) 31.01.2017.
b) 31.03.2017.
c) 31.05.2017.
d) 31.07.2017.
e) 31.08.2017.

27. (Assessor Legislativo — ALAP — FCC/2020) Considere os conceitos abaixo:

I. Ativo contingente é um ativo possível que resulta de eventos passados e cuja existência será confirmada apenas pela ocorrência ou não de um ou mais eventos futuros incertos que não estão totalmente sob controle da entidade.
II. Passivos contingentes nunca podem ser reconhecidos em Balanço Patrimonial, visto que sua existência depende da ocorrência ou não ocorrência de um ou mais eventos futuros incertos

que não estão totalmente sob controle da entidade, não é possível mensurar o desembolso futuro com confiabilidade e/ou o prazo de execução da obrigação é incerto.

III. Provisões, por serem caracterizadas como passivos contingentes, não são reconhecidas em Balanço Patrimonial.

IV. As provisões remotas são reconhecidas no passivo em contrapartida ao reconhecimento de despesa na Demonstração de Resultado do Exercício.

Está correto o que se afirma **APENAS** em

a) **I** e **II**.
b) **I**, **III** e **IV**.
c) **II** e **IV**.
d) **II**, **III** e **IV**.
e) **I** e **III**.

28. (ACE — TCE-RJ — CESPE/2021) No item a seguir é apresentada uma situação hipotética seguida de uma assertiva a ser julgada a respeito das provisões e passivos e ativos contingentes.

Determinada entidade enfrenta uma ação trabalhista por pagamento de horas extras e, segundo avaliação do departamento jurídico da empresa, essa ação tende a ser vencida pelos funcionários, desfecho usual de situações similares. Nessa situação, a empresa deve provisionar o valor provável da obrigação respectiva, divulgando o fato em suas notas explicativas.

a) Certo
b) Errado

29. (Contador — IMBEL — FGV/2021) O Balanço Patrimonial de uma entidade apresentava, em 31.12.X0, os saldos a seguir.

— Crédito Fiscal: R$ 40.000;
— Passivo contingente: R$ 25.000;
— Empréstimo bancário: R$ 50.000;
— Despesa antecipada de salários: R$ 15.000;
— Fornecedores: R$ 30.000;
— Disponibilidades: R$ 34.000.

Com base nos saldos apresentados, assinale a opção que indica o valor do passivo da entidade, na data.

a) R$ 80.000
b) R$ 95.000
c) R$ 105.000
d) R$ 120.000
e) R$ 135.000

9.6.3. Questão sobre ativos contingentes

1. (Área 4 Contabilidade — BACEN — CESPE/2013) Julgue o item a seguir, com base no Pronunciamento Técnico CPC 25, que trata de provisões, passivos contingentes e ativos contingentes.

Os ativos contingentes devem ser reconhecidos nas demonstrações contábeis quando for possível a realização de uma estimativa confiável do valor.

( ) Certo ( ) Errado

GABARITO

http://uqr.to/1xvmj

10 OPERAÇÕES COM MERCADORIAS E IMPOSTOS

10.1. ASPECTOS INICIAIS

Abordaremos neste capítulo as operações de compra e venda de mercadorias por empresas industriais, comerciais e de serviços. De forma especial, trataremos de empresas comerciais, uma vez que os custos de um produto em uma indústria e em empresas prestadoras de serviços são similares e tratados na contabilidade de custos, um ramo especial da Contabilidade.

As operações com mercadorias, produtos ou serviços são, em essência, o objetivo da existência de uma empresa. Todos os investimentos em infraestrutura, pessoal, treinamento, tecnologia etc. são realizados para que a empresa consiga conquistar sua principal finalidade: vender suas mercadorias, produtos ou serviços.

As questões mais relevantes para o entendimento do reflexo das operações com mercadorias no patrimônio e resultado da empresa são:

- O reconhecimento da **receita** em uma venda (o que pode ser considerado receita);
- Deduções (reduções) da receita da venda de mercadorias ou serviços:
  - **Cancelamentos** de venda de mercadoria ou prestação de serviços;
  - **Descontos** comerciais e **abatimentos** pós-venda;
  - **Impostos e contribuições** sobre as vendas.
- A determinação do **LUCRO BRUTO (RCM):**
  - **Diferença** na operação com mercadorias entre **custo e despesa**;
  - **Custo da Mercadoria Vendida (CMV).**

10.1.1. Reconhecimento da receita

Nem toda entrada ou promessa de entrada de recursos em uma empresa é receita. Quando uma empresa contrata um empréstimo ou quando um sócio integraliza capital, entram recursos, mas estes não constituem uma receita.

No pronunciamento CPC 47, aprovado pelo CFC por meio da Resolução n. NBC TG 47, de 25 de novembro de 2016, e transformado em Norma Técnica Brasileira de Contabilidade (NBC TG 47), está definido em seu apêndice A na página 27 o conceito de Receita:

> "**Receita é** o aumento nos benefícios econômicos durante o período contábil, originado no curso das atividades usuais da entidade, na forma de fluxos de entrada ou aumentos nos ativos ou redução nos passivos que resultam em aumento no patrimônio líquido, e que não sejam provenientes de aportes dos participantes do patrimônio".

As atividades ordinárias da Entidade **são as principais da empresa**, e as contribuições dos proprietários formam o capital social destes, ou seja, ingressos que nada têm a ver com as operações.

Na maior parte dos casos, a contraprestação é feita na forma de Caixa ou equivalente de Caixa, enquanto o valor da receita é o valor recebido ou a receber.

A contraprestação é a forma de pagamento, enquanto equivalente de Caixa é qualquer valor em dinheiro ou equivalente a dinheiro aceito pela Entidade que ganhou a receita.

Receitas são ganhos que têm origem nas seguintes transações:

Transações Geradoras de Receita

- Venda de bens;
- Prestação de serviços;
- Utilização por terceiros de ativos da empresa.

Podemos citar como exemplos de receitas recebidas em função de utilização de ativos da empresa:

- Juros — é o rendimento recebido pela aplicação de recursos (dinheiro) da entidade em uma instituição financeira.
- Dividendos — é um tipo de rendimento em função da aplicação de recursos em títulos patrimoniais de outras empresas (quotas ou ações); os dividendos são parte dos lucros distribuídos aos sócios.

10.1.2. Deduções da receita

A **receita formal** de uma empresa, **chamada de receita bruta**, é obtida totalizando os valores que constam nas notas fiscais de venda. A partir dela, existem valores que devem ser deduzidos:

1 — Devolução de vendas
2 — Cancelamentos de serviços
3 — Descontos
4 — Abatimentos
5 — Impostos e contribuições

- 1 e 2: após a emissão das notas fiscais e entrega das mercadorias, é comum acontecerem devoluções ou cancelamentos de serviços por diversas razões;
- 3: descontos especificados nas notas fiscais significam que existe um valor de tabela para o preço do produto, mas que o comprador irá pagar um valor menor, normalmente porque está comprando uma quantidade maior;
- 4: abatimentos são tipos de descontos dados ao cliente após a emissão da nota fiscal;
- 5: os tributos não são valores da empresa, mas das entidades públicas; a empresa é apenas uma recolhedora de tributos.

O preço da transação (receita) é o valor da contraprestação à qual a entidade espera ter direito em troca da transferência dos bens ou serviços prometidos ao cliente, excluindo quantias cobradas em nome de terceiros (por exemplo, alguns impostos sobre vendas). Item 47 da NBC TG 47.

Na maioria das situações, os tributos são cobrados pela empresa aos seus clientes, mas esses valores têm que ser repassados ao fisco, **portanto, devem ser deduzidos da receita**, assim como todo e qualquer tipo de desconto comercial concedido no ato da emissão da nota fiscal, devolução de mercadoria ou serviço feitos pelos clientes.

10.1.3. Tributos na compra e venda

Outro aspecto muito importante nas operações de compra e venda de mercadorias, produtos e serviços são os impostos e contribuições que fazem parte da operação de compra de matérias-primas e mercadorias e que podem ser considerados direitos ou custos.

De maneira geral, uma empresa comercial, quando adquire um item para revender, gasta em impostos e contribuições, que estão embutidos no preço e são direitos recuperáveis. Na venda, os impostos cobrados ao cliente não fazem parte da receita efetiva da empresa, pois ela tem que repassá-los aos fiscos municipal, estadual ou federal.

Este mecanismo de crédito de imposto também existe para a pessoa física em São Paulo (Nota Fiscal Paulista e Paulistana). Ao adquirir uma mercadoria em um estabelecimento em São Paulo, parte do imposto inerente à operação é creditada em favor da pessoa física. Estes créditos pessoais podem ser utilizados para pagar uma parte ou todo o IPVA ou até ser devolvidos em dinheiro. Esse mecanismo é exatamente o que existe no âmbito empresarial para os impostos e as contribuições.

Em uma mercadoria comprada para revenda, há ICMS embutido no preço. Este é retirado do valor da mercadoria e contabilizado como direito a ser recuperado quando acontecer a venda. O valor que será lançado como mercadoria adquirida é o valor de compra deduzido o seu ICMS, uma vez que esse imposto é recuperável.

Na venda, o tributo também embutido no preço é cobrado do cliente para ser repassado aos fiscos municipal, estadual ou federal.

Conclusão: o valor a ser considerado como custo da mercadoria estocada é o valor gasto, deduzidos os impostos recuperáveis na compra. O valor da receita líquida da empresa é o valor da venda (receita bruta), deduzido o imposto embutido no preço cobrado ao cliente (imposto sobre venda).

10.1.4. Lucro bruto (Resultado com Mercadoria — RCM)

De forma bem simples, podemos exemplificar uma operação com mercadoria: a venda diária realizada por um menino, em uma praça, de 50 sanduíches feitos por sua mãe. Esses sanduíches foram vendidos por $ 5 cada um, livres de qualquer imposto. Cada sanduíche custou para a mãe do menino $ 2. Sabendo que a despesa dele foi de

$ 20 ($ 5 de condução e $ 15 em alimentação), qual foi o seu lucro líquido ao fim desse dia de trabalho?

CONTA	QUANTIDADE	VALOR UNITÁRIO	TOTAL
Receita	50	$ 5	$ 250
(–) Custo	50	$ 2	$ 100
Lucro Bruto (Resultado com Mercadorias)			$ 150
(–) Despesas			$ 20
Lucro Líquido			$ 130

A determinação do lucro bruto é fundamental na vida das empresas, porque, se a empresa não conseguir êxito na obtenção do lucro bruto, não terá como honrar sequer os custos de suas vendas. **O lucro bruto é um lucro obtido preliminarmente, que deverá ser suficiente para suportar todas as despesas da empresa.**

10.1.4.1. Distinção entre custo e despesa

Custo é todo valor gasto para adquirir mercadoria, fabricar um produto ou prestar um serviço.

Despesa são todos os valores gastos no esforço para vender.

Observe no exemplo do menino, citado anteriormente, que a mãe teve custos ao comprar todos os itens do sanduíche, e o menino, as despesas para vender o sanduíche (transporte, bebidas e alimentação durante o dia).

Um vendedor, ao comprar livros para revender, não diz que teve despesas com a compra de livros. Ele diz: os livros custaram $ 210. Quando sai de casa para vendê-los, ele gasta com transporte, alimentação etc. Esses valores gastos são despesas.

10.2. EMPRESAS POR ATIVIDADE "VERSUS" IMPOSTOS APLICÁVEIS

O entendimento do que vamos estudar neste capítulo exige que saibamos fazer a distinção entre os tipos de empresas abaixo descritos:

Empresa Industrial	Empresa Comercial	Empresa Prestadora de Serviços

O tipo de atividade da empresa tem vinculação direta com os impostos de que ela é contribuinte. Ser contribuinte de um tributo define a capacidade de recuperar um imposto, quando há compra de mercadorias ou matérias-primas, e a obrigação de recolhimento, quando há venda de mercadoria ou prestação de serviços.

10.2.1. Empresa industrial

É o tipo de empresa que **transforma uma matéria-prima** em outro tipo de matéria-prima ou uma matéria-prima em um produto acabado ou semiacabado.

Exemplos:

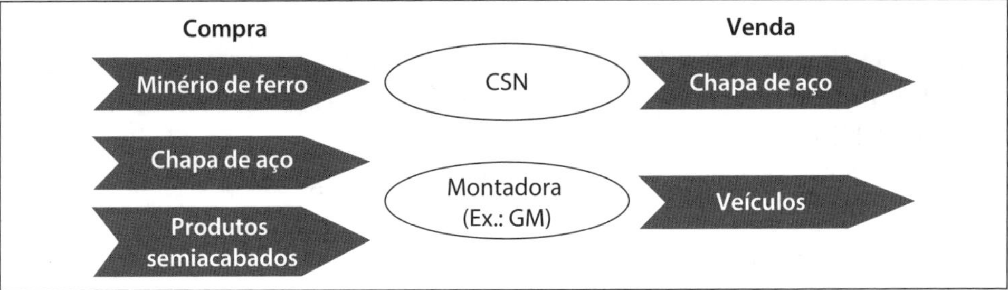

Uma empresa industrial é contribuinte dos seguintes impostos e contribuições sobre vendas:

- **IPI** (Imposto sobre Produtos Industrializados);
- **ICMS** (Imposto sobre Circulação de Mercadorias e Serviços)*;
- **PIS/PASEP** (Programa de Integração Social e Programa de Formação do Patrimônio do Servidor Público);
- **COFINS** (Contribuição para o Financiamento da Seguridade Social).

* Mercadorias em geral e somente os seguintes serviços: transporte interestadual, intermunicipal e de comunicação e energia elétrica.

Para viabilizar a fabricação de um produto, uma indústria adquire matéria-prima, aplica mão de obra e contabiliza uma série de outros custos.

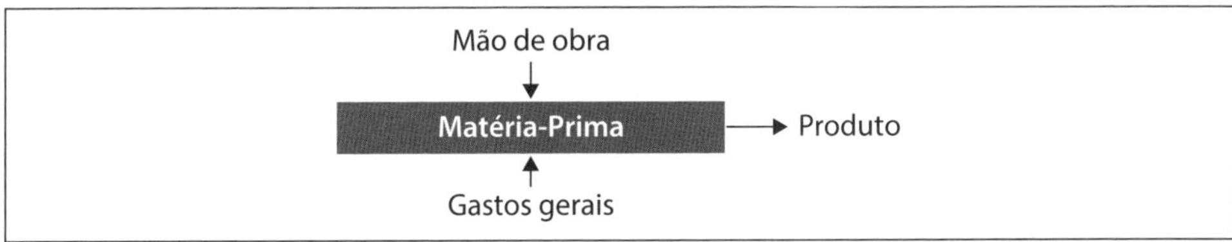

10.2.2. Empresa comercial ou mercantil

É o tipo de empresa que **não realiza nenhuma modificação nos produtos comercializados**. Compra matéria-prima e a vende ou compra produto acabado e o vende exatamente como adquirido. A operação de compra e venda é também chamada de mercantil.

Exemplos:

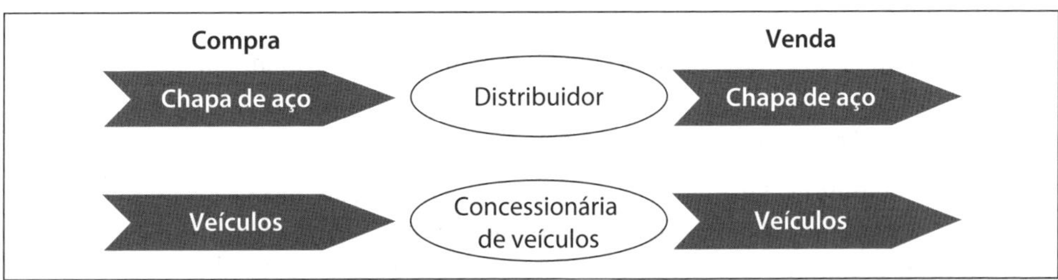

Uma empresa comercial é contribuinte dos seguintes impostos e contribuições sobre vendas:

- **ICMS** (Imposto sobre Circulação de Mercadorias);
- **PIS/PASEP** (Programa de Integração Social e Formação do Patrimônio do Servidor Público);
- **COFINS** (Contribuição para o Financiamento da Seguridade Social).

10.2.3. Empresa prestadora de serviços

É o tipo de empresa que **não produz nenhum produto** e eventualmente fornece ou utiliza uma mercadoria ou matéria-prima para prestar o serviço contratado. A parte referente à mão de obra é de valor predominante no custo do serviço prestado.

Exemplo: Lavanderia

Uma lavanderia, para prestar o serviço de lavar e passar roupas, utiliza mão de obra de forma intensa, mas também consome produtos no processo de lavagem e preparação das roupas para a entrega ao cliente. A lavanderia também incorre em uma série de outros gastos, como energia elétrica, aluguel, depreciação das máquinas, contador, etc.

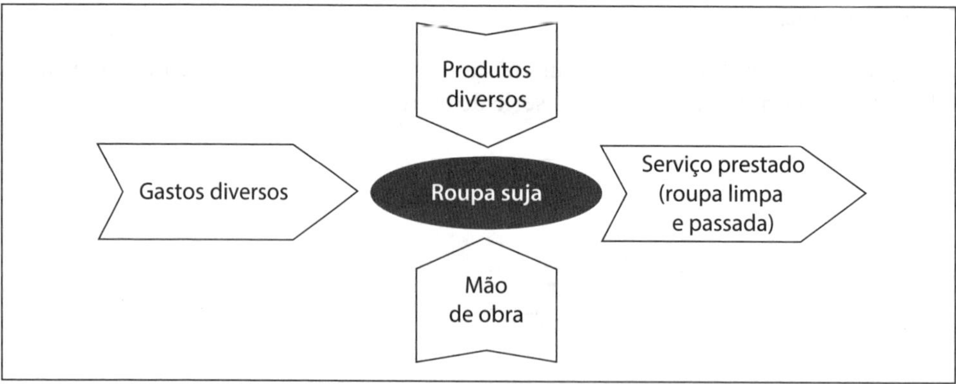

Esse tipo de empresa em geral é contribuinte dos seguintes tributos (impostos e contribuições) sobre vendas:

- **ISS** (Imposto sobre Serviços);
- **PIS/PASEP** (Programa de Integração Social e Formação do Patrimônio do Servidor Público);
- **COFINS** (Contribuição para o Financiamento da Seguridade Social).

10.3. DEFINIÇÕES COMPLEMENTARES

Já apresentamos as definições de receita, deduções, custo, despesa e lucro bruto. A seguir, apresentaremos definições complementares importantes para a correta compreensão deste capítulo.

10.3.1. Valor justo

Valor justo **é o preço que seria recebido pela venda** de um ativo ou que seria **pago pela transferência de um passivo** em uma transação não forçada entre participantes do mercado na data de mensuração.

10.3.2. Compra

É o ato pelo qual uma empresa **adquire o direito de propriedade** sobre as mercadorias para revenda ou de bens para uso.

As compras de mercadorias ou insumos devem ser contabilizadas sem os tributos, considerando as devoluções de compras (descontando) e agregando ao valor os gastos com frete, seguro ou qualquer gasto que tenha sido realizado para colocar e manter a mercadoria no estoque.

10.3.3. Venda

É o ato pelo qual uma empresa revende as mercadorias adquiridas de seus fornecedores. Assim, em uma venda, a empresa irá **transferir a propriedade** ao cliente.

10.3.4. Devolução

É ato pelo qual mercadorias compradas **retornam do cliente ao fornecedor**, por estarem em desacordo com o pedido ou por qualquer motivação de ordem comercial. No ato da devolução, é necessário que o cliente faça uma formalização, normalmente uma nota fiscal, a fim de acompanhá-las. Desta forma, o vendedor **irá creditar os tributos quando houver a devolução**.

10.3.5. Abatimento

É um tipo de desconto dado **após a emissão da nota**, geralmente para evitar uma devolução ou por imposição para pagamento no dia do vencimento. Se o cliente estiver insatisfeito com a mercadoria adquirida, por culpa do fornecedor, e não julgar necessário devolvê-la, este pode entrar em acordo com o fornecedor e exigir um abatimento, a fim de evitar a devolução. Os fatos mais comuns que podem levar ao abatimento são: **deterioração, perda de qualidade, divergência nas especificações técnicas e atraso na entrega**. Tendo em vista que tal abatimento é posterior ao ato da venda, ele não esteve nem estará em nenhuma nota fiscal e, por conseguinte, não há ICMS no abatimento, visto que a mercadoria não circula.

10.3.6. Desconto incondicional (ou comercial)

É o desconto dado incondicionalmente pelo fornecedor ao cliente, visto que **não depende das condições de pagamento**, e sim de outros fatores, tais como grande quantidade adquirida, interesse promocional ou cliente preferencial. Tendo em vista que tal desconto é concedido no ato da venda das mercadorias, este aparece na nota fiscal.

Esse tipo de desconto precisa estar indicado na nota, porque a legislação do IPI determina que a alíquota do IPI será sempre calculada pelo valor sem desconto. Já o ICMS, PIS e COFINS terão suas alíquotas calculadas pelo valor com o desconto.

Exemplo: determinada indústria vende 1.500 unidades de seu único produto ao preço unitário de $ 10. O IPI é de 10%, o ICMS é de 20%, o PIS é de 1% e o COFINS é de 4%.

A seguir, calculamos o valor da venda e o valor dos tributos sobre vendas lançados nas contas correntes de cada tipo de tributo.

TABELA DE DESCONTO POR VOLUME	
Quantidade	**Desconto**
até 100	0%
100 a 500	5%
mais de 500	10%

	QUANTIDADE	VALOR UNIT.	TOTAL
Valor da venda	1.500	$ 10	$ 15.000
Desconto incondicional (10%)			$ 1.500
Base de cálculo para ICMS, PIS e COFINS			$ 13.500
IPI (10% sobre 15.000)			$ 1.500
ICMS (20% sobre 13.500)			$ 2.700
PIS (1% sobre 13.500)			$ 135
COFINS (4% sobre 13.500)			$ 540

10.3.7. Desconto condicional

Este desconto é diferente do comercial (ou incondicional), que é dado no ato da compra e é uma dedução da receita. É um tipo de desconto obtido pelo comprador e ocorre pelo **cumprimento de um prazo de pagamento ou sua antecipação**. É comum recebermos um título com uma condição dizendo "se pagar até o dia 31, desconto de 5%". Quando um vendedor de mercadorias ou prestador de serviços oferece uma condição deste tipo, o vendedor não sabe se o cliente irá optar por ela; só saberá quando o comprador pagar e, nesse caso, o desconto será registrado como despesa financeira e não como dedução da receita.

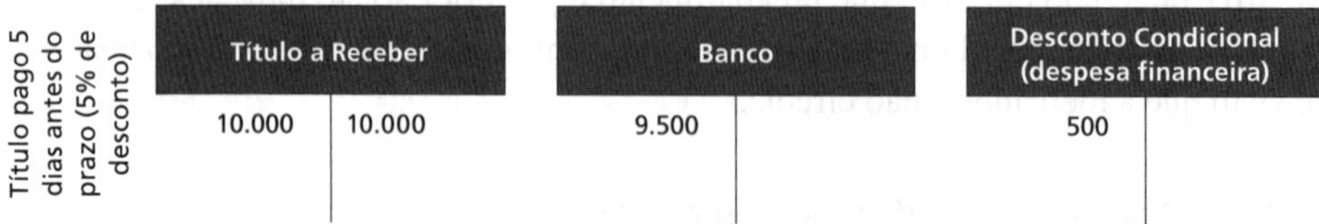

10.3.8. Troca de mercadorias

Trocas de mercadorias semelhantes não são consideradas operações que geram receitas, a seguir apresentamos o texto do item 5 da NBC TG 47 (CPC 47):

"Item 5 (d). permutas não monetárias entre entidades na mesma linha de negócios para facilitar vendas a clientes ou clientes potenciais. Por exemplo, esta norma não se aplica a contrato entre duas empresas do setor de óleo e gás que pactuem a permuta de petróleo para satisfazer à demanda de seus clientes em diferentes locais especificados, de forma tempestiva."

O texto, já revogado do item 12 da NBC TG 30, apesar de não válido formalmente, continua sendo muito didático e válido para ampliar o entendimento de trocas, vejamos:

"Quando os **bens ou serviços forem objeto de troca ou de permuta**, por bens ou serviços que sejam de **natureza e valor semelhantes**, a troca **não é vista como** transação que gera **receita**. Exemplificam tais casos as transações envolvendo **petróleo ou leite** em que os fornecedores trocam ou realizam permuta de estoques em vários locais **para satisfazer a procura**, em base tempestiva e em local específico. **Por outro lado**, quando os bens são vendidos ou os serviços são prestados em troca de **bens ou serviços não semelhantes**, tais trocas são vistas como transações que geram receita. Nesses casos **a receita é mensurada pelo valor justo** dos bens ou serviços recebidos, ajustados pela quantia transferida em caixa ou equivalente".

10.4. IMPOSTOS E CONTRIBUIÇÕES NAS COMPRAS E NAS VENDAS

10.4.1. Aspectos iniciais

No quadro a seguir, apresentamos os diversos impostos e contribuições que **fazem parte das operações de compra e venda**.

ICMS	■ Imposto sobre Circulação de Mercadorias e Serviços
IPI	■ Imposto sobre Produtos Industrializados
ISS	■ Imposto sobre Serviços
PIS	■ Contribuição para o Programa de Integração Social
COFINS	■ Contribuição para o Financiamento da Seguridade Social

O IPI e ICMS são impostos, enquanto o PIS e o COFINS são contribuições que fazem parte das transações de compra e venda. Em muitas situações, **os valores** inerentes às **operações de compra são créditos tributários**, isto é, direitos contabilizados no Ativo, e em outras situações são custos de mercadorias, produtos fabricados ou, ainda, serviços prestados.

Os valores de impostos e contribuições inerentes às **operações de venda** são obrigações da empresa perante os fiscos municipais (ISS), estaduais (ICMS) ou federais (PIS, COFINS ou IPI).

Os impostos e contribuições podem ser créditos nas compras e geram obrigações após as vendas, em função dos seguintes aspectos:

1	**Incorporação ou não ao preço de um produto**
2	**Ser cumulativo ou não cumulativo**
3	**Natureza das operações**

Observação: IPTU, IPVA, IOF etc. não são impostos sobre vendas, são despesas.

10.4.2. Tributos quanto à incorporação ao preço

Os preços das mercadorias ou dos produtos não incluem o IPI. Nos preços, mesmo no caso de uma indústria, nunca está incluso o IPI. Sempre estão inclusos o ICMS ou ISS, o PIS e o COFINS. Por isso se diz que o ICMS, o ISS, o PIS e o COFINS são impostos e contribuições por dentro e o IPI um imposto por fora.

10.4.2.1. Tributo por dentro do preço

É quando, no preço do produto, já está incluso o tributo.

- Ex.: ICMS, ISS, PIS e COFINS.

10.4.2.2. Tributo por fora do preço

É quando, no preço do produto, não está incluso o tributo. Ele será calculado sobre o preço do produto.

- Ex.: O IPI na indústria.

Exemplo: a seguir, apresentamos uma representação gráfica de um produto fabricado por uma indústria com preço de $ 1.000 e tributado com IPI de 15%, ICMS de 20%, PIS dc 1% e COFINS de 4%.

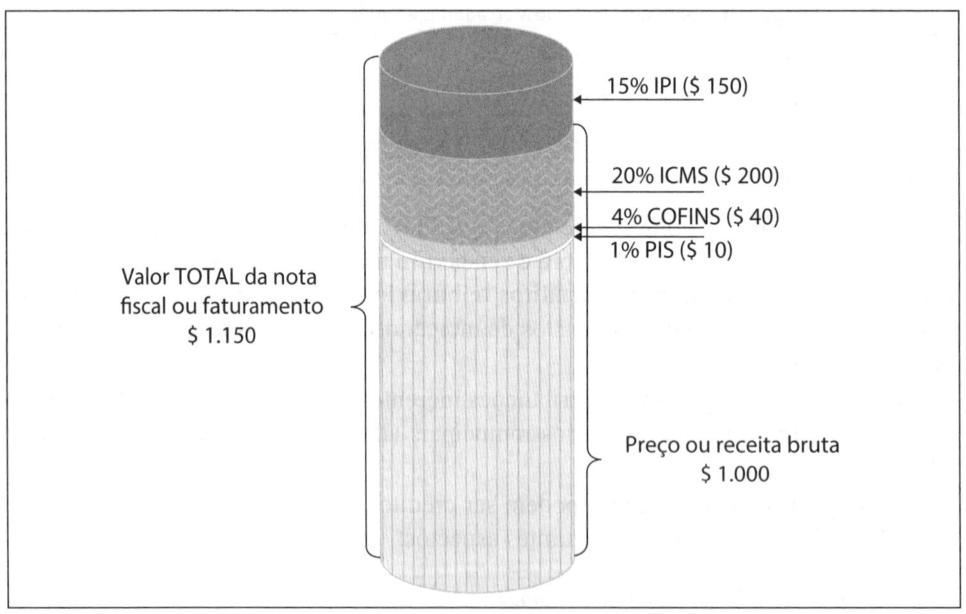

O preço incorpora o ICMS ($ 200), o PIS ($ 10) e o COFINS ($ 40). O valor faturado pela indústria vendedora será de $ 1.150, porque temos que adicionar ao preço o IPI de $ 150.

> **Observação:** os percentuais utilizados para os impostos e contribuições nesse exemplo são didáticos, uma vez que o IPI depende do produto, o ICMS depende do produto e do Estado de origem e o PIS não cumulativo é de 1,65%, enquanto o COFINS não cumulativo é de 7,6%.

10.4.3. Não cumulatividade de impostos e contribuições

Um imposto ou contribuição **é considerado não cumulativo quando compensamos o que pagamos na entrada de mercadorias (tributos a recuperar)**[1] com os valores que recebemos do cliente na venda (impostos sobre venda). Além do ICMS, o PIS, o COFINS e o IPI podem ter o mesmo tipo de tratamento, dependendo do tipo da empresa que vende ou compra e também do tipo de operação.

Impostos, contribuições e taxas cumulativas são aquelas que representam custos ou despesas, como é o caso do IPTU, IPVA, IOF, ITBI etc. Se esses tipos de Impostos e Contribuições acontecem quando da produção de produtos ou serviços, serão **incorporados ao custo desses produtos ou serviços. Caso contrário, serão considerados como despesas** operacionais.

10.4.3.1. Na compra

Na compra, quando os impostos e/ou contribuições são direitos, seus valores devem ser deduzidos do valor de compra para o cálculo do valor a ser estocado. No exemplo a seguir, uma aquisição de mercadoria com valor de $ 1.000 e ICMS de 20% será contabilizada da seguinte forma:

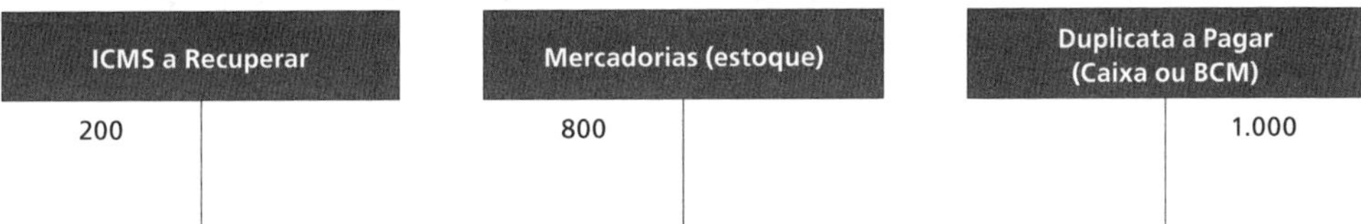

Os $ 200 de ICMS são direitos contabilizados no Ativo e serão utilizados quando a empresa vender mercadorias para recolher menos ICMS após a venda. Uma empresa, quando adquirir mercadorias, na verdade estará estocando mercadorias e tributos recuperáveis. Veremos neste capítulo as situações em que impostos e contribuições são direitos ou custos.

10.4.3.2. Na venda

No Brasil, as empresas são recolhedoras de tributos, e **os valores cobrados de seus clientes devem ser repassados** aos cofres públicos. Caso a empresa tenha gasto na compra algum valor em um imposto ou contribuição similar, esses valores devem ser utilizados para diminuição do valor a recolher ao fisco referente a esse imposto ou a essa contribuição da operação de venda. Abaixo, exemplificamos a venda da mercadoria adquirida no exemplo anterior por $ 2.000, com ICMS sobre vendas de 25%.

No demonstrativo de resultado, a contabilização da receita e do ICMS sobre as vendas é demonstrada da seguinte forma:

---

[1] As bancas examinadoras, simplificadamente, referem-se a esta conta como impostos a recuperar.

Receita bruta	$ 2.000
(–) Deduções	($ 500)
ICMS (25% de $ 2.000 = $ 500)	
Receita líquida	$ 1.500

Abaixo, a contabilização da receita e a determinação do ICMS a recolher:

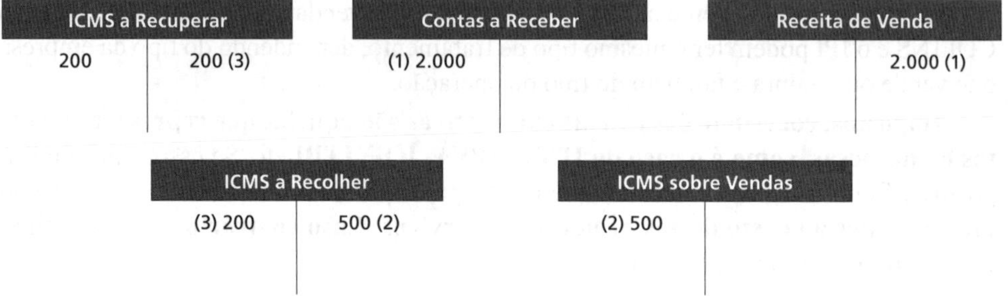

Como a empresa tinha um direito de $ 200 obtido na compra, quando ocorreu a venda, a empresa cobrou do cliente o valor integral de 25% sobre a venda ($ 500). Entretanto, recolhe apenas $ 300, porque já possui $ 200 de créditos contabilizados no Ativo. O significado prático é o de que a empresa **paga** na compra **antecipadamente** o imposto que será cobrado do cliente. Quando a empresa faz a venda, está sendo ressarcida pelo cliente do imposto pago. **O recolhimento é sempre calculado pela diferença entre o valor cobrado ao cliente e o valor pago na compra.**

10.4.3.3. Exemplo de operação de compra e venda

A não cumulatividade dos impostos e contribuições nas compras e vendas é representada graficamente pela dinâmica da compensação do exemplo a seguir.

Exemplo: as Casas Bahianas compraram da fábrica de eletroeletrônicos Nyso S.A. uma televisão pelo preço de $ 1.000, com ICMS de 20% incorporado no preço. As Casas Bahianas vendem essa televisão por $ 2.000, também tributada com ICMS de 20%. Determinar o ICMS a recolher na ocasião do pagamento.

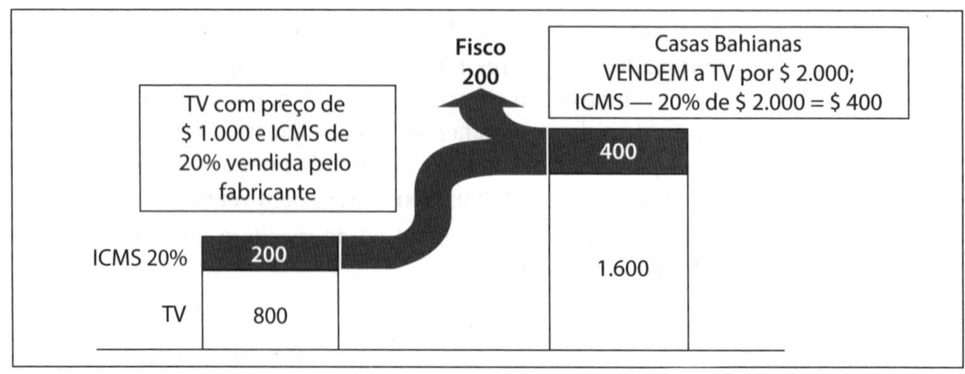

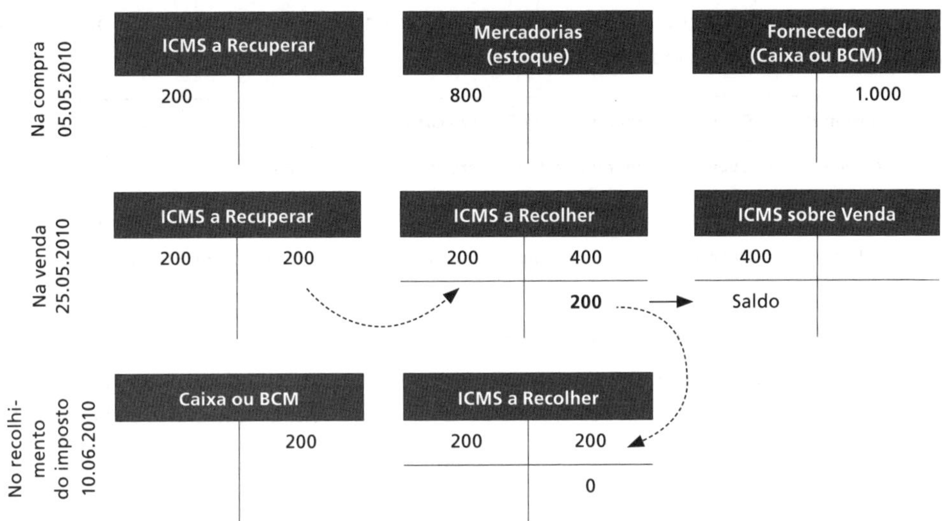

A compra no dia 05.05 realizada pelas Casas Bahianas pode ter sido feita a prazo ou à vista, por isso, o lançamento de $ 1.000 a crédito na conta Fornecedores ou Caixa/ Banco. Como o ICMS sobre compras é de 20%, o ICMS a Recuperar equivale a 20% sobre $ 1.000 = $ 200. O valor a ser considerado como estoque de mercadorias é, portanto, $ 1.000 $ 200 = $ 800.

Já a venda realizada no dia 25.05 pelas Casas Bahianas por $ 2.000 acarretou um ICMS a Recolher de 20% sobre $ 2.000 = $ 400. Como as Casas Bahianas tinham $ 200 de crédito em função da compra, a dívida efetiva com o fisco (ICMS a Recolher) ficou em $ 400 $ 200 = $ 200.

No dia 10 de junho, foi feito o pagamento do imposto, por isso o lançamento devedor na conta Imposto a Recolher e o lançamento credor em Caixa ou Banco.

10.4.4. Natureza das operações

O que vamos aprender neste tópico é como contabilizar na empresa vendedora, sendo ela comercial ou industrial, que vende para uma empresa comercial ou industrial em operações de consumo, uso, revenda ou utilização na manufatura (fabricação).

Portanto, temos que estar atentos não só à capacidade da empresa ser contribuinte do imposto ou contribuição mas também ao tipo de operação, porque no caso de uma empresa industrial que vende para outra empresa industrial, quando o comprador for revender o produto, do ponto de vista fiscal, essa operação deve ser tratada como se as empresas fossem comerciais.

Atentemo-nos para o fato de que **uma indústria também é sempre uma empresa comercial**. Assim, operações eminentemente comerciais devem ser tratadas como tal. Uma operação entre indústria e indústria só será tratada como uma operação efetivamente industrial quando uma vender matéria-prima, produto semiacabado ou acabado para a indústria compradora integrar a matéria-prima ou os produtos semiacabados e acabados ao produto que está fabricando.

A natureza de operações de compra e venda entre pessoas jurídicas e outras pessoas jurídicas e físicas pode ser:

Consumir	Quando o comprador adquire para consumir
Revender	Quando o comprador adquire para comercializar o item
Industrializar	Quando o comprador adquire o item como matéria-prima para o processo produtivo
Usar	Quando o comprador adquire para incorporar o item ao seu Ativo fixo permanente

10.4.5. Principais regras tributárias

A seguir, apresentamos as principais regras tributárias para determinação de créditos nas compras e das obrigações fiscais geradas pelas vendas que são função da natureza das operações e do tipo de empresa compradora e vendedora.

Regra 1 Consumo	Em **operações** de aquisição **para consumo, nunca é possível crédito** de nenhum tipo de imposto ou contribuição.
Regra 2 ICMS (revenda)	Em operações **para revenda, o ICMS** é sempre **calculado** na empresa que compra, para efeito de crédito, **sobre o preço (valor sem IPI).**
Regra 3 IPI (manufatura)	**Só existe crédito do IPI** no caso **de uma indústria adquirir de outra indústria,** para utilizar o item comprado como **matéria-prima no processo produtivo.**
Regra 4 PIS e COFINS na venda	**O PIS e COFINS** na empresa **vendedora são** sempre **calculados sobre o preço (valor sem IPI).**
Regra 5 Impostos e contribuições na aquisição para Ativo fixo (para uso)	Na **aquisição para uso** (Ativo fixo), o crédito de ICMS, PIS e COFINS são diferidos em 48 meses. O ICMS é **calculado sobre o valor com o IPI,** e o PIS/COFINS são calculados sobre o valor com IPI, mas sem ICMS. O aproveitamento tanto do ICMS como do PIS/COFINS são diferidos em 48 meses.
Regra 6 Crédito de PIS e COFINS em operações de revenda a empresa comercial	Na aquisição por uma **empresa comercial de uma indústria,** os créditos de PIS e COFINS são calculados sobre o valor com o IPI, mas sem ICMS.

Observação: preço é o valor sem IPI.

10.4.5.1. Aspectos importantes do PIS e COFINS em uma empresa comercial

Na modalidade não cumulativa, **para calcular o valor do PIS e COFINS que uma empresa tem que pagar** todos os meses, a empresa deve considerar, além dos **créditos nas compras deduzidos do ICMS, a dedução dos valores de devolução de mercadorias** e os créditos nos pagamentos feitos de aluguéis de imóveis, máquinas e equipamentos, bem como os créditos devidos nos custos das operações financeiras, depreciação e amortização, gastos com energia elétrica, fretes e armazenamento. Nos itens de ativo permanente temos a opção de considerar o crédito do PIS/COFINS sobre a depreciação ou na razão de 1/48 ao mês, como apresentado no item 10.7 deste capítulo.

Exemplo: base de cálculo para o PIS e COFINS:

Receita bruta	$ 1.000.000
(–) Compras do período sem ICMS	$ 300.000
(–) Devoluções do período	$ 100.000
(–) Despesas financeiras	$ 50.000
(–) Despesas com aluguéis	$ 35.000
(–) Despesas de depreciação	$ 15.000
Base de cálculo do PIS e COFINS	$ 500.000
PIS = 1,65% – $ 500.000	$ 8.250
COFINS = 7,6% – $ 500.000	$ 38.000

Observação: não se aplicam PIS e COFINS sobre receitas de exportação.

10.4.5.2. Modalidades de operações

No quadro abaixo, apresentamos as quatro modalidades de compra e venda entre empresas comerciais e industriais:

OPERAÇÃO	EMPRESA VENDEDORA	EMPRESA COMPRADORA
A	**Comercial**	**Industrial**
B	**Comercial**	**Comercial**
C	**Industrial**	**Industrial**
D	**Industrial**	**Comercial**

Apresentamos a seguir um quadro que resume as principais operações que podem ser cobradas em uma prova de um exame ou concurso público. O quadro apresenta operações entre empresas comerciais e industriais, está exemplificando aquisições para a utilização pela empresa compradora para USO, REVENDA e MANUFATURA.

As operações de compras para consumo não foram consideradas porque não dão direito a nenhum tipo de crédito tributário nas empresas compradoras.

<table>
<tr><td rowspan="8">REVENDA pelo comprador Operação Tipo 1</td><td colspan="2">EMPRESA VENDEDORA</td></tr>
<tr><td colspan="2">Comercial</td></tr>
<tr><td>ICMS</td><td>Sobre o preço</td></tr>
<tr><td>PIS/COFINS</td><td>Sobre o preço sem ICMS</td></tr>
<tr><td colspan="2">EMPRESA COMPRADORA</td></tr>
<tr><td colspan="2">Comercial ou Industrial</td></tr>
<tr><td>ICMS</td><td>Calculado sobre o preço e aproveitamento imediato</td></tr>
<tr><td>PIS/COFINS</td><td>Calculados sobre o preço sem ICMS e aproveitamento imediato</td></tr>
</table>

MANUFATURA pelo comprador Operação Tipo 2	EMPRESA VENDEDORA	
	Industrial	
	ICMS	Calculado sobre o valor sem IPI
	PIS/COFINS	Calculados sobre o valor sem IPI e sem ICMS
	EMPRESA COMPRADORA	
	Industrial	
	ICMS	Calculado sobre o valor sem IPI e aproveitamento imediato
	PIS/COFINS	Calculados sobre o valor sem IPI e sem ICMS com aproveitamento imediato

REVENDA pelo comprador Operação Tipo 3	EMPRESA VENDEDORA	
	Industrial	
	ICMS	Calculado sobre o valor sem IPI
	PIS/COFINS	Calculados sobre o valor sem ICMS e sem IPI
	EMPRESA COMPRADORA	
	Comercial	
	ICMS	Calculado sobre o valor sem IPI e aproveitamento imediato
	PIS/COFINS	Calculados sobre o preço com IPI e sem ICMS e aproveitamento imediato

USO pelo comprador Operação Tipo 4	EMPRESA VENDEDORA	
	Industrial	
	ICMS	Calculado sobre o valor com IPI
	PIS/COFINS	Calculados sobre o valor com IPI mas sem ICMS
	EMPRESA COMPRADORA	
	Industrial	
	ICMS	Calculado sobre o valor com IPI e diferido em 48 meses
	PIS/COFINS	Calculados sobre o valor com IPI e sem ICMS e diferidos em 48 meses

USO pelo comprador Operação Tipo 5	EMPRESA VENDEDORA	
	Industrial	
	ICMS	Calculado sobre o valor com IPI
	PIS/COFINS	Calculados sobre o valor com IPI mas sem ICMS
	EMPRESA COMPRADORA	
	Comercial	
	ICMS	Calculado sobre o valor com IPI e diferido em 48 meses
	PIS/COFINS	Não há direito a crédito tributário

10.5. RESULTADO OPERACIONAL BRUTO

O resultado operacional bruto é também chamado de resultado com mercadorias, ou seja, é o resultado preliminar que uma empresa obtém em seus negócios.

O preço de uma mercadoria é a base da receita bruta. O regulamento do IPI determina que este não pode integrar o preço do produto, devendo ser calculado sobre o preço do item em questão.

Para conciliar as legislações fiscais e contábeis, a maneira sugerida pelo manual de sociedade por ações, no Capítulo 28, é criar a conta **"faturamento bruto"**, que é a receita bruta adicionada do IPI.

O regulamento do imposto de renda define que: *a receita líquida de vendas e serviços será a receita bruta diminuída das vendas canceladas, dos descontos concedidos incondicionalmente e dos impostos incidentes sobre vendas (Decreto-lei n. 1.598, de 1977, art. 12, § 1.º).*

Abaixo, apresentaremos o demonstrativo da receita líquida no DRE:

1	**Faturamento bruto** (receita bruta + IPI)	
2	(–) IPI	
3	**Receita bruta** (preço x quantidade)	3 = 1 – 2
4	(–) Deduções	
	Devoluções	
	Descontos incondicionais	
	Impostos e contribuições	
	Abatimentos	
5	**Receita líquida** (receita bruta menos as deduções)	5 = 3 – 4

10.5.1. Apuração do CMV (história do feirante, do Capítulo 5)

O estoque de um feirante tinha um custo de $ 10 por caixa de laranjas, e uma compra foi feita no mesmo preço. O feirante não gastou nenhum centavo ao longo do dia e comprou as caixas no CEASA fiado. Chegou à noite com $ 500 no bolso. Qual foi o CMV e seu lucro?

Estoque inicial (Ei)	Compras (C)	Estoque final (Ef)
Feirante sai de casa às 5h sem dinheiro no bolso	Passou pelo mercado central antes de ir à feira e adquiriu fiado a mesma laranja	Retorna à sua casa às 20h com $ 500 em dinheiro
Carregando 8 caixas de laranja	Comprou 10 caixas de laranja	Retorna com 6 caixas completas de laranja
Custo unitário: $ 10	Custo unitário: $ 10	Não teve nenhuma outra despesa

CMV = Ei + C – Ef

CMV = (8 caixas + 10 caixas – 6 caixas) × custo unitário

CMV = (8 + 10 – 6) × custo unitário

CMV = 12 × $ 10 = $ 120

1	Receita líquida		$ 500
2	(–) CMV		$ 120
3	Resultado bruto	3 = 1 – 2	$ 380

10.5.1.1. Custos e despesas com mercadorias nas operações de compra e venda

Nas operações de **compra**, todos os **gastos** tidos pela empresa até a mercadoria estar à disposição para venda devem ser considerados como **custo** de aquisição e integrar o valor das mercadorias na conta estoque.

Nas operações de **venda**, todos os **gastos** para entregar a mercadoria ao cliente devem ser considerados **despesas**.

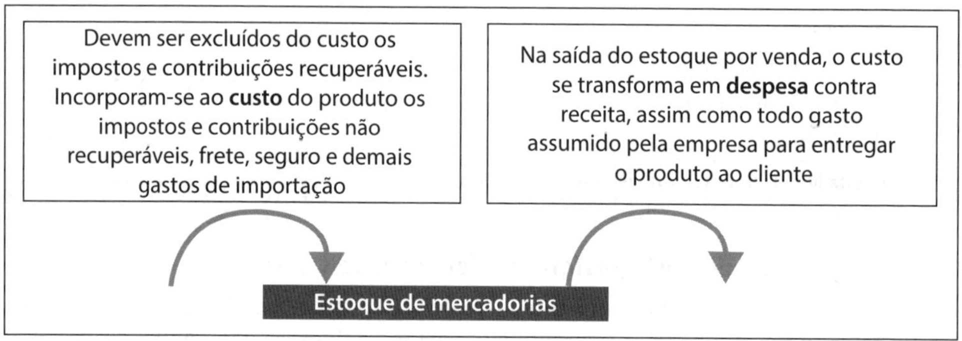

A seguir, a determinação legal prevista no Regulamento do Imposto de Renda para considerar custo todos os valores gastos na aquisição das mercadorias.

> "**Art. 289/RIR 99:** O custo das mercadorias revendidas e das matérias-primas utilizadas será determinado com base em registro permanente de estoques ou no valor dos estoques existentes, de acordo com o Livro de Inventário, no fim do período de apuração *(Decreto-Lei 1.598, de 1977, art. 14)*.
>
> § 1.º O **custo de aquisição de mercadorias** destinadas à revenda **compreenderá os de transporte e seguro até o estabelecimento** do contribuinte e os tributos devidos na aquisição ou importação *(Decreto-Lei 1.598, de 1977, art. 13)*.
>
> § 2.º **Os gastos com desembaraço aduaneiro integram o custo** de aquisição.
>
> § 3.º **Não se incluem no custo os impostos recuperáveis através de créditos na escrita fiscal.**"

1	Receita líquida	
2	(–) CMV ou CPV ou CSP	
3	Resultado bruto	3 = 1 – 2

10.6. DEMONSTRATIVO DO RESULTADO DO EXERCÍCIO RESUMIDO (DRE)

A seguir, apresentamos o DRE resumido. Sua forma mais ampla e exigida pelas novas normas contábeis será apresentada no Capítulo 16. A forma apresentada é a mais utilizada em questões de concursos públicos e nos relatórios publicados pela maioria das empresas, inclusive as de grande porte.

1	**Faturamento bruto**	
2	(–) IPI	
3	**Receita bruta**	3 = 1 – 2
4	(–) Deduções	
	Devoluções	
	Descontos incondicionais	
	Impostos e contribuições	
	Abatimentos	
5	**Receita líquida**	5 = 3 – 4
6	(–) CMV ou CPV ou CSP	
7	**Resultado bruto (resultado com mercadorias)**	7 = 5 – 6
8	(–) Despesas operacionais	
	Administrativas	
	Comerciais	
	Gerais	
	Financeiras	
9	(+) Receitas financeiras	
10	(+) Outras receitas ou (–) outras despesas	
11	**Resultado operacional**	**(11 = 7 – 8 + 9 +/10)**
12	(–) Imposto de Renda (IR) e Contribuição Social (CSLL)	
13	**Resultado após IR/CSLL, ou antes, das participações**	
14	(–) Participações (empregados, administradores e outras)	
15	**Resultado líquido do exercício**	
16	Lucro por ação	

Na tabela acima, linha 10, outras receitas e despesas são contabilizadas nas seguintes contas:

PRINCIPAIS CONTAS CLASSIFICADAS EM OUTRAS RECEITAS/DESPESAS	
1	Aluguel ativo (recebido ou a receber ganho)
2	Dividendo ativo (recebido ou a receber ganho)
3	Ganhos ou perdas de Capital com Ativos permanentes
4	Reversão de provisões
5	Indenizações
6	Receita da venda de sucatas

Na linha 12, estão indicados os valores do Imposto de Renda (IR) e da Contribuição Sobre o Lucro Líquido (CSLL), que são considerados **distribuição do resultado para o fisco federal**.

Na linha 14, está indicado o desconto das participações estatutárias dos empregados, administradores e outros no resultado da empresa (art. 190 da Lei n. 6.404/76).

Na linha 15, temos o lucro ou prejuízo líquido contábil do exercício, que é um lucro econômico, e não financeiro. **Como o regime adotado para a contabilização dos fatos é o regime da competência, esse lucro indica o lucro ganho, e não o lucro recebido.**

Na linha 16 (última linha do DRE), a determinação legal é que seja calculado o lucro por ação. **Basta dividir o lucro do exercício pelo número total de ações.**

Observação: sempre existiu na Contabilidade brasileira o termo **não operacional**, que se referia a ganhos ou perdas com a venda de Ativos permanentes. Esses ganhos e perdas de capital (receitas e despesas não operacionais) foram eliminados pelo art. 187 (DRE) da Lei n. 6.404/76, pela MP 449/2008 e pela Lei n. 11.941/2009. As contas que eram classificadas como não operacionais passam a ser classificadas como **outras receitas e outras despesas**.

10.7. EXEMPLOS DE OPERAÇÕES DE VENDA E COMPRA

Vamos exemplificar os 5 (cinco) tipos de operações de venda e compra que constam da tabela 2 do item 10.4.5.2. Essas operações aplicam-se às empresas que adotam o regime de lucro real para declaração de imposto de renda e, portanto, são passíveis da aplicação da não cumulatividade tributária em algumas operações. Operações considerando a não cumulatividade tributária são as mais comuns em provas e exames, e as operações mais importantes para exames e concursos em geral são as operações do tipo 1, 2 e 3. As operações do tipo 4 e 5 são importantes para provas para o cargo de contador.

Iremos adotar nos cálculos de todos os exemplos o IPI de 25%, ICMS de 17%, PIS de 1,65% e COFINS de 7,6%.

10.7.1. Operação Tipo 1: Aquisição para REVENDA, vendedor empresa comercial e comprador empresa comercial ou industrial em operação de revenda

	EMPRESA VENDEDORA	
	Comercial	
	ICMS	Sobre o preço
REVENDA pelo comprador Operação Tipo 1	PIS/COFINS	Sobre o preço sem ICMS
	EMPRESA COMPRADORA	
	Comercial ou Industrial	
	ICMS	Calculado sobre o preço e aproveitamento imediato
	PIS/COFINS	Calculados sobre o preço sem ICMS e aproveitamento imediato

Exemplo: uma empresa distribuidora de equipamentos de informática (comercial) vende 100 computadores pelo preço total de $ 100.000 para uma loja de varejo (comercial) de equipamentos de informática.

10.7.1.1. Registro na empresa vendedora

A seguir vamos calcular os tributos na empresa vendedora:

MEMÓRIA DE CÁLCULO DOS TRIBUTOS PELO VENDEDOR	
Receita Bruta de Vendas	$ 100.000
ICMS = 17% de $ 100.000 = $ 17.000	
Base de Cálculo do PIS e da COFINS ® Preço sem ICMS	
Base de Cálculo do PIS/COFINS = $ 100.000 – $ 17.000 = $ 83.000	
PIS = 1,65% de $ 83.000 = $ 1.369,50	
COFINS = 7,6% de $ 83.000 = $ 6.308,00	

Abaixo apresentamos o cálculo da receita líquida da empresa vendedora:

MEMÓRIA DE CÁLCULO DA RECEITA LÍQUIDA DO VENDEDOR	
Receita Bruta de Vendas	$ 100.000,00
(–) Deduções	($ 24.677,50)
ICMS = $ 17.000,00	
PIS = $ 1.369,50	
COFINS = $ 6.308,00	
Receita Líquida de Vendas	$ 75.322,50

10.7.1.2. Registro na empresa compradora

A seguir vamos apresentar o valor dos tributos e calcular o valor para estoque na empresa compradora. O valor dos tributos a serem registrados pelo comprador é exatamente o mesmo dos tributos registrados pelo vendedor.

MEMÓRIA DE CÁLCULO DO VALOR DO ESTOQUE ADQUIRIDO	
Faturamento	$ 100.000,00
(–) Tributos recuperáveis	($ 24.677,50)
ICMS = $ 17.000,00	
PIS = $ 1.369,50	
COFINS = $ 6.308,00	
Valor para estoque	$ 75.322,50

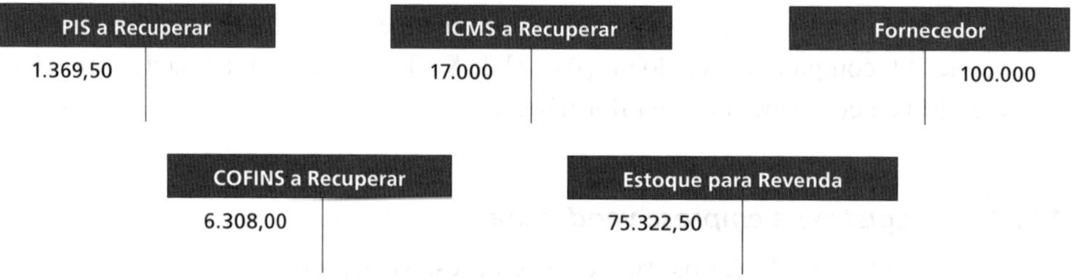

10.7.2. Operação Tipo 2: Aquisição para MANUFATURA, vendedor é uma empresa industrial, e comprador também é uma empresa industrial que está adquirindo matéria-prima para utilizar na fabricação (manufatura) de seus produtos

<table>
<tr><td rowspan="8">MANUFATURA
pelo comprador
Operação Tipo 2</td><td colspan="2">EMPRESA VENDEDORA</td></tr>
<tr><td colspan="2">Industrial</td></tr>
<tr><td>ICMS</td><td>Calculado sobre o valor sem IPI</td></tr>
<tr><td>PIS/COFINS</td><td>Calculados sobre o valor sem IPI e sem ICMS</td></tr>
<tr><td colspan="2">EMPRESA COMPRADORA</td></tr>
<tr><td colspan="2">Industrial</td></tr>
<tr><td>ICMS</td><td>Calculado sobre o valor sem IPI e aproveitamento imediato</td></tr>
<tr><td>PIS/COFINS</td><td>Calculados sobre o valor sem IPI e sem ICMS com aproveitamento imediato</td></tr>
</table>

Exemplo: uma indústria fabricante de componentes eletrônicos vende um lote desses componentes por $ 100.000 para uma outra indústria fabricante de equipamentos de telecomunicações.

10.7.2.1. Registro na empresa vendedora

A seguir vamos calcular os tributos na empresa vendedora:

MEMÓRIA DE CÁLCULO DOS TRIBUTOS PELO VENDEDOR	
Receita Bruta de Vendas	$ 100.000
IPI = 25% de $ 100.000 = $ 25.000	
ICMS = 17% de $ 100.000 = $ 17.000	
Base de Cálculo do PIS e da COFINS ® Preço sem ICMS	
Base de Cálculo do PIS/COFINS = $ 100.000 – $ 17.000 = $ 83.000	
PIS = 1,65% de $ 83.000 = $ 1.369,50	
COFINS = 7,6% de $ 83.000 = $ 6.308,00	

Abaixo apresentamos o cálculo da receita líquida da empresa vendedora:

MEMÓRIA DE CÁLCULO DA RECEITA LÍQUIDA DO VENDEDOR	
Faturamento	$ 125.000,00
(–) IPI = $ 25.000,00	($ 25.000,00)
Receita Bruta de Vendas	$ 100.000,00
(–) Deduções	($ 24.677,50)
ICMS = $ 17.000,00	
PIS = $ 1.369,50	
COFINS = $ 6.308,00	
Receita Líquida de Vendas	$ 75.322,50

10.7.2.2. Registro na empresa compradora

A seguir vamos apresentar o valor dos tributos e calcular o valor para estoque na empresa compradora. O valor dos tributos a serem registrados pelo comprador é exatamente o mesmo dos tributos registrados pelo vendedor.

MEMÓRIA DE CÁLCULO DO VALOR DO ESTOQUE ADQUIRIDO	
Faturamento	$ 125.000,00
(–) Tributos recuperáveis	($ 49.677,50)
IPI = $ 25.000,00	
ICMS = $ 17.000,00	
PIS = $ 1.369,50	
COFINS = $ 6.308,00	
Valor para estoque	$ 75.322,50

ICMS a Recuperar	
17.000,00	

IPI a Recuperar	
25.000,00	

Fornecedor	
	125.000,00

PIS a Recuperar	
1.369,50	

COFINS a Recuperar	
6.308,00	

Estoque de Matéria-prima	
75.322,50	

10.7.3. Operação Tipo 3: Aquisição de itens para REVENDA, vendedor é uma empresa industrial, e comprador é uma empresa comercial

	EMPRESA VENDEDORA	
REVENDA pelo comprador Operação Tipo 3	**Industrial**	
	ICMS	Calculado sobre o valor sem IPI
	PIS/COFINS	Calculados sobre o valor sem ICMS e sem IPI
	EMPRESA COMPRADORA	
	Comercial	
	ICMS	Calculado sobre o valor sem IPI e aproveitamento imediato
	PIS/COFINS	Calculados sobre o preço com IPI e sem ICMS e aproveitamento imediato

Exemplo: uma indústria fabricante de eletrodomésticos vende um lote de televisores de sua fabricação por $ 100.000 para um varejista que possui 50 lojas em todo o Brasil.

10.7.3.1. Registro na empresa (indústria) vendedora

A seguir vamos calcular os tributos na empresa vendedora:

MEMÓRIA DE CÁLCULO DOS TRIBUTOS PELO VENDEDOR	
Receita Bruta de Vendas	$ 100.000
IPI = 25% de $ 100.000 = $ 25.000	
ICMS = 17% de $ 100.000 = $ 17.000	
Base de Cálculo do PIS e da COFINS ® Preço sem ICMS	
Base de Cálculo do PIS/COFINS = $ 100.000 – $ 17.000 = $ 83.000	
PIS = 1,65% de $ 83.000 = $ 1.369,50	
COFINS = 7,6% de $ 83.000 = $ 6.308,00	

Abaixo apresentamos o cálculo da receita líquida da empresa vendedora:

MEMÓRIA DE CÁLCULO DA RECEITA LÍQUIDA DO VENDEDOR	
Faturamento	$ 125.000,00
(–) IPI = $ 25.000,00	($ 25.000,00)
Receita Bruta de Vendas	$ 100.000,00
(–) Deduções	($ 24.677,50)
ICMS = $ 17.000,00	

PIS = $ 1.369,50	
COFINS = $ 6.308,00	
Receita Líquida de Vendas	$ 75.322,50

10.7.3.2. *Registro na empresa compradora (comércio)*

A empresa comerciante não é contribuinte de IPI, por isso não tem direito ao crédito do IPI. O PIS e o COFINS no comprador são calculados sobre o valor com IPI, mas sem ICMS, de acordo com decisão do STF de 15 de março de 2017 (recurso especial 574.706).

MEMÓRIA DE CÁLCULO DOS TRIBUTOS	
Receita Bruta de Vendas	$ 100.000
IPI = 25% de $ 100.000	$ 25.000
Valor total da nota fiscal de compra = $ 100.000 + $ 25.000 = $ 125.000	$ 125.000
ICMS = 17% de $ 100.000	$ 17.000
Base de Cálculo do PIS e da COFINS ® Preço com IPI e sem ICMS	
Base de Cálculo do PIS/COFINS = $ 100.000 + $ 25.000 – $ 17.000 = $ 108.000	
PIS = 1,65% de $ 108.000	$ 1.782
COFINS = 7,6% de $ 108.000	$ 8.208

Importante: o PIS e COFINS calculados pela empresa vendedora são diferentes do valor do PIS e COFINS na empresa compradora. Isso se deve ao art. 66, § 32, da Instrução Normativa n. 247/2002 para o comprador e art. 24 da mesma instrução, no caso do vendedor.

MEMÓRIA DE CÁLCULO DO VALOR DO ESTOQUE ADQUIRIDO	
Valor total da nota fiscal de aquisição	$ 125.000,00
(–) Tributos recuperáveis	($ 26.990,00)
ICMS = $ 17.000,00	
PIS = $ 1.782,00	
COFINS = $ 8.208,00	
Valor para estoque	$ 98.010,00

A seguir apresentamos o registro desta aquisição na contabilidade da empresa compradora:

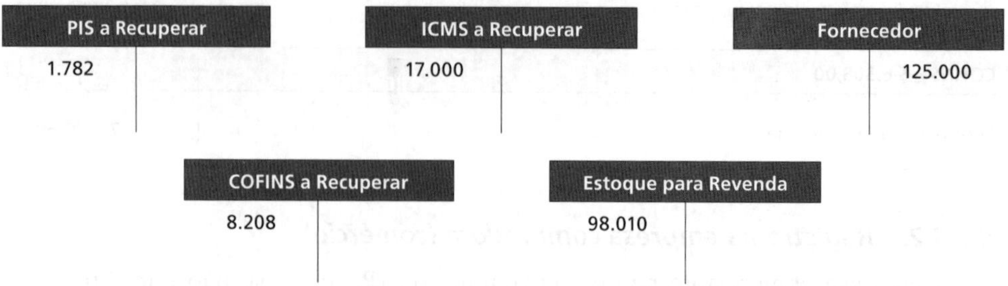

10.7.4. Operação Tipo 4: Aquisição para USO pelo comprador, a empresa vendedora é uma empresa industrial, e o comprador também é uma empresa industrial que está adquirindo um item para usar em seu ativo permanente

USO pelo comprador Operação Tipo 4	EMPRESA VENDEDORA	
	Industrial	
	ICMS	Calculado sobre o valor com IPI
	PIS/COFINS	Calculados sobre o valor com IPI mas sem ICMS
	EMPRESA COMPRADORA	
	Industrial	
	ICMS	Calculado sobre o valor com IPI e diferido em 48 meses
	PIS/COFINS	Calculados sobre o valor com IPI e sem ICMS e diferidos em 48 meses

Exemplo: uma indústria fabricante de equipamentos vende uma máquina por $ 100.000 para uma outra indústria que utilizará essa máquina em seu processo industrial para fabricar seus produtos.

10.7.4.1. Registro na empresa vendedora

A seguir vamos calcular os tributos na empresa vendedora:

MEMÓRIA DE CÁLCULO DOS TRIBUTOS PELO VENDEDOR	
Receita Bruta de Vendas	$ 100.000,00
IPI = 25% de $ 100.000	$ 25.000,00
Faturamento Bruto = $ 100.000 + $ 25.000 = $ 125.000 (Valor Total da N.F.)	$ 125.000,00
ICMS = 17% de $ 125.000	$ 21.250,00
Base de Cálculo do PIS e da COFINS ® Preço com IPI e sem ICMS	
Base de Cálculo do PIS/COFINS = $ 125.000 – $ 21.250	$ 103.750,00
PIS = 1,65% de $ 103.750	$ 1.711,87
COFINS = 7,6% de $ 103.750	$ 7.885,00

Abaixo apresentamos o cálculo da receita líquida da empresa vendedora:

MEMÓRIA DE CÁLCULO DA RECEITA LÍQUIDA DO VENDEDOR	
Faturamento	$ 125.000,00
(–) IPI = $ 25.000,00	($ 25.000,00)
Receita Bruta de Vendas	$ 100.000,00
(–) Deduções	($ 30.816,87)
ICMS = $ 21.250,00	
PIS = $ 1.711,87	
COFINS = $ 7.855,00	
Receita Líquida de Vendas	$ 69.183,13

10.7.4.2. Registro na empresa compradora

A seguir apresentamos o valor dos tributos e o cálculo do valor a ser considerado como ativo imobilizado na empresa compradora. O valor dos tributos a serem registrados pelo comprador são exatamente os mesmos dos tributos registrados pelo vendedor, entretanto, a recuperação dos valores só cabe para o ICMS, PIS e COFINS e diferidos em 48 meses, isto é, 25% no curto prazo e 75% no longo prazo.

APRESENTAÇÃO DOS TRIBUTOS RECUPERÁVEIS E DIFERIDOS	
Total da Nota Fiscal de Compra	$ 125.000,00
IPI incluso na nota fiscal de $ 25.000 — Não recuperável	
ICMS Total — Recuperável e diferido em 48 meses	($ 21.250,00)
ICMS de Curto Prazo = 25% de $ 21.250,00 (AC) = $ 5.312,50	
ICMS de Longo Prazo = 75% de $ 21.250,00 (ARLP) = $ 15.937,50	
PIS Total — Recuperável e diferido em 48 meses	($ 1.711,87)
PIS de Curto Prazo = 25% $ 1.711,87 (AC) = $ 427,97	
PIS de Longo Prazo = 75% $ 1.711,87 (ARLP) = $ 1.283,90	
COFINS Total — Recuperável e diferido em 48 meses	($ 7.855,00)
COFINS de Curto Prazo (AC) = 25% $ 7.855,00 = $ 1.963,75	
COFINS de Longo Prazo (ARLP) = 75% $ 7.855,00 = $ 5.891,25	
Valor de registro da máquina no imobilizado	$ 94.183,13

ICMS a Recuperar (ARLP)	
15.937,50	

ICMS a Recuperar (AC)	
5.312,50	

Fornecedor	
	125.000,00

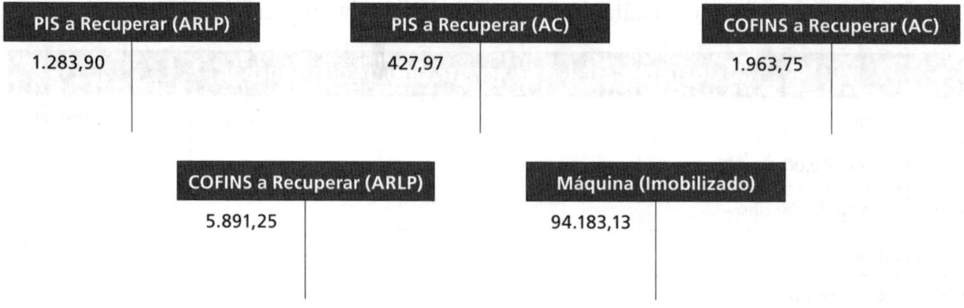

10.7.5. Operação Tipo 5: Aquisição para USO pelo comprador, a empresa vendedora é uma empresa industrial, e o comprador é uma empresa comercial que está adquirindo um item para usar em seu ativo permanente

USO pelo comprador Operação Tipo 5	EMPRESA VENDEDORA	
	Industrial	
	ICMS	Calculado sobre o valor com IPI
	PIS/COFINS	Calculados sobre o valor com IPI mas sem ICMS
	EMPRESA COMPRADORA	
	Comercial	
	ICMS	Calculado sobre o valor com IPI e diferido em 48 meses
	PIS/COFINS	Não há direito a crédito tributário

Exemplo: uma indústria fabricante de equipamentos vende uma máquina por $ 100.000 para uma empresa comercial que utilizará essa máquina em sua área administrativa.

10.7.5.1. Registro na empresa vendedora

A seguir vamos calcular os tributos na empresa vendedora:

MEMÓRIA DE CÁLCULO DOS TRIBUTOS PELO VENDEDOR	
Receita Bruta de Vendas	$ 100.000,00
IPI = 25% de $ 100.000	$ 25.000,00
Faturamento Bruto = $ 100.000 + $ 25.000 = $ 125.000 (Valor Total da N.F.)	$ 125.000,00
ICMS = 17% de $ 125.000	$ 21.250,00
Base de Cálculo do PIS e da COFINS ® Preço com IPI e sem ICMS	
Base de Cálculo do PIS/COFINS = $ 125.000 – $ 21.250	$ 103.750,00
PIS = 1,65% de $ 103.750	$ 1.711,87
COFINS = 7,6% de $ 103.750	$ 7.885,00

Abaixo apresentamos o cálculo da receita líquida da empresa vendedora:

MEMÓRIA DE CÁLCULO DA RECEITA LÍQUIDA DO VENDEDOR	
Faturamento	$ 125.000,00
(–) IPI = $ 25.000,00	($ 25.000,00)
Receita Bruta de Vendas	$ 100.000,00
(–) Deduções	($ 30.816,87)
ICMS = $ 21.250,00	
PIS = $ 1.711,87	
COFINS = $ 7.855,00	
Receita Líquida de Vendas	$ 69.183,13

10.7.5.2. Registro na empresa compradora

A seguir apresentamos o valor dos tributos e o cálculo do valor a ser considerado como ativo imobilizado na empresa compradora. O valor dos tributos a serem registrados pelo comprador é exatamente o mesmo dos tributos registrados pelo vendedor, entretanto, a recuperação dos valores só cabe para o ICMS e diferido em 48 meses, isto é, 25% no curto prazo e 75% no longo prazo. Não existe direito a crédito de PIS e COFINS.

APRESENTAÇÃO DOS TRIBUTOS RECUPERÁVEIS E DIFERIDOS	
Total da Nota Fiscal de Compra	$ 125.000,00
IPI incluso na nota fiscal de $ 25.000 — Não recuperável	
ICMS Total — Recuperável e diferido em 48 meses	($ 21.250,00)
ICMS de Curto Prazo = 25% de $ 21.250,00 (AC) = $ 5.312,50	
ICMS de Longo Prazo = 75% de $ 21.250,00 (ARLP) = $ 15.937,50	
Valor de registro da máquina no imobilizado	$ 103.750,00

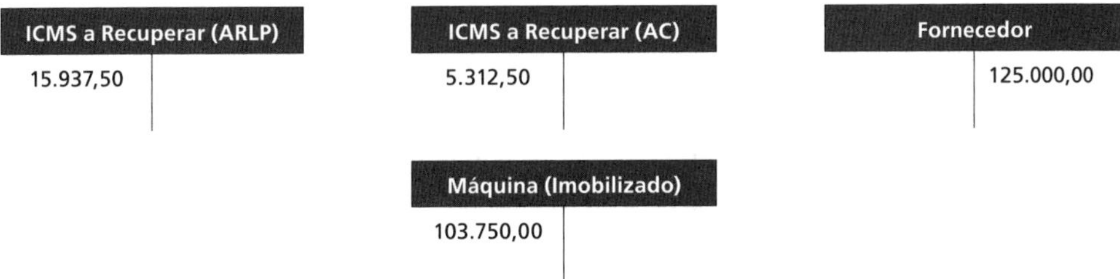

10.8. EXEMPLOS DE OPERAÇÕES DE DEVOLUÇÃO E ABATIMENTOS NAS COMPRAS E DEVOLUÇÃO, ABATIMENTO E DESCONTO INCONDICIONAIS NAS VENDAS

10.8.1. Devolução de compras

Exemplo: o distribuidor DAVI EQUIPAMENTOS, vendeu a prazo 100 computadores para a revenda SOFIA HIGH TECH. Em função de defeitos identificados o revendedor, SOFIA HIGH TECH, devolve 10 equipamentos ao distribuidor.

O registro no estoque de SOFIA HIGH TECH quando adquiriu e recebeu os 100 computadores, apresenta os valores a seguir:

MEMÓRIA DE CÁLCULO DO VALOR DO ESTOQUE ADQUIRIDO	
Faturamento (100 computadores)	$ 100.000,00
(–) Tributos recuperáveis	($ 24.677,50)
ICMS (17% do preço total) = $ 17.000,00	
PIS (1,65% do preço total sem ICMS) = $ 1.369,50	
COFINS (7,6% do preço total sem ICMS) = $ 6.308,00	
Valor para estoque	$ 75.322,50

O cálculo dos tributos é igual ao do exemplo do item 10.7.1.1.

A seguir o registro no livro razão do comprador (revenda SOFIA HIGH TECH) no dia da aquisição:

PIS a Recuperar (AC)	
1.369,50	

ICMS a Recuperar (AC)	
17.000,00	

Fornecedor (PC)	
	100.000,00

COFINS a Recuperar (AC)	
6.308,00	

Estoque para Revenda (AC)	
75.322,50	

Registro no Diário do comprador (SOFIA HIGH TECH) no dia da aquisição:

	Diversos		
a	Fornecedor		100.000,00
	ICMS a recuperar	17.000,00	
	PIS a recuperar	1.369,50	
	COFINS a recuperar	6.308,00	
	Estoque para revenda	75.322,50	

Após o recebimento, constatou-se que 10 computadores estavam danificados, e o valor da devolução corresponde a 10% do lote total.

MEMÓRIA DE CÁLCULO DA MERCADORIA DEVOLVIDA	
Valor da devolução (10% do valor total de $ 100.000,00)	$ 10.000,00
ICMS = 10% $ 17.000,00	$ 1.700,00
PIS = 10% $ 1.369,50	$ 136,95
COFINS = 10% $ 6.308,00	$ 630,80
Valor líquido das mercadorias devolvidas	$ 7.532,25

A contabilização da devolução das mercadorias é feita da seguinte forma:

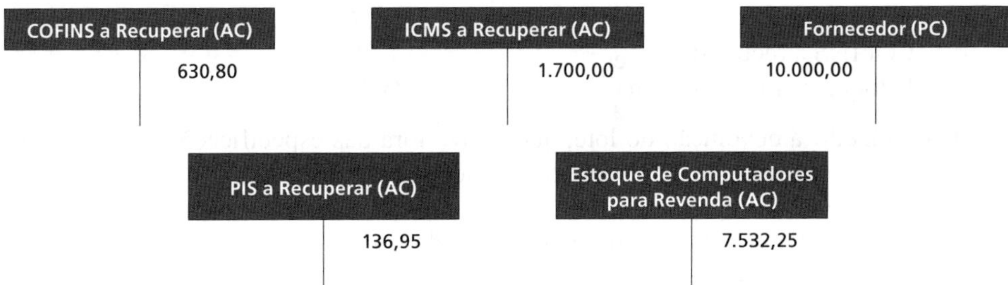

Na prática, esse registro reduz os estoques e diminui os créditos de tributos a recuperar, que são contas de ativo circulante (AC), assim como reduz o débito com o fornecedor pela compra a prazo, que é uma conta de passivo circulante.

10.8.2. Abatimento de compras

Exemplo: o distribuidor DAVI EQUIPAMENTOS vendeu a prazo 100 computadores para a revenda SOFIA HIGH TECH. Como 40% dos equipamentos fornecidos estavam fora das especificações, para evitar a devolução, o distribuidor concedeu à revenda um abatimento de 20% sobre o valor total da nota fiscal.

O registro no estoque de SOFIA HIGH TECH quando adquiriu e recebeu os 100 computadores apresenta os valores a seguir:

MEMÓRIA DE CÁLCULO DO VALOR DO ESTOQUE ADQUIRIDO	
Faturamento	$ 100.000,00
(–) Tributos recuperáveis	($ 24.677,50)
ICMS (17% do preço total) = $ 17.000,00	
PIS (1,65% do preço total sem ICMS) = $ 1.369,50	
COFINS (7,6% do preço total sem ICMS) = $ 6.308,00	
Valor para estoque	$ 75.322,50

O cálculo dos tributos é igual ao do exemplo do item 10.7.1.1.

A seguir o registro no livro razão do comprador (revenda SOFIA HIGH TECH) no dia da aquisição:

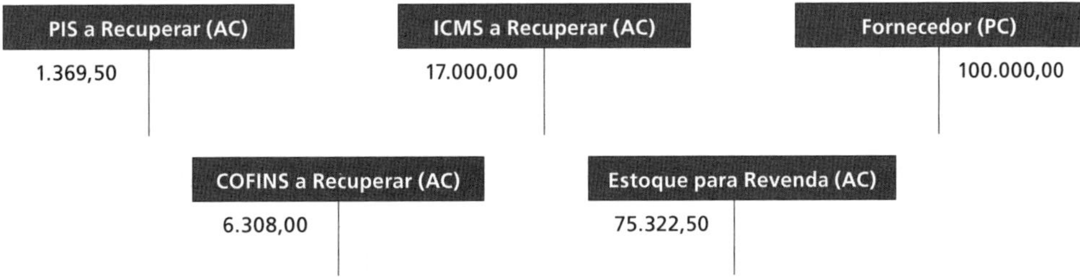

Registro no Diário do comprador (SOFIA HIGH TECH) no dia da aquisição:

	Diversos		
a	Fornecedor		100.000
	ICMS a recuperar	17.000,00	

PIS a recuperar	1.369,50
COFINS a recuperar	6.308,00
Estoque de matéria-prima	75.322,50

Para impedir a devolução do lote, que estava fora das especificações, o vendedor concedeu um abatimento de 20% sobre o valor total de R$ 100.000,00, e isso representa R$ 20.000,00. O único registro a ser feito é uma redução do valor a pagar pelo comprador (SOFIA HIGH TECH) em contrapartida à redução do valor das compras (estoque para revenda), que apresentamos a seguir:

Mercadorias (Abatimento sobre compras)	
	20.000,00

Fornecedor	
20.000,00	

É importante salientar que o abatimento não reduziu nenhum valor dos tributos a recuperar; a redução impactou diretamente no valor das compras líquidas relativas a essa aquisição.

10.8.3. Devolução das vendas

Exemplo: o distribuidor DAVI EQUIPAMENTOS vendeu a prazo 100 computadores para a revenda SOFIA HIGH TECH pelo preço unitário dc R$ 1.000,00. Em função de defeitos identificados, a revenda, SOFIA HIGH TECH, devolve 10 equipamentos ao distribuidor. O valor de estoque de cada equipamento é de R$ 400,00.

A seguir vamos calcular os tributos e apresentar os registros contábeis na empresa vendedora quando a entrega dos 100 computadores foi realizada:

MEMÓRIA DE CÁLCULO DOS TRIBUTOS PELO VENDEDOR	
Receita Bruta de Vendas (100 unidades x R$ 1.000,00)	$ 100.000
ICMS = 17% de $ 100.000 = $ 17.000	
Base de Cálculo do PIS e da COFINS ® Preço sem ICMS	
Base de Cálculo do PIS/COFINS = $ 100.000 – $ 17.000 = $ 83.000	
PIS = 1,65% de $ 83.000 = $ 1.369,50	
COFINS = 7,6% de $ 83.000 = $ 6.308,00	

Abaixo apresentamos o cálculo da receita líquida da empresa vendedora:

MEMÓRIA DE CÁLCULO DA RECEITA LÍQUIDA DO VENDEDOR	
Receita Bruta de Vendas	$ 100.000,00
(–) Deduções	($ 24.677,50)
ICMS = $ 17.000,00	

PIS = $ 1.369,50	
COFINS = $ 6.308,00	
Receita Líquida de Vendas	$ 75.322,50
(–) CMV (100 x R$ 400,00)	($ 40.000,00)

O cálculo dos tributos é igual ao do exemplo do item 10.7.1.1.

A seguir o registro no livro razão do vendedor (distribuidor DAVI EQUIPAMENTOS) no dia da venda:

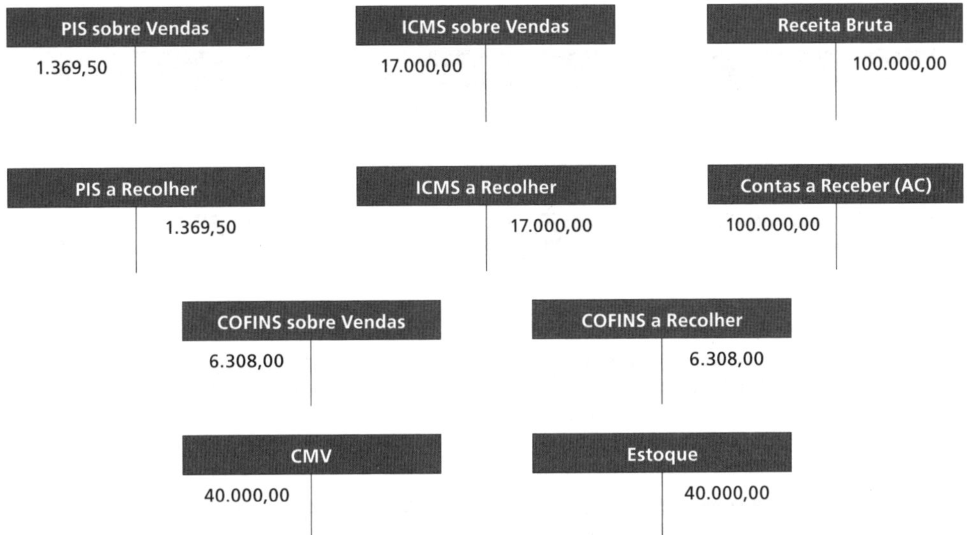

Registro no Diário do vendedor (DAVI EQUIPAMENTOS) no dia da venda:

a)	Referente à venda e tributos sobre as vendas		
	Contas a receber	100.000,00	
	ICMS sobre vendas	17.000,00	
	PIS sobre vendas	1.369,50	
	COFINS sobre vendas	6.308,00	
a	Receita bruta		100.000,00
a	ICMS a recolher		17.000,00
a	PIS a recolher		1.369,50
a	COFINS a recolher		6.308,00
b)	Referente à baixa de estoque pela venda		
	CMV	40.000,00	
a	Estoque		40.000,00

A devolução de vendas de 10 computadores que estavam danificados corresponde a 10% do lote total, como descrita a seguir:

MEMÓRIA DE CÁLCULO DA MERCADORIA DEVOLVIDA	
Valor da devolução (10% do valor total de $ 100.000,00)	$ 10.000,00
ICMS = 10% $ 17.000,00	$ 1.700,00
PIS = 10% $ 1.369,50	$ 136,95
COFINS = 10% $ 6.308,00	$ 630,80
Valor líquido da nota fiscal das mercadorias devolvidas	$ 7.532,25
Valor do estoque devolvido (10 x R$ 400,00)	$ 4.000,00

A contabilização da devolução das mercadorias no distribuidor é feita da seguinte forma:

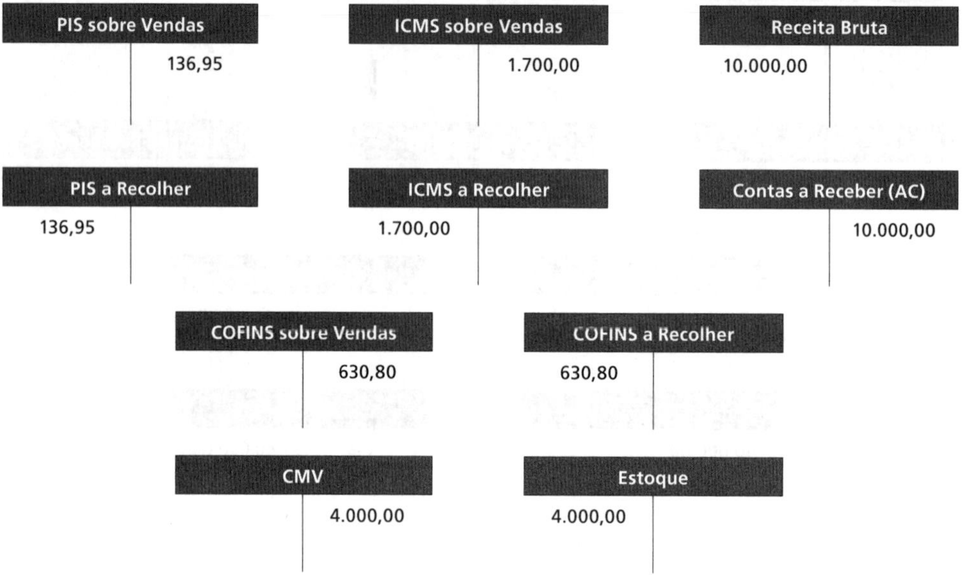

Na prática, esses registros aumentam os estoques diminuindo os custos das mercadorias vendidas (ocorreu um estorno dos custos, com o crédito em CMV) e diminuem as deduções de tributos sobre vendas (ICMS, PIS e COFINS sobre vendas) diminuindo os débitos tributários referentes aos tributos a recolher (ICMS, PIS e COFINS a recolher). Também ocorreu uma redução do contas a receber, diminuindo (deduzindo) a receita bruta.

Registro no diário do vendedor (DAVI EQUIPAMENTOS) no dia da devolução da venda:

a) Referente ao estorno da venda e redução dos tributos sobre as vendas e a recolher

	Receita bruta	10.000,00	
	ICMS a recolher	1.700,00	
	PIS a recolher	36,95	
	COFINS a recolher	630,80	
a	Contas a receber		10.000,00

a	ICMS sobre vendas		1.700,00
a	PIS sobre vendas		136,950
a	COFINS sobre vendas		630,80

b) Referente à devolução do estoque que tinha sido vendido.

	Estoque	4.000,00	
a	CMV		4.000,00

A seguir apresento duas maneiras de calcular os valores que serão apresentados na demonstração do resultado do exercício.

Calculamos o valor dos tributos diminuindo o percentual respectivo da devolução (10%).

DEMONSTRAÇÃO DO RESULTADO COM A DEVOLUÇÃO DE 10% DAS VENDAS	
Receita Bruta de Vendas	$ 100.000,00
(–) Deduções	($ 32.209,75)
Devolução de 10% de $ 100.000 = $ 10.000,00	
ICMS = ($ 17.000,00 – $ 1.700) = 90% de $ 17.000 = $ 15.300,00	
PIS = ($ 1.369,50 – $ 136,95) = 90% 1.369,50 = $ 1.232,55	
COFINS = ($ 6.308,00 – $ 630,80) = 90% 6.308,00 = $ 5.677,20	
Receita Líquida de Vendas	$ 67.790,25

Uma outra forma de calcular a receita líquida em questões de concursos seria calcular diretamente o ICMS sobre $ 90.000,00, que é a receita menos a devolução, e calcular o PIS e COFINS sobre $ 90.000 deduzidos do ICMS.

DEMONSTRAÇÃO DO RESULTADO COM A DEVOLUÇÃO DE 10% DAS VENDAS	
Receita Bruta de Vendas	$ 100.000,00
(–) Deduções	($ 32.209,75)
Devolução de 10% de $ 100.000 = $ 10.000,00	
ICMS = 17% sobre $ 90.000 = $ 15.300,00	
PIS = 1,65% sobre ($ 90.000,00 – $ 15.300,00 = $ 74.700,00) = $ 1.232,55	
COFINS = 7,6 % sobre ($ 90.000,00 – $ 15.300,00 = $ 74.700,00) = $ 5.677,20	
Receita Líquida de Vendas	$ 67.790,25

As duas formas acima apresentadas são equivalentes. O leitor pode usar a que achar mais prática.

10.8.4. Abatimento sobre vendas

Exemplo: o distribuidor DAVI EQUIPAMENTOS vendeu a prazo 100 computadores para a revenda SOFIA HIGH TECH. Como 40% dos equipamentos fornecidos estavam fora das especificações, para evitar a devolução, o distribuidor concedeu à revenda um abatimento de 20% sobre o valor total da nota fiscal.

A seguir apresentamos os cálculos referentes à venda dos 100 computadores, antes de considerar o ABATIMENTO:

MEMÓRIA DE CÁLCULO DOS TRIBUTOS PELO VENDEDOR	
Receita Bruta de Vendas (100 unidades x R$ 1.000,00)	$ 100.000
ICMS = 17% de $ 100.000 = $ 17.000	
Base de Cálculo do PIS e da COFINS ® Preço sem ICMS	
Base de Cálculo do PIS/COFINS = $ 100.000 – $ 17.000 = $ 83.000	
PIS = 1,65% de $ 83.000 = $ 1.369,50	
COFINS = 7,6% de $ 83.000 = $ 6.308,00	

Abaixo apresentamos o cálculo da receita líquida da empresa vendedora:

MEMÓRIA DE CÁLCULO DA RECEITA LÍQUIDA DO VENDEDOR	
Receita Bruta de Vendas	$ 100.000,00
(–) Deduções	($ 24.677,50)
ICMS = $ 17.000,00	
PIS = $ 1.369,50	
COFINS = $ 6.308,00	
Receita Líquida de Vendas	$ 75.322,50
(–) CMV (100 x R$ 400,00)	($ 40.000,00)

O cálculo dos tributos é igual ao do exemplo do item 10.7.1.1.

A seguir o registro no livro razão do vendedor (distribuidor DAVI EQUIPAMENTOS) no dia da venda:

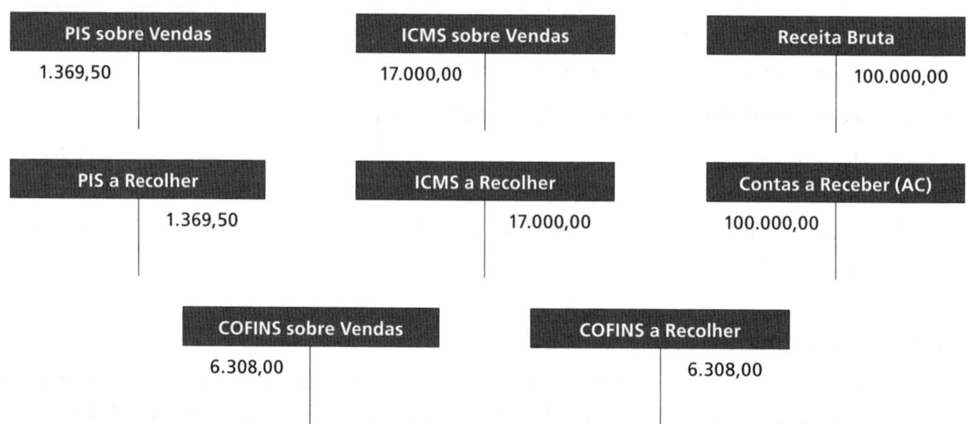

CMV	
40.000,00	

Estoque	
	40.000,00

Registro no Diário do vendedor (DAVI EQUIPAMENTOS) no dia da venda:

a) Referente à venda e tributos sobre as vendas

	Contas a receber	100.000,00	
	ICMS sobre vendas	17.000,00	
	PIS sobre vendas	1.369,50	
	COFINS sobre vendas	6.308,00	
a	Receita bruta		100.000,00
a	ICMS a recolher		17.000,00
a	PIS a recolher		1.369,50
a	COFINS a recolher		6.308,00

b) Referente à baixa de estoque pela venda

	CMV	40.000,00	
a	Estoque		40.000,00

Agora vamos registrar o ABATIMENTO:

Para impedir a devolução do lote fora das especificações o vendedor concedeu um abatimento de 20% sobre o valor total de R$ 100.000,00, e isso representa R$ 20.000,00. O único registro a ser feito pelo vendedor (DAVI EQUIPAMENTOS) é uma redução do valor da receita de vendas em contrapartida com a redução do contas a receber:

Contas a Receber	
	20.000,00

Abatimento da Receita	
20.000,00	

É importante salientar que o abatimento não reduziu nenhum valor dos tributos a pagar. A redução impactou diretamente na receita de vendas e no valor a receber.

DEMONSTRAÇÃO DO RESULTADO COM O ABATIMENTO	
Receita Bruta de Vendas	$ 100.000,00
(–) Deduções	($ 44.677,50)
ICMS = $ 17.000,00	
PIS = $ 1.369,50	
COFINS = $ 6.308,00	
ABATIMENTO = $ 20.000,00	
Receita Líquida de Vendas	$ 55.322,50

10.8.5. Desconto incondicional de venda

Desconto incondicional é o desconto concedido no ato da venda, portanto a receita na nota fiscal é registrada pelo valor total, mas todos os tributos são calculados considerando a receita deduzida do valor deste desconto, também designado como desconto comercial ou desconto concedido pelo vendedor, ou ainda como desconto promocional.

Exemplo: o distribuidor DAVI EQUIPAMENTOS vendeu a prazo 100 computadores para a revenda SOFIA HIGH TECH pelo preço unitário de R$ 1.000,00. No ato da venda foi concedido um desconto de 10% sobre o valor de venda (10% de $ 100.000,00 = $ 10.000,00). O valor de estoque de cada equipamento é de R$ 400,00.

A seguir vamos calcular os tributos na empresa vendedora:

MEMÓRIA DE CÁLCULO DOS TRIBUTOS PELO VENDEDOR	
Receita Bruta de Vendas (100 unidades x R$ 1.000,00)	$ 100.000,00
Desconto incondicional = $ 10.000,00	
ICMS = 17% de $ 90.000 ($ 100.000,00 – $ 10.000,00) = $ 15.300,00	
Base de Cálculo do PIS e da COFINS ® Preço com desconto sem ICMS	
Base de Cálculo do PIS/COFINS = $ 90.000 – $ 15.300 = $ 74.700,00	
PIS = 1,65% de $ 74.700,00 = $ 1.232,55	
COFINS = 7,6% de $ 74.700,00 = $ 5.677,20	

Abaixo apresentamos o cálculo da receita líquida da empresa vendedora:

MEMÓRIA DE CÁLCULO DA RECEITA LÍQUIDA DO VENDEDOR	
Receita Bruta de Vendas	$ 100.000,00
(–) Deduções	($ 32.209,75)
Desconto incondicional = $ 10.000,00	
ICMS = $ 15.300,00	
PIS = $ 1.232,55	
COFINS = $ 5.677,20	
Receita Líquida de Vendas	$ 67.790,25
(–) CMV (100 x R$ 400,00)	($ 40.000,00)
Lucro Bruto	$ 27.790,25

A seguir o registro no livro razão do vendedor (distribuidor DAVI EQUIPAMENTOS) no dia da venda:

Contas a Receber (AC)	
90.000,00	

Desconto Incondicional	
10.000,00	

Receita Bruta	
	100.000,00

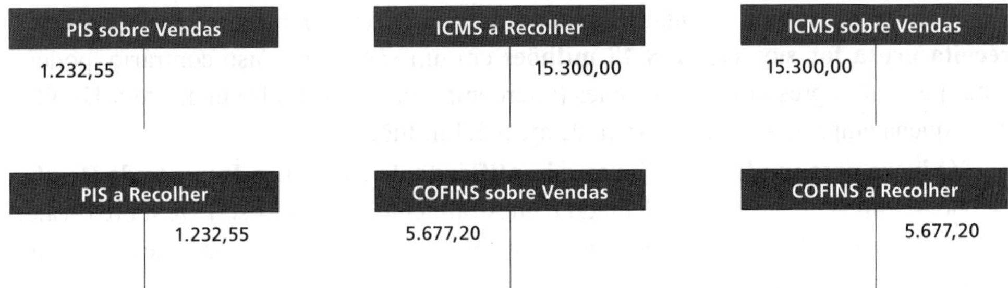

Registro no Diário do vendedor (DAVI EQUIPAMENTOS) no dia da venda:

a) Referente à venda e tributos sobre as vendas

	Contas a receber	90.000,00	
	Desconto incondicional	10.000,00	
	ICMS sobre vendas	15.300,00	
	PIS sobre vendas	1.232,55	
	COFINS sobre vendas	5.677,20	
a	Receita bruta		100.000,00
a	ICMS a recolher		15.300,00
a	PIS a recolher		1.232,55
a	COFINS a recolher		5.677,20

b) Referente à baixa de estoque pela venda

	CMV	40.000,00	
a	Estoque		40.000,00

DEMONSTRAÇÃO DO RESULTADO COM O DESCONTO INCONDICIONAL	
Receita Bruta de Vendas	$ 100.000,00
(–) Deduções	($ 32.209,75)
Desconto incondicional = $ 10.000,00	
ICMS = $ 15.300,00	
PIS = $ 1.232,55	
COFINS = $ 5.677,20	
Receita Líquida de Vendas	$ 67.790,25
(–) CMV = 100 x $ 400,00 = $ 40.000,00	($ 40.000,00)
Resultado Bruto (Resultado com Mercadorias) = Lucro Bruto	$ 27.790,25

10.9. PIS E COFINS CUMULATIVOS E NOÇÕES DE IMPOSTO DE RENDA

A não cumulatividade de PIS e COFINS está associada ao regime de Imposto de Renda da empresa. Se a empresa optar pela modalidade lucro real, o regime será o não cumulativo. Caso contrário, poderá contabilizar o PIS e COFINS pelo regime cumulativo.

Uma **empresa está obrigada** a optar por declarar renda no **regime lucro real se a receita bruta for superior a $ 48 milhões** em um exercício. Caso contrário, poderá optar pelo lucro presumido ou simples (microempresa — receita bruta de até $ 120.000 ou pequena empresa — receita bruta de até $ 2,4 milhões).

O lucro presumido é uma **forma simplificada de calcular o Imposto de Renda.** O valor do imposto a pagar é calculado trimestralmente aplicando-se 15% sobre o valor da receita bruta para determinar o lucro presumido, mais 10% sobre o excedente a um lucro mensal de $ 20.000 ($ 60.000 por trimestre).

> **Art. 225 do RIR/2018:** "O imposto a ser pago mensalmente na forma desta Seção será determinado mediante a aplicação, sobre a base de cálculo, da alíquota de quinze por cento (Lei 9.430, de 1996, art. 2.º, § 1.º).
>
> Parágrafo único. A parcela da base de cálculo, apurada mensalmente, que exceder a vinte mil reais ficará sujeita à incidência de adicional do imposto à alíquota de dez por cento (Lei 9.430, de 1996, art. 2.º, § 2.º)."

A empresa que optar por declarar imposto de renda na modalidade **lucro presumido** só está obrigada, sob a ótica da legislação fiscal, a escriturar os **livros-caixa e de registro de inventário**.

Exemplo de cálculo do Imposto de Renda na opção de lucro presumido para uma empresa comercial:

Receita bruta da Comercial Vigo S.A. do primeiro trimestre de 2010	$ 1.000.000
Percentual de presunção de lucro no período para empresas em geral (art. 223, Decreto n. 3.000/99-RIR)	8%
Lucro presumido	$ 80.000
Excedente a $ 60.000: $ 80.000 – $ 60.000 = $ 20.000	
Imposto a pagar é de 15% de $ 80.000 + 10% de $ 20.000	$ 12.000 + $ 2.000 = $ 14.000

As contribuições PIS e COFINS cumulativas não dão direito a crédito tributário na aquisição de produtos ou serviços. As alíquotas são PIS 0,65% e COFINS 1,65%.

Uma operação comercial envolvendo PIS e COFINS cumulativos não gera créditos na aquisição de produtos ou serviços, e, no caso das vendas, os valores embutidos nos preços devem ser deduzidos da receita e lançados integralmente no Passivo como obrigação.

10.10. OPERAÇÕES COM SERVIÇOS

De uma maneira geral, os únicos serviços sujeitos a ICMS são os de circulação de mercadorias e prestações de serviços de transporte interestadual e intermunicipal, de comunicação e energia elétrica.

Para os demais serviços incide ISS, sejam os sujeitos passivos profissionais liberais ou empresas prestadoras de serviços (p. ex.: oficina mecânica). Existem, porém, exceções quanto ao seu pagamento: empresas imunes ou com isenções.

As empresas prestadoras de serviços estão sujeitas ao ISS (Imposto sobre Serviços) em uma alíquota máxima de 5%, como definido pelo art. 8.º da Lei Complementar n. 116, de julho de 2003.

> **"Art. 8.º** As alíquotas máximas do Imposto Sobre Serviços de Qualquer Natureza são as seguintes: (...)
> II — 5% (cinco por cento)."

As empresas prestadoras de serviços também estão sujeitas ao PIS e COFINS, como já visto no caso das empresas industriais e comerciais.

A base de cálculo do ISS deve ser o preço líquido de cancelamentos e descontos incondicionais, segundo o art. 7.º da Lei Complementar n. 116/2003:

> **"Art. 7.º** A base de cálculo do imposto é o preço do serviço."

Exemplo: a oficina mecânica Alicante Ltda. prestou serviços de recuperação em uma frota de 50 veículos das Casas Bahianas. O preço dos serviços foi de $ 100.000. Porém, foi concedido um desconto de 5%, e as Casas Bahianas exigiram um cancelamento de serviço de $ 15.000 referente a 10 veículos, uma vez que foram pintados com cores erradas. Calcule os valores contabilizados por Alicante Ltda. em sua Contabilidade:

MEMÓRIA DE CÁLCULO DA RECEITA DOS SERVIÇOS	$
Valor dos serviços	$ 100.000
Desconto incondicional (5% de $ 100.000)	($ 5.000)
Cancelamento de serviços	($ 15.000)
Valor total da nota	$ 100.000
ISS (5% de $ 80.000 — valor líquido dos serviços)	$ 4.000
PIS sobre a venda (1,65% de $ 80.000 — valor líquido dos serviços)	$ 1.320
COFINS sobre a compra (7,6% de $ 80.000 — valor líquido dos serviços)	$ 6.080

10.11. QUESTÕES

10.11.1. Apuração da receita líquida

1. (AFTN — ESAF/98) Determinada empresa industrial vendeu 2.000 unidades de um produto, ao preço unitário de $ 120, com frete de $ 3.000 por conta do vendedor. O vendedor concedeu, na nota fiscal, um desconto de $ 2.500 e, ainda, um desconto de $ 2.000 no pagamento da duplicata, vencível a 30 dias.

Sabendo-se que:
O custo dos Produtos Vendidos é de $ 120.000
— foram pagas:
outras despesas com vendas de $ 2.600
salários de vendedores de $ 3.500
— a transação estava sujeita a:
Imposto sobre Circulação de Mercadorias e Serviços de $ 2.400
Imposto sobre Produtos Industrializados de $ 2.100
Programa de Integração Social (PIS) — faturamento de $ 500
Contribuição Social sobre o Faturamento (COFINS) de $ 1.000

Podemos afirmar que a receita líquida de vendas de produto é de:
a) $ 231.500.
b) $ 229.500.
c) $ 228.600.
d) $ 233.600.
e) $ 231.600.

2. (ANTAQ — CESPE/2009) Suponha que uma sociedade comercial tenha apresentado os seguintes saldos ao final do período:

— vendas de produtos: $ 4.500.000;
— descontos condicionais a clientes: $ 250.000;
— descontos incondicionais sobre vendas: $ 350.000;
— IPI sobre vendas: $ 900.000 (acrescido às vendas);
— ICMS sobre vendas: $ 675.000 (embutido nas vendas).

Nesse caso, a receita líquida de vendas corresponderá a $ 3.475.000.
( ) Certo ( ) Errado

3. (Arrecadação — SEFAZ-MA — FCC/2016) A Empresa Atlanta S.A., antes da apuração do resultado do exercício de 2015, apresentava as seguintes contas e seus respectivos saldos em 31.12.2015, em reais:

Ações em Tesouraria	2.500,00
Marcas e Patentes	22.000,00
Adiantamento de Clientes	25.000,00
Ajuste de Avaliação Patrimonial (saldo credor)	12.000,00
Aluguéis Pagos Antecipadamente	22.500,00
Caixa e Equivalentes de Caixa	15.000,00
Capital Social	230.000,00
Clientes	250.000,00
Custo das Mercadorias Vendidas	210.000,00
Depreciação Acumulada	45.000,00
Despesa com Aluguéis	45.000,00
Despesa com EPCLD	7.500,00
Despesa com Salários	75.000,00
Despesa de Depreciação	30.000,00
Despesa Financeira	6.500,00
Despesas com Imposto de Renda e Contribuição Social sobre o Lucro	33.000,00
Devoluções de Vendas	20.000,00
Empréstimos a Pagar	160.000,00
Estimativa para Crédito de Liquidação Duvidosa (EPCLD)	7.500,00
Estoques	100.000,00
Fornecedores	82.000,00
Investimentos Permanentes em Outras Empresas	58.000,00
Máquinas e Equipamentos	300.000,00
Provisões Trabalhistas	105.000,00
Receita Bruta de Vendas	590.000,00
Receita de Dividendos	2.000,00
Reserva de Lucros a Realizar	6.500,00
Reserva Legal	12.000,00
Resultado Negativo de Equivalência Patrimonial	10.000,00
Reversão de Provisões Trabalhistas	40.000,00
Tributos sobre Vendas	110.000,00

Tendo em vista os saldos acima podemos afirmar que a receita líquida foi de:

a) $ 590.000,00
b) $ 380.000,00
c) $ 460.000,00
d) $ 480.000,00
e) $ 570.000,00

10.11.2. Apuração de estoques e do CMV

1. (FAFEN — CESGRANRIO/2009) Analise o conceito a seguir.

Preço de custo (aquisição) ou de fabricação, ajustado ao valor de mercado pela provisão para ajuste de bens ao valor de mercado, quando este for inferior ao preço de custo.

Esse é o critério de avaliação de

a) estoques.
b) ativo imobilizado.
c) contas a receber.
d) valores mobiliários.
e) investimentos de curto prazo.

2. (CMSP — VUNESP/2007) Considerando-se as técnicas contábeis aplicáveis, o custo das mercadorias vendidas de uma empresa é formado:

a) pelas compras das mercadorias (incluídos todos os custos de aquisição), adicionados os impostos incidentes, mais estoque final, menos estoque inicial.
b) pelas compras das mercadorias (incluídos todos os custos de aquisição), deduzidos os impostos recuperáveis, mais estoque inicial, menos estoque final.
c) pelas vendas das mercadorias, adicionados os impostos incidentes.
d) pelos impostos a pagar.
e) pelas devoluções e abatimentos existentes no período sob apuração do resultado do exercício.

3. (SEFAZ-SP — FCC/2009) Dos livros de uma empresa, foram retiradas as contas e seus respectivos saldos:

CONTA	SALDOS (R$)
Estoque inicial de 2008	1.200.000
Estoque final de 2008	800.000
Custo das mercadorias vendidas de 2008	1.400.000
Custo das mercadorias vendidas de 2009	1.050.000
Compras de 2009	300.000

O valor do estoque final em 2009 é, em R$,

a) 1.000.000.
b) 800.000.
c) 500.000.
d) 150.000.
e) 50.000.

4. (CVM — ESAF/2010 — Atualizada) Assinale a opção que não corresponde à verdade.

O Conselho Federal de Contabilidade — CFC aprovou a Resolução NBC TG 16, relativa a Estoques, para entrar em vigor a partir de 1.º de janeiro de 2010. Referida resolução leciona que:

a) O valor de custo do estoque deve incluir todos os custos de aquisição e de transformação, bem como outros custos incorridos para trazer os estoques à sua condição e localização atuais.
b) Os estoques, objeto desta norma, devem ser mensurados pelo valor de custo ou pelo valor realizável líquido, dos dois o menor.

c) O custo de aquisição dos estoques compreende o preço de compra, os impostos de importação e outros tributos, os custos de transporte, seguro, manuseio e outros, deduzido de descontos comerciais, abatimentos e outros itens semelhantes.
d) O custo dos estoques que não possa ser avaliado pelo valor específico deve ser atribuído pelo uso do critério primeiro a entrar, primeiro a sair (PEPS), último a entrar, primeiro a sair (UEPS) ou pelo critério do custo médio ponderado.
e) Os custos de transformação de estoques incluem os custos diretamente relacionados com as unidades produzidas e a alocação sistemática de custos indiretos de produção, que sejam de custos incorridos para transformar em produtos acabados.

10.11.3. Apuração do lucro bruto

1. (AFRF — ESAF/2003) As contas que computam os eventos de estoque, compras e vendas tiveram o seguinte comportamento em setembro:

Vendas	100.000
Compras	60.000
ICMS sobre vendas	12.000
ICMS sobre compras	7.200
ICMS a recolher	4.800
Fretes sobre compras	5.000
Fretes sobre vendas	7.000
Estoque inicial	30.000
Estoque final	40.000

Com base nos valores dados no exemplo, o lucro bruto alcançou o valor de:
a) $ 45.200.
b) $ 47.400.
c) $ 52.400.
d) $ 40.200.
e) $ 33.200.

2. (TJ-PI — FCC/2009) A Companhia Comercial Framboesa apresentou, no exercício findo em 31-12-2008, um lucro líquido de $ 300.000, que correspondeu a 20% de sua Receita Bruta de Vendas no mesmo período. Por hipótese, os impostos e contribuições incidentes sobre vendas montaram a 30% da receita bruta e não houve mais nenhuma despesa redutora do valor das vendas brutas. No mesmo período, o Custo das Mercadorias Vendidas da Sociedade representou o dobro do Lucro Bruto. Este último, portanto, equivaleu, em $, a
a) $ 300.000.
b) $ 350.000.
c) $ 25.000.
d) $ 625.000.
e) $ 700.000.

3. (BACEN — CESGRANRIO/2009) Dados extraídos da contabilidade da Empresa Financilar S/A:

Venda de mercadorias a prazo	120.000
Devolução de vendas de mercadorias	15.000
Compra de mercadorias a prazo	100.000
Devolução de compras	5.000
Estoque inicial de mercadorias	25.000
Estoque final de mercadorias	35.000

Considerando exclusivamente os dados acima e o fato de que houve incidência de ICMS de 10% tanto na compra como na venda, o lucro bruto apurado na empresa, em reais, foi
a) 18.500.
b) 19.000.

c) 20.000.
d) 21.500.
e) 25.500.

4. (TRF — ESAF/2006) Para manter a margem de lucro bruto de 10% sobre as vendas, a empresa Méritus e Pretéritus Limitada, cujo custo é composto de CMV de $ 146.000 e ICMS sobre vendas de 17%, terá de obter receitas brutas de vendas no montante de:

a) $ 182.500.
b) $ 185.420.
c) $ 187.902.
d) $ 193.492.
e) $ 200.000.

5. (CMSP — VUNESP/2007) A Eficaz Comercial Ltda. encerra seu exercício financeiro em 31 de dezembro. Em 31.12.20X2, as deduções da sua receita operacional bruta foram de $ 4.800 e representavam 10% da receita operacional bruta; o custo das mercadorias vendidas foi de 70% da receita operacional líquida; o valor do estoque de mercadorias existente era de $ 6.600. Tendo em vista as informações, pode-se afirmar que o lucro operacional bruto, a receita operacional líquida e o custo das mercadorias vendidas foram, respectivamente, de

a) $ 12.960; $ 43.200; e $ 30.240.
b) $ 12.960; $ 49.800; e $ 30.240.
c) $ 17.760; $ 48.000; e $ 43.200.
d) $ 19.560; $ 43.200; e $ 30.240.
e) $ 19.560; $ 43.200; e $ 48.000.

Instruções: Utilize as informações a seguir para responder às duas próximas questões. A Cia. Mamoré, que adota o inventário permanente de estoques, vendeu 180.000 unidades de um produto de sua fabricação ao preço unitário de R$ 10,00. Na operação, houve a incidência dos seguintes impostos:

— ICMS à alíquota de 18%;
— PIS (incidência cumulativa) à alíquota de 0,65%; e
— COFINS (incidência cumulativa) à alíquota de 3%.

O preço de custo das mercadorias vendidas correspondeu a 60% do preço unitário de venda.

6. (Analista — TRE-SP — FCC/2012) O lucro bruto auferido pela companhia nessa operação foi, em reais, de

a) 384.300,00.
b) 396.000,00.
c) 720.000,00.
d) 330.300,00.
e) 108.000,00.

7. (Analista — TRE-SP — FCC/2012) Caso o cliente tivesse devolvido 1.800 unidades da venda acima por estarem com pequenas avarias, o lucro bruto da companhia na operação, em reais, seria reduzido em

a) 7.200,00.
b) 3.303,00.
c) 3.960,00.
d) 3.846,00.
e) 1.080,00.

8. (TRT-17 — CESPE/2009) Se determinada empresa tiver o valor de 100 mil reais a recuperar em decorrência do ICMS incidente sobre as mercadorias adquiridas, e tiver de recolher 150 mil reais do mesmo imposto, incidente sobre as mercadorias vendidas, o crédito do imposto deverá ser incluído na conta ICMS a recuperar, do ativo circulante, e o imposto devido constará da conta ICMS a recolher, do passivo circulante.

( ) Certo ( ) Errado

Instruções: Suponha que uma empresa comercial tenha apresentado, ao final do exercício, entre outros, os seguintes saldos (em R$ 1.000,00):

— vendas de mercadorias: 2.500*
— receita de prestação de serviços: 800*
— descontos concedidos a grandes clientes: 100
— descontos por pagamentos antecipados: 75
— IPI sobre vendas: 180
— ICMS sobre vendas: 240
— ISS sobre serviços prestados: 40
— comissões sobre vendas: 125

* Incluídos os impostos calculados "por dentro".

Considerando os dados acima, julgue as duas próximas questões.

9. (TJ-ES — CESPE/2011) A receita líquida das vendas de mercadorias e das prestações de serviços foi de R$ 2.920.000,00.

( ) Certo ( ) Errado

10. (TJ-ES — CESPE/2011) O faturamento bruto da empresa foi de R$ 3.300.000,00.

( ) Certo ( ) Errado

11. (TJ-ES — CESPE/2011) Tendo como referência os princípios e a legislação aplicáveis ao ICMS, julgue o seguinte:

A conta corrente do ICMS pode apresentar saldo devedor na escrituração mercantil. É o caso, por exemplo, de o valor das compras exceder o das vendas de mercadoria comercializada pela empresa em determinado período. Esse débito fiscal é compensável nos períodos subsequentes.

( ) Certo ( ) Errado

12. (Bacharel — CFC — FBC/2016-1) Uma Sociedade Empresária realizou as seguintes transações em janeiro de 2016:

Aquisição de mercadorias para revenda, para pagamento em 20.2.2016, por R$ 180.000,00. Nesse valor estão incluídos: ICMS recuperável no valor de R$ 21.600,00; PIS recuperável no valor de R$ 2.970,00; e Cofins recuperável no valor de R$ 13.680,00.
Venda, à vista, de 50% das mercadorias adquiridas por R$ 160.000,00, com entrega imediata. Tributos sobre a venda: ICMS de R$ 19.200,00; PIS de R$ 2.640,00; e Cofins de R$ 12.160,00.
O Estoque de Mercadorias para Revenda no início do mês era igual a zero.

O resultado das transações dessa Sociedade Empresária, em janeiro de 2016, gerou um Lucro Bruto de:

a) R$ 89.125,00.
b) R$ 70.000,00.
c) R$ 55.125,00.
d) R$ 36.000,00.

13. (Contador — FUNAI — ESAF/2016) Em 02.05.2016, a empresa Alpha adquiriu um lote de mercadorias para revenda e incorreu nos seguintes gastos: preço de compra das mercadorias — R$ 100.000,00; frete sobre compras — R$ 15.000,00; seguros sobre compras — R$ 6.000,00. Nos gastos realizados pela empresa, estavam inclusos impostos não recuperáveis de R$ 5.000,00 e impostos recuperáveis de R$ 12.000,00. Em 31.05.2016, a empresa vendeu, à vista, 60% deste lote de mercadorias por R$ 90.000,00, valor este líquido de tributos, e pagou comissões de R$ 2.700,00 e fretes sobre vendas de R$ 5.400,00.

Com base nestas informações, o lucro bruto com a venda de mercadorias referente a maio de 2016 foi, em reais, de

a) 17.400,00.
b) 24.600,00.
c) 16.500,00.
d) 37.200,00.
e) 19.500,00.

10.11.4. Questões envolvendo impostos e contribuições não cumulativos sobre compras e vendas de mercadorias e produtos no comércio e na indústria

1. (AFRF — ESAF/2002.1) No balancete de 30 de junho, a firma Zimbra Comercial Ltda. apresentava um estoque de mercadorias no valor de $ 75.000. Durante o mesmo mês, o movimento de entradas e saídas demonstrou: estoque inicial de $ 60.000, compras de $ 120.000 e vendas de $ 100.000. As operações foram tributadas em 10% com IPI nas compras; em 12% com ICMS nas compras; e em 17% com ICMS nas vendas.

No mês seguinte, ao acertar as contas com o fisco, a empresa demonstrará, em relação ao movimento de junho passado:

a) ICMS a recolher de $ 17.000.
b) ICMS a recuperar de $ 14.400.
c) ICMS a recuperar de $ 4.600.
d) ICMS a recolher de $ 2.600.
e) ICMS a recolher de $ 1.160.

2. (Do Autor) Em 31.07.2010, a Industrial Vigo S.A. adquiriu 1 tonelada, para pagamento em 90 dias, de matéria-prima, que foi utilizada no processo de manufatura de seu principal produto.

Dados da compra:

— Valor a ser desembolsado para pagamento da matéria-prima: $ 13.000
— Frete e seguro (não inclusos na nota fiscal da matéria-prima): $ 3.000
— IPI: $ 2.000
— ICMS: $ 1.700
— Juros embutidos no valor a ser desembolsado: $ 1.000
— Correção monetária prevista pela compra (não inclusa): $ 100

Determinar o custo por kg contabilizado no Ativo Circulante:

a) $ 9,30.
b) $ 10,30.
c) $ 11,30.
d) $ 12,30.
e) $ 13,30.

3. (AFRF — ESAF/2003) A empresa Comércio Industrial Ltda. comprou 250 latas de tinta ao custo unitário de $ 120, tributadas com IPI de 5% e ICMS de 12%. Pagou entrada de 20% e aceitou duas duplicatas mensais de igual valor. A tinta adquirida foi contabilizada conforme sua natureza contábil funcional, com a seguinte destinação:

50 latas para consumo interno;
100 latas para revender; e
100 latas para usar como matéria-prima.

Após efetuar o competente lançamento contábil, é correto afirmar que, com essa operação, os estoques da empresa sofreram aumento no valor de:

a) $ 31.500;
b) $ 30.000;
c) $ 28.020;
d) $ 21.900;
e) $ 26.500.

4. (Analista de Finanças e Controle — STN — ESAF/2002) A Mercearia do Lado Seis Ltda. vendeu uma partida de farinha por $ 3.200, no dia 05 de maio. Embora esse preço sofra a incidência de ICMS a 17%, a operação rendeu lucro bruto de $ 556.

A farinha foi comprada a prazo, para pagamento de uma única vez, com incidência de ICMS a 10%. Sabendo-se que, após a venda do dia 05, restaram em estoque apenas 30% da farinha comprada, podemos, com segurança, dizer que o registro correto para contabilizar a operação de compra de farinha, entre os abaixo, é o seguinte lançamento:

a) Diversos
 a Fornecedores

Mercadorias	$ 3.000	
ICMS a recuperar	$ 333,33	$ 3.333,33

b) Diversos
a Fornecedores

Mercadorias	$ 3.000	
ICMS a recuperar	$ 300	$ 3.300

c) Diversos
a Fornecedores

Mercadorias	$ 2.700	
ICMS a recuperar	$ 300	$ 3.000

d) Diversos
a Fornecedores

Mercadorias	$ 2.100	
ICMS a recuperar	$ 210	$ 2.310

e) Diversos
a Fornecedores

Mercadorias	$ 1.890	
ICMS a recuperar	$ 210	$ 2.100

5. (Do Autor — 2017) A Alicante S.A. tem atividade exclusivamente comercial e é optante pelo lucro REAL. No mês de agosto de 2010, a empresa realizou uma compra à vista de bens para revenda, desembolsando a quantia de $ 6.000 para o seu único fornecedor — a Industrial Sofia S.A. —, o qual é fabricante dos referidos bens. No decorrer de agosto, a empresa vendeu à vista 60% das mercadorias compradas, logrando um faturamento total de $ 8.000.

No mês considerado, vigora a seguinte tabela de impostos e contribuições:
IPI: 20%; ICMS: 10%; ISS: 5%; COFINS: 4%; e PIS: 1%.
Na operação realizada, o lucro bruto obtido pela empresa foi de:

a) $ 4.250,50.
b) $ 4.200,00.
c) $ 4.260,00.
d) $ 4.270,00
e) $ 4.265,00

6. (Do Autor — 2017) A Alicante S.A. é uma empresa industrial e é optante pelo lucro REAL. No mês de agosto de 2006, realizou uma compra à vista de bens depreciáveis para uso, desembolsando a quantia de $ 120.000 para o seu único fornecedor — a Industrial Sofia S.A. —, o qual é fabricante dos referidos bens. No mês considerado, vigora a seguinte tabela de impostos e contribuições:

IPI: 20%; ICMS: 10%; ISS: 5%; COFINS: 4%; e PIS: 1%.
Na operação realizada, qual o valor de custo pelo qual os bens foram contabilizados para fins de depreciação de acordo com a legislação vigente?

a) $ 120.000,00.
b) $ 102.600,00.
c) $ 102.000,00
d) $ 108.000,00.
e) $ 114.600,00.

7. (FAFEN — CESGRANRIO/2009) A Empresa Lojas Jovens Ltda. adquiriu mercadorias a prazo, para revenda, por R$ 50.000, incidindo sobre a operação ICMS de 18%.

Com base nesses dados, identifique o registro contábil que caracteriza esta operação.

a) Diversos

a Fornecedores	50.000
Estoque de mercadorias	41.000
ICMS a recuperar	9.000

b) Diversos
 a Diversos
  Estoque de mercadorias 50.000
  ICMS a recuperar 9.000
 a Fornecedores 50.000
 a ICMS a pagar 9.000

c) Diversos
 a Estoque de mercadorias 50.000
  Fornecedores 41.000
  ICMS a recuperar 9.000

d) Estoque de mercadorias 59.000
 a Diversos
 a Fornecedores 50.000
 a ICMS a pagar 9.000

e) Estoque de mercadorias 50.000
 a Fornecedores 50.000
  Bancos conta movimento 9.000
 a ICMS a pagar 9.000

8. (AnaGest — SABESP — FCC/2018) A empresa Compra e Vende Comércio S.A. adquiriu mercadorias para revenda e incorreu nos seguintes gastos durante o ano de 2017:

— Pagamento ao fornecedor das mercadorias: R$ 862.500,00.
— Valor do frete para transporte das mercadorias até a empresa: R$ 40.500,00, que foram pagos após 30 dias da data da compra.
— Pagamento de seguro para transporte das mercadorias até a empresa: R$ 60.000,00.

Nos diversos valores pagos ou a pagar para dispor das mercadorias estavam incluídos tributos recuperáveis que totalizavam R$ 67.500,00 e tributos não recuperáveis que totalizavam R$ 48.000,00.
A empresa obteve durante o ano abatimentos sobre as compras efetuadas no valor de R$ 90.000,00.
Sabe-se que o estoque inicial de mercadorias era R$ 300.000,00 e que no final do período o saldo apresentado era R$ 225.000,00.
O preço de venda das mercadorias vendidas foi R$ 1.305.000,00, e a empresa concedeu um desconto de 5% ao comprador em função do volume negociado. Os tributos incidentes sobre as vendas realizadas totalizaram o valor de R$ 129.750,00.
Adicionalmente, a empresa incorreu nos seguintes gastos relacionados com a venda efetuada:

— Pagamento de frete no valor de R$ 12.000,00 para a entrega das mercadorias vendidas.
— Pagamento de comissão para os vendedores no valor de R$ 18.000,00.
— Despesas gerais no valor de R$ 60.000,00.

Considerando as informações apresentadas anteriormente, o Custo das Mercadorias Vendidas (CMV) e o valor do Resultado Bruto com Vendas (Lucro bruto) são, respectivamente, em reais,

a) 780.000,00 e 330.000,00.
b) 880.500,00 e 199.500,00.
c) 780.000,00 e 300.000,00.
d) 880.500,00 e 424.500,00.
e) 880.500,00 e 229.500,00.

9. (Analista — FITO — VUNESP/2020) A Cia. Comercial Flor de Maracujá adquiriu mercadorias para revenda no valor de R$ 1.000.000,00, incidindo sobre a operação de venda o ICMS, à alíquota de 18%, e o PIS e COFINS não cumulativos. Posteriormente, revendeu 80% desse lote por R$ 870.000,00 numa operação interestadual com alíquota de 12%. A companhia é tributada pelo PIS e COFINS na sistemática cumulativa. O lucro bruto auferido pela companhia na operação correspondeu, em R$, a

a) 29.125,00.
b) 49.150,00.
c) 77.845,00.
d) 103.125,00.
e) 151.485,00.

10. (ACE — TCE-RJ — CESPE/2021) Quanto ao passivo exigível e seus componentes, julgue o item subsequente.

Nas contas de imposto sobre operações relativas à circulação de mercadorias e sobre prestações de serviços de transporte interestadual, intermunicipal e de comunicação (ICMS) e sobre imposto sobre produtos industrializados (IPI) a recolher, registra-se a diferença entre os impostos incidentes sobre os montantes de compras e vendas da entidade.

( ) Certo ( ) Errado

11. (AFR — SEFAZ-AL — CESPE/2021) Uma empresa adquiriu, a prazo, mercadorias para revenda e comprometeu-se a pagar ao fornecedor dessas mercadorias a quantia de R$ 50.000,00, em parcela única, com vencimento em cinco anos. Se a referida compra tivesse sido efetuada à vista, a empresa comercial teria que desembolsar R$ 31.046,06 pelas mercadorias adquiridas. O valor do ICMS embutido no preço das referidas mercadorias foi de R$ 9.000,00. A adquirente não teve que arcar com qualquer gasto adicional para ter as mercadorias em suas dependências, em condições de revenda.

Com base nessa situação hipotética, julgue o item subsequente.

O ICMS incidente sobre o valor das mercadorias adquiridas, no valor de R$ 9.000,00, deve ser reconhecido pela adquirente como uma despesa.

( ) Certo ( ) Errado

10.11.5. Questões envolvendo impostos e contribuições não cumulativos sobre compras e vendas de serviços

1. (Do Autor) Considere as informações a seguir a respeito da empresa de serviços Sevilha S.A.:

Receitas de serviços	$ 100.000
Custos dos serviços	$ 51.000
ISS 5%	
ICMS	17%
PIS/PASEP	1%
COFINS	4%
Descontos comerciais	$ 10.000
Serviços cancelados	$ 20.000

Determinar o lucro bruto, sabendo que da receita de serviços para fins do cálculo do ISS que integra o preço dos serviços (LC n. 116/2003, art. 146, e Lei n. 13.701/2003, arts. 14 e 142) somente podem ser deduzidos os descontos incondicionais e os abatimentos.

a) $ 15.500.
b) $ 25.500.
c) $ 12.000.
d) $ 35.500.
e) $ 35.000.

2. (ISS — Fortaleza — ESAF/2003) A empresa Elétrica de Automóveis Ltda. apurou os seguintes dados do mês:

Custo de mão de obra	3.000
Custo de baixa de bens	1.000
Custo do material aplicado	2.000
Depreciação de equipamentos operacionais	200
Despesas financeiras	300
Imposto sobre serviços	400
Vendas de serviços	10.400

Indique a opção que contém o valor do custo dos serviços prestados.

a) $ 5.000.
b) $ 5.200.
c) $ 5.600.
d) $ 6.200.
e) $ 6.600.

10.11.6. Operações com impostos e contribuições cumulativos

1. (DNOCS — FCC/2010) Dados extraídos da escrituração contábil da Cia. ABC, relativos ao mês de julho de 2009:

Faturamento operacional bruto	750.000
IPI incluso no valor do faturamento	80.000
Descontos incondicionais concedidos	20.000
Devolução de vendas	30.000
ICMS sobre vendas	140.000
Receita de venda de imobilizado	85.000
Reversão de provisões	18.000
Receita de dividendos	25.000

O valor do PIS devido pela companhia, no regime de incidência cumulativa, corresponde, em R$, a

a) 4.030.
b) 4.160.
c) 4.852,50.
d) 4.309,50.
e) 4.192,50.

2. (Contador — Petrobras — CESGRANRIO — Atualizada conforme a Lei n. 11.941/2009) A Cia. Pomar é uma empresa comercial e apresenta os seguintes dados referentes ao mês de outubro de 2003, em reais:

Receita bruta	$ 10.000
PIS sobre vendas	$ 165
ICMS sobre vendas	$ 1.835
Resultado positivo de participação em controladas	$ 500
Receitas financeiras	$ 300
Despesas financeiras	$ 800
Ganho com venda de bens do Ativo Imobilizado	$ 100
Custo das mercadorias vendidas	$ 5.000
Despesas de vendas	$ 1.400
Despesas administrativas	$ 1.000

Sabendo que a Cofins (alíquota de 3%) ainda não foi calculada, após o cálculo desta contribuição, o lucro bruto e o lucro operacional da Cia. Pomar serão, respectivamente, em reais, de:

a) 2.676 e 276;
b) 2.691 e 276;
c) 2.691 e 391;
d) 2.700 e 276;
e) 2.700 e 391.

10.11.7. Apurações com mercadoria que alteram o Patrimônio Líquido

1. (TRF — FCC/2010) O registro de uma venda a prazo no valor de $ 300.000 com 20% de lucro sobre o valor do custo da mercadoria vendida, no mesmo dia em que o fornecedor das citadas mercadorias era pago em virtude do vencimento da duplicata aceita pelo comprador, provoca a seguinte alteração no patrimônio da entidade vendedora:

a) diminuição dos estoques em $ 240.000.
b) aumento do Ativo Circulante em $ 60.000.
c) aumento do Patrimônio Líquido em $ 50.000.
d) diminuição do Passivo Circulante em $ 240.000.
e) diminuição do Patrimônio Líquido em $ 60.000.

10.11.8. Questão didática sobre operações com mercadorias importadas

1. (Do Autor) Uma empresa comercial importa uma máquina para revenda com preço FOB de $ 50.000. A cotação do dólar comercial americano no dia do embarque era de $ 2. No dia do desembaraço alfandegário, o dólar estava cotado a $ 3. As despesas de frete foram de 4% do valor FOB, e o seguro, de 6% do valor FOB. A alíquota do imposto de importação para a máquina foi de 30% e o ICMS foi de 20%. O valor a ser contabilizado no estoque para revenda na empresa importadora é:

a) $ 308.800.
b) $ 321.750.
c) $ 257.400.
d) $ 150.000.
e) $ 165.000.

2. (Contador Jr. — CESGRANRIO/2010) Admita que uma empresa que importou uma máquina para o seu imobilizado apresentou as informações abaixo relativas a tal importação.

— Valor da máquina, em dólar, declarado nos documentos de importação — US$ 50.000
— Valor da máquina fixado pela autoridade aduaneira para a base de cálculo do imposto de importação — US$ 54.000
— Imposto de Importação (II) = 10%
— Taxa de câmbio na operação US$ 1 = R$ 1,50
— Imposto sobre Produtos Industrializados (IPI) = R$ 4.100,00
— Despesas aduaneiras = R$ 1.800,00
— Frete do porto até o estabelecimento do importador = R$ 5.000,00

A base de cálculo do ICMS na importação dessa máquina, em reais, é

a) 89.000,00.
b) 94.000,00.
c) 95.000,00.
d) 95.100,00.
e) 100.000,00.

3. (Analista — TRF 3 — FCC/2016) Um lote de mercadorias foi adquirido do exterior para comercialização no Brasil. A compra ocorreu em 15.10.2015 e o preço pago ao fornecedor no exterior foi R$ 6.000.000,00, sendo que a empresa pagou, adicionalmente, os seguintes encargos para dispor das mercadorias em condições de venda:

— R$ 600.000,00 de transporte aéreo para trazer a mercadoria do país de origem até o Brasil.
— R$ 240.000,00 de taxas e tarifas alfandegárias para ingresso das mercadorias no Brasil.
— R$ 100.000,00 para transporte da mercadoria do aeroporto até a sede da empresa.
— R$ 150.000,00 correspondentes aos seguintes impostos:
— R$ 60.000,00 a título de imposto de importação não recuperável.
— R$ 90.000,00 a título de outros impostos locais que podem ser compensados com os impostos incidentes no momento da venda das mercadorias.

Sabe-se que não havia saldo de estoque antes desta compra e que, em dezembro de 2015, a empresa vendeu noventa por cento das mercadorias que foram importadas. O valor bruto das vendas foi R$ 8.500.000,00 e os impostos incidentes sobre estas vendas totalizaram R$ 1.275.000,00. O Resultado Bruto com Mercadorias apurado pela empresa no ano de 2015, exclusivamente em relação às mercadorias importadas e vendidas, foi, em reais,

a) 3.100.000,00.
b) 844.000,00.
c) 925.000,00.
d) 979.000,00.
e) 1.015.000,00.

4. (AFRE — SEFAZ-MA — FCC/2016) Uma empresa importou um lote de mercadorias para comercialização no Brasil, sendo que a compra foi realizada em outubro de 2013 e o preço pago à vista ao fornecedor no exterior foi R$ 3.000.000,00. Os gastos descritos a seguir foram necessários para a empresa dispor das mercadorias em condições de venda, e foram todos pagos à vista:

— Gasto de R$ 300.000,00 para transportar as mercadorias do país de origem até o Brasil.
— Taxas e tarifas no valor de R$ 120.000,00 para o ingresso e regularização das mercadorias no Brasil.
— Imposto de importação no valor de R$ 30.000,00. Este imposto é definitivo e não é compensável pela empresa.
— Gasto de R$ 50.000,00 para transporte das mercadorias até o depósito da empresa.
— Impostos locais no valor de R$ 45.000,00 que podem ser compensados com os impostos incidentes no momento da venda das mercadorias.

Sabe-se que não havia saldo de estoque antes desta compra e que, em dezembro de 2013, a empresa vendeu oitenta por cento (80%) das mercadorias que haviam sido importadas. O valor evidenciado pela empresa no Balanço Patrimonial de 31.12.2013, exclusivamente em relação às mercadorias importadas remanescentes, foi, em reais:

a) 600.000,00.
b) 709.000,00.
c) 700.000,00.
d) 630.000,00.
e) 606.000,00.

11

MÉTODOS DE AVALIAÇÃO DE ESTOQUES

11.1. ASPECTOS INICIAIS

A avaliação dos estoques é fundamental para a determinação do custo das mercadorias vendidas e, portanto, do resultado de uma empresa comercial ou industrial.

Em uma empresa industrial, a determinação do custo de um produto fabricado depende do valor da matéria-prima, do valor da mão de obra direta de fabricação (aplicada para transformar as matérias-primas em um produto) e também da determinação dos chamados gastos gerais fabris, como energia elétrica, aluguéis, segurança, limpeza, pessoal indireto etc.

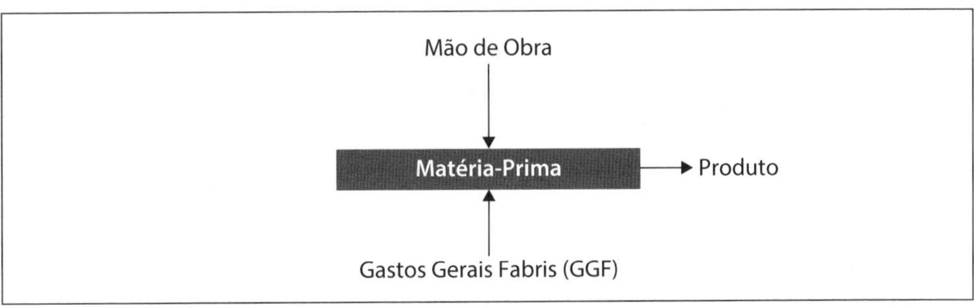

Uma empresa de serviços tem praticamente a mesma estrutura de composição de custos de uma indústria. Um serviço também exige habitualmente a utilização de algum tipo de matéria-prima, mão de obra direta e gastos gerais para a sua prestação, embora nas empresas de serviços os estoques tenham importância reduzida.

Em uma empresa comercial, a dificuldade é muito menor, pois ela vende exatamente o que compra.

O objetivo do nosso estudo neste capítulo são as empresas comerciais, uma vez que o estudo dos custos de produtos fabricados ou serviços prestados são alvo da contabilidade de custos.

11.2. DEFINIÇÕES

A seguir, definições importantes que constam do item 6 da norma NBC TG 16 (R2) (IAS2).

11.2.1. Estoques

Estoques são ativos quando:

(a) **mantidos para venda no curso normal dos negócios;**
(b) em processo de produção para **venda**; ou
(c) na forma de materiais ou suprimentos a serem **consumidos** ou **transformados** no processo de produção ou na prestação de serviços.

11.2.2. Valor realizável líquido

É o **preço de venda** estimado no curso normal dos negócios deduzido dos **custos estimados** para sua conclusão e dos **gastos** estimados necessários **para se concretizar a venda**.

Exemplo: venda de um apartamento por $ 500.000 e comissão de venda de $ 40.000.

Valor da venda de um imóvel	$ 500.000
(–) Custo de proporção para venda	$ 30.000
(–) Gastos com a venda — Comissões	$ 10.000
Valor realizável líquido	$ 460.000

11.2.3. Valor justo

"*Valor justo* é o preço que seria recebido pela venda de um ativo ou que seria pago pela transferência de um passivo **em uma transação não forçada** entre participantes do mercado na data de mensuração" (NBC TG 46 — Apêndice A).

Exemplo: uma empresa (A) tem participação societária como controladora em outra empresa (B). A empresa B possui um veículo para vender e, por pressão da empresa A, poderá realizar a venda para a própria controladora por um valor abaixo do valor de mercado desse veículo. Essa transação seria caracterizada como compulsória porque o valor de mercado (valor justo) não teria sido praticado.

11.2.4. Composição dos estoques

Os estoques compreendem **bens adquiridos e destinados à venda**, incluindo, por exemplo, mercadorias compradas por um varejista para revenda ou terrenos e outros imóveis para revenda.

Os estoques também compreendem produtos acabados e produtos em processo de produção pela Entidade e incluem matérias-primas e materiais aguardando utilização no processo de produção, tais como: componentes, embalagens e material de consumo. No caso de prestador de serviços, os estoques devem incluir os custos do serviço.

11.3. CUSTOS INICIAIS DOS ESTOQUES

A seguir, apresentamos o que deve ser considerado e está definido como custos iniciais dos estoques na norma NBC TG 16 (R2) do Conselho Federal de Contabilidade e no Regulamento do Imposto de Renda. As definições são complementares.

11.3.1. Segundo a norma do CFC (CPC)

> **"O valor de custo do estoque deve incluir todos os custos de aquisição e de transformação, bem como outros custos incorridos para trazer os estoques à sua condição e localização atuais.**
>
> O custo de aquisição dos estoques compreende o preço de compra, os impostos de importação e outros tributos (exceto os recuperáveis perante o fisco), bem como os custos de transporte, seguro, manuseio e outros diretamente atribuíveis à aquisição de produtos acabados, materiais e serviços. **Descontos comerciais, abatimentos e outros itens semelhantes devem ser deduzidos na determinação do custo de aquisição**" (itens 10 e 11 da NBC TG 16 R2).

11.3.2. Segundo o Regulamento do Imposto de Renda (Decreto 9.580/2018 — RIR 2019, art. 301)

> "§ 1.º O custo de aquisição de mercadorias destinadas à revenda compreenderá os de transporte e seguro até o estabelecimento do contribuinte e os tributos devidos na aquisição ou importação (Decreto-Lei n. 1.598, de 1977, art. 13).
>
> § 2.º Os gastos com desembaraço aduaneiro integram o custo de aquisição.
>
> § 3.º Não se incluem no custo os impostos recuperáveis através de créditos na escrita fiscal."

11.4. NÃO É CUSTO DE ESTOQUES

11.4.1. Despesas do período

Exemplos de itens não incluídos no custo dos estoques e reconhecidos como despesa do período em que são incorridos, segundo a norma NBC TG 16 (R2), item 16:

> "(a) **valor anormal de desperdício de materiais, mão de obra ou outros insumos de produção;**
>
> (b) **gastos com armazenamento**, a menos que sejam necessários ao processo produtivo entre uma e outra fase de produção;
>
> (c) **despesas administrativas que não contribuem para trazer o estoque ao seu local e condição atuais;** e
>
> (d) **despesas de comercialização**, incluindo a venda e a entrega dos bens e serviços aos clientes."

11.4.2. Custos financeiros embutidos nas compras

Existem muitas situações em que empresas adquirem estoques com prazos para pagamento, e nos preços são acrescentados juros pelo período financiado. Esses custos devem ser retirados do valor a ser contabilizado como estoque.

> "A entidade geralmente compra estoques com condição para pagamento a prazo. A negociação pode efetivamente conter um elemento de financiamento, como, por exemplo, uma diferença entre o preço de aquisição em condição normal de pagamento e o valor pago; **essa diferença deve ser reconhecida como despesa de juros** durante o

período do financiamento" (item 18, NBC TG 16 R2). No registro inicial essa conta é redutora de passivo.

Exemplo: a empresa Vigo S.A. adquire 100 computadores para revenda com um prazo de pagamento de 90 dias. O preço unitário para pagamento à vista seria de $ 1.500, entretanto, o preço unitário para pagamento em 90 dias foi de $ 1.800. Desconsiderando os aspectos tributários, o lançamento a ser feito quando desta aquisição deve ser:

O preço total será de 100 x $ 1.800 = $ 180.000.

Lançamento no dia da aquisição:

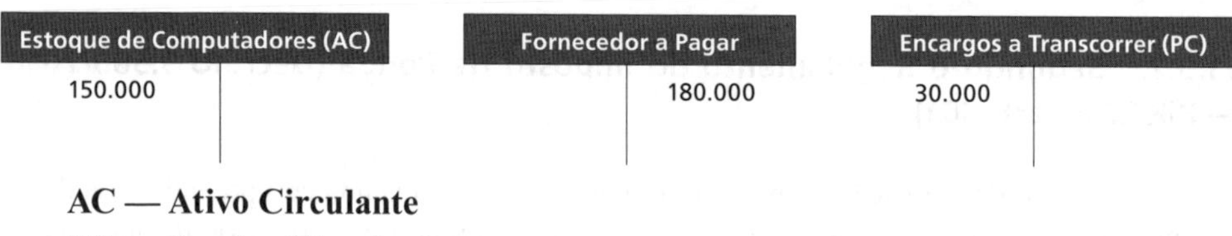

AC — Ativo Circulante

PC — Passivo Circulante

Apresentação do Balanço Patrimonial no dia da aquisição:

ATIVO		PASSIVO	
Estoque de computador	150.000	Fornecedor	180.000
		(–) Encargos a transcorrer	(30.000)

Lançamento no dia do pagamento ao fornecedor:

A aquisição, a prazo, de $ 180.000 tem embutida juros de $ 30.000. O valor contabilizado como estoque foi de $ 180.000 – $ 30.000 = $ 150.000. No dia do pagamento ao fornecedor, a empresa Vigo deverá apropriar a despesa de juros de $ 30.000.

11.4.2.1. Encargos financeiros como custo de estoque

A norma contábil NBC TG 20 (R2) (Custos de Empréstimos) identifica as circunstâncias particulares em que os juros (encargos financeiros de empréstimos obtidos) podem ser considerados custo do estoque.

Esta norma, em seu item 10, define que, para um Ativo qualificável, é possível considerar juros sendo incorporados ao custo de estoque. Ativo qualificável é um tipo de Ativo **que demanda um tempo substancial para ficar pronto** para uso ou venda. Por exemplo, a construção de imóveis para revenda, turbinas de aviões, obras de grande vulto etc.

11.5. AVALIAÇÃO DOS ESTOQUES

11.5.1. Segundo a Lei n. 6.404/76

O art. 183, II, desta lei determina que a avaliação deva ser feita pelo **custo de aquisição ou valor de mercado quando este for menor:**

> "os direitos que tiverem por objeto mercadorias e produtos do comércio da companhia, assim como matérias-primas, produtos em fabricação e bens em almoxarifado, pelo **custo de aquisição ou produção, deduzido de provisão para ajustá-lo ao valor de mercado, quando este for inferior.**"

11.5.2. Segundo a norma NBC TG 16 (R2), item 9

> "Os estoques objeto deste Pronunciamento devem ser mensurados pelo valor de custo ou pelo valor realizável líquido, dos dois o menor."

Tanto a norma societária (Lei n. 6.404/76) como a norma contábil (NBC TG R2) determinam que a avaliação seja mensurada pelo valor de **custo ou valor de mercado (valor realizável líquido). O Regulamento do Imposto de Renda não reconhece essa desvalorização** de estoque em relação ao custo inicial. A boa prática contábil exige que seja contabilizada uma perda no valor dos estoques. Entretanto, essa perda não é reconhecida pela legislação fiscal.

Exemplo: uma distribuidora de equipamentos de informática tem um lote de 100 computadores de geração desatualizada adquiridos cada um por $ 1.500. O valor líquido de venda de cada unidade hoje seria de $ 1.000. Neste caso, devemos contabilizar as perdas com a desvalorização do estoque da seguinte forma:[1]

Patrimônio		Despesa		Conta retificadora do Ativo	
Estoque de Computadores		**Perdas com Estoque**		**Perdas Estimadas**[1]	
150.000		50.000			50.000

Estoques	150.000
(–) Perdas Estimadas com Estoques	(50.000)
Valor líquido dos estoques	100.000

[1] Antiga provisão para ajuste ao valor do mercado.

11.6. MÉTODOS DE AVALIAÇÃO DO CUSTO, DAS MERCADORIAS VENDIDAS E DOS ESTOQUES

O custo de aquisição a ser considerado na contabilidade de uma empresa comercial depende do tipo de mercadoria que a empresa comercializa ou fabrica.

Quando a empresa vende automóveis, o controle é mais simples, porque sempre é possível saber exatamente quanto custou o veículo que estamos vendendo para cada cliente.

Quando se trata de um item vendido por um supermercado, o problema é mais complexo. Uma lata de massa de tomate que passa pelo caixa pode ter diferentes custos de compra, uma vez que o supermercado pode ter comprado diversos lotes e com custos de aquisição diferentes. Que valor de compra considerar para calcular o lucro, quando vendemos um item com diferentes referências de compra?

Existem basicamente quatro tipos de métodos para equacionar esse problema:

Método do preço específico	Produtos únicos de fácil identificação
Método do varejo	Muita diversidade de produtos e quantidades
Métodos periódicos	Conta Mista e Conta Desdobrada de Mercadoria
Métodos permanentes	PEPS, UEPS, média ponderada móvel e fixa

11.6.1. Método do preço específico

Neste método, consideramos o **custo efetivo** do item que está sendo vendido. Este recurso é muito comum em revendas de itens de **alto valor**, como veículos, máquinas, equipamentos pesados, equipamentos de informática e itens de valor significativo e, normalmente, quando os estoques também não são quantitativamente expressivos, como os de supermercados e lojas de departamento.

Portanto, **independentemente da época da aquisição do item a ser vendido**, iremos considerar o seu custo de aquisição para determinar o CMV e o lucro bruto da operação comercial. O exemplo a seguir se refere a equipamentos de informática.

Estoque	Custo	Unidades	Valor
Roteadores para Internet (Lote 1)	$ 10.000	100	$ 1.000.000
Roteadores para Internet (Lote 2)	$ 10.800	80	$ 864.000
Venda	**CMV**	**Unidades**	**Valor**
Roteadores para Internet (Lote 1)	$ 10.000	50	$ 500.000
Roteadores para Internet (Lote 2)	$ 10.800	30	$ 324.000
TOTAL do CMV			$ 824.000

Nestes casos, apesar de termos ainda 50 roteadores do Lote 1, eles podem estar em demonstrações técnicas ou em fase de aprovação para depois serem vendidos e, portanto, não estão disponíveis para venda, embora contabilizados nos estoques.

A venda é feita inclusive discriminando na nota fiscal o número de série do equipamento. Aliás, na importação, isso também ocorreu. As guias de importação fazem menção explícita àquele determinado equipamento, assim como o fazem quando se trata de um veículo importado (número de chassi, motor etc.).

Observação: os valores estão considerados sem impostos de venda.

11.6.1.1. Método do preço específico na legislação do Imposto de Renda e societária

Tanto a Lei n. 6.404/76 como o Regulamento do Imposto de Renda de 2018, no art. 305, determinam que as mercadorias e matérias-primas devem ser avaliadas pelo custo específico de aquisição.

> "**Art. 293.** As mercadorias, as matérias-primas e os bens em almoxarifado serão avaliados pelo custo de aquisição (Lei n. 154, de 1947, art. 2..º, §§ 3.º e 4.º, e Lei n. 6.404, de 1976, art. 183, inciso II)."

11.6.1.2. Método do preço específico na norma contábil

A norma NBC TG 16 R2, em seus itens 23 e 24, também determina que o valor dos estoques deve ser avaliado pelo custo específico:

> "O custo dos estoques de itens que **não são normalmente intercambiáveis** e de bens ou serviços produzidos e segregados para projetos específicos deve ser **atribuído pelo uso da identificação específica dos seus custos individuais**.
> **A identificação específica do custo significa que são atribuídos custos específicos a itens identificados do estoque.** Este é o tratamento apropriado para **itens que sejam segregados para um projeto específico**, independentemente deles terem sido comprados ou produzidos. **Porém, quando há grandes quantidades de itens de estoque que sejam geralmente intercambiáveis, a identificação específica de custos não é apropriada.** Em tais circunstâncias, um critério de valoração dos itens que permanecem nos estoques deve ser usado."

O método do preço específico é adotado no caso de itens de valor alto e de custo facilmente verificado, como é o caso de obras de arte, veículos, lanchas, turbinas etc.

Exemplo: a concessionária Vigo Automóveis tem dois veículos de mesma marca, modelo, cor e opcionais em seu estoque. O mais antigo (A) foi adquirido por $ 25.000 e o mais novo (B) foi adquirido da fábrica por $ 28.000. O veículo mais novo foi vendido nesta data por $ 40.000. O ICMS da venda é 20%, PIS de 1% e COFINS de 4%. Sabendo-se que as alíquotas de compra dos tributos são as mesmas, calcular o lucro bruto da operação.

Valor de compra (B)	$ 28.000	Preço de venda	$ 40.000
(–) ICMS sobre compra	($ 5.600)	(–) ICMS sobre vendas	($ 8.000)
(–) PIS sobre compra	($ 280)	(–) PIS sobre vendas	($ 400)
(–) COFINS sobre compra	($ 1.120)	(–) COFINS sobre vendas	($ 1.600)
Valor de custo para estoque	$ 21.000	Receita líquida	$ 30.000

Receita da venda (B)	$ 40.000	
(–) Deduções	$ 10.000	(impostos)
Receita líquida	$ 30.000	
(–) Custo do veículo B	$ 21.000	
Lucro bruto	$ 9.000	

Independentemente de o veículo B ter entrado nos estoques mais recentemente, quando calculamos o lucro da venda de B, temos que levar em consideração o custo efetivo dele, quando da aquisição. Veículo é o tipo de bem que nos possibilita saber com clareza qual foi o seu custo de aquisição.

11.6.2. Método do preço de venda (método do varejo)

Este método é muito utilizado por empresas que possuem uma quantidade e diversidade muito grande em seus estoques para venda. As lojas de departamentos são um exemplo clássico, uma vez que possuem diversos setores e, em cada setor, produtos absolutamente distintos, como bijuterias, perfumes, roupas femininas, roupas infantis, artigos masculinos, farmácia etc. Normalmente, cada departamento tem seus fornecedores, e os preços de mercado proporcionam margens semelhantes para todos os produtos do departamento.

O preço em cada departamento é determinado, com um '*markup*' sobre o custo (sem impostos), e, então, todos os produtos são etiquetados. Portanto, se queremos avaliar os estoques, periódica (uma vez por ano) ou permanentemente (por dia, semana ou mês), basta levantarmos os itens na loja, somarmos os preços das etiquetas e dividirmos pelo "*markup*" adotado no departamento.

Do ponto de vista matemático, um "*markup*" proporciona um lucro sobre custo ou sobre venda. O *markup* é um fator ou um índice que proporcionará o lucro da operação.

11.6.2.1. No âmbito da norma contábil

A norma NBC TG 16 R2, item 22, define e autoriza sua utilização. Esse método pode ser utilizado no âmbito da contabilidade societária.

> "O método de varejo é muitas vezes usado no setor de varejo para mensurar estoques de grande quantidade de itens que mudam rapidamente, itens que têm margens semelhantes e para os quais não é praticável usar outros métodos de custeio. O custo do estoque deve ser determinado pela redução do seu preço de venda na percentagem apropriada da margem bruta. A percentagem usada deve levar em consideração o estoque que tenha tido seu preço de venda reduzido abaixo do preço de venda original. É usada muitas vezes uma percentagem média para cada departamento de varejo."

11.6.2.2. No âmbito da legislação do Imposto de Renda

Na legislação do Imposto de Renda, no art. 14, § 2.º, do Decreto-lei n. 1.598/77, temos definida sua autorização de utilização:

> "O valor dos bens existentes no encerramento do período poderá ser o custo médio ou o dos bens adquiridos ou produzidos mais recentemente, **admitida, ainda, a avaliação com base no preço de venda, subtraída a margem de lucro** *(Redação dada pela Lei n. 8.541, de 1992).*"

Exemplo: uma mercadoria tem um custo de $ 100, e a empresa deseja vendê-la com um lucro sobre custo de 25%, que é o mesmo que dizer que o *markup* será de 1,25. Também poderíamos dizer que queremos vender com uma margem sobre vendas de 20%.

Preço de custo	100
Lucro sobre custo	25%
Markup (sobre custo)	1,25
Lucro sobre custo	25
Preço de venda	125
Lucro sobre venda	25/125 = 20%

11.6.2.3. Descontos no método do varejo

A seguir, vamos exemplificar os descontos no método do varejo, uma vez que é necessário saber tratar de promoções ou mesmo um desconto ocasional para um cliente. Nesses casos, vamos contabilizar a venda pelo preço da etiqueta e também o desconto.

Exemplo: vamos adotar os dados do exemplo anterior. Um produto com preço de venda de $ 125 e com um custo de $ 100. A margem sobre vendas é de 20%. Vamos exemplificar um desconto de 10%.

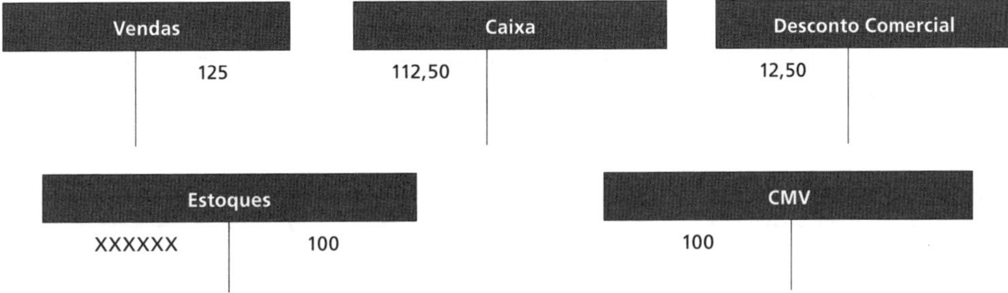

11.6.3. Método de controle de inventário periódico

Neste método, a empresa não controla continuamente seus estoques, e sim faz este controle por bimestres, trimestres, semestres ou anualmente. É necessária uma **contagem física** do estoque, o chamado **balanço**. O objetivo desse balanço é verificar quanto existe de estoque comparado com o que a empresa tinha no início do período e considerar as compras do período para apurar o valor da mercadoria vendida.

O Parecer Normativo CST número 6, em seu item 2.4, possibilita que, caso a empresa não possua registros permanentes de seus estoques, adote métodos de controle periódicos.

"nesse caso o inventário, no final do exercício, é definido: em quantidades, por contagem física; em preço, segundo aqueles praticados nas compras mais recentes e constantes de notas fiscais (no caso trivial em que o estoque é menor que a última compra, o preço unitário desta é o relevante para avaliação); em valor, pela multiplicação de preço por quantidade."

Existem duas técnicas de controle periódico do estoque:

11.6.3.1. Conta desdobrada de mercadoria

Esse método está previsto no item 2.5 do Parecer Normativo CST 06/79. Consiste em considerar, basicamente, três contas que tratam de mercadorias. A conta **de estoque inicial de mercadorias, a conta compras de mercadoria do período (devolução de compras) e a conta de estoque final do período**, que será a conta de estoque inicial do próximo período.

Na **conta de mercadoria**, inicialmente está contabilizado o saldo do período em questão. Na conta compras, as aquisições do período e as devoluções de compras em uma conta específica. No final do período, é realizado um inventário físico para apurar o estoque final.

O custo da mercadoria vendida (item 2.5) é apurado da seguinte forma:

CMV = estoque inicial + compras líquidas – estoque final

A seguir, vamos exemplificar este método com o exemplo da Cia. Alicante.

Exemplo: a Cia. Alicante possui estoque inicial de mercadorias de $ 50.000 e adquiriu a prazo $ 30.000 do seu fornecedor, dos quais $ 5.000 foram devolvidos. A receita de vendas a prazo no período foi de $ 120.000, dos quais $ 15.000 foram devolvidos pelos clientes. O estoque físico apurado ao final do período foi de $ 40.000. Apurar o lucro bruto (resultado com mercadorias).

Estoque Inicial de Mercadorias	
50.000	

Compras	
(1) 30.000	

Devoluções de Compras	
	5.000 (4)

Receita de Vendas	
	120.000 (2)

Devolução de Vendas	
(3) 15.000	

Contas a Receber	
(2) 120.000	15.000 (3)

Fornecedores	
(4) 5.000	30.000 (1)

Cálculo do CMV:

Estoque inicial	$ 50.000
Compras	$ 30.000
(–) Devolução de compras	($ 5.000)
(–) Estoque final	($ 40.000)
CMV	$ 35.000

CMV = estoque inicial + compras líquidas – estoque final

Compras líquidas = compras – devolução de compras

Determinação do Lucro Bruto:

Receita bruta de vendas	$ 120.000
(–) Devolução de vendas	($ 15.000)
Receita líquida	$ 105.000
(–) CMV	($ 35.000)
Lucro bruto	$ 70.000

11.6.3.2. Conta mista de mercadoria

O controle da conta de mercadoria com o método conta mista constitui uma exceção em toda a Contabilidade, porque é uma conta ao mesmo tempo patrimonial e de resultado. Esse método não tem utilização prática em nossos dias, entretanto faz parte do programa de alguns importantes concursos.

Normalmente, na conta de mercadorias realizamos lançamentos devedores quando a empresa adquire mercadoria e lançamentos credores quando damos baixa no estoque. Esses lançamentos credores são as contrapartidas do custo das mercadorias vendidas (CMV).

Supondo um estoque inicial de $ 100.000, compras no período de $ 25.000 e venda de mercadoria a prazo por $ 50.000, cujo CMV foi de $ 30.000, os lançamentos da venda e baixa no estoque serão os seguintes:

Receita de Vendas	
	50.000

Contas a Receber	
50.000	

Mercadorias	
100.000	30.000
25.000	

CMV	
30.000	

Memória de cálculo do saldo de estoque:

Estoque inicial	$ 100.000
Compras	$ 25.000
Baixa de estoque (CMV)	($ 30.000)
Estoque final	$ 95.000

Determinação do resultado com mercadorias:

Receita de vendas	$ 50.000
(–) Custo da Mercadoria Vendida (CMV)	($ 30.000)
Lucro bruto (resultado com mercadorias)	$ 20.000

No método de conta mista, basicamente, registramos o estoque inicial e as compras com lançamentos devedores e lançamos, então, os créditos e todas as vendas do período na própria conta de mercadoria. Vamos exemplificar com os mesmos dados do exemplo anterior.

Mercadorias (Débito)	Mercadorias (Crédito)
Saldo Inicial 100.000	50.000 (1) Venda
Compras 25.000	
75.000	

Contas a Receber (Débito)	Contas a Receber (Crédito)
(1) 50.000	

Ao final do período, é necessário o levantamento do estoque físico, que, neste caso, será de $ 95.000, e não de $ 75.000, como o saldo contábil está indicando ($ 125.000 – $ 50.000).

A diferença entre o estoque físico e o contábil é o lucro bruto (resultado com mercadoria do período).

Mercadoria (Débito)	Mercadoria (Crédito)
75.000 (contábil)	
20.000 (ajuste)	
95.000 (físico/real)	

Lucro bruto (Débito)	Lucro bruto (Crédito)
	20.000

O lançamento de ajuste que é feito ao final de cada período para ajustar o valor contábil com o valor real do estoque é o resultado do período. Neste caso, lucro bruto é de $ 20.000.

Exemplo: a Cia. Alicante possui estoque inicial de mercadorias de $ 50.000 e adquiriu do seu fornecedor $ 30.000 (1) a prazo, dos quais $ 5.000 (2) foram devolvidos ao fornecedor. A receita de vendas a prazo no período foi de $ 120.000 (3), dos quais $ 15.000 (4) foram devolvidos pelos clientes. O estoque físico apurado ao final do período foi de $ 40.000 (5). Apurar o lucro bruto (resultado com mercadorias).

Cálculo do CMV de forma clássica (desdobrada):

Estoque inicial	$ 50.000
Compras	$ 30.000
(–) Devolução de compras	($ 5.000)
(–) Estoque final	($ 40.000)
CMV	$ 35.000

Determinação do lucro bruto:

Receita bruta de vendas	$ 120.000
(–) Devolução de vendas	($ 15.000)
Receita líquida	$ 105.000
(–) CMV	($ 35.000)
Lucro bruto	$ 70.000

Solução pelo método conta mista de mercadoria:

Mercadorias	
(0) 50.000	5.000 (2)
(1) 30.000	120.000 (3)
(4) 15.000	
30.000	

Fornecedores	
(2) 5.000	30.000 (1)

Contas a Receber	
(3) 120.000	15.000 (4)

O saldo contábil da Conta Mercadoria é de $ 30.000 credor, e sabemos que o estoque físico de mercadorias é de $ 40.000. Portanto, a diferença entre os $ 30.000 credores e os $ 40.000 devedores é o lucro bruto de $ 70.000, que precisa ser lançado para ajustar a Conta Mercadoria, igualando o valor contábil ao físico.

Mercadorias	
50.000	50.000
25.000	120.000
15.000	
70.000 (ajuste)	
40.000 (5)	

Lucro bruto	
	70.000

11.6.4. Inventário permanente

O Decreto-lei n. 1.598, que altera a legislação do Imposto de Renda, define em seu art. 14 que o **custo das mercadorias revendidas e matérias-primas utilizadas deve ser determinado utilizando métodos permanentes**.

> "**Art. 14. O custo das mercadorias revendidas e das matérias-primas utilizadas será determinado com base em registro permanente** de estoques ou no valor dos estoques existentes, de acordo com o livro de inventário, no fim do período."

Os métodos permanentes propiciam informação constante dos custos das mercadorias vendidas e do valor dos estoques. Desta forma, haverá um controle mais rigoroso dos estoques. Existem quatro métodos mais conhecidos de controle de estoque: **PEPS, UEPS, MPM e MPF**. Apenas o UEPS não é autorizado pela legislação do Imposto de Renda.

A NBC TG 16 R2, em seu item 25, determina que nos estoques que não são avaliados pelo método do preço específico (assunto abordado no item 11.6.1) devem ser usados os métodos PEPS ou média ponderada (móvel ou fixa).

> "Devem ser atribuídos pelo uso do critério Primeiro a Entrar, Primeiro a Sair (PEPS) ou pelo critério do custo médio ponderado. A entidade deve usar o mesmo critério de custeio para todos os estoques que tenham natureza e uso semelhantes para a entidade."

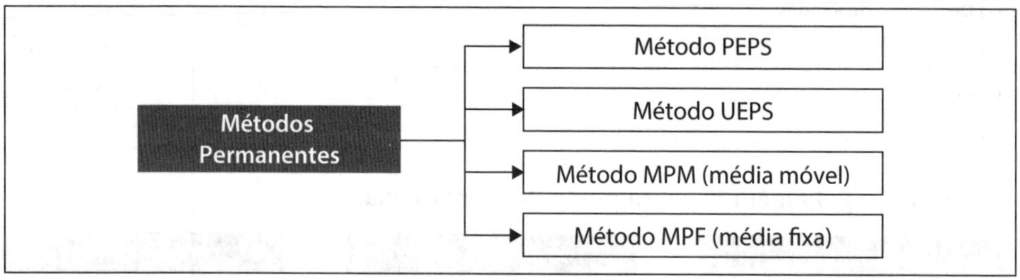

- **PEPS (o Primeiro que Entra é o Primeiro que Sai):** significa que os valores mais antigos que entraram nos estoques serão os primeiros a serem considerados quando uma mercadoria for vendida.
- **UEPS (o Último que Entra é o Primeiro que Sai):** significa que os valores mais recentes que entraram nos estoques serão os primeiros a serem considerados quando uma mercadoria for vendida.
- **MPM (Média Ponderada Móvel):** neste método, a cada entrada de mercadoria no estoque é feito o cálculo médio das mercadorias estocadas.
- **MPF (Média Ponderada Fixa):** neste método, calculamos o valor médio em um período que não ultrapasse um mês. Consideramos o valor e a quantidade inicial, somamos em valor tudo o que foi comprado e dividimos no final de um mês o valor total que transitou pelo estoque pela quantidade total. Assim, obteremos, por exemplo, a média fixa de um mês.

O Decreto n. 1.598/77, que alterou a legislação do Imposto de Renda, no art. 14, § 2.º, define que são permitidos apenas a utilização dos métodos baseados no custo médio ou o método que considera os preços mais recentes de estoques, isto é, preços mais antigos para mercadoria vendida ou, ainda, o método do varejo (preço de venda subtraída a margem de lucro), já analisado no item 11.6.2.

> "§ 2.º O valor dos bens existentes no encerramento do período poderá ser o **custo médio ou o dos bens adquiridos ou produzidos mais recentemente**, admitida, ainda a avaliação com base no preço de venda, subtraída a margem de lucro *(Redação dada pela Lei n. 8.541, de 1992).*"

O Parecer Normativo CST 06/79, no item 2.1, detalha os métodos que se baseiam em custos médios permitindo o método de custo com média fixa no período.

> "É aceitável do ponto de vista fiscal que as saídas sejam registradas **unicamente no fim de cada mês**, desde que avaliadas ao preço médio que, sem considerar o lançamento de baixa, se verificar naquele mês."

Para o ótimo entendimento dos métodos, a fim de exemplificar cada um dos quatro métodos, utilizamos os dados apresentados da empresa Vigo S.A.

A seguir, utilizaremos os quatro métodos (PEPS, UEPS e médias) para determinar o CMV e lucro líquido no mês de março de 2010 da empresa Vigo S.A. Adicionalmente à tabela a seguir devemos considerar:

Despesas operacionais = $ 2.000
IR/CSLL = 10%

DADOS		
01.08.10 — Estoque inicial	» 100 x $ 20 =	$ 2.000
03.08.10 — Compras	» 210 x $ 30 =	$ 6.300
05.08.10 — Devolução das compras de 03.08.X0	»	50 unidades
07.08.10 — Abatimento sobre as compras de 03.08.2010	»	$ 800
10.08.10 — Vendas	**» 200 x $ 50 =**	**$ 10.000**
15.08.10 — Devolução das vendas de 10.08.X0	»	40 unidades
20.08.10 — Abatimento sobre as vendas de 10.08.X0	»	$ 1.000
25 08.10 — Compras	» 100 x $ 40 =	$ 4.000
30.08.10 — Vendas	**»120 x $ 50 =**	**$ 6.000**

11.6.4.1. Solução utilizando o método PEPS

DATA	ENTRADA			SAÍDA - CMV			SALDO		
	Qtde.	Unitário	Total	Qtde.	Unitário	Total	Qtde.	Unitário	Total
01.08							100	20	2.000
03.08	210	30	6.300				310	100 x 20 210 x 30	8.300
05.08	(50)	30	(1.500)				260	100 x 20 160 x 30	6.800
07.08			(800)				260	100 x 20 160 x 25	6.000
10.08				200	100 x 20 100 x 25	4.500	60	25	1.500

15.08				(40)	40 x 25	(1.000)	100	25	2.500
20.08									
25.08	100	40	4.000				200	100 x 25 100 x 40	6.500
30.08				120	100 x 25 20 x 40	3.300	80	40	3.200
					CMV =	6.800	ESTOQUE =		3.200

DATA	RELAÇÃO DOS EVENTOS OCORRIDOS
01.08	O estoque inicial é de 100 peças, ao valor unitário de $ 20, que totaliza um estoque inicial de $ 2.000.
03.08	Foram adquiridas 210 unidades ao valor de 30, portanto, uma compra de $ 6.300. Passamos a ter no estoque 310 peças, 100 a $ 20 e 210 a $ 30, o que totaliza um estoque de $ 8.300.
05.08	Devolvemos para o nosso fornecedor 50 peças adquiridas no lote do dia 3 de agosto. O valor da devolução foi de $ 1.500. O estoque, que era de 310 unidades, passou a ser de 260 unidades, ao valor total de $ 6.800 (100 peças que já existiam de $ 20 e 160 peças da compra do dia 3 de agosto, uma vez que devolvemos 50 unidades).
07.08	A empresa obteve $ 800 de abatimento na compra remanescente do dia 3 de agosto. Portanto, esses $ 800 vão diminuir o custo das 160 peças que não devolvemos na compra do dia 3 de agosto. 800/160 = $ 5 por peça; o custo das 160 peças deixou de ser $ 30 e passou a ser de $ 25.
10.08	Fica evidenciada a aplicação do método PEPS. Nesse dia, temos a saída de mercadoria do estoque porque ocorreu a venda de 200 unidades. No método PEPS, temos que compor o valor das mercadorias vendidas utilizando primeiro os custos mais antigos e, depois, os mais recentes. Para compor este lote de 200 unidades, vamos considerar 100 peças a $ 20 e 100 peças a $ 25. O total do custo da mercadoria vendida é de $ 4.500.
15.08	O cliente devolve 40 unidades e, para não adulterar o método, temos que considerar a devolução pelo preço mais recente, isto é, 40 unidades a $ 25. Para melhor entendermos o porquê, devemos considerar o último preço. O cliente comprou 200 e devolveu 40, portanto, a venda efetiva foi de 160 unidades. Se o cliente tivesse comprado 160 unidades, nós deveríamos considerar 100 peças a $ 20 e 60 peças a $ 25. Por isso, quando o cliente devolve peças, devemos considerar a devolução com o último preço.
20.08	Ocorreu um abatimento sobre as vendas da empresa. Abatimento sobre vendas nada influencia o custo das compras ou dos estoques. Se dermos de brinde uma mercadoria ou vendermos com lucro de 300%, o custo será sempre o mesmo. Descontos em preço de venda não alteram nunca o custo. Por isso, nada foi considerado neste dia quanto à apuração do custo.
25.08	O estoque de 100 peças a $ 25 aumentou, em função da compra de 100 peças a $ 40, em um total de $ 4.000. O estoque passou a ser de $ 6.500.
30.08	Ocorreu uma venda de 120 unidades. Para compor este lote segundo o critério PEPS, vamos considerar como custo de mercadoria vendida as 100 unidades mais antigas a $ 25 e completar com 20 peças a $ 40. O total do CMV desta venda foi de $ 3.300.

Conclusão: o CMV das operações de venda foi de $ 4.500 menos $ 1.000, da devolução pelo cliente referente à primeira venda, mais $ 3.300 da última venda. O total do CMV, pelo critério PEPS, foi de $ 6.800.

11.6.4.2. *Solução utilizando o método UEPS*

DATA	ENTRADA			SAÍDA – CMV			SALDO		
	Qtde.	Unitário	Total	Qtde.	Unitário	Total	Qtde.	Unitário	Total
01.08							100	20	2.000
03.08	210	30	6.300				310	100 x 20 210 x 30	8.300
05.08	(50)	30	(1.500)				260	100 x 20 160 x 30	6.800
07.08			(800)				260	100 x 20 160 x 25	6.000
10.08				200	160 x 25 40 x 20	4.800	60	20	1.200
15.08				(40)	40 x 20	(800)	100	20	2.000
20.08									
25.08	100	40	4.000				200	100 x 20 100 x 40	6.000
30.08				120	100 x 40 20 x 20	4.400	80	20	1.600
				CMV =		8.400	ESTOQUE =		1.600

DATA	RELAÇÃO DOS EVENTOS OCORRIDOS
01.08	O estoque inicial é de 100 peças ao valor unitário de $ 20, o que totaliza um estoque inicial de $ 2.000.
03.08	Foram adquiridas 210 unidades ao valor de $ 30, portanto, uma compra de $ 6.300. Passamos a ter no estoque 310 peças, 100 a $ 20 e 210 a $ 30, totalizando um estoque de $ 8.300.
05.08	Devolvemos para o nosso fornecedor 50 peças adquiridas no lote do dia 3 de agosto. O valor da devolução foi de $ 1.500. O estoque, que era de 310 unidades, passou a ser de 260 unidades, ao valor total de $ 6.800 (100 peças que já existiam de $ 20 e 160 peças da compra do dia 3 de agosto, uma vez que devolvemos 50 unidades).
07.08	A empresa obteve $ 800 de abatimento na compra remanescente do dia 3 de agosto. Portanto, esses $ 800 vão diminuir o custo das 160 peças que não devolvemos na compra do dia 3 de agosto. 800/160 = $ 5 por peça; o custo das 160 peças deixou de ser $ 30 e passou a ser $ 25.
10.08	Fica evidenciada a aplicação do método UEPS; neste dia temos a saída de mercadoria do estoque porque ocorreu a venda de 200 unidades. No método UEPS temos que compor o valor das mercadorias vendidas utilizando primeiro os custos mais recentes e depois os mais antigos. Para compor este lote de 200 unidades, vamos considerar 160 peças a $ 25 e 40 peças a $ 20. O total do custo da mercadoria vendida é de $ 4.800.

15.08	O cliente devolve 40 unidades e, para não adulterar o método, temos que considerar a devolução pelo preço mais recente, isto é, 40 unidades a $ 20. Para melhor entendermos o porquê, devemos considerar o último preço. O cliente comprou 200 e devolveu 40, portanto, a venda efetiva foi de 160 unidades. Se o cliente tivesse comprado 160 unidades, nós deveríamos considerar 160 peças a $ 25 somente. Por isso, quando o cliente devolve peças, devemos considerar a devolução com o último preço.
20.08	Ocorreu um abatimento sobre as vendas da empresa. Abatimento sobre vendas nada influencia o custo das compras ou dos estoques. Se dermos de brinde uma mercadoria ou vendermos com lucro de 300% o custo será sempre o mesmo. Descontos em preço de venda não alteram nunca o custo. Por isso, nada foi considerado neste dia quanto à apuração do custo.
25.08	O estoque de 100 peças a $ 20 aumentou em função da compra de 100 peças a $ 40, em um total de $ 4.000. O estoque passou a ser de $ 6.000.
30.08	Ocorreu uma venda de 120 unidades. Para compor este lote segundo o critério UEPS, vamos considerar como custo de mercadoria vendida as 100 unidades mais antigas a $ 40 e completar com 20 peças a $ 20. O total do CMV desta venda foi de $ 4.400.

Conclusão: o CMV das operações de venda no método UEPS foi de $ 4.800, menos $ 800 da devolução pelo cliente referente à primeira venda, mais $ 4.400 da última venda. O total do CMV pelo critério UEPS foi de $ 8.400.

11.6.4.3. *Solução utilizando o método MPM*

DATA	ENTRADA			SAÍDA — CMV			SALDO		
	Qtde.	Unitário	Total	Qtde.	Unitário	Total	Qtde.	Unitário	Total
01.08							100	20	2.000
03.08	210	30	6.300				310	26,77	8.300
05.08	(50)	30	(1.500)				260	26,15	6.800
07.08			(800)				260	23,07	6.000
10.08				200	23,07	4.614	60	23,07	1.384
15.08				(40)	23,07	(923)	100	23,07	2.307
20.08									
25.08	100	40	4.000				200	31,54	6.307
30.08				120	31,54	3.785	80	31,54	2.522
				CMV =		7.476	ESTOQUE =		2.522

DATA	RELAÇÃO DOS EVENTOS OCORRIDOS
01.08	O estoque inicial é de 100 peças ao valor unitário de $ 20, o que totaliza um estoque inicial de $ 2.000; o valor médio de cada peça é de $ 20.
03.08	Foram adquiridas 210 unidades ao valor de 30, portanto, uma compra de $ 6.300. Passamos a ter no estoque 310 peças, valorizadas a $ 8.300; o custo médio nada mais é do que a razão de $ 8.300/310 peças = 26,77.

05.08	Devolvemos para o nosso fornecedor 50 peças adquiridas no lote do dia 3 de agosto. O valor da devolução foi de $ 1.500. O estoque, que era de 310 unidades, passou a ser de 260 unidades, ao valor total de $ 6.800. O valor médio do estoque passou a ser $ 6.800/260 peças = 26,15.
07.08	A empresa obteve $ 800 de abatimento na compra remanescente do dia 3 de agosto. Portanto, esses $ 800 vão diminuir o valor total dos estoques para $ 6.000. O valor médio dos estoques passou a ser $ 6.000/260 peças = 23,07.
10.08	Ocorreu a venda de 200 unidades. No método média ponderada não há dúvida, quanto ao valor a ser considerado para o cálculo do CVM, uma vez que o estoque está valorizado com a média de $ 23,07. O custo da mercadoria vendida foi de $ 4.614.
15.08	O cliente devolve 40 unidades, e o valor a ser considerado só pode ser o de $ 23,07. Para não adulterar o método, temos que considerar a devolução pelo preço mais recente, isto é, 40 unidades a $ 23,07, totalizando $ 923. O estoque, que era de 60 peças, passou a ter 100 peças, uma vez que o cliente devolveu 40 peças. O valor total do estoque passou a ser de $ 2.307.
20.08	Ocorreu um abatimento sobre as vendas da empresa, o qual nada influencia o custo das compras ou dos estoques. Se dermos de brinde uma mercadoria ou a vendermos com lucro de 300%, o custo será sempre o mesmo. Descontos em preço de venda não alteram nunca o custo. Por isso, nada foi considerado neste dia quanto à apuração do custo.
25.08	O estoque de 100 peças a $ 23,07 aumentou, em função da compra de 100 peças a $ 40, em um total de $ 4.000. O estoque passou a ser de $ 6.307. O custo médio de cada peça passou a ser de $ 6.307/200 peças = $ 31,54.
30.08	Ocorreu uma venda de 120 unidades. Como o valor médio do estoque é de $ 31,54, o custo das 120 unidades vendidas é de $ 120 x 31,54 = $ 3.785.

Conclusão: o CMV das operações de venda foi de $ 4.614, menos $ 923 referentes à devolução pelo cliente, mais $ 3.785,00 referentes ao custo da última venda. O total do CMV pelo critério MPM foi de $ 7.476.

11.6.4.4. Solução utilizando o método MPF

Neste método calculamos apenas uma média por mês. Somamos ao estoque inicial todas as compras e descontamos das compras as eventuais devoluções. Tomamos este total em valor do estoque e o dividimos pelo número de unidades para obter-se a média fixa do mês.

Com os mesmos dados do exemplo que utilizamos para calcular o CVM nos métodos PEPS, UEPS e MPM, calculamos abaixo o valor do CVM e o valor do estoque pelo método média fixa.

	A UNIDADES	B VALOR UNITÁRIO	(A × B) TOTAL
Estoque inicial	100	$ 20	$ 2.000
Compras	210	$ 30	$ 6.300
Devolução de compras	(50)	$ 30	$ (1.500)
Abatimento de compras			$ (800)
Compras	100	$ 40	$ 4.000
TOTAL	360		$ 10.000

Total = $ 10.000, para um total de 360 unidades, o que nos leva a um custo unitário médio no período de:

$$\frac{\$\ 10.000}{360\ \text{unid.}} = \$\ 27,77$$

Quantidade vendida = 200 – 40 + 120 = 280 unidades.

O CMV pelo método da MPF é de 280 unidades a um custo de $ 27,77, o que equivale a: $ 7.775,60.

11.6.4.5. Quadro comparativo entre os quatro métodos de avaliação permanente (PEPS, UEPS e médias)

O quadro a seguir apresenta um comparativo do resultado líquido, o qual apura o CMV utilizando cada um dos métodos permanentes estudados neste capítulo.

	PEPS	MÉDIA MÓVEL	MÉDIA FIXA	UEPS
Receita bruta de vendas	16.000	16.000	16.000	16.000
(–) Devolução de vendas	2.000	2.000	2.000	2.000
(–) Abatimento sobre vendas	1.000	1.000	1.000	1.000
(–) Tributos sobre vendas	0	0	0	0
Receita líquida de vendas	13.000	13.000	13.000	13.000
(–) CMV	6.800	7.476	7.775	8.400
Lucro bruto (RCM)	6.200	5.524	5.225	4.600
(–) Despesas operacionais	2.000	2.000	2.000	2.000
Lucro operacional	4.200	3.524	3.225	2.600
(–) Provisão p/ IR (10%)	420	352	323	260
Lucro líquido	3.780	3.172	2.902	2.340

A receita bruta foi obtida multiplicando-se as unidades vendidas antes das devoluções de vendas, isto é, 200 + 120 = 320, pelo valor de venda de $ 50, que resultará em $ 16.000. A devolução de vendas refere-se às 40 unidades por $ 50 que foram devolvidas, resultando em $ 2.000. As despesas operacionais foram informadas no enunciado do exercício ($ 2.000), assim como o abatimento sobre vendas $ 1.000. O Imposto de Renda foi calculado aplicando-se a alíquota de 10% sobre o lucro operacional obtido em cada um dos métodos.

Como os preços foram sempre crescentes, o que é característica de economia inflacionária, o método PEPS apresenta o maior lucro, uma vez que utiliza primeiro os valores mais antigos e, portanto, mais baixos para calcular o CMV. O UEPS apresenta o menor lucro, uma vez que, para apurar o CMV, utiliza primeiro os preços mais recentes, que são os mais altos. Por essa razão, a legislação do Imposto de Renda não autoriza a utilização do UEPS, pois representaria menos tributos a pagar.

11.7. QUESTÕES

11.7.1. Conceitos básicos sobre estoques e avaliação de estoques

1. (TCE-AC — CESPE/2009) Com referência à avaliação de estoques de modo geral, assinale a opção correta.

a) A provisão para ajuste ao valor de mercado é dedutível para efeitos tributários.
b) A regra custo ou mercado, dos dois o menor visa eliminar dos estoques a parcela dos custos recuperável.
c) O imposto de importação e o IOF não devem integrar o custo dos insumos importados.
d) Com a estabilização dos preços, o fisco passou a aceitar a adoção do método UEPS ou LIFO.
e) Com a utilização do método do preço específico, o fluxo contábil dos bens coincide com o fluxo físico.

2. (TCE-AC — CESPE/2009) Existem, basicamente, dois sistemas de apuração do custo das mercadorias vendidas: inventário periódico e inventário permanente. Assinale a opção que caracteriza um típico registro do sistema de inventário permanente.

a) D — custo das mercadorias vendidas
C — mercadorias (somente ao final do exercício)
b) D — compras
C — fornecedores
c) D — fornecedores
C — devoluções de compras (ao longo do ano)
d) D — resultado
C — compras
e) D — mercadorias
C — fornecedores

3. (CMSP — VUNESP/2007) A exatidão no inventário físico dos estoques é muito importante, uma vez que dela depende diretamente a precisão do balanço patrimonial e demonstração de resultado do exercício.

Assinale a alternativa que expresse de forma correta a justificativa dessa afirmação.

a) Quando o inventário final estiver subestimado, o lucro líquido será superestimado.
b) Quando o inventário final estiver superestimado, o lucro líquido será subestimado.
c) Quando o inventário inicial estiver subestimado, o lucro líquido será superestimado.
d) Quando o inventário inicial estiver subestimado, o lucro líquido será subestimado.
e) Independentemente de os inventários iniciais ou finais estarem superestimados ou subestimados, o lucro líquido não se alterará; eventual efeito somente afetará os estoques.

4. (Casa da Moeda — CESGRANRIO/2009) São avaliados pelo custo de aquisição, deduzido de provisão para ajustá-lo ao valor de mercado, quando esse for inferior, os direitos que tiverem por objeto mercadorias, os produtos do comércio da companhia, as matérias-primas, os produtos em fabricação e os(as)

a) instrumentos financeiros.
b) bens em almoxarifado.
c) títulos de crédito.
d) marcas e patentes.
e) aplicações disponíveis para venda.

5. (Analista — TRE-PR — FCC/2012) Para efeitos de avaliação dos bens destinados à venda, considera-se valor justo o

a) preço pelo qual possam ser repostos, mediante compra no mercado.
b) valor líquido pelo qual possam ser alienados a terceiros.
c) preço líquido de realização mediante venda no mercado, deduzidos os impostos e demais despesas necessárias para a venda, e a margem de lucro.
d) valor que pode se obter em um mercado ativo, decorrente de transação não compulsória realizada entre partes independentes.
e) valor que se pode obter em um mercado ativo com a negociação de outro ativo de natureza e risco similares.

6. (Diretor — CM Córregos — VUNESP/2018) Para fins gerenciais, o gestor de uma empresa solicitou à contabilidade que os estoques de matéria-prima fossem mensurados pelo montante em caixa ou equivalentes de caixa que teriam de ser pagos se esses mesmos estoques fossem adquiridos na data do Balanço Patrimonial.

Nesse caso, a base de mensuração a ser utilizada corresponde ao

a) custo histórico.
b) valor presente.
c) custo corrente.
d) custo de oportunidade.
e) valor realizável.

7. (Auditor — CGM Niterói — FGV/2018) Uma loja de esportes vendia bolas. Em 01.11.2016, o estoque de bolas estava avaliado em R$ 2.000 e era composto por 100 bolas. O preço unitário da bola era de R$ 25,00.

No mês de novembro, nenhuma bola foi vendida. A loja fez uma promoção, diminuindo o preço da bola para R$ 15,00. Em dezembro nenhuma bola foi vendida.

Assinale a opção que indica o correto reconhecimento contábil do efeito decorrente da redução do ativo nas demonstrações contábeis de 31.12.2016.

a) D — despesa operacional e C — conta redutora do ativo.
b) D — conta redutora da receita bruta e C — conta redutora do ativo.
c) D — outras despesas operacionais e C — patrimônio líquido.
d) D — despesa financeira e C — passivo.
e) Não deve haver reconhecimento até que as bolas sejam vendidas.

8. (Analista — SABESP — FCC/2018) A Cia. de Águas Marítimas adquiriu um estoque de mercadorias para revenda no valor de R$ 500.000,00. A compra foi realizada no dia 30.12.2017, o prazo para pagamento concedido pelo fornecedor foi de 300 dias e sabe-se que o preço das mercadorias seria R$ 453.000,00 se a compra fosse efetuada à vista. A Cia. de Águas Marítimas pagou, adicionalmente, R$ 7.000,00 referente a frete e seguro para retirada das mercadorias junto ao fornecedor. A Cia. possui um estudo estatístico confiável e auditado por empresa independente e avalia, por este modelo, que as perdas de estoque, em função do seu processo de armazenagem e distribuição, representa 2% do valor total de cada compra. Com base nestas informações, os valores líquidos reconhecidos pela Cia. de Águas Marítimas nas demonstrações contábeis de 2017 foram:

a) Estoque = 507.000,00; Fornecedores a Pagar = 500.000,00.
b) Estoque = 450.800,00; Fornecedores a Pagar = 453.000,00; Despesa com *Impairment* = 9.200,00.
c) Estoque = 460.000,00; Fornecedores a Pagar = 500.000,00; Despesa Financeira = 47.000,00.
d) Estoque = 453.000,00; Fornecedores a Pagar = 500.000,00; Despesa com Frete = 7.000,00; Despesa Financeira = 47.000,00.
e) Estoque = 443.940,00; Fornecedores a Pagar = 453.000,00; Despesa com Frete = 7.000,00; Despesa com *Impairment* = 9.060,00.

9. (Técnico — EBSERH — CESPE/2018) Julgue o seguinte item, que trata do plano de contas.

A conta perdas estimadas por redução ao valor realizável líquido, componente do subgrupo estoques, tem natureza credora, apesar de figurar no ativo.

( ) Certo ( ) Errado

10. (Analista — EMAP — CESPE/2018) Relativamente aos procedimentos de mensuração e avaliação de itens patrimoniais, de acordo com os pronunciamentos do Comitê de Pronunciamentos Contábeis (CPC), julgue o item subsequente.

Para fins de aplicação do pronunciamento CPC 16 (R1), valor realizável líquido é o mesmo que valor justo.

( ) Certo ( ) Errado

11. (Analista — TCE-MG — CESPE/2018) De acordo com o Comitê de Pronunciamentos Contábeis (CPC), para a apuração do valor realizável líquido do estoque de produtos semiacabados em uma sociedade empresária industrial, basta que sejam deduzidas da receita de venda estimada no curso normal dos negócios as despesas estimadas para a venda e o

a) montante de custos gerais para acabamento.
b) custo total estimado para a conclusão do produto.
c) valor de mercado dos insumos envolvidos na produção.
d) valor dos custos diretos necessários à conclusão do estoque.
e) custo de oportunidade do negócio.

12. (Auditor — SEFAZ-AL — CESPE/2020) Com relação a operações envolvendo estoques de mercadorias, julgue o item subsecutivo.

Uma mercadoria cujo custo de aquisição não possa ser mais recuperável deve ser mensurada a valor justo até a sua venda definitiva.

( ) Certo ( ) Errado

13. (Analista — IMBEL — FGV/2021) Uma empresa teve todo o seu estoque destruído em um incêndio. O fato será contabilizado nas demonstrações contábeis da empresa como

a) custo do estoque, na Demonstração do Resultado do Exercício.
b) redutora da receita, na Demonstração do Resultado do Exercício.
c) despesa, na Demonstração do Resultado do Exercício.
d) custo do estoque, no Balanço Patrimonial.
e) perdas com estoques, no Balanço Patrimonial.

14. (Auditor — MPE-AL — FGV/2018) Uma livraria não possuía, em 31.12.2016, estoque do livro Contabilidade. Em janeiro de 2017, ela adquiriu quinhentas unidades do livro por R$ 35.000. Na compra, incorreu em frete para transporte dos livros, no valor de R$ 3.000. Além disso, mandou preparar folhetos para divulgação exclusiva desse livro, no valor de R$ 5.000.

Em janeiro de 2017, o livro começou a ser vendido por R$ 100. Nesse mês, cem livros foram vendidos.

Em fevereiro de 2017, a livraria passou a vender o livro a R$ 80, sendo que cinquenta unidades foram vendidas.

Em março de 2017, o preço do livro passou a R$ 70 e duzentas unidades foram vendidas.

Em abril de 2017, a livraria aumentou o preço do livro para R$ 85. No mês, quarenta unidades foram vendidas.

Assinale a opção que indica o valor do custo das mercadorias vendidas referente ao livro na Demonstração do Resultado do Exercício, de janeiro a abril da livraria.

a) R$ 28.200,00.
b) R$ 28.440,00.
c) R$ 29.640,00.
d) R$ 30.000,00.
e) R$ 33.540,00.

11.7.2. Método de periódico da conta mista

1. (TTN — ESAF/1994) O Razão da conta Mercadorias, contabilizado no método conta mista, apresentava $ 450.000 na coluna Débito e $ 325.000 na coluna Crédito. Sabendo-se que o valor das mercadorias existentes no final do período é de $ 235.000, é correto afirmar que o lucro obtido nas vendas foi de:

a) $ 110.000;
b) $ 125.000;
c) $ 360.000;
d) $ 235.000;
e) $ 215.000.

2. (Téc. Contab. Jr. — CESGRANRIO/2012) As transações típicas de uma empresa comercial envolvem compras e vendas de mercadorias e suas variáveis, tais como devoluções, descontos, impostos, estoques, custo das vendas e resultado com mercadorias. As empresas comerciais podem fazer os registros das operações com mercadorias numa conta única, a chamada conta Mista de Mercadorias, que acolherá tanto os débitos quanto os créditos, o que possibilita a apuração de saldo devedor ou credor, nessa mesma conta, ao final de um período qualquer de vendas ou de um exercício social. Utilizando tal conta, é indispensável que a empresa adote o controle tempo-

rário do estoque. Assim, ao final do período considerado, apura o valor do estoque final das mercadorias, disponíveis para venda, mediante inventário (contagem) físico das mesmas e atribuição do respectivo valor monetário.

Nesse contexto do registro das operações com mercadorias na conta Mista de Mercadorias, uma empresa comercial de pequeno porte apresentou as seguintes informações no encerramento de um determinado mês de operações:

Conta Mista de Mercadorias: saldo devedor = R$ 20.000,00

Estoque final de mercadorias: apurado na contagem física das mercadorias = R$ 50.000,00

Considerando exclusivamente as informações recebidas, o resultado com mercadorias no aludido mês, em reais, é

a) 20.000,00 Prejuízo.
b) 30.000,00 Prejuízo.
c) 50.000,00 Prejuízo.
d) 30.000,00 Lucro.
e) 50.000,00 Lucro.

3. (Técnico-FUB — CESPE/2018) Em relação ao registro de operações contábeis diversas, julgue o item a seguir.

Para registrar uma devolução de compras de mercadorias adquiridas à vista, considerando-se que a empresa adote o método da conta mista com inventário periódico, será adequado o lançamento a débito da conta caixa e a crédito da conta compras canceladas.

( ) Certo ( ) Errado

11.7.3. Métodos de avaliação de periódicos

1. (Casa da Moeda — CESGRANRIO/2009) A característica básica do inventário periódico é a de que a empresa somente toma conhecimento do volume de seus estoques, para fins contábeis, no final de cada período, mês, semestre, ano. Em razão disso,

a) o custo das mercadorias vendidas é conhecido após cada venda realizada.
b) o custo das mercadorias vendidas só é conhecido no final de cada período.
c) o estoque inicial só é conhecido no final de cada período.
d) as compras só são conhecidas no final de cada período.
e) as vendas só são conhecidas no final de cada período.

2. (MPE-SE — FCC/2009) No inventário periódico, o levantamento, a consequente identificação do valor físico e financeiro dos saldos dos estoques e o valor do CMV são realizados

a) de forma extracontábil, após a identificação do saldo físico e a respectiva atribuição de preço aos itens de estoque.
b) emitindo constantes relatórios de entrada e de saída a cada movimentação ocorrida nos estoques.
c) registrando as entradas de estoques pela média ponderada.
d) apurando o valor das saídas dos estoques pelos preços mais antigos.
e) utilizando o critério último que entra é o primeiro que sai.

3. (Bacharel — CFC/2004.2) Uma empresa apresenta os seguintes saldos contábeis, desconsiderando os aspectos tributários: Estoque Inicial $ 1.400; Compras $ 1.700; Devolução de Vendas $ 400; Estoque Final R$ 1.600; Devolução de Compras $ 400; Receita com Vendas de Mercadorias $ 2.600; Despesas Administrativas $ 2600; Despesas Financeiras $ 240. Considerando estes saldos, o Custo das Mercadorias Vendidas e o Resultado Operacional Bruto, respectivamente, são:

a) $ 1.100 e $ 600.
b) $ 1.100 e $ 1.100.
c) $ 1.500 e $ 600.
d) $ 1.500 e $ 1.100.

4. (Perito — FEDERAL — CESPE/2018) Julgue o item que se segue, relativo ao registro de fatos contábeis típicos.

Para uma empresa que utilize o sistema de inventário periódico baseado na conta de mercadorias com função desdobrada, o valor de estoque existente pode ser conhecido a qualquer momento mediante a verificação do saldo da conta de mercadorias.

( ) Certo ( ) Errado

11.7.4. Métodos de avaliação permanentes (PEPS, UEPS, médias ponderadas fixa e móvel)

1. (TRF — ESAF/2006) No período selecionado para esse estudo, foi constatada a seguinte movimentação de mercadorias isentas de qualquer tributação:

1) estoques anteriores de 1.500 unidades, avaliados em $ 30 por unidade;
2) entradas de 2.300 unidades, adquiridas a prazo a $ 40 cada uma;
3) saídas de 2.100 unidades, vendidas à vista a $ 50 cada uma.

Sabendo-se que sob o critério PEPS os estoques serão avaliados ao custo das últimas entradas e que no referido período houve a devolução de 200 unidades vendidas, podemos dizer que o CMV foi de:

a) $ 76.000.
b) $ 69.000.
c) $ 68.400.
d) $ 61.000.
e) $ 57.000.

2. (SEFAZ-SP — FCC/2009) Considere as informações apresentadas, no quadro abaixo, referentes à movimentação de estoques de materiais na empresa Y.

	ENTRADAS EM UNIDADES	SAÍDAS EM UNIDADES	VALOR DAS COMPRAS R$/UNITÁRIO
Saldo inicial	0	0	
Janeiro X0	100		100
Fevereiro X0		50	
Março X0	200		50
Maio		100	
Julho X0	100		80
Setembro X0	150		60
Dezembro X0		150	

Considerando que a apuração do custo dos produtos vendidos é feita mensalmente, o critério de avaliação dos Materiais Diretos (Preço Médio, PEPS e UEPS), que leva a empresa Y a alcançar melhor resultado no período de X0, é

a) PEPS.
b) UEPS.
c) Médio.
d) PEPS e UEPS o mesmo resultado.
e) Médio e PEPS o mesmo resultado.

3. (SEFAZ-RJ — FGV/2009) Em 31.12.2008, a Cia. Itu tinha em seu estoque 8 unidades da mercadoria k, sendo seu estoque avaliado por $ 640.

Durante o mês de janeiro de 2009, a Cia. Itu realizou as seguintes operações:

I. Compra de 12 unidades de k pelo valor total de $ 1.020. O frete de $ 200 é pago pelo fornecedor.
II. Compra de 15 unidades de k pelo valor total de $ 1.350. O frete de $ 150 é pago pelo comprador.
III. Venda de 25 unidades de k por $ 100 cada.
IV. Compra de 10 unidades de k pelo valor total de $ 850. O frete de $ 100 é pago pelo comprador.
V. Venda de 13 unidades de k por $ 110 cada.

Em 31.01.2009, os valores aproximados de estoque final, de acordo com os métodos PEPS e Custo Médio Ponderado Móvel, foram respectivamente:

a) $ 595 e $ 599.
b) $ 595 e $ 619.
c) $ 665 e $ 649.
d) $ 510 e $ 649.
e) $ 510 e $ 619.

4. (SUSEP — ESAF/2010) A empresa Varejos Ltda. tinha em estoque 20 unidades de mercadorias contabilizado por R$ 80 cada unidade, quando negociou as seguintes operações:

1. Compra à vista de 60 unidades a R$ 100, pagando frete de R$ 600;
2. Venda à vista de 40 unidades ao preço unitário de R$ 150, pagando frete de R$ 400.

A negociação não sofreu nenhuma espécie de tributação, nem sobre as mercadorias, nem sobre o frete.
Os estoques são controlados pelo método do custo médio ponderado móvel.

Com essas informações, podemos dizer que o negócio rendeu à empresa um lucro total de

a) R$ 1.500.
b) R$ 1.900.
c) R$ 1.200.
d) R$ 1.800.
e) R$ 1.000.

5. (Fiscal de Rendas-SP — VUNESP/2002) A Rolamentos S/A é uma empresa comercial típica que compra mercadorias para revender. Nestas condições, é contribuinte do ICMS mas não é do IPI. No início do mês de janeiro de 2002, a empresa possuía um estoque de 15 (quinze) rolamentos, corretamente contabilizado por $ 2.700. Durante o mês de janeiro, adquiriu novo lote de 10 (dez) rolamentos, todos do mesmo tipo dos que já possuía em estoque. O valor global (que inclui o valor do ICMS e do IPI) da nota fiscal de aquisição é de $ 2.200. Na nota fiscal é informado, ainda, que o IPI foi calculado com a alíquota de 10% sobre o preço das mercadorias. O ICMS, incluso no preço das mercadorias, foi calculado pela alíquota de 18%. No final de janeiro, o estoque de rolamentos era de 05 (cinco) unidades, pois a empresa vendera os outros 20 (vinte) rolamentos. Sabendo-se que a empresa mantém controle permanente de estoque, utilizando o método PEPS, pode-se afirmar que, em 31 de janeiro de 2002, o valor do estoque final e do custo de mercadorias vendidas será respectivamente de:

a) $ 902 e $ 3.602.
b) $ 920 e $ 3.620.
c) $ 1.000 e $ 3.700.
d) $ 1.080 e $ 3.780.
e) $ 1.100 e $ 3.800.

6. (Assistente — ALERO — FGV/2018) Em 01.04.2018, uma loja de maquiagem possuía em seu estoque 100 unidades de batom. Cada batom era vendido por R$ 50,00, enquanto seu custo unitário era de R$ 20,00.

As seguintes transações aconteceram no segundo trimestre de 2018, em relação ao batom:

— Abril: compra de 20 unidades por R$ 25,00 cada e venda de 80 unidades, por R$ 50,00 cada.
— Maio: compra de 140 unidades por R$ 28,00 cada e venda de 120 unidades, por R$ 60,00 cada.
— Junho: compra de 100 unidades por R$ 30,00 cada e venda de 90 unidades, por R$ 65,00 cada.

O frete fixo de R$ 50,00 foi pago pelo fornecedor em todas as transações.
Assinale a opção que indica o valor aproximado do estoque final de batom, em 30.06.2018, considerando que a loja usa o método do custo médio para avaliar o seu estoque e possui inventário permanente.

a) R$ 1.831,70.
b) R$ 1.860,80.
c) R$ 2.005,70.
d) R$ 2.037,30.
e) R$ 4.550,00.

7. (Assistente — ALERO — FGV/2018) Uma papelaria vende um tipo de caderno de capa dura e utiliza o método PEPS para avaliar seus estoques.

Em 01.01.2018, ela possuía 20 cadernos em seu estoque, sendo que cada unidade estava avaliada a R$ 16,00.

Durante o mês de janeiro de 2018, ocorreram as seguintes operações em relação a este caderno:

— Venda de 8 unidades por R$ 30,00 cada;

— Compra de 30 unidades por R$ 24,00 cada;

— Venda de 18 unidades por R$ 35,00 cada.

Assinale a opção que indica o valor do Custo das Mercadorias Vendidas relacionado aos cadernos de capa dura, em 31.01.2018.

a) R$ 336,00.
b) R$ 464,00.
c) R$ 512,00.
d) R$ 560,00.
e) R$ 870,00.

8. (Contador — MPE-AL — FGV/2018) Em relação ao controle do estoque pelos métodos PEPS, UEPS e custo médio ponderado móvel, admitindo que os custos do estoque aumentam de forma contínua, assinale a afirmativa correta.

a) O estoque final será maior quando utilizado o método do custo médio ponderado móvel.
b) O lucro líquido será menor quando utilizado o UEPS.
c) A receita de vendas será maior quando utilizado o PEPS.
d) O custo das mercadorias vendidas será maior, se utilizado o PEPS.
e) O lucro antes do imposto sobre a renda (LAIR) será menor, se utilizado o custo médio ponderado móvel.

9. (Contador — ALBA — FGV/2014) A Cia. Azul vende somente a mercadoria blue. Ela possui um fornecedor, sendo que no contrato está acordado que quando a compra é de pelo menos 20 mercadorias, o frete é pago pelo fornecedor. Quando a compra é inferior a 20 mercadorias, a Cia. Azul paga o frete. O valor do frete é fixo, no valor de R$ 120,00, independente do número de mercadorias compradas.

Em 01 de janeiro de 2014, a Cia. Azul possuía estoque avaliado em R$ 500,00. Este era formado por cinco unidades da mercadoria blue.

Durante o mês de janeiro de 2014, aconteceram as seguintes operações:

Em 15 de janeiro, a Cia. Azul comprou mais 12 unidades de blue, a R$ 110,00 cada.

Em 20 de janeiro, a Cia. Azul comprou mais 30 unidades de blue, a R$ 105,00 cada.

Em 25 de janeiro, a Cia. Azul vendeu 40 unidades de blue, a R$ 200,00 cada.

Em 30 de janeiro, a Cia. Azul comprou 10 unidades de blue, a R$ 150,00 cada.

Obs.: a Cia. Azul utiliza o método PEPS para avaliar seus estoques.

Com base nas informações acima, o valor do estoque final da mercadoria blue, em 31.01.2014, era de

a) R$ 2.235,00.
b) R$ 2.355,00.
c) R$ 2.383,00.
d) R$ 4.235,00.
e) R$ 4.355,00.

10. (Contador — ALBA — FGV/2014) A Cia. Rosa vendia apenas a mercadoria pink. Em 01 de março de 2014, havia 100 unidades de pink no estoque, avaliado em R$ 1.000,00.

Em 05 de março, a Cia. Rosa comprou mais 80 unidades de pink por R$ 12,00 cada. Já no dia 10 de março, a Cia. Rosa comprou mais 50 unidades de pink por R$ 15,00 cada.

Em 15 de março, a Cia. Rosa vendeu 150 unidades de pink por R$ 20,00 cada.

Dado que a Cia. Rosa utiliza o Custo Médio Ponderado como método de custeio, o custo das mercadorias vendidas pela Cia. Rosa em relação à venda de 15 de março era, aproximadamente, de

a) R$ 1.500,00.
b) R$ 1.600,00.

c) R$ 1.633,00.
d) R$ 1.767,00.
e) R$ 3.000,00.

11.7.5. Método do varejo e preço específico

1. (Casa da Moeda — CESGRANRIO/2009) Dentre os métodos de avaliação de estoques existe um denominado Método do Preço de Venda a Varejo. Este método foi desenvolvido para empresas comerciais que tenham:

a) elevadíssimo número de itens de estoque à venda.
b) muitos itens em estoque adquiridos há mais de um ano.
c) estoque de mercadorias de um único tipo.
d) somente uma única espécie de produto de cada marca.
e) reduzido número de itens de estoque à venda.

2. (AFRF — ESAF — modificada/2002.2) A Nossa Loja de Departamentos Ltda. avalia seus estoques utilizando uma variante do método do preço específico. As mercadorias adquiridas recebem etiquetas com o preço de venda, formado a partir do custo unitário com acréscimo de percentual fixo como margem de lucro. A empresa em epígrafe fixou a margem de lucro em 25% sobre o custo, tendo em vista que pagará 12% de ICMS para cada unidade vendida. No período considerado, o movimento físico constou de estoque inicial de 1.000 unidades, compras de 1.500 unidades e vendas de 2.000 unidades. A receita bruta de vendas alcançou o valor de $ 200.000.

Não houve devoluções, abatimentos ou vendas canceladas. Com base nas informações acima, pode-se dizer que o estoque final, nesse período, alcançou o montante de:

a) $ 50.000.
b) $ 44.000.
c) $ 40.000.
d) $ 37.500.
e) $ 31.500.

3. (TCE-ES — ESAF/2001) Entre os métodos de estimativa de estoques existe o Método do Varejo que, segundo o prof. Hélio de Paula Leite, "... é muito frequente em lojas de departamentos, drogarias e empresas comerciais que trabalham com extensa lista de itens, cujo levantamento físico mensal ou semanal seria extremamente oneroso." A Farmácia e Drogaria Sanador Ltda. utiliza o Método do Varejo em suas estimativas mensais de estoques. Os dados referentes ao mês de Janeiro de 2001, inclusos os preços de custo e de venda, são mostrados abaixo:

Estoque inicial em 01.01.01: custo $ 600
Preço de venda: $ 1.000
Compras líquidas durante janeiro: custo $ 1.500
Preço de venda: $ 2.500
Vendas líquidas durante janeiro a preço de venda: $ 3.200

Aplicando-se o citado Método do Varejo à situação acima, vamos encontrar os seguintes valores:

a) $ 180 como custo do estoque final em 31.01.01.
b) $ 180 como custo das mercadorias vendidas em janeiro (CMV).
c) $ 1.280 como custo das mercadorias vendidas em janeiro (CMV).
d) $ 1.920 como custo do estoque final em 31.01.01.
e) $ 1.920 como lucro bruto apurado em janeiro.

4. (Perito Federal — CESPE/2018) Julgue o item que se segue, relativo ao registro de fatos contábeis típicos.

A avaliação do estoque de mercadorias de uma empresa pelo método do preço específico é feita por meio do cálculo do custo das mercadorias vendidas ao final do período de apuração, levando-se em conta a média ponderada dos valores de aquisição e do estoque inicial.

( ) Certo ( ) Errado

12

INTRODUÇÃO ÀS DEMONSTRAÇÕES CONTÁBEIS

12.1. ASPECTOS INICIAIS

Antes de começarmos a estudar cada uma das demonstrações contábeis (financeiras), o que faremos a partir do Capítulo 13, estudaremos neste capítulo quais demonstrações podem ser exigidas, qual a classificação de porte de uma empresa, quais as principais modificações introduzidas na Contabilidade, como as sociedades são constituídas no Brasil e o Pronunciamento Conceitual Básico (CPC 00).

É muito importante que se leia o apêndice 2 deste livro antes de prosseguir na leitura deste capítulo e dos demais. Esse apêndice apresenta um histórico da contabilidade no Brasil e no mundo e descreve como foi a adesão brasileira às normas IFRS.

12.1.1. Demonstrações contábeis (financeiras)[1]

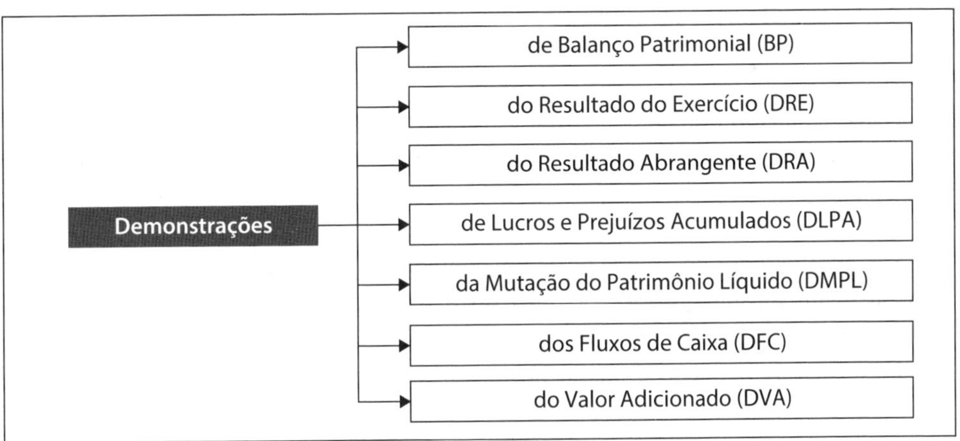

As demonstrações contábeis ou financeiras são exigidas pela Lei das Sociedades Anônimas, pelo CFC, pela CVM e pelo Regulamento do Imposto de Renda. Entretanto, esses órgãos ou legislações não exigem as mesmas demonstrações.

[1] Estudadas nos seguintes capítulos: **BP Ativo** — Capítulo 13; **BP Passivo** — Capítulo 14; **PL** — Capítulo 15; **DRE** — Capítulo 16; **DRA** — Capítulo 17; **DLPA** — Capítulo 17; **DMPL** — Capítulo 17; **DFC** — Capítulo 18; e **DVA** — Capítulo 19.

A obrigatoriedade de elaboração está associada também ao formato jurídico de constituição da Entidade, se sociedade anônima ou limitada e, ainda, ao porte da empresa, isto é, micro, pequena, média ou grande empresa.

FORMATO JURÍDICO
Simples
Limitada
Sociedade por ações
Sociedade em comandita

PORTE DA ENTIDADE OU EMPRESA
Micro
Pequena
Média
Grande

12.2. PORTE DE UMA SOCIEDADE

Vamos analisar o porte de uma sociedade no que diz respeito à obrigatoriedade de elaboração das demonstrações contábeis.

12.2.1. Conceito de pequena, média e empresa de grande porte nas normas contábeis do CPC e do CFC

O art. 3.º da Lei n. 11.638, transcrito a seguir, trouxe o conceito de empresa de grande porte no que diz respeito à elaboração de demonstrações:

> "**Art. 3.º** Aplicam-se às sociedades de grande porte, ainda que não constituídas sob a forma de sociedades por ações, as disposições da **Lei n. 6.404, de 15 de dezembro de 1976**, sobre escrituração e elaboração de demonstrações financeiras e a obrigatoriedade de auditoria independente por auditor registrado na Comissão de Valores Mobiliários.
>
> Parágrafo único. Considera-se de grande porte, para os fins exclusivos desta Lei, a **sociedade ou conjunto** de sociedades sob controle comum que tiver, no exercício social anterior, **ativo** total superior a **$ 240.000.000,00** (duzentos e quarenta milhões de reais) ou **receita** bruta anual superior a **$ 300.000.000,00** (trezentos milhões de reais)."

São considerados de grande porte um conjunto de empresas ou uma empresa isoladamente de um mesmo proprietário que tiver Ativos maiores que 240 milhões ou receita bruta anual maior que 300 milhões.

Empresas de pequeno e médio porte são todas as outras que tenham limites de Ativo e faturamento menores que os valores citados anteriormente.

SOCIEDADE DE GRANDE PORTE	
Ativos	Maiores que 240 milhões
Receita Bruta	Maior que 300 milhões

Cabe ressaltar que, para a Lei n. 11.638/2007, a referência de faturamento não é única, isto é, se uma empresa ou conjunto de empresas, independentemente do faturamento, tiver Ativos maiores que 240 milhões, ela será considerada empresa de grande porte.

Portanto, todas as empresas que não se enquadrarem na definição contábil de empresas de grande porte serão consideradas empresas de pequeno e médio porte (PME). As PMEs devem elaborar suas demonstrações de acordo com a norma específica CPC-PME.

12.3. EMPRESAS QUE TÊM A OBRIGATORIEDADE DE ELABORAR AS DEMONSTRAÇÕES CONTÁBEIS

Dependendo da norma legal que a empresa tenha que atender, as demonstrações contábeis são distintas. Existem cinco principais fontes de regulamentação:

- Lei das Sociedades por Ações (n. 6.404/76);
- CPC/CFC para grandes empresas;
- CPC/CFC para pequenas e médias;
- CVM (S.A. de capital aberto);
- Legislação do Imposto de Renda para empresas optantes do lucro real.

Existem outras fontes de regulamentações, como as agências reguladoras brasileiras (ANP, ANEEL, ANATEL e outras), as entidades internacionais dos mercados de valores etc.

12.3.1. De acordo com a Lei n. 6.404/76 (Sociedades por Ações)

As demonstrações financeiras obrigatórias de acordo com a Lei das Sociedades por Ações (n. 6.404/76) estão especificadas no art. 176 transcrito a seguir:

> "**Art. 176.** Ao fim de cada exercício social, a diretoria fará elaborar, com base na escrituração mercantil da companhia, as seguintes demonstrações financeiras, que deverão exprimir com clareza a situação do patrimônio da companhia e as mutações ocorridas no exercício:
> I — **balanço patrimonial**;
> II — **demonstração dos lucros ou prejuízos acumulados**;
> III — **demonstração do resultado do exercício**; e
> IV — **demonstração dos fluxos de caixa**; e ***(Redação dada pela Lei n. 11.638, de 2007)***
> V — se companhia aberta, demonstração do valor adicionado ***(Incluído pela Lei n. 11.638, de 2007)***."

O leitor deve estar atento para o fato de a lei não exigir a DMPL (Demonstração da Mutação do Patrimônio Líquido) nem a DRA (Demonstração de Resultado Abrangente), assim como deixou de ser obrigatória a DOAR (Demonstração de Origens e Aplicações de Recursos).

12.3.2. De acordo com o CPC 26 (NBC TG 26)

A norma NBC TG 26 (apresentação das demonstrações contábeis), aprovada pelo CFC por meio da Resolução n. 2017/NBC TG 26 e transformada no Brasil em Norma

Técnica de Contabilidade de aplicação geral, considera como conjunto completo de demonstrações aquelas descritas nos seus itens 10 e 11, transcritos a seguir:

"Item 10 — O conjunto completo de demonstrações contábeis inclui:

(a) balanço patrimonial ao final do período;

(b) demonstração do resultado do período;

(ba) demonstração do resultado abrangente do período;

(c) demonstração das mutações do patrimônio líquido do período;

(d) demonstração dos fluxos de caixa do período;

(da) demonstração do valor adicionado do período, conforme NBC TG 09 — Demonstração do Valor Adicionado, se exigido legalmente ou por algum órgão regulador ou mesmo se apresentada voluntariamente;

(e) notas explicativas, compreendendo as políticas contábeis significativas e outras informações elucidativas;

(ea) informações comparativas com o período anterior, conforme especificado nos itens 38 e 38A;

(f) balanço patrimonial do início do período mais antigo, comparativamente apresentado, quando a entidade aplica uma política contábil retrospectivamente ou procede à reapresentação retrospectiva de itens das demonstrações contábeis, ou quando procede à reclassificação de itens de suas demonstrações contábeis de acordo com os itens 40A a 40D.

A entidade pode usar outros títulos nas demonstrações em vez daqueles usados nesta Norma, desde que não contrarie a legislação societária brasileira vigente. A demonstração do resultado abrangente pode ser apresentada em quadro demonstrativo próprio ou dentro das mutações do patrimônio líquido (ver exemplo anexo).

11. A entidade deve apresentar com igualdade de importância todas as demonstrações contábeis que façam parte do conjunto completo de demonstrações contábeis".

Como podemos constatar, a NBC TG 26 não exige a DLPA (Demonstração de Lucros e Prejuízos Acumulados).

12.3.3. De acordo com o CPC-PME

O CPC-PME R1 foi aprovado pelo CFC e transformado em Norma Técnica Brasileira de Contabilidade (NBC TG 1000) para as pequenas e médias empresas por meio da Resolução n. 2016/NBC TG 1000. O conjunto completo das demonstrações contábeis está especificado nos itens 3.17 e 3.18 desta norma, transcritos a seguir:

"3.17 O conjunto completo de demonstrações contábeis da Entidade deve incluir todas as seguintes demonstrações:

(a) balanço patrimonial ao final do período;

(b) demonstração do resultado do período de divulgação;

(c) demonstração do resultado abrangente do período de divulgação. A demonstração do resultado abrangente pode ser apresentada em quadro demonstrativo próprio ou dentro das mutações do patrimônio líquido. A demonstração do resultado abrangente, quando apresentada separadamente, começa com o resultado do período e se completa com os itens dos outros resultados abrangentes;

(d) demonstração das mutações do patrimônio líquido para o período de divulgação;

(e) demonstração dos fluxos de caixa para o período de divulgação;

(f) notas explicativas, compreendendo um resumo das políticas contábeis significativas e outras informações explanatórias."

"3.18 Se as únicas alterações no Patrimônio Líquido durante os períodos para os quais as demonstrações contábeis são apresentadas derivarem do resultado, da distribuição de lucro, das correções de erros de períodos anteriores e de mudanças de políticas contábeis, a Entidade pode apresentar uma única Demonstração dos Lucros ou Prejuízos Acumulados (DLPA) no lugar da Demonstração do Resultado Abrangente e da Demonstração das Mutações do Patrimônio Líquido" (item 6.4 do CPC-PME).

O CPC-PME não exige a DVA para as pequenas e médias empresas e torna a DMPL opcional no caso do PL ter sofrido alteração com a contabilização do resultado do período, a distribuição de dividendos, correções e ajustes.

12.3.4. De acordo com a CVM

A CVM, desde 1986, exige para as sociedades anônimas de capital aberto, além das demonstrações que são exigidas pela Lei das S.A., a DMPL (Demonstração de Mutação do Patrimônio Líquido). Entendemos que, como a CVM aprovou, por meio da Deliberação n. 595/2009, o CPC 26, a lista de demonstrações exigidas pela CVM passou a ser igual neste pronunciamento, já relatada no item anterior 12.3.2.

12.3.5. De acordo com o Regulamento do Imposto de Renda (RIR/99)

O Regulamento do Imposto de Renda (RIR/2018) exige, em seu art. 286, transcrito a seguir, que sejam elaborados o Balanço Patrimonial, o Demonstrativo do Resultado e a Demonstração de Lucros e Prejuízos Acumulados para as empresas optantes do regime de lucro real de apuração do imposto a recolher, os quais devem ser elaborados de acordo com a Lei n. 6.404/76. Foi a partir dessa exigência do fisco federal que a Lei n. 6.404/76 passou a ser o alicerce da Contabilidade brasileira, porque as demonstrações financeiras para as sociedades por ações passaram a ser elaboradas baseadas nessa lei.

"**Art. 286.** Ao fim de cada período de incidência do imposto, o contribuinte deverá apurar o lucro líquido mediante a elaboração, com observância das disposições da lei comercial, **do balanço patrimonial, da demonstração do resultado do período de apuração e da demonstração de lucros ou prejuízos acumulados** (Decreto-Lei n. 1.598, de 1977, art. 7.º, § 4.º, e Lei n. 7.450, de 1985, art. 18).

§ 1.º **O lucro líquido do período deverá ser apurado com observância das disposições da Lei n. 6.404, de 1976** (**Decreto-Lei n. 1.598, de 1977**, art. 67, inciso XI, Lei n. 7.450, de 1985, art. 18, e Lei n. 9.249, de 1995, art. 5.º).

§ 2.º O balanço ou balancete deverá ser transcrito no Diário ou no LALUR (Lei n. 8.383, de 1991, art. 51, e Lei n. 9.430, de 1996, arts. 1.º e 2.º, § 3.º)."

Importante: conclusão sobre as demonstrações exigidas: se uma empresa **atender ao especificado no CPC 26**, atenderá a todos os agentes que normatizam a Contabilidade no Brasil.

Para os concursos em geral, o leitor necessita saber as demonstrações exigidas pela Lei n. 6.404/76 e pela CVM.

12.4. AS PRINCIPAIS MODIFICAÇÕES NA CONTABILIDADE INTRODUZIDAS PELAS LEIS N. 11.638/2007 E 11.941/2009 NA LEI N. 6.404/76

O Balanço Patrimonial é uma demonstração contábil obrigatória, em todas as normas contábeis e fiscais pertinentes ao assunto, que tem como objetivo refletir o retrato do Patrimônio de determinado momento. Por isso, dizemos que o balanço é uma demonstração estática. Essa demonstração foi a mais afetada com as alterações.

É exigido pelo art. 176 da Lei das Sociedades por Ações (n. 6.404/76). Esse relatório **deve ser feito pelo menos ao fim de cada exercício social**, indicando os valores correspondentes da demonstração do exercício anterior.

As alterações foram as seguintes:

- **Novos critérios de avaliação para instrumentos financeiros;**
- O Ativo Permanente, como grupo formal, não existe mais. Antes da alteração introduzida pela Lei n. 11.638, de 28.12.2007, o Ativo Permanente possuía apenas três subgrupos:

ATIVO PERMANENTE
Investimento
Imobilizado
Diferido

- A Lei n. 11.638 criou mais um subgrupo de contas classificado como **Intangível**, no qual devem ser classificados todos os bens incorpóreos;
- A MP 449/2008, transformada na Lei n. 11.941/2009, subdividiu o Ativo em **Circulante e Não Circulante**:

Ativo Circulante
Ativo Não Circulante
Realizável a longo prazo
Investimento
Imobilizado
Intangível
Diferido (em extinção)

- Caso existam **valores** contabilizados tanto **no curto prazo como no longo prazo**, com juros, estes devem ser **ajustados ao valor presente**. No longo prazo, esse ajuste é obrigatório; no curto prazo, apenas se relevante;
- **Novas contas não podem ser mais classificadas no Ativo Diferido.** Sobre o Ativo Diferido, a Lei n. 11.941/2009, em seu art. 299-A, especifica que **os valores que não puderem ser reclassificados em outro grupo de contas (Imobilizado ou**

Intangível) poderão ser mantidos neste grupo até sua extinção, sendo neste caso obrigatória a análise sobre sua recuperabilidade. O Pronunciamento CPC 13, de dezembro de 2008, que é um pronunciamento de orientação sobre a adoção da Lei n. 11.638 e da MP 449, complementa que **os valores não reclassificados do Ativo Diferido podem ser baixados em lançamentos contra os lucros ou prejuízos acumulados**;

- **No Imobilizado,** além de contabilizarmos os bens tangíveis, após a modificação introduzida pela Lei n. 11.638/2007 no art. 179, inc. IV, devem ser classificados os **bens** sobre os quais a empresa tenha **os benefícios, os riscos e o controle**. Um exemplo clássico deste tipo de bens são aqueles adquiridos por meio de arrendamento mercantil;
- Foi introduzido no art. 183, § 3.º, o conceito de **análise de recuperabilidade** de valores aplicados em Ativos;
- No que tange ao Passivo, a Lei n. 11.941/2009 deixou **de considerar o Passivo Exigível a Longo Prazo** como um grupo; as obrigações de longo prazo devem ser **reclassificadas no novo grupo de Passivo designado de Passivo Não Circulante (PNC)**;
- **Eliminou o grupo Resultado do Exercício Futuro (REF)**, e as contas antes classificadas neste grupo foram reclassificadas como receitas diferidas também no novo grupo de Passivo designado de Passivo Não Circulante (PNC). As receitas diferidas devem ser contabilizadas subtraindo-se os custos para obtenção dessas receitas;
- **Passou** a ser **obrigatório o Demonstrativo de Fluxo de Caixa (DFC)**. O DFC não é obrigatório para empresas de Capital fechado com PL menor que $ 2.000.000;
- **Também passou a ser obrigatório o Demonstrativo de Valor Adicionado. O DVA** somente é obrigatório para sociedades anônimas de capital aberto.

Antes da Lei n. 11.638, o **Patrimônio Líquido** era constituído da seguinte forma:

- Capital Social deduzido da parcela não realizada, ações em tesouraria, reservas de Capital, **reservas de reavaliação**, reservas de lucros e **lucros ou prejuízos acumulados**.

Agora, o Patrimônio Líquido passou a ser subdividido em:

- Capital Social deduzido da parcela não realizada, ações em tesouraria, reservas de capital, **ajustes de avaliação patrimonial**, reservas de lucros e **prejuízos acumulados**.
- Na Demonstração de Resultado (DRE), foram extintas as receitas e despesas não operacionais; esse grupo de conta passou, então, a ser subdividido em ganhos e perdas de Capitais de atividades regulares e de Ativos descontinuados.
- Foi criada a Demonstração de Resultado Abrangente (DRA), que nada mais é do que um grupo de contas que complementa a DRE com resultados que alteram o PL, mas não transitam pelo Resultado, por exemplo, ganhos e perdas com investimentos em moeda estrangeira.

Também no PL **não podem mais ser feitos lançamentos na Conta Reserva de Reavaliação. Para isso, foi criada a Conta de Ajustes de Avaliação Patrimonial**, com o objetivo de contabilizar as variações positivas e negativas de instrumentos financeiros Ativos e Passivos que não terão suas variações lançadas contra Resultado e demais ajustes em Ativos e Passivos que não se caracterizem como reavaliações.

No Patrimônio Líquido foram **extintas as reservas de Capital pelo prêmio na emissão de debêntures, doação e subvenção para investimentos que passam a ser contabilizadas inicialmente como Passivo** para apropriação *pro rata temporis*, por competência no Resultado. Os valores dessas contas, depois de apropriados ao Resultado, que não foram distribuídos aos sócios, **podem ser transferidos para o PL como reserva de lucros**.

Foi suprimida do Balanço Patrimonial a conta Lucros Acumulados, o que não significa que ela não mais existirá na Contabilidade, apenas não podem existir lucros acumulados sem destinação, como já era previsto no art. 202 da Lei n. 6.404/76 após a alteração feita na Lei n. 6.404/76, introduzida em 2001.

12.5. SOCIEDADES

Uma Entidade geradora de fatos contábeis pode ser uma família, uma pessoa física, um órgão público, uma instituição religiosa ou beneficente, uma cooperativa, um partido político, uma escola ou universidade etc.

Embora a teoria, os conceitos e as técnicas de Contabilidade estudadas neste livro sejam aplicados a qualquer tipo de entidade, os exemplos, casos e questões de concursos tratam de sociedades empresárias constituídas como sociedades por ações ou sociedades limitadas.

Portanto, aqueles interessados em concursos públicos só necessitam estudar, neste tópico, a definição de sociedade e os itens 12.5.1.2.1.1. (sociedade simples), 12.5.1.2.1.2. (sociedade empresária), 12.5.1.2.2.3. (sociedade limitada), 12.5.1.2.2.4. (sociedade por ações), 12.5.1.2.2.7. (quadro comparativo entre S.A. e limitada) e 12.5.1.2.2.8. (aspectos importantes das S.A.).

Definição de Sociedade:

Uma sociedade é constituída, de acordo com Código Civil de 2002, em seu art. 981, quando:

> "Celebram contrato de sociedade as pessoas que reciprocamente se obrigam a contribuir, com bens ou serviços, para o exercício de atividade econômica e a partilha, entre si, dos resultados."

A única exceção em que a sociedade possui apenas um acionista está prevista na Lei n. 6.404/76 (Lei das Sociedades por Ações), art. 251. Neste artigo, temos definida a figura da subsidiária integral, uma empresa que possui uma sociedade com um quotista ou acionista.

> "**Art. 251.** A companhia pode ser constituída, mediante escritura pública, tendo como único acionista sociedade brasileira."

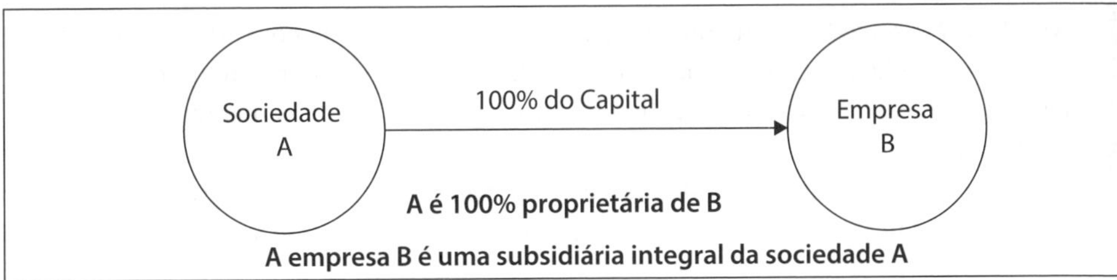

12.5.1. Tipos de sociedade quanto à formalização do registro

Uma sociedade pode ter registro formal nos órgãos competentes ou não. Se possuir seu ato constitutivo (contrato social ou estatuto) registrado em juntas comerciais ou cartórios, é uma sociedade com pessoa jurídica constituída. Caso contrário, será uma sociedade não personificada.

As sociedades não personificadas estão regulamentadas no Código Civil nos arts. de 986 até 996. As sociedades personificadas estão regulamentadas nos arts. 997 até 1.141.

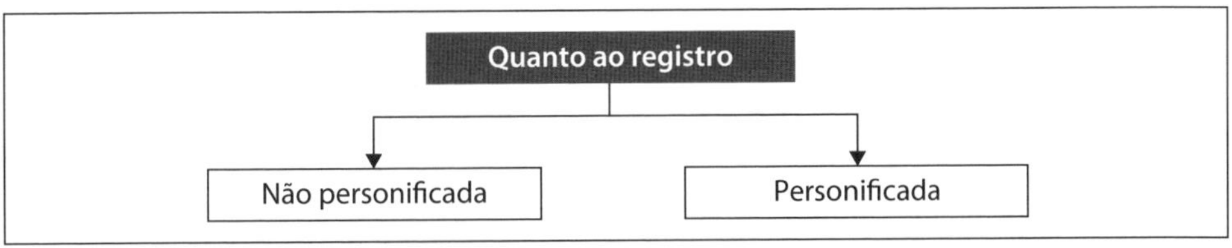

Não personificadas: sociedade comum e sociedade em conta de participação
Personificadas: sociedade simples, empresária e cooperativa

12.5.1.1. Sociedades não personificadas

12.5.1.1.1. Sociedade comum

Nesse tipo de sociedade, a relação entre os sócios só pode ser provada pelo contrato entre as partes. Mas o Código Civil permite que terceiros possam provar a sua existência de qualquer forma, por exemplo, por meio de propostas, testemunhas etc.

> "**Art. 987.** Os sócios, nas relações entre si ou com terceiros, somente por escrito podem provar a existência da sociedade, mas os terceiros podem prová-la de qualquer modo."

Também nesse tipo de sociedade os sócios respondem igualmente pelas obrigações.

> "**Art. 990.** Todos os sócios respondem solidária e ilimitadamente pelas obrigações sociais."

12.5.1.1.2. Sociedade em conta de participação

A diferença entre a sociedade comum e a sociedade em conta de participação é que nesta existe a figura do(s) sócio(s) ostensivo(s) e de outros sócios que são apenas investidores ou participantes no Resultado.

> "**Art. 991.** Na sociedade em conta de participação, a atividade constitutiva do objeto social é exercida unicamente pelo sócio ostensivo, em seu nome individual e sob sua própria e exclusiva responsabilidade, participando os demais dos resultados correspondentes.
>
> Parágrafo único. Obriga-se perante terceiro tão somente o sócio ostensivo; e, exclusivamente perante este, o sócio participante, nos termos do contrato social."

12.5.1.2. Sociedades personificadas

12.5.1.2.1. Sociedades personificadas quanto à atividade

Os dois principais tipos de sociedades personificadas são as sociedades simples e empresárias.

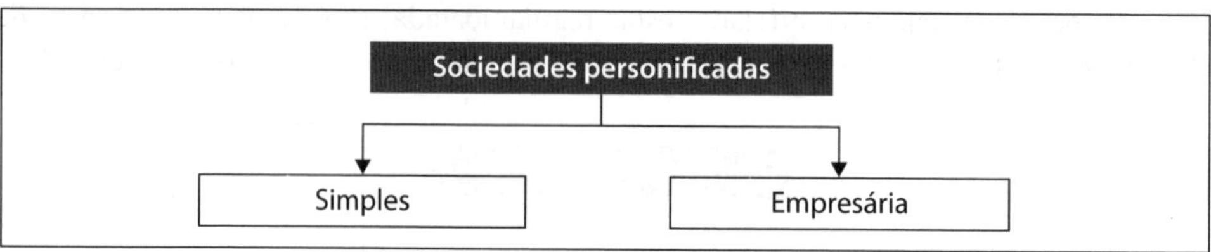

12.5.1.2.1.1. Sociedade simples

As sociedades simples foram introduzidas pelo novo Código Civil em substituição às sociedades civis, abrangendo aquelas sociedades que não exercem atividade própria de empresário sujeito a registro (art. 982), isto é, atividades não empresariais ou atividade de empresário rural. Assim, à luz das atividades desenvolvidas, pode-se dizer se uma sociedade é simples ou empresária.

Uma sociedade do tipo simples admite o sócio de serviço, a realização de reuniões sem formalidades, contabilidade simplificada, responsabilidade limitada ou ilimitada; na denominação, não é necessário elemento indicativo do ramo de atuação e tratamento diferenciado na falência, entre outras simplificações, em comparação com as sociedades empresárias.

12.5.1.2.1.2. Sociedade empresária

O empresário, de acordo com o art. 966 do Código Civil, é aquele que exerce profissionalmente atividade econômica organizada para a produção e circulação de bens e serviços. A sociedade do tipo empresarial tem por objeto a atividade própria de empresário com fins lucrativos e deve ser registrada nos órgãos pertinentes para empresas mercantis, isto é, nas juntas comerciais ou cartórios. Toda S.A. é uma sociedade empresária.

12.5.1.2.2. Sociedades personificadas quanto às formas jurídicas

No Brasil, os tipos societários previstos no Código Civil são tanto para as sociedades simples como para as empresárias.

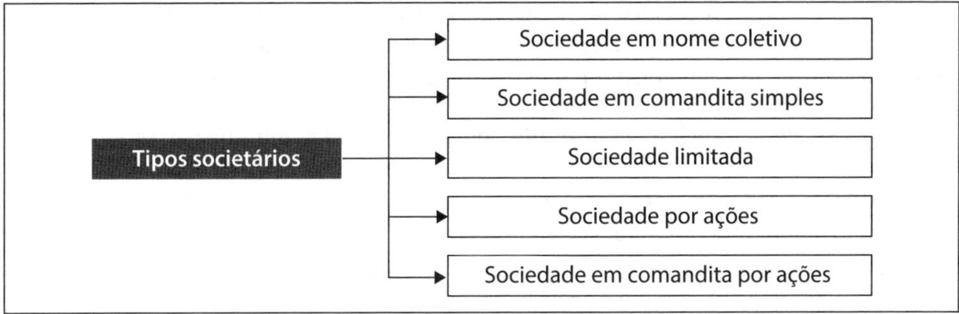

12.5.1.2.2.1. Sociedade em nome coletivo

Pode ser simples ou empresária, sendo a responsabilidade dos sócios ilimitada, composta apenas por pessoas físicas e vedada a administração por terceiros. Quanto ao nome empresarial, deve adotar firma ou razão social com nome de todos os sócios ou o nome de um sócio seguido de "e companhia". Está regulamentada nos arts. 1.039 a 1.044 do Código Civil.

12.5.1.2.2.2. Sociedade em comandita simples

É composta por dois tipos de sócios: comanditados (pessoas físicas) e comanditários (pessoas físicas ou jurídicas). Os comanditados têm responsabilidade solidária e ilimitada, enquanto os comanditários têm reponsabilidade limitada à integralização de suas quotas.

Quanto ao nome empresarial, deve-se adotar firma ou razão social. Somente o sócio comanditado pode emprestar seu nome para a firma, assim como somente a ele pode caber sua gestão.

12.5.1.2.2.3. Sociedade limitada

Nas sociedades em nome coletivo e em comandita simples, a responsabilidade dos sócios gestores é sempre ilimitada. A sociedade limitada nasceu no início do século passado do interesse do empresariado em controlar os riscos sobre os patrimônios pessoais. Esse tipo de sociedade tem origem nas *private companies* inglesas. O Brasil, com o Decreto n. 3.708/19, baseou-se no modelo português, e este, por sua vez, no modelo inglês.

Na sociedade limitada, a responsabilidade dos sócios é limitada ao valor de suas quotas:

> "**Art. 1.052.** Na sociedade limitada, a responsabilidade de cada sócio é restrita ao valor de suas quotas, mas todos respondem solidariamente pela integralização do capital social."

Desde o início do século XX esse tipo de sociedade é o mais utilizado pelos empresários brasileiros. Mais de 90% das sociedades registradas nas juntas comerciais são do tipo sociedade limitada.

A administração da sociedade pode ser feita por uma ou mais pessoas, sócias ou não sócias. O nome empresarial pode ser do tipo firma (razão social) ou denominação, sendo obrigatório ao final constar a palavra limitada (art. 1.158, CC).

> **"Art. 1.158. Pode a sociedade limitada adotar firma ou denominação, integradas pela palavra final 'limitada' ou a sua abreviatura.**
> § 1.º **A firma será composta com o nome de um ou mais sócios, desde que pessoas físicas, de modo indicativo da relação social.**
> § 2.º **A denominação deve designar o objeto da sociedade, sendo permitido nela figurar o nome de um ou mais sócios.**
> § 3.º A omissão da palavra 'limitada' determina a responsabilidade solidária e ilimitada dos administradores que assim empregarem a firma ou a denominação da sociedade."

Exemplo de firma ou razão social: *João e José Materiais de Construção Ltda.*

Exemplo de denominação: *Cristal Materiais de Construção Ltda.*

12.5.1.2.2.4. Sociedade por ações

Também conhecida como **sociedade anônima, é regida pela Lei n. 6.404/76**, atualizada pelas Leis ns. 11.638/2007 e 11.941/2009, de acordo com os arts. 1.088 e 1.089 do Código Civil.

> "**Art. 1.088.** Na sociedade anônima ou companhia, o capital divide-se em ações, obrigando-se cada sócio ou acionista somente pelo preço de emissão das ações que subscrever ou adquirir.
> **Art. 1.089.** A sociedade anônima rege-se por lei especial, aplicando-se-lhe, nos casos omissos, as disposições deste Código."

O nome empresarial deve ser do tipo denominação, de acordo com o Código Civil:

> "**Art. 1.160.** A sociedade anônima opera sob denominação designativa do objeto social, integrada pelas expressões 'sociedade anônima' ou 'companhia', por extenso ou abreviadamente.
> Parágrafo único. Pode constar da denominação o nome do fundador, acionista, ou pessoa que haja concorrido para o bom êxito da formação da empresa."

Exemplos:

Cia Souza Neto Eletrônica	Souza Neto Eletrônica S.A.
Cia Cristal Eletrônica	Cristal Eletrônica S.A.

Observação: a expressão "Companhia" ou "Cia" não pode ser utilizada no final, para não fazer confusão com outros tipos societários que podem utilizá-la nessa posição.

12.5.1.2.2.5. Sociedade em comandita por ações

Possui duas categorias de sócios: acionistas diretores e acionistas comuns. Os acionistas diretores respondem ilimitadamente, enquanto os acionistas comuns o fazem apenas até o limite do valor de suas ações.

Quanto ao nome empresarial, pode adotar firma (razão social) ou denominação. No caso de firma, somente os nomes dos diretores podem constar. Nos dois casos, o nome da empresa deve ser complementado com a expressão "comandita por ações".

É regulamentada pelos arts. 280 a 284 da Lei n. 6.404/76 e pelos arts. 1.090 a 1.092 do Código Civil.

12.5.1.2.2.6. Formato jurídico "versus" atividades

A seguir, apresentamos uma tabela com o tipo de forma jurídica das sociedades por atividade. Somente as sociedades por ações não podem adotar a modalidade "simples" de atividade.

FORMATO	ATIVIDADE	
Sociedade em nome coletivo	Empresária	Simples
Sociedade em comandita simples	Empresária	
Sociedade limitada	Empresária	
Sociedade por ações	Empresária	Não pode ser simples

12.5.1.2.2.7. Comparativos da sociedade por ações "*versus*" sociedade limitada

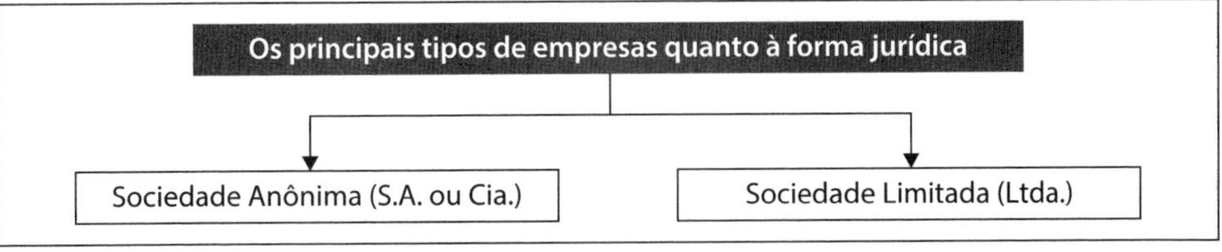

CARACTERÍSTICAS	SOCIEDADE ANÔNIMA	SOCIEDADE LIMITADA
CAPITAL (subdividido)	Ações	Quotas
RECOMPRA DE CAPITAL	Ações em tesouraria	Quotas liberadas
NOME EMPRESARIAL	Denominação	Firma (razão social) ou denominação
QUALIFICAÇÃO DOS SÓCIOS	Acionistas	Quotistas
QUALIDADE DA SOCIEDADE	De capital	De pessoas
DOCUMENTO DE CONSTITUIÇÃO	Estatuto	Contrato social
LEGISLAÇÃO	Lei n. 6.404/76	Arts 1.052 e outros do Código Comercial
RESPONSABILIDADE DOS SÓCIOS	Limitadas ao valor das ações	Solidária e limitada ao valor do capital social
DISTRIBUIÇÃO DOS RESULTADOS	Dividendos	Dividendos

Subdivisão do Capital nas sociedades por ações e limitada:

Vamos exemplificar uma subdivisão de um capital de $ 100.000 em empresas com dez sócios:

SOCIEDADE POR AÇÕES		SOCIEDADE LIMITADA	
Valor da ação	$ 100	Valor da quota	$ 1
Número de ações	1.000	Número de quotas	100.000
Capital de cada sócio	$ 10.000	Capital de cada sócio	$ 10.000
Número de ações de cada sócio	$ 10.000/$ 100 = 100 ações	Número de quotas por sócio	$ 10.000/$ 1 = 10.000 quotas

Quando um sócio quer vender suas ações em parte ou no todo para a própria empresa, estas passam a ser contabilizadas como ações em tesouraria na sociedade por ações, ou quotas liberadas, no caso de uma sociedade limitada.

"Ações em tesouraria" são ações sem dono mantidas pela sociedade por ações até que um dos sócios ou um terceiro queira adquiri-las.

"Quotas liberadas" são quotas sem dono mantidas pela sociedade limitada até que um dos sócios ou um terceiro queira adquiri-las.

12.5.1.2.2.8. Aspectos importantes sobre a sociedade por ações (S.A.)

12.5.1.2.2.8.1. Órgãos de uma sociedade anônima

São órgãos de uma sociedade anônima:

- Assembleia Geral;
- Conselho de Administração;
- Diretoria (administradores);
- Conselho Fiscal.

12.5.1.2.2.8.1.1. Assembleia geral

É a reunião dos acionistas da sociedade, com ou sem direito a voto, podendo ser do tipo ordinária ou extraordinária.

Segundo a Lei n. 6.404/76, arts. 121 e 126:

> "**Art. 121.** A assembleia geral, convocada e instalada de acordo com a lei e o estatuto, tem poderes para decidir todos os negócios relativos ao objeto da companhia e tomar as resoluções que julgar convenientes à sua defesa e desenvolvimento."

> "**Art. 126.** As pessoas presentes à assembleia deverão provar a sua qualidade de acionista, observadas as seguintes normas:"

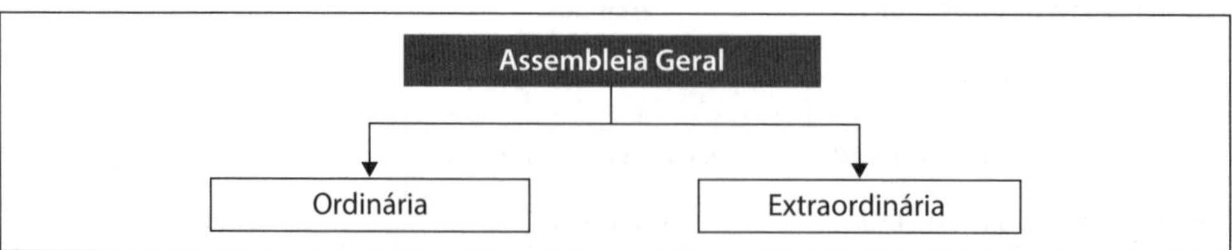

Ordinária: de acordo com o art. 132 da Lei n. 6.404/76, esse tipo de assembleia tem que ocorrer nos 4 primeiros meses do ano; seus únicos objetivos são aprovar as contas dos administradores, votar as demonstrações contábeis, destinar o lucro e eleger, quando for o caso, os administradores e membros do Conselho Fiscal.

Extraordinária: quando reunida a qualquer tempo, para discutir reforma de estatuto ou qualquer outro assunto. Essa Assembleia pode acontecer concomitantemente à Assembleia Geral Ordinária.

12.5.1.2.2.8.1.2. Conselho de administração

É composto por, no mínimo, três acionistas ou não, eleitos pela Assembleia-Geral, que representam os sócios perante os administradores da sociedade para assuntos de qualquer ordem. Podem eleger e destituir diretores, bem como fiscalizar a gestão. O conselho só é obrigatório em S.A. de **capital aberto**[2] e de capital autorizado, de acordo com o **§ 2.º do art. 138 da Lei n. 6.404/76**.

> "**Art. 140.** O conselho de administração será composto por, no mínimo, 3 (três) membros, eleitos pela assembleia geral e por ela destituíveis a qualquer tempo, devendo o estatuto estabelecer:
>
> I — o número de conselheiros, ou o máximo e mínimo permitidos, e o processo de escolha e substituição do presidente do conselho pela assembleia ou pelo próprio conselho; *(Redação dada pela Lei n. 10.303, de 2001)*
>
> II — o modo de substituição dos conselheiros;
>
> III — o prazo de gestão, que não poderá ser superior a 3 (três) anos, permitida a reeleição (...)."

12.5.1.2.2.8.1.3. Diretoria

É composta por, pelo menos, duas pessoas eleitas pelo Conselho de Administração e, se este não existir, pela Assembleia. Os diretores podem ser ou não acionistas. Os diretores são os efetivos administradores da sociedade e sobre eles repousa toda a responsabilidade da gestão.

> "**Art. 143.** A Diretoria será composta por 2 (dois) ou mais diretores, eleitos e destituíveis a qualquer tempo pelo conselho de administração, ou, se inexistente, pela assembleia geral, devendo o estatuto estabelecer:
>
> I — o número de diretores, ou o máximo e o mínimo permitidos;
>
> II — o modo de sua substituição;
>
> III — o prazo de gestão, que não será superior a 3 (três) anos, permitida a reeleição;
>
> IV — as atribuições e poderes de cada diretor."

12.5.1.2.2.8.1.4. Conselho fiscal

As principais funções do Conselho Fiscal são:

- Fiscalizar os administradores;

---

[2] Definição no item 12.5.1.2.2.8.3.

- Opinar sobre o relatório anual da administração;
- Opinar sobre as propostas dos administradores e as submeterem aos sócios;
- Denunciar fraudes, crimes, sugerir providências úteis a companhia;
- Convocar Assembleia Ordinária e/ou Extraordinária sempre que houver motivos graves e urgentes;
- Analisar os demonstrativos contábeis.

É formado por, no mínimo, três e, no máximo, cinco membros, acionistas ou não. Sua existência é facultativa, podendo ser instalado pela Assembleia Geral a pedido de 10% dos acionistas com direito a voto ou 5% dos acionistas sem direito a voto.

> "**Art. 161.** A companhia terá um conselho fiscal e o estatuto disporá sobre seu funcionamento, de modo permanente ou nos exercícios sociais em que for instalado a pedido de acionistas.
>
> § 1.º O conselho fiscal será composto de, no mínimo, 3 (três) e, no máximo, 5 (cinco) membros, e suplentes em igual número, acionistas ou não, eleitos pela assembleia geral.
>
> § 2.º O conselho fiscal, quando o funcionamento não for permanente, será instalado pela assembleia geral a pedido de acionistas que representem, no mínimo, 0,1 (um décimo) das ações com direito a voto, ou 5% (cinco por cento) das ações sem direito a voto, e cada período de seu funcionamento terminará na primeira assembleia geral ordinária após a sua instalação.
>
> § 3.º O pedido de funcionamento do conselho fiscal, ainda que a matéria não conste do anúncio de convocação, poderá ser formulado em qualquer assembleia geral, que elegerá os seus membros."

12.5.1.2.2.8.2. Tipos de ação

De acordo com o art. 20 da Lei n. 6.404/76, alterado pela Lei n. 8.021/90, não existem mais ações ao portador ou nominativas endossáveis. Todas as ações são nominativas.

12.5.1.2.2.8.2.1. Quanto à natureza

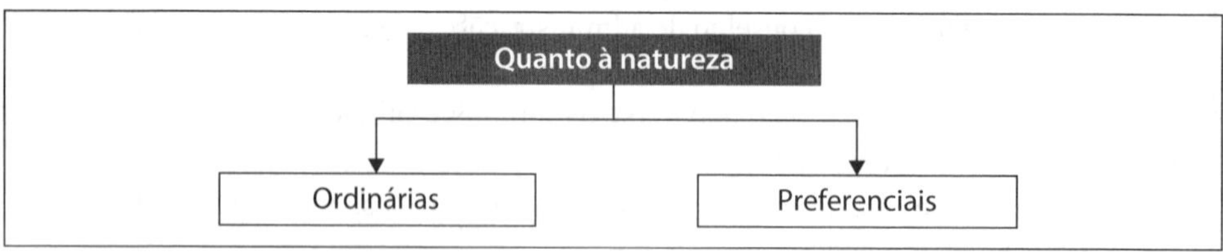

Ordinárias: concedem aos seus titulares participação nos dividendos e direito a voto nas assembleias.

Preferenciais: são as ações que dão aos seus donos prioridade na distribuição de dividendo fixo ou mínimo e no reembolso do Capital. Esse tipo de ação não pode ultrapassar 50% do número total. Não dão direito a voto, a não ser que a empresa esteja há 3 anos sem distribuir dividendos.

Não são possíveis ações ordinárias menores do que 50% do total de ações

ORDINÁRIAS	100%	90%	80%	70%	60%	50%	49%
PREFERENCIAIS	0%	10%	20%	30%	40%	50%	51%

Uma sociedade anônima pode ter 100% do seu Capital subdividido em ações ordinárias. Também pode ter seu Capital subdividido nas proporções descritas na tabela anterior, desde que o número de ações preferenciais seja de, no máximo, 50%. Não é possível qualquer distribuição em que o número de ações preferenciais seja maior que o número de ações ordinárias.

12.5.1.2.2.8.2.2. Quanto à forma

As ações podem ser nominativas por título específico e particular, chamadas pela lei de nominativas; ou nominativas por contrato realizado por meio da instituição financeira na qual as ações foram adquiridas; estas são chamadas de ações escriturais.

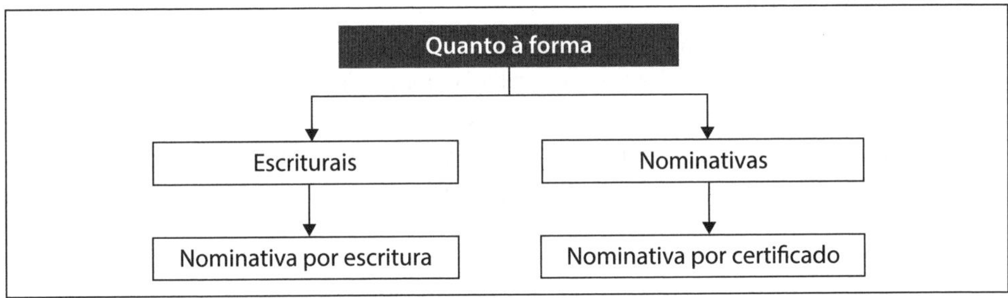

Nominativas: nesse tipo de ação, o acionista recebe da empresa um **certificado de ações** com o seu nome.

Escriturais: o art. 34 da Lei n. 6.404/76 prevê que as ações sejam mantidas em contas de depósito (nominativa por contrato), em instituições financeiras autorizadas pela CVM, e que possam mudar de titularidade sem a emissão de certificado (cautelas). Essas **ações não deixam de ser nominativas**, uma vez que é a própria instituição financeira que tem a responsabilidade de identificar o proprietário da ação a qualquer momento.

12.5.1.2.2.8.3. Modalidades do capital

As duas modalidades de Capital presentes nas sociedades por ações são a sociedade de Capital fechado e a sociedade de Capital aberto.

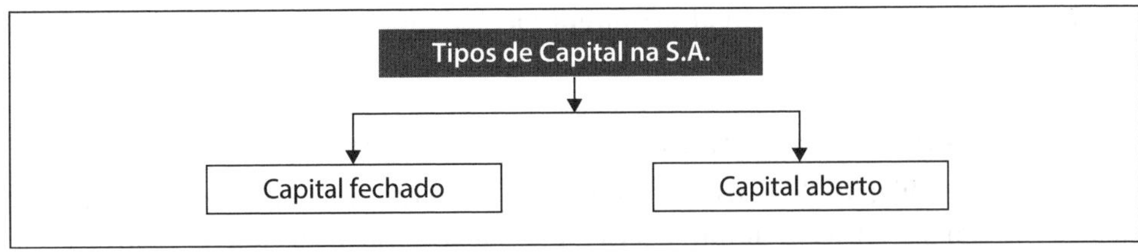

Capital fechado: é o tipo de sociedade em que os acionistas se conhecem (normalmente uma família) e as ações, por exemplo, são emitidas em subscrições particulares, e não nos mercados de títulos mobiliários, como bolsas de valores.

Capital aberto: é o tipo de sociedade na qual a empresa busca novos sócios nos mercados de títulos mobiliários, por meio das bolsas de valores ou do mercado de balcão. O mercado de balcão caracteriza-se por operações de uma instituição financeira com investidores ou entre instituições financeiras. Essas operações só poderão ser realizadas caso a empresa tenha registro e autorização da CVM (Comissão de Valores Mobiliários).

Observação: Capital autorizado tanto se aplica à S.A. de capital aberto como à de capital fechado. Quando a assembleia autoriza um aumento de Capital até um novo limite e os sócios não estão definidos, essa sociedade passa a ser uma S.A. de capital autorizado até esse limite, definido em assembleia. Os gestores poderão encontrar novos sócios, capazes de integralizar Capital, limitado ao valor autorizado.

12.6. NBC TG ESTRUTURA CONCEITUAL (CPC 00)

12.6.1. Aspectos iniciais

Também designado como "Estrutura Conceitual para Elaboração e Divulgação de Relatório Contábil-Financeiro", possui correlação com o Framework-IASB. A Estrutura Conceitual foi aprovada pela resolução 2019/NBCTGEC em 13 de dezembro de 2019.

No item 1.1 da descrição da situação e finalidade da Estrutura Conceitual estão claramente identificadas as finalidades deste documento:

> "SP1.1 A Estrutura Conceitual para Relatório Financeiro (Estrutura Conceitual) descreve o objetivo do, e os conceitos para, relatório financeiro para fins gerais.
>
> A finalidade desta Estrutura Conceitual é:
>
> (a) **auxiliar o desenvolvimento das Normas** Internacionais de Contabilidade (IFRS) para que tenham base em conceitos consistentes;
>
> (b) **auxiliar os responsáveis** pela elaboração (preparadores) dos relatórios financeiros a **desenvolver políticas contábeis consistentes** quando nenhuma norma se aplica à determinada transação ou outro evento, ou quando a norma permite uma escolha de política contábil; e
>
> (c) auxiliar todas as partes a **entender e interpretar as normas**."

No item 1.2 da descrição da situação e finalidade da Estrutura Conceitual está definido que a Estrutura Conceitual não é uma norma e não se sobrepõe a nenhuma norma.

> "SP1.2 Esta Estrutura Conceitual **não é uma norma propriamente dita. Nada contido nesta Estrutura Conceitual se sobrepõe a qualquer norma** ou qualquer requisito em norma."

12.6.1.1. Objetivo do relatório financeiro para fins gerais

O principal objetivo da Estrutura Conceitual coincide com o objetivo do relatório financeiro, isto é, fornecer informações para tomada de decisões, o item 1.1 da introdução da Estrutura Conceitual apresenta esse objetivo principal e os outros objetivos secundários.

> "Item 1.1 O objetivo do relatório financeiro para fins gerais forma a base desta Estrutura Conceitual. Outros aspectos desta Estrutura Conceitual — as **características qualitativas** de informações financeiras úteis e a **restrição de custo** sobre tais informações, **o conceito de entidade** que reporta, **elementos das demonstrações contábeis**, **reconhecimento e desreconhecimento**, mensuração, apresentação e divulgação — decorrem logicamente do objetivo."

O tipo de decisão que os usuários necessitam para tomar decisões a respeito de uma entidade está discriminado no item1.2 da Estrutura Conceitual:

> **"Item 1.2 O objetivo do relatório financeiro para fins gerais** é fornecer informações financeiras sobre a entidade que reporta que sejam úteis para investidores, mutuantes e outros credores, existentes e potenciais, na tomada de decisões referente à oferta de recursos à entidade. Essas decisões envolvem decisões sobre:
>
> (a) **comprar, vender ou manter instrumento** de patrimônio e de dívida;
>
> (b) **conceder ou liquidar empréstimos** ou outras formas de crédito; ou
>
> (c) **exercer direitos de votar ou de outro modo influenciar** os atos da administração que afetam o uso dos recursos econômicos da entidade.

12.6.1.2. Principais usuários da informação financeiras

A Estrutura Conceitual define como usuários prioritários (principais) os usuários externos, isto é, investidores, credores por empréstimos (mutuantes) e outros credores.

> "Item 1.5 Muitos investidores, credores por empréstimos e outros credores, existentes e potenciais, não podem exigir que as entidades que reportam forneçam informações diretamente a eles, devendo se basear em relatórios financeiros para fins gerais para muitas das informações financeiras de que necessitam. Consequentemente, eles são os principais usuários aos quais se destinam relatórios financeiros para fins gerais."

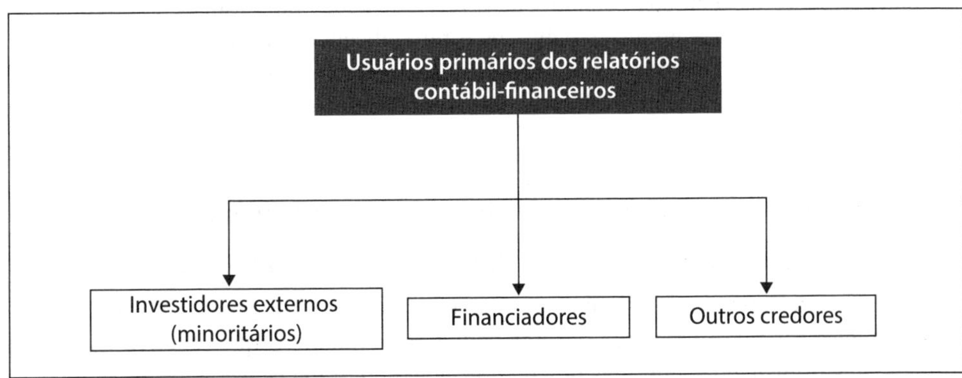

12.6.1.3. Limitações do relatório financeiro

Os relatórios contábeis financeiros não contêm todas as informações que os investidores precisam e nem se destinam a dar valor às entidades:

> "1.6 Contudo, relatórios financeiros para fins gerais não fornecem nem podem fornecer todas as informações de que necessitam investidores, mutuantes e outros credores, existentes e potenciais. Esses usuários precisam considerar informações pertinentes de outras fontes, como, por exemplo, condições e expectativas econômicas gerais, eventos políticos e ambiente político e perspectivas do setor e da empresa.
>
> 1.7 Relatórios financeiros para fins gerais não se destinam a apresentar o valor da entidade que reporta, mas fornecem informações para auxiliar investidores, mutuantes e outros credores, existentes e potenciais, a estimar o valor da entidade que reporta."

12.6.1.4. Recursos econômicos da entidade e reivindicações contra a entidade

A Estrutura Conceitual quando se refere a recurso econômicos da entidade, está se referindo ao capital próprio da entidade e quando está se referindo a reinvindicações está se referindo a recursos de terceiros, isto é, o passivo exigível da entidade.

É evidente que uma análise sobre a composição dos recursos e reinvindicações fornece uma visão sobre os pontos fortes e fracos na entidade.

A Estrutura Conceitual deixa claro em seu item 1.17 que o regime de competência reflete de forma melhor os efeitos de transações e outros eventos e circunstâncias sobre as reinvindicações e recursos econômicos.

12.6.1.5. Regime de Competência

O regime a ser adotado para o registro das transações deve ser o regime de competência:

> "1.17 O regime de competência reflete os efeitos de transações e outros eventos e circunstâncias sobre reivindicações e recursos econômicos da entidade que reporta nos períodos em que esses efeitos ocorrem, mesmo que os pagamentos e recebimentos à vista resultantes ocorram em período diferente. Isso é importante porque informações sobre os recursos econômicos e reivindicações da entidade que reporta e mudanças em seus recursos econômicos e reivindicações durante o período fornecem uma base melhor para a avaliação do desempenho passado e futuro da entidade do que informações exclusivamente sobre recebimentos e pagamentos à vista durante esse período."

12.6.2. Características qualitativas da informação contábil útil

12.6.2.1. Características qualitativas fundamentais e de melhoria

A Estrutura Conceitual (EC) apresenta, em seu capítulo 2 que, para ser útil, a informação precisa ser relevante e representar com fidedignidade o que objetiva expor. A utilidade das informações contidas nos relatórios é melhorada se estas forem comparáveis, verificáveis, tempestivas e compreensíveis.

12.6.2.2. Características qualitativas fundamentais

São a **relevância e a representação fidedigna**. A informação relevante **é aquela capaz de fazer a diferença** e, para fazer a diferença, ela precisa ter **valor preditivo, valor confirmatório ou ambos**. Ligada à relevância, devemos considerar a **materialidade da informação, aspecto** absolutamente **ligado à relevância**; a informação é material quando sua omissão ou divulgação distorcida pode influenciar as decisões dos usuários.

A informação é considerada perfeitamente fidedigna quando: **completa, neutra e livre de erro**.

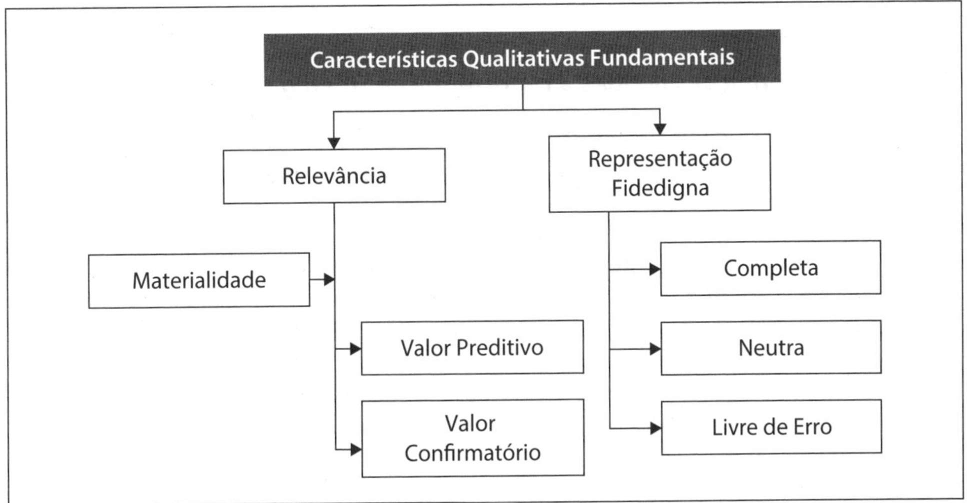

12.6.2.2.1. Definições ligadas a relevância

12.6.2.2.1.1. Valor preditivo e valor confirmatório

As definições de valor preditivo e valor confirmatório estão nos itens 2.8, 2.9 e 2.10 da EC

> "Informações financeiras têm **valor preditivo** se podem ser utilizadas como informações em processos empregados pelos usuários para **prever resultados futuros**. Informações financeiras não precisam ser previsões ou prognósticos para ter valor preditivo. Informações financeiras com valor preditivo são empregadas por usuários ao fazer suas próprias previsões.
>
> Informações financeiras têm **valor confirmatório** se fornecem ***feedback*** sobre (confirmam ou alteram) avaliações anteriores.
>
> Os valores preditivo e confirmatório das informações financeiras estão inter-relacionados. Informações que possuem valor preditivo frequentemente possuem também valor confirmatório. Por exemplo, informações sobre receitas para o ano corrente, que podem ser utilizadas como base para prever receitas em anos futuros, também podem ser comparadas a previsões de receitas para o ano corrente que tenham sido feitas em anos anteriores. Os resultados dessas comparações podem ajudar o usuário a corrigir e a melhorar os processos que foram utilizados para fazer essas previsões anteriores."

12.6.2.2.1.2. Materialidade

EC Item 2.11 A informação é material se a sua **omissão, distorção ou obscuridade puder influenciar, razoavelmente, as decisões** que os principais usuários de relatórios financeiros para fins gerais (ver item 1.5) tomam com base nesses relatórios, que fornecem informações financeiras sobre entidade específica que reporta. Em outras palavras, **materialidade é um aspecto de relevância específico da entidade com base na natureza ou magnitude**, ou ambas, dos itens aos quais as informações se referem no contexto do relatório financeiro da entidade individual. Consequentemente, não se pode especificar um limite quantitativo uniforme para materialidade ou predeterminar o que pode ser material em uma situação específica.

12.6.2.2.2. Definições ligadas a representação fidedigna

12.6.2.2.2.1. Essência das transações

O registro das transações deve privilegiar a essência sobre a formalidade dos fatos contábeis.

EC Item 2.12 Relatórios financeiros representam fenômenos econômicos em palavras e números. Para serem úteis, informações financeiras não devem apenas representar fenômenos relevantes, mas também representar de forma fidedigna a essência dos fenômenos que pretendem representar. Em muitas circunstâncias, a essência de fenômeno econômico e sua forma legal são as mesmas. Se não forem as mesmas, fornecer informações apenas sobre a forma legal não representaria fidedignamente o fenômeno econômico (ver itens de 4.59 a 4.62).

12.6.2.2.2.2. Bases de uma informação representada com fidedignidade

EC item 2.13 Para ser representação perfeitamente fidedigna, a representação tem três características. Ela é completa, neutra e isenta de erros. Obviamente, a perfeição nunca ou raramente é atingida. O objetivo é maximizar essas qualidades tanto quanto possível.

12.6.2.2.2.2.1. Representação fidedigna — completa

Item 2.14 A representação completa inclui **todas as informações necessárias para que o usuário compreenda os fenômenos que estão sendo representados**, inclusive todas as descrições e explicações necessárias. Por exemplo, a representação completa de grupo de ativos inclui, no mínimo, a descrição da natureza dos ativos do grupo, a representação numérica de todos os ativos do grupo e a descrição daquilo que a representação numérica retrata (por exemplo, custo histórico ou valor justo). **Para alguns itens, uma representação completa pode envolver também explicações de fatos significativos sobre a qualidade e natureza do item**, fatores e circunstâncias que podem afetar sua qualidade e natureza e o processo utilizado para determinar a representação numérica.

12.6.2.2.2.2.2. Representação fidedigna — neutra

Item 2.15 **A representação neutra não é tendenciosa** na seleção ou na apresentação de informações financeiras. A representação neutra **não possui inclinações, não é par-**

cial, não é enfatizada ou deixa de ser enfatizada, nem é, **de outro modo, manipulada para aumentar a probabilidade de que as informações financeiras serão recebidas de forma favorável ou desfavorável** pelos usuários. Informações neutras não significam informações sem nenhum propósito ou sem nenhuma influência sobre o comportamento. Ao contrário, informações financeiras relevantes são, por definição, capazes de fazer diferença nas decisões dos usuários.

12.6.2.2.2.2.2.1. Prudência

Essa versão desta estrutura conceitual reintroduz o conceito de prudência de forma diferente de conceitos em normas anteriores:

2.16 **A neutralidade é apoiada pelo exercício da prudência**. Prudência é o exercício de cautela ao fazer julgamentos sob condições de incerteza. O exercício de **prudência significa que ativos e receitas não estão superavaliados e passivos e despesas não estão subavaliados**. Da mesma forma, o exercício de prudência não permite a subavaliação de ativos ou receitas ou a superavaliação de passivos ou despesas. Essas divulgações distorcidas podem levar à superavaliação ou subavaliação de receitas ou despesas em períodos futuros.

2.17 **O exercício de prudência não implica necessidade de assimetria**, por exemplo, a necessidade sistemática de evidência mais convincente para dar suporte ao reconhecimento de ativos ou receitas do que ao reconhecimento de passivos ou despesas. **Essa assimetria não é característica qualitativa de informações financeiras úteis.** Não obstante, determinadas normas podem conter requisitos assimétricos se isso for consequência de decisões que se destinam a selecionar as informações mais relevantes que representam fidedignamente o que pretendem representar.

12.6.2.2.2.3. Representação fidedigna — livre de erro

"EC Item 2.18 Representação fidedigna **não significa representação precisa em todos os aspectos**. Livre de erros significa que **não há erros ou omissões na descrição do fenômeno** e que o **processo utilizado** para produzir as informações **apresentadas foi selecionado e aplicado sem erros no processo**. Nesse contexto, livre de erros não significa perfeitamente precisa em todos os aspectos. Por exemplo, a estimativa de preço ou valor não observável não pode ser determinada como precisa ou imprecisa. Contudo, a representação dessa estimativa pode ser fidedigna se o **valor for descrito de forma clara e precisa como sendo a estimativa, se a natureza e as limitações do processo de estimativa forem explicadas** e se **nenhum erro tiver sido cometido na escolha e na aplicação do processo apropriado** para o desenvolvimento da estimativa."

Quadro-resumo de relevância e fidedignidade:

RELEVÂNCIA	
Valor Preditivo	Se puder ser usada pelos usuários para predizer futuros resultados.
Valor Confirmatório	Se servir para retroalimentação (*feedback*) confirmando ou alterando avaliações prévias.

FIDEDIGNIDADE	
Completa	Deve incluir toda a informação para a compreensão do fenômeno retratado.
Neutra	**A representação neutra não é tendenciosa, não possui inclinações.**
Livre de Erro	Não ter erro não significa algo preciso, mas sim que os processos utilizados e suas limitações foram revelados a sua seleção e aplicação para a estimativa, foram reveladas.

12.6.2.3. Características qualitativas de melhoria

"EC Item 2.23 **Comparabilidade, capacidade de verificação, tempestividade e compreensibilidade** são características qualitativas que melhoram a utilidade de informações que sejam tanto relevantes como forneçam representação fidedigna do que pretendem representar. **As características qualitativas de melhoria** podem também ajudar a determinar qual de duas formas deve ser utilizada para representar o fenômeno caso se considere que ambas fornecem informações igualmente relevantes e representação igualmente fidedigna desse fenômeno."

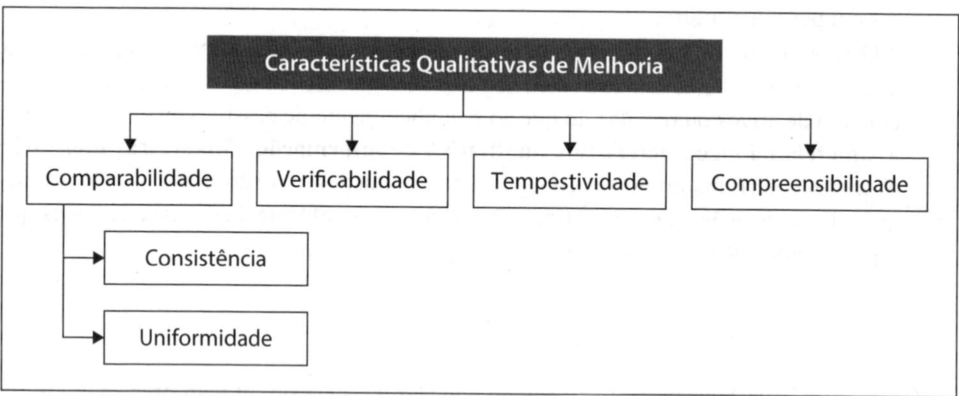

12.6.2.3.1. Comparabilidade

A comparabilidade é a característica qualitativa da informação contábil que deve permitir a comparação com relatórios de outros períodos da própria entidade, assim como de entidades do mesmo setor. Essa é a característica que exige relatórios contábil-financeiros de no mínimo dois períodos (dois itens).

"EC Item 2.24 **As decisões dos usuários envolvem escolher entre alternativas**, como, por exemplo, vender ou manter o investimento, ou investir em uma ou outra entidade que reporta. Consequentemente, informações sobre a entidade que reporta são mais úteis se puderem ser comparadas a informações similares sobre outras entidades e a informações similares sobre a mesma entidade referentes a outro período ou a outra data.

EC item 2.25 **Comparabilidade** é a característica qualitativa que permite aos usuários identificar e **compreender similaridades e diferenças entre itens**. Diferentemente das outras características qualitativas, a comparabilidade não se refere a um único item. A comparação exige, no mínimo, dois itens."

12.6.2.3.1.1. Consistência e uniformidade

A comparabilidade está intimamente ligada aos atributos consistência e uniformidade.

12.6.2.3.1.1.1. Consistência

> "EC item 2.26 Consistência, embora relacionada à comparabilidade, não é a mesma coisa. Consistência refere-se ao uso dos **mesmos métodos para os mesmos itens**, seja de período a período na entidade que reporta ou em um único período para diferentes entidades. Comparabilidade é a meta; a consistência ajuda a atingir essa meta."
>
> **Exemplo:** não se pode adotar critérios de depreciação distintos para itens similares.

Muito embora um fenômeno econômico singular possa ser representado com fidedignidade de múltiplas formas, a discricionariedade[3] na escolha de **métodos contábeis alternativos para o mesmo fenômeno econômico diminui a comparabilidade.**

12.6.2.3.1.1.2. Uniformidade

> "EC Item 2.27 Comparabilidade não é uniformidade. Para que informações sejam comparáveis, **coisas similares devem parecer similares e coisas diferentes devem parecer diferentes**. A comparabilidade de informações financeiras não é aumentada fazendo-se que coisas diferentes pareçam similares, tanto quanto se fazendo que coisas similares pareçam diferentes."
>
> **Exemplo:** a receita de uma venda feita a um cliente que tem o direito de devolver as mercadorias se não vender em determinado prazo não pode ser considerada receita de vendas do período porque a empresa corre o risco de ter que cancelar esse negócio. Não se pode fazer com que um negócio desse tipo pareça uma receita de venda, mesmo que toda a formalidade da transação tenho sido feita, como emissão da nota fiscal de venda.

12.6.2.3.2. Capacidade de verificação (verificabilidade)

As informações são verificáveis quando os leitores da informação chegam a um consenso, chegar a consenso não significa concordar com tudo, mas que pelo menos não discordam frontalmente de nada.

> "EC Item 2.30 A capacidade de verificação ajuda a garantir aos usuários que as informações representem de forma fidedigna os fenômenos econômicos que pretendem representar. Capacidade de verificação significa que **diferentes observadores bem informados e independentes podem chegar ao consenso, embora não a acordo necessariamente completo**, de que a representação específica é representação fidedigna. Informações quantificadas não precisam ser uma estimativa de valor único para que sejam verificáveis. Uma faixa de valores possíveis e as respectivas probabilidades também podem ser verificadas."

---

[3] Escolha entre duas alternativas válidas.

"EC Item 2.31 **A verificação pode ser direta ou indireta**. Verificação direta significa verificar o valor ou outra representação por meio de observação direta, por exemplo, contando-se dinheiro. Verificação indireta significa verificar os dados de entrada de modelo, fórmula ou outra técnica e recalcular os dados de saída utilizando a mesma metodologia. Um exemplo é verificar o valor contábil do estoque, checando as informações (quantidades e custos) e recalculando o estoque final, utilizando a mesma premissa de fluxo de custo (por exemplo, utilizando o método primeiro a entrar, primeiro a sair)."

12.6.2.3.3. Tempestividade

A informação tempestiva é aquela divulgada na hora em que ocorre e na extensão correta de valor, a manipulação do momento de divulgação de uma informação pode causar prejuízos aos leitores da informação.

"EC Item 2.33 Tempestividade significa **disponibilizar informações aos tomadores de decisões a tempo para que sejam capazes de influenciar suas decisões**. De modo geral, **quanto mais antiga a informação, menos útil ela é.** Contudo, algumas informações podem continuar a ser tempestivas por muito tempo após o final do período de relatório porque, por exemplo, alguns usuários podem precisar identificar e avaliar tendências."

12.6.2.3.4. Compreensibilidade

A clareza e a concisão são as bases para uma informação ser compreensível.

"EC Item 2.34 **Classificar, caracterizar e apresentar informações de modo claro e conciso as torna compreensíveis.**

EC Item 2.35 Alguns fenômenos são inerentemente complexos e pode não ser possível tornar a sua compreensão fácil. **Excluir informações sobre esses fenômenos dos relatórios financeiros pode tornar mais fácil a compreensão** das informações contidas nesses relatórios financeiros. **Contudo, esses relatórios seriam incompletos e, portanto, possivelmente distorcidos."**

12.6.2.3.5. Observação sobre as características de melhoria

A aplicação das características qualitativas de melhoria não pode tornar útil a informação que é irrelevante ou não representar com fidedignidade as informações de determinada entidade.

"EC Item 2.37 As características qualitativas de melhoria devem ser maximizadas tanto quanto possível. Contudo, as características qualitativas de melhoria, seja individualmente ou como grupo, não podem tornar informações úteis se essas informações forem irrelevantes ou não fornecerem representação fidedigna do que pretendem representar.?

Quadro resumo das características de melhoria:

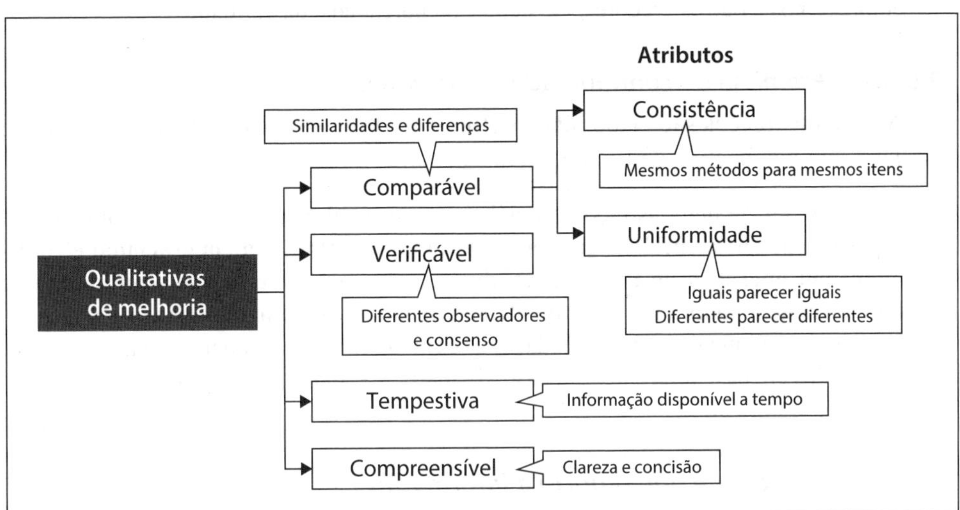

COMPARABILIDADE	Permite que usuários identifiquem e compreendam similaridades dos itens e diferenças entre eles.
CONSISTÊNCIA	Mesmos métodos para os mesmos itens.
UNIFORMIDADE	Coisas iguais precisam parecer iguais e coisas diferentes precisam parecer diferentes.
VERIFICABILIDADE	Significa que diferentes observadores, cônscios e independentes, podem chegar a um consenso, embora não cheguem necessariamente a um completo acordo.
TEMPESTIVIDADE	Significa ter informação disponível para tomadores de decisão a tempo de poder influenciá-los em suas decisões.
COMPREENSIBILIDADE	Classificar, caracterizar e apresentar a informação com clareza e concisão torna-a compreensível.

12.6.2.4. Restrição de custo na elaboração e divulgação de Relatório Contábil-Financeiro Útil

Este pronunciamento deixa claro que deve existir uma relação entre o custo para obter a informação e os benefícios da sua geração. Caso os custos sejam significativos em relação ao benefício, ele não deve ser determinado.

> "EC Item 2.39 O custo é uma restrição generalizada sobre as informações que podem ser fornecidas pelo relatório financeiro. O relatório de informações financeiras impõe custos, e é importante que esses custos sejam justificados pelos benefícios de apresentar essas informações. Há vários tipos de custos e benefícios a serem considerados."

12.6.3. Demonstrações contábeis e entidade que reporta

12.6.3.1. Perspectiva adotada nas demonstrações contábeis

As demonstrações são elaboradas do ponto de vista da empresa e não do ponto de vista de grupos de usuários.

> "EC Item 3.8 As demonstrações contábeis **fornecem informações** sobre transações e outros eventos observados **do ponto de vista da entidade que reporta como um todo**

e, não, do ponto de vista de qualquer grupo específico de investidores, credores por empréstimos e outros credores, existentes ou potenciais, da entidade."

12.6.3.2. Premissa de continuidade operacional

As demonstrações são elaboradas partindo do princípio de que a empresa está em marcha e sem perspectiva de fim de operação, isto é, marchando.

"EC Item 3.9 As demonstrações contábeis são normalmente elaboradas com base na suposição de que a entidade que reporta **está em continuidade operacional e continuará em operação no futuro previsível.** Assim, **presume-se que a entidade não tem a intenção nem a necessidade de entrar em liquidação ou deixar de negociar**. Se existe essa intenção ou necessidade, as demonstrações contábeis podem ter que ser elaboradas em base diferente. Em caso afirmativo, as demonstrações contábeis descrevem a base utilizada."

12.6.3.3. A entidade que reporta a informação

A entidade que reporta demonstrações contábeis pode ser uma entidade individual, ou uma entidade que controle outras entidades e nesse caso as demonstrações contábeis poderão ser a individual da controladora, mas e a demonstração consolidada elaborada pela controladora.

"EC Item 3.10 A **entidade que reporta** é a entidade que **é obrigada a, ou decide, elaborar demonstrações contábeis**. A entidade que reporta pode ser uma **única entidade** ou parte da entidade ou **pode compreender mais de uma entidade.** Uma **entidade que reporta não é necessariamente uma entidade legal.**"

"EC item 3.11 Às vezes, a entidade (controladora) tem o controle sobre outra entidade (controlada). Se a entidade que reporta compreende tanto a controladora como suas controladas, as demonstrações contábeis da entidade que reporta são denominadas '**demonstrações contábeis consolidadas**' (ver itens 3.15 e 3.16). Se a entidade que reporta é apenas a controladora, as demonstrações contábeis da entidade que reporta são denominadas 'demonstrações contábeis não consolidadas' (ver itens 3.17 e 3.18)."

Uma família, ou grupo de amigos podem controlar diversos negócios sem que constituam uma controladora, se desejarem apresentar ao público ou a interessados a "força do grupo" deverão elaborar demonstrações combinadas que devem ser elaboradas com os mesmos princípios das demonstrações consolidadas.

"EC Item 3.12 Se a entidade que reporta compreende duas ou mais entidades que não são todas vinculadas pelo relacionamento controladora-controlada, as demonstrações contábeis da entidade que reporta são denominadas '**demonstrações contábeis combinadas**'."

"EC Item 3.13 Determinar o limite apropriado da entidade que reporta pode ser difícil se a entidade que reporta:

(a) **não é entidade legal;** e

(b) **não compreende somente entidades legais vinculadas pelo relacionamento controladora-controlada.**"

12.6.4. Elementos das demonstrações contábeis

A seguir apresentamos os elementos descritos no capítulo 4 da Estrutura Conceitual de Forma resumida e de acordo com quadro que consta da própria estrutura.

ITENS DISCUTIDO NO CAPÍTULO 1	ELEMENTO	DEFINIÇÃO OU DESCRIÇÃO
Recurdo econômico	Ativo	Recurso econômico presente controlado pela entidade como resultado de eventos passados. Recurso econômico é um direito que tem o potencial de produzir benefícios econômicos.
Reivindicação	Passivo	Obrigação presente da entidade de transferir um recurso econômico como resultado de eventos passados.
	Patrimônio líquido	Participação residual nos ativos da entidade após a dedução de todos os seus passivos.
Alterações em recursos econômicos e reividicações, refletindo desempenho financeiro	Receitas	Aumentos nos ativos, ou reduções nos passivos, que resultam em aumento no patrimônio líquido, exceto aqueles referentes a contribuições aos detentores de direitos sobre o patrimônio.
	Despesas	Redução nos ativos, ou aumentos nos passivos, que resultam em reduções no patrimônio líquido, exceto aqueles referentes a distruibuições aos detentores de direitos sobre o patrimônio.
Outras alterações em recursos econômivos e reivindicações	—	Contribuições de detentores de direitos sobre o patrimônio e distribuições a eles.
	—	Troca de ativos ou passivos que não resultam em aumentos ou reduções no patrimônio líquido.

12.6.5. Reconhecimento e desreconhecimento

Reconhecimento significar registrar ou contabilizar, desreconhecer significar baixar o registro feito.

12.6.5.1. Processo de reconhecimento

Para que um fato contábil seja reconhecido e produza efeitos que sejam representados nas demonstrações esse fato deve preencher os critérios de reconhecimento de ativos, passivos, receitas e despesas.

> "EC Item 5.1 **Reconhecimento é o processo de captação para inclusão no balanço patrimonial ou na demonstração do resultado e na demonstração do resultado abrangente** de item que atenda à definição de um dos elementos das demonstrações contábeis — ativo, passivo, patrimônio líquido, receita ou despesa. Reconhecimento envolve refletir o item em uma dessas demonstrações — seja isoladamente ou em conjunto com outros itens — em palavras e por meio do valor monetário, e incluir esse valor em um ou mais totais nessa demonstração. **O valor pelo qual ativo, passivo ou patrimônio líquido** é reconhecido no balanço patrimonial é referido como o seu '**valor contábil**'."
>
> "EC Item 5.2 O balanço patrimonial, demonstração do resultado e a demonstração do resultado abrangente refletem o ativo, passivo, patrimônio líquido, receitas e despesas

reconhecidos da entidade **em sumários estruturados que se destinam a tornar as informações financeiras comparáveis e compreensíveis**. Uma característica importante das estruturas desses sumários é que os valores reconhecidos em uma demonstração estão incluídos nos totais e, se aplicável, nos subtotais que vinculam os itens reconhecidos na demonstração."

12.6.5.2. Processo de desreconhecimento

Desreconhecer significa na prática retirar das demonstrações e isso ocorre porque o ativo ou passivo sofreram algum tipo de alteração ou deterioração e não podem mais ser apresentados nas demonstrações.

O desreconhecimento pode ocorrer por situações absolutamente normais na vida de uma entidade, como a venda ou transferência de um ativo ou a quitação de um passivo.

"EC Item 5.26 Desreconhecimento é a retirada de parte ou da totalidade de ativo ou passivo reconhecido do balanço patrimonial da entidade. O desreconhecimento normalmente ocorre quando esse item não atende mais à definição de ativo ou passivo:

(a) para o ativo, o desreconhecimento normalmente ocorre quando a entidade perde o controle da totalidade ou de parte do ativo reconhecido; e

(b) para o passivo, o desreconhecimento normalmente ocorre quando a entidade não possui mais uma obrigação presente pela totalidade ou parte do passivo reconhecido."

12.6.6. Mensuração

Mensurar significa medir, isto é, decidir porque valor um item será registrado na contabilidade. Um princípio básico na contabilidade é o registro pelo valor histórico, isto é, valor de aquisição ou contratação.

12.6.6.1. Bases de mensuração

As bases de mensuração apresentadas na Estrutura Conceitual são o Custo histórico, Valor atual, Valor Justo, Valor em uso e valor de cumprimento e Custo corrente.

12.6.6.1.1. Custo histórico

Custo histórico de um ativo ou passivo é o valor de registro inicial, isto é, é o valor original da transação.

"EC Item 6.5 O custo histórico de ativo quando é adquirido ou criado **é o valor dos custos incorridos na aquisição ou criação do ativo**, compreendendo a contraprestação paga para adquirir ou criar o ativo mais custos de transação. **O custo histórico de passivo** quando é incorrido ou assumido **é o valor da contraprestação recebida para incorrer ou assumir o passivo menos custos de transação**."

12.6.6.1.2. Valor atual

É o valor em uma determinada data, fruto da atualização de um ativo ou passivo ou mesmo de uma série de recebimentos e pagamentos que ocorrerão no futuro.

O cálculo do valor atual pode considerar os critérios de valor justo, valor em uso (valor presente) ou valor corrente (valor de reposição).

"EC Item 6.10 **As mensurações ao valor atual** fornecem informações monetárias sobre ativos, passivos e respectivas receitas e despesas, utilizando informações **atualizadas para refletir condições na data de mensuração**. Devido à atualização, os **valores atuais de ativos e passivos refletem as mudanças, desde a data de mensuração anterior,** em estimativas de fluxos de caixa e outros fatores refletidos nesses valores atuais (ver itens 6.14, 6.15 e 6.20). Diferentemente do custo histórico, o valor atual de ativo ou passivo não resulta, mesmo em parte, do preço da transação ou outro evento que deu origem ao ativo ou passivo."

12.6.6.1.3. Valor justo

Normalmente o valor justo de um ativo ou passivo reflete o valor de mercado.

"EC Item 6.12 **Valor justo é o preço que seria recebido pela venda de ativo ou que seria pago pela transferência de passivo** em transação ordenada entre participantes do mercado na data de mensuração.

EC Item 6.13 **O valor justo reflete a perspectiva dos participantes do mercado** — participantes em mercado ao qual a entidade tem acesso. O ativo ou passivo é mensurado utilizando as mesmas premissas que os participantes do mercado utilizariam ao precificar o ativo ou passivo se esses participantes do mercado agirem em seu melhor interesse econômico."

12.6.6.1.4. Valor em uso e valor de cumprimento

Valor em uso é o valor presente de valores a receber e valor de cumprimento é o valor presenta para quitar um passivo.

"EC Item 6.17 **Valor em uso é o valor presente dos fluxos de caixa, ou outros benefícios econômicos, que a entidade espera obter do uso de ativo e de sua alienação final. Valor de cumprimento é o valor presente do caixa, ou de outros recursos econômicos, que a entidade espera ser obrigada a transferir para cumprir a obrigação**. Esses valores de caixa ou outros recursos econômicos incluem não somente os valores a serem transferidos à contraparte do passivo, mas também os valores que a entidade espera ser obrigada a transferir a outras partes de modo a permitir que ela cumpra a obrigação."

12.6.6.1.5. Custo corrente

É o valor de reposição de um ativo ou quanto seria recebido para contratar o passivo na data da mensuração.

"EC Item 6.21 O custo corrente de ativo é o custo de ativo equivalente na data de mensuração, compreendendo a contraprestação que seria paga na data de mensuração mais os custos de transação que seriam incorridos nessa data. O custo corrente de passivo é a contraprestação que seria recebida pelo passivo equivalente na data de mensuração menos os custos de transação que seriam incorridos nessa data. Custo corrente, como custo histórico, é o valor de entrada: reflete preços no mercado em que a entidade adquiriria o ativo ou incorreria no passivo. Assim, é diferente do valor justo, valor em uso e valor de cumprimento, que são valores de saída. Contudo, diferentemente de custo histórico, custo corrente reflete condições na data de mensuração."

12.6.7. Conceitos de capital

No Capítulo 8 da Estrutura Conceitual temos a discussão sobre o conceito de capital e de como é possível apurar o resultado. O conceito de capital financeiro que está associado à maneira como estudamos e aplicamos contabilidade no Brasil, isto é, a determinação do patrimônio líquido e do lucro do exercício têm como base o princípio da competência e diversos critérios de avaliação para ativos, passivos, receitas e despesas. Se o patrimônio líquido cresceu de um período para o outro, isso significa que tivemos lucro e que o capital próprio cresceu. No capital físico, a análise é mais simplória, basta verificar, utilizando o critério de custo corrente, o valor ativo e o passivo e se essa diferença aumentou de um período para o outro, esse será o lucro do período. Portanto, o conceito de manutenção de capital está intimamente ligado ao conceito de lucro.

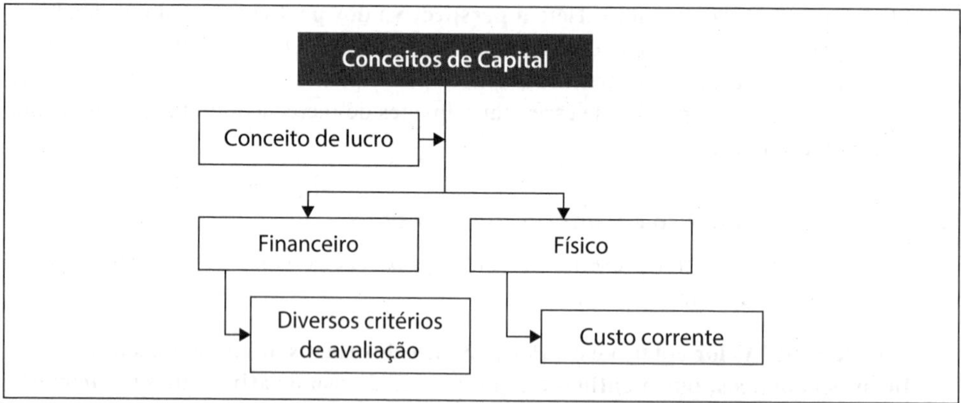

"EC Item 8.1 O conceito financeiro de capital é adotado pela maioria das entidades na elaboração de suas demonstrações contábeis. Sob o conceito financeiro de capital, tal como caixa investido ou poder de compra investido, capital é sinônimo de ativos líquidos ou patrimônio líquido da entidade. Sob o conceito físico de capital, tal como a capacidade operacional, o capital é considerado como a capacidade produtiva da entidade com base, por exemplo, nas unidades de produção diária."

"EC Item 8.3 Os conceitos de capital do item 8.1 originam os seguintes conceitos de manutenção de capital:

(a) **Manutenção de capital financeiro**. Sob esse conceito, o lucro é auferido somente se o montante financeiro (ou dinheiro) dos ativos líquidos no final do período exceder o montante financeiro (ou dinheiro) dos ativos líquidos no início do período, após excluir quaisquer distribuições para, e contribuições de, sócios durante o período. A manutenção de capital financeiro pode ser mensurada em unidades monetárias nominais ou em unidades de poder aquisitivo constante.

(b) **Manutenção de capital físico**. Sob esse conceito, o lucro é auferido somente se a capacidade produtiva física (ou capacidade operacional) da entidade (ou os recursos ou fundos necessários para alcançar essa capacidade) no final do período exceder a capacidade produtiva física no início do período, após excluir quaisquer distribuições para, e contribuições de, sócios durante o período."

Base de mensuração do capital

O conceito de manutenção do **capital físico** requer a adoção do **custo corrente** como base de mensuração. O conceito de manutenção do **capital financeiro**, entretanto, **não requer o uso de uma base específica de mensuração**. A escolha da base, conforme este conceito, depende do tipo de capital financeiro que a entidade está procurando manter.

O Conceito de capital escolhido pela entidade é determinante para determinar o valor do lucro do período e, portanto, da mensuração do capital próprio da entidade.

12.7. QUESTÕES

12.7.1. Questões sobre demonstrações

1. (AFRFB — ESAF/2009) A Lei n. 6.404/76, com suas diversas atualizações, determina que, ao fim de cada exercício social, com base na escrituração mercantil da companhia, exprimindo com clareza a situação do patrimônio e as mutações ocorridas no exercício, a diretoria fará elaborar as seguintes demonstrações financeiras:

a) balanço patrimonial; demonstração dos lucros ou prejuízos acumulados; demonstração do resultado do exercício; demonstração das origens e aplicações de recursos; demonstração dos fluxos de caixa; e, se companhia aberta, demonstração do valor adicionado.
b) balanço patrimonial; demonstração dos lucros ou prejuízos acumulados; demonstração do resultado do exercício; demonstração dos fluxos de caixa; e demonstração do valor adicionado.
c) balanço patrimonial; demonstração dos lucros ou prejuízos acumulados; demonstração do resultado do exercício; demonstração das origens e aplicações de recursos; e demonstração das mutações do patrimônio líquido.
d) balanço patrimonial; demonstração dos lucros ou prejuízos acumulados; demonstração do resultado do exercício; demonstração das origens e aplicações de recursos; e, se companhia aberta, demonstração das mutações do patrimônio líquido.
e) balanço patrimonial; demonstração dos lucros ou prejuízos acumulados; demonstração do resultado do exercício; demonstração dos fluxos de caixa; e, se companhia aberta, demonstração do valor adicionado.

2. (TJ-AP — FCC/2009) São demonstrações obrigatórias para todos os tipos de sociedades por ações:

a) Demonstração dos Lucros ou Prejuízos Acumulados e do Resultado do Exercício.
b) Balanço Patrimonial e a Demonstração do Valor Adicionado.
c) Demonstração dos Fluxos de Caixa e o Balanço Patrimonial.
d) Demonstração do Valor Adicionado e a Demonstração do Lucro ou Prejuízo do Exercício.
e) Demonstração do Resultado do Exercício e Demonstração dos Fluxos de Caixa.

3. (Do Autor) De acordo com a Lei n. 6.404/76, as demonstrações contábeis são elaboradas:

a) em dezembro;
b) em 31 de dezembro;
c) ao fim de cada mês;
d) na época em que a administração julgar conveniente;
e) ao fim de cada exercício social.

4. (Perito — Polícia-PR — IBFC/2017) Com base nas Normas Internacionais de Contabilidade, assinale a alternativa que completa corretamente a lacuna. ______ são normas de contabilidade emitidas com o objetivo principal de padronizar as demonstrações contábeis em todo o mundo. Até o ano de 2001, eram conhecidas como *International Accounting Standards* (IAS), ou traduzindo, Padrões Internacionais de Contabilidade.

a) As normas internacionais denominadas IFRS.
b) BR — GAAP.
c) CPC.
d) Sistema Geral de Preferência (SGPC).
e) ALADI.

5. (Analista — SEDF — CESPE/2017) De acordo com a Lei das Sociedades por Ações e suas atualizações e com os pronunciamentos do Comitê de Pronunciamentos Contábeis (CPC), julgue o item que se segue.

As demonstrações contábeis das sociedades anônimas de capital fechado têm de ser elaboradas de acordo com as mesmas normas aplicáveis às sociedades anônimas de capital aberto expedidas pela Comissão de Valores Mobiliários.

( ) Certo ( ) Errado

6. (Professor — IFB — IFB/2017) O CPC (Comitê de Pronunciamentos Contábeis), criado pelo Conselho Federal de Contabilidade em 7.10.2005, foi composto, originalmente, pelas seguintes entidades:

a) Bacen, Bovespa e CFC.
b) Abrasca, Apimec, Bovespa, CFC, Ibracon e Fipecafi.
c) Fia, CFC, Apimec e Bovespa.
d) Apimec, Bovespa, CFC, CFA, Cofecon, Fipecafi, Ibracon.
e) Apimec, Bacen, Bovespa, CFC e Fipecafi.

7. (Contador — BNDES — CESGRANRIO/2011) A Lei n. 11.638/07 foi a base da alteração fundamental do ordenamento contábil brasileiro e sua convergência às normas contábeis internacionais. Além das modificações introduzidas na Lei das Sociedades Anônimas, o seu art. 3.º promoveu outra grande novidade, esta relativa às sociedades de grande porte. Para ser considerada de grande porte, para os fins exclusivos da lei, a sociedade ou conjunto de sociedades sob controle comum, ainda que não constituídas sob a forma de sociedade por ações, precisam ter a receita bruta anual estipulada na Lei ou um

a) ativo total igual a 200 milhões, no exercício social corrente.
b) ativo total superior a 240 milhões, no exercício social anterior.
c) patrimônio líquido igual a 200 milhões, no exercício social corrente.
d) patrimônio líquido superior a 240 milhões, no exercício social anterior.
e) patrimônio líquido superior a 300 milhões, no exercício social corrente.

8. (Auditor — TCE-PR — CESPE/2018) A Lei n. 11.638/2007, que introduziu alterações na forma de elaboração e de apresentação das demonstrações contábeis das companhias, determinou a

a) extinção da demonstração de origens e aplicações de recursos.
b) adoção do procedimento de redução ao valor recuperável dos ativos.
c) segregação do ativo fixo no grupo físico e no grupo imaterial.
d) vedação de lançamentos em contas de ativo diferido.
e) proibição do uso da conta de lucros ou prejuízos acumulados.

12.7.2. Questões sobre noções de Direito Comercial e legislação societária

1. (BNDES — CESGRANRIO/2009) Considere as proposições a seguir, em relação às sociedades anônimas.

I. A companhia ou sociedade anônima terá capital dividido em ações, e a responsabilidade dos sócios ou acionistas será limitada ao preço de emissão das ações subscritas ou adquiridas.
II. A companhia é aberta ou fechada conforme os valores mobiliários estejam ou não admitidos à negociação no mercado de valores mobiliários.
III. A companhia poderá emitir debêntures que conferirão aos seus titulares direito de crédito contra ela, nas condições constantes da escritura de emissão.

IV. A sociedade anônima não se sujeita à Lei n. 6.404/76 e alterações, mas apenas às normas previstas no Código Civil em vigor.
V. O nome do fundador ou de qualquer pessoa, acionista ou não, que tenha concorrido para o êxito da companhia não poderá figurar na denominação.

São corretas APENAS as proposições:
a) I e II.
b) I e III.
c) I, II e III.
d) II, III e IV.
e) III, IV e V.

2. (ARF — ESAF/2006) As sociedades anônimas:
a) são sempre sociedades mercantis, ainda que seu objeto social seja o desenvolvimento de atividades de natureza civil;
b) são sempre sociedades mercantis, porque o seu objeto social é o desenvolvimento de atividades de natureza eminentemente mercantil;
c) poderão constituir-se como sociedades civis, quando o objeto social for o desenvolvimento de atividades de natureza civil;
d) poderão constituir-se como sociedades civis e mercantis, quando se identificarem como sociedades de economia mista;
e) poderão constituir-se como sociedades civis e mercantis, quando seu objeto estiver definido no Estatuto Social, como o desenvolvimento de atividades de natureza civil e mercantil.

3. (Do Autor) É o órgão de uma sociedade anônima que tem a função de
I. fixar a orientação geral dos negócios da companhia;
II. eleger e destituir os diretores da companhia e fixar-lhes as atribuições, observado o que a respeito dispuser o estatuto;
III. fiscalizar a gestão dos diretores, examinar, a qualquer tempo, os livros e papéis da companhia, solicitar informações sobre contratos celebrados ou em via de celebração e quaisquer outros atos;
IV. convocar a Assembleia Geral quando julgar conveniente;
V. manifestar-se sobre o relatório da administração e as contas da diretoria;
VI. manifestar-se previamente sobre atos ou contratos, quando o estatuto assim o exigir;
VII. deliberar, quando autorizado pelo estatuto, sobre a emissão de ações ou de bônus de subscrição.

É composto por um mínimo de três membros eleitos pela Assembleia Geral e por ela destituíveis a qualquer tempo. Trata-se de:
a) Conselho Fiscal;
b) Departamento Financeiro;
c) Conselho de Administração;
d) Departamento Técnico;
e) Diretoria.

4. (Do Autor) É o órgão de uma sociedade anônima que tem a função de fiscalizar os atos dos administradores e de opinar sobre os relatórios anuais e sobre os demonstrativos contábeis. É composto por um mínimo de três e um máximo de cinco membros, acionistas ou não, eleitos pela Assembleia Geral:
a) Diretoria;
b) Departamento Financeiro;
c) Conselho de Administração;
d) Departamento Técnico;
e) Conselho Fiscal.

12.7.3. Questões sobre o pronunciamento conceitual básico

1. (Analista de Saneamento — Ciências Contábeis — EMBASA — CESPE/2009) Acerca dos conceitos de manutenção do capital e determinação do lucro, contemplados no Pronunciamento Técnico CPC 00, julgue o item a seguir.

O conceito financeiro de manutenção de capital requer a adoção do custo corrente como base de avaliação

( ) Certo ( ) Errado

2. (Contador — PETROBRAS — CESGRANRIO/2011) O pronunciamento conceitual básico do Comitê de Pronunciamentos Contábeis, que trata da Estrutura Conceitual para a Elaboração e Apresentação das Demonstrações Contábeis, no item 89, estabelece que um ativo é reconhecido no balanço patrimonial quando

a) gerar benefícios futuros de modo a poder identificar de forma aceitável o reconhecimento do custo efetivo do ativo.
b) puder ser assim classificada a obrigação, desde que sejam atendidos os critérios de reconhecimento nas circunstâncias específicas.
c) for provável a saída de recursos envolvendo benefícios econômicos futuros na liquidação da obrigação, a valor presente determinado em bases confiáveis.
d) for provável que os benefícios econômicos futuros dele provenientes fluirão para a entidade e seu custo ou valor puder ser determinado em bases confiáveis.
e) houver um valor futuro estimado para o ativo, de acordo com as normas ditadas dos pronunciamentos em vigor que lhe atribuam o maior valor possível.

3. (Contador — PETROBRAS — CESGRANRIO/2011) De acordo com o pronunciamento da Estrutura Conceitual para a Elaboração e Apresentação das Demonstrações Contábeis, a contabilização das transações que prioriza a substância e a realidade econômica dos fatos e não sua forma legal, indica que os registros contábeis devem contemplar, prioritariamente,

a) integridade.
b) prudência.
c) essência sobre a forma.
d) representação adequada.
e) relação entre custo e benefício.

4. (Contador — PETROBRAS — CESGRANRIO/2011 — Atualizada) O pronunciamento conceitual básico intitulado Estrutura Conceitual para a Elaboração e Apresentação das Demonstrações Contábeis, emitido pelo Comitê de Pronunciamentos Contábeis, estabelece as diretrizes para a preparação e apresentação das demonstrações contábeis destinadas primariamente aos

a) administradores corporativos.
b) bancos e investidores.
c) contadores e executivos da empresa.
d) sócios/acionistas da empresa.
e) usuários externos.

5. (Contador — Nossa Caixa — FCC/2011 — Atualizada) *Recurso controlado pela entidade como resultado de eventos passados e do qual se espera que resultem futuros benefícios econômicos para a entidade*. Segundo pronunciamento do Comitê de Pronunciamentos Contábeis (CPC), cujo teor foi aprovado pela Resolução n. 1.374/2011 do Conselho Federal de Contabilidade, e que versa sobre Estrutura Conceitual para a Elaboração e Apresentação das Demonstrações Contábeis, esta é a definição de

a) Passivo.
b) Receitas.
c) Despesas.
d) Ativo.
e) Patrimônio Líquido.

6. (AFRFB — ESAF/2012) Entre as características qualitativas de melhoria, a comparabilidade está entre as que os analistas de demonstrações contábeis mais buscam. Dessa forma, pode-se definir pela estrutura conceitual contábil que comparabilidade é a característica que

a) permite que os usuários identifiquem e compreendam similaridades dos itens e diferenças entre eles nas Demonstrações Contábeis.
b) utiliza os mesmos métodos para os mesmos itens, tanto de um período para outro, considerando a mesma entidade que reporta a informação, quanto para um único período entre entidades.

c) considera a uniformidade na aplicação dos procedimentos e normas contábeis, onde, para se obter a comparabilidade, as entidades precisam adotar os mesmos métodos de apuração e cálculo.
d) garante que usuários diferentes concluam de forma completa e igual, quanto à condição econômica e financeira da empresa, sendo levados a um completo acordo.
e) estabelece procedimentos para a padronização dos métodos e processos aplicados em demonstrações contábeis de mesmo segmento.

7. (Perito-RJ — PC — IBFC/2013) Para ser útil, a informação contábil-financeira deve representar com fidedignidade o fenômeno que se propõe representar. Para ser representação perfeitamente fidedigna, a informação precisa ter alguns atributos. Ela deve ser:

a) Completa, neutra e útil.
b) Comparável, neutra e livre de qualquer erro.
c) Completa, neutra e livre de erro.
d) Útil, comparável e livre de erro.
e) Completa, útil e comparável.

8. (Auditor — TCU — CESPE/2013) De acordo com o pronunciamento conceitual básico (R1), elaborado pelo Comitê de Pronunciamentos Contábeis, julgue o item a seguir.

A característica qualitativa da comparabilidade é obtida quando são usados os mesmos métodos para os mesmos itens, pressupondo-se que as características qualitativas de melhoria tenham sido satisfeitas.

( ) Certo ( ) Errado

9. (AFTM-SP — FCC/2012) Sobre a Estrutura Conceitual para Elaboração e Divulgação de Relatório Contábil-financeiro, considere:

I. As autoridades tributárias podem determinar exigências específicas para atender a seus próprios interesses e, consequentemente, mudar a estrutura conceitual para elaboração e divulgação de relatório contábil-financeiro de propósito geral.
II. A avaliação da administração da entidade quanto à responsabilidade que lhe tenha sido conferida e quanto à qualidade de seu desempenho e de sua prestação de contas é uma das necessidades comuns da maioria dos usuários dos relatórios contábil-financeiros de propósito geral.
III. O regime de competência retrata com propriedade os efeitos de transações e outros eventos e circunstâncias sobre os recursos econômicos e reivindicações da entidade que reporta a informação nos períodos em que ditos efeitos são produzidos.
IV. Comparabilidade é a característica qualitativa que define o uso dos mesmos métodos para os mesmos itens, tanto de um período para outro, considerando a mesma entidade que reporta a informação, quanto para um único período entre entidades.

Está correto o que se afirma APENAS em

a) II, III e IV.
b) I e II.
c) II e III.
d) III e IV.
e) I, II e III.

10. (AJ — TRE-RJ — Administrativa — Contabilidade — CESPE/2012) O Conselho Federal de Contabilidade e o Comitê de Pronunciamentos Contábeis são responsáveis pela elaboração das normas contábeis comumente aceitas. Sobre essas normas, julgue o item que se segue.

A estrutura conceitual estabelecida pelo Comitê de Pronunciamentos Contábeis não constitui uma norma propriamente dita nem define normas ou procedimentos de qualquer espécie.

( ) Certo ( ) Errado

11. (TJ — TRE-MS — Contabilidade — CESPE/2013) De acordo com o pronunciamento conceitual básico (R1), do Comitê de Pronunciamentos Contábeis, as características qualitativas fundamentais da informação contábil-financeira útil são

a) confiabilidade e representação fidedigna.
b) confiabilidade e tempestividade.

c) relevância e confiabilidade.
d) relevância e representação fidedigna.
e) comparabilidade e confiabilidade.

12. (PCF — Área 1 — CESPE/2013) Julgue o item seguinte, de acordo com os princípios de contabilidade e as normas do Conselho Federal de Contabilidade (CFC).

O relatório contábil-financeiro de propósito geral não atende a todas as informações de que os investidores, os credores por empréstimos e outros credores, existentes e em potencial, necessitam, nem mesmo é elaborado no sentido de apurar o valor da entidade que reporta a informação.

( ) Certo ( ) Errado

13. (Contador — AFC — STN — ESAF/2013) A empresa Patrimônio S.A. efetuou a depreciação utilizando os percentuais fiscais, ainda que soubesse que a vida econômica do bem era maior do que as taxas fiscais. A decisão foi tomada em função das dificuldades em controlar as duas depreciações, o que levaria a empresa a ter custos de controle não suportáveis pelo porte e situação financeira da empresa, inviabilizando o negócio. Referida situação

a) afeta diretamente a neutralidade na apresentação de uma demonstração contábil fidedigna, não sendo possível considerar a demonstração fidedigna.
b) altera a demonstração contábil de forma material, impedindo o reconhecimento como uma demonstração contábil fidedigna.
c) permite considerar a demonstração contábil fidedigna, uma vez que o custo para geração de uma informação com melhor qualidade não justificaria o benefício.
d) atende ao princípio da prudência, visto que a decisão de adotar a depreciação que atribui maior valor ao resultado permite a geração de uma demonstração conservadora mais fidedigna.
e) distorce a possibilidade do usuário em analisar a demonstração contábil, sendo necessário o ajuste para considerá-la fidedigna.

14. (AA — ANVISA — Área 2 — CETRO/2013) De acordo com a Estrutura Conceitual para Elaboração e Divulgação de Relatório Contábil-Financeiro, existem características qualitativas da informação contábil-financeira útil. A informação contábil-financeira, capaz de fazer diferença nas decisões que possam ser tomadas pelos usuários e que possa ser capaz de fazer diferença em uma decisão mesmo no caso de alguns usuários decidirem não a levar em consideração, ou já tiverem tomado ciência de sua existência por outras fontes, tem como característica qualitativa fundamental a

a) materialidade.
b) representação fidedigna.
c) relevância.
d) comparabilidade.
e) tempestividade.

15. (Auditor-Fiscal Municipal Salvador — FUNCAB/2014) De acordo com a Resolução n. 1.374/2011, na elaboração e divulgação do relatório contábil-financeiro de propósitos gerais, as informações nele contidas objetivam atender:

a) aos credores por empréstimos e a outros credores.
b) aos empregados em função da distribuição de resultados.
c) aos administradores em função da análise da lucratividade da empresa.
d) somente aos investidores da sociedade.
e) ao governo em função do processo de arrecadação tributária.

16. (Exame de Suficiência — CFC — Consulplan/2018) A NBC TG Estrutura Conceitual citada apresenta as características qualitativas fundamentais e características qualitativas de melhoria. De acordo com o exposto, NÃO representa uma característica qualitativa de melhoria:

a) Materialidade.
b) Verificabilidade.
c) Tempestividade.
d) Comparabilidade.

17. (Analista — TJ-BA — FGV/2015) Quando, ao divulgar suas demonstrações financeiras, uma entidade omite uma informação ou realiza uma divulgação distorcida, de forma a influenciar decisões que os usuários tomam com base na informação contábil-financeira, pode-se dizer que há uma referência à característica qualitativa da:

a) compreensibilidade;
b) confiabilidade;
c) materialidade;
d) objetividade;
e) verificabilidade.

18. (Contador — Paulínia — FGV/2016) Assinale a opção que indica as características qualitativas fundamentais da informação contábil-financeira útil, de acordo com o Pronunciamento Técnico CPC 00 — Estrutura Conceitual para Elaboração e Divulgação de Relatório Contábil-Financeiro.

a) Regime de Competência e Continuidade.
b) Relevância e Continuidade.
c) Regime de Competência e Essência sobre a Forma.
d) Relevância e Representação Fidedigna.
e) Essência sobre a forma e Representação Fidedigna.

19. (AFR — SEFAZ-DF — CESPE/2020) No que se refere às características qualitativas fundamentais da informação contábil-financeira, julgue o item seguinte.

Para ser útil, a informação contábil deve, concomitantemente, ser relevante e representar com fidedignidade a realidade reportada: nem a representação fidedigna de fenômeno irrelevante, nem a representação não fidedigna de fenômeno relevante auxiliam os usuários a tomarem boas decisões.

( ) Certo ( ) Errado

20. (AFR — SEFAZ-DF — CESPE/2020) Com relação aos conceitos de ativos, passivos e patrimônio líquido, julgue o item a seguir.

Ao avaliar se um item se enquadra na definição de ativo, passivo ou patrimônio líquido, deve-se atentar para a sua essência subjacente e sua realidade econômica, e não apenas para sua forma legal.

( ) Certo ( ) Errado

21. (Analista — IMBEL — FGV/2021) De acordo com o Pronunciamento Técnico CPC 00 — Estrutura Conceitual para Relatório Financeiro, a *compreensibilidade* é uma das características qualitativas de melhoria de informações financeiras úteis. Em relação às implicações da característica qualitativa da *compreensibilidade*, assinale a afirmativa correta.

a) Os usuários devem poder identificar e compreender similaridades e diferenças entre itens.
b) Os fenômenos complexos e de difícil compreensão devem ser excluídos dos relatórios financeiros.
c) As informações devem ser disponibilizadas aos tomadores de decisões a tempo para que sejam capazes de influenciar suas decisões.
d) As informações devem ser evidenciadas de modo que os usuários não precisem buscar o auxílio de consultores para compreender os relatórios financeiros.
e) Os relatórios financeiros devem ser elaborados para usuários que têm conhecimento razoável das atividades comerciais e econômicas e que revisam e analisam as informações de modo diligente.

22. (Analista — IMBEL — FGV/2021) De acordo com o Pronunciamento Técnico CPC 00 — Estrutura Conceitual para Relatório Financeiro, assinale a opção que apresenta uma restrição generalizada sobre as informações que podem ser fornecidas em relatório financeiro.

a) O tempo.
b) O custo.
c) A subjetividade.
d) Os recursos limitados.
e) A quantidade de normas.

23. (Contador — IMVEL — FGV/2021) De acordo com o Pronunciamento Técnico CPC 00 — Estrutura Conceitual para Relatório Financeiro, as informações financeiras relevantes são capazes de fazer diferença nas decisões tomadas pelos usuários e podem ter valor preditivo. Em relação às informações financeiras relevantes com valor preditivo, assinale a afirmativa correta.

a) Confirmam ou alteram avaliações anteriores.
b) Devem servir como prognóstico aos usuários.
c) São empregadas pelos usuários para fazer suas próprias previsões.
d) São utilizadas em processos empregados pelos usuários para analisar resultados passados
e) Representam uma novidade aos usuários, sendo que eles não teriam conhecimento delas a partir de outras fontes.

GABARITO

http://uqr.to/1xvmm

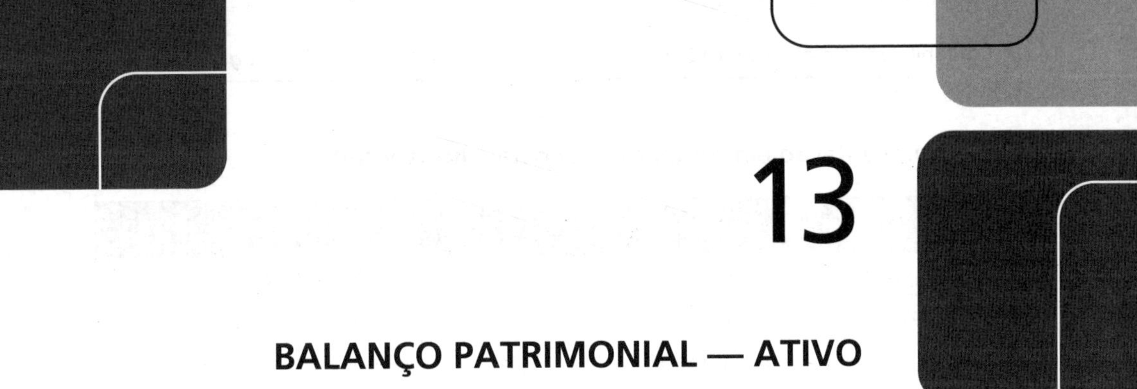

13

BALANÇO PATRIMONIAL — ATIVO

13.1. ASPECTOS INICIAIS

No Capítulo 4, fizemos uma introdução ao Balanço Patrimonial. Neste capítulo, estudaremos o Ativo, no Capítulo 14, o Passivo e, no Capítulo 15, o Patrimônio Líquido e as notas explicativas. O Balanço Patrimonial, nesses capítulos, será estudado com toda a riqueza de detalhes e atualizado pelas Normas Brasileiras de Contabilidade, emitidas pelo CFC e que são originárias dos Pronunciamentos do CPC, estes, por sua vez, em conformidade com as Normas Internacionais de Contabilidade (IAS/IFRS).

O Balanço Patrimonial está definido na legislação societária no art. 178 da Lei n. 6.404/76, transcrito a seguir:

> "**Art. 178.** No balanço, as contas serão classificadas segundo os elementos do patrimônio que registrem, e agrupadas de modo a facilitar o conhecimento e a análise da situação financeira da companhia.
>
> § 1.º No ativo, as contas serão dispostas em ordem decrescente de grau de liquidez dos elementos nelas registrados, nos seguintes grupos:
>
> I — ativo circulante; e (*Incluído pela Lei n. 11.941, de 2009*)
>
> II — ativo não circulante, composto por ativo realizável a longo prazo, investimentos, imobilizado e intangível. (*Incluído pela Lei n. 11.941, de 2009*)
>
> § 2.º No passivo, as contas serão classificadas nos seguintes grupos:
>
> I — passivo circulante; (*Incluído pela Lei n. 11.941, de 2009*)
>
> II — passivo não circulante; e (*Incluído pela Lei n. 11.941, de 2009*)
>
> III — patrimônio líquido, dividido em capital social, reservas de capital, ajustes de avaliação patrimonial, reservas de lucros, ações em tesouraria e prejuízos acumulados. (*Incluído pela Lei n. 11.941, de 2009*)
>
> § 3.º Os saldos devedores e credores que a companhia não tiver direito de compensar serão classificados separadamente."

13.2. APRESENTAÇÃO DO BALANÇO PATRIMONIAL

Um Balanço Patrimonial pode ser apresentado de forma horizontal (colunas justapostas) ou vertical (colunas sobrepostas).

13.2.1. Apresentação em colunas justapostas (horizontal)

ATIVO	PASSIVO
ATIVO CIRCULANTE	**PASSIVO CIRCULANTE**
ATIVO NÃO CIRCULANTE	**PASSIVO NÃO CIRCULANTE**
Ativo Realizável a Longo Prazo (ARLP)	Exigível a Longo Prazo (PELP)
Investimento Imobilizado Intangível	Receita Diferida (Ex — REF) (–) Custos diferidos
	PATRIMÔNIO LÍQUIDO
TOTAL DO ATIVO	TOTAL DO PASSIVO

13.2.2. Apresentação em colunas sobrepostas (vertical)

ATIVO
ATIVO CIRCULANTE
ATIVO NÃO CIRCULANTE
Ativo Realizável a Longo Prazo (ARLP)
Investimento
Imobilizado
Intangível
TOTAL DO ATIVO
PASSIVO
PASSIVO CIRCULANTE
PASSIVO NÃO CIRCULANTE
Passivo Exigível a Longo Prazo (PELP)
Receita diferida
(–) Custos diferidos
PATRIMÔNIO LÍQUIDO
TOTAL DO PASSIVO

13.2.3. Balanço patrimonial de acordo com a Lei n. 6.404/76

ATIVO	PASSIVO
■ ATIVO CIRCULANTE (AC)	■ PASSIVO CIRCULANTE (PC)
■ ATIVO NÃO CIRCULANTE (ANC)	■ PASSIVO NÃO CIRCULANTE (PNC)
■ Ativo Realizável a Longo Prazo (ARLP)	■ Exigível a Longo Prazo (PELP)
■ Investimentos*	■ Receita diferida
■ Imobilizado*	■ (–) Custo com a receita diferida
■ Intangível*	
■ Diferido*-**	■ PATRIMÔNIO LÍQUIDO (PL)
	■ Capital social
	■ (–) Capital a realizar
	■ (–) Custos de emissão de ações
	■ Reservas de Capital
	■ (–) Ações em tesouraria
	■ Reservas de reavaliação
* Antigo "Grupo Ativo Permanente".	■ Ajustes de avaliação patrimonial
** Baixa ou tratamento especial até a extinção — Lei n. 11.941/2009.	■ Reservas de lucros
	■ Prejuízos acumulados

A partir do item 13.3, até o final deste capítulo, estudaremos o Ativo; no Capítulo 14, estudaremos o Passivo; e, no Capítulo 15, o Patrimônio Líquido. Serão estudadas todas as contas de cada grupo e subgrupo dessa estrutura de Balanço Patrimonial apresentada no quadro acima, extraída da Lei n. 6.404/76, a qual está de acordo com as alterações introduzidas nela pelas Leis ns. 11.638/2007 e 11.941/2009, bem como pelos pronunciamentos emitidos pelo CPC e aprovados pelo CFC.

13.3. ATIVO

O Ativo, do ponto de vista conceitual, foi definido por Walter B. Meigs e Charles E. Johnson como **"recursos econômicos possuídos por uma empresa"**, destacando, assim, a propriedade. Paton, por sua vez, definiu como Ativo **"qualquer contraprestação, material ou não, possuída por uma empresa específica e que tem valor para aquela empresa"**, destacando a possibilidade do Ativo ser tanto tangível (material) quanto intangível (não material) e transcendendo o conceito de propriedade ao ressaltar o fato de o Ativo ter que possuir valor para a empresa[1].

Por último, ressaltamos a definição do Professor Iudícibus em seu livro *Teoria da Contabilidade* (8.ª edição, p. 139): **"ativos são recursos controlados por uma entidade capazes de gerar, mediata ou imediatamente, fluxos de caixa"**.

No âmbito dos concursos públicos, as definições de Ativo ficam circunscritas àquelas estabelecidas pela Lei n. 6.404/76, bem como as das normas técnicas emitidas pelo CFC e pelo CPC.

O Ativo está definido na Lei n. 6.404/76, nos arts. 178 e 179, e no CPC 26 (apresentação das demonstrações financeiras) aprovado pelo CFC pela Resolução n. 1.185/2009 e transformado em Norma Brasileira de Contabilidade NBC TG 26.

---

[1] Ambas as definições apresentadas constam do livro *Teoria da contabilidade*, do Professor Sérgio de Iudícibus, 8. ed., p. 138.

13.3.1. Definições de Ativo

13.3.1.1. Definição de Ativo na Lei n. 6.404/76

O Ativo do Balanço Patrimonial está definido legalmente na Lei n. 6.404/76, arts. 178 e 179. É subdividido em dois grandes grupos: **Ativo Circulante e Ativo Não Circulante**, sendo este último subdividido em **quatro** outros **subgrupos: Realizável a Longo Prazo, Investimentos, Imobilizado e Intangível**. O Ativo Diferido, apesar de constar no art. 179 como revogado, não foi extinto, apenas impede novos lançamentos nesse grupo de contas a partir de 01 de janeiro de 2009. Foi introduzido o art. 299-A, que regulamentou o tratamento das contas classificadas no Ativo Diferido até a publicação da MP 449/2008.

"**Art. 178.** No balanço, as contas serão classificadas segundo os elementos do patrimônio que registrem, e agrupadas de modo a facilitar o conhecimento e a análise da situação financeira da companhia.

§ 1.º No ativo, as contas serão dispostas em **ordem decrescente** de grau de liquidez dos elementos nelas registrados, nos seguintes grupos:

I — **ativo circulante**; e ***(Incluído pela Lei n. 11.941, de 2009)***

II — **ativo não circulante**, composto por ativo realizável a longo prazo, investimentos, imobilizado e intangível. ***(Incluído pela Lei n. 11.941, de 2009)***

Art. 179. As contas serão classificadas do seguinte modo:

I — **no ativo circulante:** as disponibilidades, os direitos realizáveis no curso do exercício social subsequente e as aplicações de recursos em despesas do exercício seguinte;

II — **no ativo realizável a longo prazo:** os direitos realizáveis após o término do exercício seguinte, assim como os derivados de vendas, adiantamentos ou empréstimos a sociedades coligadas ou controladas (art. 243), diretores, acionistas ou participantes no lucro da companhia, que não constituírem negócios usuais na exploração do objeto da companhia;

III — **em investimentos:** as participações permanentes em outras sociedades e os direitos de qualquer natureza, não classificáveis no ativo circulante, e que não se destinem à manutenção da atividade da companhia ou da empresa;

IV — **no ativo imobilizado:** os direitos que tenham por objeto bens corpóreos destinados à manutenção das atividades da companhia ou da empresa ou exercidos com essa finalidade, inclusive os decorrentes de operações que transfiram à companhia os benefícios, riscos e controle desses bens; ***(Redação dada pela Lei n. 11.638, de 2007)***

V — (Revogado pela Lei n. 11.941, de 2009)

VI — **no intangível:** os direitos que tenham por objeto bens incorpóreos destinados à manutenção da companhia ou exercidos com essa finalidade, inclusive o fundo de comércio adquirido. ***(Incluído pela Lei n. 11.638, de 2007)***

Parágrafo único. Na companhia em que o ciclo operacional da empresa tiver duração maior que o exercício social, a classificação no **circulante ou longo prazo terá por base o prazo desse ciclo**.

Art. 299-A. O saldo existente em 31 de dezembro de 2008 no ativo diferido que, pela sua natureza, não puder ser alocado a outro grupo de contas, poderá permanecer no ativo sob essa classificação até sua completa amortização, sujeito à análise sobre a recuperação de que trata o § 3.º do art. 183 desta Lei ***(Incluído pela Lei n. 11.941, de 2009)***."

13.3.1.2. Definição de Ativo na NBC TG 26 (CPC 26)

O Ativo está definido no item 54 da NBC TG 26, transcrito a seguir, o qual determina as informações que devem constar no Balanço Patrimonial.

O balanço patrimonial deve apresentar, respeitada a legislação, as seguintes contas:

(a) caixa e equivalentes de caixa;

(b) clientes e outros recebíveis;

(c) estoques;

(d) ativos financeiros (exceto os mencionados nas alíneas "a", "b" e "g");

(e) total de ativos classificados como disponíveis para venda (NBC TG 38) e ativos à disposição para venda de acordo com a NBC TG 31 — Ativo Não Circulante Mantido para Venda e Operação Descontinuada;

(f) ativos biológicos dentro do alcance da NBC TG 29;

(g) investimentos avaliados pelo método da equivalência patrimonial;

(h) propriedades para investimento;

(i) imobilizado;

(j) intangível;

(k) contas a pagar comerciais e outras;

(l) provisões;

(m) obrigações financeiras (exceto as referidas nas alíneas "k" e "l");

(n) obrigações e ativos relativos à tributação corrente, conforme definido na NBC TG 32 — Tributos sobre o Lucro;

(o) impostos diferidos ativos e passivos, como definido na NBC TG 32;

(p) obrigações associadas a ativos à disposição para venda de acordo com a NBC TG 31;

(q) participação de não controladores apresentada de forma destacada dentro do patrimônio líquido; e

(r) capital integralizado e reservas e outras contas atribuíveis aos proprietários da entidade.

13.3.2. Definição de curto e longo prazo e de circulante na NBC TG26 (CPC 26)

Da mesma forma que a Lei n. 6.404/76, a NBC TG 26 apresenta nos itens 60, 61 e 62, parcialmente transcritos a seguir, definições equivalentes para curto e longo prazo, circulante e não circulante:

"60. A entidade deve apresentar **ativos circulantes e não circulantes**, e passivos circulantes e não circulantes, como grupos de contas separados no balanço patrimonial (...).

61. (...), a entidade deve divulgar o montante esperado a ser recuperado ou liquidado em **até doze meses ou mais do que doze meses, após o período de reporte, para cada item de ativo e passivo**.

62. Quando a entidade fornece bens ou serviços dentro de ciclo operacional claramente identificável, a classificação separada de ativos e passivos circulantes e não circulantes no balanço patrimonial proporciona informação útil ao distinguir os ativos líquidos que estejam continuamente em circulação como capital circulante dos que são utilizados nas operações de longo prazo da entidade. Essa classificação também deve destacar os

ativos que se espera sejam realizados dentro do ciclo operacional corrente, bem como os passivos que devam ser liquidados dentro do mesmo período."

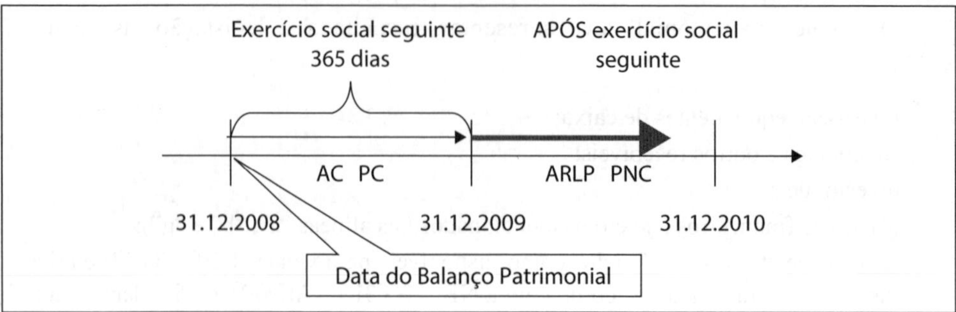

No exemplo da figura, todos os créditos que esperamos receber até 31.12.2009 são créditos de curto prazo e, a partir de 31.12.2009, são créditos de longo prazo. O mesmo podemos dizer dos Passivos.

13.3.3. Outras definições e siglas importantes relacionadas ao balanço patrimonial

Apresentaremos a seguir algumas definições referentes ao Balanço Patrimonial, algumas já conhecidas pelo leitor.

- **Ativo** é um recurso controlado pela Entidade como resultado de eventos passados e do qual se espera que resultem futuros benefícios econômicos para a entidade; equivale à **soma dos bens e direitos**.
- **Passivo** é uma **obrigação presente da Entidade; são as dívidas ou o Capital de terceiros de uma empresa**, derivados de eventos já ocorridos, cuja liquidação se espera que resulte em saída de recursos capazes de gerar benefícios econômicos.
- **Patrimônio Líquido** é o valor residual dos Ativos da Entidade depois de deduzidos todos os seus Passivos e equivale a **capital próprio**.
- **Capital de giro** é o mesmo que **Ativo Circulante**.
- **Ativo permanente** é o mesmo que Ativo fixo e representa as aplicações nos subgrupos **Investimento, Imobilizado, Intangível e Diferido**.
- **Valor justo** é o preço que seria recebido pela venda de um ativo ou que seria pago pela transferência de um passivo em uma transação não forçada entre participantes do mercado na data da mensuração (CPC 46).
- **Valor de realização líquido** é o valor de venda líquido de todos os custos de um Ativo.
- **Valor residual** de um Ativo é o valor que um Ativo terá após o seu tempo de utilização pela empresa.
- **Vida útil** é o tempo pelo qual um Ativo será utilizado por uma empresa. Não significa que, ao término da vida útil, o Ativo não valerá mais nada. Simplesmente após esse período o Ativo não tem mais utilidade para determinada empresa. Uma

empresa pode ter como padrão utilizar veículos por 3 anos; neste caso, a vida útil dos veículos nesta empresa será de 3 anos. Outra empresa, para um mesmo veículo, pode adotar como vida útil o período de 10 anos.

■ **Caixa equivalente:** especialmente no Demonstrativo de Fluxo de Caixa esse termo significa o somatório dos valores do Caixa, as contas bancárias e as aplicações de liquidez imediata (menos que 90 dias).

■ **Controladora:** esse termo será utilizado sempre que nos referirmos a uma empresa que tenha o controle administrativo sobre outra sociedade.

■ **Controlada:** esse termo será utilizado sempre que nos referirmos a uma empresa que tenha em seu Capital participação de Capital de outra empresa, sem que esta tenha controle, mas apenas participação, influência ou mais que 20% do seu capital.

■ **Ajuste a valor presente:** significa calcular o valor atual de uma dívida ou de um crédito que será recebido futuramente, porque a empresa o financiou a um terceiro.

■ **RIR/2018 (Decreto 9.580/18):** Regulamento do Imposto de Renda vigente.

■ **Receitas ganhas** significam o mesmo que receitas ativas.

■ **Despesas incorridas** significam o mesmo que despesas passivas.

■ **Receitas diferidas** são valores recebidos, mas referentes a receitas ainda não ganhas, isto é, o fato gerador da receita ainda vai ocorrer.

■ **Despesas diferidas** são valores já pagos ou não que se referem a fatos geradores já ocorridos, mas que serão considerados futuramente no Resultado.

■ **Despesas antecipadas** são valores normalmente já pagos que se referem a despesas ainda não apropriadas ao Resultado, isto é, ainda não são consideradas despesas, mas, sim, direitos.

■ **Títulos de créditos** são notas promissórias, cheques, letras de câmbio etc.

■ **Dividendos** é a parcela do lucro líquido distribuída aos sócios.

■ **Distribuição de dividendos** não se refere ao pagamento dos dividendos, mas apenas ao anúncio dos valores a receber pelos sócios.

■ **Dividendos distribuídos é o mesmo que dividendos declarados.**

■ **Instrumentos financeiros** são aplicações financeiras em títulos de renda fixa, como CDB ou poupança, e também títulos de renda variável, como ações.

■ **Derivativos** são instrumentos financeiros que têm seu valor associado a um outro item financeiro. Um derivativo pode ter seu valor em função do preço da soja, do petróleo ou mesmo de determinada moeda.

■ **Participações societárias** são investimentos e quotas de Capital ou ações de outra empresa.

■ **Ágio** é um sobrepreço pago sobre o valor patrimonial de uma ação ou quota de Capital.

■ **Arrendamento é o mesmo que locação ou *leasing*.**

■ **Imobilizado é um bem tangível ou corpóreo.**

■ **Intangível é um ativo não monetário identificável sem substância física (incorpóreo).**

■ **Depreciação** é uma técnica contábil que tem como objetivo calcular o desgaste de um bem tangível. Amortizar ou exaurir têm o mesmo significado contábil, mas se aplicam a direitos e bens naturais, respectivamente.

- **Capitalizar**, em Contabilidade, significa acumular os juros ao principal de uma aplicação ou dívida e também acumular os juros a determinado Ativo.
- **Bens de venda** é o mesmo que produtos ou mercadorias em estoque para comercialização.
- **Bens de renda** é o mesmo que bens para locação.
- **Créditos de funcionamento** são os valores a receber que uma empresa possui em função da venda a prazo para seus clientes e adiantamentos a fornecedores.
- **Créditos de financiamento** são valores a receber que uma empresa possui em função de venda a prazo de itens do Ativo permanente e empréstimos concedidos.
- **Débitos de funcionamento** são as obrigações normais que uma empresa possui, como os débitos com fornecedores, empregados e contas a pagar de uma maneira geral.
- **Débitos de financiamento** são as obrigações que uma empresa possui em função de empréstimos contratados perante instituições financeiras.
- **Passivo Corrente** é o mesmo que Passivo Circulante.
- **Passivo Não Corrente** é o mesmo que Passivo Não Circulante mais Patrimônio Líquido.
- **Total de recursos à disposição da empresa** é o mesmo que o total das obrigações (recursos de terceiros) mais o total do Patrimônio Líquido (Capital próprio).
- **Total do Ativo** é o mesmo de Patrimônio Bruto ou total das aplicações. **Ativo é sinônimo de Aplicações.**
- **CFC** significa Conselho Federal de Contabilidade.
- **CPC** significa Comitê de Pronunciamentos Contábeis.
- **Pronunciamento contábil** é a norma internacional traduzida e adaptada ao contexto brasileiro. Os pronunciamentos contábeis são aprovados por diversas entidades representativas, como Bovespa, Fipecafi, CVM, entre outras, com participação da sociedade brasileira. Os pronunciamentos são transformados em Normas Brasileiras de Contabilidade (NBC T) pelo CFC por meio de resoluções.

13.3.4. Ativo Circulante

13.3.4.1. Definições de Ativo Circulante

Na Lei n. 6.404/76, o Ativo Circulante está definido no art. 179, inc. I, como:

> "I — no ativo circulante: as disponibilidades, os direitos realizáveis no curso do exercício social subsequente e as aplicações de recursos em despesas do exercício seguinte;"

Na NBC TG 26, o Ativo Circulante está definido no item 66, transcrito a seguir:

"66. O ativo deve ser classificado como circulante quando satisfizer qualquer dos seguintes critérios:

(a) espera-se que seja realizado, ou pretende-se que seja vendido ou consumido no decurso normal do ciclo operacional da entidade;

(b) está mantido essencialmente com o propósito de ser negociado;

(c) **esperase que seja realizado até doze meses após a data do balanço**; ou

(d) é caixa ou equivalente de caixa (conforme definido no Pronunciamento Técnico CPC 03 — Demonstração dos Fluxos de Caixa), a menos que sua troca ou uso para liquidação de passivo se encontre vedada durante pelo menos doze meses após a data do balanço."

O ciclo operacional é normalmente de 12 meses. Mantido para ser negociado é estar disponível para realização em dinheiro. Equivalente de Caixa são as disponibilidades depositadas em contas bancárias, e as aplicações financeiras consideradas de liquidez imediata são aquelas resgatáveis em até 90 dias.

13.3.4.2. Estudo das contas do Ativo Circulante (AC)

O Ativo Circulante (AC) pode ser subdividido em 7 conjuntos de contas de qualidades diferentes:

1	**Caixa e equivalentes de Caixa (disponibilidades)**
2	Instrumentos financeiros
3	**Contas a receber ou clientes**
4	Outros créditos
5	**Estoques**
6	Ativos especiais
7	**Despesas do exercício seguinte (despesas antecipadas)**
8	***Ativo Não Circulante disponível para venda (NBC TG 31)***

A seguir, apresentamos um plano de contas que desmembra as sete qualidades de contas que compõem o Ativo Circulante e, em seguida, apresentamos uma descrição detalhada de todas essas contas, com diversos exemplos:

1 — Caixa e equivalentes de Caixa
1.1 Caixa
1.2 Banco
1.3 Aplicações de Liquidez Imediata
2 — Aplicações de instrumentos financeiros
2.1 (–) Perdas Estimadas
3 — Clientes
3.1 Contas a Receber
3.2 Coligadas e Controladas
3.3 Duplicatas a Receber
3.3.1 (–) Perdas Estimadas com Créditos de Liquidação Duvidosa
3.3.2 (–) Ajuste a Valor Presente
3.3.3 (–) Faturamento para Entrega Futura

3.4 Saques ou Cambial de Exportação
4 — Outros créditos
4.1 Títulos a Receber
4.1.1 Títulos Renegociados com Clientes
4.1.2 Empréstimos a Receber
4.1.3 Cheques a Receber
(–) 4.1.4 Receitas Financeiras a Transcorrer
4.2 Juros a Receber
4.3 Dividendos a Receber
4.4 Adiantamentos a Terceiros
4.5 Tributos a Recuperar
4.6 Ajustes e Perdas
4.6.1 (–) Ajuste a Valor Presente
4.6.2 (–) Perdas Estimadas por Redução ao Valor Recuperável
4.6.3 (–) Perdas Estimadas para Créditos de Liquidação Duvidosa
5 — Estoques
5.1 Mercadorias para Revenda
5.2 Matéria-prima para Revenda
5.3 Produtos Acabados
5.4 Produtos em Elaboração
5.5 (–) Perdas Estimadas para Redução ao Valor Realizável Líquido
5.6 (–) Perdas Estimadas
6 — Ativos especiais
6.1 Software Aplicativos
6.2 Produção Artística e Cinematográfica
6.3 Dados Geofísicos
6.4 Dados Cadastrais
6.5 Pesquisas de Mercado
7 — Despesas do exercício seguinte
7.1 Aluguéis pagos antecipadamente
7.2 Seguros pagos antecipadamente
7.3 Comissões pagas antecipadamente
7.4 Outras despesas pagas antecipadamente
8 — Ativos a disposição
8.1 Ativos não circulantes disponíveis para venda

13.3.4.2.1. *Caixa e equivalentes de caixa*

1 — Caixa
2 — Banco (BCM)
3 — Aplicações de liquidez imediata

■ **No Caixa** devem ser classificados todos os **valores em espécie** e todo o numerário em trânsito.

■ **Na Conta Banco** (Banco Conta Movimento) devem ser classificados todos os **valores depositados** nas contas bancárias da empresa.

■ **Nas aplicações de liquidez imediata** são classificadas as aplicações resgatáveis em **períodos iguais ou menores que 90 dias.**

13.3.4.2.2. *Instrumentos financeiros inclusive derivativos*[2]

1 — Instrumentos financeiros (títulos e valores mobiliários[2])
2 — (–) Perdas estimadas

■ **Em instrumentos financeiros**, classificaremos todos os instrumentos financeiros estudados no Capítulo 6 com prazo de realização em dinheiro **menor que um ano e maior que 90 dias**. As aplicações com prazo menor que 90 dias são consideradas Caixa equivalente.

■ **Perdas estimadas:** com as novas regras de avaliação de instrumentos financeiros, todos os títulos devem ser avaliados ao final do exercício e, caso se constatem ganhos ou perdas, estes devem ser reconhecidos e contabilizados. O tratamento para cada tipo de instrumento financeiro é estudado no Capítulo 6, no tópico 6.3.6, "Avaliação de instrumentos financeiros", e de acordo com as normas impostas pelas Leis ns. 11.638 e 11.941/2009 e as normas NBC TG 48 (CPC 48), NBC TG 39 (CPC 39) e NBC TG 40 (CPC 40).

13.3.4.2.3. *Clientes*

Antes de estudarmos cada conta que compõe o conjunto de contas associadas a clientes, vamos estudar o ajuste a valor presente de vendas a prazo que incluam juros de curto e longo prazo.

13.3.4.2.3.1. Ajuste a valor presente

De acordo com as determinações da Lei n. 6.404/76, introduzidas pela Lei n. 11.638/2007 e que constam no inc. VIII do art. 183, transcrito a seguir, caso existam vendas a prazo com juros, estes devem ser excluídos da receita, e o contas a receber deve ser ajustado a valor presente:

---

[2] Essa conta também pode ser chamada de **Devedores Mobiliários**. A designação "devedor" tem a ver com o tipo de saldo, e "mobiliário", com títulos do mercado de Capitais.

> "VIII — os elementos do ativo decorrentes de operações de longo prazo serão ajustados a valor presente, sendo os demais ajustados quando houver efeito relevante ***(Incluído pela Lei n. 11.638, de 2007).***"

A Lei n. 6.404/76 obriga que se faça o ajuste em valores de longo prazo. E os ajustes de valores a receber no curto prazo somente devem ser feitos se o efeito for importante (relevante).

O CPC e o CFC também determinam que seja feito o ajuste nos mesmos moldes da Lei n. 6.404/76. Isso está especificado na norma NBC TG 12 (CPC 12), Ajuste a Valor Presente, itens 21 a 23, transcritos a seguir:

> "21. Os elementos integrantes do **ativo e do passivo decorrentes de operações de longo prazo, ou de curto prazo quando houver efeito relevante**, devem ser ajustados a valor presente com base em taxas de desconto que reflitam as melhores avaliações do mercado quanto ao valor do dinheiro no tempo e os riscos específicos do ativo e do passivo em suas datas originais.
>
> 22. A quantificação do ajuste a valor presente deve ser realizada em base exponencial 'pro rata die', a partir da origem de cada transação, sendo os seus efeitos apropriados nas contas a que se vinculam.
>
> 23. As reversões dos ajustes a valor presente dos ativos e passivos monetários qualificáveis devem ser apropriadas como receitas ou despesas financeiras, a não ser que a entidade possa devidamente fundamentar que o financiamento feito a seus clientes faça parte de suas atividades operacionais, quando então as reversões serão apropriadas como receita operacional. Esse é o caso, por exemplo, quando a entidade opera em dois segmentos distintos: (i) venda de produtos e serviços e (ii) financiamento das vendas a prazo, e desde que sejam relevantes esse ajuste e os efeitos de sua evidenciação."

Exemplo: a empresa Diogo Empreendimentos Culturais Ltda. realizou uma consultoria no valor de $ 300.000 e concedeu 6 meses de prazo de pagamento a seu cliente. Os juros semestrais foram de 20%. Contabilizar essa venda para recebimento a prazo, de acordo com as normas técnicas e legais (CPC 12, NBC TG 12) emitidas pelo CFC e pela Lei n. 6.404/76.

A receita não deve ser contabilizada por $ 300.000, uma vez que $ 60.000 são juros. A receita equivalente de venda à vista é de $ 240.000, e os $ 60.000 serão apropriados ao Resultado com o passar do tempo por competência. O Contas a Receber será de $ 300.000: $ 240.000 referentes ao serviço prestado e $ 60.000 aos Juros a Receber. Entretanto, como registraremos o Contas a Receber por $ 300.000, o ajuste a valor presente será utilizado para equalizar o Ativo em relação ao Resultado.

Lançamento no Diário:

Contas a Receber	
300.000	

Receita de Vendas	
	240.000

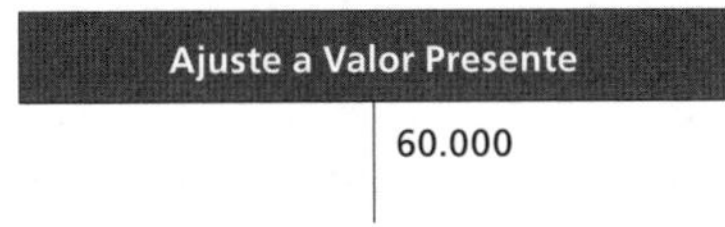

Apresentação no Balanço Patrimonial:

Ativo		Resultado	
Contas a Receber	$ 300.000	Receita de Venda	$ 240.000
(–) Ajuste a valor presente	$ 60.000		

A contabilização dos juros deve ser apropriada ao Resultado, mês a mês, como receita financeira. Após transcorrido o primeiro mês, a empresa deverá apropriar $ 10.000 referentes a este mês e assim sucessivamente até o sexto mês.

Contabilização da apropriação no primeiro mês:

Ajuste a Valor Presente	
10.000	60.000

Receita de Juros (Juros Ativos)	
	10.000

Contabilização após transcorrido os 6 meses:

Ajuste a Valor Presente	
60.000	60.000

Receita de Juros (Juros Ativos)	
	60.000

No exemplo anterior, os juros embutidos na operação de venda foram informados ($ 60.000). **Caso os juros não sejam tão claramente especificados**, a NBC TG 12, nos itens 13 a 16, apresenta a orientação para a definição da taxa de desconto.

Metodologia de cálculo do ajuste a valor presente:

A Lei n. 6.404/76 não define os critérios de relevância de juros e riscos embutidos em uma operação. O CPC 12 considera esta tarefa muito complexa, que pode requerer uma equipe multidisciplinar envolvendo pessoas da contabilidade e da área de finanças e negócios da empresa que sejam capazes de avaliar o contexto da operação adequadamente.

Para mostrar como poderíamos calcular os juros embutidos em uma operação, vamos apresentar a seguir o exemplo que consta da própria NBC TG 12, item 15. Ele apresenta dois títulos de mesmo valor com o mesmo prazo de vencimento.

O primeiro trata-se de um título público emitido pelo tesouro federal que possui fluxo de rendimento e pagamento do principal certos. No segundo caso, trata-se de um título privado de uma empresa de pouca expressão. Os dois títulos proporcionarão fluxos de Caixa idênticos de $ 10.000 por ano.

TIPO DO TÍTULO	CLASSIFICAÇÃO	VALOR ($)	TAXA DE DESCONTO
Título 1 (Público)	Fluxo de caixa certo por 5 anos	$ 10.000	8%
Título 2 (Privado)	Fluxo de caixa incerto no final do quinto ano	$ 10.000	18%

No caso de negociação desses títulos, o cálculo a valor presente dos títulos seria feito da seguinte forma:

Para o título 1: o comprador deste título pagaria, no máximo, **$ 6.806** = 10.000/ $(1,08)^5$; caso a taxa de juros livre de risco fosse de 8% a.a., o fator de descapitalização em 5 períodos seria de $(1,08)^5$ = 1.469328.

Para o título 2: o comprador desse título pagaria um preço bem inferior (ajustado por incertezas na realização do fluxo e pelo prêmio requerido para compensar tais incertezas); a taxa adotada seria de 18% a.a., o que representaria um valor líquido de **$ 4.371,09** = 10.000/$(1,18)^5$, uma vez que o fator de descapitalização em juros compostos seria de $(1,18)^5$ = 2.287757 para 5 períodos.

As taxas que foram utilizadas são as taxas **que a empresa adota em uma negociação livre, a valor justo, para operações similares**. As informações sobre as taxas a adotar para cada título em particular a ser ajustado devem emanar do pessoal interno da área de finanças e de informações de mercado.

> **Observação:** em concursos públicos, é rara a aplicação de juros compostos nas provas de Contabilidade. Portanto, o cálculo da descapitalização, neste caso, poderia ser feito com juros simples.

13.3.4.2.3.2. Estudo das contas associadas aos clientes

1 — Clientes
1.1 Contas a Receber
1.2 Coligadas e Controladas
1.3 Duplicatas a Receber
2 — (–) Perdas Estimadas com Créditos de Liquidação Duvidosa
3 — (–) Ajuste a Valor Presente
4 — (–) Faturamento para Entrega Futura
5 — Saques ou Cambial de Exportação

1. Clientes, subdividida em:

1.1. Contas a Receber são os valores de receitas faturadas com prazo de pagamento para os clientes sem a emissão de duplicatas. Por exemplo: carnês ou faturas.

1.2. Coligadas e Controladas, na qual classificamos os valores a receber de empresas do mesmo grupo. São títulos de créditos internos ao grupo empresarial.

1.3. Duplicatas a Receber são valores de receitas faturadas a clientes para os quais foram emitidas duplicatas.

2. Perdas Estimadas com Créditos de Liquidação Duvidosa: essa conta tem sido chamada historicamente de "provisão para créditos de liquidação duvidosa" ou "provisão para devedores duvidosos", porém essas designações não são mais recomendadas, como já vimos no Capítulo 9.

3. Ajuste a Valor Presente: estudada no início da seção, no item 13.3.4.2.3.1.

4. Faturamento para Entrega Futura: esse tipo de faturamento não é muito comum. O fato de clientes aceitarem faturamento antes das entregas depende de circunstâncias particulares. Se isto ocorrer, a receita não deve ser considerada realizada, uma vez que a venda efetivamente não se concretizou. O Contas a Receber (Duplicatas a Receber), quando contabilizado, deve ter como contrapartida uma conta credora "Faturamento para Futura Entrega", redutora do Contas a Receber respectivo.

Exemplo: a empresa Filipos Engenharia S.A. obteve com seu cliente a autorização para faturamento de $ 1.000.000 para pagamento em 30 dias, referente à entrega de uma obra na sede da empresa.

Lançamento no Diário:

	Duplicatas a Receber	$ 1.000.000	
a	Faturamento para Futura Entrega		$ 1.000.000

Apresentação no Balanço Patrimonial:

Ativo Circulante

Duplicatas a Receber	$ 1.000.000
(–) Faturamento para Futura Entrega	($ 1.000.000)

> **Observação:** o lançamento contábil de faturamento para futura entrega não altera o Ativo quantitativamente.

5. Saques de exportação ou adiantamento sobre cambiais: são créditos que têm como origem as exportações da empresa. Um exportador, após embarcar a mercadoria para seu cliente no exterior, caso o prazo de pagamento não seja antecipado ou à vista, passa a ter um direito de crédito (saque ou cambial) contra seu cliente. Esses valores deverão ser atualizados ao final de cada exercício ou balanço, elaborados em função da moeda estrangeira a que estiverem vinculados.

Exemplo: a empresa Sophia Trader S.A. é uma exportadora de *commodities*. Embarcou um lote de café que gerou uma receita líquida de U$$ 1.000.000. O pagamento será feito por seu cliente na Europa, em 6 meses.

Lançamento no Diário, quando ocorreu o embarque da mercadoria com dólar cotado a $ 2, será:

Saque (Cambial) de Exportação	$ 2.000.000	
a Receita de Vendas		$ 2.000.000

13.3.4.2.4. Outros créditos

1 — Títulos a Receber
1.1 Títulos Renegociados com Clientes
1.2 Empréstimos a Receber
1.3 Cheques a Receber
1.4 (–) Receitas Financeiras a Transcorrer
2 — Juros a Receber
3 — Dividendos a Receber

4 — Adiantamentos a Terceiros
5 — Tributos a Recuperar
6 — Ajustes e Perdas
6.1 (–) Ajuste a Valor Presente
6.2 (–) Perdas Estimadas por Redução ao Valor Recuperável
6.3 (–) Perdas Estimadas para Créditos de Liquidação Duvidosa

1. Títulos a Receber são títulos de créditos de todas as espécies (notas promissórias, cheques, letras de câmbio etc.) que compõem o Ativo Circulante e o Não Circulante de uma empresa e subdividem-se em:

1.1. Títulos Renegociados com Clientes são títulos de crédito (notas promissórias, letras de câmbio etc.) que a empresa recebe de seus clientes em função de uma renegociação, ou títulos que são recebidos pela empresa na venda de um Ativo Imobilizado, por exemplo.

1.2. Empréstimos a Receber são direitos que a empresa possui em função de **empréstimos feitos** a empresas do mesmo grupo, a fornecedores ou a funcionários da empresa.

1.3. Cheques a Receber são **cheques recebidos** até o último dia do exercício e ainda não depositados ou que ainda não podem ser depositados por serem pré-datados. Sabemos que o cheque é uma ordem de pagamento à vista, entretanto, no Brasil, o cheque pré-datado é um título que só poderá ser realizado em dinheiro no dia assinalado no cheque.

Cheques a Receber são direitos classificados no Circulante, mas, dependendo do prazo autorizado para depósito, podem ser classificados no Realizável a Longo Prazo.

1.4. Receitas Financeiras a Transcorrer (conta credora), também chamada de **Juros Ativos a Apropriar ou a Ganhar**. São os juros prefixados nos Títulos a Receber ainda não ganhos, uma vez que só serão ganhos por competência, depois de transcorrido o prazo da operação.

Exemplo: a empresa Sophia Decoração Ltda. emprestou $ 10.000, com juros de 5% ao período. Uma operação feita por 3 meses será contabilizada no Diário e apresentada no Balanço Patrimonial da seguinte forma:

O lançamento no Diário será o seguinte:

Banco	
	10.000

Aplicação Financeira	
11.500	

Receita Financeira a Transcorrer	
	1.500

A apresentação no Balanço Patrimonial deve ser feita da seguinte forma:

Ativo Circulante

Aplicação Financeira	$ 11.500
(–) Receita Financeira a Transcorrer	($ 1.500)

2. Juros a Receber

São os direitos relativos a **receitas financeiras ganhas**, provenientes de todos os tipos de aplicações e operações financeiras.

3. Dividendos a Receber

São valores a receber em função de participação no Capital em outra empresa (investida). Quando uma investida anuncia a distribuição de dividendos, o investidor tem que contabilizar no seu Resultado a **receita ganha proporcionalmente à sua participação no Capital da investida.**

A seguir, um exemplo: a empresa investidora ERM Participações S.A. possui 30% do capital da investida PBM Estetic S.A. Suponhamos que o PL da PBM Estetic seja de $ 500.000 no final de 2008 e, em dezembro de 2009, o lucro líquido da empresa tenha sido de $ 100.000. Como os dividendos distribuídos pela PBM Estetic foram de $ 50.000, a receita ganha pela ERM Participações foi equivalente a 30% de $ 50.000 = $ 15.000.

Apresentação do Balanço Patrimonial da investida:

Patrimônio Líquido	
Capital	$ 350.000
Reservas	$ 150.000
Total	$ 500.000
Lucro	$ 100.000

Apresentação do Balanço Patrimonial da investida quando da distribuição dos dividendos:

Passivo Circulante	
Dividendos a Pagar	$ 50.000

Patrimônio Líquido	
Capital	$ 350.000
Reservas	$ 200.000
Total	$ 550.000

Lançamento no Diário da investidora:

	Dividendos a Receber	$ 15.000
a	Receita de Dividendos	$ 15.000

4. Adiantamentos a Terceiros

Os itens mais comuns são os adiantamentos de salário feitos regularmente aos empregados, assim como adiantamentos para viagens etc.

Também figuram nesta conta **adiantamentos feitos** a fornecedores, ou qualquer valor dado a um terceiro que seja fornecedor de algum serviço ou produto e se constituirá em um direito da empresa para com este terceiro.

Exemplo: a empresa Diogo Empreendimentos Culturais ganhou um contrato junto a prefeitura de Belo Horizonte para a realização do principal show de natal da cidade. O fornecedor de uma estrutura metálica para o palco necessita de $ 35.000

adiantados para adquirir o material necessário para a construção. O lançamento no Diário deverá ser feito da seguinte forma:

5. Tributos a Recuperar

Quando uma empresa contribuinte de um imposto ou contribuição adquire um item para utilizar em seu processo de manufatura ou revendê-lo, essa **empresa compradora** irá contabilizar este **imposto ou contribuição incidente sobre o preço como um direito**. Quando ocorrer a venda, utiliza este crédito para recolher menos, deduzindo do valor pago pelo cliente o valor pago na entrada da mercadoria. Esse procedimento se aplica ao ICMS, PIS, COFINS e IPI.

Exemplo: a empresa Filipos Construtora S.A. adquire uma partida de tijolos por $ 2.000 para a construção de um galpão, com ICMS incidente de 18%. A seguir, apresentaremos a contabilização dessa compra:

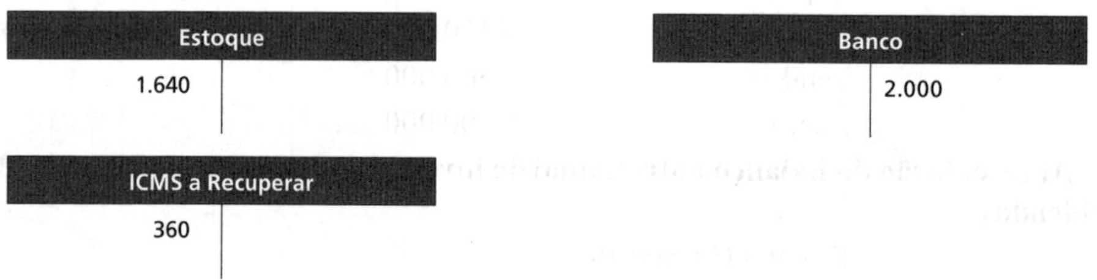

6. Ajuste e Perdas no Ativo Circulante

1	(–) Ajuste a Valor Presente
2	(–) Perdas Estimadas por Redução ao Valor Recuperável (mercado)
3	(–) Perdas Estimadas para Créditos de Liquidação Duvidosa

1) Os ajustes a valor presente já foram estudados no item 13.3.4.2.3.1.
2) As perdas estimadas por redução ao valor recuperável (mercado) já foram estudadas no Capítulo 8.
3) As perdas estimadas para créditos de liquidação duvidosa, foram estudadas no Capítulo 9.

13.3.4.2.5. Estoques

Antes de iniciarmos o estudo sobre as contas de estoque, estudaremos as suas definições de estoque, os seus tipos, como determinar o seu valor (mensuração) e como devem ser tratados os juros em compra para estoques.

13.3.4.2.5.1. Definição de estoques

Na NBC TG 16, aprovado pela CFC pela Resolução n. 2017/NBC TG 16 , em seu item 6, está definido estoque como segue:

"*Estoques* são ativos:

(a) mantidos para venda no curso normal dos negócios;

(b) em processo de produção para venda; ou

(c) na forma de materiais ou suprimentos a serem consumidos ou transformados no processo de produção ou na prestação de serviços."

13.3.4.2.5.2. Tipos de estoques

O item 8 da NBC TG 16 (Estoques) apresenta os seguintes exemplos de tipos de estoque:

"Item 8. Os estoques compreendem **bens adquiridos e destinados à venda**, incluindo, por exemplo, mercadorias compradas por varejista para revenda ou terrenos e outros imóveis para revenda. Os estoques também compreendem **produtos acabados e produtos em processo de produção** pela entidade e **incluem matérias-primas e materiais**, aguardando utilização no processo de produção, tais como: componentes, embalagens e material de consumo. Os custos incorridos para cumprir o contrato com o cliente, que não resultam em estoques (ou ativos dentro do alcance de outro pronunciamento), devem ser contabilizados de acordo com a NBC TG 47 — Receita de Contrato com Cliente".

13.3.4.2.5.3. Valor dos estoques

O valor a ser considerado para contabilização na Conta Estoque está definido também na NBC TG 16 (CPC 16), itens 10 e 11, transcritos a seguir:

"10. O valor de custo do estoque **deve incluir todos os custos de aquisição e de transformação, bem como outros custos incorridos para trazer os estoques à sua condição e localização atuais.**

11. O custo de aquisição dos estoques compreende o preço de compra, os impostos de importação e outros tributos (exceto os recuperáveis perante o fisco), bem como os custos de transporte, seguro, manuseio e outros diretamente atribuíveis à aquisição de produtos acabados, materiais e serviços. Descontos comerciais, abatimentos e outros itens semelhantes devem ser deduzidos na determinação do custo de aquisição".

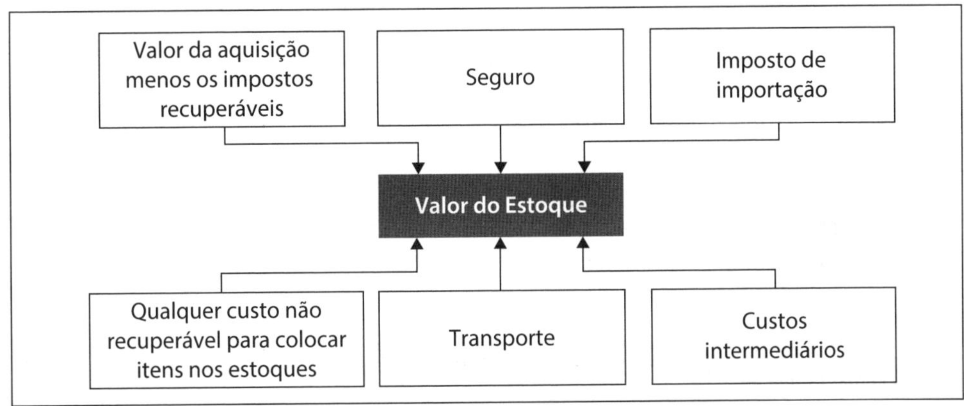

13.3.4.2.5.4. Contabilização pelo valor líquido de juros

O item 18 da NBC TG 16 , transcrito a seguir, determina que, caso uma aquisição para estoques ocorra com juros embutidos, esses juros devem ser excluídos do valor a ser considerado como estoque.

> "18. A entidade geralmente compra estoques com condição para pagamento a prazo. A negociação pode efetivamente conter um elemento de financiamento, como, por exemplo, uma diferença entre o preço de aquisição em condição normal de pagamento e o valor pago; **essa diferença deve ser reconhecida como despesa de juros** durante o período do financiamento."

Exemplo: a empresa Sophia Industrial S.A. adquire habitualmente 150 quilos de uma matéria-prima ao preço total de $ 82.000, com ICMS incluso de 12%. Em 31 de outubro de 2010, adquiriu um lote, mas solicitou faturamento para pagamento em 90 dias. O fornecedor emitiu uma fatura no valor de $ 100.000 para esse novo fornecimento. Vamos contabilizar essa aquisição de acordo com as novas Normas Contábeis Brasileiras e Internacionais:

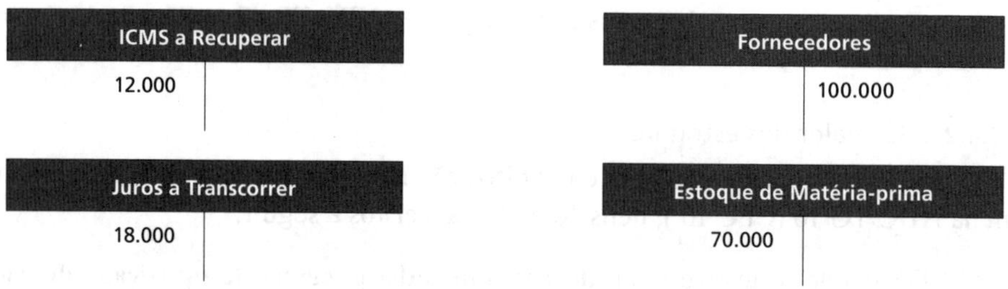

O ICMS a recuperar é igual a 12% de $ 100.000 = $ 12.000. Como o valor à vista é de $ 82.000 e o valor financiado é de $ 100.000, os juros embutidos são equivalentes a $ 100.000 — $ 82.000 = $ 18.000. Então, o cálculo do valor a ser considerado como estoque de matéria-prima é feito da seguinte forma: $ 100.000 — $ 18.000 — $ 12.000 = $ 70.000.

Quanto aos juros, como o financiamento foi feito por 90 dias e o valor total dos juros é de $ 18.000, deverá ser apropriado como despesa de juros mensal o valor de $ 6.000. Então, no mês seguinte à aquisição, deverá ser feito o seguinte lançamento:

Juros a Transcorrer	
18.000	6.000 (1)

Despesas de Juros	
(1) 6.000	

13.3.4.2.5.5. Estudo das contas associadas a estoques

1 — Mercadorias para Revenda
2 — Matéria-prima para Revenda
3 — Produtos Acabados
4 — Produtos em Elaboração
5 — (–) Perdas Estimadas para Redução ao Valor Realizável Líquido
6 — (–) Perdas Estimadas

1. Mercadorias para Revenda são todos os itens adquiridos e que **serão vendidos no estado em que foram comprados**. Em Mercadorias para Revenda, a empresa não realiza qualquer alteração em seu formato original de aquisição.

> **Exemplo:** em sua maioria, os itens comprados por um supermercado são vendidos exatamente no mesmo estado, com exceção de carnes e frios. Nesses casos, ouper-mercado apenas os embala de forma fracionada.

2. Matéria-prima para Revenda: empresas distribuidoras de produtos químicos e de aço são bons exemplos de revenda de matéria-prima. Essas empresas apenas adquirem matérias-primas de grandes indústrias e as revendem para pequenas indústrias.

> **Exemplo:** um distribuidor de aço adquire a matéria-prima diretamente da CSN e a revende para pequenas metalúrgicas que não possuem escala de compra perante o grande produtor.

3. Produtos Acabados: essa conta é muito comum em fábricas. Os produtos que são **concluídos nas linhas de produção** são transferidos ao estoque de produtos acabados e classificados nesta conta, ficando disponíveis para venda.

4. Produtos em Elaboração: ela contabiliza todos os valores aplicados **em uma linha de produção**. Devem ser somados os valores de matéria-prima, mão de obra e gastos gerais em determinado período e de produtos em processo de fabricação.

Produto em elaboração = MOD + MPD + Custos Indiretos de Fabricação

- MOD: Mão de obra direta.
- MPD: Matéria-prima direta.

5. Perdas Estimadas para Redução ao Valor Realizável Líquido (PERVRL): a Lei n. 6.404/76, no art. 183, inc. II, determina que as mercadorias sejam avaliadas pelo custo ou valor de mercado, como transcrito a seguir:

> "II — os direitos que tiverem por objeto mercadorias e produtos do comércio da companhia, assim como matérias-primas, produtos em fabricação e bens em almoxarifado, pelo custo de aquisição ou produção, **deduzido de provisão para ajustá-lo ao valor de mercado, quando este for inferior** (...)."

Esse tipo de perda está relacionado com a desvalorização em relação ao valor esperado nas vendas regulares da empresa, nas suas praças de atuação e com seus clientes habituais. Caso se constate que o valor dos estoques está desvalorizado, devemos lançar uma despesa com perda estimada em relação ao valor líquido em contrapartida com essa conta credora redutora dos estoques.

> **Exemplo:** a empresa Sophia Industrial S.A. tem em seu estoque 1.000 unidades de um equipamento de telecomunicações produzido pela empresa, mas que já está desatualizado em relação ao mercado. O custo de cada unidade do produto é de $ 1.500, entretanto o valor de venda líquido de cada produto alcançará a importância de $ 1.000. O lançamento que deverá ser feito a título de perdas é o seguinte:

Como em cada unidade estocada a empresa está perdendo $ 500 em relação ao valor líquido de realização, a perda total será de $ 500 x 1.000 = $ 500.000.

Contabilização no Diário da perda:

	Despesas Perda Estimada	500.000	
a	PERVRL		500.000

Apresentação no Balanço Patrimonial:

Estoques	$ 1.500.000
(–) PERVRL	($ 500.000)

6. Perdas Estimadas:

Esse tipo de perda está relacionado com o **desaparecimento ou perecimento** físico dos estoques. Qualquer tipo de estoque pode se deteriorar de tal forma a ponto de perder completamente seu valor. Esse tipo de perda também é relacionado a diferenças físicas constatadas nos estoques, seja por erros ou roubos.

Exemplo 1 — Deterioração de estoque: a Fazenda Carvalhedo S.A. é produtora de farinha de milho e possui dez silos para armazenagem das colheitas. Uma forte chuva na região inundou completamente dois desses silos. Cada silo, antes das chuvas, armazenava farinha de milho no valor de $ 450.000.

Como foram perdidos dois silos no valor unitário de $ 450.000, será necessário contabilizar perdas de $ 900.000.

Contabilização no Diário:

	Despesas com Perdas	900.000	
a	Perdas Estimadas		900.000

Apresentação no Balanço Patrimonial:

Estoques	$ 4.500.000
(–) Perdas Estimadas	($ 900.000)

Exemplo 2 — Desaparecimento de estoques: a empresa Sophia Industrial S.A., no ato da realização da entrega de dez equipamentos de sua fabricação, teve o veículo da empresa roubado. Cada equipamento roubado tem custo de estoque equivalente a $ 2.000, e o estoque possui 100 unidades do mesmo item, considerando os que foram roubados.

Como cada unidade roubada estava contabilizada a $ 2.000, o valor total da perda foi de $ 20.000.

Contabilização no Diário da perda:

	Despesas com a Baixa por Roubo	20.000	
a	Perdas Estimadas		20.000

Apresentação no Balanço Patrimonial:

O valor total dos estoques é de 100 unidades ao valor de $ 2.000, cada unidade, totalizando $ 200.000:

Estoques	$ 200.000
(–) Perdas Estimadas	($ 20.000)

13.3.4.2.6. Ativos especiais

Chamamos de Ativos Especiais os bens intangíveis desenvolvidos ou construídos por uma empresa para serem explorados sob a forma de licença ou de venda não exclusiva e que geram receita para a empresa por um longo período.

São exemplos de Ativos Especiais:

1 — Softwares Aplicativos
2 — Produção Artística e Cinematográfica
3 — Dados Geofísicos
4 — Dados Cadastrais
5 — Pesquisas de Mercado

1. Softwares Aplicativos: os softwares **aplicativos de uso geral** do pacote Office da Microsoft não são vendidos, mas licenciados. A Microsoft realizou um investimento que espera recuperar até o lançamento da próxima versão, que ocorre em um período de 1 a 2 anos.

2. Produção Cinematográfica: os valores aplicados na **produção de conteúdos artísticos e filmes** devem ser contabilizados neste subgrupo e também amortizados em função do tempo em que se espera recuperar o investimento.

3. Dados Geofísicos são **mapas digitalizados de cidades**, ruas, cinemas, supermercados etc. Atualmente esses dados são utilizados pelas empresas de rastreamento de veículos, de telefonia celular e em geral que queiram facilitar para seus clientes a compreensão da maneira de chegar ao seu estabelecimento. A elaboração de um mapa digital demanda pessoal e tempo de execução, com pessoas captando e desenhando digitalmente as informações que serão utilizadas pelos clientes.

4. Dados Cadastrais: empresas que operam com vendas pela internet ou televendas sempre necessitam de **listas com novos clientes**. Existem empresas especializadas em construir bases de dados atualizadas sobre clientes potenciais para todos os segmentos de mercado. Atualmente, essas informações são valiosas. As empresas especializadas na construção dessas informações investem tempo e pessoal especializado para obtê-las. Elas são vendidas muitas vezes a todas as empresas de um setor: a mesma informação de um cliente potencial é vendida para bancos concorrentes do mesmo bairro.

5. Pesquisas de Mercado: existem empresas especializadas em levantar **dados de consumo e perfil** de compradores para vários tipos de produto. Essas informações são muito úteis para agências de publicidade e para médias e grandes corporações. A empresa que realizou uma pesquisa não exclusiva espera vender a informação para todos os interessados nos mercados estudados. Na elaboração das pesquisas, foram gastos recursos que vão gerar receita por um longo período de tempo.

A amortização desses Ativos deve ser feita em função da vida útil esperada para cada tipo de ativo.

Exemplo: — Software aplicativo: uma empresa especializada desenvolve uma planilha eletrônica na versão 2010 e espera comercializar essa planilha por 3 anos, até o lançamento da nova versão. O valor gasto para o seu desenvolvimento foi de $ 2.700.000.

Apresentação no Ativo Circulante no início das vendas:

Ativos Especiais

Software aplicativo planilha 2010 $ 2.700.000

Apresentação no Ativo Circulante 1 ano após iniciadas as vendas:

Ativos Especiais

Software aplicativo planilha 2010 $ 2.700.000

(–) Amortização ($ 900.000)

13.3.4.2.7. Despesas do exercício seguinte

Despesas do exercício seguinte são os valores também chamados de **despesas antecipadas**. Normalmente, são valores desembolsados pela empresa de forma antecipada, representando saídas de Caixa. Mas existem situações em que deve haver o registro das despesas do exercício seguinte como um direito no Ativo Circulante e/ou Realizável a Longo Prazo. A empresa ainda não realizou nenhum desembolso e, neste caso, a contrapartida é um Passivo (Contas a Pagar).

1 — Aluguéis pagos antecipadamente
2 — Seguros pagos antecipadamente
3 — Comissões pagas antecipadamente
4 — Outras despesas pagas antecipadamente

1. Aluguéis pagos antecipadamente: quando a empresa ocupa um imóvel que não é sua propriedade e decide **pagar antecipadamente 1 ano de aluguel** para o dono do imóvel, porque pode obter um bom desconto; este valor é uma despesa paga antecipadamente.

Exemplo: a empresa Produtora Prisca S.A. pagou antecipadamente $ 60.000 referentes ao aluguel do ano seguinte. Deverão ser apropriados ao resultado, mensalmente, como despesas: $ 60.000/12 = $ 5.000 ao mês.

Contabilização no Diário no dia do pagamento:

	Aluguel Antecipado	$ 60.000	
a	Banco		$ 60.000

Apresentação no Balanço Patrimonial no dia do pagamento:

Ativo Circulante

Despesa Antecipada de Aluguel $ 60.000

Contabilização no Diário 1 mês após o pagamento:

	Despesas de Aluguel	$ 5.000	
a	Aluguel Antecipado		$ 5.000

Apresentação no Balanço Patrimonial 1 mês após o pagamento:

Ativo Circulante

Despesa Antecipada de Aluguel	$ 55.000

2. Seguros pagos antecipadamente: no Brasil, é muito comum o **pagamento antecipado de 1 ano ou mais** de seguro. No momento do pagamento, não ocorre a despesa. Ela ocorrerá mensalmente, à medida que o tempo for passando e o seguro sendo consumido.

Exemplo: a empresa Vigo Industrial S.A. contratou um seguro no valor de $ 120.000 referente ao seguro do prédio da fábrica. O pagamento foi feito 40% no ato e o restante em 10 parcelas.

Contabilização no Diário no dia da contratação e pagamento parcial do seguro:

	Seguro Antecipado do Prédio	$ 120.000	
a	Banco		$ 48.000
a	Seguro a Pagar		$ 72.000

Apresentação no Balanço Patrimonial no dia da contratação do seguro:

Ativo Circulante		**Passivo Circulante**	
Seguro Antecipado	$ 120.000	Seguro a Pagar	$ 72.000

Nesse caso, a conta bancária foi reduzida em $ 48.000.

Este é um exemplo de despesa antecipada obtida após um período anterior em que apenas foi paga uma parte, enquanto a outra será paga nos meses seguintes; por isso, uma das contrapartidas é um Seguro a Pagar no Passivo.

3. Comissões pagas antecipadamente: algumas empresas, por força de contrato ou para estimular as vendas, antecipam as comissões de venda para seus vendedores, representantes e agentes comerciais.

4. Outras despesas pagas antecipadamente: diversas **despesas do cotidiano podem figurar como despesas do exercício seguinte** se a empresa decidir pagar antecipadamente esses valores. São exemplos: assinaturas de revistas e jornais, passagens áreas, serviços de manutenção de informática, serviços de alimentação etc.

Lançamento típico no Diário:

Despesa Antecipada

a Banco

13.3.4.2.8. Ativo Não Circulante disponível para venda (NBC TG 31)

São os ativos não circulantes disponíveis para venda de acordo com a NBC TG 31 R4 (CPC 31). Devem ser apresentados, no ativo circulante, os ativos não circulantes que a entidade utilizava, como seu imobilizado, intangível, os ativos de uma operação descontinuada e mesmo os ativos não circulantes adquiridos para venda imediata ou recebidos como pagamento de dívidas de terceiros com a entidade e ativos não circulantes.

13.3.4.2.8.1 Classificação como ativo não circulante disponível para venda

Para que um ativo seja classificado como ativo não circulante disponível para venda ele deve atender às condições básicas descritas na figura a seguir e transcritas nos itens 6, 7 e 8 da NBC TG 31.

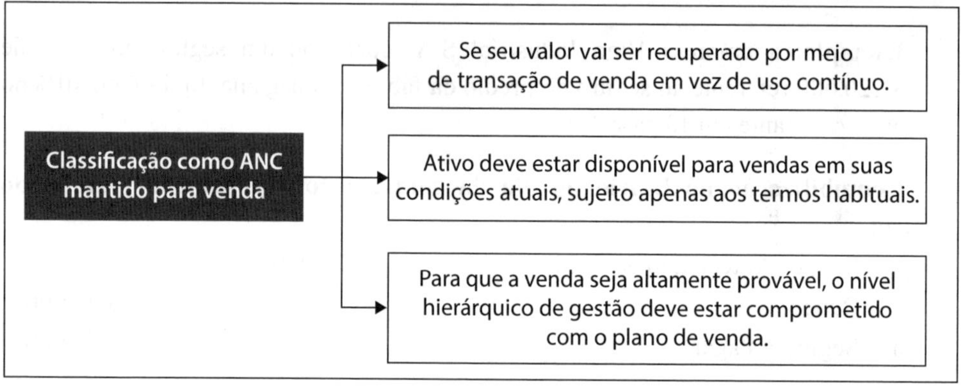

> "**Item 6.** A entidade deve classificar um ativo não circulante como mantido para venda **se o seu valor contábil vai ser recuperado, principalmente, por meio de transação de venda** em vez do uso contínuo.
>
> **Item 7.** Para que esse seja o caso, o ativo ou o grupo de ativos mantido para venda deve estar disponível para venda imediata em suas condições atuais, sujeito apenas aos termos que sejam habituais e costumeiros para venda de tais ativos mantidos para venda. Com isso, a sua **venda deve ser altamente provável**.
>
> **Item 8.** Para que a venda seja altamente provável, (...) Além disso, o ativo mantido para venda deve ser efetivamente colocado à venda por preço que seja razoável em relação ao seu valor justo corrente. Ainda, deve-se esperar que a venda se qualifique como concluída em até um ano a partir da data da classificação (...).

Quando a entidade adquire um ativo com a intenção de vender em sequência, o período de tempo máximo admitido pela norma NBC TG 31, para que o ativo atenda à todos definidos nos itens 6, 7 e 8, é de 90 dias, vejamos no item 11 da NBC TG 31, transcrito a seguir:

> "**Item 11.** Quando a **entidade adquire um ativo não circulante** ou um grupo de ativos exclusivamente **com vistas à sua posterior alienação** (inclusive no caso de ativo **recebido em troca de outro, como na dação em pagamento**), só deve classificá-lo como mantido para venda na data de aquisição **se o requisito de um ano previsto no item 8 for satisfeito** e se for altamente provável que qualquer outro critério dos itens 7 e 8, o

qual não esteja satisfeito nessa data, estará satisfeito em curto prazo após a aquisição (**normalmente, no prazo de três meses**)".

Se a entidade pretende distribuir aos sócios ativos não circulantes, esses ativos devem estar disponíveis para distribuição imediatamente e a entidade deve ter a expectativa de distribuir em no máximo um ano.

Caso a efetiva venda não ocorra em um ano, mas a entidade continue comprometida com a venda e o motivo da não efetivação da venda estiver fora do controle da empresa, não existe problema em manter o ativo como ativo não circulante disponível para venda, essa orientação está no item 9 da NBC TG 31, transcrito a seguir:

> "**Item 9. Acontecimentos ou circunstâncias podem estender o período de conclusão da venda para além de um ano**. A extensão do período durante o qual se exige que a venda seja concluída **não impede que o ativo seja classificado como mantido para venda** se o atraso for causado por acontecimentos ou circunstâncias fora do controle da entidade e se houver evidência suficiente de que a entidade continua comprometida com o seu plano de venda do ativo."

Um ativo não circulante a ser baixado não deve ser considerado um ativo não circulante disponível para venda.

> "**Item 13. A entidade não deve classificar** como mantido para venda o ativo não circulante ou o grupo de ativos **destinado a ser baixado**. Isso se deve ao fato de o seu valor contábil ser recuperado principalmente por meio do uso contínuo. Os **ativos** não circulantes **a serem baixados incluem** ativos que devem ser usados até o final da sua vida econômica e **ativos não circulantes que devem ser fechados em vez de vendidos**."

13.3.4.2.8.2 Mensuração do ativo não circulante disponível para venda

Ativos disponíveis para venda, inclusive para distribuição aos sócios, devem ser mensurados pelo menor valor na comparação entre o valor contábil e o valor justo líquido das despesas de venda, perdas de valor recuperável devem ser apropriadas se na data do balanço o ativo apresentar perdas, de acordo com a NBC TG 01.

Após a reclassificação para o ativo circulante como um ativo não circulante disponível para venda, o ativo não deve mais ser depreciado.

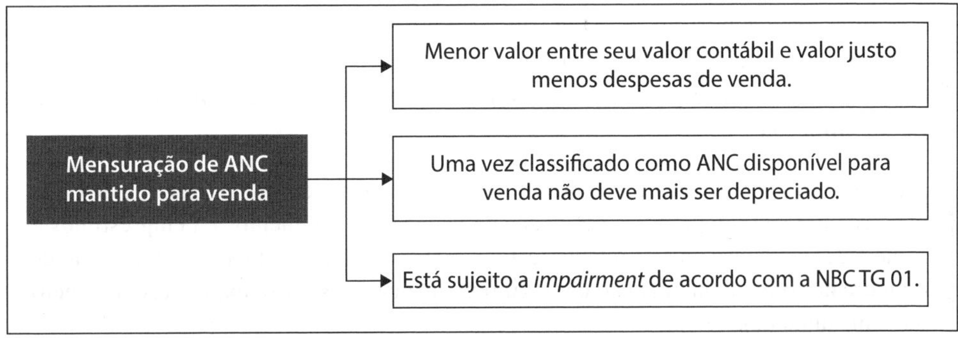

13.3.4.2.8.3 Alteração do plano de venda do ativo não circulante disponível para venda

Caso a entidade altere a intenção de venda a terceiros para distribuição aos proprietários ou vice-versa, não deverá ocorrer qualquer alteração na mensuração do ativo, uma vez que o tratamento para essas situações é o mesmo.

Caso a entidade desista de vender a terceiros ou de distribuir a sócios, ocorreria uma efetiva mudança de intenção e nestas situações, a NBC TG 31 orienta a considerar o valor mais baixo entre o valor contábil considerando todas as depreciações ou amortizações que seriam consideradas e eventuais perdas de valor recuperável e seu valor recuperável. Os ajustes, nesta hipótese devem ser apropriados ao resultado.

13.3.5. Ativo Não Circulante

O Ativo Não Circulante é um grupo novo criado pela MP 449/2008, transformada na Lei n. 11.941/2009, que reuniu o **Realizável a Longo Prazo e o Ativo Permanente**. Esse grupo **é composto por dois tipos de contas: contas especulativas**, que podem ser transformadas em dinheiro com relativa facilidade e são contas do Realizável a Longo Prazo, **e contas não monetárias**, que são as contas do antigo grupo Ativo Permanente que reúnem as contas classificadas nos subgrupos Investimento, Imobilizado, Intangível e Diferido.

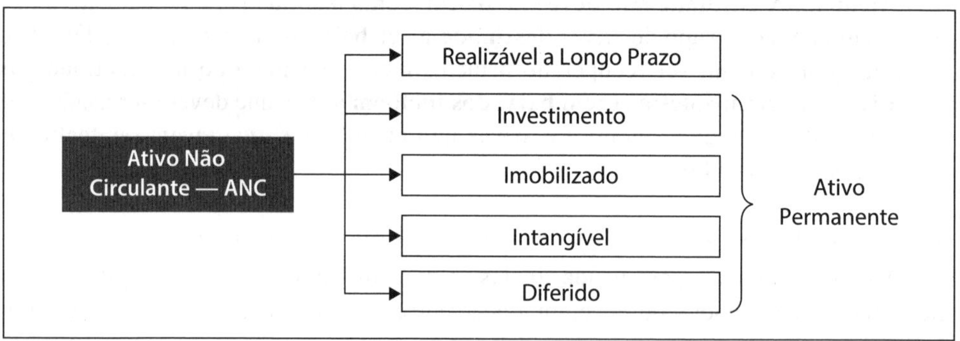

13.3.5.1. Ativo Realizável a Longo Prazo (ARLP)

Esse grupo de contas deixou de ser independente e passou a ser um subgrupo do Ativo Não Circulante. De acordo com o inc. II do art. 179 da Lei n. 6.404/76, transcrito a seguir, neste subgrupo do Ativo são contabilizados os **direitos realizáveis após o término do exercício seguinte**, assim como os direitos que a empresa possua derivados de **negócios com pessoas relacionadas, desde que não sejam negócios normais da empresa**.

> "II — no ativo realizável a longo prazo: os direitos realizáveis após o término do exercício seguinte, assim como os derivados de vendas, adiantamentos ou empréstimos a sociedades coligadas ou controladas (artigo 243), diretores, acionistas ou participantes no lucro da companhia, que não constituírem negócios usuais na exploração do objeto da companhia (...)."

Cabe ressaltar que as vendas a que se refere o artigo são vendas não usuais, isto é, venda de ativos imobilizados da empresa e de outros itens que não sejam o produto vendido regularmente ou o serviço prestado pela companhia. A seguir, um quadro com o resumo do artigo:

OPERAÇÕES	BENEFICIÁRIOS	NATUREZA
Vendas **Adiantamento** **Empréstimos** para o exercício social seguinte	**Sociedades coligadas, controladas, diretores acionistas ou participantes no lucro da companhia**	Que **não constituem negócios usuais** na atividade da companhia

13.3.5.1.1. Ajuste a valor presente de contas a receber no longo prazo

A Lei n. 6.404/76, alterada pela Lei n. 11.638/2007, introduziu o conceito de contabilizar os Ativos e Passivos pelo valor presente. Esse procedimento está previsto no inc. VIII do art. 183, transcrito seguir:

> "VIII — **os elementos do ativo decorrentes de operações de longo prazo serão ajustados a valor presente**, sendo os demais ajustados quando houver efeito relevante ***(Incluído pela Lei n. 11.638, de 2007).***"

A Lei n. 6.404/76 determina que **o ajuste em valores de longo prazo deve ser feito obrigatoriamente**.

O CPC e o CFC apenas detalham na NBC TG 12 (ajuste a valor presente) a determinação que consta na Lei n. 6.404/76. Nos itens 21 a 23 da NBC TG 12, transcritos a seguir, também encontramos a determinação do ajuste a valor presente e algumas orientações sobre ele:

> "21. Os elementos integrantes do ativo e do passivo **decorrentes de operações de longo prazo**, ou de curto prazo quando houver efeito relevante, **devem ser ajustados a valor presente com base em taxas de desconto que reflitam as melhores avaliações do mercado** quanto ao valor do dinheiro no tempo e os riscos específicos do ativo e do passivo em suas datas originais.
>
> 22. A quantificação do ajuste a valor presente deve ser realizada em base exponencial 'pro rata die', a partir da origem de cada transação, sendo os seus efeitos apropriados nas contas a que se vinculam.
>
> 23. As reversões dos ajustes a valor presente dos ativos e passivos monetários qualificáveis devem ser apropriadas como receitas ou despesas financeiras, a não ser que a entidade possa devidamente fundamentar que o financiamento feito a seus clientes faça parte de suas atividades operacionais, quando então as reversões serão apropriadas como receita operacional. Esse é o caso, por exemplo, quando a entidade opera em dois segmentos distintos: (i) venda de produtos e serviços e (ii) financiamento das vendas a prazo, e desde que sejam relevantes esse ajuste e os efeitos de sua evidenciação."

A seguir, vamos apresentar dois exemplos. O leitor interessado em concursos públicos deve estudar prioritariamente o Exemplo 1 (juros simples).

Exemplo 1 (ajuste considerando juros simples): a empresa Vigo Comercial S.A. vende um produto em dezembro de 2008 que possui preço à vista de $ 96.000. O produto foi vendido para pagamento em 24 parcelas de $ 6.000, o que representará um valor total de $ 144.000, sendo a última parcela para dezembro de 2010. Faremos a contabilização de acordo com o CPC 12 e legislação comercial vigente nessa data, sabendo que a transação está isenta de impostos e os juros considerados foram de capitalização simples.

Contabilização no Diário no dia da venda:

	Diversos		
a	Diversos		
	Contas a Receber a Curto Prazo	$ 72.000	
	Contas a Receber a Longo Prazo	$ 72.000	
	Dedução da Receita (valor presente líquido)	$ 48.000	
a	Receita Bruta de Vendas		$ 144.000
a	AVP Curto Prazo		$ 24.000
a	AVP Longo Prazo		$ 24.000

Contabilização no Balanço Patrimonial no dia da venda (AC e ARLP):

Contas a Receber a Curto Prazo	$ 72.000
(–) Ajuste ao Valor Presente (AVP)	($ 24.000)
Contas a Receber a Longo Prazo	$ 72.000
(–) Ajuste ao Valor Presente (AVP)	($ 24.000)

Contabilização no Resultado no dia da venda:

Receita Bruta de Vendas	$ 144.000
(–) Dedução Referente a AVP	($ 48.000)
Receita Líquida de Vendas	$ 96.000

A cada mês que transcorrer, devemos apropriar os juros respectivos contabilizando receita financeira, em contrapartida ao ajuste a valor presente.

AVP de Curto Prazo	
(1) 2.000	24.000
	2.000 (2)

Ajuste a Valor Presente (ARLP)	
(2) 2.000	24.000

Receita Financeira	
	2.000 (1)

A cada mês que transcorrer, deveremos contabilizar $ 2.000 de juros contra o Ajuste a Valor Presente a Curto Prazo e transferir $ 2.000 do Ajuste de Longo Prazo para o Ajuste de Curto Prazo. Desta forma, primeiro o saldo de longo prazo será zerado e, a seguir, o de curto prazo.

> **Observação:** quando vendemos um veículo em 24 parcelas, o fato de recebermos a primeira parcela não diminui os nossos recebíveis de curto prazo. Continuaremos a ter 12 parcelas para receber nos próximos 12 meses. O saldo que se reduz é o de longo prazo. Teremos 12 parcelas para receber, nos próximos 12 meses, e 11 após esse recebimento. Por isso, a cada prestação recebida, temos que transferir uma parcela de longo para curto prazo.

Exemplo 2 (ajuste considerando juros compostos): a empresa Filipos Comercial S.A. realizou a venda de uma máquina com prazo de pagamento de 17 meses. O valor à vista da máquina é de $ 10.000, com taxa negociada entre as partes de 2% ao mês. Os impostos de vendas devem ser calculados, tomando por base 20%. A contabilização dessa venda será feita de acordo com as normas técnicas e legais CPC 12, NBC TG 12, emitida pelo CFC e pela Lei n. 6.404/76.

Aplicando-se uma tabela financeira de juros compostos ou utilizando uma calculadora financeira, obteremos um fator de capitalização de 1,400241 para um financiamento a 2%, por 17 meses. Isso equivale a dizer que $ 10.000 à vista representarão, em 17 meses, um compromisso entre cliente e Filipos Comercial de 14.002,41.

A contabilização pode ser feita de duas formas: embutindo ou não os juros na fatura comercial.

Primeira forma: embutindo os juros na fatura

Apresentamos o lançamento no Diário da venda no dia da operação com seus respectivos impostos, assim como o ajuste a valor presente:

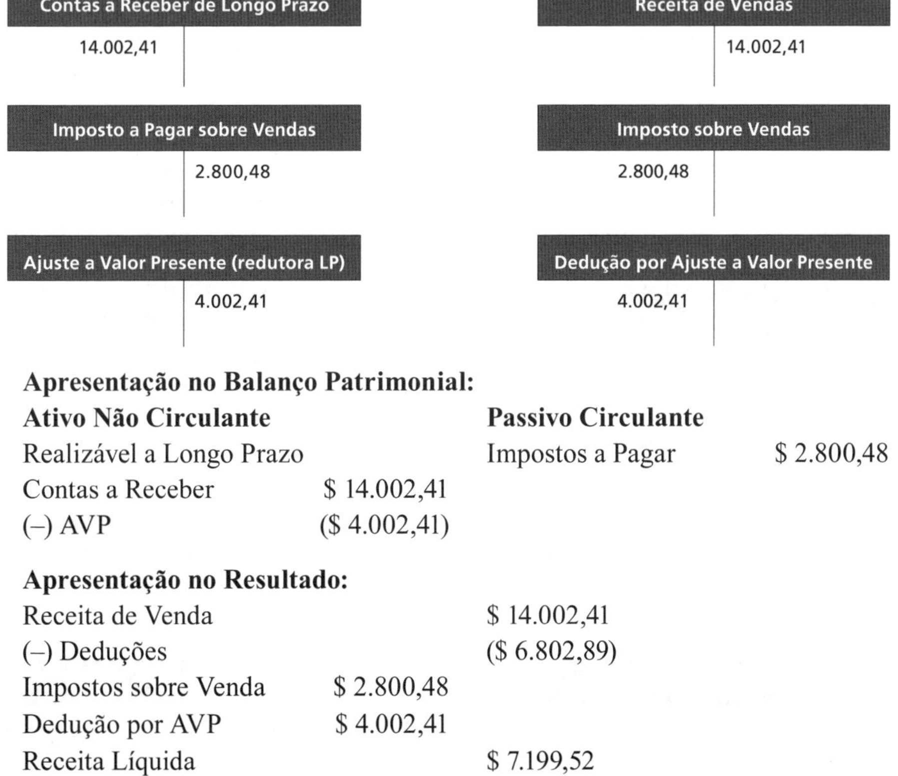

Apresentação no Balanço Patrimonial:

Ativo Não Circulante		**Passivo Circulante**	
Realizável a Longo Prazo		Impostos a Pagar	$ 2.800,48
Contas a Receber	$ 14.002,41		
(–) AVP	($ 4.002,41)		

Apresentação no Resultado:

Receita de Venda		$ 14.002,41
(–) Deduções		($ 6.802,89)
Impostos sobre Venda	$ 2.800,48	
Dedução por AVP	$ 4.002,41	
Receita Líquida		$ 7.199,52

A cada mês deverão ser lançados os juros do tempo transcorrido como receita financeira comercial.

A maneira mais fácil de calcular os juros é sempre aplicar 2% sobre o saldo devedor ao final de cada período, como apresentado na tabela a seguir:

	CAPITAL	JUROS
0	$ 10.000	$ 200
1	$ 10.200	$ 204
2	$ 10.404	$ 208,08
3	$ 10.612,08	$ 212,24
4	$ 10.824,32	$ 216,49
5	$ 11.040,81	$ 220,82
6	$ 11.261,62	$ 225,23
7	$ 11.486,86	$ 229,74
8	$ 11.716,59	$ 234,33
9	$ 11.950,93	$ 239,02
10	$ 12.189,94	$ 243,80
11	$ 12.433,74	$ 248,67
12	$ 12.682,42	$ 253,65
13	$ 12.936,07	$ 258,72
14	$ 13.194,79	$ 263,90
15	$ 13.458,68	$ 269,17
16	$ 13.727,86	$ 274,56
17	$ 14.002,41	$ 4.002,41

No primeiro mês, deveremos lançar os juros transcorridos como despesa financeira contra a conta de ajuste a valor presente, como apresentado a seguir. Nos meses seguintes, da mesma forma, até a apropriação total do ajuste a valor presente como receita de juros.

Ajuste a Valor Presente	
200	4.002,41

Receita Financeira	
	200

Segunda forma: o valor à vista é de $ 10.000, mas já foi negociado com o cliente o valor de $ 14.002,41, pelo financiamento da venda por 17 meses.

Contas a Receber de Longo Prazo	
14.002,41	

Receita de Vendas	
	10.000

Impostos a Pagar sobre Vendas	
	2.000

Impostos sobre Vendas	
2.000	

Ajuste a Valor Presente (redutora LP)	
	4.002,41

Apresentação no Balanço Patrimonial:

Ativo Não Circulante		**Passivo Circulante**	
Realizável a Longo Prazo		Impostos a Pagar	$ 2.000
Contas a Receber	$ 14.002,41		
(–) AVP	($ 4.002,41)		

Apresentação no Resultado:

Receita de Venda	$ 10.000
(–) Deduções	($ 2.000)
Impostos sobre Venda	$ 2.000
Receita Líquida	$ 8.000

A cada mês deverão ser lançados os juros do tempo transcorrido como receita financeira comercial.

A maneira mais fácil de calcular os juros é sempre aplicar 2% sobre o saldo devedor ao final de cada período, como apresentado no exemplo anterior.

13.3.5.1.2. Contas do Ativo Realizável a Longo Prazo (ARLP)

Exceto o Caixa e os equivalentes de Caixa, todas as outras contas do Ativo Circulante podem constar do ARLP, desde que a expectativa de realização em dinheiro ocorra após o exercício seguinte àquele em que as demonstrações financeiras contábeis estão sendo levantadas. O ARLP é subdividido basicamente em cinco grandes conjuntos de contas de qualidades diferentes:

1 — Instrumentos Financeiros
2 — Clientes
3 — Outros Créditos
4 — Estoques
5 — Despesas do Exercício Seguinte

A seguir, apresentaremos um plano de contas que desmembra as cinco qualidades de contas que compõem o ARLP e, em seguida, apresentaremos uma descrição de todas essas.[3]

[3] Essa conta também pode ser chamada de **Devedores Mobiliários**. A designação "devedor" tem a ver com o tipo de saldo, e "mobiliário", com títulos do mercado de Capitais.

1 — Instrumentos financeiros (devedores mobiliários[3])
(–) 1.1 Perdas Estimadas
2 — Clientes
2.1 Contas a Receber
2.2 Coligadas e Controladas
2.3 Duplicatas e Receber
(–) 2.4 Duplicatas Descontadas
(–) 2.5 Perdas Estimadas com Créditos de Liquidação Duvidosa
(–) 2.6 Ajuste a Valor Presente de Créditos de Longo Prazo
3 — Outros créditos
3.1 Títulos a Receber
3.1.1 Títulos Renegociados com Clientes
3.1.2 Empréstimos a Receber
3.1.3 Cheques a Receber
(–) 3.1.4 Receitas Financeiras a Transcorrer
3.2 Juros a Receber
3.3 Adiantamentos a Terceiros
3.4 Tributos a Recuperar
3.5 Ajustes e Perdas
3.5.1 (–) Ajuste a Valor Presente
3.5.2 (–) Perdas Estimadas por Redução ao Valor Recuperável
3.5.3 (–) Perdas Estimadas para Créditos de Liquidação Duvidosa
4 — Estoques
4.1 Mercadorias para Revenda
4.2 Matéria-prima para Revenda
4.3 Produtos Acabados
4.4 Produtos em Elaboração
4.5 (–) Perda Estimada para Redução ao Valor Realizável Líquido
4.6 (–) Perdas Estimadas
5 — Despesas do exercício seguinte
5.1 Aluguéis pagos antecipadamente
5.2 Seguros pagos antecipadamente
5.3 Comissões pagas antecipadamente
5.4 Outras despesas pagas antecipadamente

1. Instrumentos financeiros: nesta conta, classificaremos todos os instrumentos financeiros estudados no Capítulo 6, com **prazo de realização em dinheiro após o exercício seguinte** ao exercício, em que as demonstrações estiverem sendo levantadas.

De acordo com as novas regras de avaliação de instrumentos financeiros, todos os títulos devem ser avaliados no final do exercício, e, caso se constatem ganhos ou perdas, estes devem ser reconhecidos e contabilizados. O tratamento para cada tipo de instrumento financeiro foi estudado no Capítulo 6, no tópico avaliação de ativos e passivos e de acordo com as normas impostas pelas Leis ns. 11.638 e 11.941/2009 nas normas NBC TG 48 (CPC 48), NBC TG 39 R5 (CPC 39) e NBC TG 40 R3 (CPC 40).

2. Clientes, subdividida em:

2.1. Contas a Receber a Longo Prazo são os valores de receita faturados com **prazos de pagamentos superiores a um exercício social** (12 meses), sem a emissão de duplicatas. Por exemplo: carnês ou faturas.

2.2. Coligadas e Controladas são valores a receber a longo prazo. São títulos de créditos contra empresas do mesmo grupo, créditos internos ao grupo empresarial.

2.3. Duplicatas a Receber são valores de receitas faturadas a clientes para os quais foram emitidas duplicatas com vencimento superiores a um exercício social (12 meses).

2.4. Duplicatas Descontadas: nessa conta, registramos o valor de duplicatas com vencimento de longo prazo descontadas ainda não recebidas pela instituição financeira.

2.5. Perdas Estimadas com Créditos de Liquidação Duvidosa: essa conta tem sido chamada de "Provisão para Créditos de Liquidação Duvidosa (PCLD)" ou "Provisão para Devedores Duvidosos (PDD)". A designação provisão não é mais recomendada, como já estudado no Capítulo 9.

2.6. Ajuste a Valor Presente de Créditos de Longo Prazo: de acordo com as determinações introduzidas na Lei n. 6.404/76, trazidas pela Lei n. 11.638/2007 e que constam no inciso VIII do art. 183, caso existam vendas financiadas com juros e longo prazo de pagamento, estes devem ser excluídos da receita, e o contas a receber deve ser ajustado a valor presente, como estudado no item 13.3.4.2.3.1.

3. Outros créditos: neste conjunto de contas não existe nenhuma que já não tenha sido estudada no Ativo Circulante.

4. Estoques: estoques classificados no Realizável a Longo Prazo podem parecer estranho para alguns, mas as empresas deveriam classificar no Realizável a Longo Prazo todos os estoques para os quais não existe expectativa de venda no exercício seguinte ao que as demonstrações estiverem sendo elaboradas.

Exemplo: uma distribuidora de produtos esportivos adquiriu um estoque muito grande de bandeiras, cornetas e camisetas com as cores da seleção brasileira de futebol; entretanto, um dia após receber as mercadorias, o Brasil foi eliminado da Copa do Mundo. Essa distribuidora só conseguirá vender esse estoque na outra Copa do Mundo, em 4 anos. Portanto, grande parte deste estoque deveria passar a ser classificada no Realizável a Longo Prazo.

5. Despesas do exercício seguinte: as contas classificadas nesse conjunto de contas são as mesmas constantes no Ativo Circulante; vamos exemplificar a contratação de um seguro.

Quando uma empresa contrata um seguro para um veículo, a $ 24.000, por dois anos de seguro, deverá classificar 50% do valor no Realizável a Longo Prazo:

Apresentação no Balanço Patrimonial:

Ativo Circulante

Seguro a Vencer	$ 12.000
Ativo Não Circulante	
Ativo Realizável a Longo Prazo	
Seguro a Vencer	$ 12.000

13.3.5.2. Ativo Investimento

No Ativo Investimento, devem ser classificadas as contas que representam aplicações de recursos em **bens tangíveis e intangíveis não usadas** nas atividades da empresa e por aplicações de recursos em **participações societárias permanentes**.

No que diz respeito ao critério de avaliação, a Lei n. 6.404/76, art. 183, § 1.º, *c*, determina que o valor justo dos investimentos deve ser avaliado pelo "valor líquido" pelo qual possam ser alienados a terceiros.

13.3.5.2.1. Definições de Ativo Investimento

A base normativa para identificação e mensuração desse subgrupo encontra-se na Lei n. 6.404/76 e nos pronunciamentos contábeis da NBC TG 18 (CPC 18) e da NBC TG 28 (CPC 28).

13.3.5.2.1.1. Subgrupo Investimento segundo a Lei n. 6.404/76

As contas descritas na Lei n. 6.404/76 que devem ser classificadas nesse subgrupo são:

1) As participações permanentes em outras sociedades (quotas de Capital ou ações de investidas);

2) Outros investimentos não classificáveis no Ativo Circulante e no Realizável a Longo Prazo e que não se destinem à manutenção da atividade da empresa.

A seguir, transcrevemos o inc. III do art. 179 da Lei n. 6.404/76, que define as contas classificáveis no subgrupo Investimento:

> "As contas serão classificadas do seguinte modo em investimentos: **as participações permanentes** em outras sociedades e os **direitos de qualquer natureza**, não classificáveis no ativo circulante, e **que não se destinem à manutenção da atividade da companhia ou da empresa** (...)".

Cabe ressaltar que a lei, nesse inc. III, cometeu uma omissão ao não excluir direitos de quaisquer naturezas classificáveis no Realizável a Longo Prazo. Infelizmente, ainda persiste no texto legal esta omissão. A lei apenas excluiu os classificáveis no Ativo Circulante.

13.3.5.2.1.2. Subgrupo Investimento segundo a NBC TG 28 (CPC 28)

Como apresentado no subitem anterior, esse subgrupo (Investimentos), na Lei n. 6.404/76, não sofreu alterações pelas Leis ns. 11.638/2007 e 11.941/2009; entretanto, na NBC TG 28 , que trata de propriedade para investimento, **destacou no subgrupo Investimentos do Ativo Não Circulante** um conjunto de contas. No subgrupo Investimento, a partir da NBC TG 28, devem ser destacados na apresentação do Balanço Patrimonial três conjuntos de contas e não dois:

1 — Participações permanentes em outras sociedades
2 — Propriedades para investimento
3 — Outros investimentos permanentes

1. Participações permanentes em outras sociedades: aplicações de recursos de modo permanente, em quotas de Capital ou ações de outras sociedades. O significado de permanente está associado a investimento que possui motivação estratégica. Participações societárias permanentes estratégicas ocorrem quando uma empresa deseja participar do Capital de outra porque esta é um fornecedor importante ou estratégico no seu negócio. A empresa que recebe o investimento é chamada de investida.

2. Propriedades para investimento: são basicamente terrenos ou edifícios para obtenção de renda ou apenas valorização.

3. Outros investimentos permanentes: representam aplicações de recursos em bens tangíveis e intangíveis não utilizados nas atividades da empresa; são exemplos clássicos: obras de arte, marcas e direitos em geral não relacionadas com o negócio, direitos em geral não relacionados com o negócio ou para utilização futura neste.

13.3.5.2.2. Contas do subgrupo Investimento

A seguir, um plano de contas detalhado do subgrupo Investimento expandindo cada um dos três subconjuntos e uma descrição detalhada de cada conta:

1 — Participações societárias permanentes em outras sociedades
1.1 Participações em coligadas e controladas (equivalência patrimonial)
1.2 Participações societárias avaliadas pelo valor justo
1.3 Participações societárias avaliadas pelo valor de custo
1.4 Ágio sobre os Ativos Líquidos (maisvalia sobre os Ativos das participações societárias nas investidas)
1.5 Ágio por expectativa de rentabilidade futura em participações societárias permanentes (goodwill)
1.6 Perdas estimadas
2 — Propriedades para investimento
2.1 Avaliadas pelo valor justo
2.2 Avaliadas pelo valor de custo

2.2.1 Depreciação acumulada
2.2.2 Perdas estimadas
3 — Demais investimentos
3.1 Bens tangíveis não utilizados nos negócios
3.2 Bens intangíveis não utilizados nos negócios
3.3 Perdas estimadas

13.3.5.2.2.1. Participações societárias permanentes em outras sociedades

São classificadas neste conjunto de contas as aplicações (investimentos) no Capital de outras sociedades que a empresa não tem a intenção de especular, ou seja, que são investimentos estratégicos. Esses recursos aplicados em outras empresas podem significar alta, pequena ou inexpressiva importância no Capital dessas investidas. Se a participação for muito grande em relação ao tamanho do PL da investida, isso pode significar o controle da investida. Antes, porém, de estudarmos os métodos de avaliação, vamos apresentar como classificar o investimento.

13.3.5.2.2.1.1. Classificação do investimento em participações societárias permanentes

Para quem faz o investimento (investidora), este pode ser classificado em sua contabilidade, dependendo da participação percentual no capital da investida ou do grau de influência e mando na gestão. Classificamos as participações societárias em três formas distintas:

- Controlada;
- Coligada;
- Demais investimentos em participações societárias.

13.3.5.2.2.1.2. Coligadas e controladas

As participações societárias permanentes podem ser classificadas como importantes se as investidas puderem ser consideradas coligadas ou controladas. Após as alterações introduzidas na Lei n. 6.404/76 pela Lei n. 11.941/2009, para que uma empresa seja considerada **coligada, basta que a investidora tenha influência significativa**, e, para que haja **controle, basta que a investidora tenha a preponderâncias nas decisões** de acordo com as definições que constam nos incisos do art. 243 da Lei n. 6.404/76, transcritos a seguir:

> "**Art. 243.** (...) § 1.º **São coligadas as sociedades nas quais a investidora tenha influência significativa** (*Redação dada pela Lei n. 11.941, de 2009*).
>
> § 2.º Considera-se **controlada** a sociedade na qual a **controladora**, diretamente ou através de outras controladas, **é titular de direitos** de sócio que lhe assegurem, de modo **permanente, preponderância nas deliberações sociais e o poder de eleger a maioria dos administradores.** (...)
>
> § 4.º Considera-se que há **influência significativa** quando a investidora detém ou **exerce o poder de participar nas decisões** das políticas financeira ou operacional da investida, **sem controlá-la** (*Incluído pela Lei n. 11.941, de 2009*).
>
> § 5.º É **presumida influência significativa** quando a investidora for **titular de 20%** (vinte por cento) ou mais do capital votante da investida, sem controlá-la (*Incluído pela Lei n. 11.941, de 2009*)."

13.3.5.2.2.1.3. Métodos de avaliação de participações societárias permanentes

De acordo com a Lei n. 6.404/76, atualizada pelas Leis ns. 11.638/2007 e 11.941/2009, e com as normas NBC TG 48 (CPC 48) (Instrumentos Financeiros) e NBC TG 18 R3 (CPC 18R2) (Investimento em Coligada e em Controlada), **os investimentos permanentes em participação societária devem ser avaliados de formas distintas**, dependendo da importância e do significado do investimento para a empresa que faz o investimento, isto é, **investidora**.

As participações societárias permanentes são avaliadas de três formas distintas:

- Método da Equivalência Patrimonial (MEP);
- Método do Valor Justo;
- Método do Custo.

Sempre serão avaliadas pelo **método de equivalência patrimonial** as empresas cujas participações societárias se classificarem como **coligadas ou controladas. Se não se classificarem assim**, esses investimentos devem ser avaliados pelo **valor justo se possuírem alguma forma de avaliação de mercado e, se não for possível, serão avaliados pelo seu custo de aquisição.**

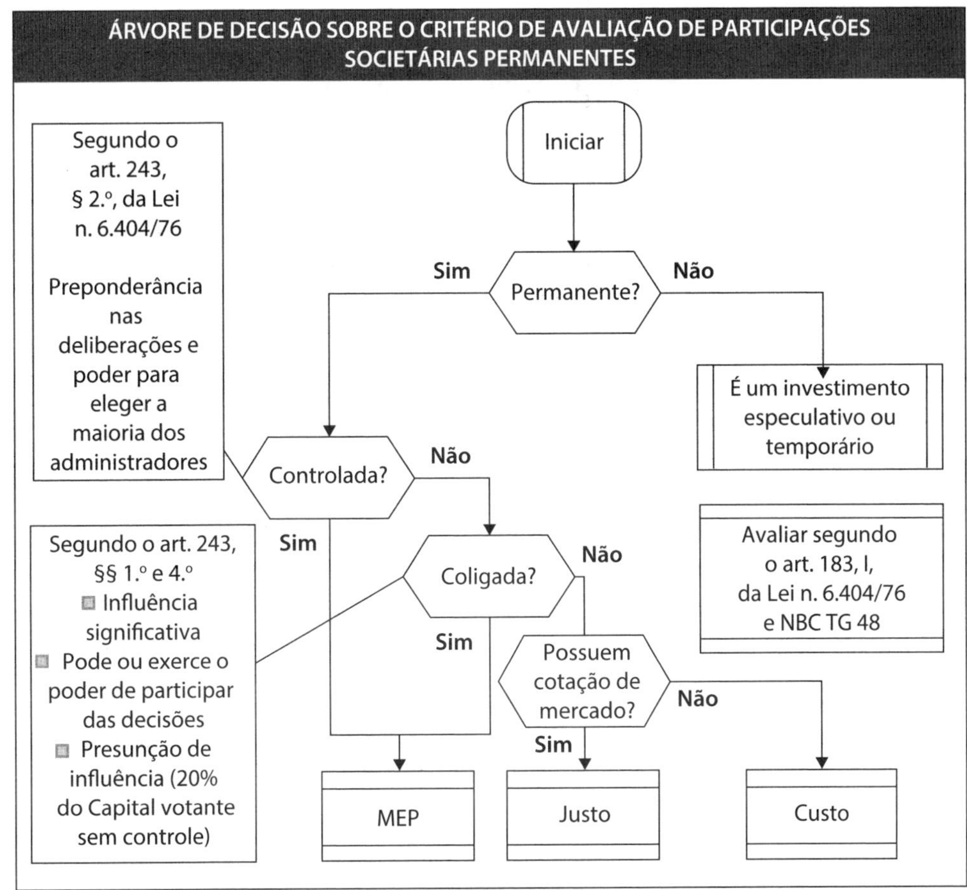

MEP e custo de acordo com a Lei n. 6.404/76

No art. 183, incs. III e IV, da Lei n. 6.404/76, transcritos a seguir, está definido que os investimentos que não se enquadrarem nas disposições do art. 248 da Lei n. 6.404/76 (sobre investimentos avaliados por equivalência patrimonial, também transcrito a seguir) e todos os demais deverão ser avaliados pelo método do custo.

> "III — **os investimentos em participação no capital social de outras sociedades, ressalvado o disposto nos artigos 248 a 250 (Equivalência Patrimonial), pelo custo de aquisição**, deduzido de provisão para perdas prováveis na realização do seu valor, quando essa perda estiver comprovada como permanente, e que não será modificado em razão do recebimento, sem custo para a companhia, de ações ou quotas bonificadas;
>
> IV — **os demais investimentos, pelo custo de aquisição**, deduzido de provisão para atender às perdas prováveis na realização do seu valor, ou para redução do custo de aquisição ao valor de mercado, quando este for inferior;
>
> **Art. 248.** No balanço patrimonial da companhia, os investimentos em **coligadas ou em controladas e em outras sociedades que façam parte de um mesmo grupo ou estejam sob controle comum** serão avaliados pelo método da equivalência patrimonial ***(Redação dada pela Lei n. 11.941, de 2009)***."

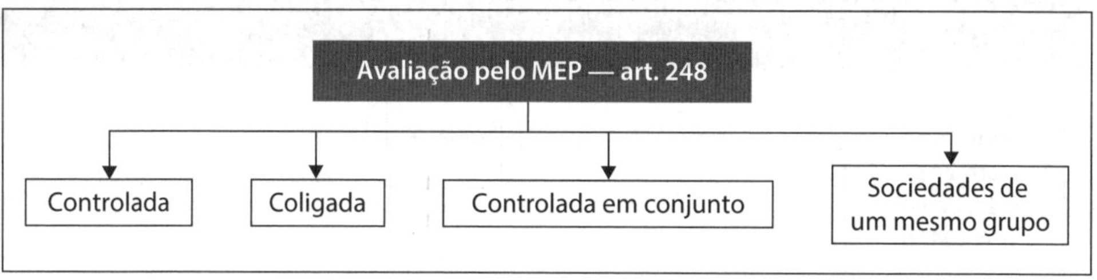

MEP, Método do Custo e do Valor Justo, segundo o CPC 18(R1)

O CPC 18, transformado em Norma Brasileira de Contabilidade pela Resolução n. 2017/NBC TG 18R3, em seu item 10, transcrito a seguir, determina que um investimento, mesmo quando for avaliado por equivalência patrimonial, deve ser inicialmente calculado pelo seu custo inicial. O custo de aquisição é sempre a referência para a contabilização inicial, qualquer que seja o método a ser utilizado posteriormente, isto é, no primeiro balanço feito após o reconhecimento inicial.

> "Pelo método de **equivalência patrimonial**, um investimento em **coligada e em controlada** (neste caso, no balanço individual) é inicialmente reconhecido pelo custo."

Todas as aplicações em instrumentos patrimoniais (quotas ou ações) que não se enquadrem como controladas ou coligadas devem ser avaliadas primordialmente pelo método do valor justo, e essa determinação está na norma NBC TG 48 (CPC 48), em seu item B.5.2.3, transcrito a seguir:

> "Todos os investimentos em instrumentos patrimoniais e contratos relativos a esses instrumentos devem ser mensurados ao valor justo. Contudo, em circunstâncias limitadas, o custo pode ser uma estimativa apropriada do valor justo. Esse pode ser o caso

se não houver informações suficientes mais recentes disponíveis para mensurar o valor justo, ou se houver ampla gama de mensurações ao valor justo possíveis e o custo representar a melhor estimativa do valor justo nessa gama".

Caso não seja possível avaliar pelo método do valor justo, a participação societária permanente pode ser avaliada pelo método do custo, mas o método do custo é a última alternativa, e isso está ratificado no item B.5.2.6 da norma NBC TG 48, transcrito a seguir:

> "O custo nunca é a melhor estimativa do valor justo para investimentos em instrumentos patrimoniais cotados (ou contratos relativos a instrumentos patrimoniais cotados)".

Portanto, se a participação societária não for controlada nem coligada e somente se não tiver algum tipo de cotação de mercado, ela deve ser avaliada pelo método do custo.

13.3.5.2.2.1.3.1. Definições complementares relativas a métodos de avaliação de participações societárias permanentes

13.3.5.2.2.1.3.1.1. Coligada e equiparada à coligada segundo a CVM

No art. 2.º da Instrução n. 247/96, transcrito a seguir, a CVM apresenta uma definição particular para as investidoras de capital aberto. Para estas, o critério é mais abrangente que o definido para as demais investidoras que não são S.A. de capital aberto.

> **Art. 2.º** Consideram-se coligadas as sociedades quando uma participa com 10% (dez por cento) ou mais do capital social da outra, sem controlá-la.
>
> Parágrafo único. Equiparam-se às coligadas, para os fins desta Instrução:
>
> *a)* as sociedades quando uma participa indiretamente com 10% (dez por cento) ou mais do capital votante da outra, sem controlá-la;
>
> *b)* as sociedades quando uma participa diretamente com 10% (dez por cento) ou mais do capital votante da outra, sem controlá-la, independentemente do percentual da participação no capital total.

13.3.5.2.2.1.3.1.2. Participação direta e indireta

Quando uma investidora "A" tem participação de uma investida "B" adquirindo diretamente ações ou quotas do seu capital dizemos que essa é uma participação direta, e quando uma investidora "A" tem ações ou quotas de uma empresa "B" e esta última tem quotas ou ações de outra empresa "C", dizemos que a participação de "A" em "C" é indireta.

No diagrama a seguir, temos, à esquerda, um exemplo de participação direta de "A" em "B" de 30%, no centro, um exemplo de participação indireta de "A" em "C", por meio de "B", no valor de 60% de 20%, igual a 12%. No exemplo à direita, temos a combinação de participação direta de "A" em "C" no valor de 9% e indireta de "A" em "C", por meio de "B", no valor de 12%, perfazendo uma participação total de "A" em "C" de 21%.

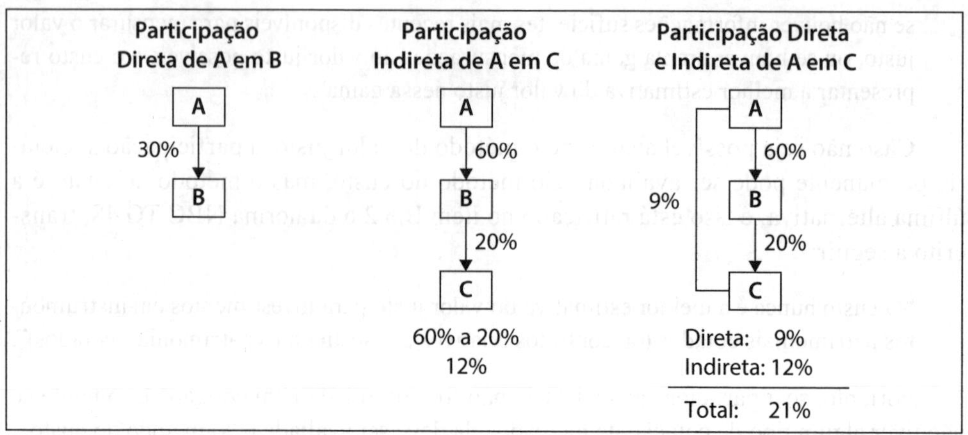

13.3.5.2.2.1.3.1.3. Controle conjunto e grupo econômico

A Lei n. 6.404/76, no art. 248, transcrito a seguir, determina que empresas controladas em conjunto e empresas de um mesmo grupo econômico sejam avaliadas pelo método de equivalência patrimonial (MEP).

> **Art. 248.** No balanço patrimonial da companhia, os investimentos em coligadas ou em controladas e em outras sociedades que façam parte de um mesmo grupo ou estejam sob controle comum serão avaliados pelo método da equivalência patrimonial, de acordo com as seguintes normas: (Redação dada pela Lei n. 11.941, de 2009)

13.3.5.2.2.1.3.1.3.1. Controle conjunto

Definições da norma NBC TG 18 sobre ***Controle conjunto*** em seu item 3:

"Negócio em conjunto é um negócio do qual duas ou mais partes têm controle conjunto.

Controle conjunto é o compartilhamento, contratualmente convencionado, do controle de negócio, que existe somente quando decisões sobre as atividades relevantes exigem o **consentimento unânime das partes** que compartilham o controle.

Empreendimento controlado em conjunto (*joint venture*) é um acordo conjunto por meio do qual as partes, que detêm o controle em conjunto do acordo contratual, têm direitos sobre os ativos líquidos desse acordo.

Investidor conjunto (*joint venturer*) é uma parte de um empreendimento controlado em conjunto (*joint venture*) que tem o controle conjunto desse empreendimento."

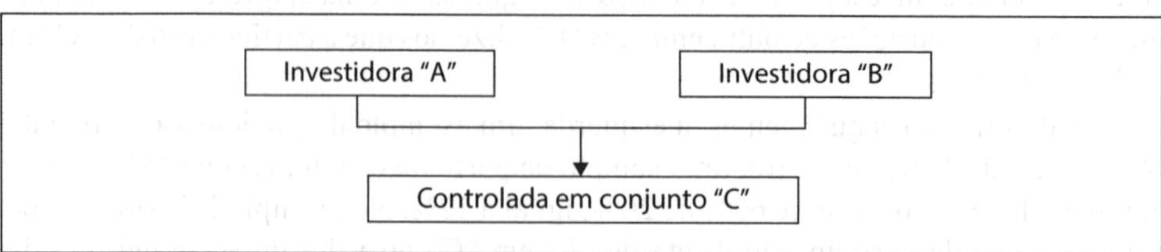

No exemplo, a empresa "A" estabeleceu com "B" um acordo de controle conjunto sobre "C", nenhuma das partes possui preponderância isolada nas decisões sobre o empreendimento em "C".

13.3.5.2.2.1.3.1.3.2. Grupo econômico

A controladora, também designada como *holding* ou sociedade de comando de grupo, de pelo menos uma empresa controlada, poderá formar com suas controladas um grupo econômico e todas poderão utilizar a designação de grupo. Somente participam de um grupo econômico as controladas, não fazendo parte do grupo qualquer empresa coligada ou com participação menos significativa que coligada.

> "**Art. 265.** A sociedade controladora e suas controladas podem constituir, nos termos deste Capítulo, ***grupo de sociedades***, mediante convenção pela qual se obriguem a combinar recursos ou esforços para a realização dos respectivos objetos, ou a participar de atividades ou empreendimentos comuns.
>
> § 1.º A ***sociedade controladora, ou de comando do grupo***, deve ser brasileira, e exercer, direta ou indiretamente, e de modo permanente, o controle das sociedades filiadas, como titular de direitos de sócio ou acionista, ou mediante acordo com outros sócios ou acionistas.
>
> § 2.º A participação recíproca das sociedades do grupo obedecerá ao disposto no artigo 244."

Designação

> "**Art. 267.** O grupo de sociedades terá designação de que constarão as palavras 'grupo de sociedades' ou 'grupo'.
>
> Parágrafo único. Somente os grupos organizados de acordo com este Capítulo poderão usar designação com as palavras 'grupo' ou 'grupo de sociedade'."

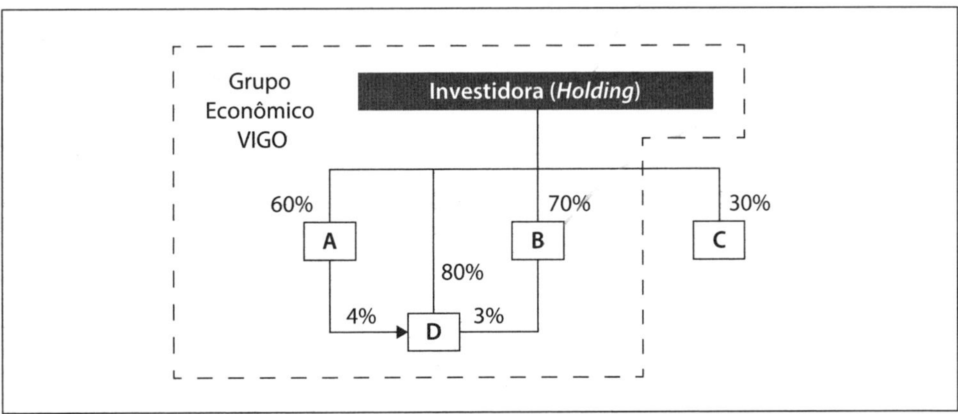

Fazem parte do grupo econômico VIGO a controladora e as empresas "A", "B" e "D". A empresa "C", por ser apenas coligada, não faz parte do grupo.

A controladora (H) avalia seus investimentos nas empresas controladas A, B e D por MEP, e as controladas A e B avaliam seus investimentos em D também por MEP, apesar de terem participação de apenas 4% e 3% respectivamente; isso ocorre porque todas fazem parte de um mesmo grupo econômico.

A empresa H também avalia seus investimentos em C por MEP, uma vez que esta é sua coligada, mas C não faz parte do grupo econômico VIGO porque não é controlada de H.

> **Observação:** a participação recíproca, isto é, a participação de uma empresa na outra e vice-versa, não é permitida em empresas do mesmo grupo, de acordo com art. 244 da Lei n. 6.404/76.

13.3.5.2.2.1.3.1.4. Exemplo sobre método a ser utilizado

A seguir, exemplificaremos que método adotar na avaliação da participação societária permanente no balanço de fim de exercício social.

Exemplo: a empresa INVESTIDORA S.A. realiza aquisições permanentes em seis empresas, designadas PRIMEIRA S.A., SEGUNDA S.A., TERCEIRA LTDA., QUARTA LTDA., QUINTA S.A. e SEXTA S.A. Com relação à PRIMEIRA, a INVESTIDORA adquiriu 60% do seu capital total e votante; com relação à SEGUNDA, adquiriu 30% do capital; com relação à TERCEIRA, adquiriu 15% do capital, entretanto o acordo de acionistas lhe garante a participação no conselho de administração; com relação à QUARTA, a INVESTIDORA adquiriu 10% do capital, e se trata de uma rede de postos de combustível; com relação à QUINTA, a INVESTIDORA adquiriu 10% do capital e esta empresa atua no setor de tecnologia e possui avaliação muito particular sem nenhum tipo de avaliação prévia de mercado; e com relação à SEXTA, a INVESTIDORA adquiriu 5% do seu capital e essa empresa é uma S.A. de capital aberto com cotação em bolsa de valores.

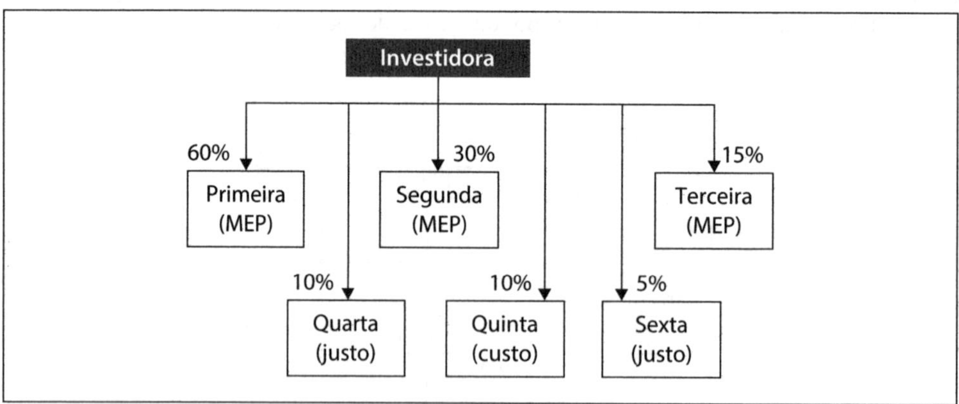

O Investimento em PRIMEIRA será avaliado pelo método de equivalência patrimonial (MEP), uma vez que sua participação é superior a 50% do capital votante, caracterizando controle. Em SEGUNDA, a INVESTIDORA também avaliará o investimento pelo MEP, pois o investimento é superior a 20% do PL da investida. Em TERCEIRA, apesar de o investimento ser inferior a 20%, a INVESTIDORA tem influência significativa, uma vez que participa das decisões por meio de um membro no conselho de administração. Em QUARTA, o investimento não se caracteriza nem como controlada nem como coligada e será avaliado pela INVESTIDORA pelo método do valor justo, uma vez que, mesmo sem o capital cotado em bolsa, é uma rede de postos de gasolina, portanto tem preço de mercado. Alguns negócios comerciais possuem forma de avaliação aceita pelo mercado de maneira bem definida, como os de postos de gasolina, quando a norma cita "cotação de mercado" não necessariamente precisa ser cotação em bolsa ou mercado de balcão, basta existir uma maneira de cotação de mercado aceita pelos participantes deste mercado. Em QUINTA, a avaliação pela investidora será pelo método do custo, uma vez que possui menos de 20% do capital e a empresa investida não tem cotação de mercado. Em SEXTA, a avaliação será pelo método do valor justo, pois é participação societária permanente, não se caracteriza nem como controlada nem como coligada, mas possui cotação de mercado em bolsa de valores.

13.3.5.2.2.1.3.2. Avaliação de participações societárias permanentes pelo método do custo

A seguir, apresentaremos os registros que devem ser feitos desde a aquisição da participação permanente e todos registros pertinentes após o registro inicial.

> **Exemplo:** a empresa INVESTIDORA adquiriu 10% de participação do capital de QUINTA S.A. A investida é uma empresa que não possui cotação de mercado, pois, apesar de ser S.A., é uma empresa de capital fechado que atua no mercado de desenvolvimento de softwares aplicativos. Seu PL é de $ 500.000.

13.3.5.2.2.1.3.2.1. Registro quando da aquisição da participação societária

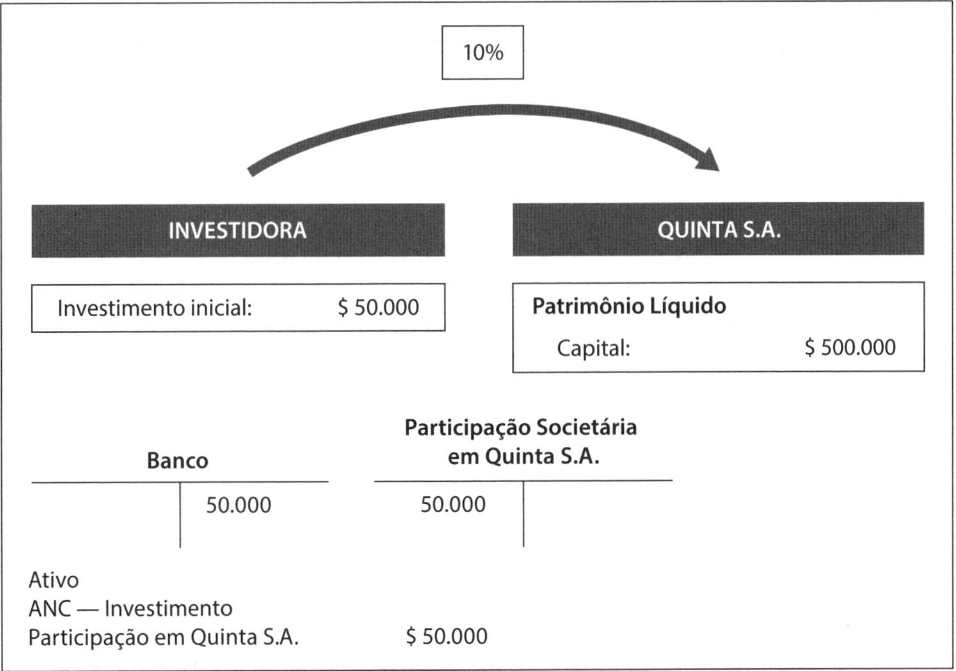

13.3.5.2.2.1.3.2.2. Registro quando investida divulga lucro ou prejuízo

Quando a investida apresenta lucro ou prejuízo, a investidora não realiza qualquer alteração no registro inicial. Outras alterações no patrimônio líquido da investida também não geram qualquer mudança no valor do investimento por parte do investidor.

13.3.5.2.2.1.3.2.3. Registro quando investida distribui ou paga dividendos

Nesse caso, os dividendos distribuídos (divulgados) ou pagos pela investida são registrados pelo investidor como receita de dividendos no resultado (outras receitas) em contrapartida com dividendos a receber ou disponibilidades.

Exemplo: QUINTA S.A. divulga um lucro de $ 100.000 e distribui dividendos de 40% do lucro divulgado.

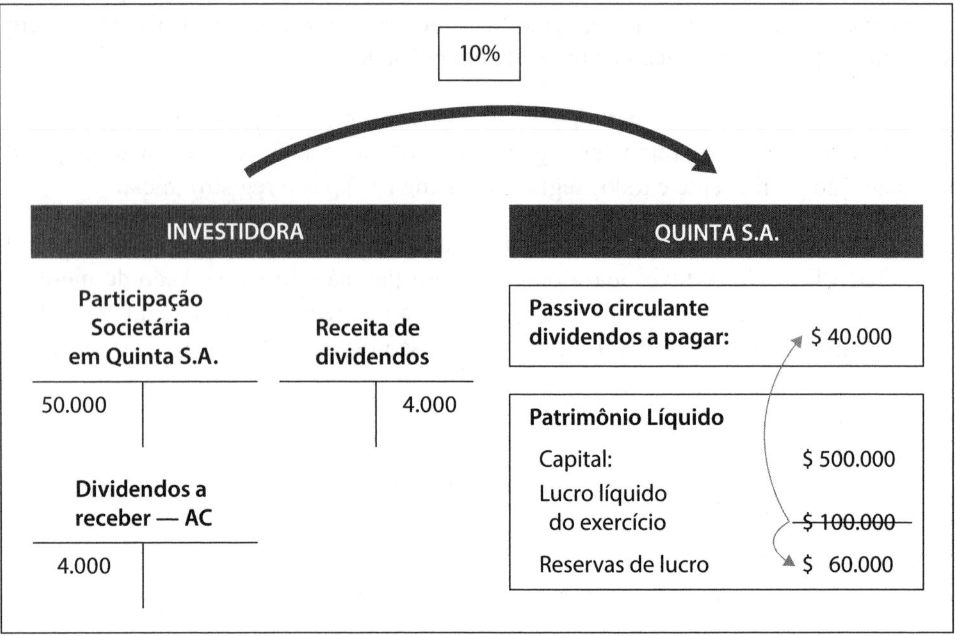

No exemplo anterior, a investida avaliada pelo método do custo divulgou um lucro de $ 100.000, que não gera qualquer alteração na contabilidade da investidora, e em seguida distribui 40% como dividendos ($ 40.000), o restante do lucro ($ 60.000) fica registrado no PL da investida como reservas de lucro e os dividendos distribuídos (anunciados) ficam apresentados no passivo circulante da investida como dividendos a pagar. Estes deverão ser distribuídos em 60 dias como determina a Lei n. 6.404/76.

Na contabilidade da INVESTIDORA, os dividendos a receber ficam registrados no ativo circulante em contrapartida com receita de dividendos em seu resultado (outras receitas).

Importante: o RIR (Regulamento do Imposto de Renda) determina que quando uma investida avaliada pelo método do custo paga dividendos em período inferior a 6 meses da data da aquisição da participação pela INVESTIDORA, o crédito não deve ser considerado receita de dividendos, mas redução do valor do investimento.

Caso no exemplo anterior o dividendo tivesse sido pago, e não apenas anunciado, a data da aquisição 30.11.2013 e o pagamento 15.01.2014, na data do anúncio e pagamento, o lançamento seria o seguinte:

	Banco	4.000	
a	participação societária em QUINTA S.A		4.000

O RIR entende que quando o pagamento ocorre e o tempo transcorrido entre a data da aquisição da participação e o pagamento dos dividendos é inferior a 6 meses, muito provavelmente o vendedor embutiu no valor da participação os dividendos já esperados. Isso tem sentido porque qualquer pessoa que fosse vender uma participação no final de um período já saberia aproximadamente o resultado do período e consequentemente o vendedor inflará o valor da venda embutindo os dividendos que o comprador receberá em data próxima (inferior a 6 meses).

13.3.5.2.2.1.3.2.4. Registro de perdas permanentes

Um registro obrigatório, no final do exercício, pelo INVESTIDOR é quando ele identifica que a investida apresenta perdas permanentes no seu valor.

Exemplifiquemos o caso de um INVESTIDOR que tenha adquirido, no ano 2000, uma participação permanente correspondente a 10% do capital de uma importante rede de videolocadoras de DVDs designada REDBUSTER S.A. com Patrimônio Líquido no valor de $ 500.000. O valor original da aquisição foi de $ 50.000 e no balanço de 2013, em função de mudanças tecnológicas no setor de videolocação, o valor de mercado do PL da REDBUSTER passou a ser de R$ 300.000 e não existe perspectiva de recuperação.

A investidora deve registrar uma perda de valor recuperável proporcional à sua participação, a perda de valor do PL da investida foi de $ 200.000, portanto a perda a ser registrada é de $ 20.000.

perda no investimento em REDBUSTER	$ 20.000	
a perda estimada no investimento em REDBUSTER		$ 20.000

Apresentação no Balanço

Ativo Não Circulante — Investimento

Participação societária em REDBUSTER	$ 50.000	
(–) Perda estimada (Provisão para Perdas)		($ 20.000)

Observação: o valor líquido do investimento passará a ser de $ 30.000.

13.3.5.2.2.1.3.3. Avaliação de participações societárias permanentes pelo método do valor justo

A definição de valor está presente em diversas normas. Vamos utilizar a definição do item 9 da norma sobre valor justo, que é a Norma NBC TG 46 (CPC 46):

> "Este Pronunciamento define valor justo como o preço que seria recebido pela venda de um ativo ou que seria pago pela transferência de um passivo em uma transação não forçada entre participantes do mercado na data de mensuração."

Avaliar, pelo valor justo, um instrumento patrimonial é considerar a **cotação de um mercado ativo**, e isso não significa obrigatoriamente cotação em bolsa de valores. Existem segmentos de negócios como postos de gasolina, padarias, e outros empreendimentos comerciais de pequeno e médio porte em que o valor do negócio, além do valor de instalações, máquinas e estoques, é determinado levando-se em conta "X" meses de faturamento. O comprador coloca um representante ao lado do caixa e verifica, durante um mês, o valor do faturamento. Dessa forma, comprador e vendedor aceitam determinar o valor do negócio que será base para a transação a partir deste mês, com a aferição feita por ambos. Valor de mercado é a cotação, em uma bolsa de valores ou qualquer outro critério aceito pelos participantes, de determinado mercado. O investimento em participação societária permanente que não se classificou como controlada, nem como coligada e que não possui cotação em um mercado, como exemplificado, deverá ser mensurado pelo valor de custo menos as perdas estimadas.

A seguir, apresentaremos os registros que devem ser feitos desde a aquisição da participação permanente e todos os registros pertinentes após o registro inicial.

> **Exemplo:** a empresa INVESTIDORA adquiriu 10% de participação do capital de QUARTA S.A. A investida é uma empresa que não possui cotação em bolsa de valores, mas, como controla diversos postos de combustível, possui valoração típica deste mercado. Seu Patrimônio Líquido foi avaliado em $ 500.000 na data da aquisição.

13.3.5.2.2.1.3.3.1. Registro quando da aquisição da participação societária

10%

INVESTIDORA → **QUARTA S.A.**

INVESTIDORA		QUARTA S.A.	
Investimento inicial:	$ 50.000	**Patrimônio Líquido**	
		Capital:	$ 500.000

Banco		Participação Societária em Quarta S.A.	
	50.000	50.000	

Ativo
ANC — Investimento
Participação em Quarta S.A. $ 50.000

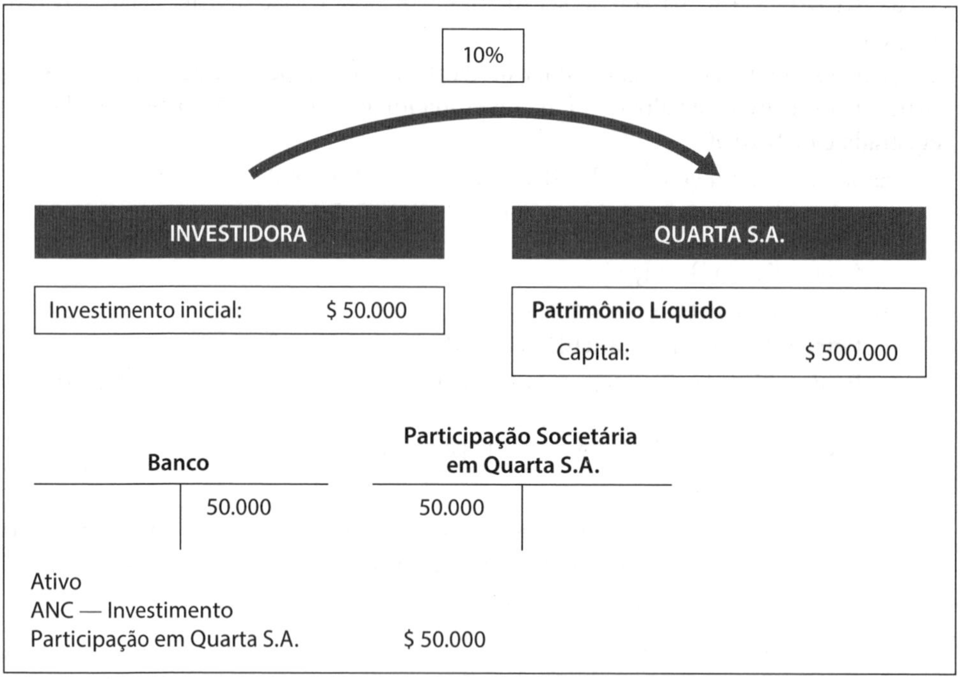

13.3.5.2.2.1.3.3.2. Registro ao final do exercício quando ocorre valorização ou desvalorização

Ao final do exercício, a investidora deve avaliar se ocorreu valorização ou desvalorização de mercado no investimento avaliado a valor justo. Caso ocorra valorização de $ 100.000, isto é, o valor de mercado do PL da investida passa a ser de $ 600.000, deve ser registrado o seguinte lançamento referente ao valor justo do ativo:

Como a valorização foi de $ 100.000 e a participação é de 10% no capital da investida, deve ser feito um **ajuste credor** de avaliação no PL da investidora referente a 10% de $ 100.000.

Participação societária em QUARTA S.A.	10.000	
a ajuste de avaliação patrimonial		10.000

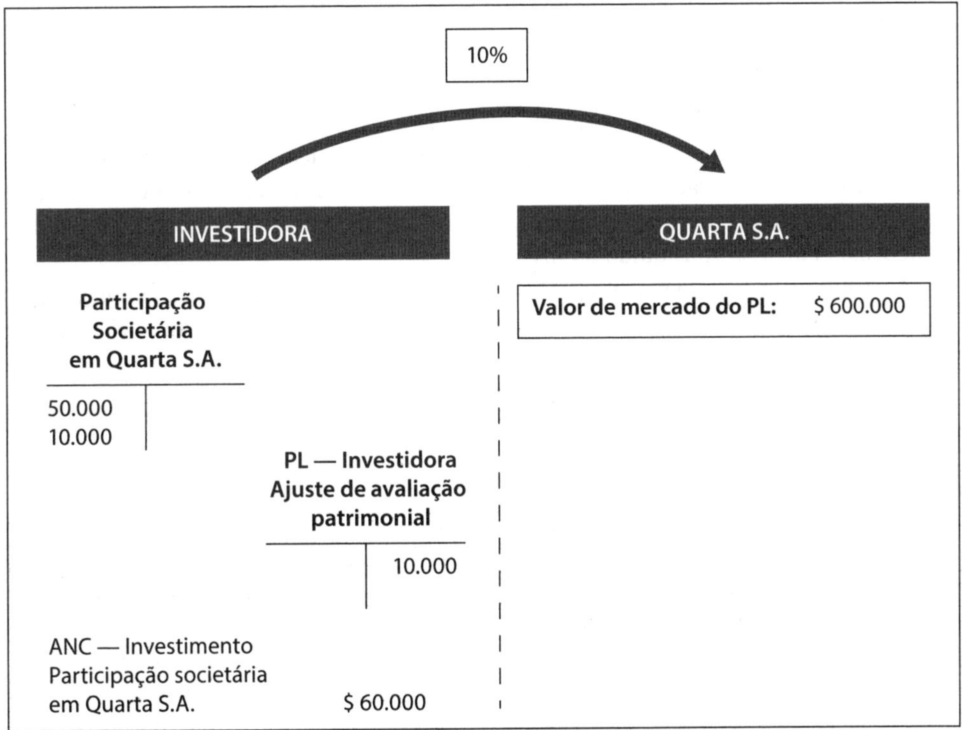

Trata-se de um ajuste a valor justo no ativo da investidora contra um ajuste credor no patrimônio líquido da investidora.

Caso ocorra desvalorização de $ 100.000, isto é, o valor de mercado do PL da investida passaria a ser de $ 400.000, nesse caso deveria ser registrado o seguinte lançamento referente ao valor justo do ativo:

Como a desvalorização foi de $ 100.000 e a participação é de 10% no capital da investida, deve ser feito um **ajuste devedor** de avaliação no PL da investida referente a 10% de $ 100.000.

ajuste de avaliação patrimonial	10.000	
a participação societária em QUARTA S.A.		10.000

Trata-se de um ajuste devedor a valor justo contra patrimônio líquido da investidora.

13.3.5.2.2.1.3.3.3. Registro quando investida distribui ou paga dividendos

Nesse caso, os dividendos distribuídos (divulgados) ou pagos pela investida são registrados pelo investidor como receita de dividendos no resultado (outras receitas) em contrapartida com dividendos a receber ou disponibilidades.

Exemplo: QUARTA S.A. distribui dividendos de 40.000.
A investida QUARTA S.A. divulga $ 40.000 de dividendos a pagar e a INVESTIDORA registra $ 4.000 de dividendos a receber contra receita de dividendos em seu resultado, uma vez que a participação societária é de 10% e dez por cento de $ 40.000 é igual a $ 4.000.

13.3.5.2.2.1.3.4. Avaliação por equivalência patrimonial

Avaliar por equivalência patrimonial significa, na prática, contabilizar, no instante da aquisição da participação societária, o valor de custo e, na primeira demonstração financeira elaborada após a aquisição, atualizar o saldo do investimento em função das variações no Patrimônio Líquido da investida.

A seguir, apresentamos o texto da norma que define o método de avaliação por equivalência patrimonial. Após o texto normativo, explicamos sua interpretação e apresentamos exemplos.

> "Pelo método da equivalência patrimonial, o investimento em **coligada, em empreendimento controlado em conjunto e em controlada** (neste caso, no balanço individual) deve ser inicialmente reconhecido pelo custo e o seu valor contábil será aumentado ou diminuído pelo reconhecimento da participação do investidor nos lucros ou prejuízos do período, gerados pela investida após a aquisição. **A participação do investidor no lucro ou prejuízo do período da investida deve ser reconhecida no resultado** do período do investidor. As distribuições recebidas da investida reduzem o valor contábil do investimento. **Ajustes no valor contábil do investimento também são necessários** pelo reconhecimento da participação proporcional do investidor nas **variações de saldo dos componentes dos outros resultados abrangentes da investida, reconhecidos diretamente em seu patrimônio líquido**. Tais variações incluem aquelas decorrentes da reavaliação de ativos imobilizados, quando permitida legalmente, e das diferenças de conversão em moeda estrangeira, quando aplicável. A participação do investidor nessas mudanças deve ser reconhecida de forma reflexa, ou seja, em outros resultados abrangentes diretamente no patrimônio líquido do investidor (ver NBC TG 26 — Apresentação das Demonstrações Contábeis), e não no seu resultado" (Item 10, da NBC TG 18).

O PL da investida pode ser alterado em função de aumento de capital, do seu próprio resultado, mas também em função de outras origens que alteram o PL. Aumentos de capital pela investida, se acompanhados pela investidora, proporcionalmente não irão alterar o valor da participação desta.

O lançamento de ajuste do investimento na investidora pode ser credor, se o PL da investida crescer, ou devedor, se o PL da investida diminuir; e tem como contrapartida lançamentos credores ou devedores no resultado da investidora, se a origem for o resultado da investida e lançamentos credores ou devedores no PL da investidora, se o crescimento ou diminuição do PL da investida não for originado por seu próprio resultado, mas por aumento de reservas de capital ou outras variações designadas como resultados abrangentes.

O lançamento de atualização ou ajuste do valor do investimento no ativo da investidora pode ter apenas dois tipos de contrapartidas:

a) ganho ou perda de equivalência patrimonial (GEP) no resultado na investidora; ou

b) ajuste credor ou devedor de avaliação patrimonial no PL da investidora.

O lançamento credor ou devedor na investidora será em seu resultado (receita ou perda de equivalência) se o aumento do PL da investida tiver origem exclusivamente no lucro ou no prejuízo desta. Se o PL da investida cresceu em razão de constituição de reservas de capital, ou avaliação a valor justo de instrumentos financeiros, ou reavaliação de ativos (quando permitido), ou outro motivo (outros resultados abrangentes) o lançamento credor ou devedor de ajuste na investidora também será em seu PL, em conta reflexa (mesma natureza).

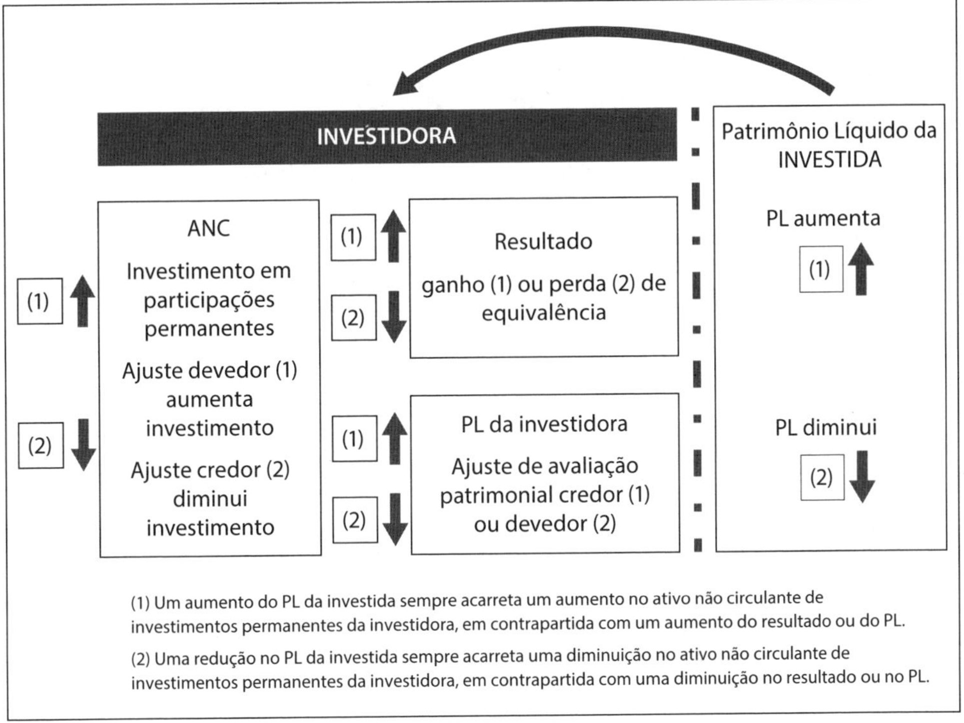

13.3.5.2.2.1.3.4.1. Registro do aumento do PL da investida com lucro

Exemplo: a empresa Sophia Industrial S.A. adquiriu 30% de participação societária na empresa Vigo Metalúrgica Ltda. A empresa Vigo (investida) tinha PL de $ 500.000 no dia da transação. Vamos exemplificar a aplicação da equivalência patrimonial nos casos de lucro e prejuízo na investida.

Situação 1: lucro de $ 100.000 na empresa Vigo S.A. (investida).

Contabilização no dia da aquisição de 30% da participação societária:

Balanço Patrimonial da investida Vigo S.A.:

Patrimônio Líquido
Capital $ 500.000

Lançamento no Diário da investidora Sophia Industrial S.A.:

	Participação Societária em Vigo	$ 150.000	
a	Banco		$ 150.000

A empresa Vigo S.A. anuncia lucro de $ 100.000 no final do exercício:

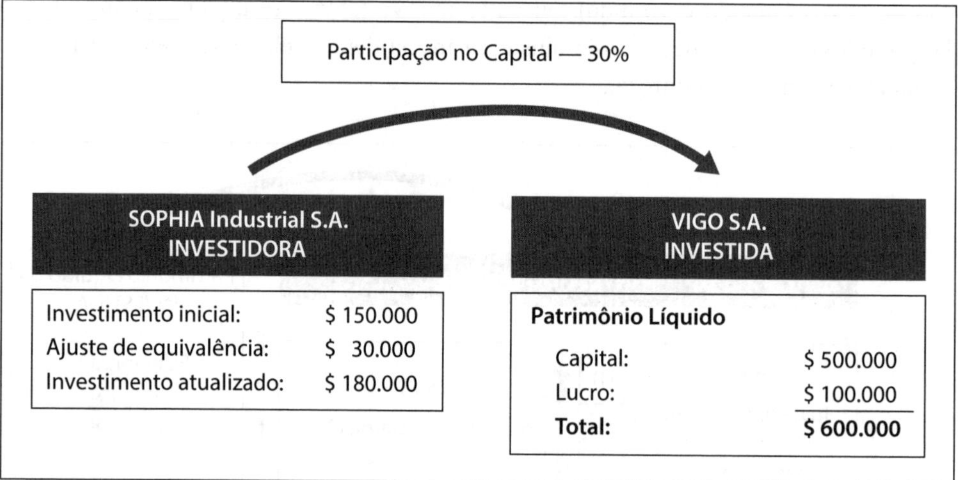

Patrimônio Líquido da empresa Vigo S.A.

Capital	$ 500.000
Lucro	$ 100.000
Total	$ 600.000

O valor da Conta Investimentos em participações societárias deve ser atualizado para $ 180.000, uma vez que a empresa Sophia participa com 30% no Capital da Empresa Vigo S.A.: 30% de $ 600.000 = $ 180.000.

A contabilização para atualizar a Conta Investimentos deve ser de $ 30.000 como receita de equivalência patrimonial ou ganho de equivalência patrimonial (GEP) e $ 30.000 como débito em investimentos.

Investimentos	
150.000	
(1) 30.000	
180.000	

Receita de Equivalência (GEP)	
	30.000 (1)

13.3.5.2.2.1.3.4.2. Registro da redução do PL da investida com prejuízo

No exemplo a seguir apresentamos os registros que devem ser feitos quando a investida Vigo S.A. anuncia prejuízo de $ 100.000 no final do exercício:

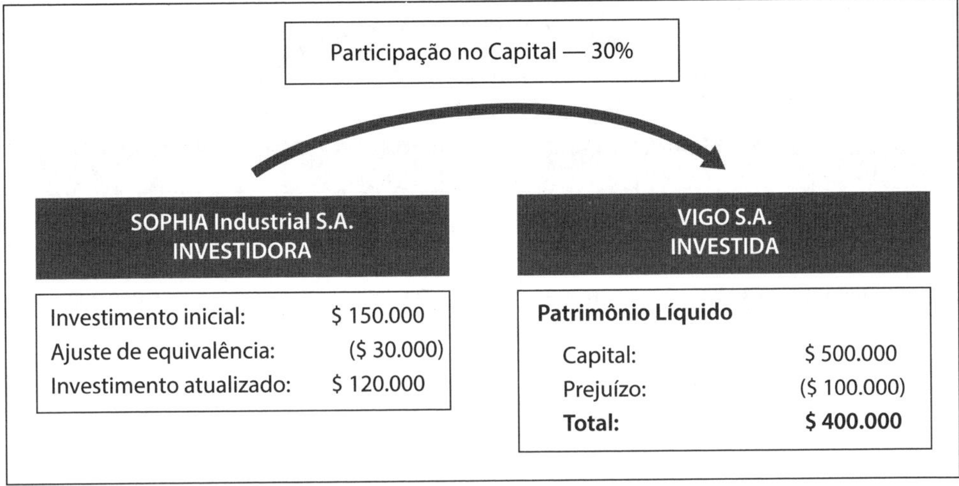

PL da investida Vigo S.A.	
Capital	$ 500.000
Prejuízo	$ 100.000
Total do PL	$ 400.000

O valor da Conta Investimentos em participações societárias deve ser atualizado para $ 120.000, uma vez que a empresa Sophia participa com 30% no Capital da empresa Vigo S.A.: 30% de $ 400.000 = $ 120.000.

A contabilização para atualizar a Conta Investimentos deve ser $ 30.000 como perda de equivalência patrimonial (PEP) e $ 30.000 como crédito em investimentos.

Investimentos	
150.000	30.000 (1)
120.000	

Perda de Equivalência (PEP)	
(1) 30.000	

13.3.5.2.2.1.3.4.3. Distribuição de dividendos em investimentos avaliados pelo MEP

A distribuição de dividendos em contabilidade é o mesmo que a declaração dos dividendos por parte da investida e isso só pode ocorrer se a investida obtém lucro no período. Mesmo que a apuração do resultado (lucro líquido) e a distribuição ocorram no mesmo momento, a Investidora deve contabilizar a receita com equivalência patrimonial em contrapartida com um ajuste no valor do investimento, como estudado no item anterior.

Quando ocorre a distribuição de dividendos, o patrimônio líquido da investida é reduzido, uma vez que parte dos lucros será contabilizado como dividendos a pagar, que é uma conta de passivo.

Exemplo: a empresa Prisca S.A. possui 70% de sua controlada, Davi empreendimentos culturais Ltda., que tinha patrimônio líquido de $ 500.000 quando a controladora adquiriu a participação societária permanente, em janeiro de X1. A empresa Davi obtém lucro no período (X1) de $ 300.000, de acordo com a decisão dos seus sócios, serão distribuídos 40% do lucro como dividendos do período.

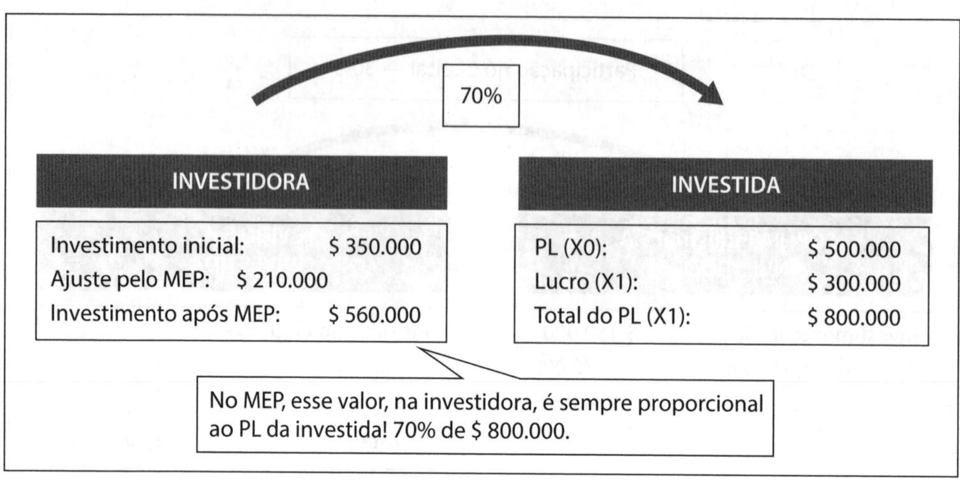

O valor do investimento no ativo da investidora foi de 70% de $ 500.000 = $ 350.000.
Quando o lucro é apurado, o PL da investida passa a ser de $ 800.000.
O ganho de equivalência é igual a 70% de $ 300.000 = $ 210.000.
O valor do investimento na investidora passa a ser de $ 560.000.

Lançamento no diário:

	investimento em Davi Ltda.	$ 210.000	
a	receita de equivalência		$ 210.000

Quando ocorre a decisão de distribuição de 40% do lucro do período, isto é, 40% de $ 300.000 = $ 120.000, o PL diminuirá em $ 120.000 e passará a ser de $ 680.000.
O valor do investimento na investidora passa a ser 70% de $ 680.000 = $ 476.000.

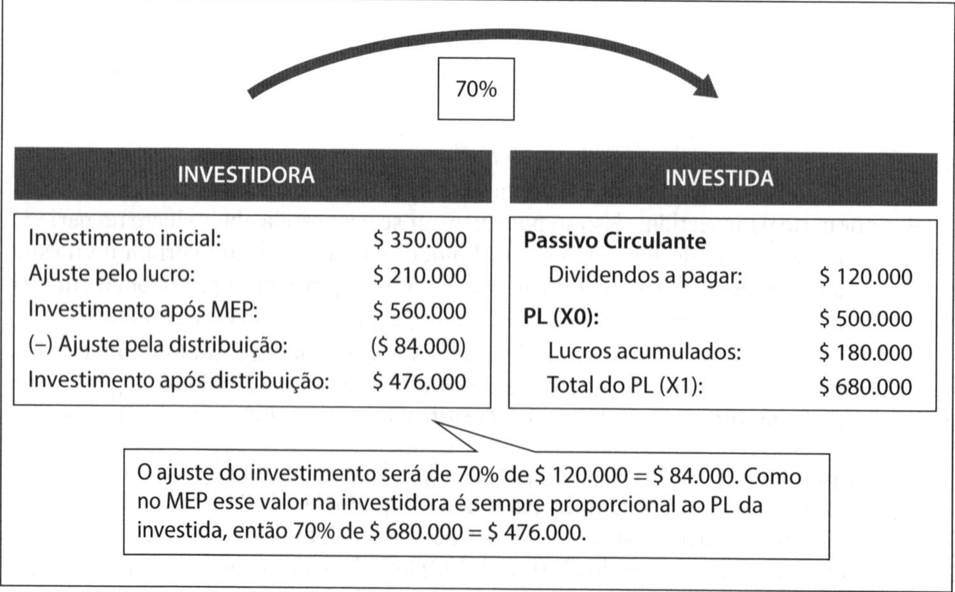

O lançamento a ser feito quando a investida distribui $ 120.000 de dividendos é um ajuste credor em investimento, em contrapartida com um lançamento no ativo circulante de 70% de $ 120.000 = $ 84.000 como dividendos a receber.

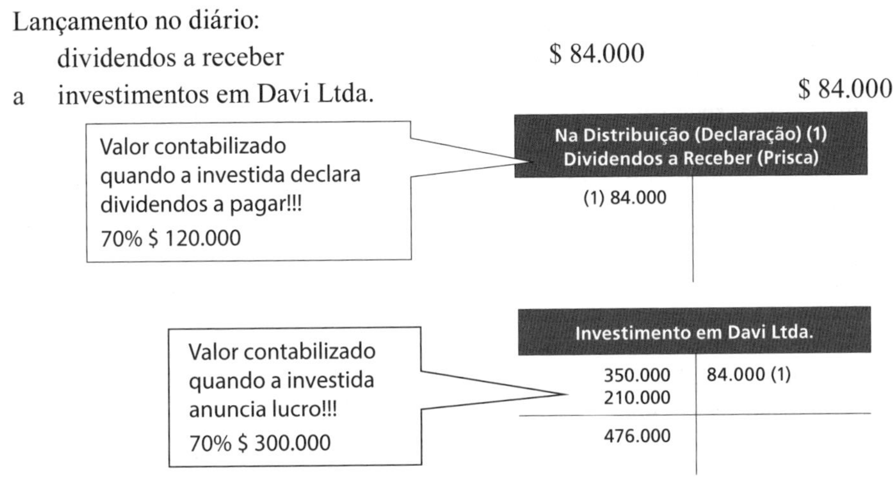

Observação: a distribuição ou pagamento dos dividendos pela investida não gera nova receita a ser computada no resultado, mas apenas uma diminuição do valor do investimento, uma vez que este sempre precisa ser proporcional ao PL da investida, que diminuiu de valor em função da distribuição.

Caso os dividendos tivessem sido pagos, e não apenas declarados, a única diferença seria o lançamento no ativo circulante, em vez de dividendos a receber contabilizaríamos banco.

13.3.5.2.2.1.3.4.4. Alterações no patrimônio líquido da investida não oriundas do resultado

> "**A participação do investidor nas alterações dos** outros resultados abrangentes contabilizados pela coligada e pela controlada **deve ser** reconhecida pelo investidor **também como outros resultados abrangentes** diretamente no patrimônio líquido." Item 39 da NBC TG 18 (CPC 18).

As reservas de capital, novas avaliações de ativos (reavaliação de ativos)[4], avaliação a valor justo de instrumentos financeiros classificados como disponíveis para venda, ajustes de variação **cambial e outros fatos que alteram o PL da investida sempre irão alterar o valor do investimento na investidora** em função da aplicação do conceito de equivalência patrimonial.

Entretanto, os exemplos citados neste item, e que estão descritos no item 61 da ITG 09 (ICPC 09), **por não terem origem no resultado da investida, não podem ser contabilizados como receita de equivalência no resultado na investidora, mas sim como resultado abrangente, lançados diretamente no seu patrimonial líquido**.

4 Reavaliação de ativos foi proibida pela Lei n. 11.638/2007, embora esteja prevista pelo NBC TG 27 e NBC TG 04.

"Item 61 da ITG 09 — Dessa forma, **não devem transitar pelo resultado da investidora como resultado da equivalência patrimonial as mutações do patrimônio líquido da investida que não transitam ou só transitarão futuramente pelo resultado da investida,** tais como: ajustes por variação cambial de investimentos no exterior e ganhos ou perdas de conversão (NBC TG 02 — Efeitos das Mudanças nas Taxas de Câmbio e Conversão de Demonstrações Contábeis); determinados ganhos e perdas atuariais (NBC TG 33 — Benefícios a Empregados); variações no valor justo de ativos financeiros disponíveis para venda (CTG 03 — Instrumentos Financeiros: Reconhecimento, Mensuração e Evidenciação e NBC TG 38 — Instrumentos Financeiros: Reconhecimento e Mensuração); variações no valor justo de instrumentos de *hedge* em contabilidade de *hedge* (NBC TG 38); realização de reservas de reavaliação (NBC TG 27 — Ativo Imobilizado), etc.".

Exemplo: a investidora SOPHIA Industrial S.A. tem 30% do capital da empresa VIGO S.A., que possui PL de $ 300.000. A investida teve seu patrimônio líquido alterado em função de lançamentos na conta de ajuste de avaliação patrimonial. Os lançamentos credores e devedores totalizaram um saldo credor de $ 100.000 em razão de ajustes a valor justo de instrumentos financeiros ($ 30.000) e de uma variação cambial de investimento no exterior ($ 70.000).

O lançamento na Investida VIGO S.A. deve ser o seguinte:

	instrumento financeiro (AC)	$ 30.000	
	participação societária no exterior (ANC)	$ 70.000	
a	ajuste de avaliação patrimonial (PL)		$ 100.000

O lançamento na Investidora também será diretamente em seu PL, uma vez que os ganhos não transitaram pelo resultado na investida.

Investimento em VIGO S.A.	$ 30.000	
a Ajuste de avaliação patrimonial (PL da investidora)		$ 30.000

13.3.5.2.2.1.3.4.5. Tratamento no MEP dos resultados não realizados entre empresas

A NBC TG 18 (CPC 18) especifica que quando existirem, na data de elaboração do balanço, negócios não realizados entre uma investidora e uma investida ou vice-versa, seja a investida uma coligada ou controlada. **Os lucros ainda não realizados devem ser excluídos** quando a investidora avalia a participação.

Existem quatro tipos de tratamentos contábeis em função do tipo de empresas envolvidas na transação com lucros não realizados e no sentido do negócio, isto é, do investidor para a investida ou vice-versa.

ORIGEM	DESTINO	CLASSIFICAÇÃO
■ Investidora	■ Investida-Coligada	■ Downstream
■ Investida-Coligada	■ Investidora	■ Upstream
■ Controladora	■ Controlada	■ Downstream
■ Controlada	■ Controladora	■ Upstream

Independentemente de qual caso entre os quatro descritos, **a base de cálculo** para a determinação do lucro não realizado consiste em calcular o lucro da transação entre as empresas e determinar a parcela do item adquirido, ainda no estoque do adquirente.

Exemplo: no diagrama a seguir, está representada uma venda de mercadorias da empresa "A" para a empresa "B" por $ 500.000 com custos de $ 400.000 e lucro na operação de $ 100.000. A empresa "B", que adquiriu as mercadorias, vendeu a terceiros 60% do lote adquirido e, na data do balanço, mantém em seus estoques 40% do lote. Portanto, o lucro nos estoques do adquirente é de 40% de $ 100.000 (lucro total) = $ 40.000.

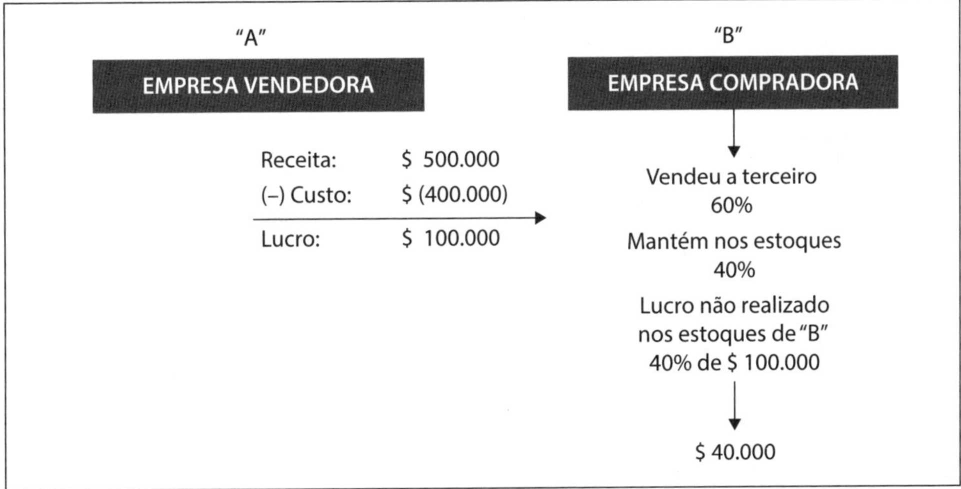

Lucro não realizado no estoque do comprador = $ 40.000

Em algumas situações, de acordo com o caso em questão, o lucro não realizado, para fins de avaliação do investimento, será o valor integral do lucro nos estoques do comprador, em outras situações, será o valor do lucro proporcional à participação do investidor na investida.

13.3.5.2.2.1.3.4.5.1. Venda com lucro da investidora para a coligada

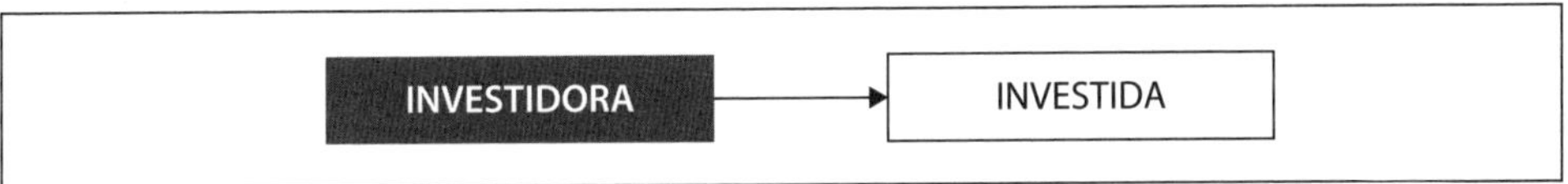

Descendente (*downstream*)

Nesse caso, o cálculo da exclusão inicia aplicando-se o percentual de participação nos lucros da investida e registrando-se o ganho com equivalência normalmente, após isso, exclui-se do resultado (débito) e do investimento (conta redutora) o valor dos lucros considerados não realizados que, nesse caso, é obtido aplicando-se o percentual de participação sobre o lucro nos estoques da investida (compradora).

A seguir, os textos normativos que apresentam o procedimento explicado para exclusão dos lucros não realizados do resultado do investidor.

Os itens 50, 50A e 51 da ITG 09 (ICPC 09) especificam que os lucros nos estoques da coligada devem ser considerados realizados na proporção da participação dos demais sócios na coligada e não realizados na proporção da participação da investidora.

"Item 50. Dessa forma, na venda (ou contribuição de capital em ativos) da investidora para a coligada (ou empreendimento controlado em conjunto) deve ser considerada **realizada, na investidora, a parcela do lucro proporcional à participação dos demais sócios na coligada** que sejam partes independentes da investidora ou dos controladores da investidora. Afinal, a operação de venda se dá entre partes independentes, por ter a coligada um controlador diferente do controlador da investidora.

Item 50A. O lucro não realizado, na forma do exposto no item 50, deve ser reconhecido à medida que o ativo for vendido para terceiros, ou for depreciado, ou sofrer *impairment* ou sofrer baixa por qualquer outro motivo.

Item 51. A operação de venda deve ser registrada normalmente pela investidora (receitas e despesas correspondentes) e a eliminação dos lucros não realizados deve ser feita no resultado individual da investidora, na rubrica de resultado da equivalência patrimonial (e se for o caso no resultado consolidado), pelo registro da parcela não realizada a crédito da conta de investimento, até a efetiva realização do ativo na coligada (ou empreendimento controlado em conjunto). Debita-se o resultado (em conta do mesmo grupo da receita ou despesa da equivalência patrimonial por tratar-se de efeito decorrente do seu envolvimento com a investida), creditando-se uma subconta retificadora do investimento pelo lucro não realizado. Não devem ser eliminadas na demonstração do resultado da investidora as parcelas de venda, custo da mercadoria ou produto vendido, tributos e outros itens aplicáveis, já que a operação como um todo se dá com genuínos terceiros, ficando como não realizada apenas a parcela devida do lucro."

Exemplo: a investidora VIGO S.A. realiza uma venda de mercadorias para sua coligada ALICANTE S.A. por $ 500.000 cujo lucro na operação foi de $ 100.000 (20%). A investidora participa em 30% no capital da investida, o que caracteriza coligação. A coligada mantém em seus estoques o equivalente a 40% da aquisição. O lucro líquido total do período da investida foi de $ 500.000. O PL da investida antes da incorporação do lucro do exercício era de $ 2.000.000.

Solução: O Lucro nos estoques é de 40% de $ 100.000 = 40.000. Os lucros a serem excluídos nas demonstrações contábeis do investidor serão apenas valores proporcionais à sua participação na coligada!!! No caso do exemplo, os lucros não realizados a serem excluídos do resultado do investidor serão 30% de 40.000 = $ 12.000.

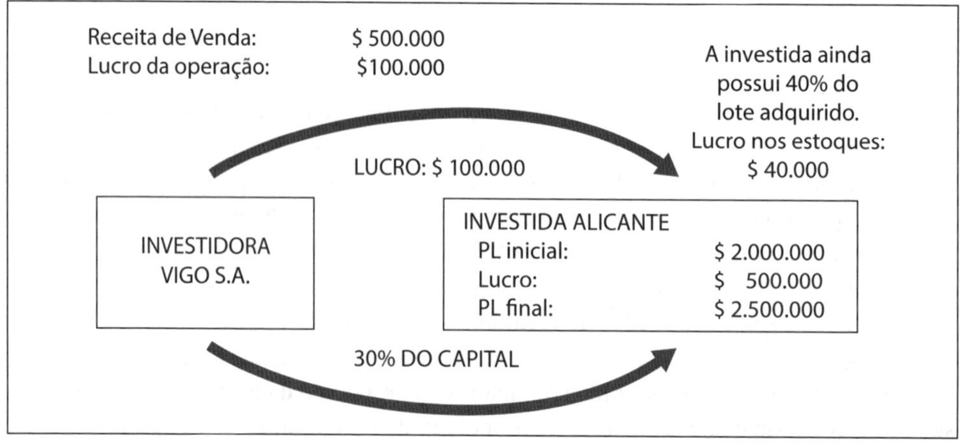

Memória de cálculo

Valor a ser considerado na investidora como ganho de equivalência patrimonial:

PL Inicial da investida: $ 2.000.000

Valor inicial do investimento na investidora (30% de $ 2.000.000) = $ 600.000

PL após lucro da investida: $ 2.500.000

Valor do Investimento após lucro (30% de $ 2.500.000) =$ 750.000

O GEP é 30% do lucro $ 500.000 = $ 150.000

Lucros não realizados a serem excluídos pelo investidor:

lucro não realizado $ 12.000

a lucro a apropriar $ 12.000

Apresentação no Balanço Patrimonial e no Resultado

ATIVO — ANC	$ (VALOR)	RESULTADO	$ (VALOR)
Investimento		Outras Receitas ou Despesas	
Participação Inicial	600.000	Ganho de Equivalência GEP (1)	150.000
Ajuste MEP (1)	150.000	(–) Lucros realizados	(12.000)
Lucros a apropriar			
(–) Lucros a apropriar	(12.000)		

Em concursos, este lançamento pode aparecer a crédito da conta investimento (ICPC 09(R1), item 51)!!!

13.3.5.2.2.1.3.4.5.2. Venda com lucro da coligada para a investidora

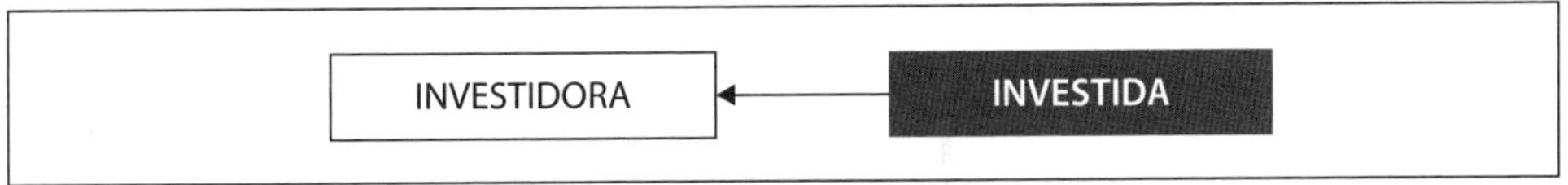

Ascendente (*upstream*)

Quando uma coligada vende um ativo para sua investidora, esta deverá realizar um ajuste no valor a ser considerado ganho de equivalência patrimonial. A investidora deve calcular o ajuste de equivalência aplicando o percentual de participação sobre o valor do lucro da investida (coligada) diminuído dos lucros ainda nos estoques da investidora.

A seguir, transcrevemos o item 53 do ICPC (09), este é uma interpretação do CPC 18 que trata do tema participações em coligadas e controladas. Logo após o texto normativo, construímos um exemplo utilizando os mesmos números deste e complementando os dados para um melhor entendimento da situação. O exemplo do texto informa que a coligada vendeu um ativo para a investidora e que ele ainda se encontra 100% no ativo da investidora. A participação da investidora VIGO S.A. no capital da investida ALICANTE é de 30%. Foram introduzidos, para melhor entendimento, os nomes da investidora como VIGO e da investida como ALICANTE.

"ITG 09 (ICPC 09) Item 53. Nas operações de venda da coligada para a investidora, os lucros não realizados por operação de ativos ainda em poder da investidora ou de suas controladas devem ser eliminados da seguinte forma: **do valor da equivalência patrimonial calculada sobre o lucro líquido da investida é deduzida a integralidade do lucro** que for considerado como não realizado pela investidora. Por exemplo, a coligada D ***(ALICANTE)*** obteve um lucro líquido de $ 800.000, dentro dos quais estão $ 300.000 de lucro (já líquido do tributo sobre o resultado) de uma operação de venda para a investidora C ***(VIGO)*** de bem que ainda está no ativo de C ***(VIGO)***. Essa investidora possui 30% de D ***(ALICANTE)***. Assim, a investidora C ***(VIGO)*** não deve reconhecer a parte que lhe caberia de 30% sobre o lucro de $ 300.000 da operação entre a coligada e ela, por não estar realizado, aplicando a equivalência de 30% sobre o restante do lucro líquido de D ***(ALICANTE)***, ou seja, 30% x ($ 800.000 — $ 300.000) = $ 150.000. Os demais $ 90.000 (30% x $ 300.000) serão reconhecidos por C ***(VIGO)*** à medida da realização do ativo em questão."

Se o ativo adquirido pela investidora já tivesse sido vendido a terceiros por ela, teriam sido considerados ganho de equivalência 30% de $ 800.000 (lucro líquido da coligada), como só foram reconhecidos 30% de $ 500.000, falta reconhecer 30% de $ 300.000 e isso só ocorrerá quando a adquirente (VIGO) vender o ativo.

Exemplo: a coligada ALICANTE (D) realizou venda de mercadorias para sua investidora VIGO (C) por $ 700.000 cujo custo foi de $ 400.000. As mercadorias não foram vendidas a terceiros pela investidora. O lucro da transação é de $ 300.000. A investidora VIGO (C) participa em 30% no capital da coligada ALICANTE (D). O lucro líquido total do período da coligada foi de $ 800.000. O PL da investida antes da incorporação do lucro do exercício era de $ 2.200.000.

Solução: O Lucro não realizado é de 30% de $ 300.000 = $ 90.000

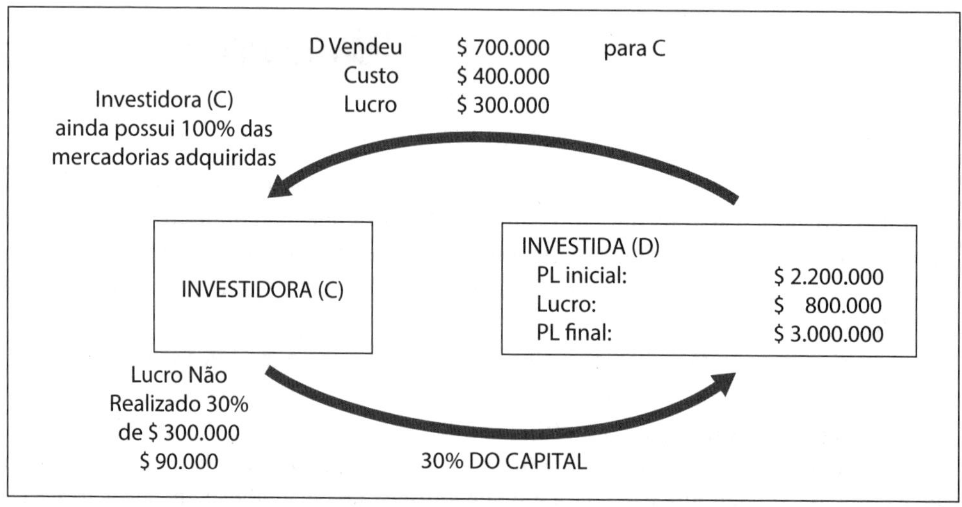

Cálculo do GEP a partir do Lucro!

Valor a ser considerado, na investidora, ganho de equivalência patrimonial:

Lucro do período: $ 800.000

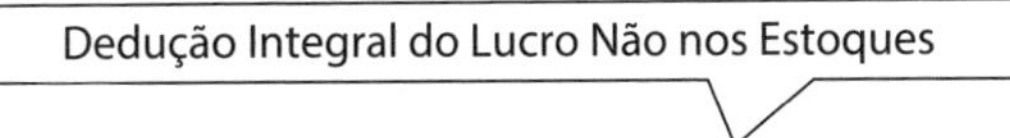

GEP = 30% ($ 800.000 – $ 300.000)
GEP = 30% $ 500.000 = $ 150.000
GEP = Receita ou Ganho de Equivalência Patrimonial

13.3.5.2.2.1.3.4.5.3. Venda com lucro da Controladora para a Controlada

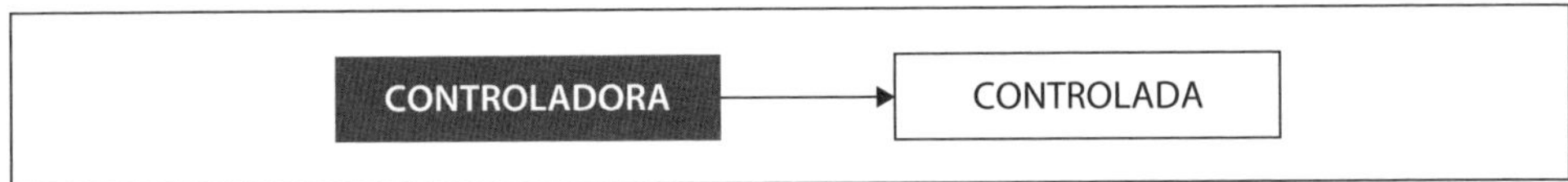

Descendente (*downstream*)

Os resultados (ganhos) não realizados, fruto da venda de ativos da controladora para sua controlada, são deduzidos 100% do resultado da controladora. A seguir, os textos normativos e, na sequência, apresentamos um exemplo com a aplicação prática.

NBC TG 28 (CPC 18) item 28A: "Os resultados decorrentes de transações ***descendentes*** *(downstream) entre a controladora e a controlada* ***não devem ser reconhecidos*** **nas demonstrações contábeis** individuais da vendedora **controladora** enquanto os ativos transacionados estiverem no balanço de adquirente pertencente ao mesmo grupo econômico. Aplica-se o disposto neste item inclusive quando a controladora é, por sua vez, controlada de outra entidade do mesmo grupo econômico".

ITG 09 (ICPC 09) item 55 B: "Nas demonstrações individuais, quando de operações de **vendas de ativos da controladora para suas controladas**, (*downstream*), **a eliminação do lucro não realizado se faz no resultado** individual **da controladora, deduzindo-se, cem por cento do lucro** contido no ativo ainda em poder do grupo econômico, **em contrapartida a crédito da conta de investimento (como se fosse uma devolução de parte desse investimento)**, até sua efetiva realização pela baixa do ativo na(s) controlada(s)".

ITG 09 (ICPC 09) item 55C: "A **eliminação** de que trata o item 55B **na demonstração do resultado se dá em linha logo após o resultado de equivalência patrimonial**, com destaque na própria demonstração do resultado ou em nota explicativa. **Podem ser eliminadas na demonstração do resultado da controladora as parcelas de venda, custo da mercadoria ou produto vendido, tributos e outros itens aplicáveis**, já que a operação como um todo não se dá com genuínos terceiros. **Se não eliminados**, esses valores devem ser **evidenciados** na própria **demonstração do resultado ou em notas explicativas**".

Exemplo: a controladora (A) vendeu mercadorias para sua controlada (B) por $ 1.400.000 cujo custo é de $ 1.000.000. A controlada vendeu 50% da aquisição a terceiros. O lucro da transação é $ 400.000. A investidora (A) participa em 70% no capital da controlada (B). O lucro líquido total do período da investida foi de $ 1.000.000. O PL da investida antes da incorporação do lucro do exercício era de $ 2.000.000.

Solução: O Lucro não realizado é de 50% de $ 400.000 = $ 200.000

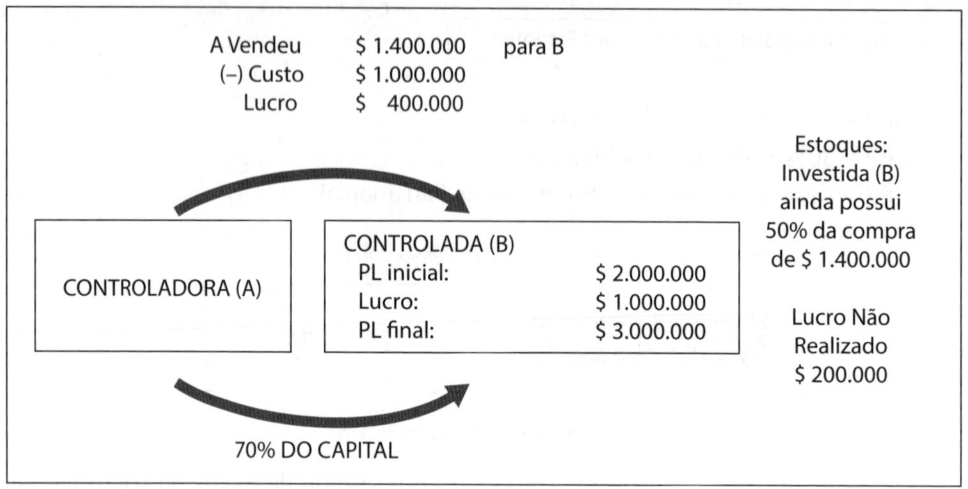

O resultado de equivalência = 70% do lucro do exercício
GEP = 70% $ 1.000.000 = $ 700.000

	Investimento em B	$ 700.000	
a	Receita de equivalência		$ 700.000

Ajuste dos lucros não realizados

	Lucros não realizados (resultado)	$ 200.000	
a	Lucro a apropriar		$ 200.000

O resultado líquido com participações é:

Ganho de Equivalência Patrimonial (GEP)	= $ 700.000
(–) Lucros Não Realizados	= $ 200.000
Resultado Líquido com Participações	= $ 500.000

ATIVO	DÉBITO	CRÉDITO	RESULTADO	
Ativo Não Circulante			Outras Receitas/Despesas	
Investimento em B Ajuste GEP	1.400.000 (1) 700.000	(2) 200.000	GEP	(1) 700.000
Lucros a apropriar	(2) (200.000)		Lucros não Realizados	(2) (200.000)

Lançamento alternativo dos lucros a apropriar

13.3.5.2.2.1.3.4.5.4. Venda com lucro da controlada para a controladora

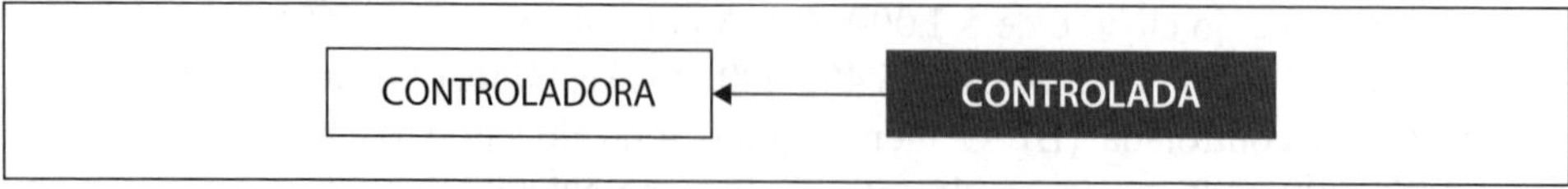

Ascendente (*upstream*)

Nas operações em que a controlada venda ativos com lucro para a controladora (*upstream*), o ganho com equivalência patrimonial deve ser calculado aplicando-se o percentual de participação da controladora sobre o lucro da controlada e, deste resultado, subtrair 100% dos lucros não realizados nos estoques da controladora. A seguir, os textos normativos e, na sequência, apresentamos um exemplo com a aplicação prática.

ITG 09 (ICPC 09) item 56: "Nas operações de venda da controlada para a controladora (*upstream*) ou para outras controladas do mesmo grupo econômico, **o lucro será reconhecido na vendedora normalmente** como no caso das coligadas e *joint ventures*".

ITG 09 (ICPC 09) item 56A: "Nas demonstrações individuais da controladora, quando de operações de vendas de ativos da controlada para a controladora ou entre controladas, **o cálculo da equivalência patrimonial se faz deduzindo-se, do patrimônio líquido da controlada, cem por cento do lucro contido no ativo ainda em poder do grupo econômico**. Com isso, a controladora registra como resultado valor nulo, não tendo, por isso, afetação no seu resultado e no seu patrimônio líquido como decorrência do resultado reconhecido pela controlada".

Exemplo: a controlada (B) vendeu mercadorias para sua controladora (A) por $ 1.400.000 cujo custo é de $ 1.000.000. A controladora vendeu 50% da aquisição a terceiros. O lucro da transação é $ 400.000. A investidora (A) participa em 70% no capital da controlada (B). O lucro líquido total do período da controlada foi de $ 1.000.000. O PL da controlada antes da incorporação do lucro do exercício era de $ 2.000.000.

Solução: O Lucro não realizado refere-se apenas à parcela ainda nos estoques na investidora (compradora) que é de 50% de $ 400.000 = $ 200.000.

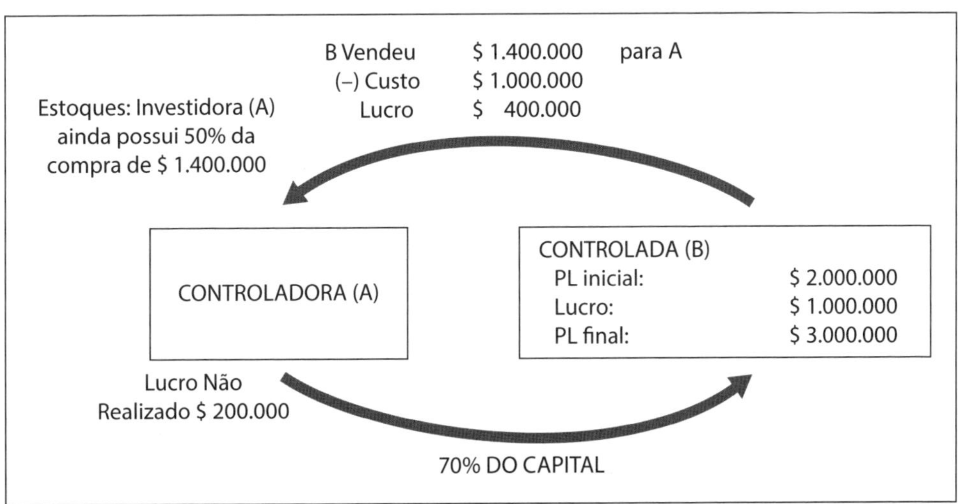

Cálculo do ganho e apresentação no balanço patrimonial e resultado da investidora

O resultado de equivalência = 70% (o lucro do exercício — Lucros não realizados)

GEP = 70% ($ 1.000.000 – $ 200.000) = $ 560.000

	Investimento em B	$ 560.000	
a	Receita de equivalência		$ 560.000

ATIVO	DÉBITO	RESULTADO		
Ativo Não Circulante		Outras Receitas/Despesas		
Investimento em B	1.400.000	GEP	(1)	560.000
Ajuste GEP	(1) 560.000			

13.3.5.2.2.1.3.4.6. Ágio por expectativa de rentabilidade futura ("goodwill" ou fundo de comércio adquirido), mais-valia em participações societárias, deságio, menos-valia e perdas

Quando uma investidora adquire uma participação societária em uma investida, essa aquisição pode ocorrer por um **valor acima do valor patrimonial.**

Existem dois tipos de sobrepreço:

- *Goodwill*; e
- Mais-valia.

Mais-valia tem a ver com o valor real dos Ativos e Ágio (*goodwill)* tem a ver com uma expectativa de resultados com a qual tanto o vendedor da empresa como o comprador concordam e, por isso o comprador paga mesmo sem comprovação concreta do valor da participação societária.

13.3.5.2.2.1.3.4.6.1. Definição de mais-valia (ITG 09 ou ICPC 09 item 23a — i e ii)

A mais-valia é o valor pago baseado no valor do patrimônio líquido da investida, que por sua vez é baseado em uma avaliação a valor justo. Esse valor justo, por alguma razão, não pôde ser considerado para registro no valor contábil da entidade. A seguir apresentamos a definição de mais-valia no ITG 09 (ICPC 09).

> (i) parcela relativa à equivalência patrimonial sobre o patrimônio líquido contábil da adquirida; e
>
> (ii) parcela relativa à **diferença entre o valor obtido no item (i)** acima e a parte da adquirente no **valor justo dos ativos líquidos da adquirida**, mensurados de acordo com o Pronunciamento Técnico CPC 15, na data da obtenção do controle. **Essa parcela representa a mais-valia derivada da diferença entre o valor justo e o valor contábil dos ativos** líquidos da adquirida.

13.3.5.2.2.1.3.4.6.2. Definição de ágio ("goodwill") (ITG 09 ou ICPC 09 item 23b)

> (b) o ágio pago por expectativa de rentabilidade futura (*goodwill*), representado pela **diferença positiva entre o valor pago** (ou valores a pagar) e o **montante líquido proporcional adquirido do valor justo** dos ativos e passivos da entidade adquirida.

Exemplo 1: a empresa Vigo Empreendimentos Imobiliários S.A. adquire 30% de participação societária na empresa Alicante Incorporadora Ltda., pagando \$ 300.000. O valor dos ativos, do ponto de vista contábil, é de \$ 1.700.000, o valor contábil dos passivos é de \$ 1.200.000, portanto o valor contábil do Patrimônio Líquido (PL) é de \$ 500.000 no dia da transação. Uma avaliação a valor justo dos Ativos da empresa Alicante S.A. constatou que existe, na empresa, um ativo (terreno ou máquina, por exemplo) subavaliado em \$ 200.000 em função da impossibilidade de reavaliação após 2007.

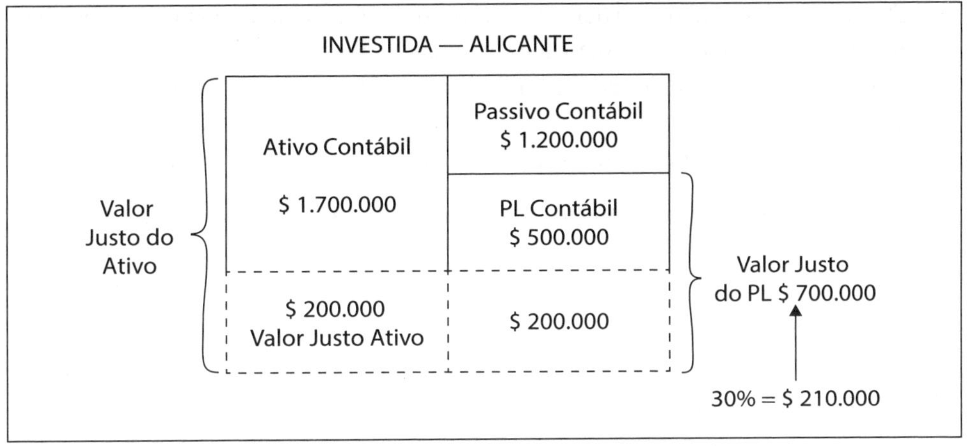

Comentários: para determinar o valor justo dos ativos da investida, devemos acrescentar $ 200.000, que significa dizer que o valor justo dos ativos de ALICANTE é de $ 1.900.000 e isso faz o valor justo do PL de Alicante ser de $ 700.000. Portanto, levando em conta apenas esse fato, o valor pago por VIGO deveria ser 30% de $ 700.000 = $ 210.000.

Entretanto, o valor pago por Vigo pela investida ALICANTE foi de $ 300.000, isto é, $ 150.000 a mais do que o valor contábil (aplicação do percentual de 30% sobre o PL contábil de $ 500.000 = $ 150.000) e $ 90.000 a mais que o valor justo dos ativos de ALICANTE (30% de 700.000 = $ 210.000).

Conclusão: a empresa Vigo pagou uma mais-valia de $ 60.000 referente ao valor real do ativo subavaliado e mais $ 90.000 como ágio por expectativa de rentabilidade futura (*goodwill*). O tratamento da mais-valia e o do ágio (*goodwill*) são distintos no âmbito das normas internacionais para elaboração de demonstrações financeiras (NBC TG 18 R3 e ITG 09 R1), por isso devem ser reconhecidos separadamente.

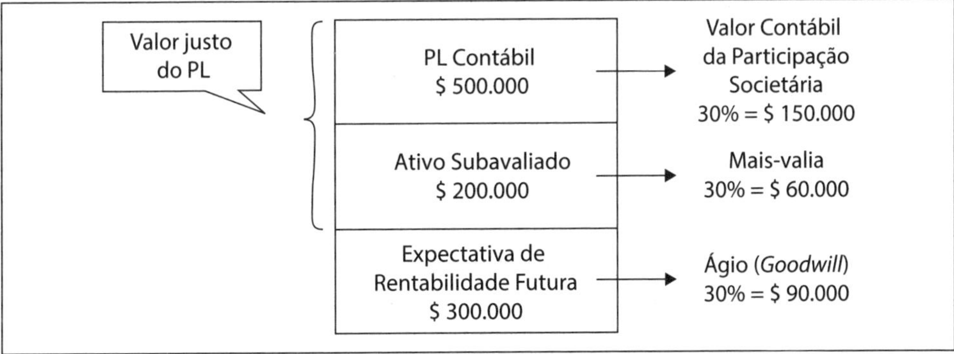

Forma de apresentação do investimento em participação societária definida no Item 27 do ITG 09 ou ICPC 09 : A conta de Investimento deve ser detalhada em notas explicativas quanto aos seus três componentes (se existirem):

- valor patrimonial da participação da controladora no valor contábil do patrimônio líquido da controlada adquirida (item 23a — i);
- valor da mais-valia dos ativos líquidos adquiridos atribuída à controladora (item 23a — i); e
- **ágio** por rentabilidade futura (*goodwill*) atribuído à controladora (item 23b).

Apresentação no subgrupo Investimento do Balanço Patrimonial:

Investimento	$ 150.000
Mais-valia	$ 60.000
Ágio (*Goodwill*)	$ 90.000
Total Pago	$ 300.000

> **Observação:** *goodwill* é o mesmo que ágio por expectativa de rentabilidade futura ou fundo de comércio adquirido.
>
> Na Lei n. 6.404/76, art. 179, inc. VI, está determinado que o fundo de comércio adquirido deve ser apresentado no Intangível, entretanto a Lei foi omissa, não esclarecendo que isso se aplica tão somente ao balanço consolidado. As normas NBC TG 18 (CPC 18) e ITG 09 (ICPC 09), no item 23b, esclarecem esse aspecto orientando que o GOODWILL deve ser apresentado no Intangível apenas no balanço consolidado.

13.3.5.2.2.1.3.4.6.3. Amortização da mais-valia e amortização do ágio

Caso a mais-valia paga por um investidor tenha como origem um item depreciável, amortizável ou exaurível na investida, a investidora deverá amortizar (ITG 09 Item 23a) na mesma proporção em sua contabilidade. Se o item não for depreciável, amortizável ou exaurível, a mais-valia não deve ser amortizada.

Considerando-se que, como regra, nos registros contábeis originais da entidade adquirida os ativos e passivos permanecem registrados pelos valores contábeis originais desta, sem refletir os ajustes pelo valor justo apurados na combinação de negócios, **a entidade adquirente deve identificar todos os itens que resultem em diferenças entre os valores contábeis e os valores justos dos ativos e passivos** da adquirida para fins de controle de sua **realização por amortização, depreciação, exaustão, venda, liquidação, alteração no valor contabilizado, baixa, *impairment* ou qualquer outra mutação nos registros contábeis desses ativos e passivos.** Quando realizadas essas diferenças entre valor contábil e valor justo de ativos e passivos da adquirida, **deve a entidade adquirente realizar sua parte quando do reconhecimento do resultado de equivalência patrimonial**. Afinal, o resultado da adquirida terá sido produzido com base nos valores históricos nela registrados, mas, para a adquirente, esses ativos e passivos terão sido adquiridos por valores justos da data da obtenção do controle.

O ágio (expectativa de rentabilidade futura) normalmente não deve ser amortizado, mas isso pode ser feito, em algumas situações, se puder ser comprovado que o pagamento do ágio teve como base a obtenção de benefício delimitado no tempo, como especificado no ITG 09 (ICPC 09), itens 40 e 41:

> Item 40. **De maneira geral, o ágio pago por expectativa de rentabilidade futura (*goodwill*)** é um ativo intangível de vida útil indefinida, razão pela qual **não está sujei-**

to a amortização sistemática ao longo do tempo, sendo, por outro lado, submetido ao menos anualmente a teste quanto ao seu valor recuperável.

Item 41. **Todavia, podem existir situações em que o ágio (*goodwill*) tenha seu benefício econômico limitado no tempo (prazo definido).** Isso pode ocorrer em situações onde o valor pago excedente ao valor justo dos ativos líquidos adquiridos decorra não só, por exemplo, de um direito de concessão com vida útil definida, mas também de efeitos sinérgicos que se espera venham a produzir aumento de rentabilidade.

Exemplo: a empresa VIGO S.A. adquiriu 30% de participação societária da empresa ALICANTE S.A. dia 2 de janeiro de 2014. O patrimônio líquido contábil de ALICANTE no dia da transação era de $ 500.000, entretanto em função de uma máquina (robô de uma linha automatizada) subavaliada em $ 200.000, o patrimônio líquido a valor justo da empresa foi avaliado em $ 700.000. Se o valor justo fosse o valor-base na negociação, deveria ser pago por VIGO S.A. 30% de $ 700.000, portanto $ 210.000, contudo o valor pago foi de $ 300.000, caracterizando um ágio (*goodwill*) de $ 90.000. A máquina tinha vida útil residual de 5 anos e será depreciada sem valor residual.

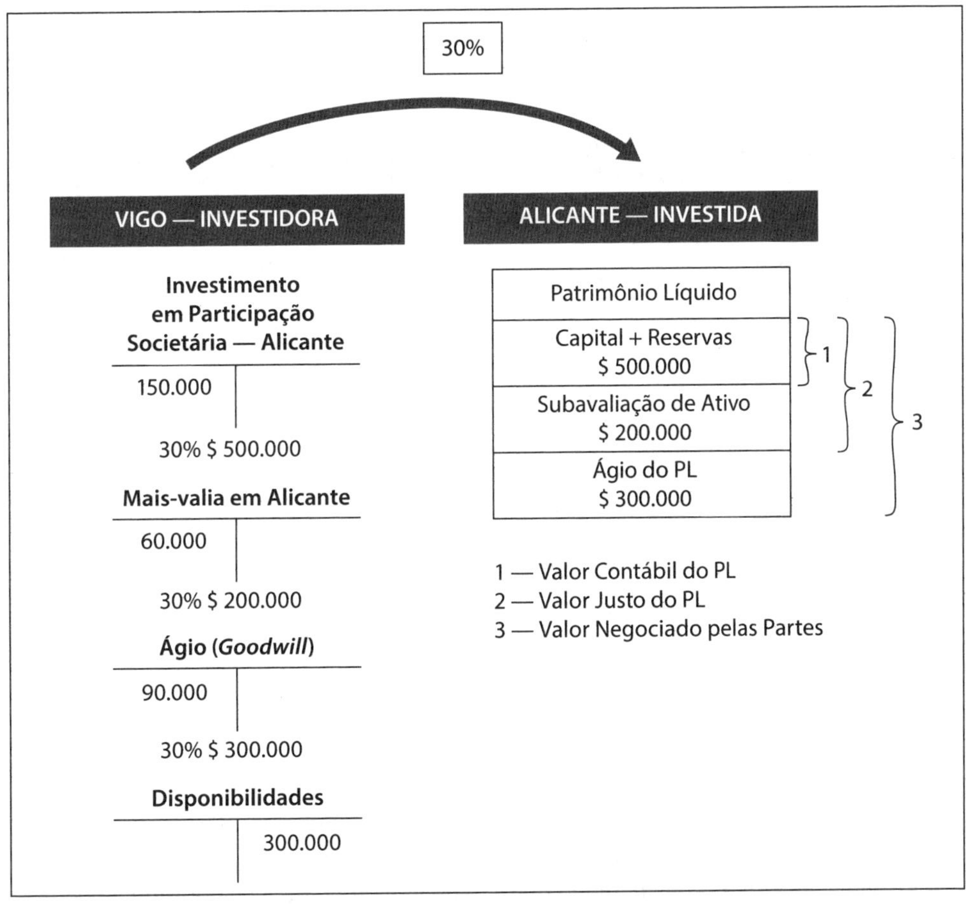

O investimento será apresentado no subgrupo investimento do balanço individual da investidora, no momento da aquisição, da seguinte forma:

Investimento em ALICANTE	$ 150.000
Mais-valia em ALICANTE	$ 60.000
Ágio (*Goodwill*) em ALICANTE	$ 90.000

Exemplo de amortização de mais-valia: no balanço patrimonial de 31 de dezembro de 2014, a investida ALICANTE apresentou lucro de $ 100.000. Qual o resultado líquido obtido pela investidora com o investimento em ALICANTE?

Solução: A investidora registrará o ganho de equivalência em função do lucro de $ 100.000 da INVESTIDA e precisará amortizar, em 5 anos, a mais-valia paga na aquisição de ALICANTE, porque o ativo é uma máquina que será depreciada nesse prazo pela investida.

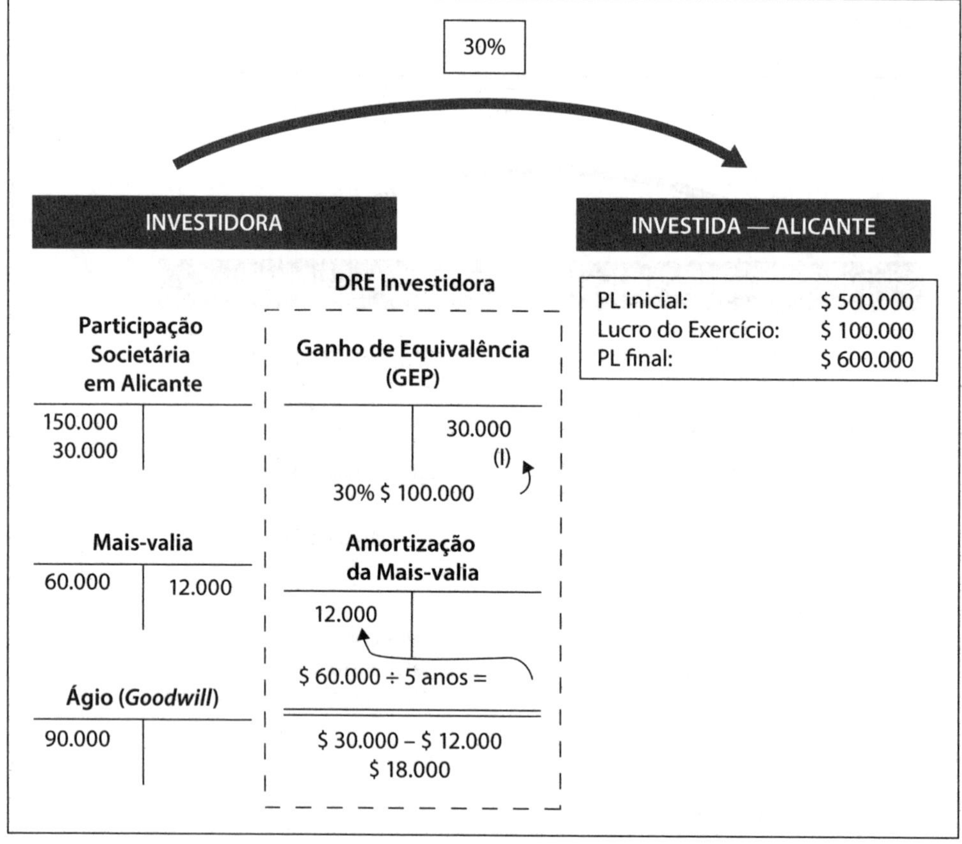

O ganho de equivalência patrimonial registrado no resultado na investidora equivale a 30% de $ 100.000. Também no resultado, deve ser debitada despesa de amortização da mais-valia, calculada considerando que a mais-valia total de $ 60.000 será amortizada em 5 anos, portanto $ 60.000 dividido por 5 anos é igual a $ 12.000. O resultado líquido de uma investidora com uma investida sempre será resultado de equivalência patrimonial deduzido da amortização de uma eventual mais-valia. Nesse caso, o ganho líquido foi o GEP ($ 30.000) menos a amortização da mais-valia de $ 12.000, igual a $ 18.000.

O Ágio ou *Goodwill* não deve ser amortizado, sendo obrigatório o teste de recuperabilidade ao final de cada exercício.

13.3.5.2.2.1.3.4.6.4. Deságio ou compra vantajosa

Deságio ocorre quando um comprador paga valor inferior ao valor justo dos ativos de uma investida que está sendo adquirida. O deságio também é chamado, nas normas NBC TG 18 (CPC 18) e ITG 09 (ICPC 09), de valor obtido em compra vantajosa.

Item 29 da ITG 09 : "**Na eventualidade de apuração de ganho por compra vantajosa**, o registro contábil deve ser feito conforme previsto no Pronunciamento CPC 15 — Combinação de Negócios, o que redundará em reconhecimento de ganho na entidade adquirente".

Item 32 da NBC TG 18: "(b) **qualquer excedente** da participação do investidor no valor justo líquido dos ativos e passivos identificáveis da investida **sobre o custo do investimento (ganho por compra vantajosa)** deve ser incluído como **receita** na determinação da participação **do investidor** nos resultados da investida no período em que o investimento for adquirido".

O deságio **não deve ser contabilizado no ativo como redutor do investimento**, como ocorria antes da adoção das normas internacionais. Ele é uma receita a ser considerada no exercício em que ocorreu a aquisição.

Exemplo: a empresa VIGO S.A. adquire 30% de participação societária da empresa Alicante S.A., que possui um Patrimônio Líquido a valor justo de $ 500.000, pagando $ 120.000.

Nesse caso, como o valor justo do PL é $ 500.000, a investidora VIGO S.A. deveria ter pago 30% de $ 500.000, isto é, $ 150.000. Como o valor pago foi $ 30.000 menor que o valor justo para 30% de participação, configurou-se uma compra vantajosa e o ganho deve ser registrado pelo adquirente investidor (VIGO S.A.) como ganho de capital no ato da aquisição.

Debito: participação societária	$ 150.000
Crédito: disponibilidades	$ 120.000
Crédito: ganho de capital (resultado)	$ 30.000

13.3.5.2.2.1.3.4.6.5. Menos-valia em coligada ou controlada

Quanto ao conceito de menos-valia, ele só pode ocorrer quando o ativo de uma investida estiver contabilizado acima do valor justo dos seus ativos, e, nesse caso, a norma determina, tanto na aquisição de coligadas [item 35 da ITG 09 (ICPC 09)] como na de controladas (item 19 do ICPC 09), que, antes da concretização da transação de aquisição, os ativos e passivos devem ser ajustados utilizando as mesmas práticas contábeis da adquirente.

"Item 35 da ITG 09(ICPC 09): No caso de **investimento em coligada** ou em *joint venture* (empreendimento controlado em conjunto), **os valores justos dos ativos** líquidos identificáveis da investida na data de cada transação de aquisição **devem ser previamente determinados** para aplicação do método da equivalência patrimonial, **bem como devem previamente ser ajustadas as demonstrações da investida às práticas contábeis da investidora**, como mencionado nos **itens 19 e 20 desta Interpretação (controlada)**".

"Item 19 do ITG 09 (ICPC 09): Primeiramente, os ativos e passivos da entidade cujos instrumentos patrimoniais (normalmente ações ou cotas do capital social) foram adquiridos devem ser ajustados, mesmo que extracontabilmente, com relação a todas as práticas contábeis relevantes utilizadas pela adquirente".

Adotar as mesmas práticas da adquirente significa adotar as normas brasileiras harmonizadas com as normas internacionais, e isso implica em dizer que se um ativo da investida estiver superavaliado, deverá ser aplicado o teste de *impairment* (teste de recuperabilidade de ativos). O teste de recuperabilidade irá acarretar um lançamento de perda no resultado da adquirida (investida) e de redução do valor do ativo de tal forma que não caberá qualquer reconhecimento (contabilização) de menos-valia pelo investidor.

Portanto, não existe lançamento de menos-valia a ser feito por parte de adquirente que avalie por equivalência patrimonial.

13.3.5.2.2.1.3.4.6.6. Perdas estimadas em participações societárias permanentes

Existem dois tipos de perdas nos investimentos permanentes em participações societárias:

- Perdas permanentes; e
- Ajuste ao valor recuperável.

1. As perdas estimadas permanentes estão associadas a dificuldades financeiras graves ou a mudanças no mercado da empresa que afetam de forma definitiva a capacidade de gerar resultados, as quais afetam também de forma permanente o valor de suas ações ou quotas.

Exemplo: uma operadora de serviço de mensagens (PAGER ou BIP) tinha um PL avaliado em $ 5.000.000. Uma de suas investidoras tinha 30% do seu Capital. Após o anúncio no Brasil do serviço pré-pago de celulares, as ações dessa operadora de pagers caíram 80%. A empresa, que tinha uma participação de 30%, deverá registrar o seguinte lançamento de perda permanente:

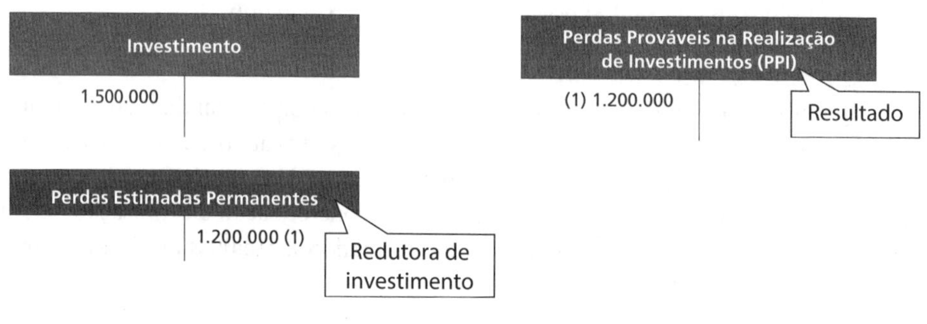

Apresentação no Balanço Patrimonial:

Investimento	
Participações Permanentes	$ 1.500.000
(–) Perdas Estimadas	($ 1.200.000)

2. Ajuste ao valor recuperável também afeta o valor das quotas ou ações e deve ser contabilizado, mas normalmente são oscilações positivas ou negativas de caráter não permanente.

A norma NBC TG 18 (CPC 18), no seu item 42, transcrito a seguir, determina que, sempre que for percebida uma variação no valor recuperável de um investimento, ele deve ser ajustado ao seu valor recuperável, contabilizando uma perda que pode ou não ser definitiva.

Em função de o ágio por expectativa de rentabilidade futura (*goodwill*) integrar o valor contábil do investimento líquido na investida (não deve ser reconhecido separadamente), ele não deve ser testado separadamente com relação ao seu valor recuperável, observado o contido no item 43A. Em vez disso, o valor contábil total do investimento é que deve ser testado como um único ativo, em conformidade com o disposto na NBC TG 01 — Redução ao Valor Recuperável de Ativos, pela comparação de seu valor contábil com seu valor recuperável (valor justo líquido de despesa de venda ou valor em uso, dos dois, o maior), sempre que a aplicação indicar alguma perda por redução ao seu valor recuperável.

> "33. (...) o valor contábil total do investimento é que é testado como um único ativo, em conformidade com o disposto no Pronunciamento Técnico CPC 01 — Redução ao Valor Recuperável de Ativos, pela comparação de seu valor contábil com seu valor recuperável (valor de venda líquido dos custos para vender ou valor em uso, dos dois o maior), sempre que os requisitos de Reconhecimento e Mensuração indicarem que o investimento possa estar afetado, ou seja, que indicarem alguma perda por redução ao seu valor recuperável."

Na determinação do valor em uso do investimento líquido, a entidade deve estimar:

(a) sua participação no valor presente dos fluxos de caixa futuros que se espera sejam gerados pela investida, incluindo os fluxos de caixa das operações da investida e o valor residual esperado com a alienação do investimento; ou

(b) o valor presente dos fluxos de caixa futuros esperados em função do recebimento de dividendos provenientes do investimento e o valor residual esperado com a alienação do investimento.

Exemplo: uma empresa possui um investimento contabilizado no Ativo Não Circulante da investidora por $ 1.000.000. Caso esse investimento fosse vendido hoje, isso resultaria liquidamente em $ 900.000 em dinheiro. Esse investimento nos próximos dez anos irá gerar dividendos líquidos na ordem de $ 1.200.000. O valor recuperável desse investimento é a maior quantia entre o valor de venda ($ 900.000) e o valor dos dividendos líquidos calculados a valor presente por R$ 1.200.000 (valor em uso). Portanto, o valor recuperável é de $ 1.200.000 e, nesse caso, não cabe a contabilização de nenhuma perda.

Caso o valor dos dividendos calculados a valor presente fosse de $ 950.000, o valor recuperável seria de R$ 950.000 (maior valor entre valor de venda e valor em uso). Como o valor contábil é de $ 1.000.000, nesse caso, teremos que constituir uma perda por redução ao valor recuperável:

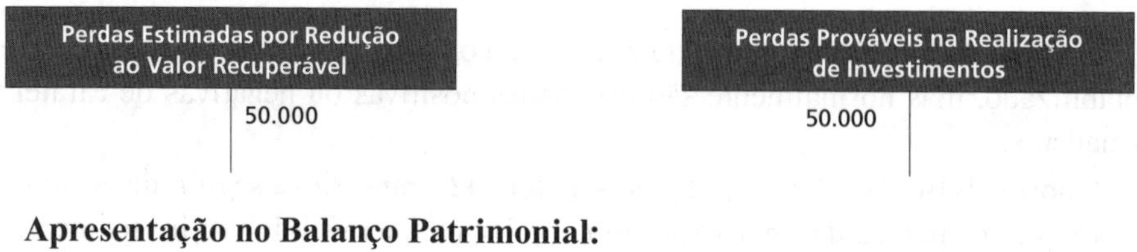

Apresentação no Balanço Patrimonial:

Investimentos	$ 1.000.000
(–) Perdas Estimadas	($ 50.000)

13.3.5.2.2.2. Propriedade para investimento

A NBC TG 28 (CPC 28), em seu item 5, define que propriedades para investimentos são **somente** as aplicações de recursos em **terrenos e/ou edifícios** com o objetivo de alugar ou valorizar.

> Item 5 NBC TG 28 (CPC 28): "Propriedade para investimento é a propriedade (terreno ou edifício — ou parte de edifício — ou ambos) mantida (pelo proprietário ou pelo arrendatário como ativo de direito de uso) para auferir aluguel ou para valorização do capital ou para ambas e, não, para:
> (a) uso na produção ou fornecimento de bens ou serviços ou para finalidades administrativas; ou
> (b) venda no curso ordinário do negócio".

13.3.5.2.2.2.1. Classificação e exemplos

Nos itens 7 e 8, transcritos a seguir, **classificação, definição e exemplos** de propriedades para investimento:

> "NBC TG R4 (CPC 28) Item **7. As propriedades para investimento são mantidas para obter rendas ou para valorização do capital ou para ambas**, e por isso classificadas no subgrupo Investimentos, dentro do Ativo Não Circulante (...)".

APRESENTAÇÃO NO BALANÇO PATRIMONIAL
■ Ativo Não Circulante
■ Subgrupo Investimentos
■ Propriedades para investimento
■ Terreno para valorização
■ Edifício alugado

> "NBC TG 28 (CPC 28) Item 8: O que se segue são exemplos de propriedades para investimento:
> (a) **terrenos mantidos para valorização de capital** a longo prazo e não para venda a curto prazo no curso ordinário dos negócios;

(b) **terrenos mantidos para futuro uso correntemente indeterminado** (se a entidade não tiver determinado que usará o terreno como propriedade ocupada pelo proprietário ou para venda a curto prazo no curso ordinário do negócio, o terreno é considerado como mantido para valorização do capital);

(c) edifício que seja propriedade da entidade (ou ativo de direito de uso relativo a edifício mantido pela entidade) e que seja arrendado sob um ou mais arrendamentos operacionais;

(d) **edifício que esteja desocupado**, mas mantido para ser arrendado sob um ou mais arrendamentos operacionais;

(e) **propriedade que esteja sendo construída** ou desenvolvida para futura utilização como propriedade para investimento."

> **Observação:** terrenos ou edifícios com uso futuro indefinido são considerados propriedades para investimento.

13.3.5.2.2.2.2. Reconhecimento inicial

No item 16 da NBC TG 28 (CPC 28), está definido o critério de reconhecimento das propriedades de investimento, que é o mesmo de qualquer outro ativo; e nos itens 17, 20 e 21, porque valores devem ser considerados para o registro inicial.

Item 16. A propriedade para investimento deve ser reconhecida como ativo quando, e apenas quando:

(a) **for provável que os benefícios econômicos** futuros associados à propriedade para investimento **fluirão para a entidade**; e

(b) **o custo** da propriedade para investimento **possa ser mensurado confiavelmente**.

Item 17. A entidade avalia segundo esse princípio de reconhecimento **todos os custos** da propriedade para investimento **no momento em que eles são incorridos**. Esses custos incluem **custos inicialmente incorridos para adquirir** uma propriedade para investimento e **custos incorridos subsequentemente para adicionar a, substituir partes de, ou prestar manutenção à propriedade**.

Item 20. Os **custos de transação** devem ser incluídos na mensuração inicial.

Item 21. O custo de uma propriedade para investimento comprada compreende o seu preço de compra e qualquer dispêndio diretamente atribuível. Os dispêndios diretamente atribuíveis incluem, por exemplo, **as remunerações profissionais de serviços legais, impostos de transferência de propriedade e outros custos de transação**.

CONTAS	VALOR ($)
Valor de Aquisição	1.000.000
Gastos com reformas	300.000
Gastos de ampliação	200.000
Custos de transação	150.000
Valor Total	1.650.000

Serviços legais, impostos de transferência, outros custos de transação!

Os custos de transação incluem, por exemplo, a contratação de uma consultoria para escolher a propriedade de investimento adquirida. **O custo de uma propriedade para investimento não é aumentado por custos de início de atividades (*start-up*), perdas operacionais incorridas antes de a propriedade para investimento ter atingido o nível de ocupação previsto ou quantidades anormais de material, mão de obra ou outros recursos consumidos incorridos na construção ou desenvolvimento da propriedade.**

Se o pagamento de uma propriedade para investimento for a prazo, o seu custo é o equivalente ao valor à vista. A diferença entre esta quantia e os pagamentos totais é reconhecida como despesa financeira durante o período do crédito (itens 23 e 24).

13.3.5.2.2.2.2.1. Situações especiais

A NBC TG 28 define em seus itens 11, 12 e 15 situações que precisam ser consideradas para que a entidade classifique o ativo como imobilizado ou propriedade para investimento. Um imobilizado é um item tangível utilizado no negócio, uma propriedade para investimento é um terreno ou edificação mantido para valorização ou locação.

O item 11 da NBC TG 28, transcrito a seguir, nos orienta no caso do proprietário do ativo alugado prestar serviços considerados irrelevantes para o locador, neste caso o ativo pode e deve ser classificado como propriedade para investimento. Caso o proprietário do ativo alugado preste serviços relevantes ao locador, neste caso o item 12 da NBC TG 28, transcrito a seguir, define que o ativo não pode ser considerado como propriedade para investimento, mas como imobilizado.

> *NBC TG 28 Item 11. Em alguns casos, a entidade proporciona serviços de apoio aos ocupantes da propriedade que ela mantenha. A entidade trata tal propriedade como propriedade para investimento se os serviços forem insignificantes em relação ao acordo como um todo. Um exemplo é quando o proprietário de edifício de escritórios proporciona serviços de segurança e de manutenção aos arrendatários que ocupam o edifício.*
>
> *NBC TG 28 Item 12. Em outros casos, os serviços prestados são significativos. Por exemplo, se a entidade possui e administra um hotel, os serviços proporcionados aos hóspedes são significativos para o acordo como um todo. Por isso, o hotel administrado pelo proprietário é propriedade ocupada pelo proprietário e não propriedade para investimento.*

Caso o locador do ativo (terreno ou edifício), seja uma controlada locando para sua controladora ou uma controladora locando o ativo (terreno ou edifício) para sua controlada, o item 15 da NBC TG 28, define e orienta que a classificação desse ativo não pode ser como propriedade para investimento, mas como imobilizado.

> *NBC TG 28 Item 15. Em alguns casos, a entidade possui propriedade que está arrendada e ocupada por sua controladora ou por outra controlada. A propriedade não se qualifica como propriedade para investimento nas demonstrações contábeis consolidadas, porque a propriedade está ocupada pelo proprietário sob a perspectiva do grupo. Porém, da perspectiva da entidade que a possui, tal propriedade é propriedade para investimento se satisfizer a definição do item 5. Por isso, o arrendador trata a*

propriedade como propriedade para investimento nas suas demonstrações contábeis individuais.

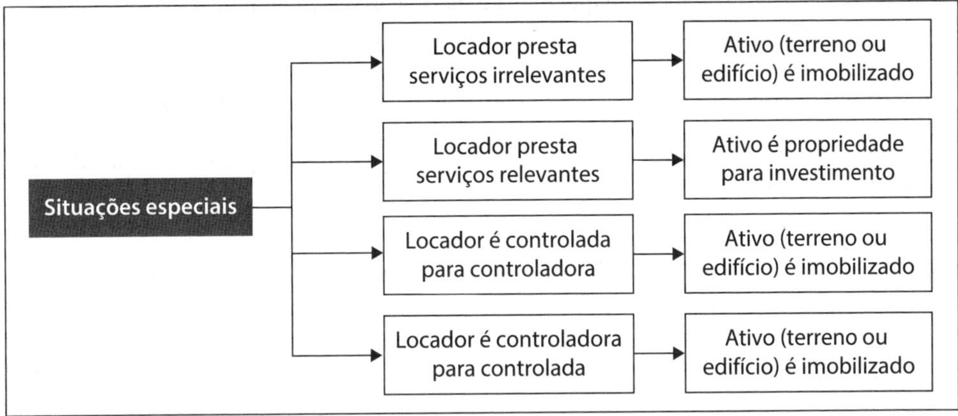

13.3.5.2.2.2.3. Mensuração após reconhecimento inicial

Uma **grande inovação** na contabilidade brasileira é a **possibilidade** de as empresas adotarem tanto o **método do custo** como o **método do valor justo** para avaliar as propriedades de investimento na data do balanço.

Cabe ressaltar que a possibilidade de **adotar o valor justo significa o mesmo que** poder **reavaliar** a propriedade para investimento. **A vedação de reavaliação** se restringe, na lei societária brasileira, a **imobilizados e intangíveis**.

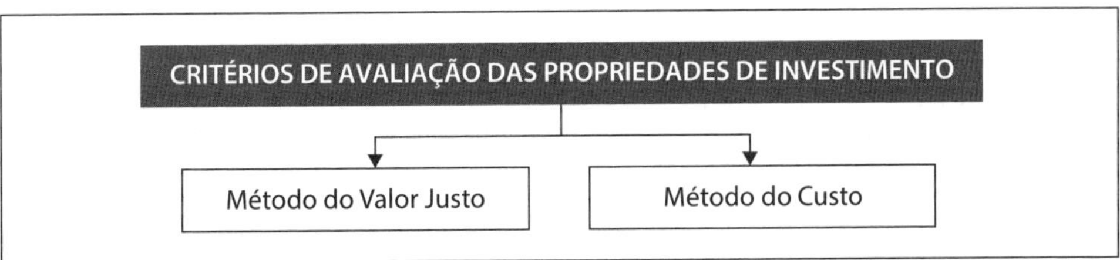

No item 30 do NBC TG 28 (CPC 28), está apresentado que **a entidade deve escolher** como sua política contábil **ou o método do valor justo** nos itens 33 a 55, **ou o método do custo** no item 56, e deve **aplicar essa política a todas as suas propriedades para investimento.**

De acordo com item 32 do CPC 28, mesmo as empresas que optarem pela avaliação no balanço pelo método do custo deverão mensurar o valor justo das propriedades de investimento para fins de divulgação, isto é, o valor justo das propriedades para investimento avaliado pelo método do custo deverá estar informado (divulgado) nas notas explicativas.

As avaliações devem ser realizadas por profissional qualificado.

"Item 32. Esta Norma exige que todas as entidades mensurem o valor justo de propriedades para investimento para a finalidade de mensuração (se a entidade usar o método do valor justo) ou de divulgação (se usar o método do custo). Incentiva-se a entidade, mas não se exige dela, a mensurar o valor justo das propriedades para investimento tendo por base a avaliação de avaliador independente que tenha qualificação profissional relevante e reconhecida e que tenha experiência recente no local e na categoria da propriedade para investimento que esteja sendo avaliada."

> **Importante:** existe uma exceção prevista no item 32A em que uma empresa pode adotar, em um caso específico, um critério de avaliação e para as outras propriedades para investimento, outro critério, mas isso só é possível se existir uma exigência contratual que justifique tal fato.

13.3.5.2.2.2.3.1. Mensuração no balanço no método do valor justo

As alterações do valor justo devem ser consideradas ganhos ou perdas de capital com registro no resultado da empresa proprietária da propriedade para investimento de acordo com o item 35 da NBC TG 28 (CPC 28).

"Item 35. **O ganho ou a perda** proveniente de alteração no valor justo de propriedade para investimento deve ser **reconhecido no resultado do período em que ocorra**."

Exemplo: uma empresa adquire um edifício para locação por $ 1.000.000. No final do exercício, o edifício valorizou e seu valor de mercado é de $ 1.200.0000. Também exemplificaremos caso o edifício tivesse desvalorizado para $ 750.000.

<table>
<tr><th colspan="4">ATIVO</th><th>VALOR ($)</th></tr>
<tr><td colspan="5">Ativo Não Circulante — Investimento</td></tr>
<tr><td colspan="4">Edifício (Custo Inicial)</td><td>1.000.000</td></tr>
<tr><td colspan="5">No balanço, o edifício valorizou!!! Valor Justo $ 1.200.000</td></tr>
<tr><th>ATIVO</th><th>Valor ($)</th><th>RESULTADO</th><th colspan="2">Valor ($)</th></tr>
<tr><td>Ativo Não Circulante — Investimento</td><td></td><td>Ganho de Capital</td><td colspan="2">200.000</td></tr>
<tr><td>Edifício (Custo Inicial)</td><td>1.000.000</td><td></td><td colspan="2"></td></tr>
<tr><td>Edifício (Avaliação a Valor Justo)</td><td>200.000</td><td></td><td colspan="2"></td></tr>
<tr><td colspan="5">No balanço, o edifício desvalorizou!!! Valor Justo $ 750.000</td></tr>
<tr><th>ATIVO</th><th>Valor ($) débito</th><th>Valor ($) crédito</th><th>RESULTADO</th><th>Valor ($)</th></tr>
<tr><td>Ativo Não Circulante — Investimento</td><td></td><td></td><td>Perda de Capital</td><td>(250.000)</td></tr>
<tr><td>Edifício (Custo Inicial)</td><td>1.000.000</td><td></td><td></td><td></td></tr>
<tr><td>Edifício (Desvalorização a Valor Justo)</td><td></td><td>250.000</td><td></td><td></td></tr>
</table>

13.3.5.2.2.2.3.2. Mensuração no balanço no método do custo

No item 56 da NBC TG 28 (CPC 28), está definido que a propriedade para investimento deve ser tratada como um imobilizado e, dessa forma, depreciado e submetido ao *impairment*. Caso o ativo seja disponibilizado para venda, deverá ser tratado como um ativo disponível para venda apresentado no ativo circulante de acordo com a NBC TG 31 (CPC 31).

"Item 56: Após o reconhecimento inicial, a entidade que escolher o modelo do custo deve mensurar a propriedade para investimento:

(a) de acordo com a NBC TG 31 — Ativo Não Circulante Mantido para Venda e Operação Descontinuada, se atender aos critérios para ser classificado como mantido para venda (ou está incluído em grupo para alienação que seja classificado como mantido para venda);

(b) de acordo com a NBC TG 06, se é mantido por arrendatário como ativo de direito de uso e não é mantido para venda, de acordo com a NBC TG 31; e

(c) de acordo com os requisitos da NBC TG 27 para o modelo do custo em todos os outros casos."

ATIVO
Ativo Não Circulante — Investimento
Edifício (Custo Inicial)
(–) Depreciação
(–) Perdas estimadas por *impairment*

13.3.5.2.2.2.4. Transferências de classificação envolvendo propriedades para investimento

Segundo a norma NBC TG 28 (CPC 28), em seu item 57, transcrito a seguir, sempre que uma entidade altera o uso de imobilizado para propriedade para investimento ou propriedade para investimento para imobilizado ou de propriedade para investimento para um ativo não circulante a ser vendido (estoque para venda) ou de estoque de um ativo não circulante para propriedade para investimento, a entidade pode ter de fazer ajustes no valor do ativo.

A seguir apresentamos em um quadro as quatro operações possíveis:

ORIGEM	DESTINO
Propriedade para Investimento	Imobilizado
Imobilizado	Propriedade para Investimento
Propriedade para Investimento	Estoque para Venda
Estoque para Venda	Propriedade para Investimento

"Item 57. A entidade deve transferir a propriedade para, ou de, propriedade para investimento quando, e apenas quando, houver alteração de uso. A alteração de uso ocorre quando a propriedade atende, ou deixa de atender, a definição de propriedade para investimento e há evidência da alteração de uso. Apenas a alteração nas intenções da administração para o uso da propriedade não fornece evidência da alteração no uso. Exemplos de evidência da alteração na utilização incluem:

(a) início de ocupação pelo proprietário, ou de desenvolvimento com vista à ocupação pelo proprietário, para transferência de propriedade para investimento para propriedade ocupada pelo proprietário;

(b) início de desenvolvimento com objetivo de venda, para transferência de propriedade para investimento para estoque;

(c) fim de ocupação pelo proprietário, para transferência de propriedade ocupada pelo proprietário para propriedade para investimento; e

(d) começo de arrendamento operacional para outra entidade, para transferência de estoques para propriedade para investimento."

O tratamento contábil para cada uma dessas situações e suas variantes está regulado na NBC TG 28 R4, em seus itens 58 a 65. Vamos explicar e exemplificar cada uma das situações.

13.3.5.2.2.2.4.1. Transferência de propriedade para investimento para imobilizado

As propriedades para investimento podem ter como política contábil de uma entidade serem avalizadas no final de cada exercício pelo método do custo.

Se a propriedade para investimento avaliada a valor justo for transferida para o imobilizado, o valor de custo inicial será o valor justo da data da alteração como custo inicial, e a partir desse momento deve ser aplicada a depreciação e o *impairment*.

Custo Inicial: Valor Justo
(–) Depreciação
(–) *Impairment*

Caso a propriedade para investimento seja avaliada pelo método do custo, basta transferir pelo mesmo valor e aplicar as regras de imobilizado, isto é, depreciação e *impairment*.

13.3.5.2.2.2.4.2. Transferência de imobilizado para propriedade para investimento

Este caso é um pouco mais complexo que o anterior porque o imobilizado pode ter sido reavaliado e a política contábil da empresa para a propriedade para investimento pode ser avaliar as propriedades para investimento pelo valor justo ou custo.

13.3.5.2.2.2.4.2.1. Imobilizado para propriedade para investimento avaliada pelo método do custo

Neste caso basta transferir o ativo pelo mesmo valor e continuar depreciando e aplicando o *impairment*, quando for cabível.

13.3.5.2.2.2.4.2.2. Imobilizado sem reserva de reavaliação para propriedade para investimento avaliada pelo valor justo, com perda de capital

Exemplo: uma construtora decidiu transferir um edifício do imobilizado para propriedade para investimento, e na data da transferência o valor contábil era de $ 10.000.000. O valor justo do edifício na época da transferência era de $ 8.500.000:

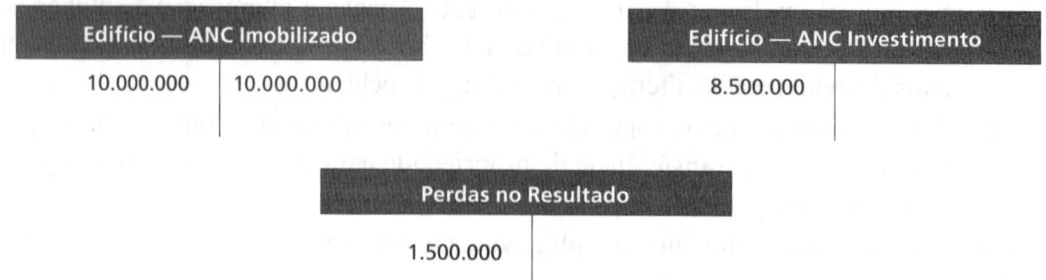

As perdas serão registradas no resultado no subgrupo outras receitas outras despesas.

13.3.5.2.2.2.4.2.3. Imobilizado com reserva de reavaliação para propriedade para investimento avaliada pelo método do valor justo, com perda de capital

Exemplo: uma construtora decidiu transferir um edifício do imobilizado para propriedade para investimento. Na data da transferência o valor contábil era de $ 10.000.000 e possuía um registro de reserva de reavaliação no valor de R$ 2.500.000. O valor justo do edifício na época da transferência era de $ 8.500.000.

Neste caso a NBC TG 28 , em seus itens 57 a 65, determina que, na hipótese de perda de capital, esta deve ser registrada no resultado, então:

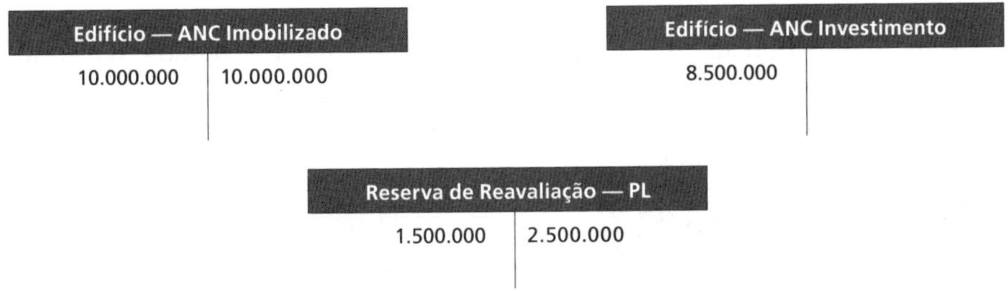

As perdas serão registradas no resultado no subgrupo outras receitas outras despesas.

Caso as perdas fossem maiores que o valor da reserva de reavaliação, o valor que superasse a reserva seria lançado no resultado, assim como o exemplo do item 13.3.5.2.2.2.4.2.2.

13.3.5.2.2.2.4.2.4. Imobilizado para propriedade para investimento avaliada pelo método do valor justo, com ganho de capital

Exemplo: uma construtora decidiu transferir um edifício do imobilizado para propriedade para investimento, e na data da transferência o valor contábil era de $ 10.000.000. O valor justo do edifício na época da transferência era de $ 12.000.000:

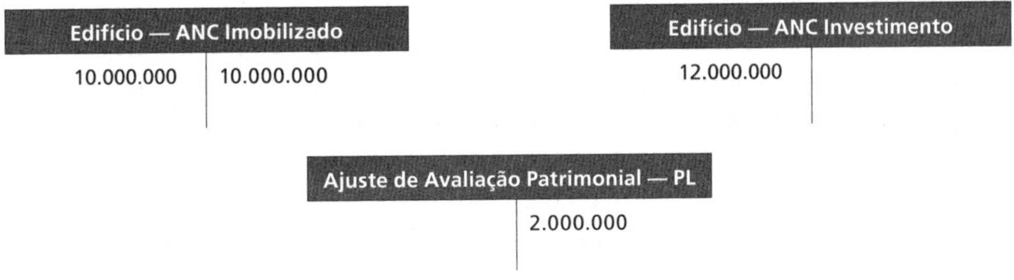

Os ganhos serão registrados no resultado no subgrupo outras receitas outras despesas.

13.3.5.2.2.2.4.2.5. Propriedade para investimento para estoque

Neste caso a propriedade para investimento pode estar sendo avaliada na origem tanto pelo método do custo como pelo método do valor justo. O valor que estiver sendo adotado para a propriedade para investimento deverá ser a referência de custo de estoque para essa propriedade, que estará à venda a partir desse momento.

13.3.5.2.2.2.4.2.6. Estoque de terreno ou edifício para propriedade para investimento

Neste caso temos duas situações distintas:

a) Propriedade para investimento que será avaliada pelo método do custo: nesta situação, o valor do estoque do terreno ou edifício passará a ser o valor da propriedade para investimento, e a propriedade para investimento deverá ser depreciada e estará sujeita a *impairment*.

b) Propriedade para investimento que será avaliada pelo método do valor justo: se o valor do estoque estiver acima ou abaixo do valor justo da propriedade para investimento, o ganho ou a perda deverá ser lançado no resultado.

Exemplo da situação "b": um edifício que estava sendo vendido e registrado no estoque de ativos não circulantes disponíveis para venda no subgrupo ativo circulante pelo valor de R$ 10.000.000,00 tem seu valor justo no ato da transferência mensurado em R$ 8.500.000.

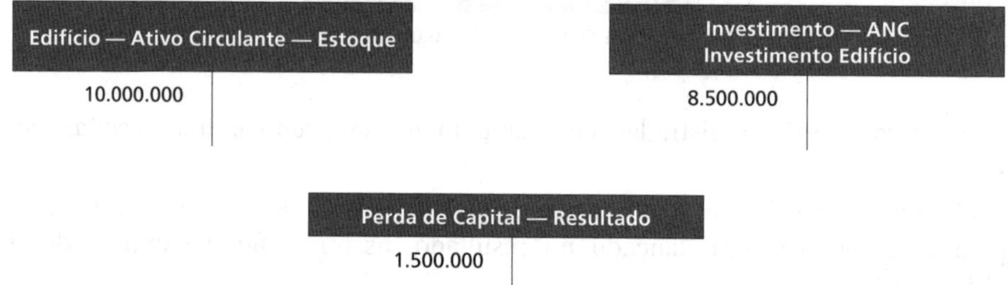

Caso o valor justo fosse de R$ 12.000.000, seria feito um lançamento de R$ 2.000.000 como ganho no resultado.

13.3.5.2.2.3. Demais investimentos

Neste conjunto de contas, devem ser classificados todos os valores e investimentos permanentes não usados no negócio, sejam eles tangíveis ou intangíveis.

Os exemplos clássicos são obras de arte, mas uma empresa pode investir em uma licença de tecnologia de algo que nada tenha a ver com o seu próprio negócio. Deste modo, pode investir no desenvolvimento de um aparelho antirroubo de veículos, sendo seu negócio a produção de sapatos. A aquisição do passe de um jogador de futebol pode ser outro investimento interessante, mas que nada tem a ver com o negócio principal.

Cabe destacar que ativos permanentes adquiridos para futura utilização são considerados outros investimentos permanentes, e não devem ser considerados nem propriedades para investimento (uso já está definido), nem imobilizado (ainda não está sendo usado) ou intangível (ainda não está sendo usado).

Para as contas classificadas nesse conjunto, cabe, ao final do exercício, análise de recuperabilidade da aplicação, e, portanto, pode ser necessária a constituição de Perdas Estimadas.

Lançamento no Livro-Diário:

Investimento Diverso da Atividade

(–) Perdas Estimadas

13.3.5.3. Imobilizado

De acordo com a norma contábil brasileira NBC TG 27 (CPC 27) e com a Lei societária n. 6.404/76, no Ativo Imobilizado devem ser classificadas as contas que representam aplicações de recursos em **bens tangíveis usados pela Entidade** (empresa). Bens tangíveis são bens corpóreos.

13.3.5.3.1. Definição de imobilizado na Lei n. 6.404/76 e na NBC TG 27 (CPC 27)

O item 6 da NBC TG 27 define imobilizado da seguinte forma:

> "*Ativo imobilizado* é o **item tangível** que:
>
> (a) é **mantido para uso** na produção ou fornecimento de mercadorias ou serviços, **para aluguel a outros**, ou para fins administrativos; e
>
> (b) **se espera utilizar por mais de um período**".

Um item tangível que seja utilizado por menos de um ano deve ser considerado despesa do período.

Cabe uma explicação sobre o termo "aluguel para outros". Uma propriedade para investimento, quando adquirida para ser alugada a terceiros, não pode ser considerada um imobilizado, entretanto, se um terreno ou edificação for alugado a funcionários ou a alguma empresa do grupo, esse ativo está servindo aos interesses do negócio e, dessa forma, essa propriedade deve ser considerada ativo imobilizado e não propriedade para investimento.

Vejamos o que está definido no ITG 10 (ICPC 10), itens 46, 47 e 48, locação de imobilizados e propriedades para investimento:

> "46. A menção da palavra 'aluguel' no item 44 (a — imobilizado) e a menção da expressão 'para obter rendas' no item 45 (propriedades para investimento) se diferenciam basicamente no seguinte: **no ativo imobilizado, a figura do aluguel só pode existir quando estiver vinculada a ativo complementar na produção ou no fornecimento de bens ou serviços**. Por exemplo, uma fazenda pode ter residências alugadas a seus funcionários, uma extratora de minerais pode construir residências no meio da floresta também para alugar a seus funcionários, etc. Nesse caso, os ativos alugados são, na verdade, parte do imobilizado necessário ao atingimento da atividade-fim da entidade.
>
> 47. Se houver **investimento para obter renda por meio de aluguel, em que este é o objetivo final**, no qual o imóvel é um investimento em si mesmo, e não o complemento de outro investimento, aí se tem a caracterização não do ativo imobilizado, **mas sim de propriedade para investimento**.
>
> 48. **A propriedade que seja utilizada prioritariamente como meio para obtenção de rendimentos pela prestação de serviços distintos daqueles vinculados ao aluguel (arrendamento) não é uma propriedade para investimentos**".

Como exemplos de imobilizados alugados podemos citar veículos de empresas de locação de veículos, locação de máquinas de café, locação de máquinas de refrigerantes ou de alimentos em geral. Todos esses itens devem ser classificados no imobilizado, uma vez que são ativos dentro de um conjunto de ativos para obtenção de rendas no fornecimento de serviços.

A seguir, comentamos uma importante alteração no subgrupo imobilizado em função da adoção das normas internacionais pelo Brasil. A Contabilidade brasileira sempre foi orientada a considerar apenas os eventos que ocorreram formalmente, isto é, que possuem comprovação por meio de documentos. As novas normas brasileiras instituídas a partir da adesão à Contabilidade internacional determinam que as transações sejam consideradas na sua essência, independentemente da existência de formalização. Essa modificação conceitual atingiu o subgrupo Imobilizado em particular. Vejamos o novo texto da Lei n. 6.404/76 para o art. 179, inc. IV, transcrito a seguir:

> "IV — no ativo imobilizado: os direitos que tenham por objeto **bens corpóreos destinados à manutenção das atividades** da companhia ou da empresa ou exercidos com essa finalidade, inclusive os decorrentes de operações que transfiram à companhia os **benefícios, riscos e controle desses bens; *(Redação dada pela Lei n. 11.638, de 2007)*"**

Bens corpóreos decorrentes de operações que transfiram à companhia seus benefícios, riscos e controle são aqueles que formalmente não são da empresa, mas que o são em sua essência. O exemplo clássico é a aquisição de um bem por meio do *leasing*: o bem fica em nome da instituição financeira, mas na verdade é do contratante do financiamento.

A seguir, apresentamos um plano de contas detalhado do imobilizado, e uma descrição das contas do imobilizado ainda não estudadas nos capítulos anteriores e no item 13.3.5.3.6, apresentamos as operações de arrendamento mercantil que também dão origem à classificação de itens nesse subgrupo do Ativo.

13.3.5.3.2. Reconhecimento e mensuração inicial

Um ativo imobilizado deve ser reconhecido quando puder ser provado que o ativo vai **gerar benefícios em favor da entidade e seu custo puder ser mensurado**, de acordo com o item 7 da NBC TG 27), transcrita a seguir:

> "Item 7. O custo de um item de ativo imobilizado deve ser reconhecido como ativo se, e apenas se:
>
> (a) for provável que futuros benefícios econômicos associados ao item fluirão para a entidade; e
>
> (b) o custo do item puder ser mensurado confiavelmente".

Cabe ressaltar que existem ativos, como instalações, que não geram benefícios diretamente mas também devem ser considerados imobilizados, porque contribuem para que outros ativos gerem benefícios. Essa orientação está prevista no item 11 da NBC TG 27 , transcrito parcialmente a seguir:

> "Item 11. (...) A aquisição de tal ativo imobilizado, embora não aumentando diretamente os futuros benefícios econômicos de qualquer item específico já existente do ativo imobilizado, pode ser necessária para que a entidade obtenha os benefícios econômicos futuros dos seus outros ativos. Esses itens do ativo imobilizado qualificam-se para o reconhecimento como ativo porque permitem à entidade obter benefícios econômicos futuros dos ativos relacionados acima dos benefícios que obteria caso não tivesse adquirido esses itens...".

No que diz respeito à mensuração inicial, uma grande novidade que a adoção da norma internacional trouxe ao Brasil foi a consideração dos **gastos previstos com a remoção como valor a ser adicionado aos demais gastos no registro inicial**. Esse gasto deve ser considerado **por seu valor presente**. Essa orientação está prevista no item 16 da NBC TG 27, transcrito a seguir:

"Item 16. O custo de um item do ativo imobilizado compreende:

(a) seu preço de aquisição, acrescido de impostos de importação e impostos não recuperáveis sobre a compra, depois de deduzidos os descontos comerciais e abatimentos;

(b) quaisquer custos diretamente atribuíveis para colocar o ativo no local e condição necessárias para o mesmo ser capaz de funcionar da forma pretendida pela administração;

(c) a estimativa inicial dos custos de desmontagem e remoção do item e de restauração do local (sítio) no qual este está localizado. Tais custos representam a obrigação em que a entidade incorre quando o item é adquirido ou como consequência de usá-lo durante determinado período para finalidades diferentes da produção de estoque durante esse período".

Exemplo de registro inicial:

ITENS DE GASTOS COM O IMOBILIZADO	VALOR (R$)
Valor básico líquido da nota fiscal	150.000
(–) Tributos recuperáveis	(15.000)
(–) Juros de financiamento	(25.000)
(+) Instalação	8.000
(+) Valor presente dos gastos de remoção (desinstalação)	20.000
Valor para registro no imobilizado	138.000

13.3.5.3.2.1. Mensuração inicial no caso de troca de ativos

A troca de ativos imobilizados por ativos não monetários em uma operação que se caracterize como operação comercial deve avaliar os ativos pelo valor justo, a não ser que o valor justo não seja possível de ser determinado e neste caso o valor do ativo recebido deve ser avaliado pelo valor contábil do ativo cedido. Essa orientação está explicitada no item 24 da NBC TG 27 , transcrita a seguir:

"Item 24. Um ativo imobilizado pode ser adquirido por meio de permuta por ativo não monetário, ou conjunto de ativos monetários e não monetários. Os ativos objetos de permuta podem ser de mesma natureza ou de naturezas diferentes. O texto a seguir refere-se apenas à permuta de ativo não monetário por outro; todavia, o mesmo conceito pode ser aplicado a todas as permutas descritas anteriormente. O custo de tal item do ativo imobilizado é mensurado pelo valor justo a não ser que (a) a operação de permuta não tenha natureza comercial ou (b) o valor justo do ativo recebido e do ativo cedido não possam ser mensurados com segurança. O ativo adquirido é mensurado dessa forma mesmo que a entidade não consiga dar baixa imediata ao ativo cedido. Se o ativo adquirido não for mensurável ao valor justo, seu custo é determinado pelo valor contábil do ativo cedido".

13.3.5.3.3. Gastos com reparo, manutenção e reforma

O reparo nada mais é do que o valor gasto para recolocar o imobilizado em funcionamento após uma quebra; a manutenção é o valor gasto para impedir que um imobilizado quebre; e a reforma tem por objetivo principal manter ou estender a vida útil do ativo.

O Item 12 da NBC TG 27 (CPC 27), transcrito a seguir, equipara o tratamento contábil do reparo e da manutenção. Ambos devem ser considerados despesas em uma empresa comercial e podem ser considerados como custo indireto em empresas industriais ou de serviços.

> "Item 12. Segundo o princípio de reconhecimento do item 7, a entidade não reconhece no valor contábil de um item do ativo imobilizado os custos da manutenção periódica do item. Pelo contrário, esses custos são reconhecidos no resultado quando incorridos. Os custos da manutenção periódica são principalmente os custos de mão de obra e de produtos consumíveis, e podem incluir o custo de pequenas peças. A finalidade desses gastos é muitas vezes descrita como sendo para 'reparo e manutenção' de item do ativo imobilizado."

Gastos com reformas podem ser lançados como ativo imobilizado, porque esses gastos mantêm ou ampliam a vida útil de um ativo, portanto podem ser registrados como ativo, desde que esses valores aplicados somados ao valor contábil do ativo não ultrapassem o valor recuperável do imobilizado. Nos itens 13 e 14 da NBC TG 27 , temos um exemplo, transcrito a seguir, que nos orienta a registrar como ativo os gastos que podem não ampliar a vida útil de um ativo:

> "Por exemplo, um forno pode requerer novo revestimento após um número específico de horas de uso; ou o interior dos aviões, como bancos e equipamentos internos, pode exigir substituição diversas vezes durante a vida da estrutura".

13.3.5.3.4. Métodos de depreciação

A NBC TG 27, em seu item 61, transcrito a seguir, permite que os imobilizados sejam depreciados pelo método das quotas constantes, pelo método dos saldos decrescentes e pelo método das unidades produzidas.

> "Item 62. Vários métodos de depreciação podem ser utilizados para apropriar de forma sistemática o valor depreciável de um ativo ao longo da sua vida útil. **Tais métodos incluem o método da linha reta, o método dos saldos decrescentes e o método de unidades produzidas.** A depreciação pelo método linear resulta em despesa constante durante a vida útil do ativo, caso o seu valor residual não se altere. O método dos saldos decrescentes resulta em despesa decrescente durante a vida útil. O método de unidades produzidas resulta em despesa baseada no uso ou produção esperados. A entidade seleciona o método que melhor reflita o padrão do consumo dos benefícios econômicos futuros esperados incorporados no ativo. Esse método é aplicado consistentemente entre períodos, a não ser que exista alteração nesse padrão."

O método de depreciação deve ser revisado pelo menos uma vez ao final de cada período. Essa orientação consta do item 61 da NBC TG 27 , transcrito a seguir:

> "Item 61. O método de depreciação aplicado a um ativo deve ser revisado pelo menos ao final de cada exercício e, se houver alteração significativa no padrão de consumo previsto, o método de depreciação deve ser alterado para refletir essa mudança. Tal

mudança deve ser registrada como mudança na estimativa contábil, de acordo com a NBC TG 23".

13.3.5.3.5. *Estudo das contas do imobilizado*

1 — Máquinas e equipamentos
2 — Veículos
3 — Peças de reposição
4 — Móveis e utensílios
5 — Ferramentas
6 — Edificações
7 — Instalações
8 — Recursos aplicados em florestas de frutos
9 — (–) Depreciação acumulada
10 — Software — sistemas aplicativos
11 — Benfeitorias em propriedades alugadas
12 — (–) Amortização acumulada
13 — Recursos aplicados na exploração mineral
14 — Recursos aplicados em florestas de corte
15 — (–) Exaustão acumulada
16 — Outros Imobilizados Biológicos
17 — (–) Depreciação acumulada
18 — Terrenos
19 — Imobilizados em andamento
20 — (–) Perdas estimadas por redução ao valor recuperável

Como já abordamos nos Capítulos 4 e 8 os itens mais comuns contabilizados no Imobilizado, vamos nos ater apenas aos itens ainda não estudados até este capítulo.

13.3.5.3.5.1. Peças de reposição

Existem peças que são adquiridas com os equipamentos e têm sua vida útil igual a do bem em uso, mesmo estando no estoque; outras peças não perdem utilidade e têm sua vida útil absolutamente independente do bem principal.

Uma peça de determinado veículo tem vida útil independente do restante, mas uma peça de uma máquina industrial eletrônica de inserção de componentes pode não ter nem mercado, nem aplicação ao final da vida útil, bem como não existir mercado para uma máquina usada desse tipo, por isso, as peças de reposição dessa máquina devem ser depreciadas na mesma razão da máquina como um todo, pois, independentemente de não terem sido usadas, ao final da vida útil da máquina, elas não terão mais utilidade.

13.3.5.3.5.2. Recursos aplicados em florestas de frutos (imobilizado biológico)

Florestas de frutos são plantações de cana-de-açúcar, laranja, pera, maçã, café etc. Nesse tipo de floresta, a cada colheita, a produção extraída é menor que a da safra anterior. Por isso, os valores aplicados em florestas de frutos devem ser depreciados de acordo com Regulamento do Imposto de Renda, conforme estudamos no Capítulo 8.

As florestas de frutos, a cada ano que passa, têm a colheita menor e, nesse caso, aplica-se depreciação, e não exaustão.

13.3.5.3.5.3. Software — sistemas aplicativos

Softwares são, via de regra, considerados Ativos Intangíveis. Entretanto, um software que tenha vinculação muito forte com um hardware deve ser considerado um Ativo Imobilizado, porque não pode ser separado desse hardware nem vendido separadamente.

> **Exemplo:** um sistema aplicativo que opere com o sistema de segurança particular de uma empresa é um exemplo de software que deve ser imobilizado e amortizado na mesma razão do hardware associado.

Softwares de baixo valor devem ser considerados despesa e não devem ser ativados nem no Imobilizado nem no Intangível.

> **Exemplo:** uma planilha eletrônica para cálculo da folha de pagamento.

13.3.5.3.5.4. Benfeitorias em propriedades alugadas

Quando uma empresa utiliza um imóvel de terceiro e realiza melhorias, se o contrato de locação prevê algum tipo de reembolso ou compensação desses valores gastos, os valores aplicados nas benfeitorias podem ser ativados como Imobilizado e amortizados em função do prazo restante de locação.

Caso o contrato de locação não tenha cláusula de reembolso, os valores aplicados devem ser lançados como despesa.

13.3.5.3.5.5. Recursos aplicados na exploração mineral

Os recursos aplicados na exploração mineral são os valores para aquisição de área, licenças de exploração, máquinas, edificações, alojamentos, veículos etc.

Existem, portanto, itens corpóreos (tangíveis) e incorpóreos (intangíveis).

O CPC 34, ainda em fase de aprovação, em seu item 9, apresenta uma relação de contas que devem ser consideradas como contas ligadas à exploração mineral:

> "A entidade deve determinar políticas contábeis para definir os gastos que serão reconhecidos como ativos de exploração e avaliação, considerando o nível de associação deles com os recursos minerais específicos. A aplicação de tais políticas deve ocorrer de forma consistente. A seguir, estão apresentados alguns exemplos de gastos que podem ser incluídos na mensuração inicial do ativo de exploração e avaliação:
>
> (a) **aquisição de direitos de exploração**;
>
> (b) estudos topográficos, geológicos, geoquímicos e geofísicos;
>
> (c) perfuração exploratória;

(d) valas;

(e) amostragens; e

(f) atividades relacionadas com avaliação de viabilidade técnica e comercial da extração do recurso mineral."

Nos itens 15 e 16 do CPC 34, fica claro que algumas contas podem ser tangíveis e outras intangíveis. O direito de exploração é um exemplo clássico de classificação no Intangível.

"A entidade deve classificar os **ativos de exploração** e avaliação **como tangíveis ou intangíveis** de acordo com a natureza dos mesmos e manterá tal classificação de forma consistente.

Alguns ativos de exploração e avaliação são tratados como **intangíveis (por exemplo, direitos de perfuração)**, enquanto outros como tangíveis (por exemplo, veículos ou plataformas de perfuração). Na medida em que os ativos tangíveis são consumidos no desenvolvimento de um ativo intangível, o montante de seu custo baixado a título de consumo será computado como parte do custo de elaboração do ativo intangível. Contudo, o uso do ativo tangível para desenvolver um ativo intangível não o torna intangível."

13.3.5.3.5.6. Recursos aplicados em florestas de corte

Recursos aplicados em madeira para celulose ou madeira para carvão ou móveis são florestas que serão plantadas e cortadas para esses fins. Nesse caso, aplica-se exaustão, uma vez que os recursos serão exauridos.

13.3.5.3.5.7. Ativos Biológicos

São exemplos de Ativos Biológicos **as plantações, os animais de tração ou animais para abate**.

Esses Ativos devem ser sempre avaliados pelo valor justo, uma vez que consomem fertilizantes, serviços de limpeza e segurança da floresta, tratamento antipragas etc. Inicialmente, uma floresta tem seu valor justo igual ao custo da plantação e, à medida que a floresta se desenvolve, ela vai tendo seu valor aumentado, em função do crescimento.

Uma criação de animais, por exemplo, bois para corte, tem como valor justo inicial o próprio valor de compra dos bezerros e, nos exercícios seguintes, à medida que o gado ganha peso, o valor justo será o da cotação da arroba no mercado. Se o gado produz leite, a receita gerada vai contribuir para reduzir os gastos e melhorar o Resultado a valor justo na época da venda do gado.

Custo de aquisição do bezerro	$ 120
Custo de ração, pessoal etc. para criar (engordar) o bezerro	$ 150
Receita com a venda do leite até o dia do abate	**$ (40)**
Custos totais de criação	$ 230
Valor de venda	$ 300
Lucro com a venda	**$ 70**

Também é um Ativo Biológico um animal de tração e, nesse caso, aplicase depreciação porque o tempo de vida típico pode ser considerado pela Contabilidade.

Não cabe depreciação a terrenos e edificações em andamento, porque um terreno não se desvaloriza, segundo o Regulamento do Imposto de Renda, e uma edificação em andamento que não está sendo utilizada, por sua vez, não está se desgastando.

13.3.5.3.5.8. Perdas estimadas por redução ao valor recuperável

A todos os Ativos classificados no Ativo Imobilizado cabe a análise de redução ao valor recuperável, como especificada na NBC TG 01 (CPC 01) e já estudada no Capítulo 8.

13.3.5.3.5.9. Imobilizados em andamento

Neste grupo de contas, devem ser registrados todos os valores aplicados na aquisição de bens em uso na fase pré-operacional de uma empresa, assim como todos os valores aplicados desde o início da construção de uma edificação ou máquina até o momento que o imobilizado entra em operação. Fazem parte deste grupo de contas os valores aplicados em imobilizados que estão em fase de importação, assim como adiantamentos a fornecedores de imobilizados e os materiais para imobilizados em andamento.

13.3.5.3.6. Operações de arrendamento (arrendamentos)

O arrendamento mercantil, segundo a norma NBC TG 06 R3, que entrou em vigor a partir de 1.º de janeiro de 2019, tanto se aplica a imobilizados como a intangíveis. No Brasil, a Lei 6.099/74 e a resolução 2.309/96 do Conselho Monetário Nacional regulamentam do ponto de vista fiscal as operações de arrendamento e só permitem arrendamentos para ativos imobilizados (tangíveis). A nova norma de arrendamento tem correlação com a norma internacional IFRS 16 do IASB.

13.3.5.3.6.1. Considerações iniciais sobre arrendamento

A **norma que regulava** o arrendamento mercantil no Brasil até 31 de dezembro de 2018 **para as grandes empresas** era a **NBC TG 06 R2. A partir de 1.º de janeiro de 2019** entrou em vigor a revisão 3 dessa norma, isto é, a **NBC TG 06 R3. As pequenas e médias empresas** continuam tendo de tratar o arrendamento mercantil de acordo com a norma **NBC TG 1000 R1 (CPC-PME)**, que tem **basicamente as mesmas orientações da NBC TG 06 R2**.

Uma empresa de grande porte é uma empresa que possui ativos superiores a 240 milhões ou receita bruta superior a 300 milhões. Todas as outras são consideradas, para fins contábeis, pequenas ou médias empresas (PME).

O tratamento para os arrendadores não foi modificado substancialmente.

Infelizmente teremos no Brasil e nas provas para concursos e exames dois tipos de tratamento contábil até que a norma para as PMEs seja alterada.

Arrendamento é basicamente uma locação do ponto de vista formal, isto é, o contratante (arrendatário) não tem a propriedade formal do ativo.

Até a NBC TG 06 R2, tanto o arrendatário como o arrendador tinham duas formas de registrar a operação de arrendamento: arrendamento mercantil operacional ou arrendamento mercantil financeiro.

O arrendamento operacional é aquele tipo de arrendamento que é de fato uma locação em essência, isto é, o bem pertence de fato ao arrendador e o locatário paga um valor que é substancialmente inferior ao que pagaria se estivesse de fato comprando o bem de forma financiada.

No arrendamento financeiro, o arrendatário na verdade não está alugando o bem, mas adquirindo o bem de forma financiada. Uma das principais características desse tipo de arrendamento é o fato de que o valor presente das prestações corresponde ao valor justo do bem, e isso caracteriza uma efetiva venda.

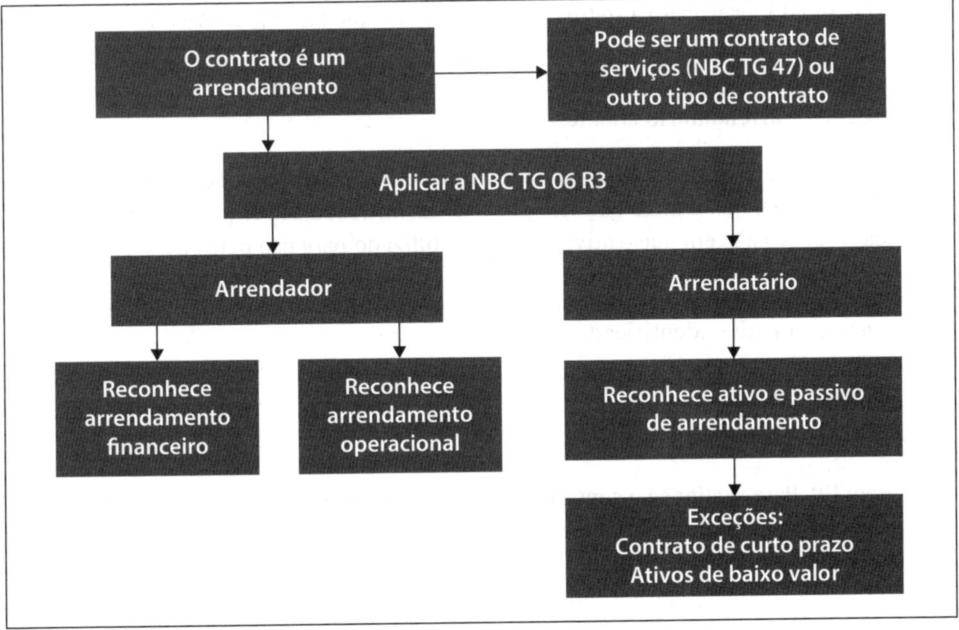

13.3.5.3.6.2. Definição de arrendamento

A entidade precisa decidir se o contrato em questão é ou contém um arrendamento, e essas orientações estão no item 9 da norma (NBC TG R3/IFRS 16), transcrito a seguir:

> "Item 9. Na celebração de contrato, a entidade deve avaliar se o contrato é, ou contém, um arrendamento. O contrato é, ou contém, um arrendamento se ele transmite o direito de controlar o uso de ativo identificado por um período de tempo em troca de contraprestação. Os itens B9 a B31 estabelecem orientação sobre a avaliação se o contrato é, ou contém, um arrendamento".

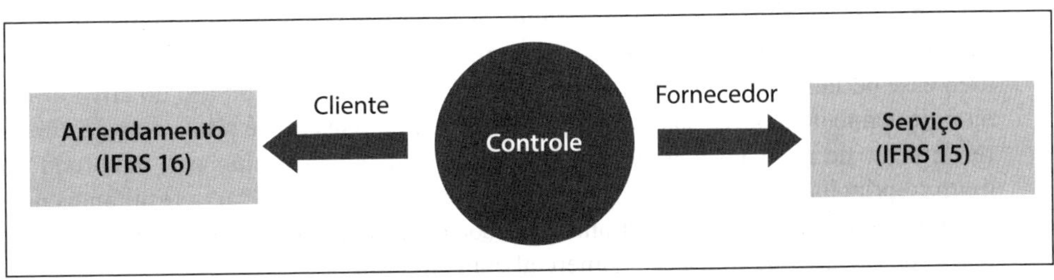

O controle se caracteriza se o arrendatário tiver direito a controlar o ativo por pelo menos uma parte do prazo contratual. Durante esse tempo o contrato deve ser considerado um arrendamento, e essa orientação está especificada no item B10, transcrito a seguir:

> "Item B10. Se o cliente tem o direito de controlar o uso de **ativo identificado** somente durante parte do prazo do contrato, o contrato contém arrendamento para essa parte do prazo".

É claro que, se o arrendatário controlar o ativo identificado durante todo o período contratual, o contrato é um arrendamento.

No item B13, transcrito a seguir, a norma define que ativo identificado é aquele que é expressamente descrito no contrato, por exemplo, o número de chassi de um veículo, mas também pode ser considerado identificado se isso for feito na hora em que o ativo for entregue ao arrendatário cliente.

> "Item B13. O ativo normalmente é identificado ao ser expressamente especificado no contrato. Contudo, o ativo também pode ser identificado ao ser implicitamente especificado na ocasião em que o ativo for disponibilizado para uso pelo cliente."

Se o fornecedor do ativo tiver o direito de substituir o ativo na hora em que desejar, o ativo não é um ativo identificado.

O controle basicamente se caracteriza quando a entidade arrendatária é a beneficiária dos benefícios econômicos do uso do ativo e tem o direito de direcionar o uso dos ativos. Vejamos o item B9 da norma:

> "Item B9. Para avaliar se o contrato transfere o direito de controlar o uso de ativo identificado por um período de tempo, a entidade deve avaliar se, durante todo o período de uso, o cliente possui o seguinte:
>
> (a) o direito de obter substancialmente todos os benefícios econômicos do uso dos ativos identificados; e
>
> (b) o direito de direcionar o uso dos ativos identificados".

13.3.5.3.6.2.1. Direito de obter benefícios econômicos

O arrendatário **cliente tem de possuir o direito de obter a maioria dos benefícios econômicos pelo uso do ativo durante o período do contrato**, como está especificado no item B 21, por exemplo, uso exclusivo do ativo. O cliente arrendatário pode obter os benefícios direta ou indiretamente, isto é, com subarrendamentos. O subarrendamento é uma novidade dessa versão da norma a partir de 1.º de janeiro de 2019.

> "Item B21. Para controlar o uso do ativo identificado, **o cliente é obrigado a possuir o direito de obter, substancialmente, todos os benefícios econômicos do uso do ativo durante todo o período de uso** (por exemplo, ao ter o uso exclusivo do ativo durante todo esse período). O cliente pode obter benefícios econômicos do uso do ativo direta ou indiretamente de diversas maneiras, tais como, pelo uso, pela posse ou pelo subarrendamento do ativo. Os benefícios econômicos do uso do ativo incluem sua produção (*output*) principal e subprodutos (incluindo potenciais fluxos de caixa resultantes desses itens) e outros benefícios econômicos decorrentes do uso do ativo, que poderiam ser realizados a partir de transação comercial com terceiro."

Segundo os itens B22 e B23 da norma, se o cliente arrendatário tiver uma limitação de uso no território, isso não significa que não tenha o direito de obter a maioria dos benefícios econômicos. Mesmo que o cliente arrendatário tenha de pagar valor adicional em função de vendas ou outro critério, isso também não significa que os benefícios não estão fluindo em favor do cliente arrendatário.

13.3.5.3.6.2.2. Direito de direcionar o uso

O cliente arrendatário precisa ter o direito de definir o uso do ativo durante todo o período de contrato, e isso está definido no item B24, transcrito a seguir:

"Item B24. O cliente tem o direito de direcionar o uso do ativo identificado durante todo o período de uso somente se:

(a) o cliente tiver o direito de direcionar como e para que finalidade o ativo deve ser utilizado durante todo o período de uso (conforme descrito nos itens B25 a B30); ou

(b) as decisões relevantes sobre como e para que finalidade o ativo é usado são predeterminadas e:

(i) o cliente tem o direito de operar o ativo (ou de orientar outros para operar o ativo da forma como determina) durante todo o período de uso, sem o fornecedor ter o direito de alterar essas instruções operacionais; ou

(ii) o cliente projetou o ativo (ou aspectos específicos do ativo) de modo que predetermina como e para qual finalidade o ativo deve ser usado durante todo o período de uso".

A norma exemplifica exemplos de tomada de decisão sobre o uso do ativo no seu item B26, transcrito a seguir:

"Item B26. Exemplos de direitos de tomada de decisão que, dependendo das circunstâncias, concedem o direito de alterar como e para qual finalidade o ativo deve ser usado, dentro do alcance definido do direito de uso do cliente, incluem:

(a) direitos de alterar o tipo de produção que é produzido pelo ativo (por exemplo, decidir se deve utilizar o contêiner para transporte de mercadorias ou para armazenamento ou decidir sobre o *mix* de produtos vendidos no espaço de varejo);

(b) direitos de alterar quando a produção é realizada (por exemplo, decidir quando um item de maquinário ou a usina de energia será utilizado);

(c) direitos de alterar o local onde a produção é realizada (por exemplo, decidir sobre o destino de um caminhão ou de um navio ou decidir quando um item do equipamento será utilizado); e

(d) direitos de alterar se a produção é realizada e a quantidade dessa produção (por exemplo, decidir se produz energia a partir de uma usina e o quanto de energia produzir a partir dessa usina)".

Algumas limitações que visam à proteção do ativo podem ser impostas pelo fornecedor ao cliente arrendador, e isso não significa que o cliente não tenha o direito de uso do ativo. Exemplos de restrições que visam apenas proteger o ativo estão apresentadas no item B30 e são apresentadas a seguir:

"Item B30. O contrato pode incluir termos e condições destinados a proteger o interesse do fornecedor no ativo ou em outros ativos; a proteger seu pessoal; ou a garantir o cumprimento de leis ou regulamentos pelo fornecedor. A seguir, são apresentados exemplos de direitos de proteção. Por exemplo, o contrato pode (i) especificar o **valor máximo de**

uso do ativo ou limitar onde ou quando o cliente pode utilizar o ativo, (ii) **exigir que o cliente siga determinadas práticas operacionais**, ou (iii) **exigir que o cliente informe o fornecedor sobre as alterações na forma como o ativo será usado**. Os direitos de proteção normalmente definem o alcance do direito de uso do cliente, mas não impedem, isoladamente, o cliente de ter o direito de direcionar o uso do ativo".

Em outras palavras, mesmo que essas restrições existam, o arrendatário (cliente) deve registrar o direito de uso (o ativo) em contrapartida ao seu passivo.

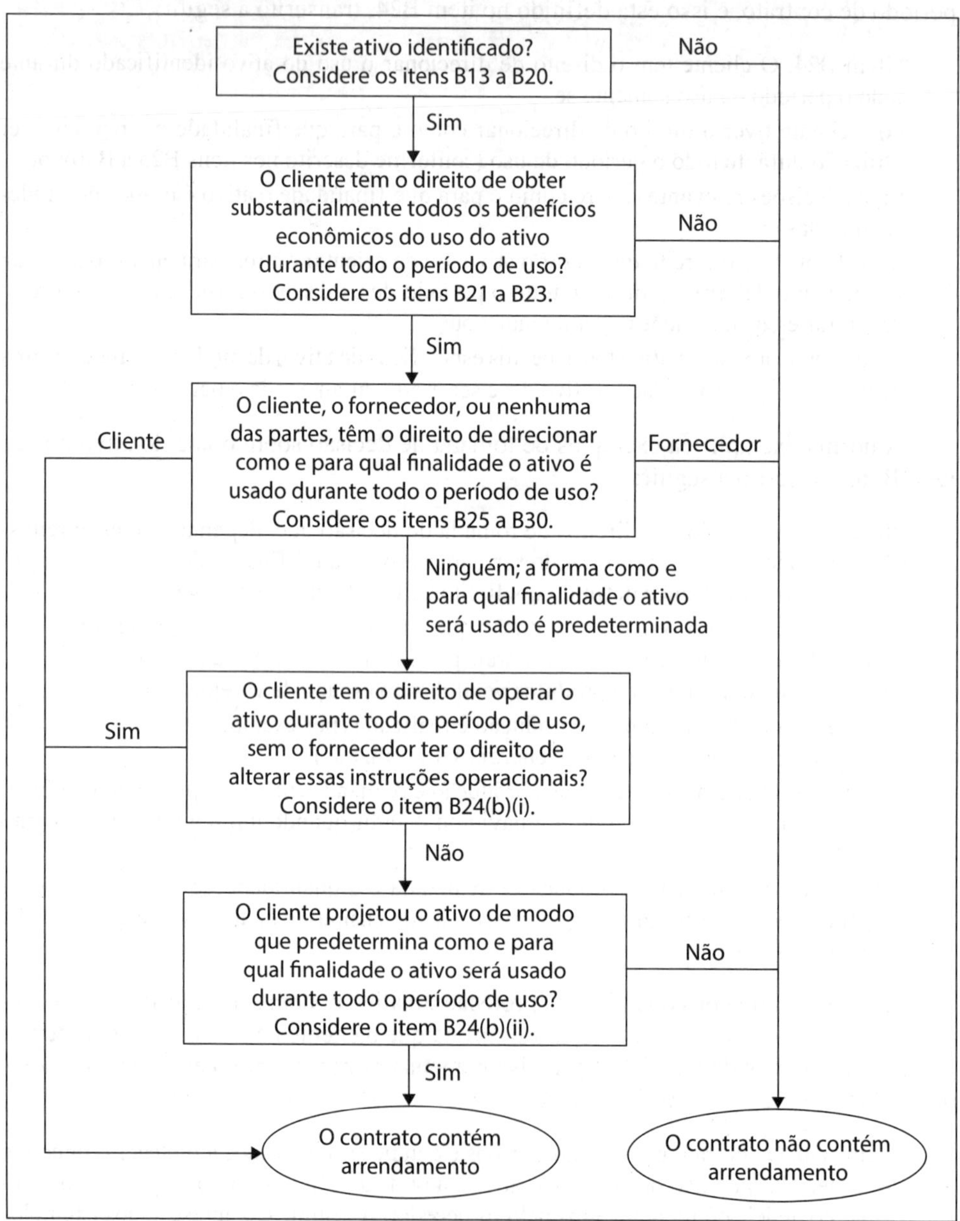

13.3.5.3.6.3. Registro inicial no arrendatário

De acordo com o diagrama anterior, a partir da NBC TG 06 R3 (IFRS 16), **o arrendatário sempre irá registrar um ativo e seu correspondente passivo associado**, de acordo com os itens 23 e 24 da norma, transcritos a seguir, como **ativo de direito de uso**, que corresponderá ao seu custo. Este é composto pelo valor presente do passivo mais pagamentos iniciais, gastos com a estimativa de remoção:

> "**Item 23. Na data de início, o arrendatário deve mensurar o ativo de direito de uso ao custo.**
>
> Item 24. O custo do ativo de direito de uso deve compreender:
>
> (a) o valor da **mensuração inicial do passivo de arrendamento**, conforme descrito no item 26;
>
> (b) quaisquer **pagamentos** de arrendamento efetuados **até a data de início, menos quaisquer incentivos** de arrendamento recebidos;
>
> (c) quaisquer **custos diretos iniciais** incorridos pelo arrendatário; e
>
> (d) **a estimativa de custos** a serem incorridos pelo arrendatário **na desmontagem e remoção** do ativo subjacente, restaurando o local em que está localizado ou restaurando o ativo subjacente à condição requerida pelos termos e condições do arrendamento, salvo se esses custos forem incorridos para produzir estoques. O arrendatário incorre na obrigação por esses custos seja na data de início ou como consequência de ter usado o ativo subjacente durante um período específico".

13.3.5.3.6.3.1. Exceções no registro inicial pelo arrendatário

Existem duas exceções previstas na norma segundo as quais o arrendatário não está obrigado a registrar o ativo arrendado como ativo. Essas exceções estão descritas no item 5, transcrito a seguir, que trata da isenção de reconhecimento:

> "Item 5. O arrendatário pode decidir não aplicar os requisitos dos itens 22 a 49 a:
>
> (a) **arrendamentos de curto prazo**; e
>
> (b) arrendamentos para os quais o **ativo subjacente é de baixo valor** (conforme descrito nos itens B3 a B8)".

Os itens 22 a 49 tratam das condições de reconhecimento inicial pelos arrendatários.

13.3.5.3.6.3.1.1. Arrendamento de curto prazo

No apêndice A está definido que arrendamento de curto prazo é o arrendamento com prazo de 12 meses ou menos, e não pode ter cláusula de opção de compra:

> "Apêndice A. **Arrendamento de curto prazo** é o arrendamento que, na data de início, possui o prazo de arrendamento de 12 meses ou menos. O arrendamento que contém opção de compra não é arrendamento de curto prazo".

13.3.5.3.6.3.1.2. Arrendamento de baixo valor

A norma não define um valor objetivo abaixo do qual o ativo seria classificado como ativo de baixo valor. As bases sobre essa norma, que são documentos que registram a discussão anterior à aprovação, citam o valor de US$ 5.000 ou menos como referência, mas esse valor não foi adotado na versão final da norma. A norma cita em seu apêndice B, no item B8, transcrito a seguir, exemplos de ativos de baixo valor:

> "Item B8. Exemplos de ativos subjacentes de baixo valor podem incluir computadores pessoais, *tablets*, pequenos itens de mobiliário de escritório e telefones".

A norma chama a atenção em seu item B3, transcrito a seguir, para o fato de que a decisão sobre o valor do ativo de baixo valor deve levar em consideração o valor do ativo quando ele for novo. Por exemplo, um veículo usado jamais pode ser considerado um ativo de baixo valor.

> "Item B3. O arrendatário deve avaliar o valor do ativo subjacente com base no valor do ativo quando este é novo, independentemente da idade do ativo que está sendo arrendado."

A norma também chama a atenção para o fato de que um ativo que será subarrendado nunca pode ser considerado ativo de baixo valor. Essa orientação está descrita no item B7, transcrito a seguir:

> "B7. Se o arrendatário subarrenda o ativo, ou espera subarrendar o ativo, o arrendamento principal não se qualifica como arredamento de ativo de baixo valor".

Por fim, a norma deixa claras as condições gerais que um ativo precisa ter para ser considerado um ativo de baixo valor. Essas condições estão definidas no item B5, transcrito a seguir:

> "Item B5. O ativo subjacente pode ser de baixo valor somente se:
>
> (a) **o arrendatário puder beneficiar-se do uso do ativo subjacente** por si só ou juntamente com outros recursos que estiverem imediatamente disponíveis ao arrendatário; e
>
> (b) **o ativo subjacente não for altamente dependente de outros ativos** ou não estiver altamente inter-relacionado a outros ativos".

13.3.5.3.6.3.2. Exemplos de registro iniciais de arrendamentos no arrendatário

Exemplo 1 — Arrendamento de curto prazo

Uma empresa contratou um arrendamento de 1 computador no dia 01 de outubro de 2018 para uma equipe de desenvolvimento de produto. O equipamento será utilizado até 30 de novembro de 2019. O valor mensal foi de R$ 400,00.

Comentário: No dia 31 de dezembro de 2018, este contrato tinha apenas mais 11 meses, mas ele não pode ser considerado como um contrato de curto prazo porque na data de início do arrendamento era um contrato de 14 meses, portanto maior que um ano. O arrendatário terá que registrar ativo de direito de uso.

Supondo que a taxa de mercado para este tipo de transação neste período seja de 3% ao mês, o valor presente do passivo de arrendamento será:

DADOS	VALOR R$
Pagamento mensal 1 x R$ 400,00	R$ 400,00
Valor Bruto do Arrendamento	R$ 5.600,00
Taxa de Juros Implícita	3% a.m.
Tempo do contrato	14 meses
Valor Presente do Passivo	R$ 4.501,84

O arrendamento será apresentado no balanço do arrendatário da seguinte forma:

ATIVO		PASSIVO	
ANC — Imobilizado	Valor (R$)		Valor (R$)
Direito de Uso de Computadores	4.501,84	Passivo de Arrendamento	4.501,84

Exemplo 2: Arrendamento de curto prazo

Uma empresa contratou um arrendamento de 1 computador no dia 01 de outubro de 2018 para uma equipe de desenvolvimento de produto. O equipamento será utilizado até 31 de março de 2019. O valor mensal foi de R$ 400,00 pelo equipamento e o contrato possui uma opção de contrato com valor residual definido de R$ 2.500,00. **Comentário:** O prazo no início do arrendamento caracteriza o contrato como de curto prazo (apenas 6 meses) entretanto contrato com opção de compra não pode ser considerado como contratos de curto prazo. Arrendatário terá que registrar ativo de direito de uso.

DADOS	VALOR R$
Pagamento mensal 1 x R$ 400,00	R$ 400,00 mensal
Valor bruto dos pagamentos mensais	R$ 2.400,00
Valor residual = 1 x R$ 2.500,00	R$ 2.500,00
Valor Bruto do Arrendamento	R$ 4.900,00
Taxa de Juros Implícita	3% a.m.
Tempo do contrato	6 meses
Valor Presente das Prestações	R$ 2.166,87
Valor Presente do Valor Residual	R$ 2.093,71
Valor Passivo de Arrendamento	R$ 4.260,58

O arrendamento será apresentado no balanço do arrendatário da seguinte forma:

ATIVO		PASSIVO	
ANC — Imobilizado	Valor (R$)		Valor (R$)
Direito de Uso de Computadores	4.260,58	Passivo de Arrendamento	4.260,58

Exemplo 3: Arrendamento de curto prazo

Uma empresa contratou um arrendamento de 5 veículos no dia 01 de outubro de 2018 para sua equipe de vendas. Os veículos serão utilizados até 31 de março de

2019. O valor mensal foi de R$ 1.000,00 por veículo e o contrato não possui uma opção de compra com valor residual definido.

Comentário: Veículos não podem ser considerados como arrendamentos de baixo valor, mas esse contrato pode ser considerado como de curto prazo porque tem duração de 6 meses. O Arrendatário pode aplicar a isenção prevista no item 5 e não registrar o ativo de direito de uso e desta forma registrar as despesas de arrendamento de forma linear mensalmente.

DADOS	VALOR R$
Pagamento mensal 5 x R$ 1.000,00	R$ 5.00,00 mensal

Registro no livro razão do valor da prestação a cada mês:

Despesas de Arrendamento	
5.000,00	

Disponidade ou Arrendamento a Pagar	
	5.000,00

Exemplo 4: Arrendamento de Curto Prazo com possibilidade de prorrogação de prazo

Uma empresa contratou um arrendamento de 50 telefones celulares no dia 01 de outubro de 2018 para uma equipe de vendas. Os equipamentos serão utilizados até 30 de setembro de 2019. O valor mensal foi de R$ 100,00 por celular e o valor à vista de cada celular é de R$ 2.000,00. O contrato possui possibilidade de prorrogação de prazo para mais 12 meses. A taxa de juros implícita para esse tipo de contrato é de 3% a.m.

Comentário: Os itens (celulares) são de baixo valor e o prazo também é considerado de curto prazo. O reconhecimento possui duas possibilidades, caso a empresa não tenha intenção de prorrogar o contrato a empresa não precisa registrar o ativo de direito de uso (OPÇÃO 1), mas se a empresa pretende prorrogar o contrato, então deverá registrar o ativo de direito de uso (OPÇÃO 2):

A seguir a tabela com o cálculo do valor bruto e valor presente do passivo de arrendamento.

DADOS	VALOR R$
Pagamento mensal 50 x R$ 100,00	R$ 5.000,00 mensal
Taxa de Juros	3% a.m
Valor Bruto do Arrendamento 24 x R$ 5.000,00	R$ 120.000,00
Valor presente das prestações	R$ 84.677,71

Opção 1: Nesta opção como a empresa não pretende prorrogar o contrato, poderá opcionalmente registrar despesas de arrendamento e não registrar o ativo de direito de uso.

Despesas de Arrendamento	
5.000,00	

Disponibilidade ou Arrendamento a Pagar	
	5.000,00

Opção 2: Nesta opção como a empresa pretende prorrogar o contrato, ela terá que registrar o ativo de direito de uso.

ATIVO		PASSIVO	
ANC — Imobilizado	Valor (R$)		Valor (R$)
Direito de Uso de Celulares	84.677,71	Passivo de Arrendamento	84.677,71

Exemplo 5: Locação de uma sala comercial por cinco anos.

Uma empresa alugou um conjunto comercial para suas atividades operacionais pelo período de 5 anos pelo valor mensal de R$ 10.000,00 como aluguel. A taxa de juros implícita na operação é de 1% a.m. que é similar à taxa de mercado para financiamento deste tipo de imóvel. A arrendatária teve gastos de adaptação do local de R$ 50.000,00.

A seguir uma tabela com o cálculo do valor bruto dos alugueis ao longo dos cinco anos e o valor presente dos alugueis considerando uma taxa de desconto de 1% ao mês.

DADOS	VALOR R$
Pagamento mensal	R$ 10.000,00
Taxa de Juros	1% a.m
Valor Bruto do Arrendamento 60 x R$ 10.000,00	R$ 600.000,00
Valor presente das prestações (Passivo de Arrendamento)	R$ 449.550,38
Gastos de adaptação	R$ 50.000,00
Valor do ativo de direito de uso	R$ 499.550,38

A seguir, o registro no balanço patrimonial na data da contratação da locação.

ATIVO		PASSIVO	
ANC - Imobilizado	Valor (R$)		Valor (R$)
Direito de Uso de Conjunto	499.550,38	Passivo de Arrendamento	499.550,38

Perceba que o proprietário da sala manterá a sala registrada como seu ativo imobilizado e o arrendatário irá registrar, também no seu imobilizado, o direito de usar a sala comercial e não o ativo imobilizado.

13.3.5.3.6.4. Mensuração subsequente no arrendatário

Após o registro inicial, a norma permite que o ativo seja avaliado pelo método do custo e pelo método da reavaliação. O método da reavaliação não é permitido no Brasil desde a promulgação da Lei n. 11.638/2007.

O valor registrado deve ser reduzido em função de depreciação e redução ao valor recuperável (NBC TG 01) e ajustado em função de qualquer remensuração do passivo, de acordo com o item 30 da norma, transcrito a seguir:

> "Item 30. Para aplicar o método de custo, o arrendatário deve mensurar o ativo de direito de uso ao custo:
>
> (a) menos qualquer depreciação acumulada e quaisquer perdas acumuladas por redução ao valor recuperável; e
>
> (b) corrigido por qualquer remensuração do passivo de arrendamento especificada no item 36(c)".

O tempo de depreciação deve ser o menor tempo na comparação entre a vida útil ou o tempo de contrato. Isso está especificado no item 33 da norma.

O valor contábil do ativo tanto pode ser aumentado como reduzido pela remensuração do passivo.

O valor do passivo de arrendamento deve ser aumentado em função dos juros, reduzido em função dos pagamentos e reavaliado em função de qualquer modificação no arrendamento. Isso está especificado no item 36 da norma, transcrito a seguir:

> "Item 36. Após a data de início, o arrendatário deve mensurar o passivo de arrendamento:
>
> (a) aumentando o valor contábil para refletir os juros sobre o passivo de arrendamento;
>
> (b) reduzindo o valor contábil para refletir os pagamentos do arrendamento efetuados; e
>
> (c) remensurando o valor contábil para refletir qualquer reavaliação ou modificações do arrendamento, especificadas nos itens 39 a 46, ou para refletir pagamentos fixos na essência revisados (ver item B42)".

Caso ocorra uma remensuração do passivo, o arrendatário deve ajustar o ativo de direito de uso. Isso significa que diminuições do passivo irão gerar débitos na conta credora do passivo de arrendamento e créditos na conta devedora do ativo de direito de uso. De forma oposta, se ocorrer aumento do passivo de arrendamento deverá ocorrer crédito na conta do passivo de arrendamento e débito na conta do ativo de direito de uso.

Exemplo: caso um ativo de direito de uso sobre um terreno tenha sido registrado por R$ 1.000.000,00 em contrapartida a um passivo de arrendamento de R$ 1.000.000,00.

Ativo de Direito de Uso — Terreno	
1.000.000	

Passivo de Arrendamento	
	1.000.000

Se em algum momento o contrato foi alterado e o passivo de arrendamento passou a ser de R$ 1.300.000,00 em função da ampliação das instalações nesse terreno, o ativo de direito de uso também deverá ser ajustado em R$ 300.000,00.

Ativo de Direito de Uso — Terreno	
1.000.000	
300.000	

Passivo de Arrendamento	
	1.000.000
	300.000

13.3.5.3.6.5. Contabilização no arrendador financeiro

Existem dois tipos de arrendadores na modalidade financeiro, a instituição financeira de arrendamento e o próprio fabricante do bem.

13.3.5.3.6.5.1. Arrendador instituição financeira

O arrendador instituição financeira na modalidade de arrendamento financeiro, quando adquire um bem, logo após a aquisição, registra **um contas a receber líquido de valor igual ao valor justo do bem**. Caso, desde o momento da compra do ativo até o momento da entrega ao cliente, ocorra o fechamento de um balanço, o ativo deve ser apresentado no seu Ativo Circulante, pois trata-se de um ativo não circulante disponível para venda (CPC 31). Quando o bem for entregue ao cliente, deverá baixar o ativo registrando um Contas a Receber de curto prazo e longo prazo.

> "A NBC TG 06 R2 Item 67. Na data de início, o arrendador deve reconhecer os ativos mantidos em arrendamento financeiro em seu balanço patrimonial e deve apresentá-los como recebível ao valor equivalente ao investimento líquido no arrendamento."

Contabilização na data da aquisição de uma máquina e subsequente arrendamento mercantil financeiro:

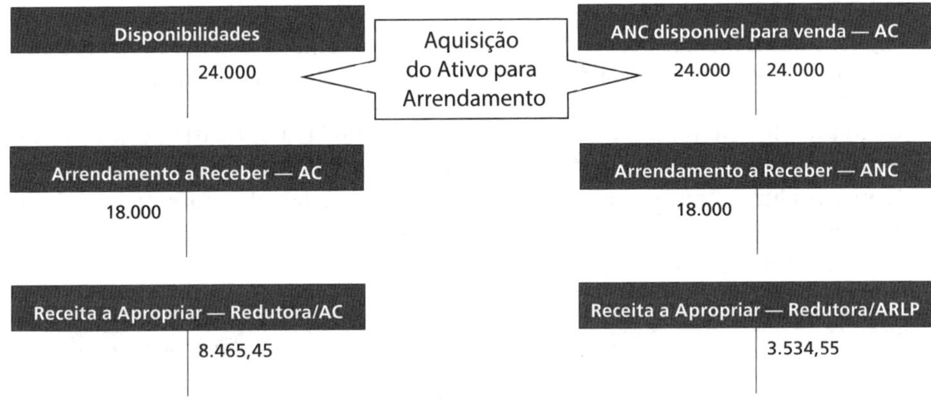

Apresentação no Balanço Patrimonial do Arrendador Financeiro

ATIVO	VALOR ($)
Circulante	
Arrendamentos a Receber	18.000,00
(–) Receita a Transcorrer	(8.465,45)
Não Circulante	
Arrendamentos a Receber	18.000,00
(–) Receita a Transcorrer	(3.534,55)

Receita de Arrendamento a transcorrer
$ 8.465,45 + $ 3.534,55
$12.000

13.3.5.3.6.5.2. Arrendador fabricante

Os arrendadores financeiros fabricantes realizarão o ganho (ou prejuízo) relativo à diferença de preço de venda e ao custo do produto fabricado, e, ao longo do contrato, ganharão a receita financeira embutida no financiamento como se fossem uma instituição financeira.

> "NBC TG 06 R3, Item 71. Na data de início, para cada um de seus arrendamentos financeiros, o arrendador fabricante ou revendedor deve reconhecer o seguinte:

(a) a receita que é o valor justo do ativo subjacente ou, se for inferior, o valor presente dos recebimentos de arrendamento de responsabilidade do arrendador, descontado, utilizando a taxa de juros de mercado;

(b) o custo de venda, que é o custo, ou valor contábil, caso seja diferente, do ativo subjacente menos o valor presente do valor residual não garantido; e

(c) o resultado na venda (que é a diferença entre a receita e o custo da venda), de acordo com sua política para vendas diretas à qual se aplica a NBC TG 47. O arrendador fabricante ou revendedor deve reconhecer o resultado na venda em arrendamento financeiro na data de início, independentemente de se o arrendador transfere o ativo subjacente, conforme descrito na NBC TG 47.

NBC TG 06 R3 Item 75. O arrendador deve reconhecer a receita financeira ao longo do prazo do arrendamento, com base em padrão que reflita a taxa de retorno periódica constante sobre o investimento líquido do arrendador no arrendamento."

Exemplo: uma empresa vende um ativo por $ 24.000 (valor à vista), este ativo está registrado em seu estoque por um custo de $ 15.000. Portanto, **o arrendador realizará um lucro bruto no ato da entrega do bem e início do contrato no valor de $ 9.000**. O Contas a receber e a receita a apropriar possuem o mesmo registro do arrendador instituição financeira.

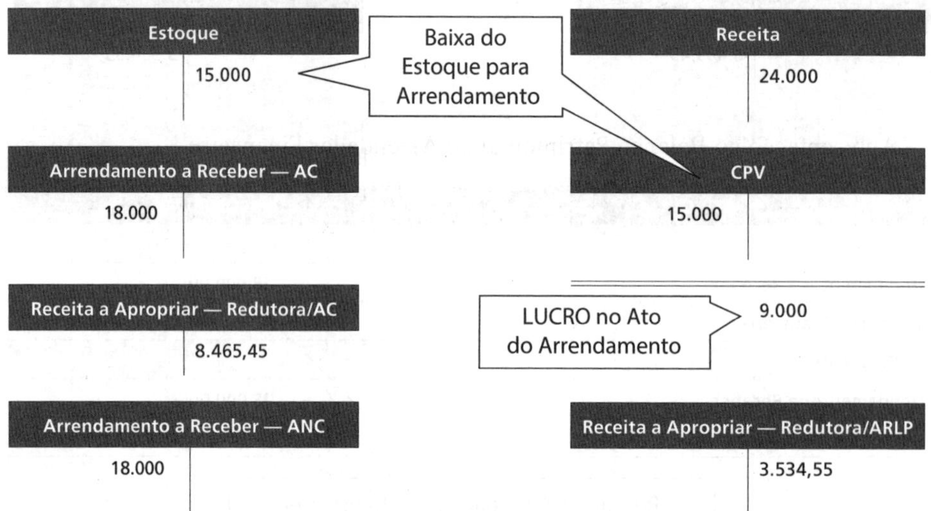

13.3.5.3.6.6. Arrendamento mercantil operacional

Nesse caso, o bem é efetivamente do arrendador. O arrendatário, nos casos de arrendamentos de curto prazo ou baixo valor, considera a prestação de arrendamento como despesas, e o arrendador operacional sempre considera o valor recebido ou a receber como receita de arrendamento.

13.3.5.3.6.6.1. Registro no arrendatário nas exceções

Para os arrendamentos mercantis operacionais, os pagamentos da prestação (excluindo os custos de serviços como seguro e manutenção) **devem ser reconhecidos como despesa na base da linha reta**, salvo se outra base sistemática for representativa do padrão temporal do benefício do usuário, mesmo que tais pagamentos não sejam feitos nessa base (item 34 do CPC 06 R1).

13.3.5.3.6.6.2. Registro no arrendador

A receita de arrendamento mercantil proveniente de arrendamentos mercantis operacionais **deve ser reconhecida no resultado** na base da linha reta durante o prazo do arrendamento mercantil, a menos que outra base sistemática seja mais representativa do padrão temporal em que o benefício do uso do ativo arrendado é diminuído.

O arrendador é o proprietário efetivo do bem e, caso o bem seja depreciável ou amortizável, ele deve depreciá-lo e realizar o teste de *impairment*, se houver indicação de perda.

13.3.5.3.6.7. "Leaseback" (retroarrendamento pelo vendedor junto ao comprador)

O *leaseback* nada mais é do que a venda e a imediata contratação de um arrendamento pelo vendedor junto ao comprador. Uma entidade (vendedor-arrendatário) transfere o ativo a outra entidade e em seguida retroarrenda esse mesmo ativo. As orientações estão nos itens 98 a 103 da NBC TG 06 R3.

A entidade deve analisar se ocorreu uma venda efetiva ou não ocorreu uma venda efetiva. Se ocorreu uma venda efetiva, de acordo com o item 99 da NBC TG 06 R3, a entidade deverá aplicar a NBC TG 47 (Receitas). Quando dizemos que ocorreu uma venda efetiva e em seguida o vendedor fez um contrato de arrendamento, isso significa que para o arrendador esse é um arrendamento operacional.

Caso não tenha ocorrido uma venda efetiva, o "vendedor" deve continuar com o ativo em sua contabilidade e reconhecer a operação como uma operação financeira. De acordo com a NBC TG 48, esta última orientação está no item 103 da NBC TG 06 R3. Em outras palavras, o arrendador neste caso irá registrar o arrendamento como arrendamento financeiro.

Quando ocorre uma venda efetiva e em seguida ocorre um arrendamento do vendedor junto ao comprador, podem ocorrer as seguintes situações:

1) Venda realizada pelo valor justo do ativo.
2) Venda realizada abaixo do valor justo do ativo
3) Venda realizada acima do valor justo do ativo

Vamos exemplificar cada uma dessas situações mais típicas que poderiam ocorrer em operações de *leaseback*.

13.3.5.3.6.7.1. A venda ocorre de acordo com a NBC TG 47, pelo valor justo do ativo

Exemplo: a empresa VIGO S.A. (vendedor-arrendatário) vende uma máquina à vista por R$ 1.000.000,00, que é seu valor justo na data da venda e contratação de arrendamento da mesma máquina. Essa máquina já estava depreciada, e seu valor contábil era de R$ 600.000,00. Em seguida, o vendedor-arrendatário contrata junto ao comprador-arrendador (XPTO Máquinas Profissionais) a mesma máquina, em um arrendamento para ser pago em 36 parcelas de R$ 30.000,00. A taxa de juros implícita da operação foi de 3% ao mês, que coincide com a taxa de mercado para esse tipo de operação. O valor presente dos pagamentos é de R$ 654.967,57.

O valor contábil na contabilidade da empresa vendedora-arrendatária era de R$ 600.000,00, isto é, 60% do valor de venda, que coincide com o valor justo neste caso. O valor do direito de uso do ativo a ser registrado pelo vendedor-arrendatário de acordo com o item 100, "a", da NBC TG 06 R3, deve ser proporcional ao valor contábil do ativo:

"Item 100. Se a transferência do ativo pelo vendedor-arrendatário satisfizer aos requisitos da NBC TG 47 para ser contabilizada como venda do ativo:

(a) **o vendedor-arrendatário deve mensurar o ativo de direito de uso resultante do retroarrendamento proporcionalmente ao valor contábil anterior do ativo referente ao direito de uso retido pelo vendedor-arrendatário**. Consequentemente, o vendedor-arrendatário deve reconhecer somente o valor de qualquer ganho ou perda referente aos direitos transferidos ao comprador-arrendador".

O vendedor-arrendatário vendeu o ativo com ganho bruto de 40% sobre o valor da venda (diferença entre R$ 1.000.000,00 — R$ 600.000,00). Dessa forma, o valor do direito de uso é 60% do valor presente do passivo de arrendamento, isto é, 60% de R$ 654.967,57 = R$ 392.980,54.

Como o vendedor realizou a locação imediatamente, a norma diz que parte do ganho do vendedor locatário será devolvida ao comprador por meio do contrato de arrendamento, mas parte já está retida pelo comprador, uma vez que o valor a ser pago pelo arrendatário é significativamente inferior ao valor justo do bem.

O ganho que efetivamente foi transferido ao locador corresponde ao percentual que não retornou via locação, calculado como sendo 40% sobre a diferença entre o valor contábil líquido no ato da negociação e o valor presente dos pagamentos, isto é, 40% de [(R$ 1.000.000,00 — R$ 654.967,57) = R$ 345.032,43], totalizando R$ 138.012,97.

O locatário então realiza os seguintes lançamentos da data da venda e contratação do arrendamento:

	CONTAS	DÉBITO	CRÉDITO
1	Disponibilidades	1.000.000,00	
2	Direito de uso	392.980,54	
3	Máquina		600.000,00
4	Passivo de arrendamento		654.967,57
5	Ganho sobre o direito transferido — DRE		138.012,97
	TOTAL	1.392.980,54	1.392.980,54

1 — Valor recebido pelo vendedor-arrendatário;

2 — O direito de uso refere-se à parcela que retornou ao vendedor na forma do arrendamento contratado (antigo arrendamento operacional), que representa 65,49% sobre o custo líquido do ativo ou valor contábil líquido, no ato da negociação (R$ 392.980,54 ÷ R$ 600.000,00).

3 — Valor contábil líquido da máquina no ato da negociação.

4 — Valor presente do passivo de arrendamento.

5 — Ganho que efetivamente foi obtido pelo vendedor-arrendatário e que a norma designa como transferido ao comprador-arrendador.

Registro no Locador-Arrendador

Como o locador pagou à vista R$ 1.000.000,00 pela máquina, ele deve registrar essa saída de disponibilidades e a cada um dos 36 meses do contrato de locação registrar a receita de arrendamento:

Registro no ato na aquisição e arrendamento

	CONTAS	DÉBITO	CRÉDITO
1	Disponibilidades		1.000.000,00
2	Máquina	1.000.000,00	

Registro em cada um dos 36 meses seguintes:

	CONTAS	DÉBITO	CRÉDITO
1	Disponibilidades	30.000,00	
2	Receita de arrendamento — DRE		30.000,00

13.3.5.3.6.7.2. A venda ocorre de acordo com a NBC TG 47, por valor abaixo do valor justo do ativo

O vendedor-arrendatário vendeu o ativo por R$ 900.000,00, isto é, R$ 100.000,00 abaixo em relação ao seu valor justo. De acordo com o item 101(a) da NBC TG 06 R3, transcrito a seguir, temos de tratar essa operação considerando que o vendedor-cliente (arrendatário) fez um adiantamento de pagamentos relativo ao arrendamento no valor de R$ 100.000,00.

> "Item 101. Se o valor justo da contraprestação pela venda do ativo não equivale ao valor justo do ativo, ou se os pagamentos pelo arrendamento não são a taxas de mercado, a entidade deve fazer os seguintes ajustes para mensurar os rendimentos da venda ao valor justo:
>
> (a) **quaisquer termos abaixo do mercado devem ser contabilizados como pagamentos antecipados de pagamentos do arrendamento; e ...**"

Exemplo: a empresa VIGO S.A. (vendedor-arrendatário) vende uma máquina à vista por R$ 900.000,00, sabendo que seu valor justo na data da venda é de R$ 1.000.000,00, e realiza a contratação de arrendamento da mesma máquina. Essa máquina já estava depreciada, e seu valor contábil era de R$ 600.000,00. Em seguida, o vendedor-arrendatário contrata junto ao comprador-arrendador (XPTO Máquinas Profissionais) a mesma máquina, em um arrendamento para ser pago em 36 parcelas de R$ 25.419,62. A taxa de juros implícita da operação foi de 3% ao mês, que coincide com a taxa de mercado para esse tipo de operação. O valor presente dos pagamentos é R$ 554.967,57.

Como o valor justo da máquina é de R$ 1.000.000,00 no vendedor-arrendatário e o valor contábil na contabilidade da empresa vendedora-arrendatária era de R$ 600.000,00, isto é, 60% do valor justo, o valor do direito de uso do ativo a ser registrado pelo vendedor-arrendatário, de acordo com o item 100, "a", da NBC TG 06 R3, deve ser proporcional ao valor contábil do ativo:

"Item 100. Se a transferência do ativo pelo vendedor-arrendatário satisfizer aos requisitos da NBC TG 47 para ser contabilizada como venda do ativo:

(a) **o vendedor-arrendatário deve mensurar o ativo de direito de uso resultante do retroarrendamento proporcionalmente ao valor contábil anterior do ativo referente ao direito de uso retido pelo vendedor-arrendatário**. Consequentemente, o vendedor-arrendatário deve reconhecer somente o valor de qualquer ganho ou perda referente aos direitos transferidos ao comprador-arrendador".

O vendedor-arrendatário vendeu o ativo com ganho bruto de 40% sobre o valor da venda (diferença entre R$ 1.000.000,00 — R$ 600.000,00). Dessa forma, o valor do direito de uso é 60% do valor presente do passivo de arrendamento, isto é, 60% de R$ 654.967,57 = R$ 392.980,54.

Como o vendedor realizou a locação imediatamente, a norma diz que parte do ganho do vendedor locatário será devolvida ao comprador por meio do contrato de arrendamento, mas parte já está retida pelo comprador, uma vez que o valor a ser pago pelo arrendatário é significativamente inferior ao valor justo do bem.

O ganho que efetivamente foi transferido ao locador corresponde ao percentual que não retornou via locação, calculado como sendo 40% sobre a diferença entre o valor contábil líquido no ato da negociação e o valor presente dos pagamentos, isto é, 40% de [(R$ 1.000.000,00 — R$ 654.967,57) = R$ 345.032,43], totalizando R$ 138.012,97.

O locatário então realiza os seguintes lançamentos da data da venda e contratação do arrendamento:

	CONTAS	DÉBITO	CRÉDITO
1	Disponibilidades	900.000,00	
2	Direito de uso	392.980,54	
3	Máquina		600.000,00
4	Passivo de arrendamento		554.967,57
5	Ganho sobre o direito transferido — DRE		138.012,97
	TOTAL	1.292.980,54	1.292.980,54

1 — Valor recebido pelo vendedor-arrendatário.

2 — O direito de uso refere-se à parcela que retornou ao vendedor na forma do arrendamento contratado (antigo arrendamento operacional), que representa 65,49% sobre o custo líquido do ativo ou valor contábil líquido, no ato da negociação (R$ 392.980,54 ÷ R$ 600.000,00).

3 — Valor contábil líquido da máquina no ato da negociação.

4 — Valor presente do passivo de arrendamento.

5 — Ganho que efetivamente foi obtido pelo vendedor-arrendatário e que a norma designa como transferido ao comprador-arrendador.

Registro no Locador-Arrendador

Como o locador pagou à vista R$ 900.000,00 pela máquina, deve registrar essa saída de disponibilidades e a cada um dos 36 meses do contrato de locação registrar a receita de arrendamento além de uma receita antecipada, uma vez adquiriu a máquina abaixo do valor justo :

Registro no ato na aquisição e arrendamento:

	CONTAS	DÉBITO	CRÉDITO
1	Disponibilidades		900.000,00
2	Receita antecipada de arrendamento (passivo)		100.000,00
2	Máquina	1.000.000,00	

Registro em cada um dos 36 meses seguintes:

	CONTAS	DÉBITO	CRÉDITO
1	Disponibilidades	25.419,62	
2	Realização de receita antecipada	4.580,38	
3	Receita de arrendamento — DRE		30.000,00

13.3.5.3.6.7.3. Venda realizada de acordo com a NBC TG 47, por valor acima do valor justo do ativo

O vendedor-arrendatário vendeu o ativo por R$ 1.200.000,0, isto é, R$ 100.000,00 a mais em relação ao seu valor justo. De acordo com o item 101(b) da NBC TG 06 R3, transcrito a seguir, devemos tratar essa operação como uma venda pelo valor justo e um empréstimo adicional de R$ 100.000,00 feito pelo contratante-cliente-arrendatário junto ao comprador arrendador.

> "Item 101. Se o valor justo da contraprestação pela venda do ativo não equivale ao valor justo do ativo, ou se os pagamentos pelo arrendamento não são a taxas de mercado, a entidade deve fazer os seguintes ajustes para mensurar os rendimentos da venda ao valor justo:
>
> (a) quaisquer termos abaixo do mercado devem ser contabilizados como pagamentos antecipados de pagamentos do arrendamento; e
>
> (b) **quaisquer condições acima do mercado devem ser contabilizadas como financiamento adicional fornecido pelo comprador-arrendador ao vendedor-arrendatário.**"

Exemplo: a empresa VIGO S.A. (vendedor-arrendatário) vende uma máquina à vista por R$ 1.100.000,00, que é seu valor justo na data da venda e contratação de arrendamento da mesma máquina. Essa máquina já estava depreciada, e seu valor contábil era de R$ 600.000,00. Em seguida, o vendedor-arrendatário contrata junto ao comprador-arrendador (XPTO Máquinas Profissionais) a mesma máquina, em um arrendamento para ser pago em 36 parcelas de R$ 34.580,37. A taxa de juros implícita da operação foi de 3% ao mês, que coincide com a taxa de mercado para esse tipo de operação. O valor presente dos pagamentos é de R$ 754.967,37.

O valor do direito de uso do ativo a ser registrado pelo vendedor-arrendatário de acordo com o item 100, "a", da NBC TG 06 R3, deve ser proporcional ao valor contábil do ativo:

> "Item 100. Se a transferência do ativo pelo vendedor-arrendatário satisfizer aos requisitos da NBC TG 47 para ser contabilizada como venda do ativo:
>
> (a) **o vendedor-arrendatário deve mensurar o ativo de direito de uso resultante do retroarrendamento proporcionalmente ao valor contábil anterior do ativo referente ao direito de uso retido pelo vendedor-arrendatário**. Consequentemente, o vendedor-arrendatário deve reconhecer somente o valor de qualquer ganho ou perda referente aos direitos transferidos ao comprador-arrendador".

Devemos considerar o valor do direito de uso exatamente o mesmo valor encontrado no item 13.3.5.3.5.6.1, isto é, 392.980,54. A explicação para a obtenção desse valor é que o valor de venda efetivo foi de R$ 1.000.000,00 e os R$ 100.000,00 recebidos a mais são um empréstimo. Como o valor de venda efetivo é de R$ 1.000.000,00 e o valor contábil no dia da operação é de R$ 600.000,00, o vendedor-arrendatário vendeu o ativo com ganho bruto de 40% sobre o valor da venda (diferença entre R$ 1.000.000,00 — R$ 600.000,00). Dessa forma, o valor do direito de uso é 60% do valor presente do passivo de arrendamento, isto é, 60% de [(R$ 754.967,57 — R$ 100.000,00) = R$ 654.967,57] = R$ 392.980,54.

Como o vendedor realizou a locação imediatamente, a norma diz que parte do ganho do vendedor locatário será devolvida ao comprador por meio do contrato de arrendamento, mas parte já está retida pelo comprador, uma vez que o valor a ser pago pelo arrendatário é significativamente inferior ao valor justo do bem.

O ganho que efetivamente foi transferido ao locador corresponde ao percentual que não retornou via locação, calculado como sendo 40% sobre a diferença entre o valor contábil líquido no ato da negociação e o valor presente dos pagamentos relativo ao arrendamento, isto é, 40% de [(R$ 1.000.000,00 — R$ 654.967,57) = R$ 345.032,43], totalizando R$ 138.012,97.

Como o valor total das prestações é de R$ 34.580,37, R$ 30.000,00 referem-se ao financiamento do direito de uso do ativo e R$ 4.580,37 aos R$ 100.000,00 pagos a mais pelo comprador ao vendedor locatário.

O locatário então realiza os seguintes lançamentos da data da venda e contratação do arrendamento:

	CONTAS	DÉBITO	CRÉDITO
1	Disponibilidades	1.100.000,00	
2	Direito de uso	392.980,54	
3	Máquina		600.000,00
4	Passivo de arrendamento		654.967,57
5	Passivo financeiro		100.000,00
6	Ganho sobre o direito transferido — DRE		138.012,97
	TOTAL	R$ 1.492.980,54	R$ 1.492.980,54

1 — Valor recebido pelo vendedor-arrendatário.

2 — O direito de uso refere-se à parcela que retornou ao vendedor na forma do arrendamento contratado (antigo arrendamento operacional), que representa 65,49% sobre o custo líquido do ativo ou valor contábil líquido, no ato da negociação (R$ 392.980,54 ÷ R$ 600.000,00).

3 — Valor contábil líquido da máquina no ato da negociação.

4 — Valor presente do passivo de arrendamento.

5 — Valor presente do passivo financeiro.

6 — Ganho que efetivamente foi obtido pelo vendedor-arrendatário e que a norma designa como transferido ao comprador-arrendador.

Registro no Locador-Arrendador

Como o locador pagou à vista R$ 1.100.000,00, R$ 1.000.00,00 pela máquina e a diferença R$ 100.000,00 como um empréstimo, deve registrar essa saída de disponibilidades pelo total e a cada um dos 36 meses do contrato de locação registrar a receita de arrendamento segregada da receita financeira e da amortização do principal:

Registro no ato na aquisição e arrendamento

	CONTAS	DÉBITO	CRÉDITO
1	Disponibilidades		1.100.000,00
2	Máquina	1.000.000,00	
3	Empréstimo concedido	100.000,00	

Registro em cada um dos 36 meses seguintes

	CONTAS	DÉBITO	CRÉDITO
1	Disponibilidades	34.580,37	
2	Receita de arrendamento — DRE		30.000,00
3	Receita de juros (DRE) e baixa do empréstimo (Ativo Circulante e Realizável a Longo Prazo)*		4.580,37

*__Observação:__ qualquer prestação é composta de um componente de amortização e de um componente de juros. Os R$ 100.000,00 pagos a mais sobre o valor justo serão pagos em 36 "partes" de R$ 4.580,37, valor que está incluído na parcela total de R$ 34.580,37. Não vamos calcular cada componente de amortização e juros em cada parcela, mas é por isso que alertamos que a parte de R$ 4.580,37 tem um componente de DRE e outro de baixa de ativo (empréstimo concedido).

13.3.5.3.6.8. Registro no Arrendatário Pequenas e Médias Empresas (PMEs) do arrendamento financeiro e *leaseback*

O arrendatário financeiro deve contabilizar, no **início da operação**, o bem adquirido nesta modalidade pelo **valor justo ou pelo valor presente líquido do financiamento**. Dentre os dois, o menor, essa orientação está especificada nos itens 20.9 e 20.10 na NBC TG 1000 R1 (CPC PME).

Caso o valor presente líquido do financiamento seja inferior ao valor justo do bem, o Ativo será contabilizado pelo valor presente líquido da dívida. Caso o valor justo seja inferior, será necessária a contabilização de uma perda no resultado.

"Item 20.9. **No começo do prazo** de arrendamento mercantil, os arrendatários devem reconhecer seus direitos e obrigações do arrendamento mercantil financeiro como ativos e passivos nos seus balanços patrimoniais **por valores iguais ao valor justo da propriedade arrendada ou, se inferior, ao valor presente dos pagamentos mínimos do arrendamento mercantil,** no início do arrendamento mercantil. Quaisquer custos diretos iniciais do arrendatário (custos incrementais que são diretamente atribuíveis à negociação e organização do arrendamento mercantil) são adicionados ao valor reconhecido como ativo.

Item 20.10. O valor presente dos pagamentos mínimos do arrendamento mercantil deve ser calculado por meio da utilização da taxa de juros implícita do arrendamento mercantil. Se essa taxa de juros não puder ser determinada, a taxa de juros incremental de financiamento do arrendatário deve ser utilizada."

13.3.5.3.6.8.1. Exemplo de registro no arrendatário pelo valor justo do bem

A locadora de veículos Vigo S.A. adquiriu 1.000 veículos com vida útil estimada, inicialmente, de 3 anos e valor residual de $ 16.000, utilizando a modalidade arrendamento (*leasing*) mercantil financeiro. Apresentamos a seguir as informações do contrato, os cálculos e a contabilização referente a um veículo desse lote:

1 — Preço à vista do veículo: $ 24.000
2 — Número de parcelas: 24
3 — Taxa de juros implícita: 3% ao mês
4 — Valor da parcela residual: $ ZERO
5 — Sistema de capitalização: juros compostos

N.	PRESTAÇÃO	JUROS	AMORTIZAÇÃO	SALDO DEVEDOR
0				24.000,00
1	1.417,14	720,00	697,14	23.302,86
2	1.417,14	699,09	718,05	22.584,81
3	1.417,14	677,54	739,60	21.845,21
4	1.417,14	655,36	761,78	21.083,43
5	1.417,14	632,50	784,64	20.298,79
6	1.417,14	608,96	808,18	19.490,61
7	1.417,14	584,72	832,42	18.658,19
8	1.417,14	559,75	857,39	17.800,80
9	1.417,14	534,02	883,12	16.917,68
10	1.417,14	507,53	909,61	16.008,07
11	1.417,14	480,24	936,90	15.071,17
12	1.417,14	452,14	965,00	14.106,17

13	1.417,14	423,19	993,95	13.112,21
14	1.417,14	393,37	1.023,77	12.088,44
15	1.417,14	362,65	1.054,49	11.033,95
16	1.417,14	331,02	1.086,12	9.947,83
17	1.417,14	298,43	1.118,71	8.829,13
18	1.417,14	264,87	1.152,27	7.676,86
19	1.417,14	230,31	1.186,83	6.490,03
20	1.417,14	194,70	1.222,44	5.267,59
21	1.417,14	158,03	1.259,11	4.008,47
22	1.417,14	120,25	1.296,89	2.711,59
23	1.417,14	81,35	1.335,79	1.375,80
24	1.417,14	41,27	1.375,80	0,00

No momento inicial, o total dos juros a curto prazo (cinza-escuro) representa \$ 7.111,85, e, a longo prazo (cinza-claro), \$ 2.899,44.

A contabilização, no diário, desse arrendamento referente a um veículo, de acordo com a Lei n. 6.404/76, alterada no art. 179 pela Lei n. 11.638/2007, e com a NBC TG 1000 R1, deve ser feita da seguinte forma:

Veículo (bem arrendado)	\$ 24.000	
Encargos Financeiros a Transcorrer a Curto Prazo	\$ 7.111,85	
Encargos Financeiros a Transcorrer a Longo Prazo	\$ 2.899,44	
a Financiamento por Arrendamento a Curto Prazo		\$ 17.005,68
a Financiamento por Arrendamento a Longo Prazo		\$ 17.005,68

A apresentação no Balanço Patrimonial deve ser:

Ativo Imobilizado		**Passivo Circulante**	
Veículo	24.000	Financiamento de Arrendamento	\$ 17.005,68
		(Encargos Financeiros a Transcorrer)	(\$ 7.111,85)
		Passivo Não Circulante	
		Financiamento de Arrendamento	\$ 17.005,68
		(Encargos Financeiros a Transcorrer)	(\$ 2.899,44)

Neste exemplo, o bem foi arrendado por uma taxa de mercado, uma vez que o valor presente das prestações de arrendamento calculadas a valor presente coincidiu com o valor justo do bem arrendado (veículo).

Um mês após o registro inicial, deverão ser realizados os seguintes lançamentos:

Banco	
	1.417,14 (1)

Financiamento de Arrendamento (Passivo Circulante)	
(1) 1.417,14	17.005,68 1.417,14 (2)

Despesa Financeira	
(3) 720,00	

Financiamento de Arrendamento (Passivo Não Circulante)	
(2) 1.417,14	17.005,68

Encargos de Arrendamento (Curto Prazo)	
7.111,85	720,00 (3)
(4) 423,19	

Encargos de Arrendamento (Longo Prazo)	
2.899,44	423,19 (4)

O pagamento da prestação (1) representará uma queda no Passivo Circulante. Entretanto, uma das parcelas que estava a longo prazo (2) passou a ficar no curto prazo (2), em função do tempo transcorrido.

Simultaneamente ao pagamento da primeira parcela, devemos contabilizar a despesa relativa ao primeiro mês (3) e também reduzir os direitos relativos aos encargos de curto prazo. Ao fazer o lançamento (3), é preciso transferir uma parcela de direitos de longo prazo para curto prazo (4).

Além dos lançamentos anteriores, é necessário o lançamento da despesa de depreciação; o valor do veículo é $ 24.000 menos o valor residual de $ 16.000. Isso nos leva a um valor depreciável de $ 9.000. Como a vida útil de cada veículo é de 3 anos, a despesa de depreciação anual será de $ 3.000 e a despesa de depreciação mensal, de $ 3.000 ÷ 12 = $ 250,00 por mês.

Depreciação	
250	

Depreciação Acumulada	
	250

13.3.5.3.6.8.2. Exemplo de valor presente dos pagamentos mínimos inferior ao valor justo do bem arrendado

Utilizando o mesmo caso do exemplo anterior, vamos supor que a instituição financeira de arrendamento, em função de outros interesses com essa locadora, tivesse praticado uma taxa **não de mercado** equivalente a 2% ao mês. A **taxa de mercado** para esse tipo de transação, com as mesmas condições, para esse porte de empresa **seria de 3% ao mês**.

Os dados seriam os seguintes:

1 — Preço à vista do veículo: $ 24.000
2 — Número de parcelas: 24
3 — Taxa de juros implícita: 2% ao mês
4 — Valor da parcela residual: $ ZERO
5 — Sistema de capitalização: juros compostos

N.	PRESTAÇÃO	JUROS	AMORTIZAÇÃO	SALDO DEVEDOR
0				24.000,00
1	1.268,90	480,00	788,90	23.211,10
2	1.268,90	464,22	804,68	22.406,42
3	1.268,90	448,13	820,77	21.585,65
4	1.268,90	431,71	837,19	20.748,46
5	1.268,90	414,97	853,93	19.894,53
6	1.268,90	397,89	871,01	19.023,52
7	1.268,90	380,47	888,43	18.135,09
8	1.268,90	362,70	906,20	17.228,90
9	1.268,90	344,58	924,32	16.304,57
10	1.268,90	326,09	942,81	15.361,77
11	1.268,90	307,24	961,66	14.400,10
12	1.268,90	288,00	980,90	13.419,20
13	1.268,90	268,38	1.000,52	12.418,69
14	1.268,90	248,37	1.020,53	11.398,16
15	1.268,90	227,96	1.040,94	10.357,22
16	1.268,90	207,14	1.061,76	9.295,47
17	1.268,90	185,91	1.082,99	8.212,48
18	1.268,90	164,25	1.104,65	7.107,83
19	1.268,90	142,16	1.126,74	5.981,08
20	1.268,90	119,62	1.149,28	4.831,80
21	1.268,90	96,64	1.172,26	3.659,54
22	1.268,90	73,19	1,195,71	2.463,83
23	1.268,90	49,28	1.219,62	1.244,21
24	1.268,90	24,88	1.244,21	0,00

Importante: saibam que no corpo de um contrato de arrendamento não existe indicação de taxas de juros, uma vez que esse tipo de contrato, do ponto de vista formal, não é um financiamento.

O contador, ao receber o contrato, monta a tabela acima e, ao calcular o valor presente utilizando a taxa de mercado, que é de 3% ao mês, chega ao valor presente de $ 21.489,51.

Portanto, ele não vai adotar o valor da prestação da tabela que originou o cálculo das 24 prestações de $ 1.268,90 e vai realizar o desconto pela taxa de mercado (designada pela NBC TG 1000 R1, item 20.10, como taxa incremental) de 3% ao mês. Não deve ser utilizada a taxa implícita (2% ao mês) para o cálculo do valor efetivo do ativo.

A taxa implícita não reflete a essência da transação, e, dessa forma, o contador construirá a tabela a seguir utilizando a prestação do contrato de arrendamento em 24 parcelas com taxa de juros de 3%.

N	PRESTAÇÃO	JUROS	AMORTIZAÇÃO	SALDO DEVEDOR
0				21.489,50
1	1.268,90	644,69	624,22	20.865,29
2	1.268,90	625,96	642,94	20.222,34
3	1.268,90	606,67	662,23	19.560,11
4	1.268,90	586,80	682,10	18.878,02
5	1.268,90	566,34	702,56	18.175,46
6	1.268,90	545,26	723,64	17.451,82
7	1.268,90	523,55	745,35	16.706,48
8	1.268,90	501,19	767,71	15.938,77
9	1.268,90	478,16	790,74	15.148,03
10	1.268,90	454,44	814,46	14.333,57
11	1.268,90	430,01	839,89	13.494,68
12	1.268,90	404,84	864,06	12.630,62
13	1.268,90	378,92	889,98	11.740,64
14	1.268,90	352,22	916,68	10.823,96
15	1.268,90	324,72	944,18	9.879,78
16	1.268,90	296,39	972,51	8.907,27
17	1.268,90	267,22	1.001,68	7.905,59
18	1.268,90	237,17	1.031,73	6.873,86
19	1.268,90	206,22	1.062,68	5.811,17
20	1.268,90	174,34	1.094,56	4.716,61
21	1.268,90	141,50	1.127,40	3.589,21
22	1.268,90	107,68	1.161,22	2.427,98
23	1.268,90	72,84	1.196,06	1.231,92
24	1.268,90	36,96	1.231,92	0,00

O registro inicial dessa operação no Balanço Patrimonial seria o seguinte:

Ativo Imobilizado		**Passivo Circulante**	
Máquina	21.489,50	Financiamento de Arrendamento	$ 15.226,80
		(Encargos Financeiros a Transcorrer)	($ 6.367,92)
		Passivo Não Circulante	
		Financiamento de Arrendamento	$ 15.226,80
		(Encargos Financeiros a Transcorrer)	($ 2.596,16)

De acordo com a NBC TG 1000 R1, item 20.9, transcrito anteriormente, quando o valor presente das prestações (pagamentos mínimos) for menor que o valor justo do bem, este deve ser registrado pelo valor menor.

13.3.5.3.6.8.3. "Leaseback" na pequena e média empresa (retroarrendamento pelo vendedor junto ao comprador)

Uma pequena ou média empresa que possui bens arrendáveis pode decidir vender seus veículos, por exemplo, para uma locadora de veículos e arrendá-los na modalidade operacional. Essa decisão estaria baseada na conclusão de que gerir a própria frota é muito custoso e que seria melhor para a empresa locar os veículos de que necessite de terceiros do que manter frota própria. Esse caso é designado *leaseback* operacional.

Outra possibilidade para uma pequena e média empresa que possui bens arrendáveis e que necessite de dinheiro (empréstimo) é o *leaseback* financeiro. Nessa modalidade, a operadora de *leasing* não está comprando de fato nenhum ativo, mas apenas "emprestando dinheiro" para a empresa que contratou o *leaseback*. A empresa arrendatária vende o ativo e o contrata concomitantemente por meio de um arrendamento mercantil do mesmo ativo.

> "**Item 20.32 da NBC TG 1000 R1 (CPC PME):** A transação de venda e *leaseback* envolve a venda do ativo e o concomitante arrendamento mercantil do mesmo ativo. O pagamento do arrendamento mercantil e o preço de venda são geralmente interdependentes porque são negociados como um pacote. O tratamento contábil da transação de venda e *leaseback* depende do tipo de arrendamento mercantil."

13.3.5.3.6.8.3.1. "Leaseback" operacional

Nesse caso, o arrendatário, antes de contratar o arrendamento, faz a efetiva venda para o comprador-arrendador, e, dessa forma, se na venda do ativo **ocorrer ganho ou perda de capital**, esses resultados **devem ser registrados no período**.

13.3.5.3.6.8.3.2. "Leaseback" financeiro

Nesse caso, se o arrendatário vender e ocorrer uma perda de capital, esta deve ser registrada no resultado.

Se, na venda do item, ocorrer um ganho de capital, este não deve ser registrado no ato da transação. O ganho verificado deve ser apresentado como redutor do valor do investimento pelo vendedor-arrendatário, e o ganho deve ser apropriado ao resultado ao longo do contrato de arrendamento.

> "Item 20.33 da NBC TG 1000 R1(CPC PME): Se a transação de venda e *leaseback* resultar em arrendamento mercantil financeiro, o vendedor-arrendatário não deve reconhecer imediatamente, como receita, qualquer excesso da receita de venda obtido acima do valor contábil. Em vez disso, o vendedor-arrendatário deve diferir tal excesso e amortizá-lo ao longo do prazo do arrendamento mercantil."

Imobilizado Líquido	
24.000	24.000

Disponibilidades	
30.000	

Disponibilidades	30.000
Imobilizado arrendado	30.000
(–) Resultado a apropriar	(6.000)

Resultado a apropriar	
	6.000

13.3.5.3.7. Custo atribuído ("deemed cost")

A reavaliação de ativos imobilizados e intangíveis está vedada a partir da Lei n. 11.638/2007, isto é, desde 1.º de janeiro de 2008 não é mais possível reavaliar (atualizar) o valor desses ativos.

A despeito dessa vedação, as normas NBC TG 27 R4 (CPC 27) (Imobilizado, itens 31 e 39 transcritos, em parte, a seguir) e NBC TG 04 R4 (CPC 04) (Intangível) já preveem o procedimento de reavaliação, uma vez que reavaliar é atualizar algo que, em essência, se valorizou. Não se pode reavaliar pelo mesmo valor enquanto existir a vedação na Lei n. 11.638/2007.

> "31. Após o reconhecimento como um ativo, o item do ativo imobilizado cujo valor justo possa ser mensurado confiavelmente pode ser apresentado, **se permitido por lei**, pelo seu valor reavaliado, correspondente ao seu valor justo à data da reavaliação menos qualquer depreciação e perda por redução ao valor recuperável acumuladas subsequentes. A reavaliação deve ser realizada com suficiente regularidade para assegurar que o valor contábil do ativo não apresente divergência relevante em relação ao seu valor justo na data do balanço.
>
> 39. Se o valor contábil do ativo aumentar em virtude de reavaliação, esse aumento deve ser **creditado diretamente à conta própria do patrimônio líquido**."

Entretanto, quando da adoção das novas normas de contabilidade, que ocorreu no Brasil, oficialmente, **em 2010, as empresas tiveram de atribuir custo** (custo atribuído/*deemed cost*) **apenas a seus ativos imobilizados e propriedades para investimento**. Na prática, atribuir custo ou reavaliar é a mesma coisa. Isso foi possível porque as entidades responsáveis pela condução da harmonização brasileira (CVM e CFC) receberam, da mesma lei que vedou a reavaliação, um cheque em branco para modificar as normas brasileiras tendo em vista as normas adotadas nos principais mercados internacionais.

O CPC emitiu uma norma específica (CPC 37) que foi aprovada pelo CFC e hoje possui versão atualizada como NBC TG 37 R5, para orientar o processo de adoção, pela primeira vez, das novas normas.

Uso do custo atribuído (*deemed cost*) *para* ***ativo imobilizado e propriedade para investimento*** *é quando* a entidade faz uso, nas suas demonstrações contábeis, segundo a prática contábil brasileira e este CPC, do custo atribuído **(*deemed cost*) *conforme a* Interpretação ICPC 10** (item 30, NBC TG 37 R5).

No que diz respeito ao ativo imobilizado, a administração da entidade pode **identificar bens ou conjuntos de bens de valores relevantes ainda em operação**, relevância essa, medida em termos de provável geração futura de caixa, e **que apresentem valor contábil substancialmente inferior ou superior ao seu valor justo**.

Incentiva-se, fortemente, que **seja adotado, como custo atribuído** (*deemed cost*), *esse valor justo.* ***Essa opção é aplicável, apenas e tão somente, na adoção* inicial**, não sendo admitida revisão da opção em períodos subsequentes [item 22 da ITG 10 (ICPC 10)].

> **Exemplo:** um ativo imobilizado adquirido originalmente por $ 100.000 no balanço de 2010, tem seu valor justo determinado por empresa especializada em $ 1.000.000. Como a empresa adotou norma internacional de contabilidade em 2010, registrou $ 900.000 como atualização do valor justo do bem e já registrou o imposto de renda referente ao ativo imobilizado, refletindo, dessa forma, a elevação efetiva do PL.

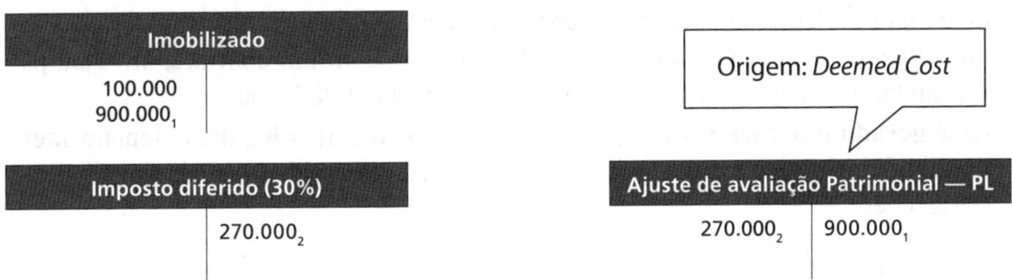

13.3.5.4. Intangível

Nesse subgrupo do Ativo Não Circulante devem ser classificadas todas as contas que representem **bens incorpóreos de uso**, isto é, utilizados nas atividades da empresa, não monetários e sem substância física.

Nas definições da NBC TG 04, **bem intangível é "um ativo não monetário identificável sem substância física"**.

Já estudamos que bens incorpóreos, sem substância física, não monetários e **não usados nas atividades da empresa** devem ser classificados **no subgrupo Investimentos**.

A Lei n. 6.404/76, alterada pela Lei n. 11.638/2007, incluiu o inc. VI, transcrito a seguir:

> "No intangível consideramos os direitos que tenham por objeto **bens incorpóreos destinados à manutenção da companhia** ou exercidos com essa finalidade, inclusive o fundo de comércio adquirido *(Incluído pela Lei n. 11.638, de 2007).*"

Esse novo subgrupo, a partir de janeiro de 2008, passou a ser formado basicamente pelos bens incorpóreos usados nas atividades da empresa, antes classificados no Imobilizado.

A citação a fundo de comércio adquirido refere-se ao que também chamamos de *goodwill*. Mas somente classificamos *goodwill* no subgrupo Intangível, nos Balanços Patrimoniais consolidados. **Nos balanços individuais, como estamos estudando neste livro, *goodwill* se classifica no subgrupo Investimentos**. No item 13.3.5.2.2.1.3.4.6 explicamos com detalhes, a formação de *goodwill* na aquisição de participação societária.

Antes de estudarmos as contas que compõem o Intangível, trataremos dos seguintes tópicos: a definição de Intangível; quando devemos reconhecer um Intangível e contabilizá-lo; como tratar os gastos em pesquisa e desenvolvimento; exemplos de gastos que não são Intangíveis; mensuração de um Intangível após a sua contabilização inicial, vida útil, valor residual; e baixa de um Intangível.

13.3.5.4.1. Identificação de Ativo Intangível

Identificar significa encontrar um ativo intangível.

A NBC TG 04 (CPC 04), no item 12, especifica que um Ativo Intangível é identificado nas seguintes condições:

> "12. Um ativo satisfaz o critério de identificação, em termos de definição de um ativo intangível, quando:

(a) **é separável**, ou seja, puder ser separado da entidade e vendido, transferido, licenciado, alugado ou trocado, individualmente ou junto com um contrato, ativo ou passivo relacionado, independente da intenção de uso pela entidade; ou

(b) **é gerado por direitos contratuais ou outros direitos legais**, independentemente de tais direitos serem transferíveis ou separáveis da entidade ou de outros direitos e obrigações."

Uma marca adquirida ou própria pode ser vendida separadamente. Uma licença de operação de telefonia celular está tão intrinsecamente ligada à empresa que não pode ser vendida em separado e é um Intangível resultante de um contrato de concessão pública.

13.3.5.4.2. Reconhecimento de um Ativo Intangível

Reconhecer em Contabilidade significa contabilizar.

"Um ativo intangível deve ser reconhecido apenas se:

(a) **for provável que os benefícios econômicos futuros** esperados atribuíveis ao ativo serão gerados em favor da entidade; e

(b) **o custo do ativo possa ser mensurado com segurança**" (NBC TG 04 , item 21).

A norma deixa claro que, se as condições acima não puderem ser atendidas, os gastos devem ser lançados como despesa. Um exemplo disso são os gastos em pesquisa de um novo produto. Esses valores devem ser lançados como despesas até o momento em que tivermos certeza de que o produto pode ser desenvolvido com sucesso. Gastos com desenvolvimento podem ser contabilizados como Ativo Intangível, porque, nesse estágio, já teremos certeza dos benefícios futuros.

13.3.5.4.3. Reconhecimento inicial de um Ativo Intangível

Um Ativo Intangível deve ser reconhecido **inicialmente ao custo**, de acordo com a norma NBC TG 04(CPC 04), no item 24. São exemplos de custo de Intangível o valor gasto no desenvolvimento de um produto ou pago por uma marca de terceiro.

Quando o Ativo Intangível é adquirido a partir de terceiros, os custos a serem considerados são todos aqueles necessários para que o Ativo Intangível esteja em condições de uso. Nos itens 26 a 29 da NBC TG 04 (CPC 04), transcritos a seguir, podemos constatar essa determinação:

"26. (...) o custo de ativo intangível adquirido em separado pode normalmente ser mensurado com segurança, sobretudo quando o valor é pago em dinheiro ou com outros ativos monetários.

27. O custo de ativo intangível adquirido separadamente inclui:

(a) **seu preço de compra**, acrescido de impostos de importação e impostos não recuperáveis sobre a compra, após deduzidos os descontos comerciais e abatimentos; e

(b) **qualquer custo diretamente atribuível à preparação do ativo** para a finalidade proposta.

28. Exemplos de custos diretamente atribuíveis são:

(a) Custos de benefícios aos empregados incorridos diretamente para que o ativo fique em condições operacionais (de uso ou funcionamento);

(b) honorários profissionais diretamente relacionados para que o ativo fique em condições operacionais; e

(c) custos com testes para verificar se o ativo está funcionando adequadamente.

29. Exemplos de gastos que não fazem parte do custo de ativo intangível:

(a) custos incorridos na introdução de novo produto ou serviço (incluindo propaganda e atividades promocionais);

(b) custos da transferência das atividades para novo local ou para nova categoria de clientes (incluindo custos de treinamento); e

(c) custos administrativos e outros custos indiretos."

13.3.5.4.4. Gastos de pesquisa e desenvolvimento

13.3.5.4.4.1. Gastos com pesquisa

Gastos com pesquisa **não devem ser considerados Ativos Intangíveis** porque não podemos mensurar benefícios econômicos futuros. Os itens 54 a 56 da NBC TG 04 (CPC 04) definem o tratamento desses gastos.

> "54. Nenhum ativo intangível resultante de pesquisa (ou da fase de pesquisa de projeto interno) deve ser reconhecido. Os gastos com pesquisa (ou da fase de pesquisa de projeto interno) **devem ser reconhecidos como despesa quando incorridos**.
>
> 55. Durante a fase de pesquisa de projeto interno, a entidade não está apta a demonstrar a existência de ativo intangível que gerará prováveis benefícios econômicos futuros. Portanto, tais gastos são reconhecidos como despesa quando incorridos.
>
> 56. São exemplos de atividades de pesquisa:
>
> (a) atividades destinadas à obtenção de novo conhecimento;
>
> (b) busca, avaliação e seleção final das aplicações dos resultados de pesquisa ou outros conhecimentos;
>
> (c) busca de alternativas para materiais, dispositivos, produtos, processos, sistemas ou serviços; e
>
> (d) formulação, projeto, avaliação e seleção final de alternativas possíveis para materiais, dispositivos, produtos, processos, sistemas ou serviços novos ou aperfeiçoados."

13.3.5.4.4.2. Gastos de desenvolvimento

Gastos de desenvolvimento podem ser considerados intangíveis quando a empresa tem convicção de que o projeto vai gerar benefícios econômicos futuros, isto é, que será concluído e o novo produto será desenvolvido com sucesso.

Os itens 57 a 59 da NBC TG 04, transcritos a seguir, definem as fases de desenvolvimento e exemplificam situações típicas:

> "**57. Um ativo intangível resultante de desenvolvimento (ou da fase de desenvolvimento de projeto interno) deve ser reconhecido somente se a entidade puder demonstrar todos os aspectos** a seguir enumerados:
>
> (a) viabilidade técnica para concluir o ativo intangível de forma que ele seja disponibilizado para uso ou venda;
>
> (b) intenção de concluir o ativo intangível e de usá-lo ou vendê-lo;

(c) capacidade para usar ou vender o ativo intangível;

(d) forma como o ativo intangível deve gerar benefícios econômicos futuros. Entre outros aspectos, a entidade deve demonstrar a existência de mercado para os produtos do ativo intangível ou para o próprio ativo intangível ou, caso este se destine ao uso interno, a sua utilidade;

(e) disponibilidade de recursos técnicos, financeiros e outros recursos adequados para concluir seu desenvolvimento e usar ou vender o ativo intangível; e

(f) capacidade de mensurar com segurança os gastos atribuíveis ao ativo intangível durante seu desenvolvimento.

58. Na fase de desenvolvimento de projeto interno, a entidade pode, em alguns casos, identificar um ativo intangível e demonstrar que este gerará prováveis benefícios econômicos futuros, uma vez que a fase de desenvolvimento de um projeto é mais avançada do que a fase de pesquisa.

59. São exemplos de atividades de desenvolvimento:

(a) projeto, construção e teste de protótipos e modelos pré-produção ou pré-utilização;

(b) projeto de ferramentas, gabaritos, moldes e matrizes que envolvam nova tecnologia;

(c) projeto, construção e operação de fábrica-piloto, desde que já não esteja em escala economicamente viável para produção comercial; e

(d) projeto, construção e teste da alternativa escolhida de materiais, dispositivos, produtos, processos, sistemas e serviços novos ou aperfeiçoados."

13.3.5.4.5. Exemplos de gastos que não são Ativos Intangíveis

O item 69 da NBC TG 04 (CPC 04) apresenta outros exemplos de gastos que não podem ser considerados Ativos Intangíveis:

"69. (...) gastos a serem reconhecidos como despesa quando incorridos:

(a) gastos com atividades pré-operacionais destinadas a constituir a empresa (ou seja, custo do início das operações), exceto se estiverem incluídas no custo de um item do Ativo Imobilizado. O custo do início das operações pode incluir custos de estabelecimento, tais como custos jurídicos e de secretaria, incorridos para constituir a pessoa jurídica, gastos para abrir novas instalações ou negócio (ou seja, custos pré-abertura) ou gastos com o início de novas unidades operacionais ou o lançamento de novos produtos ou processos;

(b) gastos com treinamento;

(c) gastos com publicidade e atividades promocionais (incluindo envio de catálogos); e

(d) gastos com remanejamento ou reorganização, total ou parcial, da entidade."

Também não deve ser contabilizado (reconhecido) como ativo intangível ágio derivado de expectativa de rentabilidade futura (*goodwill*) gerado internamente, como determinam os itens 48, 49 e 50 da NBC TG 04 (CPC 04):

"48. O ágio derivado da expectativa de rentabilidade futura (*goodwill*) gerado internamente não deve ser reconhecido como ativo.

49. Em alguns casos incorre-se em gastos para gerar benefícios econômicos futuros, mas que não resultam na criação de ativo intangível que se enquadre nos critérios de reconhecimento estabelecidos no presente Pronunciamento. Esses gastos costumam ser descritos como contribuições para o ágio derivado da expectativa de rentabilidade futura (*good-*

will) gerado internamente, o qual não é reconhecido como ativo porque não é um recurso identificável (ou seja, não é separável nem advém de direitos contratuais ou outros direitos legais) controlado pela entidade que pode ser mensurado com confiabilidade ao custo.
50. As diferenças entre valor de mercado da entidade e o valor contábil de seu patrimônio líquido, a qualquer momento, podem incluir uma série de fatores que afetam o valor da entidade. No entanto, essas diferenças não representam o custo dos ativos intangíveis controlados pela entidade."

Exemplo: o valor justo de mercado de uma fórmula de um produto farmacêutico desenvolvido internamente pode ser avaliado em $ 10.000.000, entretanto o valor efetivamente gasto foi de $ 2.000.000. O *goodwill* gerado internamente é equivalente a $ 8.000.000, mas esse valor não pode ser contabilizado (reconhecido). O ativo intangível deve ser registrado pelo valor de $ 2.000.000.

13.3.5.4.6. Despesas anteriores não reconhecidas como Ativo Intangível

Se classificarmos como despesas gastos que poderiam ser classificados como Ativo Intangível, **esses gastos não podem ser posteriormente reclassificados**, de acordo com a norma NBC TG 04 (CPC 04), item 71, transcrito a seguir:

"71. Gastos com um item intangível reconhecidos inicialmente como despesa não devem ser reconhecidos como parte do custo de ativo intangível em data subsequente."

13.3.5.4.7. Mensuração após reconhecimento inicial

Após a contabilização inicial pelo custo do Ativo Intangível, deve ser considerada a **amortização acumulada e a análise da perda por redução ao valor recuperável**, de acordo com o especificado no item 74 da NBC TG 04 (CPC 04), transcrito a seguir:

"74. Após o seu reconhecimento inicial, um ativo intangível deve ser apresentado ao custo, menos a eventual amortização acumulada e a perda acumulada (Pronunciamento Técnico CPC 01(R1) — Redução ao Valor Recuperável de Ativos)."

A reavaliação após reconhecimento inicial não é permitida no Brasil, devido à Lei n. 11.638/2007.

13.3.5.4.8. Vida útil de um Ativo Intangível

Os Ativos Intangíveis devem ser amortizados ao longo de sua vida útil, quando for possível determiná-la. Caso isso não seja possível, esse Ativo não deve ser amortizado. Não existe limite para a vida útil de um Ativo Intangível.

Segundo a norma NBC TG 04 (CPC 04):

"88. A entidade deve avaliar se a vida útil de ativo intangível é definida ou indefinida e, no primeiro caso, a duração ou o volume de produção ou unidades semelhantes que formam essa vida útil. A entidade deve atribuir vida útil indefinida a um ativo intangível quando, com base na análise de todos os fatores relevantes, não existe um limite previsível para o período durante o qual o ativo deverá gerar fluxos de caixa líquidos positivos para a entidade.

89. A contabilização de ativo intangível baseia-se na sua vida útil. Um ativo intangível com vida útil definida deve ser amortizado, enquanto a de um ativo intangível com vida útil indefinida não deve ser amortizado."

13.3.5.4.8.1. Limites da vida útil de um Ativo Intangível

A vida útil é função do tempo previsto no contrato de exploração deste Intangível. Entretanto, **se o Ativo Intangível tiver vida útil menor que o tempo de exploração contratual, devemos considerar o menor tempo**, como podemos verificar nos itens 94 e 95 da NBC TG 04 (CPC 04), transcritos a seguir:

"94. A vida útil de ativo intangível resultante de direitos contratuais ou outros direitos legais não deve exceder a vigência desses direitos, podendo ser menor dependendo do período durante o qual a entidade espera utilizar o ativo. Caso os direitos contratuais ou outros direitos legais sejam outorgados por um prazo limitado renovável, a vida útil do ativo intangível só deve incluir o prazo de renovação, se existirem evidências que suportem a renovação pela entidade sem custo significativo.

95. Podem existir tanto fatores econômicos como legais influenciando a vida útil de ativo intangível. Os fatores econômicos determinam o período durante o qual a entidade receberá benefícios econômicos futuros, enquanto os fatores legais podem restringir o período durante o qual a entidade controla o acesso a esses benefícios. A vida útil a ser considerada deve ser o menor dos períodos determinados por esses fatores".

13.3.5.4.9. Valor residual de um Ativo Intangível

Normalmente consideramos o valor residual de um Ativo Intangível como sendo zero. Entretanto, se existir a intenção de negociar esse Intangível antes do final de sua vida útil, pode-se considerar um valor residual. Essas definições constam da norma NBC TG 04 (CPC 04), itens 100 a 103, transcritos a seguir:

"100. Devese presumir que o valor residual de um ativo intangível com vida útil definida é zero, a não ser que:

(a) haja compromisso de terceiros para comprar o ativo ao final da sua vida útil; ou

(b) exista mercado ativo para ele e:

(i) o valor residual possa ser determinado em relação a esse mercado; e

(ii) seja provável que esse mercado continuará a existir ao final da vida útil do ativo.

101. O valor amortizável de ativo com vida útil definida é determinado após a dedução de seu valor residual. Um valor residual diferente de zero implica que a entidade espera a alienação do ativo intangível antes do final de sua vida econômica.

102. A estimativa do valor residual baseia-se no valor recuperável pela alienação, utilizando os preços em vigor na data da estimativa para a venda de ativo similar que tenha atingido o final de sua vida útil e que tenha sido operado em condições semelhantes àquelas em que o ativo será utilizado. O valor residual é revisado pelo menos ao final de cada exercício. Uma alteração no valor residual deve ser contabilizada como mudança na estimativa contábil, de acordo com as normas em vigor sobre Práticas Contábeis, Mudanças nas Estimativas Contábeis e Correção de Erros.

103. O valor residual de um ativo intangível pode ser aumentado. A despesa de amortização de um ativo intangível será zero enquanto o valor residual subsequente for igual ou superior ao seu valor contábil".

13.3.5.4.10. *Baixa e alienação de um Ativo Intangível*

Um Ativo Intangível não deve continuar constando do balanço se for vendido ou se não tiver mais capacidade de gerar recursos. Essas determinações constam da NBC TG 04 (CPC 04), itens 112 e 113, transcritos a seguir:

> "112. O ativo intangível deve ser baixado:
>
> (a) por ocasião de sua alienação; ou
>
> (b) quando não há expectativa de benefícios econômicos futuros com a sua utilização ou alienação.
>
> 113. Os ganhos ou perdas decorrentes da baixa de ativo intangível devem ser determinados pela diferença entre o valor líquido da alienação, se houver, e o valor contábil do ativo. Esses ganhos ou perdas devem ser reconhecidos no resultado quando o ativo é baixado (exceto se critério específico estiver previsto em outro pronunciamento contábil), mas os ganhos não devem ser classificados como receitas de venda."

13.3.5.4.11. *Contas do Ativo Intangível*

1 — Marcas
2 — Patentes, fórmulas e outros direitos de propriedade industrial
3 — Softwares
4 — Licenças e Franquias
5 — Direitos autorais
6 — Ativos Intangíveis em desenvolvimento
7 — Concessões públicas
8 — Direitos sobre recursos florestais
9 — Direitos sobre recursos minerais
10 — (–) Amortização acumulada
11 — (–) Perdas estimadas por redução ao valor recuperável

13.3.5.4.11.1. Marcas

As marcas podem ser próprias ou adquiridas de terceiros. Os valores relativos a marcas próprias são sempre muito pequenos, uma vez que só podem ser lançados nesta conta os valores gastos no efetivo registro e criação da marca, entre outros valores correlatos. O valor de uma marca própria é função de pesados investimentos em publicidade e propaganda, entretanto esses gastos devem ser lançados como despesas.

> **Exemplo 1:** a empresa Produtora Prisca Ltda. teve um gasto de $ 3.000 com um desenhista para a criação de sua marca e de $ 1.000 para registro no Instituto Nacional de Marcas e Patentes.

	Diversos (Intangível)	
a	Banco	$ 4.000
	Desenvolvimento da Marca	$ 3.000
	Registro da Marca (INPI)	$ 1.000

Exemplo 2: a empresa Sophia Industrial S.A., que atua no ramo de refrigerantes, adquiriu uma marca de um importante produto americano chamado COKI-BOM, pagando $ 10.000.000.

	Marca COKI-BOM (Ativo Intangível)	$ 10.000.000	
a	Banco		$ 10.000.000

Observações: 1) Mesmo que avaliada a valor justo, e a marca própria tenha um valor muito maior que as marcas adquiridas, não é possível valorizá-la e contabilizá-la.

2) Quanto à **vida útil e ao período de amortização, aquela é indefinida e, portanto, não cabe amortização,** a menos que a marca tenha sido obtida a partir de um contrato de direito de exploração com prazo definido.

13.3.5.4.11.2. Patentes, fórmulas e outros direitos de propriedade industrial

O procedimento é muito similar ao aplicado às marcas. Quanto a patentes próprias, só é possível contabilizar gastos da fase de desenvolvimento. Os gastos da fase de pesquisa devem ser considerados como despesa.

Quanto a patentes adquiridas, deve-se contabilizar o valor efetivamente desembolsado na aquisição.

Quanto à vida útil, uma patente normalmente tem expectativa de vida. A maioria dos produtos tem vida estimada.

Exemplo de prazo definido de vida e amortização: a patente de fabricação de determinada TV de plasma tem expectativa de vida bem definida, porque já se sabe, na indústria eletroeletrônica, que uma TV, em 3 anos, no máximo fica desatualizada. Todos os gastos para o desenvolvimento desta TV precisam ser amortizados dentro deste prazo.

Exemplo de indefinição de prazo: muitos medicamentos existem da mesma forma como foram lançados há 50 anos. Portanto, não é possível definir a vida útil desses medicamentos.

13.3.5.4.11.3. Softwares

Softwares adquiridos por meio de licenças ou desenvolvidos internamente na empresa podem ser classificados no Intangível se puderem ser identificados e vendidos em separado da empresa ou proporcionarem benefícios econômicos futuros. Um exemplo seria um sistema de gestão padrão fornecido por empresas especializadas. Caso a empresa não queira mais utilizá-los, pode até vendê-los a outra empresa do mesmo grupo ou a terceiros.

Softwares desenvolvidos internamente na empresa como parte de um sistema adquirido ou mesmo completamente desenvolvido podem ser considerados um Ativo Intangível, se atenderem aos requisitos de:

- identificação como um Ativo que irá gerar benefícios econômicos futuros; e
- determinar, com segurança, seu custo.

Os benefícios econômicos futuros com o desenvolvimento interno de um aplicativo para folha de pagamentos ou qualquer outro sistema isolado e particular são de difícil comprovação, embora os custos sejam possíveis de determinar com segurança. Os gastos com um sistema deste tipo devem ser lançados como despesa do período.

13.3.5.4.11.4. Licenças e franquias

Quando uma empresa aplica recursos para obter licenças ou franquias de terceiros, esses gastos são de fácil mensuração e os benefícios também, uma vez que a empresa realiza esses investimentos esperando determinado resultado.

Licenças se referem a software, mas também podem concernir à tecnologia para produzir um produto no Brasil.

Franquias se referem aos valores gastos como pagamento a direitos de exploração de uma marca de terceiros. As melhores redes de *franchising* do Brasil costumam cobrar um pagamento inicial pelo credenciamento do franqueado, e este valor não está associado ao fornecimento de produtos ou serviços.

13.3.5.4.11.5. Direitos autorais

Se a empresa pagar por conteúdo escrito ou sob a forma de áudio ou vídeo para fins de exploração por determinado período, esses valores devem ser classificados no Intangível.

Normalmente esses direitos não requerem nenhum desembolso e, nesse caso, não há o que ser contabilizado no Intangível. Uma editora que tenha o direito para publicação de um livro não é detentora dos direitos sobre este livro, mas apenas está autorizada a publicá-lo.

13.3.5.4.11.6. Ativos Intangíveis em desenvolvimento

Classificam-se neste conjunto de contas todos os **gastos que puderem ser determinados com segurança e que permitam levantar os benefícios econômicos futuros** que possam vir a ser gerados por esses Ativos Intangíveis.

Como já foi dito, aplicar recursos em um software interno é aplicar na geração de um Intangível, mas dificilmente conseguiremos obter os benefícios econômicos desta forma. Esses gastos devem ser considerados despesas.

13.3.5.4.11.7. Concessões públicas

Os gastos neste conjunto de contas referem-se, por exemplo, a **aplicações de recursos nos leilões de concessões de telefonia fixa e celular, concessões de estradas etc.**

Uma empresa, se quer operar telefonia celular em um município brasileiro, tem que adquirir a licença de uma empresa existente ou participar de uma licitação pública, quando esta ocorrer. No caso de uma licitação, a empresa vencedora desembolsará um valor em dinheiro somente pela autorização pública de operar serviços de telefonia naquele município. A partir da obtenção dessa licença, a empresa terá que instalar todos os equipamentos necessários para construir uma rede de telecomunicações que seja capaz de oferecer os serviços de telefonia celular naquele município.

A amortização do investimento para obtenção da concessão deve ser feita pelo prazo de concessão que consta da licitação pública.

Exemplo: a empresa ABC adquiriu a licença para operar telefonia celular da cidade de São Paulo por 40 anos. O valor desembolsado para obtenção da licença foi de $ 4.000.000.000.

Lançamento no Diário no dia da obtenção da licença:

	Concessão de Telefonia Celular		
	São Paulo (Intangível)	$ 4.000.000.000	
a	Banco		$ 4.000.000.000

A cada ano transcorrido, a empresa ABC deverá lançar como quota de amortização o valor de $ 100.000.000.

	Despesa de Amortização	$ 100.000.000	
a	Amortização Acumulada		$ 100.000.000

Apresentação no Balanço após 1 ano:

Concessão de Telefonia Celular	$ 4.000.000.000
(–) Amortização Acumulada	($ 100.000.000)

13.3.5.4.11.8. Direitos sobre recursos florestais

Os recursos gastos com florestas classificáveis no Intangível são referentes a direitos de exploração de florestas de terceiros.

Exemplo: uma usina de açúcar necessita de muita área ao seu redor para o plantio da cana. Uma parte da área é própria, enquanto outra parte é de terceiros. A usina necessitará arrendar a área plantada com cana para suprir sua necessidade de matéria-prima. Os valores pagos, quando da assinatura do contrato de arrendamento com o proprietário das terras plantadas, deverão ser contabilizados como direitos sobre florestas de frutos e amortizados no prazo do contrato. Esse assunto também já foi abordado no Capítulo 8.

13.3.5.4.11.9. Direitos sobre recursos minerais

Como já visto quando estudamos o subgrupo Imobilizado, direitos sobre recursos minerais podemos classificar tanto no tangível como no intangível, dependendo da natureza de cada um. O CPC 34, ainda não aprovado pelo CFC, em seus itens 15 e 16, transcritos a seguir, define o que deve ser classificado como tangível e o que deve ser classificado como Intangível.

"15. A entidade deve classificar os ativos de exploração e avaliação como tangíveis ou intangíveis de acordo com a natureza dos mesmos e manterá tal classificação de forma consistente.

16. Alguns ativos de exploração e avaliação são tratados como intangíveis (por exemplo, direitos de perfuração), enquanto outros como tangíveis (por exemplo, veículos ou plataformas de perfuração). Na medida em que os ativos tangíveis são consumidos no desenvolvimento de um ativo intangível, o montante de seu custo baixado a título

de consumo será computado como parte do custo de elaboração do ativo intangível. Contudo, o uso do ativo tangível para desenvolver um ativo intangível não o torna intangível."

13.3.5.4.11.10. Amortização acumulada

Esta conta é a contrapartida da amortização, que é uma conta de Resultado. Todo Ativo Intangível com vida útil definida deve ser amortizado em função dessa sua vida útil. Se o Ativo Intangível é função de um contrato, e este contrato se extingue antes do final da vida útil do bem, **deve ser considerado sempre o tempo menor, neste caso, o tempo de contrato**.

O mesmo raciocínio se aplica caso a vida útil do bem seja menor que o contrato; sendo assim, devemos adotar a vida útil para fins de amortização.

13.3.5.4.11.11. Perdas estimadas por redução ao valor recuperável

A Lei n. 6.404/76, em seu art. 183, transcrito abaixo, determina que os valores aplicados no Imobilizado e no Intangível devem ter revisão periódica sobre a recuperação do valor investido nesses ativos:

> "**Art. 183.** (...) § 3.º A companhia deverá efetuar, **periodicamente, análise sobre a recuperação** dos valores registrados no imobilizado **e no intangível**, a fim de que sejam: *(Redação dada pela Lei n. 11.941, de 2009)*
>
> I — registradas as perdas de valor do capital aplicado quando houver decisão de interromper os empreendimentos ou atividades a que se destinavam ou quando comprovado que não poderão produzir resultados suficientes para recuperação desse valor; ou *(Incluído pela Lei n. 11.638, de 2007)*
>
> II — revisados e ajustados os critérios utilizados para determinação da vida útil econômica estimada e para cálculo da depreciação, exaustão e amortização *(Incluído pela Lei n. 11.638, de 2007).*"

A análise de recuperação de um Ativo Intangível deve ocorrer no mínimo uma vez por ano, de acordo com a NBC TG 01 (CPC 01), item 8:

> "8. A entidade deve avaliar, no mínimo ao fim de cada exercício social, se há alguma indicação de que um ativo possa ter sofrido desvalorização. Se houver alguma indicação, a entidade deve estimar o valor recuperável do ativo."

Deixar de existir um mercado ativo para um Ativo Intangível com vida útil definida pode ser um indicador de que o teste de recuperabilidade deva ser feito em um Ativo Intangível.

A mudança de critério de vida útil indefinida para vida útil definida pode ser outro indício de que o Ativo Intangível deva ser analisado quanto à sua recuperação de valor.

Perda por Recuperação (Conta de Resultado)
a Perda Estimada por Recuperação (Redutora do Ativo)

13.3.5.5. Diferido

O Ativo Diferido, que era definido no art. 179, inc. IV, da Lei n. 6.404/76, foi extinto pela MP 449/2008 (transformada na Lei n. 11.941/2009). Entretanto, o art. 299-A da Lei n. 6.404/76, incluído também pela MP 449/2008 (Lei n. 11.941/2009), descreve o tratamento do subgrupo Ativo Diferido para as empresas que tinham contas classificadas nesse subgrupo:

> "**Art. 299-A.** O saldo existente em 31 de dezembro de 2008 no ativo diferido que, pela sua natureza, **não puder ser alocado a outro grupo de contas**, poderá permanecer no ativo sob essa classificação até sua completa amortização, sujeito à análise sobre a recuperação de que trata o § 3.º do art. 183 desta Lei ***(Incluído pela Lei n. 11.941, de 2009)***."

Isso significa dizer que empresas que nunca tiveram Ativo Diferido até 31 de dezembro de 2008 não podem mais constituir contas neste subgrupo a partir desta data; já empresas que possuíam contas classificadas nesse subgrupo terão que reclassificar algumas e continuar amortizando o saldo restante ou eliminá-lo contra o Patrimônio Líquido (Conta Lucros ou Prejuízos Acumulados).

A NBC TG 13 (CPC 13), em seu item 20, transcrito a seguir, orienta de forma mais clara que a lei sobre o tratamento do Ativo Diferido após a MP 449/2008:

> "20. A Lei n. 11.638/07 restringiu o lançamento de gastos no ativo diferido, mas, após isso, a Medida Provisória n. 449/08 extinguiu esse grupo de contas. Assim, os ajustes iniciais de adoção das novas Lei e Medida Provisória devem ser assim registrados: os gastos ativados que não possam ser reclassificados para outro grupo de ativos devem ser baixados no balanço de abertura, na data de transição, mediante o registro do valor **contra lucros ou prejuízos acumulados** ou mantidos nesse grupo até sua completa amortização, sujeito à análise sobre recuperação conforme o Pronunciamento Técnico CPC 01 — Redução ao Valor Recuperável de Ativos."

A NBC TG 43 (CPC 43 R1) em seu item 5, transcrito a seguir, comenta que a manutenção do Ativo Diferido fere as normas internacionais de Contabilidade:

> "A manutenção pela entidade de saldo no ativo diferido, nos termos do Pronunciamento Técnico CPC 13, é permitida pela legislação contábil brasileira vigente, todavia, não está em conformidade com as normas internacionais de contabilidade, ocasionando diferenças entre os resultados e patrimônio conforme os CPCs e as IFRSs."

O ativo diferido não deve constar das demonstrações consolidadas nas entidades que optaram manter nas demonstrações individuais.

13.3.5.5.1. Tratamento do diferido

Caso existam valores anteriormente classificados no Ativo Diferido que possam ser reclassificados em outros grupos, estes devem ser reclassificados nos subgrupos Investimento, Imobilizado e Intangível.

São exemplos de valores classificados historicamente no Diferido:

1 — Gastos com benfeitorias em imóveis de terceiros
2 — Gastos para obtenção de Ativos Intangíveis, como concessões públicas
3 — Gastos com desenvolvimento de softwares
4 — Gastos com reorganização
5 — Gastos pré-operacionais

- O item 1 pode ser reclassificado para o Ativo Imobilizado;
- O item 2 pode ser reclassificado para o Ativo Intangível;
- O item 3 pode ser reclassificado para o Ativo Intangível;
- Os itens 4 e 5 não têm vinculação nem com Imobilizados, nem com Intangíveis.

Neste caso, seus valores permanecem no Ativo Diferido ou são baixados contra Lucros ou Prejuízos Acumulados no primeiro balanço de adequação às novas normas (balanço de abertura).

Exemplo: a empresa Diogo Empreendimentos Culturais Ltda. tem um Patrimônio Líquido no valor total de $ 1.000.000, com a seguinte constituição:

Patrimônio Líquido (31.12.2008)	
Capital	$ 500.000
Reservas de Lucro	$ 300.000
Lucros Acumulados	$ 200.000
Total	$ 1.000.000

O Ativo Diferido da empresa, em 31 de dezembro de 2008, era constituído da seguinte forma:

Ativo Diferido (31.12.2008)	
Benfeitorias em imóveis de terceiros	$ 50.000
Gastos para obtenção de concessões públicas	$ 100.000
Gastos pré-operacionais	$ 60.000
Total do Diferido	**$ 210.000**

Em atendimento à MP 449/2008 (Lei n. 11.941/2009), a empresa Diogo Empreendimentos Culturais será obrigada a transferir para o Imobilizado os $ 50.000 referentes às benfeitorias em imóveis de terceiros e continuar amortizando a partir do Imobilizado. Terá que transferir $ 100.000 referentes aos gastos com a obtenção da concessão pública para o Intangível na conta da própria concessão e continuará amortizando, com a manutenção do subgrupo Ativo Diferido $ 60.000 de gastos pré-operacionais, baixando esse valor integralmente contra o saldo de Lucros ou Prejuízos Acumulados no Patrimônio Líquido.

Composição do Ativo Não Circulante após reclassificação:

Ativo Imobilizado (31.12.2008)	
Benfeitorias em imóveis de terceiros	$ 50.000

Ativo Intangível	
Gastos para obtenção de concessões públicas	$ 100.000
Ativo Diferido	
Gastos pré-operacionais	$ 60.000
Total do Não Circulante	**$ 210.000**

Caso a empresa queira baixar completamente o Ativo Diferido, esta conta ficaria com saldo ZERO, e a Conta Lucros ou Prejuízos Acumulados ficaria com saldo de $ 140.000:

Lançamento de baixa no Razão:

Ativo Diferido	
60.000	**60.000**

Lucros ou Prejuízos Acumulados	
60.000	200.000

Apresentação no Balanço Patrimonial:

Ativo Imobilizado (31.12.2008)	
Benfeitorias em imóveis de terceiros	$ 50.000
Ativo Intangível	
Gastos para obtenção de concessões públicas	$ 100.000
Ativo Diferido	$ 0
Total do Não Circulante	**$ 150.000**

Patrimônio Líquido (31.12.2008)	
Capital	$ 500.000
Reservas de Lucro	$ 300.000
Lucros Acumulados	$ 140.000
Total	$ 940.000

13.3.5.5.2. Ativo Diferido antes das alterações

Como o subgrupo Ativo Diferido não foi extinto de forma obrigatória, é necessário que o leitor conheça as origens de constituição dos valores existentes em muitas demonstrações financeiras.

"Diferir", em nossa língua, significa procrastinar ou ganhar tempo; já na Contabilidade, significa alongar no tempo a apropriação de valores já gastos e, neste subgrupo em especial, alongar a apropriação das despesas já gastas e pagas em sua maioria.

Os gastos classificados nesse grupo possuíam uma característica de contribuir para a formação do resultado de mais de um exercício social.

Exemplo: se fizermos um investimento em um restaurante de $ 500.000, os valores gastos com mobiliário, talheres, decoração e equipamentos de cozinha, que totalizaram $ 250.000, serão classificados no Ativo Imobilizado. Dois meses antes da abertura, teremos que contratar a equipe de cozinha, definir o cardápio e treinar o atendimento. Esses valores eram classificados no Ativo Diferido, porque eram considerados não vinculados à geração de uma receita de determinado mês. Vamos supor que somaram $ 100.000. Esses valores eram considerados fundamentais para a geração de receita por vários exercícios, e essa era a base de contabilização no Ativo Diferido.

Banco	$ 150.000
Imobilizado	$ 250.000
Diferido	$ 100.000
Total do Ativo	$ 500.000

As contas que classificávamos no Diferido eram as seguintes:

1 — Gastos pré-operacionais
2 — Gastos com reorganizações
3 — Juros a acionistas na fase pré-operacional
4 — Juros e encargos financeiros relativos a fase pré-operacional
5 — Gastos em benfeitorias em imóveis de terceiros
6 — Gastos para obtenção de Ativos Intangíveis, como concessões públicas
7 — Gastos com desenvolvimento de softwares
8 — (–) Amortização acumulada

1. Gastos pré-operacionais: são valores gastos no pagamento de pessoal, encargos, despesas em geral na fase anterior ao início de operação de um negócio novo.

2. Gastos com reorganizações: reorganizar é fazer alguma coisa já existente, algo totalmente moderno: sistemas, treinamento, máquinas, instalações, processos etc. Gastos com reorganizações são valores gastos com as despesas em todo esse processo de renovação.

3. Juros a acionistas na fase pré-operacional: quando uma empresa paga aos acionistas juros sobre o Capital próprio na fase pré-operacional, esses juros são lançados no Ativo Diferido.

4. Juros e encargos financeiros relativos a fase pré-operacional: quando uma empresa contratava um financiamento para a aquisição de um bem, esses juros e encargos financeiros podiam ser lançados no Ativo Diferido para amortização nos anos seguintes.

5. Gastos em benfeitorias em imóveis de terceiros: quando uma empresa gastava recursos, realizando benfeitorias em imóveis de terceiros, e o contrato de locação previa reembolso por parte do proprietário, esses valores eram lançados no Ativo Diferido.

6. Gastos para obtenção de Ativos Intangíveis, como concessões públicas e outros: normalmente a obtenção de uma concessão exige estudos de engenharia que consomem recursos, tais como salários, consultorias e despesas gerais. Esses valores eram classificados como Ativo Diferido, para posterior amortização.

7. Gastos com desenvolvimento de softwares: quando uma empresa desenvolvia um software aplicativo internamente, os recursos aplicados no desenvolvimento desses aplicativos eram classificados no Ativo Diferido.

8. Amortização acumulada: os valores contabilizados neste subgrupo eram amortizados em até dez anos, de acordo a Lei n. 6.404, art. 183, § 3.º, e em, no mínimo, 5 anos, de acordo com o RIR/99, art. 268. A redação dada pela Lei n. 11.638 ao art. 183, § 3.º, eliminou o prazo máximo de amortização.

13.3.5.5.3. Diferença entre despesas diferidas e despesas antecipadas

É necessário entender claramente a diferença entre despesas antecipadas e despesas diferidas. **Nas despesas diferidas, o fato gerador já aconteceu**, enquanto, nas despesas antecipadas, o **fato gerador ainda não ocorreu.**

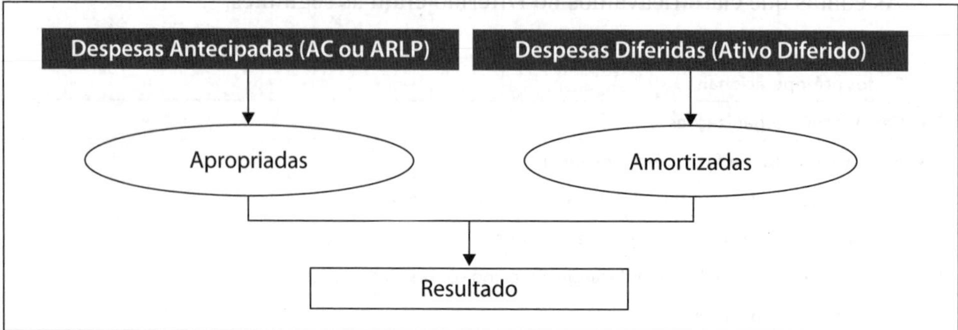

Apresentação do Balanço Patrimonial:

Ativo Diferido

Gastos de Implantação e Pré-operacionais

Gastos de Reorganização

(–) Amortização Acumulada (Conta Redutora-credora)

Exemplo de como era constituído um Ativo Diferido em um empreendimento novo:

Uma montadora de veículos decidiu implantar uma nova fábrica e, para tal, constituiu uma nova empresa, integralizando um Capital de $ 100.000.000. Obteve recursos emprestados com o BNDES de outros $ 100.000.000. Ao final das construções, que coincidiu com o término do primeiro exercício social, ela terá os seguintes saldos na Contabilidade:

Balanço de abertura da empresa DORF Montadora S.A.:

ATIVO		PASSIVO	
AC		PELP	
Banco	200.000.000	Empréstimo de Longo Prazo	100.000.000
		PL	
		Capital	100.000.000
	200.000.000		200.000.000

A empresa DORF adquiriu um terreno por $ 10.000.000 e máquinas e equipamentos por $ 60.000.000, construiu edifícios que custaram $ 50.000.000, adquiriu insumos para estoques no valor de $ 30.000.000 e restam, ainda, $ 20.000.000 na conta bancária. O balanço abaixo apresenta essas operações:

ATIVO		PASSIVO	
AC		PELP	
Banco	$ 20.000.000	Empréstimo de Longo Prazo	$ 100.000.000
Estoques	$ 30.000.000		
AP		PL	
Terreno	$ 10.000.000	Capital	$ 100.000.000
Edificações	$ 50.000.000		
Máquinas e Equipamentos	$ 60.000.000		
	$ 170.000.00		$ 200.000.000

A razão de o balanço não fechar está no fato de não estarem considerados os gastos com as **despesas do período**, folha de pagamentos de pessoal, encargos sobre a folha de pagamentos, energia, impostos, viagens, treinamento etc.

Classificando essas despesas no Ativo Diferido, temos o balanço a seguir:

Balanço com apropriação das despesas no DIFERIDO:

ATIVO		PASSIVO	
AC		PELP	
Banco	$ 20.000.000	Empréstimo de Longo Prazo	$ 100.000.000
Estoques	$ 40.000.000		
AP		PL	
Terreno	$ 10.000.000	Capital	$ 100.000.000
Edificações	$ 40.000.000		
Máquinas e Equipamentos	$ 60.000.000		
Ativo Diferido	$ 30.000.000		
	$ 200.000.00		$ 200.000.000

O Ativo Diferido pode ser **amortizado em, no mínimo, 5 anos** (legislação do IR) e, antes da alteração feita pela Lei n. 11.638/2007, **no máximo, em dez anos; a partir da Lei n. 11.638 passou a não mais existir esse limite**.

Exemplo: suponhamos que uma empresa, antes de dezembro de 2007, tenha constituído um Ativo Diferido de R$ 1.000.000,00, que tem como origem despesas pré-operacionais na construção de uma nova fábrica, e que tenha decidido amortizar esse valor em dez anos. Abaixo, apresentamos o Diferido no grupo de Ativo Não Circulante e sua apropriação ao Resultado no primeiro ano:

Apresentação no Balanço Patrimonial
ATIVO NÃO CIRCULANTE
DIFERIDO
1.000.000,00
Apropriação no Resultado
DRE 1 .... DRE 10
RV
(–) CM
LB
(–) Despesas Operacionais
(–) Despesas Pré-Operacionais
=====================
Despesa Total
Os gastos com Ativo Diferido de $ 1.000.000 serão apropriados na razão de $ 100.000 nos próximos 10 anos (DRE 1 a DRE 10).

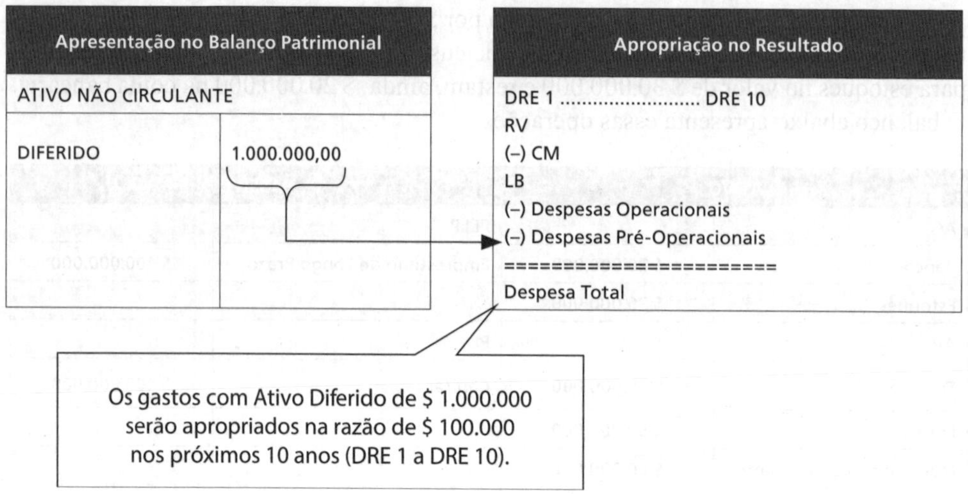

13.3.5.5.4. Resumo de despesas antecipadas "versus" despesas diferidas

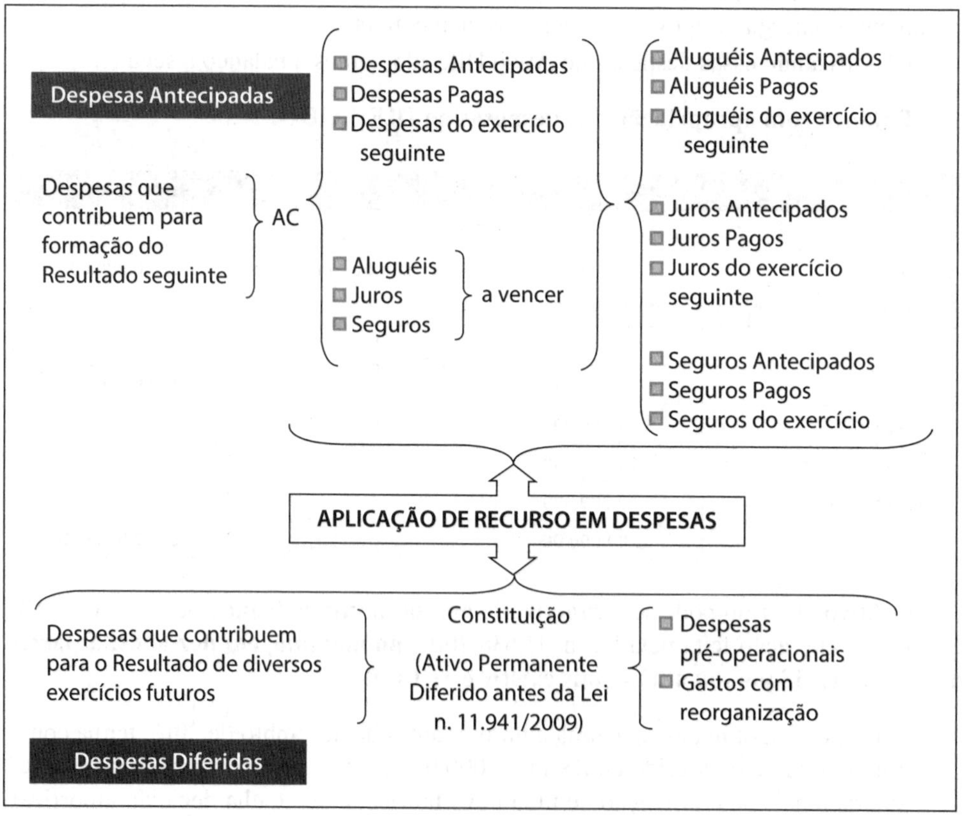

Despesas Antecipadas
Despesas que contribuem para formação do Resultado seguinte
AC
Despesas Antecipadas
Despesas Pagas
Despesas do exercício seguinte
Aluguéis
Juros
Seguros
a vencer
Aluguéis Antecipados
Aluguéis Pagos
Aluguéis do exercício seguinte
Juros Antecipados
Juros Pagos
Juros do exercício seguinte
Seguros Antecipados
Seguros Pagos
Seguros do exercício
APLICAÇÃO DE RECURSO EM DESPESAS
Despesas que contribuem para o Resultado de diversos exercícios futuros
Constituição
(Ativo Permanente Diferido antes da Lei n. 11.941/2009)
Despesas pré-operacionais
Gastos com reorganização
Despesas Diferidas

13.4. QUESTÕES

13.4.1. Ativo Circulante

1. (MTB — CESPE/1994) De acordo com a Lei n. 6.404/1976, as contas do ativo circulante serão classificadas do seguinte modo:

a) As disponibilidades, os valores a receber e os estoques;
b) As disponibilidades, os créditos em geral, os estoques e as despesas antecipadas;
c) As disponibilidades, os direitos realizáveis durante o exercício e as aplicações de recursos em despesas do exercício seguinte;
d) As disponibilidades, os direitos realizáveis no curso do exercício social subsequente e as aplicações de recursos em despesas do exercício seguinte;
e) As disponibilidades, os valores a receber, os estoques e as despesas antecipadas.

2. (Bacharel — Atualizada de acordo com a Lei n. 11.638/2007 — CFC/2004.3) Balanço Patrimonial de determinada empresa encerrado, em 31.12.2003, apresentava contas com valores correntes ou circulantes, com os seguintes saldos:

Bancos Conta Movimento	R$ 900
Caixa	R$ 300
Capital Social	R$ 1.000
Duplicatas a Pagar	R$ 900
Duplicatas a Receber	R$ 800
Duplicatas Descontadas	R$ 500
Estoque de Material de Consumo	R$ 340
Estoque de Mercadorias	R$ 800
Impostos a Pagar	R$ 150
Lucros Acumulados	R$ 870
Valores Mobiliários	R$ 280

A auditoria interna da empresa constatou alguns fatos não abordados pela contabilidade:

— O extrato bancário indicava a emissão de um cheque de R$ 1.200, não sacado pelo portador, porém já contabilizado.
— Os valores mobiliários totalizavam mil ações, avaliadas R$ 0,30 cada uma, no dia do balanço. Essas ações devem ser avaliadas como títulos mantidos até o vencimento.
— R$ 240 de receitas antecipadas não haviam sido contabilizadas.
— R$ 350 de despesas antecipadas não haviam sido contabilizadas.

A auditoria interna solicitou que a contabilidade efetuasse as atualizações contábeis necessárias. Assim, o Balanço Patrimonial apresentará Ativo Circulante no valor de:

a) R$ 2.810.
b) R$ 2.920.
c) R$ 3.160.
d) R$ 3.660.

3. (Contador — FURNAS — CESGRANRIO) As despesas antecipadas são avaliadas pelo:

a) Custo de aquisição menos as parcelas transferidas para resultado;
b) Custo histórico mais atualização;
c) Custo histórico menos variação monetária;
d) Que for mais baixo entre custo histórico ou mercado;
e) Que for mais baixo entre custo de reposição ou histórico.

4. (Do Autor) Analise as alternativas a seguir e assinale a única opção correta.

a) Um Ativo Não Circulante somente pode ser classificado no Realizável a Longo Prazo, no Investimento, no Imobilizado ou no Intangível;
b) Mercadorias fungíveis são um tipo de mercadoria perecível;
c) Despesas Antecipadas são contas classificáveis apenas no Ativo Circulante;
d) Um imóvel mantido para venda deve ser classificado no Ativo Circulante;
e) No Ativo, as contas devem ser classificadas em ordem crescente, segundo o grau de liquidez.

5. (Agente — PF — CESPE — 2014) Para que se demonstre com fidelidade a situação patrimonial de determinada entidade, faz-se necessária a observância de normas técnicas e legais de elaboração das demonstrações contábeis. Com relação a esse tema, julgue a próxima questão:

Se alguns imóveis forem incluídos no balanço patrimonial e classificados no ativo circulante em virtude de estarem destinados à venda, esses itens patrimoniais estarão sujeitos à provisão para ajuste ao valor provável de realização caso a perda seja permanente.

( ) Certo ( ) Errado

6. (Contador — MPE-AL — FGV/2018) Assinale a opção que indica, na elaboração do Balanço Patrimonial de uma sociedade empresária, o que deve ser contabilizado como Disponibilidades.

a) O numerário em trânsito decorrente de remessas para filiais.
b) Os saldos de contas mantidas em bancos em liquidação.
c) Os saldos de contas mantidas em bancos sob intervenção.
d) Os depósitos vinculados à liquidação de empréstimos.
e) Os depósitos com restrição de movimentação por força de cláusula contratual de financiamento.

7. (AFR — SEFAZ-PR — COPS UEL/2012) Um software que está em desenvolvimento, destinado para comercialização, deve ser contabilizado da seguinte forma:

a) Estoque: Ativo Especial.
b) Imobilizado: Ativo Especial.
c) Imobilizado: Imobilizado em Andamento.
d) Intangível: Intangível em Andamento.
e) Investimentos: Investimentos em Andamento.

8. (Assistente — COMPESA — FGV/2018) Uma entidade apresentava os seguintes saldos em seu balanço patrimonial, de 31.12.2017:

— caixa: R$ 50.000;
— depósitos vinculados para liquidação de importações: R$ 15.000;
— depósitos com restrição de movimentação por força de cláusula contratual de financiamento: R$ 20.000;
— aplicações no mercado financeiro, com prazo de 2 meses, e com risco insignificante de mudança de valor: R$ 30.000.

Assinale a opção que indica o saldo da conta Disponibilidades, em 31.12.2017.

a) R$ 80.000.
b) R$ 85.000.
c) R$ 95.000.
d) R$ 100.000.
e) R$ 115.000.

9. (Técnico — CM Indaiatuba — VUNESP/2018) De acordo com as regras do plano de contas contábil, representa uma despesa antecipada a rubrica de

a) Despesas pré-operacionais.
b) Aluguéis a pagar.
c) Aluguéis a vencer.
d) Ativo diferido.
e) Pesquisas e desenvolvimento de produtos.

10. (Analista — CGE-RN — IBFC/2019) A empresa Sonho Tranquilo, ao confrontar o extrato bancário e a conta razão no encerramento do mês 11, constatou que havia uma divergência. O livro

razão apresentava o saldo da conta Banco Conta Movimento devedor de $ 25.000,00. Com os saldos divergentes, teve-se a necessidade de realizar uma conciliação.

Nesse sentido, as informações a seguir foram levantadas para a conciliação:

I. um cheque de $ 5.000,00, recebido de clientes e depositado em 19 de novembro, foi devolvido por insuficiência de fundos;
II. um cheque de $ 7.000,00, emitido para pagamentos de fornecedor, não foi apresentado;
III. uma cobrança de duplicatas emitidas pela empresa, no valor de $ 3.000,00, foi feita pelo banco, contudo não houve aviso à empresa;
IV. um cliente efetuou um pagamento antecipado de $ 2.500,00, e não informou a empresa.

Com base nos dados apresentados de forma hipotética, assinale a alternativa que apresenta o saldo correto que a conta Banco Conta Movimento deve ir a balanço.

a) $ 25.500,00.
b) $ 32.500,00.
c) $ 37.500,00.
d) $ 18.500,00.

11. (Auditor-Contador — STN — FGV/2024) Em 1.º.07.2020, um restaurante adquiriu um forno por R$ 120.000. A vida útil era estimada em 10 anos e não era considerado valor residual. O restaurante usava o método da linha reta para depreciar os seus ativos imobilizados.

Em 31.12.2022, os sócios do restaurante decidiram vender o forno por R$ 85.500, uma vez que o valor justo na data era estimado em R$ 85.000.

A venda era considerada altamente provável, uma vez que o nível hierárquico de gestão apropriado estava comprometido com o plano de venda do ativo e havia sido iniciado um programa firme para localizar um comprador e concluir o plano, de modo que o forno passou a ser classificado como "ativo não circulante como mantido para venda".

Assinale a opção que indica o valor do forno no balanço patrimonial do restaurante em 30.06.2023.

a) R$ 78.000.
b R$ 84.000.
c) R$ 85.000.
d) R$ 85.500.
e) R$ 90.000.

12. (Analista — Pref Niteroi — FGV/2023) Um segmento operacional (negócio) de uma empresa foi colocado à venda. O processo começou há um ano e meio, quando os ativos foram classificados como ativo não circulante mantido para venda, contudo, o processo ainda não acabou, pois a causa principal envolveu um fato fora do controle da entidade. Porém, a empresa continua comprometida com o seu plano de venda do negócio.

Nesse caso, o CPC 31 estabelece que:

a) devem-se remover os ativos da classificação de não circulante mantido para venda, pois o processo ultrapassou um ano a partir da data da classificação;
b) devem-se mensurar as despesas de venda pelo valor presente, e qualquer aumento no valor presente das despesas de venda que resulte da passagem do tempo deve ser apresentado nos resultados como despesa operacional;
c) deve-se mensurar o ativo não circulante mantido para distribuição aos sócios pelo maior valor entre seu valor contábil e seu valor justo diminuído das despesas de distribuição;
d) pode-se estender o período de conclusão da venda para além de um ano e manter a classificação como ativo não circulante mantido para venda;
e) deve-se depreciar o ativo não circulante classificado como mantido para venda.

13.4.2. Ativo Realizável a Longo Prazo (Ativo Não Circulante)

1. (STM — CESPE/1999) Devem ser integralmente classificadas no ativo realizável a longo prazo, de acordo com a Lei das S/A:

a) Os contratos de aluguéis, pelos valores correspondentes aos períodos de utilização dos imóveis a vencerem a partir do exercício seguinte;
b) As letras de câmbio, com qualquer vencimento;

c) Os direitos derivados de vendas, adiantamentos ou empréstimos a sociedades coligadas ou controladas, diretores, acionistas ou participantes no lucro da companhia, que não constituírem negócios usuais na exploração do objeto da companhia;
d) Os investimentos permanentes em coligadas e controladas;
e) As despesas incorridas com projetos de pesquisa, que contribuirão para a formação do resultado de mais de um exercício social.

2. (SEFAZ-SP — FCC/2009) A empresa Solidária S.A. emprestou para os quatro diretores do grupo R$ 1.000.000. O evento foi formalizado por meio de contrato de mútuo, com juros de mercado, para pagamento em doze meses. Em conformidade com a lei societária vigente, esse fato deve ser registrado como

a) adiantamento a diretores — passivo circulante.
b) adiantamento a diretores — ativo não circulante.
c) empréstimos a diretores — ativo circulante.
d) empréstimos a diretores — ativo não circulante.
e) empréstimos a diretores — passivo circulante.

3. (TCU — ESAF/2000) A empresa S/A Indústria e Comércio produz tornos metálicos e outras ferramentas industriais que são comercializadas em operações de venda, tanto à vista como a prazo. Seu exercício financeiro coincide com o ano calendário. Em 21 de dezembro de 1999, o diretor financeiro dessa empresa, que também é seu acionista, obteve na tesouraria um empréstimo de $ 6.000, assinando uma promissória vencível em 25 do mês seguinte. No mesmo dia, esse diretor comprou a prazo algumas ferramentas, na própria loja da fábrica, assinando três notas promissórias de $ 600, vencíveis a 60, 120 e 180 dias. As operações foram debitadas em títulos a receber.

Ao encerrar o exercício em 31 de dezembro do referido ano, deverá constar, do balanço patrimonial dessa empresa, a conta títulos a receber com saldo de:

a) $ 7.800 no ativo circulante;
b) $ 7.800 no ativo realizável a longo prazo (ativo não circulante);
c) $ 6.000 no ativo circulante;
d) $ 6.000 no ativo circulante e de $ 1.800 no ativo realizável a longo prazo (ativo não circulante);
e) $ 1.800 no ativo circulante e de $ 6.000 no ativo realizável a longo prazo (ativo não circulante).

4. (Auditor TCU — CESPE/2007) Os adiantamentos a diretores, por conta de realização de despesas ainda não incorridas, que constituam operações usuais da empresa, devem classificar-se no ativo circulante.

( ) Certo ( ) Errado

5. (Auditor TCU — CESPE/2007) Considere a seguinte situação hipotética.

Uma empresa contratou seguro, em 01.10.2006, no valor de $ 360.000, com vigência de dois anos, sendo que seu exercício social coincide com o ano calendário. Nessa situação, em 31.12.2007, o balanço patrimonial deverá demonstrar $ 135.000 como seguros a vencer, no ativo não circulante realizável a longo prazo.

( ) Certo ( ) Errado

6. (Analista — TRE-PR — FCC/2012) Os investimentos em ações de outras empresas com perspectiva de resgate em doze meses e os empréstimos de curto prazo concedidos a sócios ou acionistas são classificados, respectivamente, no Balanço Patrimonial, como

a) Investimentos e Realizável a Longo Prazo.
b) Ativo Circulante e Investimentos.
c) Ativo Circulante e Patrimônio Líquido.
d) Ativo Circulante e Ativo não Circulante.
e) Intangível e Realizável a Longo Prazo.

7. (Contador Jr. — Transpetro — CESGRANRIO/2011) Determinada companhia de capital fechado atua na fabricação de máquinas. Em novembro de 2009, vendeu um equipamento em 36 parcelas, cada uma no valor de R$ 50.000,00, vencendo a 1a em fevereiro de 2010. O ciclo operacional médio, devido a particularidades desse ramo de atuação, é bem elevado, e o da companhia em tela é igual a 18 meses. Considere que

— nenhum imposto incidiu sobre essa operação;
— se trata de uma situação particular que deve ser vista de forma isolada e sem preocupação contábil de qualquer tipo de fechamento;
— nenhuma medida deve ser adotada com relação ao valor do dinheiro no tempo, justo valor ou avaliação a valor presente;
— a questão deve ser analisada e resolvida exclusivamente de acordo com os dizeres da Lei das Sociedades por Ações.

Com base nesses dados, o valor do Ativo Não Circulante decorrente tão somente dessa operação de venda a prazo, no balanço de 31 de dezembro de 2009, em reais, é

a) 800.000,00.
b) 900.000,00.
c) 950.000,00.
d) 1.200.000,00.
e) 1.800.000,00.

8. (Assistente — COMPESA — FGV/2018) Em 31.12.2017, uma entidade que atua no ramo de construção apresentava os seguintes saldos em seu balanço patrimonial, referentes a duplicatas a receber no ativo realizável a longo prazo.

— Clientes: R$ 100.000;
— Perdas estimadas com crédito de liquidação duvidosa de clientes: R$ 5.000;
— Ajuste a valor presente do saldo a receber de clientes: R$ 8.000;
— Faturamento para entrega futura: R$ 10.000;
— Transações operacionais com empresa controlada: R$ 40.000;
— Serviços executados a faturar: R$ 30.000.

Assinale a opção que indica o saldo da conta duplicatas a receber no ativo realizável a longo prazo da entidade, em seu balanço patrimonial de 31.12.2017.

a) R$ 87.000.
b) R$ 117.000.
c) R$ 147.000.
d) R$ 167.000.
e) R$ 193.000.

13.4.3. Ativo Investimento

1. (AFTN — ESAF/1996) Quando adquirimos com caráter de permanente, são classificados como Ativo Permanente Investimentos:

a) Participação Societária e os bens de usos intangíveis.
b) Bens de uso intangíveis e os direitos de longo prazo.
c) Bens tangíveis não utilizados nas atividades da empresa.
d) Bens tangíveis utilizados nas atividades da empresa.
e) Bens de usos tangíveis e os direitos de longo prazo.

2. (AFRFB — ESAF/2012) Os bens adquiridos e mantidos pela empresa, sem a produção de renda e destinados ao uso futuro para expansão das atividades da empresa, são classificados no balanço como:

a) Imobilizado em Andamento.
b) Realizável a Longo Prazo.
c) Propriedades para Investimentos
d) Investimentos Temporários.
e) Outros Investimentos Permanentes.

3. (Agente Fiscal de Rendas — SEFAZ-SP — FCC/2013) A Cia. Futurista adquiriu 3% das ações da Cia. Atual, em 20.02.2013, por R$ 4.560,00. As sociedades não são do mesmo grupo nem estão sob controle comum. O investimento adquirido não caracteriza controle nem influência significativa sobre a investida, mas a Cia. Futurista possui a intenção de permanecer com este investimento por vários exercícios, ou seja, não há intenção de venda. Neste caso, o investimento, classificado no ativo não circulante da Cia. Futurista, será avaliado pelo

a) custo corrente corrigido.
b) método da equivalência patrimonial.
c) método de custo.
d) método da conciliação.
e) método de crédito unitário projetado.

4. (AFC — STN — ESAF/2013) A Cia. Iluminada participa com 4% do capital ordinário da Cia. Hércules. Nessa participação societária permanente, a investidora não possuía influência significativa. Na ocasião da aprovação das contas e distribuição do resultado da Cia. Hércules, também foi aprovada a distribuição de R$ 500.000 a título de dividendos aos seus acionistas. A empresa investidora, ante esse fato, deve registrar um débito:

a) em Resultado com Investimentos a crédito de Ganhos com Participações Societárias Permanentes.
b) em Participações Societárias Permanentes a crédito de Receitas não Correntes — Investimentos.
c) de Dividendos a Receber a crédito de Outras Receitas Operacionais — Dividendos e Rendimentos de Outros Investimentos.
d) de Disponibilidades a crédito de Ganhos e Perdas com Participações Permanentes em Outras Sociedades.
e) de Conta de Resultado a crédito de Resultados com Investimentos Permanentes em outras Sociedades Coligadas.

5. (Analista Legislativo — CAM DEP — CESPE/2014) Com relação à avaliação de investimentos pelo método do custo, julgue o item abaixo.

Ao se utilizar o método de custo para a avaliação dos investimentos, a empresa investidora deve reconhecer os lucros não distribuídos no momento em que são gerados pela empresa investida, independentemente de sua distribuição ou de seu pagamento.

( ) Certo ( ) Errado

13.4.3.1. Propriedades para investimento

1. (AFRFB — ESAF/2012) A empresa Venus S.A., fabricante de peças para automóveis, adquiriu um terreno para aproveitar a valorização que o mercado aquecido está permitindo. A Venus também aluga o prédio lateral de sua fábrica para a Holding do Grupo ocupar com as suas atividades administrativas. Dessa forma, esses eventos devem ser contabilizados, respectivamente, como

a) Propriedades para investimento e arrendamento mercantil.
b) Imobilizado e imobilizado.
c) Propriedade para investimento e propriedades para investimento.
d) Investimento e propriedade para investimento.
e) Propriedade para investimento e imobilizado.

2. (AFC — STN — ESAF/2013) São critérios de avaliação das propriedades para investimentos:

a) método de custo e valor justo.
b) custo histórico corrigido e valor justo.
c) valor de liquidação e método do custo corrente.
d) somente são avaliados pelo valor justo.
e) só podem ser avaliados pelo custo de aquisição.

3. (ACE — TCE-GO — FCC/2014) A empresa Tucunaré S.A. decidiu pela venda de prédio que mantinha para locação, contabilizado como propriedade para investimento sem efetuar desenvolvimento. Neste caso, o prédio deve ser

a) mantido como propriedade para investimento, durante o primeiro ano.
b) transferido para estoque no ativo não circulante.
c) transferido para estoque no ativo circulante.
d) transferido para imobilizado no ativo não circulante.
e) mantido como propriedade para investimento até a venda.

4. (Técnico — CFC — FBC/2013) Marque a opção que apresenta o exemplo de propriedade para investimento, segundo a NBC TG 28 — Propriedade para Investimento.

a) Propriedade ocupada pelo proprietário no aguardo de alienação.
b) Propriedade que é arrendada a outra entidade sob arrendamento financeiro.
c) Terrenos destinados à venda no decurso ordinário das atividades ou em vias de construção ou desenvolvimento para tal venda.
d) Terrenos mantidos para valorização de capital a longo prazo, e não para venda a curto prazo, no curso ordinário dos negócios.

5. (Auditor Tesouro Municipal — Recife — FGV/2014) Uma entidade adquiriu, em 31.12.2012, dois prédios no Recife.

— O prédio A foi adquirido por R$ 1.000.000,00. Fica localizado ao lado da sede da entidade e é mantido para futura valorização. Enquanto isso não acontece, ela utiliza o prédio para suas atividades, alocando uma parte de seu pessoal nele.
— O prédio B foi adquirido por R$ 500.000,00 para valorização de capital, não sendo utilizado no momento.

Na data da compra, a entidade pretendia utilizar os prédios durante 40 anos e não considerava valor residual.
Em 31.12.2013, ela avaliou o valor justo de seus prédios a fim de começar a aplicá-los, quando permitido por lei. Ela constatou que o prédio A tinha valor justo de R$ 1.000.000,00, e o prédio B, de R$ 480.000,00.
Com base nas informações acima, os valores contábeis do prédio A e do prédio B, no balanço patrimonial da entidade, em 31.12.2013, eram, respectivamente, de

a) R$ 1.000.000,00 e R$ 500.000,00.
b) R$ 1.000.000,00 e R$ 480.000,00.
c) R$ 975.000,00 e R$ 500.000,00.
d) R$ 975.000,00 e R$ 470.500,00.
e) R$ 975.000,00 e R$ 480.000,00.

6. (AFR — SEFAZ-GO — FCC/2018) Uma empresa adquiriu um imóvel de 20 andares e está utilizando apenas 3 andares para suas atividades administrativas. Por decisão da diretoria, os demais andares foram alugados para terceiros, por prazo determinado e sem possibilidade de venda, com o objetivo de gerar receita de aluguel, sendo que a empresa presta os serviços de manutenção, acesso e segurança para o edifício. Caso a empresa deseje, os andares podem ser comercializados separadamente e é possível identificar valor de mercado para cada andar. Com relação à contabilização do imóvel, é correto afirmar que:

a) Deve ser registrado inteiramente como Ativo Imobilizado.
b) Deve ser registrado inteiramente como Propriedade para investimentos (no grupo Investimentos).
c) Todos os andares devem ser mensurados pelo valor justo na data de cada balanço patrimonial.
d) O valor correspondente a três andares deve ser registrado como Ativo Imobilizado e os demais andares como Propriedade para investimentos (no grupo Investimentos).
e) Os andares alugados devem ser tratados como arrendamento mercantil financeiro pela empresa.

7. (AFR — SEFAZ-SC — FCC/2018) Considere as seguintes assertivas:

I. As propriedades para investimento devem ser inicialmente mensuradas pelo seu custo. Os custos de transação devem ser incluídos na mensuração inicial.
II. Para propriedades para investimento mensuradas ao valor justo, as alterações no seu valor justo devem ser reconhecidas no resultado do período se for perda e no patrimônio líquido se for ganho.
III. As entidades devem mensurar o valor justo das propriedades para investimento, mesmo escolhendo o método de custo para fins de mensuração, uma vez que precisa divulgar esta informação para estas propriedades.

Está correto o que se afirma em

a) I, apenas.

b) I e II, apenas.
c) III, apenas.
d) I e III, apenas.
e) I, II e III.

8. (Técnico — SEFIN — FGV/2018) Uma sociedade empresária possuía, em 31.12.2016, dois terrenos, um destinado à venda e outro ao uso. O primeiro estava contabilizado por R$ 100.000 no Ativo Circulante como estoque. Já o segundo, estava contabilizado por R$ 100.000 no Ativo Imobilizado. Com o objetivo de valorização do capital, em 2017, a sociedade empresária transferiu os dois terrenos para a conta Propriedade para Investimento, passando a contabilizá-los pelo valor justo, que era de R$ 120.000 e de R$ 180.000. Assinale a opção que indica os lançamentos corretos feitos pela sociedade empresária no momento da transferência dos terrenos.

a) D — Propriedade para investimento: R$ 120.000;
C — Ativo Circulante: R$ 100.000;
C — Receita: R$ 20.000;
D — Propriedade para investimento: R$ 180.000;
C — Ativo Imobilizado: R$ 100.000;
C — Ajuste de Avaliação Patrimonial: R$ 80.000.
b) D — Propriedade para investimento: R$ 120.000;
C — Ativo Circulante: R$ 100.000;
C — Receita: R$ 20.000;
D — Propriedade para investimento: R$ 180.000;
C — Ativo Imobilizado: R$ 100.000;
C — Receita: R$ 80.000.
c) D — Propriedade para investimento: R$ 120.000;
C — Ativo Circulante: R$ 100.000;
C — Ajuste de Avaliação Patrimonial: R$ 20.000;
D — Propriedade para investimento: R$ 180.000;
C — Ativo Imobilizado: R$ 100.000;
C — Ajuste de Avaliação Patrimonial: R$ 80.000.
d) D — Propriedade para investimento: R$ 120.000;
C — Ativo Circulante: R$ 100.000;
C — Ajuste de Avaliação Patrimonial: R$ 20.000;
D — Propriedade para investimento: R$ 180.000;
C — Ativo Imobilizado: R$ 100.000;
C — Receita: R$ 80.000.
e) D — Propriedade para investimento: R$ 120.000;
C — Ativo Circulante: R$ 100.000;
C — Ganho: R$ 20.000;
D — Propriedade para investimento: R$ 180.000;
C — Ativo Imobilizado: R$ 100.000;
C — Ganho: R$ 80.000.

9. (Auditor — MPE-AL — FGV/2018) Uma entidade possuía, em 31.12.2016, dois terrenos, que estavam contabilizados em seu ativo imobilizado, por R$ 600.000 e R$ 850.000.

Em 2017 a entidade transferiu os dois terrenos para a conta Propriedade para Investimento, pois a intenção passou a ser valorização do capital.

Na data da transferência, o valor justo de cada um dos terrenos era de R$ 700.000.

Assinale a opção que indica o efeito da contrapartida do reconhecimento do valor justo dos dois terrenos.

a) Diminuição de R$ 50.000 em ajustes de avaliação patrimonial.
b) Aumento de R$ 50.000 em resultado do exercício.
c) Diminuição de R$ 50.000 em resultado do exercício.
d) Aumento de R$ 100.000 em ajustes de avaliação patrimonial e diminuição de R$ 150.000 no resultado do exercício.
e) Diminuição de R$ 150.000 em ajustes de avaliação patrimonial e aumento de R$ 100.000 no resultado do exercício.

10. (Analista — MPE-GO — FGV/2022) Uma sociedade empresária possuía um imóvel que alugava a outra pessoa jurídica. Nesse imóvel funcionava uma escola. A sociedade empresária prestava serviços de apoio à escola, sendo responsável pela administração, definição do material didático, orientação pedagógica e alimentação.

Assinale a opção que indica a contabilização do imóvel no balanço patrimonial da sociedade empresária, considerando as características da negociação.

a) Ativo circulante.
b) Ativo realizável a longo prazo.
c) Propriedade para investimento.
d) Ativo Imobilizado.
e) Patrimônio Líquido.

13.4.3.2. Conceitos básicos de equivalência patrimonial

1. (AFTN — ESAF/1996) São métodos de avaliação das Participações Societárias:

a) Método de Custo e Custo ou Mercado, dos dois o menor;
b) Método do Valor Presente e Equivalência Patrimonial;
c) Método do Custo e Equivalência Patrimonial;
d) Método do Valor de Realização e Equivalência Patrimonial;
e) Método do Valor de Realização e Valor Presente.

2. (AFTN — ESAF/1996) Em qual das situações a seguir pode-se dizer que uma companhia é controlada?

a) quando a Investidora elege um dos membros de Conselho de Administração;
b) quando Investidora e Investida atuam no mesmo mercado, fabricando o mesmo produto;
c) quando Investida e Investidora pertencem ao mesmo grupo empresarial;
d) quando a Investidora é dona da patente da tecnologia explorada pela Investida;
e) quando um dos acionistas da empresa possui 10% do capital preferencial.

3. (AFRF — ESAF/2001) De acordo com a Lei das S/A, n. 6.404/76, art. 243 e art. 248, o investimento em participações societárias permanentes será avaliado pelo método da equivalência patrimonial, o investimento:

a) Em cada sociedade coligada ou controlada, se o valor contábil é igual ou superior a 10% do valor do patrimônio líquido da companhia investidora;
b) No conjunto das sociedades coligadas e controladas, se o valor corrente é igual ou superior a 20% do valor do patrimônio líquido da companhia investidora;
c) Em cada sociedade coligada ou controlada, se o valor de realização é igual ou superior a 15% do valor do patrimônio líquido da companhia investidora;
d) No conjunto das sociedades coligadas e controladas, se o valor de mercado é Igual ou superior a 25% do valor do patrimônio líquido da companhia investidora;
e) Em sociedade controlada e nas sociedades coligadas. Deve ser considerado sociedade coligada qualquer sociedade onde exista influência significativa. É presunção de influência participação de 20% no capital votante sem controle.

4. (AFTN — ESAF/1998) A Cia. Continental é uma empresa de capital aberto com investimentos em 4 outras empresas, sendo o valor contábil de seus investimentos, em 31.12.19x7, o seguinte:

Na Cia. A $ 50.000 — representa 8% do capital da empresa "A";
Na Cia. B $ 100.000 — representa 15% do capital da empresa "B";
Na Cia. C $ 150.000 — representa 25% do capital da empresa "C";
Na Cia. D $ 500.000 — representa 40% do capital da empresa "D".
O Patrimônio líquido da Cia. Continental na mesma data é $ 5.000.000.

As Participações Societárias que deverão ser avaliadas pelo método da equivalência patrimonial são as das Cias:

a) C, D;
b) B, C, D;
c) A, B, C;
d) A, C, D;
e) A, B, C, D.

5. (TRF — ESAF/2003) Em cada círculo está inscrito o nome de uma empresa. A seta indica participação de uma empresa no capital de outra. No retângulo está o percentual de cada participação.

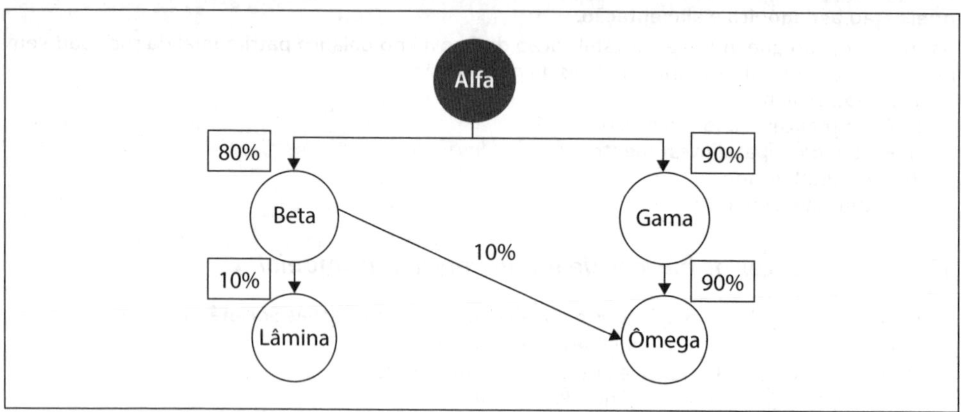

Assinale a opção correta:
a) A empresa Alfa controla indiretamente a empresa Ômega;
b) A empresa Alfa controla indiretamente a empresa Lâmina;
c) A empresa Beta controla a empresa Lâmina;
d) A empresa Beta controla a empresa Ômega;
e) A empresa Gama controla a empresa Beta.

(AFRF — ESAF/2000) Utilizando apenas as informações contidas na tabela abaixo, responda às duas próximas questões.

Quadro de composição acionária das companhias Mauá e Rondon:

COMPOSIÇÃO DO CAPITAL				
Empresas	**Cia. Itararé**	**Cia. Caxias**	**Outros Acionistas**	**Total de ações**
Cia. Mauá	2.000	4.000	4.000	10.000
Cia. Rondon	16.000	2.000	2.000	20.000
Cia. Caxias	35.000	–	15.000	50.000

6. O percentual de participação indireta da Cia. Itararé nas empresas Mauá e Rondon é:
a) 28% na Cia. Mauá e 7% na Cia. Rondon;
b) 28% na Cia. Mauá e 20% na Cia. Rondon;
c) 7% na Cia. Mauá e 70% na Cia. Rondon;
d) 8% na Cia. Mauá e 28% na Cia. Rondon;
e) 18% na Cia. Mauá e 77% na Cia. Rondon.

7. A Cia. Itararé tem uma participação total nas Investidas na seguinte ordem:
a) 70% na Cia. Rondon, 70% na Cia. Caxias e 38% na Cia. Mauá;
b) 87% na Cia. Rondon, 70% na Cia. Caxias e 48% na Cia. Mauá;
c) 70% na Cia. Rondon, 70% na Cia. Caxias e 20% na Cia. Mauá;
d) 67% na Cia. Rondon, 30% na Cia. Caxias e 40% na Cia. Mauá;
e) 10% na Cia. Rondon, 70% na Cia. Caxias e 40% na Cia. Mauá.

8. (Controlador — CIGA-SC — FUNDATEC/2018) A empresa "A" possui pouco mais de trinta por cento do capital da empresa "B", mas possui significativa influência na sua administração. Essa participação é mantida em caráter permanente, ou seja, sem a intenção de vender a terceiros,

mas como uma fonte permanente de renda. Considerando essas informações, assinale a alternativa correta.

a) Os valores aplicados na empresa "B" são classificados no Ativo Realizável a Longo Prazo na empresa "A".
b) A empresa "A" deve classificar o valor referido como Investimento em Coligada, no Ativo Permanente.
c) A empresa "A" deve classificar o valor referido como Investimento em Controlada, no Ativo Permanente.
d) A empresa "A" deve classificar o valor referido como Investimento em Controlada, no Ativo Realizável a Longo Prazo.
e) Os valores aplicados na empresa "B" são classificados no Ativo Intangível da empresa "A".

9. (Controlador — PAULIPREV — VUNESP/2018) As participações societárias permanentes, classificadas no subgrupo Investimentos do Ativo Não Circulante, são avaliadas pelo método da equivalência patrimonial quando efetuadas

a) em quaisquer tipos de sociedades.
b) em todas as coligadas e controladas.
c) nas controladas e nas coligadas em que a sociedade investidora tenha pelo menos 10% do capital social.
d) em sociedades controladas, apenas.
e) somente em controladas e coligadas domiciliadas no exterior.

13.4.3.3. Ajuste de equivalência e distribuição de dividendos no MEP

1. (AFRE-MG — ESAF/2005) Duas empresas coligadas avaliam seus investimentos pelo método de equivalência patrimonial.

A primeira empresa tem:

— Ativo permanente de	$ 500.000
— Patrimônio Líquido de	$ 300.000
— Capital social de	$ 100.000

A segunda empresa tem:

— Ativo permanente de	$ 350.000
— Patrimônio Líquido de	$ 300.000
— Capital social de	$ 150.000

A primeira empresa possui 25% do capital da segunda. A segunda companhia teve lucro de $ 50.000 e distribuiu dividendos no valor de $ 30.000.

Em consequência dos resultados e respectiva distribuição, ocorridos na segunda companhia, a primeira empresa deverá contabilizar o aumento de:

a) $ 7.500, em receitas do período;
b) $ 7.500, no ativo circulante;
c) $ 7.500, no ativo permanente;
d) $ 12.500, no ativo circulante;
e) $ 12.500, no ativo permanente.

2. (PM-SP — Auditor-Fiscal Tributário Municipal — Gestão Tributária — FCC/2012) A empresa Alfa, sociedade anônima de capital aberto, possui 30% de participação no capital social de uma empresa coligada (empresa Gama). Durante o exercício financeiro de X1, a investida obteve Lucro Líquido de R$ 100.000,00, distribuiu Dividendos no valor de R$ 20.000,00 e teve o saldo da conta Ajuste de Avaliação Patrimonial aumentado em R$ 10.000,00.

Em decorrência deste investimento, a empresa Alfa, em X1,

a) manteve o valor do investimento avaliado pelo custo de aquisição.
b) teve uma variação no saldo da conta Investimento em Coligadas referente à empresa Gama de R$ 24.000,00.
c) reconheceu receita de dividendos no valor de R$ 6.000,00.
d) teve seu patrimônio líquido aumentado em R$ 30.000,00.
e) reconheceu receita de equivalência patrimonial no valor de R$ 30.000,00.

3. (TRF 2.ª Região — Analista — FCC/2012) A Cia. Porto Feliz detém a propriedade de 20% das ações com direito a voto da Cia. Porto União. No final do exercício de 2011, a investida propôs o pagamento de dividendos no valor de R$ 100.000,00 aos acionistas. A contrapartida do reconhecimento, no Ativo Circulante, dos dividendos a receber pela companhia investidora deve ser registrada

a) como uma receita financeira.
b) a crédito de conta de resultado positivo da equivalência patrimonial.
c) como receita de dividendos.
d) a crédito da conta que registra a própria participação societária.
e) a crédito de uma conta de resultado não operacional.

4. (Auditor da Receita — ESAF/2012) A Empresa Controladora S.A., companhia de capital aberto, apura um resultado negativo de equivalência patrimonial que ultrapassa o valor total de seu investimento na Empresa Adquirida S.A. em R$ 400.000,00. A Empresa Controladora S.A. não pode deixar de aplicar recursos na investida, uma vez que ela é a única fornecedora de matéria-prima estratégica para seu negócio. Dessa forma, deve a investidora registrar o valor da equivalência

a) a crédito do investimento, ainda que o valor ultrapasse o total do investimento efetuado.
b) a crédito de uma provisão no passivo, para reconhecer a perda no investimento.
c) a crédito de uma provisão no ativo, redutora do investimento.
d) a débito do investimento, ainda que o valor ultrapasse o total do investimento efetuado.
e) a débito de uma reserva de capital, gerando uma cobertura para as perdas.

5. (AFRFB — ESAF/2009) Em fevereiro de 2008 a empresa Calcedônia Minerais S.A. investiu R$ 350.000,00 em ações de outras companhias, contabilizando a transação em seu ativo permanente. Desse investimento, R$ 200.000,00 deverão ser avaliados por "Equivalência Patrimonial" e R$ 150.000,00, pelo Método do Custo. Durante o exercício em questão, as empresas investidas obtiveram lucros que elevaram seus patrimônios líquidos em 4%, tendo elas distribuído dividendos de tal ordem que coube à Calcedônia o montante de R$ 6.000,00, sendo metade para os investimentos avaliados por Equivalência Patrimonial e metade para os investimentos avaliados pelo método do custo. Com base nessas informações, podemos afirmar que, no balanço patrimonial da empresa Calcedônia Minerais S.A. relativo ao exercício de 2008, deverá constar contabilizado um investimento no valor de

a) R$ 350.000,00.
b) R$ 355.000,00.
c) R$ 358.000,00.
d) R$ 361.000,00.
e) R$ 364.000,00.

6. (Contador — SEFIN — FGV/2018) A Cia. XYZ, que atua no ramo de alimentos, possui 60% do capital votante e total da Cia. M, sobre a qual exerce controle, e 5% do capital da Cia. P, na qual exerce influência significativa. Ela tem a intenção de vender as ações da Cia. P, quando o preço de mercado atingir um valor que gere lucro.

Em 31.12.2015, os patrimônios líquidos da Cia. M e da Cia. P eram de R$ 50.000.
No ano de 2016, a Cia. M apresentou lucro de R$ 10.000 e distribuiu R$ 2.000 em dividendos. Já a Cia. P apresentou lucro de R$ 20.000 e distribuiu R$ 4.000 em dividendos.
Assinale a opção que indica o valor reconhecido como Resultado por Equivalência Patrimonial na Demonstração do Resultado do Exercício da Cia. XYZ, em 31.12.2016, referente às suas participações acionárias.

a) R$ 4.800.
b) R$ 5.600.
c) R$ 6.000.
d) R$ 7.000.
e) R$ 10.000.

7. (Contador — PAULIPREV — VUNESP/2018) A empresa Investe em Tudo S/A (Investidora) participa em 100% do capital social de uma investida denominada ABCD Ltda. (Investida). Tal investimento é considerado como relevante e está avaliado pelo método de equivalência patrimonial. Em 31 de dezembro de 2017, a Investidora recebeu as seguintes informações para a referida contabilização da equivalência do exercício:

— Saldo da conta do Patrimônio Líquido da Investida em 31.12.2016: R$ 158.000,00.
— Prejuízo apurado no exercício de 2017, pela Investida: R$ 210.000,00.
— Durante o exercício de 2017, não ocorreram transações entre as empresas.
— No exercício de 2017, a Investida perdeu diversos clientes, ocasionando um prejuízo de R$ 150.000,00.
— No exercício de 2017, a Investidora adquiriu várias outras empresas do mesmo porte da referida Investida, com detalhe de que todas são do mesmo segmento dessa empresa.
— A Investidora responde legal e civilmente pela Investida em todas as suas obrigações.

Com base nessas informações, assinale a alternativa que demonstra a correta contabilização da variação de equivalência ocorrida no exercício de 2017 com a Investida ABCD Ltda.

a) Débito: DRE — Resultado de Equivalência — R$ 210.000,00
Crédito: Investimentos — R$ 158.000,00
Crédito: Passivo — R$ 52.000,00.
b) Débito: Investimentos — R$ 52.000,00
Crédito: DRE — Resultado de Equivalência — R$ 52.000,00.
c) Débito: DRE — Resultado de Equivalência — R$ 210.000,00
Crédito: Investimentos — R$ 210.000,00.
d) Débito: DRE — Resultado de Equivalência — R$ 158.000,00
Crédito: Investimentos — R$ 158.000,00.
e) Débito: DRE — Resultado de Equivalência — R$ 210.000,00
Crédito: Investimentos — R$ 158.000,00
Crédito: Perdas Prováveis — R$ 52.000,00.

13.4.3.4. Lucros não realizados

1. (ICMS-PA — Fiscal de Rendas — ESAF/2002) Por decisão interna do grupo de empresas comandado pela Cia. Toda Cor, as operações de venda de produtos, mercadorias ou serviços, quando realizadas entre empresas do conglomerado, são efetuadas com margem bruta de 20%. No exercício de 2001 a Cia. Azul vende a prazo, para a controladora do grupo, estoques de mercadorias no valor de R$ 500.000,00. Sabe-se que ao final do exercício permaneciam, ainda, nos ativos da compradora 40% desses estoques.

O valor do resultado não realizado identificado nos estoques da investidora é:

a) 160.000
b) 120.000
c) 100.000
d) 80.000
e) 40.000

2. (ISS-SP — Auditor-Fiscal — FCC/2007 — Atualizada) A Cia. Vértice vendeu mercadorias à sua controladora no valor de R$ 250.000,00, obtendo um lucro de 25% sobre o preço de custo. No final do exercício, a investidora mantinha em estoque 20% do referido lote, tendo vendido o restante a terceiros obtendo um lucro de R$ 150.000,00. A controladora possui 60% das ações da investida. Na apuração do Balanço Patrimonial consolidado, o montante do lucro não realizado nessas transações, a ser deduzido do valor dos estoques da controlada, correspondeu a, em R$:

a) 6.000,00
b) 7.500,00
c) 8.000,00
d) 10.000,00
e) 12.500,00

3. (ISS-SP — Fiscal — FCC/2007) A Cia. Santo Amaro possui 80% das ações com direito a voto de sua controlada, a Cia. Santa Maria, que representam 40% do total do capital social da investida. No exercício de 2005, a Cia. Santa Maria vendeu um lote de mercadorias para a investidora por R$ 400.000,00, auferindo um lucro de R$ 100.000,00 na transação. Sabendo-se que, em 31.12.2005, o Patrimônio Líquido da controlada era de R$ 750.000,00 e que a investidora mantinha integralmen-

te o referido lote de mercadorias em seus estoques, a participação societária, avaliada pelo método da equivalência patrimonial na contabilidade da Cia. Santo Amaro, corresponderá a, em R$:

a) 175.000,00
b) 200.000,00
c) 260.000,00
d) 400.000,00
e) 520.000,00

4. (BNDES — CESGRANRIO/2005) A Cia. Equity possuía um único investimento societário em sociedade controlada e dispunha, em 31.12.X1, das seguintes informações para fins de cálculo da Equivalência Patrimonial:

Patrimônio Líquido da Controlada (já incluído o Lucro Líquido do Exercício)	$ 3.000,00
% Participação no Capital Social da Controlada	80%
Lucro Líquido do Exercício auferido pela Controlada	$ 500,00
Lucros Não Realizados integrantes do Lucro Líquido do Exercício da Controlada	$ 200,00
Valor Contábil do Investimento avaliado pelo método da equivalência patrimonial	$ 2.000,00

Considerando a instrução 247/96, o valor a ser registrado pela Controladora como Resultado da Equivalência Patrimonial do exercício de 19X1 é:

a) R$ 240,00;
b) R$ 200,00;
c) R$ 400,00;
d) R$ 100,00;
e) R$ 300,00.

(AFRFB — ESAF/2014) Em janeiro de 2011, a Cia. Amazônia subscreve 60% do capital ordinário da Cia. Mamoré, registrando essa Participação Societária, em seus ativos, pelo valor de R$ 720.000. Nesse mesmo período, a empresa controlada vende à vista para a Cia. Amazônia estoques no valor de R$ 200.000, obtendo nessa transação um lucro de R$ 50.000. Ao final desse exercício, o Patrimônio Líquido da controlada ajustado correspondia a R$ 1.230.000 e a investidora repassou para terceiros 70% dos estoques adquiridos da Cia. Mamoré pelo valor à vista de R$ 250.000. Considerando estas informações, responda às questões a seguir.

5. Ao final de dezembro, no encerramento do exercício social, a Cia. Amazônia deve efetuar o lançamento contábil de:

a) débito na conta Resultado de Investimentos a crédito na conta de Participações Societárias — Cia. Mamoré no valor de R$ 18.000.
b) débito na conta Participações Societárias — Cia. Mamoré a crédito de Receitas de Investimentos no valor de R$ 15.000.
c) débito na conta de Resultado de Equivalência Patrimonial a crédito de Participações Societárias — Cia. Mamoré no valor de R$ 12.500.
d) débito na conta de Resultado de Equivalência Patrimonial a crédito de Participações Societárias — Cia. Mamoré no valor de R$ 5.000.
e) débito na conta de Participações Societárias — Cia. Mamoré a crédito de Resultado de Equivalência Patrimonial no valor de R$ 3.000.

6. Considere que a Cia. Mamoré destina, distribui e paga dividendos no valor de R$ 10.000 para os acionistas. Nesse caso, a Cia. Amazônia deve efetuar um lançamento de:

a) débito em conta de Resultado de Equivalência Patrimonial a crédito de conta do Patrimônio Líquido no valor de R$ 6.000.
b) débito em Disponibilidades a crédito da conta Participações Societárias — Cia. Mamoré no valor de R$ 6.000.
c) débito de Participações Societárias — Cia. Mamoré a crédito da conta Resultado de Equivalência Patrimonial no valor de R$ 6.000.

d) débito de Disponibilidades a crédito da conta Resultado de Equivalência Patrimonial no valor de R$ 6.000.
e) débito de Dividendos a Pagar a crédito da conta Receitas de Investimentos no valor de R$ 6.000.

13.4.3.5. Ágio, mais-valia, deságio, menos-valia e amortização de mais-valia

1. (AFRF — ESAF/2001 — Atualizada) O ágio na compra de investimento avaliado pelo método da equivalência patrimonial é determinado pelo valor pago que exceder

a) ao valor do capital da investidora.
b) ao valor de cotação em bolsa.
c) ao valor do capital da investida.
d) ao valor justo da ação.
e) ao valor do capital e reservas de capital da investida.

2. (AFRF — ESAF/1998 — Atualizada) Na aquisição de Participação Societária Permanente que se classifique como coligada ou controlada, o custo de aquisição deve ser registrado, desdobradamente, em valor

a) pago dentro do exercício e a pagar no exercício seguinte.
b) conta de Ativo e de Patrimônio Líquido.
c) de Participação Societária, de ágio e mais-valia.
d) de mercado do investimento e de realização futura.
e) de lucros esperados e perdas não recuperáveis.

3. (Fiscal de Rendas-RN — ESAF/2005) A empresa Beta S/A, pertencendo ao mesmo ramo de atividade da empresa Alfa S/A, resolveu com ela estabelecer uma coligação acionária. Para isso adquiriu 20% das ações emitidas por Alfa S/A, pagando R$ 3,50 por unidade, com o cheque 850.013 do Banco do Brasil S/A.

A empresa Alfa S/A tem capital social no valor de R$ 320.000,00, composto de 100 mil ações, e patrimônio líquido no valor de R$ 340.000,00.

Sabendo-se que o investimento de Beta S/A deverá ser avaliado pelo método da Equivalência Patrimonial, podemos dizer que sua contabilidade deverá registrar o fato acima da seguinte forma:

a) Débito de ativo permanente: Ações de Coligadas 64.000,00. Débito de ativo permanente: Ágio na Aquisição 4.000,00. Débito de resultado: Perda de Capital — Ágio 2.000,00. Crédito de ativo circulante: Bancos c/Movimento 70.000,00.
b) Débito de ativo permanente: Ações de Coligadas 64.000,00. Débito de ativo permanente: Ágio na Aquisição 6.000,00. Crédito de ativo circulante: Bancos c/Movimento 70.000,00.
c) Débito de ativo permanente: Ações de Coligadas 68.000,00. Débito de ativo permanente: Ágio na Aquisição 2.000,00. Crédito de ativo circulante: Bancos c/Movimento 70.000,00.
d) Débito de ativo permanente: Ações de Coligadas 68.000,00. Débito de resultado: Perda de Capital — Ágio 2.000,00. Crédito de ativo circulante: Bancos c/Movimento 70.000,00.
e) Débito de ativo permanente: Ações de Coligadas 70.000,00. Crédito de ativo circulante: Bancos c/Movimento 70.000,00.

4. (BNDES — Contador — VUNESP/2001) A Cia. Hanover adquiriu à vista, em 30.08.X0, por $ 1.000.000,00, 40% das ações da Cia. Hamburgo. No balanço de mesma data da Cia. Hamburgo, que serviu de base à negociação, o Patrimônio Líquido da investida era de $ 2.200.000,00. O registro do fato contábil, na escrituração da companhia investidora, será:

a)	Diversos	
	a Disponível	1.000.000
	Investimentos — Cia Hamburgo	880.000
	Ágio na aquisição de Investimentos	120.000
b)	Disponível	
	a Capital	1.000.000
c)	Investimentos — Cia Hamburgo	1.000.000
	a Diversos	

	a Disponível	880.000
	a Deságio na aquisição de Investimentos	120.000
d)	Diversos	
	a Disponível	1.000.000
	Investimentos — Cia Hamburgo	880.000
	Deságio na aquisição de Investimentos	120.000
e)	Investimentos — Cia Hamburgo	1.000.000
	a Disponível	1.000.000

5. (Contador — Petrobras — CESGRANRIO/2010) A Companhia São Tiago S.A. pagou R$ 80.000.000,00 por 60% do total de ações do capital social da Companhia Tomé S.A., que possuía patrimônio líquido de R$ 140.000.000,00, na mesma data. Considerando que esse investimento deve ser avaliado pelo método de equivalência patrimonial, afirma-se que, nessa operação, ocorreu um

a) ágio de R$ 4.000.000,00.
b) deságio de R$ 4.000.000,00.
c) deságio de R$ 6.000.000,00.
d) registro no investimento de R$ 56.000.000,00.
e) registro no investimento de R$ 60.000.000,00.

(AFTN — ESAF/1998 — Atualizada) Em 10 de janeiro de 19x8, a Cia. Alfa pagou R$ 700.000 por 100.000 ações que representavam 30% das ações da Cia. Beta. A mais-valia paga pela Cia. Alfa será amortizada em 10 anos. Em 31 de dezembro de 19x8, a Cia. Beta apresentou um lucro do exercício 19x8 de R$ 300.000. Em 10 de julho de 19x8, a empresa Beta pagou, em caixa, dividendos de R$ 100.000.

A Cia. Alfa exerce significativa influência sobre a Cia. Beta e avalia seus investimentos pelo método da equivalência patrimonial. O valor apurado como Lucros e Prejuízos de Participações em outras Sociedades reportado pela Cia. Alfa foi de R$ 80.000 em 31.12.19x8.

A partir das informações do texto acima, responda às cinco próximas questões.

6. O valor da mais-valia paga por Alfa, por ocasião da aquisição das ações da Cia. Beta, foi de

a) R$ 100.000,00
b) R$ 30.000,00
c) R$ 90.000,00
d) R$ 80.000,00
e) R$ 60.000,00

7. Ao final do exercício de 19x8, o valor apurado na aplicação da Equivalência Patrimonial foi de

a) R$ 30.000,00
b) R$ 60.000,00
c) R$ 100.000,00
d) R$ 80.000,00
e) R$ 90.000,00

8. O valor registrado na Conta Participações Permanentes em Outras Sociedades pela Cia. Alfa foi de

a) R$ 700.000,00
b) R$ 300.000,00
c) R$ 600.000,00
d) R$ 900.000,00
e) R$ 800.000,00

9. O valor nominal unitário das ações adquiridas da Cia. Beta foi de

a) R$ 8,00
b) R$ 9,00
c) R$ 2,00
d) R$ 6,00
e) R$ 3,00

10. O valor da mais-valia amortizada, ao final do exercício de 19x8, pela Cia. Alfa foi de

a) R$ 10.000,00
b) R$ 90.000,00
c) R$ 70.000,00
d) R$ 30.000,00
e) R$ 60.000,00

Dados para resolver as duas próximas questões:

Em 31.12.x10, a Cia. LUA adquire 60% do Patrimônio Líquido da Cia. SOL assumindo o controle da mesma, pagando à vista na operação R$ 1,8 milhão. Na mesma data, o Balanço Patrimonial da empresa adquirida era composto pelos seguintes elementos patrimoniais:

BALANÇO PATRIMONIAL — CIA. SOL ENCERRADO EM 31.12.X10			
Ativo	Valores (R$)	Passivo + Patrimônio Líquido	Valores (R$)
Ativo Circulante		**Passivo Circulante**	
Disponibilidades	600.000	Contas a Pagar	500.000
Estoques	100.000		
Ativo Não Circulante		**Patrimônio Líquido**	
Veículos	600.000	Capital Social	2.500.000
Terrenos	1.700.000		
Total do Ativo	**3.000.000**	**Total Passivo + PL**	**3.000.000**

Na mesma data, a avaliação a valor justo dos itens patrimoniais apontava os valores a seguir:

Itens	Valor justo em 31.12.X10	Outras informações
Estoques	R$ 150.000	Os demais itens de Ativo e Passivo já estavam registrados a valor justo.
Veículos	R$ 800.000	
Terrenos	R$ 2.050.000	

11. (AFC — STN — ESAF/2013) Com base nas informações fornecidas, pode-se afirmar que a realização da operação gerou:

a) compra vantajosa para a investidora de R$ 60.000.
b) apuração de ativo líquido no valor de R$ 3.600.000.
c) deságio no valor de R$ 600.000.
d) ágio por rentabilidade futura de R$ 360.000.
e) perda de capital no valor de R$ 360.000.

12. (AFC — STN — ESAF/2013) Com base nos dados fornecidos, ao efetuar o registro da participação societária permanente da Cia. SOL, a empresa investidora deve lançar a débito da conta de investimento um valor total de:

a) R$ 3.600.000.
b) R$ 2.300.000.
c) R$ 1.860.000.
d) R$ 1.500.000.
e) R$ 600.000.

13. (Auditor — SEFAZ-PI — FCC/2015) Instrução: Considere a informações a seguir para responder à questão.

A Cia. Mineira adquiriu, em 31.12.2013, 90% das ações da Cia. Montanhosa por R$ 12.600.000,00 à vista, passando a deter o controle da empresa adquirida. Na data da aquisição, o Patrimônio Líquido da Cia. Montanhosa era R$ 10.000.000,00 e o valor justo líquido dos ativos e passivos identificáveis desta Cia. era R$ 12.000.000,00, sendo a diferença entre os valores decorrente da atuali-

zação do valor de um terreno que a Cia. Montanhosa havia adquirido em 2011. A participação dos acionistas não controladores na Cia. Montanhosa foi avaliada pela parte que lhes cabe no valor justo líquido dos ativos e passivos identificáveis da empresa.
No período de 01.01.2014 a 31.12.2014, a Cia. Montanhosa reconheceu as seguintes mutações em seu Patrimônio Líquido:

— Lucro líquido: R$ 1.000.000,00
— Distribuição de dividendos: R$ 300.000,00
— Ajustes acumulados de conversão de investida no exterior: R$ 150.000,00 (credor)

O valor que a Cia. Mineira reconheceu em seu Balanço Patrimonial individual como investimentos em Controladas na data da aquisição da Cia. Montanhosa foi, em reais,

a) 9.000.000,00.
b) 10.000.000,00.
c) 10.800.000,00.
d) 12.000.000,00.
e) 12.600.000,00.

14. (Analista — TRT 6.ª — FCC/2012) A Cia. Investidora São Tiago adquiriu 90% das ações da Cia. Gama por R$ 4.000.000,00. Na data da aquisição, o Patrimônio Líquido da Cia. Gama era de R$ 3.500.000,00 e o valor justo líquido dos ativos e passivos identificáveis da Cia. era de R$ 4.500.000,00. Com base nessas informações e sabendo que a Participação dos Não Controladores é avaliada pela parte que lhes cabe no valor justo líquido dos ativos e passivos identificáveis da adquirida, o valor do ágio ou deságio pago/ganho pela Cia. Investidora em função da aquisição, em reais,

a) Ágio 850.000
b) Deságio 500.000
c) Ágio 100.000
d) Deságio 50.000
e) Ágio 500.000

15. (Analista — DPE-AM– FCC/2018) Em 31.12.2016 a Cia. Calacrada adquiriu 60% das ações da Cia. Topa Tudo por R$ 9.000.000,00 à vista. Na data da aquisição o Patrimônio Líquido contábil da Cia. Topa Tudo era R$ 14.000.000,00 e o valor justo líquido dos ativos e passivos identificáveis dessa Cia. era R$ 18.000.000,00, sendo que a diferença era decorrente da avaliação a valor justo de um terreno que a Cia. Topa Tudo havia adquirido dois anos antes.
No período de 01.01.2017 a 31.12.2017 a Cia. Topa Tudo reconheceu as seguintes mutações em seu Patrimônio Líquido:
— Lucro líquido: R$ 500.000,00
— Distribuição de dividendos: R$ 100.000,00
— Ajustes acumulados de conversão de investida no exterior: R$ 100.000,00 (valor negativo)

O valor reconhecido no Balanço Patrimonial individual da Cia. Calacrada, na conta Investimentos em Controladas, em 31.12.2016 e 31.12.2017 foram, respectivamente,

a) R$ 10.800.000,00 e R$ 10.980.000,00.
b) R$ 9.000.000,00 e R$ 9.180.000,00.
c) R$ 10.800.000,00 e R$ 11.040.000,00.
d) R$ 9.000.000,00 e R$ 9.240.000,00.
e) R$ 8.400.000,00 e R$ 8.700.000,00.

16. (AFR — SEFAZ-SC — FCC/2018) Em 31.12.2016, a Cia. Rosa adquiriu 90% das ações da Cia. Colorida pelo Valor de R$ 15.000.000,00 à vista. Na data da aquisição, o patrimônio líquido contabilizado da Cia. Colorida era R$ 9.000.000,00 e o valor justo líquido dos seus ativos e passivos identificáveis era R$ 13.000.000,00, sendo a diferença decorrente de um ativo imobilizado adquirido anteriormente e avaliado pelo custo.

O valor do ágio pago pela Cia. Rosa na aquisição do investimento na Cia. Colorida foi, em reais,

a) 2.000.000,00.
b) 3.300.000,00.
c) 6.000.000,00.
d) 6.900.000,00.
e) 4.000.000,00.

13.4.4. Ativo Imobilizado

1. (AFTN — Modificada em função da Lei n. 11.638 — ESAF/1996) O ativo permanente Imobilizado é formado:

a) Apenas por bens intangíveis e direitos da entidade utilizados em suas atividades.
b) Por todos os bens tangíveis e intangíveis além dos direitos de longo prazo da entidade.
c) Apenas por bens tangíveis utilizados no desenvolvimento de suas atividades.
d) Bens corpóreos destinados à manutenção das atividades da companhia ou exercidos com essa finalidade, inclusive os decorrentes de operações que transfiram à companhia os benefícios, riscos e controle desses bens.
e) Somente por bens depreciáveis utilizados no desenvolvimento das atividades da entidade.

2. (SEA-AP — FGV/2010) Segundo a Lei n. 6.404/76, *os direitos que têm por objeto bens corpóreos destinados à manutenção das atividades da companhia ou da empresa ou exercidos com essa finalidade, inclusive os decorrentes de operações que transfiram à companhia os benefícios, riscos e controle desses bens* estão classificados no:

a) ativo circulante.
b) ativo realizável.
c) ativo investido.
d) ativo intangível.
e) ativo imobilizado.

3. (TRE-AL — FCC/2010) São características de um ativo imobilizado ser

a) intangível, ter vida útil superior a um ano e ter substância econômica.
b) tangível, ter substância econômica e poder gerar benefícios futuros.
c) destinado ao negócio da empresa, ter vida útil superior a um ano e não gerar benefícios econômicos futuros.
d) de propriedade da empresa, não ter substância econômica e poder gerar benefícios econômicos futuros.
e) tangível, ter vida útil inferior a um ano e poder ou não gerar benefícios econômicos futuros.

4. (BACEN — CESGRANRIO/2009) Em 2008, a Dourada S/A, após a realização de todos os ajustes pertinentes, apresentou as seguintes informações, em mil reais, extraídas de seus livros contábeis, para elaboração do balanço:

Ações em tesouraria	1.146	Dividendos	538
Adiantamentos a empregados	405	Financiamentos bancários de longo prazo	1.195
Almoxarifado	276	Fornecedores	1.832
Amortizações acumuladas	363	Imobilizado	27.023
Aplicações financeiras/títulos CP	5.689	Impostos/Encargos a recuperar (360 dias)	52
Aplicações financeiras resgate imediato	1.422	Intangível	567
Caixa e bancos	605	Investimentos	304
Capital a realizar	3.630	Obrigações tributárias e previdenciárias	1.109
Capital subscrito	22.927	Participações de empregados a pagar	134
Clientes	3.530	Provisão p/ crédito difícil liquidação	238
Contas a pagar	415	Provisão p/ contingências longo prazo	1.138
Créditos a recuperar (2 anos)	2.491	Reserva legal	350
Créditos em cobrança judicial longo prazo	442	Reservas de capital	112
Depreciações acumuladas	15.218	Retenção de lucros	2.786
Despesas do exercício seguinte	877	Salários e provisões a pagar	104

O montante do Imobilizado da Companhia Dourada, no balanço 2008, em mil reais, é

a) 27.023.
b) 15.246.
c) 12.323.
d) 12.009.
e) 11.805.

5. (Auditor — Recife — FGV/2014) Uma entidade adquiriu dez apartamentos, em um prédio ao lado de sua fábrica, por R$ 500.000,00 cada. Esses apartamentos são alugados para os funcionários da entidade que são, originalmente, de fora do estado.

No Balanço Patrimonial dessa entidade, os apartamentos devem ser evidenciados no subgrupo

a) Ativo Circulante.
b) Ativo Realizável a Longo Prazo.
c) Investimentos.
d) Ativo Imobilizado.
e) Patrimônio Líquido.

6. (ACE — TCE-GO — FCC/2014) A Cia. do Norte importou um novo equipamento fabril que quando em funcionamento aumentará sua produção em 40%, permitindo a ampliação do seu mercado de atuação. Na ocasião, a empresa incorreu nos seguintes gastos e desembolsos:

Relação de Gastos	**Valores (R$)**
Valor pago ao fornecedor do equipamento	1.300.000,00
Impostos não recuperáveis e de importação	200.000,00
Fretes, seguros incidentes sobre transportes do item	40.000,00
Custo de adequação e preparação para instalação	660.000,00
Honorários de pessoal especializado utilizado na montagem e instalação do novo equipamento	350.000,00
Custo de instalação e montagem	300.000,00
Gastos de instalações finais com testes de funcionamento	150.000,00

Com base nos dados fornecidos, a empresa deve

a) registrar em seu Ativo Não Circulante — Imobilizado, o valor de R$ 3.000.000,00.
b) lançar como Despesas Gerais de Fabricação o valor de R$ 1.500.000,00.
c) contabilizar como custo do Imobilizado apenas R$ 1.300.000,00.
d) debitar em Despesas de Pessoal o montante de R$ 350.000,00.
e) considerar como Conta de Resultado o valor de R$ 200.000,00.

7. (Auditor — Recife — FGV/2014) Em 01.01.2011, uma entidade adquiriu móveis para seu escritório no valor de R$ 50.000,00. Os móveis têm vida útil estimada em seis anos e, ao final do sexto ano, a entidade pretende doá-los. Na data, são estimados gastos de R$ 2.000,00 (a valor presente) com a remoção.

O frete para a entrega dos móveis é de R$ 500,00, e os custos de montagem, de R$ 400,00. No entanto, no momento em que a entrega foi feita, o funcionário da loja arranhou a parede, e a entidade incorreu em gastos de R$ 1.000,00 para pintá-la novamente. Como pedido de desculpas, o funcionário não cobrou pela montagem dos móveis.

O valor contábil dos móveis, em 31.12.2013, era de

a) R$ 25.250,00.
b) R$ 26.250,00.
c) R$ 26.950,00.
d) R$ 26.450,00.
e) R$ 23.750,00.

8. (Analista — CM Salvador — FGV/2018) Dentro do contexto da gestão patrimonial das empresas, os bens corpóreos destinados à manutenção das atividades de uma companhia ou exercidos com essa finalidade são classificados como:

a) ativo contábil;

b) ativo imobilizado;
c) bens intangíveis;
d) despesa operacional;
e) despesa permanente.

9. (Auditor — MPE-AL — FGV/2018) Uma sociedade empresária que presta consultoria tributária transferiu sua sede de Belo Horizonte para Porto Alegre. Para isso, transferiu seus funcionários para Porto Alegre.

A sociedade empresária adquiriu apartamentos em um prédio localizado ao lado da nova sede em Porto Alegre para alugar a seus funcionários.

Assinale a opção que indica a contabilização dos apartamentos no balanço patrimonial da entidade.

a) Ativo Circulante.
b) Ativo Realizável a longo prazo.
c) Ativo Imobilizado.
d) Propriedade para Investimento.
e) Patrimônio Líquido.

10. (Contador — MPE-AL — FGV/2018) Uma entidade adquiriu móveis planejados para sua sala de reuniões. Os móveis custaram R$ 6.000 e o frete de R$ 200 foi pago pelo fornecedor. Além disso, a instalação dos móveis teve um custo de R$ 600. Na ocasião, estimou-se que a remoção dos móveis no final do contrato de locação do imóvel será de R$ 900.

Em relação aos móveis adquiridos, assinale a opção que indica o valor a ser contabilizado no Ativo Imobilizado da entidade.

a) R$ 6.000,00.
b) R$ 6.200,00.
c) R$ 6.600,00.
d) R$ 7.500,00.
e) R$ 7.700,00.

11. (Escrivão — PF — CESPE/2018) Para a melhoria na qualidade do atendimento ao público, certa unidade policial adquiriu 8 computadores e 3 impressoras, que foram postos em uso na mesma data de compra, nas seguintes condições:

— preço de cada computador: R$ 3.500;
— preço de cada impressora: R$ 600;
— tempo de vida útil estimada: 5 anos para ambos os equipamentos;
— data da compra: 1.º.7.20x0.

A respeito dessa situação hipotética, julgue o item subsequente.

Ao realizar-se a contabilização dos bens adquiridos, eles deverão ser classificados no patrimônio da unidade como imobilizados do grupo de ativos não circulantes.

( ) Certo ( ) Errado

12. (Contador — Pref Registro — VUNESP/2018) Em conformidade com as regras e legislação contábil aplicável, o valor contábil de um item do ativo imobilizado deve ser baixado por ocasião de sua alienação ou quando

a) o valor residual for igual a zero.
b) o valor de custo igualar-se ao valor máximo depreciável.
c) o valor do ativo for igual ou inferior a R$ 1.000,00.
d) houver uma perda significativa do valor de custo frente ao valor justo.
e) não há expectativa de benefícios econômicos futuros com a sua utilização ou alienação.

13.4.4.1. Arrendamento mercantil

1. (CNAI/2009 — Atualizada/2019) A Lei n. 11.638/2007 estabeleceu que também devem ser contabilizados no ativo imobilizado os valores decorrentes de operações que transmitam à companhia os benefícios, os riscos e o controle de bens corpóreos destinados à manutenção das ativida-

des da companhia. Diante dessa determinação e com base na NBC TG 06 R2 e na NBC TG 1000 R1, é CORRETO afirmar que:

a) as parcelas mensais relativas aos pagamentos dos contratos de arrendamento mercantil operacional ou financeiro em uma pequena ou média empresa devem ser contabilizadas no ativo imobilizado por ocasião do pagamento de cada uma delas.
b) em uma grande empresa, se as transações de arrendamento mercantil não forem refletidas no balanço do arrendatário, os recursos econômicos e o nível de obrigações de uma entidade estão registrados a menor, distorcendo, dessa forma, os índices financeiros.
c) em uma pequena ou média empresa, apenas as operações de arrendamento mercantil operacional devem ser apropriadas ao ativo imobilizado, por ocasião dos pagamentos das parcelas mensais; as relativas às operações de arrendamento mercantil financeiro devem ser contabilizadas no início do prazo de arrendamento mercantil.
d) em uma pequena ou média empresa, a definição sobre se uma operação de arrendamento mercantil deve, ou não, ser contabilizada no ativo imobilizado depende, exclusivamente, do que estiver estabelecido no contrato de arrendamento mercantil sobre a transferência de riscos e benefícios.

2. (Contador Jr. — Transpetro — CESGRANRIO/2011 — Atualizada/2019) Com o crescimento da carteira de pedidos, uma indústria precisou fazer o arrendamento mercantil de uma máquina nas seguintes condições:

Quantidade de prestações mensais	36
Valor de entrada	Sem entrada
Valor de cada prestação, vencível ao final de cada mês	R$ 1.500,00
Juros contratuais, incluídos no contrato	1,02% ao mês
Valor residual a ser pago junto com a 36.ª prestação	R$ 145,00
Juros do contrato = total do 1.° ano	R$ 4.797,00
Juros do contrato = total do 2.° ano	R$ 3.087,00
Juros do contrato = total do 3.° ano	R$ 1.155,00
Valor dessa máquina para pagamento à vista, no dia da operação	R$ 48.550,00

Valor dessa máquina para pagamento à vista, no dia da operação: R$ 48.550,00. O contador, ao analisar criteriosamente as características desse contrato do arrendamento mercantil, concluiu tratar-se da modalidade de arrendamento mercantil financeiro. Considerando-se a decisão do contador e adotando-se exclusivamente os valores informados e a boa técnica contábil, o valor registrado da máquina no Ativo, em reais, é

a) 45.106,00.
b) 48.550,00.
c) 49.903,00.
d) 50.348,00.
e) 54.000,00.

3. (Contador Jr. — Petrobras-BR — CESGRANRIO/2011 — Atualizada/2019) Nos termos estabelecidos pela NBC TG 06 R2, vigente a partir de 2019, o arrendamento mercantil deve ser reconhecido inicialmente no balanço patrimonial do arrendatário, em contas contábeis específicas, como ativos e passivos, por quantias em valores iguais ao

a) maior valor entre o valor justo da propriedade arrendada e o valor presente dos pagamentos mínimos do arrendamento mercantil.
b) menor valor entre o valor justo da propriedade arrendada e o valor presente dos pagamentos mínimos do arrendamento mercantil.
c) valor justo da propriedade arrendada.
d) o valor da mensuração inicial do passivo de arrendamento adicionado a quaisquer pagamentos de arrendamento efetuados até a data de início, menos quaisquer incentivos de arrendamento recebidos, adicionado a quaisquer custos diretos iniciais incorridos pelo arrendatário e adicionado também à estimativa de custos a serem incorridos pelo arrendatário na desmontagem.
e) valor de mercado da propriedade arrendada praticado na data do balanço.

4. (AFC — STN — ESAF/2013 — Atualizada/2019) Na contabilidade do arrendatário, o excedente de preço de venda obtido pelo arrendatário sobre o valor justo de um *leaseback* enquadrado como arrendamento mercantil operacional pelo arrendador é uma

a) despesa diferida que deve ser amortizada durante o prazo do arrendamento mercantil.
b) receita financeira que deve ser reconhecida no resultado do exercício em que a operação for realizada.
c) complementação do valor do ativo que deve ser incorporado ao valor do imobilizado e ter seu valor recuperável avaliado.
d) despesa financeira que deve ser reconhecida no resultado do exercício em que a operação for realizada.
e) empréstimo adicional obtido pelo arrendatário junto ao arrendador.

5. (SABESP — FCC/2014 — Atualizada/2019) Em 01.01.2013, a empresa Full S.A. adquiriu um caminhão pipa por meio de arrendamento mercantil financeiro. O caminhão será pago em 4 prestações anuais, iguais e consecutivas de R$ 50.000 cada, vencendo a primeira em 31.12.2013. Na data da aquisição o valor justo era R$ 170.000 e o valor presente das prestações era R$ 173.000. Sabendo que a taxa efetiva de juros era de 6,06% ao ano, que a vida útil do caminhão pipa era 10 anos e que a empresa pretende ficar com o bem no final do contrato, a empresa Full S.A. reconheceu, no ano de 2013, uma despesa:

a) financeira de R$ 13.660.
b) financeira de R$ 11.611.
c) financeira de R$ 11.816
d) de depreciação de R$ 17.300.
e) financeira de R$ 7.500.

6. (AFC — STN — ESAF/2013 — Atualizada/2019) Na contabilidade do arrendatário, o preço recebido a menor na venda, obtido sobre o valor justo de um *leaseback* enquadrado como arrendamento mercantil operacional pelo arrendador, é uma

a) despesa diferida que deve ser amortizada durante o prazo do arrendamento mercantil.
b) receita financeira que deve ser reconhecida no resultado do exercício em que a operação for realizada.
c) complementação do valor do ativo que deve ser incorporado ao valor do imobilizado e ter seu valor recuperável avaliado.
d) despesa financeira que deve ser reconhecida no resultado do exercício em que a operação for realizada.
e) pagamento antecipado feito pelo cliente arrendatário ao comprador arrendador.

7. (Agente Fiscal — SP — FCC/2013 — Atualizada/2019) A Empresa Aérea Voos Seguros (arrendatária) fechou contrato de arrendamento mercantil de uma aeronave para transporte de passageiros com uma Empresa Espanhola (arrendadora), sendo que a arrendatária possui a opção de compra do bem, no final do período, pelo valor de R$ 1.000,00. Considere as seguintes informações:

— Período do contrato: 96 meses
— Vida útil econômica da aeronave: 100 meses
— Capacidade da aeronave: 80 passageiros
— Valor mensal do arrendamento mercantil: R$ 350.000,00
— Valor presente das contraprestações futuras: R$ 21.535.080,77
— Valor justo da aeronave: R$ 25.000.000,00

No início do prazo do arrendamento mercantil, na arrendatária, o valor do registro contábil do bem no ativo imobilizado deve ser, em R$:

a) 350.000,00.
b) 3.464.919,23.
c) 21.535.080,77.
d) 25.000.000,00.
e) 33.600.000,00.

8. (Analista Judiciário — TRF 3 — FCC/2014 — Atualizada/2019) Um equipamento industrial foi adquirido por meio de um contrato de arrendamento mercantil nas seguintes condições:

— Data da aquisição: 01.12.2010.
— 24 parcelas mensais de R$ 30.000,00.
— Uma parcela de R$ 52.406,48 a título de valor residual garantido que deverá ser paga junto com a última parcela mensal.
— A taxa de juros incluída no contrato é 2% a.m. e a empresa pretende ficar com o bem ao final do prazo do contrato de arrendamento.

O valor presente das parcelas do contrato de *leasing*, em 01.12.2010, era R$ 600.000,00 e o valor justo da máquina na data de início do contrato era R$ 630.000,00. Sabendo-se que a empresa pretende utilizar a máquina por 8 anos, que, ao final deste prazo, a máquina não terá valor de mercado e a empresa adota o método das quotas constantes para depreciação de todos os seus ativos, o resultado do mês de dezembro de 2010 será:

a) Despesa de arrendamento = R$ 30.000,00.
b) Despesa de depreciação = R$ 6.250,00 e Despesa financeira = R$ 12.000,00.
c) Despesa de depreciação = R$ 6.562,50 e Despesa financeira = R$ 12.600,00.
d) Despesa de depreciação = R$ 6.250,00 e Despesa financeira = R$ 5.000,00.
e) Despesa de depreciação = R$ 25.000,00 e Despesa financeira = R$ 12.000,00.

9. (Auditor — Florianópolis — FEPESE/2014/Atualizada/2019) A essência da transação deve ser considerada na classificação de um arrendamento mercantil financeiro, ou arrendamento operacional no arrendador, de acordo com a NBC TG 06 R2, vigente a partir de 2019. Analise as afirmativas abaixo em relação ao assunto:

1. O arrendamento financeiro transfere a propriedade do ativo para o arrendatário no fim do prazo desse arrendamento.
2. O arrendatário tem a opção de comprar o ativo. Espera-se que esse valor de compra seja suficientemente mais baixo do que o valor justo à data do exercício da opção de compra.
3. No início do arrendamento financeiro deve haver razoável certeza que a opção de compra, ao final do contrato, será exercida.
4. O prazo do arrendamento mercantil financeiro não possui relação com a vida econômica do ativo, mesmo que a propriedade não seja transferida.
5. O valor presente dos pagamentos mínimos do arrendamento financeiro totaliza, na época do início do arrendamento, todo o valor justo do ativo arrendado.

Assinale a alternativa que indica todas as afirmativas corretas.

a) São corretas apenas as afirmativas 2, 3 e 4.
b) São corretas apenas as afirmativas 3, 4 e 5.
c) São corretas apenas as afirmativas 1, 2, 3 e 4.
d) São corretas apenas as afirmativas 1, 2, 3 e 5.
e) São corretas apenas as afirmativas 2, 3, 4 e 5.

10. (ACE — CESPE/2013 — Atualizada/2019) Considere que, em um contrato de arrendamento de determinado ativo, cujo tempo estimado de vida útil seja de cinco anos, tenham sido estabelecidos os seguintes itens: prazo de vigência de 50 meses, soma das prestações com 95% do valor justo do bem na data do início do contrato e uma cláusula que prevê que, no final do contrato, a empresa arrendatária possa exercer a opção de compra, desembolsando um valor que represente cerca de 5% do valor justo do bem na data da opção. Com base nessa situação hipotética, julgue o item que se segue.

A empresa arrendadora deverá, durante a vigência do contrato, manter o bem em seu ativo e contabilizar a depreciação do bem, calculada numa base sistemática, lançando crédito em conta patrimonial de depreciação acumulada, e débito em conta de resultado.

( ) Certo ( ) Errado

11. (Analista — TJ-PA — CESPE/2020) De acordo com o Pronunciamento Técnico CPC 06 (R2) — Operações de Arrendamento Mercantil —, uma operação de arrendamento mercantil de longo prazo que não tenha como ativo subjacente um bem de baixo valor deve ser reconhecida no ativo da arrendatária mediante o registro do

a) direito de uso do bem arrendado pelo seu valor de custo.
b) bem arrendado pelo seu valor de custo.
c) direito de uso do bem arrendado pelo seu valor justo.

d) direito de uso do bem arrendado pelo valor presente das contraprestações a pagar.
e) bem arrendado pelo valor presente das contraprestações a pagar.

12. (Analista — AFAP — FCC/2019) Uma empresa obteve um equipamento industrial por meio de um contrato de arrendamento. O contrato foi realizado em 31.12.2016, o prazo total é de 8 anos e a empresa pagará 8 parcelas anuais de R$ 502.403,29, vencendo-se a primeira parcela em 31.12.2017. O valor presente das parcelas do contrato, na data de início do arrendamento, era R$ 3.000.000,00 e foi calculado com a taxa implícita de juros do contrato que era 7% ao ano.

No final do prazo do contrato o equipamento será transferido gratuitamente para a empresa que pretende ficar com o mesmo após este prazo. Sabendo-se que a empresa estimou a vida útil para o equipamento em 10 anos e o valor residual esperado em R$ 480.000,00, a despesa total reconhecida na Demonstração do Resultado de 2017, decorrente da operação de arrendamento realizada foi, em reais,

a) 502.403,29.
b) 252.000,00.
c) 462.000,00.
d) 210.000,00.
e) 585.000,00.

13. (AFTM — Pref Manaus — FCC/2019) Um contrato de arrendamento foi realizado por uma empresa para a utilização de um equipamento industrial. O contrato será pago em 36 parcelas mensais de R$ 32.135,00 e uma parcela adicional no valor de R$ 100.000,00 que deverá ser paga juntamente com a 36.ª parcela mensal. As demais informações sobre o contrato são as seguintes:

— Data do contrato: 01.12.2018
— Taxa implícita de juros do contrato: 1,2% ao mês
— Valor presente das parcelas em 01.12.2018: R$ 1.000.000,00
— Vida útil do equipamento para a empresa: 7 anos
— Valor residual esperado de venda do equipamento pela empresa: R$ 328.000,00

O valor total das despesas que afetaram o resultado de dezembro de 2018, decorrentes do contrato de arrendamento citado foi, em reais:

a) 32.135,00.
b) 12.000,00.
c) 20.000,00.
d) 8.000,00.
e) 23.904,76.

14. (Contador — Pref. Vasconcelos — VUNESP/2021) A ABC S.A. assinou, em 05.07.2020, um contrato que lhe garante o direito de explorar um espaço em uma praça de alimentação de um centro de convenções municipal. No contrato, está previsto que a ABC poderá utilizar o espaço por 10 (dez) anos, sem direito à prorrogação, por um valor total de R$ 1.200.000,00. O contador da ABC S.A. deverá reconhecer o espaço como

a) ativo de direito de uso.
b) ativo imobilizado.
c) ativo intangível de vida útil indefinida.
d) ajuste de avaliação patrimonial.
e) propriedade para investimento.

15. (Contador — AFAP — FCC/2019) Uma empresa obteve um equipamento industrial por meio de um contrato de arrendamento. O contrato foi realizado em 31.12.2016, o prazo total é de 8 anos e a empresa pagará 8 parcelas anuais de R$ 502.403,29, vencendo-se a primeira parcela em 31.12.2017. O valor presente das parcelas do contrato, na data de início do arrendamento, era R$ 3.000.000,00 e foi calculado com a taxa implícita de juros do contrato que era 7% ao ano.

No final do prazo do contrato o equipamento será transferido gratuitamente para a empresa que pretende ficar com o mesmo após este prazo. Sabendo-se que a empresa estimou a vida útil para o equipamento em 10 anos e o valor residual esperado em R$ 480.000,00, a despesa total reconhecida na Demonstração do Resultado de 2017, decorrente da operação de arrendamento realizada foi, em reais,

a) 502.403,29.
b) 252.000,00.
c) 462.000,00.
d) 210.000,00.
e) 585.000,00.

13.4.5. Ativo Intangível

1. (TRF — FCC/2010) Devem ser classificados no Ativo Intangível, de acordo com a legislação vigente, sem possibilidade de amortização

a) os imóveis de renda.
b) os gastos com pesquisas de produtos.
c) as despesas pré-operacionais.
d) as benfeitorias em imóvel de terceiros.
e) o ágio pago por rentabilidade futura (*goodwill*).

2. (TRE-AM — FCC/2010) A Companhia CMN adquiriu um software por R$ 20.000. A empresa obteve um abatimento de 10% sobre este preço e teve gastos adicionais no valor de R$ 2.600 para que o software estivesse em condições de ser utilizado. Após um mês a empresa decidiu transferir este software para outro departamento incorrendo em gastos adicionais de R$ 1.800. Este software está contabilizado no ativo da empresa, em reais, por

a) 18.000.
b) 19.800.
c) 20.600.
d) 22.400.
e) 24.400.

3. (Bacharel — Modificada pela Lei n. 11.941/2009 — CFC/2004) Uma determinada Companhia gastou, em 2003, com pesquisas para desenvolvimento de um novo produto, o montante de R$ 152.800. Neste período, estudos técnicos indicaram que o produto era viável e teria uma vida útil estimada de dez anos. Este valor deverá ser contabilizado no seguinte subgrupo:

a) Ativo Circulante — Imobilizado.
b) Resultado — Despesas.
c) Ativo Permanente — Investimentos.
d) Ativo Realizável a Longo Prazo — Diferido.

4. (CNAI/2009 — Atualizada) O ágio derivado da expectativa de rentabilidade futura (*goodwill*) gerado internamente, de acordo com a NBC TG 04:

a) Deve ser reconhecido contabilmente como ativo, desde que seja possível quantificá-lo.
b) Não deve ser reconhecido como ativo.
c) Não deve ser reconhecido como ativo, a menos que seja avaliado por peritos e amortizado pelo prazo que vier a ser definido no laudo da avaliação.
d) Deve ser reconhecido como ativo, porém não deverá ser amortizado, somente submetido ao teste de valor recuperável.

5. (AFTE-SC — FEPESE/2010) Um ativo intangível deve ser reconhecido no Balanço Patrimonial, se e apenas se:

a) for provável que os benefícios econômicos futuros esperados atribuíveis ao ativo sejam gerados em favor da entidade; e o custo do ativo puder ser mensurado com segurança.
b) for provável que os benefícios econômicos futuros esperados atribuíveis ao ativo sejam gerados em favor da entidade; e for identificável e separável, ou seja, puder ser separado da entidade e vendido, transferido, licenciado, alugado ou trocado, seja individualmente ou em conjunto com um contrato ativo ou passivo relacionado.
c) o custo do ativo puder ser mensurado com segurança; e for identificável e separável, ou seja, puder ser separado da entidade e vendido, transferido, licenciado, alugado ou trocado, seja individualmente ou em conjunto com um contrato ativo ou passivo relacionado.

d) apenas se o ativo for identificável e separável, ou seja, puder ser separado da entidade e vendido, transferido, licenciado, alugado ou trocado, seja individualmente ou em conjunto com um contrato ativo ou passivo relacionado.

e) for provável que os benefícios econômicos futuros esperados atribuíveis ao ativo sejam gerados em favor da entidade; o custo do ativo puder ser mensurado com segurança; e for identificável e separável, ou seja, puder ser separado da entidade e vendido, transferido, licenciado, alugado ou trocado, seja individualmente ou em conjunto com um contrato ativo ou passivo relacionado.

No que se refere ao disposto no Comitê de Pronunciamentos Contábeis 04 — ativo intangível, julgue os itens seguintes.

6. (Agente PF — CESPE/2012) O valor amortizável de ativo intangível com vida útil indefinida deverá ser amortizado de modo a refletir o padrão de consumo, pela entidade, dos benefícios econômicos futuros.

( ) Certo ( ) Errado

7. (Agente PF — CESPE/2012) Não deve ser reconhecido como ativo o ágio derivado da expectativa de rentabilidade futura (*goodwill*) gerado internamente.

( ) Certo ( ) Errado

8. (Contador — DPE-RJ — FGV/2014) No dia 01.01.X1 a empresa XYZ contratou a empresa ABC para desenvolver um sistema de informática integrado. O valor orçado inicialmente para o desenvolvimento do sistema foi de $ 600.000, com o prazo de 12 meses para a conclusão. O pagamento do serviço ocorrerá seis meses após a conclusão do trabalho e será feito em parcela única. No transcorrer da implantação do sistema, o valor foi reduzido para $ 580.000 e o sistema foi entregue em 31.10.X1.

No dia 01.11.X1 foram identificados problemas em sua utilização, dado o envio incompleto de informações por parte da empresa XYZ. Isso gerará mais dois meses de trabalho para que o sistema funcione adequadamente. A empresa ABC cobrará mais R$ 30.000,00 pelos ajustes.

O registro da operação no mês de outubro é

a) D — ativo intangível — R$ 580.000
C — contas a pagar — R$ 580.000

b) D — ativo intangível — R$ 600.000
C — contas a pagar — R$ 600.000

c) D — ativo intangível — R$ 610.000
C — contas a pagar — R$ 610.000

d) D — ativo intangível — R$ 600.000
C — outras despesas operacionais — R$ 10.000
C — contas a pagar — R$ 610.000

e) D — ativo intangível — R$ 580.000
C — outras despesas operacionais — R$ 30.000
C — contas a pagar — R$ 610.000

9. (Contador — MTUR — ESAF/2014) A respeito do reconhecimento e contabilização dos ativos intangíveis, é correto afirmar:

a) ativos intangíveis podem ser produzidos internamente pela entidade.
b) a mensuração do custo não é fator primordial no seu reconhecimento.
c) os ativos intangíveis podem ser inseparáveis da entidade que o possui.
d) a especialização do corpo técnico pode ser reconhecida como ativo intangível.
e) ativos intangíveis não podem estar contidos em elementos que contêm substância física.

10. (Técnico Judiciário — TRF 3 — FCC/2014) A Empresa Fin S.A. adquiriu uma Marca por R$ 80.000,00 à vista, cuja vida útil econômica foi estimada em 20 anos. Com base nestas informações, este ativo é mensurado ao

a) custo e não sofre amortização.
b) valor justo e está sujeito ao teste de redução ao valor recuperável.
c) custo e não está sujeito ao teste de redução ao valor recuperável.

d) valor justo, sofre amortização e está sujeito ao teste de redução ao valor recuperável.
e) custo, sofre amortização e está sujeito ao teste de redução ao valor recuperável

11. (Analista — MPE-SC — FEPESE/2014) Para que um item possa ser reconhecido como ativo intangível, a legislação exige que a organização demonstre que ele é:

a) identificável, não controlável, gerador de benefícios econômicos futuros e mensurável.
b) identificável, controlável, gerador de benefícios econômicos futuros e mensurável.
c) identificável, controlável, não gerador de benefícios econômicos futuros e mensurável.
d) identificável, controlável, gerador de benefícios econômicos futuros e não mensurável.
e) não identificável, controlável, gerador de benefícios econômicos futuros e mensurável.

12. (Auditor — Recife — FGV/2014) Em 31.12.2011, uma entidade encerrou a criação de um *software*. Na criação, gastou R$ 100.000,00 em pesquisas e R$ 200.000,00 no desenvolvimento, já comprovada a viabilidade para produzir e utilizar o ativo. Depois de pronto o novo *software*, a entidade gastou R$ 80.000,00 em publicidade a fim de promovê-lo.

A entidade começou a utilizar o *software* em 01.01.2012, estimando que ele seria utilizado por cinco anos. Já em 31.12.2012, a entidade constatou que poderia ter retorno de R$ 150.000,00 com *software*. Em 31.12.2013, o valor contábil do *software* era de

a) R$ 112.500,00.
b) R$ 120.000,00.
c) R$ 150.000,00.
d) R$ 180.000,00.
e) R$ 228.000,00.

13. (Auditor — TCE-RS — FCC/2014) Em janeiro de 2013, a empresa Pipa Ltda. iniciou o desenvolvimento de um novo produto, tendo incorrido em gastos até o mês de abril no valor de R$ 150.000,00. A partir do mês de maio, os critérios para reconhecimento de ativos intangíveis foram identificados pela empresa. Ao final do ano de 2013, os gastos com o desenvolvimento do produto totalizaram R$ 215.000,00. A empresa estima que o Valor Residual, no final da vida útil prevista para o projeto, será de R$ 75.000,00. O valor a ser apresentado no Balanço Patrimonial de 31.12.2013, para a conta intangíveis é, em reais,

a) 140.000,00
b) 75.000,00
c) 65.000,00
d) 10.000,00
e) 150.000,00

14. (Analista — SANEAGO — CS UFG/2018) Considerando a legislação societária, os direitos classificados no ativo intangível serão avaliados pelo custo incorrido na aquisição deduzido da respectiva conta de

a) realização.
b) compensação.
c) exaustão.
d) amortização.

15. (AFR — SEFIN-RO — FGC/2018) Em 01.01.2013, a Cia. K iniciou a pesquisa e o desenvolvimento do projeto de um sistema capaz de gerar maior controle sobre as suas atividades. O projeto durou três anos, tendo os seguintes gastos:

2013 — R$ 200.000.
2014 — R$ 300.000.
2015 — R$ 500.000.

Além disso, sabe-se que:

— Em 2013, o projeto ainda estava na fase inicial da pesquisa e a empresa considerava a possibilidade de não ter sucesso com ele.
— Em 2014, a empresa iniciou a fase de desenvolvimento. Ao efetuar uma pesquisa de mercado, percebeu que não haveria demanda para o sistema, devido ao preço. No entanto, decidiu manter o projeto em curso normal, esperando que mudanças pudessem ocorrer.

— Em 2015, há repercussão mundial e a empresa consegue projetar uma demanda suficiente para justificar a produção em larga escala. Além disso, todos os critérios de reconhecimento dos gastos com desenvolvimento do Pronunciamento Técnico CPC 04 — Ativo Intangível foram atendidos. No final do ano o projeto é concluído.

— Em 2016, o projeto é lançado ao mercado. Na data, a empresa estima que o sistema irá trazer benefícios econômicos durante os cinco anos seguintes, a partir de 01.01.2016. Em 31.12.2016, a empresa efetua um teste de recuperabilidade e constata que o valor recuperável na data é de R$ 550.000.

— Em 2017, as vendas melhoraram e no teste de recuperabilidade, de 31.12.2017, a empresa considera que terá retorno de R$ 600.000 nos anos remanescentes de venda.

Assinale a opção que indica o valor contábil do sistema, em 01.01.2018.

a) R$ 200.000.
b) R$ 300.000.
c) R$ 412.500.
d) R$ 440.000.
e) R$ 600.000.

16. (AFR — SEFIN-RO — FGV/2018) Em 01.01.2017, uma empresa aérea adquiriu uma autorização para exploração da rota entre São Paulo e Brasília por R$ 100.000. A autorização pode ser renovada a cada 4 anos e a companhia aérea sinaliza que deseja a renovação nas próximas oportunidades. A renovação de autorização de rotas tem custo insignificante para a empresa.

Assinale a opção que indica o correto tratamento contábil da autorização de rota pela empresa aérea, no momento em que adquiriu a autorização e nos anos seguintes.

a) Reconhecimento de despesa operacional de R$ 100.000.
b) Reconhecimento de R$ 25.000 no ativo circulante e de R$ 75.000 no ativo realizável a longo prazo. Deve-se reconhecer despesa operacional de R$ 25.000, ao final de cada um dos próximos quatro anos.
c) Reconhecimento de R$ 100.000 no ativo realizável a longo prazo. Deve-se reconhecer despesa operacional de R$ 100.000, após os quatro anos.
d) Reconhecimento de um ativo intangível no valor de R$ 100.000, que não deve ser amortizado.
e) Reconhecimento de um ativo intangível no valor de R$ 100.000. Deve-se reconhecer amortização de R$ 25.000, ao final de cada um dos próximos quatro anos.

17. (Oficial — ABIN — CESPE/2018) Acerca dos Pronunciamentos Contábeis do Comitê de Pronunciamentos, julgue o item a seguir.

Software em fase de desenvolvimento de projeto interno é exemplo de ativo intangível a ser reconhecido, em que os custos incorridos só podem ser capitalizados após a possibilidade de determinação da viabilidade tecnológica, se for possível medir os fluxos de benefícios econômicos futuros atribuídos a esse ativo, e ainda, se houver a intenção de uso ou venda.

( ) Certo ( ) Errado

18. (Oficial — ABIN — CESPE/2018) Acerca dos Pronunciamentos Contábeis do Comitê de Pronunciamentos, julgue o item a seguir.

Para que um item seja classificado como ativo intangível, o seu custo deve ser mensurado com confiabilidade e os fluxos de benefícios econômicos futuros esperados atribuíveis ao uso desse ativo devem ser gerados em favor da entidade.

19. (Controlador — CM Indaiatuba — VUNESP/2018) Considerando que um ativo intangível é um ativo não monetário identificável sem substância física, assinale a alternativa correta sobre os gastos com desenvolvimento de um novo software de gestão a ser usado internamente, sem intenção de venda.

a) Poderiam ser reconhecidos como intangíveis, da mesma forma que os gastos com pesquisa para escolha de novos modelos de otimização de produção a serem usados.
b) Poderiam ser reconhecidos como ativos intangíveis desde que, entre outros aspectos, exista viabilidade técnica para sua geração, uso ou venda; e, também, exista capacidade técnica para medir os custos com seu desenvolvimento.
c) Ativos intangíveis apenas podem ser reconhecidos quando da aquisição com ágio de outro negócio.

d) Nenhum ativo intangível resultante das fases de pesquisa ou de desenvolvimento deverá ser reconhecido. Os gastos desse tipo devem ser reconhecidos como despesas de período obrigatoriamente.
e) Assim como os gastos de pesquisa, só poderão ser reconhecidos quando da compra com ágio de outra entidade.

20. (Contador — TRANSPETRO — CESGRANRIO/2018) Uma companhia detém alguns ativos intangíveis conforme descrito a seguir:

ITEM	EVENTOS
I	*Copyright* adquirido que tem vida legal remanescente de 30 anos
II	Licença de uso de software adquirida há cinco anos, utilizada em equipamentos que estão sendo substituídos por novas tecnologias
III	Lista de clientes adquirida da qual espera obter benefícios da informação contida na lista por, pelo menos, três anos
IV	Marca comercial adquirida de um produto que tem sido líder de mercado nos últimos dez anos
V	Patente desenvolvida e registrada, com direitos extensivos a 15 anos

Considerando, apenas, a descrição dos itens apresentada, qual ativo intangível pode ser considerado de vida útil indefinida?

a) I
b) II
c) III
d) IV
e) V

21. (Auditor — MPE-AL — FGV/2018) Uma entidade comprou um computador por R$ 3.000. No computador estava embutido um software de segurança no valor de R$ 500, que era intrinsecamente relacionado a ele. A vida dos dois era estimada em três anos. A compra foi realizada à vista.

Assinale a opção que indica a contrapartida da diminuição do caixa nas demonstrações contábeis da entidade.

a) Aumento de R$ 3.500 no ativo imobilizado
b) Aumento de R$ 3.500 no ativo intangível.
c) Aumento de R$ 3.000 no ativo imobilizado e reconhecimento de despesa de R$ 500.
d) Aumento de R$ 3.000 no ativo imobilizado e de R$ 500 no ativo intangível.
e) Aumento de R$ 3.000 no ativo imobilizado e de R$ 500 no ativo realizável a longo prazo.

22. (Contador — MPE-AL — FGV/2018) Em relação ao ativo intangível gerado internamente, de acordo com o Pronunciamento Técnico CPC 04 (R1) — Ativo Intangível, assinale a afirmativa correta.

a) Os gastos com a pesquisa são contabilizados como ativo ou como despesa, dependendo da expectativa de rentabilidade futura.
b) Os gastos com desenvolvimento são sempre reconhecidos como ativo.
c) O custo deste ativo inclui os gastos diretamente atribuíveis, necessários à criação, produção e preparação para ser capaz de funcionar da forma pretendida pela administração.
d) A amortização é iniciada a partir do momento em que a fase de desenvolvimento estiver concluída.
e) O valor residual deste ativo não pode ser modificado.

23. (Analista — ALERO — FGV/2018) Em 02.01.2016, uma instituição financeira adquiriu, em uma combinação de negócios, a carteira de clientes de outra instituição independente por R$ 120.000, por seis anos.

Em 31.12.2016, a instituição fez um estudo e constatou que metade dos clientes da carteira não utilizava seus serviços. Uma nova estimativa concluiu que os benefícios gerados nos anos remanescentes seriam de R$ 80.000.

No ano de 2017, a instituição aumentou o seu investimento com marketing e, em novo estudo feito em 31.12.2017, concluiu que os benefícios gerados nos anos remanescentes com a carteira de clientes seriam de R$ 90.000.

Assinale a opção que indica o valor contábil da carteira de clientes, em 31.12.2017, considerando que a instituição utiliza o método da linha reta para amortizar os seus ativos intangíveis.

a) R$ 64.000.
b) R$ 80.000.
c) R$ 90.000.
d) R$ 100.000.
e) R$ 120.000.

13.4.6. Critérios de avaliação de Ativos

1. (SEFAZ-SP — FCC/2009) Uma empresa tem inscrito um saldo relevante em seus ativos, na conta valores a receber. Nesse caso, a empresa deverá

a) ajustar os recebíveis a valor presente, lançando os ajustes a valor presente em conta de despesa financeira.
b) provisionar o ajuste a valor presente, criando uma retificadora da conta que originou a operação inicial.
c) ajustar os recebíveis pela taxa Selic, lançando o valor do ajuste em conta de Patrimônio Líquido.
d) calcular proporcionalmente o valor do desconto a valor presente mediante aplicação de taxa média anual praticada pela empresa e creditar direto no saldo de recebíveis.
e) ajustar os recebíveis, calculando seu valor presente e registrando-o em conta de receita financeira.

2. (Analista do Ministério Público — Especialidade Contabilidade/Contabilidade Geral/valor justo — MPE-SE — FCC/2009) Na determinação do valor justo, quando referentes a matérias-primas, considera-se o

a) preço líquido de realização mediante venda no mercado deduzidos apenas dos impostos.
b) preço pelo qual possam ser repostas, mediante compra no mercado.
c) valor obtido por meio de modelos matemático-estatísticos de precificação.
d) preço líquido de realização obtido no mercado incluída apenas a margem de lucro.
e) valor líquido pelo qual possam ser alienadas a terceiros.

3. (AFT-ISS/SP — Modificada — FCC/2007) É uma conta redutora do ativo permanente a seguinte conta credora:

a) de liquidação duvidosa.
b) de ajuste de bens ao valor de mercado.
c) para perdas prováveis na alienação de investimentos.
d) para férias.
e) para contingências.

4. (Bacharel — Atualizada pela Lei n. 11.638 — CFC/2001.2) Indique a alternativa INCORRETA, em relação aos critérios de avaliação do ativo:

a) Investimentos Permanentes: custo de aquisição ou com base no valor de Patrimônio Líquido.
b) Ativo Imobilizado: custo de aquisição deduzido da respectiva depreciação, amortização e exaustão acumuladas, calculadas com base na estimativa de sua utilidade econômica e a redução do valor recuperável.
c) Estoques: custo de aquisição ou valor de mercado, quando este for menor.
d) Contas a Receber: valor nominal dos títulos acrescido da provisão para ajustá-lo ao valor provável de realização.

5. (CNAI/2009) A Lei n. 11.638/2007 e a MP n. 449/2008 determinaram diversas alterações nos arts. 183 e 184 da Lei n. 6.404/76 que se referem aos critérios de avaliação dos ativos e passivos. Considerando as informações acima, assinale a opção que apresenta um aspecto que NÃO foi objeto de alteração da Lei n. 11.638/2007.

a) As aplicações em instrumentos financeiros, inclusive derivativos, e em direitos e títulos de créditos, classificados no ativo circulante ou no realizável a longo prazo: (i) pelo seu valor de mercado ou valor equivalente, quando se tratar de aplicações destinadas à negociação ou disponíveis para venda; e (ii) pelo valor de custo de aquisição ou valor de emissão, atualizado conforme disposições legais ou contratuais, ajustado ao valor provável de realização, quando este for inferior, no caso das demais aplicações e os direitos e títulos de crédito.
b) Os direitos classificados no intangível, pelo custo incorrido na aquisição deduzido do saldo da respectiva conta de amortização.
c) A análise periódica da recuperação dos valores registrados no imobilizado e no intangível, a fim de que sejam: (i) registradas as perdas de valor do capital aplicado quando houver decisão de interromper os empreendimentos ou atividades a que se destinavam ou quando comprovado que não poderão produzir resultados suficientes para recuperação desse valor; ou (ii) revisados e ajustados os critérios utilizados para determinação da vida útil econômica estimada e para cálculo da depreciação, exaustão e amortização.
d) Os investimentos em participação no capital social de outras sociedades, ressalvado o disposto nos arts. 248 a 250, pelo custo de aquisição, deduzido de provisão para perdas prováveis na realização do seu valor, quando essa perda estiver comprovada como permanente, e que não será modificado em razão do recebimento, sem custo para a companhia, de ações ou quotas bonificadas.

6. (Contador — BNDES — CESGRANRIO/2010) Os estoques de mercadorias fungíveis destinados à venda, na forma da lei das sociedades anônimas, poderão ser avaliados:

a) pela redução do custo de aquisição ao valor de mercado, quando este for inferior;
b) pelo custo de aquisição ou pelo valor de mercado, se este for menor;
c) pelo valor de mercado quando esse valor for o costume mercantil aceito pela técnica contábil;
d) pelo custo de aquisição ou produção, deduzido da provisão para ajustá-lo ao valor de mercado;
e) pelo custo de aquisição, deduzido de provisão para atender às perdas prováveis na realização do seu valor.

7. (TRE-AM — FCC/2010) A empresa XYZ Industrial S.A. adquiriu, em 02.01.X8, 100 Títulos do Governo, classificando-os como investimentos temporários, ao valor unitário de $ 1.000 cada um. A empresa tem intenção e capacidade financeira de manter 50% desses títulos até o seu vencimento, já os outros 50% foram classificados como disponível para venda futura. Esses títulos rendiam a uma taxa de 12% ao ano. Em 31.12.X8, o valor justo (valor de mercado) de cada um desses títulos era de $ 1.350. O valor a ser contabilizado como Ajuste de Avaliação Patrimonial no Patrimônio Líquido da empresa XYZ era, em reais

a) 11.500.
b) 12.000.
c) 17.500.
d) 23.000.
e) 35.000.

8. (Do Autor) De acordo com as alterações introduzidas pela Lei n. 11.941/2009 na Lei n. 6.404/76, assinalar a única alternativa errada:

a) mercadorias devem sempre ser contabilizadas pelo custo de aquisição ou valor justo, dos dois, o menor;
b) ativos imobilizados disponíveis para venda devem ser classificados no Ativo Não Circulante de forma destacada dos demais Ativos Imobilizados Não Circulantes;
c) os valores a receber de longo prazo sempre deverão ser ajustados a valor presente, constituindo a provisão de ajuste a valor presente, que deverá ser apresentada como redutora do recebível no Ativo;
d) as contas do Ativo Diferido que tiverem associação com o Imobilizado e o Intangível devem ser reclassificadas para esses grupos;
e) alguns instrumentos financeiros passam a ter suas variações positivas ou negativas não computadas diretamente no Resultado, mas, sim, em uma conta de ajuste de avaliação patrimonial criada no Patrimônio Líquido.

9. (TCM-PA — FCC/2010) De acordo com a Lei n. 6.404/76 e suas alterações, considera-se valor justo dos investimentos o valor

a) projetado.
b) líquido de alienação.
c) presente líquido dos fluxos de caixa futuros.
d) de aquisição.
e) de reposição.

10. (TCM-PA — FCC/2010) Em 31.12.X1, a empresa JJD realizou uma venda no valor de R$ 50.000,00, para ser recebida em 31.01.X3. Sabe-se que o prazo, normalmente concedido pela empresa, é de 60 dias e que se a venda fosse feita à vista seu valor seria de R$ 42.000,00 (valor presente). De acordo com a legislação vigente e sabendo que a empresa utiliza conta redutora de ativo para registrar a operação, ela deveria reconhecer no momento da venda, em reais, receita de vendas de:

a) 50.000,00 e duplicatas a receber de 50.000,00.
b) 50.000,00 e despesa financeira de 8.000,00.
c) 42.000,00 e duplicatas a receber de 42.000,00.
d) 42.000,00 e duplicatas a receber de 50.000,00.
e) 42.000,00 e receita financeira de 8.000,00.

11. (Analista — TRE-PR — FCC/2012) Em relação à avaliação dos elementos patrimoniais, considere:

I. O valor contábil de imóvel de R$ 500.000,00, cujo teste de *impairment* indicou valor de mercado de R$ 510.000,00 e valor em uso de R$ 490.000,00, deve ser alterado.
II. A empresa deve fazer uma provisão para ajustar o valor do estoque avaliado pelo custo de aquisição por R$ 800.000,00 ao constatar que o seu valor de mercado é R$ 780.000,00.
III. O valor contábil de um veículo adquirido por R$ 100.000,00 com vida útil estimada de 5 anos e valor residual de R$ 20.000,00, após o primeiro ano de uso, é R$ 84.000,00 se a depreciação for pelo método das quotas constantes.
IV. A empresa deve reconhecer um aumento no valor dos investimentos em controladas de R$ 100.000,00, se as investidas tiverem tido um lucro de igual valor, independentemente do percentual de participação no capital social das mesmas.

Está correto o que se afirma APENAS em

a) I e II.
b) II e III.
c) III e IV.
d) I, II e III.
e) II, III e IV.

12. (Contador Jr. — Transpetro — CESGRANRIO/2011) A redação atual da Lei Societária estabelece que o Ativo, no Balanço Patrimonial, terá as contas dispostas em ordem decrescente de grau de liquidez dos elementos nelas registrados no grupo do Ativo Circulante e do Ativo Não Circulante. Estabelece, ainda, a composição do Ativo Não Circulante por Ativo Realizável- a Longo Prazo, Investimentos, Imobilizado e Intangível. Os novos dizeres da Lei, ratificados definitivamente a partir de maio de 2009, provocaram a eliminação do Ativo, do Grupo do Ativo Permanente e das despesas diferidas, bem como promoveram o desdobramento do Imobilizado em Imobilizado e Intangível. Essas alterações, acompanhando a tendência contábil internacional, passaram a exigir maiores cuidados para a classificação dos Intangíveis, principalmente para os gerados internamente. Considerando-se os Intangíveis gerados internamente, os gastos incorridos na fase de pesquisa devem ser classificados como

a) Ativo Intangível.
b) Ativo Imobilizado.
c) Ativo Investimento.
d) Despesa antecipada a apropriar em exercício seguinte ou futuro.
e) Despesa reconhecida no resultado do exercício em que o gasto ocorreu.

13. (Contador Jr. — Petrobras-BR — CESGRANRIO/2011) Admita que uma sociedade anônima informasse o seguinte:

Compra de um ativo intangível isolado e de forma separada, como segue:

— Preço pago na sua aquisição R$ 40.000,00.
— Seguro pago na aquisição R$ 2.000,00.
— Gastos para o ativo poder ser utilizado R$ 5.000,00.
— Valor justo do ativo no momento da aquisição R$ 38.500,00.

Considerando exclusivamente as informações acima, tal ativo intangível deve ser mensurado inicialmente pelo valor, em reais, de

a) 38.500,00.
b) 40.000,00.
c) 43.500,00.
d) 45.000,00.
e) 47.000,00.

14. (Contador Jr. — Petrobras-BR — CESGRANRIO/2011) Um ativo não circulante, classificado como mantido para a venda, nos dizeres do CPC 31 item 15, deve ser mensurado pelo

a) valor justo mais as despesas de venda.
b) valor contábil mais as despesas de venda.
c) valor de compra menos as despesas para venda.
d) menor entre seu valor contábil e o valor justo menos as despesas de venda.
e) menor entre o valor de compra e o valor justo menos as despesas incrementais atribuídas à distribuição.

13.4.7. Questões envolvendo o Ativo, inclusive Ativo Diferido

1. (STM — CESPE/1999) Considerando o grau de liquidez a ser respeitado na apresentação das contas que compõem o ativo, os estoques de mercadorias para revenda, em uma empresa varejista, devem ser apresentados:

a) Antes das contas a receber de vendas a prazo;
b) Após as contas a receber de vendas a prazo;
c) Antes das aplicações financeiras de liquidez imediata;
d) Após o ativo realizável a longo prazo;
e) No ativo imobilizado.

2. (Casa da moeda — CESGRANRIO/2005) Uma empresa apresenta, no final do ano, um total de contas devedoras no valor de $ 500. Sabe-se que a empresa tem os seguintes saldos:

Contas de Receita	135
Contas de Despesa	140
Contas Devedoras Retificadoras	10
Contas Credoras Retificadoras	20

O total do Ativo desta empresa é:

a) 330.
b) 340.
c) 350.
d) 465.
e) 480.

3. (SEFIN-RO — FCC/2010) A Cia. Exatos, empresa de consultoria contábil, iniciou suas atividades em 01.12.X9, com um capital social de R$ 100.000, sendo R$ 60.000 integralizados em dinheiro e R$ 40.000 a serem integralizados no mês de janeiro. Durante o mês de dezembro de X9, ocorreram os seguintes fatos contábeis:

Aquisição, a prazo, de material de consumo .... R$ 6.000
Pagamento de assinatura de jornal em 31.12.X9 .... R$ 1.000
Compra de equipamentos para pagamento em 35 dias sem juros .... R$ 40.000
Pagamento a fornecedores de material de consumo .... R$ 2.000
Recebimento de adiantamento de clientes por serviços contratados a serem prestados em 40 dias .... R$ 36.000
Reconhecimento da despesa com salários e pró-labore para pagamentos em janeiro de X10 .... R$ 48.000
Aplicação financeira em 31.12.X9 .... R$ 20.000
Serviços prestados a clientes para recebimento em 60 dias .... R$ 85.000
Reconhecimento e pagamento de despesas gerais .... R$ 5.000
Obtenção de empréstimo bancário de longo prazo .... R$ 28.000
Compra à vista de um imóvel .... R$ 75.000

O valor total do Ativo da Cia. Exatos, em 31.12.X9, era, em reais,

a) 296.000.
b) 288.000.
c) 269.000.
d) 248.000.
e) 220.000.

4. (TRF — ESAF/2003) A empresa Primavera Ltda., no encerramento do exercício de 2002, obteve as seguintes informações, conforme segue:

Adiantamento a Fornecedores	$ 1.000
Adiantamento de Clientes	$ 2.000
Ativo Imobilizado	$ 20.000
Capital Social	$ 29.000
Contas a Pagar	$ 40.000
Depreciação Acumulada	$ 2.000
Despesas Antecipadas	$ 1.000
Disponibilidades	$ 1.000
Duplicatas a Receber	$ 30.000
Estoques	$ 20.000
Realizável a Longo Prazo	$ 2.000
Reserva legal	$ 2.000

Assinale a opção correta, que corresponde ao valor do Ativo que estará presente no Balanço Patrimonial.

a) $ 71.000.
b) $ 72.000.
c) $ 73.000.
d) $ 74.000.
e) $ 75.000.

5. (Contador — Paulínia — FGV/2016) A Lei n. 11.941/09 apresentou um novo posicionamento em relação ao ativo diferido, de modo que as sociedades de grande porte que elaboravam suas demonstrações contábeis de acordo com a Lei n. 6.404/76 não poderiam mais reconhecer o grupo do ativo diferido em seus balanços.

Assinale a opção que indica o posicionamento determinado pela Lei n. 11.941/09 em relação ao saldo remanescente do ativo diferido em 31.12.2008.

a) Manter e fazer uma nova estimativa para amortização, transferir para o ativo circulante ou baixar contra lucros ou prejuízos acumulados.
b) Baixar como despesa operacional, transferir para outras contas do ativo ou manter no ativo diferido até ser totalmente amortizado.
c) Reclassificar para outro grupo do balanço patrimonial ou baixar o saldo como despesa financeira.

d) Reclassificar para outro grupo do balanço patrimonial, baixar contra lucros ou prejuízos acumulados ou manter no diferido até ser totalmente amortizado.
e) Manter e fazer uma nova estimativa para amortização, baixar como despesa operacional ou reclassificar para outro grupo do balanço patrimonial.

14 BALANÇO PATRIMONIAL — PASSIVO

14.1. PASSIVO EXIGÍVEL

Um **Passivo é uma obrigação presente**, cuja origem é um **fato gerador ocorrido no passado ou presente** que acarretará, em favor de um terceiro, a **transferência, no futuro**, de um **Ativo** da empresa, normalmente **disponibilidades em dinheiro, prestação de serviços** ou, ainda, **substituição de um Passivo por outro** com prazo e condições mais apropriadas.

Segundo o Professor Iudícibus, em seu livro *Teoria da contabilidade*, 8.ª edição, p. 161, existem três tipos de Passivos ou exigibilidades:

> **1) As obrigações legais** têm como origem as operações normais de uma empresa: quando compra a prazo, consome energia, contrata funcionários, ao final de cada mês sempre terá diversas contas a pagar, que são as obrigações;
>
> **2) As obrigações equitativas** têm origem nos compromissos assumidos com terceiros em função das práticas comerciais; como exemplo, temos as garantias oferecidas aos clientes e outros compromissos similares;
>
> **3) As obrigações contingentes** têm como origem eventos não planejados, e que provavelmente acarretarão desembolsos para a empresa, como prejuízos a terceiros causados pelos produtos fabricados pela empresa ou mesmo pelo serviço prestado.

O Passivo, também chamado de Passivo Exigível, na Contabilidade brasileira, está representado no Balanço Patrimonial em dois subgrupos: Passivo Circulante e Passivo Não Circulante. Essa subdivisão está relacionada aos critérios de classificação em curto e longo prazo, respectivamente.

14.1.1. Aspectos iniciais

Neste conjunto de contas, devemos classificar as obrigações da empresa, como definido pela Lei n. 6.404/76, em seu art. 184:

> "**Art. 184.** No balanço, os **elementos do passivo** serão avaliados de acordo com os seguintes critérios:
>
> I — **as obrigações, encargos e riscos**, conhecidos ou calculáveis, inclusive Imposto sobre a Renda a pagar com base no resultado do exercício, serão computados pelo valor atualizado até a data do balanço;

II — **as obrigações em moeda estrangeira**, com cláusula de paridade cambial, serão convertidas em moeda nacional à taxa de câmbio em vigor **na data do balanço** (...).”

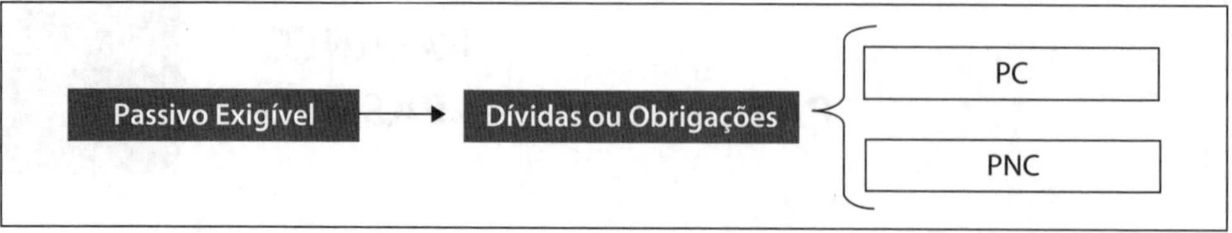

14.1.1.1. *Passivo Circulante e Passivo Não Circulante*

O Passivo Exigível é subdividido em dois grupos: Passivo Circulante e Passivo Não Circulante. Essa subdivisão é recente e foi determinada após a Lei n. 11.941/2009, que alterou o art. 180 da Lei n. 6.404/76, transcrito a seguir:

“As obrigações da companhia, inclusive financiamentos para aquisição de direitos do ativo não circulante, serão classificadas no **passivo circulante**, quando se **vencerem no exercício seguinte,** e no **passivo não circulante**, se tiverem **vencimento em prazo maior**, observado o disposto no parágrafo único do art. 179 desta Lei ***(Redação dada pela Lei n. 11.941, de 2009)***.”

A Norma Brasileira de Contabilidade NBC TG 26 R5, aprovada pela Resolução n. 2017/NBC TG 26 (R5) do CFC, também determinou, no item 60, transcrito a seguir, que o Passivo Exigível fosse subdividido em dois grupos:

“60. A entidade deve apresentar ativos circulantes e não circulantes, e passivos circulantes e não circulantes, como grupos de contas separados no balanço patrimonial.”

PASSIVO EXIGÍVEL	PASSIVO CIRCULANTE	Obrigações de curto prazo ≤ 12 meses
	PASSIVO NÃO CIRCULANTE	Obrigações de longo prazo > 12 meses

No Ativo, a divisão entre Circulante e Não Circulante está relacionada ao conceito de curto e longo prazo. Curto prazo são todas as obrigações que vencem no próximo exercício; já longo prazo são todas as obrigações que vencem após o exercício seguinte ao que as demonstrações estiverem sendo levantadas.

“69. O passivo deve ser classificado como **circulante** quando satisfizer **qualquer** dos seguintes critérios:

(a) espera-se que seja liquidado durante o **ciclo operacional** normal da entidade;

(b) está mantido essencialmente para a finalidade de **ser negociado**;

(c) deve ser liquidado no período de **até doze meses** após a data do balanço; ou

(d) a entidade **não tem direito incondicional de diferir** a liquidação do passivo durante pelo menos doze meses após a data do balanço (ver item 73 da norma no item 14.1.2.1

deste livro). Os termos de um passivo que podem, à opção da contraparte, resultar na sua liquidação por meio da emissão de instrumentos patrimoniais não devem afetar a sua classificação (NBC TG 26 R5)."

Os itens (a) e (c) se referem basicamente ao mesmo conceito de ciclo operacional das empresas no Brasil, que são normalmente definidos como de 12 meses.

O item (b) se refere a itens operacionais de obrigações que têm a característica de serem negociáveis, por exemplo, instrumentos financeiros passivos.

O item (d) define um tipo de dívida que a empresa possui cuja possibilidade contratual impossibilita que venha a ser paga em prazo maior que 12 meses.

Em síntese, a classificação no Circulante ou Não Circulante pode ser feita baseada nos compromissos dos próximos 12 meses para o Passivo Circulante e nos compromissos para períodos maiores que 12 meses, a partir da data do balanço no Passivo Não Circulante.

Importante: o item 70 da NBC TG 26 apresenta de forma clara que itens operacionais como salários, despesas e outros, mesmo que estejam programados para serem liquidados no longo prazo, devem ser apresentados como passivo circulante porque fazem parte dos custos operacionais:

"70. Alguns passivos circulantes, tais como contas a pagar comerciais e algumas apropriações por competência relativas a gastos com empregados e outros custos operacionais são parte do capital circulante usado no ciclo operacional normal da entidade. Tais itens operacionais são classificados como passivos circulantes mesmo que estejam para ser liquidados em mais de doze meses após a data do balanço patrimonial. O mesmo ciclo operacional normal aplica-se à classificação dos ativos e passivos da entidade. Quando o ciclo operacional norma da entidade não for claramente identificável, pressupõe-se que a sua duração seja de doze meses."

14.1.2. Condições especiais de dívidas (obrigações)

Existem situações particulares de Passivos de curto prazo que podem ser renegociados para longo prazo, assim como existem situações de Passivos de longo prazo que podem ser reclassificados como Passivos de curto prazo.

1 — Dívidas renegociadas
2 — **Não** cumprimento de contrato de financiamento
3 — Capitalização do juros e encargos financeiros
4 — Ocorrências entre a data de fechamento do balanço e a sua publicação

14.1.2.1. Dívidas renegociadas

Uma empresa só pode reclassificar uma dívida de curto prazo para uma dívida de longo prazo se o credor concordar formalmente com essa nova condição, como está definido na NBC TG 26 R5, item 73, transcrito a seguir:

"73. Se a entidade tiver a expectativa, e tiver poder discricionário, para refinanciar ou substituir (*roll over*) uma obrigação por pelo menos doze meses após a data do balanço segundo dispositivo contratual do empréstimo existente, deve classificar a obrigação como não circulante, mesmo que de outra forma fosse devida dentro de período mais curto. Contudo, quando o refinanciamento ou substituição (*roll over*) da obrigação não depender somente da entidade (por exemplo, se não houver um acordo de refinanciamento), o simples potencial de refinanciamento não é considerado suficiente para a classificação como não circulante e, portanto, a obrigação é classificada como circulante".

14.1.2.2. Não cumprimento de contrato de financiamento

Uma dívida com prazo de pagamento em 36 parcelas pode ser classificada pelo valor total no curto prazo se a empresa atrasar pagamentos e o vencimento antecipado for uma das condições do negócio. Esse procedimento está definido na NBC TG 26, itens 74 e 75, transcritos a seguir:

"74. Quando a entidade quebrar um acordo contratual (*covenant*) de empréstimo de longo prazo (índice de endividamento ou de cobertura de juros, por exemplo) ao término ou antes do término do período de reporte, tornando o passivo vencido e pagável à ordem do credor, o passivo é classificado como circulante mesmo que o credor tenha concordado, após a data do balanço e antes da data da autorização para emissão das demonstrações contábeis, em não exigir pagamento antecipado como consequência da quebra do *covenant*. O passivo deve ser classificado como circulante porque, à data do balanço, a entidade não tem direito incondicional de diferir a sua liquidação durante pelo menos doze meses após essa data.

75. O passivo é classificado como não circulante se o credor tiver concordado, até a data do balanço, em proporcionar uma dilação de prazo a terminar pelo menos doze meses após a data do balanço, dentro do qual a entidade pode retificar a quebra de *covenant* contratual (reenquadramento nos índices de endividamento e cobertura de juros, por exemplo) e durante o qual o credor não pode exigir a liquidação imediata do passivo em questão".

14.1.2.3. Capitalização dos juros e encargos financeiros

Capitalização significa somar ao valor gasto com um Ativo os juros de um empréstimo ou financiamento contratado para produzir esse Ativo para venda ou uso. Por isso, dizemos em Contabilidade: **"ativar os custos"**. Custos com a produção de um Ativo que demande muito tempo para ficar pronto para vender ou usar podem ser ativados, isto é, considerados como parte do custo desses bens. Isso está definido no item 10 da NBC TG 20, transcrito a seguir:

"Os custos de empréstimos que são atribuíveis diretamente à aquisição, à construção ou à produção de ativo qualificável são aqueles que seriam evitados se os gastos com o **ativo qualificável** não tivessem sido feitos. Quando a entidade toma emprestados recursos especificamente com o propósito de obter um ativo qualificável particular, os custos do empréstimo que são diretamente atribuíveis ao ativo qualificável podem ser prontamente identificados."

Ativo qualificável é o tipo de Ativo que, necessariamente, demanda um período de tempo substancial para ficar pronto para uso ou venda.

14.1.2.3.1. Início da capitalização dos custos dos empréstimos

Juros transcorridos são despesas no resultado. Entretanto, no caso da construção de Ativos qualificáveis, se a empresa puder atender a todas as condições descritas no item 17 da NBC TG 20, transcrito a seguir, esses custos podem ser ativados:

> "17. A entidade deve **iniciar a capitalização dos custos de empréstimos** como parte do custo de ativo qualificável na data de início, sendo esta a data em que a entidade satisfaz às seguintes condições:
>
> (a) **incorre em gastos com o ativo**;
>
> (b) **incorre em custos de empréstimos**; e
>
> (c) **inicia as atividades que são necessárias ao preparo do ativo** para seu uso ou venda pretendidos."

14.1.2.3.2. Interrupção do processo de capitalização

Quando uma empresa adquire um Ativo que demanda um longo tempo de produção e, por alguma razão a produção é interrompida — e isso às **vezes ocorre em função de um acidente, do embargo da obra ou mesmo em alteração do planejamento** que motivou a aquisição —, os custos dos empréstimos obtidos para construção desses Ativos **devem ser considerados despesas** durante esse período de suspensão da produção ou da obra.

A capitalização não precisa ser suspensa quando ocorrem paradas normais na produção ou na obra em função de condições climáticas ou mesmo de análise ou auditorias técnicas que ocorrem durante a fase de construção.

Todas essas definições constam dos itens 20 e 21 da NBC TG 20, transcritos a seguir:

> "20. A entidade deve suspender a capitalização dos custos de empréstimos durante períodos extensos nos quais as atividades de desenvolvimento do ativo qualificável são interrompidas.
>
> 21. A entidade pode incorrer em custos de empréstimos durante um período extenso em que as atividades necessárias ao preparo do ativo para seu uso ou venda pretendidos estão suspensas. Tais custos são custos de se manterem os ativos parcialmente concluídos e não se qualificam para capitalização. Entretanto, a entidade normalmente não suspende a capitalização dos custos de empréstimos durante um período em que substancial trabalho técnico e administrativo está sendo executado. A entidade também não deve suspender a capitalização de custos de empréstimos quando um atraso temporário é parte necessária do processo de concluir o ativo para seu uso ou venda pretendidos. Por exemplo, a capitalização deve continuar ao longo do período em que o nível elevado das águas atrasar a construção de uma ponte, se tal nível elevado das águas for comum durante o período de construção na região geográfica envolvida".

14.1.2.3.3. Término da capitalização de um empréstimo

O término da capitalização na construção de um Ativo para venda ou uso ocorre **quando este fica disponível** para tal fim. Se o financiamento foi obtido para a construção de um conjunto de prédios, a capitalização deverá ser encerrada à medida que cada prédio fica pronto, e não somente ao final do último prédio. Essas definições constam dos itens 22, 23 e 24 da NBC TG 20, transcritos a seguir:

> "22. A entidade deve cessar a capitalização dos custos de empréstimos quando substancialmente todas as atividades necessárias ao preparo do ativo qualificável para seu uso ou venda pretendida estiverem concluídas.
>
> 23. Um ativo normalmente está pronto para seu uso ou venda pretendida quando a construção física do ativo estiver finalizada, mesmo que trabalho administrativo de rotina possa ainda continuar. Se modificações menores, tal como a decoração da propriedade sob especificações do comprador ou do usuário, resumirem-se a tudo o que está faltando, isso é indicador de que substancialmente todas as atividades estão completas.
>
> 24. Quando a entidade completa a construção de ativo qualificável em partes e cada parte pode ser usada enquanto a construção de outras partes continua, a entidade deve cessar a capitalização dos custos de empréstimos quando completar substancialmente todas as atividades necessárias ao preparo daquela parte para seu uso ou venda pretendidos".

14.1.2.4. Ocorrências entre a data de fechamento do balanço e a sua publicação

Podem ocorrer renegociações entre o encerramento do Balanço Patrimonial no dia 31 de dezembro e a data da publicação no início do próximo exercício. As alterações a seguir transcritas, que constam da NBC TG 26, item 76, **não podem modificar as demonstrações financeiras**.

A respeito de empréstimos classificados como Passivo Circulante, se os eventos que se seguem ocorrerem entre a data do balanço e a data em que as demonstrações contábeis forem autorizadas para serem emitidas, esses eventos qualificam-se para divulgação como eventos que não originam ajustes, de acordo com a norma NBC TG 24 (Evento Subsequente):

> "(a) refinanciamento para uma base de longo prazo;
>
> (b) retificação de quebra de *covenant* de empréstimo de longo prazo;
>
> (c) concessão por parte do credor de dilação de prazo para retificar a quebra de *covenant* contratual (reenquadramento nos índices de endividamento e cobertura de juros, por exemplo,) de empréstimo de longo prazo, que termine pelo menos doze meses após a data do balanço".

Se a empresa tinha em dezembro uma dívida de curto prazo, qualquer alteração nessas condições para longo prazo não pode alterar as demonstrações já encerradas. Assim como dívidas vencidas que a empresa já tinha reclassificado como integralmente de curto prazo não podem ser recolocadas em longo prazo se a negociação com o cliente foi feita após o encerramento do balanço.

14.1.3. Ajuste a valor presente das obrigações

Tanto as obrigações no Passivo Circulante quanto as obrigações no Passivo Não Circulante precisam ser ajustadas a valor presente. **Entretanto, as obrigações de longo prazo são de ajuste obrigatório**, segundo a Lei n. 6.404/76, art. 184, inc. III, transcrito a seguir:

> "III — **as obrigações, os encargos e os riscos classificados no passivo não circulante serão ajustados ao seu valor presente, sendo os demais ajustados quando houver efeito relevante** ***(Redação dada pela Lei n. 11.941, de 2009).***"

A norma NBC TG 12, em seus itens 21 e 22, transcritos a seguir, é mais clara que a Lei n. 6.404/76 quanto aos ajustes que devem ser feitos nos Passivos, os quais devem ser feitos a valor justo. Os Ativos que foram obtidos a partir desses empréstimos devem ser contabilizados também a valor justo e não devem mais ser ajustados. O ajuste deve ir sendo apropriado ao Resultado como despesa financeira. As taxas de juros a serem utilizadas no ajuste no ambiente de uma empresa devem ser compostas *pro rata die* e compatíveis com as taxas praticadas pela empresa em operações similares. Em provas de concursos, normalmente são utilizadas taxas de juros simples.

> "21. **Os elementos integrantes do ativo e do passivo decorrentes de operações de longo prazo, ou de curto prazo quando houver efeito relevante, devem ser ajustados a valor presente** com base em taxas de desconto que reflitam as melhores avaliações do mercado quanto ao valor do dinheiro no tempo e os riscos específicos do ativo e do passivo em suas datas originais.
>
> 22. A quantificação do ajuste a valor presente deve ser realizada em base exponencial 'pro rata die', a partir da origem de cada transação, sendo os seus efeitos apropriados nas contas a que se vinculam."

14.1.3.1. Exemplos de ajustes a valor presente de contas do Passivo

A Norma NBC TG 12, no item 32, transcrito a seguir, orienta de forma bem clara a maneira como Compras para Revenda ou Imobilizado devem ser contabilizadas atendendo às normas internacionais e brasileiras:

> "32. A operação comercial que se caracterize como de financiamento (...) deve ser reconhecida como tal, sendo que o valor consignado na documentação fiscal que serve de suporte para a operação deve ser adequadamente decomposto para efeito contábil. **Juros embutidos devem ser expurgados do custo de aquisição das mercadorias e devem ser apropriados pela fluência do prazo.** É importante relembrar que o ajuste de passivos, por vezes, implica ajuste no custo de aquisição de ativos. É o caso, por exemplo, de operações de aquisição e de venda a prazo de estoques e ativo imobilizado, posto que juros imputados nos preços devem ser expurgados na mensuração inicial desses ativos."

14.1.3.1.1. Exemplo de ajuste a valor presente na venda e aquisição de mercadorias

A empresa Pontevedra Distribuidora de Materiais de Construção Ltda. adquiriu materiais de construção para revenda pelo preço total de $ 600.000, obtendo prazo de pagamento de 180 dias do fabricante. Devido ao prazo de pagamento, foram cobrados juros de 20% (simples) sobre o preço à vista. A contabilização deverá ser feita na empresa compradora e na empresa vendedora da seguinte forma:

O preço à vista é assim determinado:

Preço à vista (P) x 1,20 (mais 20%) = $ 600.000

Preço à vista (P) = $ 600.000/1,2 = $ 500.000

Preço à vista = $ 500.000

Apresentação no Balanço do comprador (Pontevedra):

Ativo Circulante		**Passivo Circulante**	
Estoque de Materiais	$ 500.000	Fornecedores	$ 600.000
		(–) Juros Passivos a Apropriar	(–) $ 100.000

Apresentação no Balanço do vendedor (fabricante):

Encontraremos, tanto na prática como em concursos, dois tipos de contabilização na empresa vendedora.

O vendedor pode realizar o faturamento pelo valor à vista e ajustar o Contas a Receber (Exemplo 1) ou emitir a nota fiscal de venda pelo total e ajustar a Receita e o Contas a Receber (Exemplo 2):

Exemplo 1:

Ativo Circulante		Resultado	
Contas a Receber	$ 600.000	Receita de Vendas	$ 500.000
(Juros a Apropriar)	($ 100.000)		

> **Observação:** o Contas a Receber pode ser desdobrado em Duplicatas a Receber de clientes ($ 500.000) e em Juros a Receber ($ 100.000).

Exemplo 2:

Ativo Circulante		Resultado	
Contas a Receber	$ 600.000	Receita de Vendas	$ 600.000
(Juros a Apropriar)	($ 100.000)	(Ajuste da Receita)	($ 100.000)

14.1.3.1.2. Exemplo de ajuste a valor presente na venda e aquisição financiada de um imóvel

A empresa Vigo S.A. adquiriu um apartamento para uso próprio por $ 500.000, pagando à vista $ 200.000, e financiando o restante em uma parcela única em 180 dias. O valor que pagará por essa parcela única será $ 350.000, isto é, um acréscimo de $ 50.000.

O comprador e o vendedor deverão contabilizar da seguinte forma.

Contabilização no comprador:

Lançamento no Diário:

Imóvel (apartamento)	$ 500.000	
Juros Passivos a Transcorrer	$ 50.000	
a Banco		$ 200.000
a Financiamentos a Pagar		$ 350.000

Apresentação no Balanço Patrimonial do comprador:

Ativo Não Circulante		**Passivo Circulante**	
Imobilizado	$ 500.000	Financiamentos a Pagar	$ 350.000
		(–) Juros Passivos a Transcorrer	($ 50.000)

A conta bancária sofreu uma redução de $ 200.000.

Contabilização no vendedor do imóvel:

Lançamento no Diário:

Banco	$ 200.000	
Contas a Receber	$ 350.000	
a Receita de Vendas		$ 500.000
a Juros Ativos a Apropriar		$ 50.000

Apresentação no Balanço Patrimonial:

Ativo Circulante		Resultado	
Banco	$ 200.000	Receita de Vendas	$ 500.000
Contas a Receber	$ 350.000		
(–) Juros Ativos a Apropriar	($ 50.000)		

14.1.3.2. Ajuste a valor presente de operações com impostos

A não ser em renegociações de impostos e contribuições atrasadas e que possam ser liquidadas à vista com desconto, **não se deve ajustar a valor presente nenhum tributo**.

Exemplo 1: a empresa Vigo Distribuidora de Materiais de Construção Ltda. adquiriu mercadorias para revenda por $ 600.000 com prazo de pagamento de 6 meses e juros de 20% no período sobre o preço à vista. O ICMS incluso no preço é de 18%.

O faturamento deve ser feito pela empresa vendedora por $ 600.000/1,2 = **$ 500.000**. Os juros devem ser cobrados em documento à parte, para que não recaiam impostos indevidos sobre os juros.

Contabilização no comprador:

Ativo Circulante		**Passivo Circulante**	
Estoque	$ 410.000	Fornecedores	$ 600.000
ICMS a Recuperar	$ 90.000	(–) Ajuste a Valor Presente	($ 100.000)

Os $ 90.000 de ICMS são calculados desta forma: 18% de $ 500.000, que é o valor da mercadoria à vista. Não estamos calculando ICMS sobre juros.

Exemplo 2: o **faturamento** é realizado pelo vendedor por **$ 600.000**. O ICMS será calculado da seguinte forma: 18% sobre $ 600.000 = $ 108.000, e a apresentação no balanço será a seguinte:

Contabilização no comprador:

Ativo Circulante		**Passivo Circulante**	
Estoque	$ 492.000	Fornecedores	$ 600.000
ICMS a Recuperar	$ 108.000	(–)Ajuste a Valor Presente	($ 100.000)

Nesta situação, a nota fiscal foi emitida por $ 600.000, valor à vista com juros, e o ICMS calculado sobre o valor com juros, 18% sobre $ 600.000 = $ 108.000. A diferença é o valor a ser contabilizado nos estoques.

Após transcorrido os seis meses, deverão ser apropriados os $ 100.000 do ajuste a valor presente como despesas financeiras.

Despesa Financeira	
100.000	

Ajuste a Valor Presente	
100.000	100.000

14.1.4. Contas classificadas no Passivo Circulante

1 — Fornecedores a Pagar
2 — Duplicatas a Pagar
3 — Empréstimos a Pagar
4 — Credores por Financiamentos a Pagar
5 — Títulos a Pagar
6 — (–) Custos a Amortizar
7 — (–) Juros Passivos a Transcorrer
8 — (–) Ajuste a Valor Presente
9b — Juros a Pagar
10 — Salários e Ordenados a Pagar
11 — Contas a Pagar
12 — Adiantamentos de Clientes
13 — Dividendos a Pagar
14 — Impostos e Contribuições a Recolher
15 — Impostos e Contribuições a Pagar
16 — Provisões a Pagar
17 — Debêntures
18 — Demais obrigações (faturamento para futura entrega)
19 — Duplicatas Descontadas
20 — Desconto de saque de exportação ou adiantamento sobre cambial

1. Fornecedor: nesta conta, classificamos todos os débitos de compras a prazo de mercadorias para revenda e insumos para fabricação. Normalmente, a contabilização se dá quando a mercadoria é recebida. Entretanto, existem situações em que a mercadoria não foi entregue a pedido do comprador e, portanto, a obrigação, em essência, já existe. Também existem situações em que a documentação fiscal já se encontra em poder do comprador e a mercadoria ainda não chegou. Nesse caso, a obrigação ainda não existe.

Exemplo: compra a prazo de $ 60.000 para pagamento em 30 dias, com juros de 20% ao mês. Isso significa que a mercadoria à vista era $ 60.000/1,2 = $ 50.000.

Como os juros pelo período de um mês são muito relevantes, o ajuste a valor presente se faz obrigatório. A contabilização da mercadoria deve ser feita pelo valor à vista, e a cada período devem ser contabilizados os juros transcorridos.

Apresentação no Balanço Patrimonial da empresa compradora no dia do recebimento da mercadoria:

Ativo Circulante		**Passivo Circulante**	
Mercadoria	$ 50.000	Fornecedores	$ 60.000
		(–) Juros Passivos a Transcorrer	($ 10.000)

Um mês após a apropriação dos juros, no Diário, seria a seguinte:

Despesas Financeiras	$ 10.000	
a Juros Passivos a Transcorrer		$ 10.000

Um mês após a apropriação dos juros, no Razão, seria a seguinte:

Despesa Financeira	
10.000	

Juros Passivos a Transcorrer	
10.000	**10.000**

2. Duplicatas a Pagar: esta é uma classificação genérica. Qualquer tipo de débito de mercadoria ou serviços que a empresa possa ter comprado com prazo para pagamento pode se encaixar nesta conta.

Exemplo: aquisição de divisórias para o setor administrativo no valor de $ 30.000, sendo 20% pagos à vista e 80% a prazo em 60 dias. A contabilização no Diário e no Razão deverá ser feita da seguinte forma:

O valor que foi pago é igual a 20% de $ 30.000 = $ 6.000. Esse valor foi sacado do banco, enquanto o restante será pago em 60 dias.

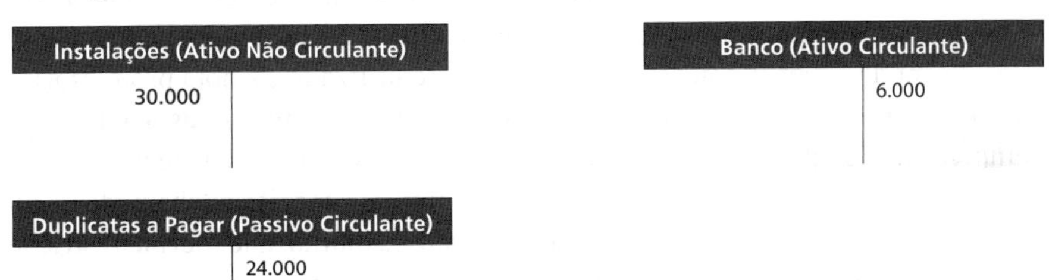

3. Empréstimos a Pagar: nesta conta, classificamos todas as operações de **empréstimos feitos pela empresa ante o sistema financeiro**.

As operações mais comuns classificadas são empréstimos para Capital de giro ou aquisição de Ativos fixos.

Exemplo: a empresa Tomadora S.A. contratou do Banco XPTO S.A. um empréstimo de Capital de giro para financiar a compra de matéria-prima no valor de $ 100.000, com juros prefixados de 10% para pagamento em 60 dias. O lançamento correto irá representar na apresentação do Balanço Patrimonial o seguinte:

Ativo Circulante			**Passivo Circulante**	
Banco	$ 90.000		Empréstimo a Pagar	$ 100.000
		(–)	Juros a Transcorrer	($ 10.000)

Observação: o Capítulo 6 apresenta com detalhes diversas modalidades de empréstimo.

4. Credores por Financiamentos a Pagar: nesta conta, podemos agrupar todas as duplicatas a pagar **referentes a compras a prazo de Ativos Não Circulantes permanentes, como máquinas, veículos, equipamentos, imóveis, ferramentas, instalações etc.**

Exemplo: aquisição de uma máquina para o setor industrial no valor de $ 80.000, sendo 40% pagos à vista e 60% a prazo, em 90 dias. A contabilização no Diário e Razão deverá ser feita da seguinte forma:

O valor que foi pago é igual a 40% de $ 80.000 = $ 32.000. Esse valor foi sacado do banco; já o restante ($ 48.000) será pago em 60 dias.

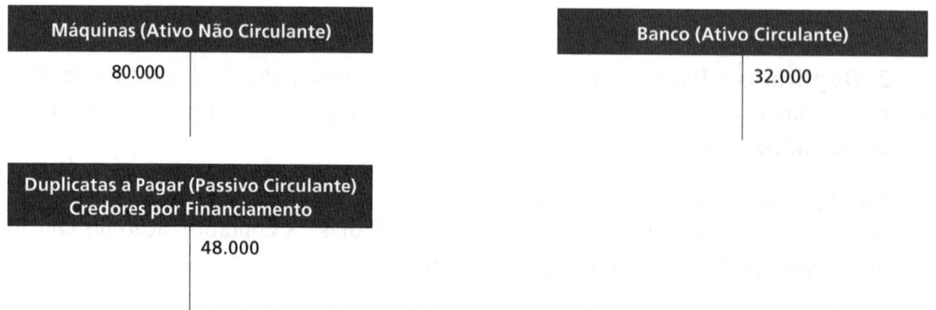

5. Títulos a Pagar: nesta conta, classificamos todas as operações de **empréstimos feitos pela empresa ante outras empresas ou pessoas físicas**, ambos feitos a partir de contratos de mútuos; normalmente o título de crédito utilizado é a nota promissória, **por isso, esta conta é, algumas vezes, denominada Notas Promissórias a Pagar**. Como uma empresa não é uma instituição financeira, ela só pode emprestar recursos a pessoa física ou jurídica formalizando esse ato com um contrato específico, chamado de mútuo acompanhado de notas promissórias. Neste contrato de mútuo, a lei define restrições na maneira de emprestar os recursos de uma empresa para outra.

Essas operações tanto podem se destinar para reforço do Capital de giro como para aquisição de Ativos Fixos.

Exemplo: a empresa Sophia Industrial S.A. contratou um empréstimo de uma empresa coligada (do mesmo grupo) no valor de $ 60.000, com juros prefixados de 10% para pagamento em 60 dias, para financiar a compra de um veículo no valor de $ 50.000. O lançamento correto irá representar na apresentação do Balanço Patrimonial o seguinte:

Ativo Circulante		**Passivo Circulante**	
Banco	$ 4.000	Empréstimo a Pagar	$ 60.000
Veículo	$ 50.000	(–)Juros a Transcorrer	($ 6.000)

O valor líquido do empréstimo é de $ 54.000, uma vez que 10% de $ 60.000 = $ 6.000. A empresa recebe $ 54.000 líquidos, adquire o veículo e ainda sobram $ 4.000 em dinheiro na conta bancária.

Observação: o Capítulo 6 apresenta com detalhes diversas modalidades de empréstimos.

6. Custos a Amortizar: em operações de empréstimo, especialmente de grande valor, **é comum que existam agentes contratados para desenvolver o projeto de captação de recursos perante uma instituição financeira**. Esses custos, antes da norma NBC TG 08, que trata de custos de transação e prêmios na emissão de títulos e valores mobiliários, eram lançados como despesas no exercício em que o financiamento era obtido. Essa Norma Brasileira de Contabilidade (NBC TG 08, aprovada pela Resolução CFC n. 1.312/2010) determina que **tais custos, assim como os juros, devem ser apropriados** ao Resultado por competência **ao longo do contrato**. Essas determinações constam da norma NBC TG 08, em seus itens 12 e 13, transcritos a seguir:

> "12. Os encargos financeiros incorridos na captação de recursos junto a terceiros devem ser **apropriados ao resultado em função da fluência do prazo**, com base no método do **custo amortizado**. Esse método considera a taxa interna de retorno (TIR) da operação para a apropriação dos encargos financeiros durante a vigência da operação. A utilização do custo amortizado faz com que os encargos financeiros reflitam o efetivo custo do instrumento financeiro e não somente a taxa de juros contratual do instrumento, ou seja, incluem-se neles os juros e os custos de transação da captação, bem como prêmios recebidos, ágios, deságios, descontos, atualização monetária e outros. Assim, a taxa interna de retorno considera todos os fluxos de caixa, desde o valor líquido recebido pela concretização da transação até os pagamentos todos feitos ou a serem efetuados até a liquidação da transação.
>
> 13. **Os custos de transação** incorridos na captação de recursos por meio da contratação de instrumento de dívida (empréstimos, financiamentos ou títulos de dívida tais como debêntures, notas comerciais ou outros valores mobiliários) **devem ser contabilizados como redução do valor justo inicialmente reconhecido** do instrumento financeiro emitido, para evidenciação do valor líquido recebido."

Exemplo: uma empresa obteve um empréstimo em um Banco Federal no valor de $ 5.000.000, com juros simples prefixados em 3% ao ano, para pagamento após 5 anos. O custo com empresas de consultoria para elaboração e acompanhamento do projeto foi de $ 250.000.

Apresentação no Balanço Patrimonial no dia da obtenção do empréstimo:

Os juros anuais são calculados aplicando-se 3% sobre $ 5.000.000 = $ 150.000. Os juros totais serão de $ 750.000. O custo a amortizar ao longo do contrato é de $ 250.000. Tanto os juros não transcorridos como o custo de consultoria deverão ser apropriados ao longo do contrato.

Ativo Circulante		**Passivo Não Circulante**	
Banco	$ 4.000.000	Empréstimo a Pagar	$ 5.000.000
		(–) Custo a Amortizar	($ 250.000)
		(–) Juros a Transcorrer	($ 750.000)

Um ano após a contratação do empréstimo, a contabilização da apropriação dos juros e custos deverá ser feita da seguinte forma:

Despesas Financeiras	
50.000	
150.000	

Custo a Amortizar	
250.000	50.000

Juros a Transcorrer	
750.000	150.000

Um ano após, apropriaríamos 1/5 do custo amortizado e 1/5 dos juros a transcorrer.

7. Juros Passivos a Transcorrer: como já estudado no Capítulo 6, Juros a Transcorrer são juros pactuados em operações prefixadas, mas ainda não incorridos. **O objetivo desta conta é apresentar os empréstimos pelo seu valor líquido.** Quando uma operação financeira prefixada é feita, o contratante recebe um valor menor que o valor nominal, e os juros previamente descontados ainda não são despesas, mas direitos que reduzem o valor efetivo da dívida. O valor total dos Juros a Transcorrer só serão despesas depois de transcorrido o prazo do empréstimo.

Juros Passivos a Transcorrer são direitos que reduzem o valor efetivo da obrigação a que eles se referem.

Exemplo: a empresa Endividada S.A. contratou um empréstimo do Banco XPTO S.A. no valor de $ 300.000, com juros de $ 60.000 prefixados. O valor líquido recebido foi de $ 240.000.

Lançamento no Diário no dia da contratação da operação:

Banco (Ativo Circulante)	
240.000	

Empréstimo a Pagar (Passivo Circulante)	
	300.000

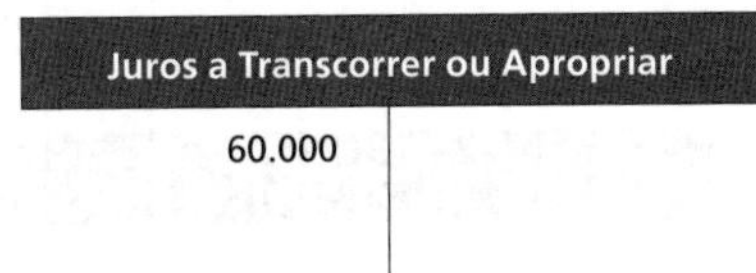

Apresentação no Balanço Patrimonial:

Ativo Circulante		**Passivo Circulante**	
Banco	$ 240.000	Empréstimo a Pagar	$ 300.000
		(–) Juros a Transcorrer	($ 60.000)

8. Ajuste a Valor Presente: esta conta de Passivo é utilizada para contabilizarmos os ajustes a valor presente, redutores de operações de curto prazo e longo prazo com juros e correção monetária embutidos.

Em uma operação financiada, os fornecedores embutem normalmente os juros nos preços. O ajuste, na verdade, são os Juros a Transcorrer que são apropriados ao resultado como despesa financeira, com o passar do tempo e por competência.

No início desta seção, foi estudado com detalhes esse tipo de ajuste.

9. Juros a Pagar: classificamos nesta conta os juros que a empresa deve por competência e que ainda não foram pagos.

Exemplo: uma empresa contratou um empréstimo de $ 10.000, com juros pós-fixados de 10% ao bimestre. Após transcorrer 2 meses da contratação, o lançamento contábil da apropriação das despesas financeiras deve ser o seguinte:

10. Salários e Ordenados a Pagar: nesta conta, devemos classificar o valor das **despesas transcorridas com Salários e ordenados ainda não pagos**. No Capítulo 7, abordamos com detalhes operações envolvendo pessoal.

Exemplo: uma empresa tem uma folha de pagamento no valor total, com horas extras, de $ 100.000. No dia 15 de cada mês, faz um adiantamento de 40% e, no dia 5 do mês subsequente, faz o pagamento do restante. Supondo que não haja nenhum encargo ou desconto, teríamos o seguinte lançamento:

No dia do adiantamento pago pela empresa, ela lança um crédito aos empregados:

Adiantamento de Salários	
40.000	

Banco	
	40.000

No dia 30, a empresa encerrará o mês, lançando a despesa integral com salários e honorários, descontando o valor já pago aos empregados e deixando $ 60.000 pendentes para pagamento no dia 5 (dívida da empresa para com seus empregados):

11. Contas a Pagar: nesta conta, de forma geral, **são classificadas as frações das despesas operacionais não pagas, como contas de consumo, combustível, alimentação, telefonia, consultoria, treinamento, propaganda e publicidade e serviços de terceiros em geral**. Em algumas questões de concursos, até os salários e pequenos valores referentes à aquisição de ativos permanentes são contabilizados nessa conta, para a qual o fornecedor não tenha emitido uma duplicata.

Exemplo: ao final do mês, a empresa XPTO constatou, analisando o relógio de energia, que consumiu $ 1.000, mas a conta da empresa de energia não chegou até o fechamento do balanço. A empresa deverá fazer o seguinte lançamento:

Despesa de Energia	
1.000	

Conta de Energia a Pagar	
	1.000

12. Adiantamentos de Clientes: em algumas situações, quando o fornecimento envolve valores muito significativos, é comum que os **clientes façam adiantamentos a seus fornecedores**. Esses adiantamentos recebidos devem ser contabilizados como dívidas nas empresas que recebem os valores.

Exemplo: a usina hidrelétrica TAIGUARA S.A. encomenda uma nova turbina da Indústria TURBINAS S.A., a qual foi orçada em $ 10.000.000, e a indústria Fabricante exige no ato do pedido 20% de entrada.

A seguir, o lançamento que deverá ser feito na empresa vendedora (TURBINAS):

Banco	
2.000.000	

Adiantamento de Clientes (PC ou PNC)	
	2.000.000

Dependendo do prazo de entrega, a dívida referente ao adiantamento deverá ser lançada no Passivo Circulante ou no Passivo Não Circulante. Se o prazo de entrega for inferior a um ano, deverá ser lançada no Circulante; caso contrário, no Não Circulante.

13. Dividendos a Pagar: esta conta também pode ser designada como **Dividendos Declarados ou Dividendos Distribuídos**.

No início de cada exercício, deve ocorrer uma assembleia ordinária, na qual um dos assuntos é a destinação dos lucros. Após a decisão da assembleia sobre a **parcela dos lucros que será distribuída**, a contabilidade deverá debitar o Patrimônio Líquido e creditar a conta Dividendos a Pagar no Passivo Circulante, registrando a dívida da empresa para com os sócios.

Os dividendos, uma vez declarados (distribuídos), deverão ou ser pagos aos sócios no máximo em 60 dias ou, se eles concordarem, ao final do exercício seguinte ao exercício a que se referem, de acordo com o art. 205, § 3.º, da Lei n. 6.404/76, transcrito a seguir:

> "§ 3.º O dividendo deverá ser pago, salvo deliberação em contrário da assembleia geral, no prazo de 60 (sessenta) dias da data em que for declarado e, em qualquer caso, dentro do exercício social."

Exemplo: a empresa Prisca Participações Societárias S.A. obteve um lucro de $ 100.000; a assembleia, então, decidiu distribuir aos acionistas 40% do lucro líquido do exercício. A contabilização da distribuição será a seguinte:

O lucro do exercício é sempre transferido do Resultado para a conta Lucros ou Prejuízos Acumulados no Patrimônio Líquido, e deste, após a decisão da assembleia, para o Passivo Circulante, como apresentado a seguir:

Dividendos a Pagar	
	40.000

Lucros ou Prejuízos Acumulados (PL)	
40.000	100.000

14. Impostos e Contribuições a Recolher: neste conjunto de contas, devemos classificar **os impostos e as contribuições que foram recebidos ou descontados pela empresa, e que ela tem que repassar aos cofres públicos**. São valores que a empresa recebe dos clientes, desconta dos empregados e tem que repassar ao Estado. Os exemplos mais comuns são:

- IPI a Recolher;
- ICMS a Recolher;
- ISS a Recolher;
- PIS a Recolher;
- COFINS a Recolher.

Observação: no Capítulo 10, foram estudadas com detalhes todas as operações envolvendo impostos e contribuições e, no Capítulo 7, as operações com pessoal, no qual também estudamos os descontos realizados nos salários.

15. Impostos e Contribuições a Pagar: neste conjunto de contas, devemos classificar os **impostos e as contribuições que a empresa tem que pagar aos cofres públicos** em função de lucros obtidos, operações financeiras realizadas e demais obrigações fiscais, como multas etc. Os exemplos mais comuns são:

- IOF a Pagar;
- IR a Pagar;
- CSLL a Pagar;
- Outros Impostos e Taxas a Pagar;
- (–) Ajuste a Valor Presente.

Observações:

1) No Capítulo 10, foram estudadas com detalhes todas as operações envolvendo impostos e contribuições.

2) O ajuste a valor presente só se aplica no caso de impostos quando a empresa tiver feito um reparcelamento fiscal; nesse caso, pode existir a possibilidade de pagamento antecipado com desconto.

16. Provisões a Pagar: o tema "provisões" foi detalhado no Capítulo 9. A seguir, daremos apenas um exemplo de provisão, apresentado no Passivo Exigível.

Exemplo: uma empresa, ao final de um exercício, constata que demitiu 20 funcionários e cometeu erros nos cálculos rescisórios. Esses erros representam um Passivo da ordem de $ 30.000. A contabilização dessa contingência trabalhista deve ser a seguinte:

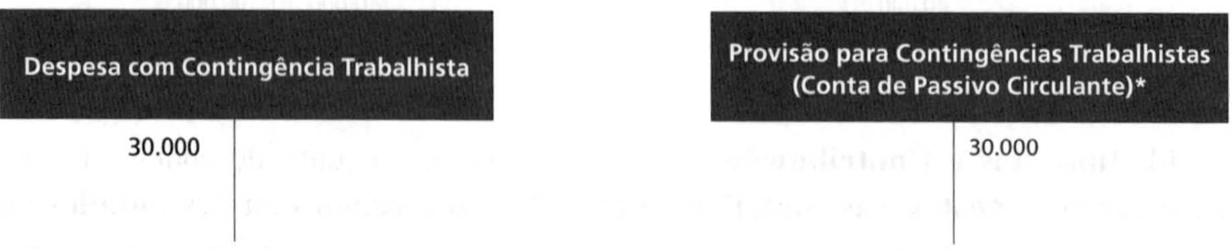

* Dependendo da expectativa da efetiva perda, essa conta pode ser classificada no Passivo Não Circulante.

17. Debêntures: serão estudadas no Passivo Não Circulante.

18. Demais obrigações: neste conjunto de contas, podemos classificar as demais obrigações que devem estar classificadas no Passivo Circulante como:

- Encargos a Recolher (previdência social descontada do salário dos empregados)[1];
- Encargos a Pagar (previdência social parte da empresa)[2];
- Outros Impostos e Taxas a Pagar ou Recolher;
- Comissões ou Gratificações ou Prêmios a Pagar[3];
- Arrendamento a Pagar (Financeiro ou Operacional);
- Juros sobre Capital Próprio a Pagar[4];
- Participações Estatutárias a Pagar[5];
- Faturamento para Futura Entrega.

18.1. Lista anterior: da lista de contas anteriores, algumas contas já foram estudadas em capítulos e itens anteriores, enquanto outras o serão nos capítulos indicados nas notas de rodapé.

18.2. Faturamento para entrega futura: em situações particulares, o cliente autoriza o faturamento independentemente de a mercadoria ter sido entregue. **A mercadoria pode ou não estar pronta** e, mesmo que esteja, **se a responsabilidade pela guarda dos produtos for do fornecedor, os valores recebidos antecipadamente à entrega não podem ser considerados receita, mas Passivo.**

Exemplo: a indústria Sophia S.A. obteve autorização para realizar um faturamento antecipado de equipamentos no valor de $ 500.000. Os equipamentos ainda estão na fase final de manufatura. O lançamento deverá ser contabilizado da seguinte forma:

Em resumo, qualquer conta que vier designada como a pagar e a recolher são contas de Passivo Circulante ou Passivo Não Circulante, dependendo do prazo.

1 No Capítulo 7, apresentamos com detalhes a contabilização dessas contas.

2 Idem.

3 Idem.

4 Esta conta será estudada no Capítulo 16, sobre DRE.

5 Idem.

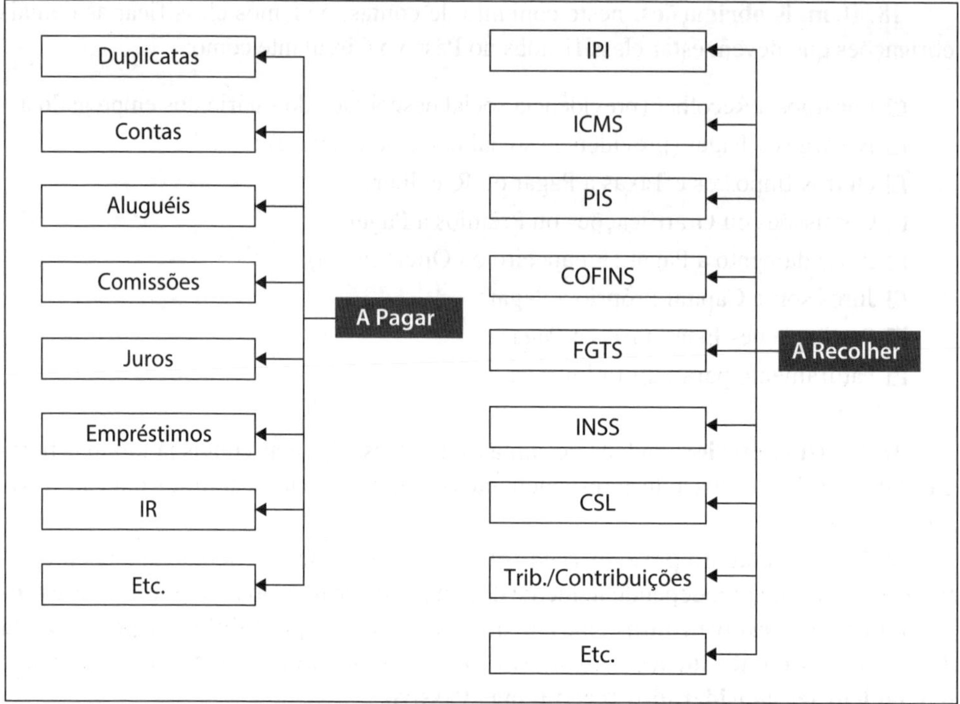

19. Duplicatas Descontadas: nessa conta, registramos o valor de duplicatas descontadas e ainda não recebidas dos clientes da empresa pela instituição financeira (banco). Essa conta é uma dívida, porque representa uma antecipação de recebíveis feita pela empresa junto a uma instituição financeira. Quando na pessoa física solicitamos a nosso Pai ou amigo um adiantamento sobre um cheque recebido de terceiro em nosso favor, esse valor recebido é uma dívida, porque estamos antecipando ou descontando esse cheque. Essa conta era registrada antes das alterações na contabilidade como redutora do ativo circulante.

Ver exemplo no item 6.4.5.1.3.3.1.

20. Desconto de saque ou adiantamento sobre cambial: quando uma empresa detentora de um saque de exportação solicita antecipação a uma instituição financeira sobre uma exportação já feita, esse valor deve ser considerado como um passivo, assim como uma duplicata descontada.

Exemplo: a empresa Sophia Trader S.A. é uma exportadora de *commodities*. Embarcou um lote de café que gerou uma receita líquida de U$$ 1.000.000. O pagamento será feito por seu cliente na Europa, em 6 meses. A empresa Sophia Trader S.A. necessita dos recursos imediatamente e, por isso, solicitou a uma instituição no Brasil uma antecipação (desconto) da cambial ou saque.

Lançamento no *Diário*, quando ocorreu o embarque da mercadoria com dólar cotado a $ 2, será:

Saque (Cambial) de Exportação	$ 2.000.000	
a Receita de Vendas		$ 2.000.000

O desconto ocorreu no mesmo dia do embarque. **O lançamento no *Diário* do desconto do saque, a uma taxa de 10% por todo o período financiado, foi:**

Banco	$ 1.800.000	
Juros a Transcorrer	$ 200.000	
a Saque Descontado		$ 2.000.000

Antes da adoção das normas internacionais, o desconto do saque era contabilizado como um redutor do Ativo, da mesma forma que se dá com um desconto de duplicata atualmente: o saque descontado é uma conta de passivo.

Lançamento do Ativo Circulante no dia do desconto:

Banco	$ 1.800.000

Lançamento do Passivo Circulante no dia do desconto:

Saque Descontado	$ 2.000.000
(–) Juros a Transcorrer	($ 200.000)

14.1.5. Passivo Não Circulante (PNC)

As contas apresentadas nesse subgrupo são basicamente as mesmas já estudadas no Passivo Circulante, excetuando-se aquelas que estudaremos a seguir.

A diferença básica das contas no Passivo Não Circulante é que, nesse subgrupo, são contabilizadas as dívidas que vencem 1 exercício após o exercício seguinte ao que as demonstrações estiverem sendo elaboradas.

Antes do estudo específico do plano de contas classificadas nesse subgrupo, estudaremos dois tópicos importantes:

- Debêntures; e
- Subvenções governamentais.

14.1.5.1. Debêntures

As debêntures são títulos de dívidas emitidos no Brasil somente por sociedades anônimas. Elas são emitidas pelas empresas quando desejam captar recursos diretamente de investidores, pessoas físicas ou jurídicas. Os investidores têm seus recursos aplicados em instituições financeiras. Uma empresa, quando lança debêntures, paga uma taxa de juros maior que as taxas pagas por essas instituições a seus clientes. Desta forma, investidores substituem as aplicações em poupança, CDBs e outras aplicações e adquirem as debêntures emitidas.

14.1.5.1.1. Prêmio na emissão de debêntures (PED ou deságio na emissão de debêntures)

O PED é um valor pago a maior pelos credores, porque ocorre uma disputa pelo direito de emprestar recursos a uma empresa, normalmente de boa reputação, além de boa pagadora de juros e participações societárias.

O Deságio na emissão é, ao contrário, um valor pago a menor no momento da emissão e representará um ganho financeiro, ao longo do contrato de quem compra a debênture, e uma perda financeira para o emissor da debênture.

Exemplo de emissão de debênture acima do par:

Uma empresa emitiu 300 debêntures, cada uma a $ 1.000, obtendo um prêmio de 10%. O pagamento será 5 anos após a emissão, com juros de 1% ao mês. O prêmio (ágio) pago pelo investidor ocorre porque as taxas que um investidor recebe, em um banco comercial, para uma aplicação de $ 300.000 são de aproximadamente 0,4% ao mês. Quando uma empresa oferece pagar em uma debênture 1% ao mês, isso representa mais do que o dobro da rentabilidade do investidor ante o sistema financeiro. Essa grande diferença provoca uma forte procura pelo título, o que acarreta o prêmio no ato da emissão ou lançamento da debênture.

O prêmio, neste caso, será de 10% de $ 300.000 = $ 30.000. Esse valor deve ser considerado uma dívida para com o investidor, uma vez que a empresa só ganhará de fato essa receita financeira quando cumprir as obrigações presentes nos termos da emissão das debêntures.

O investidor pagou um prêmio para receber juros de 1% por 60 meses; portanto, os $ 30.000 de prêmio só serão ganhos à medida que a empresa cumpra seus compromissos com o investidor. O prêmio de $ 30.000 deve ser contabilizado como dívida de curto e longo prazo e apropriado por competência como receita financeira.

A apropriação anual deverá ser de $ 30.000/5 = $ 6.000 por ano.

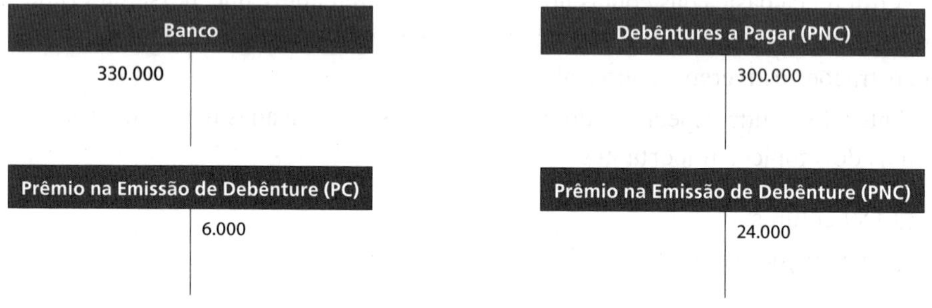

Apresentação no Balanço no ato da emissão com ágio:

Ativo Circulante		**Passivo Circulante**	
Banco	$ 330.000	Prêmio na Emissão de Debênture a Apropriar	$ 6.000
		Passivo Não Circulante	
		Debêntures a pagar	$ 300.000
		Prêmio na Emissão de Debênture a Apropriar	$ 24.000

A cada mês transcorrido, **o prêmio deverá ser apropriado** ao Resultado como uma **receita financeira**.

Receita Financeira	
	500 (1)

Prêmio na Emissão de Debênture (PC)	
(1) 500	6.000
	500 (2)

Prêmio na Emissão de Debênture (PNC)	
(2) 500	24.000

Exemplo de emissão de debênture abaixo do par:

Uma empresa emitiu 300 debêntures, cada uma a $ 1.000, obtendo um deságio de 10%. O pagamento será feito 5 anos após a emissão, com juros de 1% ao mês. O deságio, nesse caso, será: 10% de $ 300.000 = $ 30.000. Esse valor deve ser considerado redutor da dívida para com o investidor, uma vez que a empresa só poderá contabilizar a despesa financeira, à medida que for cumprindo as obrigações especificadas no termo de emissão das debêntures.

O deságio de $ 30.000 deve ser contabilizado como redutor da dívida de curto e longo prazo e apropriado por competência como despesa financeira.

A apropriação anual do deságio deverá ser de: $ 30.000/5 = $ 6.000 por ano.

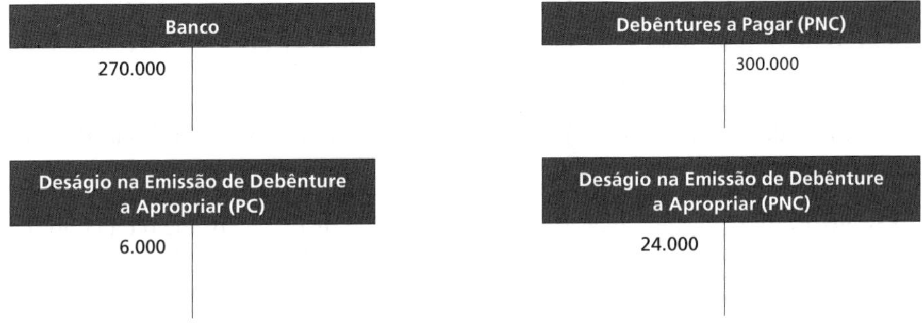

Apresentação no Balanço de Emissão com deságio:

Ativo Circulante		**Passivo Circulante**	
Banco	$ 270.000	(–) Deságio na Emissão de Debênture	($ 6.000)
		Passivo Não Circulante	
		Debênture a Pagar	$ 300.000
		(–) Deságio a Apropriar	($ 24.000)

A cada mês transcorrido, o **deságio deverá ser apropriado** ao Resultado como uma **despesa financeira**.

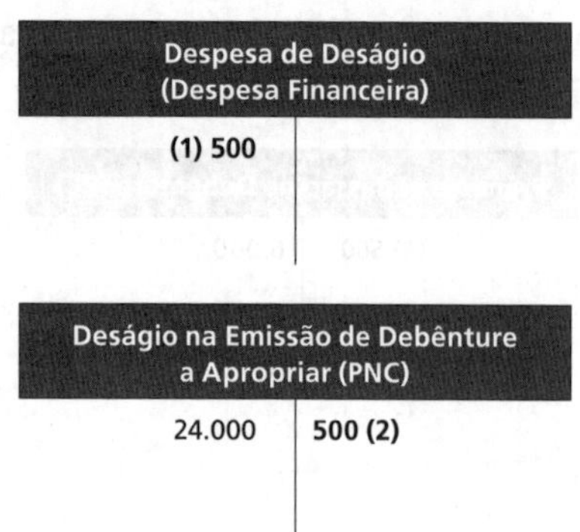

Deságio na Emissão de Debênture a Apropriar (PC)	
6.000	500 (1)
(2) 500	

14.1.5.1.2. Custo na emissão de debêntures

As debêntures são títulos de dívida de emissão exclusiva de sociedades anônimas; a fundamentação legal deste dispositivo de captação de recursos das sociedades anônimas está especificada na Lei das S.A. (n. 6.404/76) nos artigos 52 até 74.

Uma empresa que emite debêntures, isto é, assume uma dívida junto a credores, normalmente oferece condições especiais de remuneração e também pode oferecer a participação nos lucros e a conversão das debêntures em capital.

As empresas, quando decidem captar recursos com este dispositivo, normalmente contratam agentes financeiros que divulgam a operação e encontram os interessados. Esse tipo de agenciamento é remunerado e o chamamos de custos de emissão. Esses custos incluem as taxas de corretagem, custos com divulgação, entre outros, relativos à operação de captação.

Exemplo: usando o exemplo do item anterior, cuja captação de R$ 300.000 obteve prêmio de emissão de $ 30.000, e supondo que os custos de emissão foram de $ 3.000, a apresentação no balanço patrimonial seria a seguinte.

O item 13 da norma NBC TG 08 determina que os custos de emissão devem ser contabilizados como redutor do passivo.

"**Os custos de transação** incorridos na captação de recursos por meio da contratação de instrumento de dívida (empréstimos, financiamentos ou títulos de dívida tais como debêntures, notas comerciais ou outros valores mobiliários) **devem ser contabilizados como redução do valor justo inicialmente reconhecido** do instrumento financeiro emitido, para evidenciação do valor líquido recebido."

Apresentação no Balanço de Emissão com ágio e custo de emissão:

Ativo Circulante		**Passivo Circulante**	
Banco	$ 327.000	Prêmio na Emissão de Debênture a Apropriar	$ 6.000
		(–) Custo de emissão	($ 3.000)
		Passivo Não Circulante	
		Debêntures a pagar	$ 300.000
		Prêmio na Emissão de Debênture a Apropriar	$ 24.000

14.1.5.2. Subvenções governamentais

Uma subvenção também é designada no Brasil como incentivo fiscal, subsídio, doação ou prêmio, de acordo com especificação na norma NBC TG 07, item 6.

Uma subvenção é uma ajuda de um ente público municipal, estadual ou federal, em dinheiro, por meio de uma doação de um Ativo ou mesmo uma isenção ou redução de um tributo por determinado tempo.

A norma NBC TG 07 define a subvenção governamental em seu item 3, de acordo com a transcrição a seguir:

> "3. (...) ***Subvenção governamental*** **é uma assistência governamental** geralmente na forma de contribuição de natureza pecuniária, mas não só restrita a ela, concedida a uma entidade normalmente **em troca do cumprimento passado ou futuro** de certas condições relacionadas às atividades operacionais da entidade.
>
> Não são subvenções governamentais aquelas que não podem ser razoavelmente quantificadas em dinheiro e as transações com o governo que não podem ser distinguidas das transações comerciais normais da entidade."

14.1.5.2.1. Reconhecimento de uma subvenção

Uma subvenção é algo particular a uma empresa, que tem como origem um subsídio para um setor. Uma vez que um setor foi subsidiado por meio de uma lei, uma empresa que atue neste setor solicitará a subvenção ao órgão competente, comprometendo-se em realizar investimentos, contratação de pessoas etc. Uma subvenção só é concedida quando uma empresa se compromete a cumprir uma série de obrigações de interesse do ente governamental especificado na lei que concedeu o subsídio.

Uma vez aprovada a subvenção em particular, pode ocorrer o reconhecimento da subvenção, mas isso depende da convicção de que ela vai poder cumprir as obrigações que constam de sua solicitação de subvenção e de que realmente existe a verba, e que ela será recebida pela empresa. Essas definições estão especificadas no CPC 7, item 7, transcrito a seguir:

> "7. Subvenção governamental, inclusive subvenção não monetária a valor justo, não deve ser reconhecida até que exista segurança de que:
>
> (a) a entidade cumprirá todas as condições estabelecidas; e
>
> (b) a subvenção será recebida."

14.1.5.2.2. Contabilização inicial da subvenção

A subvenção para investimento, antes da Lei n. 11.638/2007, era considerada uma reserva de Capital. **Após essa lei, ela passou a ser contabilizada como Passivo no ato do recebimento**, se a empresa ainda não tivesse **cumprido as suas obrigações. Após cumprilas**, o valor recebido como subvenção **deverá ser contabilizado como receita** e, **opcionalmente**, poderá constituir uma **reserva de lucros** no Patrimônio Líquido. Nos itens 15A e 15B da norma NBC TG 07, transcritos a seguir, encontramos essas orientações:

> "15A. Enquanto não atendidos os requisitos para reconhecimento no resultado, a contrapartida da subvenção governamental registrada no ativo deve ser em conta específica do passivo.

15B. Há situações em que é necessário que o valor da subvenção governamental não seja distribuído ou de qualquer forma repassado aos sócios, fazendose necessária a retenção, após trânsito pelo resultado, em conta apropriada de patrimônio líquido para comprovação do atendimento dessa condição. Nessas situações, tal valor, após ter sido reconhecido no resultado, pode ser creditado à reserva própria (Reserva de Incentivos Fiscais), a partir da conta de Lucros ou Prejuízos Acumulados".

14.1.5.2.3. Apropriação da subvenção ao resultado

Uma **subvenção governamental** normalmente é **apropriada ao Resultado** ao longo do **período em que o bem**, recebido como subvenção ou comprado com ela, **for depreciado ou amortizado**. No caso de um terreno que não deprecia, a apropriação dessa subvenção deve ser relacionada como depreciação do edifício construído no terreno. Essas definições constam dos itens 16, 17, 18 e 26 da NBC TG 07), transcritos a seguir:

"16. É fundamental, pelo regime de competência, que a receita de subvenção governamental seja reconhecida em bases sistemáticas e racionais, ao longo do período necessário e confrontada com as despesas correspondentes. Assim, o reconhecimento da receita de subvenção governamental no momento de seu recebimento somente é admitido nos casos em que não há base de alocação da subvenção ao longo dos períodos beneficiados.

17. Na maioria dos casos essa correlação pode ser feita, e a subvenção é reconhecida em confronto com as despesas correspondentes. Semelhantemente, subvenção **relacionada a ativo depreciável deve ser reconhecida como receita ao longo do período da vida útil do bem** e na mesma proporção de sua depreciação.

18. Subvenção relacionada a ativo não depreciável pode requerer o cumprimento de certas obrigações. O reconhecimento como receita deve então acompanhar a apropriação das despesas necessárias ao cumprimento das obrigações. Exemplificando: uma subvenção que transfira a propriedade definitiva de um terreno pode ter como condição a construção de uma planta industrial e é apropriada como receita na mesma proporção da depreciação dessa planta. Poderão existir situações em que essa correlação exija que parcelas da subvenção sejam reconhecidas segundo critérios diferentes.

(...)

26. Um dos métodos considera a subvenção como receita diferida no passivo, sendo reconhecida como receita em base sistemática e racional durante a vida útil do ativo".

Exemplo 1: uma empresa recebeu uma subvenção governamental relativa a um terreno no valor de $ 1.000.000 para construção de uma fábrica. A contabilização, quando do recebimento do terreno, deverá ser de:

Terreno	
1.000.000	

Subvenção Governamental (PNC)	
	1.000.000

Após a construção do edifício da fábrica no terreno, este será depreciado em 25 anos; portanto, a subvenção governamental será apropriada ao Resultado da seguinte forma em cada ano seguinte ao início da utilização do edifício fabril.

A quota de apropriação anual como receita da subvenção é de $ 1.000.000/25 = $ 40.000.

14.1.5.3. Contas do Passivo Não Circulante

1 — Fornecedores a Pagar
2 — Duplicatas a Pagar
3 — Empréstimos a Pagar
4 — Credores por Financiamentos a Pagar
5 — Títulos a Pagar
6 — (-) Custos a Amortizar
7 — (-) Juros Passivos a Transcorrer
8 — (-) Ajuste a Valor Presente
9 — Contas a Pagar
10 — Adiantamentos de Clientes
11 — Provisões a Pagar
12 — Debêntures a Pagar
12.1 — (+) Prêmio na Emissão de Debêntures a Apropriar
12.2 — (-) Deságio na Emissão de Debêntures a Apropriar
13 — Impostos Diferidos
14 — Subvenções para Investimento a Apropriar
15 — Receitas a Apropriar
16 — Demais obrigações

Do item 1 ao item 11, as contas apresentadas no Passivo Não Circulante são as mesmas já estudadas no Passivo Circulante, com a diferença de classificar, no Não Circulante, as parcelas ou compromissos que vencem após o exercício social seguinte ao que as demonstrações estiverem sendo levantadas.

12. Debêntures a Pagar: já estudado no item 14.1.5.1.

13. Impostos Diferidos: nesta conta, devem ser classificados os impostos e as contribuições que, em função de legislação específica, puderem ser pagos de forma dilatada, isto é, a longo prazo.

Existem situações relativas a incentivos fiscais federais, estaduais e municipais em que os impostos devidos podem ser postergados e pagos de forma parcelada a longo prazo.

14. Subvenções a Apropriar: nesta conta, devemos classificar os valores recebidos como subvenções governamentais a serem apropriadas ao resultado. Tais valores podem advir de doações de Ativos (terrenos), reduções ou isenções de tributos ou mesmo recebimentos em dinheiro.

Exemplo: uma empresa obteve do governo estadual, onde irá instalar uma fábrica, um terreno no valor de $ 3.000.000. O lançamento contábil, quando do recebimento da doação (subvenção), será o seguinte:

Terreno	
3.000.000	

Subvenções a Apropriar (doação)	
	3.000.000

Quando a empresa concluir a construção do edifício fabril e iniciar sua utilização, deverá iniciar a apropriação da subvenção ao resultado. O valor investido na construção do edifício foi de $ 10.000.000, que serão depreciados de acordo com regulamento do imposto de renda em 25 anos (4% ao ano).

A subvenção a apropriar é uma receita diferida que deverá ser transferida ao resultado na proporção de sua utilização pela empresa, isto é, depreciação ou amortização. No caso de um terreno, que não é depreciável, a receita será apropriada ao resultado na mesma razão da depreciação do edifício construído no terreno.

Cálculo de apropriação da subvenção ao Resultado:

$ 3.000.000/25 anos = $ 120.000/ano ou $ 10.000/mês

Subvenção a Apropriar (doação)	
120.000	3.000.000

Receita de Doação (anual)	
	120.000

15. Receitas a Apropriar: nesta conta, devemos classificar as receitas recebidas antecipadamente e ainda não ganhas, isto é, as receitas diferidas. Esta conta veio a substituir o antigo grupo de Resultado do Exercício Futuro (REF).

As subvenções governamentais também podem ser classificadas como Receitas a Apropriar.

Exemplo: um aluguel recebido antecipadamente no valor de $ 300.000 por um contrato de 30 meses deve ser contabilizado como Passivo da seguinte forma:

$ 300.000/30 = $ 10.000 por mês
PASSIVO CIRCULANTE = 12 x $ 10.000 = $ 120.000
PASSIVO NÃO CIRCULANTE = 18 x $ 10.000 = $ 180.000

Banco	
300.000	

Receita a Apropriar de Aluguel (PC)	
	120.000

Receita a Apropriar de Aluguel (PNC)	
	180.000

16. Demais obrigações: podemos classificar neste grupo outras dívidas não classificadas em outras contas, como títulos perpétuos ou quaisquer outras obrigações que representem compromissos de longo prazo.

Títulos perpétuos são operações financeiras sem um prazo de vencimento específico.

14.2. QUESTÕES

14.2.1. Classificação de contas no Ativo e Passivo

1. (AFRF — ESAF/2001) Indique a opção correta.

a) Os financiamentos para aquisição de bens do ativo permanente, vencíveis após o término do exercício social seguinte, são classificados no Ativo Realizável a Longo Prazo.
b) Os empréstimos recebidos de sociedades coligadas ou controladas, vencíveis no curso do exercício social seguinte, serão classificados no Ativo Circulante.
c) Os empréstimos recebidos de sociedades coligadas ou controladas, vencíveis no curso do exercício social seguinte, serão classificados no Ativo Realizável a Longo Prazo.
d) Os financiamentos para aquisição de bens do Ativo Permanente, vencíveis após o término do exercício social seguinte, serão classificados no Passivo Circulante.
e) Os empréstimos recebidos de sociedades coligadas ou controladas, vencíveis após o término do exercício social seguinte, serão classificados no Passivo Exigível a Longo Prazo.

2. (Controladoria — Prefeitura-RJ — FJG — Modificada de acordo com a Lei n. 11.941/2009) Gastos de reorganização e receitas antecipadas de aluguéis são contas classificadas, respectivamente, no:

a) ARLP e REF;
b) Resultado e Passivo;
c) AP Diferido e PC;
d) REF e PELP;
e) AP Imobilizado e REF.

3. (Técnico — Criciúma — CFC/2004) Uma empresa encerrou o seu Balanço Patrimonial em 31.12.2003, com os saldos a seguir.

CONTAS	VALORES
Adiantamento a Fornecedores	25.000
Adiantamento de Clientes	35.000
Aluguéis a Pagar	21.000
Aluguéis a Receber	26.000
Capital Social	50.000
Veículos	44.000
Caixa	9.000
Bancos Conta Movimento	16.000
Duplicatas a Pagar	45.000
Duplicatas a Receber	56.000
Edifícios	50.000
Empréstimos Exigível a Curto Prazo	22.000
Estoque de Mercadorias	45.000
Financiamentos Exigível a Longo Prazo	51.000
Imposto de Renda a Recolher	12.000
Terrenos	18.000
Lucros ou Prejuízos Acumulados	15.000

Máquinas e Equipamentos	32.000
Títulos a Pagar	15.000
Reservas de Lucros	18.000
Salários a Pagar	26.000
Impostos a Recolher	11.000

Os totais do Ativo Circulante e do Passivo Circulante são, respectivamente:

a) R$ 177.000 e R$ 187.000.
b) R$ 187.000 e R$ 177.000.
c) R$ 238.000 e R$ 321.000.
d) R$ 321.000 e R$ 238.000.

4. (Bacharel — CFC/2003.1 — Modificada) Com base nos saldos das contas abaixo, determine o montante do Passivo Circulante:

Adiantamento para Despesas de Viagens	R$	1.000
Amortizações Acumuladas de Despesas Pré-Operacionais	R$	1.000
Bancos Conta Movimento	R$	3.250
Caixa	R$	8.500
Depreciação Acumulada de Móveis e Utensílios	R$	5.100
Despesas Financeiras Pagas Antecipadamente	R$	1.230
Despesas Pré-Operacionais	R$	2.180
Duplicatas a Pagar	R$	17.300
Duplicatas Descontadas	R$	2.000
Edifícios	R$	20.000
Encargos Sociais a Recolher	R$	6.500
Estoque de Mercadorias para Revenda	R$	12.000
Fornecedores	R$	11.800
Impostos a Recolher	R$	700
Participações em Sociedades Controladas	R$	3.000
Prêmios de Seguros a Apropriar	R$	1.300
Provisão para Créditos de Liquidação Duvidosa	R$	2.100
Salários a Pagar	R$	12.000
Terrenos	R$	15.000

a) R$ 51.300
b) R$ 50.300
c) R$ 49.600
d) R$ 48.300

5. (Analista Finanças e Controle — STN — ESAF/2005) Registrada em primeiro de abril, a firma Três Comercial S/A:

1) Recebeu Capital Social de $ 1.100, em dinheiro;
2) Tomou $ 1.000 emprestados do banco, com encargos de 10%;
3) Prestou serviços à vista por $ 800;
4) Comprou mercadorias à vista por $ 1.400;
5) Emprestou $ 600 para receber $ 650 no mês seguinte;
6) Pagou 40% do aluguel de $ 600, registrando o restante para pagamento no mês seguinte.

Ao fim dessas atividades, após contabilizar os fatos registrados, a empresa apresentará:

a) Ativo de $ 2.560.
b) Passivo de $ 1.460.
c) Patrimônio Líquido de $ 1.200.
d) Lucros Acumulados de $ 410.
e) Capital Circulante Líquido de $ 1.250.

6. (Do Autor) Uma entidade comercial foi fundada e obteve: $ 1.500 em dinheiro dos sócios em forma de Capital; $ 1.300 em empréstimos também dos sócios para aquisição de mercadorias; e $ 1.150 também dos sócios como Adiantamentos para Futuro Aumento de Capital (AFAC). Aplicou esses recursos, sendo: $ 1.450 em bens para revender; $ 1.180 em investimentos temporários;

$ 1.240 em concessão de empréstimos; e o restante em despesas. Com essa gestão, pode-se afirmar que a Entidade possui um Patrimônio Bruto e um Patrimônio Líquido, respectivamente, de:

a) $ 3.870 e $ 2.570.
b) $ 3.690 e $ 3.570.
c) $ 3.630 e $ 3.330.
d) $ 3.950 e $ 3.500.
e) $ 3.950 e $ 3.650.

7. (Téc. Contáb. Jr. — CESGRANRIO/2012) Em 28.01.2012, a Comercial U Ltda. pagou uma conta vencida no valor de R$ 30.000,00, acrescidos de R$ 2.000,00 de juros, por atraso no pagamento, relativa a uma compra anterior de mercadorias a prazo, utilizando no pagamento um cheque pré-datado para 30 dias. Desconsiderando que o cheque é uma ordem de pagamento à vista e considerando as informações recebidas e a boa técnica contábil das normas vigentes, tal operação foi registrada pela Comercial U, em registro único, da seguinte forma:

a) D. Fornecedores 30.000,00
D. Juros Passivos a Vencer 2.000,00
C. Banco conta Movimento 32.000,00
b) D. Fornecedores 30.000,00
D. Juros de Mora Passivos 2.000,00
C. Cheques a Pagar 32.000,00
c) D. Mercadorias 30.000,00
D. Juros de Mora Passivos 2.000,00
C. Banco conta Movimento 32.000,00
d) D. Mercadorias 32.000,00
C. Cheques a Pagar 32.000,00
e) D. Mercadorias 32.000,00
C. Banco conta Movimento 32.000,00

8. (Téc. Contáb. Jr. — CESGRANRIO/2012) A empresa NO Ltda., com disponibilidade de caixa, efetuou o pagamento antecipado de uma Duplicata a Pagar, no valor de R$ 10.500,00, pela compra anterior de mercadorias a prazo, mediante desconto financeiro por antecipação de pagamento de R$ 1.500,00. O registro contábil dessa operação, num só lançamento, considerando exclusivamente os dados informados, foi feito pela empresa NO, da seguinte forma:

a) D. Duplicatas a Pagar 10.500,00
C. Descontos Financeiros Obtidos 1.500,00
C. Caixa 9.000,00
b) D. Mercadorias 10.500,00
C. Caixa 9.000,00
C. Desconto Incondicional Obtido 1.500,00
c) D. Duplicatas a Pagar 9.000,00
C. Caixa 9.000,00
d) D. Duplicatas a Pagar 9.000,00
D. Desconto Incondicional Concedido 1.500,00
C. Caixa 10.500,00
e) D. Mercadorias 9.000,00
C. Duplicatas a Pagar 9.000,00

9. (TecGes Admin (ALEMA) — Contador — FGV/2013) Observe a relação de contas abaixo de uma empresa prestadora de serviços e responda à questão.

Caixa	10.000	Adiantamento de salários	20.000
Debêntures emitidas para 36 meses	20.000	Capital Social	50.000
Investimentos em coligadas	30.000	Máquinas para uso	40.000
Receita de vendas	60.000	Custo de vendas	40.000
Despesas regulares	10.000	Estoque de mercadorias	10.000
Veículos para renda	30.000	Financiamento para 24 meses	30.000

Empréstimos bancários para 30 dias	10.000	Fornecedores para 180 dias	20.000
Empréstimos à Coligada	10.000	Adiantamento a Clientes	10.000

A soma das contas do Passivo Financeiro ou Oneroso é de

a) 10.000
b) 40.000
c) 50.000
d) 60.000
e) 90.000

14.2.2. Critérios de avaliação de Ativo e Passivo

1. (CGU — ESAF/2008) Com base nos critérios de avaliação de ativos e passivos, julgue os itens que se seguem e marque, com V para os verdadeiros e F para os falsos, a opção que corresponde à sequência correta.

I. Os direitos e títulos de crédito, e quaisquer valores mobiliários não classificados como investimentos, serão avaliados pelo custo de aquisição ou pelo valor de mercado, se este for menor.
II. Os elementos do ativo decorrentes de operações de longo prazo serão ajustados a valor presente, sendo os demais ajustados quando houver efeito relevante.
III. A diminuição do valor dos elementos dos ativos imobilizado, intangível e diferido será registrada periodicamente nas contas de: Depreciação, Amortização e Exaustão.
IV. As obrigações, encargos e riscos classificados no passivo exigível a longo prazo serão ajustados ao seu valor presente, sendo os demais ajustados quando houver efeito relevante.
V. Os estoques de mercadorias fungíveis destinados à venda poderão ser avaliados pelo valor de mercado, quando esse for o costume mercantil aceito pela técnica contábil.

a) V, V, F, F, F
b) V, V, V, F, V
c) F, F, V, F, F
d) V, F, F, V, V
e) F, V, V, V, V

2. (ANTAQ — CESPE/2009) Com base nos conceitos e aplicações concernentes à contabilidade societária, no que diz respeito aos efeitos inflacionários sobre o patrimônio, aos investimentos societários e à destinação do resultado, julgue os próximos itens.

Na sistemática legal de reconhecimento dos efeitos inflacionários introduzida em 1976 pela Lei das Sociedades por Ações, procurava-se preservar a expressão monetária dos chamados itens monetários dos balanços e identificar, em cada conta de resultado, os ganhos e as perdas resultantes das modificações do poder de compra da moeda.

( ) Certo ( ) Errado

3. (TRE-MT — CESPE/2010) De acordo com os critérios de avaliação dos elementos do passivo no balanço patrimonial, segundo a Lei n. 6.404/1976, obrigações, encargos e riscos, conhecidos ou calculáveis, inclusive imposto sobre a renda a pagar com base no resultado do exercício, devem ser avaliados pelo

a) custo de aquisição, deduzido do saldo da respectiva conta de depreciação, amortização ou exaustão.
b) seu valor justo.
c) valor atualizado até a data do balanço.
d) custo de aquisição ou produção, deduzido de provisão para ajustá-lo ao valor de mercado, quando este for inferior.
e) custo de aquisição, deduzido de provisão para perdas prováveis na realização do seu valor.

4. (TCM-PA — FCC/2010) Uma dívida, em moeda estrangeira, com cláusula de paridade cambial, deve ser apresentada no Balanço Patrimonial, convertida em moeda nacional à taxa de câmbio

a) do dia da obtenção da dívida.
b) do dia da obtenção da dívida mais atualização monetária.

c) determinada previamente pela empresa.
d) média.
e) da data do Balanço Patrimonial.

5. (TNS (AL BA) — Ciências Contábeis — FGV/2014) Em 31.12.2012, uma empresa contraiu um financiamento de R$ 100.000,00 com vencimento em 2018. Este financiamento está sujeito a uma série de condições. Em outubro de 2013, a empresa constatou que não seria capaz de cumprir uma das condições.

Em 10 de janeiro de 2014, o banco determinou que não haveria sanções pelo descumprimento dessa cláusula.

No Balanço Patrimonial de 31.01.2013, a conta financiamentos está localizada em:

a) Passivo Circulante.
b) Passivo não Circulante.
c) Ajuste a valor patrimonial.
d) Reserva de lucros.
e) Reserva de contingências.

14.2.3. Subvenções contabilizadas no Passivo

1. (SEFAZ-SP — FCC/2009) A Cia. Poente recebe da prefeitura do município X um terreno avaliado em $ 1.000.000, assumindo o compromisso de instalar nessa propriedade um parque fabril modular no valor de $ 15.000.000, com vida útil estimada em 10 anos.

O registro contábil da subvenção deve ser débito em conta

a) de Imobilizado pelo registro do terreno e crédito em conta de Passivo pela obrigação assumida em razão da subvenção recebida.
b) do Ativo Intangível pelo registro do terreno e crédito em conta de Provisão Contingencial Passiva pelo valor do terreno recebido.
c) de Imobilizado pelo registro do terreno e crédito em conta de Patrimônio Líquido no valor do terreno recebido.
d) de Provisão para Contingência Ativa e crédito em conta de Passivo de Longo Prazo pelo valor do terreno recebido.
e) de Diferido pelo registro do terreno e crédito em conta de Patrimônio Líquido no valor do terreno recebido.

2. (SEFAZ-SP — FCC/2009) No resultado da empresa, esse evento

a) acarretará apenas o registro da despesa depreciação relativa ao parque fabril.
b) acarretará a transferência da despesa de depreciação para conta do patrimônio líquido.
c) não acarretará impacto porque o registro da subvenção recebida não tramita no resultado.
d) acarretará a reversão da depreciação acumulada para a conta de ajuste de resultado.
e) acarretará o reconhecimento de receita de subvenção no mesmo percentual utilizado para a despesa de depreciação anual.

3. (TRE-AL — FCC/2010) Em relação às modificações introduzidas nas demonstrações contábeis a partir de 2008 e 2009, NÃO se pode afirmar que

a) o ativo diferido fica suprimido, podendo constar dos balanços somente com os saldos anteriores.
b) as doações podem ser registradas em conta de Reserva de lucros — Doações e subvenções.
c) a conta de outras receitas ou despesas registra venda de ativo imobilizado.
d) a conta de ativo intangível deve ser evidenciada no Ativo.
e) o patrimônio líquido passa a evidenciar a conta de Ações em Tesouraria.

4. (AFTN — Modificada conforme a Lei n. 11.638/2007 — ESAF/1994) A companhia Industrial Santa Helena recebeu, em 31.12.93, uma subvenção para investimentos feita por pessoa jurídica de direito público com a finalidade específica de adquirir equipamentos para expandir o seu empreendimento econômico. Segundo a Lei das Sociedades por Ações, esse tipo de subvenção deve ser classificado, na beneficiária como:

a) Reserva de Capital.

b) Retenção de Lucro.
c) Reserva Legal.
d) Receita Operacional.
e) Opcionalmente em Reserva de Incentivos Fiscais após sua apropriação ao Resultado.

5. (CNAI/2009 — Atualizada) Considerando os termos da Resolução CFC n. 1.143/08, que aprovou a NBC TG 07, assinale a opção INCORRETA.

a) O simples recebimento da subvenção não é prova conclusiva de que as condições a ela vinculadas tenham sido ou serão cumpridas.
b) A forma como a subvenção é recebida influencia no método de contabilização a ser adotado.
c) Qualquer contingência associada a uma subvenção governamental reconhecida deve ser tratada de acordo com a norma sobre Provisões, Passivos, Contingências Passivas e Contingências Ativas.
d) Subsídio em empréstimo é reconhecido como subvenção governamental quando existir segurança de que a entidade cumprirá os compromissos assumidos.

6. (CNAI/2010 — Atualizada) De acordo com a NBC TG 1000 — Contabilidade para Pequenas e Médias Empresas, o custo de empréstimos são juros e outros custos que a entidade incorre em conexão com o empréstimo de recursos. Quanto ao reconhecimento desses recursos, assinale a opção CORRETA.

a) A entidade deve reconhecer todos os custos de empréstimos como despesa no resultado no período em que são incorridos.
b) A entidade deve capitalizar os custos de empréstimo que são diretamente atribuíveis à aquisição, à construção ou à produção de ativo qualificável como parte do custo do ativo. A entidade deve reconhecer os outros custos de empréstimos como despesa no período em que são incorridos.
c) A entidade deve capitalizar os custos de empréstimo que são diretamente atribuíveis à aquisição, à construção ou à produção de ativos em geral.
d) Os custos de empréstimos somente devem ser capitalizados se comprovado que resultarão em benefícios econômicos futuros para a entidade e que tais custos possam ser mensurados com segurança.

7. (Contador — MPE-AL — FGV/2018) Uma entidade recebeu uma subvenção governamental por meio de um terreno para uso em suas atividades.

De acordo com o Pronunciamento Técnico CPC 07 (R1) — Subvenção e Assistência Governamentais, o terreno deve ser reconhecido pelo

a) custo.
b) custo histórico corrigido.
c) custo corrente de reposição.
d) valor justo.
e) valor realizável líquido.

8. (Assistente — ALERO — FGV/2018) Em 2017, uma entidade recebeu subvenções governamentais no valor de R$ 100.000,00.

Assinale a opção que indica a classificação do valor no balanço patrimonial da entidade, em 31.12.2017, considerando que a entidade não pretende distribuir o valor como dividendos.

a) Capital social.
b) Reserva de capital.
c) Reserva de lucros.
d) Reserva legal.
e) Resultado de exercícios futuros.

9. (Analista — TRE-BA — CESPE/2017) Em maio de 2017, determinada companhia aberta recebeu, sem ônus, R$ 7.500.000 relativos à subvenção para investimentos no âmbito da Superintendência de Desenvolvimento do Nordeste (SUDENE) e da Superintendência de Desenvolvimento da Amazônia (SUDAM).

Nessa situação hipotética, a companhia deve registrar a referida subvenção, na data da transação, em conta de

a) passivo.
b) receita.
c) reservas de incentivos fiscais.
d) reservas de capital.
e) outros resultados abrangentes.

14.2.4. Passivo de arrendamentos mercantis

1. (CNAI/2009) De acordo com a Resolução CFC n. 1.152/09, que aprovou a NBC TG 13, e a Deliberação CVM n. 565/08, os contratos vigentes na data de transição e que apresentarem as características de arrendamento mercantil financeiro, em sua forma legal ou em sua essência econômica, considerados os fatos e as circunstâncias existentes nessa data, a entidade arrendatária, para fins de elaboração de suas demonstrações contábeis, deve registrar:

a) os custos diretos iniciais de arrendamento, anteriormente reconhecidos no resultado, como ajuste de exercícios anteriores em lucros ou prejuízos acumulados na data de transição.
b) em conta específica, a obrigação por arrendamento mercantil financeiro pelo valor presente das contraprestações em aberto na data da transição.
c) no ativo imobilizado, em conta específica, o bem arrendado pelo valor de custo ou, se inferior, pelo valor presente dos pagamentos mínimos do arrendamento mercantil, na data inicial do contrato, ajustado pela depreciação acumulada calculada desde o momento do contrato até a data de transição.
d) a diferença apurada entre o valor registrado no ativo e o valor registrado no passivo, líquida dos efeitos fiscais, deve ser registrada como receita ou despesa, conforme o saldo seja credor ou devedor.

14.2.5. Ajuste a valor presente de Passivos

1. (SEA-AP — FGV/2010) As regras contábeis e societárias vigentes preceituam que as obrigações, os encargos e os riscos classificados no Passivo Não Circulante serão ajustados:

a) com base na taxa Selic.
b) na expectativa de pagamentos futuros.
c) ao seu valor presente.
d) na expectativa do valor futuro.
e) na avaliação proporcional do ativo.

2. (CNAI/2009 — Atualizada) A Resolução CFC n. 1.151, que aprovou a NBC TG 12 — Ajuste a Valor Presente, tem como objetivo estabelecer os requisitos básicos a serem observados quando da apuração do Ajuste a Valor Presente de elementos do ativo e do passivo na elaboração de demonstrações contábeis. Com relação a esse assunto, assinale a opção CORRETA.

a) Os elementos integrantes do ativo e do passivo decorrentes de operações de longo prazo devem ser ajustados a valor presente com base em taxas de desconto que reflitam as melhores avaliações do mercado quanto ao valor do dinheiro no tempo e os riscos específicos do ativo e do passivo em suas datas originais.
b) As reversões dos ajustes a valor presente dos ativos e passivos monetários qualificáveis devem ser apropriadas em conta específica do patrimônio líquido.
c) A quantificação do ajuste a valor presente deve ser realizada em base a taxa de juros simples "pro rata die", a partir da origem de cada transação, sendo os seus efeitos apropriados nas contas a que se vinculam.
d) Para fins de desconto a valor presente de ativos e passivos, a taxa a ser aplicada deve ser líquida de efeitos fiscais.

14.2.6. Passivo de Ativos Qualificáveis

1. (CNAI/2010 — Atualizada) Conforme a NBC TG 20 — Custos de Empréstimos, à medida que a entidade contrata empréstimos sem destinação específica e os usa com o propósito de obter um ativo

qualificável, ela deve determinar o montante dos custos de empréstimos elegíveis à capitalização, aplicando uma taxa de capitalização aos gastos com tal ativo. A taxa de capitalização deve ser:

a) a média simples dos custos dos empréstimos que estiveram vigentes durante o período, diferentemente dos empréstimos feitos especificamente com o propósito de se obter um ativo qualificável.
b) a média ponderada dos custos dos empréstimos que estiveram vigentes durante o período, diferentemente dos empréstimos feitos especificamente com o propósito de se obter um ativo qualificável.
c) a média simples dos custos dos empréstimos que estiveram vigentes durante o período, inclusive dos empréstimos feitos especificamente com o propósito de se obter um ativo qualificável.
d) a média ponderada dos custos dos empréstimos que estiveram vigentes durante o período, inclusive dos empréstimos feitos especificamente com o propósito de se obter um ativo qualificável.

14.2.7. Operações com debêntures

1. (Analista — TCE-PR — FCC/2011) A Cia. Financia Tudo S.A. foi constituída, em 30.06.X10, mediante integralização de 100% de seu Capital Social, no valor de R$ 150.000,00, em dinheiro. Durante o mês de julho de X10, a Cia. realizou as seguintes operações:

05.07.X10	Compra de estoque no valor de R$ 27.000,00 para ser pago em 30 dias, sem juros.
12.07.X10	Recebimento de R$ 15.000,00 de um cliente, para entrega futura de mercadorias.
31.07.X10	Compra de um veículo, por meio de arrendamento mercantil financeiro, para ser pago em 36 prestações mensais de R$ 2.500,00 cada. Se a Cia. adquirisse o veículo à vista, pagaria R$ 75.000,00.
31.07.X10	Emissão de 1.000 debêntures a R$ 20,00 cada, com taxa de juros compostos de 8% ao ano, com prazo de 10 anos e pagamentos anuais de R$ 2.981,00. Os custos de transação incorridos e pagos na emissão foram de R$ 600,00. Na emissão desses títulos houve prêmio no valor de R$ 892,00.

Após o registro das operações acima, o Passivo da Cia. Financia Tudo S.A., em 31.07.X10, era, em reais,

a) 137.000.
b) 137.892.
c) 137.292.
d) 152.000.
e) 152.292.

2. (ISS-SP — FCC/2012) Em 30.12.X1, a empresa Beta, sociedade anônima de capital aberto, fez uma captação de recursos, via debêntures, cujo valor de emissão foi R$ 2,2 milhões com taxa de juros anual contratada de 5,0% e com prazo de 10 anos. Para isso, incorreu em custos de transação no montante de R$ 100 mil pagos em 30.12.X1. Todavia, dadas as condições vantajosas em relação ao mercado, houve prêmio na emissão das debêntures de R$ 200 mil. Com base nessas informações, a empresa Beta reconheceu, em 30.12.X1,

a) despesa financeira de R$ 100 mil.
b) passivo de R$ 2,3 milhões.
c) receita financeira de R$ 200 mil.
d) reserva de capital de R$ 200 mil.
e) ativo de R$ 2,1 milhões.

3. (Agente Fiscal de Rendas — SEFAZ-SP — FCC/2013) Em 01.03.2013, a Empresa Esperança fez uma captação de recursos no mercado financeiro, por meio de debêntures, no valor de R$ 5.000.000,00, incorrendo em custos de transação no valor de R$ 450.000,00. A taxa de juros compostos contratual da operação foi de 10% ao ano, sendo que a empresa fará o resgate das debêntures, num único pagamento (principal e juros), ao final de três anos. Pelas regras atuais, em 01.03.2013, a Empresa Esperança

a) não reconheceu Despesa com Encargos Financeiros.
b) reconheceu Despesa com Encargos Financeiros de 450.000,00.
c) reconheceu Despesa com Encargos Financeiros de 950.000,00.
d) reconheceu Despesa com Encargos Financeiros de 1.655.000,00.
e) reconheceu Despesa com Encargos Financeiros de 2.105.000,00.

4. (Auditor de Controle Externo — TCM-GO — FCC/2015) Uma empresa fez a emissão de 10.000.000 de debêntures pelo valor nominal unitário de R$ 3,00 para obtenção de um total de recursos no valor de R$ 30.000.000,00. As características dos títulos emitidos foram as seguintes:

— Data da emissão: 31.12.2012
— Prazo total: 10 anos
— Taxa de juros: 10% ao ano
— Pagamentos: parcelas anuais de R$ 4.882.361,85
— Gastos incorridos para a emissão e colocação das debêntures: R$ 666.672,90

Tendo em vista que havia expectativa de que as taxas de juros sofreriam uma queda nos próximos anos, houve uma grande demanda pelas debêntures emitidas e a empresa conseguiu vendê-las pelo valor total de R$ 32.000.000,00 e, com isto, a taxa de custo efetivo da emissão foi 9% ao ano.

O valor total das despesas apropriadas no resultado de 2013 e o saldo apresentado no balanço patrimonial em 31.12.2013 para as debêntures emitidas foram, respectivamente, em reais,

a) 3.666.672,90 e 28.117.638,15.
b) 2.700.000,00 e 27.817.638,15.
c) 2.880.000,00 e 29.997.638,15.
d) 3.546.672,90 e 29.997.638,15.
e) 2.819.999,44 e 29.270.964,69.

5. (Administrador — TRANSPETRO — CESGRANRIO/2018) Uma reconhecida sistemática de obtenção de capital de longo prazo relacionada à base de capitais de terceiros no balanço é a(o)

a) emissão de ações ordinárias.
b) emissão de ações preferenciais.
c) retenção de lucros, em que se adia o pagamento de juros sobre o capital.
d) adiamento da distribuição de dividendos.
e) emissão de debêntures não conversíveis.

6. (Auditor — SEFAZ-GO — FCC/2018) No dia 31.12.2015 uma empresa realizou uma emissão de debêntures para captação de recursos no valor de R$ 50.000.000,00.

As debêntures apresentavam as seguintes características:

— Prazo total: 15 anos
— Taxa de juros: 10% ao ano
— Pagamentos: parcelas iguais e anuais no valor de R$ 6.573.688,84

Para a emissão e colocação das debêntures no mercado a empresa incorreu em custos de transação no valor total de R$ 520.000,00.
Tendo em vista que a expectativa do mercado futuro de juros é que ocorrerá uma queda nos próximos anos, houve uma grande demanda pelas debêntures emitidas e a empresa conseguiu obter um valor superior ao desejado, vendendo os títulos por R$ 53.500.000,00.
Sabendo-se que a taxa de custo efetivo da operação foi 9% ao ano, o saldo contábil líquido evidenciado no passivo, no balanço patrimonial de 31.12.2016 da empresa, e o impacto no resultado de 2016 decorrente das debêntures emitidas foram, respectivamente, em reais,

a) 48.426.311,16 e 5.520.000,00.
b) 51.174.511,16 e 4.768.200,00.
c) 51.704.311,16 e 5.818.000,00.
d) 47.926.311,16 e 5.020.000,00.
e) 51.741.311,16 e 5.335.000,00.

7. (Técnico — SEFAZ-RS — CESPE/2018) Em muitos casos, a colocação de debêntures no mercado demanda a contratação de instituições financeiras para coordenar o processo, o que gera os chamados gastos com colocação de debêntures. Esses gastos

a) integram os encargos financeiros e devem ser amortizados durante o prazo de vigência das debêntures.
b) são reconhecidos como ativos financeiros e serão baixados à medida que as debêntures forem quitadas.
c) integram o ativo intangível e são amortizados quando do pagamento das debêntures.
d) são reconhecidos como despesas do período em que tiver sido feita a emissão dos títulos.
e) são registrados como despesas antecipadas, apropriadas ao resultado proporcionalmente ao prazo de vencimento das debêntures.

8. (Analista — TER-SP — FCC/2017) Um dos mais importantes títulos do mercado financeiro são as debêntures. Com elas, as empresas podem se financiar de acordo com o fluxo de caixa que melhor se adeque à sua estratégia de financiamento. As empresas podem emitir debêntures com prêmio, ou seja, valores recebidos na emissão de debêntures acima do valor nominal determinado para a liquidação desses valores mobiliários. De acordo com a legislação vigente, esse prêmio é tratado como

a) Reserva de capital, no patrimônio líquido.
b) Prêmio a amortizar, no passivo.
c) Custos a amortizar, como redutora de passivo.
d) Prêmio a amortizar, no patrimônio líquido.
e) Receita financeira, no resultado do período.

9. (Analista — AFAP — FCC/2019) Para financiar suas atividades, uma empresa emitiu debêntures no valor de R$ 40.000.000,00, com as seguintes características:

— Data da emissão: 31.12.2017.
— Taxa de juros: 10% ao ano (juros compostos).
— Prazo total: 15 anos.
— Forma de pagamento: parcelas anuais constantes no valor de R$ 5.258.951,08.

A empresa incorreu em custos de transação no valor total de R$ 416.000,00 para a emissão e colocação das debêntures no mercado. Como havia uma expectativa de queda nas taxas de juros nos próximos anos, houve uma grande demanda pelas debêntures emitidas e a empresa conseguiu obter um valor superior ao desejado, vendendo-as por R$ 42.800.000,00. Sabendo-se que a taxa de custo efetivo da operação foi 9% ao ano (juros compostos), o impacto no resultado de 2018 decorrente das debêntures emitidas foi, em reais,

a) 4.416.000,00.
b) 3.814.560,00.
c) 4.654.400,00.
d) 4.016.000,00.
e) 4.268.000,00

10. (Técnico — FUNSAÚDE — FGV/2021) Em 1.°.01.X0, uma sociedade empresária aplicou R$ 50.000 em debêntures para resgate em três anos. Este título irá gerar para a sociedade empresária, anualmente, rendimento de R$ 5.000, que serão acrescidos ao valor do principal.

Assinale a opção que indica a contabilização desta receita na Demonstração do Resultado do Exercício da sociedade empresária, em 31.01.X0:

a) Receitas operacionais.
b) Outras receitas operacionais.
c) Receitas financeiras.
d) Distribuição do lucro.
e) Não há reconhecimento na data.

15

BALANÇO PATRIMONIAL — PATRIMÔNIO LÍQUIDO E NOTAS EXPLICATIVAS

15.1. PATRIMÔNIO LÍQUIDO

O Patrimônio Líquido, **em sua origem**, representa apenas o **Capital dos sócios**. À medida que a empresa opera **com lucro**, o valor do Patrimônio Líquido **aumenta**. Em contrapartida, **quando há prejuízo**, o valor do Patrimônio Líquido **diminui**. A retenção do lucro dá origem a outras contas que compõem o Patrimônio Líquido. Ajustes de ativos e passivos e outros eventos dão origem a outras contas que também compõem o Patrimônio Líquido.

Existem diversas teorias que definem o Patrimônio Líquido. Destacamos duas: a do proprietário e a da Entidade.

Na teoria do proprietário, os Ativos pertencem a ele, assim como as obrigações. O Patrimônio Líquido é a riqueza líquida desse proprietário, calculado como a diferença entre o total do Ativo e o total das obrigações. Essa é uma realidade nas empresas de pequeno porte ou familiares.

ATIVO	PASSIVO
	PL

PL = ATIVO – PASSIVO

Na teoria da Entidade, base da Contabilidade internacional, existe a nítida separação entre a propriedade da empresa e a propriedade particular de seus sócios. Tal separação é a espinha dorsal das sociedades anônimas, uma vez que a propriedade nada tem a ver com a gestão; além disso, os proprietários têm suas personalidades absolutamente desvinculadas da personalidade jurídica da empresa (Entidade).

> "A essência da teoria da entidade é que **credores**, bem como **acionistas**, contribuem com **recursos para a firma**, e a **empresa existe** como **entidade separada** e distinta desses dois grupos. **Os ativos e passivos pertencem à firma e não aos proprietários.** A receita é recebida tornando-se propriedade da entidade, e as despesas incorridas são obrigações da entidade. Qualquer lucro pertence à entidade e é apropriado aos acionistas apenas quando o dividendo é declarado."[1]

---

[1] RIBEIRO FILHO, José F.; LOPES, Jorge; PEDERNEIRAS, Marcleide. *Estudando teoria da contabilidade*. São Paulo: Atlas, 2009. p. 122.

Do ponto de vista prático, o **Patrimônio Líquido contábil** pode ser obtido pela **diferença entre o Ativo e o Passivo** contábeis de uma empresa (Entidade), podendo também ser determinado a partir da análise de todas as contas que o compõem. Por isso, vamos dar início ao estudo do Patrimônio Líquido definido pela Lei das Sociedades por Ações (Lei n. 6.404/76) e pelas normas técnicas de Contabilidade.

A Lei n. 6.404/76, atualizada pelas Leis ns. 11.638/2007 e 11.941/2009, define Patrimônio Líquido no art. 178, inc. III, e no art. 182, transcritos a seguir:

> "**Art. 178** (...) III — patrimônio líquido, dividido em capital social, reservas de capital, ajustes de avaliação patrimonial, reservas de lucros, ações em tesouraria e prejuízos acumulados *(Incluído pela Lei n. 11.941, de 2009).*
> (...)
> **Art. 182.** A conta do capital social discriminará o montante subscrito e, por dedução, a parcela ainda não realizada.
> § 1.º Serão classificadas como reservas de capital as contas que registrarem:
> *a)* a contribuição do subscritor de ações que ultrapassar o valor nominal e a parte do preço de emissão das ações sem valor nominal que ultrapassar a importância destinada à formação do capital social, inclusive nos casos de conversão em ações de debêntures ou partes beneficiárias;
> *b)* o produto da alienação de partes beneficiárias e bônus de subscrição;
> § 2.º Será ainda registrado como reserva de capital o resultado da correção monetária do capital realizado, enquanto não capitalizado.
> § 3.º Serão classificadas como ajustes de avaliação patrimonial, enquanto não computadas no resultado do exercício em obediência ao regime de competência, as contrapartidas de aumentos ou diminuições de valor atribuídos a elementos do ativo e do passivo, em decorrência da sua avaliação a valor justo, nos casos previstos nesta Lei ou, em normas expedidas pela Comissão de Valores Mobiliários, com base na competência conferida pelo § 3.º do art. 177 desta Lei. *(Redação dada pela Lei n. 11.941, de 2009)*
> § 4.º Serão classificados como reservas de lucros as contas constituídas pela apropriação de lucros da companhia.
> § 5.º As ações em tesouraria deverão ser destacadas no balanço como dedução da conta do patrimônio líquido que registrar a origem dos recursos aplicados na sua aquisição."

15.1.1. Estudo das contas do patrimônio líquido

1 — Capital Social
1.1 — Capital Subscrito
1.1.1 — Capital Autorizado
1.1.2 — (–) Capital a Subscrever
1.2 — (–) Capital a Integralizar
1.3 — Adiantamento para Futuro Aumento de Capital (AFAC)
1.4 — (–) Gastos com Emissão de Ações
2 - Reservas de Capital
2.1 — Bônus de Subscrição

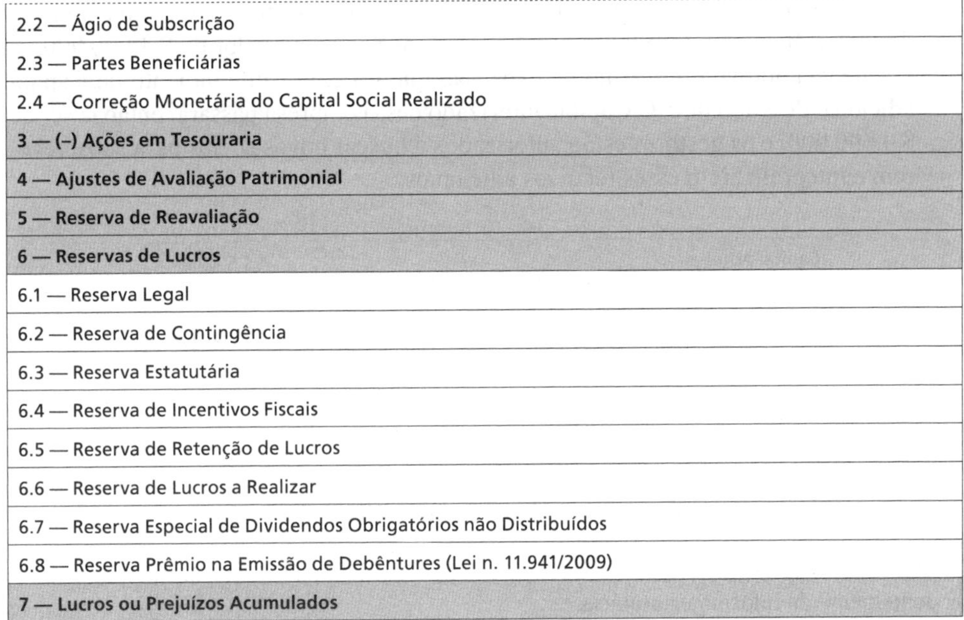

2.2 — Ágio de Subscrição
2.3 — Partes Beneficiárias
2.4 — Correção Monetária do Capital Social Realizado
3 — (-) Ações em Tesouraria
4 — Ajustes de Avaliação Patrimonial
5 — Reserva de Reavaliação
6 — Reservas de Lucros
6.1 — Reserva Legal
6.2 — Reserva de Contingência
6.3 — Reserva Estatutária
6.4 — Reserva de Incentivos Fiscais
6.5 — Reserva de Retenção de Lucros
6.6 — Reserva de Lucros a Realizar
6.7 — Reserva Especial de Dividendos Obrigatórios não Distribuídos
6.8 — Reserva Prêmio na Emissão de Debêntures (Lei n. 11.941/2009)
7 — Lucros ou Prejuízos Acumulados

15.1.1.1. Capital social

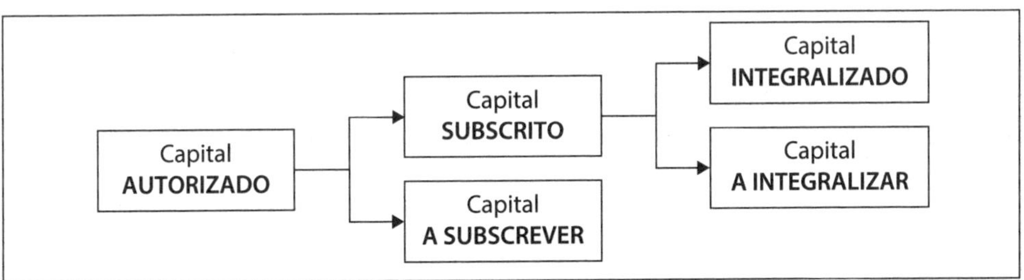

15.1.1.1.1. Capital autorizado

Restrito às sociedades anônimas existe o instituto do Capital autorizado, previsto no art. 168 da Lei n. 6.404/76, transcrito a seguir, que nada mais é do que uma decisão de assembleia que pode **permitir ao conselho de administração aumentar o Capital sem a necessidade específica de convocar nova assembleia**.

De forma prática, a assembleia autoriza que o Capital Social seja elevado até um novo limite, a partir do qual os gestores poderão buscar novos sócios e, encontrando-os, emitir ações nas condições previamente autorizadas.

A empresa que tiver Capital autorizado pela assembleia deverá divulgar essa informação nas demonstrações publicadas, podendo, inclusive, incluir o termo Capital Autorizado após sua denominação, por exemplo, Sophia Industrial S.A. Capital Autorizado.

Esse recurso de Capital autorizado é normalmente utilizado por sociedades anônimas que decidem aumentar seu Capital e cujos sócios não têm interesse ou capacidade financeira para realizá-lo.

Exemplo: a companhia Sophia Industrial S.A. Capital Autorizado é uma empresa de informática com Capital integralizado pelos sócios no valor de $ 1.000.000. A assembleia aprovou um plano de expansão que irá exigir um aumento de Capital adicional de $ 500.000. O Capital autorizado dessa empresa passará, então, a ser de $ 1.500.000, e os gestores estão autorizados a buscar novos sócios para subscreverem e integralizarem esses recursos adicionais.

Capital Autorizado	$ 1.500.000
(–) Capital a Subscrever	($ 500.000)
Capital Integralizado	$ 1.000.000

Capital Integralizado é aquele já entregue à sociedade pelos sócios, enquanto o Capital a Subscrever é a parcela do Capital que ainda não tem sócio definido ou interessado em adquirir as ações.

Normatização do Capital autorizado na Lei n. 6.404/76, art. 168:

> "**Art. 168.** O estatuto pode conter autorização para aumento do capital social independentemente de reforma estatutária.
>
> § 1.º A autorização deverá especificar:
>
> *a)* o limite de aumento, em valor do capital ou em número de ações, e as espécies e classes das ações que poderão ser emitidas;
>
> *b)* o órgão competente para deliberar sobre as emissões, que poderá ser a assembleia geral ou o conselho de administração;
>
> *c)* as condições a que estiverem sujeitas as emissões;
>
> *d)* os casos ou as condições em que os acionistas terão direito de preferência para subscrição, ou de inexistência desse direito (artigo 172).
>
> § 2.º O limite de autorização, quando fixado em valor do capital social, será anualmente corrigido pela assembleia geral ordinária, com base nos mesmos índices adotados na correção do capital social.
>
> § 3.º O estatuto pode prever que a companhia, dentro do limite de capital autorizado, e de acordo com plano aprovado pela assembleia geral, outorgue opção de compra de ações a seus administradores ou empregados, ou a pessoas naturais que prestem serviços à companhia ou a sociedade sob seu controle."

15.1.1.1.2. Capital subscrito

Subscrever significa se comprometer. Capital Subscrito é o Capital que os sócios se comprometeram a integralizar de uma só vez ou em parcelas nas condições pactuadas no contrato social (Ltda.) ou estatuto (S.A.).

O Capital Subscrito é um compromisso irrevogável dos sócios para com a sociedade, que pode ser exigido legalmente.

No caso de uma sociedade anônima, 10% do capital subscrito deve ser realizado em dinheiro, de acordo com o art. 80 da Lei n. 6.404/76.

> "**Art. 80.** A constituição da companhia depende do cumprimento dos seguintes requisitos preliminares:

> I — subscrição, pelo menos por 2 (duas) pessoas, de todas as ações em que se divide o capital social fixado no estatuto;
>
> II — realização, como entrada, de 10% (dez por cento), no mínimo, do preço de emissão das ações subscritas em dinheiro;"

15.1.1.1.3. Capital a subscrever

É a diferença entre o Capital autorizado pela assembleia e aquele já subscrito pelos sócios. **É a parcela do Capital para o qual ainda não existe sócio definido para realizá-lo.** Pode ocorrer de jamais ser subscrita esta parcela do Capital; basta que nenhum novo sócio se interesse por adquirir ações dessa sociedade anônima.

Exemplo: uma empresa com Capital subscrito de $ 1.000.000 obteve, em uma decisão de assembleia, autorização para aumentar o seu Capital para $ 1.500.000. A apresentação do Balanço Patrimonial deverá ser a seguinte:

(1) Capital Autorizado

(2) (–) Capital a Subscrever

(3) Capital Subscrito 3 = 1 + (– 2)

15.1.1.1.4. Capital a integralizar

É o mesmo que Capital a Realizar, isto é, **a parcela do capital já subscrita e ainda não entregue à sociedade pelos sócios**.

Capital Integralizado é a diferença entre o Capital Subscrito e o Capital a Integralizar.

Capital Subscrito (Nominal)	$ 1.000.000
(–) Capital a Integralizar	($ 500.000)
Capital Integralizado	$ 500.000

15.1.1.1.5. Adiantamento para Futuro Aumento de Capital (AFAC)

Do ponto de vista das práticas de Contabilidade geralmente aceitas e de acordo com as orientações contidas no manual de contabilidade societária da FIPECAFI, **Adiantamentos para Futuro Aumento de Capital (AFAC) devem ser contabilizados no Patrimônio Líquido, a menos que este valor se caracterize como um empréstimo dos sócios para a empresa**.

A legislação tributária determina que esses valores sejam sempre considerados dívida da empresa para com os sócios, de acordo com determinação no item 3 do Parecer Normativo PN CST 23, de 01 de julho de 1981, transcrito a seguir:

> "3. Adiantamentos para futuro aumento de capital deverão ser mantidos fora do patrimônio líquido, por serem considerados obrigações para com terceiros, podendo ser exigidos pelos titulares enquanto o aumento não se concretizar."

Como as bancas examinadoras oscilam entre atender as orientações meramente fiscais e as orientações de ordem contábil, o leitor que pretende prestar concursos precisa ficar atento ao enunciado do problema para saber que tipo de solução deverá ser obtido.

Exemplo: uma empresa com Capital Subscrito e Integralizado de $ 1.000.000 recebe dos sócios $ 500.000 como adiantamento em dinheiro de forma irrevogável. Esse valor deverá ser contabilizado da seguinte forma:

Capital Social	$ 1.000.000
AFAC	$ 500.000
Total do Patrimônio Líquido	**$ 1.500.000**

15.1.1.1.6. Gastos com a emissão de ações

As normas contábeis brasileiras determinam que os gastos que uma empresa incorre para captar recursos emitindo ações ou quotas de Capital **devem ser contabilizados no Patrimônio Líquido como redutores deste**.

Os custos de transação incorridos na captação de recursos por intermédio da emissão de títulos patrimoniais devem ser contabilizados, de forma destacada, em Conta Redutora de Patrimônio Líquido.

Capital Social	$ 1.000.000
(–) Gastos com emissão de ações	($ 50.000)
Total do Patrimônio Líquido	**$ 950.000**

15.1.1.2. Reservas de capital

São ingressos de recursos oriundos de terceiros (exceto correção monetária) que não têm relação com o fornecimento de mercadorias ou a prestação de serviços por parte da empresa que recebeu os recursos.

Excetuando-se a correção monetária do Capital Social, que também é uma reserva de Capital, todas as outras três reservas de Capital representam ingressos efetivos de recursos.

As reservas de Capital são ingressos não tributáveis classificados no Patrimônio Líquido que não transitam pelo Resultado.

- Bônus de subscrição;
- Ágio na subscrição;
- Partes beneficiárias;
- Correção monetária.

15.1.1.2.1. Bônus de subscrição

São títulos de crédito emitidos até o limite do Capital autorizado, que **dão aos seus titulares o direito de subscrever ações da empresa mediante apresentação dos títulos**. Esses títulos não dão aos seus titulares o direito à conversão em ações ou participação nos lucros. Assim, se o titular tiver 1000 bônus de subscrição, poderá subscrever 1000 ações quando da oferta destas pela empresa.

O lançamento contábil da venda de 1000 bônus quando emitidos pelo valor unitário de $ 1,00 será o seguinte:

	Banco	1000	
a	Reserva de Capital ABS (Alienação de Bônus de Subscrição)		1000

Os bônus de subscrição somente poderão ser emitidos com autorização da Assembleia Geral se o conselho por estatuto não tiver este poder, devendo ser exclusivamente nominativos.

As principais definições a respeito desses bônus constam dos arts. 75, 76 e 78 da Lei n. 6.404/76, transcritos a seguir:

> "**Art. 75.** A companhia poderá emitir, dentro do limite de aumento de capital autorizado no estatuto (artigo 168), títulos negociáveis denominados 'Bônus de Subscrição'.
> Parágrafo único. Os bônus de subscrição conferirão aos seus titulares, nas condições constantes do certificado, direito de subscrever ações do capital social, que será exercido mediante apresentação do título à companhia e pagamento do preço de emissão das ações.
> **Art. 76.** A deliberação sobre emissão de bônus de subscrição compete à assembleia geral, se o estatuto não a atribuir ao conselho de administração.
> (...)
> **Art. 78.** Os bônus de subscrição terão a forma nominativa *(Redação dada pela Lei n. 9.457, de 1997).*"

15.1.1.2.2. Ágio na emissão de ações

Ações são títulos representativos do capital social de uma sociedade anônima. De acordo com o art. 11 da Lei n. 6.404/76, o capital social de uma S.A. é o conjunto formado por todas as ações emitidas. **Quando uma empresa negocia suas ações, e o comprador paga um valor por ação maior que o valor patrimonial, esta diferença positiva deverá ser contabilizada como reserva de capital.**

Exemplo: o ágio na emissão de ações é o valor que um adquirente paga sobre o valor nominal de uma ação. Uma empresa emite 1000 ações ao valor nominal de $ 50 e recebe do novo sócio $ 55.000, portando $ 5.000 a mais, deverá fazer o seguinte lançamento contábil:

Como o valor patrimonial é $ 50 x 1000 = $ 50.000, e a empresa recebeu $ 55.000, houve uma venda de ações com ágio de $ 5.000.

	Banco	$ 55.000	
a	Diversos		
a	Capital		$ 50.000
a	Reserva de Capital — AEA (Ágio na Emissão de Ações)		$ 5.000

15.1.1.2.3. Partes beneficiárias

São **títulos emitidos pela empresa para beneficiar pessoas que prestaram serviços reconhecidamente importantes na vida da sociedade**, como especificado no art. 47 da Lei n. 6.404/76, transcrito a seguir:

> "**Art. 47.** As partes beneficiárias poderão ser alienadas pela companhia, nas condições determinadas pelo estatuto ou pela assembleia geral, ou atribuídas a fundadores, acionistas ou terceiros, como remuneração de serviços prestados à companhia."

São títulos de crédito sem valor nominal **emitidos exclusivamente por companhia sociedade anônima de capital fechado**, que dão direito aos seus titulares à participação nos resultados de até dez por cento do lucro líquido da empresa.

Esses títulos podem ser alienados sem valor ou vendidos por um valor negociado entre a empresa e os beneficiários. Somente nesse caso a alienação de partes beneficiárias significará a formação de Reserva de Capital.

Caso esse título seja concedido sem valor, a informação sobre sua existência deverá constar das notas explicativas. Notas explicativas são relatórios que acompanham as demonstrações publicadas.

O estatuto deverá especificar a duração desse título. Se os beneficiários do título não fizeram nenhum desembolso, este não pode ter prazo de validade superior a dez anos.

A contabilização, no caso de venda de um título de parte beneficiária que fosse realizada por um valor de $ 10.000, seria:

		Débito	Crédito
	Banco	$ 10.000	
a	Partes Beneficiárias		$ 10.000

15.1.1.2.4. Correção monetária do capital social

A correção monetária do Capital social era permitida até 31 de dezembro de 1995. A Lei n. 9.249/95, art. 4.º, parágrafo único, revogou sua utilização. **Quando era permitida, a correção do Capital Social era considerada uma reserva de Capital.**

A partir de 1995, a correção foi proibida no Brasil, entretanto, empresas que não incorporaram a correção ao capital social ainda apresentam esta conta em seus balanços, congelada desde 1995.

No art. 182, § 2.º, da Lei n. 6.404/76, transcrito a seguir, temos a definição da correção monetária do capital social como reserva de capital:

> "§ 2.º Será ainda registrado como reserva de capital o resultado da correção monetária do capital realizado, enquanto não capitalizado."

Exemplo: o Capital Social da empresa Vigo Empreendimentos S.A. é de $ 500.000. O Capital a Integralizar, por sua vez, é de $ 100.000. Supondo inflação no período de 50%, a Reserva de Correção Monetária do Capital Realizado seria: 50% de $ 400.000, isto é, $ 200.000. A Lei das S.A., no § 2.º do art. 182, permite que a correção monetária do Capital Social realizada seja mantida nessa conta até que a Assembleia Geral aprove a incorporação do Capital.

Capital Social	$ 500.000
(–) Capital a Integralizar	($ 100.000)
Correção Monetária do Capital Social	$ 200.000
Total do Patrimônio Líquido	**$ 600.000**

15.1.1.2.5. Aplicações das reservas de capital

De acordo com o art. 200 da Lei n. 6.404/76, as únicas aplicações possíveis para as reservas de Capital são:

- Absorção de prejuízos que ultrapassarem os lucros acumulados e as reservas de lucros (art. 189, parágrafo único);
- Resgate, reembolso ou compra de ações;
- Resgate de partes beneficiárias;
- Incorporação ao Capital Social;
- Pagamento de dividendo a ações preferenciais, quando essa vantagem lhes for assegurada.

Exemplo de utilização de uma reserva de Capital:

A empresa Filipo Engenharia Ltda. deseja recomprar, por $ 30.000, títulos de partes beneficiárias alienadas no passado a ex-sócios e contabilizadas por $ 20.000. Para isso, utilizará parte do saldo de $ 100.000 da Conta Ágio na Emissão de Ações, como demonstrado a seguir:

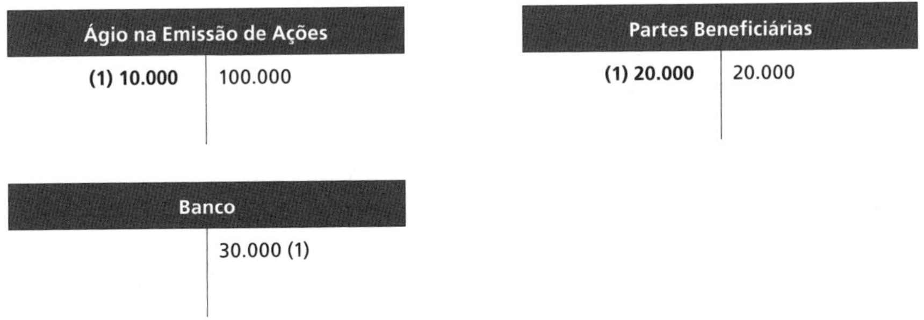

Sendo (1) o lançamento de recompra de partes beneficiárias, utilizando o saldo de partes beneficiárias e parte do saldo da Conta Ágio na Emissão de Ações.

15.1.1.3. Ações em tesouraria

Quando um sócio vende suas ações para a própria empresa, essa recompra pode ser contabilizada de duas formas: proceder a uma redução do Capital, com a devolução dos recursos ao sócio, ou a empresa devolver o dinheiro ao sócio e ficar com a posse das próprias ações (ações em tesouraria).

Exemplo de recompra com a redução de Capital:

Uma empresa com Capital de $ 100.000, formado a partir da integralização de Capital de 10 sócios em partes iguais de $ 10.000, devolveu-o para um dos seus sócios, promovendo uma redução formal de Capital Social. A contabilização deverá ser a seguinte:

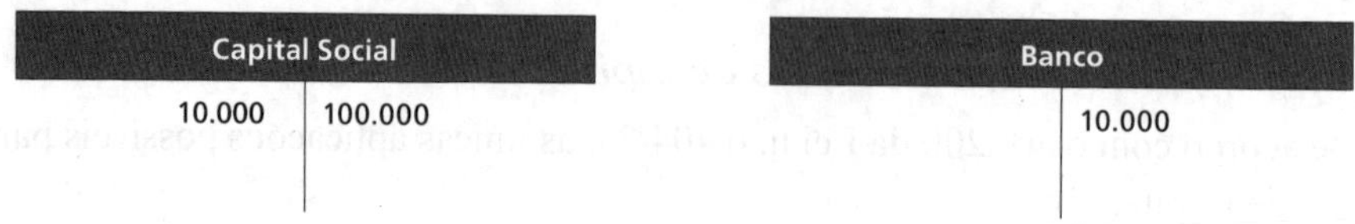

O Capital Social dessa empresa passará a ser de $ 90.000.

Exemplo de recompra com a constituição de ações em tesouraria:

Uma empresa com Capital de $ 100.000, formado a partir da integralização de Capital de 10 sócios em partes iguais de $ 10.000, devolveu-o para um dos seus sócios, mantendo em tesouraria suas próprias ações. A contabilização deverá ser a seguinte:

Apresentação no Balanço Patrimonial:

Patrimônio Líquido

Capital Social	$ 100.000
(–) Ações em Tesouraria	($ 10.000)

Neste caso, o Capital Social não sofrerá alteração, apenas o Patrimônio Líquido.

Quando outro sócio se interessar em adquirir essas ações, o lançamento será o seguinte:

Ações em Tesouraria
10.000 | 10.000

Banco
10.000

A empresa volta a recuperar o Capital devolvido ao primeiro sócio e entrega as ações ao sócio novo. O Patrimônio Líquido volta ao valor original.

15.1.1.4. Ajustes de avaliação patrimonial

Esta conta, no âmbito internacional, tem uma função mais ampla do que as funções permitidas no Brasil. A Contabilidade internacional utiliza essa conta inclusive para contabilizar as reavaliações positivas e negativas de Ativos fixos, o que, no Brasil, não é mais permitido.

Como já visto no Capítulo 6, sobre instrumentos financeiros, **essa conta é utilizada para computar as diferenças positivas ou negativas de instrumentos financeiros** que não têm suas variações de valor computadas no Resultado.

Os valores contabilizados nessa conta devem ser transferidos ao Resultado quando o Ativo ou Passivo que deu origem ao ajuste for alienado.

A Lei n. 6.404/76, em seu art. 182, § 3.º, transcrito a seguir, define as suas funções:

> "§ 3.º Serão classificadas como ajustes de avaliação patrimonial, **enquanto não computadas no resultado** do exercício em obediência ao regime de competência, as contrapartidas de aumentos ou diminuições de valor **atribuídos a elementos do ativo e do passivo**, em decorrência da sua avaliação a valor justo, nos casos previstos nesta Lei ou, em normas expedidas pela Comissão de Valores Mobiliários, com base na competência conferida pelo § 3.º do art. 177 desta Lei ***(Redação dada pela Lei n. 11.941, de 2009)***."

Não é na Lei n. 6.404/76 que encontraremos a utilização dessa conta. São os pronunciamentos no CPC transformados em Normas Brasileiras de Contabilidade que, de fato, detalham sua utilização.

15.1.1.4.1. Exemplo de ajuste de uma conta do Ativo

Um instrumento financeiro disponível para venda adquirido por $ 100.000, ao final do exercício, proporciona ao seu investidor dividendos de $ 10.000, e seu valor de mercado está cotado a $ 115.000. A contabilização dessa valorização deverá ser feita da seguinte forma:

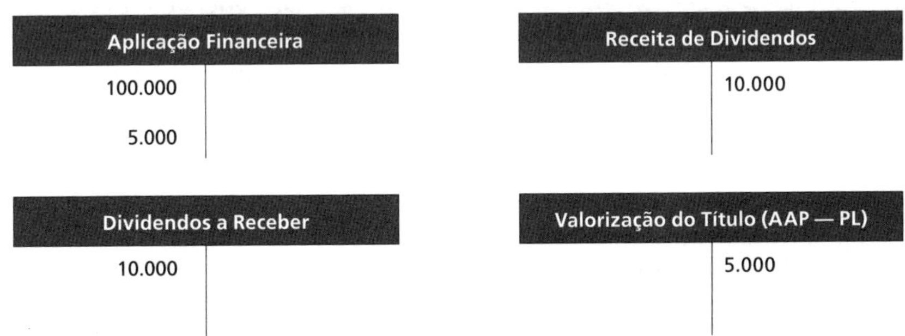

Os dividendos ganhos por uma empresa são conta de Resultado. Entretanto, a valorização de $ 5.000 deverá ser classificada no Patrimônio Líquido na conta de Ajuste de Avaliação Patrimonial (AAP).

15.1.1.5. Reservas de reavaliação

Reavaliar significa atribuir um novo valor. A reavaliação de Ativos Permanentes **não é mais permitida no Brasil desde a Lei n. 11.638, de dezembro de 2007. A partir de 1 de janeiro de 2008**, nenhuma empresa pode reavaliar seus Ativos. Para entendermos o tratamento que deve ser dado às reservas constituídas antes de dezembro de 2007, precisamos entender como eram constituídas essas reservas até 2008.

15.1.1.5.1. Constituição da reserva de reavaliação antes da Lei n. 11.638/2007

De acordo com o que constava no art. 182, § 3.º, da Lei n. 6.404/76, era permitida a reavaliação sobre qualquer item do Ativo. Entretanto, a CVM, na Deliberação n. 183/95, só permitia a reavaliação em itens tangíveis do Ativo Permanente Imobilizado, desde que não fosse prevista a descontinuidade.

De acordo com o art. 8.º da Lei n. 6.404/76, a avaliação dos bens era feita por três peritos ou por uma empresa especializada, nomeados em Assembleia Geral dos subscritores, convocada pela imprensa e presidida por um dos fundadores, instalando-se, em primeira convocação, com a presença dos subscritores que representem a metade, pelo menos, do Capital Social e, em segunda convocação, com qualquer número.

O processo de reavaliar consistia em verificar se o valor de custo histórico contabilizado podia ser alterado para maior, tomando como referência um valor de mercado equivalente para o bem reavaliado, e em determinar o seu novo tempo de vida útil.

A contabilização era feita com aumento do Ativo reavaliado, em contrapartida com a criação da reserva de reavaliação correspondente no PL. O controle era bem analítico, cada bem por vez. O prazo de depreciação era revisto e o valor a ser considerado era o valor atualizado do bem. Caso a empresa tivesse a intenção de vendê-lo, deveria ser constituído o Passivo referente aos impostos diferidos sobre os ganhos de Capital.

Exemplo: reavaliação sem intenção de venda de um terreno comprado por $ 100.000 e reavaliado por $ 1.000.000. O Imposto de Renda a ser considerado é de 30%.

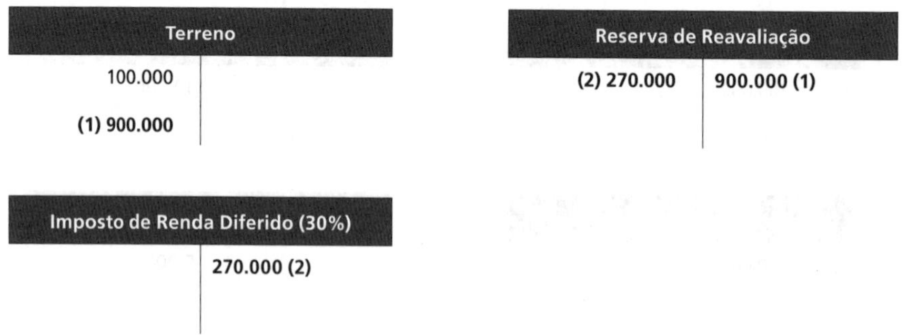

O Lançamento 1 corresponde à constituição da reserva de reavaliação propriamente dita, e o Lançamento 2 só necessitaria ser constituído caso a empresa tivesse a intenção de vender o bem reavaliado.

A reserva de reavaliação podia ser completamente incorporada ao Capital ou utilizada para compensar prejuízos.

A reavaliação só podia ser feita para maior, entretanto a CVM permitia que fosse feita reavaliação para menor, caso tivesse havido na mesma conta do bem um saldo de reavaliação feito anteriormente.

15.1.1.5.2. Reserva de reavaliação após a Lei n. 11.638/2007

As alterações impostas pela Lei n. 11.638/2007 não extinguiram essa conta. As empresas que a possuíam puderam, nos balanços de 31 de dezembro de 2008, estornar suas reservas de reavaliações ou mantê-las até a completa realização da reserva de reavaliação, de acordo com as determinações do CPC 13, em seu item 38, transcrito a seguir:

> "38. A Lei n. 11.638/07 eliminou a possibilidade de reavaliação espontânea de bens. Assim, os saldos existentes nas reservas de reavaliação constituídas antes da vigência dessa Lei, inclusive as reavaliações reflexas de controladas e coligadas, devem:
>
> (a) ser mantidos até sua efetiva realização; ou
>
> (b) ser estornados até o término do exercício social de 2008."

Caso a empresa tenha optado por estornar, teve que fazê-lo com a reserva de reavaliação e as provisões para impostos e contribuições diferidos, quando da constituição da reserva. Essas determinações constam do CPC 13, itens 39 e 40, transcritos a seguir:

> "39. Ao optar pelo item 38(a), o valor do ativo imobilizado reavaliado existente no início do exercício social passa a ser considerado como o novo valor de custo para fins de mensuração futura e determinação do valor recuperável. A reserva de reavaliação, no patrimônio líquido, continuará sendo realizada para a conta de lucros ou prejuízos acumulados, na mesma base que vinha sendo efetuada antes da promulgação da Lei n. 11.638/07.
>
> 40. Ao optar pelo item 38(b), o estorno retroagirá à data de transição (...) estabelecida pela entidade quando da adoção inicial da Lei n. 11.638/07. O mesmo tratamento deve ser dado com referência à reversão dos impostos e contribuições diferidos, que foram registrados por ocasião da contabilização de reavaliação."

Exemplo de baixa da reserva de reavaliação:

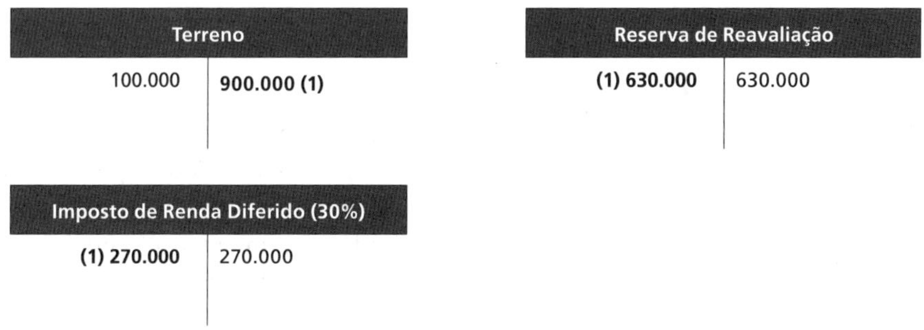

O Lançamento 1 se refere à baixa da reserva de reavaliação e dos impostos diferidos constituídos quando da avaliação original.

Empresas que nunca tiveram essa conta em seus balanços não poderão mais constituir reservas de reavaliações; já empresas que já possuíam esta conta também não puderam mais constituir novas reservas a partir de 2008.

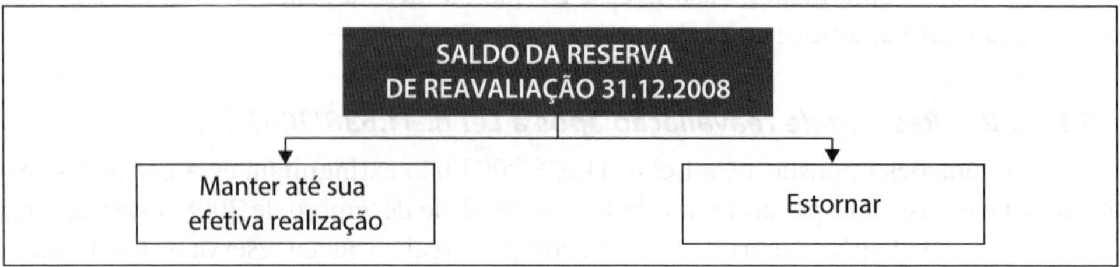

A realização de uma reserva de reavaliação se dá com a venda do ativo ou a baixa do ativo ou mesmo a depreciação do ativo reavaliado, caso o item seja depreciável.

15.1.1.6. Reservas de lucros

As reservas de lucros são a parte dos lucros retidos ao final de cada exercício no Patrimônio Líquido, para finalidades específicas definidas pela Lei n. 6.404/76, como vamos estudar a seguir.

As reservas de lucros estão definidas nos arts. 193 a 197 e 202 da Lei n. 6.404/76 e no art. 31, inc. II, da Lei n. 12.973/2014.

Reservas de lucros
6.1 — Reserva legal
6.2 — Reserva de contingência
6.3 — Reserva estatutária
6.4 — Reserva de incentivos fiscais
6.5 — Reserva de retenção de lucros
6.6 — Reserva de lucros a realizar
6.7 — Reserva especial de dividendos obrigatórios não distribuídos
6.8 — Reserva prêmio na emissão de debêntures
Lucros ou prejuízos acumulados

15.1.1.6.1. Reserva legal

A cada final de exercício a empresa deverá reservar o equivalente a **5% do lucro líquido. O saldo da reserva legal não poderá ultrapassar 20% do Capital Social**.

A finalidade da reserva legal é criar um fundo para que a empresa possa suportar prejuízos ou ter recursos para o seu crescimento, podendo aumentar o Capital com seus próprios recursos não distribuídos aos sócios como dividendos. Essas definições constam do art. 193, § 2.º, da Lei n. 6.404/76, transcrito a seguir:

> "**§ 2.º** A reserva legal tem por fim assegurar a integridade do capital social e somente poderá ser utilizada para compensar prejuízos ou aumentar o capital."

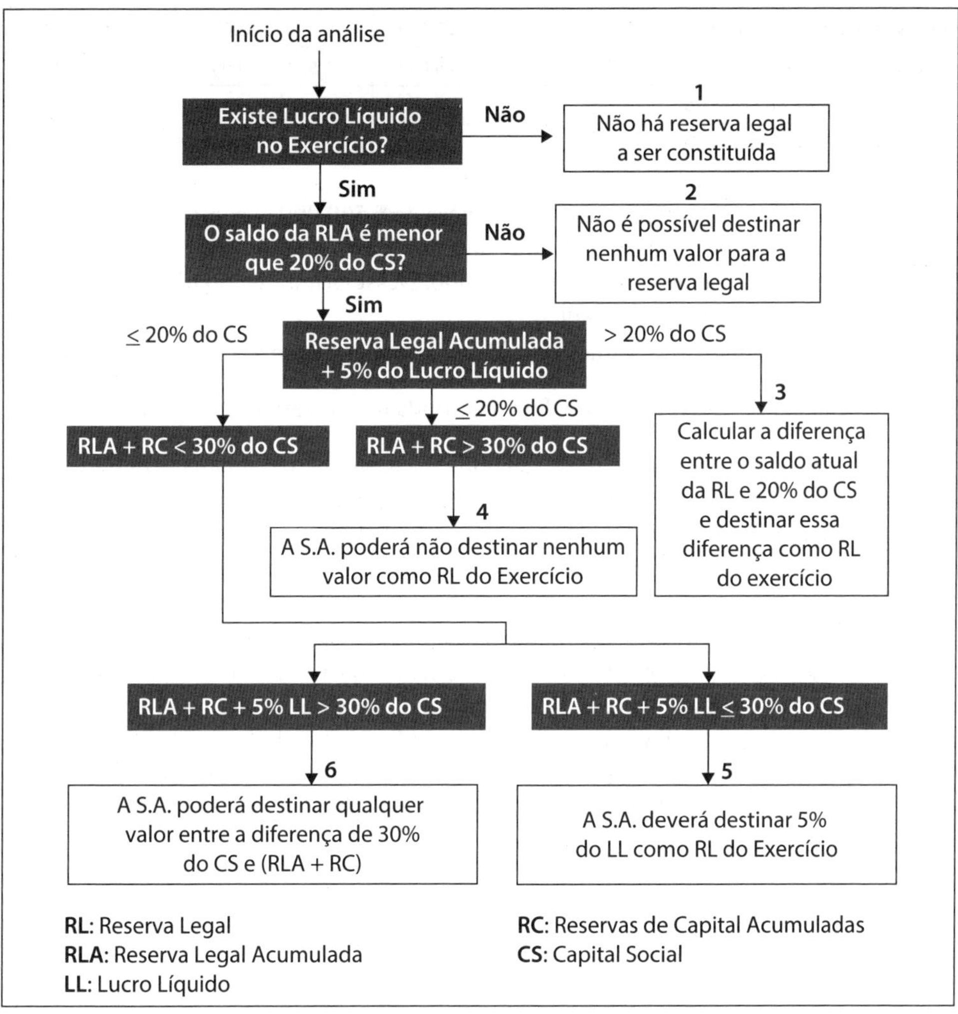

Exemplo: a empresa Vigo Importadora S.A. foi constituída com um Capital Social de $ 200.000. Consideraremos os dados relativos aos seus dois primeiros anos de operação. Para o segundo ano, criamos duas opções (2A e 2B); na primeira opção para o segundo ano, a empresa obtém reservas de Capital no valor de $ 30.000 e, na segunda opção, obteve reservas de Capital de $ 35.000. Constituiremos a reserva legal considerando as opções de levar em conta somente o saldo da reserva legal acumulada e, em outro caso, somando os saldos da reserva legal acumulada e das reservas de Capital acumuladas.

CONTAS	ANO 1	ANO 2A	ANO 2B
Lucro do Exercício	500.000	200.000	200.000
5% do Lucro do Exercício	25.000	10.000	10.000
Reserva Legal do Exercício (Opção 1)	25.000	10.000	10.000

Reserva Legal do Exercício (Opção 2)	25.000	5.000	ZERO
Reserva Legal Acumulada	25.000	35.000/30.000	35.000/25.000
Reserva de Capital do Exercício	0	30.000	35.000
Reserva de Capital Acumulada	0	30.000	35.000

No primeiro ano, a empresa obteve um lucro de $ 500.000 e, como o saldo da reserva legal acumulada era zero, o valor que foi destinado à reserva legal foi de $ 25.000, que é 5% do lucro líquido de $ 500.000. Nesse primeiro ano não houve a constituição de nenhuma reserva de Capital.

Quanto ao segundo ano, vamos considerar as opções 2A e 2B.

■ Opção 2A — no segundo ano, foi constituída uma reserva de Capital de $ 30.000:

A empresa obteve um lucro de $ 200.000; 5% deste lucro é igual a $ 10.000.

Se não considerarmos o saldo da reserva de Capital, como 20% do Capital Social realizado é igual a $ 40.000, 5% do lucro é igual a $ 10.000 e o saldo da reserva legal acumulada é $ 25.000, somado a esses $ 10.000, ainda estaremos abaixo do limite máximo dessa reserva; constituiremos uma reserva legal do exercício no valor de $ 10.000, e o saldo final da reserva legal acumulada passará a ser de $ 35.000.

Ainda na opção 2A, se considerarmos o saldo da reserva de Capital, que é de $ 30.000, somado ao saldo da reserva legal acumulada de $ 25.000, o valor irá corresponder a um total de $ 55.000. Esse valor está $ 5.000 abaixo do limite de 30% do Capital Social integralizado, então, podemos, nessa opção, constituir uma reserva legal do exercício de $ 5.000, e o saldo final da reserva legal acumulada será de $ 30.000.

■ Opção 2B — no segundo ano, foi constituída uma reserva de Capital de $ 35.000:

A empresa obteve um lucro de $ 200.000; 5% deste lucro é igual a $ 10.000; ou seja, foi constituída uma reserva de Capital de $ 35.000.

Se não considerarmos o saldo da reserva de Capital, como 20% do Capital Social realizado é igual a $ 40.000, 5% do lucro é igual a $ 10.000 e o saldo da reserva legal acumulada é de $ 25.000, somado a esses $ 10.000, ainda estaremos abaixo do limite máximo dessa reserva; constituiremos uma reserva legal do exercício no valor de $ 10.000, e o saldo da reserva legal acumulada passará a ser de $ 35.000.

Se considerarmos o saldo da reserva de Capital, que é de $ 35.000, somado ao saldo da reserva legal acumulada de $ 25.000, isso irá corresponder a um total de $ 60.000. Esse valor é exatamente o limite de 30% do Capital Social integralizado. Então, podemos, nessa opção, não constituir uma reserva legal do exercício, mantendo o saldo da reserva legal acumulada em $ 25.000.

15.1.1.6.2. Reserva de contingência

A sociedade em Assembleia Geral poderá criar uma reserva para prevenção de uma contingência que tenha um grau razoável de chance de ocorrência. Os órgãos de administração devem indicar os motivos e os valores com precisão. Caso, no exercício seguinte, as preocupações que motivaram a criação da reserva não se materializem, a reserva deverá ser revertida para a conta Lucros ou Prejuízos Acumulados. Essas definições constam do art. 195 da Lei n. 6.404/76, transcrito a seguir:

> "**Art. 195.** A assembleia geral poderá, por proposta dos órgãos da administração, destinar parte do lucro líquido à formação de reserva com a finalidade de compensar, em exercício futuro, **a diminuição do lucro decorrente de perda julgada provável**, cujo valor possa ser estimado.
> § 1.º A proposta dos órgãos da administração deverá indicar a causa **da perda prevista e justificar**, com as razões de prudência que a recomendem, a constituição da reserva.
> § 2.º A reserva será **revertida** no exercício em que **deixarem de existir as razões que justificaram a sua constituição ou em que ocorrer a perda**."

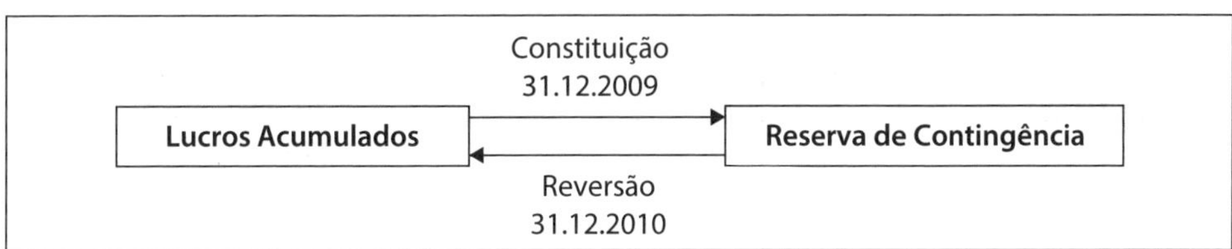

A seguir, contabilizamos a constituição de uma reserva de lucros em uma empresa que obteve, no exercício de 2009, um lucro líquido de $ 500.000.

Lucros Acumulados (PL)	
100.000	500.000

Reserva de Contingência (PL)	
	100.000

Caso, ao final de 2010, a reserva de contingência não tenha sido utilizada em sua totalidade, o saldo remanescente deverá ser revertido para a conta Lucros ou Prejuízos Acumulados. Abaixo, contabilizaremos a reversão do saldo remanescente de $ 30.000 da reserva de contingência em uma empresa que obteve, nesse exercício findo (2010), $ 250.000 de lucro líquido.

Lucros Acumulados (PL)	
	250.000
	30.000

Reserva de Contingência (PL)	
30.000	**30.000**

15.1.1.6.3. Reserva estatutária

O estatuto de uma companhia permite que a sociedade crie quantas reservas quiser, desde que esteja especificado exatamente o propósito, a base de cálculo e o percentual máximo do lucro líquido e valor máximo da reserva. Essas definições legais constam do art. 194 da Lei n. 6.404/76, transcrito a seguir:

> "**Art. 194.** O estatuto poderá criar reservas desde que, para cada uma:
> I — **indique**, de modo preciso e completo, a sua **finalidade**;
> II — **fixe os critérios** para determinar a parcela anual dos lucros líquidos que serão destinados à sua constituição; e
> III — estabeleça o **limite** máximo da reserva."

Exemplo: a empresa Prisca Produtora Cinematográfica S.A. decidiu constituir, com aprovação da assembleia, uma reserva estatutária para contribuir com 4% do lucro líquido do exercício com a sociedade de amparo às crianças com câncer do Brasil. No exercício de 2009, obteve lucro líquido de $ 500.000. A constituição da reserva de lucro deverá ser feita da seguinte forma:

O valor da reserva estatutária será: 4% de $ 500.000 = $ 20.000.

Lucros Acumulados	
20.000	500.000

Reserva Estatutária	
	20.000

15.1.1.6.4. Reserva de incentivos fiscais

Esta reserva é constituída a partir dos **valores apropriados ao Resultado** que têm como **origem as subvenções governamentais**. Já estudamos as subvenções no capítulo anterior. Essa reserva está definida no art. 195-A da Lei n. 6.404/76:

> "**Art. 195-A.** A assembleia geral poderá, por proposta dos órgãos de administração, destinar para a reserva de incentivos fiscais a parcela do lucro líquido decorrente de doações ou subvenções governamentais para investimentos, que poderá ser excluída da base de cálculo do dividendo obrigatório (inciso I do *caput* do art. 202 desta Lei) ***(Incluído pela Lei n. 11.638, de 2007).***"

Exemplo: uma empresa obteve um terreno do governo estadual, onde irá instalar uma fábrica, no valor de $ 3.000.000. O lançamento contábil quando do recebimento da doação (subvenção) será o seguinte:

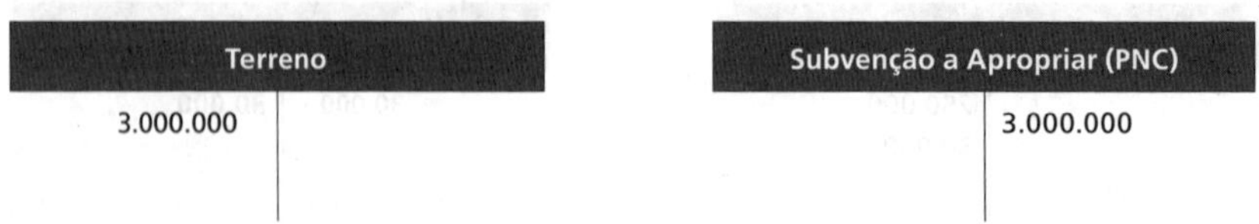

Quando a empresa concluir a construção do edifício fabril e iniciar sua utilização, deverá iniciar a apropriação da subvenção do Passivo para o Resultado. O valor investido na construção do edifício foi de $ 10.000.000, que serão depreciados, de acordo com o Regulamento do Imposto de Renda, em 25 anos (4% ao ano).

A subvenção a Apropriar é uma receita diferida, que deverá ser transferida ao Resultado na proporção de sua utilização pela empresa, isto é, depreciação ou amortização. No caso de um terreno, que não é depreciável, a receita será apropriada ao Resultado na mesma razão da depreciação do edifício construído no terreno.

Cálculo de apropriação da subvenção ao Resultado:
$ 3.000.000/25 anos = $ 120.000/ano ou $ 10.000/mês

Subvenção a Apropriar (Doação)	
120.000	3.000.000

Receita de Doação (Anual)	
	120.000

A receita de doação estará incorporada ao lucro líquido do exercício. Supondo que este seja de $ 1.000.000, caso a empresa não queira sofrer nenhum tipo de sanção em função de distribuição dessa receita como dividendos, após lançar o lucro no Patrimônio Líquido deverá constituir a reserva de incentivos fiscais.

Lucros ou Prejuízos Acumulados	
120.000	1.000.000

Reserva de Incentivos Fiscais	
	120.000

Cabe observar que para o cálculo do **Imposto de Renda** foi **excluída** a receita de **doação**.

15.1.1.6.5. Reserva de retenção de lucros

Esta reserva **também é chamada de orçamentária, para investimentos ou expansão**. Assim como as outras reservas de lucro, ela só pode ser formada se a administração apresentar a proposta de investimento com todas as fontes de recursos definidas. Da mesma forma, se o investimento não for realizado, deverá ser revertida para a conta de lucros e prejuízos acumulados.

> Lei n. 6.404/76: "**Art. 196.** A assembleia geral poderá, por proposta dos órgãos da administração, deliberar reter parcela do lucro líquido do exercício prevista em orçamento de capital por ela previamente aprovado.
> § 1.º O orçamento, submetido pelos órgãos da administração com a justificação da retenção de lucros proposta, deverá compreender todas as fontes de recursos e aplicações de capital, fixo ou circulante, e poderá ter a duração de até 5 (cinco) exercícios, salvo no caso de execução, por prazo maior, de projeto de investimento.
> § 2.º O orçamento poderá ser aprovado pela assembleia geral ordinária que deliberar sobre o balanço do exercício e revisado anualmente, quando tiver duração superior a um exercício social *(Redação dada pela Lei n. 10.303, de 2001).*"

15.1.1.6.6. Reserva de lucros a realizar

O objetivo desta reserva é **preservar as disponibilidades da empresa**, uma vez que uma grande venda realizada no exercício findo que não tiver sido recebida poderia criar uma situação complicada, que seria a de a empresa ter que se endividar para pagar os dividendos.

A Lei n. 6.404/76, no art. 197, transcrito a seguir, criou o conceito de lucro realizado. Se o dividendo obrigatório ultrapassar a parcela realizada, a empresa pode, se quiser, constituir uma reserva de lucros a realizar com a diferença entre o lucro realizado e o valor a ser pago como dividendos aos sócios.

> "**Art. 197.** No exercício em que o montante do dividendo obrigatório, calculado nos termos do estatuto ou do art. 202, ultrapassar a parcela realizada do lucro líquido do exercício, a assembleia geral poderá, por proposta dos órgãos de administração, destinar o excesso à constituição de reserva de lucros a realizar ***(Redação dada pela Lei n. 10.303, de 2001).***"

O lucro realizado é o lucro líquido contábil deduzido dos lucros que serão recebidos no longo prazo e também dos ganhos com equivalência patrimonial, de acordo com a determinação que consta do art. 197, § 1.º, transcrito a seguir:

> "Para os efeitos deste artigo, considera-se realizada a parcela do lucro líquido do exercício que exceder da soma dos seguintes valores: ***(Redação dada pela Lei n. 10.303, de 2001)***
> I — o resultado líquido positivo da equivalência patrimonial (art. 248); e ***(Incluído pela Lei n. 10.303, de 2001)***
> II — o lucro, rendimento ou ganho líquidos em operações ou contabilização de ativo e passivo pelo valor de mercado, cujo prazo de realização financeira ocorra após o término do exercício social seguinte ***(Redação dada pela Lei n. 11.638, de 2007).***"

Desta forma, se a assembleia aprovar sua criação, a parcela do dividendo embutida no lucro efetivamente não realizado de forma financeira ficará alocada nessa reserva, e, quando a parcela se realizar financeiramente a empresa deverá reverter esta reserva para lucros ou prejuízos acumulados e esperar o final do exercício. Se não ocorrer prejuízo, o valor revertido deverá ser somado aos dividendos do exercício e pago aos sócios.

O conceito de lucro realizado financeiramente, no contexto dessa reserva, não é somente o lucro já recebido, mas a soma da parcela já recebida e a parcela que será recebida no próximo exercício.

A Lei das S.A., em seu art. 197, determina que a Reserva de Lucros a Realizar pode ser constituída em detrimento da distribuição de dividendos, calculando-se os lucros não realizados, excluindo do lucro líquido os seguintes valores embutidos na apuração do lucro líquido contábil do exercício:

- Lucros não realizados financeiramente; e
- Ganhos com equivalência patrimonial.

A Deliberação CVM n. 294/99, em seu item 5, transcrito a seguir, complementa o conceito presente na Lei das S.A. no que diz respeito à constituição dessa reserva para companhias de Capital aberto, adicionando mais uma exclusão, que é o resultado de variação cambial de operações de longo prazo:

> "V. as companhias abertas poderão computar, para fins de destinação para reserva de lucros a realizar, **os ganhos cambiais decorrentes de ativos classificados no longo prazo** que excederem as perdas cambiais em obrigações dessa mesma natureza (...)."

Exemplo: tendo em vista a Lei das S.A. e a Deliberação CVM n. 294/99, determinar o valor que poderia ser constituído como Reserva de Lucros a Realizar da empresa Vigo Empreendimentos Imobiliários S.A.

A empresa Vigo logrou lucro líquido no exercício de 2009. A seguir, os dados levantados das demonstrações financeiras:

Lucro Líquido Contábil do Exercício	$ 200.000
Receita de Equivalência Patrimonial	$ 80.000
Resultado com Variação Cambial de Aplicação de Longo Prazo	$ 50.000
Lucros com Vendas de Longo Prazo	$ 50.000

Os dividendos devem ser calculados na base de 50% do lucro, excluindo-se o valor da reserva legal.

Determinação do valor da reserva de lucros a realizar de acordo com a Lei n. 6.404/76:

Para calcularmos os lucros não realizados, temos antes que calcular a reserva legal de 5%. Neste caso, $ 5% de $ 200.000, que será igual a $ 10.000. Os dividendos a serem distribuídos serão o equivalente a 50% de $ 190.000 = $ 95.000.

Lucros Não Realizados segundo a Lei n. 6.404/76:

(1)	Receita de Equivalência Patrimonial	$ 80.000
(2)	Lucro com Vendas de Longo Prazo	$ 50.000
(3) = (1) + (2)	**Lucros Não Realizados**	**$ 130.000**

Lucros Realizados:

(4)	Lucro Líquido do Exercício	$ 200.000
(3)	(–) Lucros Não Realizados	($ 130.000)
(5) = (4) (3)	**Lucros Realizados**	**$ 70.000**

Cálculo da Reserva de Lucros a Realizar:

(6)	Dividendos Obrigatórios	$ 95.000
(5)	(–) Lucros Realizados	($ 70.000)
(7) = (6) (5)	**Reserva de Lucros a Realizar**	**$ 25.000**

Os lucros realizados são obtidos excluindo-se do lucro líquido a receita de equivalência patrimonial e os lucros de longo prazo. Desta forma, apuramos um valor de $ 70.000. Como os dividendos calculados devem ser de $ 95.000, e a empresa não possui lucros realizados nessa proporção, ela pode constituir uma reserva de lucros a realizar no valor de $ 25.000, que é a diferença entre os dividendos e os lucros realizados.

Lucros ou Prejuízos Acumulados	
25.000	200.000

Reserva de Lucros a Realizar	
	25.000

Determinação do valor da reserva de lucros a realizar de acordo com a CVM:

Para calcularmos os lucros não realizados, temos antes que calcular a reserva legal de 5%. Neste caso, $ 5% de $ 200.000, que será igual a $ 10.000. Os dividendos a serem distribuídos serão equivalentes a 50% de $ 190.000 = $ 95.000.

Lucros Não Realizados segundo a CVM:

(1)	Receita de Equivalência Patrimonial	$ 80.000
(2)	Lucro com Vendas de Longo Prazo	$ 50.000
(3)	Resultado da Variação Cambial de Longo Prazo	$ 50.000
(4) = (1) + (2) + (3)	**Lucros Não Realizados**	**$ 180.000**

Lucros Realizados:

(5)	Lucro Líquido do Exercício	$ 200.000
(4)	(–) Lucros Não Realizados	($ 180.000)
(6) = (5) (4)	**Lucros Realizados**	**$ 20.000**

Cálculo da Reserva de Lucros a Realizar:

(7)	Dividendos Obrigatórios	$ 95.000
(6)	(–) Lucros Realizados	($ 20.000)
(8) = (7) (6)	**Reserva de Lucros a Realizar**	**$ 75.000**

Os lucros realizados são obtidos excluindo-se do lucro líquido a receita de equivalência patrimonial, os lucros de longo prazo e o resultado cambial de longo prazo; desta forma, apuramos um valor de $ 20.000. Como os dividendos calculados devem ser equivalentes a $ 95.000, e a empresa não possui lucros realizados nessa proporção, ela pode constituir uma reserva de lucros a realizar no valor de $ 75.000, que é a diferença entre os dividendos e os lucros realizados.

Lucros ou Prejuízos Acumulados	
750.000	200.000

Reserva de Lucros a Realizar	
	75.000

15.1.1.6.7. Reserva especial de dividendos obrigatórios não distribuídos

Esta reserva permite que a administração proponha à Assembleia Geral a retenção de parte ou de todos os dividendos em função de problemas financeiros. A empresa pode ter obtido um lucro significativo e, em função de ter comprometido todas as disponibilidades, não ter condições de realizar o pagamento dos dividendos. Essa reserva está prevista na Lei n. 6.404/76, art. 202, § 5.º, transcrito a seguir:

> "§ 5.º Os lucros que deixarem de ser distribuídos nos termos do § 4.º serão registrados como reserva especial e, se não absorvidos por prejuízos em exercícios subsequentes, deverão ser pagos como dividendo assim que o permitir a situação financeira da companhia."

15.1.1.6.8. Reserva prêmio na emissão de debêntures

Como já visto no capítulo anterior, o prêmio na emissão de debêntures deve ser contabilizado como Passivo e apropriado ao resultado à medida que o tempo da operação de empréstimo contratado com debêntures transcorrer.

Como o prêmio na emissão de debêntures, pela legislação do Imposto de Renda, é isento do pagamento desse imposto, a legislação permite, no art. 31 da Lei n. 12.973/2014, transcrito a seguir, que o valor apropriado ao Resultado seja excluído do lucro líquido do exercício lançado no Patrimônio Líquido e contabilizado como reserva de lucros.

> "**Art. 31.** O **prêmio na emissão de debêntures não será computado na determinação do lucro real**, desde que:
>
> I — a titularidade da debênture não seja de sócio ou titular da pessoa jurídica emitente; e
>
> II — **seja registrado em reserva de lucros específica**, que somente poderá ser utilizada para:
>
> a) **absorção de prejuízos**, desde que anteriormente já tenham sido totalmente absorvidas as demais Reservas de Lucros, com exceção da Reserva Legal; ou
>
> b) **aumento do capital social**.
>
> § 1.º Na hipótese da alínea *a* do inciso II do *caput*, a pessoa jurídica deverá recompor a reserva à medida que forem apurados lucros nos períodos subsequentes.
>
> § 2.º O prêmio na emissão de debêntures de que trata o *caput* será tributado caso não seja observado o disposto no § 1.º ou seja dada destinação diversa da que está prevista no *caput*, inclusive nas hipóteses de:
>
> I — capitalização do valor e posterior restituição de capital aos sócios ou ao titular, mediante redução do capital social, hipótese em que a base para a incidência será o valor restituído, limitado ao valor total das exclusões decorrentes do prêmio na emissão de debêntures;
>
> II — restituição de capital aos sócios ou ao titular, mediante redução do capital social, nos 5 (cinco) anos anteriores à data da emissão das debêntures, com posterior capitalização do valor do prêmio na emissão de debêntures, hipótese em que a base para a incidência será o valor restituído, limitada ao valor total das exclusões decorrentes de prêmio na emissão de debêntures; ou
>
> III — integração à base de cálculo dos dividendos obrigatórios.

> § 3.º Se, no período de apuração, a pessoa jurídica apurar prejuízo contábil ou lucro líquido contábil inferior à parcela decorrente de prêmio na emissão de debêntures e, nesse caso, não puder ser constituída como parcela de lucros nos termos do *caput*, esta deverá ocorrer à medida que forem apurados lucros nos períodos subsequentes.
> **§ 4.º A reserva de lucros específica a que se refere o inciso II do *caput*, para fins do limite de que trata o art. 199 da Lei n. 6.404, de 15 de dezembro de 1976, terá o mesmo tratamento dado à reserva de lucros prevista no art. 195-A da referida Lei.**
> § 5.º Para fins do disposto no inciso I do *caput*, serão considerados os sócios com participação igual ou superior a 10% (dez por cento) do capital social da pessoa jurídica emitente."

15.1.1.6.9. Aplicações e limite das reservas de lucros

15.1.1.6.9.1. Aplicações das reservas de lucros

Excetuando-se as reservas de lucros que têm como origem os prêmios na emissão de debêntures, e as reservas que têm como origem as subvenções governamentais, todas as outras possuem destinação específica.

As reservas de lucros possuem uma aplicação comum: compensação de prejuízos. Entretanto, existe uma ordem para utilização da conta Lucros Acumulados e das reservas de lucros na compensação de prejuízos, que está descrita no art. 189, parágrafo único, da Lei n. 6.404/76, transcrito a seguir:

> "O prejuízo do exercício será obrigatoriamente absorvido pelos lucros acumulados, pelas reservas de lucros e pela reserva legal, nessa ordem."

15.1.1.6.9.2. Limite das reservas de lucros

As reservas de lucros não podem ultrapassar o valor do Capital Social (integralizado), exceto as reservas de contingências, os incentivos fiscais, os lucros a realizar e o prêmio na emissão de debêntures. Em outras palavras, as reservas legal, estatutária e de retenção somadas não podem ultrapassar o valor do Capital Social integralizado.

No art. 199 da Lei n. 6.404/76, transcrito a seguir, não é citado o termo "integralizado", mas é consenso que devamos considerar assim. A ESAF, em provas para concursos, adota corriqueiramente o valor do capital social subscrito.

A Lei n. 6.404/76 também não esclarece se a reserva especial para dividendo obrigatório não distribuído deve ser excluída desse limite, assim como foram excluídas a reserva para contingência e as demais, mas, como sua motivação para constituição é idêntica a reservas de lucros não realizados, entendemos claramente que deva ser excluída.

No art. 31 da Lei n. 12.973/2014, transcrito após o art. 199 da Lei n. 6.404/76, também foi incluída a determinação de exclusão das reservas de lucros, fruto da emissão de debêntures.

> Lei n. 6.404/76: "**Art. 199.** O saldo das reservas de lucros, exceto as para **contingências**, de **incentivos fiscais** e de **lucros a realizar**, não poderá ultrapassar o capital social. Atingindo esse limite, a assembleia deliberará sobre aplicação do excesso na integralização ou no aumento do capital social ou na distribuição de dividendos. (*Redação dada pela Lei n. 11.638, de 2007*)

> **Art. 31 da Lei n. 12.973/2014:** "§ 4.º A reserva de lucros específica a que se refere o inciso II do *caput*, para fins do limite de que trata o art. 199 da Lei n. 6.404, de 15 de dezembro de 1976, terá o mesmo tratamento dado à reserva de lucros prevista no art. 195-A da referida Lei.
>
> (...)
>
> III — manter o valor referente à parcela do lucro líquido do exercício decorrente do **prêmio na emissão de debêntures** em reserva de lucros específica;"

A empresa Prisca Empreendimentos Cinematográficos Ltda. possui Capital Social de $ 200.000; Reservas de Contingências no valor de $ 150.000; Lucros a Realizar no valor de $ 60.000; Reserva de Incentivos Fiscais no valor de $ 70.000; e Reserva Prêmio na Emissão de Debêntures no valor de $ 40.000. Sabendo que a Reserva Legal Acumulada possui valor de $ 40.000 e que a Reserva Estatutária possui valor de $ 130.000, qual o valor máximo que a Reserva de Retenção pode ser constituída neste exercício?

Reserva Legal	$ 40.000
Reserva Estatutária	$ 130.000
Reserva de Contingência (*)	$ 150.000
Reserva de Incentivos Fiscais (*)	$ 70.000
Reserva de Lucros a Realizar (*)	$ 60.000
Reserva Prêmio na Emissão de Debêntures (*)	$ 40.000
Reserva de Retenção	?

(*) Reservas excluídas do limite das reservas de lucro.

O valor máximo de constituição da reserva de retenção nesse exercício pode ser:

Capital Social	$ 200.000
Reserva Legal	($ 40.000)
Reserva Estatutária	($ 130.000)
Diferença	$ 30.000

O valor máximo de constituição de reserva de retenção nesse exercício seria, portanto, de $ 30.000.

15.1.1.6.10. Lucros ou prejuízos acumulados

A conta Lucros Acumulados foi extinta do Balanço Patrimonial publicado. Essa alteração ocorreu primeiro pela Lei n. 11.638/2007 e depois foi ratificada pela Lei n. 11.941/2009, por meio da alteração do art. 178, § 2.º, inc. III, transcrito a seguir:

> "III — patrimônio líquido, dividido em capital social, reservas de capital, ajustes de avaliação patrimonial, reservas de lucros, ações em tesouraria e prejuízos acumulados ***(Incluído pela Lei n. 11.941, de 2009).***"

Essa alteração não extinguiu a conta Lucros Acumulados da Contabilidade, simplesmente definiu que não podem existir lucros acumulados no Balanço Patrimonial publicado.

Em 2001, o art. 202, § 6.º, da Lei n. 6.404/76 passou a determinar que não poderia mais haver lucros acumulados sem destinação. Na prática, desde 2001, a conta Lucros Acumulados não podia mais ter seu saldo aumentado. Os lucros dos períodos posteriores tiveram que ser aplicados em reservas ou distribuídos. Agora, com o fim da conta Lucros Acumulados no balanço publicado, o saldo anterior eventual dessa conta também teve que ser destinado.

> "Os lucros não destinados nos termos dos arts. 193 a 197 deverão ser distribuídos como dividendos ***(Incluído pela Lei n. 10.303, de 2001).***"

A Contabilidade tem que ter essa conta normalmente em sua escrituração durante todo o exercício social. É nela que os lucros de cada mês serão contabilizados e acumulados para a distribuição no final de cada período.

Portanto, no Balanço, ou essa conta tem saldo ZERO ou prejuízo acumulado.

15.2. NOTAS EXPLICATIVAS

As demonstrações financeiras são resumos com saldos do que ocorreu no Patrimônio (Balanço Patrimonial), no Resultado (DRE), no Caixa (DFC) e no Patrimônio Líquido (DMPL). Portanto, as demonstrações são retratos resumidos de momentos, e às vezes é difícil para um leitor interessado nas informações contábeis e financeiras da empresa entender a evolução do Patrimônio e o Resultado da empresa no período analisado.

As notas explicativas **são relatórios complementares** para os quais não existe rigor de elaboração; devem ser **utilizadas para enriquecer** o conjunto das informações de todos os interessados em conhecer melhor a empresa em questão. De acordo com o CPC 26, em seu item 112, as notas explicativas devem:

> (a) apresentar informação acerca da base para a elaboração das demonstrações contábeis e das políticas contábeis específicas utilizadas, de acordo com os itens 117 a 124;
> (b) divulgar a informação requerida pelos Pronunciamentos Técnicos, Orientações e Interpretações do CPC que não tenha sido apresentada nas demonstrações contábeis; e
> (c) prover informação adicional que não tenha sido apresentada nas demonstrações contábeis, mas que seja relevante para sua compreensão.

15.2.1. Notas explicativas na Lei n. 6.404/76

O art. 176, § 4.º e § 5.º, e o art. 177, § 1.º, transcritos a seguir, apresentam as informações mínimas que devem constar nas notas explicativas:

"§ 4.º As demonstrações serão **complementadas por notas explicativas** e outros quadros analíticos ou demonstrações contábeis necessários para esclarecimento da situação patrimonial e dos resultados do exercício.

§ 5.º As notas explicativas devem: *(Redação dada pela Lei n. 11.941, de 2009)*

I — apresentar informações sobre a **base de preparação** das demonstrações financeiras e das práticas contábeis específicas selecionadas e aplicadas para negócios e **eventos significativos**; *(Incluído pela Lei n. 11.941, de 2009)*

II — divulgar as informações exigidas pelas práticas contábeis adotadas no Brasil que não estejam apresentadas em nenhuma outra parte das demonstrações financeiras; *(Incluído pela Lei n. 11.941, de 2009)*

III — fornecer informações adicionais não indicadas nas próprias demonstrações financeiras e consideradas necessárias para uma apresentação adequada; e *(Incluído pela Lei n. 11.941, de 2009)*

IV — indicar: *(Incluído pela Lei n. 11.941, de 2009)*

a) os **principais critérios de avaliação** dos elementos patrimoniais, especialmente estoques, dos cálculos de depreciação, amortização e exaustão, de constituição de provisões para encargos ou riscos, e dos ajustes para atender a perdas prováveis na realização de elementos do ativo; *(Incluído pela Lei n. 11.941, de 2009)*

b) **os investimentos em outras sociedades**, quando relevantes (art. 247, parágrafo único); *(Incluído pela Lei n. 11.941, de 2009)*

c) o aumento de valor de elementos do ativo resultante de **novas avaliações** (art. 182, § 3.º); *(Incluído pela Lei n. 11.941, de 2009)*

d) **os ônus reais constituídos** sobre elementos do ativo, as garantias prestadas a terceiros e outras responsabilidades eventuais ou contingentes; *(Incluído pela Lei n. 11.941, de 2009)*

e) a **taxa de juros, as datas de vencimento e as garantias das obrigações** a longo prazo; *(Incluído pela Lei n. 11.941, de 2009)*

f) o **número, espécies e classes das ações** do capital social; *(Incluído pela Lei n. 11.941, de 2009)*

g) as **opções de compra de ações outorgadas e exercidas** no exercício; *(Incluído pela Lei n. 11.941, de 2009)*

h) os **ajustes de exercícios anteriores** (art. 186, § 1.º); e *(Incluído pela Lei n. 11.941, de 2009)*

i) os **eventos subsequentes** à data de encerramento do exercício que tenham, ou possam vir a ter, efeito relevante sobre a situação financeira e os resultados futuros da companhia. *(Incluído pela Lei n. 11.941, de 2009)*

Art. 177. A escrituração da companhia será mantida em registros permanentes, com obediência aos preceitos da legislação comercial e desta Lei e aos princípios de contabilidade geralmente aceitos, devendo observar métodos ou critérios contábeis uniformes no tempo e registrar as mutações patrimoniais segundo o regime de competência.

§ 1.º As demonstrações financeiras do exercício em que houver **modificação de métodos ou critérios contábeis**, de efeitos relevantes, deverão indicá-la em nota e ressaltar esses efeitos."

15.2.2. Notas explicativas na NBC TG 26 (R5) — CPC 26(R1)

O CPC 26(R1), aprovado pelo CFC como Norma Brasileira de Contabilidade (NBC TG 26 R5), em seus itens 77 a 80A, também disciplina as informações mínimas que devem constar das notas explicativas:

"77. A entidade deve divulgar, seja no balanço patrimonial seja nas notas explicativas, rubricas adicionais às contas apresentadas (subclassificações), classificadas de forma adequada às operações da entidade. (*Redação alterada pela Resolução CFC n. 1.376/2011.*)

78. O detalhamento proporcionado nas subclassificações depende dos requisitos das normas, interpretações e comunicados técnicos e da dimensão, natureza e função dos montantes envolvidos. Os fatores estabelecidos no item 58 também são usados para decidir as bases a se utilizar para tal subclassificação. As divulgações variam para cada item, por exemplo:

(a) os itens do ativo imobilizado são segregados em classes de acordo com a NBC TG 27;

(b) as contas a receber são segregadas em montantes a receber de clientes comerciais, contas a receber de partes relacionadas, pagamentos antecipados e outros montantes;

(c) os estoques são segregados, de acordo com a NBC TG 16 — Estoques, em classificações tais como mercadorias para revenda, insumos, materiais, produtos em processo e produtos acabados; (*Redação alterada pela Resolução CFC n. 1.376/2011.*)

(d) as provisões são segregadas em provisões para benefícios dos empregados e outros itens; e

(e) o capital e as reservas são segregados em várias classes, tais como capital subscrito e integralizado, prêmios na emissão de ações e reservas.

79. A entidade deve divulgar o seguinte no balanço patrimonial, na demonstração das mutações do patrimônio líquido ou nas notas explicativas:

(a) para cada classe de ações do capital:

(i) a quantidade de ações autorizadas;

(ii) a quantidade de ações subscritas e inteiramente integralizadas, e subscritas, mas não integralizadas;

(iii) o valor nominal por ação, ou informar que as ações não têm valor nominal;

(iv) a conciliação da quantidade de ações em circulação no início e no fim do período;

(v) os direitos, preferências e restrições associados a essa classe de ações incluindo restrições na distribuição de dividendos e no reembolso de capital;

(vi) ações ou quotas da entidade mantidas pela própria entidade (ações ou quotas em tesouraria) ou por controladas ou coligadas; e

(vii) ações reservadas para emissão em função de opções e contratos para a venda de ações, incluindo os prazos e respectivos montantes; e

(b) uma descrição da natureza e da finalidade de cada reserva dentro do patrimônio líquido.

80. A entidade sem capital representado por ações, tal como uma sociedade de responsabilidade limitada ou um truste, deve divulgar informação equivalente à exigida no item 79(a), mostrando as alterações durante o período em cada categoria de participação no patrimônio líquido e os direitos, preferências e restrições associados a cada ca-

tegoria de instrumento patrimonial. (*Redação alterada pela Resolução CFC n. 1.376/2011.*)

80A. Se a entidade tiver reclassificado

(a) instrumento financeiro com opção de venda classificado como instrumento patrimonial, ou

(b) instrumento que impõe sobre a entidade a obrigação de entregar a uma contraparte um valor *pro rata* dos ativos líquidos (patrimônio líquido) somente na liquidação da entidade e é classificado como instrumento patrimonial entre passivos financeiros e patrimônio líquido, ela divulga o montante reclassificado para e de cada categoria (passivos financeiros ou patrimônio líquido), e o momento e o motivo dessa reclassificação".

15.3. QUESTÕES

15.3.1. Classificação de contas no Ativo, Passivo e patrimônio líquido

1. (CGU — Atualizada de acordo com a Lei n. 11.941/2009 — ESAF/2008) Em relação a estrutura, conteúdo e classificação das contas patrimoniais, julgue os itens que se seguem e marque, com V para os verdadeiros e F para os falsos, a opção que corresponde à sequência correta.

I. No ativo, as contas serão dispostas em ordem decrescente de grau de liquidez dos elementos nelas registrados, nos seguintes grupos: ativo circulante e ativo não circulante, composto por ativo realizável a longo prazo, investimentos, imobilizado e intangível.
II. O patrimônio líquido pode ser dividido em capital social, reservas de capital, ajustes de avaliação patrimonial, reservas de lucros, ações em tesouraria e prejuízos acumulados.
III. No ativo imobilizado, serão registrados os direitos que tenham por objeto bens corpóreos destinados à manutenção das atividades da companhia ou da empresa ou exercidos com essa finalidade, inclusive os decorrentes de operações que transfiram à companhia os benefícios, riscos e controle desses bens.
IV. Serão classificadas como reservas de capital as contas que registrarem o produto da alienação de partes beneficiárias e bônus de subscrição, o prêmio recebido na emissão de debêntures e as doações e as subvenções para investimento.
V. Serão classificadas como ajustes de avaliação patrimonial, enquanto não computadas no resultado do exercício em obediência ao regime de competência, as contrapartidas de aumentos ou diminuições de valor atribuído a elementos do ativo e do passivo, em decorrência da sua avaliação a valor justo.

a) V, V, F, F, F
b) V, V, V, F, V
c) F, F, V, F, F
d) V, F, F, V, V
e) F, F, V, V, V

2. (TRF — ESAF/2003) A empresa Internacional S/A, no encerramento do exercício de 2002, obteve as seguintes informações, conforme segue:

Adiantamento a Fornecedores	$ 15.000
Ativo Imobilizado	$ 1.300.000
Contas a Pagar	$ 1.100.000
Disponibilidades	$ 150.000
Duplicatas a Receber	$ 1.200.000
Empréstimos	$ 1.000.000
Estoques	$ 850.000
Lucros Acumulados	$ 200.000
Reserva Legal	$ 10.000

Na elaboração do Balanço Patrimonial da empresa, os valores do Patrimônio Líquido e do Capital Social Integralizado serão:

	Patrimônio Líquido	Cap. Social Integralizado
a)	$ 1.400.000	$ 1.190.000
b)	$ 1.400.000	$ 1.205.000
c)	$ 1.415.000	$ 1.205.000
d)	$ 1.415.000	$ 1.225.000
e)	$ 1.425.000	$ 1.225.000

3. (AFPS — CESPE/2003) Julgue a questão abaixo:

Reservas são parcelas que apresentam a diferença positiva entre o patrimônio líquido e o capital. São classificadas em três grupos distintos: de capital, de reavaliação e de lucros.

( ) Certo ( ) Errado

4. (TCE-SP — FCC/2012) Em relação às alterações promovidas nas Normas de Contabilidade brasileiras pelas Leis n. 11.638/2007 e 11.941/2009 e pelos pronunciamentos do Comitê de Pronunciamentos Contábeis (CPC), é correto afirmar:

a) O grupo de Resultado de Exercícios Futuros foi extinto, sendo o saldo de suas contas encerrado com a contrapartida registrada na conta de Lucros ou Prejuízos Acumulados.
b) Os prêmios recebidos na emissão de debêntures são registrados, a partir de 1.º de janeiro de 2008, a débito do Ativo e a crédito de uma conta representativa de reservas de capital.
c) Os arrendamentos (*leasings*) operacionais foram proibidos, devendo a entidade escriturar o valor do ativo, mesmo não lhe pertencendo do ponto de vista jurídico, na contabilidade e depreciá-lo normalmente no decorrer de sua vida útil estimada.
d) É permitido à entidade constituída na forma de uma sociedade por ações reavaliar o valor de seus ativos imobilizados, desde que fundamentado em laudo de empresa especializada, aprovado pela assembleia geral dos acionistas.
e) O grupo Ativo Diferido foi extinto, sendo o saldo de suas contas transferido, no que couber, para os grupos Ativo Imobilizado e para o Ativo Intangível e a parte remanescente, após a reclassificação, poderá ser mantida pela companhia até sua completa amortização.

5. (ISS-SP — FCC/2012) Considere os itens patrimoniais, a seguir, de uma sociedade anônima de capital aberto:

I. Ações de outras empresas em que não há intenção de vendas.
II. Ações adquiridas de sua própria emissão.
III. Financiamento a ser pago em 15 meses após a data do Balanço Patrimonial.

I, II e III são classificados, respectivamente, como

a) ativo não circulante — aplicação financeira, ativo não circulante — investimentos e passivo não circulante.
b) ativo circulante, ativo não circulante — aplicação financeira e passivo não circulante.
c) ativo não circulante — investimentos, patrimônio líquido e passivo não circulante.
d) ativo não circulante — investimentos, patrimônio líquido e passivo circulante.
e) ativo realizável a longo prazo, ativo não circulante — investimentos e passivo não circulante.

6. (ISS-SP — FCC/2012) Em relação à avaliação dos elementos patrimoniais, considere:

I. O valor contábil de um terreno de R$ 300.000,00, cujo teste de *impairment* indicou valor justo líquido da despesa de venda de R$ 290.000,00 e valor em uso de R$ 280.000,00, deve ser reduzido em R$ 20.000,00.
II. As obrigações de curto prazo com fornecedores devem ser ajustadas ao seu valor presente, quando houver efeito relevante.
III. Uma patente adquirida que expira em 10 anos e com valor residual igual a zero gera despesa de amortização de 10% do seu valor de aquisição em cada ano, se a empresa utilizar o método linear de amortização.
IV. O investimento em controlada, que representa participação no capital votante de 60% e no capital social de 50%, deve ser aumentado em R$ 60.000,00 se a investida tiver apurado lucro no exercício de R$ 100.000,00.

Está correto o que se afirma APENAS em

a) III e IV.
b) I e II.
c) I, II e III.
d) II e III.
e) II, III e IV.

7. (AFR — SEFAZ-RS — CESPE/2019) Na fiscalização de uma sociedade anônima comercial, após o seu primeiro ano de funcionamento, verificou-se que a empresa possuía

— Capital subscrito no valor de R$ 2.000;
— Capital realizado no valor de R$ 1.700;
— Capital de terceiros no valor de R$ 600;
— Prejuízo acumulado no valor de R$ 300.

Constatou-se, ainda, que não havia reservas, ações em tesouraria nem ajuste de avaliação patrimonial nas demonstrações contábeis da sociedade.
Nessa situação hipotética, o valor do capital total à disposição da sociedade é igual a

a) R$ 1.700.
b) R$ 2.000.
c) R$ 2.300.
d) R$ 3.400.
e) R$ 4.000.

15.3.2. Questões relacionadas com a conta capital

1. (SEFAZ-SP — FCC/2009) A empresa Capital Ltda. aumentou seu capital em $ 200.000. A sociedade é formada por 4 sócios, cada um com 25%. Dois sócios fizeram a transferência dos recursos no ato da reunião da diretoria e os demais acordaram em transferir os recursos em dois meses. A conta em que ficará registrado o direito da empresa em receber esses recursos é Capital Social a

a) Autorizar.
b) Capitalizar.
c) Receber.
d) Integralizar.
e) Subscrever.

2. (SEFAZ-RJ — FGV/2009) A Cia. Três Corações abriu seu capital em 2008, por meio de emissão de títulos patrimoniais, autorizada pela Comissão de Valores Mobiliários. A empresa incorreu em $ 2.000.000 de custos de transação diretamente atribuíveis à emissão efetuada.

De acordo com o CPC 08, aprovado pelo CFC, esse valor deve ser reconhecido como:

a) Despesa Financeira.
b) Ativo Intangível.
c) Ativo Diferido.
d) Redutor do Patrimônio Líquido.
e) Despesa Antecipada.

3. (Analista — Contador — TJ-ES — CESPE/2011) Na formalização do aumento de capital de uma companhia, o adiantamento de capital correspondente será baixado, mediante lançamento a débito, creditando-se o capital social.

( ) Certo ( ) Errado

4. (Contador — BNDES — CESGRANRIO/2008) Quando da constituição da sociedade anônima, um dos acionistas subscreveu 1.150.000 ações, com valor nominal de R$ 1,00, para integralização em equipamentos aos quais ele atribuiu, em documento endereçado à Assembleia Geral, o valor de R$ 1.145.000,00.

A Assembleia Geral de subscritores nomeou uma empresa especializada que, em laudo fundamentado, avaliou o conjunto de equipamentos em R$ 1.160.000,00.
A Assembleia Geral aprovou o valor dos equipamentos em R$ 1.148.000,00.

Considerando as determinações da Lei n. 6.404/76, com nova redação dada pelas Leis ns. 9.457/97 e 10.303/01, a integralização do capital deve ser considerada pelo valor, em reais, de

a) 1.145.000,00, atribuído pelo subscritor.
b) 1.148.000,00, aprovado pela assembleia geral.
c) 1.150.000,00, sendo a diferença, de R$ 10.000,00, ressarcida ao subscritor.
d) 1.150.000,00, sendo esse valor atribuído aos equipamentos, não havendo ressarcimento.
e) 1.160.000,00, sendo a diferença, de R$ 10.000,00, considerada como ágio na subscrição.

5. (Assessor — TCE-PI — FGV/2021) A empresa Alfa foi constituída em 02.01.2020 por dois sócios, Sr. X e Sr. Y. O capital social da empresa foi subscrito no valor de R$ 100.000,00. O capital foi constituído de quotas igualmente divididas entre os dois sócios. O Sr. X integralizou a sua parte em dinheiro no ato de constituição da empresa, que foi depositada no banco em que a empresa abriu uma conta. Já o Sr. Y integralizou a parte dele com um veículo no valor de R$ 30.000,00 e o restante ficou para ser integralizado em espécie em 90 dias.

De acordo com o texto 1, no momento da constituição da empresa, o patrimônio líquido tem o valor de:

a) R$ 100.000,00;
b) R$ 80.000,00;
c) R$ 50.000,00;
d) R$ 30.000,00;
e) R$ 20.000,00.

15.3.3. Questões relacionadas com reservas de lucros e de capital

1. (Do Autor) O patrimônio líquido da Indústria Sophia S.A., em dezembro de 2008, antes da incorporação do prejuízo líquido do exercício, era de:

Capital Social	$ 200.000
Reservas de Capital	$ 30.000
Reserva Legal	$ 40.000
Reserva de Incentivos Fiscais	$ 15.000
Reserva Estatutária	$ 20.000
Lucros Acumulados	$ 10.000

Assinale a alternativa correta, que corresponde à apropriação do prejuízo, de acordo com a legislação vigente após a Lei n. 11.638/2007.

a) Caso o prejuízo líquido do exercício seja de $ 15.000, a conta Prejuízos Acumulados ficará opcionalmente com saldo devedor de $ 5.000.
b) Caso o prejuízo líquido do exercício seja de $ 50.000, a conta Reserva Legal ficará opcionalmente com saldo de $ 35.000.
c) Caso o prejuízo líquido do exercício seja de $ 10.000, o saldo da conta Lucros Acumulados será opcionalmente igual a zero.
d) Caso o prejuízo líquido do exercício seja de $ 100.000, a conta das reservas de Capital ficará com saldo obrigatoriamente de $ 15.000.
e) Caso o prejuízo líquido do exercício seja de $ 100.000, a conta Prejuízos Acumulados ficará opcionalmente com saldo devedor de $ 15.000.

2. (AFTN — modificada — ESAF/1996) São classificados como Reserva de Capital:

a) Os Prêmios nas Emissões de Debêntures e a Reserva Especial para Dividendo Obrigatório não Distribuído.
b) Reserva Especial para Dividendo Obrigatório não Distribuído e as Subvenções para Investimentos.
c) A Reserva de Lucros a Realizar, o Ágio na Emissão de Ações e as Doações e Subvenções para Investimentos.
d) Ágio na Emissão de Ações, Bônus de Subscrição a Correção Monetária do Capital Realizado.
e) As Reservas de Contingências, a Reserva para Expansão e a Correção Monetária do Capital Realizado.

3. (SEA-AP — FGV/2010) De acordo com as regras contábeis e societárias vigentes, pode-se afirmar que as Reservas de Capital podem ser utilizadas para:

a) reversão de reservas, incorporação de capital social e criação de dividendo obrigatório.
b) incorporação ao capital social e resgate de partes beneficiárias.
c) criação de dividendo obrigatório, resgate de partes beneficiárias e criação de incentivos fiscais.
d) reversão de reserva legal, incorporação de capital social e criação de incentivos fiscais.
e) resgate, reembolso ou compra de ações e reversão de reservas de incentivos fiscais.

4. (Analista — SUSEP — ESAF/2010) Assinale abaixo a opção onde consta a única assertiva que não é verdadeira neste quesito.

a) O saldo das reservas de lucros não poderá ultrapassar o capital social. Do cômputo desse saldo, entretanto, deverão ser excluídas as reservas para contingências, de incentivos fiscais e de lucros a realizar.
b) Quando o limite das reservas de lucros for atingido, a assembleia deverá deliberar sobre a aplicação do excesso na integralização ou no aumento do capital social ou na distribuição de dividendos.
c) A assembleia geral poderá destinar para a reserva de incentivos fiscais a parcela do lucro líquido decorrente de doações ou subvenções governamentais para investimentos, mas esse valor não poderá ser excluído da base de cálculo do dividendo obrigatório.
d) Os saldos existentes nas reservas de reavaliação deverão ser mantidos até sua efetiva realização ou estornados até o final do exercício social de 2008.
e) A legislação vigente, ao determinar a composição dos grupos do balanço, afirma que o patrimônio líquido será dividido em capital social, reservas de capital, ajustes de avaliação patrimonial, reservas de lucros, ações em tesouraria e prejuízos acumulados.

5. (Contador Jr. — Petrobras — CESGRANRIO/2010) Poderá ser constituída reserva de lucros a realizar

a) por proposta da administração e com aprovação da assembleia geral, desde que tenha havido prejuízo no exercício.
b) se for apurado prejuízo no resultado do exercício, mas existir a obrigação de pagar dividendos fixos.
c) quando existirem resultados positivos da aplicação do método de equivalência patrimonial dentro do lucro do exercício.
d) no exercício em que os lucros não realizados ultrapassarem o total já destinado à constituição da reserva legal e de contingências.
e) no exercício em que o montante do dividendo obrigatório ultrapassar a parcela realizada do lucro líquido do exercício.

6. (AFR — SEFAZ-SC — FCC/2018) Considere:

I. A companhia poderá deixar de constituir a reserva legal no exercício em que o saldo dessa reserva, acrescido do montante das reservas de capital, exceder a 20% do capital social.
II. A companhia somente pode pagar dividendos à conta de lucro líquido do exercício, de lucros acumulados e de reserva de lucros; e à conta de reserva de capital, em casos específicos.
III. A Assembleia Geral poderá, por proposta dos órgãos de Administração, destinar para a reserva de incentivos fiscais a parcela do lucro líquido decorrente de doações ou subvenções governamentais para investimentos, que poderá ser excluída da base de cálculo do dividendo obrigatório.

Está correto o que se afirma APENAS em

a) I.
b) II.
c) III.
d) II e III.
e) I e III.

7. (Controlador — CM Campo Limpo — VUNESP/2018) Assinale a alternativa que contém uma reserva de capital.

a) Reserva Legal.
b) Reserva de Contingências.
c) Reserva de Ágio na Emissão de Ações.
d) Reserva para Pagamento de Dividendo Obrigatório.
e) Reserva Estatutária.

15.3.4. Questões relacionadas com reservas de lucros

1. (TJ-PI — FCC/2009) Representa uma conta de resultado que poderá ser transferida para reserva de lucro que, anteriormente à vigência da Lei n. 11.638/2007, era classificada como reserva de capital:

a) Reserva de Ágio na Emissão de Ações.
b) Reserva Estatutária.
c) Reserva de Prêmio na Emissão de Debêntures.
d) Reserva Legal.
e) Reserva para Contingências.

2. (Do Autor) Se uma empresa estiver em dificuldades financeiras e não tiver condições de pagar os dividendos aos acionistas, poderá:

a) constituir uma reserva de retenção de lucro.
b) constituir uma provisão para dividendos pendentes.
c) apenas relatar o fato em notas explicativas.
d) constituir uma reserva especial.
e) constituir uma reserva de lucros a realizar.

3. (Bacharel — CFC/2001.1) Assinale a alternativa INCORRETA:

a) O montante da Reserva Legal não poderá exceder 20% do valor do Capital Social.
b) A Reserva Legal poderá deixar de ser constituída quando o seu saldo, adicionado ao montante das Reservas de Capital, exceder 30% do Capital Social.
c) A Reserva Legal não está sujeita à reversão.
d) A Reserva Legal visa manter a integridade do Capital Social e está sujeita à reversão.

4. (Téc. Contab. Jr. — CESGRANRIO/2012) No Balanço Patrimonial, as contas que visam à proteção dos direitos dos acionistas e dos credores da companhia aberta, por meio da retenção de valores oriundos do resultado do período, são classificadas como

a) Lucros Acumulados.
b) Bônus de subscrição.
c) Ajustes da Avaliação Patrimonial.
d) Reserva de Capital.
e) Reservas de Lucros.

5. (Contador Jr. — Petrobras-BR — CESGRANRIO/2011) A Indústria Famosa S/A recebeu do governo federal, em dinheiro, subvenção governamental para a implantação de unidade fabril em um ente da Federação, considerado estratégico pelo Executivo Federal, para o desenvolvimento sustentado da região. Admita que exista a necessidade de que essa subvenção não seja distribuída ou de qualquer forma repassada aos sócios (acionistas), sendo sua retenção considerada indispensável.

O registro contábil dessa retenção da subvenção governamental, desconsiderando as formalidades do lançamento, é o seguinte:

	Conta a débito	Conta a crédito
a)	Caixa	Reserva de Incentivos Fiscais
b)	Reserva de Incentivos Fiscais	Resultado do Exercício
c)	Resultado do Exercício	Reserva de Subvenções
d)	Subvenções Governamentais	Reserva de Subvenções
e)	Lucros ou Prejuízos Acumulados	Reserva de Incentivos Fiscais

6. (Contador — TST-AJ — CESPE/2008) Com relação às demonstrações financeiras, julgue o item que se segue.

Considere que uma empresa apresente, ao final do exercício, os saldos a seguir.

lucro líquido do exercício: R$ 500.000,00
capital social: R$ 800.000,00
reserva legal: R$ 140.000,00
reservas de capital: R$ 100.000,00.

Nesse caso, o valor mínimo da reserva a ser calculada obrigatoriamente sobre o resultado do exercício será igual a zero.

( ) Certo ( ) Errado

7. (Oficial — ABIN — CESPE/2018) De acordo com dispositivos da Lei n. 6.404/1976 e de legislação complementar, julgue o item a seguir.

A parcela do lucro líquido decorrente de doações ou subvenções governamentais para investimentos poderá ser destinada para a constituição da reserva de incentivos fiscais, e deverá ser incluída na base de cálculo do dividendo obrigatório.

( ) Certo ( ) Errado

8. (ACE — TCE-RJ — CESPE/2021) Com relação ao tratamento contábil do patrimônio líquido e de seus componentes, julgue o próximo item.

A reserva de lucros a realizar tem por finalidade adequar a distribuição de dividendos obrigatórios ao lucro efetivamente realizado em termos financeiros.

( ) Certo ( ) Errado

15.3.5. Questões relacionadas com reservas de capital

1. (TJ-PI — FCC/2009) Considerando-se o disposto na Lei n. 11.638/2007, que alterou a redação da Lei das Sociedades por Ações, é classificada como uma reserva de capital a Reserva

a) de Ágio na Emissão de Ações.
b) de Subvenção de Investimentos.
c) de Prêmio na Emissão de Debêntures.
d) para Contingências.
e) Legal.

2. (TRF — ESAF/2001) Na conversão de debêntures em ações, as parcelas que ultrapassem o valor nominal da ação deverão ser registradas como

a) reserva de lucros que poderão amortizar prejuízos futuros ou ser distribuídas aos sócios no exercício social em que não forem apurados lucros.
b) reserva de lucros que poderá ser distribuída aos sócios, no próprio exercício.
c) reservas de capital.
d) reserva de lucros destinada, obrigatoriamente, a amortizar prejuízos.
e) receitas não operacionais do exercício.

3. (CNAI/2009 — Atualizada) De acordo com a Resolução n. 1.142/08, que aprovou a norma NBC TG 08, quando a operação de captação de recursos por intermédio da emissão de títulos patrimoniais não for concluída, inexistindo aumento de capital ou emissão de bônus de subscrição, os custos de transação devem ser:

a) baixados como perda contra lucros/prejuízos acumulados.
b) baixados como perda em conta do resultado do exercício.
c) mantidos em conta de ativo para apropriação ao custo de futura operação.
d) apropriados ao ativo intangível, sujeitos ao teste de recuperabilidade.

4. (CNAI/2009) Com base na Lei n. 6.404/76 e alterações posteriores, a companhia NÃO poderá distribuir dividendos a débito na conta:

a) Reservas de Capital, no caso das ações ordinárias.
b) Reservas de Lucros Retidos.
c) Reserva para Aumento de Capital.
d) Lucros Acumulados.

5. (Téc. Contáb. Jr. — CESGRANRIO/2012) No encerramento do exercício social, em 31.12.2011, uma sociedade anônima de capital autorizado, fundada em 2009, apresentou as seguintes informações:

Alienação de bônus de subscrição	8.000,00
Prêmio na alienação de debêntures	5.000,00
Reserva de incentivos fiscais	6.000,00

Considerando exclusivamente as informações recebidas, o valor total das reservas de capital da sociedade, em reais, é de

a) 19.000,00.
b) 14.000,00.
c) 13.000,00.
d) 8.000,00.
e) 6.000,00.

6. (Contador — CM Pedro Leopoldo — FUMARC/2018) De acordo com o artigo 200, da Lei n. 6.404/76, as reservas de capital poderão ser utilizadas, EXCETO para

a) absorção de prejuízos que ultrapassarem os lucros acumulados e as reservas de lucros.
b) incorporação ao capital social e o pagamento de dividendo e bônus a ações ordinárias.
c) resgate de partes beneficiárias.
d) resgate, reembolso ou compra de ações.

15.3.6. Destinação dos lucros

1. (ANTAQ — CESPE/2009) Os lucros não destinados à formação ou ao aumento das reservas de lucros deverão ser utilizados para aumento de capital.

( ) Certo ( ) Errado

2. (Auditor — PETROBRAS — CESGRANRIO/2018) De acordo com a Lei das sociedades por ações, os saldos das reservas de lucros, constituídas com a destinação de parte dos lucros dos exercícios, têm um limite máximo. Atingido esse limite, a assembleia da companhia deliberará sobre a aplicação do excesso que for apurado na integralização de capital, no aumento de capital ou na sua distribuição na forma de dividendos.

Nesse contexto, feitos os registros contábeis da distribuição do lucro, em reais, o contador apurou a seguinte composição do patrimônio líquido:

Capital social	2.000.000,00
Reserva legal	390.000,00
Reserva para contingências	330.000,00
Reserva de Retenção de Lucros	1.750.000,00
Reserva Estatutária	300.000,00
Reserva de Lucros a Realizar	600.000,00

Considerando-se apenas informações recebidas e as determinações da Lei das sociedades por ações sobre o limite máximo permitido, para o montante de lucros retidos nas contas das reservas de lucros, o valor que excede esse limite, em reais, é de

a) 0 (zero)
b) 380.000,00
c) 440.000,00
d) 650.000,00
e) 770.000,00

3. (Técnico — EBSERH — CESPE/2018) Julgue o próximo item, a respeito das demonstrações financeiras.

Se os motivos pelos quais determinada reserva foi constituída deixarem de existir, tal reserva deverá ser revertida para a conta de lucros e prejuízos acumulados.

( ) Certo ( ) Errado

4. (Perito — ITEP-RN — Instituto AOCP/2021) Conforme a legislação societária, o saldo das reservas de lucros não poderá ultrapassar o capital social. Atingindo esse limite, a assembleia deliberará sobre aplicação do excesso na integralização ou no aumento do capital social ou na distribuição de dividendos.

Nesse contexto, a empresa apresentou as seguintes informações sobre as reservas de lucros:

Reserva de Incentivos Fiscais	R$ 1.000.000,00.
Reserva Legal	R$ 2.000.000,00.
Reserva para Contingências	R$ 3.000.000,00.
Reserva de Retenção de Lucros	R$ 7.000.000,00.
Reserva Estatutária	R$ 2.000.000,00.
Reserva de Lucros a Realizar	R$ 3.000.000,00.
Reserva de Prêmio na Emissão de Debêntures	R$ 100.000,00.

Considera-se que o valor do capital social é R$ 10.000.000,00 e a entidade observa rigorosamente as normas da legislação societária.

Com base nas informações apresentadas, qual é o valor que excede esse limite?

a) R$ 600.000,00.
b) R$ 700.000,00.
c) R$ 800.000,00.
d) R$ 900.000,00.
e) R$ 1.000.000,00.

15.3.7. Questões relacionadas com a conta de ajuste de avaliação patrimonial

1. (TCM-CE — FCC/2010) Em obediência ao regime de competência, as contrapartidas de aumentos ou diminuições de valor atribuído a elementos do Ativo e do Passivo, em decorrência de avaliações a preço de mercado que não foram computadas no resultado do exercício, deverão ser classificadas como

a) Reservas de Reavaliação no Patrimônio Líquido.
b) Reservas de Lucros no Patrimônio Líquido.
c) Ajuste de Avaliação Patrimonial no Ativo Circulante.
d) Ajuste de Avaliação Patrimonial no Patrimônio Líquido.
e) Redutora no Ativo e ou Passivo não Circulante.

15.3.8. Questões relacionadas com a absorção de prejuízos

1. (Analista de Finanças e Controle Externo — TCDF/UNB) De acordo com o parágrafo único do art. 189 da lei 6404/76, o prejuízo do exercício será obrigatoriamente absorvido:

a) Pelas reservas de capital previstas no art. 200 da referida lei;
b) Pelos acionistas;
c) Pelos possuidores das ações com direito a voto;
d) Por lucros futuros;
e) Pelos lucros acumulados, pelas reservas de lucros e pela reserva legal, nessa ordem.

15.3.9. Questões sobre notas explicativas

1. (Analista — Contador — TJ-ES — CESPE/2011) As notas explicativas que complementam as demonstrações financeiras compreendem não só as informações obrigatórias não contidas nas próprias demonstrações, como também informações adicionais quando o conteúdo das demonstrações for insuficiente.

( ) Certo ( ) Errado

2. (Analista — Contabilidade — CONSULPLAN/TSE/2012) A Lei n. 6.404/76 e suas alterações posteriores (Lei das Sociedades por Ações) estabelece que as Demonstrações Contábeis devem ser complementadas por Notas Explicativas e outros quadros analíticos ou demonstrações contábeis

necessários para esclarecimento da situação patrimonial e dos resultados do exercício. São informações exigidas por lei como notas explicativas, EXCETO:

a) Os investimentos em outras sociedades, quando relevantes.
b) Os principais critérios de avaliação dos elementos patrimoniais.
c) A taxa de juros, as datas de vencimento e as garantias das obrigações a longo prazo.
d) O número, as espécies, as classes e o nome dos detentores das ações do capital social.

3. (DPE-MT — FGV/2015) Em 20 de fevereiro de 2014 um incêndio destruiu a fábrica de uma filial da empresa "X", que teve perda de parte importante de suas máquinas.

Em 01 de março de 2014, a administração da empresa autorizou a divulgação das demonstrações contábeis de 31 de dezembro de 2013.

Assinale o posicionamento correto da empresa, em relação ao incêndio, nas demonstrações contábeis publicadas em março de 2014.

a) Gerar um ajuste no patrimônio líquido das demonstrações contábeis de 31/12/2013, mas não evidenciar nas notas explicativas.
b) Não gerar ajuste nas demonstrações contábeis, mas evidenciar nas notas explicativas.
c) Não gerar ajustes e nem evidenciar nas notas explicativas.
d) Mencionar o fato no Relatório da Administração apenas.
e) Divulgar um fato relevante para o mercado acionário.

4. (Contador — Petrobras — CESGRANRIO/2015) A Lei n. 4.604, de 15 de dezembro de 1976, que dispõe sobre as Sociedades por Ações, estabelece que as notas explicativas são um complemento das demonstrações contábeis.

Nesse contexto e de acordo com os termos dessa Lei, as notas explicativas são necessárias para o esclarecimento da situação patrimonial e

a) financeira
b) econômica
c) tributária
d) dos resultados do exercício
e) dos passivos de longo prazo

5. (Auditor — TCU — CESPE/2015) Com relação às características e à forma de apresentação das demonstrações contábeis, julgue o item a seguir.

Comentários sobre a conjuntura econômica geral relacionada à entidade, que incluem concorrência nos mercados, atos governamentais e outros fatores exógenos materiais sobre o desempenho de uma companhia, devem ser evidenciados nas notas explicativas.

( ) Certo ( ) Errado

6. (Contador — FUB — CESPE/2015) Julgue o item a seguir, com relação aos fatos descritos e seus efeitos nas demonstrações contábeis, elaboradas conforme a Lei n. 6.404/1976 (e alterações posteriores) e os pronunciamentos técnicos do Comitê de Pronunciamentos Contábeis (CPC).

Caso uma empresa tenha modificado os critérios contábeis durante determinado exercício, esse fato deverá ser evidenciado na demonstração das mutações do patrimônio líquido referente ao mesmo exercício.

( ) Certo ( ) Errado

7. (Auditor — CGE-PI — CESPE/2015) De acordo com a Lei n. 6.404/1976, julgue o item que se segue, relativo a estrutura societária e notas explicativas.

Os créditos existentes entre sociedades coligadas e controladas, de um lado, e as respectivas sociedades participantes e controladoras, de outro, devem ser detalhados nas notas explicativas.

( ) Certo ( ) Errado

15.3.10. Questões complementares

1. (Do Autor) De acordo com as alterações introduzidas pela Lei n. 11.638/2007 na Lei n. 6.404/76, assinalar a única alternativa certa.

a) Além das sociedades anônimas, as empresas limitadas de grande porte, com Ativos superiores a $ 240.000.000 ou receita bruta superior a $ 300.000.000, também estão obrigadas à escrituração, elaboração de demonstrações financeiras e auditoria independente por auditor registrado na CVM;

b) Considera-se sociedade de grande porte, para os fins da Lei n. 11.638/2007, a sociedade ou conjunto de sociedades nos limites descritos no item anterior;
c) Despesas pré-operacionais, após as modificações introduzidas pela Lei n. 11.638/2007, devem ser classificadas no Ativo Intangível;
d) A conta Lucros Acumulados foi extinta da escrituração contábil pela Lei n. 11.638/2007;
e) As doações e subvenções recebidas por empresas de ente público para investimentos devem ser sempre consideradas reservas de lucros, com o nome de incentivos fiscais, de acordo com a redação do artigo 195-A da Lei n. 6.404/76.

2. (ACE — MDIC — ESAF/2012) Em relação ao patrimônio, objeto da contabilidade, é correto afirmar que

a) o ativo patrimonial é composto dos bens, direitos e obrigações de uma pessoa física ou jurídica.
b) o patrimônio líquido pode ser entendido como sendo a diferença entre o valor do ativo e o valor do passivo de um patrimônio.
c) se calcularmos os direitos reais e os direitos pessoais pertencentes a uma entidade, estaremos calculando o ativo patrimonial dessa entidade.
d) o capital social de um empreendimento comercial é o montante de recursos aplicados em seu patrimônio.
e) o montante dos bens e dos direitos de uma pessoa física ou jurídica tem o mesmo valor de seu passivo real.

3. (Auditor-Fiscal — Pref. Contagem — CEFETMINAS/2020) Uma empresa apresentava os seguintes saldos em seu patrimônio líquido, em 31.12.2018:

Capital social: R$ 600.000,00
Reserva de lucros: R$ 120.000,00
No exercício de 2019, a empresa apurou lucro líquido no valor de R$ 50.000,00, distribuiu dividendos no valor de R$ 15.000,00 e destinou o restante do lucro líquido para a reserva de lucros.
Com base apenas nessas informações, o valor do patrimônio líquido da empresa em 31/12/2019, em R$, é de

a) 720.000,00.
b) 735.000,00.
c) 755.000,00.
d) 770.000,00.
e) 785.000,00.

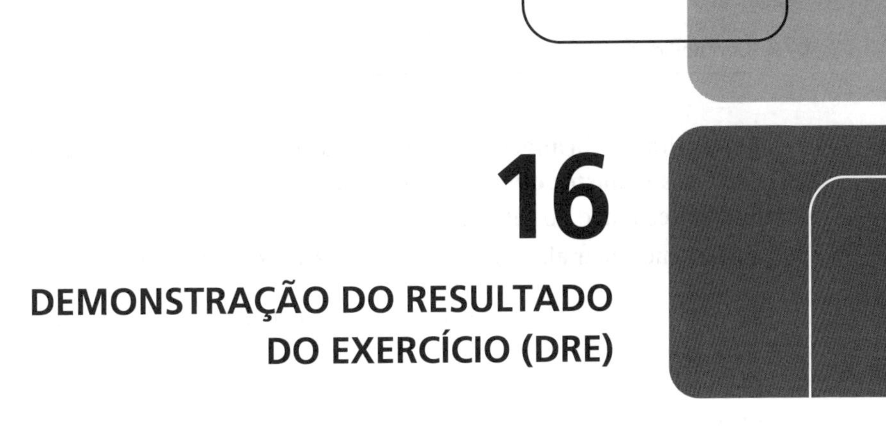

16 DEMONSTRAÇÃO DO RESULTADO DO EXERCÍCIO (DRE)

16.1. ASPECTOS INICIAIS

Uma abordagem inicial sobre DRE foi feita no Capítulo 5. Agora, detalharemos a DRE sob a ótica da legislação societária, das normas do CPC/CFC e da legislação do Imposto de Renda.

A Demonstração de Resultado do Exercício (DRE) **tem por objetivo apresentar o resultado econômico de um exercício social**, isto é, o lucro ou prejuízo contábil do exercício. Está de acordo com a legislação comercial vigente (Lei n. 6.404/76), com as determinações do Conselho Federal de Contabilidade (CFC) e da CVM, se companhia aberta, e os métodos de contabilidade geralmente aceitos, inclusive os ajustes requeridos pela legislação do imposto de renda (Decreto n. 9.580/2018).

Existem duas referências legais para elaboração do DRE: a Lei n. 6.404/76 atualizada e a NBC TG 26, aprovada por Resolução do CFC e transformada na norma NBC TG 26. A NBC TG 26, além de especificar a maneira de calcular e apresentar o DRE, apresenta também uma novidade na Contabilidade brasileira: a **Demonstração do Resultado Abrangente do Período (DRA)**.

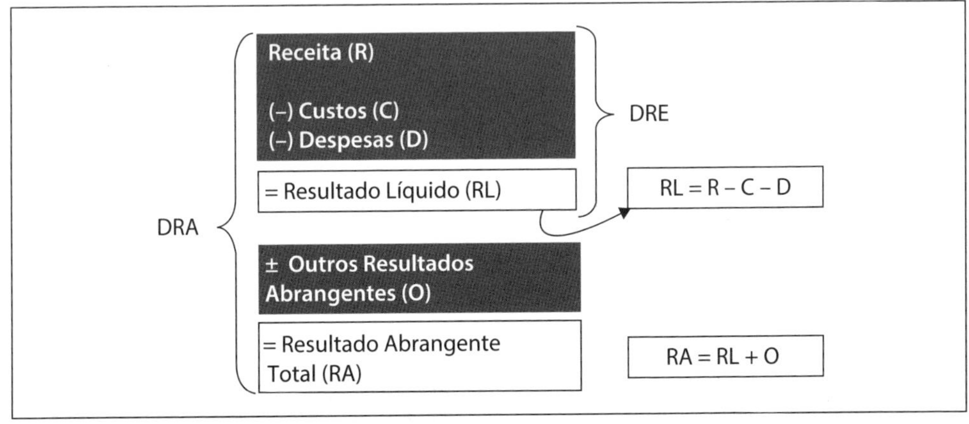

Por definição, **devemos considerar as receitas e os ganhos na apuração do Resultado Líquido do exercício, assim como as despesas, os custos e as perdas de competência do exercício em questão**.

O **Resultado Abrangente Total**, além de **incluir o Resultado Líquido**, inclui uma série de **fatos e ajustes que alteram o Patrimônio Líquido** e que poderão — ou não — afetar o Resultado no futuro.

Poderíamos citar alguns **exemplos de ganhos ou perdas abrangentes**, tais como:

- Ganhos ou perdas com instrumentos financeiros classificados como disponíveis para venda;
- Realização da reserva de reavaliação;
- Ajustes de efeitos em investimentos no exterior devido às mudanças de taxas de câmbio e conversão;
- Demais exemplos que constam da norma NBC TG 26 R5, itens 90 a 96, e que, em resumo, representam valores que alteram o PL e não transitam pelo resultado.

Abaixo apresentamos um exemplo DRE e de DRA com os desmembramentos dos respectivos resultados pelos sócios controladores e não controladores de acordo com a orientação do item 81B da NBC TG 26 R5, transcrito a seguir:

> "A entidade deve apresentar os seguintes itens, além da demonstração do resultado e de outros resultados abrangentes, como alocação da demonstração do resultado e de outros resultados abrangentes do período:
>
> (a) resultado do período atribuível a: (i) participação de não controladores, e (ii) sócios da controladora;
>
> (b) resultado abrangente atribuível a: (i) participação de não controladores, e (ii) sócios da controladora".

1	Receita de Vendas ou Serviços
2	(–) Custos das mercadorias ou serviços
3	Lucro Bruto Operacional
4	(–) Despesas incorridas do período
5	Resultado Líquido do Período
6	Parcela do resultado dos controladores
7	Parcela do resultado dos não controladores

Resumo de uma DRE de acordo com a Lei n. 6.404/76 e CPC 26

1	Resultado Líquido do Período
2	(+) Resultados abrangentes
3	Total do Resultado Abrangente
4	Parcela do resultado abrangente dos controladores
5	Parcela do resultado abrangente dos não controladores

Demonstração do Resultado Abrangente DRA

A Demonstração do Resultado Abrangente (DRA) deve ser apresentada em separado da DRE, como na tabela anterior, ou em conjunto com a DMPL, uma vez que altera somente itens que constam no PL. Internacionalmente, a DRA pode ser apresentada em conjunto com a DRE. Entretanto, no Brasil, deve ser apresentada na DMPL de acordo com o item 106 da NBC TG 26, transcrito a seguir, ou na DMPL, de acordo com o item 8A da NBC TG 21, também transcrito a seguir:

> "106. A entidade deve apresentar a demonstração das mutações do patrimônio líquido, conforme requerido no item 10. A demonstração das mutações do patrimônio líquido inclui as seguintes informações:
>
> (a) o resultado abrangente do período, apresentando separadamente o montante total atribuível aos proprietários da entidade controladora e o montante correspondente à participação de não controladores; ...".
>
> "Item 8A. A demonstração do resultado abrangente pode ser apresentada como parte da demonstração das mutações do patrimônio líquido. Ver a NBC TG 26 — Apresentação das Demonstrações Contábeis".

16.1.1. Diferença entre lucro líquido e lucro real

No Brasil, infelizmente, a regulamentação do Imposto de Renda fere uma série de aspectos e princípios contábeis. A modalidade de apuração do Imposto de Renda chamada de "lucro real" é uma das modalidades permitidas pela Receita Federal para que as empresas apurem e paguem o Imposto de Renda da pessoa jurídica.

Para companhias que optem **pelo lucro real, pode existir uma diferença** entre o **valor** apurado **na Contabilidade** atendendo a legislação contábil/societária e o **cálculo** de acordo com o **Regulamento do Imposto de Renda**. A **diferença** entre o Resultado apurado contabilmente e a legislação do Imposto de Renda **deverá ser considerada no LALUR**. Esse livro fiscal é utilizado para compatibilizar as diferenças entre as normas contábeis e o Regulamento do Imposto de Renda para fins de apuração do lucro real. A apuração do Resultado Contábil servirá de base para determiná-lo. É um lucro sob a ótica do IR, determinado a partir de exclusões e adições ao lucro contábil.

Por exemplo: o regulamento do IR não considera multas de trânsito como despesas, e, por isso, para determinar o lucro sob a ótica fiscal, chamado de lucro real, devemos somar ao lucro contábil o valor das multas de trânsito. Imaginemos uma empresa com lucro contábil de $ 100.000. Se esta empresa teve $ 20.000 de multas de trânsito em determinado período, deverá somar ao lucro contábil esses $ 20.000 para determinar a base de cálculo sobre a qual será aplicada a alíquota do IR.

LIVRO DE APURAÇÃO DO LUCRO REAL (LALUR)	
(–) Despesas com multa	($ 20.000)
Lucro Líquido antes do IR	$ 100.000
(+) Multas de trânsito	$ 20.000
Lucro Real	$ 120.000
IR (35%)	$ 42.000

As despesas com multa foram lançadas contabilmente como despesas administrativas ou comerciais. Ao somar o seu valor, encontraremos o lucro que não considera as multas como despesa. É sobre esse valor que o Imposto de Renda devido será calculado.

16.1.2. Formas de elaboração da DRE segundo a Lei n. 6.404/76 e a NBC TG 26 R5

A lei apresenta apenas uma modalidade de elaboração da DRE, isto é, por função da despesa. A norma NBC TG 26, alinhada com as normas internacionais IFRS, possibilita que a DRE seja apresentada de duas formas, isto é, pela função das despesas ou por sua natureza. Os itens 102 e 103 da NBC TG 26 definem esses dois tipos de apresentação.

16.1.2.1. Por natureza de despesa

A primeira forma de análise é o método da **natureza da despesa**. As despesas são agregadas na Demonstração do Resultado de acordo com a sua natureza (por exemplo, depreciações, compra de materiais, despesas com transporte, benefícios aos empregados e despesas de publicidade), não sendo realocadas entre as várias funções dentro da Entidade. Esse método pode ser simples de aplicar porque não são necessárias alocações de gastos a classificações funcionais.

Descreveremos a seguir um exemplo de classificação que usa o método da natureza do gasto:

Receita de vendas		$ 120.000
(–) Variação do estoque de produtos acabados e em elaboração	($ 20.000)	
(–) Consumo de matérias-primas e materiais	($ 15.000)	
Despesa com salários e encargos trabalhistas (empregados)	($ 18.000)	
Depreciações e amortizações	($ 12.000)	
Despesas com contas de consumo (energia, gás e telefonia)	($ 8.000)	
Despesas de comissão a vendedores	($ 4.000)	
Despesas com transporte	($ 3.000)	
Despesas de juros	($ 10.000)	
Total das despesas		($ 90.000)
Resultado antes dos tributos X		**$ 30.000**

16.1.2.2. Por função da despesa

A segunda forma de análise é o método da **função da despesa** ou do "custo dos produtos e serviços vendidos", classificando-se as despesas, de acordo com a sua função, como parte do custo dos produtos ou serviços vendidos ou, por exemplo, das despesas de distribuição ou das atividades administrativas. Nesse método, a Entidade divulga o custo dos produtos e serviços vendidos separadamente das outras despesas. Ela pode proporcionar informação mais relevante aos usuários do que a classificação de gastos por natureza, mas a alocação de despesas às funções pode exigir alocações arbitrárias e envolver considerável julgamento.

Exemplo de classificação que utiliza o método da função da despesa:

Receita de vendas		$ 120.000
(–) Custo dos produtos vendidos		($ 35.000)
Lucro bruto		$ 85.000
Despesas administrativas	($ 41.000)	
Despesas comerciais	($ 4.000)	
Despesas financeiras	($ 10.000)	
Total das despesas		($ 55.000)
Resultado antes dos tributos X		**$ 30.000**

A modalidade por função é a versão predominantemente utilizada por empresas e em provas de concursos públicos.

16.2. DRE SEGUNDO A LEI N. 6.404/76 E A NBC TG 26 R5

16.2.1. A demonstração do resultado do exercício segundo a Lei n. 6.404/76

A Lei n. 6.404/76, em sua versão consolidada, descreve a DRE, em seu art. 187, com as alterações impostas pela Lei n. 11.638/2007 e Lei n. 11.941/2009, da seguinte forma:

> "**Art. 187.** A demonstração do resultado do exercício discriminará:
> I — a receita bruta das vendas e serviços, as deduções das vendas, os abatimentos e os impostos;
> **II — a receita líquida das vendas e serviços, o custo das mercadorias e serviços vendidos e o lucro bruto;**
> **III — as despesas com as vendas, as despesas financeiras, deduzidas das receitas, as despesas gerais e administrativas, e outras despesas operacionais;**
> **IV — o lucro ou prejuízo operacional, as outras receitas e as outras despesas;** *(Redação dada pela Lei n. 11.941, de 2009)*
> V — o resultado do exercício antes do Imposto sobre a Renda e a provisão para o imposto;
> VI — as participações de debêntures, empregados, administradores e partes beneficiárias, mesmo na forma de instrumentos financeiros, e de instituições ou fundos de assistência ou previdência de empregados, que não se caracterizem como despesa; *(Redação dada pela Lei n. 11.941, de 2009)*
> VII — o lucro ou prejuízo líquido do exercício e o seu montante por ação do capital social.
> § 1.º Na determinação do resultado do exercício serão computados:
> *a*) as receitas e os rendimentos ganhos no período, independentemente da sua realização em moeda; e

> *b*) os custos, despesas, encargos e perdas, pagos ou incorridos, correspondentes a essas receitas e rendimentos.
>
> § 2.º O aumento do valor de elementos do ativo em virtude de novas avaliações, registrados como reserva de reavaliação (artigo 182, § 3.º), somente depois de realizado poderá ser computado como lucro para efeito de distribuição de dividendos ou participações.
>
> § 2.º (*Revogado*) (*Redação dada pela Lei n. 11.638, de 2007) (Revogado pela Lei n. 11.638, de 2007*)."

E, no art. 183, inc. VIII:

> "VIII — os elementos do ativo decorrentes de operações de longo prazo serão ajustados a valor presente, sendo os demais ajustados quando houver efeito relevante (*Incluído pela Lei n. 11.638, de 2007*)."

Esse ajuste significa uma redução da receita, em contrapartida com uma provisão de ajuste a valor presente que irá reduzir as contas a receber.

16.2.2. A demonstração do resultado do exercício segundo a NBC TG 26

Em seu item 82, a NBC TG 26 determina que a Demonstração do Resultado do período deve, no mínimo, incluir as seguintes rubricas, obedecendo também às determinações legais:

> Além dos itens requeridos em outras normas, a demonstração do resultado do período deve, no mínimo, incluir as seguintes rubricas, obedecidas também as determinações legais:
>
> (a) receitas, apresentando separadamente receita de juros calculada utilizando o método de juros efetivos;
>
> (aa) ganhos e perdas decorrentes do desreconhecimento de ativos financeiros mensurados pelo custo amortizado;
>
> (b) custos de financiamento;
>
> (ba) perda por redução ao valor recuperável (incluindo reversões de perdas por redução ao valor recuperável ou ganhos na redução ao valor recuperável), determinado de acordo com a Seção 5.5 da NBC TG 48;
>
> (c) parcela dos resultados de empresas investidas reconhecida por meio do método da equivalência patrimonial;
>
> (ca) se o ativo financeiro for reclassificado da categoria de mensuração ao custo amortizado de modo que seja mensurado ao valor justo por meio do resultado, qualquer ganho ou perda decorrente da diferença entre o custo amortizado anterior do ativo financeiro e seu valor justo na data da reclassificação (conforme definido na NBC TG 48);
>
> (cb) se o ativo financeiro for reclassificado da categoria de mensuração ao valor justo por meio de outros resultados abrangentes de modo que seja mensurado ao valor justo por meio do resultado, qualquer ganho ou perda acumulado reconhecido anteriormente em outros resultados abrangentes que sejam reclassificados para o resultado;
>
> (d) tributos sobre o lucro;

(e) (eliminada);

(ea) um único valor para o total de operações descontinuadas (ver a NBC TG 31);

(f) em atendimento à legislação societária brasileira vigente na data da emissão desta Norma, a demonstração do resultado deve incluir ainda as seguintes rubricas:

(i) custo dos produtos, das mercadorias e dos serviços vendidos;

(ii) lucro bruto;

(iii) despesas com vendas, gerais, administrativas e outras despesas e receitas operacionais;

(iv) resultado antes das receitas e despesas financeiras;

(v) resultado antes dos tributos sobre o lucro;

(vi) resultado líquido do período.

16.2.2.1. *Segregação do resultado por tipo de sócio na DRE e na DRA*

A DRE deve, após a apresentação do lucro líquido, apresentar o valor devido aos sócios controladores da empresa em separado do lucro líquido que cabe aos sócios não controladores da empresa, como determina o item 81B da NBC TG 26, transcrito a seguir:

> "Item 81B. A entidade deve apresentar os seguintes itens, além da demonstração do resultado e de outros resultados abrangentes, como alocação da demonstração do resultado e de outros resultados abrangentes do período:
>
> (a) resultado do período atribuível a: (i) participação de não controladores, e (ii) sócios da controladora;
>
> (b) resultado abrangente atribuível a: (i) participação de não controladores, e (ii) sócios da controladora.
>
> Se a entidade apresentar a demonstração do resultado em demonstração separada, ela apresentará a alínea (a) nessa demonstração. Informação a ser apresentada na demonstração do resultado e na demonstração do resultado abrangente".

16.2.2.2. *Grupos de contas com destaque na DRE e na DRA*

Esses grupos de contas referem-se tanto à DRE como à DRA e se relacionam tanto a itens de operações continuadas como de não continuadas. São as contas ou os grupos de contas que, se existirem na Contabilidade de uma Entidade, devem ser divulgadas em separado na DRE e na DRA, de acordo com os itens 97 e 98 da NBC TG 26, transcritos a seguir:

> "Item 97. Quando os itens de **receitas e despesas são materiais**, sua natureza e montantes devem ser divulgados separadamente
>
> Item 98. As circunstâncias que dão origem à divulgação separada de itens de receitas e despesas incluem:
>
> (a) reduções nos estoques ao seu valor realizável líquido ou no ativo imobilizado ao seu valor recuperável, bem como as reversões de tais reduções;
>
> (b) reestruturações das atividades da entidade e reversões de quaisquer provisões para gastos de reestruturação;

(c) baixas de itens do ativo imobilizado;

(d) baixas de investimento;

(e) unidades operacionais descontinuadas;

(f) solução de litígios; e

(g) outras reversões de provisão".

16.2.3. DRE de acordo com a Lei n. 6.404/76 e a norma NBC TG 26

No Brasil, tanto no ambiente corporativo como em provas de concursos, adota-se a apresentação por função (Lei n. 6.404/76). Utilizaremos esse modelo como padrão.

DRE (LEI N. 6.404/76)	DRE (CPC 26(R1)/CFC)
Receita Bruta	
(–) Deduções	
Receita Líquida	Receita Líquida
(–) CVM ou CSP	(–) CVM ou CSP
Resultado Bruto (Lucro Bruto ou Prejuízo Bruto)	Lucro Bruto
(–) Despesas com Vendas	(–) Despesas com Vendas
(–) Despesas Gerais	(–) Despesas Gerais
(–) Despesas Administrativas	(–) Despesas Administrativas
	Resultado antes do resultado financeiro
(–) Despesas Financeiras	
(+) Receitas Financeiras	
(+/–) Outras receitas e despesas	(–/+) Outras receitas ou despesas
	GEP ou PEP
	Resultado antes do Resultado Financeiro
	(+/–) Receitas e Despesas Financeiras
Resultado antes do IR/CSLL (Resultado Operacional)	Resultado antes do IR/CSLL (Resultado de Operações Continuadas)
(–) IR/CSLL	(–) IR/CSLL
(–) Participações Estatutárias	
(+/–) Outras receitas ou despesas	Ganhos ou perdas de operações descontinuadas
Resultado Líquido do Período	Resultado Líquido do Período

Como pode ser constatado com a comparação anterior entre a apresentação da DRE proposta pela Lei n. 6.404/76 e aquela proposta pela norma NBC TG 26, não existem pontos conflitantes. **Vamos**, então, **exemplificar uma DRE** que contemple as **duas normas legais** contábeis societárias, além da legislação fiscal pertinente aos impostos e contribuições sobre vendas e sobre a renda.

Os resultados das operações continuadas e descontinuadas devem ser evidenciados no que diz respeito à parcela dos acionistas controladores, de acordo com o item 33 (a) da NBC TG 31, transcrito a seguir:

Item 33 A. A entidade deve evidenciar:

(a) um montante único na demonstração do resultado compreendendo:

(i) o resultado total após o imposto de renda das operações descontinuadas.

16.2.3.1. Exemplo de DRE em conformidade com a Lei n. 6.404/76 e a NBC TG 26

(1)	FATURAMENTO OU RECEITA TOTAL	
(2)	(–) IPI (Imposto sobre Produtos Industrializados)	
(3)	RECEITA BRUTA	3 = 1 – 2
(4)	(–) Deduções da Receita Bruta	
(5)	(=) RECEITA LÍQUIDA	5 = 3 – 4
(6)	(–) Custo das Mercadorias / Produtos / Serviços Vendidos	
(7)	(=) LUCRO BRUTO (Resultado com Mercadorias)	7 = 5– 6
(8)	(–) Despesas com vendas	
(9)	(–) Despesas gerais	
(10)	(–) Despesas administrativas	
(11)	Outras Receitas e Despesas Operacionais	11 = 11.1 + 11.2
11.1	(+) Outras receitas	
11.2	(–) Outras despesas	
(12)	Resultado antes das receitas e despesas financeiras	12 = 7 – 8 – 9 – 10 ± 11
12.1	(+) Receita financeira	
12.2	(–) Despesas financeiras	
(13)	Resultado antes dos tributos sobre a renda	13 = 12 + 12.1 – 12.2
(14)	(–) IR/CSLL (Despesa com a Provisão do IR/CSLL)	
(15)	Resultado do exercício antes das participações	15 = 13 – 14
(16)	(–) Participações Estatutárias sobre o Lucro	
(17)	Resultado Líquido das operações continuadas	17 = 15 – 16
(18)	Resultado das operações descontinuadas	
(19)	Resultado Líquido do Exercício	19 = 17 + 18
(20)	Resultado de operações continuadas atribuível aos sócios controladores	
(21)	Resultado de operações descontinuadas atribuível aos sócios controladores	
(22)	Resultado líquido atribuível aos sócios controladores	
(23)	Resultado líquido atribuível aos sócios não controladores	
(24)	Lucro/prejuízo líquido por ação	19/número de ações

No item 16.3, a seguir, estudaremos cada grupo do Resultado e suas principais contas, tendo como base a ordem dos grupos de conta apresentados no DRE acima.

16.3. ESTUDO DAS CONTAS DO RESULTADO

16.3.1. Encerramento das contas do resultado

Os saldos das contas do Resultado utilizadas no DRE são fruto do encerramento das contas do Resultado no Razão contra a conta Resultado do Exercício. Esta conta é transitória e aberta apenas para apurar o Resultado do Exercício. Ela é apurada a crédito das contas de despesa e a débito das contas de receita. Ela própria é encerrada em contrapartida com a conta de Lucros Acumulados no PL.

Exemplo: a empresa Prisca S.A. apresentou as seguintes contas de Resultado referentes ao ano de 2009. Sabemos que todas as despesas foram pagas à vista e que as mercadorias vendidas foram baixadas do estoque, que tinha saldo de $ 70.000.

1	Receita Líquida de Venda à Vista	$ 100.000
2	CMV	$ 40.000
3	Despesas Gerais	$ 10.000
4	Despesas Financeiras	$ 5.000
5	Aluguéis	$ 7.000
6	Salários	$ 28.000

A seguir, faremos os lançamentos dos fatos contábeis que ocorreram durante o exercício social, utilizando as informações apresentadas. A única conta que possui saldo é a Conta Estoque, com $ 70.000.

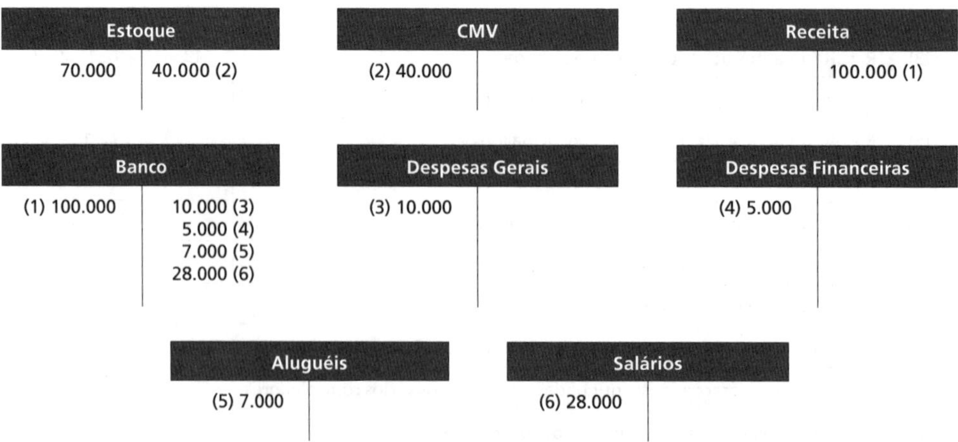

Agora, encerraremos as contas de Resultado, utilizando a conta transitória de Apuração do Resultado do Exercício (ARE). Todas as contas de Resultado ao final do período são encerradas, isto é, terminam com saldo zero, e o resultado do exercício (lucro líquido contábil), que estará representado na conta ARE, também será transferido (encerrado) contra o Patrimônio Líquido, sendo lançado na conta Lucros ou Prejuízos Acumulados.

CMV	
40.000	40.000 (12)
0	

Receita	
(11) 100.000	100.000 (1)
	0

Despesas Gerais	
10.000	10.000 (13)
0	

Despesas Financeiras	
5.000	5.000 (14)
0	

Aluguéis	
7.000	7.000 (15)
0	

Salários	
28.000	28.000 (16)
0	

Conta de Apuração do Resultado (ARE)	
(12) 40.000 (13) 10.000 (14) 5.000 (15) 7.000 (16) 28.000	100.000 (11)
(17) 10.000(*)	10.000 (saldo)

Lucros ou Prejuízos Acumulados (PL)	
	10.000 (17)*

* Lucro líquido do exercício transferido ao PL por meio do lançamento 17.

16.3.2. Descrição das contas do resultado

16.3.2.1. Receitas e deduções

1	Faturamento Bruto
2	(–) IPI
3	Receita Bruta de Vendas
4	(–) Deduções
	Devoluções
	Descontos (Incondicionais)
	Impostos sobre Vendas (ICMS, PIS, COFINS, ISS)
	Abatimentos
5	Receita Líquida

A receita bruta é obtida multiplicando-se os preços dos produtos ou mercadorias e serviços, por suas respectivas quantidades. Sobre esses valores será aplicada a alíquota de IPI, no caso de produto fabricado por indústria. O faturamento global é a soma da Receita Bruta com o IPI sobre a venda devida.

A receita líquida é obtida a partir da **receita bruta**, descontando-se as deduções. Estas constituem valores que a empresa abriu mão de receber ou que recebe, mas tem de repassar ao fisco municipal, estadual ou federal. Existem quatro tipos de deduções:

1	Devoluções ou cancelamentos
2	Descontos comerciais ou incondicionais
3	Impostos e contribuições
4	Abatimentos

1. Devolução de mercadorias ou produtos ou cancelamento de serviços: a devolução, em sua essência, é uma redução do negócio efetivo. Portanto, quando recebemos uma devolução ou temos um cancelamento de parte de um negócio, também estamos recebendo uma devolução de Impostos a Pagar, o que reduzirá essas contas.

2. Descontos comerciais ou incondicionais: são concedidos no ato da venda e descritos no corpo da nota fiscal. Ocorrem normalmente em função de compra em uma quantidade expressiva. Uma atenção especial deve ser tomada no caso de uma indústria em uma operação de venda com desconto, porque a legislação do IPI determina que ele deve ser calculado sobre o preço sem desconto. Já o ICMS, o PIS e a COFINS serão calculados sobre o preço com desconto. Um desconto não afeta o valor do IPI, que sempre será calculado pelo preço de tabela, e não pelo preço efetivo da venda.

3. Impostos e contribuições: atualmente, os tributos sobre vendas são o ICMS (Imposto sobre Circulação de Mercadorias), o PIS (Programa de Integração Social), a COFINS e o ISS.

4. Abatimentos: são descontos concedidos pelo vendedor ao comprador após a emissão da nota, normalmente no ato da entrega. Sua finalidade é compensar a entrega de mercadorias fora de prazo ou especificação e impedir uma devolução.

16.3.2.2. Lucro bruto

O lucro bruto também é chamado de **Resultado com Mercadorias (RCM)**, em uma empresa comercial, ou **Resultado com a Venda de Produtos Fabricados (RCP)**, no caso de uma indústria, ou, ainda, Resultado com Serviços Prestados (RSP), no caso de uma empresa prestadora de serviços. O lucro bruto é o resultado da diferença entre a receita líquida e um ou mais desses três valores de custos (CMV, CPV, CSP), isso porque uma empresa pode ser indústria, revendedora de mercadorias e, ao mesmo tempo, prestadora de serviços.

Receita Líquida
(–) Custo das Mercadorias Vendidas (CMV)
(–) Custo dos Produtos Fabricados e Vendidos (CPV)
(–) Custo dos Serviços Prestados (CSP)
Lucro Bruto (RCM ou RCP ou RSP)

16.3.2.3. Despesas operacionais (operações continuadas)

O sentido do termo "operacional" está ligado a fatos contábeis que tenham relação com a atividade principal da empresa. As normas internacionais, adotadas agora no Brasil, introduziram um novo conceito, que é o termo "operações continuadas". A Lei n. 6.404/76 ainda utiliza o termo "operacionais", assim como as normas internacionais, apesar de ter sido introduzido um termo novo.

As despesas operacionais se subdividem em 5 grupos:

1	Despesas Administrativas
2	Despesas Gerais
3	Despesas com Vendas ou Comerciais
4	Outras Despesas
5	Despesas Financeiras

As despesas **administrativas** estão relacionadas à alta gestão da empresa, as despesas **comerciais ou com vendas**, por sua vez, estão relacionadas ao esforço para realizar uma venda e a todos os riscos deste processo, e as despesas **gerais** são comuns às áreas administrativas, comerciais e até industriais.

O lançamento de uma despesa sempre ocorre contra uma conta do Ativo, uma conta do Passivo ou ambas:

Exemplo 1: pagamento de uma despesa de energia no valor de $ 150, em dinheiro:

Despesa de Energia	
150	

Caixa (AC)	
	150

Exemplo 2: incorremos em uma despesa de seguro no valor de $ 1.000 para pagamento no próximo mês.

Despesa de Seguro	
1.000	

Seguro a Pagar (PC)	
	1.000

Exemplo 3: pagamento em cheque de 40% de uma despesa de seguro no valor de $ 1.000 e o restante no próximo mês.

Despesa de Seguro	
1.000	

Banco (AC)	
	400

Seguro a Pagar (PC)	
	600

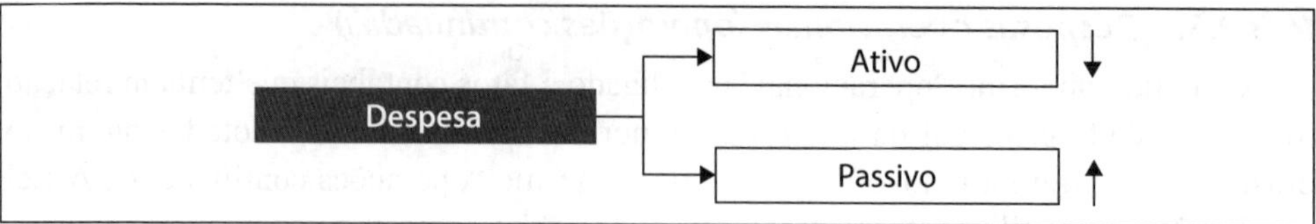

16.3.2.3.1. Despesas administrativas

Essas despesas se referem aos gastos da empresa com a diretoria, o conselho de administração e o conselho fiscal, quando existir, assim como todo pessoal e com a estrutura associada a essas pessoas. Despesas judiciais ou com escritórios de advocacia e auditoria são itens ligados exclusivamente a essa classe de despesas.

Esses gestores ocupam espaços físicos nos prédios da empresa, assim como incorrem em diversas despesas, que chamaremos de gerais.

A seguir, apresentamos as despesas exclusivas do setor administrativo (A0):

1	Honorários (ou salários) da diretoria
2	Honorários (ou salários) do conselho de administração
3	Honorários (ou salários) do conselho fiscal
4	Gratificações ou prêmios aos administradores
5	Honorários de advogados
6	Despesas com empresas de auditoria da gestão

16.3.2.3.2. Despesas com vendas ou comerciais

Esse tipo de despesa está relacionado com todo o esforço (gasto) para a venda da mercadoria, produto ou serviço da empresa. São tipicamente em propaganda e publicidade, gastos que devem ser provisionados para suportar garantias e até as perdas prováveis com vendas a crédito.

Englobam também despesas com vendas, os salários dos vendedores, as comissões de vendas a vendedores e representantes comerciais da empresa, assim como os gastos de ocupação de espaço (aluguéis) e outras despesas gerais incorridas pela área comercial da empresa que estiverem relacionadas com suas atividades comerciais.

A seguir, apresentamos as despesas exclusivamente comerciais (C0):

1	Comissões de venda
2	Comissões de representantes
3	Publicidade e propaganda
4	Promoções
5	Criação do material, divulgação e publicidade
6	Assessoria de imprensa
7	Perdas com clientes em vendas a prazo
8	Perdas com cobertura de garantias

1. Comissões de venda: vendedores normalmente recebem um valor fixo básico como salário e recebem um percentual das vendas por eles realizadas.

2. Comissões de representantes: muitas empresas possuem empresas que complementam sua força de venda em regiões distantes, chamadas de representantes, e são remunerados normalmente somente com um percentual de vendas efetivamente realizadas. Esse valor chamamos de comissões.

3. Publicidade e propaganda: esses gastos são os valores incorridos com a contratação de jornais, revistas, rádio e televisão para divulgar os produtos ou serviços da empresa.

4. Promoções: é comum empresas ofertarem gratuitamente ou com preço muito baixo seus produtos para que clientes os conheçam e passem a consumi-los. Esses gastos são chamados de gastos com promoção.

5. Criação do material, divulgação e publicidade: são os gastos para criar ou produzir anúncios, locuções, folhetos e catálogos.

6. Assessoria de imprensa: empresas contratam profissionais de comunicação para estabelecer uma comunicação mais constante e efetiva com os veículos de imprensa de seu interesse.

7. Perdas com clientes em vendas a prazo: quando uma empresa vende a prazo, um percentual dessas vendas sempre é perdido, em função da inadimplência dos clientes. É claro que podem existir exceções. **As empresas devem estimar as perdas prováveis com as vendas a prazo** já realizadas e lançar no Resultado do Exercício onde foram contabilizadas as vendas.

No exercício que contabilizamos, vendas a prazo devem ser lançadas a perdas estimadas por inadimplência com os clientes.

Importante: o lançamento de perdas estimadas não é aceito como despesa pelo Regulamento do Imposto de Renda, em seu art. 340. O RIR/99 só permite que uma perda seja lançada depois de transcorrido determinado tempo e possui uma escala de VALOR X TEMPO, transcrita a seguir:

"**Art. 340.** As perdas no recebimento de créditos decorrentes das atividades da pessoa jurídica poderão ser deduzidas como despesas, para determinação do lucro real, observado o disposto neste artigo (Lei n. 9.430, de 1996, art. 9.º).

§ 1.º Poderão ser registrados como perda os créditos (Lei n. 9.430, de 1996, art. 9.º, § 1.º):

I — em relação aos quais tenha havido a declaração de insolvência do devedor, em sentença emanada do Poder Judiciário;

II — sem garantia, de valor:

a) até cinco mil reais, por operação, vencidos há mais de seis meses, independentemente de iniciados os procedimentos judiciais para o seu recebimento;

b) acima de cinco mil reais, até trinta mil reais, por operação, vencidos há mais de um ano, independentemente de iniciados os procedimentos judiciais para o seu recebimento, porém, mantida a cobrança administrativa;

c) superior a trinta mil reais, vencidos há mais de um ano, desde que iniciados e mantidos os procedimentos judiciais para o seu recebimento;

> III — com garantia, vencidos há mais de dois anos, desde que iniciados e mantidos os procedimentos judiciais para o seu recebimento ou o arresto das garantias;
>
> IV — contra devedor declarado falido ou pessoa jurídica declarada concordatária, relativamente à parcela que exceder o valor que esta tenha se comprometido a pagar, observado o disposto no § 5.º."

A tabela a seguir é um resumo do art. 340 do Regulamento do Imposto de Renda, que diz respeito ao tratamento das perdas sob a ótica fiscal.

Valor	Tempo	Medidas judiciais
Valor até $ 5.000	Vencidos há mais de 6 meses	Mesmo sem início de procedimento judicial
Valor acima de $ 5.000 e até $ 30.000	Vencidos há mais de um ano	Mesmo sem início de procedimento judicial
Valor acima de $ 30.000	Vencidos há mais de um ano	Desde que iniciado procedimento judicial

As perdas devem ser lançadas por estimativa de acordo com as normas contábeis vigentes, e a diferença entre o que é lançado a maior como perdas e o que é autorizado pelo regulamento do imposto de renda deve ser ajustado no LALUR.

8. Perdas com cobertura de garantias: ao final de determinado exercício, a empresa deve lançar uma despesa para cobrir as perdas rotineiras com a cobertura de garantias ou eventualmente uma perda de maior proporção em função de uma ocorrência incomum. Exemplo: tem sido comum em nossos dias o chamado *recall* das montadoras de veículos. Estas perdas são incomuns e esporádicas e representam pesados valores de despesas de responsabilidade do fabricante do veículo, portanto, devem ser lançadas por competência no exercício onde foi originada a falha no veículo.

16.3.2.3.3. Despesas gerais

São as despesas mais comuns de qualquer Entidade e ocorrem nas áreas administrativas, comerciais e industriais de uma empresa. São exemplos:

1	Salários, horas extras, encargos, férias, décimo terceiro, assistência médica, indenizações etc.
2	Recrutamento, seleção e treinamento de empregados
3	Gastos com ocupação (aluguel e outros)
4	Utilidades e serviços (energia, água, telefonia, correio, seguros, transporte, seguros etc.)
5	Viagens e gastos associados
6	Revistas e publicações
7	Segurança e vigilância
8	Despesas legais diversas
9	Consultorias diversas
10	Material de consumo (escritório, limpeza, cozinha)
11	Revistas, jornais e outras e publicações
12	Donativos e contribuições a instituições diversas

13	Impostos, contribuições e taxas diversas diferentes das associadas com a venda (IPTU, IPVA, PIS/PASEP e COFINS não recuperáveis e outros)
14	Depreciação e amortização
15	Despesas com manutenção
16	Despesas com provisões

As contas de despesas gerais que precisam ser detalhadas estão descritas a seguir; já as demais são consideradas autoexplicativas.

8. Despesas legais diversas: além da alta administração, qualquer setor da empresa pode necessitar de serviços advocatícios para equacionar um problema com clientes, fornecedores, prestadores de serviços ou até em função de um acidente de trânsito com o veículo do setor.

9. Consultorias diversas: qualquer setor da empresa pode necessitar da contratação de uma consultoria técnica para realizar uma obra, dar um parecer sobre o funcionamento de uma máquina ou mesmo o desenvolvimento de um novo produto.

14. Depreciação e amortização: esses itens referem-se a máquinas ou direitos utilizados pelo pessoal de administração e vendas. Uma máquina instalada na administração deve ter sua despesa de depreciação lançada como despesas dessa área, assim como um software utilizado pelo departamento comercial para elaborar propostas deve ser amortizado nesse departamento.

16. Despesas com provisões: é muito comum encerrarmos um mês, no qual incorremos nas despesas com publicidade em $ 35.000, mas a nota fiscal da empresa de comunicação onde veiculamos nossa publicidade ainda não ter chegado no dia do fechamento do balanço mensal. Devemos, então, lançar a despesa e contabilizar um Passivo a Pagar, independentemente de termos recebido a cobrança efetiva. Normalmente, na empresa e em provas de concursos em geral, chama-se de provisão esse compromisso. Adotaremos esse termo em nosso exemplo, apesar de não ser o mais recomendado atualmente.

Inter-relacionamento das despesas administrativas, gerais e comerciais:

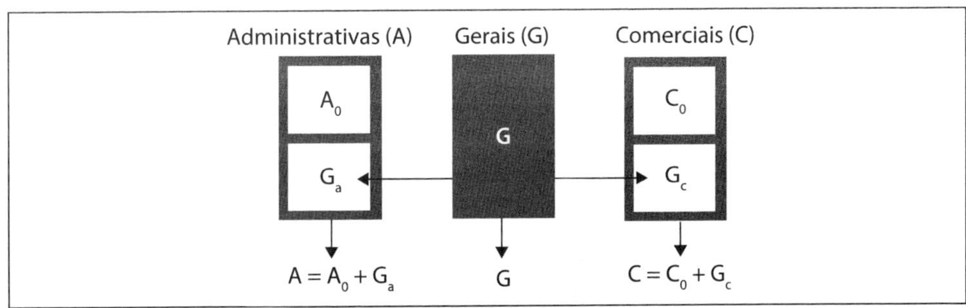

As despesas administrativas (A) são compostas de despesas que têm relação com a administração da empresa (A0), além de parte das despesas gerais (G); por isso, representamos o total das despesas administrativas (A) como igual a (A0 + Ga).

As despesas comerciais (C) são compostas por despesas que têm relação com a área comercial da empresa (C0), bem como de parte das despesas gerais (G); por isso, representamos o total das despesas comerciais (C) como sendo igual a (C0 + Gc).

Designamos por (G) o total das despesas gerais.

16.3.2.4. *Outras receitas e despesas operacionais*

Neste grupo, devemos classificar as contas de receitas e as despesas acessórias em relação às atividades da empresa.

Vamos observar o que está determinado no item 136 da orientação OCOP 02, emitida pelo CPC, sobre esclarecimentos quando da elaboração das primeiras demonstrações em 2008, em conformidade com as normas internacionais de contabilidade (IFRS).

> "A Medida Provisória n. 449/08 (Lei 11.941/09) acatou mais essa regra existente nas normas internacionais: a não segregação dos resultados em operacionais e não operacionais. Assim, no âmbito do processo de convergência com as normas internacionais (leitura sistemática das normas e orientações), as entidades devem apresentar as 'outras receitas/despesas' no grupo operacional e não após a linha do 'resultado operacional'."

Principais contas classificáveis neste grupo:

1	Resultado de equivalência patrimonial
2	Dividendos de participações societárias
3	Aluguéis ativos
4	Ganhos e perdas de Capital
5	Vendas diversas acessórias
6	Reversão da provisão com créditos de liquidação duvidosa

16.3.2.4.1. *Resultado de equivalência patrimonial*

De acordo com o que estudamos no Capítulo 13 sobre este tema, quando um investimento em participação societária é avaliado por equivalência patrimonial e o PL da empresa investida sofre uma variação positiva ou negativa em relação ao ano anterior, o lançamento que deve ser feito é uma receita (ganho) de equivalência patrimonial ou uma perda de equivalência patrimonial no Resultado. Em contrapartida, haverá um lançamento devedor ou credor na conta do Investimento.

16.3.2.4.1.1. Lucro na investida e ganho na investidora

Investidora (30% do Capital)		Investida	
Investimento início do período	150.000	PL início do período	500.000
Receita de equivalência	30.000	Lucro do exercício	100.000
Investimento final do período	180.000	PL final do período	600.000

Como 30% de um PL no valor de $ 600.000 é $ 180.000, o investimento inicial precisa ser atualizado para refletir a proporcionalidade de participação da investidora no Capital da investida. Nesse caso, devemos aumentar em $ 30.000 o valor do investimento.

16.3.2.4.1.2. Prejuízo na investida e perda na investidora

No exemplo anterior, consideramos um lucro na investida, mas poderia ter sido um prejuízo e, desta forma, o Resultado seria o contrário, uma perda de equivalência patrimonial, como exemplificaremos a seguir:

Investidora (30% do Capital)		Investida	
Investimento inicial do período	150.000	PL inicial do período	500.000
Perda de equivalência	(30.000)	Prejuízo do exercício	(100.000)
Investimento final do período	120.000	PL final do período	400.000

Como 30% de um PL no valor de $ 400.000 é $ 120.000, o investimento inicial precisa ser atualizado para refletir a proporcionalidade de participação da investidora no Capital da investida. Nesse caso, devemos diminuir em $ 30.000 o valor do investimento.

Perda de Equivalência	
30.000	

Investimento em Participação Societária	
	30.000

16.3.2.4.2. Dividendos de participações societárias

Quando os investimentos em participações societárias não são relevantes de acordo com os novos critérios, eles são avaliados pelo método do custo. Nesse método, somente contabilizamos receitas de dividendos quando a empresa investida anuncia os dividendos distribuídos ou declarados.

Investidora (10% do Capital)		Investida	
		Dividendos Declarados	40.000
Investimento inicial do período	50.000	PL inicial do período	500.000
Receita de dividendos	4.000	Reservas	60.000
Investimento final do período	50.000	PL final do período	560.000

O valor do investimento não se altera, uma vez que a empresa não é avaliada por equivalência patrimonial (10% apenas de participação). Os dividendos distribuídos pela investida geram na investidora receita de dividendos, em contrapartida com disponibilidade ou dividendos a receber.

A receita é de apenas $ 4.000 porque a participação da investidora no Capital da investida é de 10%. Como o dividendo total é de $ 40.000, a participação da investidora nos dividendos declarados (distribuídos) é de 10% sobre $ 40.000 = $ 4.000.

16.3.2.4.3. *Aluguéis ativos*

Nesta conta, devemos classificar toda a renda obtida com a locação de imóveis de propriedade da Entidade. Aluguéis ativos são sinônimos de receita de aluguel.

16.3.2.4.4. *Ganhos e perdas de capital*

São ganhos ou perdas com a venda ou baixa de Ativos Fixos ou Permanentes. Se a empresa possui um imóvel contabilizado por $ 100.000 e já depreciou $ 60.000, o valor contábil desse bem é de $ 40.000. Se esse imóvel for vendido por $ 50.000, dizemos que essa empresa obteve um ganho de Capital de $ 10.000. Entretanto, se o imóvel for vendido por apenas $ 30.000, a empresa terá uma perda de Capital de $ 10.000.

Ganhos e perdas de Capital, antes da Medida Provisória n. 449/2008 (Lei n. 11.941/2009), eram os únicos fatos contábeis considerados como receita ou despesas não operacionais, respectivamente. A partir da MP, passam a ser operacionais, a não ser que sejam ganhos ou perdas de Capital de operações descontinuadas. Um pouco mais à frente, neste capítulo, estudaremos essas operações.

Os ganhos e perdas referentes à venda de máquinas, imóveis, instalações e investimentos são considerados operações normais na vida da empresa e, por isso, devem ser incluídos nas operações continuadas (operacionais).

16.3.2.4.5. *Vendas diversas acessórias*

Trata-se de vendas aos clientes de itens de muito menor importância em relação à atividade principal da empresa. Por exemplo, a venda constante de rebarbas (sucatas) da produção, ou mesmo quando a empresa vende a mercadoria e a prestação de serviços, representa um valor total insignificante.

16.3.2.4.6. *Reversão da provisão[1] com créditos de liquidação duvidosa*

Quando, ao final de um exercício, a **provisão para créditos de liquidação duvidosa não tiver sido consumida, devemos constituir a nova estimativa complemen-**

---

[1] Como já falamos anteriormente, de acordo com as novas normas, não há mais provisões no Ativo. A PCLD agora é chamada "Estimativas de Perdas com Devedores Duvidosos", como explicado no Capítulo 9.

tando o saldo existente. Essa recomendação consta do manual de contabilidade societária da FIPECAFI edição 2010, página 511, item i, transcrito a seguir:

> "Não se deve registrar a reversão do saldo não utilizado das perdas para outra conta, tal como outras receitas e em despesas de vendas se registrar somente a contrapartida da constituição da nova estimativa."

Entretanto, **as bancas examinadoras continuam considerando que uma das alternativas seja o estorno do saldo** como receita de reversão em outras receitas. A empresa deve, então, constituir nova estimativa de perdas.

Exemplo: a empresa Filipos S.A. constituiu uma provisão para Perdas com Créditos de Liquidação Duvidosa (PCLD) no valor de $ 60.000 no final do exercício de 2008. Em 31 de dezembro de 2009, o valor do Contas a Receber era de $ 1.500.000, e o histórico de perdas com vendas a prazo indicava perdas no valor aproximado de 5% ao ano. O valor do saldo da PCLD era de $ 20.000.

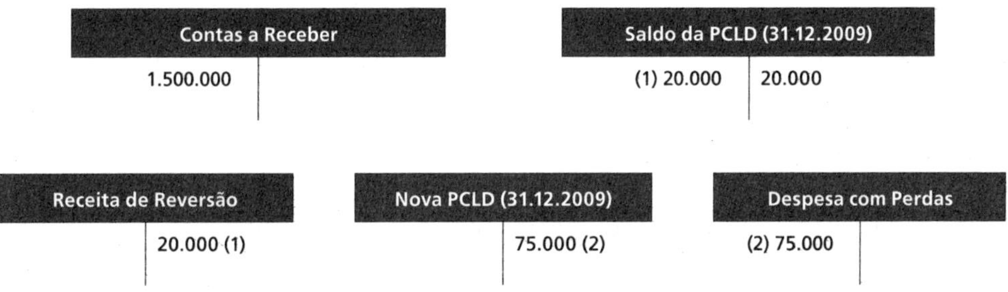

No balanço de encerramento, em 31.12.2009, a empresa que optar por este método reverte o saldo remanescente (1) e constitui nova provisão para o período seguinte (2).

No exemplo, a reversão foi de $ 20.000 (1), e a nova provisão foi de 5% de $ 1.500.000, isto é, $ 75.000 (2).

16.3.2.5. Resultado financeiro

16.3.2.5.1. Aspectos iniciais

O resultado financeiro é composto pelos rendimentos (juros) e pelas variações monetárias. Os juros podem se referir a um crédito, no caso do aplicador, ou um débito, no caso dos tomadores de empréstimos. As variações monetárias representam as atualizações, seja do Capital aplicado ou emprestado.

Não devemos, do ponto de vista contábil, misturar juros com variação monetária. **No passado, o Imposto de Renda tributava apenas os juros**, e não a variação monetária, entretanto, atualmente, **isso não ocorre mais**, e as **variações monetárias em moeda nacional ou em moeda estrangeira são consideradas receita ou despesa** financeira, como podemos verificar, lendo os arts. 375 a 378 do atual Regulamento do Imposto de Renda transcritos a seguir:

"**Art. 375.** Na determinação do lucro operacional deverão ser incluídas, de acordo com o regime de competência, as contrapartidas das variações monetárias, em função da taxa de câmbio ou de índices ou coeficientes aplicáveis, por disposição legal ou contratual, dos direitos de crédito do contribuinte, assim como os ganhos cambiais e monetários realizados no pagamento de obrigações (Decreto-Lei n. 1.598, de 1977, art. 18, Lei n. 9.249, de 1995, art. 8.º).

Parágrafo único. As variações monetárias de que trata este artigo serão consideradas, para efeito da legislação do imposto, como receitas ou despesas financeiras, conforme o caso (Lei n. 9.718, de 1998, art. 9.º).

Art. 376. A variação do valor do Bônus do Tesouro Nacional, com cláusula de opção de resgate pela correção cambial a que se refere a Lei n. 7.777, de 1989, será computada na determinação do lucro real com base no seu valor reajustado ou, se maior, segundo a taxa cambial do dólar norte-americano em vigor na data de encerramento de cada período de apuração.

Variações Passivas

Art. 377. Na determinação do lucro operacional poderão ser deduzidas as contrapartidas de variações monetárias de obrigações e perdas cambiais e monetárias na realização de créditos, observado o disposto no parágrafo único do art. 375 (Decreto-Lei n. 1.598, de 1977, art. 18, parágrafo único, Lei n. 9.249, de 1995, art. 8.º).

Variações Cambiais Ativas e Passivas

Art. 378. Compreendem-se nas disposições dos arts. 375 e 377 as variações monetárias apuradas mediante:

I — compra ou venda de moeda ou valores expressos em moeda estrangeira, desde que efetuada de acordo com a legislação sobre câmbio;

II — conversão do crédito ou da obrigação para moeda nacional, ou novação dessa obrigação, ou sua extinção, total ou parcial, em virtude de capitalização, dação em pagamento, compensação, ou qualquer outro modo, desde que observadas as condições fixadas pelo Banco Central do Brasil;

III — atualização dos créditos ou obrigações em moeda estrangeira, registrada em qualquer data e determinada no encerramento do período de apuração em função da taxa vigente."

16.3.2.5.2. Receitas e despesas financeiras

A seguir, apresentaremos o plano de contas sugerido pela FIPECAFI, em seu manual de contabilidade societária edição de 2010, para esse grupo de contas.

16.3.2.5.2.1. Receitas financeiras

Receitas Financeiras	
1	Juros recebidos, auferidos ou ganhos
2	Receitas de títulos vinculados ao mercado aberto
3	Receitas sobre outros investimentos temporários
4	Prêmios de resgate de títulos e debêntures
5	Descontos obtidos

1. Juros recebidos, auferidos ou ganhos: são receitas obtidas a partir das aplicações financeiras em títulos diversos no mercado aberto ao público em geral.

2. Receitas de títulos vinculados ao mercado aberto: são receitas referentes a juros cobrados aos clientes por concessão de prazo ou atraso de pagamento, além de juros cobrados nas operações de concessão de crédito a funcionários, fornecedores, controladas e demais terceiros.

3. Receitas sobre outros investimentos temporários: são receitas obtidas pela aplicação em investimentos como CDBs, Poupança e demais instrumentos financeiros disponíveis nas principais instituições do mercado financeiro.

4. Prêmios de resgate de títulos e debêntures: quando uma empresa emite uma debênture e ocorre grande procura, pode haver um ágio para emprestar dinheiro para essa empresa. Isso ocorre quando empresas como a Petrobras ou Vale vão ao mercado tomar dinheiro emprestado do público. O prêmio é um Passivo, a princípio, e é apropriado ao Resultado por competência, como visto no Capítulo 12.

5. Descontos obtidos: uma vez já registrado na Contabilidade um título a pagar, se obtivermos um desconto, a contabilização deste deverá ser uma receita financeira, como no exemplo a seguir:

> **Exemplo:** a empresa Diogo Consultoria S.A. tinha um título de $ 10.000 para pagamento no dia 5 de julho de 2010. Nesse dia, obteve um desconto do seu fornecedor de 10%. A contabilização será a seguinte:

Duplicata a Pagar	
10.000	10.000

Banco	
	9.000

Desconto Obtido (Receita financeira)	
	1.000

16.3.2.5.2.2. Despesas financeiras

Despesas Financeiras	
1	Juros pagos ou incorridos
2	Comissões e despesas bancárias
3	Variação monetária prefixada de obrigações
4	Descontos concedidos

1. Juros pagos ou incorridos: são despesas financeiras referentes a empréstimos contratados perante instituições financeiras ou terceiros, inclusive o desconto de títulos.

2. Comissões e despesas bancárias: são valores e taxas cobradas pelas instituições financeiras quando uma empresa contrata um empréstimo ou uma operação de desconto. Normalmente são taxas de abertura de crédito, impostos (IOF), taxas de contrato e outras.

3. Variação monetária prefixada de obrigações: são valores de juros já definidos e conhecidos no ato da operação em operações de empréstimos e que serão cobrados além do Capital quando do resgate ou ao longo do período de empréstimos.

4. Descontos concedidos: oposto ao desconto obtido, que é uma receita, o desconto concedido é uma despesa financeira.

Exemplo: a empresa Filipos Construtora S.A. tinha um título de $ 10.000 para receber no dia 14 de junho de 2010. Nesse dia, concedeu um desconto ao seu cliente de 10%. A contabilização será a seguinte:

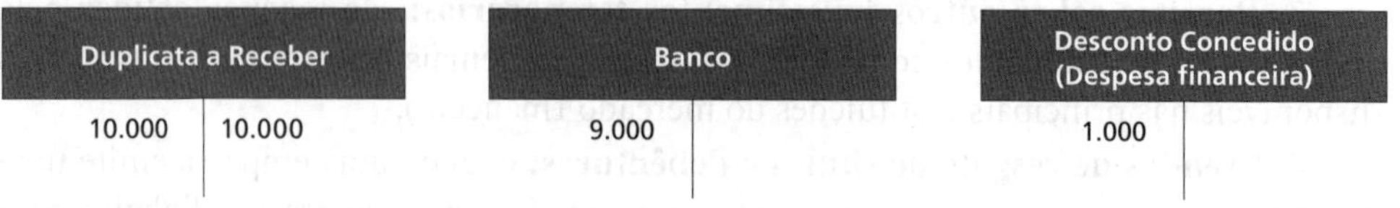

16.3.2.5.3. Variações monetárias de créditos e dívidas (obrigações)

A seguir, apresentaremos o plano de contas sugerido pela FIPECAFI, em seu manual de contabilidade societária edição de 2010, para este grupo de contas.

16.3.2.5.3.1. Variações monetárias de créditos (ativas)

Variações monetárias de créditos (ativas)	
1	Variação monetária ativa
2	Variação cambial ativa

1. Variação monetária ativa: refere-se a valores auferidos (ganhos) por competência de atualizações de aplicações em moeda nacional.

2. Variação cambial ativa: refere-se a uma atualização de valores auferidos (ganhos) por competência de aplicações em moeda estrangeira.

Exemplo: a empresa Diogo Consultoria S.A. aplicou em um título de $ 10.000 para recebimento no dia 5 de julho de 2010. Como a operação foi realizada no dia 5 de junho, com juros de 10% ao mês mais 2% de correção monetária, determinar o valor a ser recebido pela empresa.

Operações	Valores (R$)
Aplicação inicial	10.000
Correção monetária ativa (2%)	200
Aplicação atualizada	10.200
Juros ativos (10%)	1.020
Valor total a ser recebido	**11.220**

A primeira providência é atualizar o saldo devedor e, após isso, aplicar os juros pactuados para o período.

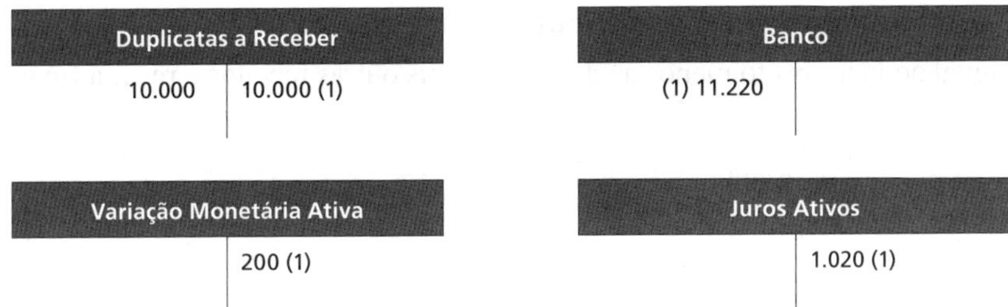

16.3.2.5.3.2. Variações monetárias passivas (obrigações)

Variações monetárias passivas (obrigações)	
1	Variação monetária passiva
2	Variação cambial passiva

1. Variação monetária passiva: refere-se a valores incorridos (despesas) por competência de atualizações das dívidas em moeda nacional não prefixadas.

2. Variação cambial passiva: refere-se a uma atualização de valores incorridos (despesas) por competência de dívidas (obrigações) em moeda estrangeira.

Exemplo: a empresa Filipos Engenharia S.A. tinha um título de $ 10.000 para pagamento no dia 5 de julho de 2010. Como a operação foi realizada no dia 5 de junho, com juros de 10% ao mês mais 2% de correção monetária, determine o valor a ser pago pela empresa.

Operações	Valores (R$)
Obrigação inicial	10.000
Correção monetária passiva (2%)	200
Dívida atualizada	10.200
Juros passivos (10%)	1.020
Valor total a ser pago	**11.220**

A primeira providência é atualizar o saldo devedor e, após isso, aplicar os juros pactuados para o período.

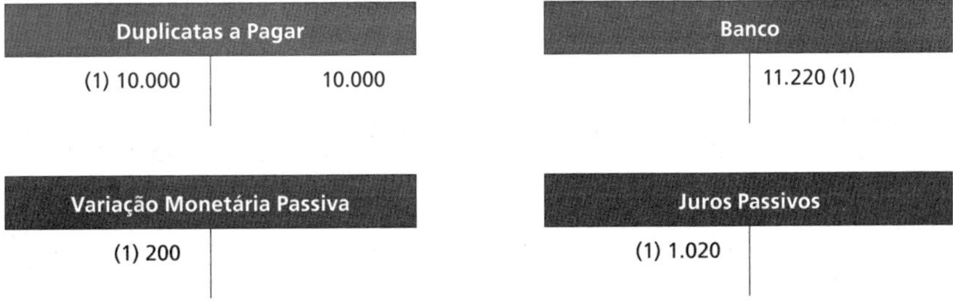

16.3.2.6. Resultado antes dos tributos sobre o lucro

É igual ao lucro bruto menos as despesas, mais outras receitas e receita financeira.

Lucro Bruto
(–) Despesas
(+) Outras Receitas
(+) Receita Financeira
= Resultado antes do IR/CSLL

16.3.2.7. Tributos sobre o lucro (Imposto de Renda — IR e Contribuição Social sobre o Lucro Líquido — CSLL)

Para fins de concursos em geral, as bancas examinadoras consideram o Imposto de Renda e a CSLL como se fossem um único tributo. A seguir, apresentaremos a maneira utilizada pelas principais bancas para o cálculo do IR.

Observação: sugerimos que o aluno primeiro estude o cálculo das participações apresentado a seguir e, depois, retorne a este item.

16.3.2.7.1. Cálculo do Imposto de Renda/CSLL

A Lei n. 6.404/76 determina que as participações sejam calculadas depois de descontado o IR. Entretanto, a legislação do IR determina que o Imposto de Renda seja calculado deduzindo os valores das participações dos debenturistas e empregados.

Essas duas regulamentações criaram um problema contábil: como calcular as participações sem IR e como calcular o IR sem as participações?

Devemos calcular um IR chamado de transitório tomando por base as operações continuadas e descontinuadas somadas. Com esse IR transitório, calcular as participações e, então, a partir das participações dos debenturistas e empregados calculadas com o IR transitório, devemos calcular o IR definitivo.

Exemplo: a empresa Diogo Consultoria S.A. obteve lucro líquido antes do Imposto de Renda de $ 100.000. A alíquota do IR/CSLL é de 25%, e todas as participações societárias são de 10%. Determine o lucro líquido.

Primeiro, temos que calcular as participações estatutárias com um lucro transitório, isto é, 25% de $ 100.000 = $ 25.000. Depois, calcular as participações definitivas com esse lucro arbitrado.

MEMÓRIA DE CÁLCULO DAS PARTICIPAÇÕES	
Lucro antes do IR	$ 100.000
(–) IR transitório	($ 25.000)
Base de cálculo para as participações	$ 75.000

Debenturista (10% de 75.000)	$ 7.500
Empregado (10% de 75.000 – 7.500 = 67.500)	$ 6.750
Administrador (10% de 67.500 – 6.750 = 60.750)	$ 6.075
Partes beneficiárias (10% de 60.750 – 6.075 = 54.675)	$ 5.467,50

Para o cálculo do Imposto de Renda e da contribuição social, devemos utilizar os saldos de debenturista e empregado, como no exemplo a seguir:

Base de cálculo do Imposto de Renda:

MEMÓRIA DE CÁLCULO DO IMPOSTO DE RENDA	
Resultado antes do IR/CSLL	**$ 100.000**
(–) Participação dos debenturistas	($ 7.500)
(–) Participação dos empregados	($ 6.750)
Base de cálculo do IR/CSLL	$ 85.750
IR/CSLL definitivo (25%)	$ 21.437,50

DEMONSTRAÇÃO DO RESULTADO	
Resultado antes do IR/CSLL	**$ 100.000,00**
(–) IR/CSLL (definitivo)	$ (21.437,50)
(–) Participações societárias	$ (25.792,50)
RESULTADO DO EXERCÍCIO	$ 52.770,00

Em resumo, calculamos as participações com um IR/CSLL transitório e depois disso calculamos o imposto de renda definitivo, uma vez que recalculamos o IR considerando a dedução das participações dos debenturistas e empregados.

16.3.2.8. Resultado antes das participações

Trata-se do Resultado antes do IR/CSLL menos o IR/CSLL (Contribuição Social sobre o Lucro Líquido).

Resultado antes do IR/CSLL
(–) IR/CSLL
= Resultado antes das participações ou após IR/CSLL

16.3.2.9. Participações estatutárias (societárias)

- Participação dos debenturistas;
- Participação dos empregados;
- Participação dos administradores;
- Participação das partes beneficiárias;
- Contribuição para fundos de assistência ou previdência a empregados.

No art. 187, inc. VI, da Lei n. 6.404/76, atualizada pela Lei n. 11.941/2009, estão definidas as participações estatutárias, que são:

Participações	
1	Debenturistas
2	Empregados
3	Administradores
4	Partes beneficiárias
5	Fundos de assistência ou previdência de empregados

> "VI — as participações de debêntures, empregados, administradores e partes beneficiárias, mesmo na forma de instrumentos financeiros, e de instituições ou fundos de assistência ou previdência de empregados, que não se caracterizem como despesa; *(Redação dada pela Lei n. 11.941, de 2009)*"

A lei só permite que sejam consideradas participações as que não sejam caracterizadas como despesas. Uma participação, por definição, tem que depender da existência de lucros. Se for paga uma participação (prêmio), por exemplo, por cumprimento de metas, isso não se caracteriza como participação nos lucros e, desta forma, deverá ser lançada como despesa.

As participações nos lucros, para os debenturistas, empregados, administradores, detentores de títulos de partes beneficiárias e Entidades de fundos de assistência e previdência dos empregados, se definidas no estatuto, podem ser pagas de acordo com os arts. 189 a 191 e 201 da Lei n. 6.404/76, transcritos a seguir:

> "**Art. 189.** Do resultado do exercício serão deduzidos, antes de qualquer participação, os prejuízos acumulados e a provisão para o imposto de renda.
> Parágrafo único. O prejuízo do exercício será obrigatoriamente absorvido pelos lucros acumulados, pelas reservas de lucros e pela reserva legal, nessa ordem.
> **Art. 190.** As participações estatutárias de empregados, administradores e partes beneficiárias serão determinadas, sucessivamente e nessa ordem, com base nos lucros que remanescerem depois de deduzida a participação anteriormente calculada.
> Parágrafo único. Aplica-se ao pagamento das participações dos administradores e das partes beneficiárias o disposto nos parágrafos do art. 201.
> **Art. 191.** Lucro líquido do exercício é o resultado do exercício que remanescer depois de deduzidas as participações de que trata o art. 190.
> **Art. 201.** A companhia somente pode pagar dividendos à conta de lucro líquido do exercício, de lucros acumulados e de reserva de lucros; e à conta de reserva de capital, no caso das ações preferenciais de que trata o § 5.º do art. 17."

O cálculo das participações possui duas maneiras básicas de serem feitas: quando não existe prejuízo acumulado e quando ele existe.

Exemplo de cálculo de participações quando não existe prejuízo acumulado:

Supondo um lucro após IR/CSLL ou antes das participações de $ 100.000, e que as participações sejam de 10% cada uma, calcule o valor destinado a cada uma delas. A contribuição para fundos de assistência ou previdência a empregados, nesse caso, é igual a zero.

MEMÓRIA DE CÁLCULO DAS PARTICIPAÇÕES (SEM PREJUÍZO ACUMULADO)	
Lucro antes das participações	$ 100.000
Participação dos debenturistas (10%)	$ 10.000
Base de cálculo para empregados	$ 90.000
Participação dos empregados (10%)	$ 9.000
Base de cálculo dos administradores	$ 81.000
Participação dos administradores (10%)	$ 8.100
Base de cálculo das partes beneficiárias	$ 72.900
Participação das partes beneficiárias (10%)	$ 7.290
Total das Participações	**$ 34.390**

Exemplo de cálculo de participações quando existe prejuízo acumulado:

Supondo que exista prejuízo acumulado de $ 40.000, que haja um lucro após IR/CSLL ou antes das participações de $ 100.000 e que as participações sejam de 10% cada uma, calcular o valor destinado a cada uma delas. A contribuição para fundos de assistência ou previdência a empregados é igual a zero. Nesse caso, devemos constituir:

MEMÓRIA DE CÁLCULO DAS PARTICIPAÇÕES (COM PREJUÍZO ACUMULADO)	
Lucro antes das participações	$ 100.000
Prejuízo Acumulado	$ 40.000
Base das participações	$ 60.000
Participação dos debenturistas (10%)	$ 6.000
Base de cálculo para empregados	$ 54.000
Participação dos empregados (10%)	$ 5.400
Base de cálculo dos administradores	$ 48.600
Participação dos administradores (10%)	$ 4.860
Base de cálculo das partes beneficiárias	$ 43.740
Participação das partes beneficiárias (10%)	$ 4.374
Total das Participações	**$ 20.634**

16.3.2.10. *Resultado líquido das operações continuadas*

É igual ao Resultado após IR/CSLL menos as participações societárias, isto é, resultado após as participações.

Resultado após o IR/CSLL
(–) Participações
= Resultado Líquido de Operações Continuadas

Esse Resultado de Operações Continuadas é designado pelas bancas examinadoras como Resultado Operacional.

16.3.2.11. *Resultado das operações descontinuadas*

São os ganhos/perdas com as operações descontinuadas. Operações descontinuadas estão definidas na NBC TG 31 R4, item 32, transcrito a seguir:

> "32. Uma operação descontinuada é um componente da entidade que foi baixado ou está classificado como mantido para venda e
>
> (a) representa uma importante linha separada de negócios ou área geográfica de operações;
>
> (b) é parte integrante de um único plano coordenado para venda de uma importante linha separada de negócios ou área geográfica de operações; ou
>
> (c) é uma controlada adquirida exclusivamente com o objetivo da revenda."

A empresa, quando vende uma máquina, um veículo, uma licença de tecnologia de um produto, transfere uma concessão ou outro Ativo Não Circulante com o objetivo de adquirir outro igual e aplicar os recursos em Ativos similares ou mesmo realizar o Ativo que fazia parte das operações normais; isso, porém, não se classifica como operação descontinuada. A empresa poderá obter ganhos ou perdas na venda desses Ativos Não Circulantes, o que, agora, com essa nova norma, passa a ser considerado como operações continuadas (operacional). Essa nova conceituação está descrita no item 37 da NBC TG 31 R4, transcrito a seguir:

> "37. Qualquer ganho ou perda relativa à remensuração de ativo não circulante classificado como mantido para venda que não satisfaça à definição de operação descontinuada deve ser incluído nos resultados das operações em continuidade".

Ganhos ou perdas com Ativos Permanentes (Ativos Não Circulantes) eram classificados, antes da Lei n. 11.941/2009, como Resultado Não Operacional. Percebe-se, com as definições que constam nos itens 32 e 37 da NBC TG 31 R4, que o antigo grupo de contas classificadas como não operacionais se subdividiu em dois grupos, a saber:

- Ativos Não Circulantes (fixos) de **negócios desativados**, vendidos com ganho ou perda, são classificados como **operações descontinuadas**; e

■ Ativos Não Circulantes (fixos) de um **negócio em andamento**, vendidos com ganhos ou perdas são classificados como de **operações continuadas** em outras receitas e despesas (operacionais).

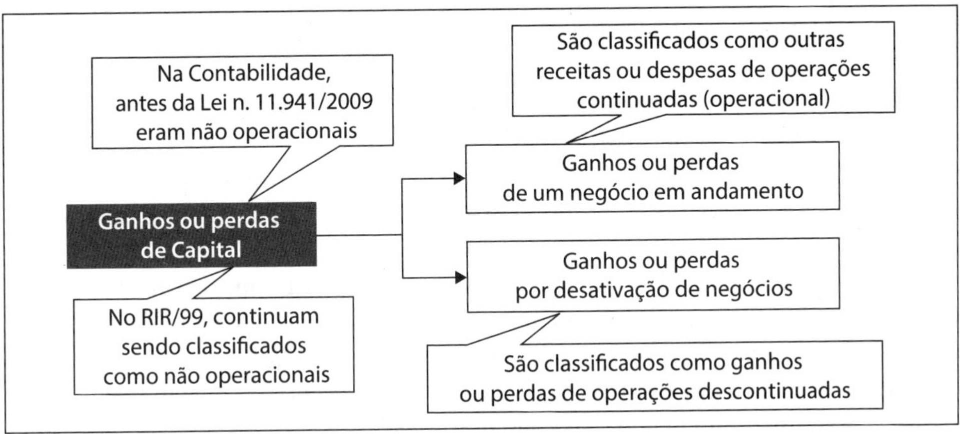

"Pela nova concepção, que acabou não ficando esclarecida na Lei, só é fora do que a Lei ainda chama de 'operacional' (essa nomenclatura não existe mais nem nas normas do FASB nem nas do IASB) o que se denomina de resultado das operações descontinuadas. Ou seja, mesmo as baixas de Ativo permanente consideradas normais, como substituições de máquinas, veículos etc., tudo fica dentro do resultado operacional. Só fica como resultado das operações descontinuadas o resultado relativo a divisões, produtos ou atividades que a empresa parou de explorar e não mais existirão no futuro."[2]

16.3.2.12. Resultado líquido do exercício

O Resultado Líquido do exercício é a soma do Resultado de Operações Continuadas com o Resultado de Operações Descontinuadas.

Resultado de Operações Continuadas (1)
(+) Resultado de Operações Descontinuadas (2)
= Resultado Líquido do Exercício (3 = 1 + 2)
Resultado das Operações Continuadas dos Controladores
Resultado das Operações Descontinuadas dos Controladores

O Resultado deve ser subdividido em Resultado de Operações Continuadas e Descontinuadas e deve ser destacado no que se refere aos controladores, como especificado no item 33 (d) do CPC 31, transcrito a seguir:

"(d) A entidade deve evidenciar o montante do resultado das operações continuadas e o das operações descontinuadas atribuível aos acionistas controladores. Essa evidenciação pode ser apresentada alternativamente em notas explicativas que tratam do resultado."

---

2 Resposta do Professor Eliseu Martins a e-mail do autor, em 09.11.2009.

16.3.2.13. Lucro/prejuízo por ação

O art. 187, inc. VII, da Lei n. 6.404/76 determina que a última linha do DRE contenha a informação a respeito do lucro por ação:

> "VII — O lucro ou prejuízo líquido do exercício é o seu montante por ação do capital social."

16.4. INSUBSISTÊNCIAS E SUPERVENIÊNCIAS

As insubsistências e superveniências são contas de Resultado que tanto podem ser credoras como devedoras. Se forem **ativas**, são **receitas**; se forem **passivas**, são **despesas**.

Insubsistência, em nossa língua, significa algo que **desapareceu**; já **superveniência** representa algo que **surgiu depois** ou **apareceu**. Os termos "ativo" e "passivo", nesse caso, devem ser associados a receita e despesa, respectivamente.

Insubsistência ativa e superveniência ativa são receitas, enquanto **insubsistência passiva e superveniência passiva são despesas**.

Insubsistência ativa (algo que sumiu e é receita): uma receita gerada a partir de algo que desapareceu pode ser exemplificada como o desaparecimento de uma dívida, por exemplo, um imposto prescrito, por isso também é designada **insubsistência do Passivo**, isto é, algo que sumiu no Passivo.

Insubsistência passiva (algo que sumiu e é despesa): uma despesa gerada a partir de algo que desapareceu pode ser exemplificada como uma mercadoria roubada ou incendiada, por isso essa conta também é designada **insubsistência do Ativo**, isto é, algo que sumiu no Ativo.

Superveniência ativa (algo que apareceu e é receita): uma receita gerada a partir de algo que apareceu pode ser exemplificada como uma receita financeira (multa que um cliente pagou em título atrasado), por isso também é designada **superveniência do Ativo**, isto é, algo que apareceu no Ativo.

Superveniência passiva (algo que apareceu e é despesa): uma despesa gerada a partir de algo que apareceu pode ser exemplificada como uma multa por pagamento atrasado, por isso essa conta também é designada **superveniência do Passivo**, isto é, algo que apareceu no Passivo.

▪ Insubsistência Ativa	▪ Aumento do PL (Receita)	▪ Insubsistência do Passivo
▪ Insubsistência Passiva	▪ Diminuição do PL (Despesa)	▪ Insubsistência do Ativo
▪ Superveniência Ativa	▪ Aumento do PL (Receita)	▪ Superveniência do Ativo
▪ Superveniência Passiva	▪ Diminuição do PL (Despesa)	▪ Superveniência do Passivo

A seguir, apresentamos, apenas para fins de ilustração, alguns itens da nota técnica emitida pelo CFC que definiu insubsistências e superveniências. Caso o leitor tenha compreendido nossa explicação anterior, não há necessidade de estudar o texto da norma.

Nota Técnica emitida pelo CFC 314/2004 em seus itens 6.3, 6.4 e 7:

"6.3. A superveniência do **ativo** é denominada de superveniência **ativa, porque acresce a situação líquida patrimonial**. A superveniência do **passivo** é denominada de superveniência **passiva, porque diminui a situação líquida patrimonial**. A insubsistência do **ativo** é denominada de insubsistência **passiva, porque diminui a situação líquida patrimonial**. Insubsistência **do passivo** é denominada de insubsistência **ativa, porque aumenta a situação líquida patrimonial**.

6.4. Resumindo, as superveniências e as insubsistências **são ditas ativas**, porque promovem **aumento da situação líquida**. As superveniências e insubsistências **são ditas passivas**, porque promovem **diminuição da situação líquida patrimonial**.

7. Respondendo às consultas, informamos o seguinte:

7.1. A insubsistência ativa é uma conta de receita, portanto de natureza credora;

7.2. A insubsistência passiva é uma conta de despesa, portanto de natureza devedora;

7.3. A superveniência ativa é uma conta de receita, portanto de natureza credora;

7.4. A superveniência passiva é uma conta de despesa, portanto de natureza devedora (...)."

16.5. QUESTÕES

16.5.1. Conceitos sobre resultado

1. (APOFP/SP — ESAF/2009) Assinale abaixo a opção que contém uma afirmativa verdadeira.

a) Lucro Bruto é a diferença entre a receita líquida de vendas de bens ou serviços e o custo das mercadorias vendidas ou dos serviços prestados por terceiros.

b) As despesas do mês, que foram pagas antecipadamente, estão registradas em contas do ativo circulante. A apropriação no último dia do mês é feita debitando-se a conta que representa a referida despesa e creditando-se a conta do passivo circulante que registrou a despesa paga antecipadamente.

c) Despesas não operacionais são aquelas decorrentes de transações não incluídas nas atividades principais ou acessórias da empresa, como, por exemplo, o montante obtido na alienação de bens ou direitos integrantes do ativo permanente.

d) Os prejuízos acumulados correspondem a prejuízos apurados pela Contabilidade em exercícios anteriores, que estejam devidamente contabilizados e que não podem ser compensados pelo lucro apurado no exercício atual.

e) Após apurado o resultado do exercício e calculadas as provisões para contribuição social e para pagamento do imposto de renda, deverão ser calculadas e contabilizadas as participações contratuais e estatutárias nos lucros e as contribuições para instituições ou fundos de assistência ou previdência de empregados.

2. (MPE-SE — FCC/2009) Na Demonstração do Resultado do Exercício, evidenciam-se

a) os rendimentos ganhos no período apenas quando realizados em moeda e o resultado líquido do exercício.

b) a destinação do resultado do exercício e a distribuição dos dividendos aos acionistas.

c) os valores da riqueza gerada pela companhia e da distribuição entre os elementos que contribuíram para a geração dessa riqueza.

d) a destinação do resultado do exercício e o montante por ação do lucro do exercício.

e) as participações de debêntures, empregados, administradores e partes beneficiárias.

3. (CESPE/2009 — DPF)

CONTA	VALOR ($)
Serviços prestados	480.000
Descontos promocionais	20.000
Propaganda e publicidade	18.000
Descontos financeiros a clientes	13.000
ISS	23.000
Contribuições incidentes sobre a receita	28.000
Custo dos serviços prestados	170.000

Com base nas informações apresentadas na tabela acima, referentes a uma empresa prestadora de serviços, julgue o item seguinte.
As informações mostram que o lucro bruto da empresa foi de $ 226.000.
( ) Certo ( ) Errado

4. (TRE-MT — CESPE/2010) Considerando que, de acordo com a Lei n. 6.404/1976, a DRE deve ser apresentada na forma dedutiva com os detalhes necessários das receitas, despesas, ganhos e perdas, definindo claramente o lucro ou prejuízo do exercício, e por ação, assinale a opção correta.

a) O valor da receita líquida das vendas e serviços deve ser apurado pela diferença entre a receita bruta das vendas e serviços e o valor do custo das mercadorias e serviços vendidos.
b) O valor do lucro operacional bruto deve ser apurado depois da dedução dos valores referentes às despesas operacionais.
c) O lucro (ou prejuízo) líquido do exercício e o montante do lucro (ou prejuízo) por ação do capital social devem ser apurados depois da dedução dos valores das participações.
d) São exemplos de participações deduzidas na DRE: debêntures, fornecedores, administradores e partes beneficiárias.
e) Os abatimentos concedidos não são discriminados na DRE.

5. (SEFIN-RO — FCC/2010) Gera lançamento contábil em conta de resultados

a) a aquisição de computadores para a área de vendas.
b) a compra de ações de própria emissão da empresa.
c) o recebimento de ágio na emissão de ações.
d) a baixa da provisão para créditos de liquidação duvidosa por perdas reconhecidas.
e) o ajuste pela taxa efetiva de juros de títulos mantidos até o vencimento.

6. (BACEN — CESGRANRIO/2009) Observe as transações realizadas pela Monte Pascoal S.A., em junho/2008:

I. prestou serviços a um cliente, emitindo uma nota fiscal de $ 15.000, a ser recebida em 15.07.2008;
II. vendeu produtos que ainda estão em elaboração, recebendo antecipadamente $ 12.000, sendo a entrega dos produtos prevista para o dia 20.07.2009;
III. para a realização dessa encomenda, já gastou $ 4.500 de um custo previsto de $ 9.500;
IV. provisionou os salários do mês de junho/2008 no valor de $ 8.000, a serem pagos em 05.07.2008;
V. pagou $ 2.400 referentes ao seguro contra incêndio e lucros cessantes da fábrica, com validade para o período de 1.º.07.2008 a 30.06.2009.

Tendo por base exclusivamente os registros acima, o resultado operacional da empresa, em junho de 2008, considerando o regime de competência e o regime de caixa, nessa ordem, são, respectivamente, em reais,

a) 7.000 e 5.100.
b) 6.800 e 7.500.
c) 6.800 e 7.300.
d) 2.500 e 2.500.
e) 2.500 e 100.

7. (TRF — ESAF/2006) No encerramento do exercício de 2005, a empresa Javeli S.A. promoveu a contabilização do encargo de depreciação do exercício, no valor de $ 12.000; da provisão para créditos de liquidação duvidosa, no valor de $ 7.000, e da provisão para Imposto de Renda e Contribuição Social sobre o Lucro, no valor de $ 17.000. Com o registro contábil dos fatos indicados a empresa teve seu ativo patrimonial diminuído em:

a) $ 12.000.
b) $ 19.000.
c) $ 24.000.
d) $ 29.000.
e) $ 36.000.

8. (FAFEN — CESGRANRIO/2009) Observe as partidas de razão abaixo.

CAIXA	
2.000	900

BANCOS C/ MOVIMENTO	
12.000	5.000
15.000	5.000
15.000	12.000
	3.000

DUPLICATAS A RECEBER	
18.000	15.000
20.000	

ESTOQUE DE MERCADORIAS	
25.000	17.000
30.000	12.000

MÓVEIS E UTENSÍLIOS	
15.000	

MÁQUINAS E EQUIPAMENTOS	
20.000	

EDIFICAÇÕES	
75.000	

DEPRECIAÇÃO ACUMULADA	
	4.000

FORNECEDORES A PAGAR	
12.000	20.000
	30.000

SALÁRIOS E ENCARGOS A PAGAR	
5.000	5.000
	4.500

CONTAS A PAGAR	
3.000	3.000

EMPRÉSTIMOS A PAGAR LP	
	15.000

CAPITAL	
	110.000

RESERVA DE LUCROS	
	10.000

VEÍCULOS	
15.000	

VENDA DE MERCADORIAS	
	20.000
	15.000

CMV	
17.000	
12.000	

PROMISSÓRIAS A PAGAR	
	10.000

DESPESA DE CONDOMÍNIO	
250	

DESPESA DE LUZ E TELEFONE	
200	

DESPESAS DIVERSAS	
450	

DESPESA DE SALÁRIOS	
4.500	

Considerando-se essas informações, o lucro operacional da empresa levantado na apuração do resultado foi, em reais, de

a) $ 600.
b) $ 1.050.
c) $ 1.200.
d) $ 1.300.
e) $ 6.000.

9. (ISS-SP — FCC/2012) Na Demonstração de Resultados do Exercício,

a) o custo dos produtos vendidos contém o valor da depreciação de máquinas da fábrica alocado à produção vendida no período.
b) o Imposto Predial e Territorial Urbano é classificado como Despesas Financeiras.
c) os custos de transação da emissão de ações subscritas e integralizadas reduzem o resultado do exercício.
d) o Imposto sobre Produtos Industrializados é classificado como Despesas com Vendas.
e) o valor da receita bruta corresponde à entrada de caixa referente às vendas da empresa no período.

10. (Analista — CGE-RN — IBFC/2019) A empresa Urano realizou as seguintes transações durante o mês de outubro:

I. Compra de 15.000 unidades de mercadoria para revenda por $ 30.000,00, à vista em dinheiro.
II. Compra à vista, em dinheiro, materiais de limpeza para utilização durante o mês, $ 350,00.
III. Vende 6.000 unidades de mercadorias e gera uma receita de $ 24.000,00, recebendo 30% em dinheiro e o restante em débito.
IV. Pagamento de tarifa bancária, referente ao mês, no valor de $ 65,00.
V. Combina uma venda de 2.000 unidades para o mês de novembro com o cliente "Centro Educacional Criança Feliz" e recebe o valor de $ 15.000,00, através de débito em conta.
VI. Compra de móveis e utensílios, à vista, no valor de $ 12.800,00.
VII. A empresa registrou as seguintes apropriações no mês de outubro: salários no valor de $ 6.200,00, contas de água, luz e telefone, no valor de $ 3.250,00. Todos a serem pagos no mês de novembro.

Considerando os fatos anteriormente informados, assinale a alternativa que apresenta o resultado da empresa.

a) Lucro $ 17.135,00
b) Lucro $ 2.135,00
c) Lucro $ 13.135,00
d) Lucro $ 4.335,00

11. (Técnico — SEFIN-RO — FGV/2018) A Cia. LOL elaborou sua Demonstração do Resultado do Exercício pelo método da natureza da despesa.

Assinale a opção que contém apenas as contas classificadas de acordo com esse método.

a) Despesa com Benefícios a Empregados e Despesas Comerciais.
b) Variação do Estoque e Custo dos Produtos Vendidos.
c) Despesa de Depreciação e Consumo de Matéria-Prima.
d) Despesa de Vendas e Despesas Administrativas.
e) Despesas Administrativas e Despesa de Amortização.

12. (Analista — STM — CESPE/2018) Tendo como referência a legislação societária e os pronunciamentos do Comitê de Pronunciamentos Contábeis, julgue o item a seguir, relativo à elaboração de demonstrações contábeis.

Na demonstração de resultado, apesar de a legislação societária induzir a apresentação da despesa por função, ela também poderá ser apresentada de acordo com a sua natureza.

( ) Certo ( ) Errado

13. (Técnico — EBSERH — CESPE/2018) Julgue o próximo item, a respeito das demonstrações financeiras.

Os descontos e abatimentos incondicionais concedidos constituem montante destacado das despesas operacionais na demonstração do resultado do exercício.

( ) Certo ( ) Errado

14. (Assistente — ALERO — FGV/2018) As opções a seguir trazem exemplos de informações que são apresentadas na Demonstração do Resultado do Exercício de uma entidade, *à exceção de uma*. Assinale-a:

a) Devolução de vendas.
b) Provisão para imposto sobre a renda.
c) Resultado de operações descontinuadas.
d) Variação cambial.
e) Distribuição de dividendos.

15. (Auditor — TCE-AM — FGV/2021) Na estrutura de apresentação da Demonstração do Resultado do Exercício (DRE) há uma série de gastos que devem ser classificados como despesas operacionais.

Um exemplo de item classificável nesse grupo é:

a) custo dos serviços prestados;
b) devoluções e abatimentos;
c) mão de obra operacional;
d) pesquisa e publicidade;
e) variações monetárias e cambiais.

16.5.2. Encerramento do resultado

1. (Do Autor) No que diz respeito à conta "Resultado do Exercício", a qual é utilizada para apuração de Resultado em um período, julgue as sentenças a seguir:

I. Antes do seu encerramento, pode ter saldo credor ou devedor;
II. É uma conta transitória;
III. É uma conta de Resultado;
IV. É uma conta de Patrimônio Líquido;
V. Faz contrapartida com todas as contas de Resultado e com a conta Lucros ou Prejuízos Acumulados;
VI. É utilizada para encerrar todas as contas de despesas e receitas com débitos e créditos nessas contas, respectivamente.

Assinale o número de sentenças incorretas:

a) 2;
b) 3;
c) 4;
d) 5;
e) 6.

16.5.3. Insubsistência e superveniência

1. (CGU — ESAF/2008) Ao longo da existência de uma entidade, vários fatos podem acontecer e que refletem no patrimônio desta de forma positiva ou negativa. Em relação aos fatos contábeis e suas respectivas variações no patrimônio, julgue os itens que se seguem e marque a opção incorreta.

a) A Insubsistência Passiva acontece quando algo que deixou de existir provocou efeito negativo no patrimônio da entidade.
b) Quando ocorre uma Superveniência Passiva, a Situação Líquida diminui.
c) As Superveniências provocam sempre um aumento do passivo ou do ativo.
d) O desaparecimento de um bem é um exemplo de Insubsistência do Passivo.
e) Toda Insubsistência do Passivo é uma Insubsistência Ativa.

16.5.4. Balancete de verificação e determinação do resultado

1. (SUSEP — ESAF/2010) A seguinte relação contém contas patrimoniais e contas de resultado. Seus saldos foram extraídos do Livro-Razão no fim do exercício social.

CONTAS	SALDOS ($)
Bancos conta Movimento	9.500
Despesas Gerais e Administrativas	19.500
ICMS sobre Vendas	16.000
Duplicatas a Receber	37.500
Encargos de Depreciação	6.000
Capital Social	110.000
Mercadorias	50.000
Juros Passivos a Vencer	3.000
Custo das Mercadorias Vendidas	54.500
ICMS a Recolher	8.500
Capital a Realizar	15.000
Provisão para FGTS	24.000
Ações de Coligadas	25.000
Receita de Vendas	100.000
Duplicatas a Pagar	65.000
Provisão para Créditos Incobráveis	12.500
Depreciação Acumulada	10.000
Ações em Tesouraria	25.000
Juros Passivos	4.000
Móveis e Utensílios	70.000
Descontos Ativos	5.000

Do resultado alcançado no ano, foram distribuídos $ 600 para reserva legal, $ 500 para participação de empregados, $ 1.250 para imposto de renda e o restante para dividendos. Classificando-se as contas acima e estruturando a apuração do resultado do exercício com os valores demonstrados, vamos encontrar um lucro líquido do exercício no valor de

a) $ 2.650.
b) $ 3.250.
c) $ 5.000.
d) $ 3.150.
e) $ 3.750.

2. (AFRFB — ESAF/2009) A relação seguinte refere-se aos títulos contábeis constantes do Livro--Razão da empresa comercial Concórdia Sociedade Anônima, e respectivos saldos, em 31 de dezembro de 2008:

CONTAS	VALOR ($)
Banco Conta Movimento	17.875
Banco Conta Empréstimo	50.000
Conta Mercadoria	42.500
Capital Social	105.000
Móveis e Utensílios	280.000
ICMS a Recolher	7.500
Custo das Mercadorias Vendidas (CMV)	212.500
Salários e Ordenados	10.000
Contribuições de Previdência	3.750
Despesa com Créditos de Liquidação Duvidosa	3.500
Depreciação Acumulada	44.800
Retenção de Lucros	51.200
Venda de Mercadorias	352.000
Impostos e Taxas	2.200
PIS e COFINS	8.625
ICMS sobre Vendas	52.500
Pró-labore	7.600
Fornecedores	157.750
PIS e COFINS a Recolher	1.800
Duplicatas a Receber	100.000
Encargos de Depreciação	32.000
Provisão para Créditos de Liquidação Duvidosa	3.000

Ao elaborar o balancete geral de verificação, no fim do exercício social, com as contas e saldos apresentados, a empresa, certamente, encontrará:

a) um balancete fechado em $ 773.050.
b) um saldo credor a menor em $ 100.000.
c) um saldo devedor a maior em $ 25.600.
d) um endividamento de $ 167.050.
e) um lucro com mercadorias de $ 137.500.

3. (APOFP/SP — Modificada — ESAF/2009) Ao encerrar o exercício social de 2008, a empresa Cibrazém de Armazenagem e Comércio Ltda. apurou os seguintes saldos:

CONTAS	SALDOS ($)
Capital Social	200.000
Vendas	540.000
Mercadorias	180.000

Duplicatas a Receber	140.000
Caixa	70.000
ICMS sobre Vendas	100.000
Duplicatas a Pagar	100.000
Ações de Coligadas	50.000
Fornecedores	150.000
Móveis e Utensílios	310.000
Provisão para Férias	15.000
Depreciação	60.000
Duplicatas Descontadas	90.000
Depreciação Acumulada	180.000
Fretes e Carretos	25.000
Prejuízos Acumulados	31.000
Salários a Pagar	18.000
Compras	230.000
Salários	88.000
Provisão p/ Devedores Duvidosos	2.000
Aluguéis Ativos	12.000
Juros Passivos	7.000
Capital a Realizar	40.000
ICMS a Recolher	65.000
Reserva Legal	6.000
Ações em Tesouraria	30.000
Prêmios de Seguros	17.000
Soma total	**2.756.000**

O inventário físico apontou o valor de R$ 154.000 de mercadorias em estoque no fim do ano. Elaborando o balanço patrimonial com os dados apresentados, após a apuração do resultado do exercício, vamos encontrar um:

a) Ativo total de R$ 478.000.
b) Passivo e Patrimônio Líquido de R$ 453.000.
c) Passivo Circulante de R$ 438.000.
d) Patrimônio Líquido de R$ 104.000.
e) Prejuízo Acumulado de R$ 31.000.

4. (MPOG — ESAF/2010) Durante o ano de 2009, a empresa Rondápolis contabilizou os seguintes resultados:

Compras de Mercadorias	$ 600
Vendas de Mercadorias	$ 970
Receitas Não Operacionais	$ 17
Despesas Não Operacionais	$ 60

Reservas de Lucros	$ 20
Participação nos Lucros	$ 15
Imposto de Renda	$ 30
ICMS sobre as Vendas	$ 97
Estoque de Mercadorias em 01/01	$ 300
Estoque de Mercadorias em 31/12	$ 250
Despesas Operacionais	$ 80

A Demonstração do Resultado do Exercício, elaborada a partir dos valores acima, vai evidenciar um Lucro Líquido do Exercício no valor de

a) $ 100.
b) $ 143.
c) $ 55.
d) $ 152.
e) $ 35.

5. (STN — ESAF/2008) Em 31 de dezembro de 2007, a companhia Armazéns Gerais S.A. organizou, em ordem alfabética, a seguinte relação de contas, com os respectivos saldos, para fins de elaboração de um balancete geral de verificação:

CONTAS	SALDOS ($)
Ações de Coligadas	1.400
Ações de Controladas	800
Ações em Tesouraria	340
Amortização Acumulada	400
Banco Conta Movimento	3.000
Caixa	1.000
Capital Social	9.000
Capital Social a Realizar	1.600
Clientes	1.850
Comissões Ativas	240
Comissões Ativas a Receber	100
Comissões Ativas a Vencer	120
Comissões Passivas	300
Comissões Passivas a Vencer	80
Contribuições Previdenciárias	600
Contribuições a Recolher	350
Custo das Vendas	4.800
Depreciação de Encargos	680
Depreciação Acumulada	1.200
Duplicatas a Pagar	4.200
Duplicatas a Receber	2.100

Duplicatas Descontadas	1.300
Empréstimos Bancários	3.500
Fornecedores	2.200
Imóveis	3.800
Impostos	300
Impostos a Recolher	180
Impostos a Recuperar	220
Marcas e Patentes	1.180
Mercadorias	2.150
Móveis e Utensílios	2.000
Prejuízos Acumulados	440
Provisão para Devedores Duvidosos	210
Provisão para Férias	960
Provisão para FGTS	600
Provisão Para Imposto de Renda	320
Receita de Vendas	7.800
Reserva de Capital	680
Reservas Estatutárias	440
Reserva Legal	500
Salários e Ordenados	1.800
Valores Mobiliários	700
Veículos	4.000

Considerando que o Contador, propositalmente, para testar o raciocínio, deixou de incluir uma conta na referida relação, pede-se: indique a opção que contém o valor da soma dos saldos devedores indicados.

a) R$ 35.240.
b) R$ 33.240.
c) R$ 32.150.
d) R$ 32.130.
e) R$ 30.130.

6. (MPE-SE — FCC/2009) Considere as informações a seguir oriundas do Departamento de Contabilidade da Cia. Margarida.

I. Os saldos finais de suas contas no período 2007/2008 eram:

SALDOS DEVEDORES	2007	2008	SALDOS CREDORES	2007	2008
Amortizações	1.000	1.000	Amortização Acumulada	1.000	2.000
Benfeitorias Imóveis Terceiros	4.000	4.000	Capital Social	15.000	27.000
Caixa	500	1.500	Contas a Pagar	2.000	3.000
Clientes	18.000	27.500	Depreciação Acumulada	3.000	2.000
CMV	20.000	30.000	Duplicatas Descontadas	0	10.000
Depreciações	1.000	2.000	Salários a Pagar	600	1.200

Despesas de Juros	4.000	4.500	Empréstimos a Pagar	5.400	10.000
Despesas Administrativas	3.000	5.000	Fornecedores	5.000	6.800
Despesas Comerciais	4.300	5.100	Juros a Pagar	3.000	1.000
Despesas Tributárias	4.400	6.100	PDD	300	500
Encargos e Salários	12.000	16.100	Reservas	1.000	0
Estoques	1.800	3.000	Resultado Venda Veículos	0	1.000
Imóveis	2.500	12.500	Vendas	50.000	70.000
Participações Societárias	4.500	4.000			
Perdas com Clientes	0	1.200			
Provisão para Devedores	300	500			
Resultado de Equivalência	0	500			
Veículos	5.000	10.000			
Total	86.300	86.300	Total	86.300	86.300

II. Dados complementares relativos a operações realizadas, na empresa, no exercício de 2008: no início do período a empresa renova integralmente sua frota, leiloando todos os veículos antigos e adquirindo novos veículos, mais adequados às necessidades previstas para os próximos 5 anos. Aumenta seu capital por meio da utilização do saldo anterior das Reservas e de subscrições de novos sócios. Altera o perfil de sua dívida de longo prazo, quitando os empréstimos anteriores, cujo vencimento era previsto para o final de 2009 e assume novo compromisso com quitação prevista para o final de 2012.

A empresa adquiriu novos imóveis, preparando-se para expansão futura, no final do período.

O resultado apurado pela empresa em 2007 foi

a) um prejuízo de $ 1.000.
b) um resultado superavitário.
c) maior que o obtido em 2008.
d) um resultado deficitário.
e) inferior ao resultado de 2008.

7. (BACEN — CESGRANRIO/2009) Dados extraídos do balancete de verificação da empresa Mares Verdes S.A., em 31.12.2008, em reais:

CONTAS	SALDOS ($)	SALDO DEVEDOR/ SALDO CREDOR
Fornecedores	11.500	Saldo Credor
Caixa	800	Saldo Devedor
Despesa de Energia Elétrica	100	Saldo Devedor
Banco Conta Movimento	1.300	Saldo Devedor
Empréstimo a Pagar	400	Saldo Credor
Venda de Mercadorias	10.000	Saldo Credor
Empréstimos e Financiamentos a Longo Prazo	1.500	Saldo Credor
Duplicatas a Receber	9.500	Saldo Devedor
Custo de Mercadoria Vendida	7.000	Saldo Devedor
Estoque de Mercadoria	11.000	Saldo Devedor

Reserva de Capital	5.000	Saldo Credor
Despesa de Água e Esgoto	100	Saldo Devedor
Reserva Legal	3.000	Saldo Credor
Salários e Encargos a Pagar	1.100	Saldo Devedor
Despesas Gerais	500	Saldo Devedor
Adiantamentos para Viagens	700	Saldo Devedor
Despesas de Salários e Encargos	1.100	Saldo Devedor
Móveis e Utensílios	6.000	Saldo Devedor
Máquinas e Equipamentos	7.000	Saldo Devedor
Terrenos	18.000	Saldo Devedor
Depreciações Acumuladas	2.000	Saldo Credor
Adiantamento de Clientes	600	Saldo Credor
Capital Social	28.000	Saldo Credor

Considerando exclusivamente os dados acima e desconsiderando a incidência de quaisquer impostos, o resultado da empresa no exercício, em reais, foi

a) 1.900.
b) 1.200.
c) 1.100.
d) 900.
e) 500.

8. (Assistente — COMPESA — FGV/2018) Uma entidade apresentava o seguinte balanço patrimonial em 31.12.2016:

ATIVO		PASSIVO	
Ativo Circulante		Passivo Circulante	
Caixa	80.000	Despesas a pagar	30.000
Estoque	200.000	Patrimônio Líquido	
		Capital Social	250.000
Total	280.000	Total	280.000

No ano de 2017, aconteceram os seguintes fatos:

— Pagamento das despesas de 2016;
— Venda à vista de todo o estoque, por R$ 350.000;
— Reconhecimento e pagamento de despesas gerais, no valor de R$ 50.000.

Assinale a opção que indica o valor do lucro antes do imposto sobre a renda (LAIR), em 31.12.2017, considerando alíquota do ICMS de 18%.

a) R$ 37.000.
b) R$ 73.000.
c) R$ 87.000.
d) R$ 97.000.
e) R$ 100.000.

9. (Analista-EBSERH/IBFC/2020) A empresa Bulldog, apresenta os seguintes dados para seu Demonstrativo de Resultado do Período em 31.12.2016: Receita Bruta: 550.000,00, as devoluções representam 6% da receita bruta, o ICMS calculado foi de 18% da receita bruta, o custo foi de R$ 130.000,00, as despesas financeiras líquidas foram de R$ 46.500, as despesas de vendas são

contabilizadas exatamente à base de 10% da Receita Líquida, as despesas administrativas totalizaram o valor de R$ 15.000,00 e no cálculo do Imposto de Renda considerou-se a alíquota de 15%.

Assinale a alternativa que apresenta o Lucro bruto e o Lucro antes do Imposto de Renda.

a) R$ 321.000,00 e R$ 214.400,00
b) R$ 288.000,00 e R$ 231.200,00
c) R$ 321.000,00 e R$ 260.900,00
d) R$ 288.000,00 e R$ 199.700,00
e) R$ 288.000,00 e R$ 184.700,00

16.5.5. Participações e lucro líquido do exercício

1. (TRF — ESAF/2003) A Companhia Delta, no encerramento do exercício de 2002, obteve as seguintes informações, conforme segue:

CONTAS	VALOR ($)
Capital Social	1.000.000
Financiamentos	50.000
Lucro Antes do Imposto de Renda	300.000
Prejuízos Acumulados	70.000
Provisão para Imposto de Renda e Contribuição Social sobre o Lucro Líquido	90.000

Estatutariamente as participações no resultado são: empregados 10%; administradores 10%. Assinale o valor do Lucro Líquido do Exercício.

Lucro Líquido do Exercício

a) $ 183.400;
b) $ 170.100;
c) $ 168.000;
d) $ 153.000;
e) $ 150.000.

2. (AFRF/2002.2) A empresa Metais e Metalurgia, no exercício de 2001, auferiu lucro líquido, antes do imposto de renda, da contribuição social e das participações contratuais e estatutárias, no valor de $ 220.000. Na contabilidade da empresa foram colhidas as informações de que:

1) O Patrimônio Líquido, antes da apropriação e distribuição do lucro, era composto de:
   Capital Social $ 280.000
   Prejuízos acumulados $ 76.000
2) O Passivo Circulante, após a apropriação e distribuição do lucro, era composto de:
   Fornecedores $ 450.000
   Dividendos a Pagar $ 20.000
   Provisão para Imposto de Renda $ 64.000
   Participações no Lucro a Pagar: ?
   As participações no lucro foram processadas nos seguintes percentuais:
   Participação das Partes Beneficiárias: 5%
   Participação de Debenturistas: 8%
   Participação de Administradores: 10%
   Participação de Empregados: 10%

Calculando-se o valor das participações citadas, nos termos da legislação societária, sem considerar as possíveis implicações de ordem fiscal, nem os centavos do cálculo, pode-se dizer que os valores apurados serão:

a) Das Partes Beneficiárias: $ 3.240
b) Dos Debenturistas: $ 5.760

c) Dos Administradores: $ 7.360
d) Dos Empregados: $ 8.000
e) Lucro Líquido Final na DRE: $ 132.636

3. (ICMS-SP — FCC/2006) O estatuto da Cia. Amarílis prevê direito à participação nos lucros de empregados, administradores e as debêntures emitidas, à base de 10% cada uma. Em um determinado período, o valor do lucro após o Imposto de Renda e Contribuições foi de $ 1.500.000 e, no mesmo período, a empresa apresenta um saldo de prejuízos acumulados no valor de $ 450.000. Com base nessas informações e de acordo com o estabelecido no artigo 187 da Lei 6.404/76, é correto afirmar que, nesse período,

a) O valor a ser transferido para o Patrimônio Líquido é de $ 984.150.
b) O Lucro Líquido apurado no exercício é de $ 900.000.
c) A provisão para participação dos administradores foi $ 150.000.
d) A provisão para participações a empregados é de $ 94.500 e a provisão para participação de debêntures é de $ 76.545.

4. (Profissional de Vendas — LIQUIGÁS — CESGRANRIO/2018) Os dados abaixo foram extraídos do balanço patrimonial de uma sociedade de capital aberto.

DADOS	($)
Lucro antes das participações	5.000
Participações estatutárias	1.000
Reserva de lucro a realizar	1.000
Reserva legal	2.000
Reserva para contingências do exercício	1.000
Reserva para retenção de lucros	1.000
Reversão de reservas de contingência	1.000

Diante apenas dessas informações, verifica-se que o lucro líquido apurado foi de

a) $ 1.000
b) $ 2.000
c) $ 3.000
d) $ 4.000
e) $ 0

16.5.6. Imposto de Renda e lucro líquido do exercício

1. (AFRF — ESAF/2002.1) A Empresa Pedras & Pedrarias S.A. demonstrou no exercício de 2001 os valores como seguem:

Lucro Bruto	$ 90.000
Lucro Operacional	$ 70.000
Receitas Operacionais	$ 7.500
Participação dos Administradores	$ 2.500
Despesas Operacionais	$ 27.500
Participação dos Debenturistas	$ 3.500
Participação dos Empregados	$ 3.000

A tributação do lucro dessa empresa deverá ocorrer à alíquota de 30% para imposto de renda e contribuição social sobre o lucro, conjuntamente. Assim, se forem calculados corretamente o IR e CSLL, certamente o valor destinado, no exercício, à constituição da reserva legal deverá ser de:

a) $ 2.000;
b) $ 2.070;
c) $ 2.090;
d) $ 2.097;
e) $ 2.135.

16.5.7. Imposto de Renda e participações

1. (Agente Tributário Estadual-MS — ESAF/2001) O Contador da Empresa Comércio Com S.A. já havia contabilizado as operações do encerramento do exercício de 2000, inclusive a provisão para pagamento do imposto de renda, quando se apercebeu que não havia calculado as participações estatutárias de empregados e de diretores, previstas nos Estatutos à alíquota de 10%, para cada tipo.

A provisão para o imposto de renda fora calculada à alíquota de 25% do lucro real, tendo o lucro líquido do exercício, no valor de $ 27.000, sido creditado na conta Lucros (ou Prejuízos) Acumulados. Após sanar a falha anterior, contabilizando as participações estatutárias corretamente e recalculando o imposto, a provisão para o imposto de renda deverá ir a balanço com o novo valor de:

a) $ 6.075,00;
b) $ 7.650,00;
c) $ 7.717,50;
d) $ 8.325,00;
e) $ 8.730,00.

No início de 2013, o Patrimônio Líquido da Cia. Madeira era composto pelos seguintes saldos:

CONTAS DE PL	VALORES ($)
Capital Social	1.000.000
Capital a Integralizar	(550.000)
Reserva Legal	87.500
Reservas de Lucros	57.500
Lucros Retidos	170.000

Ao final do período de 2013, a empresa apurou um Lucro antes do Imposto sobre a Renda e Contribuições no valor de R$ 400.000. De acordo com a política contábil da empresa, ao final do exercício, no caso da existência de lucros, os estatutos da empresa determinam que a mesma deve observar os percentuais abaixo para os cálculos das Participações e Contribuições, apuração do Lucro Líquido e sua distribuição.

Dividendos a Pagar	50%
Participações da Administração nos Lucros da Sociedade	20%
Participações de Debêntures	25%
Participação dos Empregados nos Lucros da Sociedade	25%
Provisão para IR e Contribuições	20%
Reserva de Lucros	20%
Reserva Legal	5%

O restante do Lucro Líquido deverá ser mantido em Lucros Retidos conforme decisão da Assembleia Geral Ordinária (AGO) até o final do exercício de 2014, conforme Orçamento de Capital aprovado em AGO de 2012

2. (AFRFB — ESAF/2014) O Valor das Participações dos Debenturistas nos Lucros da Sociedade é:

a) R$ 80.000.
b) R$ 72.000.
c) R$ 64.000.
d) R$ 48.000.
e) R$ 36.000.

3. (ACE — ESAF/2012) Certa empresa, após contabilizar suas contas de resultado, encontrou os seguintes valores:

Receita Líquida de Vendas	250.000,00
Custo das Vendas do Período	140.000,00
Receitas Operacionais	25.000,00
Despesas Operacionais	65.000,00
Ganhos de Capital	10.000,00
Provisão para Imposto de Renda	30.000,00

Os estatutos dessa empresa mandam pagar participação nos lucros, à base de 10% para empregados e 10% para administradores, além dos dividendos de 25%. No exercício social de que estamos tratando, a empresa destinou ao pagamento das participações o montante de

a) R$ 10.000,00.
b) R$ 9.500,00.
c) R$ 7.600,00.
d) R$ 3.750,00.
e) R$ 3.156,00.

4. (AFRFB — ESAF/2012) Os estatutos da Cia. Ômega estabelecem que, dos lucros remanescentes, após as deduções previstas pelo artigo 189 da Lei n. 6.404/76 atualizada, deverá a empresa destinar aos administradores, debêntures e empregados uma participação de 10% do lucro do exercício a cada um.

Tomando como base as informações constantes da tabela abaixo:

ITENS APURADOS EM 31.12.2010	VALORES EM R$
Resultado apurado antes do Imposto, Contribuições e Participações	500.000,00
Valor estabelecido para Imposto de Renda e Contribuição Social	100.000,00
Saldos da conta /Prejuízos Acumulados	(150.000,00)

Pode-se afirmar que o valor do Lucro Líquido do Exercício é:

a) R$ 350.000.
b) R$ 332.250.
c) R$ 291.600.
d) R$ 182.500.
e) R$ 141.600.

16.5.8. Lucro líquido e reserva legal

1. (TRF — ESAF/2003) A Companhia Tríplice, no encerramento do exercício de 2002, obteve as seguintes informações, conforme segue:

Lucro Bruto	$ 90.000
Lucro Operacional	$ 70.000

Receitas Financeiras	$ 2.000
Despesas Financeiras	$ 10.000
Participação dos Empregados	$ 7.000
Provisão para Imposto de Renda e Contribuição Social sobre o Lucro Líquido	$ 15.000

Assinale a opção correta, que contém o valor da Reserva Legal que deverá ser constituída, considerando que o saldo final da Reserva terá um percentual inferior ao limite legal.

a) $ 1.400;
b) $ 1.800;
c) $ 2.200;
d) $ 2.400;
e) $ 2.800.

2. (Agente Fiscal de Rendas-SP — Vunesp/2006) O patrimônio líquido de uma sociedade anônima estava assim distribuído, antes da destinação do resultado do exercício:

CONTAS	Valor ($)
Capital Social	15.000.000
Ágio na Emissão de Ações	500.000
Reserva Legal	2.900.000
Lucros Acumulados	1.250.000

O lucro líquido do exercício foi de $ 3.500.000, do qual a sociedade deve destinar à Reserva Legal a importância de:

a) $ 100.000;
b) $ 700.000,
c) $ 75.000;
d) $ 175.000;
e) zero.

3. (Analista — SEFAZ-CE — ESAF/2007) A empresa Mercadóloga S.A., em 2006, apurou lucro operacional líquido de $ 322.000, receitas não operacionais de $ 75.000 e despesas não operacionais de $ 92.000. No aludido exercício social, a empresa mandou provisionar imposto de renda e contribuição social sobre o lucro, no valor de $ 105.000, e destinou participação de 10% para os empregados, 10% para administradores, 5% para reserva legal, além de 50% sobre o lucro ajustado para dividendo mínimo obrigatório. Após a contabilização dos eventos acima citados a empresa vai evidenciar, no fim da Demonstração do Resultado de Exercício, o lucro líquido no valor de

a) $ 160.000.
b) $ 152.000.
c) $ 153.900.
d) $ 76.950.
e) $ 162.000.

16.5.9. Questões complementares

1. (Analista — TRE-PR — FCC/2012) Um item que afeta a apuração do resultado do exercício é

a) a distribuição de dividendos por controladas.
b) a compra financiada de um terreno em 36 meses.
c) o prêmio na emissão de debêntures.
d) os custos de transação na emissão de ações subscritas e integralizadas.
e) a reversão de perda por *impairment*.

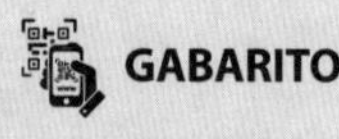

GABARITO

http://uqr.to/1xvmq

17

DEMONSTRAÇÃO DAS MUTAÇÕES DO PATRIMÔNIO LÍQUIDO (DMPL) E DEMONSTRAÇÃO DOS LUCROS OU PREJUÍZOS ACUMULADOS (DLPA)

17.1. ASPECTOS INICIAIS

A DMPL tem por objetivo demonstrar as modificações (mutações) de todas as contas que compõem o Patrimônio Líquido de uma empresa durante um exercício. A DLPA tem por objetivo apresentar os lançamentos credores e devedores na conta Lucros ou Prejuízos Acumulados, que é uma das contas do PL. Na DLPA, entenderemos o acúmulo e a destinação dos lucros em determinado período ou o tratamento dos prejuízos, caso estes tenham ocorrido.

Com as modificações introduzidas pela Lei n. 11.638/2007 na Lei n. 6.404/76, a conta Lucros ou Prejuízos Acumulados não pode mais ter saldos positivos (lucros) sem destinação. Por isso, seu **saldo inicial** em um exercício social deverá ser **sempre zero**, assim como seu **saldo final**.

A seguir, apresentamos um diagrama geral da composição do Patrimônio Líquido com identificação das principais contas e grupos de contas. Basicamente, se não houver prejuízo, o lucro de um exercício deve ser distribuído. Uma parte deve ser obrigatoriamente utilizada para constituir a reserva legal, enquanto a outra deve ser destinada aos sócios como dividendos; já o restante pode ser retido na empresa a título de reservas de lucros ou utilizada para aumentar Capital.

Caso haja prejuízo, o lucro do exercício deve ser prioritariamente utilizado para compensá-lo, isto é, eliminar o saldo negativo da conta Prejuízos Acumulados.

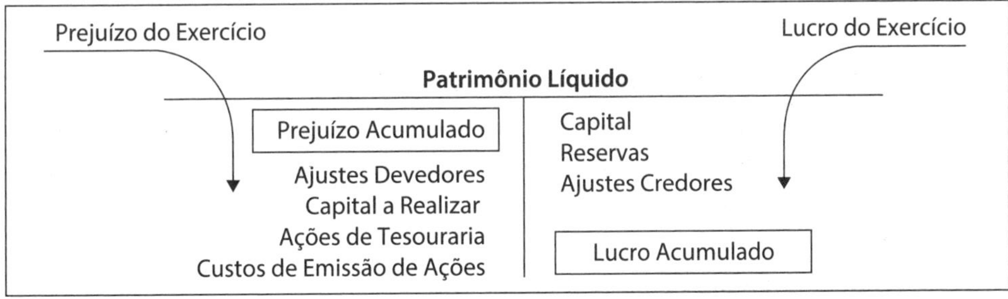

O lucro do exercício acarretará um lançamento credor no PL, especificamente na conta Lucros ou Prejuízos Acumulados (LPA). Se, em vez de lucro, o Resultado do Exercício for prejuízo, ocorrerá um lançamento devedor no PL também na conta Lucros ou Prejuízos Acumulados.

17.1.1. Obrigatoriedade de elaboração da DMPL e da DLPA

A Lei n. 6.404/76 (Lei das S.A.) só exige a DLPA. A CVM, por sua vez, só exige a DMPL para as S.As. de Capital aberto. Já a norma do CFC, NBC TG 26 (CPC 26), exige a DMPL para todas as sociedades. A norma específica para as empresas de pequeno e médio porte —PMEs (NBC TG 1000 /CPC PME) exige a DMPL. Entretanto, as PMEs em que as únicas alterações do PL derivem do lucro líquido, do pagamento de dividendos e de ajustes no PL em função de erros ou mudança de critérios contábeis podem elaborar somente a DLPA.

	DLPA	DMPL
Lei n. 6.404/76	X	
CVM		X
NBC TG 26 R5 — CPC 26(R1)		X
CPC-PME[1]	X	X

> "**Art. 3.º** Aplicam-se às sociedades de grande porte, ainda que não constituídas sob a forma de sociedades por ações, as disposições da *Lei n. 6.404, de 15 de dezembro de 1976*, sobre escrituração e elaboração de demonstrações financeiras e a obrigatoriedade de auditoria independente por auditor registrado na Comissão de Valores Mobiliários.
>
> Parágrafo único. Considera-se de grande porte, para os fins exclusivos desta Lei, a sociedade ou conjunto de sociedades sob controle comum que tiver, no exercício social anterior, ativo total superior a R$ 240.000.000,00 (duzentos e quarenta milhões de reais) ou receita bruta anual superior a R$ 300.000.000,00 (trezentos milhões de reais)."

Conclusão: somente as empresas de pequeno e médio portes que tiverem alterações no PL limitadas ao resultado do exercício, distribuição de dividendos ou ajustes em função de erros anteriores ou, ainda, mudança de critério contábil poderão deixar de elaborar a DMPL e, em seu lugar, elaborar a DLPA, segundo o CPC-PME.

17.1.2. Histórico das demonstrações (DMPL e DLPA)

A seguir, apresentaremos a evolução histórica das demonstrações no âmbito da Lei n. 6.404/76, da CVM, do CPC e do CFC, tanto no contexto das sociedades por ações como de empresas em geral.

17.1.2.1. Na Lei n. 6.404/76

Historicamente, a DMPL nunca foi exigida pela Lei n. 6.404/76, mesmo após a Lei n. 11.941/2009. Em contrapartida, a DLPA sempre foi exigida pela Lei n. 6.404/76.

---

[1] Definição de sociedade de grande porte feita pela Lei n. 11.638/2007.

"**Art. 176.** Ao fim de cada exercício social, a diretoria fará elaborar, com base na escrituração mercantil da companhia, as seguintes demonstrações financeiras, que deverão exprimir com clareza a situação do patrimônio da companhia e as mutações ocorridas no exercício:

I — balanço patrimonial;

II — demonstração dos lucros ou prejuízos acumulados;

III — demonstração do resultado do exercício; e

IV — demonstração dos fluxos de caixa; e *(Redação dada pela Lei n. 11.638, de 2007)*

V — se companhia aberta, demonstração do valor adicionado *(Incluído pela Lei n. 11.638, de 2007).*"

No art. 186, a Lei das S.A. apresenta as informações mínimas que devem constar de uma DLPA:

"**Art. 186.** A demonstração de lucros ou prejuízos acumulados discriminará:

I — o saldo do início do período, os ajustes de exercícios anteriores e a correção monetária do saldo inicial;

II — as reversões de reservas e o lucro líquido do exercício;

III — as transferências para reservas, os dividendos, a parcela dos lucros incorporada ao capital e o saldo ao fim do período.

§ 1.º Como ajustes de exercícios anteriores serão considerados apenas os decorrentes de efeitos da mudança de critério contábil, ou da retificação de erro imputável a determinado exercício anterior, e que não possam ser atribuídos a fatos subsequentes.

§ 2.º A demonstração de lucros ou prejuízos acumulados deverá indicar o montante do dividendo por ação do capital social e poderá ser incluída na demonstração das mutações do patrimônio líquido, se elaborada e publicada pela companhia."

17.1.2.2. Na CVM

A CVM, por meio da Instrução n. 59/86, em seu art. 1.º, transcrito a seguir e ainda vigente até o fechamento desta edição, tornou obrigatória, a partir de sua publicação, a elaboração e publicação da DMPL pelas sociedades por ações de Capital aberto.

> "**Art. 1** — As companhias abertas deverão elaborar e publicar, como parte integrante de suas demonstrações financeiras, a demonstração das mutações do patrimônio líquido, referida ao artigo 186, § 2.º 'in fine', da Lei 6.404, de 15 de dezembro de 1976."

17.1.2.3. Na norma NBC TG 26 (CPC 26) (Apresentação das Demonstrações Contábeis)

A NBC TG 26 (CPC 26), que passou a regular a elaboração das demonstrações financeiras no Brasil no contexto de harmonização com as normas internacionais e tem correlação com as normas internacionais IAS-1, foi aprovado pela CVM por meio da Deliberação n. 595/2009 e transformado em norma técnica de contabilidade (NBC TG 26) pelo CFC por meio da Resolução n. 1.185/2009. A partir da aprovação do CPC 26, a

DMPL passou a ser obrigatória para todas as sociedades anônimas de capital aberto ou fechado e as sociedades de grande porte. Assim, estão obrigadas a publicar demonstrações financeiras, como especificado nos itens 10 e 11 da NBC TG 26 (CPC 26), em sua última versão, em 15 de abril de 2019:

"10. O conjunto completo de demonstrações contábeis inclui:

(a) balanço patrimonial ao final do período;

(b) demonstração do resultado do período;

(ba) demonstração do resultado abrangente do período;

(c) demonstração das mutações do patrimônio líquido do período;

(d) demonstração dos fluxos de caixa do período;

(da) demonstração do valor adicionado do período, conforme NBC TG 09 — Demonstração do Valor Adicionado, se exigido legalmente ou por algum órgão regulador ou mesmo se apresentada voluntariamente;

(e) notas explicativas, compreendendo as políticas contábeis significativas e outras informações elucidativas;

(ea) informações comparativas com o período anterior, conforme especificado nos itens 38 e 38A;

(f) balanço patrimonial do início do período mais antigo, comparativamente apresentado, quando a entidade aplica uma política contábil retrospectivamente ou procede à reapresentação retrospectiva de itens das demonstrações contábeis, ou quando procede à reclassificação de itens de suas demonstrações contábeis de acordo com os itens 40A a 40D.

A entidade pode usar outros títulos nas demonstrações em vez daqueles usados nesta Norma, desde que não contrarie a legislação societária brasileira vigente. A demonstração do resultado abrangente pode ser apresentada em quadro demonstrativo próprio ou dentro das mutações do patrimônio líquido (ver exemplo anexo).

10A. A entidade pode, se permitido legalmente, apresentar uma única demonstração do resultado do período e outros resultados abrangentes, com a demonstração do resultado e outros resultados abrangentes apresentados em duas seções. As seções devem ser apresentadas juntas, com o resultado do período apresentado em primeiro lugar seguido pela seção de outros resultados abrangentes. A entidade pode apresentar a demonstração do resultado como uma demonstração separada. Nesse caso, a demonstração separada do resultado do período precederá imediatamente a demonstração que apresenta o resultado abrangente, que se inicia com o resultado do período.

10B. Quando da aprovação desta Norma a legislação societária brasileira requer que seja apresentada a demonstração do resultado do período como uma seção separada.

11. A entidade deve apresentar com igualdade de importância todas as demonstrações contábeis que façam parte do conjunto completo de demonstrações contábeis".

A DLPA não faz parte do conjunto de demonstrações exigido pela CFC na NBC TG 26 (CPC 26) para as empresas em geral, mas somente pela Lei n. 6.404/76 e no CPC-PME (ITG 1000 R1) em situação especial. As informações exigidas pela Lei n. 6.404/76 que devem constar da DLPA estão presentes em uma das colunas da DMPL, portanto a entidade que apresentar a DMPL estará simultaneamente cumprindo a determinação legal exigida pela Lei n. 6.404/76.

17.1.2.4. Na ITG 1000 (CPC-PME) (Demonstração dos Lucros ou Prejuízos Acumulados)

No item 6.4 da NBC TG 1000 (CPC-PME), a demonstração dos lucros ou prejuízos acumulados deve apresentar o Resultado da Entidade e as alterações nos lucros ou prejuízos acumulados para um período de divulgação.

O item 3.18 do mesmo **CPC-PME** permite que a Entidade apresente **a demonstração dos lucros ou prejuízos acumulados no lugar** da demonstração do Resultado Abrangente e da **demonstração das mutações do Patrimônio Líquido**, se as **únicas alterações** no seu Patrimônio Líquido durante os períodos para os quais as demonstrações contábeis são apresentadas **derivarem do resultado**, do pagamento de **dividendos** ou da distribuição outra de lucro, **correção de erros** de períodos anteriores e **mudanças de políticas contábeis**.

A informação que deve ser apresentada pela DLPA, segundo a norma NBC TG 1000 (CPC-PME), item 6.5, é a seguinte:

> "A entidade deve apresentar, na demonstração dos lucros ou prejuízos acumulados, os seguintes itens, adicionalmente às informações requeridas pela Seção 5 Demonstração do Resultado e Demonstração do Resultado Abrangente:
>
> (a) lucros ou prejuízos acumulados no início do período contábil;
>
> (b) dividendos ou outras formas de lucro declarados e pagos ou a pagar durante o período;
>
> (c) ajustes nos lucros ou prejuízos acumulados em razão de correção de erros de períodos anteriores;
>
> (d) ajustes nos lucros ou prejuízos acumulados em razão de mudanças de práticas contábeis;
>
> (e) lucros ou prejuízos acumulados no fim do período contábil."

17.2. PATRIMÔNIO LÍQUIDO (PL)

O PL está especificado na Lei n. 6.404/76, em seu art. 178, § 2.º, inc. III, alterado pela Lei n. 11.941/2009, que passou a ter a seguinte redação:

> "III — patrimônio líquido, dividido em capital social, reservas de capital, ajustes de avaliação patrimonial, reservas de lucros, ações em tesouraria e prejuízos acumulados *(Incluído pela Lei n. 11.941, de 2009).*"

A supressão do termo **"lucros acumulados"** ao lado de prejuízos acumulados deixa claro que os lucros acumulados, até 2007, **tiveram que ser destinados nas demonstrações de 2008** e que não é mais possível deixar de destinar todo o lucro de um exercício. Isso não significa que durante um exercício os balanços patrimoniais intermediários não possam ter saldo na conta Lucros ou Prejuízos Acumulados. Essa conta não desapareceu da Contabilidade, porém, ao final de cada exercício seu saldo terá que ser completamente utilizado (destinado).

O Patrimônio Líquido, como já visto no Capítulo 15, passou a ter a estrutura básica a seguir após as alterações introduzidas pelas Leis ns. 11.638/2007 e 11.941/2008.

PATRIMÔNIO LÍQUIDO	
1	Capital Subscrito
2	(–) Capital a Integralizar
3	(–) Custos de Emissão de Ações
4	Reservas de Capital
5	(–) Ações em Tesouraria
6	Reservas de Lucros
7	Reservas de Reavaliação
8	Ajustes de Avaliação Patrimonial
9	Ajustes Acumulados de Conversão às Normas Contábeis
10	Prejuízos Acumulados

Uma vez que já estudamos o PL no Capítulo 15, apresentaremos apenas a descrição resumida de cada conta do Patrimônio Líquido:

Capital Subscrito	▪ Compromisso dos sócios
(–) Capital a Integralizar	▪ Parte não realizada do Capital, ainda não entregue pelos sócios à empresa
(–) Custos de Emissão de Ações	▪ É o valor gasto com taxas e comissões de corretagem na venda das ações a novos sócios
Reservas de Capital	▪ Bônus de subscrição ▪ Ágio na subscrição ▪ Partes beneficiárias ▪ Correção monetária do Capital Social ainda não capitalizado
(–) Ações em Tesouraria	▪ Ações da própria empresa recomprada por sua tesouraria utilizando, em primeiro lugar, as reservas de Capital
Reservas de Lucros	▪ Reserva legal (5% do lucro até o limite de 20% do Capital Social) ▪ Reserva de contingência (constituída para suportar alguma dificuldade futura) ▪ Reserva estatutária (definida pelos sócios no estatuto para qualquer fim) ▪ Reserva de retenção (retenção de parte do lucro para um investimento) ▪ Reserva de lucros a realizar ▪ Reserva especial de lucros não distribuídos (feita quando não existem condições financeiras para pagamento dos dividendos) ▪ Reserva de incentivos fiscais (subvenções públicas) ▪ Reserva de prêmio na emissão de debêntures
Reservas de Reavaliação	▪ São as contrapartidas de avaliações feitas até 31 de dezembro de 2007 dos Ativos Permanentes. A partir de 1 de janeiro de 2008, não é mais possível reavaliar Ativos.
Ajustes de Avaliação Patrimonial	▪ São as contrapartidas de ajustes credores ou devedores em instrumentos financeiros e Passivos.
Ajustes de Conversão	▪ São ajustes acumulados credores ou devedores em função da adoção das novas normas contábeis compatíveis com as normas internacionais. Também chamados de ajustes de conversão às normas IFRS.
Prejuízos Acumulados	▪ Caso não existam reservas de lucros capazes de compensar prejuízo, pode ficar classificado nesta conta o saldo do prejuízo acumulado.

17.3. IMPACTO DO LUCRO NO PATRIMÔNIO

Quando analisamos as contas de uma empresa ao final de um exercício social e verificamos que o Ativo é maior que o Passivo exigível (Passivo Circulante somado ao Passivo Não Circulante), isso se dá porque a empresa obteve **lucro no período**. Caso constatemos que o Ativo é menor que o Passivo exigível, isto significa que a empresa terminou o exercício social **com prejuízo** em suas operações.

No caso do lucro, não podemos afirmar se ele está no Caixa ou no Banco, mas, certamente, estará **incorporado e distribuído no Ativo**.

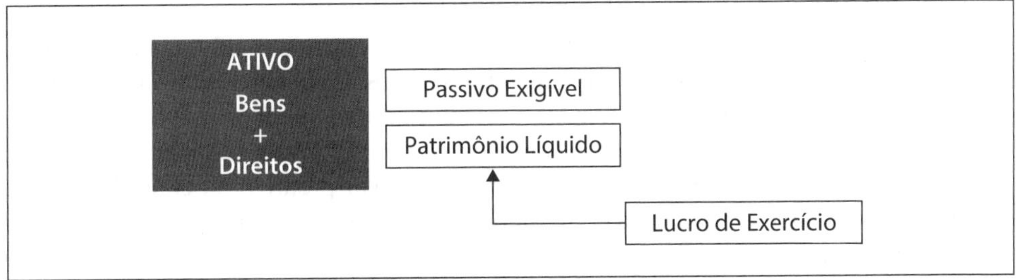

O lucro, do ponto de vista real e material, está no Ativo, representado por algum tipo de riqueza (dinheiro, direitos ou bens). O que precisa ser feito ao final de cada exercício com lucro é registrar este aumento da riqueza no Patrimônio Líquido, na conta Lucros ou Prejuízos Acumulados. A partir dessa conta, os lucros serão distribuídos ou os prejuízos compensados.

17.4. DISTRIBUIÇÃO DO LUCRO DO EXERCÍCIO

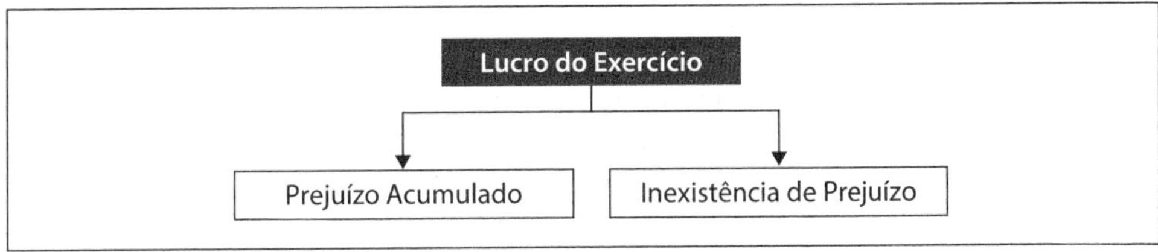

17.4.1. Distribuição do lucro quando não existe prejuízo acumulado

Caso não haja prejuízo acumulado de exercícios anteriores, a primeira providência a ser tomada deve ser **calcular a reserva legal na razão** de 5% do lucro líquido do exercício, a menos que os limites legais já tenham sido alcançados. Após a constituição da reserva legal, deve ser constituída a reserva de contingência, se for o caso, e, em seguida, calculado o valor dos dividendos. **Outras reservas podem ser constituídas** com o saldo remanescente e até um aumento de Capital com lucros. Caso ainda haja saldo sem destino, este deve ser distribuído como dividendos adicionais, de tal forma que a conta Lucros e Prejuízos Acumulados termine o exercício com saldo igual a zero.

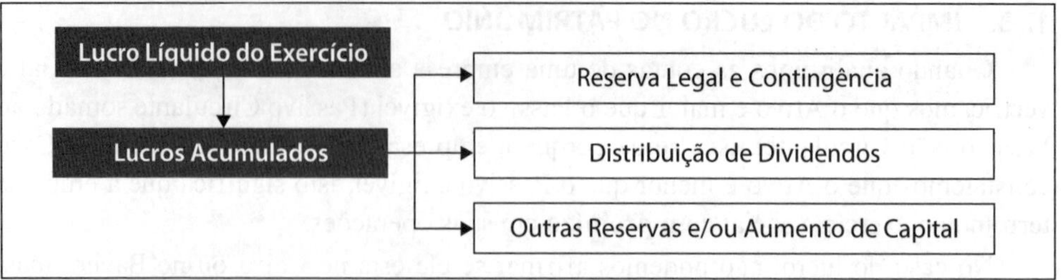

17.4.2. Distribuição quando existe prejuízo acumulado

Na ocorrência de prejuízos em um exercício, se existir um saldo na conta Lucros Acumulados, ele deve ser **utilizado para compensá-los**. Caso não sejam suficientes, as reservas de lucros devem ser utilizadas obrigatoriamente para esse fim. Entretanto, existe uma ordem de utilização para a compensação de prejuízos, sendo a reserva legal a última a ser utilizada. Se, mesmo assim, ainda houver prejuízo na conta Lucros ou Prejuízos Acumulados, esta ficará com saldo negativo caso não existam ou não se queiram utilizar as reservas de Capital para compensá-los. As reservas de Capital são de utilização facultativa para compensá-los. Todas essas regras estão especificadas nos arts. 189 e 200 da Lei n. 6.404/76, transcritos a seguir:

> **"Art. 189.** Do resultado do exercício serão deduzidos, antes de qualquer participação, os prejuízos acumulados e a provisão para o Imposto sobre a Renda.
> Parágrafo único. O prejuízo do exercício será obrigatoriamente absorvido pelos lucros acumulados, pelas reservas de lucros e pela reserva legal, nessa ordem.
> (...)
> **Art. 200.** As reservas de capital somente poderão ser utilizadas para:
> I — absorção de prejuízos que ultrapassarem os lucros acumulados e as reservas de lucros (art. 189, parágrafo único)."

Caso os prejuízos acumulados sejam maiores que o lucro do exercício, nenhuma reserva de lucro pode ser constituída nem existirá saldo a ser considerado para distribuição de dividendos.

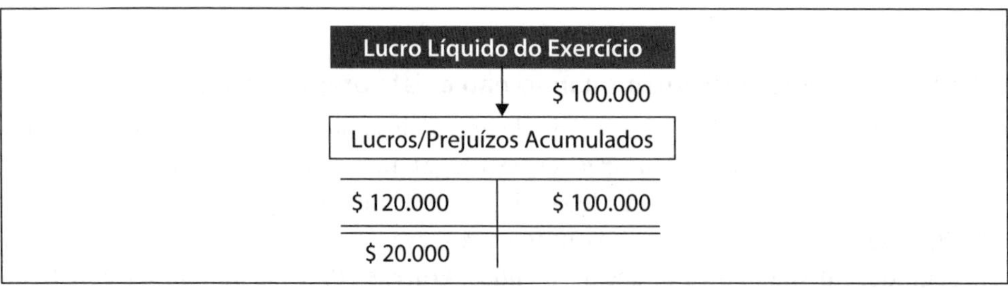

Caso o prejuízo acumulado seja menor que os lucros do exercício sobre o saldo remanescente, serão calculados os 5% da reserva legal e, a partir do valor remanescente, a constituição das outras reservas e distribuição de dividendos.

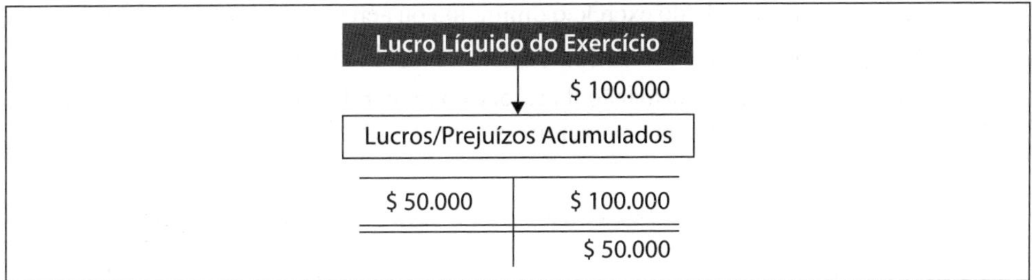

17.5. DIVIDENDOS

17.5.1. Dividendo definido pelo estatuto

De acordo com o § 1.º do art. 202 da Lei n. 6.404/76, alterado em 2001:

> "§ 1.º O estatuto poderá estabelecer o dividendo como porcentagem do lucro ou do capital social, ou fixar outros critérios para determiná-lo, desde que sejam regulados com precisão e minúcia e não sujeitem os acionistas minoritários ao arbítrio dos órgãos de administração ou da maioria."

O dividendo pode ser calculado pelos mais diversos critérios, desde que estejam **bem definidos**. Nesse caso, o estatuto não seria omisso.

17.5.2. Estatuto omisso quanto ao percentual do dividendo

Quando o estatuto de uma sociedade anônima não se pronuncia sobre os dividendos ou afirma que a empresa deve distribuí-los de acordo com a lei, mas não especifica o percentual, esse estatuto é considerado omisso.

17.5.2.1. Assembleia deseja deliberar sobre um percentual

Caso o estatuto seja omisso quanto ao percentual e a assembleia se reúna para defini-lo, não poderá adotar como percentual nenhum valor que seja menor que 25% do lucro ajustado, segundo o art. 202, I, § 2.º, da Lei n. 6.404/76, transcrito a seguir:

> "§ 2.º Quando o estatuto for omisso e a assembleia geral deliberar alterá-lo para introduzir norma sobre a matéria, o dividendo obrigatório não poderá ser inferior a 25% (vinte e cinco por cento) do lucro líquido ajustado nos termos do inciso I deste artigo *(Redação dada pela Lei n. 10.303, de 2001).*"

17.5.2.2. Distribuição sem que haja um percentual definido pelo estatuto (omisso)

No caso de estatuto omisso, a Lei n. 6.404/76, no seu art. 202, determina:

> "**Art. 202.** Os acionistas têm direito de receber como dividendo obrigatório, em cada exercício, a parcela dos lucros estabelecida no estatuto ou, se este for omisso, a importância determinada de acordo com as seguintes normas:

I — metade do lucro líquido do exercício diminuído ou acrescido dos seguintes valores:
a) importância destinada à constituição da reserva legal (art. 193); e
b) importância destinada à formação da reserva para contingências (art. 195) e reversão da mesma reserva formada em exercícios anteriores."

Regra do art. 202 para base de cálculo de dividendos, em estatuto omisso:

Lucro Líquido do Exercício	$ 100.000
(+) Reversão da Reserva de Contingência	$ 10.000
(–) Reserva Legal do Exercício	($ 5.000)
(–) Reserva de Contingência do Exercício	($ 25.000)
Base de Cálculo dos Dividendos	**$ 80.000**

Os dividendos seriam 50% de $ 80.000, portanto, $ 40.000.

Dessa base de cálculo serão declarados 50% para dividendos, sendo debitados da conta Lucros Acumulados (PL) e creditados na conta Dividendos a Pagar (Passivo Circulante).

Com o saldo remanescente poderão ser formadas as outras reservas de lucros e, caso não haja destinação de alguma parte do saldo, ele deverá ser considerado como dividendos complementares. A conta Lucros ou Prejuízos Acumulados deverá ficar com saldo **zero** ao final do exercício.

Art. 202 da Lei n. 6.404/76: "§ 6.º Os lucros não destinados nos termos dos arts. 193 a 197 deverão ser distribuídos como dividendos *(Incluído pela Lei n. 10.303, de 2001).*"

Observação: em 2001, a conta Lucros ou Prejuízos Acumulados não pôde mais ter seu saldo aumentado. A partir de 2008 (Lei n. 11.638/2007), **os saldos** remanescentes dessa conta **tiveram que ser destinados.** Portanto, entre 2001 e 2007, encontrávamos em balanços de empresas saldos não destinados de lucros acumulados anteriores a 2002. Balanços com datas posteriores a 2007, **isto é, 2008 e seguintes, não podem ter mais saldos na conta Lucros Acumulados sem destinação.** O **saldo final** da conta Lucros ou Prejuízos Acumulados ou irá apresentar **um prejuízo**, ou será equivalente a **ZERO.**

17.5.3. Dividendo fixo e mínimo

As ações preferenciais podem ter dividendos fixos ou mínimos de acordo com a Lei n. 6.404/76:

"**Art. 17.** As preferências ou vantagens das ações preferenciais podem consistir:
I — em prioridade na distribuição de dividendo, fixo ou mínimo;
(...)
§ 4.º Salvo disposição em contrário no estatuto, o dividendo prioritário não é cumulativo, a ação com dividendo fixo não participa dos lucros remanescentes e a ação com dividendo mínimo participa dos lucros distribuídos em igualdade de condições com as ordinárias, depois de a estas assegurado dividendo igual ao mínimo."

17.5.3.1. Dividendo fixo

Depois de determinado o valor do dividendo a pagar, deve-se calcular o valor devido às ações preferenciais, e o remanescente deverá ser distribuído somente às ações ordinárias.

Por exemplo: imaginemos uma S.A. composta por 10.000 ações, sendo 6.000 ordinárias e 4.000 preferenciais. Se os dividendos foram determinados como sendo $ 44.000, e o dividendo fixo das ações preferenciais for de $ 5 por ação, como rentabilidade, ocorrerá o seguinte:

As ações preferenciais receberão 4.000 x $ 5 = $ 20.000, e caberão $ 24.000 às 6.000 ações ordinárias, o que representará $ 4 por ação.

Se o rendimento fixo fosse de $ 4, o total de dividendos assegurados às preferenciais seria de $ 16.000, e o saldo remanescente seria de $ 28.000, o que representaria um dividendo por ação ordinária de $ 4,66.

17.5.3.2. Dividendo mínimo

Por exemplo: imaginemos uma S.A. composta por 10.000 ações, sendo 6.000 ordinárias e 4.000 preferenciais. Se os dividendos foram determinados como sendo $ 44.000, e o dividendo mínimo das ações preferenciais é de $ 3 por ação, como os $ 44.000 correspondem a $ 4,40 por ação, portanto, mais que o mínimo, todas as ações receberão o mesmo rendimento.

Se o rendimento mínimo fosse de $ 5 por ação preferencial, o total de dividendos assegurados às preferenciais seria de $ 20.000, e o saldo remanescente seria de $ 24.000, o que representaria um dividendo por ação ordinária de $ 4.

17.5.4. Dividendo antecipado (dividendos intermediários)

Segundo o art. 204, § § 1.º e 2.º, da Lei n. 6.404/76:

> "**Art. 204.** A companhia que, por força de lei ou de disposição estatutária, levantar balanço semestral, poderá declarar, por deliberação dos órgãos de administração, se autorizados pelo estatuto, dividendo à conta do lucro apurado nesse balanço.
>
> § 1.º A companhia poderá, nos termos de disposição estatutária, levantar balanço e distribuir dividendos em períodos menores, desde que o total dos dividendos pagos em cada semestre do exercício social não exceda do montante das reservas de capital de que trata o § 1.º do art. 182.
>
> § 2.º O estatuto poderá autorizar os órgãos de administração a declarar dividendos intermediários, à conta de lucros acumulados ou de reservas de lucros existentes no último balanço anual ou semestral."

Contabilização:

1) Reservas de Lucros
a Banco (Dividendos a Pagar)

ou

2) Lucros Acumulados
a Banco (Dividendos a Pagar)

17.5.5. Retenção de dividendos

17.5.5.1. Lucros não realizados

De acordo com o especificado no art. 202, incs. II e III, a reserva de lucros não realizados poderá ser constituída, caso a empresa não possua lucros realizados suficientes.

> "II — o pagamento do dividendo determinado nos termos do inciso I poderá ser limitado ao montante do lucro líquido do exercício que tiver sido realizado, desde que a diferença seja registrada como reserva de lucros a realizar (art. 197); (*Redação dada pela Lei n. 10.303, de 2001*)
>
> III — os lucros registrados na reserva de lucros a realizar, quando realizados e se não tiverem sido absorvidos por prejuízos em exercícios subsequentes, deverão ser acrescidos ao primeiro dividendo declarado após a realização (*Redação dada pela Lei n. 10.303, de 2001*)."

Exemplo: a empresa Estúdio Prisca S.A. obteve, no exercício de 2009, vendas líquidas de $ 100.000, com um custo de $ 40.000 e despesas no valor de $ 35.000. Apenas 20% da receita foram recebidos em 2009; os 40% restantes serão recebidos no próximo exercício (2010); e os outros 40%, em 2011. Também existem $ 15.000 de Resultado de equivalência patrimonial. Não será constituída reserva para contingência, não existe reversão de reserva de contingência e o estatuto é omisso quanto ao percentual de dividendo.

Receita Líquida	$ 100.000
(–) CMV	($ 40.000)
Lucro Bruto	$ 60.000
(–) Despesas	($ 35.000)
Receita de Equivalência	$ 15.000
Lucro Líquido	$ 40.000

A reserva legal é de $ 2.000, uma vez que deve ser calculada como 5% de $ 40.000. Como não será constituída reserva de contingência e não existe reversão dessa reserva, considerando o estatuto omisso, a base de cálculo para os dividendos será a seguinte:

Lucro líquido	$ 40.000
(–) Reserva legal	($ 2.000)
+ Reversão de reserva de contingência	0
(–) Reserva de contingência	0
Base de cálculo de dividendos em estatuto omisso	$ 38.000

Dividendos = 50% da base de cálculo ($ 38.000) = $ 19.000.

Determinação do lucro realizado:

Lucro líquido	$ 40.000
(–) Lucros de longo prazo (40% do lucro líquido)	($ 16.000)
(–) Receita de equivalência	($ 15.000)
Lucro realizado	$ 9.000

Como o lucro realizado é de apenas $ 9.000, e os dividendos a pagar são de $ 19.000, a empresa poderá lançar em dividendos a pagar $ 9.000 e constituir uma reserva de lucros a realizar no valor de $ 10.000.

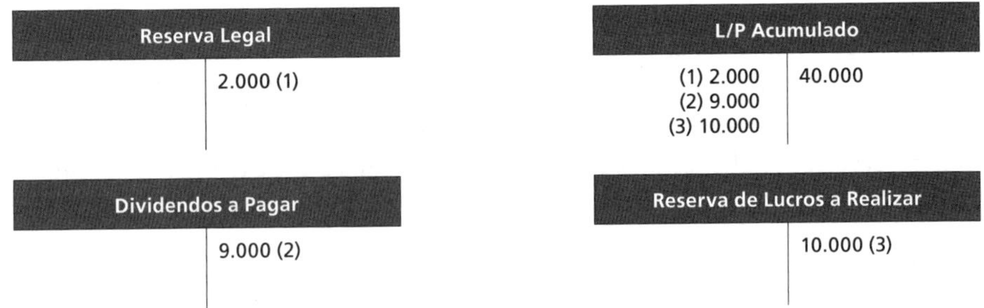

No exercício seguinte, quando ocorrer a realização de parte do lucro não realizado, e este for suficiente para restituir os dividendos não pagos de $ 10.000 no exercício anterior, deverá ocorrer uma reversão do saldo da conta Reserva de Lucros a Realizar para a conta Lucros ou Prejuízos Acumulados (1). Se, no final do exercício, não ocorrer prejuízo, o valor revertido (realizado) de $ 10.000 deve ser adicionado aos dividendos do exercício e lançado em Dividendos a Pagar (2).

Lucros ou Prejuízos Acumulados
(2) 10.000 | 10.000 (1)

Reserva de Lucros a Realizar
(1) 10.000 | 10.000

Dividendos a Pagar
| 10.000 (2)

17.5.5.2. Não distribuição de dividendos com concordância dos sócios

No art. 202, § 3.º, transcrito a seguir, está definida a possibilidade de a empresa não distribuir dividendos, desde que os sócios concordem. Os lucros não distribuídos deverão ser direcionados à reserva especial de dividendos obrigatórios não distribuídos.

> "§ 3.º A assembleia geral pode, desde que não haja oposição de qualquer acionista presente, deliberar a distribuição de dividendo inferior ao obrigatório, nos termos deste artigo, ou a retenção de todo o lucro líquido, nas seguintes sociedades: (*Redação dada pela Lei n. 10.303, 2001*)
>
> I — companhias abertas exclusivamente para a captação de recursos por debêntures não conversíveis em ações; (*Incluído pela Lei n. 10.303, de 2001*)
>
> II — companhias fechadas, exceto nas controladas por companhias abertas que não se enquadrem na condição prevista no inciso I (*Incluído pela Lei n. 10.303, de 2001*)."

17.5.5.3. Não distribuição de dividendos obrigatórios com motivo justificado

No art. 202, § 4.º, está definida a possibilidade do não pagamento do dividendo, considerando a existência de uma justificativa. O motivo justificado admitido é a situação financeira da empresa. Essa modificação permite que os administradores apenas informem à assembleia, desde que o conselho fiscal dê parecer, tendo que, em 5 dias, informar a CVM, no caso de companhia aberta. Os lucros não distribuídos deverão ser registrados na reserva especial de dividendos obrigatórios não distribuídos.

> "§ 4.º O dividendo previsto neste artigo não será obrigatório no exercício social em que os órgãos da administração informarem à assembleia geral ordinária ser ele incompatível com a situação financeira da companhia. O conselho fiscal, se em funcionamento, deverá dar parecer sobre essa informação e, na companhia aberta, seus administradores encaminharão à Comissão de Valores Mobiliários, dentro de cinco dias da realização da assembleia geral, exposição justificativa da informação transmitida à assembleia.
>
> § 5.º Os lucros que deixarem de ser distribuídos nos termos do § 4.º serão registrados como reserva especial e, se não absorvidos por prejuízos em exercícios subsequentes, deverão ser pagos como dividendo assim que o permitir a situação financeira da companhia."

17.5.6. Pagamento dos dividendos

> "**Art. 205** (...) § 3.º O dividendo deverá ser pago, salvo deliberação em contrário da assembleia geral, no **prazo de 60 (sessenta) dias da data em que for declarado** e, em qualquer caso, dentro do exercício social."

17.6. JUROS SOBRE CAPITAL PRÓPRIO (JCP)

Juros sobre capital próprio (JCP), trata-se de juros aplicados sobre o patrimônio líquido da empresa, não é um procedimento previsto pela legislação comercial brasileira (Lei n. 6.404-76 e demais) e nem pelas normas NBC TG/CPC/IFRS, é uma possibilidade de pagamento de juros sobre patrimônio líquido prevista no regulamento do imposto de renda.

A Lei n. 9.249/95 atualizada, que faz parte do conjunto de leis do RIR (Regulamento do imposto de renda), permite que uma empresa que faça sua opção de declaração na modalidade lucro real, pague juros a seus sócios, aplicando um determinado percentual sobre o valor de uma parte do patrimônio líquido.

17.6.1. Taxa permitida para cálculo dos juros sobre capital próprio

A taxa permitida para o cálculo dos juros é a TJLP *pro rata die* de acordo com o art. 9.º da Lei n. 9.249:

> "**Art. 9.º** A pessoa jurídica poderá deduzir, para efeitos da **apuração do lucro real**, os **juros pagos ou creditados** individualizadamente a titular, **sócios ou acionistas, a título de remuneração do capital próprio**, calculados sobre as contas do patrimônio líquido e limitados à variação, ***pro rata dia***, da taxa de juros de longo prazo — **TJLP**.

> § 1.º O efetivo pagamento ou crédito dos juros fica condicionado à existência de lucros, computados antes da dedução dos juros, ou de lucros acumulados e reservas de lucros, em montante igual ou superior ao valor de duas vezes os juros a serem pagos ou creditados.
>
> § 2.º Os juros ficarão sujeitos à incidência do imposto de renda na fonte à alíquota de quinze por cento, na data do pagamento ou crédito ao beneficiário."

17.6.2. Base de cálculo do JCP

É importante saber que a taxa a ser utilizada para o cálculo do JCP, não pode ser aplicada sobre o valor total do patrimônio líquido de uma empresa, seja ela sociedade anônima ou LTDA ou qualquer outro tipo jurídico, o art. 8.º da Lei n. 9.249, transcrito a seguir, limita as contas do patrimônio líquido que podem ser consideradas como a base de cálculo para o JCP.

> "§ 8.º Para fins de cálculo da remuneração prevista neste artigo, serão consideradas exclusivamente as seguintes contas do patrimônio líquido:
>
> I — Capital social;
>
> II — Reservas de capital;
>
> III — Reservas de lucros;
>
> IV — Ações em tesouraria; e
>
> V — Prejuízos acumulados."

17.6.3. Limite ao valor que pode ser pago como JCP

A Instrução normativa 1700 de 14 de março de 2017 em seu Artigo 75, apresenta os limites oara o efetivo pagamento dos juros sobre capital próprio:

> "§ 2.º **O montante dos juros** remuneratórios passível de dedução nos termos do *caput* **não poderá exceder o maior entre os seguintes valores**:
>
> I — 50% (cinquenta por cento) do lucro líquido do exercício antes da dedução dos juros, caso estes sejam contabilizados como despesa; ou
>
> II — 50% (cinquenta por cento) do somatório dos lucros acumulados e reservas de lucros.
>
> § 3.º Para efeitos do disposto no inciso I do § 2.º, o lucro será aquele apurado após a dedução da CSLL e antes da dedução do IRPJ."

17.6.4. Tratamento do JCP de acordo com CVM, Normas NBC TG e RIR

As determinações da CVM para as empresas S.A. de capital aberto, como regulamentações do Conselho Federal de Contabilidade nas normas NBC TG (CPC/IFRS) como o próprio regulamento do imposto de renda, permitem e orientam que os juros sobre capital não sejam contabilizados nas demonstrações contábeis que atendem as normas internacionais como despesas mas como parte dos dividendos mínimos obrigatórios, vejamos:

17.6.4.1. Orientação da CVM

Resolução 683 CVM III — Os juros pagos ou creditados, a título de remuneração do capital próprio, somente poderão ser imputados ao dividendo obrigatório (Lei n. 9.249, de 26 de dezembro de 1995, art. 9.º, § 7.º), previsto no art. 202 da Lei n. 6.404, de 15 de dezembro de 1976, pelo seu valor líquido do imposto de renda na fonte.

17.6.4.2. Orientação das Normas NBC TG/CPC/IFRS

A interpretação ICPC 08 Item 10. Os juros sobre o capital próprio — JCP é instituto criado pela legislação tributária, incorporado ao ordenamento societário brasileiro por força da Lei n. 9.249/95. É prática usual das sociedades distribuirem-nos aos seus acionistas e imputarem-nos ao dividendo obrigatório, nos termos da legislação vigente. Item 11. Assim, o tratamento contábil dado aos JCP deve, por analogia, seguir o tratamento dado ao dividendo.

17.6.4.3. Lei n. 9.249 (Regulamento do IR)

> "**Art. 9.º** § 7.º O valor dos juros pagos ou creditados pela pessoa jurídica, a título de remuneração do capital próprio, poderá ser imputado ao valor dos dividendos de que trata o art. 202 da Lei n. 6.404, de 15 de dezembro de 1976, sem prejuízo do disposto no § 2.º."

Resumindo, os valores pagos ou creditados para os sócios de qualquer empresa devem ser tratados como antecipação ou parte dos dividendos mínimos obrigatórios.

17.7. DEMONSTRAÇÃO DAS MUTAÇÕES DO PATRIMÔNIO LÍQUIDO (DMPL)

A DMPL apresenta as **modificações (mutações)** ocorridas em determinado exercício nas contas que compõem o Patrimônio Líquido (PL). Existem **fatos contábeis que provocam acréscimos (aumentos) ou decréscimos (reduções) no Patrimônio Líquido** e alguns que não o afetam porque ocorrem entre contas do próprio PL.

Também estão representados na DMPL os ajustes credores e devedores do PL, que derivam de erros ou de mudança de critérios contábeis de exercícios anteriores. Erros credores (receitas) ou devedores (despesas) de exercícios anteriores não devem ser registrados no exercício que está sendo encerrado e não podem ser lançados no DRE atual.

17.7.1. Fatos contábeis que aumentam o patrimônio líquido

Esse tipo de fato contábil tem origem externa ao Patrimônio Líquido e contabilmente é representado por um lançamento credor em uma conta do PL contra um lançamento devedor em uma conta externa ao PL.

1	Lucro líquido do exercício
2	Ajustes credores de exercícios anteriores

3	Aumento do Capital por integralização dos sócios
4	Bônus referentes a um lançamento de ações
5	Ágio obtido nas subscrições de ações
6	Constituição de partes beneficiárias

1) Lucro líquido do exercício: um lançamento credor na conta Lucros ou Prejuízos Acumulados no patrimônio líquido contra um lançamento devedor na conta de apuração de resultado do exercício.

2) Ajustes credores de exercícios anteriores: são receitas ou ganhos que foram esquecidos de ser lançados, por erro ou descontrole, em exercícios anteriores ao que está sendo encerrado.

Exemplo: uma empresa de informática tem a prática de colocar equipamentos em demonstração antes de faturar e faz isso com muita frequência e em volumes muito grandes. Determinado cliente, ao final do período de teste, faz um depósito referente ao equipamento em demonstração sem que ninguém perceba, porque a conta corrente já não era mais utilizada nas operações normais. O valor do depósito foi de $ 22.000, o qual, líquido de impostos e custos, representa um ganho líquido de $ 10.000. Se o lucro da empresa no ano anterior tivesse sido de $ 100.000, mesmo esquecendo esses $ 10.000, isso significa que deveria ter sido lançado, na época, no PL o valor de $ 110.000. Por isso, quando se percebe este erro, não devemos lançar os $ 22.000 como receita deste exercício que estamos encerrando, mas lançar no PL os $ 10.000 porque é lá que eles deveriam estar.

3) Aumento do Capital por integralização dos sócios: o aumento de Capital ocorre efetivamente com a entrega de dinheiro ou bens e, neste caso, trata-se de um valor externo ao PL.

Exemplo: integralização em dinheiro ou bem imóvel de $ 30.000 por um dos sócios:

4, 5 e 6) Constituição de reservas de capital:

O bônus, o ágio e a constituição de partes beneficiárias são reservas de Capital, recursos de terceiros dados à sociedade. São eventos que têm contrapartida credora no PL e um lançamento devedor em contas representativas de disponibilidades.

Banco
XXXX

Reserva de Capital
XXXX

17.7.2. Fatos contábeis que diminuem o patrimônio líquido

Esse tipo de fato contábil tem origem externa ao Patrimônio Líquido e contabilmente é representado por um lançamento devedor em uma conta do PL contra um lançamento credor em uma conta externa ao PL.

1	Prejuízo do exercício
2	Ajustes devedores de exercícios anteriores
3	Distribuição dos dividendos
4	Aquisição de ações da própria empresa

1) Prejuízo do exercício: representa um lançamento devedor na conta de lucros ou prejuízos acumulados pertencentes ao PL contra um lançamento credor na conta de apuração de resultado.

2) Ajustes devedores de exercícios anteriores: despesas ou perdas que foram esquecidas de ser lançadas, por erro ou descontrole, em exercícios anteriores ao exercício que está sendo encerrado.

Exemplo: é comum o cálculo errado do imposto de renda, só percebido no encerramento do período seguinte. Essa despesa não pode ser lançada no exercício que está sendo encerrado. Imaginemos que o lucro líquido lançado referente ao exercício anterior tenha sido de $ 100.000. Se ocorreu um erro contra a empresa, ele deve ser lançado diretamente no PL, na conta lucros ou prejuízos acumulados, porque o valor do lucro lançado nesta conta deve ser diminuído em $ 10.000.

3) Distribuição dos dividendos (ou declaração de dividendos): lançamento devedor na conta Lucros ou Prejuízos Acumulados contra a conta Dividendos a Pagar, que é uma conta de Passivo Exigível.

Dividendos Declarados	
	XXXX

Lucros ou Prejuízos Acumulados	
XXXX	

4) Aquisição de ações da própria empresa: quando a empresa adquire suas próprias ações, ocorre uma diminuição da conta Disponibilidades e um aumento da conta Ações Próprias, que chamamos de Ações em Tesouraria. Esta é uma conta redutora de PL.

Lançamento no Razão:

Banco	
	10.000

Ações em Tesouraria	
10.000	

Apresentação no Patrimônio Líquido (Balanço):

Capital	$ 500.000
(–) Ações em Tesouraria	($ 10.000)

17.7.3. Fatos contábeis que não afetam o patrimônio líquido

1) Aumento de Capital com utilização das Reservas;

Qualquer reserva de lucros ou reserva de Capital pode ser utilizada para aumentar o Capital.

Reservas de Lucros ou de Capital	
(1) 100.000	100.000
	0

Capital	
	500.000 100.000 (1)
	600.000

Nesse exemplo, o Capital era de $ 500.000, enquanto as reservas eram de $ 100.000. Utilizamos, então, o saldo das reservas para aumentar o Capital, que passou a ser de $ 600.000.

2) Formação da reserva legal, reserva estatutária, reserva de contingência, reserva de retenção de lucros, reserva de lucro a realizar ou outra qualquer criada a partir do saldo da conta Lucros ou Prejuízos Acumulados;

A formação de qualquer reserva de lucro, como feita a partir da conta Lucros ou Prejuízos Acumulados, representa a alteração de saldo de contas dentro do PL, por isso, não modifica o PL em quantidade (valor).

3) Reversões de qualquer reserva para Lucros ou Prejuízos Acumulados;

A reversão de qualquer reserva de lucros deve ser sempre feita para a conta Lucros ou Prejuízos Acumulados.

4) Compensação de prejuízos com reservas.

Prejuízos devem ser **obrigatoriamente compensados**, em primeiro lugar, pelo saldo da conta Lucros Acumulados e, em seguida, pelo saldo de qualquer reserva de lucros, sendo **legal a última. Alternativamente, as reservas de Capital** podem ser utilizadas também para essa compensação.

Demonstração da Mutação do Patrimônio Líquido (DMPL):

ELEMENTOS	CAPITAL SOCIAL	RESERVAS			AAP*	LUCRO OU PREJUÍZO ACUMULADO (DLPA)	TOTAL
		CAPITAL	REAVALIAÇÃO	LUCROS			
Saldo do Exercício Anterior							
(±) Ajuste de Exercícios Anteriores						(±)	(±)
Reversão de Reservas de Lucros				(–)		+	
Integralização do Capital a Realizar	+						+

Resultado Líquido do Exercício						(±)	(±)
Constituição de Reservas de Lucros				+		(–)	
Constituição de Reservas de Capital		+					+
Reavaliação			+				+
Aumento de Capital com Reservas	+	(–)	(–)	(–)			
Aumento de Capital com Lucros	+					(–)	
Aumento de Capital Social Efetuado pelos Sócios/ Acionistas	+						+
(–) Ações em Tesouraria	(–)						(–)
Dividendos Distribuídos						(–)	(–)
(±) Outras Mutações							(±)
Saldo Final do Período							
Dividendo por Ação do Capital Social	É a razão entre o dividendo distribuído dividido pelo número de ações						

*Ajuste de Avaliação Patrimonial

A DPLA, **destacada na tabela anterior**, é a coluna da DMPL que apresenta apenas as mutações na Conta Lucros ou Prejuízos Acumulados.

Exercício: informados os dados referentes ao Patrimônio Líquido da Cia. Vigo ao final do exercício de 2007 e as diversas alterações nas contas vinculadas ao PL durante o exercício de 2008, elabore a DMPL referente ao Balanço Patrimonial de 31.12.2008:

Dados de 31.12.2007 — Patrimônio Líquido da Classe Cia. Vigo	
Capital Social Integralizado	300.000
Reserva Ágio na Subscrição de Ações..........	10.000
Reserva Partes Beneficiárias..........	8.000
Reserva de Bônus de Subscrição	2.000
Reserva Legal..........	22.000
Reserva de Contingência	48.000
Reservas Estatutárias	28.000
Reserva de Lucros a Realizar	15.000
Lucros Acumulados..........	75.000
TOTAL	**508.000**

Dados os fatos contábeis ocorridos em 2008, elaborar a DMPL de 2008 da CIA. Vigo:

1) Valor líquido de receita de 2007 não contabilizado naquele exercício	10.000
2) Diferença de IR calculada a menor em 2007	5.000
3) Aumento de Capital por subscrição e integralização dos sócios	100.000
4) Aumento de Capital com lucros acumulados	35.000
5) Aumento de Capital com a reserva ágio da subscrição	8.000
6) Aumento de Capital com a reserva partes beneficiárias	3.000
7) Ágio na subscrição de ações	50.000
8) Reversão da reserva de contingência	25.000
9) Lucro líquido do exercício	240.000
10) Constituição de reserva legal do exercício	12.000
11) Constituição de reserva de contingência do exercício	16.000
12) Constituição de reserva estatutária do exercício	24.000
13) Dividendos a distribuir	?

Observações:

1) A parcela do lucro não realizada em 2007 foi 50% realizada em 2008.

2) A parcela do aumento de Capital realizada com lucros em 2008 foi feita utilizando-se o saldo de lucros acumulados existente em dezembro de 2007.

Calcule o dividendo a distribuir de acordo com as determinações legais e normas contábeis.

Ao final do exercício de 2008, devemos elaborar todas as demonstrações contábeis (Balanço Patrimonial, DRE etc.), inclusive a DMPL — e a DLPA, que é uma coluna da DMPL. Na DRE de dezembro de 2008, somente podemos considerar receitas e despesas de 2008.

Comentemos, agora, cada um dos 13 fatos informados no enunciado do exemplo:

1) Valor líquido de receita não contabilizado em 2007: este valor não pode ser lançado no exercício de 2008, por isso, devemos realizar um ajuste credor no PL, lançando esse valor a crédito da conta Lucros ou Prejuízos Acumulados.

2) Diferença de IR calculada a menor em 2007: nesse caso, deixamos de lançar uma "despesa" referente ao exercício de 2007 e, como estamos elaborando as demonstrações de 2008, temos que lançar esse ajuste devedor diretamente no PL, reduzindo o Resultado imputado a 2007.

Na DMPL não são lançados todos os ajustes credores e devedores e outros exercícios, mas tão somente o resultado desses ajustes credores e devedores. Nesse exemplo, temos um ajuste credor de $ 10.000 e outro devedor de $ 5.000, portanto, na DMPL, faremos apenas um ajuste credor de $ 5.000; este valor irá aumentar o saldo da conta Lucros ou Prejuízos Acumulados e o saldo total do PL.

3) Aumento de Capital com subscrição e integralização dos sócios: este, no valor de $ 100.000, irá provocar um aumento da conta Capital e do valor total do PL nesse valor.

4) Aumento de Capital com lucros acumulados: este, por sua vez, irá diminuir o saldo da conta Lucros Acumulados e aumentar o saldo da conta Capital em $ 35.000, não acarretando nenhuma modificação no total do PL, uma vez que representa apenas movimentação de saldos entre contas do próprio PL.

5) Aumento de Capital com a reserva ágio da subscrição: este, equivalente a $ 8.000, também não altera o valor total do PL. Ocorre, nesse caso, uma diminuição da reserva de Capital ágio e um aumento na conta Capital de $ 3.000.

6) Aumento de Capital com a reserva partes beneficiárias: este, totalizando $ 3.000, também não altera o valor total do PL. Ocorre, nesse caso, uma diminuição da reserva de Capital e um aumento na conta Capital de $ 3.000.

7) Ágio na subscrição de ações: significa que ocorreu um aumento do PL, uma vez que novos acionistas adquiriram ações da empresa pagando um valor acima do valor patrimonial. Ocorre um aumento da conta Ágio e no valor total do PL na mesma proporção de $ 50.000.

8) Reversão da reserva de contingência: trata-se de um fato contábil, no qual ocorre uma diminuição no saldo não utilizado na contingência e um aumento na conta Lucros ou Prejuízos Acumulados, nesse caso de $ 25.000.

9) Lucro líquido do exercício: deve ser lançado na conta Lucros ou Prejuízos Acumulados, provocando um aumento do PL. A conta LPA deve ser creditada em $ 240.000, enquanto a coluna referente ao total do PL deve ser, por sua vez, aumentada nesse valor.

10) Constituição de reserva legal do exercício: é uma reserva de lucros, devendo ser constituída com parte do saldo do lucro já lançado na conta Lucros ou Prejuízos Acumulados; portanto, o valor de $ 12.000 deve ser debitado à conta Lucros ou Prejuízos Acumulados e creditado à conta Reserva Legal. Esse lançamento não afeta o PL, uma vez que ocorre entre contas do próprio PL.

11) Constituição da reserva de contingência do exercício: é uma reserva de lucros, devendo ser constituída com parte do saldo do lucro já lançado na conta Lucros ou Prejuízos Acumulados; portanto, o valor de $ 16.000 deve ser debitado à conta Lucros ou Prejuízos Acumulados e creditado à conta Reserva de Contingência. Esse lançamento não afeta o PL, uma vez que ocorre entre contas deste.

12) Constituição de reserva estatutária do exercício: é uma reserva de lucros, devendo ser constituída com parte do saldo do lucro já lançado na conta Lucros ou Prejuízos Acumulados; portanto, o valor de $ 12.000 deve ser debitado à conta Lucros ou Prejuízos Acumulados e creditado à conta Reserva Estatutária. Esse lançamento não afeta o PL, uma vez que ocorre entre contas do próprio PL.

13) Dividendos a distribuir: como o enunciado é omisso quanto ao percentual de dividendos, o seu cálculo deverá ser realizado de acordo com as definições do art. 202 da Lei n. 6.404/76:

CONTAS	VALOR ($)
Lucro Líquido do Exercício	240.000
(+) Reversão da reserva de contingência	25.000
(–) Reserva legal do exercício	(12.000)
(–) Reserva de contingência do exercício	(16.000)
Base de cálculo dos dividendos	237.000

Os dividendos do exercício, a princípio, serão equivalentes a 50% de $ 237.000 = $ 118.500.

Tabela 1

DMPL E DLPA										
ELEMENTOS	CAPITAL SOCIAL	RESERVAS DE CAPITAL			RESERVAS DE LUCROS				LUCROS OU PREJ. ACUMUL.	TOTAL
		ÁGIO	PARTES BENEFICIÁRIAS	BÔNUS	LUCROS A REALIZAR	LEGAL	CONTING.	ESTATUTÁRIA	(DLPA)	
Saldo do Exercício Anterior	300.000	10.000	8.000	2.000	15.000	22.000	48.000	28.000	75.000	508.000
(±) Ajuste de Exercícios Anteriores									5.000 (1 e 2)	5.000 (1 e 2)
Reversão de Reservas de Lucros					(7.500) (obs. 1)		(25.000) (8)		32.500 (8 e obs. 1)	
Integralização do Capital a Realizar										
Resultado Líquido do Exercício									240.000 (9)	240.000 (9)
Formação de Reservas de:										
■ Lucros						12.000 (10)	16.000 (11)	24.000 (12)	(52.000) (10,11 e 12)	
■ Capital		50.000 (7)								50.000 (7)
■ Reavaliação										
Capitalização de:										
■ Reservas	11.000 (5 e 6)	(8.000) (5)	(3.000) (6)							
■ Lucros	35.000 (4)								(35.000) (4)	
Dividendos Distribuídos									(126.000) (obs. 1 e 13)	(126.000) (obs. 1 e 13)
Aumento de Capital Social Efetuado pelos Sócios/Acionistas	100.000 (3)									100.000 (3)
(–) Ações em Tesouraria										
(±) Outras Mutações										
TOTAIS	**446.000**	**52.000**	**5.000**	**2.000**	**7.500**	**34.000**	**39.000**	**52.000**	**139.500**	**777.000**

Tabela 2

ELEMENTOS	CAPITAL SOCIAL	RESERVAS DE CAPITAL			RESERVA	RESERVAS DE LUCROS			LUCROS OU PREJ. ACUMUL.	TOTAL
		ÁGIO	PARTES BENEFICIÁRIAS	BÔNUS	LUCROS A REALIZAR	LEGAL	CONTING.	ESTATUTÁRIA	(DLPA)	
Saldo do Exercício Anterior	300.000	10.000	8.000	2.000	15.000	22.000	48.000	28.000	75.000	508.000
(±) Ajuste de Exercícios Anteriores									5.000	5.000
Reversão de Reservas de Lucros					(7.500)		(25.000)		32.500	
Integralização do Capital a Realizar										
Resultado Líquido do Exercício									240.000	240.000
Formação de Reservas de:										
■ Lucros						12.000	16.000	24.000	(52.000)	
■ Capital		50.000 (7)								50.000
■ Reavaliação										
Capitalização de:										
■ Reservas	11.000	(8.000)	(3.000)							
■ Lucros	35.000								(35.000)	
Dividendos Distribuídos									(265.500)	(265.500)
Aumento de Capital Social Efetuado pelos Sócios/Acionistas	100.000									100.000
(–) Ações em Tesouraria										
(±) Outras Mutações										
TOTAIS	**446.000**	**52.000**	**5.000**	**2.000**	**7.500**	**34.000**	**39.000**	**52.000**	**0 (ZERO)**	**637.500**

Na DMPL da **primeira tabela** apresentada, os dividendos aparecem como sendo no valor de $ 126.000, o qual é obtido somando $ 118.500 com $ 7.500 da parte da reserva de lucros a realizar que se refere aos dividendos não realizados e não pagos no exercício anterior e que foram realizados parcialmente nesse exercício.

Observe que o saldo da conta Lucros Acumulados da DMPL da **primeira tabela** está com um valor de $ 139.500. Esse saldo, por determinação da Lei n. 11.638/2007, tem que ser equivalente a ZERO. Se não foi utilizado para aumento de Capital ou constituição de reservas de lucros, deve ser destinado complementarmente a dividendos.

Portanto, o total de dividendos será de $ 126.000 mais $ 139.500 = $ 265.500, enquanto o saldo de lucros acumulados ficará sendo igual a ZERO (*vide* **segunda tabela**).

17.8. QUESTÕES

17.8.1. Conceitos sobre o patrimônio líquido

1. (DPF — CESPE/2009) Constituem eventos que afetam o patrimônio líquido, como acréscimo ou redução, ajustes de exercícios anteriores, resultado líquido do exercício e resultado na venda de ações em tesouraria.

( ) Certo ( ) Errado

2. (TRE-PI — FCC/2009) De acordo com a regulamentação vigente, as empresas são obrigadas a encerrarem as contas de resultado pelo menos uma vez por ano. Ao realizarem esta operação, as empresas apuram o resultado do período. O resultado apurado, lucro ou prejuízo, deve ser transferido para

a) o Passivo, se for lucro.
b) o Ativo, se for prejuízo.
c) o Patrimônio Líquido, se for lucro ou prejuízo.
d) a demonstração de resultados, se for lucro.
e) o capital social, se for lucro ou prejuízo.

3. (TRE-MT — CESPE/2010) Se uma empresa emitir 8.000 ações, cada uma com valor nominal de $ 5,00, e vendê-las, todas, pelo valor unitário de $ 7,80, então o patrimônio líquido da companhia sofrerá aumento de

a) $ 22.400.
b) $ 40.000.
c) $ 62.400.
d) $ 66.400.
e) $ 102.400.

4. (Téc. Contáb. Jr. — CESGRANRIO/2012) Por imposição da lei societária, uma sociedade anônima de capital fechado utiliza a demonstração contábil (financeira) com o objetivo de evidenciar a destinação do resultado do exercício, proposta pela Administração à Assembleia-Geral Ordinária, a quem cabe sua aprovação. Essa demonstração contábil é denominada

a) Notas Explicativas.
b) Balancete de Verificação.
c) Demonstração dos Fluxos de Caixa.
d) Demonstração do Resultado do Exercício.
e) Demonstração dos Lucros ou Prejuízos Acumulados.

5. (Contador — TRANSPETRO — CESGRANRIO/2018) A Demonstração das Mutações do Patrimônio Líquido (DMPL) tem como objetivo fundamental apresentar as variações ocorridas nas contas que transitam pelo patrimônio líquido. No contexto das variações do patrimônio líquido, uma variação evidenciada na DMPL que reduz a capacidade operacional da empresa é a

a) destinação de lucros para remuneração dos acionistas.
b) incorporação do lucro líquido do exercício social.
c) nova reserva constituída pela alienação de bônus de subscrição.
d) reversão dos lucros a realizar para lucros acumulados.
e) subscrição e integralização de capital em bens.

6. (Analista — EBSERH — CESPE/2018) Julgue o item seguinte, a respeito da elaboração das demonstrações contábeis segundo os pronunciamentos do CPC e a legislação vigente.

Apesar de ser facultativa, segundo a legislação societária, a demonstração de mutações do patrimônio líquido integra o rol de demonstrações financeiras classificadas como obrigatórias pelo CPC.

( ) Certo ( ) Errado

17.8.2. Destinação do resultado

1. (ICMS-SC/1998) A Cia. Tetra está situada em um país onde não há inflação. Os três inventários gerais abaixo fornecidos estão corretos e foram extraídos dos BPs que foram publicados:

COMPANHIA TETRA

INVENTÁRIO GERAL	31.12.1994	31.12.1995	31.12.1996
Caixa e Bancos	$ 250	$ 130	$ 210
Fornec. de Mercadorias	$ 280	$ 90	$ 230
Mercadorias	$ 180	$ 120	$ 90
Salários a Pagar	$ 220	$ 130	$ 180
Duplicatas a Receber	$ 120	$ 100	$ 150
Dividendos a Pagar	zero	$ 80	zero

Em 1995, os acionistas da Cia. Tetra subscreveram os $ 30 de Capital social, mas nada integralizaram. Em 1996, os acionistas integralizaram os $ 30 que subscreveram em 1995, e integralizaram mais $ 40 subscritos em 1996. Levando em consideração apenas o que foi informado, pode-se afirmar que:

a) o prejuízo líquido de 1995 foi de $ 80;
b) o prejuízo líquido de 1996 foi de $ 70;
c) o lucro líquido de 1995 foi de $ 50;
d) o prejuízo líquido de 1996 foi de 80;
e) é impossível calcular o lucro/prejuízo líquido, quer de 1995, quer de 1996.

2. (AFRF — ESAF/2001) A empresa Lua Luar S.A., em 31.12.X1, mandou distribuir todo o lucro líquido do exercício, na forma seguinte:

— $ 200 para imposto de renda;
— $ 60 para dividendos;
— $ 50 para reservas estatutárias;
— $ 30 para participação de debenturistas;
— $ 40 para reserva legal;
— $ 180 para lucros acumulados.

Considerando-se que essa empresa tinha $ 20 de prejuízos anteriores, e que a destinação do lucro foi corretamente contabilizada, podemos afirmar que:

a) o lucro líquido, antes da distribuição, era $ 410.
b) o lucro líquido do exercício, depois do imposto de renda, era de $ 190.
c) o saldo atual da conta Lucros ou Prejuízos Acumulados é de $ 160.
d) o valor das participações estatutárias é $ 80.
e) em decorrência do prejuízo anterior, o imposto de renda será de $ 180.

17.8.3. Questões sobre a DLPA

1. (TRF-4.ª Região — FCC/2010) Dados extraídos da Demonstração de Lucros Acumulados da Cia. Pouso Alegre, relativos ao exercício encerrado em 31.12.2009 (em $):

Ajuste credor de períodos anteriores	10.000
Dividendos propostos pela administração	150.000
Constituição da Reserva Legal	20.000
Lucro Líquido do Exercício	400.000
Reversão da Reserva de Contingências	70.000
Constituição de outras reservas de lucros	240.000
Saldo em 31.12.2009	0

O saldo inicial em 31.12.2008 correspondia a um prejuízo acumulado, em $, de

a) 50.000.
b) 30.000.
c) 70.000.
d) 60.000.
e) 80.000.

2. (TRE-MT — CESPE/2010)

DLPA — EXERCÍCIO FINDO EM 31.12.20X1 DA CIA. RTD	VALOR ($)
Saldo em 31 de dezembro de 20X0	–1.000
(–) Parcela de lucros incorporada no capital	–2.800
(+) Lucro líquido do período	20.000
(–) Proposta da administração para distribuição do lucro	–11.000
Transferências para reservas	–1.000
Dividendos a distribuir	–7.000
Juros sobre o capital próprio	–3.000
Saldo em 31 de dezembro de 20X1	5.200

A Lei n. 6.404/1976 tornou obrigatória a elaboração da demonstração dos lucros e prejuízos acumulados (DPLA) pelas sociedades por ações. Essa é uma demonstração de preparação rápida e simples, pois representa uma mera transcrição, de forma ordenada e racional, da conta razão lucros ou prejuízos acumulados da companhia. Com base nas disposições da referida lei, assinale a opção correta a respeito da DLPA elaborada pela Cia. RTC em 31.12.20X1, descrita na tabela acima.

a) Houve ajustes de exercícios anteriores.
b) O valor da proposta da administração para distribuição do lucro equivale a 55% do valor do lucro líquido de 20X1.
c) No exercício de 20X1, a empresa incorporou ao capital social o montante de 16% do lucro líquido do período.
d) O valor dos juros sobre o capital próprio equivale a 14% do lucro do período.
e) Os dividendos a distribuir representam menos de 133% do saldo evidenciado pela DLPA em 31.12.20X1.

17.8.4. Dividendos, JCP e reservas

1. (Auditor-Fiscal da Receita Federal — Receita Federal — ESAF/2009) A empresa Livre Comércio e Indústria S.A. apurou, em 31.12.2008, um lucro líquido de $ 230.000, antes da provisão para o Imposto de Renda e Contribuição Social sobre o Lucro e das participações estatutárias.

As normas internas dessa empresa mandam destinar o lucro do exercício para reserva legal (5%); para reservas estatutárias (10%); para imposto de renda e contribuição social sobre o lucro (25%); e para dividendos (30%).

Além disso, no presente exercício, a empresa determinou a destinação de $ 50.000 para participações estatutárias no lucro, sendo $ 20.000 para os Diretores e $ 30.000 para os empregados.

Na contabilização do rateio indicado acima, pode-se dizer que ao pagamento dos dividendos coube a importância de:

a) R$ 39.000.
b) R$ 33.150.
c) R$ 35.700.
d) R$ 34.627,50.
e) R$ 37.050.

2. (SEA-AP — FGV/2010) No que se refere aos dividendos obrigatórios, pode-se afirmar que os acionistas têm direito de receber como dividendo obrigatório a parcela dos lucros estabelecida:

a) no estatuto a cada trimestre ou, se este for omisso, a importância determinada de acordo com as normas societárias.
b) no Balanço Patrimonial a cada exercício ou, se este for omisso, a importância determinada de acordo com as normas societárias.
c) na Demonstração do Resultado do Exercício em cada trimestre.
d) no estatuto a cada exercício ou, se este for omisso, a importância determinada de acordo com as regras contábeis.
e) no estatuto a cada exercício ou, se este for omisso, a importância determinada de acordo com as normas societárias.

3. (TCM-PA — FCC/2010) A Cia. Segura apresentava, em 31.12.X7, um Patrimônio Líquido composto por: Capital Social: 100.000; Reserva Legal: 18.000; Reserva para Contingência: 20.000 e Reserva de Incentivos Fiscais: 10.000. Sabendo que, em X8, a Cia. Segura apurou um lucro de 50.000, que a Reserva Legal é constituída nos termos da Lei, que as razões que justificavam a constituição da Reserva de Contingência já não existem mais e que o Estatuto da Cia. é omisso em relação ao pagamento de dividendos, a quantia que a Cia. Segura reteve na forma de Reserva Legal e que teria que distribuir como dividendos mínimos obrigatórios, de acordo com a regulamentação vigente, foram, respectivamente, em reais, de

a) 2.000 e 34.000.
b) 2.000 e 24.000.
c) 2.500 e 33.750.
d) 2.500 e 23.750.
e) 2.500 e 11.750.

4. (AFRF — ESAF/2002.2) Fomos chamados a calcular os dividendos a distribuir, no segundo semestre, da empresa Rentábil. A empresa é uma sociedade anônima e os seus estatutos determinam que os dividendos devem ser o mínimo obrigatório de acordo com a lei, mas não estabelecem o valor percentual sobre o lucro líquido.

Os valores que encontramos para montar a base de cálculo foram: reserva estatutária de $ 6.500, participação dos administradores no lucro de $ 7.000, participação dos empregados no lucro de $ 8.000, provisão para Imposto de Renda e CSLL de $ 95.000 e lucro líquido, antes do IR, de $ 180.000. Ficamos com o encargo de calcular o valor da reserva legal e do dividendo mínimo obrigatório. Feitos os cálculos corretamente, podemos afirmar com certeza que o dividendo será no valor de

a) $ 15.000.
b) $ 16.625.
c) $ 30.000.
d) $ 33.250.
e) $ 35.000.

5. (STN — ESAF/2008) O mercado de nossa praça é uma sociedade de capital aberto que, no exercício de 2007, apurou um lucro antes do imposto de renda e das participações no valor de $ 100.000. Esse lucro, segundo as normas da empresa, deverá ser destinado ao pagamento de dividendos e de imposto de renda, no mesmo percentual de 30%, calculado nos termos da lei. Também deverão ser destinados 5% para reserva legal, 10% para reserva estatutária e 10% para participação de administradores. Sabendo-se que os Estatutos da empresa mandam conceder uma participação de $ 15.000 para os empregados e que o restante dos lucros, após a retirada dos percentuais acima, será segregado a uma conta de reservas de lucros, podemos afirmar que será lançado o valor de:

a) $ 2.677,50, em reserva legal.
b) $ 4.950, em reserva estatutária.
c) $ 5.500, em participação de administradores.
d) $ 12.918, em dividendos distribuídos.
e) $ 30.000, em provisão para Imposto de Renda.

6. (Técnico — SEFIN-RO — FGV/2018) Em 31.12.2015, a Cia. WWW apresentava o seguinte balanço patrimonial:

Ativo		Passivo	
Caixa Clientes Estoques	200.000 100.000 50.000	Fornecedores	160.000
		Patrimônio Líquido Capital Social Reserva Legal Ajuste de Avaliação Patrimonial	 150.000 25.000 15.000
Ativo Total	350.000	Passivo + PL	350.000

No ano de 2016, a sociedade empresária auferiu receitas e incorreu em despesas, gerando um lucro líquido de R$ 160.000.
Dado que a Cia. WWW distribuiu dividendos mínimos obrigatórios de 25% do lucro líquido ajustado, assinale a opção que indica o valor dos dividendos a pagar, em 31.12.2016.

a) R$ 30.000.
b) R$ 33.750.
c) R$ 38.000.
d) R$ 38.750.
e) R$ 40.000.

7. (Assessor — ALERO — FGV/2018) Em 31.12.2017, uma sociedade empresária declarou a distribuição de dividendos no total de R$ 100.000. Destes, R$ 80.000 representavam o dividendo mínimo obrigatório, enquanto R$ 20.000 eram dividendos adicionais aos obrigatórios.
Assinale a opção que indica a correta classificação dos dividendos no Balanço Patrimonial da empresa.

a) R$ 100.000 em Passivo Circulante.
b) R$ 100.000 em Passivo não Circulante.
c) R$ 100.000 em Patrimônio Líquido.
d) R$ 80.000 em Passivo Circulante e R$ 20.000 em Passivo não Circulante.
e) R$ 80.000 em Passivo Circulante e R$ 20.000 em Patrimônio Líquido.

8. (AFTM — Niterói — FGV/2015) Em 31.12.x1, o patrimônio líquido da Delta S.A. apresentava a seguinte composição, em reais:

Capital subscrito	1.700.000
Capital a integralizar	(500.000)
Reserva legal	240.000
Reserva estatutária	25.000
Total do patrimônio líquido	1.465.000

Durante o exercício de x2, os subscritores do capital social da companhia integralizaram R$ 125.000, em caixa. O lucro líquido apurado pela companhia durante esse exercício foi de R$ 600.000. Por proposta da diretoria da Delta S.A., a assembleia geral da companhia aprovou a constituição de uma reserva para fazer frente a prováveis perdas com multas rescisórias decorrentes do futuro encerramento de uma unidade de negócios e consequente demissão dos trabalhadores dessa unidade, no total de R$ 100.000. Além disso, o estatuto da companhia prevê a constituição de reservas para aumento de capital, no montante de 10% do lucro líquido, limitadas ao total do capital integralizado, mas é omisso quanto aos dividendos obrigatórios. Assim, a companhia deverá distribuir a seus acionistas, a título de dividendo obrigatório relativo ao exercício de x2, o montante de:

a) R$ 207.500;
b) R$ 235.000;
c) R$ 237.500;
d) R$ 285.000;
e) R$ 287.500.

9. (Analista — CM — Caruaru — FGV/2015) Assinale a opção que indica a correta evidenciação nas Demonstrações Contábeis do Valor dos Juros sobre Capital Próprio referentes a determinado exercício.

a) Despesas Operacionais na Demonstração do Resultado do Exercício.
b) Despesas Financeiras na Demonstração do Resultado do Exercício.
c) Dividendos na Demonstração do Resultado do Exercício.
d) Dividendos na Demonstração de Mutações do Patrimônio Líquido.
e) Outros Resultados Abrangentes na Demonstração de Mutações do Patrimônio Líquido.

17.8.5. Questões sobre a DMPL

No início de 2013, o Patrimônio Líquido da Cia. Madeira era composto pelos seguintes saldos:

CONTAS DE PL	VALORES ($)
Capital Social	1.000.000
Capital a Integralizar	(550.000)
Reserva Legal	87.500
Reservas de Lucros	57.500
Lucros Retidos	170.000

Ao final do período de 2013, a empresa apurou um Lucro antes do Imposto sobre a Renda e Contribuições no valor de R$ 400.000. De acordo com a política contábil da empresa, ao final do exercício, no caso da existência de lucros, os estatutos da empresa determinam que a mesma deve observar os percentuais abaixo para os cálculos das Participações e Contribuições, apuração do Lucro Líquido e sua distribuição.

Dividendos a Pagar	50%
Participações da Administração nos Lucros da Sociedade	20%
Participações de Debêntures	25%
Participação dos Empregados nos Lucros da Sociedade	25%
Provisão para IR e Contribuições	20%
Reserva de Lucros	20%
Reserva Legal	5%

O restante do Lucro Líquido deverá ser mantido em Lucros Retidos conforme decisão da Assembleia Geral Ordinária (AGO) até o final do exercício de 2014, conforme Orçamento de Capital aprovado em AGO de 2012. Com base nas informações anteriores resolver as próximas 3 questões.

1. (AFRFB — ESAF/2014) O valor a ser registrado como Reserva Legal é:

a) R$ 2.000.
b) R$ 2.500.
c) R$ 3.500.
d) R$ 7.200.
e) R$ 7.500.

2. (AFRFB — ESAF/2014) O valor distribuído a título de dividendo é:

a) R$ 160.000.
b) R$ 124.800.
c) R$ 96.000.
d) R$ 72.000.
e) R$ 68.400.

3. (AFRFB — ESAF/2014) Com base nos dados fornecidos, pode-se afirmar que:

a) o Capital autorizado da empresa é de R$ 550.000.
b) o valor a ser destinado para a Reserva de Lucros é de R$ 28.000.
c) após a distribuição do resultado, o saldo total do Patrimônio Líquido é de R$ 837.000.
d) o valor da Participação da Administração nos Lucros da Sociedade corresponde a R$ 64.000.
e) o resultado líquido e sua destinação provocam um aumento líquido de passivo de R$ 240.000.

4. (MPU — ESAF/2003) A empresa S/A Evento, Eventuais, no exercício de 2003, após a elevação do capital em dinheiro, publicou os seguintes valores de Patrimônio Líquido:

PATRIMÔNIO LÍQUIDO	SALDOS NO INÍCIO DO PERÍODO	SALDOS NO FIM DO PERÍODO
Capital Social	$ 30.000	$ 33.000
Reserva de Capital	$ 5.000	$ 4.000
Reservas de Avaliação	$ 3.000	$ 4.500
Reservas de Lucros	$ 2.000	$ 5.000
Lucros ou Prejuízos Acumulados	($ 1.000)	$ 1.500
Total do PL	$ 39.000	$ 48.000

Pela evolução ocorrida no Patrimônio Líquido, conforme as informações acima, pode se dizer que o lucro líquido do exercício, incluído na demonstração de lucros ou prejuízos acumulados, foi no valor de:

a) $ 5.000;
b) $ 5.500;
c) $ 6.000;
d) $ 7.500;
e) $ 9.000.

5. (Analista MP — ESAF/2008) A empresa Eliezer Freitas S.A. teve, no exercício, um resultado final no valor de $ 15.000. É assim que está expresso na Demonstração do Resultado do Exercício: Lucro Líquido do Exercício $ 15.000. Sabemos que nos procedimentos de apuração e distribuição do lucro houve a destinação de $ 7.500 para provisão de Imposto de Renda; de $ 2.500 para participações estatutárias no lucro; de $ 1.000 para reserva estatutária; de $ 500 para reserva legal; e de $ 2.100 para dividendos obrigatórios. Após a contabilização da destinação desse resultado, pode-se dizer que o Patrimônio Líquido da empresa Eliezer Freitas S.A. aumentou em:

a) $ 17.500.
b) $ 12.900.
c) $ 13.500.
d) $ 15.000.
e) $ 11.400.

6. (Analista — TRE-PR — FCC/2012) Considere os dados extraídos da Demonstração das Mutações do Patrimônio Líquido da empresa Zaraca referente ao exercício financeiro de X1:

DESCRIÇÃO	VALOR ($)
AUMENTO DO CAPITAL SOCIAL	
Com Lucros e Reservas	25.000,00
Por subscrição realizada	18.000,00
REVERSÃO DE RESERVAS	
De Contingência	2.000,00
AQUISIÇÕES DE AÇÕES	(300,00)
AJUSTE DE AVALIAÇÃO PATRIMONIAL	1.500,00
LUCRO LÍQUIDO DO EXERCÍCIO	8.000,00
PROPOSTA DA ADMINISTRAÇÃO DE DESTINAÇÃO DO LUCRO	
Transferências para reservas	
Reserva Legal	400,00
Reserva Estatutária	3.800,00
Reserva de Lucros a Realizar	600,00
Dividendos a distribuir	5.200,00

A variação no total do Patrimônio Líquido da empresa Zaraca foi, em milhares de reais,

a) 20.500,00.
b) 22.000,00.
c) 22.300,00.
d) 27.200,00.
e) 44.200,00.

7. (ACE — TCM-GO — FCC/2015) Uma empresa apurou no ano de 2013 um lucro líquido de R$ 5.000.000,00, cuja destinação foi a seguinte:

— Constituição de Reserva Legal de acordo com a Lei n. 6.404/1976 e alterações posteriores.
— Constituição de Reserva de Incentivos Fiscais no valor de R$ 200.000,00.
— O estatuto social estabelece o valor dos dividendos obrigatórios em 20% do lucro líquido do período.

Durante o ano de 2013, ocorreu um aumento do Capital Social no valor total de R$ 1.600.000,00, sendo R$ 800.000,00 com incorporação de Reservas de Lucros e o restante integralizado em dinheiro com a emissão de novas ações.

A variação positiva no valor total do Patrimônio Líquido da empresa, evidenciada na Demonstração das Mutações do Patrimônio Líquido (DMPL) referente ao ano de 2013 foi, em reais,

a) 4.800.000,00.
b) 4.000.000,00.
c) 4.200.000,00.
d) 4.840.000,00.
e) 4.850.000,00.

8. (AFR — SEFAZ-PI — FCC/2015) O valor total do Patrimônio Líquido de uma empresa constituída na forma de sociedade por ações, em 31.12.2012, era R$ 2.720.000,00. O valor do Capital Social Realizado registrado era R$ 1.900.000,00, a Reserva Legal constituída até esta data totalizava R$ 360.000,00 e não havia Reserva de Capital. O lucro líquido obtido pela empresa, em 2013, foi R$ 760.000,00 e a empresa não constituiu nenhuma reserva além da estabelecida por lei (Reserva

Legal). Sabendo-se que o estatuto social da empresa previa a distribuição de 40% do lucro passível de distribuição (Lucro Líquido diminuído da Reserva Legal constituída no período), os valores da Reserva Legal e do Patrimônio Líquido evidenciados no Balanço Patrimonial de 31.12.2013 foram, respectivamente, em reais:

a) 398.000,00 e 3.191.200,00
b) 380.000,00 e 3.191.200,00
c) 398.000,00 e 3.184.000,00
d) 398.000,00 e 1.667.200,00
e) 380.000,00 e 3.184.000,00

17.8.6. Reserva de lucros a realizar

1. (CVM — FCC/2003) Utilize as informações a seguir, extraídas do balancete de verificação da Cia. Anglo Brasileira antes da destinação do lucro do exercício, para responder à questão:

— Lucro Líquido do Exercício $ 200.000
— Capital Social, totalmente integralizado $ 800.000
— Saldo da Reserva Legal $ 155.000
— Resultado positivo da Equivalência Patrimonial $ 180.000

Sabendo-se que o dividendo fixado pelo estatuto da companhia corresponde a 30% do valor do lucro líquido do exercício, após a dedução do acréscimo da reserva legal, a companhia poderá constituir reserva de lucros a realizar, observando-se o disposto no art. 197 da Lei n. 6.404/76 (com a redação dada pela Lei n. 10.303/2001), no montante, em $, de:

a) 18.500.
b) 38.500.
c) 40.000.
d) 58.500.
e) 60.000.

17.8.7. Questões sobre outras reservas de lucros

1. (Analista — TRE-SP — FCC/2012) Foram extraídas as seguintes informações, em reais, da Demonstração de Lucros ou Prejuízos Acumulados da Cia. Ômega, relativa ao exercício encerrado em 31.12.2011:

Ajuste positivo de exercícios anteriores	136.000,00
Constituição da Reserva Estatutária	117.000,00
Reversão da Reserva de Lucros a Realizar	38.000,00
Lucro Líquido do Exercício	380.000,00
Constituição da Reserva Legal	19.000,00
Dividendos propostos	156.000,00

Sabendo-se que o saldo inicial e o saldo final da conta Lucros ou Prejuízos Acumulados foram nulos, por conta do disposto no art. 202, § 6.º, da Lei n. 6.404/1976, a companhia constituiu outras reservas de lucros, não mencionadas acima, no valor, em reais, de

a) 282.000,00.
b) 244.000,00.
c) 262.000,00.
d) 264.000,00.
e) 272.000,00.

2. (Contador — BNDES — CESGRANRIO/2008) Informação parcial da Demonstração das Mutações do Patrimônio Líquido da Cia. Gama S/A, referente aos saldos finais apresentados no grupo do Patrimônio Líquido, no Balanço de 31.12.05.

ITENS	CAPITAL	RESERVA DE CAPITAL	RESERVA DE LUCROS		LUCRO ACUM.	TOTAL
		Legal	Estatutária	Contingência		
Saldo em 31.12.2005	2.000.000	1.050.000 200.000	250.000	150.000	15.000	3.665.000
Aumento de Capital						
Reversão Reserva						
L. Líquido exercício						
Proposta Distribuição do lucro						
Reservas						
Dividendos						
Saldo em 31.12.2006						

Durante o exercício de 2006 ocorreram as seguintes situações:

— aumento de capital proveniente de transferência de reservas de capital no valor de R$ 500.000,00 e aporte de capital por parte dos sócios de R$ 500.000,00;

— reversão de reserva de contingência estabelecida em função de perdas possíveis em matéria-prima que efetivamente ocorreram no exercício de 2006 no valor de R$ 100.000,00;

— Lucro Líquido do exercício no montante de R$ 300.000,00;

— Distribuição de lucros em forma de reserva;

— Reserva legal = percentual determinado pela lei;

— Reserva estatutária = R$ 100.000,00;

— Reserva para contingência = 80% do valor da reserva revertida;

— Proposta para dividendos = R$ 0,08 por ação.

Sabendo-se que a Cia. Gama S/A só possui ações ordinárias, cujo valor nominal em 31.12.06 era de R$ 1,20, o saldo da coluna Lucros ou Prejuízos Acumulados, em 31.12.06, considerando exclusivamente as informações recebidas, em reais, é

a) 15.000,00.
b) 20.000,00.
c) 35.000,00.
d) 40.000,00.
e) 115.000,00.

17.8.8. Outros temas relacionados com patrimônio líquido

1. (AFC-STN — ESAF/2013) Os gastos com corretagem decorrentes da compra de ações da própria empresa, para manutenção em tesouraria, devem ser registrados como:

a) outras despesas operacionais, no resultado.
b) acréscimo do custo de aquisição das ações no Patrimônio Líquido.
c) despesa diferida no ativo, sendo apropriada no resultado quando da venda das ações.
d) diminuição do valor do investimento no ativo não circulante.
e) redução do lucro ou prejuízo diretamente no Patrimônio Líquido.

2. (Auditor — CGE-PI — CESPE/2015) De acordo com a Lei n. 6.404/1976, julgue o próximo item, a respeito da elaboração e apresentação das principais demonstrações contábeis.

A apresentação de demonstrações de mutações do patrimônio líquido é facultativa.

( ) Certo ( ) Errado

3. (AFR-SP — FCC/2013) Considere as seguintes transações ocorridas durante o ano de 2012:

I. Pagamento de dividendos distribuídos em 2011.
II. Aumento de capital com bens do ativo imobilizado.
III. Ágio na emissão de novas ações.
IV. Recebimento de doações com obrigações futuras que serão cumpridas a partir de 2015.

Afetaram a Demonstração das Mutações do Patrimônio Líquido, no exercício de 2012, as transações que constam em

a) I e II, apenas;
b) II e III, apenas;
c) I e IV, apenas;
d) I, II e III, apenas;
e) I, II, III e IV, apenas.

4. (Analista — ALESE — FCC/2018) Considere as seguintes informações sobre a Cia. Verde & Azul correspondentes ao ano de 2017:

— A empresa apurou o lucro líquido de R$ 350.000,00.
— Destinação do Lucro do Período:
— Constituição de Reserva Legal no valor de R$ 15.000,00.
— Constituição de Reserva de Incentivos Fiscais no valor de R$ 30.000,00.
— Distribuição de Dividendos Obrigatórios no valor de R$ 105.000,00.
— Foi realizado aumento do Capital Social no valor total de R$ 100.000,00, sendo R$ 40.000,00 com incorporação de Reservas de Lucros e R$ 60.000,00 com um terreno.
— Aquisição de ações de emissão da própria Cia. Verde & Azul por R$ 80.000,00 à vista.

Após o reconhecimento destas operações, a Demonstração das Mutações do Patrimônio Líquido (DMPL) de 2017 evidenciou um aumento no Patrimônio Líquido da Cia. Verde & Azul no valor total de, em reais,

a) 245.000,00.
b) 345.000,00.
c) 305.000,00.
d) 385.000,00.
e) 225.000,00.

5. (Técnico-EBSERH — VUNESP/2020) É exemplo de mutações internas do patrimônio líquido:

a) Alienação de partes beneficiárias.
b) Apuração de lucro líquido.
c) Integralização de capital com reservas.
d) Integralização de capital em dinheiro.
e) Venda de imobilizado com prejuízo.

18 DEMONSTRAÇÃO DOS FLUXOS DE CAIXA (DFC)

18.1. ASPECTOS INICIAIS

A demonstração dos fluxos de Caixa tem o objetivo de apresentar aos usuários das demonstrações financeiras as **modificações ocorridas no "Caixa"** de uma empresa **durante um exercício social**.

O conceito de Caixa nesta demonstração é amplo, uma vez que representa o saldo da **Conta Caixa, somado aos saldos da Conta Banco e das contas de aplicações financeiras de liquidez imediata**, isto é, aplicações feitas para resgate em prazo igual ou inferior a 90 dias.

CAIXA NO DFC = Caixa + Banco + Aplicações de liquidez imediata

Esse **relatório também tem que demonstrar** as origens das mudanças no saldo do Caixa. O usuário da informação precisa entender **se o Caixa se alterou em função** da **atividade** principal **(operacional)**, se a alteração foi em função da compra ou venda de um imóvel **(investimento)** ou, ainda, se o Caixa se alterou porque foi contratado ou pago um empréstimo **(financiamento)**.

O art. 188 da Lei n. 6.404/76, transcrito a seguir, especifica quais as informações mínimas que o demonstrativo dos fluxos de caixa deve apresentar:

> "**Art. 188.** As demonstrações referidas nos incisos IV e V do *caput* do art. 176 desta Lei indicarão, no mínimo: *(Redação dada pela Lei n. 11.638, de 2007)*
>
> I — demonstração dos fluxos de caixa — **as alterações ocorridas, durante o exercício**, no saldo de caixa e equivalentes de caixa, segregando-se essas alterações em, **no mínimo**, 3 (três) fluxos: *(Redação dada pela Lei n. 11.638, de 2007)*
>
> *a)* **das operações**; *(Redação dada pela Lei n. 11.638, de 2007)*
>
> *b)* **dos financiamentos**; e *(Redação dada pela Lei n. 11.638, de 2007)*
>
> *c)* **dos investimentos**; *(Redação dada pela Lei n. 11.638, de 2007)*"

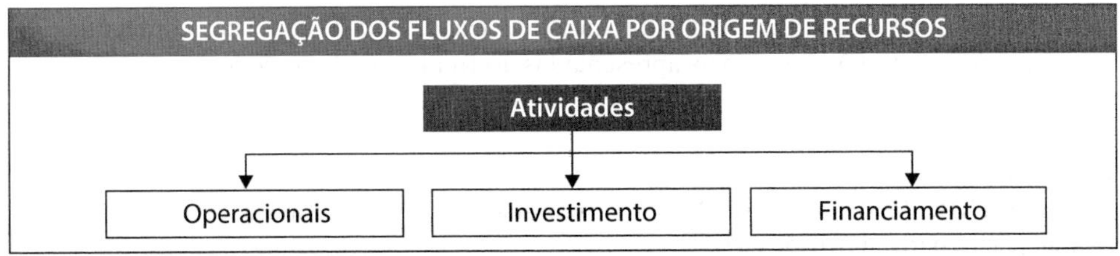

Esses fluxos podem ser demonstrados alternativamente por dois métodos: **direto ou indireto**.

A demonstração dos fluxos de Caixa passou a ser exigida pela Lei n. 6.404/76 no art. 176, transcrito a seguir, a partir da alteração feita neste pela Lei n. 11.638/2007, a qual **desobrigou a DOAR, passando a exigir o DFC e a DVA**:

> "**Art. 176.** Ao fim de cada exercício social, a diretoria fará elaborar, com base na escrituração mercantil da companhia, as seguintes demonstrações financeiras, que deverão exprimir com clareza a situação do patrimônio da companhia e as mutações ocorridas no exercício:
>
> I — balanço patrimonial;
>
> II — demonstração dos lucros ou prejuízos acumulados;
>
> III — demonstração do resultado do exercício; e
>
> IV — demonstração dos fluxos de caixa; e *(Redação dada pela Lei n. 11.638, de 2007)*
>
> V — se companhia aberta, demonstração do valor adicionado. *(Incluído pela Lei n. 11.638, de 2007)*
>
> § 1.º As demonstrações de cada exercício serão publicadas com a indicação dos valores correspondentes das demonstrações do exercício anterior."

O DFC não é obrigatório para todas as sociedades por ações. Uma sociedade anônima de capital fechado **com Patrimônio Líquido menor que R$ 2.000.000**, na data de elaboração do balanço **está desobrigada** de elaborar e publicar o DFC.

> Lei n. 6.404/76 "**art. 176** (...) § 6.º A companhia fechada com patrimônio líquido, na data do balanço, inferior a R$ 2.000.000,00 (dois milhões de reais) não será obrigada à elaboração e publicação da demonstração dos fluxos de caixa *(Redação dada pela Lei n. 11.638, de 2007).*"[1]

Observe que o art. 188 da Lei n. 6.404/76 apenas determina que sejam indicadas as alterações no Caixa em função de atividades operacionais, investimento e financiamento. Ele não define o que sejam essas atividades, nem apresenta uma técnica de elaboração da DFC.

A técnica de elaboração com as definições e detalhes consta da norma **NBC TG 03 (CPC 03)**, que é basicamente uma tradução na norma internacional IAS 7 (IASB), aprovada e transformada em **norma de contabilidade** pelo CFC por meio da Resolução n. 2016/NBC TG 03.

Todos os tipos de Entidades (empresas) devem elaborar o DFC segundo o que está definido pela NBC TG 03, em seus itens 1 e 3, transcritos parcialmente a seguir:

> "1. A entidade deve preparar uma demonstração dos fluxos de caixa de acordo com os requisitos deste Pronunciamento Técnico e deve apresentá-la como parte integrante das suas demonstrações contábeis apresentadas ao final de cada período.
>
> (...)

[1] A norma NBC TG 03 — CPC 03(R2) — foi aprovada pelo CFC após a mudança na Lei n. 6.404/76 e ampliou a obrigatoriedade da DFC.

3. (...) Assim sendo, este Pronunciamento Técnico requer que **todas as entidades apresentem uma demonstração dos fluxos de caixa**."

18.1.1. Noções básicas sobre variações no caixa

Toda **demonstração** contábil deve ser **publicada com os dados** do **exercício findo e do ano anterior**. Desta forma, poderemos facilmente verificar a variação sofrida pelo Caixa de uma Entidade (empresa), tomando o valor do Caixa no exercício anterior e comparando-o com o valor do último ano.

A seguir, apresentamos dois Balanços Patrimoniais de uma empresa referentes aos anos 2008 e 2009. No exemplo, o saldo da Conta Caixa **subiu de $ 300 para $ 900**. O Caixa está $ 600 maior no final do exercício, comparando seu saldo com o do início do período. **Mesmo com mais $ 600, não podemos chegar à conclusão de que a empresa está melhor** financeira ou economicamente. Esse aumento do Caixa **pode ter ocorrido porque foi vendido algum Ativo** e a empresa está **no momento com estes recursos no Caixa**. **É necessária**, portanto, uma **análise detalhada** para entender o que originou esse aumento.

BALANÇO PATRIMONIAL EM 2008			
ATIVO		PASSIVO	
Caixa	$ 300	Empréstimos	$ 100
Contas a Receber	$ 700	Fornecedor	$ 400
Mercadorias	$ 1.000	Capital	$ 1.500
Ativo Total	$ 2.000	Passivo Total	$ 2.000

BALANÇO PATRIMONIAL EM 2009			
ATIVO		PASSIVO	
Caixa	$ 900	Empréstimos	$ 200
Contas a Receber	$ 300	Fornecedor	$ 600
Mercadorias	$ 1.300	Capital	$ 1.700
Ativo Total	$ 2.500	Passivo Total	$ 2.500

Deve-se ter em mente que o **Passivo é fonte de recursos** (próprios e de terceiros) e que as contas do **Ativo representam os destinos das aplicações desses recursos**.

Vamos, então, analisar as variações nas contas do Passivo e do Ativo e determinar o quanto cada uma delas contribuiu para aumentar ou diminuir o Caixa.

Análise das variações nas contas do Passivo:

No âmbito da pessoa física, sempre que nos emprestam dinheiro, nosso Caixa recebe recursos. Sempre que pagamos com cartão de crédito, deixamos de utilizar o Caixa.

Comprar a crédito no supermercado é uma maneira de não consumir o dinheiro que está no bolso, e isso explica porque a despensa fica cheia sem que fiquemos sem dinheiro.

Por isso, quando analisamos um Balanço Patrimonial e uma conta do Passivo cresce, ela contribuiu direta ou indiretamente para aumentar o valor do Caixa.

Inversamente, quando pagamos a um fornecedor ou amortizamos um empréstimo, estamos consumindo recursos. Como regra geral, **quando uma conta do Passivo cai de valor**, ela **contribuiu para o consumo de recursos.**

CONTAS DO PASSIVO	2008	2009	VARIAÇÃO
Empréstimos	$ 100	$ 200	$ 100
Fornecedor	$ 400	$ 600	$ 200
Capital	$ 1.500	$ 1.700	$ 200
Total	**$ 2.000**	**$ 2.500**	**$ 500 (positiva)**

A **Conta Empréstimos** subiu de $ 100 para $ 200, e isso significa que, analisando essa conta isoladamente, ela **contribuiu para colocar $ 100** em dinheiro no Caixa.

A **Conta Fornecedor também contribuiu para colocar $ 200 em dinheiro no Caixa**, uma vez que subiu de $ 400 para $ 600. Essa conta representa um fornecedor que "confiou" recursos para a empresa e espera por pagamento no futuro. Sempre que um credor fornece algo e não recebe, ele está contribuindo para "deixar" dinheiro no Caixa. O efeito matemático é que a Conta Mercadoria sobe quando o fornecedor envia mercadoria a crédito, mas isso não consome recursos nem do Caixa nem do Banco.

A **Conta Capital** é de fácil entendimento. Neste caso, ela subiu de $ 1.500 para $ 1.700, e isso significa que **sócios colocaram $ 200** em dinheiro na empresa.

Conclusão sobre o Passivo: As contas do Passivo contribuíram para aumentar o Caixa em um total de $ 500.

Agora, vamos analisar no quadro a seguir a variação das contas do Ativo.

Fazendo uma analogia com a pessoa física, sempre que compramos alimentos em um supermercado e pagamos a conta não utilizando cheque ou cartão de crédito, consumimos recursos do Caixa (bolso). Da mesma forma quando depositamos dinheiro que estava no bolso em nossa conta no banco. A Conta Caixa (bolso) diminui na mesma proporção que a Conta Banco sobe.

Sempre que compramos uma roupa, um calçado, livros, objetos eletrônicos etc. e não utilizamos os recursos depositados no banco ou o cartão de crédito, estamos pagando em dinheiro. De forma geral, sempre que adquirimos um Ativo e não utilizamos os recursos depositados no banco ou no cartão de crédito, consumiremos Caixa.

De maneira inversa, sempre que nos desfazemos de um Ativo, ocorre entrada de recursos. Quando vendemos um carro ou um objeto qualquer, significa que estamos reavendo valores que estavam aplicados em Ativos Fixos. Quando recebemos um dinheiro que estava emprestado a um amigo, isso também pode significar entrada de recursos no Caixa.

CONTAS DO ATIVO	2008	2009	VARIAÇÃO DO CAIXA
Contas a Receber	$ 700	$ 300	$ 400
Mercadorias	$ 1.000	$ 1.300	$ (300)
Total	**$ 1.700**	**$ 1.600**	**$ 100**

O **Contas a Receber** foi reduzido de $ 700 para $ 300, e isso contribuiu para o **Caixa aumentar em $ 400**. Sempre que clientes pagam, portanto, dinheiro ingressa no Caixa.

A **Conta Mercadoria** subiu de $ 1.000 para $ 1.300, e isso contribuiu para **diminuir o Caixa em $ 300**. Quando aumentamos nossos estoques, trata-se de uma atitude consumidora de recursos.

Conclusão sobre o Ativo: o **Contas a Receber ter diminuído** em $ 400 contribuiu para o **aumento do Caixa**. **A Conta Mercadoria ter aumentado** consumiu $ 300. O saldo final positivo das contas do Ativo é, portanto, de $ 100. Essas contas do Ativo baixaram o seu saldo líquido em $ 100. Isso significa, contabilmente, que elas contribuíram para colocar dinheiro no Caixa nessa proporção.

ORIGEM DAS VARIAÇÕES	2008	2009	VARIAÇÃO
Caixa	$ 300	$ 900	$ 600
Diminuição do Ativo	$ 1.700	$ 1.600	$ 100
Aumento do Passivo	$ 2.000	$ 2.500	$ 500

Conclusão geral: a diminuição de contas do Ativo em $ 100 explica parte do aumento do Caixa, enquanto o aumento do Passivo em $ 500 explica o restante. Esse exemplo nos permite começar a entender a sistemática de elaboração do DFC.

18.2. DEFINIÇÕES DO DFC

As definições a seguir descritas constam dos itens 6, 7 e 8 da NBC TG 03 e são usadas nessa norma brasileira com os significados também descritos e comentados a seguir:

> "6. ***Caixa*** compreende numerário em espécie e depósitos bancários disponíveis."

O Caixa, nessa demonstração não representa apenas o saldo da conta Caixa, mas também o saldo das contas Caixa e Banco, isto é, as disponibilidades além dos chamados Caixas equivalentes, descritos a seguir:

> "6. (...) ***Equivalentes de caixa*** são aplicações financeiras de curto prazo, de alta liquidez, que são prontamente conversíveis em um montante conhecido de caixa e que estão sujeitas a um insignificante risco de mudança de valor.
>
> (...)
>
> 7. Os equivalentes de caixa são mantidos com a finalidade de atender a compromissos de caixa de curto prazo e não para investimento ou outros propósitos. Para que **um investimento seja qualificado como equivalente de caixa ele precisa ter conversibilidade** imediata em um montante conhecido de caixa e estar sujeito a um insignificante risco de mudança de valor. Portanto, um investimento normalmente qualifica-se

como equivalente de caixa somente quando **tem vencimento de curto prazo, por exemplo, três meses ou menos**, a contar da data da aquisição. Os investimentos em instrumentos patrimoniais (de patrimônio líquido) não estão contemplados no conceito de equivalentes de caixa, a menos que eles sejam, substancialmente, equivalentes de caixa, como por exemplo no caso de ações preferenciais resgatáveis que tenham prazo definido de resgate e cujo prazo atenda à definição de curto prazo."

Caixa equivalente são as aplicações a curtíssimo prazo (menos que 90 dias) que podem ser resgatadas com perda insignificante. É normal que as disponibilidades bancárias para honrar compromissos de curto prazo sejam empregadas em uma das diversas aplicações disponíveis no mercado financeiro, como ações e, inclusive, derivativas. Disponibilidades precisam ser rentabilizadas ao máximo, e aplicações de renda variável podem propiciar ganhos expressivos mesmo em espaço de tempo curto.

"8. Empréstimos bancários são geralmente considerados como atividades de financiamento. Entretanto, **saldos bancários** a descoberto, **decorrentes de empréstimos obtidos por meio de instrumentos como cheques especiais ou contas correntes garantidas que são liquidados em curto lapso** temporal compõem uma parte integral da gestão de caixa da entidade. **Nessas circunstâncias, saldos bancários a descoberto são incluídos como um componente de caixa e equivalentes de caixa**. Uma característica desses arranjos oferecidos pelos bancos é que frequentemente os saldos flutuam de devedor para credor."

O Caixa, nessa demonstração dos fluxos de caixa, é composto de forma ampla pelos seguintes componentes:

CAIXA NA DFC = Caixa + Banco + Aplicações de liquidez imediata – Saldos a Descoberto

"6. (...) ***Fluxos de caixa*** são as entradas e saídas de caixa e equivalentes de caixa. ***Atividades operacionais*** são as principais atividades geradoras de receita da entidade e outras atividades diferentes das de investimento e de financiamento."

Os fatos contábeis relativos às atividades operacionais transitam pelas contas de **Resultado, pelo Ativo Circulante e pelo Passivo Circulante**, excetuando-se as aplicações e empréstimos de curto prazo que são atividades ligadas a investimentos e financiamentos respectivamente.

"6. ***Atividades de investimento*** são as referentes à aquisição e à venda de ativos de longo prazo e de outros investimentos não incluídos nos equivalentes de caixa."

Os fatos contábeis relativos a essas atividades são os investimentos classificados no Ativo Não Circulante, isto é, as **aplicações de recursos no Realizável a Longo Prazo, no Investimento, no Imobilizado e no Intangível**.

"6. ***Atividades de financiamento*** são aquelas que resultam em mudanças no tamanho e na **composição do capital próprio e no endividamento da entidade**, não classificadas como atividade operacional."

Os fatos contábeis relativos a essas atividades são os empréstimos de curto ou longo prazo obtidos no mercado financeiro ou perante qualquer outra Entidade e o recebimento de Capital dos sócios assim como de reservas de Capital.

Na figura anterior, podemos visualizar e entender onde transitam as contas que representam cada uma das atividades a serem segregadas no DFC.

As contas operacionais transitam pelo Circulante. As contas que representam as **atividades de investimento, por sua vez, estão no Ativo Não Circulante**, incluindo as **aplicações financeiras de curto prazo** e excluindo-se as aplicações de liquidez imediata, por serem consideradas equivalentes de Caixa.

Os investimentos estão no Ativo Não Circulante e incluem as aplicações financeiras de longo prazo e todos os valores aplicados nos subgrupos Investimento, Imobilizado e Intangível.

As contas a receber de longo prazo devem ser considerado como operacional na elaboração da DFC.

As contas que representam financiamentos estão no Passivo Não Circulante e no Patrimônio Líquido. O primeiro financiamento que uma empresa recebe é dos seus sócios, por meio da integralização do Capital, porém também os empréstimos que uma empresa faz representam financiamentos. **Os empréstimos de curto prazo e os dividendos a pagar, apesar de fazerem parte do passivo circulante, devem ser considerados, para elaboração da DFC, como itens relacionados às atividades de financiamento.**

O lucro ingressa no patrimônio líquido, deve ser considerado como operacional.

Importante: empréstimos bancários são geralmente considerados como atividades de financiamento. Entretanto, em determinadas circunstâncias, saldos bancários a descoberto, decorrentes de empréstimos obtidos por meio de instrumentos, como cheques especiais ou contas correntes garantidas, são liquidados automaticamente, de forma a integrarem a gestão das disponibilidades da Entidade. Uma característica de tais contas correntes é a de que frequentemente os saldos flutuam de devedor para credor. Nessas circunstâncias, esses saldos bancários a descoberto devem ser incluídos como um componente de Caixa e seus equivalentes. A parcela não utilizada do limite dessas linhas de crédito não deverá compor os equivalentes de Caixa.

18.3. TIPOS DE FLUXOS DE CAIXA POR ATIVIDADE

É muito importante saber se o Caixa aumentou porque vendemos mercadoria ou se contratamos empréstimos. O fato de o Caixa diminuir de valor ou estar com saldo muito baixo pode não ser preocupante se os recursos tiverem sido alocados em aumento de estoques.

O DFC precisa demonstrar com clareza de onde vieram as variações do Caixa. Alterar o Caixa porque ocorreu **venda de mercadorias é aumento por atividade operacional**; alterá-lo porque foi vendido um imóvel é **aumentá-lo em função de uma atividade de investimento**; e, por fim, alterá-lo porque um sócio integralizou **Capital é aumentá-lo por atividade de financiamento.**

A norma (CPC 03) determina que as origens das alterações no Caixa sejam identificadas nos fluxos operacionais, no investimento e no financiamento. A tabela a seguir apresenta uma correlação entre as atividades e os subgrupos com os quais elas se relacionam no patrimônio:

ATIVIDADES	SUBGRUPO ASSOCIADO
Operacionais	Ativo Circulante e Passivo Circulante
Investimento	Ativo Não Circulante (ARLP e PERMANENTE)
Financiamento	Passivo Não Circulante e Patrimônio Líquido

18.3.1. Atividades operacionais

Os ingressos ou saídas de recursos chamados de operacionais dizem respeito às **atividades-fim da empresa**, ou seja, aquelas que fazem parte de seu objeto social e de todo o esforço para a sua obtenção. São predominantemente os fatos contábeis que transitam pelo Resultado (Demonstração do Resultado) e têm como contrapartida as contas do circulante (Ativo e Passivo) ou transitam apenas pelo Circulante (Ativo e Passivo). Também são definidos como operacionais aqueles fatos contábeis que não se classificam como atividades de investimento ou financiamento.

Ingressos ou entradas de recursos:

- Recebimentos referentes a receitas ganhas e adiantamentos que tenham como origem vendas à vista ou a prazo recebidas no período de mercadorias e/ou serviços;
- Recebimentos referentes a *royalties*, honorários, comissões e outras receitas;
- Recebimentos de receitas antecipadas relativas a atividades operacionais, como aluguéis e outros adiantamentos etc.;
- Recebimentos oriundos do desconto de duplicatas ou outros contratos mantidos para negociação;
- Recebimentos de juros sobre empréstimos concedidos e sobre aplicações financeiras;
- Recebimento de dividendos de participações em outras sociedades;
- Recebimento de juros sobre capital próprio (JCP);

■ Recebimentos por indenizações e outros benefícios de apólice que não se caracterizem como investimento ou financiamento, como sinistro de um edifício;

■ Restituição de impostos; e

■ Recebimentos que não se originem de transações definidas, como atividades de investimento ou financiamento.

Saídas ou alocações de recursos:

■ Pagamentos à vista, a fornecedores de bens ou serviços relacionados com a atividade;

■ Pagamento de despesas correntes da atividade principal da empresa, tais como salários, aluguéis, vendas etc.;

■ Pagamento de despesas financeiras e encargos (juros, correção monetária etc.);

■ Pagamentos de impostos e contribuições aos diversos governos (federal, estadual e municipal), bem como aos pagamentos acessórios, tais como multas etc.;

■ Pagamentos de despesas antecipadas;

■ Adiantamento a fornecedores, reembolso a clientes de receitas antecipadas como adiantamento;

■ Pagamento de indenizações; e

■ Outros pagamentos que não se classifiquem como de investimentos ou financiamentos.

18.3.2. Atividade de investimento

Relaciona-se normalmente com operações envolvendo **aplicações financeiras de curto e longo prazo**, inclusive ações e derivativos, **investimentos em participações societárias e em outros Ativos permanentes**.

Saídas ou alocações de recursos:

■ Aplicações financeiras em títulos do mercado financeiro, como CDBs, RDBs e outros títulos privados, assim como aplicações em títulos públicos, como LTN, NTN e outros;

■ Aquisição (pagamento) por títulos patrimoniais, isto é, ações (participações societárias) temporárias ou permanentes de outras empresas e demais instrumentos financeiros especulativos que não se caracterizem como equivalentes de Caixa;

■ Aquisição (pagamento) de Ativo permanente imobilizado e intangível, inclusive os custos de desenvolvimento que podem ser ativados e os custos de imobilizados de construção própria; e

■ Empréstimos e adiantamentos feitos a terceiros.

Ingressos ou entradas de recursos:

■ Recebimento do principal das aplicações feitas no mercado financeiro (os juros recebidos desses empréstimos são classificados como atividade operacional);

■ Recebimento pela venda dos títulos patrimoniais (ações) ou instrumentos financeiros. O recebimento dos dividendos ou juros é classificado como atividades operacionais;

- Recebimento pela venda de Ativo permanente imobilizado; e
- Recebimento do principal dos empréstimos e adiantamentos feitos a terceiros.

18.3.3. Atividade de financiamento

Refere-se basicamente aos **financiamentos** obtidos pela sociedade de terceiros, ao **ingresso de recursos** dos sócios (aumento de Capital) ou à devolução de recursos aos sócios (recompra de quotas ou ações) e a recursos relativos **a reservas de Capital e também aos dividendos pagos aos sócios**.

Ingressos ou entradas de recursos:

- Recebimento decorrente da integralização do Capital Social;
- Recebimento decorrente da constituição de reservas de Capital;
- Recebimento decorrente de empréstimo (financeiro) obtido no mercado de curto ou longo prazo. São exemplos: empréstimos com emissão de debêntures, hipotecas etc.

Saídas ou alocações de recursos:

- Pagamento de dividendo e/ou juros sobre Capital próprio aos sócios;
- Pagamento pela aquisição ou resgate de ações da própria empresa (ações em tesouraria);
- Pagamento do principal dos empréstimos de curto e longo prazo; e
- Pagamento para redução de Passivo fruto de arrendamento mercantil.

18.3.4. Classificações alternativas para juros, dividendos e JCP

Quando as classificações foram discutidas no comitê internacional (IASB), ocorreu um debate, e a votação sobre a melhor classificação foi apertada. Por isso, as normas internacionais apresentam a classificação recomendada e a classificação possível. **No Brasil, o CPC utilizou o termo "encoraja"** para que seja adotada a classificação recomendada. Em provas de concursos públicos, em geral, acreditamos que seja adotada também a classificação recomendada.

- Os juros, dividendos e JCP (Juros sobre Capital Próprio) recebidos são classificados preferencialmente como operacionais, assim como os juros pagos;
- Os JCP e os dividendos pagos são classificados como atividade de financiamento;
- Os juros, JCP e dividendos recebidos podem ser classificados alternativamente como atividades de investimento;
- Os juros pagos podem alternativamente ser classificados como atividade de financiamento;
- O JCP e dividendos pagos podem ser classificados alternativamente como atividades operacionais.
- **Em resumo, tudo pode ser operacional.** A seguir, apresentamos a classificação preferencial pelas normas contábeis internacionais e brasileiras.

Classificação recomendada e alternativa nas atividades operacionais, de investimentos e de financiamentos no que diz respeito a juros, dividendos e JCP.

CONTA	TIPO	CLASSIFICAÇÃO RECOMENDADA	CLASSIFICAÇÃO ALTERNATIVA
Juros	Pagos	Operacional	Financiamento
Juros	Recebidos	Operacional	Investimento
Dividendos	Recebidos	Operacional	Investimento
Juros sobre Capital Próprio (JCP)	Recebidos	Operacional	Investimento
Dividendos	Pagos	Financiamento	Operacional
Juros sobre Capital Próprio (JCP)	Pagos	Financiamento	Operacional

18.4. MÉTODOS DE ELABORAÇÃO DO DFC

A DFC pode ser elaborada **pelo método direto ou indireto**. O que diferencia um do outro é a forma de determinação da variação do Caixa em função das atividades operacionais.

A variação do Caixa em função das atividades de **investimento e financiamento** é determinada de forma **idêntica** nos dois métodos, bastando uma análise direta sobre as mudanças de cada conta patrimonial do Ativo Não Circulante (Investimentos) e do Passivo Não Circulante e Patrimônio Líquido (Financiamento).

"A Entidade deve apresentar **os fluxos de Caixa das atividades operacionais, usando alternativamente:**

(a) o método direto, segundo o qual as principais classes de recebimentos brutos e pagamentos brutos são divulgadas; ou

(b) o método indireto, segundo o qual o lucro líquido ou prejuízo é ajustado pelos efeitos de transações que não envolvem Caixa, pelos efeitos de quaisquer diferimentos ou apropriações por competência sobre recebimentos de Caixa ou pagamentos em caixa operacionais passados ou futuros, e pelos efeitos de itens de receita ou despesa associados com fluxos de Caixa das atividades de investimento ou de financiamento" (Item 18 do CPC 03(R2)).

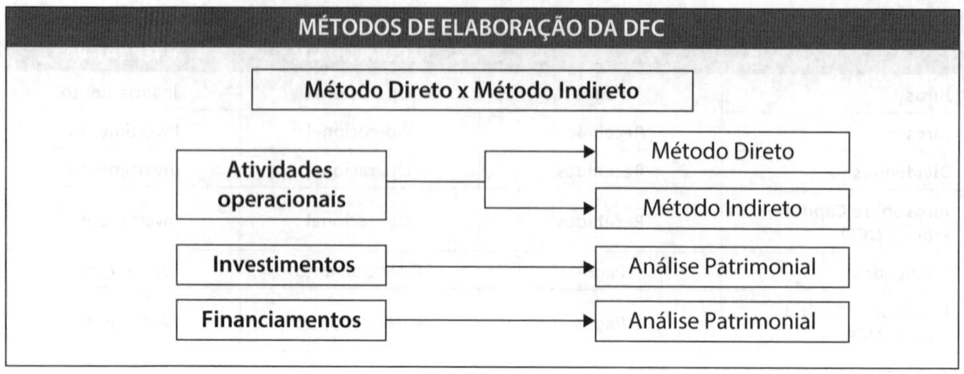

Importante: no que diz respeito às atividades de investimento e financiamento, não há diferenças nas técnicas de elaboração entre o método direto e indireto. Isso ocorre porque o que consideramos nessas atividades como entradas ou saídas de caixa são os valores efetivos das variações patrimoniais que cada conta gerou ou consumiu de Caixa, e esta análise é a mesma nos dois métodos para as contas no Não Circulante e no Patrimônio Líquido.

Qualquer que seja o método, o resultado líquido aritmético das atividades operacionais, de investimento e financiamento será igual à variação ocorrida no CAIXA (Caixa e equivalente-Caixa) no período. Ou seja, verifica-se qual é o saldo do Caixa no início e no final do período. A diferença encontrada deve ser igual ao resultado líquido algébrico apurado nas três atividades que compõem a DFC.

18.4.1. Método indireto

O DFC é a única demonstração que não é elaborada **sob a ótica do regime de competência**, e sim **do regime de Caixa**. Somente as transações que **efetivamente ocasionaram ingressos e consumiram recursos do Caixa** devem ser consideradas.

A variação do Caixa de um exercício em relação ao seguinte é muito fácil de ser determinada. Basta somarmos os valores referentes às disponibilidades (Caixa e Banco) aos valores das aplicações de liquidez imediata de cada exercício e calcularmos a diferença, como no exemplo a seguir:

2008		2009	
Caixa	$ 100	Caixa	$ 150
Banco	$ 400	Banco	$ 550
Aplicações de Liquidez Imediata	$ 1.000	Aplicações de Liquidez Imediata	$ 1.300
Total do Caixa	**$ 1.500**	**Total do Caixa**	**$ 2.000**

O total do Caixa (Caixa + Banco + aplicações), como determina a norma, em 2008, era de $ 1.500 e, em 2009, foi de $ 2.000. **Ou seja, Caixa aumentou $ 500.**

Houve ingressos líquidos de Caixa no valor de $ 500.

Uma vez que já sabemos o que ocorreu com o Caixa, segregamos e analisamos tudo o que ocorreu fora dele, encontrando as variações patrimoniais que contribuíram para ingressos ou para consumir Caixa.

Vender um veículo, um imóvel ou contrair um empréstimo são fatos geradores de Caixa, de recursos disponíveis. Ao contrário, comprar uma televisão, uma máquina ou fazer uma aplicação financeira (poupança) são fatos consumidores de Caixa, isto é, deixamos de ter dinheiro para ter bens ou investimentos.

18.4.1.1. Procedimentos para elaboração da DFC pelo método indireto

Não é necessário o DRE para elaborar a DFC por este método. Basta termos o Balanço Patrimonial do exercício findo e do ano anterior. Ele consiste em determinar as variações no Caixa a partir do resultado contábil líquido do exercício ajustado e verificar, de forma conciliatória, todas as variações de um exercício em relação ao outro nas contas do Balanço Patrimonial, excetuando-se o Caixa.

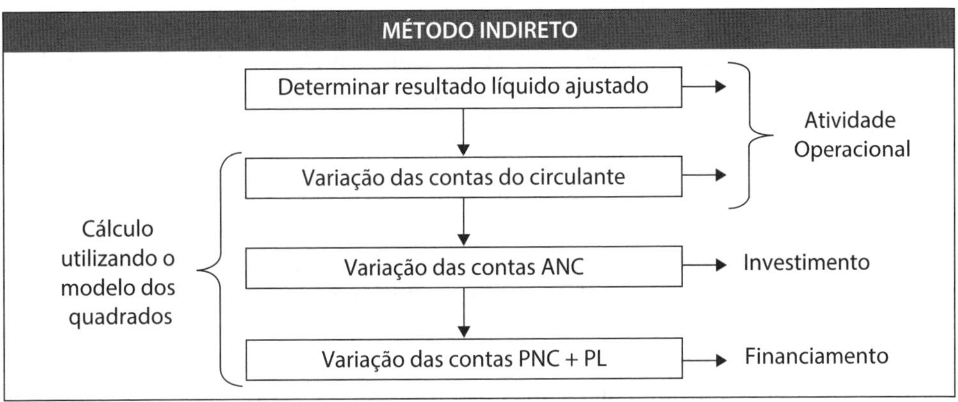

18.4.1.2. Determinação do resultado líquido ajustado

Para obter este ajuste, devemos expurgar todas as transações que não afetam o Caixa, mas que são consideradas no Resultado, como depreciação, ganhos ou perdas de equivalência patrimonial, ganhos ou perdas em aplicações ou empréstimos de longo prazo e outras que, por competência, estão consideradas no DRE, mas não consumiram ou geraram Caixa de fato.

O lucro líquido contábil encontrado no DRE é um lucro econômico, e não financeiro. Por isso, temos que ajustá-lo para determinar que parte desse lucro afeta o Caixa. A tabela a seguir apresenta a técnica do ajuste de forma conceitual:

I	Resultado líquido contábil do exercício
II	(+) Despesas ou perdas meramente contábeis
III	(–) Receitas ou ganhos meramente contábeis
IV	Resultado líquido ajustado do exercício

A seguir, apresentamos a regra detalhada do ajuste no Resultado para a obtenção do resultado líquido ajustado do exercício:

Resultado líquido do exercício	◘ Este é o resultado contábil da DRE, calculado sob a ótica da competência.
(+/–) Ajustes de exercícios anteriores	◘ A soma das receitas não consideradas e a diminuição das despesas não consideradas de exercícios anteriores.
(+) Despesas ou perdas meramente contábeis	◘ Essas despesas não afetam o Caixa: depreciação, amortização ou exaustão, *impairment*, juros e atualizações de dívidas de longo prazo.
(–) Receitas ou ganhos meramente contábeis	◘ São ganhos que não afetam o Caixa, como resultado de equivalência patrimonial ou atualizações de aplicações financeiras de longo prazo.
(+) Perdas com Ativos permanentes (perdas de Capital)	◘ São fatos que estão reduzindo o resultado contábil e, como são inerentes a atividades de investimento, devem ser retirados das atividades operacionais.
(–) Ganhos com Ativos permanentes (ganhos de Capital)	◘ São fatos que estão aumentando o resultado contábil e, como são inerentes a atividades de investimento, devem ser retirados das atividades operacionais.
Resultado líquido ajustado	◘ Este resultado é o que, de fato, afetou o Caixa.

Na DFC, para obtermos os recursos que tiveram origem nas operações e que afetaram o Caixa do ponto de vista efetivamente financeiro, temos que somar os valores de despesas meramente contábeis que diminuíram o lucro (ex.: depreciação), mas que não diminuíram o Caixa e excluir alguns outros valores que são receitas meramente contábeis (ganho de equivalência patrimonial ou ganhos de aplicações de longo prazo) e que, por isso, não contribuem com entradas efetivas de Caixa oriundas das operações.

O **resultado contábil líquido** (lucro ou prejuízo) **possui valores econômicos e não financeiros que mascaram as efetivas disponibilidades**. São exigências de normas contábeis ou fiscais legais, por exemplo, **a depreciação**, que constitui uma **despesa contábil e fiscal não financeira**. Não existe um **"cheque relativo à depreciação"** e, por isso, esse valor **diminui o lucro, mas não diminui o Caixa**.

O valor relativo a depreciação, amortização, exaustão ou qualquer outra despesa com o mesmo comportamento contábil deve ser adicionado ao lucro líquido para determinarmos o que chamamos de lucro ajustado sob a ótica do Caixa.

Também existem como ganhos contábeis, por exemplo, **ganhos com equivalência patrimonial**, que **são receitas meramente contábeis** incluídas no DRE e que refletem os ganhos em um investimento em participação societária. **Esses ganhos são meramente contábeis porque não geram Caixa** e devem ser excluídos do Resultado para a determinação do resultado ajustado.

Se o resultado ajustado for positivo (lucro), ele contribuirá para aumento do Caixa; se for negativo (prejuízo), contribuirá para diminuir ou consumir o Caixa.

A seguir, apresentamos as contas e os ajustes principais com as suas respectivas discriminações, que devem ser considerados para a obtenção do resultado líquido ajustado a ser utilizado no DFC.

1 (±)	Resultado líquido do exercício
2 (±)	Ajustes anteriores

3 (±)	Ajuste a valor justo contra resultado de instrumentos financeiros, propriedades para investimento e outros
4 (+)	Despesas de depreciação, amortização e exaustão
5 (+)	Perda com equivalência patrimonial
6 (+)	Prejuízo na venda de Ativo Permanente (AP)
7 (+)	Variações Cambiais e Monetárias sobre empréstimos de longo prazo
8 (+)	Despesa para constituição de provisões de curto ou longo prazo
9 (–)	Ganhos com equivalência patrimonial
10 (–)	Lucro na venda de Ativo Permanente (AP)
11 (–)	Variações Cambiais e Monetárias sobre aplicações de longo prazo
12	Resultado Ajustado (Soma de todos os itens de 1 a 10)

Discriminação das contas e dos ajustes para obtenção do Resultado Ajustado:

1. Resultado líquido do exercício: trata-se do resultado líquido contábil encontrado na Demonstração do Resultado do Exercício.

2. Ajustes anteriores: são valores que não constam na Demonstração do Resultado porque foram encontrados após a elaboração da DRE anterior. Podem ser receitas encontradas posteriormente, mas, em geral, são despesas que já deveriam ter sido contabilizadas e que não podem ser lançadas na DRE deste ano, porque se referem a exercícios anteriores. Essas despesas afetaram o Caixa, mas não constam na DRE.

Exemplo de ajuste anterior: um erro que surgiu ao calcularmos o Imposto de Renda do exercício anterior e que só foi encontrado no segundo semestre.

A empresa recolheu o imposto atrasado; isso afetou o Caixa, mas não consta como despesa no DRE deste ano porque se refere ao ano anterior. Este ajuste negativo tem que ser considerado no ajuste do lucro da DFC.

3. Ajuste a valor justo contra resultado de instrumentos financeiros, propriedades para investimento e outros: quando um instrumento financeiro avaliado a valor justo em contrapartida ao resultado, ou uma propriedade para investimento é avaliada a valor justo, o resultado pode receber registros credores ou devedores que não representam aumento de disponibilidades porque são meros ajustes patrimoniais, por isso devem ser excluídos (se forem ajustes credores) ou incluídos (se forem ajustes devedores).

4. Despesas de depreciação, amortização e exaustão: são despesas meramente contábeis. Não consomem Caixa, por isso devem ser somadas ao resultado contábil para a determinação do resultado ajustado.

5. Perda com equivalência patrimonial: uma perda meramente contábil, uma vez que representa a participação proporcional na diminuição do Patrimônio Líquido de uma investida, e não uma saída de Caixa.

6. Perda da venda de Ativo permanente: perda de Capital; esse tipo de transação é tratado como atividade de investimento, e não operacional, por isso é expurgada do Resultado.

7. Variações Cambiais e Monetárias sobre empréstimos de longo prazo: quando uma empresa tem uma dívida de longo prazo, em moeda estrangeira ou nacional, é necessária a contabilização da atualização do principal ao final do período e dos juros capitalizados se eles não foram pagos no período. Entretanto, essa atualização não consome Caixa, mas é lançada como despesa financeira, diminuindo o Resultado do período. Por isso, devem ser somadas ao Resultado do exercício para a determinação do Resultado Ajustado.

8. Despesa para constituição de provisões de curto ou longo prazo: despesas para constituir provisões de curto ou longo prazo são itens operacionais que devem ser adicionados ao resultado porque não são despesas que consomem caixa no período.

9. Ganhos com equivalência patrimonial: não são um ganho em dinheiro, mas, sim, um ganho meramente contábil. Ocorre quando uma investida tem lucro e avaliamos esse investimento pelo método da equivalência patrimonial que determina que o aumento no PL de uma investida deve ser considerado receita no Resultado na investidora, mas essa receita não é dinheiro.

10. Lucro na venda de Ativo permanente: este valor é expurgado do lucro, porque se trata de uma transação caracterizada como atividade de investimento.

11. Variações Cambiais e Monetárias sobre aplicações de longo prazo: quando a empresa faz aplicações de longo prazo em moeda estrangeira ou moeda nacional, é necessário que, ao final de cada período, atualize as aplicações pelos índices definidos nos contratos e até os juros, se não tiverem sido recebidos. Estes ajustes ou até mesmo os juros que só serão pagos ao final da operação são lançamentos meramente contábeis e não contribuem para aumentar o Caixa. Por isso, devem ser excluídos do Resultado do Exercício para a determinação do Resultado Ajustado.

Reflexo dos ajustes no Resultado nas contas patrimoniais:

Todas as contas de Resultado que foram ajustadas têm contrapartida no patrimônio. O leitor deve assinalar, portanto, no Balanço Patrimonial essas contrapartidas para não errar quando for analisar a variação das contas patrimoniais.

Exemplo: no exercício a ser resolvido em uma prova, o examinador apresenta no Resultado uma despesa de variação monetária relativa a uma dívida de longo prazo. O leitor fará o ajuste no lucro expurgando essa despesa, que não consumiu Caixa. A contrapartida de uma despesa desse tipo é uma atualização em uma dívida de curto ou longo prazo. No exemplo a seguir, uma empresa contratou um empréstimo em 31 de dezembro de 2008, não fez nenhum pagamento durante o ano de 2009 e os juros e correção monetária durante 2009 foram de 12%, o que significa dizer que totalizaram $ 6.000 as despesas financeiras contabilizadas no DRE por competência.

2008		2009	
Empréstimo (PNC)	$ 50.000	Empréstimo (PNC)	$ 56.000

Ao elaborarmos a DFC, quando do ajuste do lucro, teremos que somar ao lucro líquido esses $ 6.000, uma vez que não consumiram Caixa em 2009. Quando formos analisar a contribuição da Conta Empréstimo na geração ou consumo de Caixa, poderemos chegar à conclusão de que fizemos um novo empréstimo de $ 6.000 no período, o que não é verdade. Todos os ajustes no lucro têm contrapartida no patrimônio, e esses valores também devem ser expurgados para que possamos determinar as efetivas variações das contas patrimoniais desconsiderando as variações patrimoniais meramente contábeis.

18.4.1.3. Determinação da variação das contas patrimoniais

Uma vez que já obtivemos o resultado ajustado, que é parte das atividades operacionais, agora teremos que analisar as contas do circulante, exceto Caixa, e completar a análise das atividades operacionais. Em seguida, examinar a variação das contas de Ativo Não Circulante e determinar o impacto no Caixa das atividades de investimento. Por último, determinar a variação das contas do Passivo Não Circulante e Patrimônio Líquido e o impacto no Caixa oriundo das atividades de financiamento.

Contas de natureza credora são, por essência, contas que representam fatos **geradores de recursos**; portanto, **quando estas aumentam de valor**, realizam um movimento que contribui para aumentar o Caixa. **Contas de natureza devedora** são por essência **consumidoras de recursos** ou de aplicações; portanto, **quando aumentam de valor**, estão consumindo recursos do Caixa. Tendo em vista esses princípios, foi desenvolvido pelo autor um modelo para elaborar o fluxo de Caixa no método indireto, chamado de **Modelo dos Quadrados**. Trata-se de uma representação gráfica das propriedades das contas do Passivo e do Ativo na capacidade de gerar

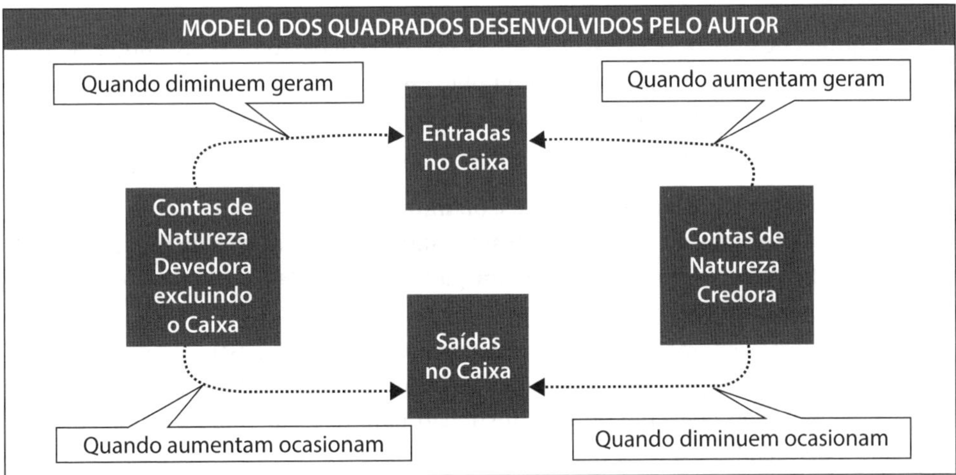

18.4.1.3.1. Conta de natureza credora gerando recursos

Quando uma **conta de natureza credora** sobe de um ano em relação a outro é porque ela, analisada isoladamente, contribuiu para **"gerar" Caixa**.

> **Exemplo:** a Conta Capital era de $ 1.000, integralizados em 2008, e passou a ser de $ 1.900, integralizados em 2009. Isso significa que os sócios colocaram $ 900 nesse exercício findo. Outro exemplo poderia ser uma Conta Empréstimo que, em 2008, era de $ 3.000 e passou a ser $ 4.500 em 2009. Esse aumento de $ 1.500 significa que a Conta Empréstimo, quando analisada isoladamente, contribuiu para **ingressos no Caixa** no valor de $ 1.500.

18.4.1.3.2. Conta de natureza credora consumindo recursos

Quando uma **conta de natureza credora diminui** de valor de um ano para outro é porque ela, analisada isoladamente, **"consumiu" Caixa**.

Exemplo: a Conta Empréstimo que, em 2008, era de $ 4.500, passou a ser $ 3.000 em 2009. Essa diminuição de $ 1.500 significa que a Conta Empréstimo, quando analisada isoladamente, consumiu recursos do Caixa no valor de $ 1.500.

18.4.1.3.3. Conta de natureza devedora gerando recursos

Quando uma **conta de natureza devedora diminui** de valor de um ano para outro é porque ela, analisada isoladamente, contribuiu para **"gerar" Caixa**.

Exemplo: a Conta Imóvel era de $ 5.000, em 2008, e passou a ser $ 2.000 em 2009. Isso significa que a empresa vendeu um imóvel nesse exercício findo e isso, quando analisado isoladamente, contribuiu para **ingressos no Caixa** no valor de $ 3.000.

18.4.1.3.4. Conta de natureza devedora consumindo recursos

Quando uma **conta de natureza devedora sobe** de valor de um ano para outro é porque ela, analisada isoladamente, contribuiu para **"consumir" Caixa**.

Exemplo: a Conta Imóvel era de $ 3.000, em 2008, e passou a ser $ 7.000 em 2009. Isso significa que a empresa comprou imóveis no valor de $ 4.000 nesse exercício findo, o que, quando analisado isoladamente, contribuiu para **saída ou consumo do Caixa** no valor de $ 4.000.

Essa maneira de determinarmos isoladamente quanto cada conta contribuiu para ingressos ou saídas de Caixa e, **ao final, somarmos os valores de ingressos e diminuirmos dos valores que contribuíram para estas saídas** é chamada de **método conciliatório ou indireto.**

A seguir, apresentamos os Balanços Patrimoniais e a Demonstração de resultados da empresa Vigo Serviços Ltda., referentes aos anos 2008 e 2009 que serão apresentados pelo contador ao conselho de administração para decisão sobre o valor que será destinado a dividendos e a reservas de lucros.

BALANÇOS PATRIMONIAIS			
2008			
Ativo Circulante		**Passivo Circulante**	
Caixa	100	Fornecedores	2.000
Banco	1.400	Contas a Pagar	1.000
Mercadorias	3.500	**Passivo Não Circulante**	
Ativo Não Circulante		Empréstimos de Longo Prazo	6.000
Aplicações Financeiras	5.000	**Patrimônio Líquido**	
Máquinas	10.000	Capital	11.000
Total do Ativo	**20.000**	**Total do Passivo**	**20.000**

2009			
Ativo Circulante		**Passivo Circulante**	
Caixa	150	Fornecedores	4.000
Banco	1.850	Contas a Pagar	1.000
Mercadorias	7.600	**Passivo Não Circulante**	
Ativo Não Circulante		Empréstimos de Longo Prazo	6.600
Aplicações Financeiras	8.000	**Patrimônio Líquido**	
Máquinas	10.000	Capital	14.000
(–) Depreciação Acumulada	(–) 1.000	Lucros Acumulados	1.000
Total do Ativo	**26.600**	**Total do Passivo**	**26.600**

Demonstração do Resultado do Exercício (DRE):

Receita		5.000
(–) CMV		(1.500)
Lucro Bruto		3.500
(–) Despesas		(3.100)
Gerais	1.500	
Depreciação	1.000	
Financeiras	600	
Receita Financeira		600
Lucro Líquido		1.000

DMPL e DLPA de 2009:

DMPL/DLPA	CAPITAL	LUCROS ACUMULADOS	TOTAL
Saldo em 31.12.2008	11.000	0	11.000
Aumento de Capital	3.000		3.000
Lucro Líquido		1.000	1.000
Saldo em 31.12.2009	14.000	1.000	15.000

Observações:

1) A despesa financeira refere-se à atualização da dívida de longo prazo calculada como 10% do total do empréstimo. Esses juros serão pagos na mesma oportunidade que o valor do principal da dívida, em 5 anos.

2) A receita financeira foi calculada na base de 12% do valor aplicado, e esses juros somente serão recebidos em dois anos na mesma oportunidade do resgate. O aumento do saldo de aplicações de longo prazo em parte se deve à atualização dos direitos e, em parte, a novas aplicações.

3) A depreciação foi calculada tomando-se por base uma vida útil de 10 anos.

4) O Contas a Pagar refere-se à compra de instalações.

5) Houve aumento de Capital em dinheiro pelos sócios.

6) Ainda não houve destinação dos dividendos, nem constituição de reservas.

Solução:

A primeira informação que sempre podemos obter, uma vez que temos dois Balanços Patrimoniais, é a variação do Caixa. Nesse caso:

2008		2009	
Caixa	100	Caixa	150
Banco	1.400	Banco	1.850
Total do Caixa	1.500	Total do Caixa	2.000

A variação do caixa de 2008 para 2009 foi positiva, de 500. Vamos agora calcular o quanto dessa variação teve origem nas atividades operacionais, de investimento e de financiamento.

Análise das atividades operacionais:

Vamos iniciar calculando o Resultado Líquido Ajustado:

Lucro Líquido	1.000
(+) Depreciação	1.000
(+) Juros da Dívida de Longo Prazo	600
(–) Rendimentos (Juros) da Aplicação de Longo Prazo	(–) 600
Lucro Líquido Ajustado	2.000

A depreciação é uma despesa "fictícia legal" que não afeta o Caixa; por isso, devemos somá-la ao lucro líquido para determinar o lucro ajustado. Os juros da dívida de longo prazo também devem ser somados, porque são apenas atualização contábil, não houve saída de Caixa.

Da mesma forma também não houve entrada de Caixa associada à contabilização da receita referente à aplicação de longo prazo. Por isso, o valor referente a essa receita foi subtraído do Resultado para a determinação do lucro líquido ajustado.

Após calcular o lucro ajustado, devemos analisar a variação de todas as contas no circulante, excetuando-se o Caixa e o Caixa-Equivalente (Banco), e verificar o efeito de cada alteração utilizando o **Modelo dos Quadrados** para determinar se as modificações contribuíram para consumir ou aumentar o Caixa.

	2008	2009	VARIAÇÃO	EFEITO NO CAIXA (CONTRIBUEM PARA)
Mercadorias	3.500	7.600	Aumento de 4.100	Consumiu Caixa
Fornecedores	2.000	4.000	Aumento de 2.000	Aumentou Caixa

Aumento da Conta Mercadoria: esse fato, conta devedora aumentando de valor, é um consumidor de Caixa, porque comprar mercadorias requer desembolso de Caixa.

Aumento da Conta Fornecedor: esse fato, conta credora aumentando de valor, é um movimento que aumenta o Caixa, porque, comprando a prazo, poderemos realizar receitas sem ter a necessidade de pagar ao fornecedor.

Conclusão sobre as atividades operacionais:

O lucro ajustado contribuiu para aumentar o Caixa em $ 2.000, a variação na Conta Mercadorias, para diminuir o Caixa em $ 4.100 e o aumento na Conta Fornecedores, para aumentar o Caixa em $ 2.000. Esses três efeitos, combinados, demonstram que as atividades operacionais consumiram um Caixa de $ 100.

Análise das atividades de investimento:

	2008	2009	VARIAÇÃO	EFEITO NO CAIXA (CONTRIBUEM PARA)
Aplicações Financeiras	5.000	8.000	3.000 – 600	Diminuição efetiva de 2.400

As aplicações de longo prazo tiveram seu saldo aumentado de $ 5.000 para $ 8.000; entretanto, devemos expurgar $ 600 da variação total de $ 3.000. Esse valor foi obtido calculando-se 12% sobre $ 5.000 e somente será pago no resgate, 2 anos depois. Esses $ 600 são apenas atualização das aplicações e não correspondem a novas aplicações, por isso não consomem Caixa.

As atividades de investimento tiveram um consumo líquido de $ 2.400.

Análise das atividades de financiamento:

	2008	2009	VARIAÇÃO	EFEITO NO CAIXA (CONTRIBUEM PARA)
Empréstimos	6.000	6.600	600 – 600	ZERO
Capital	11.000	14.000	3.000	3.000

A elevação do saldo da conta Empréstimos, de $ 6.000 para $ 6.600, não significou que a empresa contratou um novo empréstimo de $ 600. O que ocorreu, de acordo com a observação 1, foi apenas a atualização da dívida na razão de 10% sobre $ 6.000. O principal e juros serão pagos em 5 anos. Essa elevação de $ 600 é meramente contábil, não trazendo nenhum impacto no Caixa.

Outro fato contábil que se refere à atividade de investimento foi o aumento de Capital pelos sócios de $ 11.000 para $ 14.000. Isso resultou em um aumento das disponibilidades de $ 3.000.

As atividades de financiamento contribuíram para o aumento do Caixa em $ 3.000.

Demonstrativo dos Fluxos de Caixa pelo método indireto:

Atividades Operacionais	Entrada de Caixa/ (Saída de Caixa) em 2009
Lucro ajustado	$ 2.000
Aumento de mercadorias	($ 4.100)
Aumento de fornecedores	$ 2.000
Total	$ 4.000
Saída líquida de Caixa das atividades operacionais	($ 100)
Atividades de Investimento	
Aumento de aplicações	($ 2.400)
Saída líquida de Caixa das atividades de investimentos	($ 2.400)
Atividades de Financiamento	
Capital	$ 3.000
Entrada líquida de Caixa das atividades de financiamento	$ 3.000
Aumento Líquido de Caixa e Equivalentes de Caixa do período	$ 500
Caixa e equivalentes no final do período	$ 2.000
Caixa e equivalentes no início do período	$ 1.500
Variação do Caixa e equivalentes[2]	$ 500

Resumo do DFC do exemplo anterior:

ATIVIDADES	INGRESSOS (ENTRADAS) DE CAIXA	SAÍDAS (CONSUMO) DE CAIXA
Operacionais		($ 100)
Investimento		($ 2.400)
Financiamento	$ 3.000	
Ingresso líquido de Caixa	$ 500	

18.4.2. Método direto

Para que possamos elaborar o DFC pelo método direto, é necessário que tenhamos **a Demonstração de Resultado do Exercício, os Balanços Patrimoniais do exercício findo e passado** e outras informações a respeito de fatos que afetaram o Caixa no período em análise.

Nesse método, a determinação dos **fatos contábeis** das atividades operacionais **que afetaram o Caixa é feita a partir do DRE**, analisando conta a conta o que gerou alteração positiva (entrada de Caixa) ou negativa (saída de Caixa), com os devidos ajustes

---

2 Essa variação foi determinada verificando o saldo de Caixa no início e fim do período diretamente nos Balanços Patrimoniais.

feitos a partir da análise da variação das contas patrimoniais e informações complementares relacionadas com as contas do Resultado analisadas.

Quando dizemos a partir do Resultado, não significa dizer exclusivamente deste, porque fatos contábeis de ordem exclusivamente patrimonial também afetam o Caixa.

Uma receita recebida à vista de um cliente aumenta o Caixa da empresa da mesma forma que um adiantamento dado por um cliente o faz. A receita à vista está contabilizada no resultado, mas o adiantamento, não. Adiantamentos recebidos de clientes são obrigações de uma empresa para com seus clientes enquanto a entrega da mercadoria ou serviço não for feita.

As variações no Caixa referentes às atividades de investimento e financiamento ocorrem da mesma forma que no método indireto, isto é, analisando apenas as variações das contas patrimoniais do ANC, PNC e PL.

Eventos no Resultado:

1. Receitas são fontes de recursos: receitas de venda à vista, juros, aluguéis, comissões, *royalties*, taxas de franquia, desde que efetivamente recebidas.

2. Despesas são eventos consumidores (saídas) de Caixa: pagamentos efetivos em dinheiro de contas de consumo, salários, transporte, seguros, alimentação, aluguéis, taxas de condomínio, IPTU de imóveis locados etc.

Eventos no Patrimônio:

Existem eventos que representam entradas (3) de Caixa e outros que representam saídas (4) de Caixa.

Exemplos de eventos patrimoniais geradores de Caixa:

Um adiantamento de venda recebido; venda à vista de um veículo ou imóvel; integralização de Capital por um sócio; ou mesmo um empréstimo novo contratado no período em análise.

Exemplos de eventos patrimoniais consumidores de Caixa:

Pagamento a fornecedores à vista por compra de mercadorias; compra à vista de um veículo ou imóvel; recompra de ações da própria empresa; pagamento de uma dívida ou empréstimo.

O Caixa líquido gerado ou consumido em um período vai depender do total das receitas e adiantamentos recebidos, descontando-se as despesas também efetivamente pagas, entradas com origem no Patrimônio e saídas para aplicações também no Patrimônio.

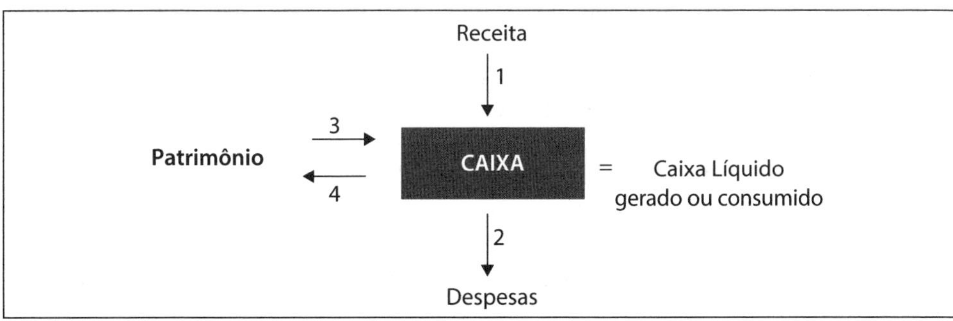

Este método apresenta de forma direta as entradas e saídas de dinheiro das atividades operacionais, do investimento e do financiamento.

18.4.2.1. Variação do caixa pelas atividades operacionais

As atividades operacionais são geradoras de fatos que provocam ingressos de Caixa e fatos que Consomem Caixa. Vamos analisar primeiro os geradores e, em seguida, os consumidores de Caixa.

18.4.2.1.1. Fatos geradores de caixa

As entradas operacionais líquidas de Caixa que devem ser consideradas estão descritas a seguir, assim como a maneira de determinação dos ingressos líquidos de Caixa que elas podem proporcionar.

Recebimentos líquidos de clientes
Ingressos líquidos de receitas financeiras
Ingressos líquidos de outras receitas
Ingressos líquidos de dividendos

18.4.2.1.1.1. Recebimentos líquidos com os clientes

Os valores que devem ser considerados como tendo origem em clientes nessa demonstração são:

- Receita líquida de vendas à vista;
- Venda a prazo de períodos anteriores recebidos (Duplicatas a Receber);
- Adiantamentos de clientes;
- Descontos de duplicatas;
- Perdas no período com clientes.

Método para determinar o valor recebido líquido de clientes:

Para determinar o total recebido de clientes em um período, partimos da Receita Líquida e analisamos a variação do Contas a Receber (Duplicatas a Receber ou Clientes), Duplicatas Descontadas e Adiantamentos de Clientes, assim como as perdas com clientes no período em questão.

Se a receita líquida de uma empresa for de $ 100.000, mas as vendas tiverem sido totalmente a crédito e para receber no exercício seguinte, estas não terão contribuído com nenhum centavo para o Caixa. Caso o Contas a Receber nesta empresa tenha aumentado no período em $ 30.000, isso significa que, dos $ 100.000 vendidos, a empresa só recebeu $ 70.000. Entretanto, se desses $ 30.000 de vendas a prazo para receber no próximo período a empresa tiver descontado $ 20.000, o total recebido em função de negócios com clientes pode ser considerado no DFC como $ 90.000. Evidentemente, temos que considerar as perdas que ocorreram no período; se a provisão para perdas com clientes tiver sido contabilizada como $ 5.000 e não tivermos informação de perdas maiores que esta, teríamos que reduzir em $ 5.000 o total a ser considerado como recebido pelos clientes:

Receita líquida	$ 100.000
(–) Aumento do Contas a Receber	($ 30.000)
(+) Aumento do Duplicatas Descontadas	(+) $ 20.000
(–) PCLD ou PDD[3]	(–) $ 5.000
Valor líquido recebido dos clientes	$ 85.000

Apresentaremos agora duas regras para determinar o valor líquido recebido de clientes em um período: **regra da variação ou a regra dos saldos do início e fim do período**.

Na regra da variação, partimos do valor da receita líquida, analisamos a variação do Contas a Receber, Adiantamentos Recebidos, Duplicatas Descontadas e Perdas no período. Tomamos, então, o valor da receita líquida e somamos a diminuição do Contas a Receber ou diminuímos o aumento do Contas a Receber; em seguida, somamos o aumento do saldo nos adiantamentos ou subtraímos a diminuição dos adiantamentos. Depois, somamos o aumento de duplicatas descontadas ou subtraímos a redução dessa conta. Por último, consideramos a perda contabilizada no início do período e eventuais perdas adicionais. Caso a provisão não tenha sido consumida no período, devemos somar a reversão do PCLD.

O significado de não considerar a provisão que estamos constituindo no final do exercício é que foram as perdas lançadas no final do período passado e as perdas excedentes que consumiram o Caixa do exercício findo. As perdas que são lançadas em um final de exercício vão ocasionar perdas no próximo exercício.

Na regra dos saldos, partimos da receita líquida, somamos o saldo inicial do Contas a Receber, diminuímos o saldo final do Contas a Receber, somamos o saldo final dos Adiantamentos, subtraímos o saldo inicial dos Adiantamentos, somamos o saldo final de Duplicatas Descontadas e diminuímos o saldo inicial desta. Por último, consideramos a perda contabilizada no início do período e eventuais perdas adicionais. Caso a provisão não tenha sido consumida no período, devemos somar a reversão do PCLD.

REGRA DA VARIAÇÃO	REGRA DOS SALDOS
Receita Líquida de Vendas	Receita Líquida de Vendas
(+) Diminuição do Contas a Receber ou (–) Aumento do Contas a Receber	(+) Saldo inicial de Contas a Receber (–) Saldo final de Contas a Receber
(+) Aumento dos Adiantamentos ou (–) Diminuição dos Adiantamentos	(+) Saldo final dos Adiantamentos (–) Saldo inicial dos Adiantamentos
(+) Aumento do Duplicatas Descontadas ou (–) Diminuição do Duplicatas Descontadas	(+) Saldo final de Duplicatas Descontadas (–) Saldo inicial de Duplicatas Descontadas
(–) PCLD constituído no início do período	(–) PCLD constituído no início do período
(–) Perdas eventuais excedentes ou (+) Reversão de PCLD	(–) Perdas eventuais excedentes ou (+) Reversão de PCLD
Valor líquido recebido de cliente	Valor líquido recebido de cliente

[3] PCLD: Provisão para Créditos de Liquidação Duvidosa — PDD: Provisão para Devedores Duvidosos.

Os dois métodos são equivalentes do ponto de vista contábil e matemático.

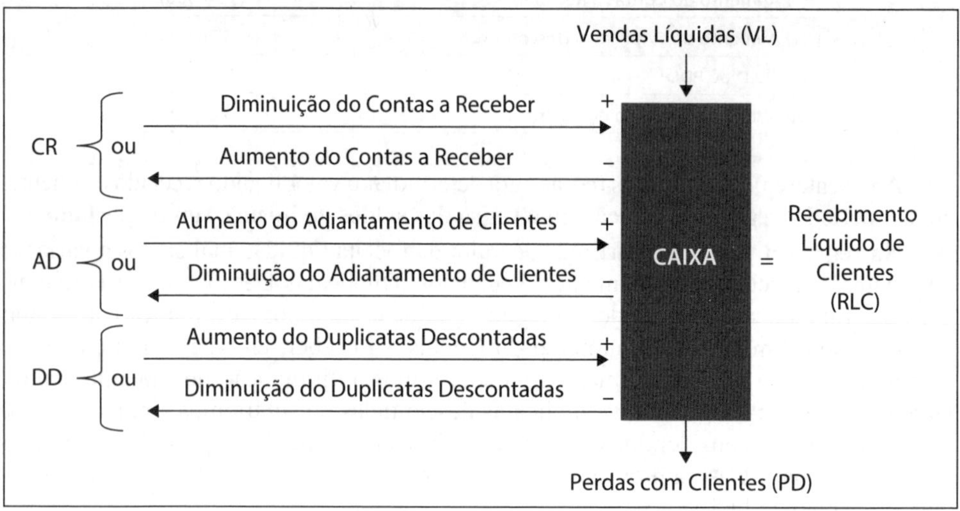

RLC = VL ± CR ± AD ± DD – PD

Um desconto de $ 100.000 com taxa de desconto no período de 5% contribui com o Caixa em $ 95.000. Portanto, se tomarmos apenas o valor bruto de desconto, poderíamos incorrer em um erro achando que a entrada de Caixa foi de $ 100.000, quando, na verdade, foi de $ 95.000. Temos que buscar em uma observação ou mesmo no balanço a informação de juros ainda não apropriados ou a informação de que a operação foi realizada sem juros. No dia a dia das empresas, isso não ocorre, mas em concursos públicos é comum, em questões de fluxo de Caixa, não serem citados esses juros não transcorridos e podermos considerar a variação bruta da conta Duplicata Descontada como ingressos efetivos.

Observação: nos valores referentes a Duplicatas Descontadas devemos considerar como redutor do seu valor de entrada os juros ainda não transcorridos desse tipo de operação.

18.4.2.1.1.2. Ingressos líquidos de receitas financeiras

As receitas financeiras são predominantemente juros e variações monetárias e cambiais ativas.

- Juros ativos líquidos recebidos; e
- Correções monetária e cambial ativas líquidas recebidas.

Nosso ponto de partida para determinar o recebimento líquido de receitas financeiras é o Resultado, normalmente a conta Receita de juros e/ou correção monetária ou cambial. Verificamos o valor lançado no DRE por competência e analisamos no Ativo o aumento ou a diminuição dos juros ou correção monetária ou cambial a pagar.

REGRA DA VARIAÇÃO	REGRA DOS SALDOS
Juros ativos (receita financeira)	Juros ativos (receita financeira)
(+) Diminuição de juros e/ou correção monetária ou cambial a receber ou (–) Aumento de juros e/ou correção monetária ou cambial a receber	(+) Saldo inicial de juros e/ou correção monetária ou cambial a receber (–) Saldo final de juros e/ou correção monetária ou cambial a receber
Valor líquido da receita financeira recebida	Valor líquido da receita financeira recebida

Observação: caso existam receitas antecipadas de juros, temos que considerar da mesma forma que tratamos no item anterior as receitas antecipadas.

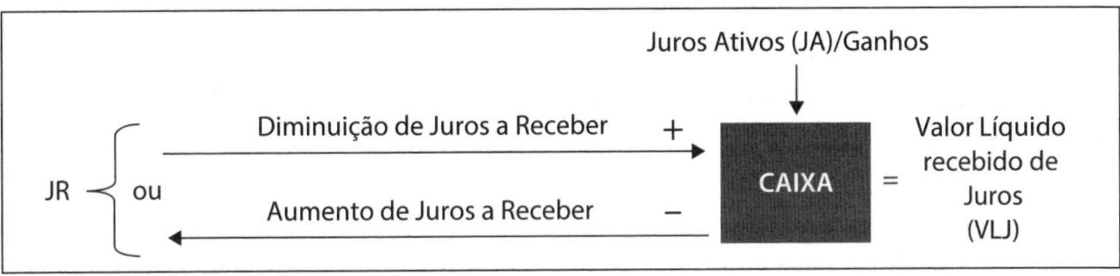

$$VLJ = JA \pm JR$$

18.4.2.1.1.3. Ingressos líquidos de outras receitas

As receitas abaixo descritas tanto podem ter comportamento similar ao dos juros, isto é, serem contas regulares e, por isso, serem contínuas na Contabilidade (aluguéis, taxas de franquia, *royalties*), como serem receitas irregulares e não contínuas. Essas contas não contínuas não aparecem com saldo nem no início nem no fim do exercício, porque são sempre recebidas dentro deste.

- Aluguéis;
- Taxas de franquia;
- *Royalties*;
- Comissões;
- Vendas de sucata;
- Indenizações etc.

As contas contínuas devem ser tratadas como as receitas financeiras; já as descontínuas, basta considerar os valores informados no DRE ou em alguma observação.

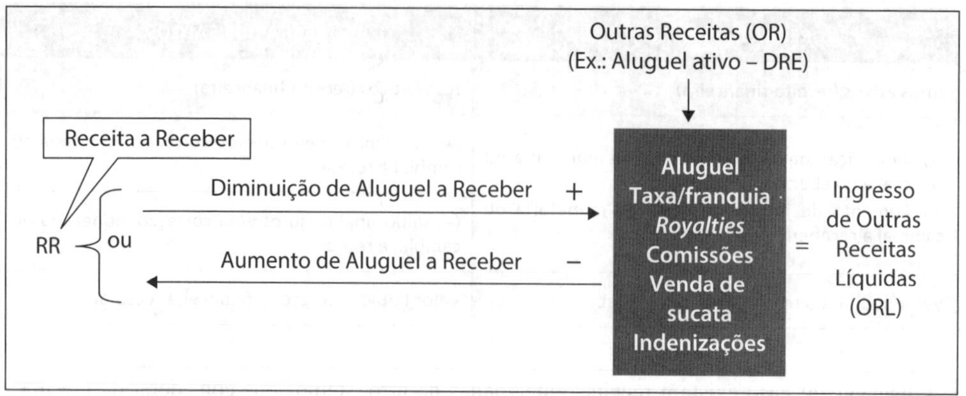

$$ORL = OR \pm RR$$

18.4.2.1.1.4. Ingressos líquidos de dividendos

Dividendos de investimentos em participações societárias **é uma conta descontínua na Contabilidade**. Os dividendos, uma vez anunciados pela investida, devem ser pagos em até 60 dias. O **valor** de dividendos que afetou o Caixa refere-se unicamente aos **dividendos referentes ao exercício anterior**. Os dividendos que afetaram o Caixa foram os anunciados pelas empresas investidas no final do exercício passado. É necessário que se pesquise a informação em observações ou no DMPL dos dividendos efetivamente recebidos no período que estamos analisando.

18.4.2.1.2. Fatos consumidores de caixa

As saídas operacionais líquidas de Caixa que devem ser consideradas estão descritas no item a seguir, assim como a maneira de determinação de cada um desses fatos consumidores de Caixa.

- Pagamentos aos fornecedores;
- Pagamentos de despesas gerais;
- Pagamento de despesas financeiras;
- Pagamento de impostos sobre vendas;
- Dividendos.

18.4.2.1.2.1. Pagamento aos fornecedores

Para determinar o total pago a fornecedores em um período, partimos do CMV e analisamos a variação da Conta Fornecedor e a variação dos estoques. Se o CMV tiver sido de $ 100.000 e a empresa não tiver estoques nem crédito na praça para comprar fiado, **o valor pago a fornecedor** neste período **vai ser** de $ 100.000, exatamente o valor do CMV. Entretanto, se a empresa tiver utilizado $ 40.000 dos seus estoques (estoques vão cair), e $ 60.000 tiverem sido comprados a crédito dos seus fornecedores, o valor pago a fornecedores no período analisado terá sido igual a ZERO.

Há duas regras para determinar o valor líquido pago a fornecedores em um período: **regra da variação ou a regra dos saldos do início e fim do período.**

Na regra da variação, analisamos a variação das contas Fornecedor e Mercadorias. Ou as contas diminuíram ou aumentaram em um período. Partimos, então, do valor do CMV e somamos a diminuição de fornecedor ou diminuímos o aumento de fornecedor, além de somarmos o aumento dos estoques ou reduzirmos a diminuição dos estoques. O valor encontrado será o valor líquido pago a fornecedores.

Na regra dos saldos, partimos do CMV, somamos o saldo inicial de fornecedores, diminuímos o saldo final de fornecedores, somamos o saldo final de estoques e subtraímos o saldo inicial dos estoques.

REGRA DA VARIAÇÃO	REGRA DOS SALDOS
CMV	CMV
(+) Diminuição de Fornecedores ou (–) Aumento de Fornecedores	(+) Saldo Inicial de Fornecedores (–) Saldo Final de Fornecedores
(+) Aumento dos Estoques ou (–) Diminuição dos Estoques	(+) Saldo Final dos Estoques (–) Saldo Inicial dos Estoques
Valor Líquido Pago a Fornecedores	**Valor Líquido Pago a Fornecedores**

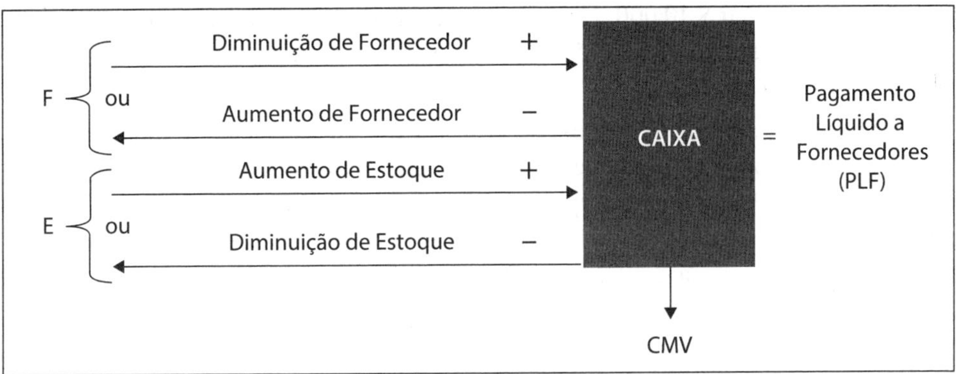

PLF = CMV ± F ± E

18.4.2.1.2.2. Pagamento das despesas gerais

A seguir, exemplificamos as contas de despesas mais comuns:

- Salários, honorários, encargos, comissões etc.;
- Contas de consumo e serviços líquidas (energia, telefonia, consultoria, auditoria, segurança, treinamento etc.);

- Outras despesas gerais líquidas (viagens, alimentação, transporte etc.);
- **Despesas antecipadas**, que são valores pagos em períodos anteriores por despesas que só serão feitas em períodos futuros. São "estoques de pagamentos para despesas". **Consideradas contas patrimoniais, elas são direitos contabilizados no Ativo.**

Determinação do valor pago em despesas:

As contas de despesas, de maneira geral, aparecem sintetizadas no Contas a Pagar. Caso não estejam todas sintetizadas, basta tratarmos todas do mesmo jeito que iremos descrever a seguir.

Nosso ponto de partida é o valor que consta no DRE para cada tipo de despesa e a verificação da alteração no Passivo referente a este Conta a Pagar, assim como se utilizamos um direito registrado no Ativo como despesa antecipada relativa a esta conta. Despesas antecipadas são "estoques de despesas já pagas". Se uma empresa tem uma despesa paga antecipadamente, ela poderá ter a saída de Caixa dessa despesa muito reduzida no exercício em análise.

Por exemplo: pagamos antecipadamente no exercício anterior $ 20.000 referentes a despesas com alimentação dos funcionários. Se no exercício seguinte temos um registro por competência de $ 30.000 referente a essas despesas, a saída de Caixa será de apenas $ 10.000, porque certamente iremos utilizar nossos direitos para pagar menos. Outra situação complementar ainda poderia ser o nosso Contas a Pagar referente a esta conta aumentar $ 10.000. Nesse caso, a saída de Caixa poderia ser ZERO, uma vez que utilizamos $ 20.000 em direitos, e a empresa terá, dessa forma, ampliado a dívida em $ 10.000.

Analisemos cada tipo de despesa descrita a seguir que conste no Demonstrativo de Resultado. Ao valor da despesa que conste no DRE, somamos a diminuição do seu respectivo Contas a Pagar, uma vez que, se o Contas a Pagar desta diminuiu de valor, é porque a empresa terá pago as despesas do exercício findo e ainda fez uma amortização nas dívidas anteriores. Caso o Contas a Pagar referente a essas despesas tenha aumentado, teremos que diminuir essa variação.

As duas regras já apresentadas podem ser utilizadas para determinar o valor líquido pago a despesas em um período: **regra da variação ou a regra dos saldos do início e fim do período**.

Na regra da variação, analisamos a variação do Contas a Pagar e despesas antecipadas. Ou as contas diminuíram ou aumentaram em um período. Partimos do valor da despesa em questão e somamos a redução do Contas a Pagar ou diminuímos a sua elevação, além de somarmos a elevação das despesas antecipadas ou diminuirmos a sua redução. O valor encontrado será o valor líquido pago referente às despesas.

Na regra dos saldos, partimos da despesa em questão, somamos o saldo inicial do Contas a Pagar, diminuímos o seu saldo final, somamos o saldo final das Despesas Antecipadas e subtraímos o seu saldo inicial.

REGRA DA VARIAÇÃO	REGRA DOS SALDOS
Despesa Registrada no DRE	Despesa Registrada no DRE
(+) Diminuição de Contas a Pagar ou (–) Aumento de Contas a Pagar	(+) Saldo Inicial de Contas a Pagar (–) Saldo Final de Contas a Pagar
(+) Aumento das Despesas Antecipadas ou (–) Diminuição das Despesas Antecipadas	(+) Saldo Final das Despesas Antecipadas (–) Saldo Inicial das Despesas Antecipadas
Valor Líquido Pago da Despesa	Valor Líquido Pago da Despesa

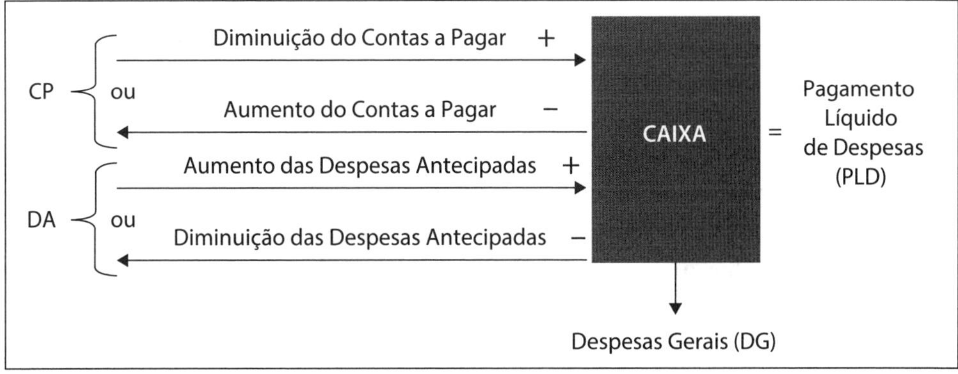

PLD = DG ± CP ± DA

18.4.2.1.2.3. Pagamento líquido de despesas financeiras

A seguir, exemplificamos as despesas financeiras mais comuns:

- Juros passivos;
- Variação monetária e cambial;
- Taxas bancárias;
- Comissões e demais custos de transações financeiras.

Nosso ponto de partida para determinarmos o pagamento líquido em despesas financeiras é o Resultado, normalmente a conta de despesas de juros. Verificamos o valor lançado no DRE por competência e analisamos no Passivo o aumento ou diminuição dos juros a pagar.

REGRA DA VARIAÇÃO	REGRA DOS SALDOS
Juros Passivos (Despesa Financeira)	Juros Passivos (Despesa Financeira)
(+) Diminuição dos Juros a Pagar ou (–) Aumento dos Juros a Pagar	(+) Saldo Inicial dos Juros a Pagar (–) Saldo Final dos Juros a Pagar
Valor Líquido Pago de Juros	Valor Líquido Pago de Juros

Caso existam despesas antecipadas de juros, temos que considerá-las da mesma forma que tratamos no item anterior as despesas gerais antecipadas.

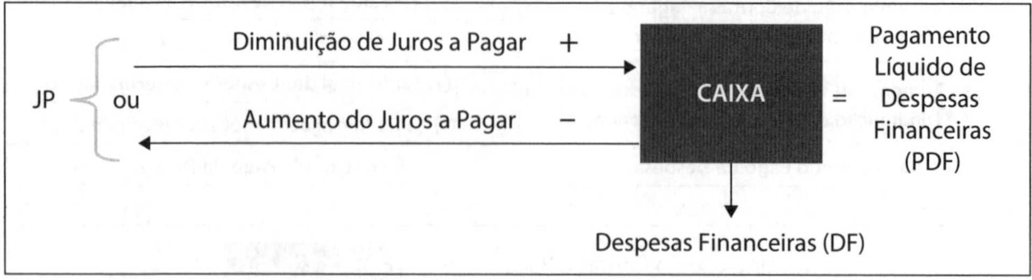

PDF = DF ± JP

18.4.2.1.2.4. Pagamento de impostos

Impostos podem ser classificados como **deduções da receita**, impostos sobre a renda (**deduções do lucro**) ou considerados despesas ou custos. A seguir, apresentamos todos os impostos e contribuições sobre a receita e alguns que são dedução de renda, despesa ou custo.

IPI	Imposto sobre Produtos Industrializados	Dedução da Receita
ICMS	Imposto sobre Circulação de Mercadorias	Dedução da Receita
PIS	Programa de Integração Social	Dedução da Receita
COFINS	Contribuição para Financiamento da Seguridade Social	Dedução da Receita
IR	Imposto de Renda Pessoa Jurídica	Dedução do Lucro
CSLL	Contribuição Social sobre o Lucro Líquido	Dedução do Lucro
IPTU	Imposto sobre a Propriedade Predial e Territorial Urbana	Despesa ou Custo
IPVA	Imposto sobre a Propriedade de Veículos Automotores	Despesa ou Custo

Para determinação dos pagamentos (desembolsos de Caixa) referentes aos impostos considerados deduções da receita, o procedimento é idêntico ao de qualquer despesa. Partimos do valor lançado no DRE como dedução da receita e verificamos a variação patrimonial do Contas a Pagar referente ao imposto ou contribuição.

O Imposto sobre a Renda (IR) e a Contribuição sobre o Lucro Líquido (CSLL) têm base de cálculos diferentes. Entretanto, nas provas de concursos em geral, eles são considerados como tendo a mesma base de cálculo. O procedimento para determinação dos valores efetivamente pagos (desembolsos de caixa) deveria ser o mesmo dado aos impostos sobre a venda. A legislação do IR/CSLL prevê pagamento trimestral (opção de recolhimento pelo lucro real) ou mensal (opção de recolhimento pelo estimado).

Para determinar o valor IR/CSLL pago, basta verificar o valor que consta no DRE e considerar a variação patrimonial do IR/CSLL a recolher, utilizando o método dos quadrados.

Observação: em muitas provas recentes, as bancas consideram que o IR/CSLL é pago apenas uma vez ao ano. Considerando desta forma, o valor que deve ser adotado como saída de Caixa referente a IR/CSLL é o IR/CSLL que consta no Balanço Patrimonial do período anterior.

Os demais impostos que classificamos como despesas ou custos estarão arrolados no DRE e podem ou não ter contrapartida em contas no Passivo, portanto devemos considerar o valor de Caixa desembolsado como aquele que consta no DRE. É claro que o valor pode constar no DRE e uma parte ou o todo também no Passivo, o que significa que a empresa não pagou o compromisso integralmente.

As duas regras já apresentadas podem ser utilizadas para determinar o valor líquido pago para cada tipo de tributo em um período: **regra da variação ou regra dos saldos do início e fim do período**.

Na regra da variação, analisamos a variação do Imposto a Recolher e do Imposto a Recuperar. Ou as contas diminuíram ou aumentaram em um período. Partimos do valor do tributo sobre a venda em questão e somamos a redução do Imposto a Recolher ou diminuímos a elevação do Imposto a Recolher, além de somarmos a elevação do Imposto a Recuperar ou diminuirmos a redução do Imposto a Recuperar. O valor encontrado será o valor pago liquidamente referente ao tributo sobre vendas em questão.

Na regra dos saldos, por sua vez, partimos do tributo em questão, somamos o saldo inicial do Tributo a Recolher, diminuímos o seu saldo final, somamos o saldo final do Tributo a Recuperar e subtraímos o saldo inicial do Tributo a Recuperar.

REGRA DA VARIAÇÃO	REGRA DOS SALDOS
Impostos ou Contribuições Registrados no DRE	Impostos ou Contribuições Registrados no DRE
(+) Diminuição do Tributo a Recolher ou (–) Aumento do Tributo a Recolher	(+) Saldo Inicial do Tributo a Recolher (–) Saldo Final do Tributo a Recolher
Valor Líquido Pago do Tributo	Valor Líquido Pago do Tributo

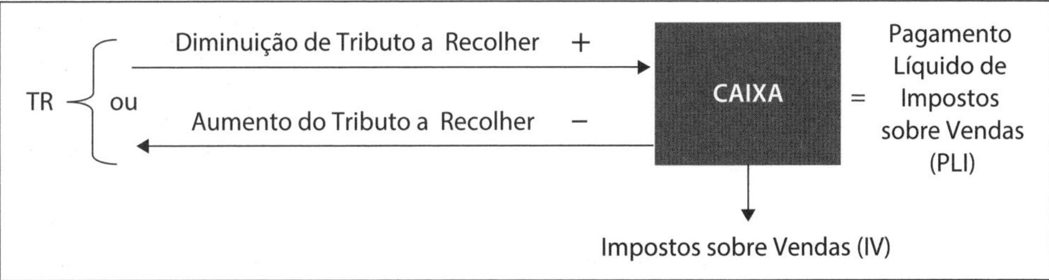

PLI = IV ± TR

O saldo que consta em um balanço refere-se aos dividendos do exercício findo. Os dividendos que impactaram o Caixa foram aqueles que constam no balanço do exercício anterior.

Os dividendos, uma vez declarados, têm que ser pagos em até 60 dias, portanto, aqueles que consumiram Caixa em relação ao ano findo são os dividendos distribuídos no exercício anterior.

Normalmente, essa informação consta das notas explicativas, de alguma observação ou mesmo da DMPL.

Dividendos pagos devem ser classificados preferencialmente nas saídas de Caixa das **atividades de financiamento**.

18.4.3. Exemplo de elaboração do DFC pelos métodos direto e indireto

A seguir, vamos resolver um exemplo pelos dois métodos previstos no CPC 03(R2). O exemplo é uma criação do autor e procura englobar o estilo e as perguntas das principais bancas examinadoras.

Exemplo 1: a Empresa Industrial Prisca S.A. é uma distribuidora de produtos de telecomunicações. A seguir, apresentamos os Balanços Patrimoniais, o Demonstrativo de Resultado e a Demonstração das Mutações do Patrimônio Líquido referente aos anos 2008 e 2009.

Balanços Patrimoniais (BPs):

ATIVO CIRCULANTE	2008	2009	VARIAÇÃO
Caixa	5.000	50.000	45.000
Bancos	35.000	95.000	60.000
Aplicações Financeiras	160.000	250.000	90.000
Duplicatas a Receber	450.000	720.000	270.000
Perdas Estimadas com Créditos	(40.000)	(50.000)	(10.000)
Estoques	500.000	380.000	(120.000)
Seguros Antecipados	24.000	0	(24.000)
Aluguéis Antecipados	60.000	0	(60.000)
Ativo Não Circulante			
Máquinas	80.000	120.000	40.000
Veículos	100.000	150.000	50.000
Depreciação Acumulada	(48.000)	(90.000)	(42.000)
TOTAL DO ATIVO	**1.326.000**	**1.625.000**	**299.000**

PASSIVO CIRCULANTE	2008	2009	VARIAÇÃO
Fornecedores	200.000	95.000	(105.000)
Imposto de Renda a Recolher	26.000	35.000	9.000
Salários a Pagar	80.000	110.000	30.000
Impostos de Vendas a Recolher	50.000	70.000	20.000
Duplicatas Descontadas	50.000	100.000	50.000
Dividendos a Pagar	40.000	50.000	10.000

Contas a Pagar	70.000	90.000	20.000
Passivo Não Circulante			
Debêntures a Pagar	250.000	275.000	25.000
Patrimônio Líquido			
Capital	500.000	690.000	190.000
Reservas	60.000	110.000	50.000
TOTAL DO PASSIVO + PL	**1.326.000**	**1.625.000**	**299.000**

Observações complementares:

1) A Empresa Prisca S.A. tem seu Capital distribuído em 50.000 ações ordinárias.

2) As máquinas e os veículos adquiridos tanto em 2008 como em 2009 foram postos em operação no primeiro dia de cada ano. As máquinas têm vida útil estimada inicialmente em 10 anos, e os veículos em 5 anos.

3) As aplicações financeiras do Ativo Circulante são todas resgatáveis em um período menor que 90 (noventa) dias.

4) As debêntures relativas à operação financeira de longo prazo foram emitidas em 2 de janeiro de 2008, e o custo anual dessa operação é de 10% ao ano. Esse empréstimo de longo prazo será quitado em 5 anos; já o pagamento dos juros e do principal será realizado ao final do período.

5) Houve elevação de Capital em dinheiro.

Demonstração do Resultado (DRE):

Receita Bruta de Vendas		**1.000.000**
Impostos sobre Vendas		148.000
Receita Líquida		**852.000**
Custo das Mercadorias Vendidas		450.000
Lucro Bruto		**402.000**
Despesas		(327.000)
Despesa de Salários	(120.000)	
Depreciação	(42.000)	
Despesas Financeiras	(30.000)	
Despesa com Perdas	(50.000)	
Reversão de Perdas com Clientes	5.000	
Despesas Gerais	(105.000)	
Receitas Financeiras		**75.000**
Lucro Antes do IR/CSLL		**135.000**
Imposto de Renda/CSLL		35.000
Lucro Líquido		**100.000**

Demonstração da Mutação do Patrimônio Líquido (DMPL):

	CAPITAL	RESERVAS	LUCROS ACUMULADOS	TOTAL
Saldo em 31.12.2008	500.000	60.000	0	560.000
Aumento de Capital	190.000			190.000
Lucro Líquido			100.000	100.000
Constituição de Reservas		50.000	(50.000)	
Dividendos Pagos			(50.000)	(50.000)
Saldo em 31.12.2009	690.000	110.000	0	800.000

Elaboração do DFC da empresa Prisca S.A. pelo método direto:

Primeiro, vamos determinar os ingressos e as saídas referentes às atividades operacionais:

Recebimento de clientes:

Receita de Vendas	1.000.000
(–) Aumento Duplicatas a Receber	(270.000)
(+) Aumento Duplicatas Descontadas	50.000
(–) Perdas início do período	(40.000)
(+) Reversão de Perdas	5.000
Total	745.000

O aumento do Duplicatas a Receber significou, do ponto de vista prático, que a venda foi feita, mas que a empresa não recebeu o valor referente a esse aumento, que foi de $ 270.000 ($ 720.000 menos $ 450.000).

Quanto a Duplicatas Descontadas, se a empresa tinha $ 50.000 no início do exercício e este saldo aumentou para $ 100.000, é porque parte das duplicatas a receber foram antecipadas perante uma instituição financeira. Este valor tem origem na receita, por isso é considerado como parte do recebimento dos clientes.

No método direto, observe que o valor constituído de perdas com clientes de $ 50.000 que consta no DRE não é considerado, porque essas perdas irão afetar o Caixa do próximo exercício, e não do exercício que terminou. São as perdas no início do período que reduziram os valores recebidos e que serão consideradas ($ 40.000), uma vez que influenciaram o saldo de duplicatas a receber. Entretanto, temos que diminuir essas perdas considerando a reversão de $ 5.000 referente a elas. Esse valor é somado para obter o saldo final dos valores considerados no DFC como tendo origem no cliente.

PAGAMENTO A FORNECEDORES	
CMV	450.000
(+) Diminuição de Fornecedores	105.000
(–) Diminuição dos Estoques	(120.000)
Total	(435.000)

Para obter o valor pago aos fornecedores, temos sempre que partir do total do CMV apresentado na DRE (Demonstração do Resultado do Exercício) e considerar a variação da conta fornecedor e da conta estoques. Em nosso exemplo, houve uma diminuição da conta fornecedor entre 2008 e 2009, o que indica que a empresa consumiu caixa reduzindo o débito anterior com seus fornecedores; essa diminuição de $ 105.000 deve ser somada ao total do CMV para determinar o valor pago aos fornecedores. No que diz respeito aos estoques, ocorreu no período uma diminuição dos estoques, o que significa que do total do custo das mercadorias vendidas parte foi composta com a utilização dos estoques próprios, e desta forma essa diminuição deve ser deduzida para obtenção do total pago aos fornecedores.

PAGAMENTO DAS DESPESAS	
Salários	120.000
(–) Aumento de Salários a Pagar	(30.000)
Total de Salários	**90.000**
Pagamento das Despesas Gerais	
Despesas Gerais	105.000
(–) Aumento de Contas a Pagar	(20.000)
(–) Diminuição de Seguros Antecipados	(24.000)
(–) Diminuição de Aluguel Antecipado	(60.000)
Total das Despesas Gerais	**1.000**
Total das Despesas	**91.000**

Nosso ponto de partida é sempre o DRE no método direto. **Tomamos o valor de $ 120.000 registrado como as despesas de salários** por competência no período. Ao verificar que o débito com salários no Passivo subiu de $ 80.000 para $ 110.000, reduzimos os pagamentos com salário em $ 30.000. Portanto, o pagamento efetivo com salários no período foi de $ 90.000.

O mesmo raciocínio aplicamos às despesas gerais. Partimos de $ 105.000 registrados como despesas por competência do período. Verificando o Contas a Pagar no Passivo, constatamos que houve uma elevação de $ 20.000 em seu valor, e isso significa que a empresa não pagou $ 20.000 destes $ 105.000 incorridos no período. Verificando a conta de despesas antecipadas com seguro e aluguel, percebemos que foram utilizados no período os $ 84.000 ($ 24.000 + $ 60.000) pagos antecipadamente referentes a essas contas. Utilizar despesas pagas antecipadamente não consome Caixa.

Conclusão: dos $ 105.000 de despesas por competência, $ 84.000 foram quitados com despesas já pagas antecipadamente e $ 20.000 foram postergados para pagamento no período seguinte, o que significa que, referente a despesas, o Caixa da empresa só foi afetado em $ 1.000, que, somado ao valor de $ 90.000 de pagamentos de salários, **chega a um total com despesas de $ 91.000**.

RESULTADO FINANCEIRO LÍQUIDO	
Receitas Financeiras	75.000
Despesas Financeiras	(5.000)
Total	70.000

As receitas financeiras foram recebidas. Quanto às despesas, temos que fazer os cálculos referentes aos juros da dívida de longo prazo com as informações que constam da observação 4:

10% de $ 250.000 é igual a $ 25.000, que **não consumiram Caixa no exercício findo**, uma vez que os juros serão pagos apenas após 5 anos com o principal da dívida. Esse valor é lançado por competência no Resultado e é utilizado no patrimônio para atualizar a dívida, **mas não tem impacto no Caixa**. Para determinar o valor financeiro que consumiu e gerou Caixa, somente podemos considerar os valores efetivamente recebidos ou pagos.

Como as despesas financeiras são equivalentes a $ 30.000 e $ 25.000, não têm impacto de Caixa. Somente vamos considerar $ 5.000 como saída de Caixa financeira.

Referente às receitas financeiras, como não existe no patrimônio receita financeira a receber, nem no início nem no final do período, e no resultado estão contabilizados $ 75.000, só podemos concluir que a receita foi completamente recebida.

PAGAMENTO DE IMPOSTOS	
Imposto de Renda/CSLL	26.000
Impostos sobre Vendas	148.000
(–) Aumento de Impostos sobre Vendas	(20.000)
Total	(154.000)

Sobre o Imposto de Renda e a CSLL, o valor desses impostos no final do período é de $ 35.000, que é exatamente igual ao valor que consta da DRE. **O valor de IR/CSLL que consumiu o Caixa é o valor que consta no final de 2008, que equivale a $ 26.000**.

Quanto aos impostos sobre as vendas, o raciocínio é idêntico ao de qualquer despesa. Partimos do DRE com o valor de impostos sobre as vendas de $ 148.000 e verificamos que existe variação da conta no período. A variação foi um aumento de $ 20.000, o que significa que a empresa postergou o pagamento desses $ 20.000. Portanto, o valor pago de impostos sobre venda no período foi de $ 148.000, subtraídos de $ 20.000.

RESUMO — ATIVIDADES OPERACIONAIS	
Recebimentos de Clientes	745.000
Pagamento a Fornecedores	(435.000)
Pagamento das Despesas	(91.000)
Pagamento de Impostos	(154.000)
Resultado Financeiro Líquido	70.000
Ingressos Líquidos de Caixa das Atividades Operacionais	135.000

Agora, vamos determinar os ingressos e as saídas referentes às atividades de investimento:

ATIVIDADES DE INVESTIMENTO	
Aumento de Máquinas	(40.000)
Aumento de Veículos	(50.000)
Consumo de Caixa pelas Atividades de Investimento	(90.000)

As atividades de investimento devem ser analisadas observando a variação das contas do Ativo Não Circulante. Em nosso exemplo, a conta Máquinas se elevou em $ 40.000, o que significa uma saída de Caixa para esse fim, enquanto a conta Veículos aumentou $ 50.000, o que também significa que houve saída de Caixa para realizar este investimento.

Agora, vamos determinar os ingressos e as saídas referentes às atividades de financiamento:

ATIVIDADES DE FINANCIAMENTO	
Aumento de Capital	190.000
Pagamento de Dividendos	(40.000)
Ingressos Líquidos de Caixa das Atividades de Financiamento	150.000

Quanto às atividades de financiamento, houve um ingresso de Capital pelos sócios de $ 190.000, que pode ser constatado tanto nos balanços como na DMPL.

Houve apenas uma saída classificada como financiamento, que são os dividendos contabilizados no final do período anterior. Cabe ressaltar que os dividendos de uma sociedade anônima têm que ser pagos em até 60 dias após serem anunciados. Como foram anunciados no balanço de 31.12.2008, eles foram pagos no primeiro trimestre de 2009, e são esses dividendos que consumiram Caixa do exercício findo.

Demonstração dos Fluxos de Caixa pelo método direto:

FLUXOS DE CAIXA DAS ATIVIDADES OPERACIONAIS	
Recebimento de Clientes	745.000
Pagamento a Fornecedores	(435.000)
Pagamento das Despesas	(91.000)
Pagamento de Impostos	(154.000)
Resultado Líquido Financeiro	70.000
Caixa Líquido Proveniente das Atividades Operacionais	**135.000**
FLUXOS DE CAIXA DAS ATIVIDADES INVESTIMENTO	
Compra de Máquinas	(40.000)
Compra de Veículos	(50.000)
Caixa Líquido Usado nas Atividades de Investimento	**(90.000)**
FLUXOS DE CAIXA DAS ATIVIDADES FINANCIAMENTO	
Aumento de Capital	190.000
Pagamento de Dividendos	(40.000)
Caixa Líquido Proveniente das Atividades de Financiamento	**150.000**
Aumento de Caixa e Equivalentes de Caixa	195.000
Caixa e Equivalentes de Caixa no Início do Período	200.000
Caixa e Equivalentes de Caixa no Fim do Período	395.000

Resumo do DFC do exemplo anterior:

ATIVIDADES	INGRESSOS (ENTRADAS) DE CAIXA	SAÍDAS (CONSUMO) DE CAIXA
Operacionais	$ 135.000	
Investimento		($ 90.000)
Financiamento	$ 150.000	
Ingresso Líquido de Caixa	$ 195.000	

Elaboração do DFC da empresa Prisca S.A. pelo método indireto:

Como já elaboramos o DFC da empresa Prisca S.A. pelo método direto, só será necessário elaborar o **cálculo do resultado no Caixa fruto das atividades operacionais**, uma vez que a forma de determinação do valor das atividades de investimento e financiamento é idêntica nos dois métodos.

Inicialmente, vamos determinar o valor do lucro líquido ajustado:

Lucro Líquido	100.000
(+) Depreciação	42.000
(+) Juros de Dívida de Longo Prazo	25.000
Lucro Ajustado	167.000

Esse procedimento tem por objetivo determinar a parte do lucro que, de fato, contribuiu para ingressos no Caixa. Como a depreciação e os juros da dívida de longo prazo não o afetaram, porque são despesas meramente contábeis, sem efeito financeiro, elas devem ser adicionadas ao lucro líquido para a determinação do lucro que efetivamente transitou pelo Caixa.

FLUXO DE CAIXA DE ATIVIDADES OPERACIONAIS	
Lucro Ajustado	167.000
Aumento Duplicatas a Receber	(270.000)
Aumento Duplicatas Descontadas	50.000
Aumento de Perdas Estimadas	10.000
Diminuição de Estoques	120.000
Diminuição de Seguros Antecipados	24.000
Diminuição de Aluguel Antecipado	60.000
Diminuição de Fornecedores	(105.000)
Aumento de IR	9.000
Aumento de Salários a Pagar	30.000
Aumento de Impostos sobre Vendas a Recolher	20.000
Aumento de Contas a Pagar	20.000
Caixa Líquido Proveniente das Atividades Operacionais	**135.000**

18.5. QUESTÕES

18.5.1. Questões conceituais sobre demonstração dos fluxos de caixa

1. (SFE — CESGRANRIO/2009) O Art. 188 da Lei n. 6.404/76, com redação da Lei n. 11.638/07, determina, no Inciso I,

> "Demonstração dos fluxos de caixa — as alterações ocorridas, durante o exercício, no saldo de caixa e equivalentes de caixa, segregando-se essas alterações em, no mínimo, 3 (três) fluxos."

Os fluxos a que se refere a legislação são de

a) valor gerado; agregado; distribuído.
b) financiadores; acionistas; parceiros.
c) resultado do exercício; acionistas; investimentos.
d) operações; financiamentos; investimentos.
e) recebimentos antecipados; recebimentos postergados; pagamentos empenhados.

2. (SEFIN-RO — FCC/2010) Na Demonstração dos Fluxos de Caixa, são itens classificados como fluxo de caixa das atividades de financiamento

a) os pagamentos de caixa para resgatar ações da entidade e para reduzir o passivo relativo a arrendamento mercantil financeiro.
b) o caixa recebido proveniente da emissão de debêntures e os pagamentos para aquisição de ações ou instrumentos de dívida de outras entidades.
c) os pagamentos de caixa para aquisição de ativo intangível e o pagamento de dividendos.
d) os pagamentos de caixa a fornecedores de mercadorias e serviços e o caixa recebido pela emissão de instrumentos patrimoniais.
e) os recebimentos de caixa decorrentes de *royalties*, honorários, comissões e outras receitas e a amortização de empréstimos e financiamentos.

3. (TRT/ES — CESPE/2009) A conversão de debêntures em capital, com resgate previsto para longo prazo, não afeta o capital circulante líquido, não devendo ser incluída na demonstração do fluxo de caixa ou de valor adicionado.

( ) Certo ( ) Errado

4. (DPF — CESPE/2009) Na Demonstração dos Fluxos de Caixa, classificam-se no fluxo de financiamento, entre outras operações, a colocação de debêntures, a distribuição de juros sobre o capital próprio e a integralização de capital em espécie.

( ) Certo ( ) Errado

5. (TCE-SP — FCC/2008) Na elaboração da Demonstração dos Fluxos de Caixa, são classificados como itens das atividades de financiamentos:

a) pagamentos de parte de financiamentos de imobilizados e aquisições de títulos patrimoniais de outras empresas;
b) a venda de ações emitidas e o pagamento de dividendos e juros sobre o capital próprio;
c) aquisições de bens não de uso e o valor obtido com a venda de ativos fixos utilizados na produção;
d) os ingressos relativos a dividendos decorrentes da participação no patrimônio de outras empresas;
e) as despesas relativas às depreciações anuais e à aquisição de itens classificáveis como bens não de uso.

6. (Casa da Moeda — CESGRANRIO/2009) A Demonstração do Fluxo de Caixa (DFC) pode ser elaborada por dois métodos: direto e indireto. O método indireto também é conhecido como o método do(a)

a) Fluxo de operações.
b) Ajuste a valor presente.
c) Equivalente de caixa.
d) Reconciliação.
e) Caixa virtual.

7. (TRE-MT — CESPE/2010) Durante o mês de março/20X1 ocorreram os seguintes fatos em determinada empresa.

DATA	FATOS	VALOR ($)
1/3/X1	Integralização de capital em dinheiro	1.000
10/3/X1	Compra de mercadoria para revenda	500
13/3/X1	Obtenção de empréstimo bancário em dinheiro	10.000
20/3/X1	Prestação de serviços com recebimento em dinheiro	5.000
30/3/X1	Pagamento dos salários do mês	3.000

Com base na demonstração do fluxo de caixa, método direto, elaborada com base nos fatos da empresa, assinale a opção correta.

a) O fluxo das operações é composto exclusivamente pelo valor recebido dos clientes. Nesse caso, o fluxo das operações foi de $ 5.000.
b) O pagamento dos salários deve ser evidenciado no fluxo dos financiamentos, pois a empresa está financiando os empregados.
c) A compra de mercadorias compõe o fluxo dos investimentos.
d) A integralização do capital social é evidenciada no fluxo das operações.
e) Não houve fluxo de investimentos.

8. (SEA-AP — FGV/2010) Uma companhia fechada não será obrigada a elaborar e publicar a demonstração dos fluxos de caixa, desde que o seu patrimônio líquido seja:

a) inferior a R$ 2.500.000, nos últimos trimestres.
b) inferior a R$ 2.000.000, na data do balanço.
c) superior a R$ 2.500.000, nos últimos trimestres.
d) superior a R$ 2.000.000, na data do balanço.
e) superior a R$ 2.500.000, na data do balanço.

9. (AFTE-SC — FEPESE/2010) Quanto a caixa e equivalentes de caixa, pode-se afirmar:

a) Equivalentes de caixa são todos os ativos que se tornarão em algum momento caixa.
b) Caixa e equivalentes de caixa incluem somente caixa e depósitos à vista.
c) Caixa e equivalentes de caixa incluem não somente caixa e depósitos à vista, mas também outros tipos de contas que possuem as mesmas características de liquidez em relação ao caixa. Equivalentes de caixa não incluem investimentos de curto prazo de alta liquidez.
d) Caixa e equivalentes de caixa incluem não somente caixa e depósitos à vista, mas também outros tipos de contas que possuem as mesmas características de liquidez em relação ao caixa. Equivalentes de caixa incluem investimentos de curto prazo de alta liquidez.
e) Caixa e equivalentes de caixa incluem não somente caixa e depósitos à vista, mas também outros tipos de contas que possuem as mesmas características de liquidez em relação ao caixa. Equivalentes de caixa incluem investimentos de curto prazo e médio prazo.

10. (Analista — SUSEP — ESAF/2010) Na elaboração da Demonstração dos Fluxos de Caixa podemos dizer que:

a) acréscimos em contas do ativo aumentam *caixa*.
b) decréscimos em contas do Patrimônio Líquido diminuem *caixa*.
c) acréscimos em contas do passivo diminuem *caixa*.
d) decréscimos em contas do Ativo diminuem *caixa*.
e) decréscimos em contas do Patrimônio Líquido aumentam *caixa*.

11. (Analista Auditor — INFRAERO — FCC/2011) O Pronunciamento Técnico CPC n. 3, que trata da elaboração da Demonstração dos Fluxos de Caixa, encoraja fortemente as entidades a classificar os dividendos e juros sobre o capital próprio pagos como fluxo de caixa das atividades

a) operacionais e de financiamento, respectivamente.
b) de financiamento.
c) de investimento.
d) de financiamento e de investimento, respectivamente.
e) operacionais.

12. (Contador Jr. — Petrobras — CESGRANRIO/2011) Conforme entendimento da legislação vigente e das normas emanadas pelo CFC (Conselho Federal de Contabilidade), oriundas dos Pronunciamentos Técnicos do CPC (Comitê de Pronunciamentos Contábeis), os juros pagos pela entidade durante o exercício, tratados como despesas e registrados na demonstração do resultado do exercício (DRE), deverão também ser

a) classificados como atividades operacionais e divulgados através da demonstração do fluxo de caixa.
b) segregados das despesas financeiras e apresentados como variação de débito na DRE.
c) tratados como reduções dos lucros acumulados na demonstração de mutações do patrimônio líquido.
d) incluídos no grupo de eventos subsequentes e registrados no balanço patrimonial.
e) incluídos como insumos de terceiros e divulgados na demonstração de valor agregado.

13. (ICMS-SP — Fiscal de Rendas — FCC/2013) Durante o ano de 2012, a Cia. Desenvolvida S.A. adquiriu ações de sua própria emissão, pagou fornecedores de matéria-prima e pagou três prestações de um arrendamento mercantil financeiro referentes à aquisição de uma máquina. Estas transações devem ser classificadas, respectivamente, na Demonstração dos Fluxos de Caixa como fluxos de caixa decorrentes das atividades

a) de financiamento, operacionais e de investimento.
b) de financiamento, operacionais e de financiamento.
c) operacionais, de financiamento e de financiamento.
d) de financiamento, operacionais e operacionais.
e) de investimento, operacionais e de financiamento.

14. (AFRFB — ESAF — 2014) O lucro obtido na Venda de Imobilizado e o Resultado de Equivalência Patrimonial representam, na Demonstração dos Fluxos de Caixa (DFC):

a) ingresso de caixa na atividade de investimento.
b) aumento de atividades operacionais.
c) ajustes do resultado na elaboração da DFC.
d) ingressos por Receita Operacional.
e) aumento de investimentos.

15. (AFR — SEFAZ-DF — CESPE/2020) A respeito das demonstrações contábeis, julgue o item que se segue.

A partir da análise da demonstração dos fluxos de caixa, o usuário da informação toma conhecimento de como a entidade financia suas atividades, descritas através dos fluxos operacional, de investimento e de financiamento.

( ) Certo ( ) Errado

16. (AFR — SEFAZ-ES — FGV/2021) Assinale a opção que indica a classificação dos dividendos e dos juros sobre o capital próprio na Demonstração dos Fluxos de Caixa encorajada pelo Pronunciamento Técnico CPC 03 (R2) — Demonstração dos Fluxos de Caixa.

a) Os recebidos e os pagos são atividade operacional.
b) Os recebidos e os pagos são atividade de investimento.
c) Os recebidos e os pagos são atividade de financiamento.
d) Os recebidos são atividade operacional e os pagos são atividade de financiamento.
e) Os recebidos são atividade de investimento e os pagos são atividade de financiamento.

18.5.2. Questões numéricas sobre demonstração dos fluxos de caixa

Para resolver as próximas 7 questões, considere os seguintes dados:
Em uma operação de verificação dos livros contábeis realizada na Cia. Luanda, foi possível identificar os seguintes dados:

I. O Balanço Patrimonial dos exercícios 20x1 e 20x2:

CONTAS DO ATIVO	20X1	20X2
Disponibilidades	8.000	6.000
Clientes	12.000	22.500
(–) Prov. p/ Créditos de Liq. Duvidosa	(300)	(800)
Estoques	2.000	6.500
Participações Societárias	5.300	5.300
Imóveis	12.000	12.000
Equipamentos	15.000	20.000
Veículos	20.000	20.000
(–) Depreciação Acumulada	(2.000)	(7.500)
TOTAL DO ATIVO	72.000	84.000
CONTAS DO PASSIVO + PL	20x1	20x2
Contas a Pagar	1.000	4.000
Fornecedores	9.000	6.000
Dividendos a Pagar		3.000
Impostos Provisionados	1.000	2.000
Notas Promissórias a Pagar	10.000	
Financiamentos de Longo Prazo	16.000	22.000
Capital Social	30.000	40.000
Reservas de Lucros	4.000	0
Lucros/Prejuízos Acumulados	1.000	7.000
TOTAL DO PASSIVO + PL	72.000	84.000

II. A Demonstração das Mutações do Patrimônio Líquido:

	CAPITAL SOCIAL	RESERVA DE LUCROS	LUCROS/ PREJUÍZOS AC.	TOTAL
Saldo em 31.12.20x1	30.000	4.000	1.000	35.000
Transferências p/ Capital	4.000	(4.000)		0
Novas Subscrições	6.000			6.000
Incorporação do Resultado Líquido 20x2			9.000	9.000
Distribuição do Resultado				0
Dividendos			(3.000)	(3.000)
Saldo em 31.12.20x2	40.000	0	7.000	47.000

III. Itens da Demonstração de Resultado do Exercício:

ITENS ADICIONAIS	20X1	20X2
Vendas	100.000	152.000
CMV	64.000	82.000
Despesas Totais do Período	34.000	59.000
Resultado Antes do IR	2.000	11.000
Variações Cambiais Passivas		6.000
Despesas de Depreciações	2.000	5.500
Provisão p/ Pagamento do Imposto de Renda	1.000	2.000
Provisão p/ Créditos de Liquidação Duvidosa	300	800

IV. Outras informações adicionais:
— As Notas Promissórias vencem em 180 dias.
— Os financiamentos foram contratados junto ao Banco ABC em 30.12.20x1 pelo prazo de 8 anos, com carência de 3 anos e juros de 5% anuais, pagáveis ao final de cada período contábil. O saldo devedor é corrigido pela variação da moeda x, com pagamento do principal em 5 parcelas anuais após o período de carência.

Com base nas informações anteriores, identifique as respostas das próximas 7 questões.

1. (AFRF — ESAF/2003) O valor dos ingressos de caixa gerado pelas vendas no período examinado foi:

a) 159.500;
b) 150.000;
c) 141.200;
d) 139.500;
e) 139.200.

2. (AFRF — ESAF/2003) Examinando os dados, verifica-se que a empresa pagou aos fornecedores o valor de:

a) 89.500;
b) 86.500;
c) 85.000;
d) 82.000;
e) 75.500.

3. (AFRF — ESAF/2003) Com base nos dados identificados, pode-se afirmar que a saída de caixa para o pagamento de despesas foi:

a) 52.700;
b) 50.700;
c) 44.700;
d) 45.500;
e) 43.700.

4. (AFRF — ESAF/2003) No período a empresa efetuou compras de estoques ao valor de:

a) 89.500;
b) 86.500;
c) 85.000;
d) 82.000;
e) 75.500.

5. (AFRF — ESAF/2003) Com os dados fornecidos e aplicando o método indireto para elaborar o fluxo de caixa, pode-se afirmar que a contribuição do resultado ajustado para a formação das disponibilidades é:

a) 21.300;
b) 12.000;
c) 17.500;
d) 20.500;
e) 6.000.

6. (AFRF — ESAF/2003) O valor dos itens de investimentos que contribuíram para a variação das disponibilidades é:

a) (5.500);
b) (5.000);
c) (500);
d) 5.000;
e) 5.500.

7. (AFRF — ESAF/2003) O valor do caixa líquido consumido nas atividades operacionais é:

a) (9.300);
b) (8.000);
c) (3.000);
d) 7.000;
e) 9.000.

8. (TCE-TO — CESPE/2009)

CONTAS	SALDO INICIAL ($)	SALDO FINAL ($)
Provisão para contingências trabalhistas	2.340	880
Abatimento sobre vendas		990
Despesa com provisão para contingências trabalhistas		2.210
Manutenções antecipadas	5.400	2.340
Fornecedores de estoques	19.800	2.390
Empréstimos a pagar	4.456	5.490
Ações em tesouraria	234	5.540
Receita antecipada	12.300	9.080
Material de consumo	13.450	11.230
Seguros a pagar	12.340	14.560
Manutenção a pagar	13.450	15.690
Despesa de manutenção	0	21.340
Mercadorias para revenda	12.340	23.490
Duplicatas a receber de curto prazo	32.400	28.600
Capital social	13.450	34.532
Custo das mercadorias vendidas		43.500
Despesa de seguro		43.500
Despesa antecipada de seguros	32.400	45.600
Ações de controladas	4.430	52.209
Receita de vendas		54.300
Veículos	78.699	124.500
Duplicatas a receber de longo prazo	25.690	31.240

O recebimento de clientes no período é igual a

a) $ 48.750.
b) $ 49.330.
c) $ 52.550.
d) $ 55.770.
e) $ 58.100.

9. (TCE-TO — CESPE/2009) O pagamento a fornecedores no período é igual a

a) $ 16.030.
b) $ 17.410.
c) $ 28.560.
d) $ 60.910.
e) $ 72.060.

10. (MPE-SE — FCC/2009) Considere as informações a seguir oriundas do Departamento de Contabilidade da Cia. Margarida.

I. Os saldos finais de suas contas no período 2007/2008 eram:

SALDOS DEVEDORES	2007	2008	SALDOS CREDORES	2007	2008
Amortizações	1.000	1.000	Amortização Acumulada	1.000	2.000
Benfeitorias em Propriedades de Terceiros	4.000	4.000	Capital Social	15.000	27.000
Caixa	500	1.500	Contas a Pagar	2.000	3.000
Clientes	18.000	27.500	Depreciação Acumulada	3.000	2.000
Custo de Mercadoria Vendida	20.000	30.000	Duplicatas Descontadas	0	10.000
Depreciações	1.000	2.000	Encargos e Salários a Pagar	600	1.200
Despesas de Juros	4.000	4.500	Empréstimos a Pagar	5.400	10.000
Despesas Administrativas	3.000	5.000	Fornecedores	5.000	6.800
Despesas Comerciais	4.300	5.100	Juros a Pagar	3.000	1.000
Despesas Tributárias	4.400	6.100	PDD	300	500
Encargos e Salários	12.000	16.100	Reservas	1.000	0
Estoques	1.800	3.000	Resultado c/ Alienação de Veículos	0	1.000
Imóveis	2.500	12.500	Vendas de Mercadorias	50.000	70.00
Participações em Outras Companhias	4.500	4.000			
Perdas com Clientes	0	1.200			
Provisão para Devedores	300	500			
Resultado de Equivalência	0	500			
Veículos	5.000	10.000			
Total	**86.300**	**134.500**	**Total**	**86.300**	**134.500**

II. Dados complementares relativos a operações realizadas, na empresa, no exercício de 2008: No início do período a empresa renova integralmente sua frota, leiloando todos os veículos antigos e adquirindo novos veículos, mais adequados às necessidades previstas para os próximos 5 anos.
Aumenta seu capital por meio da utilização do saldo anterior das Reservas e de subscrições de novos sócios. Altera o perfil de sua dívida de longo prazo, quitando os empréstimos an-

teriores, cujo vencimento era previsto para o final de 2009 e assume novo compromisso com quitação prevista para o final de 2012. A empresa adquiriu novos imóveis, preparando-se para expansão futura, no final do período.

Na elaboração do Fluxo de Caixa Indireto o valor do resultado ajustado é, em R$,

a) 2.400.
b) 2.000.
c) 1.500.
d) 1.000.
e) (1.500).

11. (SEFIN-RO — FCC/2010) A empresa HAGA apresenta a seguinte Demonstração do Resultado do Exercício findo em X9.

Demonstração do Resultado do Exercício:

Receita Líquida de Vendas	150.000
Custo dos Produtos Vendidos	(87.000)
Lucro Bruto	**63.000**
Despesas de Vendas	(8.400)
Despesas Administrativas	(25.600)
Despesa de Depreciação	(3.000)
Resultado de Equivalência Patrimonial	6.000
Prejuízo na Venda de Imobilizado	(2.000)
Resultado antes do Imposto de Renda e CSLL	**30.000**
Imposto de Renda e CSLL	(9.000)
Lucro Líquido	**21.000**

Na elaboração da demonstração dos fluxos de caixa, pelo método indireto, considerando apenas os valores constantes na Demonstração do Resultado do Exercício acima, o valor do ajuste ao lucro líquido é, em reais,

a) 1.000 negativo.
b) 3.000 negativo.
c) 5.000 positivo.
d) 6.000 negativo.
e) 34.000 positivo.

12. (Analista — TRE-PR — FCC/2012) Considere as informações extraídas do Balanço Patrimonial e da Demonstração de Resultados do Exercício da empresa Alfa referentes ao exercício de X2:

Cia. Alfa

Balanço Patrimonial-Exercício Findo em 31.12.X2 — Em R$ (mil)

ATIVO	X1	X2	PASSIVO	X1	X2
Circulante			**Circulante**		
Disponível	14.000	12.000	Fornecedores	40.000	35.000
Clientes	44.000	56.000	Salários a Pagar	3.000	4.000
Estoques	25.000	16.000	Contas a Pagar	8.000	9.000
Outros Créditos	5.000	6.000			
Total do Circulante	**88.000**	**90.000**	**Total do Circulante**	**51.000**	**48.000**

Cia. Alfa
Demonstração do Resultado do Exercício de X2 — Em R$ (mil)

Receita Bruta de Vendas	900.000
Impostos sobre vendas	(223.000)
Receita Líquida de Vendas	677.000
CMV	(340.000)
Lucro Bruto	**337.000**

Ignorando o efeito dos tributos, o valor pago pela empresa a fornecedores foi, em milhares de reais,

a) 5.000.
b) 326.000.
c) 336.000.
d) 342.000.
e) 345.000.

13. (TCE/SP — FCC/2012) Da Demonstração dos Fluxos de Caixa elaborada pela Cia. Araxá, relativa ao exercício findo em 31.12.2011, foram extraídas as seguintes informações:

I. O valor do Disponível da Cia. Araxá aumentou R$ 186.500,00 entre 31.12.2010 e 31.12.2011.
II. Houve uma saída líquida de caixa e equivalentes-caixa das atividades de investimento no valor de R$ 54.680,00.
III. O fluxo de caixa das atividades de financiamento registrou uma entrada líquida de R$ 38.640,00.

À vista dessas informações, conclui-se que, no exercício de 2011, houve uma entrada líquida de caixa das atividades operacionais no valor de, em reais,

a) 170.360,00.
b) 170.460,00.
c) 182.500,00.
d) 202.540,00.
e) 208.520,00.

14. (Analista Contábil — TCE-PR — FCC/2011) A Cia. Gera Caixa S.A. é uma empresa comercial e apresentava as seguintes demonstrações contábeis:

Balanço Patrimonial (em reais)

ATIVO CIRCULANTE	31.12.X9	31.12.X10	PASSIVO CIRCULANTE	31.12.X9	31.12.X10
Disponível	150.000	229.000	Fornecedores	30.000	40.000
Duplicatas a Receber	20.000	66.000			
Estoques	30.000	10.000	**Passivo Não Circulante**		
			Empréstimos	40.000	40.000
Ativo Não Circulante					
Imobilizado			**Patrimônio Líquido**		
Terreno	10.000	—			
Veículo	30.000	40.000	Capital Social	170.000	222.000
Depreciação Acumulada		(5.000)	Reservas de Lucros	—	38.000
Total do Ativo	240.000	340.000	**Total do Passivo + PL**	240.000	340.000

Demonstração do Resultado de X10 (em reais)

Receita de vendas	150.000
Custo dos Produtos Vendidos	(80.000)
Lucro Bruto	**70.000**
Despesas administrativas	(10.000)
Despesa de depreciação	(5.000)
(+) Outras receitas operacionais	
Lucro na venda do terreno	8.000
Lucro antes do resultado financeiro	**63.000**
Despesa financeira (juros)	(10.000)
Lucro antes do IR e CSLL	**53.000**
Despesa com Imposto de Renda e CSLL	(15.000)
Lucro Líquido	**38.000**

Com base nessas demonstrações e sabendo que os juros não foram pagos, que o aumento de capital foi em dinheiro e que os veículos foram adquiridos à vista, o fluxo de caixa decorrente das Atividades de Financiamento foi, em reais,

a) 32.000.
b) 42.000.
c) 52.000.
d) 90.000.
e) 95.000.

15. (Contador — BNDES — CESGRANRIO/2008) Demonstrações contábeis publicadas pela Cia. Simões S/A, em reais.

ATIVO	DEZ.05	DEZ.06	PASSIVO	DEZ.05	DEZ.06
Caixa e Bancos	9.828,00	19.805,00	Fornecedores	17.550,00	28.365,00
Duplicatas a Receber	17.550,00	35.100,00	Prov. Imp. Renda	3.510,00	2.106,00
Estoques	21.060,00	26.325,00	Salários a Pagar	26.325,00	14.040,00
Desp. Antecipada/Seguro	5.265,00	6.825,00	Dividendos a Pagar	1.755,00	3.452,00
Imobilizado Líquido	42.120,00	52.630,00	Duplicatas Descontadas	0,00	8.775,00
			Empréstimo	35.100,00	50.602,00
			Capital	8.775,00	26.325,00
			Lucro Acumulado	2.808,00	7.020,00
Total do Ativo	**95.823,00**	140.685,00	**Total do Passivo**	**95.823,00**	**140.685,00**

DEMONSTRAÇÃO RESULTADO	DEZ.06
Vendas	70.200,00
CMV	(30.100,00)
Lucro Bruto	40.100,00
Despesas de salários	(24.750,00)
Depreciação	(2.630,00)
Despesas financeiras	(1.750,00)
Despesas de seguros	(1.200,00)
Lucro antes do IR	9.770,00
Prov. para IR	(2.106,00)
Lucro Líquido	7.664,00

Demonstração das Mutações do Patrimônio Líquido

	CAPITAL	L. ACUMULADO	
Saldo em Dez.05	8.775,00	2.808,00	11.583,00
Aumento capital	17.550,00		17.550,00
Lucro do exercício		7.664,00	7.664,00
Dividendos		3.452,00	3.452,00
Saldo em Dez.06	26.325,00	7.020,00	33.345,00

Na Demonstração do Fluxo de Caixa (DFC), método direto, Atividades Operacionais, o valor dos Pagamentos a Fornecedores, em reais, é

a) 14.020,00.
b) 17.550,00.
c) 24.550,00.
d) 28.365,00.
e) 35.365,00.

> **ATENÇÃO:** Para responder às três próximas questões, utilize as demonstrações contábeis (Balanços Patrimoniais e Demonstração do Resultado) e as informações adicionais a seguir.

A empresa comercial Compra e Vende S.A. apresentava as seguintes demonstrações contábeis:

BALANÇO PATRIMONIAL (VALORES EM REAIS)					
ATIVO	**31.12.10**	**31.12.11**	**PASSIVO**	**31.12.10**	**31.12.11**
Ativo Circulante	**125.000**	**216.500**	**Passivo Circulante**	**100.000**	**139.500**
Caixa e Equivalentes de Caixa	66.000	145.000	Fornecedores	90.000	125.000
Valores a Receber de Clientes	50.000	60.000	IR/CSLL a pagar	—	2.000
Estoques	5.000	4.000	Adiantamento de Clientes	10.000	12.500
Seguros Pagos Antecipadamente	4.000	7.500			
Ativo Não Circulante	**275.000**	**263.000**	**Passivo Não Circulante**	**120.000**	**157.500**
Investimento	65.000	74.000	Empréstimos a pagar	120.000	157.500
Imobilizado		—	**Patrimônio Líquido**	**180.000**	**182.500**
Edifícios	210.000	210.000	Capital Social	150.000	160.000
Depreciação Acumulada	—	(21.000)	Reservas de Lucros	30.000	22.500
Total do Ativo	400.000	**479.500**	**Total do Passivo + PL**	**400.000**	**479.500**

DEMONSTRAÇÃO DO RESULTADO (VALORES EM REAIS) 01.01.2011 A 31.12.2011	
Receita Líquida de Vendas	270.000
(–) Custo dos Produtos Vendidos	(205.000)
(=) Lucro Bruto	***65.000***
(–) Despesas Operacionais	
Despesas gerais e administrativas	(38.000)
Despesa de Seguros	(8.000)
Despesa de depreciação	(21.000)
(+) Outras receitas operacionais	
Resultado de Equivalência Patrimonial	9.000
Lucro antes do resultado financeiro	***7.000***
(–) Despesa financeira (juros)	(12.500)
Resultado antes do IR e CSLL	***(5.500)***
(–) Despesa com Imposto de Renda e CSLL	(2.000)
Resultado do Período	***(7.500)***

Informações adicionais:

— O aumento de capital foi realizado com a emissão de novas ações.

— As despesas financeiras serão pagas somente na data de vencimento dos empréstimos, em 31.12.2012.

— Não houve venda de investimentos.

16. (Analista — SABESP — FCC/2014) O fluxo de caixa decorrente das Atividades Operacionais no ano de 2011 foi, em reais,

a) 44.000, positivos.
b) 7.500, negativos.
c) 41.500, positivos.
d) 29.000, positivos.
e) 4.500, positivos.

17. (Analista — SABESP — FCC/2014) O fluxo de caixa decorrente das Atividades de Investimento no ano de 2011 foi, em reais,

a) 21.000, positivos.
b) 30.000, positivos.
c) 0,00 (zero).
d) 9.000, negativos.
e) 12.000, positivos.

18. (Analista — SABESP — FCC/2014) O fluxo de caixa decorrente das Atividades de Financiamento no ano de 2011 foi, em reais,

a) 47.500, positivos.
b) 35.000, positivos.
c) 25.000, positivos.
d) 37.500, positivos.
e) 79.000, positivos.

19. (Auditor — SEFAZ-PI — FCC/2015) Instrução: Utilize os dados das demonstrações contábeis e as informações complementares apresentadas, a seguir, para responder à questão.

Os Balanços Patrimoniais em 31.12.2011 e 31.12.2012 e a Demonstração do Resultado referente ao exercício de 2012 da empresa Importados Chineses Comercial S.A. são apresentados nos dois quadros a seguir, em reais:

Importados Chineses Comercial S.A.
Balanços Patrimoniais em 31.12.2011 e 31.12.2012

ATIVO	31.12.2011	31.12.2012	PASSIVO	31.12.2011	31.12.2012
Ativo Circulante	528.000	1.164.000	**Passivo Circulante**	624.000	1.049.120
Caixa e Equivalentes de Caixa	40.000	388.000	Fornecedores	264.000	261.600
Valores a Receber de Clientes	224.000	392.000	Dividendos a Pagar	—	11.520
(–) Perdas Estimadas com Clientes	—	(8.000)	Empréstimos	360.000	776.000
Estoques	264.000	392.000			
Ativo Não Circulante	576.000	672.000	**Passivo Não Circulante**	—	80.000
Investimentos		144.000	Prov. Riscos Trabalhistas	—	80.000
Participações Societárias	56.000	528.000			
Imobilizado		—	**Patrimônio Líquido**	480.000	706.880
Veículos	336.000		Capital Social	400.000	600.000
Terrenos	184.000		Reservas de Lucros	80.000	106.880
Total do Ativo	1.104.000	**1.836.000**	**Total do Passivo + PL**	**1.104.000**	**1.836.000**

Importados Chineses Comercial S.A.

DEMONSTRAÇÃO DO RESULTADO 1.º.01.2012 A 31.12.2012	
Receitas Líquidas de Vendas	1.632.000
(–) Custo das Mercadorias Vendidas	(1.040.000)
(=) Resultado com Mercadorias	**592.000**
(–) Despesas Operacionais	
Perdas Estimadas com Clientes	(8.000)
Depreciação	(48.000)
Despesa com Provisão para Riscos Trabalhistas	(80.000)
Outras despesas operacionais	(401.600)
(+) Outras Receitas e Despesas	
Resultado de Equivalência Patrimonial	24.000
(–) Despesas Financeiras	(96.000)
Lucro na Venda de Terrenos	56.000
(=) Resultado Líquido	**38.400**

Informações complementares:
Sabe-se que no ano de 2012 a empresa não vendeu participações societárias e nem veículos, não liquidou qualquer empréstimo, não pagou as despesas financeiras do ano e a integralização do capital social foi em dinheiro.

O valor correspondente ao caixa consumido ou gerado pelas Atividades Operacionais no ano de 2012 foi, em reais,

a) 108.000 (positivo).
b) 116.000 (negativo).
c) 52.000 (negativo).
d) 116.000 (positivo).
e) 108.000 (negativo).

20. (Auditor — SEFAZ-PI — FCC/2015) Instrução: Utilizar os dados da questão anterior. Os valores correspondentes ao caixa consumido ou gerado pelas Atividades de Investimentos e ao caixa consumido ou gerado pelas Atividades de Financiamentos no ano de 2012 foram, respectivamente, em reais,

a) 64.000,00 (positivo) e 616.000,00 (positivo).
b) 64.000,00 (negativo) e 520.000,00 (positivo).
c) 96.000,00 (negativo) e 32.000,00 (negativo).
d) 64.000,00 (negativo) e 616.000,00 (negativo).
e) 40.000,00 (negativo) e 520.000,00 (positivo).

21. (ACE — TCM-GO — FCC/2015) Os Balanços Patrimoniais em 31.12.2012 e 31.12.2013 e a Demonstração do Resultado do ano de 2013 da empresa Águas Claras Surf S.A. são apresentados nos dois quadros a seguir:

Águas Claras Surf S.A.
Balanços Patrimoniais em 31.12.2012 e 31.12.2013 — em reais

ATIVO	31.12.2012	31.12.2013	PASSIVO	31.12.2012	31.12.2013
Ativo circulante	<u>364.000</u>	<u>572.000</u>	**Passivo circulante**	<u>312.000</u>	<u>521.560</u>
Caixa e Equivalentes de Caixa	120.000	244.000	Fornecedores	132.000	130.800

Duplicatas a Receber de Clientes	112.000	146.000	Empréstimos	180.000	388.000
(–) Perdas Estimadas com Clientes	—	(14.000)	Dividendos a Pagar	—	2.760
Estoques	132.000	196.000			
Ativo não circulante	**288.000**	**336.000**	**Passivo não circulante**	—	**40.000**
Investimentos			Provisão para Riscos Fiscais	—	40.000
Propriedades para Investimento	28.000	72.000			
Imobilizado			**Patrimônio Líquido**	**340.000**	**346.440**
Equipamentos	168.000	264.000	Capital Social	300.000	300.000
Terrenos	92.000	—	Reservas de Lucros	40.000	46.440
Total do Ativo	**652.000**	**908.000**	**Total do Passivo + PL**	**652.000**	**908.000**

Águas Claras Surf S.A.

DEMONSTRAÇÃO DO RESULTADO 01.01.2013 A 31.12.2013 — EM REAIS	
Receitas Líquidas de Vendas	816.000
(–) Custo das Mercadorias Vendidas	(520.000)
(=) Resultado com Mercadorias	**296.000**
(–) Despesas Operacionais	
Perdas Estimadas com Clientes	(14.000)
Vendas	(90.000)
Administrativas	(100.800)
Depreciação	(24.000)
Provisão para Riscos Fiscais	(40.000)
Diversas	(8.000)
(+/–) Outras Receitas e Despesas	
Ajuste a valor justo de Propriedades para Investimento	10.000
(–) Despesas Financeiras	(40.000)
Lucro na Venda de Terrenos	20.000
(=) Resultado Líquido	**9.200**

Sabe-se que no ano de 2013 a empresa não vendeu investimentos e equipamentos, não liquidou qualquer empréstimo e não pagou as despesas financeiras. Os valores correspondentes ao caixa consumido ou gerado pelas Atividades Operacionais, Atividades de Investimento e Atividades de Financiamento em 2013 foram, respectivamente, em reais,

a) 8.000 (positivo), 52.000 (negativo) e 168.000 (positivo).
b) 4.000 (positivo), 32.000 (positivo) e 208.000 (positivo).
c) 2.000 (negativo), 42.000 (negativo) e 168.000 (positivo).
d) 18.000 (positivo), 62.000 (negativo) e 168.000 (positivo).
e) 2.000 (negativo), 6.000 (positivo) e 168.000 (positivo).

22. (Analista — DPE-MT — FGV/2015) Uma papelaria apresentou o seguinte balanço patrimonial em 31.12.2013:

ATIVOS		PASSIVO + PL	
Caixa	R$ 100.000,00	Fornecedores	R$ 50.000,00
Estoques	R$ 30.000,00	Salários a pagar	R$ 20.000,00
Clientes	R$ 50.000,00		
Computador	R$ 30.000,00	Capital Social	R$ 140.000,00
Total	**R$ 210.000,00**	**Total**	**R$ 210.000,00**

Durante o primeiro trimestre de 2014 a empresa efetuou as seguintes operações:

1. Pagamento dos salários a pagar.
2. Integralização de capital social em estoque no valor de R$ 20.000,00.
3. Pagamento da dívida com fornecedores.
4. Contração de empréstimo bancário no valor de R$ 55.000,00 para compra de estoques.
5. Venda de R$ 40.000,00 do estoque por R$ 70.000,00, sendo metade à vista e o restante a prazo.
6. Reconhecimento das perdas estimadas em créditos de liquidação duvidosa de 1%.
7. Reconhecimento da depreciação do computador (20% ao ano ou 5% ao trimestre).
8. Reconhecimento dos salários dos funcionários. O valor mensal é de R$ 20.000,00 e a empresa adota uma política de pagar sempre no dia 05 do mês seguinte.
9. Compra de móveis à vista por R$ 10.000,00. Estes serão depreciados a partir de abril.

Com base somente nesses lançamentos, o fluxo de caixa da atividade operacional da empresa, no trimestre, apresentou

a) geração de R$ 70.000,00.
b) consumo de R$ 20.000,00.
c) consumo de R$ 55.000,00.
d) consumo de R$ 75.000,00.
e) consumo de R$ 95.000,00.

23. (Fiscal de Tributos — Niterói — FGV/2015) Os fluxos de caixa da Cia. Iota durante o exercício de x1 foram os seguintes, em milhares de reais:

Dividendos pagos	(1.300)
Emissão de ações	28.000
Fornecedores de matérias-primas	(50.700)
Juros pagos	(1.400)
Benefícios a empregados	(8.800)
Aquisição de imobilizado	(30.000)
Amortização de empréstimos e financiamentos	(9.400)
Juros recebidos	2.700
Vendas de mercadorias e prestação de serviços	70.200
Dividendos recebidos	900
Imposto de renda e contribuição social	(2.400)
Alienação de participações societárias	2.300

De acordo como o CPC 03 (R2): Demonstração dos Fluxos de Caixa, o menor montante pelo qual o caixa líquido consumido nas atividades de investimento da Cia. Iota poderá ser apresentado é de:

a) R$ 24.100.000;
b) R$ 25.000.000;
c) R$ 26.800.000;
d) R$ 27.700.000;
e) R$ 30.000.000.

24. (ESAF — AFRFB/2012). Dos registros da Cia. Boreal, foram extraídos os dados relativos aos exercícios contábeis de 2009/2010, a seguir:

CONTAS DO ATIVO	2009	2010	DEMONSTRAÇÃO DE RESULTADO DE EXERCÍCIO 2010		
Disponibilidades	2.000	1.000	1. Vendas		190.000
Estoques	3.000	5.900	2. (–) CMV		(100.000)
Clientes	6.300	8.000	3. Resultado Bruto Operacional		90.000
Provisão p/ Créditos de Liquidação Duvidosa (PCLD)	(300)	(400)	4. (–) Despesas		
Participações Societárias	13.500	23.500	Administrativas	(40.000)	
Imobilizado Custo	36.000	40.000	Financeiras	(10.000)	
Depreciação Acumulada	(8.000)	(5.000)	De Vendas	(45.500)	
Marcas e Patentes	2.500	2.000	De Depreciações	(3.000)	
Total do Ativo	55.000	75.000	De Amortização	(500)	
Contas de Passivo e Patrimônio Líquido	2009	2010	5. Resultado de Equivalência Patrimonial		10.000
Contas a Pagar	4.000	5.000	6. Resultado c/ Venda de Imobilizado		15.000
Fornecedores	14.000	6.900	7. Resultado antes do Imposto de Renda		16.000
Dividendos	4.000	6.400	8. Provisão p/ Imposto de Renda e Contribuições		3.200
Provisão p/ imposto de Renda e Contribuições	2.500	3.200	9. Resultado Líquido do Exercício		12.800
Títulos a Pagar	0	5.000	Distribuição do Resultado de Exercício 2010		
Capital Social	28.400	40.000	Reserva Legal		640
Reserva Legal	100	740	Dividendos		6.400
Reservas de Lucros	2.000	7.760	Reservas de Lucros		5.760
Total do Passivo + PL	55.000	75.000	Total do Resultado Apurado		12.800

Informação adicional

I. Títulos com vencimento previsto para 30 dias.
II. Com relação a PCLD, a provisão em 2010 correspondeu a R$ 400,00. Não houve registro de reversão dos saldos anteriores.
III. O Resultado c/ Venda do Imobilizado corresponde a 75% do valor líquido do bem vendido.

O resultado apurado no período:

a) gerou um ingresso total de caixa de R$ 16.300,00.
b) quando ajustado, é negativo em R$ 8.700,00.
c) contribuiu para ingresso financeiro de R$ 12.800,00.
d) representa um uso total de disponibilidades de R$ 12.300,00.
e) indica que a atividade operacional foi positiva em R$ 1.300,00.

25. (AFR — SEFAZ-RO — FGV/2018) A Cia. B efetuou as seguintes transações, em 2017.

— Integralização de capital social, por meio de um imóvel no valor de R$ 200.000;
— Compra de computadores, para pagamento em agosto de 2018, por R$ 10.000;
— Pagamento de empréstimo bancário, contraído em 2014 no valor de R$ 30.000;
— Pagamento de despesas diversas, no valor de R$ 50.000;
— Resgate de debênture, no valor de R$ 18.000;
— Pagamento de dividendos, que haviam sido reconhecidos no ano anterior no valor de R$ 15.000;
— Venda de mercadorias à vista, por R$ 300.000;
— Reconhecimento dos custos das mercadorias vendidas, no valor de R$ 200.000;
— Compra de participação em empresa coligada, no valor de R$ 40.000.

Sobre a Demonstração dos Fluxos de Caixa da Cia. B, com base nas recomendações do Pronunciamento Técnico CPC 03 — Demonstração dos Fluxos de Caixa, assinale a afirmativa correta.

a) A atividade operacional gerou R$ 50.000.
b) A atividade de investimento consumiu R$ 70.000.
c) A atividade de investimento consumiu R$ 88.000.
d) A atividade de financiamento consumiu R$ 63.000.
e) A atividade de financiamento gerou R$ 185.000.

26. (Assessor — ALAP — FCC/2020) A empresa ABC apresentou os seguintes itens em seu Balancete de Verificação para o mês de Novembro/X1, com valores em reais:

	Saldo em 1.°.Nov.X1	Saldo em 30.Nov.X1
Contas a receber	R$ 5.100,00	R$ 7.200,00
Fornecedores	R$ 8.000,00	R$ 4.500,00
Estoques	R$ 2.000,00	R$ 2.100,00
Outras contas de ativo circulante	R$ 10.000,00	R$ 12.000,00
Outras contas de passivo circulante	R$ 15.000,00	R$ 17.000,00

Informações adicionais para o mês de Novembro/X1 da empresa ABC incluem:
Ganho na venda de imobilizado (à vista): R$ 1.500,00
Despesa de depreciação: R$ 2.600,00
Lucro líquido: R$ 49.900,00
Com base nas informações apresentadas, o valor do fluxo de caixa gerado pelas operações da ABC em Novembro/X1 é

a) R$ 46.800,00.
b) R$ 45.300,00.
c) R$ 45.700,00.
d) R$ 44.200,00.
e) R$ 56.700,00.

27. (Técnico — EBSERH — VUNESP/2020) Os dados a seguir, em R$, são referentes à Cia XXX e serão utilizados para responder à questão.

	Saldo inicial	Saldo final
Caixa	10.000,00	20.000,00
Bancos	35.000,00	60.000,00
Mercadorias	50.000,00	100.000,00
Fornecedores	67.000,00	7.000,00
Salários a pagar	120.000,00	156.000,00

Informações adicionais do período:
Custo da Mercadoria Vendida: R$ 230.000,00.
Despesa com Salários: R$ 90.000,00.

Despesa com Depreciação: R$ 1.560,00.
O pagamento de fornecedores no período totalizou, em R$,

a) 50.000,00.
b) 60.000,00.
c) 67.000,00.
d) 230.000,00.
e) 340.000,00.

28. (AFR — SEFAZ-ES — FGV/2021) Uma sociedade empresária apresentava, em 31.12.X0 e em 31.12.X1, as demonstrações contábeis a seguir.

DRE — 31.12.X0	
Receita de Vendas	400.000
CMV	– 200.000
Lucro Bruto	200.000
Desp. operacionais:	
aluguel	– 120.000
salários	– 60.000
depreciação	– 10.000
LAIR	10.000
IRCS	– 3.400
Lucro Líquido	6.600

BALANÇO PATRIMONIAL — 31.12.X0			
Ativo Circulante	600.000	Passivo Circulante	83.400
Caixa	500.000	Fornecedores	80.000
Estoques	100.000	IR a pagar	3.400
Imobilizado	30.000	Patrimônio Líquido	546.600
Computadores	50.000	Capital Social	450.000
Dep. Ac.	– 20.000	Reserva de Lucros	96.600
Ativo Total	630.000	Passivo + PL	630.000

DRE — 31.12.X1	
Receita de Vendas	500.000
CMV	– 250.000
Lucro Bruto	250.000
Desp. operacionais:	
aluguel	– 144.000
salários	– 80.000
depreciação	– 10.000
Outras receitas operacionais	
Venda de computadores	5.000
LAIR	21.000
IRCS	– 7.140
Lucro Líquido	13.860

BALANÇO PATRIMONIAL — 31.12.X1			
Ativo Circulante	577.600	Passivo Circulante	17.100
Caixa	577.600	Salários a pagar	10.000
		IR a pagar	7.140
		Patrimônio Líquido	560.460
		Capital Social	450.000
		Reserva de Lucros	110.460
Ativo Total	577.600	Passivo + PL	577.600

Assinale a opção que indica o fluxo de caixa gerado pela Atividade Operacional da sociedade empresária, em 31.12.X1.

a) R$ 13.860
b) R$ 33.740
c) R$ 43.860
d) R$ 52.600
e) R$ 53.860

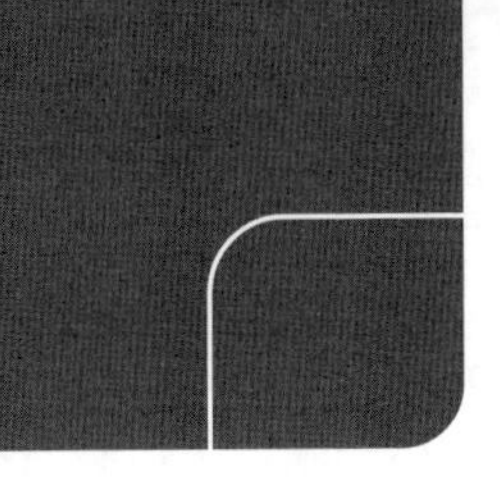

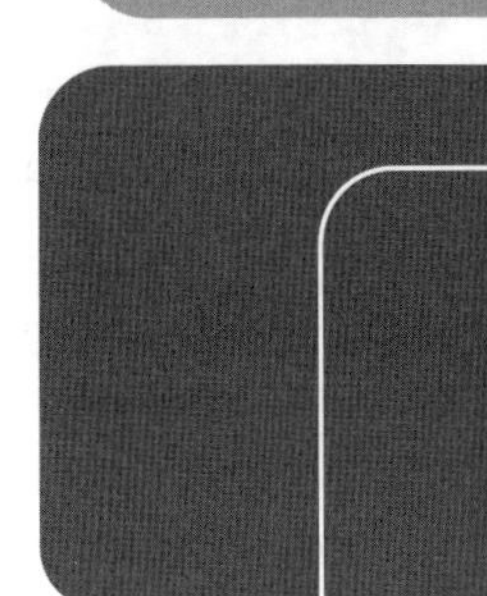

19 DEMONSTRAÇÃO DO VALOR ADICIONADO (DVA)

19.1. INTRODUÇÃO

A partir da alteração da Lei n. 6.404/76, em seu art. 176, inc. V, promovida pela Lei n. 11.638/2007, o Demonstrativo do Valor Adicionado (DVA) passou a ser **obrigatório no Brasil apenas para as sociedades por ações de capital aberto**.

> "**Art. 176.** (...) V — se companhia aberta, demonstração do valor adicionado *(Incluído pela Lei n. 11.638, de 2007).*"

A Lei n. 6.404/76, no art. 188, inc. II, especifica o conteúdo da demonstração de valor adicionado:

> "II — demonstração do valor adicionado — o valor da **riqueza gerada** pela companhia, **a sua distribuição** entre os elementos que contribuíram para a geração dessa riqueza, tais como **empregados, financiadores, acionistas, governo** e outros, bem como a **parcela da riqueza não distribuída** *(Redação dada pela Lei n. 11.638, de 2007).*"

O Comitê de Pronunciamentos Contábeis (CPC) emitiu, em 30 de outubro de 2008, o pronunciamento CPC 09, que estabelece todos os critérios para a elaboração do DVA. Esse pronunciamento foi aprovado pelo Conselho Federal de Contabilidade por meio das Resoluções ns. 1.138/2008 e 1.162/2009 e transformado em Norma Brasileira de Contabilidade sob o número NBC TG 09.

O CPC 09 (NBCTG 09), em seu item 3, transcrito a seguir, obriga **todas as sociedades por ações de Capital** aberto a elaborarem o DVA, assim como as demais empresas que venham a ser obrigadas por outras legislações. Independentemente da obrigatoriedade legal, o CPC 09 recomenda que a DVA seja elaborada por todas as empresas que divulguem demonstrações contábeis:

> "A entidade, sob a forma jurídica de sociedade por ações, com capital aberto, e outras entidades que a lei assim estabelecer, devem elaborar a DVA e apresentá-la como parte das demonstrações contábeis divulgadas ao final de cada exercício social. **É recomendado, entretanto, a sua elaboração por todas as entidades que divulgam demonstrações contábeis** *(Redação dada pela Resolução CFC n. 1.162/2009).*"

O pronunciamento do CPC que aprovou a DVA também foi aprovado pela CVM, por meio da Deliberação n. 557/2008, pela SUSEP, a partir da Circular n. 379/2008, pela

ANEEL, por meio do Despacho n. 4.796/08, pela ANTT, a partir do Comunicado n. 1/2009, e pela ANS, por meio da Instrução Normativa n. 37/2009.

19.1.1. Conceito de valor adicionado

O **valor adicionado** que uma empresa ou uma pessoa física pode gerar fazendo negócios com a venda de mercadorias é **calculado pela simples diferença entre o valor da venda e o custo da mercadoria vendida**.

Valor da Venda (Preço Cobrado)	$ 100
(–) Custo da Mercadoria Vendida	$ (70)
Valor Adicionado Gerado	$ 30

Um vendedor autônomo de livros, quando adquire um livro por $ 70 e o vende por $ 100, gera um valor adicionado de $ 30. É com esse valor adicionado que o vendedor vai pagar seu aluguel, seus impostos, eventuais auxiliares e obter seu lucro líquido.

Transferindo esse conceito para o ambiente de uma empresa, vemos que o valor adicionado gerado demonstra a capacidade de uma empresa em contratar pessoas, pagar impostos, pagar juros, aluguéis e dividendos aos seus acionistas (investidores).

A seguir, vamos apresentar outro exemplo, que compara uma grande indústria de computadores (PH do Brasil S.A.) com um grande distribuidor de produtos pela internet (SUBMAR do Brasil Ltda.). As duas empresas obtiveram, no primeiro semestre de 2010, a mesma receita bruta de $ 1.000.000.

A empresa SUBMAR, como é apenas uma revendedora de produtos operando com uma comissão sobre tudo que vende, tem o custo dos produtos alto em relação ao preço de venda. Nesse exemplo, os custos são de 75% sobre os preços de venda. No caso da empresa PH do Brasil, o custo das matérias-primas e demais custos de materiais referentes aos computadores é de 40% sobre o preço de venda, uma vez que ela é uma empresa industrial e, naturalmente, opera com uma margem muito maior. Vamos utilizar, no exemplo, as alíquotas do ICMS de compra e venda com o mesmo valor, ou seja, iguais a 10%.

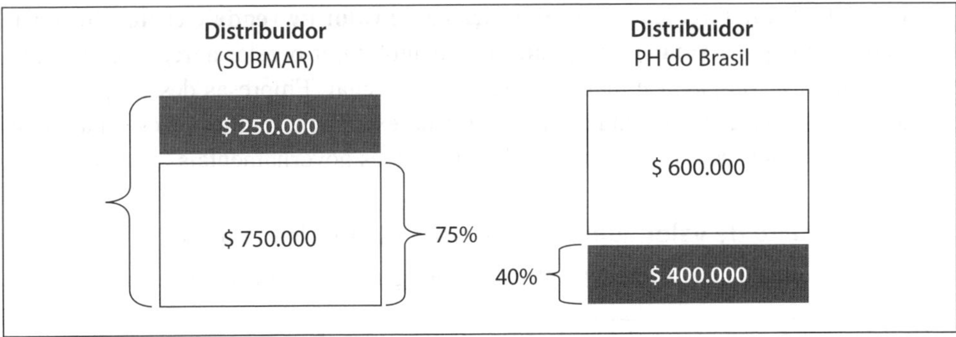

SUBMAR		PH do BRASIL	
Receita com Impostos	$ 1.000.000	Receita com Impostos	$ 1.000.000
(–) ICMS sobre Vendas (10%)	$ (100.000)	(–) ICMS sobre Vendas (10%)	$ (100.000)
Receita Líquida	$ 900.000	Receita Líquida	$ 900.000
(–) Custos das Mercadorias	$ (750.000)	(–) Custos das Matérias-Primas	$ (350.000)
(–) Demais Custos	$ (50.000)	(–) Demais Custos	$ (50.000)
Valor Agregado	$ 100.000	Valor Agregado	$ 500.000

Observe que a PH do Brasil tem um valor agregado gerado cinco vezes maior que a empresa SUBMAR. Isso proporciona à PH do Brasil uma capacidade muito maior de empregar pessoas, pagar aluguéis, remunerar acionistas, enfim, movimentar a economia.

Também no que diz respeito à capacidade de geração de impostos para os governos, a empresa PH do Brasil gera muito mais impostos que a SUBMAR. Veja o quadro a seguir:

ICMS sobre Vendas	$ 100.000	ICMS sobre Vendas	$ 100.000
ICMS sobre Compras (10% de $ 750.000)	$ 75.000	ICMS sobre Compras (10% sobre $ 350.000)	$ 35.000
ICMS a Recolher	$ 25.000	ICMS a Recolher	$ 65.000

Os créditos de ICMS foram calculados sobre a compra de mercadorias para revenda, no caso da SUBMAR, e sobre as matérias-primas, no caso da PH do Brasil. Os demais custos relatados referem-se à contratação de serviços diversos, não embutem créditos de ICMS e também não incluem mão de obra própria.

Analisando os aspectos fiscais, a PH do Brasil recolhe 2,6 vezes mais impostos que a empresa SUBMAR.

ICMS gerado pela empresa PH	$ 65.000	2,6
ICMS gerado pela empresa SUBMAR	$ 25.000	

Isso ocorre em função do maior valor agregado gerado pela empresa PH do Brasil.

Em síntese, valor agregado é a **diferença entre valor de venda e custos dos insumos requeridos para vender um produto**. Quanto maior o valor agregado, mais impostos a empresa vai pagar e mais pessoas vai empregar. Empresas desse tipo são de grande interesse para a sociedade e, por isso, sua existência muitas vezes é facilitada pelos governos, por meio de concessões de subvenções governamentais.

19.1.2. Conceito de valor adicionado e a sua distribuição na DVA

Valor adicionado é a diferença entre a receita gerada e os insumos.

Valor Adicionado = Receita Gerada – Insumos

Ainda utilizando o exemplo do vendedor de livros, se ele gastou além do custo com o livro, mais $ 10 com transporte, telefone, energia e embalagem, esse valor irá se somar ao custo do livro, compondo o valor total dos insumos. Se este vendedor tem um funcionário e paga a ele $ 5 como remuneração variável pela venda de cada livro, **esse valor não é considerado um custo a ser incorporado aos insumos na DVA**, e sim **distribuição** de riqueza com "empregados próprios". O cálculo do valor adicionado seria o seguinte:

Demonstração da geração de valor adicionado:

Valor da Venda (Preço Cobrado)		$ 100
(–) Insumos na DVA		$ (80)
Custo do Livro	$ 70	
Transporte, Telefonia e Energia	$ 10	
Valor Adicionado Gerado		$ 20

O valor gerado foi distribuído da seguinte forma:

Valor Adicionado Disponível para Distribuição	$ 20
Valor Distribuído aos Empregados	$ (5)
Valor Ganho e Distribuído aos Sócios do Negócio	$ (15)

O valor adicionado gerado foi em parte distribuído aos empregados, enquanto a outra parte resulta no valor a ser destinado aos sócios do negócio ou mantido na empresa como lucros retidos.

19.1.2.1. Determinação da receita gerada na DVA

A DVA é construída a partir da DRE. **A receita** a ser considerada **na DVA** é determinada a partir da **receita bruta da DRE com impostos, considerando as deduções e adições descritas a seguir**:

Receita Bruta na DVA (com Impostos)
(–) Devoluções
(–) Abatimentos
(–) PECLD/PEDD
(+) Reversão de PECLD
(+) Ganhos de Capital/Ajuste credores a valor justo
(–) Perdas de Capital/Ajustes devedores a valor justo
(+) Receita relativa à construção de ativos próprios

A receita bruta na DVA é o valor que a empresa fatura incluindo todos os impostos de venda (IPI, ICMS, PIS e COFINS), deduzindo as devoluções, abatimentos, a Perda Estimada com Créditos de Liquidação Duvidosa (PECLD) e perdas de Capital, somando a eventual reversão de PECLD e ganhos de Capital.

19.1.2.2. Determinação dos insumos utilizados para a geração de receita

Quanto aos insumos, deve ser considerado o **valor das mercadorias mais** as **despesas com contratação de serviços de terceiros e materiais diversos**. O conceito para o cálculo do valor dos insumos consiste em somar ao CMV materiais diversos e todas as despesas que não sejam pagamentos diretos ou indiretos aos empregados, nem impostos ou remuneração por utilização de um Ativo de terceiros (aluguéis).

Todos esses **valores** devem ser considerados **com os impostos e contribuições**:

CMV com Impostos
(+) Serviços de terceiros (energia elétrica, telefonia, consultorias, treinamento, advogados, pessoal terceirizado etc.)
(+) Materiais diversos utilizados
(+) Outros gastos realizados para vender, produzir ou prestar serviços que não sejam distribuição do valor gerado

O **valor adicionado gerado** é a **diferença** entre a **receita** gerada **e os insumos** utilizados para produzir a receita:

Valor Adicionado = Receita Gerada – Insumos

19.1.2.3. Distribuição do Valor Adicionado (DVA)

As normas determinam que a DVA apresente a distribuição do valor adicionado para apenas quatro grupos de pessoas:

- Empregados;
- Terceiros;
- Governos; e
- Sócios ou retidos na empresa.

A seguir, apresentamos uma descrição mais detalhada desses quatro grupos:

VALOR BASE	TOTAL DAS DESPESAS NA DRE
(–) Distribuído aos Empregados	(–) Salários, Honorários, Horas Extras, Comissões, Prêmios etc.
	(–) FGTS
	(–) Benefícios (assistência médica, alimentação etc.)
(–) Distribuído a Terceiros	(–) Juros Passivos
	(–) Aluguéis Passivos
	(–) Royalties Passivos
(–) Distribuído aos Governos	(–) Federal (IR, CSLL, IOF, PIS, COFINS, INSS patronal)
	(–) Estadual (ICMS, IPVA)
	(–) Municipal (ISS, IPTU, taxas diversas)
(–) Distribuído aos Sócios ou Retidos na Empresa	Dividendos distribuídos ou lucros utilizados para constituição de reservas de lucros, aumento de Capital ou ainda não destinados

Exemplo: a seguir, apresentamos a discriminação das despesas no DRE da Cia. Alicante. Sabendo que a receita bruta de venda foi de $ 200.000, que ocorreu uma devolução de parte das vendas no valor de $ 30.000 e que o custo das mercadorias vendidas foi de $ 50.000, vamos determinar o valor adicionado bruto.

Discriminação das despesas no DRE da Cia. Alicante:

Salários e encargos de pessoal próprio	Distribuição	$ 20.000
Assistência médica e transporte do pessoal	Distribuição	$ 4.000
Materiais de consumo diversos	Insumo	$ 10.000
Publicidade	Insumo	$ 3.000
Fretes e seguros nas vendas	Insumo	$ 2.000
Despesas com energia	Insumo	$ 1.500
Despesas com telefonia	Insumo	$ 2.500
Impostos de taxas diversas	Distribuição	$ 6.000
Despesas com aluguel	Distribuição	$ 12.000
Despesas com combustível	Insumo	$ 5.000
Despesa financeira	Distribuição	$ 2.500
Despesas com beneficiamento em terceiros	Insumo	$ 3.500
Total geral das despesas		**$ 72.000**

Elaborando a DRE a partir dos dados apresentados, teremos:

Receita Bruta	$ 200.000
(–) Devoluções	($ 30.000)
Receita Líquida	$ 170.000
(–) CMV	($ 50.000)
Lucro Bruto	$ 120.000
(–) Despesas	($ 72.000)
Lucro Líquido	**$ 48.000**

Antes de determinar o valor adicionado gerado, obtenhamos o valor a ser considerado como insumos diversos, a partir da tabela a seguir:

Materiais de consumo diversos	Insumo	$ 10.000
Publicidade	Insumo	$ 3.000
Fretes e seguros nas vendas	Insumo	$ 2.000
Despesas com energia	Insumo	$ 1.500
Despesas com telefonia	Insumo	$ 2.500
Despesas com combustível	Insumo	$ 5.000
Despesas com beneficiamento em terceiros	Insumo	$ 3.500
Total dos insumos nas despesas (insumos diversos)		**$ 27.500**

Cálculo do valor adicionado bruto:

Receita		$ 170.000
Receita bruta de venda	$ 200.000	
(–) Devoluções de mercadorias	$ (30.000)	
(–) Insumos		$ 77.500
CMV	$ 50.000	
Total de insumos diversos	$ 27.500	
Valor adicionado		$ 92.500

A seguir, apresentamos a distribuição da riqueza entre os quatro tipos de pessoas, como determina a DVA:

PESSOAL		**$ 24.000**
Salários e encargos de pessoal próprio	$ 20.000	
Assistência médica e transporte de pessoal próprio	$ 4.000	
TERCEIROS		**$ 14.500**
Despesa financeira	$ 2.500	
Despesas com aluguel	$ 12.000	

GOVERNOS		**$ 6.000**
Impostos e taxas diversas	$ 6.000	
SÓCIOS E RETIDOS		
Lucro líquido do exercício	$ 48.000	**$ 48.000**
TOTAL DO VALOR DISTRIBUÍDO		**$ 92.500**

Observe que o valor adicionado gerado tem que ser sempre igual ao valor adicionado distribuído entre os quatro tipos de pessoas.

19.2. VISÃO GERAL DA DEMONSTRAÇÃO DE VALOR ADICIONADO (DVA)

De forma resumida, a DVA é subdividida em duas partes. Na primeira, calculamos **o valor adicionado a distribuir**, e, na segunda, **quem se beneficiou** com a distribuição.

Para determinar o valor adicionado total das riquezas geradas que podem ser distribuídas a partir do valor adicionado bruto, **descontamos** deste o valor **chamado de retenção, que é a depreciação, amortização ou exaustão.** Esses valores não podem ser distribuídos porque são valores que se referem à recuperação de Capital investido em Ativos Não Circulantes Permanentes.

O valor adicionado líquido é obtido descontando a retenção do valor adicionado bruto.

Somando o valor adicionado recebido de terceiros ao valor adicionado líquido, obteremos o valor total adicionado a distribuir.

O valor adicionado recebido de terceiros por uma empresa é constituído, basicamente, dos ganhos em função da aplicação de recursos em ação ou quotas de Capital (dividendos ou ganhos de equivalência patrimonial), receitas de aluguéis, comissões e licenciamento de Ativos (*royalties* ou taxas de franquia).

1	Receita (**descontando** as **devoluções**, a provisão para créditos de liquidação duvidosa — **PCLD** — e as **perdas de Capital; adicionando ganhos de Capital** e a eventual **reversão da PCLD**)
2	(–) Insumos (CMV adicionado a serviços, materiais de terceiros e outros)
3	Valor adicionado bruto (3 = 1 2)
4	(–) Depreciação, amortização e exaustão
5	Valor adicionado líquido gerado pela empresa (5 = 3 4)
6	(+) Valor adicionado recebido de terceiros (aluguéis, juros, ganhos de equivalência patrimonial, dividendos, royalties recebidos ou ganhos)
7	Valor adicionado total a distribuir (7 = 5 + 6)

Na segunda parte da DVA, deve ser demonstrada a distribuição da riqueza entre apenas quatro grupos: pessoal próprio, governos, terceiros e lucros dos sócios e/ou retidos na própria empresa.

I	Valor distribuído aos empregados (pessoal)
	Salários, honorários, comissões e adicionais benefícios e FGTS
II	Valor distribuído aos governos
	Impostos, contribuições e taxas federais, estaduais e municipais
III	Valor distribuído aos terceiros
	Juros, aluguéis e royalties pagos ou creditados a terceiros
IV	Valor distribuído aos sócios e lucros retidos
	Dividendos, juros sobre Capital próprio e reservas de lucros
	(–) Prejuízo do exercício
V	V = I + II + III + IV – valor adicionado total distribuído

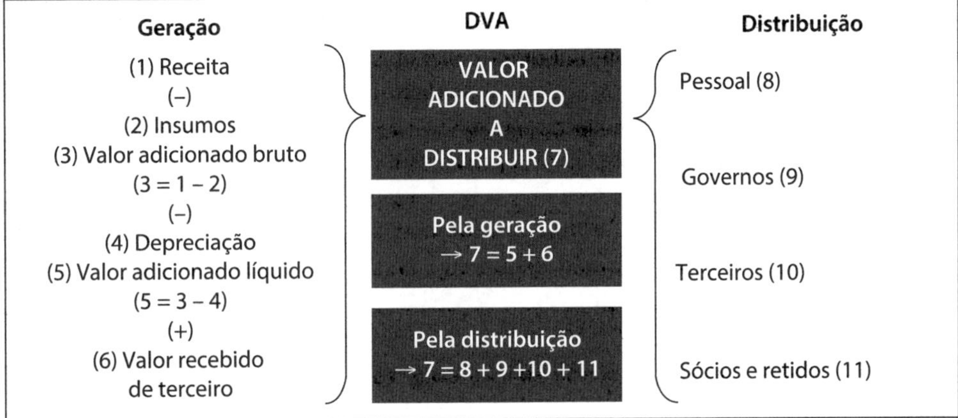

19.3. A DEMONSTRAÇÃO DE VALOR ADICIONADO DE ACORDO COM A NBC TG 09

A seguir, apresentamos a demonstração do valor adicionado de acordo com o pronunciamento CPC 09, aprovado pelo Conselho Federal de Contabilidade (CFC) e pela Resolução n. 1.138/2008, que a transformou em Norma Brasileira de Contabilidade.

19.3.1. Modelo de DVA para empresas em geral

DESCRIÇÃO	EM MILHARES DE REAIS 20X1	EM MILHARES DE REAIS 20X0
1 — RECEITAS		
1.1) Vendas de mercadorias, produtos e serviços		
1.2) Outras receitas		
1.3) Receitas relativas à construção de Ativos próprios		
1.4) (-) Perda estimada com créditos de liquidação duvidosa (+) reversão/ (constituição)		

2 — INSUMOS ADQUIRIDOS DE TERCEIROS (inclui os valores dos impostos — ICMS, IPI, PIS e COFINS)		
2.1) Custos dos produtos, das mercadorias e dos serviços vendidos		
2.2) Materiais, energia, serviços de terceiros e outros		
2.3) Perda/recuperação de valores ativos		
2.4) Outras (especificar)		
3 — VALOR ADICIONADO BRUTO (1 — 2)		
4 — DEPRECIAÇÃO, AMORTIZAÇÃO E EXAUSTÃO		
5 — VALOR ADICIONADO LÍQUIDO PRODUZIDO PELA ENTIDADE (3 — 4)		
6 — VALOR ADICIONADO RECEBIDO EM TRANSFERÊNCIA		
6.1) Resultado de equivalência patrimonial		
6.2) Receitas financeiras		
6.3) Outras		
7 — VALOR ADICIONADO TOTAL A DISTRIBUIR (5 + 6)		
8 — DISTRIBUIÇÃO DO VALOR ADICIONADO		
8.1) Pessoal		
8.1.1 — Remuneração direta		
8.1.2 — Benefícios		
8.1.3 — FGTS		
8.2) Impostos, taxas e contribuições		
8.2.1 — Federais		
8.2.2 — Estaduais		
8.2.3 — Municipais		
8.3) Remuneração de Capitais de terceiros		
8.3.1 — Juros		
8.3.2 — Aluguéis		
8.3.3 — Outras		
8.4) Remuneração de Capitais próprios		
8.4.1 — Juros sobre o Capital próprio		
8.4.2 — Dividendos		
8.4.3 — Lucros retidos/prejuízo do exercício		

19.3.2. Descrição das contas da DVA

Como já estudado, a DVA possui duas partes. Na primeira, deve ser demonstrada a **geração do valor adicionado** e, na segunda, **sua distribuição**. Vamos descrevê-la, respeitando a codificação de cada linha que consta na norma técnica.

19.3.2.1. Parte I — Geração do valor adicionado

1	RECEITA
1.1	Neste item, consideramos as **receitas brutas de venda**, ou faturamento com os impostos e contribuições sobre vendas (IPI, ICMS, PIS e COFINS), descontadas as devoluções, descontos e abatimentos.
1.2	As **outras receitas** referem-se aos ganhos de Capital (ganhos com alienação de Ativos permanentes). Porém também devemos considerar, nessa linha da DVA, os ganhos ou perdas com ajustes a valor justo de propriedades para investimento e outros ativos que tenham a avaliação a valor justo contra resultado.
1.3	As empresas que constroem Ativos para sua própria utilização devem **considerar os gastos na construção desses ativos como receita gerada internamente.**

A seguir, apresentamos um exemplo de um Ativo construído internamente e de como devem ser determinadas a receita e os insumos a serem considerados na DVA nesse tipo de situação:

> **Exemplo:** quando uma empresa do setor de construção civil resolve edificar sua sede, serão utilizados materiais diversos (cimento, ferro, madeira etc.), assim como gastos com pessoal próprio. Não podemos contabilizar apenas os custos dos insumos e os valores pagos aos empregados.

Esses insumos e gastos com pessoal geraram uma riqueza, que é o edifício próprio, o qual certamente poderá ser vendido, pelo menos, pelo valor que foi gasto com sua construção. Por isso, temos que considerar o valor contábil dos gastos (soma dos insumos com pessoal) como receita gerada internamente.

> **Exemplo:** a construtora Sophia S.A. gastou $ 3.000.000 na construção de sua nova sede, descriminados de acordo com a tabela abaixo:

Insumo	Cimento, tijolo, ferro e afins	$ 700.000
Distribuição	Pessoal	$ 1.300.000
Insumo	Serviços de terceiros	$ 800.000
Insumo	Projeto arquitetônico e decoração	$ 200.000
	TOTAL	**$ 3.000.000**

Os valores referentes a materiais, serviços de terceiros e projetos são classificados como insumos ($ 1.700.000) na DVA, e os valores como pagamento de pessoal próprio ($ 1.300.000) são classificados como distribuição de riqueza. O valor total de $ 3.000.000 deve ser classificado na DVA **como receita relativa à construção de Ativos próprios**.

1.4	Devemos **diminuir** o valor da constituição da provisão para créditos de liquidação duvidosa (PCLD) ou **somar** a reversão da PCLD.
2	**INSUMOS: neste subgrupo, iremos totalizar os custos das mercadorias, dos produtos e dos serviços prestados sem considerar o custo ou despesa com pessoal.**

2.1	**Custos das mercadorias e serviços:** excluídos do total o valor com pessoal e respectivos encargos.
2.2	São os **valores destinados a materiais diversos**, energia e serviços de terceiros. Em todos esses itens, deveremos considerar os impostos inclusos nas aquisições.
2.3	**Perda/recuperação:** neste item, considera-se a eventual perda ou ganho com ajustes de avaliação em estoques, imobilizados, investimentos lançados no resultado ou no PL. No caso de reversão de perdas, o valor deve ser considerado como redutor dos insumos.
3	**VALOR ADICIONADO BRUTO: é o valor dos insumos subtraído da receita.**
4	**RETENÇÕES: trata-se dos valores de depreciação, amortização e exaustão do período.**
5	**VALOR ADICIONADO LÍQUIDO PRODUZIDO PELA ENTIDADE: trata-se do cálculo da diferença entre o item 3 e o item 4.**
6	**VALOR ADICIONADO LÍQUIDO RECEBIDO EM TRANSFERÊNCIA:**
6.1	**Resultado com equivalência patrimonial:** trata-se do ganho ou perda com investimentos em participações societárias avaliadas pelo MEP. Se o resultado for positivo, será somado; se for negativo, será diminuído na DVA.
6.2	**Receitas financeiras:** neste subgrupo, incluímos todo e qualquer tipo de receitas financeiras, inclusive variações cambiais.
6.3	Outras, como aluguéis, dividendos, royalties, direitos de franquia, comissões etc.
7	

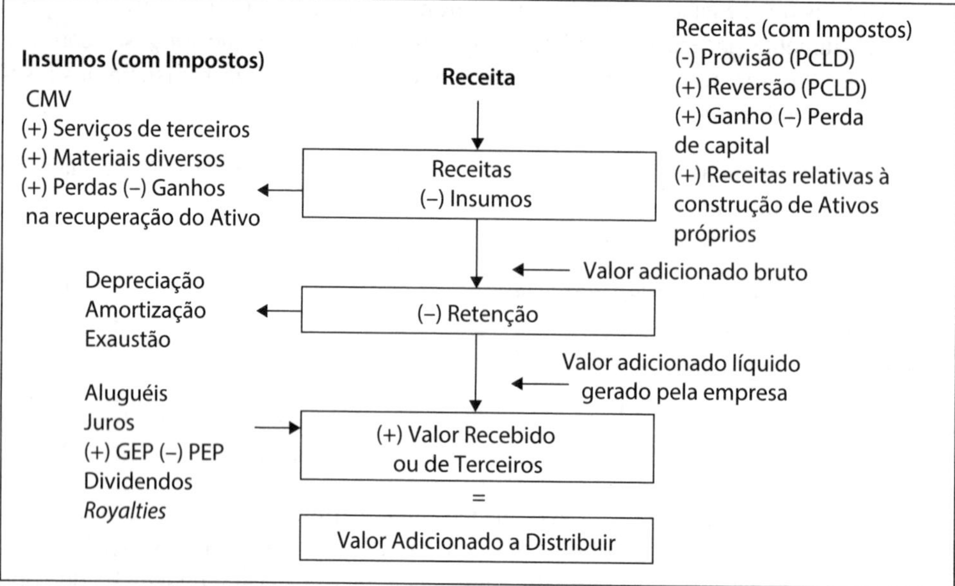

19.3.2.2. Parte II — Distribuição do valor adicionado

8	**DISTRIBUIÇÃO DO VALOR ADICIONDO**
8.1	**Pessoal e encargos:** neste item, incluímos os valores de salários, prêmios, gratificações, férias, décimo terceiro, alimentação, transporte, auxílio educação e também o FGTS.

8.2	**Impostos, taxas e contribuições:** além do INSS (parte do empregador), incluem-se aqui Imposto de Renda, contribuição social e demais impostos, taxas e contribuições (IOF, IPTU, ITBI, CPMF). Também devem ser considerados os valores de impostos sobre as vendas, uma vez que estão inclusos nos insumos os impostos sobre as compras. **Obs.:** O INSS patronal, apesar de ser um encargo, não é um valor entregue aos empregados, mas à Previdência Social. Por isso, este valor é considerado uma distribuição ao governo.
8.3	**Remuneração sobre Capitais de terceiros**
a)	**Juros e aluguéis:** neste item, estão inclusos as despesas financeiras e os juros de quaisquer empréstimos e financiamentos, incluindo as prestações de leasing, além de aluguéis de imóveis utilizados pela Entidade.
b)	**Valores pagos a título de Capital de intelectual**, como royalties, franquias, direitos autorais e outros.
8.4	**Remuneração sobre Capitais próprios**
a)	**Dividendos e Juros sobre Capital próprio:** são os valores pagos e os creditados aos acionistas (lucros retidos ou prejuízo do exercício).
b)	Neste item, temos os **valores ainda não destinados** na conta lucros acumulados ou que já estão contabilizados em alguma reserva de lucros.

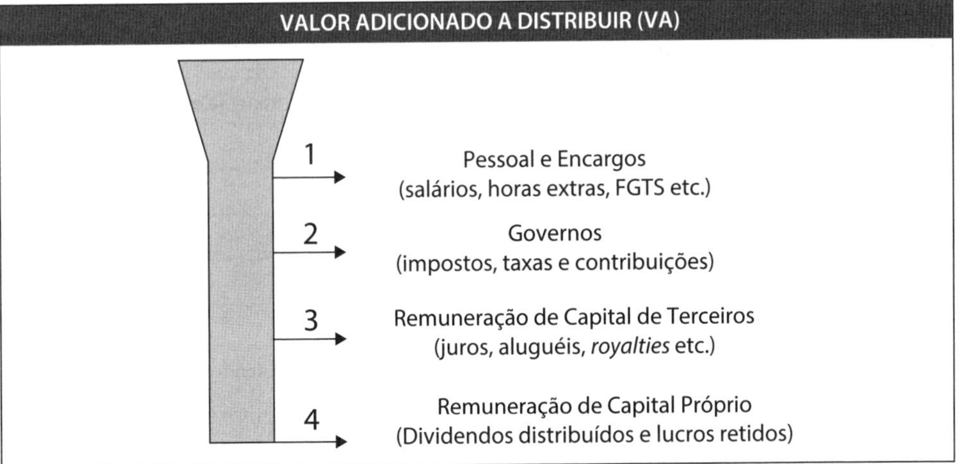

VA = 1 + 2 + 3 + 4

19.4. MODELO DE DVA PARA SOLUÇÃO DE QUESTÕES

A seguir, apresentamos uma DVA condensada, que pode ser utilizada para solução de questões em provas e concursos em geral.

	DESCRIÇÃO DAS CONTAS DO DVA
1	FATURAMENTO BRUTO (inclui IPI, ICMS, PIS e COFINS)
1.1	Vendas de mercadoria, produtos e serviços
1.1.1	(–) Diminuído de devoluções, descontos e abatimentos
1.2	Outras receitas (ganhos ou perdas de Capital)

1.3	Receitas relativas à construção de Ativos próprios (trata-se do valor contábil dos ativos próprios construídos)
1.4	(–) Constituição de PCLD ou (+) reversão da PCLD
2	INSUMOS ADQUIRIDOS DE TERCEIROS COM IMPOSTOS
2.1	Custos das mercadorias e serviços vendidos
2.2	Materiais, energia, serviços de terceiros e outros
2.3	Perda/recuperação de valores ativos (a recuperação diminui o valor dos insumos)
2.4	Outras
3	VALOR ADICIONADO BRUTO
4	RETENÇÕES
4.1	Depreciação, amortização e exaustão
5	VALOR LÍQUIDO PRODUZIDO PELA ENTIDADE
6	VALOR RECEBIDO EM TRANSFERÊNCIA
6.1	Resultado de equivalência patrimonial
6.2	Receitas financeiras e outras (juros, dividendos, aluguéis, direitos de franquia etc.)
7	VALOR ADICIONADO TOTAL A DISTRIBUIR
8	DISTRIBUIÇÃO DO VALOR ADICIONADO
8.1	Pessoal e encargos (remuneração direta, benefícios e FGTS)
8.2	Impostos, taxas e contribuições (federais, estaduais e municipais)
8.3	Juros, aluguéis e outros
8.4	Remuneração sobre Capitais próprios (juros sobre Capital próprio, dividendos, lucros retidos/prejuízo do exercício)

Observação importante: A norma NBC TG 09 possui uma inconsistência. Nas páginas 3 e 4, descreve os itens que devem ser considerados insumos (transcritos a seguir) e inclui a depreciação, amortização e exaustão; e na página 11 apresenta o modelo de DVA para empresas comerciais como foi apresentado neste capítulo, não incluindo depreciação, amortização e exaustão como insumos mas como um valor retido para ser deduzido do valor adicionado bruto na obtenção do valor adicionado líquido.

Algumas bancas estão explorando essa inconsistência e considerando e explorando em algumas questões, fique atento.

Insumos adquiridos de terceiros segundo a descrição escrita na norma *NBC TG 09*

Custo dos produtos, das mercadorias e dos serviços vendidos — inclui os valores das matérias-primas adquiridas junto a terceiros e contidas no custo do produto vendido, das mercadorias e dos serviços vendidos adquiridos de terceiros; não inclui gastos com pessoal próprio.

Materiais, energia, serviços de terceiros e outros — inclui valores relativos às despesas originadas da utilização desses bens, utilidades e serviços adquiridos junto a terceiros.

Nos valores dos custos dos produtos e mercadorias vendidos, materiais, serviços, energia etc. consumidos, devem ser considerados os tributos incluídos no momento das compras (por exemplo, ICMS, IPI, PIS e Cofins), recuperáveis ou não. Esse procedimento é diferente das práticas utilizadas na demonstração do resultado do período.

Perda e recuperação de valores ativos — devem ser incluídos os valores reconhecidos no resultado do período, tanto na constituição quanto na reversão de estimativas de perdas por desvalorização de ativos, conforme aplicação do CPC 01 — redução ao valor recuperável de ativos (se no período o valor líquido for positivo, deve ser somado).

Depreciação, amortização e exaustão — inclui a despesa ou o custo contabilizados no período.

19.5. QUESTÕES

19.5.1. Questões conceituais sobre DVA

1. (CNAI/2008) A Demonstração do Valor Adicionado (DVA) de que trata a Lei n. 11.638/07 e a Resolução n. 1.010/05:

a) substitui a Demonstração de Origens e Aplicações de Recursos, a partir de 1.º.01.2008.
b) é de divulgação obrigatória para todas as sociedades anônimas.
c) apresenta valores/informações que não são necessariamente extraídas da contabilidade.
d) se destina a evidenciar a riqueza gerada pela entidade em determinado período e sua distribuição.

2. (TJAP — FCC/2009) Na Demonstração do Valor Adicionado, constituem itens de distribuição do valor adicionado

a) as receitas e as despesas de aluguéis, as despesas de FGTS e os juros pagos.
b) as despesas de juros, as reversões de provisão para crédito de liquidação duvidosa e as perdas de ativos.
c) as despesas de depreciação do período, as receitas de juros e os resultados de equivalência patrimonial.
d) os benefícios pagos a empregados, os juros sobre capital próprio e os lucros retidos.
e) os gastos com serviços de terceiros, os valores relativos à construção de ativos próprios e as amortizações.

3. (SEFAZ-SP — FCC/2009) O valor da receita de equivalência patrimonial recebida pela empresa de controlada deve ser apresentado na DVA como

a) distribuição de riqueza — remuneração do capital de terceiros.
b) receita criada pela entidade — outras receitas.
c) receitas não operacionais — demais.
d) valor adicionado recebido em transferência.
e) distribuição de riqueza — remuneração de capital próprio.

4. (Contador Júnior — Petrobras — CESPE — UnB/2007) O valor dos insumos adquiridos de terceiros, tais como materiais, energia e água, deve ser apresentado na DVA pelo valor total, sem dedução de PIS, COFINS e outros tributos.

( ) Certo ( ) Errado

5. (Contador Júnior — Petrobras — CESPE — UnB/2007) As despesas com funcionários fazem parte da distribuição do valor agregado, e o valor da receita considerado para a elaboração da DVA deve ser idêntico ao do faturamento bruto divulgado na DRE.

( ) Certo ( ) Errado

6. (Contador Júnior — Petrobras — CESPE — UnB/2007) O resultado de equivalência patrimonial apresentado na DVA desconsidera os valores recebidos como dividendos dos investimentos avaliados pelo método de custo. Tal fato ocorre porque o valor recebido a título de dividendos aumenta o ativo circulante e não aumenta o ativo permanente correspondente a investimentos.

( ) Certo ( ) Errado

7. (Contador Júnior — Petrobras — CESPE — UnB/2007) Os juros sobre capital próprio (JCP) contabilizados como reserva devem ser evidenciados na DVA no item relativo a lucros retidos.

( ) Certo ( ) Errado

8. (Técnico de Contabilidade — Petrobras — CESPE — UnB/2007) A demonstração do valor adicionado é destinada a evidenciar, no âmbito da empresa e em termos macroeconômicos, o valor por ela agregado e sua distribuição aos beneficiários da renda nacional.

( ) Certo ( ) Errado

9. (Contador Júnior — Petrobras — CESPE — UnB/2007) O valor adicionado bruto, um dos itens de totalização da DVA, deve contemplar a depreciação, a amortização e a exaustão do período.

( ) Certo ( ) Errado

10. (CNAI/2009 — Atualizada) Qual a opção abaixo que NÃO se aplica à elaboração da Demonstração do Valor Adicionado — DVA, conforme Resolução n. 1.138/08, que aprovou a NBC TG 09, na construção de ativos dentro da própria empresa, para o uso próprio.

a) Diversos fatores de produção são utilizados, inclusive fatores internos como mão de obra, com os consequentes custos que essa contratação e utilização provocam. Para a elaboração da DVA, essa construção equivale à produção vendida para a própria empresa e, por isso, seu valor contábil integral precisa ser considerado como receita.
b) À medida que tais ativos entrem em operação, a geração de resultados desses ativos não deve receber tratamento idêntico aos resultados gerados por qualquer outro ativo adquirido de terceiros.
c) Para evitar o desmembramento das despesas de depreciação, na elaboração da DVA, entre os componentes que serviram de base para o respectivo registro do ativo construído internamente, os valores gastos nessa construção devem, no período da construção, ser tratados como receitas relativas à construção de ativos próprios.
d) O reconhecimento dos valores gastos no período como outras receitas, além de aproximar do conceito econômico de valor adicionado, evita controles complexos adicionais, que podem ser custosos, durante toda a vida útil econômica do ativo.

11. (Agente — TCE-SP — FCC/2012) Na elaboração da Demonstração do Valor Adicionado, de elaboração obrigatória, a partir de 1.º de janeiro de 2008, para as companhias abertas,

a) o valor dos insumos adquiridos pela companhia devem ser registrados pelo seu custo de aquisição total, sendo incluídos neste os tributos incidentes sobre a sua compra, sejam recuperáveis ou não.
b) no cômputo do Valor Adicionado Bruto, devem ser excluídos os valores relativos à depreciação dos bens classificados no Ativo Imobilizado.
c) os valores de tributos devidos pela companhia devem integrar a parcela do Valor Adicionado distribuída ao Governo, sem a compensação de eventuais créditos tributários classificados como tributos a recuperar.
d) os lucros retidos pela companhia, provenientes do lucro líquido do exercício corrente, não devem figurar como remuneração dos sócios na destinação do Valor Adicionado a Distribuir.
e) a receita financeira recebida pela entidade deve ser computada na apuração do Valor Adicionado Bruto.

12. (Auditor — Infraero — FCC/2011) Em relação à elaboração da Demonstração do Valor Adicionado, é correto afirmar que

a) o Resultado Positivo da Equivalência Patrimonial integra o Valor Adicionado produzido pela entidade.
b) o valor contabilizado para constituição da Provisão para Créditos de Liquidação Duvidosa deve ser somado ao valor das vendas para o cálculo do Valor Adicionado Bruto.

c) o valor da alienação de ativos não circulantes não deve ser computado no cálculo do Valor Adicionado a distribuir pela entidade.
d) na distribuição do valor adicionado, os juros sobre o capital próprio devem ser computados como remuneração do capital de terceiros.
e) no valor dos insumos adquiridos de terceiros devem estar incluídos os impostos incidentes sobre a aquisição, sejam recuperáveis ou não.

13. (AFRFB — ESAF/2012) Nas empresas industriais são classificados como valor adicionado recebido em transferência os

a) resultados de equivalência patrimonial e os dividendos relativos a investimentos avaliados ao custo.
b) dividendos de participações societárias avaliadas pelo método de equivalência e os aluguéis.
c) dividendos distribuídos e os resultados da avaliação de ativos ao seu valor justo.
d) juros sobre o capital próprio creditados e as receitas financeiras de qualquer natureza.
e) gastos com ativos construídos pela empresa para uso próprio e os resultados obtidos com aquisições societárias vantajosas.

14. (AFRFB — ESAF/2014) Na elaboração da Demonstração do Valor Adicionado (DVA), as Receitas Financeiras de Juros recebidas por entidades comerciais e o valor da contribuição patronal para a Previdência Social são, respectivamente:

a) Valor adicionado recebido em transferência e distribuição da riqueza obtida.
b) Distribuição da Riqueza Obtida e Valor adicionado recebido por substituição.
c) Receitas derivadas de produtos ou serviços e item do Valor Adicionado Bruto.
d) Valor Adicionado Bruto e Receitas derivadas de produtos ou serviços.
e) Receitas derivadas de produtos ou serviços e Valor adicionado recebido por substituição.

15. (Especialista — ANAC — ESAF/2016) Sobre a "Demonstração do Valor Adicionado" (DVA), é correto afirmar que:

a) tornou-se obrigatória, por intermédio da Lei n. 11.638/2007 para todas as companhias abertas.
b) como o conceito de "valor adicionado" está intimamente ligado à formação do Produto Interno Bruto (PIB), da mesma forma que uma pessoa que realiza serviços para si mesma não gera incremento no PIB, os ativos construídos pela própria empresa não devem ser contabilizados na DVA.
c) o Valor Adicionado Líquido inclui resultados de equivalência patrimonial.
d) o Valor Adicionado Bruto contempla despesas com depreciação e exaustão.
e) Receitas Financeiras integram o Valor Adicionado Bruto.

16. (Administrador — Eletrosul — FCC/2016) Considere as seguintes afirmações sobre a Demonstração do Valor Adicionado — DVA, que, a partir da edição da Lei n. 11.638, de 2007, passou a constituir peça obrigatória das Demonstrações Financeiras das sociedades anônimas de capital aberto:

I. referida obrigatoriedade se deu em função da convergência com as normas internacionais, já que o DVA também é uma exigência preconizada pelo *International Accounting Standards Board* — IASB.
II. tal peça tem por objetivo apresentar, de forma ordenada e sintética, a riqueza gerada pela entidade em determinado período, bem como a sua distribuição.
III. inclui também o valor adicionado recebido em transferência, ou seja, produzido por terceiros e transferido à entidade.

Está correto o que se afirma APENAS em

a) I e II.
b) II e III.
c) I e III.
d) I.
e) II.

17. (AFR — SEFAZ-RS — CESPE/2019) Informações a respeito da riqueza econômica gerada por uma entidade e sobre a forma de distribuição dessa riqueza podem ser obtidas mediante a análise do(a)

a) balanço patrimonial.
b) demonstração das mutações do patrimônio líquido.
c) demonstração do resultado do exercício.
d) demonstração dos fluxos de caixa.
e) demonstração do valor adicionado.

18. (AFR — SEFAZ-ES/2021) Uma sociedade empresária reconhece um terreno mantido para valorização pelo seu valor justo.

Em 31.12.X1 a sociedade empresária constatou que o valor justo do terreno passou de R$ 100.000 para R$ 120.000.

Assinale a opção que indica a correta contabilização destes R$ 20.000 na Demonstração do Valor Adicionado da empresa, em 31.12.X1.

a) Outras Receitas.
b) Valor Adicionado recebido em transferência.
c) Remuneração de capital próprio.
d) Remuneração de capital de terceiros.
e) O valor não é evidenciado na Demonstração do Valor Adicionado.

19. (Contador — FUB — CESPE/2022) A respeito de divulgação de informações por parte das empresas, julgue o item a seguir.

Na demonstração do valor adicionado, a depreciação contabilizada no período deve ser divulgada como retenção de riqueza, segundo o Pronunciamento Técnico CPC 09 — Demonstração do Valor Adicionado.

( ) Certo ( ) Errado

19.5.2. Questões numéricas sobre DVA

Utilizando os dados a seguir, fazer as próximas 5 questões:

Observe a seguinte Demonstração do Resultado do Exercício, com valores em reais:

ITENS	VALORES ($)
Receita Bruta de Venda	422.400
Devoluções e Abatimentos	(17.600)
Impostos sobre Vendas	(96.800)
Receita Líquida de Venda	308.000
Custo das Mercadorias Vendidas	(211.200)
Lucro Operacional Bruto	96.800
Despesas Administrativas	(44.000)
Despesas Financeiras	(8.800)
Receitas Financeiras	13.200
Lucro Operacional Líquido	57.200
Contribuição Social sobre Lucro	(3.520)
Imposto de Renda	(7.040)
Lucro Líquido	46.640

Composição das Despesas Administrativas (em reais):

— Ordenados e Salários 26.400
— Serviços de Terceiros 7.920
— Materiais de Consumo 5.104
— Depreciação 3.696
— Impostos e Taxas 880
— Total 44.000

1. (BNDES — Contador — CESGRANRIO/2004) Tendo em vista o Demonstrativo do Valor Adicionado — DVA, pode-se afirmar que ficou para o Governo a quantia, em reais, de:

a) 26.400;
b) 27.456;
c) 46.640;
d) 96.800;
e) 108.240.

2. (Do Autor) Tendo em vista o Demonstrativo do Valor Adicionado — DVA, pode-se afirmar que ficou para o pessoal a quantia, em reais, de:

a) 26.400;
b) 27.456;
c) 46.640;
d) 96.800;
e) 108.240.

3. (Do Autor) Tendo em vista o Demonstrativo do Valor Adicionado — DVA, pode-se afirmar que ficou para os sócios ou retida na empresa a quantia, em reais, de:

a) 26.400;
b) 27.456;
c) 46.640;
d) 96.800;
e) 108.240.

4. (Do Autor) Tendo em vista o Demonstrativo do Valor Adicionado — DVA, pode-se afirmar que ficou para terceiros a quantia, em reais, de:

a) 26.400;
b) 27.456;
c) 46.640;
d) 96.800;
e) 8.800.

5. (Do Autor) Tendo em vista o Demonstrativo do Valor Adicionado — DVA, pode-se afirmar que o valor adicionado total a distribuir foi a quantia, em reais, de:

a) 180.576;
b) 224.224;
c) 404.800;
d) 180.576;
e) 190.080.

Utilizando os dados a seguir, solucionar as duas próximas questões:

CIA. BELA	($)	($)
Receita Bruta de Vendas		650.000
(–) Deduções da Receita Bruta		
Devoluções e Abatimentos	50.000	
Impostos sobre Vendas	220.000	270.000

(=) Lucro Líquido de Vendas		380.000
(–) CMV		(170.000)
(=) Lucro Operacional Bruto		210.000
(–) Despesas Operacionais		
Administrativas e Vendas	50.000	
Despesas Financeiras	10.000	
Receitas Financeiras	150.000	(45.000)
(=) Lucro Operacional Líquido		165.000
(–) Contribuição Social		(14.850)
(–) Imposto de Renda		(24.750)
(=) Lucro Líquido		125.400

As despesas administrativas e de vendas estão compostas da seguinte forma:

CONTA	($)
Salários	25.000
Serviços terceirizados	5.000
Material de consumo	3.000
Luz, água e telefone	2.200
Depreciação	4.000
Comissão de vendas	3.200
Taxas municipais	7.600

Com base nas informações anteriores, identifique as respostas das 2 próximas questões.

6. (Contador — MPE-SC — ACAFE/2004) Em relação à estrutura da Demonstração de Valor Adicionado, preconizada pela FIPECAFI, é correto afirmar que o total de valor adicionado, bruto, foi de:

a) $ 425.000;
b) $ 412.200;
c) $ 409.000;
d) $ 430.000;
e) $ 419.800.

7. (Contador — MPE-SC — ACAFE/2004) Em relação à distribuição do valor adicionado, é correto afirmar que o governo e pessoal, respectivamente, receberam:

a) $ 39.600 e $ 28.200;
b) $ 259.600 e $ 25.000;
c) $ 267.200 e $ 28.200;
d) $ 39.600 e $ 25.000;
e) $ 47.200 e $ 28.200.

8. (SEFAZ-RJ — FGV/2009) A Cia. Rubi efetuou as seguintes operações durante o ano de 2009:

Vendas	100.000
Consumo de materiais adquiridos de terceiros	20.000
Receitas financeiras	8.000

Despesas de aluguel	2.000
Receitas de aluguel	1.000
Pagamentos de salários	24.000
Despesas financeiras	5.000
Impostos pagos	2.000
Juros sobre Capital próprio	10.000
Despesa de depreciação	5.000
Dividendos	2.000
Despesa de seguros	4.000
Serviço de terceiros	12.000
Provisão para créditos de liquidação duvidosa	3.000

Em 31.12.2009, o valor adicionado a distribuir da Cia. Rubi será de:

a) $ 65.000.
b) $ 68.000.
c) $ 63.000.
d) $ 69.000.
e) $ 72.000.

9. (SEA-AP — FGV/2010)

Receita de vendas de mercadoria	2.500.000
Custo de mercadorias vendidas	160.000
Materiais, energia e serviços de terceiros	220.000
Depreciação e amortização	120.000
Receitas financeiras	355.000
Resultado de equivalência patrimonial	50.000
FGTS	25.000
Aluguéis	15.000
Dividendos pagos	10.000
Lucros retidos	38.000
Remuneração direta	45.000

Considerando a estrutura da DVA — Demonstração do Valor Adicionado, o Valor Adicionado Bruto será de:

a) R$ 2.000.000.
b) R$ 2.475.000.
c) R$ 2.513.000.
d) R$ 2.120.000.
e) R$ 2.393.000.

10. (SEA-AP — FGV/2010)

Receita de vendas de mercadoria	2.500.000
Custo de mercadorias vendidas	160.000
Materiais, energia e serviços de terceiros	220.000

Depreciação e amortização	120.000
Receitas financeiras	355.000
Resultado de equivalência patrimonial	50.000
FGTS	25.000
Aluguéis	15.000
Dividendos pagos	10.000
Lucros retidos	38.000
Remuneração direta	45.000

Considerando a estrutura da DVA — Demonstração do Valor Adicionado, o Valor Adicionado Líquido Produzido pela Entidade será de:

a) $ 2.000.000.
b) $ 2.475.000.
c) $ 2.513.000.
d) $ 2.120.000.
e) $ 2.173.000.

11. (Contador Jr. — Termoaçu — CESGRANRIO/2008) Analise a demonstração de resultado a seguir, apresentada pela empresa Natal S.A. em dezembro de 2007.

RESULTADO	VALORES EM R$ MIL
Receita Bruta	1.000,00
(–) ICMS sobre Vendas*	(120,00)
Receita Líquida	880,00
(–) Custo das Vendas	(480,00)
Lucro Bruto	400,00
(–) Despesas Operacionais	(300,00)
• Comerciais (de vendas)**	(180,00)
• Administrativas***	(100,00)
• Financeiras	(20,00)
Resultado Operacional	100,00
Resultado Não Operacional	20,00
Lucro Antes do IR	120,00
(–) Imposto de Renda	(30,00)
Lucro Antes das Participações	90,00
(–) Participações de Empregados nos Lucros	(12,00)
Lucro Líquido	78,00

* O ICMS incluído nas compras monta a R$ 55,00.

** Remuneração de vendedores = R$ 70,00; Frete e Propaganda = R$ 80,00; Provisão para Devedores Duvidosos = R$ 30,00.

*** Gastos de pessoal = R$ 60,00; Despesas tributárias = R$ 10,00; Gastos diversos = R$ 30,00.

Com base apenas nos dados apresentados, o Valor Adicionado a Distribuir pelos fatores de produção monta, em R$ mil, a

a) 325.
b) 345.
c) 355.
d) 375.
e) 400.

12. (Contador — FUNAI — ESAF/2016) A empresa comercial Gera Valor S.A. apresentou as seguintes informações referentes ao ano de 2015 (valores em reais):

Receita Bruta de Vendas	1.500.000
(–) Impostos sobre vendas	(225.000)
(=) Receita Líquida de Vendas	1.275.000
(–) Custo das Mercadorias Vendidas	(775.000)
(=) Lucro Bruto	500.000
(–) Despesas operacionais	
Despesa de depreciação	(50.000)
Despesa com salários	(40.000)
Despesa financeira	(30.000)
(=) Lucro antes do IR e CSLL	380.000
(–) Despesa de IR e CSLL	(57.000)
(=) Lucro Líquido	323.000

Sabendo que o valor dos tributos recuperáveis referentes aos produtos comercializados no ano de 2015 foi R$ 75.000,00, o Valor Adicionado Total a Distribuir gerado pela empresa Gera Valor S.A. no ano de 2015 foi, em reais, de

a) 1.500.000,00.
b) 650.000,00.
c) 725.000.00.
d) 323.000,00.
e) 600.000,00.

13. (Analista — TER-SP — FCC/2017) A Demonstração do Valor Adicionado — DVA tem por objetivo evidenciar a riqueza gerada pela empresa em determinado período e a forma como foi distribuída. Para elaborar a sua DVA, a Cia. Aberta obteve algumas informações apresentadas abaixo.

(EM R$)	
Receita de Vendas	700.000,00
Despesa de salários	50.000,00
FGTS depositado nas contas dos funcionários	4.000,00
ICMS incidente sobre as vendas	105.000,00
ICMS incidente sobre as mercadorias vendidas adquiridas de terceiros	30.000,00
INSS, parte empregador	11.000,00

Com base nessas informações, a riqueza distribuída na forma de impostos, taxas e contribuições foi, em reais,

a) 150.000,00.
b) 116.000,00.
c) 120.000,00.
d) 86.000,00.
e) 90.000,00.

14. (AFR — SEFIN-RO — FGV/2018) A Cia. Dado apresentava o seguinte balanço patrimonial em 31.12.2016.

ATIVO		PATRIMÔNIO LÍQUIDO	
Caixa	100.000	Capital Social	150.000
Estoques	50.000	Reserva de Ágio	50.000
Terreno	80.000	Reserva de Lucros	30.000
Ativo Total	230.000	PL Total	230.000

Em 2017, aconteceram os fatos a seguir.

— Em 1.º.01, a empresa aplicou R$ 30.000 em uma aplicação financeira de longo prazo com rendimento de 2% ao ano;

— A empresa vendeu o terreno por R$ 70.000;

— A empresa reconheceu receita de serviços no valor de R$ 300.000 para recebimento em 2018. A empresa considera perdas estimadas com crédito de liquidação duvidosa de 3%;

— A empresa reconheceu e pagou despesas de aluguel no valor de R$ 12.000;

— A empresa reconheceu e pagou despesas de salários no valor de R$ 30.000, sendo que R$ 20.000 para empregados próprios e R$ 10.000 para terceirizados;

— A empresa reconheceu e pagou imposto sobre a renda de 34%;

— A empresa reconheceu e pagou dividendos de 25% sobre o resultado de 2017 e dos anos anteriores, que não haviam sido reconhecidos.

Sobre a divisão do valor adicionado, a distribuir em 31.12.2017, assinale a afirmativa correta.

a) Os financiadores receberam R$ 12.600.
b) Os sócios receberam R$ 47.034.
c) O governo recebeu R$ 81.464.
d) O governo recebeu R$ 92.344.
e) Os sócios receberam R$ 165.636.

15. (FTM Cariacica — AOCP/2020) Foram registradas as seguintes informações para a composição e a elaboração da Demonstração do Valor Adicionado (DVA) de uma sociedade anônima:

Despesas com salários e encargos sociais:	R$ 5.000,00
Vendas de mercadorias, produtos e serviços:	R$ 80.000,00
Remuneração de capitais de terceiros:	R$ 1.000,00
Custo dos produtos, das mercadorias e dos serviços vendidos:	R$ 60.000,00
Materiais, energia, serviços de terceiros e outros:	R$ 6.000,00
Impostos, taxas e contribuições:	R$ 8.000,00
Depreciação, amortização e exaustão:	R$ 1.400,00
Variação cambial ativa:	R$ 1.700,00
Receita financeira:	R$ 1.200,00
Remunerações de capitais próprios:	R$ 1.500,00

Com base no exposto, é correto afirmar que o Valor Adicionado Líquido da sociedade será de

a) R$ 11.200,00.
b) R$ 12.600,00.
c) R$ 14.000,00.
d) R$ 15.500,00.

16. (Contador — IMBEL — FGV/2021) Uma empresa apresenta a seguinte Demonstração do Resultado do Exercício, em 31.12.X0.

Receita de Vendas	500.000
Custo das Mercadorias Vendidas	–200.000
Lucro Bruto	300.000
Despesas operacionais	
Depreciação	-50.000
Salários (empregados próprios)	-60.000
Outras receitas e despesas operacionais	
Venda de carro	20.000
Receita antes do resultado financeiro	210.000
Despesas financeiras	-40.000
LAIR	170.000
IRCS	-57.800
Lucro líquido	112.200

Em relação à Demonstração do Valor Adicionado da empresa, em 31.12.X0, assinale a afirmativa correta.

a) O valor adicionado bruto é de R$ 270.000.
b) O valor adicionado a distribuir é de R$ 230.000.
c) O valor adicionado recebido em transferência é de R$ 20.000.
d) A remuneração de capital de terceiros é de 37,04% do valor adicionado a distribuir.
e) A remuneração do capital próprio é de 41,56% do valor adicionado a distribuir.

20

DEMONSTRAÇÕES CONSOLIDADAS

20.1. INTRODUÇÃO

A consolidação só se aplica a uma empresa que controle pelo menos uma outra empresa, que é designada como empresa controlada. Consolidar significa apresentar um documento, isto é, uma demonstração contábil, que represente a "soma" de todas as contas similares da controladora com a de suas controladas. Algumas eliminações devem ser feitas, por exemplo, eliminar a participação do controlador na controlada e qualquer saldo de transações de uma empresa em relação à outra.

O objetivo da consolidação é a demonstração da força do grupo econômico, formado pela controladora e suas controladas.

20.2. DEFINIÇÕES

A norma que regulamenta todos os aspectos que devem ser considerados em relação ao processo de consolidação é a NBC TG 36. Em seu apêndice A, encontramos as definições relacionadas com a consolidação das demonstrações contábeis, a seguir apresentarei essas definições e em algumas definições incluí alguns comentários para explicar a definição, são eles:

- **Demonstrações consolidadas:** são as demonstrações contábeis de grupo econômico, em que os ativos, passivos, patrimônio líquido, receitas, despesas e fluxos de caixa da controladora e de suas controladas são apresentados **como se fossem uma única entidade econômica.**

  Comentário: em resumo, representam a força do grupo pela soma dos valores das contas similares, realizando eliminações e ajustes característicos do processo de consolidação.
- **Controle de investida**: um investidor controla a investida quando *está exposto a, ou tem direitos sobre, retornos variáveis decorrentes de seu envolvimento com a investida e tem a capacidade de afetar esses retornos por meio de seu poder sobre a investida.*

  Comentário: é o exercício do poder, afetando os retornos em função dos seus direitos sobre a investida.
- **Entidade de investimento:** é a entidade que:

  (a) obtém recursos de um ou mais investidores com o intuito de prestar a esses investidores serviços de gestão de investimento;

(b) se compromete com os seus investidores no sentido de que seu propósito comercial é investir recursos exclusivamente para retornos de valorização do capital, receitas de investimentos ou ambos; e
(c) mensura e avalia o desempenho de substancialmente todos os seus investimentos com base no valor justo.

Comentário: entidade de investimento é normalmente um fundo de investimento que é composto por quotas de capital ou ações de diversas empresas, em alguns casos pode até controlar algumas dessas empresas. Neste tipo de empresa os valores investidos são avaliados a valor justo e desta forma não devem fazer parte da consolidação porque o objetivo não é de permanência nem possuem característica estratégica operacional.

- **Tomador de decisões**: entidade com direitos de tomada de decisões que seja principal ou agente de outras partes.
- **Grupo econômico:** é a controladora e todas as suas controladas. Participação de não controlador é a parte do patrimônio líquido da controlada não atribuível, direta ou indiretamente, à controladora.

Comentário: só fazem parte de grupos econômicos a controladora (*holding*) e suas controladas. Coligadas não fazem parte de grupos econômicos e desta forma não fazem parte da consolidação.

- **Controladora:** é uma entidade que controla uma ou mais controladas.
- **Controlada:** é a entidade que é controlada por outra entidade.
- **Poder:** são direitos existentes que dão a capacidade atual de dirigir as atividades relevantes.
- **Atividades relevantes**: para os fins dessa Norma, atividades relevantes são as atividades da investida que afetam significativamente os seus retornos.
- **Direitos de proteção:** são direitos destinados a proteger o interesse da parte que os detém, sem dar a essa parte poder sobre a entidade à qual esses direitos se referem.

Comentário: um exemplo de **direito de proteção** pode ser a exclusividade no fornecimento de uma matéria-prima por um período estabelecido, em função do desenvolvimento feito exclusivamente para seu cliente. O fornecedor não tem poderes em relação a seu cliente em função desse direito de fornecimento por um determinado período.

- **Direitos de destituição:** são direitos de privar o tomador de decisões de sua autoridade de tomada de decisões.

Comentário: um exemplo de **direitos de destituição** pode ser o direito de um sócio de participar das decisões se ele se tornar sócio de um concorrente.

20.2.1. Definições de controle na Lei n. 6.404/76 e na NBC TG 36

Uma investidora controladora, controla uma empresa, **segundo a Lei n. 6.404/76**, quando tem sobre ela preponderância nas decisões e o poder de eleger a maioria de seus administradores. Essa situação ocorre, normalmente, quando o investidor possui a maioria das ações com direito a voto.

Segundo a Norma NBC-TG 36, em seu item 6, o investidor controla a investida se, e somente se, o investidor possuir todos os atributos seguintes:

- poder sobre a investida;
- exposição a, ou direitos sobre, retornos variáveis decorrentes de seu envolvimento com a investida; e
- capacidade de utilizar seu poder sobre a investida para afetar o valor de seus retornos.

O item 10 da Norma NBC TG 36 define o que é poder sobre a investida:

"O investidor tem poder sobre a investida quando tem direitos existentes que lhe dão a capacidade atual de dirigir as atividades relevantes, ou seja, as atividades que afetam significativamente os retornos da investida."

Sociedade de comando de grupo segundo a Lei n. 6.404/76

Este tipo de sociedade não necessita ser uma sociedade anônima. Um conjunto de empresas controladas por uma única empresa pode utilizar a designação "GRUPO X"; para isso, deverá requerer registro formal no órgão local competente, apresentando a convenção do grupo. Esta determinação legal está na Lei n. 6.404/76, no art. 265, transcrito a seguir:

Art. 265. A sociedade controladora e suas controladas podem constituir, nos termos deste Capítulo, **grupo de sociedades**, mediante convenção pela qual se obriguem a combinar recursos ou esforços para a realização dos respectivos objetos, ou a participar de atividades ou empreendimentos comuns.

§ 1.º A sociedade controladora, ou de comando do grupo, deve ser brasileira, e exercer, direta ou indiretamente, e de modo permanente, o controle das sociedades filiadas, como titular de direitos de sócio ou acionista, ou mediante acordo com outros sócios ou acionistas.

Art. 266. As relações entre as sociedades, a estrutura administrativa do grupo e a coordenação ou subordinação dos administradores das sociedades filiadas serão estabelecidas na **convenção do grupo**, mas **cada sociedade conservará personalidade e patrimônios distintos**.

Art. 267. O grupo de sociedades terá designação de que constarão as palavras **"grupo de sociedades" ou "grupo".**

Parágrafo único. **Somente os grupos organizados de acordo com este Capítulo poderão usar designação com as palavras "grupo" ou "grupo de sociedade".**

20.3. OBRIGATORIEDADE DE CONSOLIDAR

Antes de estudarmos o que é consolidar demonstrações contábeis com detalhes, temos de saber quem está obrigado a consolidar. A Norma Brasileira de Contabilidade Técnica Geral 36 (NBC TG 36) exige que a entidade (controladora) que controle uma ou mais entidades (controladas) apresente demonstrações consolidadas.

A Lei n. 6.404/76, em seu art. 249, exige a consolidação para as sociedades anônimas de capital aberto que tenham mais de 30% do seu patrimônio líquido investidos em controladas e, no seu art. 275, também exige consolidação para um grupo de sociedades comandadas por uma sociedade de comando de grupo, mesmo que esta sociedade não seja uma sociedade anônima.

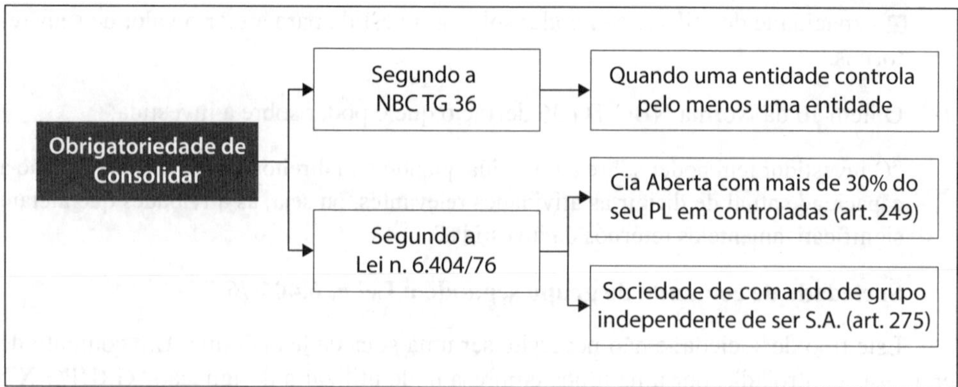

A Norma é mais abrangente sobre a obrigatoriedade de consolidação porque exige que toda controladora que possua uma controlada deva consolidar. Fique atento para perguntas em sua prova em que possam ser exclusivamente o que determina a Lei das Sociedades Anônimas. Não se esqueça de que não se consolidam coligadas.

20.3.1. Dispensa de consolidação

A Norma NBC TG 36 apresenta uma orientação de dispensa que está expressa em seu item 4, transcrito a seguir:

- a controladora é ela própria uma controlada (integral ou parcial) de outra entidade, a qual, em conjunto com os demais proprietários, incluindo aqueles sem direito a voto, foram consultados e não fizeram objeção quanto à não apresentação das demonstrações consolidadas pela controladora;
- seus instrumentos de dívida ou patrimoniais não são negociados publicamente (bolsa de valores nacional ou estrangeira ou mercado de balcão, incluindo mercados locais e regionais);
- ela não tiver arquivado nem estiver em processo de arquivamento de suas demonstrações contábeis junto a uma Comissão de Valores mobiliários ou outro órgão regulador, visando à distribuição pública de qualquer tipo ou classe de instrumento no mercado de capitais; e
- a controladora final, ou qualquer controladora intermediária da controladora, disponibiliza ao público suas demonstrações em conformidade com os pronunciamentos do Comitê de Pronunciamentos Contábeis (CPC).

A controladora que é entidade de investimento não deve apresentar demonstrações contábeis consolidadas **se estiver obrigada a mensurar todas as suas controladas ao valor justo por meio do resultado**. Uma entidade de investimento, de acordo com o item 31 dessa Norma deve avaliar seus investimentos (especulativos) a valor justo por meio de resultado.

O item 32 da NBC TG 36 ressalta que se uma entidade de investimento tiver uma participação em outra entidade que não seja entidade de investimento e que preste serviços relacionados, neste caso, deve consolidar, isto é, se uma entidade de investimento tem participação em uma outra de consultoria financeira por exemplo, isso significa que que essa outra empresa é uma extensão operacional do seu negócio e neste caso cabe a consolidação.

Também não será mais necessária a consolidação se a investida deixar de ser uma controlada. Essa orientação encontra-se no item 25 da NBC TG 36, isto é, ocorreu um aumento de capital na ex-controlada e a investidora por algum motivo não acompanhou o aumento de capital perdendo a condição de controladora, neste caso continuará avaliando o investimento segundo a NBC TG 18 e enquanto tiver participação maior do que 20% (vinte por cento) do capital votante ou influência significativa, deverá aplicar equivalência patrimonial.

20.3.1.1. Entidade de investimento

Para não deixar dúvidas sobre o que é uma entidade de investimento, o item 27 da NBC-TG 36 a define como uma entidade que:

- obtém recursos de um ou mais investidores com o intuito de prestar a esses investidores serviços de gestão de investimento;
- se compromete com os seus investidores no sentido de que seu propósito comercial é investir recursos exclusivamente para retornos de valorização do capital, receitas de investimentos ou ambos; e
- mensura e avalia o desempenho de substancialmente todos os seus investimentos com base no valor justo.

Enfim, entidade de investimento é uma gestora de recursos com fins exclusivos de rentabilizar de forma especulativa o capital dos investidores. As participações permanentes em investidas não representam aplicações permanentes.

20.3.1.2. Desconhecer (descontabilizar) na perda de controle

Quando uma controladora perde o controle em uma investida a Norma NBC TG 36 orienta que os ativos e passivos sejam retirados ou não considerados na consolidação. No momento da perda de controle, deve ser realizada uma avaliação a valor justo do investimento na ex-controlada. Esse valor deve ser considerado como valor do instrumento financeiro no ativo circulante ou ARLP ou ainda como custo de investimento em coligada ou controlada em conjunto a ser apresentado no subgrupo investimento. Essas orientações estão previstas no item 25 da NBC TG 36, transcrito a seguir:

NBC TG 36 Item 25. Se a controladora perder o controle da controlada, a controladora deve:

(a) desreconhecer os ativos e passivos da ex-controlada do balanço patrimonial consolidado;

(b) reconhecer o investimento remanescente na ex-controlada, se houver, e, subsequentemente, contabilizar esse investimento e quaisquer montantes a pagar ou a receber da ex-controlada, de acordo com as Normas, Orientações e Interpretações aplicáveis do CPC. Essa participação mantida deve ser remensurada, conforme descrito nos itens B98(b)(iii) e B99A. O valor remensurado no momento que esse controle é perdido deve ser considerado como o valor justo no reconhecimento inicial de ativo financeiro de acordo com a Norma NBC TG 38 — Instrumentos Financeiros: Reconhecimento e Mensuração ou, quando apropriado, como custo no reconhecimento inicial de investimento em coligada ou empreendimento controlado em conjunto, se for o caso;

(c) reconhecer o ganho ou a perda associado à perda do controle atribuível à ex-controladora, como especificado nos itens B98 a B99A.

20.4. DEMONSTRAÇÕES A CONSOLIDAR

No que diz respeito a que demonstrações consolidar, existem diferenças entre as orientações na Lei n. 6.404/76 e na NBC TG 36. Vejamos o que está orientado em cada um desses normativos.

20.4.1. Demonstrações a consolidar segundo a Norma NBC TG 36

A norma NBC TG 36 cita os subgrupos do balanço patrimonial, os subgrupos da demonstração do resultado (DRE) e os fluxos de caixa (DFC).

NBC TG 36 Item B86. Demonstrações consolidadas devem:

(a) combinar itens similares de ativos, passivos, patrimônio líquido, receitas, despesas e fluxos de caixa da controladora com os de suas controladas;

20.4.2. Demonstrações a consolidar segundo a Lei 6.404/76

A Lei n. 6.404/76, nos arts. 249 e 250, cita a consolidação apenas do Balanço Patrimonial e a Demonstração de Resultado e transfere para a CVM a regulamentação complementar.

O CPC 36 (R3) a partir do item B86, quando detalha os procedimentos de consolidação, cita procedimentos referentes ao Balanço Patrimonial, Demonstração de Resultado e Fluxo de Caixa (DFC).

Desta forma, pode-se concluir que devemos consolidar o balanço patrimonial, a demonstração do resultado e a demonstração dos fluxos de caixa.

20.5. PREMISSAS E PROCEDIMENTOS DE CONSOLIDAÇÃO

O conceito básico de consolidação consiste na agregação ou soma das demonstrações financeiras da controladora com suas controladas. De forma simplificada, consolidar é a soma (agregação) das contas similares linha a linha. Não se esqueça de que somente é possível consolidar controladas.

20.5.1. Políticas uniformes

Para que possa ocorrer a agregação dos valores de contas similares, as políticas contábeis da controladora e de suas controladas devem ser uniformes, esta orientação encontra-se no item 19 da norma, transcrito a seguir:

> NBC TG 36. Item 19. **A controladora deve elaborar demonstrações consolidadas utilizando políticas contábeis uniformes** para transações similares e outros eventos em circunstâncias similares.

Uniformidade significa mesmos métodos para itens similares. Por exemplo, se a controladora utiliza para avaliar estoque o método da média ponderada a controlada também deve utilizar a média ponderada para itens similares.

20.5.2. Início e fim da consolidação

O início da consolidação deve ocorrer a partir do momento que a controladora assume o controle da controlada. Essa orientação encontra-se no item 20 da Norma, transcrito a seguir:

> **NBC TG 36. Item 20.** A consolidação da investida se **inicia a partir da data em que o investidor obtiver o controle da investida** e cessa quando o investidor perder o controle da investida.

20.5.3. Diferença de data das demonstrações

A norma NBC TG 36 orienta em seus itens B92 e B93, transcritos a seguir, que a diferença de datas entre as demonstrações da controladora e controladas não deve ser superior a 60 dias e que o período das demonstrações da controladora e controladas deve ter a mesma duração; caso as demonstrações tenham data de elaboração superior a 60 dias, deverão ser realizados ajustes.

> NBC TG 36. Item B92. **As demonstrações contábeis da controladora e de suas controladas** utilizadas na elaboração das demonstrações consolidadas devem ter a **mesma data-base.**
>
> NBC TG 36. Item B93. Se for impraticável fazê-lo, a controladora deve consolidar as informações contábeis da controlada usando as demonstrações contábeis mais recentes da controlada, *ajustadas para refletir os efeitos de transações ou eventos significativos* ocorridos entre a data dessas demonstrações contábeis e a data das demonstrações consolidadas. **Em qualquer caso, a diferença** entre a data das demonstrações contábeis da controlada e a das demonstrações consolidadas **não deve ser superior a dois meses**, e a duração dos períodos das demonstrações contábeis e qualquer diferença entre as datas das demonstrações contábeis devem ser as mesmas de período para período

20.5.4. Procedimentos de consolidação segundo a norma NBC TG 36

No item B86 da NBC TG 36, transcrito a seguir, encontramos as orientações para a combinação (soma) de contas similares, eliminação do investimento com a participação do capital no patrimônio líquido da controlada e as eliminações das transações entre a controladora e controlada.

NBC TG 36 Item B86. Demonstrações consolidadas devem:

(a) **combinar itens similares** de ativos, passivos, patrimônio líquido, receitas, despesas e fluxos de caixa da controladora com os de suas controladas;

(b) **compensar (eliminar) o valor contábil do investimento da controladora em cada controlada e a parcela da controladora no patrimônio líquido de cada controlada** (o Pronunciamento Técnico CPC 15 explica como contabilizar qualquer ágio correspondente);

(c) **eliminar integralmente** ativos e passivos, patrimônio líquido, receitas, despesas e fluxos de caixa intragrupo relacionados a **transações entre entidades do grupo** (resultados decorrentes de transações intragrupo que sejam reconhecidos em ativos, tais como estoques e ativos fixos, são eliminados integralmente). Os prejuízos intragrupo podem indicar uma redução no valor recuperável de ativos, que exige o seu reconhecimento nas demonstrações consolidadas. O Pronunciamento Técnico CPC 32 — Tributos sobre o Lucro se aplica a diferenças temporárias, que surgem da eliminação de lucros e prejuízos resultantes de transações intragrupo.

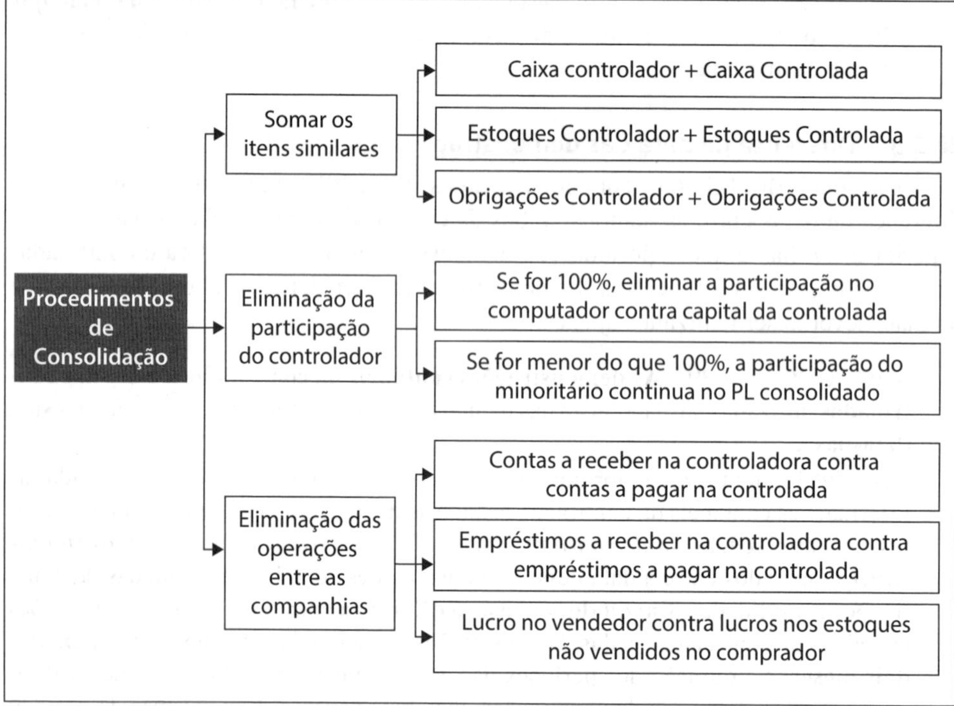

20.5.4.1. Participação dos sócios minoritários

A NBC TG 36 em seu item 22, transcrito a seguir, deixa claro que a participação dos sócios minoritários deve ser apresentada no patrimônio líquido consolidado de forma destacada.

NBC TG 36 (R3). Item 22. A controladora deve apresentar as **participações de não controladores** no balanço patrimonial consolidado, **dentro do patrimônio líquido**, *separadamente do patrimônio líquido dos proprietários da controladora.*

20.5.4.2. Apresentação do ágio na consolidação

Existem situações em que a controladora pagou ágio na aquisição de uma controlada. Esse ágio pago deve ser apresentado no subgrupo investimento no balanço individual da controladora (investidora). Na consolidação o valor do ágio pago na aquisição deve ser transferido para o subgrupo intangível do ativo não circulante consolidado. Esta orientação está na ITG 09 item 26, transcrito a seguir:

ITG 09 Item 26. No balanço consolidado, o ágio (*goodwill*) fica registrado no subgrupo do Ativo Intangível por se referir à expectativa de rentabilidade da controlada adquirida, cujos ativos e passivos estão consolidados nos da controladora. **Já no balanço individual da controladora, esse ágio fica no seu subgrupo de Investimentos,** do mesmo grupo de Ativos Não Circulantes, porque, para a investidora, faz parte do seu investimento na aquisição da controlada, não sendo ativo intangível seu (como dito atrás, a expectativa de rentabilidade futura — o genuíno intangível — é da controlada). O processo de reconhecimento de *impairment*, por outro lado, se aplica igualmente à conta de ágio (*goodwill*) no balanço consolidado e à subconta também de ágio (*goodwill*) no balanço individual.

20.6. EXEMPLOS DE CONSOLIDAÇÃO

Os procedimentos de consolidação de demonstrações contábeis apresentados no item 20.5.4 de forma resumida são os seguintes:

- Elimina-se a participação societária do balanço do controlador contra sua participação de capital na controlada. Se a participação do controlador não for de 100%, a parte do minoritário deve ser mantida dentro do patrimônio líquido consolidado com o nome participação de minoritários.
- As operações pendentes entre as empresas devem ser eliminadas umas contra as outras, isto é, se a controladora emprestou dinheiro para a controlada, este valor deve ser eliminado contra o débito na controlada e, desta forma, deve ser feito em todas as operações pendentes entre as empresas.

A seguir, vamos exemplificar a consolidação de balanços patrimoniais, demonstração do resultado e fluxos de caixa.

20.6.1. Consolidação de subsidiária integral

A controladora Alfa tem 100% de participação na Cia. Beta, o capital de Beta, completamente integralizado, é de R$ 100.000,00 e não existem operações entre as empresas.

ATIVOS	Cia. Alfa	Cia. Beta
Ativo circulante	**1.000.000**	
Disponível	150.000	100.000
Contas a receber	450.000	—
Estoques	350.000	—
Despesas antecipadas	50.000	—
Ativo não circulante	**2.000.000**	
Participação societária	100.000	—
Imobilizado	1.300.000	—
(–) Depreciação acumulada	(100.000)	—
Intangível	700.000	—
Total do ATIVO	**3.000.000**	—
PASSIVOS e PLs	**Cia. Alfa**	**Cia. Beta**
Passivo circulante	400.000	
Fornecedores	250.000	—
Contas a pagar	150.000	—
Passivo não circulante	600.000	—
Empréstimo	200.000	—
Tributos diferidos	400.000	—
Patrimônio líquido	2.000.000	—
Capital	1.800.000	100.000
Reservas	200.000	—
Total Passivo + PL	3.000.000	100.000

20.6.1.1. Papel de trabalho da consolidação

A seguir, apresentamos os ativos e passivos da controladora e da controlada, lado a lado, e as colunas de ajustes de natureza devedora e credora, a coluna no extremo direito representa o balanço consolidado.

A consolidação, de forma geral, é a soma linha a linha dos saldos das contas da controladora com os saldos das contas com a controlada.

Neste exemplo de consolidação de Controladora com a Controlada (subsidiária integral), o único ativo da controlada é o disponível de R$ 100.000,00 que possui como contrapartida o capital no patrimônio líquido (PL) da controlada, como somamos o disponível das duas empresas temos que eliminar o investimento no controlador em contrapartida ao capital na investida-controlada. Essas eliminações são feitas realizando o registro credor na linha da participação societária em contrapartida a um ajuste devedor na linha do capital da controlada.

Como consolidar é somar, realizando um ajuste credor de R$ 100.000,00 na linha onde estamos somando o valor da conta participação societária que é um valor de natureza devedora, este valor desaparece na coluna, relativo ao balanço consolidado.

Da mesma forma, se lançamos um valor devedor de R$ 100.000,00 na linha da conta capital, que é uma conta credora, o total da soma será zero, desta forma, estaremos eliminando o valor do investimento na Cia. Beta pelo controlador, contra o capital de Beta.

ATIVO	Cia. Alfa	Cia. Beta	AJUSTES		Consolidado
			D	C	
Ativo circulante	**1.000.000**				**1.100.000**
Disponível	150.000	100.000	—	—	250.000
Contas a receber	450.000	—	—	—	450.000
Estoques	350.000	—	—	—	350.000
Despesas antecipadas	50.000	—	—	—	50.000
Ativo Não circulante	**2.000.000**				**1.900.000**
Participação societária	100.000	—	—	100.000(1)	0
Imobilizado	1.300.000	—	—	—	1.300.000
(–) Depreciação acumulada	(100.000)	—	—	—	(100.000)
Intangível	700.000	—	—	—	700.000
Total do ATIVO	**3.000.000**	**—**	**—**	**100.000(1)**	**3.000.000**

PASSIVO	Cia. Alfa	Cia. Beta	AJUSTES		Consolidado
			D	C	
Passivo circulante	**400.000**				**400.000**
Fornecedores	250.000	—	—	—	250.000
Contas a pagar	150.000	—	—	—	150.000
Passivo não circulante	**600.000**	—	—	—	**600.000**
Empréstimo	200.000	—	—	—	200.000
Tributos diferidos	400.000	—	—	—	400.000
Patrimônio líquido	**2.000.000**	**—**	**—**	**—**	**2.000.000**
Capital	1.800.000	100.000	100.000(1)	—	1.800.000
Reservas	200.000	—	—	—	200.000
Total	**3.000.000**	**100.000**	**100.000**	—	**3.000.000**

20.6.2. Controladora com participação de 60% na controlada

A controladora tem 60% (sessenta por cento) de participação na controlada equivalente a R$ 60.000,00 do capital total de R$ 100.000,00,

Neste caso, além da soma linha a linha e da eliminação da participação societária contra o capital da controlada, existem sócios minoritários que possuem 40% da empresa; essa participação deverá ser apresentada dentro do Patrimônio Líquido consolidado.

O valor da participação do controlador será eliminado contra a parte do capital social da controlada (60%); os outros 40% pertencentes aos sócios minoritários permanecem no balanço consolidado sob a designação participação do minoritário.

ATIVO	Cia. Alfa	Cia. Beta
Ativo circulante	**1.040.000**	
Disponível	190.000	100.000
Contas a receber	450.000	—
Estoques	350.000	—
Despesas antecipadas	50.000	—
Ativo não circulante	**2.060.000**	
Participação societária	60.000	—
Imobilizado	1.300.000	—
(–) Depreciação acumulada	(100.000)	—
Intangível	700.000	—
Total do ATIVO	**3.100.000**	**100.000**
PASSIVO	Cia. Alfa	Cia. Beta
Passivo circulante	400.000	
Fornecedores	250.000	—
Contas a pagar	150.000	—
Passivo não circulante	600.000	—
Empréstimo	200.000	—
Tributos diferidos	400.000	—
Patrimônio líquido	2.100.000	—
Capital	1.900.000	100.000
Reservas	200.000	—
Total	**3.100.000**	**100.000**

20.6.2.1. Papel de trabalho da consolidação

A seguir, o papel de trabalho referente aos ativos das empresas. Todos os saldos estão somados linha a linha, exceto a linha referente à participação societária do controlador na controlada, que tem um ajuste credor na linha, para eliminar esse valor.

ATIVO	Cia. Alfa	Cia. Beta	AJUSTES		CONSOLIDADO
			D	C	
Ativo circulante	**1.040.000**				**1.140.000**
Disponível	190.000	100.000	—	—	290.000
Contas a receber	450.000	—	—	—	450.000
Estoques	350.000	—	—	—	350.000
Despesas antecipadas	50.000	—	—	—	50.000
Ativo não circulante	**2.060.000**				**2.000.000**
Participação societária	60.000	—	—	60.000[1]	0
Imobilizado	1.300.000	—	—	—	1.300.000
(–) Depreciação acumulada	(100.000)	—	—	—	(100.000)
Intangível	700.000	—	—	—	700.000
Total do ATIVO	**3.100.000**	**100.000**	**—**	**60.000[1]**	**3.140.000**

A seguir, o papel de trabalho referente aos passivos e PL das empresas. Todos os saldos estão somados linha a linha, exceto a linha referente ao capital da controlada que possui um ajuste devedor eliminando o capital de R$ 100.000,00 em dois valores, R$ 60.000,00 em contrapartida à eliminação do investimento do controlador e R$ 40.000,00 referente à participação dos sócios minoritários. A parcela de R$ 60.000,00 do capital da investida é eliminada contra o valor do investimento, também de R$ 60.000,00, a parcela de R$ 40.000,00 do capital da controlada, apenas muda de linha no balanço consolidado, apenas é eliminada na linha de capital e reinserida no linha de cima e de forma destacada, como participação dos minoritários.

PASSIVO	Cia. Alfa	Cia. Beta	AJUSTES		CONSOLIDADO
			D	C	
Passivo circulante	**400.000**				**400.000**
Fornecedores	250.000	—	—	—	250.000
Contas a pagar	150.000	—	—	—	150.000
Passivo não circulante	**600.000**	—	—	—	**600.000**
Empréstimo	200.000	—	—	—	200.000
Tributos diferidos	400.000	—	—	—	400.000
Patrimônio líquido	**2.100.000**	—	—	—	**2.040.000**
Participação minoritários				40.000,00[(2)]	**40.000**
Capital	1.900.000	100.000	60.000,00[(1)] 40.000,00[(2)]	—	1.800.000
Reservas	200.000	—	—	—	200.000
Total	**3.100.000**	**100.000**	**100.000**	**40.000**	**3.140.000**

20.6.3. Consolidação com minoritários e operações entre empresas

Dados:

a) Controladora (Alfa) tem 60% (sessenta por cento) da controlada (Beta);

b) A Cia. Beta adquiriu $ 200.000 em mercadorias, das quais $ 80.000 foram vendidas à Cia. A pelo preço de custo;

c) A Cia. Alfa vendeu 70% (setenta por cento) do estoque à vista para terceiros por $ 120.000;

d) No final do período, a Cia. Alfa ainda não tinha pago à Cia. Beta; e

e) A Cia. Alfa emprestou $ 150.000 à Cia. Beta para pagamento no próximo exercício.

Balanços das empresas Alfa e Beta

ATIVO	Cia. Alfa	Cia. Beta
Ativo circulante	**1.000.000**	**300.000**
Disponível	150.000	100.000
Contas a receber	450.000	80.000
Estoques	350.000	120.000
Despesas antecipadas	50.000	—
Ativo não circulante	**2.000.000**	
Empréstimo	190.000	
Participação societária	72.000	—

Imobilizado	1.150.000	100.000
(–) Depreciação acumulada	(100.000)	—
Intangível	688.000	70.000
Total do ATIVO	**3.000.000**	**470.000**
PASSIVO	Cia. Alfa	Cia. Beta
Passivo circulante	**400.000**	
Fornecedores	250.000	200.000
Contas a pagar	150.000	—
Passivo não circulante	**600.000**	—
Empréstimo	200.000	150.000
Tributos diferidos	400.000	—
Patrimônio líquido	**2.000.000**	—
a) Capital	b) 1.800.000	c) 100.000
Reservas	200.000	20.000
Total	**3.000.000**	**470.000**

20.6.3.1. Papel de trabalho da consolidação dos ativos

a) Controladora (Alfa) tem 60% (sessenta por cento) da controlada (Beta).

b) A Cia. Beta adquiriu $ 200.000 em mercadorias, das quais $ 80.000 foram vendidas à Cia. A pelo preço de custo.

c) A Cia. Alfa vendeu 70% (setenta por cento) do estoque à vista para terceiros por $ 120.000.

d) No final do período, a Cia. Alfa ainda não tinha pago à Cia. Beta.

e) A Cia. Alfa emprestou $ 150.000 à Cia. Beta para pagamento no próximo exercício.

Na terceira linha, temos o ajuste credor de R$ 80.000,00, descrito nas alíneas "b" e "d", referente à venda a prazo feita pela controlada (Beta) à controladora (Alfa), que representa a eliminação do valor a receber da controladora.

Na sétima linha, temos um ajuste credor de R$ 150.000,00, referente à eliminação do empréstimo a receber que a controladora tem em relação à controlada.

Na oitava linha, temos o ajuste credor de R$ 72.000,00 referente à eliminação da participação do controlador na controlada. Esses R$ 72.000,00 referem-se à participação de 60% no capital da controlada (60% de R$ 100.000,00 = R$ 60.000,00) e 60% de participação nas reservas de lucros (60% de R$ 20.000,00 = R$ 12.000,00).

ATIVO	Cia. Alfa	Cia. Beta	AJUSTES		CONSOLIDADO
			D	C	
Ativo circulante	**1.000.000**	**300.000**			**1.220.000**
Disponível	150.000	100.000	—	—	250.000
Contas a receber	450.000	80.000	—	80.000[(3)]	450.000
Estoques	350.000	120.000	—	—	470.000
Despesas antecipadas	50.000	—	—	—	50.000
Ativo não circulante	**2.000.000**				**1.948.000**
Empréstimo	190.000			150.000[(4)]	40.000

Participação societária	72.000	—	—	72.000[1]	0
Imobilizado	1.150.000	100.000	—	—	1.250.000
(–) Depreciação acumulada	(100.000)	—	—	—	(100.000)
Intangível	688.000	70.000	—	—	758.000
Total do ATIVO	**3.000.000**	**470.000**	—	**72.000**[1]	**3.168.000**

20.6.3.2. Papel de trabalho da consolidação dos passivos

a) Controladora (Alfa) tem 60% (sessenta por cento) da controlada (Beta).

b) A Cia. Beta adquiriu $ 200.000 em mercadorias, das quais $ 80.000 foram vendidas à Cia. A pelo preço de custo.

c) A Cia. Alfa vendeu 70% (setenta por cento) do estoque à vista para terceiros por $ 120.000.

d) No final do período, a Cia. Alfa ainda não tinha pago à Cia. Beta.

e) A Cia. Alfa emprestou $ 150.000 à Cia. Beta para pagamento no próximo exercício.

Na segunda linha (eventos das alíneas "b" e "d"), temos um registro devedor de R$ 80.000,00, que representa a eliminação do valor a pagar que a controladora tem em relação à sua controlada. Esse valor está incluído nos R$ 250.000,00 dos débitos com os fornecedores da controladora.

Na quinta linha de ajustes (evento da alínea "e"), temos um registro devedor de eliminação de R$ 150.000,00, que tem a função de eliminar o empréstimo a pagar que a controlada tem em relação à controladora.

Na nona linha de ajustes, temos o ajuste devedor de R$ 100.000,00 referente à eliminação da participação do controlador no capital da controlada (R$ 60.000,00) e realocação da participação dos minoritários no capital da controlada (R$ 40.000,00).

Na linha dez de ajustes, temos o ajuste devedor de R$ 20.000,00 referente à eliminação da participação do controlador nas reservas da controlada (R$ 12.000,00) e realocação da participação do minoritário nas reservas da controlada (R$ 8.000,00).

Na linha oito, temos a reinserção da participação dos sócios minoritários no capital (R$ 40.000,00) e reservas da controlada (R$ 8.000,00).

PASSIVO	Cia. Alfa	Cia. Beta	AJUSTES		Consolidado
			D	C	
Passivo circulante	400.000				520.000
Fornecedores	250.000	200.000	80.000[3]	—	370.000
Contas a pagar	150.000	—	—	—	150.000
Passivo não circulante	600.000	—	—	—	600.000
Empréstimo	200.000	150.000	150.000[4]	—	200.000
Tributos diferidos	400.000	—	—	—	400.000
Patrimônio líquido	2.000.000	—	—	—	2.048.000
Participação Minoritários				40.000[1] 8.000[2]	48.000
Capital	1.800.000	100.000	60.000[1] 40.000[2]	—	1.800.000
Reservas	200.000	20.000	12.000[1] 8.000[2]	—	200.000
Total	3.000.000	470.000	100.000	40.000	3.168.000

20.6.4. Consolidação dos resultados (DRE)

Na consolidação das demonstrações de resultado, devemos eliminar as receitas realizadas entre a controladora e suas controladas, os custos e eventuais lucros de itens vendidos a terceiros, que estejam embutidos nos custos dos itens comprados pelas empresas entre si. Também devemos eliminar qualquer receita ou despesa entre as empresas, como exemplo, o resultado de equivalência patrimonial registrado pela controladora, em função de sua participação na controlada.

20.6.4.1. Consolidação em subsidiária integral

A Cia. Controlada integral "B" vendeu mercadorias à sua controladora, a Cia. "A", por R$ 100.000. Essas mercadorias foram adquiridas de terceiros pela Cia. "B" por R$ 70.000. A controladora, por sua vez, revendeu a totalidade dessas mercadorias para terceiros por R$ 120.000.

O ganho de equivalência da controladora deve ser eliminado na consolidação e as despesas somadas.

No papel de trabalho a seguir, estamos eliminando com o registro (1) a receita de venda da controlada Cia. B para a controladora Cia. A. No registro 2, estamos eliminando o custo da mercadoria vendida de Cia. "B" para Cia. "A" no valor de R$ 70.000 e o valor do lucro de R$ 30.000 da venda da Cia. "B" para a Cia. "A" contida na venda para terceiros, por isso o total da eliminação é R$ 100.000. Em outras palavras o lucro bruto consolidado também pode ser calculado considerando a receita da empresa que vendeu (R$ 120.000) deduzida do custo original das mercadorias vendidas (R$ 70.000), portanto R$ 50.000.

ELEMENTOS	BALANÇOS INDIVIDUAIS		AJUSTES		CONSOLIDADO
	Cia. A	Cia. B	Devedor	Credor	
Vendas	120.000	100.000	100.000[(1)]	—	120.000
(–) CMV	(100.000)	(70.000)	—	100.000[(2)]	(70.000)
(=) Lucro Bruto	20.000	30.000	100.000	100.000	50.000
(–) Despesas	(5.000)	(3.000)			(8.000)
Ganho de Equivalência	27.000		27.000[3]		0,00
Lucro Líquido	**42.000**	**27.000**			**42.000**

As despesas foram somadas e o ganho de equivalência da controladora em função de sua participação na controlada foi eliminado pelo registro (3).

20.6.4.2. Consolidação em controlada com 60% de participação

A Cia. Controlada "B" vendeu mercadorias à sua controladora, a Cia. "A", por R$ 100.000. Essas mercadorias foram adquiridas de terceiros pela Cia. "B" por R$ 70.000. A controladora, por sua vez, revendeu a terceiros 60% da aquisição por R$ 72.000.

O ganho de equivalência da controladora deve ser eliminado na consolidação e as despesas somadas.

No papel de trabalho a seguir, estamos eliminando com o registro (1) a receita de venda da controlada Cia. B para a controladora Cia. A. No registro 2, estamos eliminando o custo da mercadoria vendida de Cia. "B" para Cia. "A" no valor de R$ 70.000,00 e o valor do lucro da venda da Cia. "B" para a Cia. "A" contido na venda para terceiros no valor de R$ 18.000 (30% de 60.000), por isso o total da eliminação é R$ 88.000. Em outras palavras, o lucro bruto consolidado também pode ser calculado considerando a receita da empresa que vendeu (R$ 72.000) deduzida do custo original da mercadorias vendida (60% de R$ 70.000 = R$ 42.000), portanto, R$ 30.000.

ELEMENTOS	BALANÇOS INDIVIDUAIS		AJUSTES		CONSOLIDADO
	Cia. A	Cia. B	Devedor	Credor	
Vendas	72.000	100.000	100.000[1]	—	72.000
(–) CMV	(60.000)	(70.000)	—	88.000[2]	(42.000)
(=) Lucro Bruto	12.000	30.000	100.000	88.000	30.000
(–) Despesas	(5.000)	(3.000)			(8.000)
Ganho de Equivalência	27.000		27.000_3		0,00
Lucro Líquido	**42.000**	**27.000**			**22.000**

As despesas foram somadas e o ganho de equivalência da controladora em função de sua participação na controlada foi eliminado pelo registro (3).

20.7. QUESTÕES

1. (Bacharel — CFC — CONSULPLAN/2021) Em uma situação hipotética, considere que a Sociedade Empresária AMPLA possui 60% de ações da Sociedade Empresária SIGA. Tais empresas apresentaram seus balanços em R$ (reais) para fins de consolidação, conforme a seguir:

ATIVO (em R$)			PASSIVO (em R$)		
	AMPLA	SIGA		AMPLA	SIGA
Ativo Circulante	**80.000**	**64.000**	**Passivo Circulante**	**30.000**	**14.000**
Caixa e equivalentes caixa	25.000	15.000	Fornecedores	12.000	13.000
Duplicatas a receber	55.000 4	9.000	Contas a pagar	18.000	1.000
Ativo Não Circulante	**109.000**	**90.000**	**Passivo Não Circulante**	**IS.000**	**50.000**
Realizável a longo prazo	25.000	35.000	Empréstimos a longo prazo	15.000	50.000
Duplicatas a receber a longo prazo	25.000	35.000			
Investimentos	54.000				
Participação em controlada	54.000				
Imobilizado	30.000	55.000	**Patrimônio Líquido**	**144.000**	**90.000**
Máquinas e equipamentos	40.000	70.000	Capital Social	134.000	82.000
(–) Depreciação acumulada	10.000	15.000	Reserva de lucros	10.000	8.000
Total do Ativo	**189.000**	**154.000**	**Total do Passivo**	**189.000**	**154.000**

De acordo com as informações apresentadas anteriormente e, sabendo que Sociedade Empresária AMPLA não tem outros investimentos e, ainda, que não houve lucro não realizado nas transações entre as duas empresas, assinale a alternativa que contém o valor do ativo não circulante consolidado.

a) R$ 144.000,00
b) R$ 145.000,00
c) R$ 199.000,00
d) R$ 289.000,00

2. (AFR — SEFAZ-ES — FGV/2021) A Cia. X tem 80% de participação na Cia. Y. Em 31.12.X0, as empresas apresentavam os balanços patrimoniais a seguir.

	Cia. X	Cia. Y	Consolidado
Ativo			
Caixa	100.000	120.000	220.000
Terreno	60.000		60.000
Investimentos	96.000		
Total do Ativo	256.000	120.000	280.000
Patrimônio Líquido			
Capital Social	256.000	120.000	256.000
Part. Não controladores			24.000
Total do PL	256.000	120.000	280.000

Em X1, a Cia. X vendeu o terreno para a Cia. Y por R$ 80.000, à vista.
Assinale a opção que indica o valor contabilizado na conta "Terreno" no Balanço Patrimonial Consolidado, em 31.12.X1.

a) R$ 48.000
b) R$ 56.000
c) R$ 60.000
d) R$ 64.000
e) R$ 80.000

3. (AFR — SEFAZ-ES/2021) As Cias. X e Y apresentavam os seguintes balanços patrimoniais, em 31.12.X0:

	Cia. X	Cia. Y	Consolidado
Ativo			
Caixa	50.000	10.000	60.000
Estoques		20.000	20.000
Investimentos	30.000		
Total do Ativo	80.000	30.000	80.000
Património Líquido			
Capital Social	80.000	30.000	80.000
Total do PL	80.000	30.000	80.000

Em janeiro de X1, a Cia. Y vendeu todo o seu estoque à vista para a Cia. X, por R$ 30.000. Em junho de X1, a Cia. X vendeu 60% do estoque para terceiros por R$ 40.000.

Em relação às demonstrações consolidadas, em 31.12.X1, assinale a afirmativa correta.

a) O custo das mercadorias vendidas é de R$ 18.000.
b) O lucro bruto é de R$ 28.000.

c) A receita de equivalência patrimonial é de R$ 10.000.
d) O lucro líquido é de R$ 38.000.
e) O estoque é de R$ 12.000.

4. (Contador — TJ-RO — FGV/2021) A Cia. Beta detém 100% da Cia. Gama. Considere que na Cia. Beta há um saldo de contas a receber da Cia. Gama no montante de R$ 350 e também que na Cia. Gama há um saldo de contas a receber da Cia. Beta, que totaliza R$ 200. Os demais saldos patrimoniais das companhias estão apresentados no balanço a seguir, relativo ao último exercício financeiro.

Balanço Patrimonial	Cia. Beta	Cia. Gama
Ativo Circulante		
Caixa	R$ 110,00	R$ 90,00
Contas a Receber	R$ 690,00	R$ 360,00
Ativo Não Circulante		
Investimentos	R$ 1.350,00	R$ —
Imobilizado	R$ 2.600,00	R$ 1.250,00
Ativo Total	**R$ 4.750,00**	**R$ 1.700,00**
Passivo Circulante		
Contas a Pagar	R$ 750,00	R$ 350,00
Patrimônio Líquido	R$ 4.000,00	R$ 1.350,00
Passivo e P. Líquido	**R$ 4.750,00**	**R$ 1.700,00**

Considerando as informações apresentadas, o valor do patrimônio líquido consolidado é:
a) R$ 2.650,00;
b) R$ 3.450,00;
c) R$ 3.850,00;
d) R$ 4.000,00;
e) R$ 5.350,00.

5. (ATM-Aracaju — CESPE/2021) Uma das condições para uma empresa investidora ser considerada controladora de uma empresa investida e, portanto, estar sujeita à elaboração de demonstrações contábeis consolidadas é a capacidade de essa investidora exercer poder sobre a investida. De acordo com o pronunciamento técnico do Comitê de Pronunciamento Contábeis (CPC) que trata de demonstrações consolidadas, o poder da investidora sobre a investida, como um requisito para a análise de uma eventual existência de controle, estará presente sempre que a investidora
a) exercer influência significativa sobre a investida.
b) detiver direitos de proteção em relação à investida.
c) detiver direitos que lhe garantam participar ativamente das assembleias-gerais de acionistas.
d) detiver direitos que lhe garantam a maioria do capital total da investida.
e) detiver direitos que lhe garantam a capacidade de dirigir as atividades relevantes da i vestida.

6. (Analista — TJ-PA — CESPE/2020) A existência de poder é um dos requisitos para um investidor ser considerado o controlador de uma investida e tornar-se sujeito à elaboração e à apresentação de demonstrações contábeis consolidadas. Segundo o Pronunciamento Técnico CPC 36 (R3) — Demonstrações Consolidadas —, tal poder estará presente sempre que o investidor
a) detiver 50% ou mais do capital da investida.
b) exercer influência significativa sobre a investida.
c) detiver a maioria dos direitos de voto, sejam eles substantivos ou não.
d) for capaz de afetar os retornos dos seus investimentos na investida por meio do seu envolvimento no processo de gestão.
e) tiver a capacidade atual de dirigir as atividades relevantes da investida.

7. (Bacharel — CFC — CONSULPLAN/2020) O grupo econômico XYZ apresentou as suas demonstrações contábeis consolidadas, possibilitando que o usuário desta informação avaliasse a situação financeira geral do referido grupo. Sobre as demonstrações financeiras consolidadas, é INCORRETO afirmar que:

a) Deverão ser excluídas as participações de uma sociedade em outra.
b) Deverão ser excluídos os saldos de quaisquer contas entre as sociedades.
c) São as demonstrações contábeis de grupo econômico, em que os ativos, passivos, patrimônio líquido, receitas, despesas e fluxos de caixa da controladora e de suas controladas são apresentados como se fossem uma única entidade econômica.
d) A sociedade controladora poderá optar por excluir das informações consolidadas uma subsidiária que apresente uma linha de negócios diferente daquela exercida pelo restante do grupo.

8. (Bacharel — CFC — CONSULPLAN/2020) A Entidade B é a única controladora (100%) da Entidade A e avalia esse investimento pelo Método da Equivalência Patrimonial. Além disso, a conta Investimentos Permanentes em Outras Sociedades que B detém refere-se, exclusivamente, à sua participação em A. No exercício social encerrado em 31.12.2019 estas duas entidades apresentaram os seguintes saldos em seus respectivos Balanços Patrimoniais individuais:

BALANÇOS PATRIMONIAIS 31.12.2019		
	ENTIDADE-A	ENTIDADE-B
Ativo Total	**1.500.000**	**4,150.000**
Ativo Circulante	**500.000**	**1.500,000**
Caixa e Equivalentes de Caixa	250.000	1.000.000
Contas a receber	200.000	350.000
Estoque de Mercadorias	50.000	150.000
Ativo Não Circulante	**1.000.000**	**2,650.000**
Ativo Realizável a Longo Prazo	0,00	300.000
Investimentos Permanentes em Outras Sociedades	0,00	1.450.000
Imobilizado	1.000.000	800.000
Intangível	0,00	100.000
Passivo Total	**1.500.000**	**4.150.000**
Passivo Circulante	**50.000**	**250.000**
Obrigações Sociais e Trabalhistas	8.000	30.000
Fornecedores	40.000	200.000
Obrigações Fiscais	2.000	20.000
Passivo Não Circulante	**0,00**	**100,000**
Outras Obrigações	0,00	100.000
Patrimônio Liquido	**1.450.000**	**3.800.000**
Capital Social Realizado	1.200.000	3.000.000
Reservas	250.000	800.000

As Entidades A e B apresentaram as seguintes informações correspondentes ao exercício social de 2020:

— Metade do Estoque de Mercadorias que constava no Balanço Patrimonial (em 2019) de B foi vendido para A.

— B efetuou operações de venda de mercadorias somente para A. Todas as vendas foram a prazo e a receita total dessas vendas foi de R$ 150.000,00.
— A revendeu para terceiros todas as mercadorias adquiridas de B. A receita total (à vista) auferida por A foi de R$ 250.000,00.

Considerando somente as informações apresentadas e as Normas Brasileiras de Contabilidade NBC TG 36 (R3) — Demonstrações Consolidadas e NBC TG 18 (R3) — Investimento em coligada, em controlada e em empreendimento controlado em conjunto, assinale o valor do Resultado Consolidado no encerramento do exercício social de 2020. Admita que as informações apresentadas são as únicas relevantes para apuração do resultado do exercício.

a) R$ 75.000,00
b) R$ 100.000,00
c) R$ 175.000,00
d) R$ 275.000,00

9. (AFR — SEFAZ-RS — CESPE/2019) Com relação à consolidação de demonstrações contábeis, julgue os itens a seguir.

I. Trata-se de procedimento obrigatório para todas as sociedades por ações, abertas ou fechadas, e, ainda, para entidades limitadas, quando existirem investimentos em controladas, sem qualquer exceção.
II. É admissível uma defasagem de até sessenta dias entre as datas das demonstrações contábeis das empresas consolidadas e da empresa consolidadora, desde que satisfeitas as demais condições exigíveis.
III. Devem ser excluídos das demonstrações os custos de estoque e os lucros ou prejuízos relativos a resultados ainda não realizados de negócios entre sociedades.
IV. Os resultados relativos ao *goodwill* decorrente de operações intragrupo devem ser evidenciados na consolidação.

Estão certos apenas os itens:

a) I e II;
b) I e IV;
c) II e III;
d) I, III e IV;
e) II, III e IV.

10. (Bacharel — CFC — CONSULPLAN/2019) Atente-se às informações seguintes:

— A Companhia A controla 100% das Companhias B e D.
— A Companhia A tem participação acionária na Companhia C, mas sem exercer qualquer tipo de controle (individual ou em conjunto) ou influência significativa. A Companhia A mantém essa participação com o objetivo de receber dividendos e a venda futura das ações com valorização.
— A Companhia A está obrigada a apresentar demonstrações consolidadas em conformidade com a NBC TG 36 (R3).

Com base nas informações apresentadas e no que dispõe a Norma Brasileira de Contabilidade NBC TG 36 (R3) — Demonstrações Consolidadas, é correto afirmar que as demonstrações consolidadas apresentadas pela Companhia A:

a) Evidenciarão a posição financeira e os resultados das operações das Companhias A, B, C e D como se fossem uma única entidade.
b) Combinarão itens similares de ativos, passivos, patrimônio líquido, receitas, despesas e fluxos de caixa com os de suas investidas B e D.
c) Eliminarão integralmente ativos e passivos, patrimônio líquido, receitas, despesas e fluxos de caixa intragrupo relacionados a transações entre as Companhias A, B, C e D.
d No que tange a transações similares e outros eventos em circunstâncias similares, serão elabo radas utilizando políticas contábeis uniformes àquelas utilizadas pelas Companhias B, C e D.

11. (Bacharel — CFC — CONSULPLAN/2019) A Cia. Alfa e a Cia. Beta apresentavam os seguintes balanços patrimoniais em 31.12.X0:

	Cia. Alfa	Cia. Beta
Caixa	30.000	5.000
Terreno		10.000
Total	30.000	15.000
PL		
Capital Social	30.000	15.000
Total	30.000	15.000

Em 01.01.X1, a Cia. Alfa adquiriu 90% de participação da Cia. Beta por R$ 19.800. Na data, o valor de mercado do terreno é de R$ 12.000 e na negociação foi atribuído um valor de R$ 5.000 para a marca da empresa. Assinale o valor da conta "Participações de não Controladores" no balanço patrimonial consolidado em 01.01.X1 com base na NBC TSP 17 — Demonstrações Contábeis Consolidadas, considerando apenas os dados apresentados.

a) R$ 1.500.
b) R$ 1.700.
c) R$ 1.980.
d) R$ 2.200.

12. (AFT — SEFIN-RO/2018) A Cia. Um possui 80% de participação na Cia. Dois.
Em 31.12.2016, o Balanço Patrimonial das duas empresas era o seguinte:

	Cia. Um	Cia. Dois
Caixa		1.000
Investimentos	800	
Goodwill — Cia. Dois	500	
Ativo Total	1.300	1.000
Capital	1.300	1.000
PL Total	1.300	1.000

Em 2017, aconteceram os fatos a seguir.

— A Cia. Dois comprou 10 unidades de estoque, por R$ 100 cada, à vista.
— A Cia. Dois vendeu as 10 unidades para a Cia. Um por R$ 120 cada, a prazo.
— A Cia. Um vendeu 8 unidades de estoque para terceiros, por R$ 150 cada, à vista.

Com base nas informações acima, assinale a opção que indica o valor do Patrimônio Líquido Consolidado da Cia. Um, em 31.12.2017.

a) R$ 1.300.
b) R$ 1.660.
c) R$ 1.700.
d) R$ 1.900.
e) R$ 2.620.

13. (Auditor — PETROBRAS — CESGRANRIO/2018) A Lei n. 6.404/76, Lei das Sociedades Anônimas e posteriores alterações, define regras de elaboração e publicação para companhias abertas que tiverem investimentos em sociedades controladas. As investidoras deverão elaborar e divulgar, juntamente com suas demonstrações financeiras, demonstrações consolidadas. Conforme o dispositivo legal, deverá publicar demonstrações financeiras consolidadas, a companhia aberta que tiver mais de:

a) 30% do valor do patrimônio líquido da controlada;
b) 30% do valor do seu patrimônio líquido, representado por investimentos em sociedades controladas;
c) 30% do valor do patrimônio líquido da controlada e mais de 30% do valor do seu patrimônio líquido, representado por investimentos em sociedades controladas;
d) 50% do valor do seu patrimônio líquido, representado por investimentos em sociedades controladas;
e) 50% do valor do patrimônio líquido da controlada e mais de 50% do valor do seu patrimônio líquido, representado por investimentos em sociedades controladas.

14. (Auditor — TC-BA — CESPE/2018) Segundo o CPC 36, as demonstrações consolidadas devem ser apresentadas pela empresa

a) coligada sem controle acionário
b) investida de grande porte.
c) investidora sem controle acionário.
d) investida de médio porte.
e) investidora com controle acionário.

15. (Analista — BANESTES — FGV/2018) Quando um investidor tem direitos sobre retornos variáveis decorrentes do seu envolvimento com uma investida e tem a capacidade de afetar esses retornos, diz-se que esse investidor:

a) é um financiador externo;
b) é membro do conselho;
c) tem influência significativa;
d) tem controle;
e) tem poder.

http://uqr.to/1xvmu

21
ANÁLISE DE BALANÇOS

CAPÍTULO EXTRA

http://uqr.to/1xvmx

Apêndice 1

ESCOLAS CONTÁBEIS

1.1. ASPECTOS INICIAIS

As diversas escolas contábeis ao longo da história da evolução da Contabilidade foram responsáveis pela discussão e pelo registro de conceitos que foram fundamentais para a elevação dessa área de conhecimento humano, que passou de meramente técnica de escrituração à ciência, a qual, em nossos dias, disponibiliza aos profissionais e estudiosos ferramentas de reconhecimento, mensuração e divulgação do patrimônio das Entidades e dos fenômenos que o afetam.

No que diz respeito a concursos públicos, em geral, o tema escolas contábeis se resume à maneira como as três principais escolas classificam as contas de uma Entidade (empresa).

1.2. ESCOLA PATRIMONIALISTA

Essa é a escola de nossos tempos e foi ela que, a partir do início do século passado, proclamou que a Contabilidade é uma ciência que se relaciona com diversas outras, tendo objeto, finalidades e métodos próprios.

Segundo Lopes de Sá, esta escola evidenciou que não basta escriturar. É preciso saber o que fazer com as informações, ou seja, é necessário entender o que cada uma significa, o que aconteceu com a riqueza patrimonial e que se evidencia nas demonstrações.

Nessa escola, as contas são subdivididas em patrimoniais (ATIVO, PASSIVO E PATRIMÔNIO LÍQUIDO) e contas do Resultado (RECEITAS E DESPESAS).

1.3. ESCOLA MATERIALÍSTICA

Segundo Lopes de Sá, esta escola "definiu a linha divisória entre o simples registro, como arte, e aquele conhecimento do comportamento da riqueza patrimonial"[1].

Essa escola teve como seu maior representante Fábio Besta, um dos grandes expoentes da Contabilidade moderna.

A abordagem de Fábio Besta era racional e com ênfase no controle da geração das riquezas da Entidade. Afirmava que a Contabilidade era uma área da matemática. O que importava eram os bens em poder da Entidade; os direitos não tinham grande importância. Na época, era dado grande foco às técnicas de escrituração.

Nessa escola, as contas são subdivididas em contas principais ou integrais e contas derivadas ou diferenciais.

- **Contas integrais:** bens, direitos e obrigações;
- **Contas diferenciais:** pl + receitas e despesas.

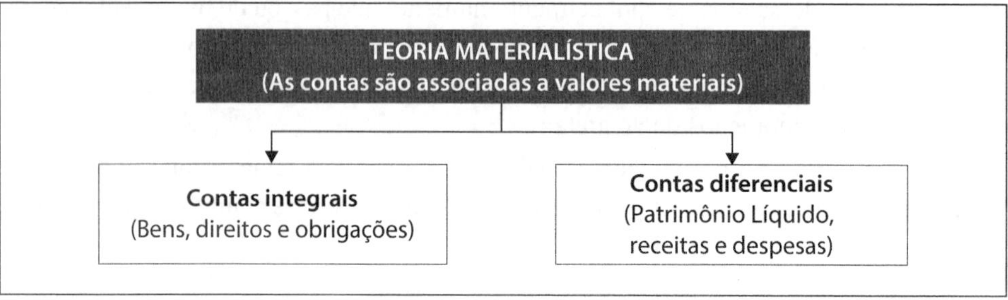

> **Observação:** as integrais devedoras são os bens e direitos do Ativo, enquanto as integrais credoras são as obrigações.

1.4. ESCOLA PERSONALÍSTICA

Influência marcante do ângulo jurídico, os mais destacados representantes dessa escola são Giovanni Rossi e Giuseppe Cerboni.

Os direitos e obrigações ganharam importância no âmbito contábil. Lopes de Sá, em 1997, disse sobre isso o seguinte: "A imagem do 'seu' e do 'meu', inspiradora do próprio nascimento do débito e do crédito".

As pessoas ganham importância na origem dos fatos contábeis; as contas se referem sempre a fatos que se ligam a pessoas.

Nessa escola, as contas são personificadas como conjunto de direitos e obrigações; tudo que ocorre motiva direitos e obrigações. As contas são subdivididas em contas dos consignatários, contas de agentes correspondentes e contas do proprietário.

- **Contas dos agentes consignatários:** bens do Ativo;
- **Contas de correspondentes:** direitos do Ativo e obrigações do Passivo;
- **Contas do proprietário:** Patrimônio Líquido, receitas e despesas.

---

1 SÁ, Lopes de. *História geral e das doutrinas de contabilidade. São Paulo: Atlas, 1997. p. 65.*

Observação: a ESAF, de forma única, designa erroneamente as contas de correspondentes como contas de agentes correspondentes, isto é, inclui o termo "agente" indevidamente.

1.5. QUESTÕES

1. (AFRFB — ESAF/2009) Exemplificamos, abaixo, os dados contábeis colhidos no fim do período de gestão de determinada entidade econômico-administrativa:

Dinheiro existente	$ 200
Máquinas	$ 400
Dívidas diversas	$ 730
Contas a receber	$ 540
Rendas obtidas	$ 680
Empréstimos bancários	$ 500
Mobília	$ 600
Contas a pagar	$ 700
Consumo efetuado	$ 240
Automóveis	$ 800
Capital registrado	$ 650
Casa construída	$ 480

Segundo a Teoria Personalística das Contas e com base nas informações contábeis acima, pode-se dizer que, neste patrimônio, está sob responsabilidade dos agentes consignatários o valor de:

a) R$ 1.930.
b) R$ 3.130.
c) R$ 2.330.
d) R$ 3.020.
e) R$ 2.480.

2. (Bacharel — CFC/2002.1) O proprietário majoritário de uma empresa presenteou um amigo com um produto de venda sem nenhum ressarcimento financeiro para a empresa ou qualquer outro procedimento contábil. Neste caso é CORRETO afirmar que o proprietário:

a) Atendeu a Teoria Personalística, pois a empresa e seus sócios formam um único ente.
b) Não atendeu a Teoria Patrimonialista, pois o patrimônio pertence aos dois sócios.
c) Atendeu a Teoria Patrimonialista, pois o produto foi fornecido pelo sócio majoritário.
d) Não atendeu a Teoria Personalística, pois a empresa é um ente independente dos sócios.

3. (CGU — ESAF/2008) A Ciência Contábil estabeleceu diversas teorias doutrinárias sobre as formas de classificar os componentes do sistema contábil, que são denominadas "Teorias das Contas". Sobre o assunto, indique a opção incorreta.

a) A "Teoria Materialística" divide as contas em Integrais e de Resultado.
b) Na "Teoria Personalística", as contas dos agentes consignatários são as contas que representam os bens, no Ativo.
c) Segundo a "Teoria Personalística", são exemplos de contas do proprietário as contas de receitas e de despesas.
d) Na "Teoria Materialística", as contas traduzem simples ingressos e saídas de valores, que evidenciam o Ativo, sendo este representado pelos valores positivos, e o Passivo representado pelos valores negativos.
e) Na Contabilidade atual, há o predomínio da "Teoria Patrimonialista", que classifica o Ativo e Passivo como contas patrimoniais.

4. (Bacharel — CFC/2003.1) As Contas Diferenciais são demonstradas na Teoria Materialística:

a) Pelo Caixa e Provisão para Créditos de Liquidação Duvidosa.
b) Pelos Adiantamentos a Clientes e Adiantamentos a Fornecedores.
c) Pelas Despesas, Receitas e Patrimônio Líquido.
d) Pelos Fornecedores e Juros Pagos Antecipadamente.

5. (Técnico — EBSERH — CESPE/2018) As receitas e as despesas provocam variações patrimoniais, aumentando ou diminuindo o patrimônio líquido; por essa razão, segundo a teoria patrimonialista, elas são classificadas como contas patrimoniais.

( ) Certo ( ) Errado

6. (Auditor — AMAZUL — CETRO/2015) Sobre as chamadas contas diferenciais, é correto afirmar que elas obedecem à seguinte classificação indicada na estruturação de contas:

a) teoria materialista.
b) movimentação que sofrem.
c) teoria personalista.
d) frequência das movimentações no período.
e) natureza do saldo.

7. (ACE — TCE-RJ — CESPE/2021) Em outubro de 2019, a empresa Beta assinou um contrato comprometendo-se a prestar determinado serviço a um cliente. No mês seguinte, atendendo a uma cláusula contratual, o cliente efetuou um adiantamento em dinheiro pelo serviço contratado. Em dezembro de 2019, o serviço foi finalmente prestado pela empresa Beta ao cliente. Considerando essa situação hipotética, julgue o item seguinte.

Conforme o que estabelece a teoria personalista, por ocasião do recebimento do adiantamento feito pelo cliente, a empresa Beta deve tratar a conta caixa como se ela representasse uma pessoa com quem mantém um relacionamento, de modo que a conta caixa passa a ser devedora da empresa, no momento em que o adiantamento for recebido.

( ) Certo ( ) Errado

Apêndice 2

HISTÓRICO RECENTE DA CONTABILIDADE NO MUNDO E NO BRASIL

2.1. PRINCIPAIS EVENTOS (EM ORDEM CRONOLÓGICA)

1973	Criação do IASC	Órgão emissor de normas internacionais de contabilidade (IAS)[1]
1976	Lei n. 6.404/76	Lei das S/A no Brasil
1977	Regulamento do Imposto de Renda (RIR)	Obrigatoriedade de demonstrações de acordo com a Lei n. 6.404/76
1981	Resolução 529 do CFC	Tornam as normas emitidas pelo CFC uma obrigação profissional
2000	Projeto de lei CVM n. 3.741	Alteração da Lei n. 6.404/76 para compatibilizá-la com as normas internacionais
2001	Criação do IASB	Órgão sucessor do IASC na emissão de normas internacionais (IFRS)
2005	Criação do CPC	Órgão técnico emissor de pronunciamentos compatíveis com as normas internacionais
2007	Lei n. 11.638/2007	Primeira alteração na Lei n. 6.404/76 para adequá-la às normas internacionais
2008	Lei MP 449	Complementação das alterações promovidas pela Lei n. 11.638
2009	Lei n. 11.941/2009	Conversão da MP 449 em lei
2010	Lei n. 12.249/2010	Alterou o Decreto n. 9.295/46
2010	Convergência às normas IFRS	No Brasil e nos EUA (FASB)[2]

2.1.1. Histórico no Brasil

No Brasil, o alicerce da regulamentação da Contabilidade advém da Lei de Sociedades por Ações (Lei n. 6.404/76). A partir do art. 175 até o art. 300, em sua maioria,

---

1 As normas IAS (*International Accounting Standards*) são normas internacionais de Contabilidade. Inicialmente publicadas pelo IASC (*International Accounting Standards Committee*), as normas IAS são atualmente revisadas pelo IASB (*International Accounting Standards Board*). As normas emitidas pelo IASB passaram a ser chamadas de IFRS (*International Financial Report Standards*).

2 FASB (*Financial Accounting Standards Board*), entidade americana emissora de normas (US GAAP).

esta lei regulamenta as demonstrações financeiras das sociedades por ações. As demonstrações financeiras são os resumos de toda a contabilidade de uma Entidade.

O Regulamento do Imposto de Renda (RIR) de 1977 (alterado pela Lei n. 1.598), em seu art. 274, obrigou todas as empresas a fazerem a opção pelo lucro real, a elaborar o Balanço Patrimonial, o Demonstrativo de Resultado e o Demonstrativo de Lucros e Prejuízos Acumulados de acordo com a legislação comercial (Lei n. 6.404/76):

> "Ao fim de cada período de incidência do imposto, o contribuinte deverá apurar o lucro líquido mediante a elaboração, com observância das disposições da lei comercial, do **balanço patrimonial, da demonstração do resultado do período de apuração e da demonstração de lucros ou prejuízos acumulados** (Decreto-Lei n. 1.598, de 1977, art. 7.º, § 4.º, e Lei n. 7.450, de 1985, art. 18).
>
> § 1.º O lucro líquido do período deverá ser apurado com observância das disposições da Lei n. 6.404, de 1976 (Decreto-Lei n. 1.598, de 1977, art. 67, inciso XI, Lei n. 7.450, de 1985, art. 18, e Lei n. 9.249, de 1995, art. 5.º)."

O CFC, por meio das normas técnicas de contabilidade, desde 1981, também determinou que o profissional contador elabore as demonstrações financeiras de acordo com a legislação comercial e as diversas normas brasileiras de contabilidade.

Portanto, a Lei n. 6.404/76 foi o alicerce da Contabilidade, embora não emanem apenas dela as orientações e determinações para os profissionais da área que dizem respeito à elaboração das demonstrações.

Desde 1976 até a efetiva entrada em operação do Comitê de Pronunciamentos Contábeis, criado em 2005, existiram no Brasil diversas outras entidades que emitiram normas contábeis setoriais:

1) A Comissão de Valores Mobiliários (CVM), autarquia criada pela Lei 6.385/76 para regulamentar as sociedades anônimas de Capital aberto, emitiu diversas instruções e resoluções que afetaram a contabilidade dessas empresas.
2) A SUSEP (Superintendência de Seguros Privados) emitiu diversas normas específicas para as empresas do setor de seguros.
3) O BACEN (Banco Central) emitiu diversas normas específicas para as instituições financeiras.
4) As agências reguladoras (Anatel, ANP, ANEEL) emitiram normas que afetaram a Contabilidade de empresas dos seus setores específicos.
5) O Conselho Federal de Contabilidade (CFC) é o emissor das Normas Brasileiras de Contabilidade (NBC T) dirigidas aos profissionais da classe que representam os conceitos formais geralmente aceitos.

2.1.2. Histórico no mundo

O fenômeno da globalização é possível em função dos avanços das telecomunicações, que tornaram as distâncias entre países, nações e culturas muito menores, ampliando a internacionalização dos negócios. Neste contexto, surgiu a Contabilidade internacional, que passa a ser a linguagem no mundo dos negócios com a qual podemos conhecer a capacidade e a organização de potenciais parceiros.

A compreensão das demonstrações financeiras é fundamental nesse novo cenário mundial de intensos negócios internacionais, exportações e importações de mercadorias e serviços e atuações no mercado financeiro internacional.

Foi sugerida por um comitê de pronunciamentos contábeis internacionais em 1972, durante o 10.º Congresso Mundial dos Contadores, a criação de um organismo com sede em Londres. O comitê de pronunciamentos contábeis internacionais, chamado **IASC** (***International Accounting Standards Committee***), foi criado em 1973 por órgãos profissionais de contabilidade de 10 países: Alemanha, Austrália, Canadá, Estados Unidos, França, Irlanda, Japão, México, Países Baixos e Reino Unido. A nova Entidade foi criada com o objetivo de formular e publicar um novo padrão de normas contábeis internacionais que pudesse ser universalmente aceito.

O IASC foi criado como uma fundação independente, sem fins lucrativos e com recursos próprios procedentes das contribuições de várias Entidades internacionais, tais como firmas de auditoria e empresas privadas. Os primeiros pronunciamentos contábeis publicados pela IASC foram chamados de *International Accounting Standard* (IAS).

Em 1.º de abril de 2001, foi criado o IASB (*International Accounting Standards Board*), na estrutura do IASC, que assumiu suas responsabilidades técnicas no que diz respeito à emissão das normas internacionais de Contabilidade.

2.1.3. Adesão brasileira à Contabilidade internacional

O alinhamento brasileiro à Contabilidade internacional somente aconteceu após a edição da Lei n. 11.638/2007, da MP 449/2008 e da Lei n. 11.941/2009, que alteraram a Lei n. 6.404/76, adequando os artigos desta que dizem respeito às demonstrações financeiras, no sentido de harmonizar nossa Contabilidade aos padrões internacionais. As novas normas brasileiras de Contabilidade passaram a ser elaboradas pelo Comitê de Pronunciamentos Contábeis (www.cpc.org.br).

A partir da Lei n. 11.638/2007, o CPC passou a traduzir as normas internacionais de Contabilidade, adequando-as a particularidades brasileiras. O processo de aprovação é bem democrático, com audiências públicas. A partir da aprovação de pronunciamentos pelo CPC, todos os agentes reguladores passaram a aprová-los por meio de resoluções, instruções etc. Assim, passamos a ter uma **Contabilidade unificada**.

A autorização legal para que os agentes reguladores de setores da economia brasileira pudessem adotar os pronunciamentos técnicos de um órgão como o CPC veio da própria Lei n. 11.638/2007, no seu art. 5.º, transcrito a seguir:

> "**Art. 5.º** A Lei n. 6.385, de 7 de dezembro de 1976, passa a vigorar acrescida do seguinte art. 10-A:
>
> '**Art. 10-A.** A Comissão de Valores Mobiliários, o Banco Central do Brasil e demais órgãos e agências reguladoras poderão celebrar convênio com entidade que tenha por objeto o estudo e a divulgação de princípios, normas e padrões de contabilidade e de auditoria, podendo, no exercício de suas atribuições regulamentares, adotar, no todo ou em parte, os pronunciamentos e demais orientações técnicas emitidas.
>
> Parágrafo único. A entidade referida no *caput* deste artigo deverá ser majoritariamente composta por contadores, dela fazendo parte, paritariamente, representantes de entidades representativas de sociedades submetidas ao regime de elaboração de demonstrações financeiras previstas nesta Lei, de sociedades que auditam e analisam as demonstrações financeiras, do órgão federal de fiscalização do exercício da profissão contábil e de universidade ou instituto de pesquisa com reconhecida atuação na área contábil e de mercado de capitais'."

Cabe destacar que o art. 1.º da Lei n. 11.638/2007, que alterou o art. 177 da Lei n. 6.404/76, introduzindo o § 5.º (transcrito a seguir), determinou que a CVM passasse a elaborar normas obrigatoriamente de acordo com os padrões internacionais de Contabilidade:

> "**§ 5.º** As normas expedidas pela Comissão de Valores Mobiliários a que se refere o § 3.º deste artigo deverão ser elaboradas em consonância com os padrões internacionais de contabilidade adotados nos principais mercados de valores mobiliários."

Em junho de 2010, a Lei n. 12.249 alterou o art. 6.º da Lei n. 9.295/46, incluindo o item *f*:

> "**Art. 6.º** São atribuições do Conselho Federal de Contabilidade:
>
> (...)
>
> *f)* regular acerca dos princípios contábeis, (...) e editar Normas Brasileiras de Contabilidade de natureza técnica e profissional."

A partir desta alteração, as normas técnicas emitidas pelo CFC passam a ter força de lei como jamais tiveram no Brasil. Todas as empresas que não tenham uma lei que as desobrigue devem aplicar as normas contábeis compatíveis com as normas internacionais.

As normas emitidas pelo IASC/IASB são as chamadas normas IAS e IFRS. No Brasil, essas novas normas contábeis foram traduzidas e adequadas e têm o nome de "pronunciamentos do CPC". A seguir, apresentamos a relação das normas emitidas pelo CPC e aprovadas pelo CFC até o dia 31.01.2015:

PRONUNCIAMENTOS	TEMA
Pronunciamento Conceitual Básico (CPC 00)	Estrutura conceitual para Elaboração e Divulgação de Relatório Contábil-Financeiro
CPC 01 (NBC TG 01)	Redução ao Valor Recuperável de Ativos
CPC 02 (NBC TG 02)	Efeitos das Mudanças nas Taxas de Câmbio e Conversão de Demonstrações Contábeis
CPC 03 (NBC TG 03)	Demonstração dos Fluxos de Caixa
CPC 04 (NBC TG 04)	Ativo Intangível
CPC 05 (NBC TG 05)	Divulgação sobre Partes Relacionadas
CPC 06 (NBC TG 06)	Operações de Arrendamento Mercantil [Entrou em vigor em 1.º de janeiro de 2019 o CPC 06 R2 (NBC TG 01), com drásticas alterações]
CPC 07 (NBC TG 07)	Subvenção e Assistência Governamentais
CPC 08 (NBC TG 08)	Custos de Transação e Prêmios na Emissão de Títulos e Valores Mobiliários
CPC 09 (NBC TG 09)	Demonstração do Valor Adicionado
CPC 10 (NBC TG 10)	Pagamento Baseado em Ações
CPC 11 (NBC TG 11)	Contratos de Seguro
CPC 12 (NBC TG 12)	Ajuste a Valor Presente
CPC 13	Adoção Inicial da Lei n. 11.638/2007 e da Medida Provisória n. 449/2008
CPC 14 (NBC TG 14)	Instrumentos Financeiros: Reconhecimento, Mensuração e Evidenciação (REVOGADO)
CPC 15 (NBC TG 15)	Combinação de Negócios
CPC 16 (NBC TG 16)	Estoques
CPC 17 (NBC TG 17)	Contratos de Construção (revogado a partir de 1.º de janeiro de 2018)
CPC 18 (NBC TG 18)	Investimento em Coligada e em Controlada
CPC 19 (NBC TG 19)	Investimento em Empreendimento Controlado em Conjunto (Joint Venture)
CPC 20 (NBC TG 20)	Custos de Empréstimos
CPC 21 (NBC TG 21)	Demonstração Intermediária
CPC 22 (NBC TG 22)	Informações por Segmento
CPC 23 (NBC TG 23)	Políticas Contábeis, Mudança de Estimativa e Retificação de Erro
CPC 24 (NBC TG 24)	Evento Subsequente
CPC 25 (NBC TG 25)	Provisões, Passivos Contingentes e Ativos Contingentes
CPC 26 (NBC TG 26)	Apresentação das Demonstrações Contábeis
CPC 27 (NBC TG 27)	Ativo Imobilizado
CPC 28 (NBC TG 28)	Propriedade para Investimento
CPC 29 (NBC TG 29)	Ativo Biológico e Produto Agrícola
CPC 30 (NBC TG 30)	Receitas (revogado a partir de 1.º de janeiro de 2018)

CPC 31 (NBC TG 31)	Ativo Não Circulante Mantido para Venda e Operação Descontinuada
CPC 32 (NBC TG 32)	Tributos sobre o Lucro
CPC 33 (NBC TG 33)	Benefícios a Empregados
CPC 35 (NBC TG 35)	Demonstrações Separadas
CPC 36 (NBC TG 36)	Demonstrações Consolidadas
CPC 37 (NBC TG 37)	Adoção Inicial das Normas Internacionais de Contabilidade
CPC 38 (NBC TG 38)	Instrumentos Financeiros: Reconhecimento e Mensuração (revogado a partir de 1.º de janeiro de 2018)
CPC 39 (NBC TG 39)	Instrumentos Financeiros: Apresentação
CPC 40 (NBC TG 40)	Instrumentos Financeiros: Evidenciação
CPC 41 (NBC TG 41)	Resultado por Ação
CPC 43 (NBC TG 43)	Adoção Inicial dos Pronunciamentos Técnicos CPC 15(R1) a 40
CPC 47 (NBC TG 47)	Receita de Contrato com Cliente Substituiu o CPC 30 e o CPC 17
CPC 48 (NBC TG 48)	Instrumentos Financeiros
CPC PME (NBC TG 1000)	Contabilidade para Pequenas e Médias Empresas

2.2. QUESTÕES

1. (CESGRANRIO — PETROBRAS — CIÊNCIAS CONTÁBEIS JÚNIOR/2012) Atualmente, as normas internacionais de informações financeiras (IFRS), anteriormente chamadas de normas internacionais de contabilidade (IAS), são emitidas por que órgão?

a) European Accounting Association
b) Financial Accounting Standards Board
c) International Accounting Standards Board
d) International Organization of Securities Commission
e) International Financial Reporting Interpretations Committee

2. (CESGRANRIO — PETROBRAS — CIÊNCIAS CONTÁBEIS JÚNIOR/2012) O processo pelo qual, respeitadas as características de cada região, os países são levados a realizar, de comum acordo, mudanças nos seus sistemas e normas contábeis, objetivando torná-los compatíveis entre si, é denominado, tecnicamente, de

a) convergência
b) harmonização
c) normalização
d) padronização
e) uniformização

3. (CESGRANRIO — CHESF — CIÊNCIAS CONTÁBEIS/2012) O Banco Central do Brasil (Bacen) foi autorizado pela legislação vigente a firmar convênio com entidade autônoma que tenha por objetos o estudo e a divulgação de procedimentos de contabilidade. A entidade conveniada ao Bacen que atende aos requisitos preestabelecidos pela legislação vigente e que leva em conta a convergência da contabilidade brasileira aos padrões internacionais é o (a)

a) Comitê de Pronunciamentos Contábeis (CPC)
b) Conselho Federal de Contabilidade (CFC)
c) Instituto dos Auditores Independentes do Brasil (Ibracon)
d) Receita Federal do Brasil (RFB)
e) Comissão de Valores Mobiliários (CVM)

4. (Polícia Civil-PR — IBFC/2017) Com base nas Normas Internacionais de Contabilidade, assinale a alternativa que completa corretamente a lacuna.

_____________________ são normas de contabilidade emitidas com o objetivo principal de padronizar as demonstrações contábeis em todo o mundo. Até o ano de 2001, eram conhecidas como International Accounting Standards (IAS), ou, traduzindo, Padrões Internacionais de Contabilidade.

a) As normas internacionais denominadas IFRS
b) BR — GAAP
c) CPC
d) Sistema Geral de Preferência (SGPC)
e) ALADI

5. (Professor-IFB — IFB/2017) O CPC (Comitê de Pronunciamentos Contábeis), criado pelo Conselho Federal de Contabilidade em 7/10/2005, foi composto, originalmente, pelas seguintes entidades:

a) Bacen, Bovespa e CFC
b) Abrasca, Apimec, Bovespa, CFC, Ibracon e Fipecafi
c) Fia, CFC, Apimec e Bovespa
d) Apimec, Bovespa, CFC, CFA, Cofecon, Fipecafi, Ibracon
e) Apimec, Bacen, Bovespa, CFC e Fipecafi.

Apêndice 3

PRINCIPAIS CONTAS EM CONCURSOS PÚBLICOS

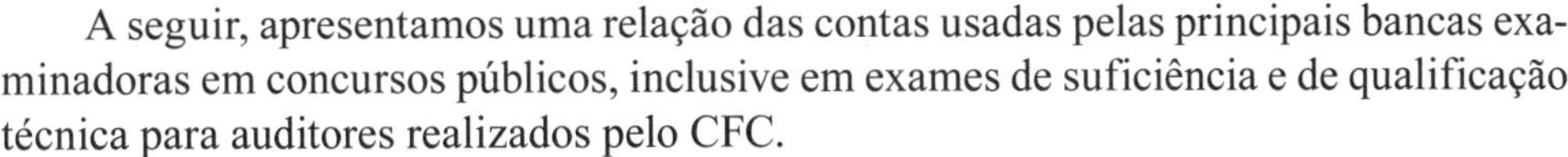

A seguir, apresentamos uma relação das contas usadas pelas principais bancas examinadoras em concursos públicos, inclusive em exames de suficiência e de qualificação técnica para auditores realizados pelo CFC.

3.1. CONTAS PATRIMONIAIS
3.1.1. ATIVO CIRCULANTE
3.1.1.1. DISPONIBILIDADES (Caixa e Bancos)
Dinheiro ou Caixa Dinheiro existente Dinheiro guardado em espécie Caixa e Equivalentes de Caixa
Banco Conta Movimento Banco Conta Corrente Depósito no Banco (–) Saldo Negativo Bancário
3.1.1.2. APLICAÇÃO DE LIQUIDEZ IMEDIATA
Investimentos Temporários de Curto Prazo
Aplicações Financeiras de Curto Prazo
Aplicações no Mercado Aberto
Ações de outras companhias para revenda
Ações de Curto Prazo
Valores Mobiliários Títulos e Valores Mobiliários Títulos Negociáveis
3.1.1.3. DIREITOS E CRÉDITOS
Créditos a Receber
Créditos de Financiamento
Créditos de Funcionamento
Adiantamento a Empregados
Adiantamento a Clientes
Adiantamento de Salários
Empréstimos Concedidos

Impostos a Recuperar Impostos a Vencer Impostos Antecipados com Compensação em Curto Prazo
Comissões a Receber Comissões Ativas a Receber
Aluguéis a Receber
Aluguéis Ativos a Receber
Juros a Receber
Juros Ativos a Receber
Receitas a Receber
Dividendos a Receber
Títulos a Receber
Nota Promissória a Receber Notas Promissórias Aceitas Nota Promissória Recebida pela Empresa Nota Promissória Emitida por Terceiros
Clientes
Contas a Receber Coligadas e Controladas (operações comerciais normais) Duplicatas a Receber Duplicatas a Vencer Duplicatas Emitidas Cheques a Receber Serviços Prestados a Prazo Duplicatas Aceitas pelo Mercado Duplicatas Recebidas por Terceiros Saque ou Cambial de Exportação Duplicatas Protestadas
(–) Provisão para Devedores Duvidosos (PDD) Provisão para Créditos de Liquidação Duvidosa (PCLD) Perdas Estimadas com Créditos de Liquidação Duvidosa
(–) Ajuste a Valor Presente (quando relevante)
3.1.1.4. ESTOQUES
Mercadoria para Revenda
Matéria-Prima para Revenda
Produtos Acabados
Produtos em Elaboração
Material de Consumo Estoque de Material de Consumo Estoque de Bens de Consumo
Material de Expediente
Suprimentos de Impressora
(–) Provisão para Desvalorização de Estoques (–) Provisão para Redução das Mercadorias a Valor de Mercado (–) Provisão para Ajuste ao Valor de Mercado

Adiantamento a Fornecedores
3.1.1.5. DESPESAS ANTECIPADAS
Despesas a Vencer Despesas Antecipadas de Seguros Seguros Antecipados Seguros a Vencer Despesas Antecipadas de Aluguéis Despesas Antecipadas de Assinaturas Comissões Passivas a Vencer
Juros Passivos a Vencer Juros Pagos Antecipados Aluguéis Passivos a Vencer
3.1.2. ATIVO NÃO CIRCULANTE
3.1.2.1. REALIZÁVEL A LONGO PRAZO
3.1.2.1.1. APLICAÇÃO DE LONGO PRAZO
Aplicações em Títulos de Longo Prazo
Aplicações em Valores Mobiliários
Aplicações em Debêntures
3.1.2.1.2. DIREITOS E CRÉDITOS
Contas a Receber de Longo Prazo
Títulos a Receber de Longo Prazo
Títulos Renegociados com Clientes (Longo Prazo)
Cheques a Receber a Longo Prazo
Empréstimos Concedidos de Longo Prazo
Impostos a Compensar de Longo Prazo
Incentivos Fiscais de Longo Prazo
Depósitos Compulsórios de Longo Prazo Depósitos Judiciais (expectativa de decisão terminativa: após os 12 primeiros meses)
Adiantamento a Sócios
Adiantamento a Diretores
Adiantamentos a Terceiros
Empréstimos Concedidos a Diretores
Débitos de Coligadas
Empréstimos a Coligadas
3.1.2.1.3. DESPESAS ANTECIPADAS
Seguros Pagos Antecipadamente
Aluguéis Pagos Antecipadamente
3.1.2.1.4. AJUSTES
(–) Ajuste a Valor Presente
(–) Provisão para Perdas (–) Perdas Estimadas

3.1.2.2. INVESTIMENTO
3.1.2.2.1. PARTICIPAÇÃO SOCIETÁRIA PERMANENTE
Participação Societária
Participação Acionária
Participação Societária em Controladas e Coligadas Avaliadas pelo MEP
Investimentos em Coligadas e Controladas
Ações de Coligadas
Ações de Controladas
Investimentos em Ações de Outras Companhias
Ações de Outras Companhias
(+) Ágio Relativo a Participações Societárias
Participação Societária em Controladas e Coligadas Avaliadas pelo Valor Justo
Participação Societária em Controladas e Coligadas Avaliadas pelo Custo
Investimentos em Debêntures Conversíveis em Ações
(–) Provisão para Perdas em Investimentos (PPI)
3.1.2.2.2. PROPRIEDADES PARA INVESTIMENTO
Terrenos e/ou edifícios para valorização ou renda
3.1.2.2.3. OUTROS INVESTIMENTOS PERMANENTES
Obras de Arte
Ativos para Utilização Futura
Propriedade para Investimento
(–) Depreciação Acumulada
3.1.2.3. IMOBILIZADO
Bens para Usar
Imóveis Imóveis em Uso
Móveis de Uso Móveis e Utensílios Custo dos Utensílios Mobília
Máquinas e Equipamentos
Instalações
Ferramentas
Veículos Custo dos Veículos Automóveis
Terrenos Terrenos e Edifícios Edifícios Edifícios de uso
Obras em Andamento

Adiantamento para Imobilizados
Prédios e Construções (de uso próprio)
Benfeitorias em Imóveis de Terceiros
Computadores Computadores e Impressoras
Minas de Carvão Recursos Aplicados na Exploração Mineral
Peças de Reposição
Benfeitorias em Propriedades de Terceiros
Recursos Florestais Recursos Aplicados em Florestas
(–) Depreciação, Amortização ou Exaustão Acumulada
(–) Perdas por Redução ao Valor Recuperável
3.1.2.4. INTANGÍVEL
Marcas
Patentes
Marcas e Patentes
Licenças e Franquias
Softwares
Concessões Públicas
Direitos sobre Recursos Florestais
Direitos sobre Recursos Minerais
Direitos Autorais Direitos Autorais de Obras Literárias
Opções de Compra de Minérios
Ativos Intangíveis em Desenvolvimento
(–) Amortização Acumulada
(–) Perdas Estimadas por Redução ao Valor Recuperável
3.1.2.5. DIFERIDO
Despesas Pré-operacionais
Gastos de Instalação
Gastos com Reestruturação
3.1.3. PASSIVO CIRCULANTE
3.1.3.1. FORNECEDORES
Fornecedores Débitos de Funcionamento Duplicatas a Pagar Duplicatas Aceitas Duplicatas Recebidas Duplicatas Recebidas pela Empresa Duplicatas Emitidas por Terceiros (–) Ajuste a Valor Presente

3.1.3.2. EMPRÉSTIMOS E FINANCIAMENTOS
Banco Conta Empréstimos Empréstimos Bancários Empréstimos a Pagar Empréstimos Obtidos Financiamentos Bancários Financiamentos Externos Duplicatas Descontadas Saque Descontado ou Adiantamento de Saque (–) Ajuste a Valor Presente (–) Juros Passivos a Transcorrer (–) Custos a Amortizar
Debêntures Emitidas Prêmio na Emissão de Debêntures
Debêntures Emitidas com Resgate em Curto Prazo
Notas Promissórias a Pagar Notas Promissórias Emitidas Notas Promissórias Emitidas pela Empresa Notas Promissórias Recebidas por Terceiros
Débitos de Financiamento
3.1.3.3. OBRIGAÇÕES FISCAIS
Impostos a Pagar Impostos a Recolher
Contribuições a Recolher PIS e COFINS a Recolher
Impostos Parcelados
Impostos Atrasados
FGTS a Recolher
INSS a Recolher
ICMS a Recolher
IPI a Recolher
IR a Pagar Provisão para IR
CSLL a Pagar Provisão para CSLL
3.1.3.4. OBRIGAÇÕES TRABALHISTAS
Obrigações Trabalhistas
Salários a Pagar Salários e Encargos a Pagar Salários e Ordenados a Pagar Salários não Pagos
Provisão para Férias Férias a Pagar
Provisão para FGTS FGTS a Pagar

Provisão para Contingências Trabalhistas Contingências Trabalhistas
3.1.3.5. OUTRAS OBRIGAÇÕES
Faturamento para Futura Entrega
Adiantamento de Clientes
Contas a Pagar
Despesas a Pagar
Seguros a Pagar
Aluguéis a Pagar
Energia a Pagar
Cartões de Crédito a Pagar
Juros a Pagar
Provisão para Contingências Judiciais
Dividendos a Pagar Dividendos Distribuídos Dividendos Propostos
3.1.4. PASSIVO NÃO CIRCULANTE
Contas a Pagar de Longo Prazo
Títulos a Pagar de Longo Prazo
Financiamentos Estrangeiros de Longo Prazo
Financiamentos Nacionais de Longo Prazo
Empréstimos Obtidos de Longo Prazo
Credores por Financiamento a Pagar
Debêntures a Pagar
Prêmio na Emissão de Debêntures
(–) Ajuste a Valor Presente
(–) Juros Passivos a Transcorrer
(–) Custos a Amortizar
Imposto a Pagar
Imposto Diferido
Subvenções para Investimento a Apropriar
Receitas Diferidas (–) Custo das Receitas Diferidas Receitas Antecipadas Receitas a Vencer Receitas de Comissões a Vencer Comissões Ativas a Vencer Aluguéis Ativos a Vencer Juros Recebidos Antecipadamente
3.1.5. PATRIMÔNIO LÍQUIDO
3.1.5.1. CAPITAL SOCIAL

Capital Subscrito
Capital Autorizado
(–) Capital a Subscrever
(–) Capital a Integralizar
Adiantamento para Futuro Aumento de Capital (AFAC)
(–) Gastos com Emissão de Ações
(–) Ações em Tesouraria
3.1.5.2. RESERVAS DE CAPITAL
Bônus de Subscrição
Ágio de Subscrição
Partes Beneficiárias
Correção Monetária do Capital Social Realizado
3.1.5.3. RESERVAS DE LUCROS
Reserva Legal
Reserva de Contingência
Reserva Estatutária
Reserva de Retenção de Lucros
Reserva de Lucros a Realizar
Reserva Especial de Obrigatório não Distribuído
Reserva Prêmio na Emissão de Debêntures (Lei n. 11.941/2009)
3.1.5.4. OUTRAS CONTAS DO PL
Ajustes de Avaliação Patrimonial
Reserva de Reavaliação
Lucros ou Prejuízos Acumulados
3.2. CONTAS DE RESULTADO
3.2.1. CONTAS DE DESPESA
Despesas de Comercialização
Despesas com Vendas
Despesas Gerais
Despesas Administrativas
Despesas Financeiras
Despesas com Pessoal
Despesas Bancárias Taxas Bancárias
Despesas com Devedores Duvidosos
Despesas de Juros
Despesa de Manutenção
Despesas de Comissões
Comissões Pagas sobre Serviço Líquido

Comissões de Vendas
Comissões Passivas
Consumo Efetuado
Desconto Financeiro Concedido Desconto Concedido Descontos Condicionais Concedidos Descontos Passivos
Depreciação Depreciação de Encargos Encargos de Depreciação
Amortização
Exaustão
Despesas com Provisões
Lanches e Refeições
Condução e Transporte
Aluguéis Aluguéis Pagos
Juros Pagos
Juros Passivos
Variações Monetárias Passivas
Variações Cambiais Passivas
Superveniências Passivas
Insubsistências Passivas
Impostos e Taxas
Despesa com Imposto de Renda e Contribuição Social sobre o Lucro
Seguros Prêmios de Seguros
Seguros sobre as Vendas
Fretes sobre Vendas
Fretes e Carretos
Salários Salários e Encargos Salários e Ordenados
Pro Labore
Honorários
Indenizações
Contribuições Previdenciárias
Previdência Social
FGTS
Férias
13.° Salário

Propaganda e Publicidade
Energia
Luz
Telefone
Água e Esgoto
Resultado Negativo da Equivalência Patrimonial
Insumos para Manutenção de Veículos
Perda com Alienação de Imobilizado
3.2.2. CUSTOS
Custo das Vendas Custo das Mercadorias Vendidas
Compras
Frete sobre Compras
Seguro sobre Compra
Transporte de Compra
Carga e Descarga de Mercadorias
Armazenagem
Impostos não Recuperáveis
3.2.3. RECEITAS
Faturamento Bruto Faturamento Vendas Receitas de Vendas Receita Bruta de Vendas Vendas de Mercadorias Vendas Líquidas de Mercadorias à Vista Vendas Líquidas de Mercadorias a Prazo
Receita de Serviços Receita Bruta de Serviços Faturamento de Serviços
Receitas de Dividendos
Receitas Diversas
Receitas Eventuais
Descontos Financeiros Obtidos Descontos Obtidos Descontos Ativos
Rendas Obtidas
Rendimentos de Aplicações Financeiras
Aluguéis Recebidos Aluguéis Ativos
Juros Recebidos Juros Ativos
Variações Monetárias Ativas

Variações Cambiais Ativas
Superveniências Ativas
Insubsistências Ativas
Comissões Ativas
Resultado Positivo de Equivalência Patrimonial
Ganho com Alienação de Imobilizado

REFERÊNCIAS

ANDRADE FILHO, Edmar Oliveira. *Imposto de renda das empresas*. São Paulo: Atlas, 2004.

ASSAF NETO, Alexandre. *Estrutura e análise de balanços*. 9. ed. São Paulo: Atlas, 2010.

CARVALHOSA, Modesto. *Comentários à lei de sociedades anônimas*. 4. ed. São Paulo: Saraiva, 2009.

CÉSAR, Antonio. *Contabilidade avançada*. 2. ed. Rio de Janeiro: Elsevier, 2005.

DELOITTE. *Normas Internacionais de Contabilidade*. São Paulo: Atlas, 2007.

EQUIPE ATLAS. *Lei das sociedades por ações*. 32. ed. São Paulo: Atlas, 2008.

ERNST & YOUNG/FIPECAPI. *Manual de Normas Internacionais de Contabilidade*. São Paulo: Atlas, 2009. v. 1.

ERNST & YOUNG/FIPECAPI. *Manual de Normas Internacionais de Contabilidade*. São Paulo: Atlas, 2009. v. 2.

HENDRIKSEN, Eldon S.; BREDA, Michael F. Van. *Teoria da contabilidade*. São Paulo: Atlas, 2009.

HULL, J.; WHITE, A. How to value employee stock options. *Financial Analysts Journal*, 2004.

IUDÍCIBUS, Sérgio de. *Teoria da contabilidade*. 8. ed. São Paulo: Atlas, 2006.

IUDÍCIBUS, Sérgio de; MARION, José Carlos. *Contabilidade comercial*. 8. ed. São Paulo: Atlas, 2009.

LAZZARESCHI NETO, Alfredo Sérgio. *Lei das sociedades por ações anotadas*. 2. ed. São Paulo: Saraiva, 2008.

LIMA, Iran Siqueira; LIMA, Gerlando S. F. de; PIMENTEL, Renê Coppe. *Curso de mercado financeiro*. São Paulo: Atlas, 2007.

MARTINS, Eliseu; GELBCKE, Ernesto Rubens; SANTOS, Ariovaldo dos; IUDÍCIBUS, Sérgio de. *Manual de contabilidade societária*. São Paulo: Atlas, 2013.

MATARAZZO, Dante Carmine. *Análise financeira de balanços*. 7. ed. São Paulo: Atlas, 2010.

NEVES, Silvério das; VICECONTI, Paulo; AGUIAR, Francisco. *Imposto de renda pessoa jurídica*. 14. ed. São Paulo: Frase, 2009.

PROENÇA, José Marcelo Martins. *Direito comercial I*. 3. ed. São Paulo: Saraiva, 2009.

PROENÇA, José Marcelo Martins. *Direito comercial II*. 2. ed. São Paulo: Saraiva, 2009.

RIBEIRO FILHO, José F.; LOPES, Jorge; PEDERNEIRAS, Marcleide (Org.). *Estudando teoria da contabilidade*. São Paulo: Atlas, 2009.

ROMEU, Alceu de C.; MENDES, Celso; CARNEIRO, Paulo; PISCITELLI, Roberto. *Contabilidade tributária*. São Paulo: Atlas/ESAF, 1984.

RUSCHMANN, Cristiano Frederico. *Direito tributário*. 3. ed. São Paulo: Saraiva, 2009.

SÁ, Antonio Lopes de. *A evolução da contabilidade*. São Paulo: Thomson-IOB, 2006.

SÁ, Antonio Lopes de; SÁ, A. M. Lopes de. *Dicionário de contabilidade*. 8. ed. São Paulo: Atlas, 1994.

SÁ, Antonio Lopes de. *História geral e das doutrinas da contabilidade*. São Paulo: Atlas, 1997.

SÁ, Antonio Lopes de. *Teoria da contabilidade*. 5. ed. São Paulo: Atlas, 2010.

SANTOS, Ariovaldo dos. *Demonstração do valor adicionado*. 2. ed. São Paulo: Atlas, 2007.

SANTOS, Cleônimo dos; BARROS, Sidney Ferro. *Imposto de renda pessoa jurídica para contadores*. 2. ed. São Paulo: Thomson-IOB, 2007.

SILVA, José Pereira da. *Análise financeira das empresas*. 11. ed. São Paulo: Atlas, 2012.

Pronunciamentos Técnicos emitidos pelo CPC

Pronunciamento Conceitual Básico (R2) — NBC TG Estrutura Conceitual — Conceptual Framework

CPC 01(R1) — Redução ao Valor Recuperável de Ativos, NBC TG 01 (R4)/IAS 36

CPC 02(R2) — Efeitos nas mudanças nas taxas de câmbio e conversão de demonstrações, NBC TG 02 (R3)/IAS 21

CPC 03(R2) — Demonstração dos Fluxos de Caixa, NBC TG 03 (R3)/IAS 7

CPC 04(R1) — Ativo Intangível, NBC TG 04 (R4)/ IAS 38

CPC 06(R2) — Arrendamentos, NBC TG 06 (R3)/IFRS 16

CPC 07(R1) — Subvenção e Assistência Governamentais, NBC TG 07(R2)/IAS 20

CPC 08(R1) — Custos de Transação e Prêmios na Emissão de Títulos e Valores Mobiliários, NBC TG 08/IAS 39

CPC 09 — Demonstração do Valor Adicionado, NBC TG 09

CPC 12 — Ajuste a Valor Presente, NBC TG 12

CPC 13 — Adoção inicial da Lei n. 11.638/2007 e da Medida Provisória n. 449/2008, NBC TG 13

CPC 15(R1) — Combinação de Negócios, NBC TG 15(R4)/IFRS 3

CPC 16(R1) — Estoques, NBC TG 16 (R2)/IAS 2

CPC 18(R2) — Investimento em Coligada e em Controlada, NBC TG 18 (R3)/IAS 28

CPC 19(R2) — Negócios em Conjunto, NBC TG 19)R2) IFRS 11

CPC 20(R1) — Custos de Empréstimos, NBC TG 20 (R2) IAS 23

CPC 23 — Políticas Contábeis, Mudanças de Estimativa e Retificação de Erro, NBC TG 23 (R2)/ IAS 8

CPC 24 — Evento Subsequente, NBC TG 24 (R2) /IAS 10

CPC 25 — Provisões, Passivos Contingentes e Ativos Contingentes, NBC TG 25 (R2)/IAS 37

CPC 26(R1) — Apresentação das Demonstrações Contábeis, NBC TG 26 (R5)/ IAS 1

CPC 27 — Ativo Imobilizado, NBC TG 27(R4)/IAS 16

CPC 28 — Propriedade para Investimento, NBC TG 28 (R4)/IAS 40

CPC 29 — Ativo Biológico e Produto Agrícola, NBC TG 29 (R2)/IAS

CPC 31 — Ativo Não Circulante Mantido para Venda e Operação Descontinuada, NBC TG 31(R4)/ IFRS 5

CPC 32 — Tributos sobre o Lucro, NBC TG 32(R4)/IAS12

CPC 33(R1) — Benefícios a Empregados, NBC TG 33 (R2)/IAS 19

CPC 34 — Exploração e Avaliação de Recursos Minerais (ainda não aprovado)

CPC 36(R3) — Demonstrações Consolidadas, NBC TG 36 (R3)/IAS 19

CPC 37(R1) — Adoção Inicial das Normas Internacionais de Contabilidade, NBC TG 37 (R5)/IFRS 1

CPC 39 — Instrumentos Financeiros: Apresentação, NBC TG 39 (R5)/IAS 32

CPC 41 — Resultado por Ação, NBC TG 41(R2)/IAS

CPC 47 (NBC TG 47) /IFRS 15 — Receita de Contratos com Clientes

CPC 48 (NBC TG 48) — Instrumentos Financeiros — Resolução NBC TG 48/IFRS 9

CPC 46 — Mensuração do Valor Justo, NBC TG 46 (R2)/IFRS 13

CPC PME(R1) — Contabilidade para Pequenas e Médias Empresas (R1) (com Glossário de Termos), NBC TG 1000/IFRS for SMEs

Orientações emitidas pelo CPC (OCPC)

Orientação OCPC 02 — Esclarecimentos sobre as Demonstrações Contábeis de 2008 — Aprovado por: Ofício-Circular CVM/SNC/SEP n. 01/2009; CFC — CTG 02 — Resolução CFC n. 1.157/2009

Interpretações emitidas pelo CPC (ICPC)

ICPC 09(R2) — Demonstrações Contábeis Individuais, Demonstrações Separadas, Demonstrações Consolidadas e Aplicação do Método de Equivalência Patrimonial, ITG 09 — Resolução CFC n. ITG 09/2014 de 21-11-2014, Deliberação 729 de 27-11-2014

ICPC 10 — Interpretação sobre a Aplicação Inicial ao Ativo Imobilizado e à Propriedade para Investimento dos Pronunciamentos Técnicos CPCs 27, 28, 37 e 43, ITG 10 — Resolução CFC n. 1.263/2009, Deliberação CVM n. 619/2009

Sites

www.cpc.org.br

www.pciconcursos.com.br

www.cvm.gov.br

www.cfc.org.br

www.planalto.gov.br

www.receita.fazenda.gov.br

www.portaldacontabilidade.com.br

www.revistarazaocontabil.com.br

www.cosif.com.br

www.iob.com.br

www.fiscosoft.com.br